Europa per Rad

Herbert Lindenberg
Europa
per Rad

Herbert Lindenberg

Europa per Rad

Herbert Lindenberg

Europa per Rad

erschienen im

Reise Know-How Verlag

ISBN 978-3-89662-361-4

6. aktualisierte Auflage 2016

www.reise-know-how.de

E-Mail-Adresse des Verlags:
verlag@rkh-reisefuehrer.de

Gestaltung und Herstellung
Umschlagkonzept: Carsten Blind
Inhalt: Carsten Blind
Lektorat: Helmut Hermann, Nadine Jung
Karten: Helmut Hermann, Carsten Blind, Nadine Jung
Druck: mediaprint, Paderborn
Fotos: siehe Anhang S. 649

Dieses Buch ist erhältlich in jeder Buchhandlung in Deutschland, Österreich, Schweiz, Niederlande und Belgien
Bitte informieren Sie Ihren Buchhändler über folgende Bezugsadressen:

D: -	PROLIT GmbH, Postfach 9, 35461 Fernwald www.prolit.de (sowie alle Barsortimente),
CH:	AVA-buch 2000, Postfach 27, 8910 Affoltern, www.ava.ch
A:	Mohr Morawa Buchvertrieb GmbH, Postfach 260, 1011 Wien
NL, B:	Willems Adventure, www.willemsadventure.nl

Wer im Buchhandel trotzdem kein Glück hat, bekommt unsere Bücher auch über unsere Büchershops im Internet (s.o.)

Prolog

Lachendes Ziel, lachender Start / Und eine herrliche Fahrt / Ein Freund / ein guter Freund … Der Uralt-Evergreen von den Comedian Harmonists scheint wie eine Hymne auf das Reisen mit dem Fahrrad: Loslassen, losfahren, einem lachenden Ziel entgegen, mit einem guten Freund, dem Fahrrad nämlich!

Dieser nimmermüden Lust verdankt dieses Radreisebuch mittlerweile die sechste Auflage. Hier ist all das versammelt, was Reiseradler in Europa interessieren könnte. Neben Daten und Fakten auch viel Subjektives und Erlebtes, denn es soll ein Buch *von Radlern für Radler* sein.

Viele Radstorys sind neu, ein paar unverwüstliche waren aber auch schon in der ersten Auflage dabei. Sie sind als Radstory-Klassiker gekennzeichnet.

Damit ganz Fahrrad-Europa überhaupt zwischen zwei Buchdeckel passte, wurde weg gelassen, was für passionierte Reiseradler keine oder nur geringe Bedeutung hat. Vorgefertigte Tourenbeschreibungen mit Abbiegehinweisen und Unterkunftsadressen gibt es hier nicht. Dafür umso mehr Infos für die persönliche Tourenplanung. Inspirieren und Anschubhilfe leisten – das ist es, was „Europa per Rad" will. Frei nach dem Motto:

Wenn's erstmal rollt, dann rollt's!

Der **Aufbau des Buches** ist auf schnelles Finden ausgerichtet. Allen europäischen Ländern ist ein eigenes Kapitel gewidmet. Nur drei Kapitel behandeln mehrere Länder: „Alpen", „Baltikum" und „Osteuropa".

Die Länderkapitel sind alphabetisch sortiert – auf die Niederlande folgt Norwegen, nicht etwa das benachbarte Belgien, auf Osteuropa folgt Österreich. Ebenfalls alphabetisch sortiert sind die Bundesländer in den Großkapiteln Deutschland und Österreich. Und dann gibt es der Vollständigkeit halber noch den Buchstaben Z wie „Zwergstaaten". Was nicht böse gemeint ist.

Was noch? Jedes Länderkapitel ist unterteilt in einen landschaftlichen **Tourenteil** („Routen & Regionen") mit Überblicken, Vorschlägen und Tipps sowie einen reisepraktischen **Infoteil** (ⓘ-Box bzw. Info-Box). Auf herkömmliche Adressen wurde zu Gunsten von Web-Adressen verzichtet. Die Kartenskizzen dienen der Orientierung beim Lesen. **Tipps für Mountainbiker** sind durch ein Piktogramm markiert. Ein Register unterstützt das gezielte Auffinden von Orten, Landschaften, Routen, Events. Zur Erleichterung wurde der Index bewusst nicht nach Ländern unterteilt.

Allen Toureras und Toureros:
Bonne chance et bonne route!

Euer Vorausradler

Herbert Lindenberg

Ergänzungen und Neuigkeiten
zu „Europa per Rad" gibt es auf

www.europa-rad.de

Inhaltsverzeichnis

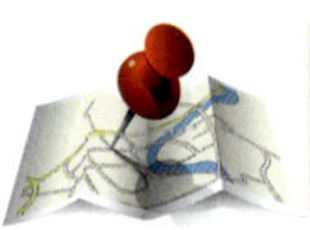

Bitte schreiben oder mailen Sie (verlag@rkh-reisefuehrer.de), wenn sich unterwegs Dinge verändert haben oder Sie Neues wissen. Wir beantworten jede Zuschrift. Danke!

Kartenverzeichnis

Albanien

Daten

28.748 qkm • 2,9 Mio. Einwohner • 92 Ew./qkm
Ausdehnungen: N – 330 km – S // W – 140 km – O

Land und Leute

Vier Jahrzehnte lang war das „Land der Skipetaren" das isolierteste Europas. Die geographischen Bedingungen begünstigten die Abschottung. Kleiner als das deutsche Bundesland Brandenburg umschließen schwer zugängliche, bis zu 2693 m hohe Gebirge von drei Seiten das zentrale Bergland und die 200 km lange Küstenebene. Offen ist das Land nur zur Adria und zum Ionischen Meer. Trotz aller Modernisierung gehört Albanien noch immer zu den Armenhäusern Europas, auf dem weltweiten HDI-Index belegt es mit Rang 95 den letzten der europäischen Länder. Ein Viertel der Bevölkerung ist arbeitslos, das Durchschnittseinkommen beträgt 300 €, und trotz erstaunlicher Straßenbauaktivitäten hat die Infrastruktur große Lücken. Das zivile Rechtssystem greift praktisch nur im Einzugsgebiet der Städte. In den Bergen, deren Bevölkerung früher als besonders wehrhaft berüchtigt war, ist hingegen der alte Gesetzeskanon mit der berüchtigten Gjakmarrja (Blutrache) weiterhin lebendig.

Die Versorgung ist gut. Aufgeschlossen und freundlich zeigt sich die Bevölkerung in Mittel- und Südalbanien. Traditionsverhafteter sind die Leute in den Bergen Nordalbaniens, wo man sich schon mal als Eindringling fühlen kann. Speziell die wenig erschlossenen *Albanischen Alpen* (Prokletije) im Dreiländereck Albanien – Montenegro – Kosovo sind wild und spannend. Hier sollte man sich einerseits umsichtig und respektvoll verhalten, profitiert andererseits aber auch vom Gesetz der Gastfreundschaft. Die ultimative Runde ums „Verfluchte Gebirge" wird weiter unten beschrieben.

per Rad entdecken

Thomas Longin: „Albanien ist überraschend dicht und gleichmäßiger als etwa Mazedonien oder Montenegro besiedelt und in Kultur genommen, selbst in Regionen, die kaum noch mit einem Fahrzeug zugänglich sind. Zwischen den einzelnen inneren Gebirgen und im Übergang zum westlichen Tiefland findet der Radler attraktives Hügelland wie z.B. in Korsika, mediterran, eher anstrengend, z.B. zwischen Gramsh und Elbasan, um den Krrabe-Pass zwischen Elbasan und Tirana, und in der ganz eigenwilligen Region Mati um den gleichnamigen Fluss. Mittelgebirgig ohne ausgesprochen felsige Höhen, doch auch schwer zugänglich die legendäre, zur Mati stets antagonistische Region Mirdita um die Fan-Flüsse, südlich des Qaf e Malit. Albaniens Berge sind noch dicht bewaldet; ruinöser Raubbau ist aber nicht zu übersehen: ein gravierendes Problem, das z.Zt. natürlich hintan gestellt wird. In eher mediterranen Übergangszonen und im Flachland findet man Macchia-Artiges. Ein besonderes Landschaftsbonbon Albaniens sind äußerst reizvolle Stauseen, z.B. die albanischen Stauseen des Drin und des Mat bei Ulza."

ALBANIEN UND MAZEDONIEN
© RKH VERLAG HERMANN
0
100 km
SERBIEN
BUL-GARIEN
MAZEDONIEN
ALBANIEN
GRIECHENLAND
SOFIA
SKOPJE
TIRANA
Pec
Podgorica
Skardasko-See
Shkodër
Drin
Slakut-Pass (849 m)
Kukës
Tetovo
Vardar
Kocani
Struma
Mavrovo Nat.-Park
Titov Veles
Debar
Strumica
Prilep
Durrës
Elbasan
Shkumbin
Ohrid
Ohridsee
Gevgelija
Prespa-see
Bitola
Semani
Apol-lonia
Fiër
Berat
Osum
Korçë
Thessaloniki
Vlorë
Vijose
Korçë-Pass (1196 m)
Logara-Paß (1055 m)
Tepe-lana
Leskovicu
Dhërmi
Gjirokastër
Thermai-scher Golf
Saran-dë
Butrint
Korfu
Kerkira
Ioannina
Larisa
Trikala
Adria
1
2
3
4
5
6
7
8
9
10

Shkoder

Routen & Regionen

Landschaftlich wie kulturhistorisch hat Albanien durchaus touristisches Potenzial. Griechen, Römer, Byzantiner und Venezianer ließen in Albanien bauen. Die letzten Fremdherrscher waren die Türken, die der Bevölkerung den Islam und vielen Orten eine pittoreske Altstadt bescherten.

Etappenziele

- **Apollonia** (antike Siedlung)
- **Butrint** (größte Ausgrabungsstätte, bei Sarandë)
- **Sarandë** (hübscher Hafen, Mittelmeerflair)
- **Berat** („Stadt der 1000 Fenster", Altstadt)
- **Durrës** (Hafen, Strand, Amphitheater)
- **Gjirokastër** (markante Altstadt, Festung)
- **Korçë** (Mirahor-Moschee)
- **Krujë** (Burg, „Balkon der Adria")
- **Ohrid-See** (sprich: Ochrid-See, einer der ältesten Seen der Erde, 695 m üNN)
- **Shkodër** (eine der ältesten Städte Europas, Burg Rozafa)
- **Elbasan** (Osmanische Stadtmauern und Königsmoschee)
- **Tirana** (Hauptstadt, 420.000 Ew., Altstadt, Moschee, jeder 7. Albaner lebt hier)
- Südliche Küstenhöhenstraße von **Vlorë** über den **Llogara-Pass** (1027 m) nach **Sarandë** (120 km, Beschreibung s.u.)
- Nördliche Gebirgsstraße von **Shkodër** über **Malit-** und **Slakut-Pass** (1284 m, 849 m) nach **Kukës** (147 km)
- **Korçë** über **Leskoviku** (1196m) nach Tepelena

Tourenvorschläge von Thomas Longin

Um die folgenden Tourenvorschläge (1-10) leichter verorten zu können, wurde die jeweilige Region in der **Karte auf S. 15** markiert.

Nordalbanien

MTB-Tipp

(1) Abzweig Fushë- Krujë – Krujë – Shtamës-Pass (1228 m) – Burrel
Befahrene Asphaltstraße mit Serpentinen nach Krujë. Richtung Burrel erst einige km Asphalt über atemberaubender Schlucht (unbedingt angucken), später immer schlechter werdende Piste, sehr anstrengend, herrliches Erlebnis abgelegener Bergwälder, einfaches Hotel, gleich darauf der Shtamës-Pass (ca. 25 km ab Krujë). Bei besonderem Leistungswillen steht dort ein noch sehr weit hinauf führender Weg zur Verfügung.

Abfahrt zunächst sehr schlecht, immer links und oberhalb des Tals halten, hinter einem Abzweig plötzlich gute Piste, Wechsel in weiter nördliches Tal, wieder schlechtere Piste; herrliche, die charakteristischen Hügel der Mati, nachher auch die höheren, bewaldeten Wellen der Mirdita enthüllende Blicke; Burrel im Tal. In Gegenrichtung hinter Burrel direkt an Fabrik (Asphaltende) vorbei, kleines Dorf Kombesi, Beginn der weit sichtbaren Serpentinen. Für Krujë – Burrel unbedingt einen ganzen Tag planen. Im Blue Guide wird die Strecke krass falsch als Asphaltstraße beschrieben.

MTB-Tipp

(2) Peshkopi – Lura-Seen – Peshkopi
Eine herrliche Runde so weit hinauf wie wohl nirgends sonst in Albanien, Asphalt nur bis Drinbrücke, sonst anfangs gute, nachher meist sehr schlechte

Piste, oft nur grobsteiniges Bachbett, Schiebe-/ Tragestrecken, nur mit Minigepäck möglich, 2 Tage, EuroCart-Darstellung exakt, Orientierung meist einfach (Hirten, Waldarbeiter), Wasser aus Bächen oder Quellen. Gespenstische Seen, durch Raubbau geschädigte Wälder, ansonsten völlig einsame Hochlage über 40 km, atemberaubende Blicke auf den Drin-Canyon, Sar Planina/ Korabi usw. Herrliche Auffahrt über Selishte, vorbei an markanten Felsen („Qytet i Skenderbeg"), nach einigen Serpentinen (am Qaf e Murre) spitz rechts nach Nord, nach Erreichen der Höhe folgt bald eine tückische Stelle, wo man leicht links hinauf muss (Waldarbeitercamp, Hirtenhütte „Fushe-Bize"), bald vorbei an den Seen, hinter den letzten, schönsten Seen steil abwärts (in Gegenrichtung vermutlich schiebend), Ort Fushe-Lura. Kurze Auffahrt, kleine düstere Hochfläche geradeaus durchqueren, wieder herrliche Blicke, sehr lange Abfahrten. Ganz unten auf Drin-Niveau (Einmündung in Hauptpiste nach Kukes) kurz rechts zu einer Brücke (links Richtung Kukes); in Gegenrichtung von Hauptpiste kurz nach Brücke spitz links aufwärts (unbeschildert). Alternative: von Fushe-Lura gleich am Lura-seitigen Ortsanfang Richtung Nordwest nach Kurbnesh-Rreshen, vermutlich grauenhafte Piste.

Straßentour **(3) Milot – Rubik – Pukë – Shkodër (Mirdita-Etappe)**

Sehr abgelegene Region, Wald, nördlich-voralpin, ganz anderer Charakter als Mati-Etappe, Asphalt. Bis Abzweig Puka viel Verkehr (aber langsam) durch im Konvoi fahrende Kosovaren. Recht flach den Mati/ Fan entlang, bemerkenswerte Kirche über Rubik, kurz vor Rrëshen kleines Motel, links ab und ab jetzt viele Höhenmeter, z.T. steil. Evtl. Abstecher (viele zusätzliche Höhenmeter) zur Alexanderkathedrale von Orosh (alte Hauptstadt der Mirdita) und zum berüchtigten Straflager von Spac. Am Abzweig Kukës links, längere Auffahrt nach Pukë, trotz schlechten Rufs angenehm und aufgeräumt, gelegen in voralpenartiger Wald- und Wiesenlandschaft. Nach Shkodër z.T. neue Straße, im Tiefland rechts über Juban nach Shkodër.

Schlucht des Mati (Nordalbanien)

MTB-Tipp

(4) Shkodër – Koman – Fierzë – Bajram Curri – Valbonë/ Ragam – Gjakovë (Kosovo) – Pejë – Cakor (Montenegro) – Plav – (Albanien) – Hani i Hotit – Shkodër

Die ultimative Runde um das „Verfluchte Gebirge", reine Fahrzeit 5 Tagesetappen, nur ein etwas unangenehmes Pistenstück (Cem-Tal).

1. Tag: Abzweig nach Koman von Straße Shkodër-Puka oberhalb des Vau-i-Dejes-Kraftwerks (weit vorher beschildert), brauchbarer Asphalt, am Ort über Brücke und zur Staumauer hinauf, unbeleuchteter Tunnel (ca. 500 m), Anlegestelle. Die **Fähre** Fierzë – Koman – Fierzë fährt einmal täglich, Abfahrt in Fierzë angeblich um 7:00, in Praxis eher um 8:00, Fahrtdauer um 2 Stunden, Rückfahrt von Koman ab 10:00, eher später. Man sollte sicherheitshalber vielleicht um 9:00 aufkreuzen, d.h. spätestens um 6:00 in Shkodër losfahren (60 km mit einigen Höhenmetern). Vom Fähranleger bei Fierzë kurze interessante Fahrt nach **Bajram Curri** im so überirdisch schönen, zutiefst albanischen, von Charakter überströmenden Tropojë. Homestay in Margegaj gleich nördlich der Stadt möglich und sehr empfehlenswert.

2. Tag: Durch die wilde Schlucht der Valbonë bis zum Talschluss bei **Ragam** in einem überwältigenden „natürlichen Amphitheater", mit wenig Gepäck einfache Piste, eher gleichmäßige Steigung, einfache Strecke ca. 30 km, Höhenlagen Bajram Curri ca. 300 m, Taleintritt ca. 200 m, Valbonë ca. 900 m, Ragam ca. 1000 m. Einschwenken in die Schlucht auf linker Flussseite, vor Valbonë etwas steiler, danach bis Ragam flach. Gegen Ende muss man leider durch das grobsteinige Flussbett fahren bzw. schieben, das fast den gesamten Talgrund einnimmt, aber es lohnt sich wirklich sehr. Unbedingt bis Ragam fahren, nicht schon von Valbonë zurück.

3. Tag: Von **Bajram Curri** hinab ins Tal, am Abzweig der Straße nach Kukës (durch die Region Has) links auf gute Piste. Problemlose Grenzpassage auf kleinem Pass, nach einigen km sehr guter Asphalt, *Kosovo* mit seiner für uns völlig gewohnten, praktisch mitteleuropäischen Infrastruktur. **Gjakovë** (RKS), zwei gefährliche Stunden auf schmaler Straße mit viel sehr schnellem Verkehr, **Decan** (RKS), weite Blicke über Hügelland, **Pejë** (RKS).

Hodschas Hinterlassenschaften

4. Tag: *Rugovska-Schlucht* bald ohne Asphalt, folgend durchweg gute Piste, kaum Verkehr (ab Grenze wegen Straßenschaden Kfz-frei), immer angenehmer Anstieg, viele Walderdbeeren, hoher Pass mit gewaltigem Panorama, montenegrinischer Polizeiposten auf Pass (Grenze lange vorher), sehr lange Abfahrt, halbwegs wieder Asphalt, **Plav** (MNE). Unbedingt Abstecher nach Vusanje, Grebaje (auf Karte „Dolja" und weiter talaufwärts) und zu einigen abgelegenen kleinen Seen; aufpassen wegen Grenznähe.

5. Tag: *(redaktionell aktualisiert)* Asphalt bis zum neuen Grenzposten bei **Grncar.** Auf der neu ausgebauten SH20 in Serpentinen nach **Hani i Hotit.** Berauschender Blick zurück, Abfahrt zum Shkodër-See. **Shkodër.**

MTB-Tipp

(5) Shkodër – Kir – Shala – Theth – Bogë – Koplik – Shkodër
Sehr abwechslungsreiche Runde durchs berüchtigte Land der „Malissoren". Zwei Tage, mit wenig Gepäck machbare Pisten, Übernachtung in Theth. Keinesfalls wild campen. Am ersten Tag gehts durch die wasserführenden, grünen Täler von Kir und Shala, am zweiten durchs düstere Trockental „Perroi i Thate".

1. Tag: **Shkodër** in der Verlängerung der ehemaligen Enver-Hoxha-Straße (viele Ladengeschäfte, in Höhe der Moschee) nach Ost verlassen, sehr schlechte Straße durch armselige Vororte; ein Asphaltende fällt nicht auf. Nach Inspektion der berühmten Bogenbrücke von Mes auf der rechten Kir-Seite bleiben; ab jetzt sehr schön und ruhig. Herrlichste Landschaft. In **Ura e Shtrejtë** eine große Moschee; danach kennzeichnen viele Kreuze die Region als katholisch. Etwa wie auf der Karte wendet sich nahe **Kir** die Piste zögerlich in Serpentinen auf Ost und zieht teilweise steil auf einen hohen Pass, anfangs ein oder zwei Quellen. Nach dem Pass bald Häuser und eine Quelle, dann sehr lange Abfahrt ganz hinab zur Brücke über den Shala-Fluss. Mäßig aufwärts durch geheimnisvollen Karst mit dichter Macchia. Wo vom Qaf-e Terthores ein rechter Seitenarm des Shala einmündet, steht ein kleines Wasserkraftwerk mit chinesischen Turbinen.Von seinem Hausberg kann man angeblich mit dem Fernglas die Burg von Shkodër sehen. Nachher der letzte Anstieg ins steinerne Meer der verstreuten Siedlung **Theth.** Talschluss mit den dramatischsten Gipfeln des Balkan, am eindruckvollsten der Mal-i Harapit, der aussieht wie die Nase einer in der Erde verborgenen „shtriga" (etwa: Hexe). Der Name des Bergs wohl von „harap": türkisch für „verwüstet"; vom albanischen Wort für „Farbiger" eher nicht.

2. Tag: Angenehmer Anstieg zum Qaf-e Terthores; ab jetzt desolate Trockenlandschaft. Holprige Abfahrt nach **Bogë,** wo neuer Asphalt beginnt. Schneller Downhill nach **Koplik; Shkodër.**

Südalbanien

Straßentour

(6) Berat – Kelcyrë (56 km)
Die, jedenfalls in der zweiten Hälfte, schönste Tour Südalbaniens, Panorama über ganz Südostalbanien bis Grammoz, Timfi usw., einige kleine Seen. Durch ein Tal auf einen parallelen Bergrücken, hinab nach **Rehova,** höchste Stelle (Qaf e Gllaves) unterhalb einer sehr markanten Funkstation. Jetzt schönster Teil, herrliches Auf und Ab, Buz, nun vorwiegend abwärts, Umfahrung eines winzigen Sees zu Füssen der Trebeshina, Abfahrt nach Ballaban und Kelcyrë. Vor allem der zweite Abschnitt der Etappe beeindruckt dermaßen, dass man gut mehrere Tage hier verbringen könnte; evtl. auch Abstecher nach Osten möglich.

Straßentour

(7) Vlorë – Sarandë (120 km)
Asphalt, Traumstraße der „albanischen Riviera", während der Saison nicht mehr so ruhig und unberührt wie noch vor wenigen Jahren. Zunächst direkt am Meer, landeinwärts z.T. sehr steil zum Llogara-Pass, zunehmend dichter mediterraner Wald, vor dem Pass Übernachtungsmöglichkeiten, weite Blicke auf Küste und Meer, Südseite des Passes völlig kahl (Klimascheide). Im folgenden viele Höhenmeter, Straße schmal und oft steil, herrliche Mittelmeerküste vor felsigem Gebirge, Traumstrände. Einige grössere Ortschaften und Sehenswürdigkeiten. Ab ca. 15 km vor Sarandë wieder im Land und weniger reizvoll. Von Sarandë unbedingt Abstecher nach Butrint.

MTP-Tipp

(8) Piskova – Frashër
Wunderbarer Tagesausflug in völlig abgeschiedene Region („Tibet Europas"), anstrengend. Halbwegs zwischen Kelcyrë und Permet links ab auf gute Piste (Schild: Parku Kombetar „Bredhi Hotove"). Ca. 10 km leicht aufwärts, mittwegs Abzweig links zur Tekke von „Baba Aliut". Kleiner Ort und letzte Möglichkeit, überflüssiges Gepäck zu deponieren, gleich nachher Serpentinen, Wechsel in südlicheres Tal, immer steiler, z.T. rutschig, Pass lange vorher im Blick. Dort unter einem Holztor Eingang zum Nationalpark, dichter Wald, Haus des Parkverwalters, bald wieder aufwärts, diesmal weniger steil. Kleiner Pass in wieder kahle, düstere Landschaft, tief eingefressene Schlucht eines linken Nebenfluss des Osum. In Frashër erinnert nur noch das Museum an frühere Größe. (Am Gegenhügel prangt der Weg nach Kolonja zur Straße Erseka – Korca, vermutlich extrem schwierig. Von dort kommend in Gegenrichtung südlich unterhalb des Qaf-e Qarrit abzweigen, beschildert u.a. „Ballabanove 26 km". Bis Clirim bzw. zur Osum-Brücke soll der Weg gangbar sein, der letzte hohe Pass aber selbst für Geländefahrzeuge schwierig. Vielleicht etwas für ganz Harte. Von der Polizei untersagt und nicht getestet.)

Straßentour

(9) Këlcyrë – Përmet – Leskovik – Ersekë – Korcë (141 km)
Schönste Asphaltstraße Albaniens, echtes, dünn besiedeltes Hochland, Wälder, Hochebenen, sehr bunt, sensationelle Ausblicke, kunstvolle Straßenanlagen, gute Asphaltqualität, viele angenehme Höhenmeter (auch im Vjosa-Tal), ein Muss. Besonders schöne Abschnitte: gegenüber der sagenhaften Nemercka-Felswand südlich Përmet, packende Schluchtauffahrt nach Leskovik, dem vielleicht schönstgelegenen Ort Albaniens (Balkon und Logenplatz über der Ebene von Konitsa, wo die Einheimischen leider nicht hindürfen, Blick auf Timfi, leider früh im Schatten), Qaf e Qarrit zwischen den Hochebenen von Kolonja und Korcë.

Straßentour

(10) Korcë – Boboshtica – Dardha – Bilisht – Korcë
Herrlicher Tagesausflug in frischen, grünen Bergen, nicht zu anstrengend. 4 km südlich **Korcë** links ab, in **Boboshtica** wieder links, auch im weiteren gut beschildert. Steil aber angenehm auf nagelneuer, sehr schmaler Asphaltstraße in ein typisches schlängeliges Tal der Morava-Berge. Nach dem unscheinbaren Pass (1445 m) ein letzter Blick in die Ebene von Korcë, und zunächst steil abwärts, durch **Dardha,** die beliebte Sommerfrische der Leute aus Korcë. Immer flacher auslaufende Abfahrt. Über **Miras** und **Bilisht** rückwegs nach Korcë bei **Zëmblak** evtl. Abstecher zum Prespa-See.

Den **Prespa-See** sollte man von Albanien aus unbedingt besichtigen, auch wenn man nicht nach Mazedonien weiterfährt. Das Inselchen Mali Grad wirkt wie ein Bissen vom großen Sandwich Golem Grad, der um die Ecke in albanisches Wasser geschwommen ist, weil es ihm dort besser gefällt. Die Region Korcë/ Ohrid-See/ Prespa-See ist übrigens ethnologisch interessant.

ⓘ-Box Albanien

Einreise
Der Pass oder Personalausweis genügen für die Einreise (D/A/CH). Die Weiterreise nach Mazedonien, Kosovo und Montenegro ist problemlos möglich.

Geld
Albanischer Lek (ALL), 1 € = 140 ALL (Okt. 2015). Geldautomaten in allen Städten. Inoffizielle Zweitwährung ist der Euro (Kleingeld mitnehmen). Die Lebenshaltungskosten sind niedriger als in D, 2014 lagen sie bei 56%.

Sicherheit, Gesundheit
Aktuelle Hinweise: *www.diplo.de* (Länderseite Albanien). Reise-KV abschließen. Das Leitungswasser in den Städten ist trotz allgemeinen Abratens in der Regel genießbar. Sehr gut ist das in den Bergen häufig neben der Straße sprudelnde Quellwasser.

Infos
- Tourismusamt: *www.albania.al, www.albanian-tourism.com*
- Newsletter Albanien: *www.albanien.ch* Schweizer Infodienst für Hilfsorganisationen, gute Links, Reiseführerteil.
- Campingplätze: *www.camping.info/albanien/campingplaetze*

Wetter, Wind, Reisezeit
Das Klima ist vor allem im Westen ausgeprägt mediterran (trocken-heiße Sommer über 40 °C), während der Osten etwas moderater temperiert ist. Westwinde sind vorherrschend. Beste Reisezeit: April–Juni, Sept./Okt.

Anreise
Am einfachsten per Flug zunächst nach Korfu/GR, von dort per Fähre nach Saranda (3–4x tägl.). Wer auf dem Landweg von Montenegro einreist, sollte den Lkw-freien Übergang Ulgin/Shkodër wählen (Lkw müssen den nördlichen Übergang bei Han-i-Hotit benutzen). Anreise per Fähre von Italien ab Ancona oder Bari nach Durrës.

Transport im Land
Reisebusse sind langsam, aber verlässlich und sehr preiswert. Das Bahnnetz ist mit 447 km sehr dünn, und die Bahnen fahren selten. Die Fahrradmitnahme muss bei Bussen und Bahnen immer im Einzelfall geklärt werden, es gibt keine Regelungen. Kleinbusse (für ca. 15 Pers.) bedienen auch Nebenstrecken, sind allerdings prinzipiell voll. Dennoch ist hier gegen Bares viel machbar.

Übernachten
Relativ problemlos, da ständig neue kleine Hotels an den Küsten und entlang der Hauptverkehrsachsen entstehen. DZ ab 15 – 20 €. Im Landesinnern jedoch weit weniger Hotels und oft nur einfache Privatunterkünfte. Campingplätze gibt es erst seit 2008. Inzwischen einige Dutzend, die meisten an der Südküste (um 5 €/P.). Freies Campen ist oft schwierig und insgesamt nicht empfehlenswert.

Für Essen und Trinken ist in Albanien gesorgt.

Thomas Longin: „Touren im **Gebirge** sollte man so planen, dass man rechtzeitig an einen Ort gelangt, für den man zuvor eine Unterkunft ermittelt hat (albanische Bekannte, andere Reisende, Internet) oder wo man zumindest damit rechnen kann, bei Einheimischen aufgenommen zu werden. **Wildes Zelten** ist in Albanien wegen dichter Besiedlung, meist eher offener Landschaft und der speziellen albanischen Mentalität (siehe „spezielle Gefahren") leider nicht die Methode der Wahl wie in den ex-jugoslawischen Nachbarländern. Vor allem in Nordalbanien sollte man nur ganz ausnahmsweise an ganz sicheren Stellen biwaken, nördlich des Drin aber auf gar keinen Fall!"

Karten

- Reise Know-How: Albanien 1:220.000, 9,95 €. Bei kleinen Nebenstraßen nicht selten arg daneben.
- Freytag & Berndt: Albanien 1:200.000, 9,99 €. Wird von Radreisenden als die bessere Karte gelobt.

Wer knifflige Strecken plant, sollte die gewählte Papierkarte vorab mit *Google Earth* abgleichen. Neben dem tatsächlichen Verlauf bekommt man so auch heraus, welche Straßen tatsächlich asphaltiert sind. Die Einfärbung bei *Google Maps* (eigentlich weiß für unbefestigt = Piste, gelb für befestigt = Asphalt) ist nicht immer verlässlich, manchmal sogar genau umgekehrt. Da hilft die direkte Inaugenscheinnahme via Google Earth.

Fahrrad

Ein Reise-MTB mit zuverlässigen Komponenten ist angesagt. Bis auf wenige Ausnahmen gibt es in den Städten nur einfache Fahrradläden ohne große Auswahl an Ersatzteilen. Pannen sollten daher prinzipiell mit Bordmitteln behoben werden können.

Straßen und Wege

Das Straßennetz (18.000 km) ist weitmaschig und – abgesehen von den Hauptstraßen – in bescheidenem Zustand. Nur die Hälfte der Straßen ist überhaupt befestigt, die Nationalstraßen sind allerdings inzwischen erneuert worden. Außerdem wird der Bau von Autobahnen voran getrieben. Bislang darf man auf ihnen auch radeln; es stört niemanden,

Kein Anschluss?

auch die Polizei nicht. Viele Gebirgsregionen sind noch immer nicht erschlossen.

Der Autoverkehr auf den Hauptstraßen ist teilweise unangenehm schnell und hautnah. Wie auf dem ganzen Balkan gibt es auch in Albanien die beiden Standard-Verhaltensweisen der Autofahrer:

1. Kurzes Hupen vorm Überholen von Radfahrern.
2. Überholen, auch wenn's eng wird. Entgegenkommende Radler sind kein Grund, nicht zu überholen.

Thomas Longin: „Eine Albanienradtour muss auch über Pisten führen. Schwierigkeitsgrad und Materialbelastung sind meist hoch, die Geschwindigkeit sehr gering. Typische Probleme beim Pistenradeln sind die eklatante Schotterung (besonders unangenehm felsiger Untergrund mit groben Steinen und immer wieder Schotter und Kies aller Größen), besonders rutschig und gefährlich bei stärkerem Gefälle oder Seitenneigung, und das Schlimmste vom Schlimmen, besonders rutschig und gefährlich bei Nässe, ist die grauenhaft kaputte Natursteinpflasterung ohne Ausweichmöglichkeit. Vor allem in Nordalbanien kann man nach mehr als nur vorübergehender Nässe (z.B. Regentag im Sommer) wegen fürchterlicher Verschlammung und Beschädigung der Pisten kaum mehr vom Asphalt weg, und selbst dort wird man sehr schmutzig."

Spezielle Gefahren von Thomas Longin

Raubüberfälle, vor allem Straßenraub, waren besonders häufig im Norden Albaniens, und beliebte Opfer z. B. die aus Mitteleuropa per Auto heimreisenden Kosovaren, bei denen man viel bare Devisen vermuten durfte. Überhaupt entwickelte sich das Räuberunwesen vermutlich auch deshalb so gut, weil Albaner viel Bargeld bei sich tragen (unterentwickelter und schlecht angesehener Bankensektor, Abwicklung aller Geschäfte in bar, Spargeldhaltung zuhause). Dicke Bündel großer Euro- und Dollarscheine sieht man nicht selten in Albanerhand. Luxus vor allem in auto- und immobiler Form ist ebenfalls allgegenwärtig, und viel spricht dafür, dass professionelle Straßenräuber, falls sie überhaupt noch existieren, nicht an einfachen Reiseradlern interessiert sind.

Gelegenheitsüberfälle (Mobbing) kann man nirgends ausschließen. Am besten verhält man sich wie die Einheimischen: tagsüber entlang von Straßen und Pisten aufhalten, immer im Bilde sein, möglichen Tätern nicht als mögliches Opfer erscheinen und auch nicht durch hilfloses, sprachloses, ängstliches, unsympathisches Auftreten unerwünschte Handlungsmuster provozieren, keine teuren Gegenstände zeigen, Nächte in Ortschaften bei vertrauenswürdigen Leuten verbringen. Albaner bewegen sich außerdem nicht gern allein durchs Land. Solche im Prinzip universellen Regeln sollte man umso konsequenter befolgen, je weiter man sich von den Hauptstraßen entfernt und je weiter man nach Norden vordringt; das westliche Tiefland ist z.Zt. unproblematisch zu bereisen, und auch auf den Süden des Landes, jedenfalls entlang der Hauptstraßen, braucht man sich wohl kaum besonders einstellen.

Die albanische Gesellschaft ist die traditionellste in Europa und im Grunde zutiefst vertrauenswürdig. Amokläufe im Kontakt mit der westlichen Zivilisation haben sie gefährdet und leicht beschädigt, aber nicht zerstört. Diese Vertrauenswürdigkeit gilt nur eingeschränkt für einige Regionen des Nordens, z.B. Mirdita und Tropoja, mit ihrer traditionell staatsfernen Stammes- oder Klangesellschaft, strengen eigenen Gesetzen, schwer durchschaubaren Sozialstrukturen und neuzeitlichen Wirtschaftsaktivitäten, und überhaupt gewissen Anforderungen an Fremde. In ganz besonders hohem Maße gelten eigene Spielregeln in den Albanischen Alpen im äußeren Norden/Nordosten des Landes (Regionen Shkodër, Malesia e Madhe, Tropoja), die man unbedingt nur sehr gründlich informiert und vorbereitet betreten und beradeln sollte.

Unterwegs in Albanien

Martin ist zusammen mit seiner Freundin Anna von Ljubljana nach Athen geradelt. Hier berichtet er von einer Übernachtung in Albanien.

„Tradizionale"

von Martin Pfaffenzeller

Der Platzregen wird immer stärker und der Nebel immer dichter, als wir uns die Serpentinen des Llogara-Pass hinaufkämpfen. Der dichte Verkehr – hauptsächlich Albaner und Italo-Albaner, die auf dem Hin- oder Rückweg an die Südküste sind – macht die Strecke nicht unbedingt vergnüglicher, alle hupen und gucken verdutzt auf die beiden Fahrradtouristen, die sich in Schrittgeschwindigkeit an der teilweise 15 Prozent steilen Steigung abarbeiten. Zum ersten Mal seit Wochen ist mir auf unsere Balkantour von Ljubljana nach Athen richtig kalt, denn ein kühler Wind zerrt trotz des uns umgebenden Waldes an meinem klatschnassen T-Shirt. Um mich von Kälte, Erschöpfung und trostloser Aussicht – wir sind inmitten der Regenwolken und können maximal zehn Meter weit sehen: Bäume, Straße, Autos, Pfützen – abzulenken, denke ich noch einmal über unsere Herbergssuche am Vorabend nach.

Gewitterwolken

Zwar ist Vlora und Umgebung mit Hotels zugepflastert und erinnert schon ein wenig an den Goldstrand in Bulgarien, doch sind diese zur Hochsaison auch wirklich alle belegt. So leer die Straßen in Tirana waren, so belebt ist es in der Küstenstadt Vlora. Wer in Albanien etwas auf sich hält, fährt im Sommer ans Meer. Die Strände sind ziemlich voll und oft stehen Männer im Meer, unterhalten sich und trinken Dosenbier. So fragen wir uns von Hotel zu Hotel, doch alle sind ausgebucht. Nach der fünften Abfuhr bekomme ich so langsam Panik: Es beginnt zu dämmern, ein Platz zum Wildcampen ist wegen der dichten Besiedlung zwischen Küste und Gebirge selbst mit gutem Willen weit und breit nicht zu erkennen, und nach der Stadt naht der Pass. Zu allem Überfluss nähern sich dicke schwarze Gewitterwolken.

Mulmiges Gefühl

Als Anna und ich eine kleine Krisensitzung abhalten, erlöst uns ein Mädchen und fragt auf Deutsch, ob wir Hilfe bräuchten. Sie telefoniert den ‚Chef' herbei, einen großgewachsenen und breiten, Unterhemd und Goldkette tragenden Mann. Er bietet uns auf Italienisch ein Zimmer mit Meerblick an und betont immer wieder, dass das Zimmer „tradizionale" sei. Die geforderten 30 Euro sind zwar um die Hälfte mehr als der in Albanien übliche Preis, doch angesichts unserer verzweifelten Lage verhandeln wir nicht groß und schlagen ein – außerdem verspricht der ‚Chef' einen famosen Blick über die gesamte Bucht.

Als er uns auffordert, unsere Fahrräder in einer Garage abzustellen und mit ihm ins Auto zu steigen, wird mir etwas mulmig. Nachdem ich unsere Räder immerhin an einen Campingstuhl gekettet habe, fahren wir aber wie versprochen in nur „cinque minuti" mit seiner „macchina tedesca", einer A-Klasse, über eine Schotterpiste den Berg hinauf.

Vollausstattung

Bevor wir das Zimmer betreten, grinst mich der ‚Chef' noch einmal an: „Tradizionale"! Das Apartment ist komplett rot gestrichen und von einem gigantischen Kamin aus Natursteinen dominiert. An den Wänden hängt eine bunte Auswahl historischer Waffen: eine alte Pistole, Pfeil und Bogen, ein Schwert, ein gigantischer Streithammer und eine neunschwänzige Peitsche. Dazwischen sind albanische Flaggen und historische Bilder angebracht – auf einem ist vermutlich zu sehen, wie der albanische Nationalheld Skanderbeg zurück zum Katholizismus konvertiert. Wir schleppen unsere Satteltaschen hinein und sind erst einmal glücklich, irgendwo angekommen zu sein. Der Chef will uns jedoch gleich wieder mitnehmen und zum Essen ausführen. Doch wir lehnen dankend ab und verabreden uns zur Zimmerrückgabe am nächsten Morgen. Auf der schönen Terrasse – wir sehen tatsächlich über die ganze Bucht und werden Zeuge eines gigantischen Gewitters – kochen wir Gemüse-Nudel-Suppe. Es wird rasch dunkel und Anna holt ihre

Stirnlampe aus dem Zimmer. Als sie wieder auf die Terrasse tritt, ist ihr Blick verstört: Sie hat am Kopf- und Fußende des Bettes Fesseln entdeckt. Unser Zimmer ist also nicht nur seltsam eingerichtet, sondern …?

Klimascheide Llogarapass

Ein kurzer Blick über die Strohmatte auf die Nachbarterrasse beruhigt uns jedoch: Hier isst eine Familie zu Abend, auch unsere anderen Nachbarn sind den Geräuschen nach zu urteilen „normale" Gäste. Nachdem ich Anna überreden kann, nicht draußen auf der Isomatte, sondern im – nach eingehender Kontrolle als tadellos sauber zertifizierten – Bett zu übernachten, fallen wir geschafft vom anstrengenden Tag bald in tiefen Schlaf, Fesseln hin oder her. Am nächsten Morgen holt uns der Chef pünktlich ab und gibt uns in einem Café nahe dem Campingstuhl mit unseren Rädern – sie sind tatsächlich noch da! – noch einen Espresso aus. Offenbar war unser anfängliches Misstrauen gegenüber dem grobschlächtigen Geschäftsmann unbegründet.

Dass im Lokal außer uns nur junge übernächtigt wirkende Frauen saßen, wird mir erst so richtig bewusst, als wir schon wieder auf dem Fahrrad sitzen und den Llogara-Passes hinaufklettern. Während ich so über das Schicksal dieser Frauen nachdenke – waren sie tatsächlich Prostituierte und der Chef der Zuhälter? Hätten wir das irgendwie ansprechen sollen? – und versuche, an Anna dranzubleiben, reißen die Wolken auf einmal auf. Wir sind am Pass angekommen und unter uns erstreckt sich die albanische Riviera – im Sonnenschein. Mit etwas Phantasie glaube ich sogar, am Horizont die griechische Insel Korfu ausmachen zu können. Auch die Bäume sind auf einmal verschwunden, denn das Gebirge bildet eine Klimascheide (Adria versus Ionisches Meer), weswegen nur auf der nördlichen Seite des Passes Vegetation möglich ist. Dafür stehen hier ein paar verlorene Bunker in der Gegend rum, hinter denen sich eine Ziegenherde vor dem Wind schützt. Hinter uns geht die Welt unter, vor uns liegt das Paradies: Tausend Höhenmeter kurvige Abfahrt und danach der noch nicht übermäßig erschlossene Kieselstrand!

Florian und seine aus China stammende Frau Minxin starteten im Januar 2015 zu einer Radreise von Deutschland nach China – von der Heimat des einen zur Heimat des anderen. Hier berichten sie von ihrer Fahrt durch Albanien.

Welcome to Albania!

von Florian Welzel

Betonpilze

Mit einem „Welcome to Albania!" schiebt uns der Beamte im Kontrollhäuschen die Pässe wieder entgegen. Wir können durch!

Albanien – könnte dieses kleine, für lange Zeit völlig isolierte Land das erste richtige Abenteuer unserer Tour von Deutschland nach China werden? Seit der Jahrtausendwende erholt sich das Land allmählich von den nicht enden wollenden Krisen und allmählich entdecken auch Urlauber dieses kleine Land als Reiseziel. In sieben Tagen wollen wir Albanien von Shkoder im Nordwesten Richtung Mazedonien durchqueren.

Die Wolken reißen auf über der albanischen Riviera.

Durch archaisch wirkende Dörfer radeln wir der 80.000-Einwohner-Stadt Shkoder entgegen. Knatternde Motorräder holpern über brüchigen Asphalt, Bauern in einfach wirkender Kleidung treiben das Vieh vor sich her, alte Leute sitzen vor den Häusern und plaudern. Irgendwann zeigt Minxin nach links. Wir starren auf zwei Betonpilze in einem Vorgarten. Es sind zwei von 200.000 kleinen Bunkern, die Enver Hodscha in den 70er/80er Jahren im ganzen Land bauen ließ, weil er eine Invasion befürchtete.

Alte Schätzchen

Je näher Shkoder rückt, desto trostloser wirken die Ansiedlungen. Ein umgestürzter Müllcontainer blockiert die Straße, die Bewohner hausen in improvisiert wirkenden Baracken und entsorgen den Müll in einer stinkigen Kloake.

In Shkoder hingegen registrieren wir an den Ausfallstraßen fiebrige Bautätigkeit. Wohnblöcke und Bürogebäude mit Spiegelglasfassaden zeugen vom Aufschwung. Im Stadtzentrum finden wir ein winziges Hotel, das in einem Gebäude aus dem 17. Jahrhundert untergebracht ist. Im Hof uralte Fahrräder, 60 Jahre und älter. Man kann sie kostenlos ausleihen. Es sei ein Hobby von ihm, erklärt der Hotelbesitzer, er habe bereits in kommunistischer Zeit angefangen, Fahrräder zu sammeln. Damals sei ein Fahrrad noch ein Statussymbol gewesen. Und auch heute stellt es für die ärmere Bevölkerung noch immer ein wichtiges Fortbewegungsmittel dar, was sich auch in einem umfassenden und jederzeit verfügbaren Netz von Fahrradwerkstätten niederschlägt. Der Hotelier bietet uns einen Komplettcheck für unsere Fahrräder an. Wir willigen ein und bereits nach 5 Minuten ist Minxins kaputter Außenspiegel für 1,50 Euro ausgetauscht.

Am Abend laufen wir an hell erleuchteten Ladenmeilen vorbei ins belebte Zentrum von Shkoder. Die Fußgängerzone wird von venezianischen Villen und Palästen gesäumt und beherbergt mehrere Gourmetrestaurants. Schick gekleidete Einheimische schlürfen ihren abendlichen Espresso in den Bars, während in Lumpen gehüllte Straßenkinder vor den Moscheen betteln.

Sackgasse

Wir verlassen die Hauptverkehrsachse und radeln auf ausgezeichneten Asphalt durch kleine Dörfer mit strahlenden Menschen nach Süden. Doch bald verschlechtert sich der Straßenbelag rapide. Je weiter wir vorankommen, desto eigenartiger die Gegend. Begleitet von kläffenden Hunden radeln wir an aufgegebenen Kolchosen und verlassenen Industrieruinen vorbei. Bauernhöfe passieren wir nur zwei, und die Reaktion der Bauern

Auf dem Weg nach Shkoder

Minxin in der albanischen Männergesellschaft

wandelt sich von fröhlichem Winken zu merkwürdigen Handbewegungen. Wenige Minuten später wissen wir, was das bedeuten sollte. Ein hoher Zaun versperrt den Weg, wir sind eine halbe Stunde in eine Sackgasse geradelt. Genervt fahren wir zum Ausgangspunkt zurück, wo uns wieder die makellose Asphaltdecke vereinnahmt. Über einen Feldweg ohne Beschilderung gelangen wir zur Hauptverkehrsstraße zurück.

Märchenland

Hinter Lezhe geht es ostwärts in die Berge, ins wilde, wahre Albanien. Die enge Asphaltstraße windet sich durch die wunderschöne Schlucht des Mat-Flusses. Am Ende des Tals leuchten schneebedeckte Berge. Die winzigen Dörfer und Felder erinnern ein wenig an Sichuan in China. Schon längst ist uns das Märchenland Albanien ans Herz gewachsen.

Ein Landwirt, der gerade seine Schafe nach Hause treibt, lädt uns für die Nacht zu sich nach Hause ein. Alfred wohnt mit seiner Frau Bukulie und seinen drei Kindern in einem weißgetünchten Haus unweit der Stadt Burell. Obwohl Bukulie und Alfred Vieh halten, essen sie selber kein Fleisch, sondern verkaufen es nur an die Supermärkte. Wir verständigen uns mit Händen und Füßen. Als der Name Enver Hodscha fällt, nimmt Alfred eine offene Flasche Bier und verschließt sie – Albaniens selbstgewählter Weg in die Isolation. Ansonsten bleibt uns die albanische Sprache fremd. Selbst das albanische Dankeschön – „Faleminderi" – beherrschen wir nach vier Tagen noch nicht richtig.

No good for tourists!

Unsere nächste Tagesetappe führt durch ein weites liebliches Tal, an Bauernhöfen, Schafherden und Getreidespeichern vorbei in Richtung eines 850 Meter hohen Passes. Immer wieder trägt der Wind Kindergelächter und das Krähen der Hähne zu uns. Nach einer kurzen Mittagspause in Klos rücken die Berge zusammen, und es geht hoch in die bizarre Bergwelt Ostalbaniens. Etwas früher als geplant erreichen wir die windumtoste Höhe. Hinter uns liegt ein tiefes Tal mit längst aufgegebenen Dörfern, vor uns Bulqize, eine graue Bergarbeiterstadt. Vor Bulqize haben uns die Einheimischen gewarnt: Bulqize, no good for tourists! Mafia!

Da wir nicht austesten wollen, ob das wirklich stimmt, beschließen wir, die letzte Nacht in Nähe der mazedonischen Grenze zu verbringen und von dort aus Richtung Asien weiterzufahren. Zwei Stunden stehen wir vor einem etwas bizarren Gebäude, das ein neues innovatives Geschäftsmodell zu verfolgen scheint. Wo sich bei Fünfsterne-Hotels pompöse Auffahrten befinden, stehen hier Zapfsäulen. Der Hotelpage übernimmt auch den Job des Tankwarts. Noch eine unkonventionelle Unterkunft – und ein würdiger Abschied aus Albanien.

Alpen

Vorbemerkung Dieses Extrakapitel widmet sich dem mittleren Alpenraum, an dem die Schweiz, Österreich und Italien Anteil haben. Weitere Alpen-Infos befinden sich bei den Kapiteln Schweiz, Österreich, Italien, Frankreich, Deutschland und Slowenien.

Die Alpen für Radler Es ist nun schon um die 30 Jahre her, als mit dem Mountainbike das Dreifachkettenblatt kam und damit die Suche nach neuen Zielen und Herausforderungen. Fast zwangsläufig avancierte in Europa der Alpenraum zum populären Tourengebiet. Neben Radsportlern und Mountainbikern ziehen seitdem auch gepäckbeladene Reiseradler wie selbstverständlich durch Europas höchstes und formenreichstes Gebirge.

Geografisches Flächenmäßig bedecken die Alpen rund 220.000 qkm, ihre mittlere Höhe beträgt 1400 m, ihre höchste Erhebung markiert das Gipfelkreuz auf dem Montblanc: 4807 m.

In einem rund 1200 km langen und bis zu 250 km breiten Bogen führen sie von den *Ligurischen Alpen* bei Genua (Turchino-Pass, 532 m) über die *Savoyer Alpen* (Montblanc, 4807 m) und *Berner Alpen* (Finsteraarhorn, 4274 m) nordwärts bis zu den *Bayerischen Alpen* (Zugspitze, 2963 m), und nordostwärts bis zum *Wienerwald* (Schöpfl, 892 m). Dabei fächert sich der anfängliche Hauptkamm in mehrere Gebirgsketten auf, die nach Osten allmählich an Höhe verlieren.

Das **Rheintal** zwischen Bodensee und Comer See ist die geografische Trennlinie zwischen West- und Ostalpen. Drei Hauptzüge bestimmen die Ostalpen: *Nördliche Kalkalpen* (auch Nordalpen), *Zentralalpen* sowie *Südliche Kalkalpen* (auch Südalpen). Während die Zentralalpen aus kristallinem Urgestein bestehen und hoch droben noch vergletschert sind, zeichnen sich die jüngeren Kalkalpen durch schroff-karstige Felswände und zerklüftete Hochflächen aus (Bayerische Alpen, Dolomiten).

Val d'Isère (Savoyer Alpen)

ⓘ-Box Alpen

(Hier nur *alpenspezifische* Hinweise, alle anderen Hinweise bei den Info-Boxen der Länder)

Reisezeit

Drei Gründe sprechen für Juni und September als ideale Tourenmonate:

- Die allermeisten Passstraßen und Übernachtungsmöglichkeiten sind von Juni bis September geöffnet (im Juni kann es allerdings in bestimmten Jahren noch bis zur Monatsmitte einige wenige Sperrungen geben, wobei Radler, im Gegensatz zu Autos, trotzdem meist schon durchkommen).
- Der Verkehr ist geringer als in der Hochsaison.
- Die Temperaturen sind angenehmer als in Juli/August.

Der Juni ist landschaftlich am schönsten, alles grünt und blüht (später Frühlingsbeginn wegen der Höhenlage). Der September ist hingegen der sicherste Monat bezüglich offener Pässe ist und ziemlich wetterstabil (abnehmende Gewitterneigung).

Eisiger Sommerregen

Wie ungünstig das Wetter im Hochsommer-Monat Juli sein kann, hat *Georg Föcker* am **Col de l'Iseran** erlebt: „27. Juli. Der Regen wird immer kräftiger, und der kalte Wind nimmt weiterhin zu. Kilometer um Kilometer kämpfen wir uns den Pass hinauf. Von Unterhaltung keine Spur mehr. Jeder ist nur noch mit sich selbst beschäftigt. In den ständig treibenden Regenwolken sehen wir uns teilweise nicht mehr. Mir ist klar, anhalten dürfen wir nicht mehr, wir würden sofort radikal auskühlen. Als ich endlich oben ankomme, schlottere ich bald fürchterlich. Die Finger sind steif gefroren. Der eisige Regen sticht wie Nadeln. Zu klaren Gedanken bin ich nicht mehr fähig. Ich stürze in das auf der Passhöhe gelegene Restaurationsgebäude und hoffe, dass mir dort wärmer wird. Kurz darauf erscheinen auch Martin und Burkhard, ebenfalls vollkommen fertig. Unsere Körper wollen und wollen nicht wärmer werden. Nach einer halben Stunde entscheide ich mich für die Abfahrt, brauche dringendst eine Toilette, die es auf der Passhöhe, auch nach mehrmaligem Nachfragen, nicht gibt. Wir machen noch schnell gegenseitig Fotos, dann habe ich nur noch einen Gedanken, hinab nach Bonneval sur Arc, in tiefer gelegene Regionen. Die Abfahrt wird noch schlimmer, die Finger werden immer steifer, ich kann kaum mehr bremsen und friere noch mehr. Gefühlsmäßig will die Abfahrt einfach nicht enden. In meinem ganzen Leben habe ich noch nicht so gefroren. Ich stürze in die direkt am Abfahrtsende gelegene Touristikinformation. Nach 15 Minuten ist mir immer noch nicht wärmer. Eine Möglichkeit sich ungestört umzuziehen besteht in dem stark frequentierten Raum nicht. Die Touristikinformation verlassen möchte ich auch nicht, ich habe Angst, Burkhard und Martin könnten an mir vorbeifahren, ohne mich wahrzunehmen …"

Übernachten

An Übernachtungsmöglichkeiten ist kein Mangel. Preisbewusste Straßentourer sollten sich auf **Campingplätze** und **Jugendherbergen** konzentrieren.

Günstig sind auch **Berghütten**, die sich als Stütz- und Etappenpunkte für *Mountainbiker* anbieten (nur wenige sind für Straßentourer zugänglich). Die nationalen Alpenvereine unterhalten die meisten dieser Berghütten. Die Preise richten sich u.a. nach Lage und Ausstattung, Nichtmitglieder zahlen ca. 20 €. Teurer sind privat bewirtschaftete Hütten. Einzelpersonen kommen auch ohne Reservierung meist unter, Reservierungspflicht besteht oft in der Schweiz. Ansonsten kann ein Telefonanruf am Morgen nicht schaden. Wegen des Wetters weiß man ja nie so genau, wann man wo sein wird. Die aktuellsten Infos gibt es allerdings unterwegs: Hüttenwirte wissen ziemlich genau Bescheid über die nächst gelegenen Hütten. Ansonsten Internet, z.B. *www.dav-huettensuche.de*

Alpenstraßen-Tipps von Andres Hollmann

Wintersperre von Schweizer Alpenpässen: Einige Tage vor der offiziellen Öffnung für den Autoverkehr ist die Passstraße meistens schon mit Schneefräsen geräumt. Die durch den Frost entstandenen Fahrbahnschäden werden kurz vor der Freigabe behoben. Mit dem Fahrrad sind die meisten Schäden aber kein Hindernis, so dass man bei der Kantonspolizei nachfragen sollte, ob der Pass mit dem Fahrrad schon befahren werden kann. Die Gasthöfe auf der Passhöhe werden in der Regel erst einige Wochen nach Aufhebung der Wintersperre geöffnet.

Auf den größeren Pässen fahren Motorräder regelrechte Rennen und nehmen dabei weder auf sich noch auf andere Rücksicht. Als Radfahrer kann man sie aber trotzdem bremsen, wenn man in den Serpentinen möglichst in der Mitte der Fahrbahn fährt. Die Motorradfahrer können dann die Kurve nicht mehr auf der Ideallinie durchfahren und müssen ihre Geschwindigkeit deutlich verringern.

Eine vermeidbare Panne passierte meinem Mitfahrer am Kunkelspass. Dort beträgt das Gefälle auf der Südrampe satte 22%, und die Fahrbahn besteht aus grobem Schotter. Hier kann man das Rad nicht einfach rollen lassen, sondern muss ständig bremsen. Da man immer unter 15 km/h bleibt, bekommen die Felgen keine ausreichende Luftkühlung mehr. Nach zwanzigminütiger Bremsorgie sprang meinem Mitfahrer dann mit lautem Knall der Reifen von der überhitzten Felge – zum Glück standen wir gerade.

Wintertouren

Kleidung

Optimal sind mehrere Lagen Kleidung aus synthetischen Materialien nach dem Zwiebelschalensystem. Während langer Anstiege unter der Wintersonne Bekleidung reduzieren, für längere Abfahrten zusätzliche, trockene Kleidungsstücke anlegen. Die inneren Lagen sollten „kuschelig“ sein, und die Feuchtigkeit möglichst gleichmäßig verteilt nach außen transportieren. Die Oberbekleidung muss vor allem wind- und regendicht sein und darf nebenbei auch atmen. Hände, Füße, Gelenke und Ohren sind besonders kälteempfindlich. Besonders gefährdet sind dabei die Kniegelenke, die kein Fettgewebe besitzen und deshalb durch Bandagen gegen Kälte geschützt werden müssen. Sonnenmilch, Lippenschutz, Sonnen- oder Skibrille und Sturmhaube schützen das Gesicht. Gar nicht so einfach ist es, Füße und Hände so zu schützen, damit sie einerseits beweglich bleiben, andererseits auch warm. Schuhe sollten groß genug sein für zwei paar Strümpfe. An die Pedale geschraubte Yuppie-Caps schützen zusätzlich gegen Matsch und Wind. Wenn die Fingerhandschuhe nicht

Winterradeln erfordert spezielle Ausrüstung

wärmen, helfen am Ende nur noch Fäustlinge. Motorradshops führen auch Zwitterhandschuhe, bei denen sich jeweils zwei Finger ein Fach teilen.

Fahrrad

- Für bestmögliche Traktion bei gleichzeitiger Fähigkeit zur Selbstreinigung kommen eigentlich nur **Spikesreifen** mit offenem Profil in Frage. Schwalbe hat neben dem spurtreuen „Marathon Winter" mit 240 Spikes den agilen Ice Spiker Pro mit 361 Spikes im Programm. Beide Reifen waren bereits Testsieger.
- Um den bei einer bestimmten Temperatur anbackenden Schnee besser entfernen zu können, sind **Steckschutzbleche** festen Blechen vorzuziehen. Der Schnee wird an den Blechen sonst rasch zum Bremsklotz verdichtet.
- Bewegliche Metallteile gut ölen, damit keine Feuchtigkeit anfrieren kann und die Funktionen behindert (Schalt- und Bremszüge, Schaltwerk).
- Wichtig ist auch eine zuverlässige **Lichtanlage.** Im Winter wird es schneller dunkel als einem lieb ist. Ideal ist ein kraftschlüssiger Nabendynamo. Die Alternative wäre eine leistungsstarke batteriebetriebene LED-Beleuchtung.
- Eine **Thermosflasche** ersetzt die im Winter sinnlose Rahmenflasche. Darüber hinaus sollte auch normales Trinkwasser an Bord sein. Zwar hält sich das Schwitzen in Grenzen, aber mit der Atemluft geht doch mehr Flüssigkeit verloren, als man vermutet.

Straßenverhältnisse

Wunderschön zum Radeln kann eine feste, nicht zu hohe Neuschneedecke sein. Weniger schön ist Schneematsch, wirklich fies zerfahrener und wieder festgefrorener Schneematsch. In diesem Fall sind Abfahrten auch mit Spikesreifen mühsam.

Über den aktuellen Straßenzustand informieren u. a. die großen Autoclubs auf ihren Internet-Seiten, aber der ADAC bspw. nur seine Mitglieder. Frei zugängliche Infos s. Info-Boxen Österreich, Schweiz (Straßen und Wege). Auch Alpenstraßen und -pässe, von denen es heißt, sie seien ganzjährig befahrbar, können wegen Lawinen oder heftigen Neuschnees tagelang gesperrt sein!

Infos

Infos und Spinnereien zum Thema Winterradeln: *www.icebike.org*

Infos, Karten, Literatur & GPS

Infos

Die Leidenschaft fürs Pässeradeln äußert sich auch im Web. Einige interessante Adressen für den Anfang:

- Witzig, informativ, umfangreich: *www.alpentouren.at (http://alpentouren.teamone.de)*
- 100e von Pässen in D, A, CH, I, F: *www.alpenrennradtouren.de*
- Ausführliche Berichte übers Pässe sammeln mit dem Reiserad: *www.alpenradtouren.de* (Georg Föcker)
- Schweizer und andere Alpenpässe, ausführlich beschrieben: *www.montivagus.de* (Holger Rudolph)
- Englische Seite zum Thema Gebirgstouren, mit den Alpen natürlich: *www.ocd.org.uk*
- „Hauptsache bergauf" ist das Motto von *www.quaeldich.de* - Portal für Renn- und Reiseradler, denen schon der Anblick eines Höhendiagramms freudiges Ziehen in der Magengrube beschert.

GPS

- GPS-Datenfutter für die Alpen gibt es auf vielen Seiten. Hier eine Auswahl: *www.alpenrouten.de, www.transalp.info, www.gps-tour.info.*
- OSM-basierte Radreise-Karten fürs Garmin: *www.aighes.de, www.kowoma.de*
- Freitag & Berndt: Alpenländer 1:500.000. 9,99 €. Riesige unhandliche Übersichtskarte, auf der aber alles drauf ist.
- Reise Know How: Alpen, 1:550.000, 8,90 €. Beschränkt sich auf den eigentlichen Alpenraum, daher handlicher.

Literatur

- Denzel (Verlag und Autor): „Großer Alpenstraßenführer". Über 640 Beschreibungen von Pass- und Gebirgsstraßen (mit Schwierigkeitsgraden, landschaftlicher Wertung, Kartenausschnitten und Höhenprofilen). In erster Linie für Auto- und Motorradfahrer konzipiert, für Radler als zusätzliche Planungs- und Entscheidungshilfe interessant.
- Verlag Delius Klasing: Früher erschienen hier die beliebten „Moser-Bike-Guides", jetzt die „Transalp"-Bestseller von Ulrich Stanciu (*www.delius-klasing.de, www.bike-gps.com*).
- Kay Wewior, ParadiseGuide: „Das Füssen-Gardasee Transalp Radreisebuch", dito „München-Venedig", dito „München-Gardasee". Alle mit GPS-Download.

Pässe, Touren, Routen

Nord-Süd-Passagen der Alpen von Ulrich Lamm (Stand 2015)

Wie und wo kommt man mit dem Rad am besten über die Alpen? Tourenfuchs Ulrich Lamm *(www.radweit.de)* analysiert im Folgenden die wichtigsten Nord-Süd-Passagen im Bereich der mittleren West- und Ostalpen. Seine Übersicht beginnt im Südwesten der Schweiz und setzt sich schrittweise nach Osten fort.

Großer Sankt Bernhard (2468 m)

(Schweizer Mittelland) – Unterwallis – Aosta/Italien

Nördliche Zufahrt: Zunächst wie zum Simplonpass (s.u.).
In Martigny (476 m) zweigt die *Passstraße* aus dem Rhônetal ab. Leider muss man bis auf 1915 m Höhe größtenteils auf der Zufahrt zum Schnellstraßen-

Col du Grand St. Bernard (2473 m)

Tunnel radeln. Oberhalb des Tunnels ist die Straße ruhig. Auf der Südseite treffen sich alte Straße und Tunnelzufahrt erst bei 1400 m.

Wanderer und Radler können direkt am Pass im **Hospice du Grand-Saint-Bernard** preiswert übernachten und speisen! *www.gsbernard.ch*

Südliche Zufahrt: Im Aostatal und in dessen nördlichem Seitental des Artanavaz gibt es fast auf der ganzen Länge Nebenstraßen, allerdings teilweise mit zusätzlichen Steigungen.

Simplonpass (2005 m)

(Schweizer Mittelland) – Oberwallis – Piemont/Italien

Trotz Europastraße nur mäßiger Autoverkehr, da Entlastung durch Eisenbahntunnel (Bern – Lötschberg – Simplon-Bahn) und direktere Nachbarpässe. Für beide Richtungen gleich gut.

Nördliche Zufahrt: Im Schweizer Mittelland große Auswahl von Nebenstraßen und mehrere Radwanderwege. Von Châtel St. Denis nach Montreux am Genfer See (372 m). Dort Hauptstraße von vor Chillon bis hinter Villeneuve. Im Rhônetal Schweizer Veloroute1, großenteils auf den Rhonedämmen. Nur an der Sprachgrenze zwischen Sierre und Leuk wird man noch füt 9 km auf die Hauptstraße geschickt.

Pass: Gut asphaltierte alte Straße von Brig (684 m) bis Schallberg, zeitweise unterbrochenes altes Straßenstück weiter oben.

Alternative Teilstrecke: Wiesenwege von der Passhöhe bis Simplon Dorf.

Weiterfahrt in Italien: Am Anfang der Schnellstraße gelangt man durch deren Auffahrt legal wieder auf die alte Straße. Im Val d'Ossola Nebenstraßen – um Lago d'Orta und Lago Maggiore (193 m) überall dichter Autoverkehr – weiter bis fast nach Pavia kleinere Straßen und eine Pista ciclabile entlang des Naviglio Grande (Parallelkanal östlich des Flusses Ticino).

Sankt Gotthard (2108 m)

Vierwaldstätter See – Tessin

Vorteil: Alte Passstraße dreifach entlastet durch neue Passstraße, Autobahntunnel und die „rollende Straße" der SBB.

Nachteil: Alte Passstraße Steinpflaster, vor allem auf der Südseite mit Bodenwellen. Beide Zufahrtsstrecken gehen durch Ballungsgebiete.

Nördliche Zufahrt: Wegen enger Täler und Vierwaldstätter See überwiegend stark befahrene Hauptstraßen, Ausnahmen sind der Weg nördlich des Rotenthurmer Moores (am Sattelpass, 800 m) und Nebenstraßen bei der Urner Hauptstadt Altdorf (462 m).

Pass: Im oberen Teil der Südseite darf man auch auf der neuen Landstraße radeln, bergab nicht unangenehm.

Weiterfahrt südlich von Airolo (1142 m): Im oberen Teil des Tessins mäßig befahrene Hauptstraße (parallel die Autobahn), dazu teilweise Nebenstraßen. Ab Bellinzona (227 m) überall dichter Autoverkehr.

Lukmanierpass (1916 m)

Vorderrhein – Tessin

Pass selbst recht ruhig, aber *nördliche Zufahrt* (im Tal des Vorderrheins überwiegend auf der Hauptstraße) stärker autobelastet als bei den anschließend vorgestellten Pässen.

Südliche Zufahrt: Situation im Tessin, s.o.

Wichtige Trans-Alpen-Pässe für Tourenradler

1 Großer Sankt Bernhard (2469 m, 11 %)	11 Albulapass (2312 m, 12 %)
2 Simplonpass (2005 m, 9 %)	12 Flüelapass (2383 m, 10 %)
3 Furkapass (2431 m, 11 %)	13 Berninapass (2328 m, 10 %)
4 Sankt Gotthard (2108 m, 8 %)	14 Ofenpass (2149 m, 10 %)
5 Oberalp-Pass (2044 m, 10 %)	15 Stilfser Joch (2758 m, 15 %)
6 Lukmanierpass (1916 m, 9 %)	16 Reschenpass (1504 m, 9 %)
7 San Bernardino (2065 m, 10 %)	17 Hahntennjoch (1884 m, W 15 %/O 9 %)
8 Splügenpass (2113 m, 10 %)	18 Fernpass (1216 m, 9 %)
9 Malojapass (1815 m, 9 %)	19 Timmelsjoch (2509 m, N 11 % / S 13 %)
10 Julierpass (2284 m, 10 %)	20 Penser Joch (2214 m, N 13 % / S 12 %)

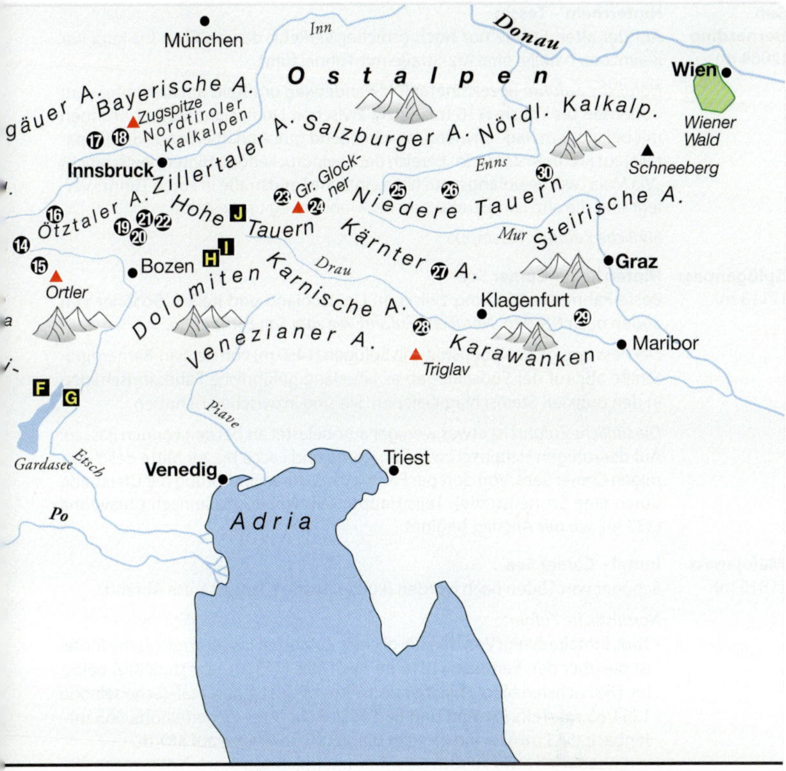

21 Brennerpass (1374 m, 8 %)
22 Pfitscher Joch (2245 m, 12 %)
23 Felbertauernstraße (1650 m, 9 %)
24 Großglocknerstraße (2503 m, 12 %)
25 Radstädter Tauernpass (1739 m, N 15 % / S 8 %)
26 Sölker Pass (1788 m, N 14 % / S 12 %)
27 Turracher Höhe (1783 m, N 12 %/S 10 %)
28 Wurzenpass (1073 m, 18 %)
29 Radlpass (679 m, N 10 % / S 12 %)
30 Präbichl (1232 m, N 12 % / S 10 %)

Tourenvorschläge für Mountainbiker (s.S. 43)

A Col de Parpaillon (2640 m)
B Mont Chaberton (3136 m)
C Monte Jafferau (2800 m)
D Colle Sommeiller (3050 m)
E Rifugio degli Abruzzi (2805 m)
F Tremalzo-Passstraße (1665 m)
G Monte Altissimo (2050 m)
H Limajoch (2170 m)
I Plätzwiesesattel (1991 m)
J Klammljöchl (2300 m)

San Bernardino (2064 m)

Hinterrhein – Tessin

Auf der alten Straße nur noch örtlicher Verkehr, da von Chur bis kurz vor Bellinzona parallel eine Kfz-Straße mit Tunnel führt.

Nördliche Zufahrt: Bezeichneter Radwanderweg großteils am Rheinufer vom Bodensee bis Thusis (710 m), einzig zwischen Domat und Rothenbrunnen mit beladenem Rad schwierig, anschließend gut asphaltierte alte Straße parallel zur Kraftfahrstraße. Im Bereich der beeindruckenden Hinterrheinschlucht „Via Mala" wurde unlängst auch die einfache Landstraße in einen Tunnel verlegt und die alte Landstraße zum Radwanderweg umgestaltet.

Südliche Zufahrt: Tessin, s.o.

Splügenpass (2113 m)

Hinterrhein – Comer See

Beste Fahrradverbindung zwischen Deutschland und Italien. Schöner von Süden nach Norden. *Nördliche Zufahrt wie zum San Bernardino.*

Der Pass zweigt als Nebenstraße in Splügen (1450 m) von der San-Bernardino-Straße ab. Auf der Südseite gab es jahrelang gefährliche Fahrbahnschäden in den dunklen Steinschlag-Galerien. Sie sind inzwischen behoben.

Die südliche Zufahrt ist etwas weniger autobelastet als bei den vorigen Pässen: Auf der ruhigen Halbinsel zwischen Como und Lecco bis zur Mitte des Y-förmigen Comer Sees. Von dort per Fähre aufs Ostufer (Entlastung der Uferstraße durch eine Schnellstraße). Teils Haupt-, teils Nebenstraße nach Chiavenna (333 m), wo der Anstieg beginnt.

Malojapass (1815 m)

Inntal – Comer See

Schöner von Süden nach Norden (kurzer Anstieg, lange sanfte Abfahrt).

Nordöstliche Zufahrt:

- Tirol, Inntalradweg: Von den nördlichen Zufahrten ins österreichische Inntal ist die über den Fernpass (1216 m) nach Mils (743 m) sehr stark KFZ-belastet. Die nächsten Möglichkeiten sind Mittenwald–Leutaschtal–(Scheitelhöhe 1264/65 m)–Telfs (643 m) und Bad Tölz–Achensee–(Scheitelhöhe 965 m)–Jenbach (563 m). Der Inn erreicht die deutsche Grenze auf 487 m.
- Im Engadin (ab etwa 1000 m aufwärts) unterhalb von Susch (1426 m) nur mäßiger Autoverkehr auf der Hauptstraße. Parallele Fahrradwegweisung mit erheblich mehr Höhenmetern und langen kaum befestigten Strecken. Von Zernez (1473 m) bis oberhalb von St. Moritz (1810 m) überall brauchbare Parallelen, teils als Schotterweg auf der südlichen Talseite, teils als alte Landstraße auf der nördlichen Seite.

Südliche Zufahrt:

- Comer See (197 m) siehe Splügenpass.
- Passstraße von Chiavenna (333 m) durchs Bergell hinauf zur Passhöhe der Maloja (1815 m), kurz danach die kleine „Innebene".

Albulapass (2312 m) – **Ofenpass** (2149 m)

Rheintal – Engadin – Etschtal/Südtirol

Der *Albulapass* ist zwar die ruhigste Straße zwischen Rhein und Engadin, vom Rheintal (Radwanderweg, s.o.) zum Ausgangsort Surava (900 m) gelangt man allerdings nur über die Zufahrten zu den stärker belasteten Nachbarpässen *Julierpass* (2284 m) und *Flüelapass* (2383 m). Über den Flüelapass (Davoser Tal – Susch) ist die Verbindung vom Bodensee nach Südtirol kürzer.

Der *Ofenpass* führt von Zernez (1473 m) ins Münstertal (Müstair, 1250 m), das bei Mals (1050 m) ins Etschtal mündet. Er ist recht frequentiert, aber nicht

so stark, dass es stinkt. Von Zernez bis zur Passhöhe führt die Straße durch die nur wenig besiedelte Landschaft des Schweizer Nationalparks.
Weiterfahrt in Italien (Radwanderweg durchs obere Etschtal) s. Reschenpass.

Via Claudia Augusta, Fernpass (1216 m) – **Reschenpass** (1504 m)

Allgäu – Tirol – Etschtal/Südtirol

Seit der Eröffnung des Landecker Tunnels im Jahr 2000 ist die Route Fernpass – Reschenpass – Vintschgau eine der Hauptstrecken des PKW-Verkehrs zwischen Deutschland und Italien. Dass der früher beträchtliche LKW-verkehr durch Tonnagebeschränkungen zurückgegangen ist, bildet nur einen schwachen Trost. Es wurden zwar überall parallel Radwanderwege eingerichtet bzw. ausgewiesen, aber die sind von sehr unterschiedlicher Qualität.

Nördliche Zufahrt, Alpenrand bis Inntal:

An der Ehrenberger Klause und am Fernpass sind die Ausweichstrecken Montainbikerouten mit steilen Schotterstrecken und teilweise sehr rauer Oberfläche. In diesen Abschnitten darf man zwar auf der parallelen Bundesstraße radeln, braucht dafür aber sehr gute Nerven. Bergauf wegen des langen hohen Anstiegs in der Abgaszone gar nicht zu empfehlen.

- Von Füssen bis zur Ulrichsbrücke trägt die Landstraße nicht mehr den Hauptverkehr, der durch einen Tunnel unter dem Vilser Berg geleitet wird. Teilweise hat die Straße einen Radweg, der aber unvermittelt in einen geschotterten und hügeligen Waldweg übergeht.
- Vor der Ulrichsbrücke (nach Süden) offizielle Wegweisung auf nettem kleinen Sträßchen durch Pinswang nach Pflach.
- Ehrenberger Klause von Reutte (850 m) nach Heiterwang (99a m): Steiler Schotterweg von der Straße nach Ehrenbichl (Krankenhaus) aus. B 178 hier zum Radfahren erlaubt, Abzweig nach Ehrenberg wenig zu empfehlen (Abfahrt – riesiger Parkplatz – steile Auffahrt). Die Ausweichstrecke am Heiterwanger See ist nicht mehr ausgeschildert.
- Heiterwanger Tal: Guter asphaltierter Radweg bis Bichlbach. Dort vor Beginn der Steilstrecken besser ins Dorf ausweichen und anschließend auf der Hauptstraße bis Obergarten. Dann auf der alten Straße durch Lermoos und Biberwihr und/oder durch die Wiesen bis kurz vor dem Fernpass.
- Fernpass: Hauptstraße (1167 m) oder Mountainbike-Strecke (1293 m).
- Von Imst (833 m) nach Mils (743 m) führt die offizielle Wegweisung südwärts an die Autobahn und folgt dieser dann nach Westen. Da der KFZ-Strom ähnlich geführt wird, ist die Landstraße nach Mils nicht sehr belastet.

Nördliche Zufahrt, Inntal – Reschenpass:

- Im Inntal stehen zwischen Mils und Zams alte Straßen und Radwanderweg zur Wahl.
- In Landeck (817 m) ist die Fahrt durchs Stadtzentrum (im Kern verkehrsberuhigt) dem Radwanderweg an der Umgehungsstraße vorzuziehen.
- Zwischen Landeck und dem Südende des Landecker Tunnels ist der Radwanderweg jetzt zwar asphaltiert, aber eine Achterbahn an verlorenen Höhenmetern. Dort ist die alte Talstraße so sehr entlastet, dass sie die bessere Alternative darstellt. Vom Tunnelende bis zur Kajetanbrücke bei Pfunds ist der Radwanderweg hervorragend ausgebaut.
- Die österreichische Reschenrampe zwischen der Kajetanbrücke (981 m) und Nauders (1394 m) ist seit 2015 für Fahrräder gesperrt. Man folgt also unausweichlich der offiziellen Wegweisung auf der Talstraße nach Martina

Die Festung Nauders an der Reschenstraße (Österreich, Tirol)

(1035 m, Graubünden) und von dort auf der sogenannten Schweizer Straße über die Norbertshöhe (1405 m) nach Nauders. Diese Auffahrt hat nur mäßigen Autoverkehr und eine ziemlich gleichmäßige Steigung. Durch das Dorf Nauders weist die offizielle Wegweisung einen vermeidbaren Umweg. Stattdessen kann man neben der Burg zum Grenzübergang (1450 m) und zur Passhöhe (1507) fahren.

Südliche Zufahrt ab Bozen:
In den letzten Jahren wurde über große Strecken ein neuer, asphaltierter Radwanderweg auf den Etschdeichen angelegt, auch in Talabschnitten, wo man schon früher auf komfortablen Wirtschaftswegen durch die Obstplantagen radeln konnte. Die neuesten Teilstrecken sind in handelsüblichen Karten noch nicht eingetragen.

- In Meran wird man teilweise unter der Schnellstraße, teilweise durch die Stadt geleitet. Die Alternative auf der anderen Talseite ist schwer zu finden. Zwischen Algund und Partschins besteht praktisch eine Zwangsführung, weil eine Etschbrücke in Partschins für den Radverkehr gesperrt ist.
- Zwischen Schlanders und Laas geht es auf Schotter auf und ab.
- Der ausgeschilderte Umweg durch Prad lässt sich vermeiden, wenn man am Bahnhof von Spondinig entlang fährt (v.a. talabwärts der Wegweisung zum Bahnhof folgen!). Zwischen Glurns und Burgeis (1215 m) gibt es (asphaltierte) Steilstrecken bis zu 19%, die mit Ortskenntnis zu umfahren sein sollten.
- Die Schotterstrecke am Haidersee (1450 m) ist kurz, eben und harmlos.
- Von den beiden Radwanderwegen entlang des Reschensees (1498 m) ist der am Ostufer (oft nahe der Straße) eben, aber überweigend geschottert. Der am Westufer ist überwiegend asphaltiert, hat aber einige Steigungen.

Timmelsjoch (2509 m)

Ötztal/Tirol – Meran/Südtirol

Sportliche Alternative zu den beiden Nachbarpässen.

Nördliche Zufahrt: Zufahrt bis ins Inntal vergl. Reschenpass. Das Ötztal geht 10 km östlich von Imst auf 734 m aus dem Inntal ab. Im Ötztal liegen zahlreiche Urlaubsorte mit entsprechendem Autoverkehr.

Italienische Seite: Viele scharfe Kehren und mehrere unbeleuchtete Tunnel führen auf italienischer Seite hinab ins Passaiertal. Diese grandiose, nicht ungefährliche Abfahrt war früher für Fahrräder und Wohnanhänger gesperrt. Da sich die oben angekommenen Radler aber nicht daran halten wollten, kniffen die Zöllner, die es damals noch gab, regelmäßig ein Auge zu. Seit einigen Jahren ist die Abfahrt nicht mehr für Radler gesperrt. Vorsichtig sollte man dennoch fahren.

Brennerpass (1374 m)

(München) – Mittenwald/Achensee – Innsbruck – Südtirol – (Verona)

Die Route über den Brenner verläuft fast in ganzer Länge in hörbarer Nähe der Brennerautobahn, aber der Radwanderweg, teils ausgewiesen, teils neu angelegt, ist über lange Strecken gut ausgebaut und bei schlechteren Abschnitten kann man besser auf die Hauptstraße ausweichen, als auf der Fernpassroute.

Anfahrt von Norden ins Inntal

Über Mittenwald:

Die Anfahrt vom nördlichen Alpenrand Mittenwald (923 m) kann teilweise über schöne Abschnitte mit wenig Autoverkehr und nicht zu vielen Hügeln führen, beinhaltet aber immer auch längere Hauptstraßenabschnitte.

Der Zirler Berg ist für Fahrräder gesperrt, parallel gibt es einen von Mountainbikern befahrenen Weg, der eigentlich ebenfalls verboten ist. Die beiden Straßen aus dem Leutaschtal, ohne Seefeld mit 1265 m Scheitelhöhe, sowie über Seefeld (1168 m) mit Scheitel (1264 m) hinter Seefeld, ins Inntal erreichen dieses 20 km westlich von Innsbruck in Telfs (634 m).

Über Bad Tölz und entlang des Achensees:

- Von Bad Tölz (658 m) bis zum Sylvensteinspeicher auf Nebenstraßen nach Lenggries, von dort ein Stück Hauptstraße und dann asphaltierter Radwanderweg bis zum Sylvensteinspeicher (767 m).
- Von diesem bis nach Achenwald zeichnet sich der Radweg Via Bavarica Tyrolensis durch endlos Schotter und mehrere verlorene Höhen aus, so dass hier die Straße vorzuziehen ist.
- Von hier bis zum Bahnübergang am Ortsende von Eben am Achensee (964 m) folgt die Wegweisung Ortsstraßen und dem gut ausgebauten Uferweg am See.
- Von jenem Bahnübergang bis zum oberen Ortsrand von Erlach ist in beiden Richtungen die Bundesstraße vorzuziehen, dann bergab die Bundesstraße, aber in Gegenrichtung (also von der Wiesinger Kirche nach Erlach) die Ortsstraße.
- Von Wiesing (566 m) fährt man am besten auf halber Höhe nach Jenbach (563m).
- Von Jenbach geht es auf dem gut ausgeschilderten Inntal-Radwanderweg auf befestigten Wirtschaftswegen und Nebenstraßen flussaufwärts.

Über den Taleingang bei Kufstein:

Die Strecke von München (519 m) zum Knick der Mangfall bei Feldkirchen (OT Altenburg 663 m), dann über Bad Feilnbach nach Brannenburg (509 m) und von dort das Inntal aufwärts ist zwar an Kilometern deutlich weiter als die Achenseeroute, aber wegen weniger Höhenmeter an Reisezeit nicht viel länger. Um nicht mehr als nötig neben der Autobahn zu radeln, sollte man von der Brücke Degerndorf/Nußdorf bis Kufstein (490 m) auf dem östlichen Innufer fahren.

Aus dem Inntal auf den Brennerpass:

- Ruhigere Auffahrt bis Matrei am Brenner: Diesen nicht schon bei der offiziellen Brenner-Wegweisung zu verlassen, sondern weiter bis Solbad Hall (574 m), spart verlorene Höhen. In Hall nicht über den Inn, sondern geradeaus bis zur Straßenbrücke. Von dort gelangt man durch Ampass (651 m) und Aldrans (769 m) auf die als Radwanderweg ausgeschilderte Nebenstraße nach Matrei. Die Straße durch Patsch (998 m), Mühltal-St.-Peter und Ellbögen (1070 m) hat so gut wie keinen Lärm von der Autobahn, aber einiges an verlorenen Höhen.
- Leichtere Auffahrt bis Matrei am Brenner: Die Brenner-Bundesstraße ab Innsbruck (574 m) hat so gut wie keine verlorenen Höhen. Wie auch weiter oben besteht eine Tonnagebeschränkung für den Durchgangsverkehr.
- Matrei (992 m) bis zum Grenzort Brenner (1072 m): Auch die Fahrradwegweisung verläuft auf der Bundesstraße.

Anfahrt aus Süden

- Der Etschtal-Radweg ist von Lavis bei Trento/Trient (194 m) bis Bozen eine Fahrradautobahn auf den Etschdämmen, bequem und schnell, aber langweilig. Der Lärm der „echten" Autobahn wird dadurch gedämpft, dass diese hinter dem jeweils anderen Etschdamm verläuft, der als Lärmschutzwand wirkt.
- Der Radweg verzweigt sich am westlichen Ortsrand von Bozen in die Richtungen Meran und „Bolzano/Bozen". Nach passieren des Bozener Stadions (262 m) muss man die Mündung der Talvera überqueren, die optisch als aufwärtige gerade Fortsetzung der Eisack ersscheint, während diese von rechts kommt. dazu gibt es die Fahrradbrücke nahe der Mündung oder kurz dahinter den Ponte Druso/Drususbrücke. In Kardaun (290 m) gelangt man auf die SS241 (bei Umleitungen des Radwegs sogar schon in Bozen). Wer den Wiederbeginn des Radwegs bei der Autobahnbrücke verpasst hat, kann problemlos am Ende des Gewerbegebietes von der alten Straße auf den Radweg wechseln.
- Von Kardaun bis Waidbruck (470 m) ist der Brennerradweg mit wenigen Unterbrechungen komfortabel auf der alten Trasse der Brennerbahn angelegt und weist von dort noch bis Brixen ebenfalls brauchbare Qualität auf.
- In Brixen (560 m) empfiehlt es sich, bei der Vereinigung von Eisack und Rienz in die verkehrsberuhigte Altstadt einzubiegen. Nördlich davon in Richtung Krankenhaus und dann auf der Alten Straße/Via Vecchia in Richtung Vahm. Der offizielle Radwanderweg führt an der Alstadt vorbei und dann auf geschottertem Umweg an den Nordrand von Vahm.
- Ab Brixen-Vahm schließt sich eine Bergige Schotterstrecke an. Bequemere Alternative: bei Vahm östlich der Eisenbahn bleiben und auf der SS12 über Fortezza/Franzensfeste (749 m) bis nach Mittewald (800 m) fahren.
- Von Mittenwald bis Sterzing ist der Radwanderweg wieder brauchbar, wenn auch ab Stilfes (963 m) direkt neben der Autobahn.
- Von Sterzing (948 m) über Gossensass (1085 m) bis zu dem fast ebenen Talabschnitt kurz vor Brennerbad ist die Straße deutlich kürzer als der Radwanderweg und nicht übermäßig belastet.
- Von Brennerbad (1015 m) bis zum Grenzort Brenner (1072 m) verläuft der Radwanderweg teils neben der Straße, teils auf dieser.

Felber-tauerntunnel (1650 m)

Für Fahrräder gesperrt, Kleinbusdienst der Tunnelgesellschaft mit Fahrradtransport.

Groß-glockner-straße (2503 m)

(Chiemgau) – Zeller See – Mölltal – (Iselsberg – Osttirol) – (Veneto)

Nördliche Zufahrt bis Bruck a.d. Großglocknerstraße:

Mehrere Möglichkeiten, alle mit stärker autobelasteten Abschnitten. Davon vier:

- *Vom Inntal-Eingang:* Von der Innbrücke Degerndorf (ca. 500 m) auf dem Inndamm (sehr guter Schotter) und dann über die Grenze nach Erl. Dann berwiegend auf Nebenstraßen durch den Kaiserwinkl (Scheitelhöhe 698 m) nach Kössen-Hütte (594 m), ab dort wie die folgende. Vgl. radweit.de: München – Bruck (Glocknerstraße), Teil A [*www.radweit.de/mze/mze1.html*]
- *Vom Chiemsee:* Marquarstein (545m) – (mäßig, Scheitelhöhe über der Entenlochklamm 630 m) – Kössen (589 m) – (mäßig) – Erpfendorf – (belastet, Wasserscheide 799 m) – Waidring (778 m) – (mäßig) – Piller See (835 m) – (ruhig, Scheitelhöhe 955 m) – Hochfilzen (959 m) – Grießenpass (976 m, ostwärts = bergab eher Hauptstraße, belastet, westwärts = bergauf eher Radwanderweg) – Leogang – (Radwanderweg) – Saalfelden (724m, an der Saalach) – Radwandernetz (vorzugsweise Ostseite des Tals) – Zeller See (vorzugsweise Ostufer) – Bruck (755m). Die Wasserscheide zwischen der Saalach bei Maishofen und dem Zeller See liegt nur wenige Meter über dem Gewässerniveau. Anders bedingte Hügel im Straßenverlauf sind ausgeprägter. Vgl. radweit.de: München – Bruck (Glocknerstraße) [*www.radweit.de/cmze/cmzey.html*]
- *Saalachtal:* Radwanderweg bis Bad Reichenhall (473 m) gut, dann zunächst mühsamer Waldweg. Von Unken (564 m) bis Saalfelden gut asphaltiert, aber überwiegend in der Lärmzone der Bundesstraße, teilweise als straßenbegleitender Radweg. Ab Saalfelden wie vorige Route.
- *Salzachtal:* Salzburg – (Salzachradweg und Tauernradweg teils abseits, teils auf der Bundesstraße) – Bruck. Kleiner Tipp: von Kuchl nach Golling statt des autobahnnahen Radwanderwegs Wiesensträßchen links der Eisenbahn von Dorf zu Dorf.

Glocknerstraße: Oft starker Ausflugsverkehr von Pkws und Bussen. Zwischen Fuscher Törl (2428m, Radrennziel, kein Tunnel), und Mitteltor (Tunnel 2335 m) geht es auf 2261 m hinunter, zwischen diesem und dem Hochtor (Tunnel 2506 m) nur wenig. Auf der Abfahrt vom Hochtor (2506 m) nach Heiligenblut (1288 m) gibt es etwas unterhalb der Abzweigung zum Franz-Josefs-Haus noch einmal einen Anstieg von 1856 m auf 1910 m.

Alternative: Auf der Nordseite gibt es eine sehr anspruchsvolle Mountainbike-Strecke (bis 30%) von Rauris (958 m) zum Hochtor.

Südliche Weiterfahrt: Von Winklern (965 m) kann man über den Pass Iselsberg (1208 m) nach Lienz (673 m) in Osttirol gelangen. Die einfachste Weiterfahrt von dort nach Italien ist zwar etwas umwegig, aber wenig anstrengend: Von Lienz auf dem Drauradweg flussaufwärts bis San Candido/Innichen (1174 m), größtenteils abseits der Hauptstraße überwiegend am südlichen Drau-Ufer. Die 500 Höhenmeter verteilen sich fast unmerklich auf 30 km. Weiter: Sexten (Dolomiten-Panorama!) – Kreuzberg-Sattel/Monte Croce (1636 m) – Piave-Tal. Dort, ab 10 km unterhalb S. Stefano, spürbarer, südlich von Longarone sogar sehr starker Verkehr. Ab Pieve di Cadore Fahrradwegweisung überwiegend auf Nebenstraßen (teils alte Hauptstraße, teils andere Talseite), zwischendurch auch wenig befestigte Waldwege (etwa bei Ponte nelle Alpi). Nördlich von Ponte nelle Alpi (397 m) beginnt die Autobahn A 27, oberhalb davon also vermehrte KFZ-Belastung, unterhalb eine gewisse Entlastung.

Radstädter Tauernpass (1739 m)

Salzburg – Oberes Murtal – (Kärntener Seen)

Außerhalb der Skisaison muss nur an den Wochenenden mit stärkerem Verkehr gerechnet werden.

Nördliche Zufahrt: Salzachtal von Burghausen durch Salzburg hindurch und bis Golling weitgehend autofrei auf den Salzachdämmen. Weiter Flussaufwärts auf der nicht schönen, aber durch die Tauernautobahn entlasteten Bundesstraße bis Altenmarkt.

Südliche Zufahrt: Die Katschberg-Straße ist im Tal der Lieser eng an die Tauernautobahn gedrängt. Schöner ist die Durchquerung der Gurktaler Alpen über die **Flattnitz** (1400 m, Dreieckspass). Alternativ bietet sich auch die inzwischen entschärfte **Turracher Höhe** an.

Sölker Pass (1788 m)

Salzburg – Steiermark – (östliches Kärnten)

Schönes, ruhiges Asphaltsträßchen, in beiden Richtungen zu empfehlen.

Nördliche Zufahrten: Aus Bayern durch das Salzachtal bis Radstadt wie zum dortigen Pass. Die stark belastete Ennstalstraße lässt sich dank neu ausgewiesener Radwanderwege weitgehend vermeiden. Ein Umweg über Filzmoos und Ramsau (400 Höhenmeter) ist nicht nötig, wird aber mit eindrucksvollen Ausblicken belohnt. Zufahrten aus Oberösterreich mit zusätzlichen Pässen.

Der *Pass* selber ist oben auf beiden Seiten über mehrere Kilometer bis zu 15% steil. Darum vorher nicht mit letzter Kraft fahren!

Südliche Fortsetzungen: Südwestlich über Murau (809 m) – Wöbringer Joch (1175 m) – **Flattnitz** (1400 m) – Steuerberg – zum Ossiacher See, weiter östlich über den **Neumarkter Sattel** (ca. 1000 m) – Hüttenberg – St. Margarethen bei Völkermarkt nach Slowenien, entweder über den **Kärntener Seeberg** (1230 m) oder östlich um die Karawanken herum.

Noch weiter östlich sind die Alpen so sehr aufgefächert, dass die Beschreibung der Überquerungsmöglichkeiten einen ausführlichen Österreich-Führer ergeben würde. Darum sei hier nur einer herausgehoben:

Präbichl (1232 m)

(Linz) – Hieflau – Leoben – (Graz)

Das ist der Pass mit dem berühmten Erzberg. Entlang der ganzen Pass-Straße mehrere Industriemuseen („Eisenstraße").

Nördliche Zufahrt: Ims Ennstal zwischen Steyr und Hieflau gibt es eigentlich nur die Bundesstraße. Die ist wegen vieler verlorener Höhen berüchtigt, aber von Weyer-Markt bis Hieflau (503m) alles andere als verkehrsreich, da sie durch extrem dünn besiedeltes Gebiet führt (Nationalpark Österreichische Kalkalpen, ein bisschen „Schluchten des Balkan").

Pass: Auf der Nordseite der Ort Eisenerz (736m) mit dem Erzberg (1485m). Auf der Südseite, unterhalb von Trofaiach (659m), mehr Verkehr.

Weiterfahrt nach Südosten: In Leoben (532m) Richtung Bruck a.d. Mur immer links am Hang halten, Radweg führt zu abgehängtem alten Landstraßenstück. Im Zentrum von Bruck in Richtung Semmering fahren. Am Ostrand des Zentrums biegt dann rechts der Murtalradweg in Richtung Graz ab (linkes Mur-Ufer).

Alpen Offroad

Vorbemerkungen

Für szenisch spektakuläre Offroad-Touren sind die Alpen ein fast unendlich großes Traumrevier. Wanderwege lassen sich weitgehend vermeiden. Generell wichtig für alpine Offroad-Touren ist eine gute Planung mit Zeitreserven.

Zur Ergänzung für die hier vorgestellten Touren gibt es gute Streckenbeschreibungen und Spezialführer (s.o., Karten u. Literatur).

Wer längere Touren plant, wird sich bei der Ausarbeitung der Route zwangsläufig an der Lage von Berghütten orientieren (s.o. Übernachten). Wer es zünftig mag, sollte dabei die leicht zugänglichen Hütten (etwa in Seilbahnnähe) meiden.

Von Mountainbikern eher gering geschätzt werden kleine, verkehrsmäßig unbedeutende Passstraßen. Dabei sind diese, nur teilweise asphaltierten Sträßchen steigungsmäßig oft genug der Hammer, 25% keine Seltenheit. Eine echte Herausforderung also, mit dem Vorteil vergleichsweise einfacher Orientierung. Schwieriger wird es bei Hochalmen, Gehöften, Waldungen und zu sonstigen Arealen führenden Fahrwegen – hier lauern bei laxer Planung frustrierende Sackgassen.

Zu den eindrucksvollsten und gar nicht mal schweren Offroad-Strecken gehören die aufgelassenen *Militärstraßen* aus dem 1. Weltkrieg. Nichts erinnert mehr daran, dass diese Schotterwege Relikte einer mörderischen Zeit sind. Die schönsten dieser Wege verlaufen in den italienischen und französischen Alpen als kunstvoll angelegte Höhenstraßen, geschützt knapp unterhalb der Grenzkämme. Dem Fremdenverkehr zuliebe werden sie weiterhin unterhalten.

Ausgewählte Alpenpässe und -touren für Mountainbiker von Michael Kristl

Mont Chaberton (3136 m, ital.-frz. Grenzgebiet Piemont)

14 grob geschotterte Kilometer winden sich von dem kleinen Örtchen Fenils über satte 1850 Höhenmeter bis auf den „König des Susatals" hinauf. Für konditionsstarke Bergkraxler ist das einst für Militärfahrzeuge konzipierte Serpentinensträßchen bis auf etwa 2000 m Höhe befahrbar. Der Mittel-

Abfahrt vom Gipfel des Mont Chaberton

abschnitt bis zum Col del Chaberton (2670 m), über den die ital.-frz. Grenze verläuft, kann dann, am „Gespaltenen Fels“ vorbei, aufgrund des verfallenen Zustandes und der extremen Steilheit (bis über 20%) größtenteils nur schiebend zurück gelegt werden. Auch auf dem letzten Abschnitt über sich kühn am Steilhang empor windenden Zickzackkehren geht nicht nur dem Normalradler in der dünner werdenden Luft die Puste aus. Ist das Gipfelplateau auf französischem Staatsgebiet erreicht, kann sich der entkräftete Radler bei einem eindrucksvollen Tiefblick von den mächtigen Geschütztürmen einer ehemaligen italienischen Festung ins fast 2 km tiefer liegende Tal noch mal den überwundenen Höhenunterschied vor Augen führen. Die Abfahrt fordert wegen der Steilheit und dem miserablen Wegzustand viel Geschick im Umgang mit dem Mountainbike und absolut einwandfreie Bremsen.

Seit 2000 ist der Chaberton für den motorisierten Verkehr komplett gesperrt.

Colle Sommeiller (3050 m, Italien/ Piemont)

Der Anstieg von Bardoneccia verteilt sich beim Colle Sommeiller auf einen viel längeren Streckenabschnitt (26 km) als beim Chaberton und kann deswegen von konditionsstarken Bergradlern komplett befahren werden – es sei denn, Schneereste zwingen einen, die letzten Höhenmeter zu Fuß zurückzulegen. Nicht zuletzt wegen Höhenlage und Länge ist dies eine außergewöhnlich kräftezehrende MTB-Tour! Steile Anstiege (bis 18%) wechseln mit flacheren Abschnitten ab. Auf den ersten 5 km ist die Straße geteert, geht dann aber in einen losen Schotterbelag über. Landschaftlicher Höhepunkt der Sommeiller-Strecke ist, neben dem Stausee des „Lac de Rochemolles“, ein riesiger Wasserfall, der auf etwa halber Strecke direkt an dem einsamen Bergsträßchen über eine Felswand herabstürzt. Nicht zu vergessen natürlich die Abfahrt, welche wohl zu den längsten in den Alpen zählt.

Seit 2007 ist die Strecke jeweils am Wochenende für den motorisierten Verkehr gesperrt.

Rifugio degli Abruzzi (2805 m, Italien/ Aostatal)

Landschaftlich einmalige MTB-Tour an den Fuß des Matterhorns. Vom Skigebiet Breuil/Cervinia leitet ein geschottertes Sträßchen zur im Sommer bewirtschafteten „Rifugio degli Abruzzi“. Zahlreiche Kehren führen den Radler auf einer Länge von 7 km bei bis zu 20% Steigung mitten in eine phantastische Hochgebirgslandschaft. Der mächtige Gebirgsstock des Matterhorn wirkt von der italienischen Seite zwar ungewohnt, ist aber nicht minder eindrucksvoll.

P.S.: Wer sich dem Matterhorn lieber von der Schweizer Seite her nähern will, kann von Zermatt auf einer eigens für Mountainbikes konzipierten Erdstraße in einer weiten Schleife bis zur Schwarzwasserhütte auf etwa 2600 Meter fahren. Die Abfahrt ist aufgrund des weichen Naturbelags ein Genuss.

Monte Jafferau (2800 m, Italien/ Piemont)

Wie so oft in den Alpen verdankt auch diese Militärstraße ihre Entstehung einem in luftiger Höhe thronenden Fort. Von Salbertrand bzw. Exilles leitet eine schmale Schotterstraße zum Monte Pramand, auf den über ein im letzten Abschnitt stark ausgewaschenes Sträßchen hinaufgeradelt (oder geschoben) werden kann. Der eigentliche Weg führt aber an einem Wendeplatz geradeaus zu einem sage und schreibe 850 Meter langen, unbeleuchteten Tunnel. In der Röhre ist es wirklich stockdunkel und da das „Schwarze Loch“ auch noch eine Kurve beschreibt und es im Innern von Pfützen und Schlaglöchern nur so wimmelt, bleibt dem Radler nichts anderes übrig, als sich mit Taschenlampe bewaffnet (besser: Stirnlampe!) Meter für Meter durch die „Höhle“

vorzutasten. Im weiteren Verlauf schwankt die Steigung zwischen 8 und 10%, wobei der Radler auch zeitweise wieder hart erkämpfte Höhenmeter auf leicht abschüssigen Teilabschnitten verliert. Der letzte Abschnitt wird durch extrem groben Schotter erschwert, bevor nach 23 km und 1700 Höhenmetern das Gipfelfort erreicht ist.

Seit 2007 ist die Strecke für den motorisierten Verkehr gesperrt.

Col de Parpaillon (2640 m, Frankreich/ Dauphine)

Unweit des größten Stausees der Alpen, dem Lac-de-Serre-Poncon, führt eine fast 30 km lange und 1800 Höhenmeter aufweisende Passstraße bei bis zu 10% Steigung zum 500 m langen Scheiteltunnel (Achtung: Auch im Sommer treten im Tunnel des öfteren verschlammte oder gar vereiste Abschnitte auf. Beleuchtung ist essentiell!).

Nachdem der Radler für die ersten 20 km noch auf Asphaltbelag radelt, muss er im weiteren Verlauf mit einem Erdsträßchen vorliebnehmen. Wem die „Westseite" zu schwierig erscheint, nimmt die östliche Auffahrt zum „Parpaillon" ab La Condamine-Chatelard nördlich von Jausiers. Der durchweg ungeteerte Weg schlängelt sich in langgezogenen Kehren durch eine karge und einsame Hochgebirgsregion auf einer Länge von 18 km und überwindet dabei knapp 1400 Höhenmeter.

Thomas Schröder:

„Der Col de Parpaillon ist für mich einer der genialsten Alpenpässe! Der Tunnel hat auf jeder Seite eine gigantische Stahltür, die im Herbst von der Ortsbehörde von Embrun geschlossen und im Frühjahr wieder geöffnet wird. Ein Schild an beiden Straßenzufahrten zeigt an, ob der Tunnel offen ist oder nicht. Seit ich mal in einem Uralt-Buch von Tilmann Waldthaler gelesen hatte, wie der sich dort mit der Taschenlampe zwischen mannshohen Eis-Stalaktiten durchgearbeitet hat – bei ihm war unerklärlicherweise die Tür am anderen Ende geschlossen – wusste ich, dort muss ich mal hin."

Klammljöchl (2300 m, ital./österr. Grenzgebiet)

Wenig bekannter Übergang vom Taufertal in Südtirol ins österreichische Defferegger Tal. Von Sand (875m) überwindet eine gut ausgebaute, aber hundsgemein steile Straße (bis 21% !) an der Seite des in Kaskaden zu Tale

Frankreich, Alpen, Col de Parpaillon, Scheiteltunnel

donnernden Reinbaches 800 Höhenmeter bis ins Bergdorf Rein, wo der mächtige Hochgall (3435 m) ins Blickfeld rückt. Durch das reizvolle Knuttental schlängelt sich ein Almweg bis hinauf zum Grenzübergang auf der Passhöhe. Die anschließende Abfahrt führt durch das wilde und unerschlossene Schwarzachtal und trifft schließlich 7 km östlich der Passhöhe auf den Staller Sattel, der vom Antholzer Tal ins Defferegger Tal leitet.

Limajoch (Paso di Limo, 2170 m, Italien/ Dolomiten)

Von St. Vigil führt das Rautal bis zur Pederühütte (1548 m), von wo eine für motorisierte Fahrzeuge gesperrte, bis zu 18% steile Schotterstraße mitten hinein ins Herz des Naturparks Fanes-Sennes-Prags hineinführt. Im ersten Abschnitt eignet sich der Naturbelag noch sehr gut zum Radeln, wird dann aber zusehends grobschottriger. Das letzte Steilstück nach der Faneshütte ist sehr felsig und zwingt abschnittsweise zum Schieben. Nach der Passhöhe lohnt es sich unbedingt noch vorbei am Fanessee bis in das von mächtigen Felswänden eingezwängte Fanestal weiterzuradeln.

Monte Altissimo di Nago (2050 m, Itlaien/ Lombardei)

Von der Monte-Baldo-Höhenstraße zweigt ein für den motorisierten Verkehr gesperrtes Schottersträßchen ab, dass bis zu 20% steil auf weiteren 500 Höhenmeter auf den über dem nordöstlichen Gardasee-Ufer aufragenden Monte Altissimo emporführt. Von dort genießt man bei entsprechenden Wetterverhältnissen einen phantastischen Ausblick auf den über 2000 m (!) tiefer sich ausbreitenden Gardasee!

Plätzwiese-sattel (1991 m, Italien/ Dolomiten)

Ungemein lohnende Radtour inmitten der Pragser Dolomiten. Unweit von Schluderbach zweigt von der SS 49 nach Cortina d'Ampezzo ein Natursträßchen ab, welches bei moderaten 8% Steigung die 550 Höhenmeter auf einer Länge von 10 km bis zur „Plätzwiese" überwindet. Die immer großartigere Ausblicke auf die Dolomiten gewährende Auffahrt führt durch den Naturpark Fanes-Sennes-Prags und eignet sich ideal zum ungestörten Radeln, da sie für den öffentlichen Verkehr gesperrt ist. Zwischen dem Dürrenstein und der rötlich schimmernden Hohen Gaisl kann man über eine durch das Hochtal führende Verbindung bis hinüber ins Pustertal abfahren. Hier muss sich der Radler allerdings wieder auf regen Autoverkehr einstellen.

Tremalzo-Passstraße (1800 m, Italien/ Lombardei)

Abenteuerliche Militärstraße hoch über dem Gardasee, welche in den letzten Jahren zu einer Art „MTB-Mekka" mit allen positiven und negativen Begleitumständen geworden ist. Von Vesio bis zur Passhöhe gilt es, stolze 1700 Höhenmeter bei bis zu 17% Steigung – auf teilweise mit faustgroßen Steinen übersätem Untergrund – zu überwinden. Den besonderen Reiz des „Tremalzo" macht die kühne Streckenführung durch steilstes Gelände und die durch den kahlen Fels gesprengten Naturtunnel aus. Auf der Rückseite des Passes führt auch eine asphaltierte Straße vom Ampolatal bis zum Rifugio Garda.

Baltikum
Estland (EST) – Lettland (LV) – Litauen (LT)

Estland (EST) • 45.227 qkm • max. Ausd. 240/350 km • 1,32 Mio. Einw. • 29 Ew./qkm
Lettland (LV) • 64.589 qkm • max. Ausd. 200/400 km • 2 Mio. Einw. • 31 Ew./qkm
Litauen (LT) • 65.300 qkm • max. Ausd. 270/370 km • 3 Mio. Einw. • 46 Ew./qkm
Ausdehnungen gesamt: N – 650 km – S // W – 425 km – O

Land

Wie im Alphabet reihen sich die drei baltischen Länder von oben nach unten aneinander: **E** wie Estland „hoch" im Norden, **Le** wie Lettland in der Mitte, **Li** wie Litauen im Süden. Ähnlich sind sich die baltischen Länder bei der Dimension (klein), der Besiedlungsdichte (gering) und den Landschaften (eiszeitlich geprägt). Überwiegend flach ist das Baltikum im Westen und im Landesinnern, aus dessen fruchtbaren Tiefebenen aber auch einige plateauartige Hochländer (150–318 m) ragen. Das östliche Baltikum bilden der Ostbaltische Höhenrücken (bis 284 m) mit den verbundenen nordöstlichen Hochländern (bis 318 m) sowie dem Peipus-See – größter Binnensee des Baltikums. Kein Mangel besteht im Baltikum an Wäldern, Seen, Flüssen, Moor- und Sumpfgebieten. Die baltische „Bernsteinküste" zeigt sich im litauischen Süden als sandige Ausgleichsküste (Kurische Nehrung), im lettischen Westen als lang gestreckt und gleichförmig (Sandbänke, schmale Strände, Dünen, Küstenwälder, eiszeitliche Findlinge nördlich von Riga) und im estnischen Norden ist sie zerklüftet, klippenreich und mit rund 800 Inseln stark gegliedert.

und Leute

Der Ostseehandel brachte frühen Wohlstand ins Baltikum, der sich in den heutigen Altstädten niederschlug. Zu den typischen Zeugen der Geschichte gehören auch zahlreiche Burgen und Wehrkirchen, die im Mittelalter während der Herrschaft des Deutschen Ritterordens entstanden. 51 Jahre standen die baltischen Länder unter sowjetischer Vormundschaft (1940–1991). Noch immer ist die realsozialistische Tristesse vielerorts Teil des Alltagsbildes – am meisten in Lettland, kaum noch in Estland. Die drei baltischen Sprachen sind recht unterschiedlich. Während Litauisch und Lettisch die eigentlich baltischen Sprachen darstellen, gehört das Estnische zur finno-ugrischen Sprachfamilie. Das ungeliebte Russisch wird von den Balten zwar verstanden, jedoch nur notfalls gesprochen. Mit Deutsch und Englisch kommt man ganz gut durch.

per Rad entdecken

Als das baltische Dreigestirn für den Tourismus wieder frei zugänglich wurde, übte es auf Radreisende, insbesondere deutsche, eine erhebliche Anziehungskraft aus. Inzwischen ist die Entdeckerwelle abgeebbt. Nach der ersten Neugier-Tour zeigte sich, wer zum wahren Fan geworden war. Denn der Landschaftsmix mit den skandinavischen Anklängen, die überschaubaren Dimensionen, die ländlich-dünne Besiedlung, der geringe Verkehr, das Fehlen höherer Berge, die nostalgischen Einschübe – all diese sanften Reize sind ja da.

Wer nur eines der baltischen Länder bereisen möchte, sollte sich auf Estland konzentrieren, das landschaftlich, kulturhistorisch und infrastrukturell (auch was das Radwegenetz betrifft) die Nachbarn klar aussticht. Das soll nicht heißen, dass man die beiden anderen Länder vergessen könnte. Ihre Höhepunkte sind nur rarer. Das heißt: Noch mehr Ruhe!

BALTIKUM
(ESTLAND
LETTLAND
LITAUEN)
0 100 km
© RKH VERLAG HERMANN
FINNLAND
Kotka
Espoo
HELSINKI
Hangö
Finnischer Meerbusen
Lahemaa Nat.-Pk.
TALLINN
Keila
Tapa
Narvabucht
Narva
Kohtla-Järve
Kärdla
Vormsi
Haapsalu
Hiiumaa
ESTLAND
Muhu
Virtsu
Paide
Peipus-See
(Peipsi järv)
Jogeva
Parnu
Saaremaa
Kuressaare
Pärnu
Wirzsee
(Vorts järv)
Ema
Tartu
Narva
RUSSLAND
OSTSEE
Polva
Kolka
Rigaischer
Meerbusen
Voru
Valga
Haanja
Großer
Eierberg
(318 m)
Ventspils
Roja
Kurland
Gauja
Gauja-
Nat.-Pk.
Livland
Valmiera
Cesis
Venta
Gulbene
Jurmala
Balvi
Saldus
RIGA
LETTLAND
Liepaja
Kurländische
Schweiz
Jelgava
Jaunjelgava
Aiviekste
Bauska
Jekabpils
Platelia
Palanga
Klaipeda
Siauliai
Daugava
LITAUEN
Daugavpils
Nida
Silute
Neman
Panevezys
Taurage
Kurisches Haff
Kedainiai
Ukmerge
Nemunas
Litauische Schweiz
(Aukst-Nat. Park)
Sovetsk
Vilkija
Stentoj
KALININGRAD
WEISS-
RUSSLAND
Kaunas
Neris
Cernjachovsk
ZU
RUSSLAND
Marjampole
Trakai
VILNIUS
POLEN
Nemunas
Molodecno
Lida
MINSK
Grodno

Routen & Regionen

Mit je einer fiktiven Rundtour sollen die drei baltischen Länder hier skizziert werden. Landestypische Etappenziele stehen als Anhaltspunkte für die konkrete Tourenplanung.

Litauen

Weite Ebenen, sanftes Hügelland, dichte Wälder mit Sumpfgebieten, über 800 Flüsse, rund 3000 Seen und 99 km Küste: Das sind die landschaftlichen Hauptelemente Litauens, die samt arttypischer Fauna und Flora in fünf Nationalparks bewahrt werden. Auch an historisch Sehenswertem hat sich das ehemals mächtige Fürstentum, das einst bis zum Schwarzen Meer reichte, einiges bewahrt.

Kurische Nehrung

Wer mit dem Schiff angereist ist, beginnt seine Tour zwangsläufig in **Klaipéda** (Memel), einer „modernen" Hafenstadt mit 160.000 Einwohnern und einer ostpreußischen Altstadt, wo die Personenfähren zur gegenüberliegenden **Kurischen Nehrung** ablegen. Litauens berühmteste Landschaft ist ein streng reglementierter Nationalpark. Wer Kasse und Schlagbaum südlich von Smiltyné passiert hat (frei für Radler), den erwartet ein Wechselspiel aus Dünen und Tälern, endlosen Sandstränden und kristallklaren Buchten, alten Nehrungswäldern (hier sollen auch noch ein paar Elche leben) und verträumten Fischerdörfern. Allerdings ist auf der alten Poststraße, der einzigen Straße der Nehrung, der Ausblick meist durch die Wälder verstellt. Da trifft es sich gut, dass ein beschilderter **Radweg** durch die Nehrungswälder geschaffen wurde (Smiltyné – Nida, 42 km), von dem aus auch leicht Abstecher ans Wasser gemacht werden können. Landschaftlicher Höhepunkt ist das große Dünengebiet zwischen Juodkrante und Pervalka (Nagliu rezervatas). Hauptort der Nehrung ist schließlich **Nida** mit dem Thomas-Mann-Haus und den Fortsetzungen der „Litauischen Sahara": der *Großen Düne* und dem *Tal des Schweigens*. Wer bis zur russischen Grenze hinter Nida geradelt ist (50 km), kann mit

Mitradler in Litauen

einem Russland-Visum bis Königsberg weiterkurbeln. Die meisten werden allerdings die selbe Straße wieder zurückfahren oder die **Fähre** Nida–Minija–Nida nehmen, die allerdings nur Ende Juni – Anf. Sep. verkehrt.

Radler sind auf der Nehrung verpflichtet, den Radweg zu benutzen. Er ist Teil des 212 km langen **Litauischen Küstenradweges,** der über Klaipéda und Liepaja nach Lettland führt. Der Litauische Küstenradweg ist seinerseits in den **Europaradweg R1** und den **EuroVelo 10** (Ostsee-Runde) integriert. Für die Weiterfahrt nach **Königsberg** braucht man ein russisches Visum (s. Osteuropa).

Memelland

Südlich von Klaipéda kann man ab Priekulé, parallel zum Kurischen Haff, durch stille grüne Wiesen mit Futter suchenden Störchen und vorbei an ostpreußischen Backsteinhäusern mit roten Ziegeldächern zum Mündungsgebiet des **Nemunas** (Memel) radeln. Es lohnt auch, dort die Sackgasse bis zum Fischerdorf *Venté* an der Spitze der Landzunge zu erkunden. Vorbei am Nemunas-Delta (Vogelschutzgebiet) geht es dann weiter nach Siluté, einem Provinzstädtchen, das im einstigen Memelland als Heydekrug bekannt war. Südlich von Silut folgt ab Rusne, entlang des Nemunas, eine idyllische Strecke durchs Memelland. Pferdewagen, Milchkannen und Störche säumen den Weg durch die dünn besiedelte Region. Verkehrsarm sind besonders die Straßen südlich des Nemunas.

10 km NO Panemuné (Königin-Luise-Brücke) passiert die 141 das Dorf Lumpénai, südlich davon liegt am Nemunas-Ufer der mystische *Rambynas-Hügel* (heidnische Kultstätte, Sonnenwendfest). In Pilis (Schloss Panemuné), Raudoné, Veliuona, bei Klangiai und Raudondvaris liegen Burgen und Schlösser am Weg durchs Memeltal, der schließlich nach über 200 km in Kaunas endet.

Als Alternative zur 141 kommt ab Vilkija auch die ruhigere Süduferstrecke in Frage. Dazu nach der alten Zollbrücke ab Mikytai auf der 1931 entlang dem Nemunas radeln. Anschließend führt die 140 über Zapyskis (bedeutende gotische Kapelle) nach **Kaunas**. Litauens zweitgrößte Stadt gilt als „Stadt der Museen". Meistfotografiertes Bauwerk der schmucken Altstadt ist ein kirchenähnliches Rathaus, das der Volksmund „Weißer Schwan" nennt.

Kaunus – Vilnius

Südlich von Kaunas mäandert der Oberlauf des Nemunas durch hügeliges Hochland (80–200 m), das von Seenplatten, Wäldern und Feuchtgebieten geprägt wird. Hinweis: Wer das am Kaunas-Stausee gelegene *Freilichtmuseum von Rumsiskes* besuchen will, kommt nur über die Autobahn dorthin. Südlich von Kaunas führen Nebenstraßen landschaftlich schön über Prienai (lohnender Abstecher nach Birstonas) nach **Druskininkai** (Kurort am Oberlauf des Nemunas, umgeben von Wäldern). Von hier zieht sich der „Ciurlionis-Weg" mit Holzskulpturen und Wegkreuzen bis **Varéna,** der „Pilzhauptstadt Litauens". Weiter über Rudiskes nach **Trakai,** der in einem besonders schönen Seengebiet gelegenen einstigen Hauptstadt (imposante gotische Wasserburg). Von Trakai ist es dann nur noch ein Sprung bis **Vilnius** (trotz etlicher Sehenswürdigkeiten wenig Tourismus in der Hauptstadt).

Litauische Schweiz

Das nächste lohnende Etappenziel ist der rund 100 km nördlich von Vilnius gelegene **Aukstaitija-Nationalpark,** dessen einstiger Schönheitsfehler, das benachbarte AKW Ignalina (Tschernobyl-Typ), 2009 endgültig vom Netz genommen wurde. Urwälder, Moränenhügel, Seen und Moore fügen sich hier so hübsch zusammen, dass die Landschaft als *Litauische Schweiz* bezeichnet wird. Günstiger Standort zur Erkundung des 300 qkm großen Parks ist das Touristendorf **Palus.** Eine Wanderkarte ist bei der Parkverwaltung erhältlich (in der Nähe von Meironys).

Siauliai – Klaipeda

Ca. 150 km westlich ist **Siauliai** der nächste bemerkenswerte Etappenpunkt einer Rundtour durch Litauen. 17 km nördlich davon erhebt sich der berühmte *Berg der Kreuze.* Der mit Tausenden von Kreuzen übersäte Hügel ist Wallfahrtsort und nationales Kraftzentrum. Interessante Etappenpunkte für das letzte Teilstück bis Klaipéda sind **Telsiai** (Dom), **Plateliai** (Hauptort im Zemaitija-Nationalpark, Seen und Sümpfe) und **Kretinga** (Kirche, Kloster, Marktplatz). Küstenwälder und Sandstrände ziehen sich von der lettischen Grenze bis Klaipéda. Der gepflegte alte Kurort **Palanga** ist das Zentrum einer 24 km langen Badeort-Gemeinde.

Lettland

Drei Großräume gliedern das Land: im Westen die Kurländische Halbinsel (bis 182 m), in der Mitte die von Gauja und Daugava durchflossene Niederung, im Osten die Hochländer Latgaliens und Livlands (bis 311 m).

Kurländische Halbinsel

Ausgangspunkt einer Lettland-Tour ist fast immer **Riga.** Die größte und potentiell schönste Stadt des Baltikums ähnelt deutschen Hansestädten wie Lübeck oder Stralsund. Trotz aller negativen Einflüsse der sowjetischen Jahrzehnte existiert im einstigen „Paris des Ostens" viel historische Bausubstanz, u. a. der größte Dom des Baltikums und über 800 große Jugendstilhäuser.

Von Riga aus bietet sich zunächst die **Kurländische Halbinsel** als beschauliches Tourengebiet an. Der Reiz liegt vor allem in der abgeschiedenen Verträumtheit vieler Winkel. Ein Radweg führt von Riga nach **Jurmala.** Von der „Badewanne" Rigas auf reizender kleiner Küstenstraße nach **Kolka.** Besonders urwüchsig ist der Abschnitt Roja – Kolka, der jahrzehntelang Sperrgebiet war. Westlich von Kolkasrags (Leuchtturmruine) führt die Küstenstraße durchs *Sliteres-Naturreservat,* das auch 14 Fischerdörfer der Liven umfasst – ein fast schon ausgestorbenes Volk. Bis Ventspils bieten sich als Alternative

Blick auf Riga

zur eigentlichen Küstenstraße P124 auch küstennahe Wege durch Wald, winzige Fischerdörfer und auf den letzten 15 km auch an Steilküste vorbei. Hinter **Ventspils,** Lettlands wichtigstem Hafen, führt die P111 in südlicher Richtung weiterhin an schöner Küste entlang. Nach einem Abstecher zum urigen Fischerdorf Pavilosta auf der nun küstenfern verlaufenden P111 weiter bis **Liepaja** (gemütliche Hafenstadt mit hübscher Altstadt).

Etwa 120 km NO Liepaja windet sich die *Abava* durch eine der schönsten Partien der Kurländischen Halbinsel. Wer die P120/P130 über Sabiles und Kandava wählt, bekommt eine Ahnung davon, weshalb diese Region auch „Kurländische Schweiz" genannt wird. Der nächste bedeutende Etappenpunkt ist *Schloss Rundale* (Pilsrundale), ein barockes Prunkschloß, dem 15 km weiter östlich das Städtchen **Bauska** folgt, das selbst zwar bescheiden ist, aber eine große Ordensburgruine über der Musa, mit schönem Rundumblick, bietet.

Latgalisches Hochland

Entlang der Grenze zu Litauen (oder aber dem trägen Lauf der Daugava folgend) liegen nun rund 200 km durch unspektakuläres Agrarland, bevor **Daugavpils** erreicht ist. Die zweitgrößte Stadt im äußersten Südosten des Landes hat zwar außer einer Kathedrale und einer Festung ebenfalls wenig Aufregendes zu bieten, ist aber günstiger Verschnauf- und Ausgangspunkt fürs **Latgalische Hochland** (Latgales Augstiene). Flüsse und Bäche füllen dort, inmitten von Wäldern und Hügeln, hunderte kristallklare Seen. Dünn besiedelt und der Tradition verhaftet ist dieses „Land der blauen Seen", die touristische Infrastruktur ist sehr dünn, freies Zelten angesagt.

Gauja-Nationalpark

Für die Tour zur *Livländischen Schweiz* (Gauja-Nationalpark), Lettlands landschaftlichem Top-Spot, empfiehlt sich die problemlose und weitgehend verkehrsarme Strecke Rezekne – Gulbene – Smiltene – Valmiera (190 km). In **Valmiera** angekommen, lohnt zunächst ein Abstecher zum 40 km NW gelegenen Mazsalaca, wo eine Stichstraße ins wildromantische Tal der *Salaca* führt. Dann zurück nach Valmiera, das am Nordrand des 900 qkm großen **Gauja-Nationalparks** liegt. Auf einer Länge von rund 100 km mäandert die Gauja hier inmitten ursprünglicher Wälder durch tief eingeschnittene, höhlenreiche Täler aus Sandsteinfelsen. **Sigulda** und **Cesis** sind die touristischen Zentren der Region, zahlreiche hübsch gelegene Biwakplätze sind im Park ausgewiesen. Die unbefestigten Fahrwege, die in Form mehr oder weniger fester Sandwege die Wälder durchziehen, sind super für gepäcklose MTB-Tagestouren. Infos im Besucherzentrum in Sigulda.

Estland

Mit allen Buchten und Inseln summiert sich Estlands Küstenlinie auf stolze 3800 km. Allerdings sind die meisten der rund 1500 Inseln so winzig, dass sie auf keiner normalen Karte verzeichnet sind. Unübersehbar sind hingegen die beiden Großinseln *Saaremaa* (2673 qkm) und *Hiiumaa* (989 qkm). Landeinwärts bestimmen in Estland große Wälder, fruchtbare Niederungen und hügelige Hochländer (bis 318 m) das Bild, außerdem an die 500 Flüsse, rund 1400 Seen und mindestens noch zehnmal so viele Teiche und Sümpfe. Wie ein vollgesogener Schwamm sind daher weite Teile Estlands und entsprechend lückenhaft das Straßen- und Wegenetz.

Talin – Tartu

Auch in Estland ist die Hauptstadt Anreise- und Ausgangspunkt der meisten Touren. **Tallin** glänzt mit einem geschlossenen, mittelalterlichen Altstadtbild und weiteren sehenswerten Bauwerken rundum. Ein großes Freilichtmuseum liegt am westlichen Stadtrand. Die Küstenregion östlich von Tallin offeriert mit dem **Lahemaa-Nationalpark** und der *Festung von Narva* zwei bedeutende Ziele. Nur die Radelbedingungen sind nicht sonderlich attraktiv, denn die einzige Straße östlich von Tallin, die E20, ist für 50 km eine Autobahn, und bedeutende Abschnitte der Küstenregion sind durch Industrien und Ölschieferabbau ökologisch zugrunde gerichtet (insbesondere um Kohtla-Järve, aber auch Rakvere).

Gründe also, um NO-Estland, trotz schöner Küstenabschnitte, links liegen zu lassen und stattdessen nach SO durchzustarten. Und zwar über die alten Landstraßen Tallin – Aegviidu – Järva-Jaani – Jogeva – Saadjärv-See (!) – Tartu, was insgesamt rund 220 km sind. **Tartu**, lebendige Universitätsstadt mit klassizistischer Altstadt und bewegter Vergangenheit, wurde als „Heidelberg des Nordens" bekannt.

Hochländer von Otepää und Haanja

Südlich von Tartu erstreckt sich das landschaftlich reizvolle Hochland von Otepää, wo sich Wiesen, Wälder, Hügelketten, Gewässer und Gehöfte zur „Estnischen Schweiz" verbinden. Lokaler Top-Spot ist der **Pühajärv-See,** der so manchem als malerischster See Estlands gilt. Von **Otepää** geht es südostwärts über **Võru** ins Hochland von Haanja zum **Suur Munamägi** (Großer Eierberg, 318 m). Ein Sandweg führt zum Aussichtsturm des höchsten baltischen Berges. Der weitere Weg übers westlich benachbarte **Rõuge** führt durch das anmutige „Land der Täler und Seen". Haanja und Rõuge sind schöne Ausgangspunkte für **MTB**-Unternehmungen.

Otepää – Pärnu – Virtsu

Das mit Tälern und Seen angefüllte Hügelland zieht sich hinauf nach Viljandi. Wer diese abwechslungsreiche Landschaft auskosten will, radelt erneut über **Otepää** zum Künstlerort Elva und von dort am Nordostufer des großen **Vortsjärv-Sees** (Wirz-See) nach Viljandi, einem hübsch gelegenen Landstädtchen mit Ordensburg. Am Sumpfgebiet *Kuresoo* vorbei, und den Flussläufen von Navesti und Pärnu folgend, führt die große Estland-Tour schließlich nach **Pärnu**: 3 km Badestrand besitzt Estlands beliebtestes Ostseebad und ist auch noch Kur-, Hafen- und Industriestadt. Für die anschließende Tour nach **Virtsu** kommt eigentlich nur die kleine Küstenstraße 101 in Frage, auch wenn sie länger als die Geradeaus-Verbindung über die 60 ist.

Marktstand auf Saaremaa

Saaremaa

Stündlich verkehren Fähren von Virtsu zur Insel **Muhu**. Die drittgrößte Insel Estlands (198 qkm) ist ein Vorgeschmack auf die größte: Eine Dammstraße verbindet Muhu mit **Saaremaa** (dt. Ösel, 2671 qkm, 15 Ew./qkm). Saaremaa war in sowjetischer Zeit Sperrgebiet und blieb durch diese Isolation ursprünglich und bodenständig. Ackerbau kann nur auf einem Fünftel der flachen Insel betrieben werden, beim Dorf Kaarma wird Dolomit gewonnen, der Rest ist mehr oder weniger Landschaft: Kiefernwälder, Wacholderheide und 800 km Küste mit Buchten, Halbinseln, Steilufern und Dünen. Wehrkirchen und alte Bockwindmühlen sind Zeugen der Siedlungsgeschichte. Sehenswert sind die gotische Bauernkirche in *Karja,* der Windmühlenhügel im benachbarten *Angla,* die Meteoritenkrater von *Kaali* (3 km südl. Valjala), das Steilufer von *Panga,* die Bischofsburg im Hauptort **Kuressaare.** Das asphaltierte Straßennetz ist bescheiden, unebene Schotter- und Naturstraßen überwiegen. Da keine Steigungen zu bewältigen sind, kommen auch Gepäckradler zurecht.

Hiiuma

Noch steiniger, unfruchtbarer und dünner besiedelt ist die Schwesterinsel **Hiiuma** (989 qkm, 12 Ew./qkm). Aber auch hier viel unzerstörte Natur für beschauliche Picknicktouren. Hiiuma ist per Fähre von Rohuküla aus erreichbar; das liegt 8 km westlich von **Haapsalu** (hübsches Hafenstädtchen mit sehenswerter Altstadt). Von Haapsalu bietet sich für den Rückweg nach Tallinn die Nebenstrecke über **Keila** an.

Saaremaa

ⓘ-Box Baltikum

Einreise

Die drei baltischen Länder sind Mitglieder des Schengen-Abkommens. Die EU-Grenzen sind offen. Personalausweis genügt für die Einreise (D/A/CH).

Geld

Alle drei Länder besitzen mittlerweile den Euro als Währung. Der Lebenshaltungskostenindex lag 2014 im Vergleich zu D (= 100%) bei 68% (LT) bzw. 76% (LV) bzw. 77% (EST). Bankautomaten für die gängigen Karten finden sich überall.

Gesundheit

Die Europäische Krankenversicherungskarte (EU und Schweiz) wird von den Vertragsärzten und Krankenhäusern akzeptiert. Zuzahlungen sind möglich. Detaillierte Länder-Merkblätter bei *www.dvka.de*. Auslandsreise-KV abschließen (Rettungsflug, Privatärzte!).

Infos

- Tourismuszentrale Baltikum: *www.baltikuminfo.de*
- Tourismuszentrale Estland: *www.visitestonia.com*
- Tourismuszentrale Lettland: *www.latvia.travel*
- Tourismuszentrale Litauen: *www.latvia.travel*
- Baltischer Radlerverband: *www.balticcycle.eu (unübersichtlich, aber viele Infos und Kartenshop)*

Wetter, Wind und Reisezeit

Das Baltikum liegt im Übergangsbereich von Kontinental- und Meeresklima. Während die Sommer annähernd so warm sind wie in Deutschland, ist es im Frühling und Herbst deutlich kühler. Niederschläge fallen das ganze Jahr über – am wenigsten im März, am meisten im August. Wenn östliche Hochdrucklagen die Oberhand gewinnen, kann es im Sommer aber auch für längere Zeit regenfrei sein. Im Sommerhalbjahr weht es überwiegend aus (süd-)westlichen Richtungen. In den Tieflandebenen kann der Wind unangenehm steif und hartnäckig sein. Die besten Radreisemonate sind Juni bis September (Störche nur bis in den August). Sommerliche Platzregen lassen sich oft in einem Buswartehäuschen aussitzen. Der Mai ist zwar noch nicht sehr warm, empfiehlt sich aber mit wenig Niederschlag und den meisten heiteren Tagen. Im Küstenbereich wirkt der Wärmespeicher Meer noch nach, so dass hier auch der Oktober für Touren geeignet sein kann.

Anreise

Per Rad

Mindestens 1100 km sind für die Strecke Berlin – Vilnius auf Hauptstraßen zu veranschlagen. Wer lieber auf schönen Nebenstrecken durch Nordpolen radelt, sollte ca. 1500 km einkalkulieren. Alle Straßenübergänge nach Litauen sind frei passierbar (Schengen-Raum).

Erwägenswert ist auch der durch Königsberg und über die Kurische Nehrung führende **Europaradweg R1,** wegen des erforderlichen russischen Visums allerdings etwas aufwändigere Vorbereitung. Infos: *www.euroroute-r1.de*

Per Bahn

Ziemlich umständliche Geschichte. Von Berlin bis Vilnius ist zweimaliges Umsteigen erforderlich (in Warschau und Sestokai/Litauen). Zudem kann das Fahrrad nur zerlegt im Abteil mitgenommen werden!

Per Flieger

Eine Vielzahl von Linien fliegt die baltischen Hauptstädte von D/A/CH direkt an. Geklärt werden müssen die jeweiligen Bedingungen der Fahrradmitnahme. Billigflieger Easyjet transportiert das Rad beispielsweise nur verpackt (Fahrradkarton oder -tasche). Aber, großer Fortschritt, die Luft muss nicht mehr unbedingt aus den Reifen gelassen werden; was seit ungefähr 60 Jahren auch nicht mehr wirklich erforderlich ist!

Per Fähre

Die einfachste Art der Anreise ist die mit der Fähre. Kabinenplätze sind in der Sommersaison aber knapp, daher rechtzeitig buchen. Kabinenbett ab 110 €, Sitz ab 20 €, Fahrrad um 10 €, jeweils HS und einfache Fahrt.

Derzeitige Standard-Fährverbindungen sind:
- Kiel – Klaipéda/Litauen: *www.dfdslisco.com*
- Travemünde – Liepaja/Lettland: *www.stenaline.de*
- Travemünde – Ventspils/Lettland: *www.stenaline.de*

Nach Tallin geht es nur noch mit Umsteigen in Helsinki:
- Travemünde – Helsinki – Tallin/Estland: *www.finnlines.com und www.tallinksilja.de*

Transport im Land

Bahnen

Bahn fahren ist preiswert. In Lettland und Litauen ist das Eisenbahnnetz befriedigend ausgebaut, in Estland gibt es nur noch wenige Personenzüge. Fahrradabteile sind zwar selten, aber in der Regel kann das Fahrrad wie ein normales Gepäckstück mitgenommen werden (nicht in Nachtzügen). Mit dem Ticket muss eine Gepäckkarte gekauft werden.

Per Fähre

Das überregionale Linienbusnetz ist gut ausgebaut. Fahrradmitnahme ist möglich. Ist der Laderaum voll, bemüht sich der Fahrer, das Fahrrad im Gang unterzubringen. So sind sie, die Balten.

Übernachten

Außerhalb der Ferienzentren und der Hauptstädte ist die touristische Infrastruktur weiterhin auf bescheidenem Stand. Wer aber nicht zu fixiert ist und eine Campingausrüstung dabei hat, wird schnell eine Übernachtungsroutine entwickeln.

Zimmer

Hotels existieren in den meisten größeren Orten, sind aber nicht immer leicht zu finden. Während die Hotelpreise in Litauen noch niedrig liegen, haben sie in Estland westliches Niveau erreicht. Privatzimmer werden zunehmend in Feriengebieten angeboten.
Um die 30 **Jugendherbergen** gibt es bislang im Baltikum, die meisten in Litauen.
Buchungsportale:
- *www.balticbookings.com*
- *www.hostellinglatvia.com*
- *www.lha.lt*

Zelt

Offizielle Campingplätze gibt es je ca. 60 in Estland und Lettland und ca. 25 in Litauen (*www.camping.lt*). In unmittelbarer Nähe von Gewässern auch diverse Biwakplätze (sehr einfach, oft ohne sanitäre Einrichtungen). Eine zunehmende Zahl von Bio-Bauernhöfen bietet ebenfalls Zeltmöglichkeiten an. Erfahrungsgemäß sind die Bauern im Baltikum sehr hilfsbereit, wenn es um einen Liter Milch frisch von der Kuh oder einen Standplatz fürs Zelt geht. Freies Zelten wird analog zum skandinavischen Jedermannsrecht großzügig toleriert. Ausdrücklich verboten ist es in Nationalparks, wo nur die dafür bezeichneten Plätze benutzt werden dürfen.

Karten und Literatur

Tourenkarte

- Freytag & Berndt: 1:400.000 „Baltische Staaten", 9,95 €, alles auf einem Blatt (doppelseitig bedruckt), Papier ist nicht sehr strapazierbar.
- Reise Know How: 1:600.000, „Baltikum", 8,90 € // 1:275.000, „Estland", 8,90 € // 1:325.000, „Lettland", 8,90 € // 1:325.000, „Litauen / Kaliningrad", 8,90 € // alle diese Karten wurden von Käufern als zuverlässig eingestuft und haben „unkaputtbares" Papier.
- *Empfehlung:* Vanta Aga 1:410.000, „Eesti Rattateed", 14,90 €, schön gemachte Fahrradkarte für Estland, mit vollst. Straßennetz und allen beschilderten Radrouten.

Tourenführer

- Kettler Vlg: „Baltikum per Rad". 3. Aufl. erscheint wahrsch. 2015. Die alte Aufl. war verbesserungsfähig und taugte mehr zur Planung als zur tatsächlichen Orientierung.
- Esterbauer (Bikeline): „Ostseeküste Baltikum". Entlang der Küste von Jurmala (Lettland) bis Tallin (Estland). Zweifelhafte Streckenführung auf Hauptstraßen und Zuckersandwegen, seit 2006 nicht mehr aktualisiert!

Fahrrad, Straßen, Wege

Fahrrad

= litauisch „dviratis", lettisch „velosipéds", estnisch „jalgratas".

Das Baltikum ist selten bergig, so dass eine Nabenschaltung oft ausreichen würde. Eine Kettenschaltung ist aber vorzuziehen, da die Hinterachse stabiler ist, der Wirkungsgrad besser und mehr gefühlvolle Power auf sandigen Wegen zur Verfügung steht. Außerdem kann Gegenwind viel Kraft kosten, die bei kleinen Gängen leichter aufgebracht wird. Wegen Rauasphalt und häufiger Schotterstraßen ist Trekking- oder MTB-Bereifung empfehlenswert.

Man darf nicht mit vielen Fahrradwerkstätten rechnen, die moderne Fahrräder reparieren können. Daher ausreichend Ersatzteile und Werkzeug mitnehmen.

Straßen und Verkehr

Wegen der dünnen Besiedlung ist das asphaltierte Straßennetz vergleichsweise weitmaschig, insbesondere in Estland bestehen zu etlichen Hauptstraßen keine Alternativen. Praktisch alle längeren Touren beinhalten daher immer einen Teil unbefestigter Straßen. Diese sind dann entweder sehr grob (Schotterstraßen im Landesinnern) oder zuckersandig (Küstenwege) und dämpfen den Radelspaß erheblich. In diesem Zusammenhang begrüßt man die kleine Asphaltwalze, die auch durchs Baltikum rollt und manches Ärgernis für Radler schon beseitigt hat.

Der **Verkehr** ist besonders in Litauen und Lettland gering. Die Fahrweise ist nur in Estland westeuropäisch-defensiv. Hingegen scheren sich in den Städten von Litauen und Lettland viele Autofahrer wenig um Rad-

Radeln auf der Autobahn

fahrer. Manchmal ist es unvermeidlich, auf der Standspur der **Autobahn** zu radeln. Baltische Autofahrer kennen das, niemand regt sich auf. Ohnehin ähneln die Autobahnen eher gut ausgebauten Landstraßen.

Estland besitzt ein gut markiertes nationales **Radroutennetz,** das dem dänischen ähnelt. Geeignete Straßen und Wege wurden verknüpft, auch internationale Radwege wie der **Europaradweg R1** und die **Euro Velos** 10, 11 und 13 sind markiert. Lettland und Litauen ziehen teilweise nach.

In Litauen gilt **Helmpflicht** (außer auf Radwegen). Außerdem muss bei Dunkelheit bzw. schlechten Sichtverhältnissen eine reflektierende Weste getragen werden.

Offroad (MTB)

Die Übergänge vom Tourenradeln zum Offroad-Biken sind fließend. Sanfte Topografie und ein dichtes Netz von „Naturstraßen" ermöglichen auch mit Gepäck leichte bis mäßig anspruchsvolle MTB-Touren in allen Regionen. Generell kann davon ausgegangen werden, dass auf allen Wanderwegen geradelt werden darf. Einschränkungen können in Nationalparks wie dem der Kurischen Nehrung bestehen. Allgemein besteht aber wenig Neigung, das Biken irgendwo zu verbieten. Unbefestigte Wege sind im Südbaltikum sandiger als im Norden, wo die Böden steiniger sind.

Belgien

Daten

30.518 qkm • 11,2 Mio. Einwohner • 367 Ew./qkm
Ausdehnungen: N – 220 km – S // W – 270 km – O

Land

Naturräumlich ist das *Niederbelgien* des Nordens eine Fortsetzung der Niederlande: Dem Dünengürtel der flandrischen Nordseeküste folgen fruchtbares Marschland und sandig-lehmige Geest, die höchsten Erhebungen liegen bei 50 m. Daran schließt sich das flachwellige *Mittelbelgien* an, das allmählich auf 200 m ansteigt. Dieses Hügel- und Tafelland ist von fetten Böden bedeckt und gilt als Kernland Belgiens. Schließlich bilden die Flusstäler von Maas und Sambre die Grenze zu *Hochbelgien,* wo sich das arg zerfurchte Gebirgsmassiv der Ardennen erhebt (bis 694 m).

Leute

Eine unsichtbare Grenze zwischen germanischer und romanischer Welt verläuft durch Belgien. Sie führte zum sog. Sprachenstreit der Belgier, die sich auch anderthalb Jahrhunderte nach der Staatsgründung schwer damit tun, eine gemeinsame Nation zu bilden. Niemand spricht „belgisch", eine belgische Sprache gibt es schlicht nicht. Drei Fünftel aller Belgier leben im flämischen Norden und sprechen niederländische Dialekte (germanisch), das Bevölkerungsdrittel im südlichen Wallonien ist dagegen französischer Zunge (romanisch). Zweisprachig ist nur die Hauptstadt Brüssel. Eine kleine deutschsprachige Minderheit (0,7%) lebt im Kreis Eupen (Provinz Lüttich).

per Rad erfahren

Lange lag Belgien radtouristisch im Dornröschenschlaf, doch das hat sich sehr geändert. Seit Jahren wirbt das nordbelgische Flandern mit Verve um Radwanderer. Untermauert wird das Werben durch gut markierte Radrouten, bauliche Radwege und korrespondierende Tourenführer, was die Orientierung in diesem dicht besiedelten Land erheblich erleichtert. Herzstück des Radwegenetzes ist die **Vlaanderen Fietsroute,** ein gemütlicher Rundkurs, der es auf insgesamt 800 km bringt. Auch in Südbelgien wächst das Radroutennetz. Zum Clou soll dort das **RAVeL-Netz** werden, das auf ehemaligen Bahntrassen und Treidelwegen entsteht.

„Berittene Polizei"

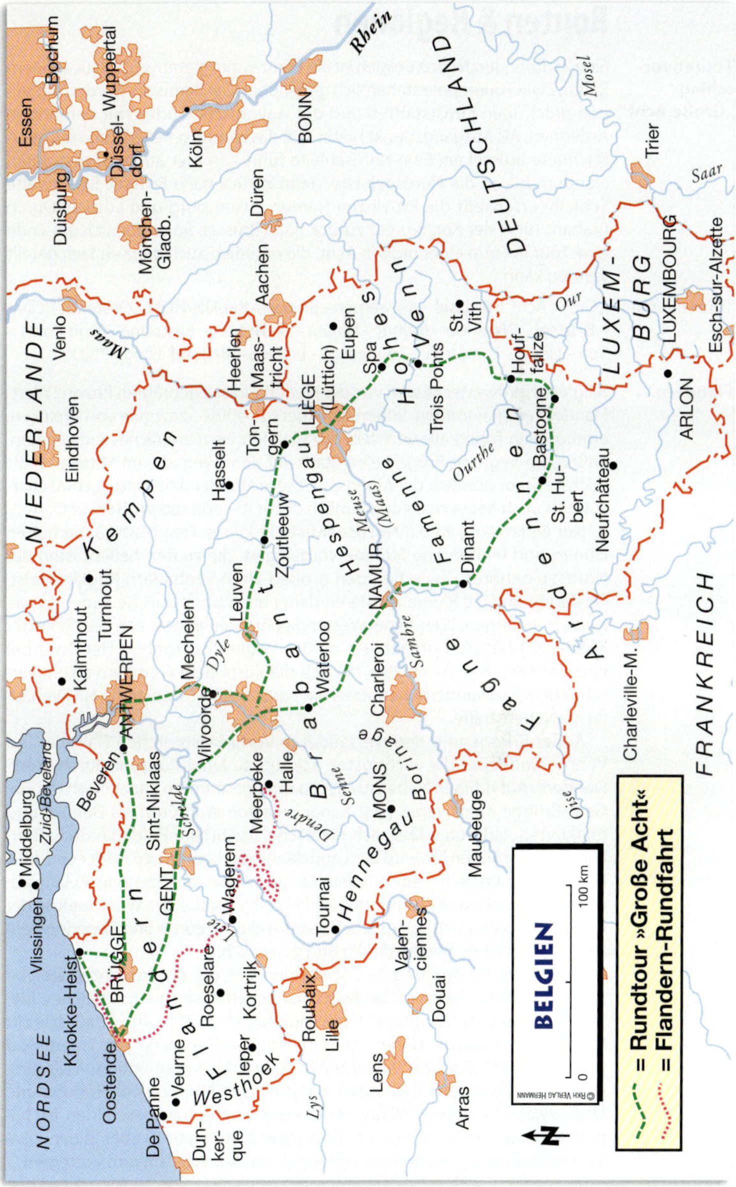
NORDSEE
NIEDERLANDE
DEUTSCHLAND
LUXEM-BURG
FRANKREICH
Flandern
Westhoek
Kempen
Brabant
Hespengau
Hohes Venn
Famenne
Ardennen
Hennegau
Borinage
Rhein
Maas
Mosel
Saar
Our
Ourthe
Meuse (Maas)
Sambre
Dyle
Schelde
Senne
Dendre
Leie
Lys
Oise
Zuid-Beveland
Essen
Bochum
Duisburg
Düssel-dorf
Wuppertal
Mönchen-Gladb.
Köln
BONN
Düren
Aachen
Venlo
Eindhoven
Heerlen
Maas-tricht
Eupen
Trier
Vlissingen
Middelburg
Knokke-Heist
Oostende
De Panne
Veurne
Dun-ker-que
BRÜGGE
Roeselare
Ieper
Kortrijk
Wagerem
GENT
Sint-Niklaas
Beveren
ANTWERPEN
Kalmthout
Turnhout
Mechelen
Vilvoorde
Leuven
Zoutleeuw
Hasselt
Ton-gern
LIÈGE (Lüttich)
Spa
Trois Ponts
St. Vith
Houf-falize
Bastogne
St. Hu-bert
Neufchâteau
ARLON
LUXEMBOURG
Esch-sur-Alzette
Waterloo
Halle
Meerbeke
Tournai
MONS
Charleroi
NAMUR
Dinant
Maubeuge
Charleville-M.
Roubaix
Lille
Valen-ciennes
Douai
Lens
Arras
BELGIEN
0
100 km
© RKH VERLAG HERMANN
= Rundtour »Große Acht«
= Flandern-Rundfahrt

Routen & Regionen

Tourenvorschlag „Große Acht" Eine Radtour durch ganz Belgien ist ein Kontrastprogramm auf relativ kleinem Raum. Zwei Tourenpole stehen sich gegenüber: Der flämische Norden mit seinen prächtigen Kunststädten und der wallonische Süden mit den urigen Ardennen. Als Ausgangspunkt bietet sich das zentral gelegene und leicht erreichbare Brüssel an. Eine Nordschleife führt von hier aus zunächst durch Flandern bis an die Nordseeküste, dann zurück nach Brüssel. Eine zweite Schleife erschließt die Provinzen Namur, Luxemburg und Lüttich. Durch Brabant führt der Kurs erneut zurück nach Brüssel. So ergibt sich am Ende eine Tour in Form einer großen Acht, die natürlich auch ganz einfach geteilt werden kann.

Tourenverlauf („Große Acht"): **Brüssel** – Antwerpen – Brügge – Knokke-Heist – Oostende – Gent – **Brüssel** – Waterloo – Namur – Dinant – St. Hubert – Bastogne – Trois Ponts – Spa – Liège – Tongeren – Zoutleeuw – Leuven – **Brüssel**. Länge 700 km.

Flandern Belgiens Nordwestecke wird von der niederländisch geprägten Provinz West-Flandern eingenommen. Sofern nicht gerade böige Seewinde vorherrschen, ermöglichen Topografie und Nebenstraßennetz ein gemütliches Radwandern, außerdem liegt mit Brügge eine Stadt auf dem Weg, die im Mittelalter als reichste Stadt nördlich der Alpen galt. Diese alte Handels- und Tuchmacherstadt ist auch heute noch unglaublich dekorativ und romantisch.

Nur 66 km lang ist die **Nordseeküste** Belgiens. Den bis zu 33 m hohen Dünen sind feinsandige Strände vorgelagert, die zu den beliebtesten der Nordsee gehören. Zwischen den großen alten Seebädern Knokke-Heist, Oostende und De Panne existieren daher auch beschauliche Badeorte wie Heist-Duinbergen, Wenduine, Westende und Nieuwpoort aan Zee. Teile der Küste sind Naturschutzgebiete, so das Vogelschutzgebiet Het Zwin bei Knokke-Heist. Ansonsten aber hat sich die Küste dem Fremdenverkehr verschrieben. Radwanderer benutzen die parallel zur Küstenstraße N34 verlaufende Nebenstraße.

Außer Brügge und dem versandeten Vorhafenstädtchen Damme sind Veurne und Ieper die wichtigsten Eckpunkte einer Radtour durch West-Flandern. Auf ruhigen Nebenstraßen, pappelgesäumten Kanalalleen (schön: Gent-Brügge-Kanal, Ieper-IJzer-Kanal, Leie von Warneton bis Deinze) und markierten Radrouten lässt sich die flache, fruchtbare Polderlandschaft erkunden; zum Süden hin wird das Land dann hügeliger. Weite Felder und stille Dörfer bestimmen in weiten Teilen die unspektakuläre Szenerie. Relativ abwechslungsreich und kleinräumig ist die wellig-waldreiche **Westhoek** an der Grenze zu Frankreich. Dieses alte Bauernland um Veurne und Poperinge gilt als ausgesprochen bodenständig und gemütlich.

Eine friedliche Agrarregion Ost-Flanderns ist die **Zwalm,** unterhalb von Gent. Ein dichtes Netz von landwirtschaftlichen Versorgungssträßchen bietet sich für familienfreundliche Radwanderungen an. Die Landschaft ist leicht hügelig, die maximale Höhendifferenz liegt bei 80 m. In nahezu jedem Dorf findet sich noch eine alte Wassermühle. Neben der autoorientierten „Zwalm-Route" existieren drei Radrouten, die jeweils in Munkzwalm, Roborst und Nederzwalm beginnen. Während die Autoroute gut ausgeschildert ist, hapert es bei den Radrouten noch. Geeignete Karten gibt es aber in den lokalen Buchhandlungen und bei den i-Büros von Munkzwalm und Zottegem.

Ronde van Vlaanderen

Die **Flandern-Rundfahrt** (Ronde van Vlaanderen, erstmals 1913, *www.rondevanvlaanderen.be*) gehört zu den fünf Monumenten des internationalen Radsports. In Belgien ist es der Klassiker schlechthin. Jahr für Jahr verfolgen Anfang April Hunderttausende frenetischer Radsportfans die Eintagesfahrt von Brügge nach Meerbeeke (25 km westl. Brüssel, bei Ninove). Höhepunkte des ca. 260 km langen Kurses sind die 17 giftigen Anstiege („Hellingen") in den sog. „flämischen Ardennen", meist auf Kopfsteinpflaster (bei den Rennen mit Streusand abgemildert). Am schwersten sind Helling 6 und 7 (Paterberg und Koppenberg). Berühmt-berüchtigt ist aber der vorletzte Anstieg (Helling 16) durch Geraardsbergen (30 km südlich von Gent), wo sich ein schmaler Pflasterweg, genannt die „Kapellmuur", mit bis zu 23% Steigung auf einen 110 m hohen Kapellenberg windet. Hier, 17 km vor dem Ziel, brennt die Hütte lichterloh. Mit viel belgischem Bier wird gelöscht. 2012 wurde die Streckenführung allerdings so verändert, dass ausgerechnet die „Kapellmuur" nicht mehr dabei ist. Am Tag vor der Rundfahrt ist der Kurs für Jedermann freigegeben.

Für Radtouristen ist u. a. die grüne **„Ronde van Vlaanderen"-Route** (114 km) ausgeschildert. Ausgangspunkt ist Oudenaarde.

Antwerpen, Limburg

Abgesehen von der Kunststadt Antwerpen ist für Radwanderer in den beiden ostflämischen Provinzen vor allem das **Kempenland** attraktiv. Diese nördlich des Albert-Kanals (Antwerpen – Maastricht) gelegene Landschaft ist relativ unfruchtbar und daher dünn besiedelt. Große Heidegebiete (exemplarisch der Naturpark *Kalmthoutse Heide* nördlich Antwerpen-Stadt), Kiefernwälder, Viehweiden und Kanäle bestimmen dieses nach Osten hin ansteigende, friedlich unspektakuläre Land.

Hennegau, Namur, Lüttich

Zu den nahezu unbekannten Radelregionen gehört das einst von wallonischen Kohle- und Stahlbaronen beherrschte **Hennegau** (Hainaut). Vom Zechensterben gezeichnet ist dort die *Borinage,* südlich von Mons. Ebenso die Industrielandschaften an Sambre und Maas (zwischen Mons und Lüttich-Stadt). Treidelwege und Nebenstraßen laden zum Entdecken dieser von morbidem Charme und Industriebauten im Stil der Neorenaissance geprägten Industrieregion ein.

Freundlich und wohlhabend präsentieren sich hingegen die bäuerlichen Landstriche dieser Industrieprovinzen, wie etwa das **Hespengau** (Hesbaye) westlich von Lüttich-Stadt – welliges, fruchtbares Land mit Gutshöfen, Schlößchen, Herrensitzen, vielen asphaltierten Wirtschaftswegen und alle paar Kilometer ein Gasthof. Ein hübsches, allerdings schon recht hügeliges Tourengebiet ist die den Ardennen vorgelagerte Senke der **Fagne Famenne** im Süden der Provinzen Hennegau und Namur mit schönen Laubwäldern, kleinen Flusstälern, Stauseen, Feldern und Wiesen.

Wallonien und die Ardennen

Südöstlich der Maas-Furche erstreckt sich in **Wallonien** das landschaftlich interessanteste Tourengebiet Belgiens. Es beginnt mit dem Hügelland der **Niederardennen,** wo lang gezogene Steigungen über mehrere Plateaus führen, die nach Nordosten hin von 200 auf 500 m ansteigen. Wald, Heide und Weideland bedecken die durch Täler getrennten Hochflächen. Unten haben Ourthe und Lesse – Nebenflüsse der Meuse – enorme Tropfsteinhöhlen in den Kalkstein der Niederardennen gegraben (berühmt: die Grotte von Han-sur-Lesse).

Nordöstlich schließen sich ab einer Höhe von 500 m die **Hochardennen** an. Hier hat sich eine bemerkenswerte Hochmoorlandschaft gebildet: das zum

Deutsch-Belgischen Naturpark gehörende **Hohe Venn** (Hautes Fagnes). Uhrglasmoore sind typische Erscheinungen der herben und stark zerhügelten Landschaft. 14 km lang zieht sich die befahrene, aber breit ausgebaute 68 mit stetiger Steigung von Eupen auf den *Signal de Botrange* (694 m), höchste Erhebung des Hohen Venns und zugleich Belgiens.

Generell sind die Ardennen anstrengendes Tourenterrain. Aus den tief eingeschnittenen Flusstälern strebt manch kleine Nebenstraßen so direkt nach oben, dass man das Gefühl hat, gegen eine Wand zu fahren. Während normale Anstiege unter wallonischen Radsportlern als „Côte" durchgehen (Steigung), werden solche Pochwerke ab 18% ehrfürchtig „Mur" genannt (Mauer) und krönen so manches Radrennen.

Wie beschaulich ist da die Route durchs **Tal der Ourthe.** Von Houffalize bis Tohogne folgen Nebenstraßen diesem Tal. Auf diese Länge (ca. 60 km) hat das kein anderes Flusstal in den Ardennen zu bieten.

Dem Allgäu schließlich ähnelt die Ardennen-Landschaft im **Dreiländereck,** südlich von St. Vith. Die Sträßchen sind zwar sehr hügelig, aber nahezu autofrei und idyllisch.

RAVeL-Radrouten

Im wallonischen **Ostbelgien** entsteht ein ambitioniert geplantes Bahntrassen- und Treidelwegnetz namens **RAVeL** (Réseau Autonome de Voies Lentes = Unabhängiges Netz der langsamen Wege). Es soll das größte Europas werden. Flaggschiff der RAVeL-Routen ist der 125 km lange **Vennbahn-Radweg** (RAVeL L48/47), der von Aachen über Belgien nach Troisvierges in Luxemburg führt. 16 Nebenrouten sind angeschlossen. Infos/Tourguide: *www.vennbahn.eu*

Nebenstraße an der Maas

ⓘ-Box Belgien

Einreise
Die Grenzen sind offen (Schengener Abkommen), ein Personalausweis genügt (D/A/CH).

Geld
Belgien gehört zur Euro-Zone. Die Lebenshaltungskosten waren 2014 15% höher als in D.

Gesundheit
Das EU-weite Sozialversicherungsabkommen erlaubt Mitgliedern einer gesetzlichen Krankenkasse die Inanspruchnahme medizinischer Dienste. Details: *www.dvka.de*

Infos
- *www.visitbelgium.com* – Tourismuszentrale Belgien
- *www.belgien-tourismus.de* – Tourismuszentrale Wallonien
- *www.flandern.com* – Tourismuszentrale Flandern
- *www.toerismelimburg.be* – Tourismuszentrale Limburg
- *www.eastbelgium.com* – Tourismuszentrale Ostbelgien
- *www.fietsersbond.be* – Fahrradverband (nur holländisch)
- *www.fietsnet.be* – leicht zu bedienender Radroutenplaner, der auf Basis der Radroutennetze von Flandern und Nord-Brabaant (NL) die optimale Verbindung zwischen zwei ausgewählten Knotenpunkten (Start/Ziel) errechnet. Unbefestigte Radwege sind orange gekennzeichnet. Die Route kann anschließend ausgedruckt werden oder als GPS-Datei gespeichert werden.
- *www.openfietsmap.nl* – OSM-basiertes Routing für Garmin-GPS, deckt BeNeLux und Grenzregionen ab.

Wetter, Wind, Reisezeit
Wetter – Belgiens Klima bestimmt der Atlantik – mäßig warme Sommer und milde Winter. Die „feuchtesten" Monate sind Juli und August. Während Nieder- und Mittelbelgien im Jahresdurchschnitt nur 600–800 mm Niederschläge auf die Mütze bekommen, sind es im kühleren Hochbelgien 1100–1400 mm.

Wind – Überwiegend *mäßige Brisen* (Windstärke 4) wehen an der Küste; Windrichtungen N bis SW. Im Landesinnern sind es vornehmlich *schwache Brisen* (Windstärke 3), die dann meist aus SW kommen.

Reisezeit – Angenehm ist die Zeit von Mai bis Oktober. Schulferien sind von Anfang Juli bis Ende August. Optimale Tourenmonate sind Juni und September.

Anreise

Per Rad
Wenig reizvoll ist der direkte Weg von Aachen durch die Industrieprovinz Liège. Wesentlich freundlicher ist der „Umweg" durchs niederländische Limburg auf dem Radfernweg LF 6 (Aachen – Maastricht – Ieper/Westflandern). Daneben führen noch weitere Radwege grenzüberschreitend von NL nach Belgien. Schön, aber anspruchsvoll ist die Einreise durch den *Deutsch-Belgischen Naturpark*. Entweder via Monschau durchs Hohe Venn (Hertogenwald), oder über die Schneifel Richtung St. Vith (Übergang bei Weveler).

Per Bahn
Grenzüberschreitende Fahrradmitnahme mit der Bahn ist von D aus nicht mehr möglich. Nur von NL verkehren stündlich Intercitys mit Fahrradabteil nach Brüssel (ab Amsterdam über Antwerpen).

Per Bus
MeinFernbus (*www.meinfernbus.de*) bietet die Fahrradmitnahme nach **Brüssel** an (Heckträgertransport, Pauschalpreis 9 €). Aktuelle Abfrage bzgl. der Mitnahmemöglichkeit über die Buchungsmaske.

Transport im Land
Die Belgischen Eisenbahnen (SNCB, *www.belgianrail.be*) bedienen rund 3200 km Strecke und betreiben damit das zweitdichteste Bahnnetz in Europa (Platz 1: Tschechien). Fahrradmitnahme ist von allen Bahnhöfen aus in Nahverkehrs-, Regional- und IC-Zügen möglich (Fahrradkarte einfach 5 €, Tageskarte 8 €). Auch in der Kusttram (Küstentram, De Lijn) können Fahrräder mitgenommen werden (68 km, 2 €).

In **Bussen** ist keine Fahrradmitnahme vorgesehen und wegen des guten Eisenbahnnetzes eigentlich auch nicht erforderlich.

Übernachten

Zimmer

Privatzimmer gibt es kaum. DZ in Hotels und Pensionen kosten ab 30 €. Recht gleichmäßig verteilen sich die zur Zeit 29 Jugendherbergen übers Land (Infos über *www.djh.de*). Bei großem Andrang kann der Aufenthalt auf drei Übernachtungen begrenzt werden. In den Ferienzeiten für die JHs in Antwerpen, Brügge, Brüssel und Gent daher unbedingt reservieren. Hinzu kommen 15 Naturfreundehäuser, die vorrangig Mitgliedern offen stehen, aber auch Nichtmitglieder aufnehmen.

Campen

Landesweit existieren rund 500 Campingplätze in drei Kategorien. Schwerpunkte sind die Küste und die Ardennen. Wanderhütten für vier Personen gibt es auf vielen Campingplätzen in Flandern (30 €/Hütte). Freies Campen ist nur auf Privatland und mit Einwilligung des Besitzers gestattet.

Karten, Literatur & GPS

Tourenführer

- Esterbauer Vlg. (Bikeline): „Flandern-Route", „Radatlas Limburg", „Vennbahn-Radroute".
- NGI: „Topogids Vlaanderen Fietsroute", Spiralführer mit 61 Kartenblättern (1:50.000) und deutscher Beschreibung für die Flandern-Radroute, 14,95 €, Bezug über niederländ. Reisebuchversender.
- OSM-basierte Radreise-Karten für Garmin &Co.: *www.aighes.de* • *www.kowoma.de*

Fahrrad, Straßen, Wege

Fahrrad

Schon an den kurzen, oft knackigen Steigungen Mittelbelgiens und erst recht in Hochbelgien benötigen Radler, die mit Gepäck unterwegs sind, eine bergtüchtige Schaltung. Wegen der wechselhaften Wegbeschaffenheit sollten Felgen und Reifen nicht zu schmal sein. In Flandern, dem Land von Eddie Merckx & Nachfolgern, herrscht kein Mangel an Fahrradwerkstätten. Schlechter bestellt ist es in Wallonien (Südbelgien). Bei den SNCB können robuste Fahrräder mit 3-Gang-Schaltung gemietet werden. Rückgabe an anderen Bahnhöfen ist gegen Aufgeld möglich.

Straßen und Wege

Belgien hat zwar das dichteste Straßennetz Europas, aber die Hauptstraßen sind sehr befahren. Kommod wird das Radfahren vor allem durch das sehr dichte Nebenstraßennetz – besonders südlich von Maas und Sambre (Hochbelgien). In Dörfern und auf abgelegenen Nebenstraßen muss mit Kopfsteinpflaster gerechnet werden (berüchtigt: die flämischen Ardennen in Ost-Flandern). Die Wegweisung ist gut bis perfekt, bei Fernzielen meist zweisprachig. Ausgeschilderte **Radwanderwege** sind vor allem im flämischen Norden sehr verbreitet. Hauptachsen sind dort der Flandern-Rundkurs („Vlaanderen Fietsroute") und die grenzüberschreitende „Nordzeeroute" LF 1 (erster Abschnitt des „Europaradweges" R 1). Daneben gibt es sieben weitere Landelijke Fietsroutes, die das Flandern-Netz mit bilden. Die meisten, und mit dem niederländischen **Knotenpunktsystem** auch am besten markierten Radwege hat die Provinz Limburg. Auch die belgischen Ostkantone offerieren zusammen mit der Provinz Lüttich ein umfassendes Radwegenetz, „Velotour Hohes Venn – Eifel" genannt. Wallonien (Südbelgien) will zudem das **RAVeL-Routennetz** (s.o.) auf über 2000 km ausbauen.

Offroad (MTB)

Attraktiv und vielfältig sind die Möglichkeiten in den Ardennen. Forst- und Wanderwege erschließen die weiträumigen Hochplateaus und Kammlagen. Tabu sind die Schutzzonen der Kategorien C und D im Deutsch-Belgischen Naturpark.

Bosnien-Herzegowina

Daten

51.129 qkm • ca. 3,8 Mio. Einwohner • 74 Ew./qkm • Hauptstadt Sarajevo ca. 0,3 Mio. Ew. • Ausdehnungen: N – 300 km – S // W – 200 km – O

Land und Leute

Im Norden die Save-Niederung, im Westen, Osten und in der Mitte bewaldete und verkarstete Mittelgebirge, aus denen sich bis zu 2400 m hohe Gipfel erheben, im Südwesten die Dinarischen Alpen, tief im Süden zwanzig Kilometer Adria-Küste – macht zusammen Bosnien-Herzegowina! Das mittlerweile wieder recht friedliche Zusammenleben der großen Bevölkerungsgruppen – der muslimischen Bosniaken, der katholischen Kroaten und der orthodoxen Serben – wurde durch Abgrenzung erreicht. Als sog. Entitäten bilden die Bosniakisch-Kroatische Föderation und die Republik Serbien (Republika Srpska) den Staat Bosnien-Herzegowina. Überwacht wird der Burgfrieden vom Hohen Repräsentanten der UN. Dieses komplizierte Konstrukt spielt aber für den Reisenden praktisch keine Rolle. Oder doch: Sind die Wegweiser ausschließlich kyrillisch beschriftet, ist man in der Republika Srpska – Welcome!

per Rad entdecken

In Bosnien-Herzegowina wütete der letzte Balkankrieg am heftigsten. Immer noch sichtbar sind die Zeichen des seit 1995 beendeten Krieges. Zerschossene Häuserfassaden, verlassene Dörfer, abgetakelte Museen, verwilderte Ausflugsziele, gedrückte Stimmung. Die größten touristischen Highlights – die Altstädte von **Mostar** und **Sarajevo** – sind aber so umfassend wiederhergestellt, dass ein Besuch auf jeden Fall lohnt. Andere interessante Städte wie **Travnik,** die Stadt der Wesire, oder **Jajce** und **Banja Luka,** blieben vom Krieg weitgehend verschont. Auch den Gebirgslandschaften mit ihren schroffen, wie auch romantischen Ansichten konnte der Krieg wenig anhaben: sehenswerte **Schluchten** (Rakitnica, Kruscnica), **Seen** (Blidinje, Prokosko, Satorsko) und **Wasserfälle** (Kravice, Skakavac, Kozica) gibt es weiterhin.

Gebirgiger Süden bei Trebinje

Brückenspringer in Mostar

Die Hauptstraßen sind in gutem Zustand, der Verkehr hält sich in Grenzen, das Preisniveau ist niedrig. Es könnte sich also lohnen, das multikulturelle Balkan-Land nicht nur zu durchqueren, sondern auch intensiver per Rad zu erkunden. Leider dämpfen ungeräumte Minenfelder immer noch den Entdeckerspaß. Nirgendwo sonst wurden während des Balkankriegs so viele Minen gelegt wie in Bosnien-Herzegowina. Erdrutsche, Überschwemmungen und Geldmangel behindern die Räumung. Jedes Jahr gibt es neue Opfer. Auch wenn das Land noch lange nicht minenfrei sein wird, kann man es gut beradeln. Man muss halt nur etwas umsichtig sein und jegliches Dickicht meiden.

Martin Pfaffenzeller:

„Balkanradler, die dem extrem dichten Verkehr auf der Adria-Magistrale (E 8) mit engem Überholen und ständigem Gehupe entgehen wollen, können einen Teil der Strecke nach Bosnien ausweichen und durch den wunderschönen und noch relativ unerschlossenen Una-Nationalpark fahren. Südöstlich des kroatischen Nationalparks Plitvicka Seen befindet sich der Grenzübergang nach Bosnien, einfach den Schildern nach Bihac folgen. Die sehr lebendige und muslimisch geprägte Stadt an der Una lädt zu einem kurzen Erkundungsgang oder Kaffee ein, bevor es am Fluss entlang weiter Richtung Südosten geht. Nach einem kleineren Pass etwa zehn Kilometer nach Ripac rechts nach abbiegen, es folgt eine spektakuläre und unbefahrene Abfahrt durch kleine, untouristische Dörfer ins Flusstal bis Martin Brod (Wasserfall und Campingplatz).

Von hier führt der Weg über einen Pass (1031 m) mit tollen Blicken über den Nationalpark nach Drvar. Im Ort rechts halten, im Anschluss geht es über einen weiteren namenlosen Pass (auch über 1000 m) in das sich als serbisch verstehende Bosansko Grahovo. In der eindrucksvollen und dünn besiedelten Hochebene, durch die der Weg nun führt, sind die Wunden des hier intensiv tobenden Bürgerkriegs in Form von verlassenen und nicht komplett wiederaufgebauten Häusern noch gut zu sehen, es wechseln katholische, orthodoxe und muslimische Dörfer und Friedhöfe. Auch Minenwarnschilder erinnern an das Grauen. Stetig bergab führt die Straße nach Livno, das durch zahlreiche kroatische Flaggen seine Nähe zum Nachbarland dokumentiert. Wer genug vom Landesinneren hat, fährt nach Baska Voda an die kroatische Küste."

Adria-Magistrale

ⓘ-Box Bosnien-Herzegowina

Infos

- FVA: *www.bhtourism.ba*
- Minenräumdienst BHMAC: *www.bhmac.org*
- Air Bosna: *www.bhairlines.ba*
- Balkan-Forum: *www.balkanforum.info*

Einreise

D/A mit Pass oder Personalausweis, CH nur mit Reisepass. Kein Visum erforderlich für D/A/CH.

Geld

1 € = 1,95 Konvertible Mark (BAM). BiH gehört zu den besonders günstigen Balkan-Ländern. Der Lebenshaltungskostenindex lag 2014 bei 57% (D=100%).

Gesundheit, Sicherheit

Bislang kein Sozialversicherungsabkommen mit der EU. Auslands-KV sehr ratsam. In Städten und größeren Gemeinden ist das Leitungswasser generell trinkbar. Die Kriminalität ist gering. Gefahr geht von ungeräumten Minenfeldern aus: Überall wo Gras und Gestrüpp wuchern, ist große Vorsicht angeraten.

Klima, Reisezeit

Kontinentales Klima mit kalten Wintern und warmen Sommern, zur Küste hin mediterran. Reisezeit ist von Mai bis Oktober; die wenigsten Regentage sind im August und September.

Anreise

- Per **Flieger** mit versch. Fluggesellschaften von D/A nach Sarajevo.
- Per **Bahn** via Zagreb, dort Umsteigen nach Sarajevo. Die Fahrradmitnahme ist aber sehr unsicher, da keine Gepäckwagen mitlaufen. Infos: *www.hznet.hr*

Transport im Land

Das Bahnnetz umfasst ca. 1000 km, Fahrradmitnahme ist nicht geregelt, aber im Regionalverkehr unproblematisch. Bei Bussen entscheidet der Fahrer; meist wird versucht, das Rad irgendwie mitzunehmen.

Übernachten

Viele kleine Hotels und Privatzimmer. DZ in Mostar ab 10 €, in Sarajevo ab 25 €. Die auf dem Papier bestehende polizeiliche Meldepflicht wird normalerweise vom Hotel bzw. Vermieter erledigt. Im Idealfall erhält der Gast einen Durchschlag, den er bei der Ausreise vorweisen kann. In der Praxis wird man aber weder einen Durchschlag bekommen, noch bei der Ausreise danach gefragt werden.

Karten und Literatur

- Freytag & Berndt: Bosnien-Herzegowina, 1:200.000, 9,99 €.
- Freytag & Berndt: Slowenien / Kroatien / Serbien-Montenegro / Bosnien-Herzegowina / Mazedonien, 1:600.000, 9,99 €.
- RKH: Kroatien, Bosnien und Herzegowina, Serbien, Montenegro, Albanien, Kosovo, Mazedonien, Slowenien, 1:725.000, 8,90 €.
- *www.kowoma.de* – OSM-basierte, routingfähige Freizeitkarte für Radler und Wanderer.

Fahrrad

Es sind kaum Fahrräder im Lande unterwegs. Ersatzteile gibt es in beschränktem Umfang in den fünf, sechs wichtigsten Städten des Landes.

Straßen und Verkehr

Die Hauptstraßen sind generell in gutem Zustand, die Nebenstraßen nicht immer.

Ähnlich wie in Kroatien, Serbien und Montenegro, braucht man als Radreisender angesichts knapper Überholmanöver ein dickes Fell. Auto- bzw. Lkw-Fahrer können oder wollen sich einfach nicht in die Lage eines Radfahrers versetzen.

Kyrillisch-Kenntnisse vorteilhaft

Bulgarien

Daten

111.000 qkm • 7,3 Mio. Einwohner • 66 Ew./qkm
Ausdehnungen: N – 280 km – S // W – 440 km – O

Land

Bulgarien ist ein bergiges Land mit zahlreichen, intakten Landschaftsvarianten. Zwei Drittel der Oberfläche bestehen aus Erhebungen, die mittlere Landeshöhe beträgt 470 m. Landschaftsräumlich prägen vor allem zwei Gebirgsbarrieren das Land: Im Zentrum der Querzug des karstigen *Balkan-Gebirges* (Stara Planina, bis 2376 m) und im Südwesten das steil aufragende *Rila-Rhodopen-Massiv* (bis 2925 m). Im Norden bildet die Donau die Grenze zu Rumänien. Südlich davon schließt sich die vom Donau-Hügelland unterbrochene Kornkammer der *Donau-Tiefebene* an (Nordbulgarien). Zwischen Balkan und Rhodopen erstreckt sich das *Tieflandbecken der Marica* vom Hochland um Sofia bis zur Thrakischen Ebene. In dieser zentralen Region schlägt das wirtschaftliche Herz Bulgariens, und das bedeutet Industrie und Zersiedlung. Etwa ein Drittel der 380 km langen *Schwarzmeer-Küste* eignen sich zum Baden.

und Leute

Bulgariens Bevölkerung schwindet allmählich dahin. Seit 1980 hat das Land mehr als 10 Prozent seiner Einwohner verloren. Die hauptsächlich in den östlichen Rhodopen siedelnden Türken sind die größte Minderheit (4,5%). Auch die bulgarischen „Pomaken" (3%) bekennen sich seit der osmanischen Besetzung zum Islam. Wichtigste Religion ist jedoch die orthodoxe Kirche. Ihr verdankt Bulgarien das kyrillische Alphabet. Im touristischen Bereich wird zwar auch mit lateinischen Buchstaben geschrieben, aber nicht alle Wegweiser sind zweisprachig. Weniger verschlossen als der orthodoxe Norden zeigt sich der moslemische Süden Bulgariens.

Hochzeitspaar (Vidin, Bab Vida)

per Rad entdecken

Als Radreiseziel ist Bulgarien immer noch eine Art terra incognita. Gründe sind sicherlich die dürftige touristische Infrastruktur (zumindest jenseits des Schwarzen Meeres), der Mangel an guten Nebenstraßen und interessanten Zielen und überhaupt das Fehlen zugkräftiger Radrouten. Nach der Wende hat sich Bulgarien kaum entwickelt. Vielerorten sieht es schlimmer aus als vor 1990, aufgelassene Industriekombinate, Raffinerien und Bergwerke schmücken die Vororte. Entscheidend für den Wunsch durch Bulgarien zu radeln, dürfte deshalb vor allem Neugier sein. Neugier auf ein weniger bekanntes Stück Europa. Der Rest findet sich.

Routen & Regionen

Fazit zweier Radler

Dieter Schmidt: „Bulgarien besitzt zahlreiche intakte Landschaftsvarianten. Vom Karstgebirge über Schluchten, Obst- und Weinbauhügel bis zu Wald-Acker und Weideland ist alles zu sehen … Die gesamte Strecke von der Donau bis Sofia ist äußerst empfehlenswert und panoramareich. Ein absoluter landschaftlicher Genuss, besonders die Iskarschluchten, wenn auch etwas anstrengend."

Johannes Meusel: „Bisher ist Bulgarien für den Fahrradtourismus ein weißer Fleck auf der Landkarte. Es gibt keine Radwanderkarte und keinen Radwanderführer. Etwa zwei Drittel des Landes sind Gebirge mit Gipfeln über 2000 m. In den Nachrichten wird zur Sommerszeit von Hitzerekorden und verheerenden Waldbränden berichtet. Kann man in einem solchen Land überhaupt Rad fahren? Man kann – und sogar sehr gut. Unsere Radreise wurde ein großartiges Erlebnis – mit zwölf Tagen nur leider viel zu kurz."

EuroVelo 6

Der **Donau-Radweg** führt auf der bulgarischen Donau-Seite von Vidin über Ruse nach Silistra. Die rund 500 km lange Strecke ist Teil des **EuroVelo 6.** Im Gegensatz zur alternativen Streckenführung auf der rumänischen Seite ist der bulgarische Abschnitt auf den mehr als 200 km zwischen Vidin und Nikopol ausgeschildert. So richtig lohnt sich die Strecke aber erst ab Orjahevo, dann ist der Verkehr minimal, und es gibt schöne Donau-Blicke. Bis Orjahevo verläuft der Donau-Radweg/EV6 mangels Alternativen auf befahrenen Straßen.

Donautiefland

Weite Getreidefelder dominieren das hügelige Tiefland südlich der Donau. Etwas eintönig ist daher die Szenerie in der flachwelligen „Kornkammer Bulgariens", für Abwechslung sorgen im nördlichen Einzugsbereich des Balkangebirges hingegen immer wieder Steigungen von 1–2 km Länge, die teilweise bis auf 16% anziehen. Interessante Sehenswürdigkeiten sind die Festung **Baba Vida** in Vidin, die Ausgrabung der römischen Siedlung **Oescus** am Rande von Gigen, die große Tropfsteinhöhle **Devetaska pestera** 30 km nordöstl. von Lovec und der für Bulgarien so bedeutsame archäologische Komplex von **Madara** (ca. 15 km W von Sumen).

EuroVelo 6 vor Nikopol

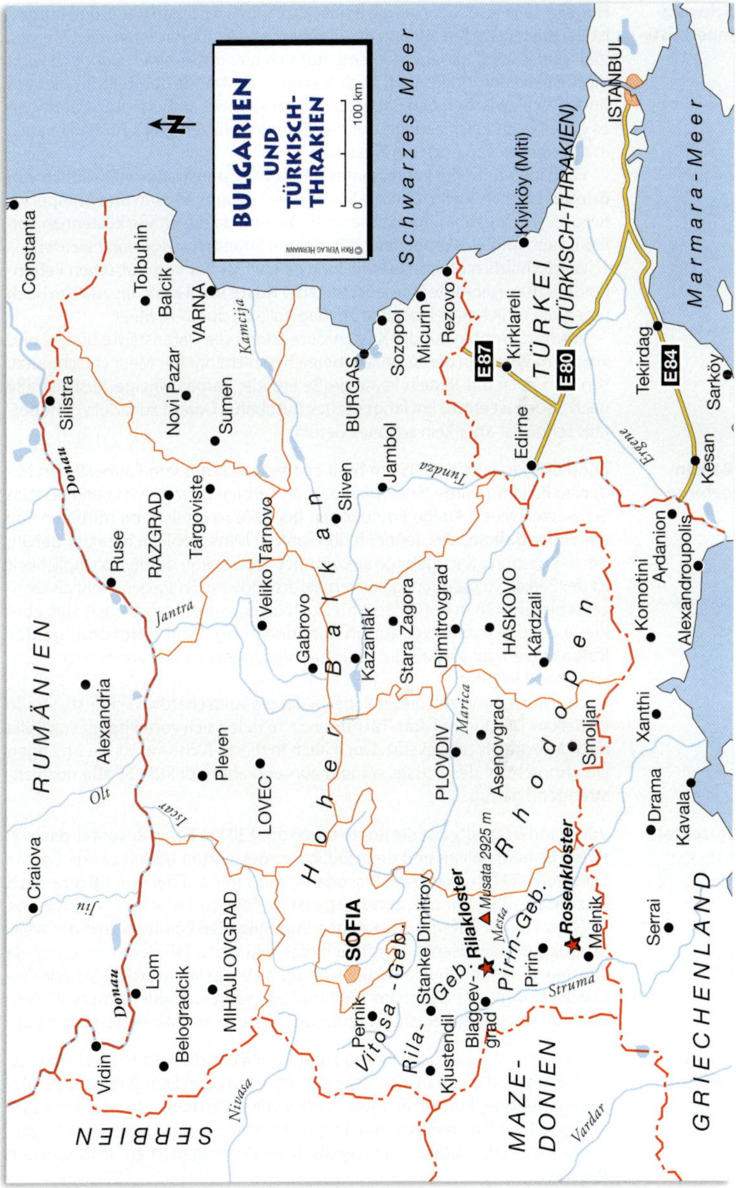
BULGARIEN UND TÜRKISCH-THRAKIEN
0
100 km
© RKH VERLAG HERMANN
Schwarzes Meer
Marmara-Meer
RUMÄNIEN
SERBIEN
MAZE-DONIEN
GRIECHENLAND
TÜRKEI (TÜRKISCH-THRAKIEN)
Hoher Balkan
Rhodopen
Vitosa-Geb.
Rila-Geb.
Pirin-Geb.
Musata 2925 m
Rilakloster
Rosenkloster
Donau
Olt
Jiu
Iscar
Jantra
Kamcija
Tundza
Marica
Mesta
Struma
Vardar
Nivasa
Ergene
E87
E80
E84
Constanta
Tolbuhin
Balcik
VARNA
Silistra
Novi Pazar
Sumen
Ruse
RAZGRAD
Târgoviste
Alexandria
Craiova
Pleven
LOVEC
Veliko Târnovo
Gabrovo
Kazanlâk
Sliven
Jambol
BURGAS
Sozopol
Micurin
Rezovo
Stara Zagora
Dimitrovgrad
HASKOVO
Kârdzali
PLOVDIV
Asenovgrad
Smoljan
SOFIA
Pernik
Stanke Dimitrov
Kjustendil
Blagoev-grad
Pirin
Melnik
Vidin
Belogradcik
Lom
MIHAJLOVGRAD
Kirklareli
Kiyiköy (Miti)
Edirne
ISTANBUL
Tekirdag
Sarköy
Kesan
Ardanion
Alexandroupolis
Komotini
Xanthi
Drama
Kavala
Serrai

Schwarzmeerküste

Hügelig, teilweise sogar bergig (Eminska planina, zwischen Varna und Burgas) ist der Küstenstreifen entlang des überwiegend sauberen Schwarzen Meeres. Viel touristischer Badebetrieb entfaltet sich hier im Sommer. Dennoch wirkt die Küste weder zubetoniert, noch sind die Badestrände überfüllt. Problemlos finden sich zwischen den Badeorten sogar kleinere, unbebaute Strände, wo es ganz beschaulich zugeht. Auf den Campingplätzen gibt's für Radler auch in der Hochsaison noch ein Plätzchen.

Für Badefans ist der interessanteste Teil der Küstenstraße jener **südlich von Burgas.** Leicht hügelig führt die Straße über Sozopol, Micurin und Ahtopol bis Rezovo. Der Verkehr nimmt zusehends ab, und da die Straße küstennah verläuft, kann mühelos unter den hellsandigen Stränden ausgewählt werden.

Landschaftlich etwas abwechslungsreicher ist der von hübschen Felsenlandschaften geprägte Nordabschnitt der **Küste um Balcik.** Bis zu 70 m hoch ragen die rötlichen Felsgebilde am Kap Kaliakra aus dem Meer.

Wermutstropfen auf der Küstenroute bilden die Hafenstädte Burgas und vor allem **Varna.** In deren Einzugsbereich ist nicht nur das Meer verschmutzt, sondern auch das Radeln keine große Freude. Varnas einzige Ausfallstraße nach Süden ist ein 10 km langes Stück Autobahn. Darauf zu radeln geht notfalls schon, ist aber kein schönes Gefühl.

Balkangebirge

Rund 600 km lang und 35 km breit erstreckt sich das von Laubwäldern bedeckte Balkangebirge (Stara planina) von Serbien quer durchs Land bis zum Schwarzen Meer. Alpine Erhebungen bis 2376 m erreicht im mittleren Teil der **Hohe Balkan,** der dennoch den sanften Mittelgebirgscharakter behält, der das gesamte Karstgebirge auszeichnet. Trotz seiner guten Zugänglichkeit ist der Balkan straßenmäßig nur vertikal erschlossen. So sorgen mehr als sechzehn bis zu 1438 m hohe Pässe für Durchlässigkeit von Nord nach Süd, aber keine einzige Straße verläuft in Kammrichtung. Da die **Nordhänge des Balkans** weniger steil als die südlichen sind, radelt es sich von N nach S entsprechend leichter.

Eine Ausnahme von dieser Regel bildet die landschaftlich schönste Straße im Balkan: Die durchs **Iskar-Tal** führende 16 radelt sich vorteilhafter von Sofia nach Mezdra als umgekehrt. Doch auch in dieser Richtung ist die im engen Durchbruchstal des Flusses ständig auf- und abpendelnde Straße noch anstrengend genug.

Rosental

Völlig anders geartet ist die Route durch das 130 km lange Rosental, das zwischen Hohem Balkan und dem südlich vorgelagerten Mittelgebirge Sredna Gora versteckt ist. Wer Ende Mai oder Anfang Juni auf der von **Klisura nach Kazanlak** führenden 6 unterwegs ist, radelt durch Meere von Rosen-, Lavendel- und Pfefferminzplantagen. Aus Bulgarien kommen 70% der Weltproduktion von Rosenöl. Tagsüber ist das sehr weite Tal allerdings reizlos, da alle neuen Blüten schon am frühen Morgen abgeerntet werden. Schöne Eindrücke bringt erst der späte Nachmittag, wenn sich die nächste Blütengeneration entfaltet. Nach der Erntesaison finden im Tal diverse Feiern statt.

Balkangebirge

Sehenswert im Bereich des Balkangebirges sind u. a. die Felsen- und Festungsstadt **Belogradcik,** die Tropfsteinhöhle **Magura** beim Dorf Rabisa, die malerisch gelegene, kulturträchtige Stadt **Veliko Tarnovo,** das denkmalsgeschützte Dorf **Koprivstica,** das **Trojan-Kloster** bei der Töpferstadt Trojan, das Museumsdorf **Etara,** die Ausgrabungen der bulgarischen Ur-Hauptstadt **Preslav.**

Offroad Balkan

Die im Allgemeinen nicht sehr schwierigen Fernwanderwege durchs Balkangebirge eignen sich technisch zwar gut für MTB-Touren, allerdings ist der Balkan lange nicht so gut erschlossen wie die südlichen Gebirge Bulgariens (es gibt nur wenige Berghütten, kaum Wegemarkierungen und -karten).

Vitosa, Rila, Pirin und die Rhodopen

Vitosa, Rila und Pirin heißen die Gebirgsmassive südlich von Sofia. Bestens durch Wanderwege erschlossen ist das kleine, vor der Haustür der Hauptstädter gelegene **Vitosa-Gebirge** (bis 2290 m, allgemein aber unter 1400 m). Das überwiegend als Nationalpark ausgewiesene Gebirge ist uninteressant für Tourenradler, bietet sich aber für *MTB-Ausflüge* von Sofia aus an.

Deutlich größer und potenter ist schon das südlich ans Vitosa grenzende **Rila-Gebirge.** Über 200 Gebirgsseen, üppige Laub- und Nadelwälder, Almwiesen, liebliche Täler, felsige Gipfel und abgeschiedene Wildnisgebiete kommen hier zusammen. Außerdem der höchste Berg Südosteuropas – der begehbare *Musala* (2925 m) – und Bulgariens bedeutendste Sehenswürdigkeit, das in einem Hochtal gelegene *Rila-Kloster* (Übernachtung möglich).

Noch weiter südlich türmt sich das **Pirin-Gebirge** auf. Das starke Gebirgsprofil bewirkt Höhenunterschiede bis zu 1900 m. Das „Dach" des Pirin ist eine abwechslungsreiche Hochgebirgslandschaft rund um den *Vihren* (2914 m), die folgerichtig zum Nationalpark erklärt wurde. Kulturelle Anziehungspunkte sind das von bizarren Sandsteingebilden umgebene, museale Städtchen **Melnik** und das 6 km entfernte *Rozen-Kloster* (Rosenkloster).

Weniger alpin, flächenmäßig aber am größten, ist das **Massiv der Rhodopen** (bis 2191 m), die – getrennt durch das Tal der Mesta – östlich ans Pirin-Gebirge anschließen und mit ihren südlichen Extremitäten nach Griechenland hineinragen. Die Dörfer in den nahezu lückenlos von Wäldern und Wiesen bedeckten Rhodopen gelten als besonders traditionsverbunden. Heiter und harmonisch wie das Gebirge selbst gibt sich auch das im nördlichen Teil gelegene *Backovo-Kloster* bei Asenovgrad.

Rila-, Pirin- und Rhodopen-Gebirge sind straßenmäßig soweit erschlossen, dass sich einige landschaftlich sehr reizvolle Rundtouren auf Asphalt realisieren lassen. Die Passhöhen liegen zwischen 800 und 1400 m. Eine durchgehend „bequeme" Route gibt es nicht, alle denkbaren Rundtouren setzen sich aus leichteren und anstrengenden Abschnitten zusammen. Während die nordwärts gerichteten Straßen vorzugsweise in stetigen Flusstälern verlaufen (Struma, Iskar, Mesta, Vaca, Cepelarska), führen die Ost-West-Strecken in der Regel querab über Berg und Tal. Anstiege bis zu 15% müssen auf solchen Abschnitten verkraftet werden.

Offroad (MTB)

Günstige Ausgangspunkte für MTB-Touren sind:

- im **Rila-Gebirge:** Stanke Dimitrov, Kostenec, Samokov, Borovec und das Rila-Kloster (im Kloster oder nahebei, mehrere Campingplätze).
- im **Pirin-Gebirge:** Razlog, Bansko, Sandanski, Melnik.
- in den **Rhodopen:** Smoljan, Sokolovci, Pamporovo (u.a.).

Außerdem existieren rund 25 Gebirgshütten, die allerdings in der Hochsaison chronisch belegt sind.

ⓘ-Box Bulgarien

Einreise

Bulgarien ist Mitglied der EU. Touristen aus D/A/CH benötigen zur Einreise lediglich ihren Pass oder Personalausweis.

Geld

Der Kurs der Landeswährung Bulgarischer Lew (BGL) ist an den Euro gekoppelt. 1 € = 1,96 BGL (Okt. 2015). Bulgarien gehört zu den besonders günstigen Balkan-Ländern. Die Lebenshaltungskosten lagen 2014 bei 57% (D=100%).

Als bargeldlose Zahlungsmittel empfehlen sich EC- und Kreditkarten. Geldautomaten sind zahlreich vorhanden, die Gebühren für die Nutzung sind allerdings recht hoch (5–8%) und es heißt, dass sie auch ausspioniert werden. Auch bei den privaten Wechselstuben soll es relativ oft Betrügereien geben. Sicher ist der Geldwechsel bei einer Geschäftsbank. Das Radreise-Preisniveau ist gut ein Drittel günstiger als in D.

Gesundheit

Mit einem Anspruchsausweis ist die Behandlung nach bulgarischem Recht möglich. Die Leistungen sind aber sehr beschränkt. Reise-KV abschließen!

Infos

- Bulgarisches Fremdenverkehrsamt: *www.bulgariatravel.org*
- Infoportal: *www.bulgarien-web.de*

Wetter, Wind und Reisezeit

Nördlich des Balkan-Gebirges ist das **Klima** kontinental geprägt, südlich davon – besonders im offenen Osten – werden mediterrane Einflüsse spürbar. Etwas regenreicher sind Mai und Juni, warm und regenarm Juli bis September. Furchtbar schwül kann es im Sommer in den Tiefebenen werden, angenehmer ist es zu dieser Zeit an der Schwarzmeer-Küste, erfrischend in den Höhenlagen der Gebirge.

Der **Wind** weht überwiegend aus westlichen Richtungen, am Schwarzen Meer auch aus östlichen. Starkwinde sind selten.

Schulferien sind landesweit von Anfang Juli bis Mitte September. Günstige Tourenmonate für die tiefergelegenen Landesteile sind Mai/Juni und September/Oktober, für die Gebirge Juni bis September.

Anreise

Per Rad

Gut 2000 km sind bspw. für die Anreise Frankfurt – Sofia zu veranschlagen (via Tschechien, die Slowakei, Ungarn und Rumänien oder Ungarn und Serbien). Sind die Rhodopen das eigentliche Zielgebiet der Tour, empfiehlt sich der nordwestlichste Grenzübergäng Calafat/RO – Vidin/BG (Donau-Fähre). Für die Schwarzmeer-Küste empfiehlt sich der Donau-Radweg (via Ungarn und Serbien nach Rumänien). Einreise von Rumänien aus über die „Brücke der Freundschaft" (Giurgiu – Ruse) und seit 2013 über die Donau-Brücke „Neues Europa" (Vidin-Calafat, mautpflichtig für Autos, Radfahrer frei). Der Streckenanteil in Rumänien beträgt je nach Übergang 400 bis 800 km.

Per Bahn

Aufwändig! Direktverbindungen nach Sofia bestehen ab München und Berlin. Die Fahrtdauer beträgt mit Umsteigen bis zu 36 Stunden. Die schnellste Verbindung ab München (via Slowenien, Kroatien, Serbien, Rumänien) dauert immer noch 25 Stunden. Weiterer Nachteil: Das Fahrrad kann nur zerlegt im Abteil mitgenommen werden, kein Versand!

Per Bus

Auch wenn es offiziell nicht vorgesehen ist, berichten Reiseradler, dass sie ihr Rad im Fernlinienbus mitnehmen konnten. Aber das gilt nur für den Rückweg, da man in Bulgarien offenbar flexibler ist, was die Vorschriften betrifft.

Per Flieger

Die eindeutig einfachste Möglichkeit nach Bulgarien zu gelangen, ist die mit dem Flieger. Linienflieger landen in Sofia, Urlaubsflieger am Schwarzen Meer – in Varna und Burgas.

Transport im Land

Gut 4000 km umfasst das Streckennetz der Bulgarischen Staatsbahnen (BDZ). Fahrradmitnahme ist bei allen Zügen möglich (Ausnahme Expresszüge). Gebühr 2 BGL. Ist kein

Gepäckwagen oder -abteil vorhanden, wird das Fahrrad meist im letzten Waggon transportiert.
Infos: *www.railpassenger.info*
Fahrradmitnahme in **Überlandbussen** ist ebenfalls gegen geringes Entgelt möglich.

Übernachten

Zimmer

Preiswert sind Hotels mit bis zu drei Sternen, aber auch Pensionen und Privatzimmer. DZ ab 12 €, aber nicht in den Urlauberzentren, dort bis zu vier mal so hohe Preise wie normal. Während die Anzahl moderner Quartiere in den Urlaubsregionen (Küste, Gebirge) relativ groß ist, wird man sich in den übrigen Landesteilen oft mit einfachen, renovierungsbedürftigen Hotels abfinden müssen. Über 50 Jugendherbergen zählt man in Bulgarien, die meisten im Einzugsbereich der Rhodopen. Der Komfort ist bescheiden, die Preise aber relativ hoch (4–14 €, 30% Rabatt mit Ausweis). In der Feriensaison ist Reservierung angebracht. Einfach, aber stimmungsvoll sind Übernachtungen in Kloster-Herbergen. Die meisten sind billig, manchmal wird dort aber auch abgewimmelt oder abgezockt, etwa im Rila-Kloster.

Campen

Die meisten Campingplätze finden sich an den Badestränden der Schwarzmeer-Küste. In der Regel sind dies große Plätze mit mäßigem Standard und riesigem Strand. Auch im Sommer nicht überlaufen. Zwei Pers. mit Zelt zahlen in der Hochsaison etwa 8 €. Mehrere Plätze auch in den Rhodopen und im Balkan, so gut wie keine jedoch in den Tiefebenen. Freies Campen ist verboten, stellt aber mancherorts die einzige Übernachtungsmöglichkeit dar. In den Bergregionen wird es von Einheimischen vorgemacht.

Tourenkarten

- Freytag + Berndt, Bulgarien, 1:400.000. 9,99 €. Zuverlässige Standardkarte.
- Freytag + Berndt, Schwarzmeerküste (BG + RO), 1:150.000. 9,99 €.
- World Mapping Project, Reise Know-How, Bulgarien, 1:400.000. 9,95 €
- World Mapping Project, Reise Know-How, Bulgarien und Schwarzmeerküste, 1:400.000 + 1:140.000, 12,90 €.
- *Empfehlung für den Donau-Radweg (Euro Velo 6):* Huber/GTZ, Donau Radweg – von Budapest bis zum Schwarzen Meer. 8 Bl. Karten-Set 1:100.000, 5. Aufl. 2015, 24,80 €

Europabrücke Calafat-Vidin

- Esterbauer, Bikeline: „Donau-Radweg 5" (Von Belgrad bis zum Schwarzen Meer). Ohne flankierende GTZ-Karte sind die Bikeline-Führer nicht ausreichend (die GTZ-Karten zeigen mehr Umfeld zeigen und sind außerdem aktueller.)

Fahrrad

(bulgarisch: kolelo, velosiped)

Minimalstandard sind eine bergtüchtige Schaltung, nicht zu schmale Reifen (ab 32 mm), rüttelfeste Gepäckträger und ein bequemer Sattel. Bislang haben sich vor allem in den Großstädten Fahrradläden etabliert, die auch höherwertige Komponenten führen. Selbsthilfe ist angesagt.

Das **Wasser** von den vielen Tränken und Quellen im Lande kann man bedenkenlos trinken.

Straßen und Wege

Straßen

Bulgariens befestigtes Straßennetz ist nicht sehr dicht, es umfasst nur rund 40.000 km. Verglichen mit D beträgt die Straßendichte gerade mal ein Viertel. Radreisende werden daher auch Fernstraßen benutzen müssen, zu denen es – auch wegen der Übernachtungsmöglichkeiten – oft keine sinnvolle Alternative gibt. Auf den verkehrsarmen regionalen Hauptstraßen sind „ondulierte" Asphaltdecken möglich, auf Ortsdurchfahrten Pflastersteine. Wegweiser sind prinzipiell kyrillisch beschriftet, zweisprachig sind sie nur an den großen Fernstraßen. Bulgariens Autofahrer begegnen Radlern überwiegend friedfertig.

Offroad (MTB)

Mit der nötigen Umsicht kann auf allen Wegen und Trails geradelt werden, die auch für Wanderer frei zugänglich sind. Bulgariens attraktivste MTB-Reviere befinden sich in den Gebirgen Rila und Rhodopen.

Vidin, Ruine der einst größten Synagoge des Landes

Radstory-Klassiker Verschlungene Wege durchs Pirin-Gebirge

von Ralf Farrelmann

Nach dem Besuch des Rosenklosters mache ich eine Kehrtwendung in Richtung Nordosten, die mich zum Schwarzen Meer bringen soll. Anstatt aber bis an die griechische Grenze zu fahren, will ich durchs Pirin-Gebirge radeln. Auf meinen Karten ist ein entsprechender Weg eingezeichnet. Doch bald wird aus der Schotterpiste ein schmaler Weg, der nur noch aus tiefem Schotter besteht, von der Steigung ganz zu schweigen! An einem Bach fülle ich noch einmal meine Flaschen auf, dann geht es entlang einer Bergkette, und die Aussicht ins Tal, das inzwischen weit unter mir liegt, ist überwältigend. Allerdings zweigen immer wieder Forstwege ab, und es ist schwer zu erkennen, welcher Weg der richtige ist. So verfahre ich mich auch prompt und stehe nach zehn Kilometern plötzlich zwischen ein paar Holzstapeln und einer Meute Hunde, die mich nicht gerade willkommen heißen. Also zurück und eine andere Piste versuchen.

So vergehen Stunden und plötzlich wird mir bewusst, dass ich schon lange an keinem Bach mehr vorbeikam und es bereits dämmerig wird. In der Dunkelheit werde ich nicht mehr fahren können, denn immer wieder machen mir faustgroße Steine das Leben schwer. So soll es auch nicht lange dauern, bis ich in so einem Geröllfeld zum Stillstand komme, und, da ich nicht rechtzeitig aus den Pedalhaken komme, mitsamt Rad umfalle.

Langsam reut mich meine Entscheidung, denn aus den geschätzten 20 km sind inzwischen schon weit mehr als 40 km geworden, den Umweg nicht mitgerechnet! Mein einziger Trost ist die Flasche Rotwein im Gepäck, die zugleich meine letzte Flüssigkeitsreserve ist. Mit dem letzten Tageslicht erreiche ich eine Schlucht. Ich halte an, um zu schauen, ob in einem kleinen Einschnitt vielleicht Wasser zu finden wäre und höre ein leises Rauschen. Ist es der Wind, der durch die Bäume pfeift oder ein entfernter Wasserfall? Immer wieder halte ich an und lausche, ohne mich recht entscheiden zu können. Es geht um eine Kurve und plötzlich ist da eine kleine Wiese mit einem Bach. Zuerst wird der Rotwein kalt gelegt, dann das Abendessen angesetzt, das Zelt baue ich schon im Dunkeln auf. Eine tiefe Stille macht sich breit, nur das Plätschern des Bachs ist noch zu hören. Lange liege ich noch wach und genieße es, hier sein zu dürfen.

Am nächsten Tag versichern mir Forstarbeiter, dass ich noch auf dem richtigen Weg bin. Doch der verschlechtert sich erneut zusehends, bis nur noch zwei ausgespülte Rinnen übrig bleiben. Alles was noch an eine Straße erinnert, sind ein paar verrostete Straßenschilder, die scheinbar im Nichts stehen. Unerwartet versperrt mir eine Rinderherde den Weg. Erst sieht der Bulle in meinem Rad einen Rivalen, dann stellt mir der Wachhund nach. Danach folgen sechs Kilometer Serpentinen, die ich zum größten Teil schiebend zurücklege. Als ich gegen Mittag den Bergkamm erreiche, bin ich ziemlich froh. Ich bin allerdings nicht alleine hier. Eine Familie ist mit ihrem Trecker hier hochgefahren, um ein Lager aufzuschlagen. Das wirkt so irreal wie alles an diesem Unternehmen. Nach einer gebührenden Pause, in der ich Berge und Vegetation auf mich wirken lasse, wechsle ich in ein anderes Tal, wo es nach Pirin geht. Pirin ist ein arg zerfallenes Dorf. Durch die Ritzen der Holzhäuser könnte man Hüte werfen, und der einzige Laden hat nur früh morgens und spät abends geöffnet, wenn die Leute von den Feldern kommen. Bei einer Hütte hält man mich an und lädt mich zum Mittagessen ein. Es gibt leckeren Salat und Wurst, und eine Wodkaflasche macht die Runde. Gut gestärkt und etwas seelig mache ich mich an die Abfahrt.

Dänemark

Daten

43.000 qkm • 5,6 Mio. Einw. 130 Ew./qkm
Ausdehnungen (ohne Bornholm): N – 340 km – S // W – 280 km – O

Land

Flachwellig ist das Brückenland zwischen Mitteleuropa und der skandinavischen Halbinsel. Als landesweit höchste Erhebung bringt es der *Yding Skovhøy* in Mitteljütland auf 173 m. Das gilt in Dänemark bereits als Gebirge. Der zweithöchste „Berg" krönt die abgeschiedene Granitinsel Bornholm (162 m). Ausgeprägtes Flachland findet sich vor allem im westlichen Jütland. Hügeliger ist das östliche Jütland, wo der Jütländische Höhenrücken zur Küste hin sogar mit längeren Steigungen aufwartet.

Zwei Drittel der dänischen Landesfläche werden landwirtschaftlich genutzt, ein Zehntel ist bewaldet. Während die Westküste des dänischen Festlandes eine sandige Ausgleichsküste ist, zerfällt die Ostküste in ein Puzzlespiel aus kleinen Förden, Sunden und rund 480 Inseln, von denen Seeland, Fünen, Falster, Lolland und Bornholm die größten sind.

Außenpolitisch gehören auch die Färöer Inseln und Grönland zu Dänemark; zumindest die Färöer haben aber ein eigenes Plätzchen in diesem Buch.

und Leute

Einer Umfrage zufolge sind die Dänen das zufriedenste Volk der EU. Hochfahrendes ist ihnen ebenso fremd wie Protzerei. Lieber gestalten sie ihr kleines Land gleichmäßig „hyggelig" (gemütlich) und versuchen eine homogene, friedliebende Nation ohne allzu viele Einwanderer zu sein. Das Image des klassischen Familienurlaubslandes ist den Dänen auf den Leib geschneidert. Englisch und Deutsch sind weit verbreitet.

per Rad entdecken

„Hjertelig velkommen!" Die Bedingungen für Alltags- wie auch Urlaubsradler gehören zu den besten in Europa. Der Durchschnittsdäne radelt 800 km im Jahr. Gemeinsam mit dem Durchschnittsholländer ist er der eifrigste Radbenutzer in Europa. Während in den Niederlanden aber jedem Einwohner alle 16 Jahre ein Fahrrad gestohlen wird, trifft es den Durchschnittsdänen statistisch nur einmal in 80 Jahren.
Wegen der guten Möglichkeiten, das Land auf separat geführten Radwegen zu erkunden, der nicht zu anspruchsvollen Topografie und den kurzen Entfernungen ist Dänemark für stressarme Radwanderungen ideal. Familien sind hier bestens aufgehoben. Auch Tandem- und Liegeradfahrer sind hier richtig – besonders wenn es gegen den Wind geht.

Gute Bedingungen für Liegeradler

Nordsee
Skagerrak
Skagen
Hirtshals
Hjørring
Frederikshavn
Jammerbugten
Vendsyssel
LÆSØ
Göteborg
SCHWEDEN
Atran
Hanstholm
Thisted
ÅLBORG
Limfjord
Mors
Kattegat
ANHOLT
Halmstad
Mariagerfjord
Lemvig
Skive
Randers
Holstebro
VIBORG
Grenå
Gudena
Storå
Djursland
Öresund-
brücke
(f. Radler
gesperrt)
Silkeborg
Molsbjerg
ÅRHUS
Herning
Himmel-
bjerget 197 m
Helsingborg
Ringkobing
Fjord
Skjern
Sjællands
Odde
Helsingør
Lands-
krona
Horsens
Samsø
Hillerød
SEELAND
Billund
VEJLE
Kalund-
borg
Holbæk
Kopenhagen
Varde
Hindsholm
Großer Belt
Fredericia
ROSKILDE
Esbjerg
Kolding
FÜNEN
Malmö
ODENSE
Slagelse
Køge
FANØ
RIBE
Haderslev
Fynsker
Alper
Korsør
Fladså
Nyborg
Næstved
Kleiner Belt
Beltbrücke
(f. Radler
gesperrt)
RØMØ
Jütland
Faborg
Ostsee
Åbenrå
Svendborg
Stege
Møns
Klint
Tønder
LANGE-
LAND
Sylt
Sondera
ALS
Nak-
skov
MØN
Sønderborg
Padborg
AERØ
Maribo
NYKØBING
Flensburg
Gelting
FALSTER
Bagenkop
n. Saßnitz
auf Rügen
LOLLAND
Rødby
Gedser
Schleswig
Rügen
Kieler Bucht
Puttgarden
Zingst
Kiel
Fehmarn
Stralsund
DEUTSCHLAND

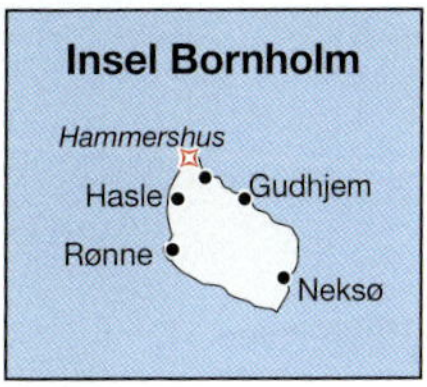
Insel Bornholm
Hammershus
Hasle
Gudhjem
Rønne
Neksø

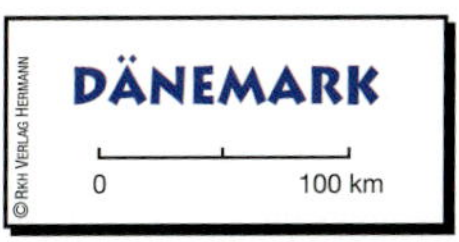
DÄNEMARK
0
100 km
© RKH VERLAG HERMANN

Routen & Regionen

Dänemarks Radfernwege (National cykelrute)

National Cykelrute 1

Vestkystruten

Von Rudbøl über Esbjerg bis Skagen entlang der Nordseeküste. Von insgesamt 550 km ca. 180 km auf nichtasphaltierten Wegen. Kaum Steigungen, sehr wenig Verkehr. Es gibt mehrere Museen mit Küsten- und Meeresthematik. Die Vestkystruten ist der dänische Abschnitt des internat. Nordseeküstenradwegs. 16 Panorama-Radrundwege sind als 20–50 km lange Abstecher mit der Route verknüpft. *www.nordseeradweg.dk*

National Cykelrute 2

Hanstholm –Kopenhagen

Nördliche Querschnittsroute durch alle Landschaftsformen. Hanstholm – Insel Mors (!) – Grenå – Kopenhagen. Insgesamt 420 km, davon rund 40 km auf nichtasphaltierten Wegen. Hügelig.

National Cykelrute3

Hærvejen

Dänemarks Radroutenklassiker, der Hærvejen, verläuft auf bis zu 5000 Jahre alten Wegtrassen (Heeres-, Viehhandels- und Pilgerwege) entlang des Jütländischen Höhenrückens von Padborg über Viborg nach Skiveren. Maßvoll hügelig. Von insgesamt 450 km rund 100 km Kieswege. In D: Anschlussradwanderweg Ochsenweg bis Wedel. Karte: Hærvejen, 1:100.000, DCF-Kartenset mit Infos, auch für den deutschen Abschnitt, ist erhältlich.

National Cykelrute 4

Søndervig – Kopenhagen

Zentrale Querschnittsroute durch Mitteljütland (Silkeborger Seenhochland, Jütländischer Höhenrücken) und Seeland. Søndervig (bei Ringkøbing) – Århus – Kopenhagen. Insgesamt 300 km, davon 45 km auf Kieswegen. Hügelig, höchster Punkt 160 m.

National Cykelrute 5

Ostküste

Von Skagen über Århus nach Sønderborg entlang der jütländischen Ostseeküste mit ihren Fjordstädten und Kunstmuseen. Von insgesamt 625 km etwa 60 km Kieswege. Die ersten zwei Drittel sind oft recht hügelig.

National Cykelrute 6

Esbjerg – Kopenhagen

Querschnittsroute durch Mitteljütland, Fünen und Seeland. Esbjerg – Odense – Kopenhagen. Von 325 km nur 20 km auf Kieswegen. Hügelig in Mittel-Seeland, ansonsten flach bis sanft wellig. Diverse Museen für Groß und Klein.

Jütland: Die Cykelrute 1 (Vestkystruten) ist Teil des internationalen Nordseeküstenradwegs.

DÄNEMARKS RADFERNWEGE
(NATIONAL CYKELROUTE)
Insel Bornholm
Hammershus
Hasle
Gudhjem
Rønne
Neksø
Skagen
Hanstholm
Aalborg
Mors
Viborg
Grenå
JÜTLAND
Århus
Sjællands Odde
Kopenhagen
SEELAND
Køge
Esberg
Odense
FÜNEN
Næstved
Svendborg
Vordingborg
Møns Klint
LOLLAND
Rudbøl
Padborg
Sønderborg
Rødbyhavn
Maribo
FALSTER
Gedser
1 Westküste: Rudbøl – Esbjerg – Skagen
2 Hanstholm – Insel Mors – Grenå – Kopenhagen
3 Hærvejen: Padborg – Viborg – Skiveren
4 Søndervig – Århus – Kopenhagen
5 Skagen – Århus – Sønderborg
6 Esbjerg – Odense – Kopenhagen
7 Sjællands Odde – Næstved – Gedser
8 Rudbøl – Svendborg – Maribo – Møns Klint
9 Kopenhagen – Køge – Vordingborg – Rødbyhavn
10 Rundtour Bornholm: Rønne – Neksø – Gudhjem – Rønne
11 Limfjordroute (National Cykelrute 12)

Unterwegs auf der Cykelrute 10

National Cykelrute 7

Sjællands Odde – Gedser
Von Nord nach Süd durch Seeland und Falster (Sjællands Odde – Næstved – Gedser). Insgesamt 230 km, davon 25 km Kieswege. Nahezu flach. Freizeit- und Naturparks.

National Cykelrute 8

„Südsee"
Querschnittsroute durch Südjütland und über die Südinseln (Als, Fünen, Tåsinge, Langeland, Lolland, Falster, Bogø und Møn). Rudbøl – Svendborg – Maribo – Møns Klint. Insgesamt 325 km, davon nur 14 km auf Kieswegen. Nahezu flach.

National Cykelrute 9

Vogelflugroute
Auf der Vogelflugroute durch Seeland, Falster und Lolland. Helsingør – Kopenhagen – Køge – Vordingborg – Rødbyhavn. Insgesamt rund 230 km, davon 14 km auf Kieswegen. Flach.

National Cykelrute 10

Bornholm
Rundtour auf Bornholm im Uhrzeigersinn. Rønne – Neksø – Svaneke – Gudhjem – Hammershus – Rønne. Insgesamt gut 115 km, davon 10 km auf Kieswegen. Sanft wellig im Süden, hügelig im Norden. Tipp: Wer nicht gleich zu Beginn mit den Steigungen im Nordwesten konfrontiert werden will, fährt die Route besser entgegen dem Uhrzeigersinn.

National Cykelrute 12

Limfjordroute
610 km im nördlichen Jütland „rund um den Limfjord". Darunter 140 km auf Radwegen, 290 km auf Nebenstrecken und 55 km, die nicht asphaltiert sind. Abstecher zu den Inseln Egholm, Livø, Fur, Mors und Venø bieten sich an.

Weitere Radfernwege

Hinzugekommen ist der **Ostseeradweg** (800 km, Kombination der Cykelruten 5–8, EuroVelo 10). Außerdem hat Dänemark Anteil am internationalen **Nordseeküstenradweg** (EuroVelo 12) und am Radweg **„Berlin-Kopenhagen"**, der hier die Cykelruten 6–9 nutzt. Mehr zu „Berlin-Kopenhagen" im Deutschland-Kapitel (Mecklenburg-Vorpommern).

Ostseeradweg

www.bikeandsea.com
Wenn es nach den Absichten der Initiatoren ginge, sollte der im Jahr 2000 eingeweihte, 800 km lange **Ostseeradweg** – laut Werbung die „schönste Fahrradroute Dänemarks" – so populär wie der Donau-Radweg werden. Nach einem anfänglichen Medienhype legte sich das Interesse aber wieder. An der

Route liegt das weniger, denn die verbindet alle Hauptinseln und führt dabei durch einige der schönsten Landesteile. Der Weg ist durchgängig beschildert. Der „offizielle" Spiral-Radführer ist seit Längerem nicht mehr erhältlich, nur noch das Pendant vom Esterbauer-Verlag: „Ostsee-Radweg Dänemark".

Jütland / Jylland

Überblick

Die lang gestreckte Halbinsel Jütland ist das weiträumigste Tourengebiet Dänemarks. Wie ein Dreiakter entfaltet sich das Landschaftsszenario zwischen Nord- und Ostsee: Breite Sandstrände, Dünenketten und Wattenmeer im raueren *Westen* – Marschland, Waldheide und Landwirtschaft in der verträumten *Mitte* – Erhebungen, Küstenwälder und Buchten im heiteren *Osten.* Abgesehen von den großen Städten Ålborg und Århus ist das dünn besiedelte Jütland Provinz im besten Sinne – mit mittelalterlichen Städtchen wie Ribe und rund 2000 km exzellenten Badestränden. Wer will, kann Jütland auf einer der nationalen Radrouten entdecken oder auch ganz auf eigene Faust. Ruhige Nebenstraßen und Radwege gibt's genug.

Tourentipps

- **Silkeborger Seenhochland** – Mit Dänemarks lohnendstem Aussichtsgipfel, dem 147 m hohen Himmelbjerget.
- **Halbinsel Djursland** – Östl. von Randers und Århus, mit dem „mächtigen" Hügelland *Mols Bjerge* (Naturreservat).
- **Mors** – Größte Insel im Limfjord, landschaftliches „Jütland en miniature" mit Potenzial für Halbtagestouren.
- **Mariagerfjord** – Umgeben von schöner Landschaft und sehenswerten Zeugnissen der Siedlungsgeschichte.
- **Nordjütland** – Lockt nicht nur mit den schönsten Stränden Dänemarks, sondern auch mit den variierenden Wald- und Hügellandschaften von Vendsyssel und der Landspitze Grenen, vor deren Nase Nord- und Ostsee ineinander fließen.
- **Laesø** – Radlerfreundliche Insel mit viel Natur (Fähre ab Frederikshavn, 2–4x tägl.).
- **Bahntrassenweg Horsens-Alborg** – Im Norden Jütlands verläuft der längste Bahntrassenweg Dänemarks (220 km, 80% davon auf alten Bahntrassen, dazwischen ruhige Nebenstraßen, zu 90% asphaltiert).

Monumentalskulptur „Der Mensch am Meer"(Cykelrute 1, nördl. von Esbjerg)

Erfahrungen *Andreas Bugdoll:* „Jütland hat sich mit vielen einsamen Wegen und freundlichen Leuten als nette Region für eine lockere Radtour gezeigt. Etwas langweilig waren die unzähligen Felder entlang der Strecke. Die Ostseite Jütlands ist sehr hügelig, wir mussten bis zu 800 Höhenmeter am Tag klettern. Südlich von Hanstholm führt der Weg oft vor der Düne entlang, so dass man das Meer nicht sieht. Eine schöne Ausnahme ist die Bovbjerg-Klippe mit tollem Blick auf den Strand und das Meer. Problematisch waren die sehr wenigen Einkaufs- und Einkehrmöglichkeiten auf den einsamen Strecken. Die vielen kleinen Dörfer entlang des Wegs waren Ende Mai wie ausgestorben, Cafés und Restaurants gab es gleich gar nicht, oder wenn doch, dann waren sie nicht geöffnet. Man sollte also immer ausreichend Proviant und Getränke für den Tag in den Packtaschen haben."

Fünen / Fyn

Überblick Fünen ist der Dänen liebste Ferienregion. Wenig hat sich nach außen hin auf Fünen verändert, seit der Poet und Märchenerzähler Hans Christian Andersen seine Heimatinsel als „Garten Dänemarks" bezeichnete. Getreide, Obst, Gemüse und Topfblumen gedeihen prächtig, allgegenwärtig sind Felder und Treibhäuser. Dass die Landwirtschaft auf der knapp 3000 qkm großen Insel schon früher sehr profitabel gewesen sein muss, zeigen die zahlreichen Herrensitze der einstigen Feudalherren. Zahlreich auch die Schlösser jener Reichen, denen es anderswo in Dänemark zu ungemütlich geworden war. Außerdem Windmühlen, Wassermühlen, Holzhäuser, Bauernhöfe, Wäldchen, kleine Badeseen, Promenaden, Spielzeugdörfer – alles adrett und ansprechend, so wie es sich für die „Gute Stube" Dänemarks gehört. Selbst die Inselhauptstadt **Odense** fügt sich in das Märchenkonzept der Tourismuswerber. Verkehrsarme Nebenstraßen schlängeln sich zwischen den Feldern über sanft hügeliges Inselland. Über 1000 km umfasst das durchnummerierte, regionale Radroutennetz Fünens. Hügeliger ist nur der Süden, wo die bis zu 128 m hohen **Fynsker Alper** betagte Nabenschaltungen knirschen lassen.

Der Süden mit seinen Highlights ist zugleich auch der touristischste Teil. Das Flachland nördlich von Odense ist der ruhigste Inselteil, lohnend ist hier auch die noch sehr ursprünglich wirkende Halbinsel **Hindsholm**.

Auch die südlichen Nachbarinseln **Langeland** und **Årø** sind jede auf ihre Weise reizvoll, die eine strenger, die andere lieblicher. Beide sind während der Feriensaison als „Badeinseln" recht bevölkert.

Sjælland (Seeland), Møn, Falster, Lolland

Überblick Per Fähre ab D nach Rødbyhavn oder Gedser (s.o.). Alle vier Inseln sind untereinander durch Brücken verbunden. Die Superbrücke **über den Großen Belt,** die Fünen mit Seeland verbindet, ist nur für Autos passierbar. Windböen könnten Radler auf der 18 km langen Querung gefährden. Die müssen vom Bahnhof Nyborg bzw. Korsør den Zug oder den Fahrradbus nehmen. Der Fahrradbus verkehrt nur im Sommerhalbjahr regelmäßig. Preis ist bei beiden gleich, ca. 12 € mit Fahrrad.

Fallster, Lolland Weniger ist manchmal mehr: Bis auf einige sanfte Hügel sind Falster und Lolland platt wie die sprichwörtlichen Flundern. Liebevoll-spöttisch werden Lollands höchste Hügel (bis 30 m) auch als „Lolländische Schweiz" bezeichnet. Obwohl beide Inseln mit freundlichen Landschaften, guten Bademöglichkeiten, netten

Städtchen und einigen Attraktionen aufwarten, sind sie touristisch wenig gefragt. Viele lernen sie nur im Transit vom Fährhafen nach Seeland kennen. Auch während der Hochsaison finden Familien daher viel Freiraum für friedliche, leichte Radtouren auf Nebenstraßen und regionalen Radrouten.

Møn

Eine der romantischsten Inseln Dänemarks ist Møn. 124 m hohe Kreidefelsen (Møns Klint), den Klintenwald, ausgemalte Dorfkirchen, feine Sandstrände und eine Kette prähistorischer Hügelgräber und Steinsetzungen gilt es auf kurvigen Sträßchen zu erkunden. Im Osten weist die Insel allerdings spürbare Steigungen auf, und in der Ferienzeit gibt es ruhigere Plätze als Møn.

Seeland

Dänische Hochkultur und dänisches Großstadtleben wird Radlern auf Dänemarks größter und wichtigster Insel geboten. Abgesehen von Königsschlössern, romanischen Kirchen und einer Hauptstadt ist Seeland aber auch landschaftlich nicht ohne Reiz: Bis zu 126 m hohe Moränenhügel in Mittel-Seeland („Seelandalpen"), 41 m hohe Kreidefelsen im NO (Stevns Klint), eiszeitliche Seen in Nord-Seeland, feinsandige Badestrände an der Westküste. Natürlich ist die Liste kleinerer und größerer Attraktionen noch weit länger, die sich per Rad auf dem gut ausgebauten Radroutennetz „abklappern" lassen. Der Verkehrsknotenpunkt **Kopenhagen** flößt auf der Karte zwar Furcht ein, in der Realität ist die Infrastruktur jedoch äußerst radlerfreundlich und ermöglicht ein sicheres Durchkommen. Wer außerhalb übernachtet und mit der S-Bahn in die Stadt fährt, kann dort eines von 1700 Leihrädern benutzen, 20-Kronen-Pfandmünze genügt. Zwei von 28 geplanten **Radschnellwegen** sind bereits realisiert und verbinden Kopenhagen mit dem Umland (Farum-Route, Albertslund-Route). Eine aktuelle Karte gibt es hier: *www.supercykelstier.dk.*

Öresund-brücke

www.oeresund-bruecke.de
Wer von Seeland den Sprung nach Schweden machen will, muss dies per Fähre oder Bahn tun, denn die **Öresundbrücke** ist eine reine Autobahn. Für die Fahrradmitnahme in der Bahn (Kopenhagen – Malmö) muss ein Kinderfahrschein gelöst werden.

Bornholm

Tourismuszentrale Bornholm: *www.bornholm.info*
Meinungsstarke private Bornholm-Site: *www.bornholm.net*
Jährliche Bornholm-Runde im August, 103 km: *www.cykelbornholmrundt.dk*

Anreise nach **Rønne** (Bornholm) per Fähre ab **Rügen** (Saßnitz, D), **Køge** (DK) und **Ystad** (Schweden).

Überblick

„Mallorca der Ostsee" nennen Fans die grüne Insel, deren Granitfelsen eher an das nahe gelegene Südschweden erinnern als an das vier mal so weit entfernte dänische Mutterland. Weshalb zieht es alljährlich Tausende von Urlaubsradlern auf diese relativ kleine Insel? Es ist das glückliche Zusammentreffen mehrerer Vorzüge:

- Ausgesprochen mildes, fast mediterranes Klima (Frühlingsanfang zwei Wochen später als in Jütland, der Sommer dafür vier Wochen länger).
- Viel landschaftliche Abwechslung auf 558 qkm (Steilküsten im Norden – Dünenketten, Sandstrände und Melonen, Feigen, Trauben, Maulbeeren im Süden – Felsentäler, Heide, Wald, Moor, Seen und Wasserfälle im bis zu 162 m ansteigenden Inselinnern).

Ungestörter Radelspaß auf Bornholm

- Viele kleine und ein paar größere Sehenswürdigkeiten (Burgruine, Rundkirchen, Felszeichnungen, Bautasteine, Fischerdörfer …).
- Kaum Industrie (Hauptexportgüter sind Bücklinge und Keramiken!), keine großen Städte, kein Transitverkehr.
- Radlerfreundliche Inselpolitik (über 230 km langes Radrouten-Netz, teilweise auf alten Eisenbahntrassen geführt; wunderschön beispielsweise die 8 km durch das Spaltental zwischen Klemensker und Rø).
- Die Inselbewohner selbst, die auch dem größten Urlauberansturm gelassen ins Auge sehen (Juli/August).

Zu guter Letzt noch zwei Hinweise: Die angenehmsten Monate für Bornholm sind Juni, August und September. Trotz der geringen Ausdehnungen ist Bornholm nichts für tretfaule Radler, zwei Drittel der Insel sind spürbar hügelig!

Dänemark zum Anbeißen

500 km Rundtour für Einsteiger

Dieser rund 500 km lange Tourenvorschlag durchs provinziell-beschauliche Süd-Jütland und die „Märcheninsel" Fünen verläuft auf Radwegen und verkehrsarmen Nebenstraßen. Speziell auf den mit einbezogenen Radrouten ist die Orientierung sehr einfach. Das Gelände ist flach bis sanft wellig, streckenweise auch hügeliger (im östl. Jütland und Süd-Fünen). Tolle Bademöglichkeiten in Nord- und Ostsee, bunte Hafenstädte, verschiedene Landschaftsformen, Attraktionen wie Legoland in Billund (auch für Erwachsene reizvoll) oder die mittelalterliche Stadt Ribe, außerdem Kirchen, Herrenhäuser, Museen, Gärten und die Nordsee-Insel Rømø, mit der der Dänemark-Tourismus einst anfing. All dies in entspannter Atmosphäre und menschlichen Dimensionen. Typisch dänisch eben.

Die Route

(Anreise: per Bahn bis Padborg)

Ab **Padborg** der National **Cykelrute 8** bis Fynshav folgen – per Fähre nach Bøjden – Horne – Millinge – durch die Fynsker Alper nach Strandby – Skårup – Assens – Emtekær – Føns – Middelfart – auf der National **Cykelrute 5** nach Kolding – auf der 161 „zurück" bis vor Nørre Bjert – über Eltang nach Møsvra – Almind – Vester Nebel – auf Radwegen entlang derv 176 nach Billund – Hejnsvig – Vesterhede – Stebderup – Ansager – Hodde – Horne – Kvong – Sønder Bork – Nymindegab – auf der National **Cykelrute 1** nach Esbjerg – mit Abstechern nach Ribe und zur Insel Rømø weiter auf der Cykelrute 1 bis Rudbøl – auf der National **Cykelrute 8** bis **Padborg.**

i-Box Dänemark

Einreise
Die EU-Binnengrenzen sind offen. An den Außengrenzen genügt der Personalausweis zur Einreise (D/A/CH).

Geld
Dänemark hält zwar formell noch an der Krone fest (DKK), hat den Kurs aber fest an den Euro gekoppelt. 1 € = 7,46 DKK (Okt. 2015). Die Lebenshaltungskosten waren 2014 um ein Drittel höher als in D. Camping und Selbstverpflegung sind aber zu ähnlichen Preisen wie in D möglich.

Gesundheit
Ein Sozialversicherungsabkommen ermöglicht Mitgliedern gesetzlicher Krankenkassen die Inanspruchnahme medizinischer Leistungen (D, A). Details: *www.dvka.de*

Infos
- *www.visitdenmark.com* – Dänisches Fremdenverkehrsamt
- *www.dcf.dk* – Dänischer Radfahrerverband DCF (Dansk Cyklist Forbund)
- *www.cycling-embassy.dk* – Fahrrad alltags benutzen
- *www.dsb.dk* – Dänische Staatsbahnen DSB
- *www.railtrails.dk* – Bahntrassenradwege in Dänemark (auch deutsch)

Wetter, Wind und Reisezeit
Atlantik, Arktik, Golfstrom und Ostsee sind die Klimaköche Dänemarks. Sie rühren ein mildes, aber wechselhaftes Seeklima an. Der dänische Sommer ist mäßig warm und für skandinavische Verhältnisse relativ lang.

Wegen fehlender Bergketten zum Abregnen sind die von den Westwinden herangetragenen Niederschläge vergleichsweise gering. Regenbewölkung ist häufiger als tatsächlicher Regen. Am feuchtesten ist der Westen (800 mm), am trockensten der Osten (450 mm). Mit einem besonders freundlichen Klima kann das weitab in der Ostsee gelegene Bornholm werben.

Der Wind kommt meist aus W bis NW, im Mai auch öfter aus O. Radelsaison ist von Mai bis September. Am wärmsten, aber relativ unbeständig sind Juli und August. Den meisten Regen auf die Mütze gibt's im August.

Begegnung auf Skagen

Die Schul- und Industrieferien enden mit dem Juli, so dass ab August der große Trubel vorbei ist. Beginnt der Frühling in Europa früh, dann ist auch der regenarme April ein geeigneter Tourenmonat. Ab Oktober kann es stürmisch werden.

Anreise

Per Bahn
Nur noch in bestimmten Regionalzügen nach Jütland ist die grenzüberschreitende Fahrradmitnahme möglich. Der bequeme Nachtzug nach Kopenhagen existiert leider nicht mehr.

Per Fähre
Die wichtigsten Fährverbindungen von Deutschland zum dänischen Archipel:
- Puttgarden/Fehmarn – Rødbyhavn auf **Lolland** („Vogelfluglinie", etwa alle 20 Min., 1 h)
- Rostock – Gedser auf **Falster** (ca. 10x tägl., 2 h, Scandlines)
- Rügen (Saßnitz) – Rønne auf **Bornholm** (1–2x tägl., 3,5 h)

Per Flieger
Das Luftverkehrskreuz Kopenhagen besitzt Verbindungen zu allen größeren Flughäfen Europas.

Per Bus
Eurolines transportiert von März bis Oktober auf der Strecke Berlin-Kopenhagen auch Fahrräder (Heckträger, max. 4 Fahrräder, 15 €). Die Fahrradanmeldung erfolgt direkt bei der Ticketbuchung: *www.eurolines.de*

Transport im Land

Bahnen

Mit Ausnahme der EC-Züge können Fahrräder in allen Zügen mit Fahrradpiktogramm mitgenommen werden (Selbstverladung). Eine Stellplatzreservierung ist nur für Fernzüge erforderlich.

Busse

Die meisten Überlandbusse nehmen drei bis vier Räder gegen Aufpreis mit. Wenn die oft am Fahrzeugheck angebrachten Fahrradträger belegt sind, hängt es vom Fahrer ab, ob auch Platz im Kofferraum geopfert wird. *Keine* Radmitnahme jedoch bei der Linie Kopenhagen – Ystad – Rønne/Bornholm.

Fähren

Die Fahrradmitnahme auf den Inlandsfähren ist problemlos (1–2 €).

Übernachten

Zimmer

Verschiedene Schecksysteme (Kroscheck, Pro Skandinavia ...) ermäßigen die sehr hohen Zimmerpreise auf 70–80 € fürs DZ mit Frühstück. Besonders beliebt ist bei Radwanderern *Bed & Breakfast,* das ab 20 € pro Person zu finden ist.

Rund 100 *Familien- und Jugendherbergen* (Vandrerhjem) sind in radelfreundlichen Distanzen übers Land verteilt. Das Reglement ist skandinavisch locker, die Ausstattung meist sehr gut (häufig 4-Bett-Zimmer mit eigener Nasszelle). Für den Zeitraum Juni–September ist eine Reservierung ratsam, für die Nebensaison (1.9.–15.5.) sogar obligatorisch. Ü ab 24 € f. Mitgl.; wer keinen IYHF-Ausweis besitzt, kann vor Ort einen erwerben.

Campen

www.dk-camp.dk • *www.teltpladser.dk*
www.danishcampsites.dk

Mit 500 Campingplätzen ist Dänemark bestens versorgt. Die Ausstattung ist gut bis ausgezeichnet. Ab 22 Uhr herrscht tatsächlich Nachtruhe. Nur Tische und Bänke sind leider selten. Die erforderliche *Camping Card Scandinavia* kann vor der Reise bestellt werden, oder als provisorische Karte unterwegs beim ersten Campingplatz erworben werden (in Dänemark 110 DKK). Die Karten gelten in ganz Skandinavien. Hütten können bei dreiviertel aller Campingplätze gemietet werden. Ü Camping 6–10 €/Person. Speziell für Wanderer und Radler existieren außerdem einfache Naturlagerplätze und Privatzeltplätze (oft auf Bauernhöfen), Ü 2–3 €/Person. Für diese Plätze ist keine Camping Card erforderlich. Verzeichnis unten bei Karten und Literatur. Prinzipiell ist freies Zelten immer von der Zustimmung des Landbesitzers abhängig. Das skandinavische Jedermannsrecht gilt in Dänemark nicht. In bestimmten Waldgebieten erlaubt die dänische **Naturschutzbehörde** aber dennoch das freie Zelten/Biwakieren. Bedingung: Nur eine Übernachtung und maximal zwei Zelte am vorgeschriebenen Platz. Die Plätze können hier abgerufen werden: *www.naturstyrelsen.dk.* Wer kein Dänisch kann, tut sich allerdings schwer, und auch die „interaktive" Karte hat ihre Tücken.

Karten und Literatur

Tourenkarten

- Kort + Matrikelstyrelsen: Danmark Færdselkort 1:200.000. Handlicher Spiralatlas, mit großz. Überlappungen, dt. Legende, Register und Großraumplänen Kopenhagen, Odense, Arhus, Aalborg. Basiskarte für Dänemark-Radler, alle weiß eingezeichneten Nebenstraßen sind potenzielle Radrouten. 21,90 €
- Verkehrsatlas Dänemark, 1:75.000, 24,90 €. Viel Papier, aber besser geht's ohne GPS nicht!
- Fahrradkarten der Landkreise 1:50.000/ 1:100.000, versch. Verlage.
- DCF: Fahrradferienkarte 1:500.000, nützliche Planungskarte mit Radrouten, Erläuterungen und prakt. Hinweisen. Jährlich neu.

Bezug der Karten und Reiseführer über *www.mapfox.de oder www.nordland-shop.net*

- DCF: "Overnatning i det fri", 1000 Zeltplätze für nichtmotorisiert Reisende, 22,80 €.

Tourenführer

- Kettler Vlg.: „Dänemark per Rad"; Radreiseführer mit 99 kombinierbaren Etappen.
- Stein Vlg.: „Wander- und Radführer Bornholm", „Ostseeküstenradweg".

• Esterbauer Vlg. (Bikeline): „Limfjordroute", „Ostsee-Radweg Dänemark", "Heerweg/ Ochsenweg", „Nordseeküsten-Radweg 4 – von Tønder nach Skagen", „Dänemark Ost", „Radfernweg Berlin – Kopenhagen".

Fahrrad, Straßen und Wege

Fahrrad (dän. cyklen)

Prinzipiell lässt sich Dänemark mit jeder Art Fahrrad bereisen. Es sollte verkehrssicher sein. Sinnvoll sind eine Nabenschaltung und pannengeschützte Reifen. Wegen der relativ seltenen Steigungen und der über dem platten Land oft stark auffrischenden Winde kommen Liegerad- und Tandemfahrer in den vollen Genuss der Vorzüge ihrer Gefährte.

Reparaturen lassen sich leicht organisieren. Die Fahrradhändler sind freundlich und hilfsbereit, das Ersatzteilsortiment auch in kleineren Orten ausreichend. Einfache Fahrräder für Tagesausflüge können bei ausgewählten Bahnhöfen der DSB, Fahrradhändlern, Campingplätzen und Touristenbüros gemietet werden.

Straßen

Entlang der befahrenen Hauptstraßen sind begleitende Radwege mittlerweile die Regel. Schöner sind aber die vielen landeinwärts gelegenen Nebenstraßen, die wegen des geringen Verkehrs meist ohne Radwege auskommen. Die Straßenwegweisung ist konsequent und durchdacht, Irrtümer sind selten.

Verkehr

Was die dänische Sprache von motorisierten Gefährten hält, drückt schon das Wort „knallert" für Moped aus. Ebenso haben auch Autos einen mäßigen Stellenwert, Fahrräder jedoch einen hohen. Da praktisch jeder Autofahrer auch Radler ist, kommen beide Gruppen gut miteinander aus. **Spezielle Verkehrsregeln:** Wer in Gruppen oder Pulks radelt, muss vor dem Anhalten den linken Arm heben, damit es keinen Auffahrunfall gibt. Haltelinien aus weißen Dreiecken regeln an verkehrsarmen Kreuzungen die Vorfahrt. Wer auf die Spitzen zufährt, muss Vorfahrt gewähren! Zum Linksabbiegen müssen Radler immer erst die Kreuzung auf der rechten Seite überqueren und dürfen nicht von der Fahrbahnmitte aus direkt nach links abbiegen. Das Standard-Bußgeld für Radler beträgt übrigens 500 DKK.

Radwege

Das Fahrrad gehört zu Dänemark wie der Süßrahm zur Roten Grütze (nur die Deutschen fragen nach Vanillesauce). Radwege, die Teil einer Radwanderroute sind, werden häufig auch abseits der Straßen geführt, sind dann zwar meist befestigt, aber nicht immer asphaltiert. Feuersteinbeimengungen machen den Rollsplitt auf den Radwegen gelegentlich recht scharfkantig.

Aus einem Guss ist das 1993 eröffnete nationale Radroutennetz. Elf **Nationale Cykelruten** spannen ein Netz von über 4000 km übers Land. Die Cykelruten sind gut gewartet und lassen Radwanderer praktisch nie im Stich. Hinzu kommen rund 10.000 km regionaler Radwanderwege. Damit die Wegweiser der nationalen Routen nicht mit denen der regionalen verwechselt werden, sind die nationalen Radrouten mit einer weißen Zahl auf rotem Rechteck markiert. Nur die Cykelrute 10 auf Bornholm tanzt mit „rot auf grün" aus der Reihe.

Offroad (MTB)

Prinzipiell dürfen in öffentlichen Wäldern und auf dem offenen Land alle angelegten Wege und Pfade befahren werden. Etwaige Verbotsschilder sind natürlich zu beachten. In privaten Wäldern ist die Benutzung der Wege auf die Zeit zwischen 7 Uhr und Sonnenuntergang beschränkt.

Deutschland

Land

Wer das Land von Norden nach Süden durchquert – gern auch umgekehrt – erfährt es in seiner ganzen landschaftlichen Vielfalt. Da sind zunächst die *Nord- und Ostsee* mit ihren Inseln und Küstenregionen, dann das Norddeutsche Tiefland, das sich mit großen Buchten bis in die *Deutsche Mittelgebirgsschwelle* schiebt (Kölner Bucht, Münsterländer Bucht und Leipziger Bucht).

Diese Schwelle ist zwischen 500 und 1000 m hoch, in Schwarzwald und Bayerischem Wald sogar fast 1500 m. Wer die Schwelle möglichst steigungsarm hinter sich bringen will, folgt am besten dem Lauf des Rheins. Er ist der einzige Fluss, der es geschafft hat, sie zu durchbrechen.

Den Mittelgebirgen folgt das grüne, seenreiche *Alpenvorland,* das zwischen Donau und Alpenrand von 300 auf 800 m ansteigt. Im Westen endet es beim Bodensee, im Osten setzt es sich nach Österreich fort. An den Alpen hat Deutschland zwar nur einen kleinen Anteil. Die *Bayerischen Alpen* sind dennoch nicht nur eine pittoreske Kulisse sondern auch Spielwiese für Bergfexe aller Art. Wobei die Grenzen zu Österreich allerdings schnell überschritten werden. Sogar der höchste Berg Deutschlands, die Zugspitze, war ein Geschenk des österreichischen Kaisers Franz-Josef, der den Deutschen die nördliche Hälfte abtrat, damit sie endlich auch einen „richtigen" Berg hätten.

und Leute

Saumagen, Obatzter, Maultaschen, Grüne Soße, Lehm und Stroh, Köhlersuppe, Himmel und Erde, Buletten, Schwarzsauer, Labskaus, Hannoversches Blindhuhn, Plum'n un Klüt, Zerbster Brägenwurst – Deutschlands regionale Spezialitäten sind bodenständig. Das Wort „deutsch" kommt aus dem Althochdeutschen und heisst „Volk". Gemeint waren die Germanen und Franken rechts des Rheines. Die kulinarische Kreativität entwickelte sich indes links des Rheines. Da wo man im Mittelalter erst Bauernlatein und später Französisch sprach.

Obwohl ein hochentwickeltes Industrieland ist das seit 1990 wiedervereinigte Deutschland zugleich ein grünes Land mit hohen Waldanteilen. Nicht ohne Grund stammen wir Deutschen von Waldbewohnern ab. Am geringsten ist die Besiedlungsdichte im Nordosten (MVP, Brandenburg), am dichtesten im Westen (NRW, Saarland). Nur ein Zehntel der Bevölkerung lebt auf dem Land – in Gemeinden mit nicht mehr als 2000 Einwohnern. Etwa ein Fünftel

der Bevölkerung hat einen Migrationshintergrund. Während im Norden der eher kühl-pragmatische Protestantismus dominiert, neigt der Süden dem sinnlicheren Katholizismus zu.

per Rad erfahren

Von der Nordsee bis zu den Bayerischen Alpen, vom Bodensee bis Rügen, von der Eifel bis zur Oberlausitz erschliessen Radfernwege die deutschen Lande. Man könnte sie fast zweimal um die Erde legen, denn sie bringen es auf eine Gesamtlänge von 70.000 km. Dazu kommen noch etwa 100.000 km lokaler Radrouten. Es ist das größte und hochwertigste Radnetz Europas. Denn Deutschland ist beliebt bei Radwanderern, insbesondere den einheimischen. Das Land hat viel Idyllisches zu bieten, die Anreise ist einfach, das Tourenspektrum groß, das Milieu vertraut und die touristische Infrastruktur sehr gut. Ein standardisiertes, deutschlandweit verknüpftes D-Routennetz ist im Entstehen und soll den sanften Tourismus weiter beflügeln. Nur überdachte Radwege mit garantiertem Rückenwind gibt es nicht. Wird es wohl auch nie geben. So ist und bleibt auch eine Radtour durch D-Land ein individuelles Erlebnis, bei dem man sich Wind und Wetter und Überraschungen aussetzt.

Vorbemerkungen

Mit Ausnahme der Stadtstaaten Berlin, Hamburg und Bremen ist allen Bundesländern ein eigenes Kapitel gewidmet. Geordnet sind sie alphabetisch. Landschaften oder Regionen, die mehrere Bundesländer betreffen, sind jeweils bei dem Bundesland mit dem größten Anteil beschrieben. Querverweise sind aufgenommen. Die beliebtesten Radfernwege Deutschlands sind in einer „Radweg-Parade" zusammengefasst.

Ende der Vorrede. Richten wir den Blick nun aufs „Fahrradland Deutschland", wie es sich gegenwärtig darstellt.

Routen & Regionen:

Daten

357.050 qkm • 80,6 Mio. Einwohner • 226 Ew./qkm
Ausdehnungen: N – 875 km – S • W – 640 km – O

Routen & Regionen

Baden-Württemberg (Bw)

Daten 35.751 qkm • 10,6 Mio. Ew. • 297 Ew./qkm • Landeshauptstadt Stuttgart

Infos Tourismuszentrale Baden-Württemberg: *www.tourismus-bw.de*

Überblick „Ländle", welch ein Wort für ein Bundesland, das größer ist als Belgien und mit zwei bemerkenswerten Mittelgebirgen gesegnet. Vollen Pedaleinsatz fordern Touren im Südschwarzwald, moderater sind der nördliche Schwarzwald und die Schwäbische Alb. Auch das fruchtbare Schwäbisch-Fränkische Schichtstufenland, das sich vom Hochrhein kommend nach Norden hin weiträumig öffnet, hält des Radlers Kreislauf durch Bergwälder (Schwäbischer Wald) und tief eingekerbte Flusstäler (Hohenloher Ebene) auf Touren.

Da immer mehr Urlauber mit dem „Gebbl" (geringschätzig für Fahrrad) anrücken, wurde das Radfernwegenetz überholt. Lücken wurden geschlossen, neue Wege angelegt und die Beschilderung vereinheitlicht. Über den konkreten Verlauf mancher Radfernwege lässt sich streiten. Schließlich ist nicht jeder Ort so toll, dass er mit einer zusätzlichen Steigung erobert werden muss, während unten beispielsweise ein flacher Uferweg lockt. Abschnittweise kann es durchaus lohnend sein, eigene Wege zu suchen, die naturnäher oder flacher sind. Das gilt aber nicht nur für Baden-Württemberg.

Während die **Radfernwege** durch *Schwarzwald* und *Schwäbische Alb* vor allem sportliche Tourenradler ansprechen, finden Genussradler ihr Glück eher in Tälern wie *Tauber-*, *Jagst-* und *Neckartal* und in Niederungen wie dem *Rheingraben* oder *Kraichgau*. Ulm ist Knotenpunkt mehrerer beliebter Radfernwege.

Schwarzwald

www.schwarzwald-tourist-info.de
Wie ein mächtiger Faustkeil überragt das höchste deutsche Mittelgebirge den Oberrheingraben: 160 km lang und bis zu 60 km breit. Dabei von Nord nach Süd bis auf 1493 m ansteigend – sieben Meter mehr und der Schwarzwald wäre definitorisch ein Hochgebirge. Steil fällt dieser Faustkeil westlich zum Rhein hin ab. Nach Osten sind Höhenunterschiede und Steigungen deutlich geringer.

Heilquellen und Karseen, Rebhänge, Wiesen und Mischwälder sind typisch für den sanften **Nordschwarzwald** (bis 1166 m). Für beschauliches Radwandern bieten sich die Radwege im Murg- und Nagoldtal an.

Tief eingeschnittene Täler, große Erbhöfe, freie Hochflächen und die berühmten Wasserfälle von Triberg stehen für den **mittleren Schwarzwald** (bis 1241 m). Verkehrsarme Nebenstraßen führen von Kehl am Rhein durch Kinzig- und Brigachtal zur *Baar.* Diese Hochebene ist das ideale Sprungbrett zur Schwäbischen Alb und zum Schichtstufenland. Landschaftlich am eindrucksvollsten ist der **Süd- bzw. Hochschwarzwald** (bis 1493 m). Von den waldarmen Höhen um Feldberg, Titisee und Schluchsee gehen nach allen Richtungen tiefe Täler aus. Bis zu 600 m hoch sind die felsigen Wände, die das *Höllental* westlich von Hinterzarten begrenzen.

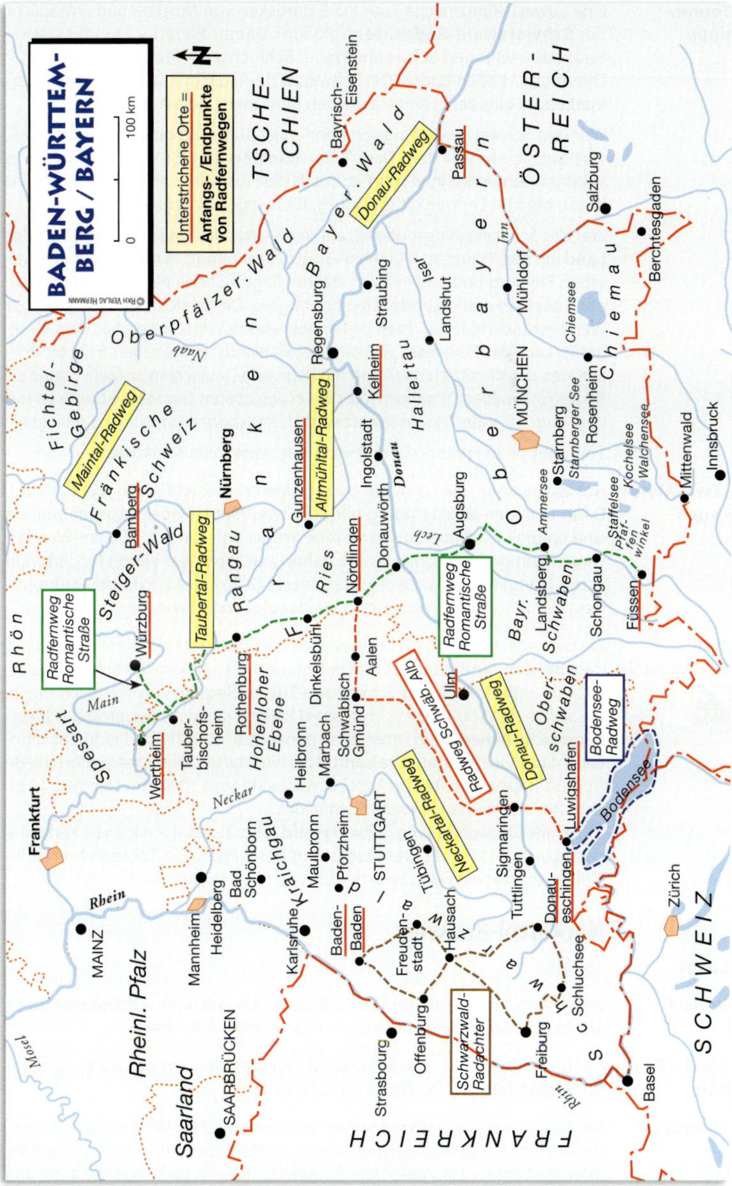

BADEN-WÜRTTEMBERG / BAYERN
© RKH VERLAG HERMANN
0
100 km
N
Unterstrichene Orte = Anfangs-/Endpunkte von Radfernwegen
TSCHECHIEN
ÖSTERREICH
SCHWEIZ
FRANKREICH
Saarland
Rheinl. Pfalz
Rhön
Spessart
Fichtel-Gebirge
Oberpfälzer Wald
Bayer. Wald
Fränkische Schweiz
Steiger-Wald
Rangau
Franken
Ries
Hohenloher Ebene
Kraichgau
Schwäb. Alb
Schwarzwald
Hallertau
Oberbayern
Bayr. Schwaben
Oberschwaben
Chiemgau
Maintal-Radweg
Taubertal-Radweg
Altmühltal-Radweg
Donau-Radweg
Neckartal-Radweg
Radweg Schwäb. Alb
Radfernweg Romantische Straße
Bodensee-Radweg
Schwarzwald-Radachter
Main
Rhein
Neckar
Naab
Donau
Lech
Isar
Inn
Mosel
Bodensee
Ammersee
Starnberger See
Chiemsee
Kochelsee
Walchensee
Staffelsee
Frankfurt
MAINZ
SAARBRÜCKEN
Mannheim
Heidelberg
Bad Schönborn
Karlsruhe
Maulbronn
Pforzheim
Baden-Baden
STUTTGART
Tübingen
Freudenstadt
Hausach
Offenburg
Strasbourg
Freiburg
Schluchsee
Basel
Zürich
Donaueschingen
Tuttlingen
Sigmaringen
Luwigshafen
Heilbronn
Marbach
Schwäbisch Gmünd
Aalen
Wertheim
Tauberbischofsheim
Rothenburg
Würzburg
Dinkelsbühl
Nördlingen
Donauwörth
Ulm
Bamberg
Nürnberg
Gunzenhausen
Ingolstadt
Kelheim
Regensburg
Straubing
Landshut
Passau
Bayrisch-Eisenstein
Augsburg
Landsberg
Schongau
Füssen
Pfaffenwinkel
Starnberg
MÜNCHEN
Rosenheim
Mühldorf
Salzburg
Berchtesgaden
Mittenwald
Innsbruck

Touren-tipps Eine abwechslungsreiche Tour mit Eindrücken von Nord bis Süd ermöglicht der **Schwarzwald-Radachter** (380 km): Baden-Baden – Freudenstadt – Hausach – Villingen-Schwenningen – Schluchsee – Freiburg – Hausach – Offenburg – Baden-Baden. Der Schwarzwald-Radachter wird nicht mehr vermarktet, es gibt daher keine aktuellen Infos mehr. Selbst planen!

Wer den Schwarzwald hingegen ohne viel Kletterarbeit durchqueren will, vertraut sich besser dem **Drei-Täler-Radweg** an (204 km). Beginnend in Villingen-Schwenningen führt er durch die Flusstäler von Neckar, Glatt und Kinzig bis zum Endpunkt Strasbourg überwiegend bergab.

Wer des Schwarzwalds müde ist, auf den wartet das weinselige **Markgräfler Land** mit dem Hauptort Müllheim. Grob gesagt nimmt es die Rheinebene zwischen Freiburg und Basel ein. Wobei der Begriff Ebene etwas irreführend ist, denn das Markgräfler Land ist deutlich hügelig. Die liebliche, klimabegünstigte Weinbaulandschaft mit ihren vielen heimeligen Winzerorten hat dem Markgräfler Land den Beinamen „Toskana Deutschlands" eingetragen. Es ist tatsächlich eine der klimatisch privilegierten Regionen Deutschlands. Mehr Sonne als Regen und mildes Klima vom März bis in den späten Oktober. Zusammen mit dem angrenzenden Hochschwarzwald als Radsportrevier kaum zu schlagen.

Tourentipps zu Freiburg und Umgebung: *www.freiburg-aktiv.de*

„Zwei-Meter-Regel!" Auf Waldwegen, die schmaler als zwei Meter sind, ist Radeln nicht erlaubt. Denn in Baden-Württemberg gilt die „Zwei-Meter-Regel"! Ausgenommen sind speziell für Radler ausgewiesene Wege. Von rund 20.000 km Wanderwegen kommen im Schwarzwald daher „nur" etwa ein Viertel fürs Biken in Frage. Übrigens gilt die Zwei-Meter-Regel seit 2015 auch in Baden-Württembergs Städten, die kurzerhand zu Waldgebiet erklärt wurden.

MTB Schwarzwald Ein besonders attraktives Bike-Revier ist natürlich der Hochschwarzwald mit dem **Belchenland** (rund um den Belchen, schönster Berg des Schwarzwalds, 1414 m) und der **Feldberg-Schluchsee-Titisee-Region.** Von den tiefen Tälern, die sich in den südlichen Schwarzwald kerben, seien als Beispiele das bikerfreundliche **Achertal** bei Ottenhöfen genannt, und natürlich das durchs Ultra-Bike-Marathon bekannte **Dreisamtal** bei Kirchzarten. Die Höhenunterschiede sind oft frappant, selbst im Nordschwarzwald sind 1000 Hm Differenz in einem Ritt realisierbar *(www.dreisamtal.de).*

Der **Mountainbikeweg Schwarzwald** führt der Länge nach von Karlsruhe nach Lörrach (354 km). Der Weg ist gut beschildert. Ein Tourenführer ist im Online-shop von *www.schwarzwaldverein.de* erhältlich.

Neckartal-Radweg

Länge 380 km

Verlauf Zwischen Schwarzwald und Schwäbischer Alb. Villingen – Schwenningen – Tübingen – Stuttgart – Heilbronn – Heidelberg – Mannheim.

Beschaffenheit Bunter Wege-Mix von Treidelpfaden bis Bundesstraße. Insgesamt bergab, anfangs auch hügelig. Durchgehend beschildert.

Eindrücke Sehr abwechslungsreich mäandert der Fluss zwischen Wiesentälern, bewaldeten Höhen und Weinbergen. Immer wieder taucht eine Ruine, eine Burg oder ein Schloss auf. Außerdem Spuren der Römer, Fachwerkromantik und sehenswerte Städte. Zum Baden reizen die Baggerseen zwischen Kirchentellinsfurt und Nürtingen. Um Stuttgart und Heilbronn Industrieansiedlungen.

Infos *www.neckartalradweg-bw.de, www.neckarradweg.de*

Tourenführer Esterbauer Vlg., bikeline: „Neckartal-Radweg“, mit GPS-Tracks • BVA, ADFC-Radreiseführer: „Neckartal-Radweg“, Spiralo mit GPS-Tracks.

Schwäbische Alb

www.schwaebischealb.de

Vom Hochrhein bis zum Ries reicht 200 km weit die Schwäbische Alb, sie gilt als größte Karstlandschaft Mitteleuropas. Abrupt erhebt sich der zerlappte und von markanten Zeugenbergen begleitete Albtrauf über das westliche Vorland und erreicht auf der Albhochfläche Höhen von über 1000 m. Diese recht velofreundliche Hochfläche besteht aus wasserdurchlässigem Kalkgestein, in dem Wasserläufe aller Art versickern und an entfernter Stelle eindrucksvoll wieder austreten (Blautopf, Aachquelle). Buchenwälder, Wacholderheiden und Kalkfelsen bestimmen darüber hinaus das herbe Landschaftsbild der dünn besiedelten Alb. Karsttypische Erscheinungen sind malerische Trockentäler, Dolinen und Tropfsteinhöhlen. Auch an Burgen, Burgruinen, Schlössern, Vulkanruinen, Aussichtspunkten und gemütlichen Städtchen mangelt es auf der Alb nicht.

Radweg Schwäbische Alb 335 km weit führt der *Radweg Schwäbische Alb* der Länge nach über die Alb und ist sicherlich einer der reizvollsten Baden-Württembergs. Der Weg verläuft überwiegend auf ruhigen Nebenstraßen und Wirtschaftswegen. Das Profil ist hügelig-bergig. Von Ludwigshafen am Überlinger See (Bodensee) führt die Route zunächst durchs oberschwäbische Hügelland zum tief eingeschnittenen Donautal, kreuzt hier, in Sigmaringen, den *Donau-Radweg* und erklimmt dann die Albhochfläche. Dort folgt der Weg den Windungen des Laucherttals, passiert den Teufelstorfelsen und einen alten Vulkanschlot namens Sternberg und erreicht die Reutlinger Alb. Nach einer Schussfahrt ins 300 m tiefer gelegene Ermstal mit anschließendem Wiederaufstieg (+ 500 Hm) geht's noch einmal für 20 km über die Hochfläche und dann endgültig den Albtrauf hinab ins Kirschendorf Neidlingen (Kirschblüte April/Mai!).

Unterhalb des Steilabhangs führt die Route nun durchs Albvorland, passiert die Stauferstadt Schwäbisch Gmünd und die Limes-Stadt Aalen, schwingt sich aufs Härtsfeld und senkt sich dann allmählich in den 25 km durchmessenden Meteoritenkrater vom Nördlinger Ries. Endstation ist Nördlingen.

Oberschwaben / Bodensee

www.bodensee.de

Zwischen Donau und Bodensee erstreckt sich das zum westlichen Alpenvorland zählende Oberschwaben. Die Christianisierung bescherte Oberschwaben und der Bodensee-Region eine ungewöhnliche kulturelle Blüte, die sich bis heute in Klöstern, Kirchen, Schlössern und Städten widerspiegelt. Besonders ergiebig war die barocke Epoche, denen heute die **Oberschwäbische Barockstraße** nachspürt. Sanft wellig ist das nordöstliche Oberschwaben, stärker hügelig besonders der Südwesten (Linzgau). Ein Gefälle führt zum rund 150 m tiefer liegenden Bodensee. Dicht ist das oberschwäbische Netz der Nebenstraßen, zudem sind die verstreut liegenden Einzelgehöfte fast alle durch asphaltierte Wirtschaftswege verbunden. Wer sich keine eigene Route stricken mag, folgt einfach dem **Donau-Bodensee-Radweg,** entweder der 160 km langen Hauptstrecke oder einer der beiden Varianten (je 170 km). Alle drei Strecken führen auf verkehrsarmen, aber hügeligen Wegen von Ulm zum über 500 qkm großen „Schwäbischen Meer". Im Sommer werden die umgebenden Berge oft von einem Dunstschleier verborgen, nur bei Föhn hat man die Allgäuer Alpen dann klar vor sich.

Bodensee-Radweg

Länge 270 km

Verlauf Die komplette Tour führt um Ober-, Unter- und Überlingersee. Anteil am Bodensee haben Deutschland (Baden-Württemberg, Bayern), die Schweiz (St. Gallen, Thurgau) und Österreich (Vorarlberg).

Beschaffenheit Familienfreundlich. Ebene Strecke, überwiegend asphaltierte Radwege, fast immer separat vom Verkehr, in beiden Richtungen gut beschildert.

Eindrücke Ein relativ schmaler Uferstreifen (selten breiter als 10 km), bebaut und blühend, mit Strandpromenaden, Auenwäldern, Schilfgürteln. Sehenswert sind u.a. die Blumeninsel Mainau (Radfahrverbot), die Kircheninsel Reichenau, das Pfahlbautenmuseum in Unteruhldingen, die Alploch- und Rappenlochschlucht bei Dornbirn (Abstecher), die Wasserburg in Hagenwil, das Städtchen Stein am Rhein („Rothenburg des Hochrheins"), die überdachte Holzbrücke bei Bad Säckingen, der Rheinfall Schaffhausen (Abstecher, kein Radweg).

Anmerkungen Kultur, Landschaft und mildes Klima haben die Bodensee-Region zum Touristenmagneten gemacht. Orte und Campingplätze sind im Sommer proppenvoll und die Preise nicht ohne. Wer die Tour abkürzen will: Bodenseefähren verkehren nicht nur quer über den See, sondern auch entlang des Ufers (Radmitnahme soweit Platz vorhanden).

Fazit 250.000 Radler pro Jahr können nicht irren!

Infos *www.bodensee-radweg.com*

Tourenführer Esterbauer Vlg., bikeline: „Bodensee-Radweg", mit GPS-Tracks • BVA, ADFC-Radreiseführer: „Bodensee-Radweg", Spiralo mit GPS-Tracks.

Blick auf Lindau am Bodensee

Weitere Tourentipps für Baden-Württemberg

Radweg Liebliches Taubertal 100 km, Rothenburg ob der Tauber (425 m) – Tauberbischofsheim – Wertheim am Main (140 m). Einer der dienstältesten Radwanderwege Deutschlands (eröffnet 1983), vom ADFC wiederholt mit 5 Sternen zertifiziert. Ganzjährig befahrbar, familienfreundlich, kaum Steigungen, insgesamt bergab, überwiegend autofreie Asphaltwege. Sehr gut beschildert. Der Radweg führt durch das naturbelassene, windungsreiches Tal der Tauber mit einer bunten Kette von Burgen, Schlössern, Klöstern, Kirchen, Weinorten und Fachwerkstädtchen. Tourenführer: Esterbauer Vlg.: „Liebliches Taubertal". Infos: *www.liebliches-taubertal.de*

Kraichgau-Burgen-Radweg 160 km, Bad Schönborn – Heilbronn – Rothenburg. Dieser beschaulicher Zubringer zum „Taubertal-Radweg" führt durch die nördlichen Gäuland-schaften Kraichgau, Heuchelberg und Hohenloher Ebene. Vorbei an Weinbergen und Wasserschlössern durch hügelige Toskana-Landschaften und Wälder.

Kocher-Jagst-Radweg Der Kraichgau-Burgen-Radweg kreuzt die romantischen, ca. 150 m tief eingeschnittenen Täler der Flüsschen Jagst und Kocher, durch die der sehr beliebte, gleichnamige Radrundweg führt: „Kocher-Jagst-Radweg", 332 km *(www.kocher-jagst.de)*.

Stromberg-Enztal-Radweg 95 km, Karlsruhe – Maulbronn – Marbach. Die steigungsreiche, aber auch nahezu autofreie Strecke verläuft überwiegend durch den Naturpark Stromberg. Highlight ist das ehemalige Zisterzienserkloster in Maulbronn: Deutschlands schönstes Kloster, zugleich das größte nördlich der Alpen.

Bayern (By)

Daten 70.547 qkm • 12,6 Mio. Ew. • 179 Ew./qkm • Landeshauptstadt München

Infos Tourismuszentrale Bayern: *www.bayern.by*

Überblick Franken, Ostbayern, Schwaben und Oberbayern haben wegen ihrer Landschaften einen überdurchschnittlich hohen Freizeitwert. Geografisch bedeutsam ist die quer durch Bayern verlaufende Donau. Nördlich davon liegen die fränkisch-oberpfälzischen Mittelgebirgs-, Stufen- und Beckenlandschaften, südlich davon erstrecken sich das Alpenvorland und der bayerische Alpensaum.

Radewegenetz „Bayernnetz" Infos und Gratisübersichtskarte „Bayernnetz": *www.bayerninfo.de*
120 Radwege, insgesamt 8800 km: Umfangreich ist das Angebot regionaler Radwanderwege, besonders gut ausgebaut sind die Netze in Oberfranken, Ostbayern und dem östlichen Oberbayern. Auch das Netz der bayerischen Radfernwege ist recht attraktiv. Echte Langstreckenradler bevorzugen allerdings öfter die Landstraße, ihnen sind Radrouten, wie die durchs Main- oder Altmühltal, zu umständlich.

Franken

www.frankentourismus.de • *www.flussparadies-franken.de*
Ein Drittel Bayerns ist fränkisches Territorium, von den Bewohnern des bayerischen Stammlandes gern auch etwas herablassend als „Beute-Bayern" bezeichnet. Im Westen und Osten wird Franken von Mittelgebirgen begrenzt,

den Raum um Nürnberg nimmt das Mittelfränkische Becken ein, den Rest bedecken gemäßigte Bergwaldgebiete (Haßberge, Steigerwald, Frankenhöhe, Fränkische Alb).

Acht fränkische Naturparks bieten sich als Reviere für Radwanderungen an: Bayerischer Spessart (1300 qkm), Bayerische Rhön (1090 qkm), Haßberge (788 qkm), Steigerwald (1280 qkm), Frankenhöhe (1070 qkm), Frankenwald (1116 qkm), Fichtelgebirge (1004 qkm), Fränkische Schweiz – Veldensteiner Forst (2340 qkm), Altmühltal (2900 qkm).

Flächendeckend ausgebaut ist vor allem das oberfränkische Radwegenetz, das die Täler und Höhen von Fränkischer Schweiz, Frankenwald und Fichtelgebirge erschließt und sehenswerte Städte wie Bamberg, Bayreuth, Coburg und Kulmbach mit einbindet.

Als familienfreundliches Radwandergebiet empfiehlt sich das mittelfränkische Rangau. Von hier aus bestehen auch gute Anknüpfungen zu den bekannten Radfernwegen Maintal, Romantische Straße, Liebliches Taubertal und Altmühltal.

Fränkische Schweiz

www.fraenkische-schweiz.com
Der nördlich von Nürnberg gelegene Teil der Fränkischen Alb ist von oben betrachtet eine wellig-karge Hochfläche, die von Flusstälern durchzogen ist. In diesen tief eingeschnittenen Tälern verstecken sich die eigentlichen Reize der Fränkischen Schweiz: Dolomitfelsen, Höhlen, Burgen, Herrensitze, Mühlen, Fachwerkorte. Besonders romantisch sind Wiesent-, Püttlach- und Ailsbachtal; an Wochenenden beliebt-belebt, denn Nürnberg ist nah. Wer von Tal zu Tal über die Hochflächen abkürzen will, wird teilweise mit brutalen Anstiegen bestraft. Echte 14% auf 1 km Länge können einem den ganzen Tag versauen, also Achtung.

„Lakejumper" (Brombachsee, Franken)

Frankenwald

www.frankenwald-tourismus.de
Flusstäler gliedern das immergrüne Mittelgebirge in einzelne Hochflächen um 600 – 700 m. Herausragende Berge sind selten, höchste Erhebung ist der Döbraberg (795 m). Geliebt wird der Frankenwald wegen seiner relativen Unberührtheit. 3000 km Wanderwege erschließen die großen Nadelwälder, die 70% des Naturparks bedecken. In den Tälern verstecken sich Burgen und Ruinen, alte Schmieden und Mühlen. Besiedelt und weitgehend gerodet ist die Münchberger Hochfläche, die aber schon außerhalb des Naturparks liegt.

Fichtelgebirge

www.fichtelgebirge.de
Ochsenkopf (1024 m) und Schneeberg (1053 m) markieren im Fichtelgebirge das Dach Frankens. Hier entspringen Main, Saale, Eger und Naab. Zudem beleben zahlreiche Teiche und Bäche die Szenerie aus Fichtenwäldern und verwitternden Felsmeeren (Naturtheater Luisenburg!). Viele Wanderwege

verlaufen als angenehme Talwege, die auch mit dem Bike gut befahrbar sind. Ruhigster Teil des beliebten Fichtelgebirges ist der oberpfälzische **Steinwald**, ein 270 qkm großer Naturpark mit dichten Fichtenwäldern und bizarren Felsformationen.

Rangau

Von der Teichlandschaft des **Aischgrunds** (zwischen Höchstadt und Erlangen) bis zur **Frankenhöhe** reicht die altfränkische Kulturlandschaft Rangau, die auch als „Romantisches Franken" bezeichnet wird. Zentrum ist die sehenswerte Rokoko-Stadt **Ansbach.** Radwanderer dürfen sich im Rangau auf viel ländliche Idylle, romantische Fachwerkstädtchen und verkehrsarme Nebenstraßen freuen. Die Tourenprofile sind vor allem im östlichen Rangau, das im Mittelfränkischen Becken liegt, überwiegend sanft. Hügelig wird's in der Frankenhöhe, wo die „Romantische Straße" verläuft. Südöstlich von Ansbach erstreckt sich das durch Radwanderwege gut erschlossene **Neue Fränkische Seenland,** das trotz seiner etwas hochtrabenden Bezeichnung durchaus lohnend ist *(www.fraenkisches-seenland.de).*

Im angrenzenden Gunzenhausen beginnt der populäre „Altmühltal-Radweg", der anschließend durch das Karstgebiet der Fränkischen Alb führt. Entlang des nördlichen Rangaus führt der „Aischtal-Radweg" von Rothenburg nach Bamberg (135 km, überw. Rad- und Waldwege), wo dann der „Maintal-Radweg" beginnt (*www.romantisches-franken.de*).

Neu konzipiert wurde der **Regnitz-Radweg,** der nun eine Tal-Route und eine Kanal-Route hat. Man kann also vom Umkehrpunkt bei Möhrendorf wieder zum Ausgangspunkt bei Bamberg zurückkehren und hat doch zwei völlig verschiedene Wege gemacht (insges. 156 km, *www.regnitzradweg.de*).

Ostbayern (Oberpfalz / Niederbayern)

www.ostbayern-tourismus.de

Westlich des Naabtals erstreckt sich die zerklüftete Hochebene des **Oberpfälzer Juras,** südlich der Donau wellt sich *niederbayerisches* Agrarland, im Osten markieren **Oberpfälzer** und **Bayerischer Wald** die Grenze zu Tschechien, wo der anverwandte Böhmerwald wartet. Wichtigste Radfernwege im Bereich Ostbayerns sind der „Donau-" und der „Naabtal-Radweg". An diesen Hauptachsen orientiert sich das ostbayerische Radwanderwegenetz, das vor allem die Täler der Nebenflüsse nutzt. Auch für den Bayerischen Wald, anspruchsvollste Radelregion Ostbayerns, sind Routen vorgesehen.

Oberpfälzer Wald

www.oberpfaelzerwald.de

Gemütliches Waldgebirge (bis 934 m) mit Wiesentälern, romantischen Felsformationen, Burgen und Klöstern, ungezählten Teichen und dem europäischen Bleikristallzentrum Neustadt a.d. Waldnaab. Weit weniger anspruchsvoll als der Bayerische Wald. Radwanderwege führen durch die Täler von **Heidenaab, Fichtelnaab, Waldnaab, Pfreimd** und **Schwarzach.** Ein beschauliches Tagestourengebiet im *Vorland* des Oberpfälzer Waldes ist die Senke zwischen den Flüssen Schwarzach und Regen; empfehlenswerter Ausgangspunkt ist das über 1200 Jahre alte Kreisstädtchen **Cham.** Der von Neustadt a.d.Naab nach Eslarn führende **Bocklradweg** ist mit 53 km Bayerns längster Bahntrassen-Radweg.

Oberpfälzer Jura

Neumarkt und Amberg sind die Hauptorte im Oberpfälzer Jura, der östlichen Unterformation der Frankenalb. Bewaldete Inselberge bis 657 m überragen die karge Karsthochfläche, die wahren Reize sind ein Stockwerk tiefer angesiedelt – in den Flusstälern, Kalksteinriffen und Tropfsteinhöhlen. Ausgehend von Nürnberg erschließt der **Fünf-Flüsse-Radweg** den Oberpfälzer Jura. Abschnitte von Donau-Radweg, Tour de Baroque, Altmühltal- und Naabtal-Radweg werden beim Fünf-Flüsse-Radweg zu einem 294 km langen Rundkurs verbunden. Wendepunkt ist das mittelalterliche Regensburg *(www.fuenf-fluesse-radweg.de)*.

Bayerischer Wald

www.bayerischer-wald.de

Südöstlich der *Cham-Further-Senke* erhebt sich bis zu 1456 m der Bayerische Wald, kurz auch Bayerwald genannt. 60 Gipfel über 1000 m, Mitteleuropas größtes geschlossenes Waldgebiet und die sauberste Luft Deutschlands schmücken dieses urige Mittelgebirge, das in Hinteren und Vorderen Wald („Donaugebirge") unterschieden wird. Dazwischen verläuft eine marmorweiße Quarzrippe, die einst die Glashütten anlockte, der 150 km lange *Pfahl.*

Breite Quertäler, steile Flanken, mächtige Bergrücken und ein Hauptkamm um 1300 m prägen den **Hinteren Wald;** eine wellig ansteigende Stufenhochfläche (500/700 m) und ein Hauptkamm um 1000 m bestimmen den **Vorderen Wald.**

Das Nebenstraßennetz ist relativ dicht und daher auch verkehrsarm. Scheinbar unberührte Landstriche lassen sich bei Touren mit wenig Gepäck entdecken, beispielsweise am Regen bei Viechtach, oder östlich von Bayerisch Eisenstein, wo es wie im schottischen Hochland ausschaut. Fast alle Strecken haben sportliches Profil; zwischen den einzelnen Anstiegen bleibt aber immer noch Luft zum Verschnaufen und nicht alle sind so extrem wie die folgende Panoramarunde, die auf nur 70 km 1600 Hm vom Körnerkonto schaufelt: Kötzting – Viechtach – St. Englmar – Haibach – Mitterfels – Ascha – Zinzenzell – Schorndorf – Cham – Kötzting.

Dagegen ist der **Arber-Radmarathon,** das größte Radsportevent im Bayerwald, fast noch gnädig: 3300 Hm auf 250 km. Start und Ziel ist Regensburg *(www.arberradmarathon.de)*.

Blick von Burg Falkenstein ins Radlerland Bayerischer Wald

Offroad (MTB) Bayerischer Wald

Der Bayerische Wald ist ein ergiebiges MTB-Revier mit Trails von leicht (Taltouren) bis schwer (Gipfeltouren). Hoch hinaus führen Touren im **Hinteren Wald**, vor allem dem einsamen Grenzgebiet zu Tschechien. Nicht unterschätzt werden sollte aber auch der weniger hohe **Vordere Wald.** Gut beschilderte Wanderwege erleichtern die Orientierung, aber nicht alle Wege können in den Pedalen bewältigt werden. Bei Quertouren von Tal zu Tal sind die steil ansteigenden Pfade oft wurzelig und steinig und degenerieren im Kammbereich nicht selten zu Schiebe-, manchmal sogar Tragestrecken. Solche Gipfelnüsse sind beispielsweise Teufelstisch, Dreisessel, Frauenwald, Staffelberg, Tiessenberg und Brotjacklriegel. Allemal leichter sind dagegen Touren, die Gewässerläufen folgen, wie etwa der 115 km lange Pandurensteig durchs Ilztal. Ideal sind in diesem Sinne auch die im Sommer ungenutzten **Langstrecken-Loipen** der Skifahrer (über 2000 km). Die längste ist die „Bayerwald-Loipe" durch den Hinteren Wald (225 km, ab Silbersbach bei Lohberg bis Passau).

Ein guter Ausgangspunkt für Bayerwald-Biker, ist die im Schatten des Großen Arber gelegene Glasstadt Zwiesel. In ihrer Umgebung, dem **Zwieseler Winkel,** wurde ein **1000 km-Radwegenetz** geschaffen, das zu 95% auf Forststraßen verläuft – konfliktfrei, gut beschaffen und nicht zu steil *(www.zwiesel-tourismus.de)*.

Wer im geschützten Bereich des **Nationalparks** biken will, findet auf der Homepage des Nationalparks Bayerischer Wald *(www.nationalpark-bayerischer-wald.de)* entsprechende Empfehlungen. 200 km Radwege sind markiert.

Südliches Niederbayern

Fest in Bauernhand ist das von Laber, Isar, Vils, Rott und Inn durchflossene Voralpenland südlich der Donau. Die wellige Gäulandschaft ist nicht nur Bayerns Kornkammer, sondern umfasst auch noch das größte Hopfenanbaugebiet der Welt: die Hallertau. Bauerndörfer mit Feuerwehrteich, Biergarten, Maibaum und Pfarrkirche liegen adrett hingetupft zwischen der sanften, grünen Hügellandschaft. Sehenswert sind vor allem die altbayerische Residenzstadt Landshut und die von den Asam-Brüdern ausgeschmückten *Klosterkirchen* in Osterhofen, Aldersbach und Rohr. Über 900 km familienfreundliche Radwanderwege wurden in der preiswerten Urlaubsregion markiert. Die meisten Routen folgen den Flusstälern. So auch der **Isarradweg,** der ohne nennenswerte Steigungen 300 km weit von Scharmitz (Oberbayern, Karwendel) über München nach Deggendorf führt, wo die Isar ganz naturbelassen in die Donau mündet *(www.isarradweg.de)*.

Allgäu / Bayerisch-Schwaben

www.allgaeu.de

Iller und Lech, Nördlinger Ries und Alpenkamm umrahmen Bayerisch-Schwaben. Den südlichen Teil des rund 10.000 qkm großen Regierungsbezirks nimmt – zwischen Bodensee und Lechtal – das **Allgäu** ein (ca. 4000 qkm). Hügelig-grünes Voralpenland und die bis über 2600 m aufragenden Kalkalpen bilden hier malerische Tourenkulissen. Die Jahrhunderte der Kleinstaaterei bescherte dem Allgäu eine bemerkenswerte kulturelle und bauliche Vielfalt. Neben alten Reichsstädten, Burgen und Schlössern (darunter auch das romantische *Neuschwanstein)* sind es vor allem stolze Erbhöfe und barocke Dorfkirchen, die das Bild prägen. Die meisten landschaftlichen und kulturellen Sahnehäubchen vereint das **Ostallgäu.** Attraktive Radwanderwege sind dort der „Forggensee-Rundweg" (32 km) und der „Dampflok-Rundweg" (80 km auf ehemaligen Bahntrassen). Via Rosshaupten oder Premer Lechsee lassen sich beide zu einer Super-Acht verbinden.

Zwei beliebte Radfernwege führen durch Bayerisch-Schwaben: Im Norden, eher kurz und knapp, der „Donau-Radweg". Für Schwaben-Neulinge sicherlich die interessantere Route ist aber der von Nord nach Süd verlaufende „Radweg Romantische Straße". Sportlich eingestellte Radler schätzen am Allgäu auch das sehr dichte Netz geteerter Almwirtschaftswege, die oft für den Autoverkehr gesperrt sind und sich hervorragend in Rundtouren integrieren lassen (Ausgangspunkte Oberstdorf, Sonthofen, Immenstadt, Kempten).

Oberbayern

www.oberbayern.de

Von der Lech bis zur Salzach, von der Altmühl bis zum Watzmann, erstreckt sich Bayerns größter Regierungsbezirk (17.500 qkm). Wie aus dem Bilderbuch präsentiert sich Oberbayern vor allem südlich von München: Ebenen und Hügel, Seen und Flusstäler, Wiesen und Wälder, Almen und Alpen – alles fließt und passt zusammen. Auch die typischen Zwiebelturmkirchen, barocken Klöster und Schlösser, Dörfer und Städtchen, sie fügen sich wie vorbestimmt in die Landschaften. So richtig bajuwarisch, inklusive Schuhplattler, Geranienbalkons und Bauerntheater, geht es südlich der sog. „Jodelgrenze" zu – sie verläuft etwa zwischen Chiemsee und dem Südzipfel des Starnberger Sees. Mit Radwanderwegen, Tourenvorschlägen und Radkarten bemühen sich die Ferienregionen sehr um ihre Gäste. Die meisten Routen sind leicht bis mittelschwer und – wie oft sehr gern betont wird – *familienfreundlich* ausgewählt.

Zwischen Inn und Salzach (EuRegio)

Besonders attraktiv ist für Radler die Region zwischen Inn und Salzach, wo die FVVs ein dichtes Radwegenetz geknüpft haben. Diese rund 3500 qkm umfassende Region wird vor allem vom **Chiemgau** und **Chiemsee** bestimmt (1100 km Radwege, *www.chiemsee-alpenland.de*), umgeben vom **Rosenheimer Land** (1700 km Radwege), **Berchtesgadener Land** und der **Inn-Salzach-Region** um Mühldorf.

Neben den eher lokal konzipierten Radwanderwegen stechen als *Radfernwege* hervor: **Inn-Radweg** (150 km, Fortsetzung des österr. Inn-Radweges, Kiefersfelden – Rosenheim – Mühldorf – Marktl), **Salinenweg** (131 km, orientiert sich u. a. am Verlauf der historischen Sole-Pipeline, Rosenheim – Traunstein – Bad Reichenhall – Berchtesgaden – Hallein), **Tauernradweg** (325 km, Krimml – Passau, s. Österreich) und der deutsch-österreichisce **Mozart-Radweg** (410 km, Salzburg – Wolfgangsee – Wasserburg – Kufstein – Bad Reichenhall – Berchtesgaden – Salzburg, *www.mozartradweg.com*).

Fünf-Seen-Land, Pfaffenwinkel

Wer auf den Spuren des „Kinni" (König Ludwig) radeln will, den zieht es ins südwestliche Oberbayern. Lieblich-hügelig gibt sich dort das Starnberger **Fünf-Seen-Land** (Starnbergersee, Pilsensee, Wörthsee, Wesslingersee, Ammersee), das von München aus direkt per S-Bahn erreichbar ist; gut ausgebaute Radwege sollen beschauliches Radwandern ermöglichen. Kultureller Höhepunkt ist **Kloster Andechs** auf dem Heiligen Berg. Ungewöhnlich dicht stehen die Sakralbauten im angrenzenden **Pfaffenwinkel**. In dieser historischen Landschaft zwischen Ammer und Lech durchstreifen Genussradler eine intime, parkähnliche Voralpenlandschaft, stoßen immer wieder auf neue Kirchen und Klöster und lassen sich Zeit.

Beide Regionen verbindet die **Königlich Bayerische Radltour,** die auf dem König-Ludwig-Wanderweg basiert (nicht zu verwechseln mit dem „König-Ludwig-Radlweg" am alten Main-Donau-Kanal): 98 km, Starnberg – Andechs – Raisting – Peißenberg – Wieskirche – Füssen (Schlösser Neuschwanstein, Hohenschwangau). Die gut beschilderte Route ist mäßig hügelig und verläuft überwiegend autofrei auf geschotterten Radwegen *(www.sta5.de • www.pfaffen-winkel.de: „Themen")*.

Via Claudia Augusta (VCA)

Leichtester Alpenübergang für Radler

www.viaclaudia.org

Im Lechtal, das die Grenze zu Oberbayern bildet, beginnt die **Via Claudia Augusta.** Die 700 km lange internationale Rad- und Wanderroute folgt den Spuren der ersten Gebirgsstraße, die die Römer vor rund 2000 Jahren als leichten Alpenübergang anlegten. Überreste der Römerstraße wurden bislang vor allem im deutschen Abschnitt freigelegt (u.a. nördlich Füssen).

Die VCA führt von **Donauwörth** nach Füssen, erklimmt den **Fernpass** (1209 m), führt im **Inntal** durch Tirol, überquert den **Reschenpass** (1508 m), führt auf italienischer Seite durchs **Etschtal** nach Trient und schließlich durchs **Piavetal** nach **Altino** gegenüber von *Venedig.*

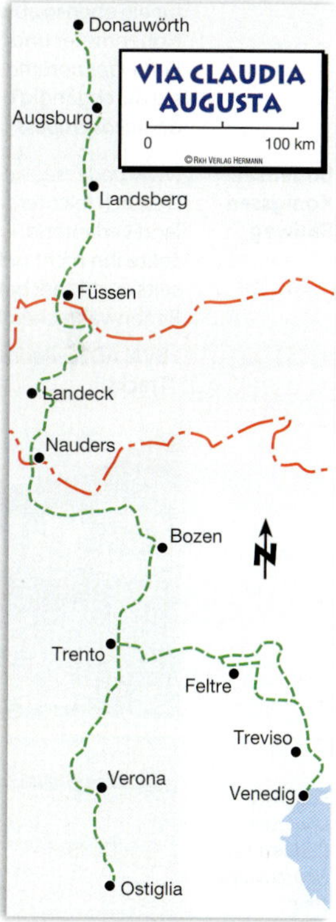

Die VCA-Route ist durchgehend markiert. Empfohlen wird die Nord-Süd-Richtung. Auch wenn die VCA als leichtester Alpenübergang für Radler gepriesen wird, bleiben zwei Pässe zu überwinden. Da die B179, die über den *Reschenpass* führt, stark befahren ist, weicht der VCA offiziell auf eine Piste aus, die für Normalradler aber schwer zu fahren ist. Wer sich das ersparen will, nutzt den *Shuttle-Bus* (Biberwier-Nassereith, verkehrt von Mai-Okt, muss reserviert werden, Kontakt: via-claudia.org). Auch die manchem als unangenehm erscheinende B180 über den *Reschenpass*, die allerdings einen separaten Radweg hat, kann im Shuttle von Pfunds bis Nauders überbrückt werden.

Tourenführer

- *Rückholservice:* Wird von Italien aus angeboten (u.a. ab Venedig).
- *Tourenführer:* Esterbauer Vlg. (Bikeline): „Via Claudia Augusta" mit GPS-Download // Kay Wewior, Paradiseguide: „Das Via Claudia Augusta GPS RadReiseBuch".
- *Fazit:* Da die VCA nicht nur Rad- sondern zugleich auch Wander-Route ist, beschert sie Radlern gemischte Gefühle. Manchmal ist die Streckenführung wunderbar, manchmal einfach nur ärgerlich.

VCA-Story

Einen Bericht über die Beradlung der wechselhaften Via Claudia Augusta gibt es im Anschluss an das Österreich-Kapitel zu lesen: „Wehe Via Claudia oder Warten Sie auf den Postbus!" von Christoph Gocke (S. 439).

Bayerische Alpen

Deutschlands Anteil an den Nördlichen Kalkalpen beschränkt sich auf einen rund 250 km langen Saum, der mit schroffen Kämmen, Bergseen und Almen eine malerische Kulisse entlang der Südgrenze Bayerns bildet. Genau genommen bezeichnen die *Bayerischen Alpen* den vom Wettersteingebirge (bis 2963 m, Zugspitze) dominierten mittleren Alpenzug zwischen Lechtal und Saalach. Daran schließen sich im Westen die formenreichen *Allgäuer Alpen* an (bis 2657 m), im Osten die malerisch um den Königssee drapierten Kalkstöcke der *Berchtesgadener Alpen* (bis 2713 m, Nationalpark).

Die **Deutsche Alpenstraße,** die von Lindau am Bodensee zum Königssee bei Berchtesgaden führt (450 km), stellt für Straßenradler die einzige Möglichkeit dar, um die bayerischen Alpen ohne Grenzüberschreitung der Länge nach kennen zu lernen. Wegen nie fertig gestellter Teilstücke pendelt sie allerdings häufig zwischen Voralpenland und Hochgebirge und sorgt so für ein ebenso abwechslungsreiches wie anstrengendes Alpen-Erlebnis: Viele Höhenmeter und Steigungen bis 15%. Ihre Endschleife ist die sehr lohnende *Roßfeldpanoramastraße* (1540 m) auf dem dt.-österr. Grenzkamm. Die höchste durchgängig befahrbare Passstraße innerhalb Deutschlands ist hingegen der *Riedbergpass* (1420 m) zwischen Fischen/Allgäu und Balderschwang.

Bodensee-Königssee-Radweg

www.bodensee-koenigssee-radweg.de
Deutlich leichter, wenn auch nicht wirklich leicht, da im hügeligen Voralpenland verlaufend, ist der *Bodensee-Königssee-Radweg* (418 km, 3900 Hm). Man sollte ihn nicht unbedingt während der Sommermonate fahren, da er einerseits auch stark befahrene Ortsdurchgangsstraßen nutzt und andererseits die Regenwahrscheinlichkeit im August nicht zu unterschätzen ist.

- BVA, ADFC-Radreiseführer: „Bodensee-Königssee-Radweg", Spiralo mit GPS-Tracks.

Bodensee-Königsee-Radweg bei Neuschwanstein

Offroad Bayerische Alpen

Auch Mountainbiker können sich wie einst Bayernkönig Max II. von Lindau aus nach Berchtesgaden längswärts durch die Alpen schlagen. Ein gewisses Handicap ist, dass die bayerischen Alpen stark von Quertälern zerschnitten sind, so dass erhebliches Auf und Ab programmiert ist.

Die meisten Biker werden sich auf Ein- bis Zweitagestouren beschränken und dabei das wellige Voralpenland und die bewaldeten Vorgebirge mit einbeziehen (beispielsweise Chiemsee / Chiemgauer Alpen). Dadurch ergibt sich trotz des schmalen Alpensaumes ein erstaunlich großer Tourenradius. Populärer Ausgangspunkt für aufregende Touren aller Art ist das in einem Kessel gelegene **Mittenwald** (markierte MTB-Routen, auch grenzüberschreitend durch Wetterstein- und Karwendelgebirge). Rund um die **Zugspitze** (Deutschlands höchster Berg ist ein Geschenk des österreichischen Kaisers Franz Joseph I.) sind in den letzten Jahren ebenfalls viele Strecken beschildert worden, darunter auch sieben MTB-Routen.

Tourenplaner: *www.gapa.de.* MTB Allgäu/Bayerische Alpen (private HP, informativ): *www.bikeandhike.de*

Brandenburg

Daten 29.481 qkm • 2,45 Mio. Ew. • 83 Ew./qkm • Landeshauptstadt Potsdam

Infos *www.reiseland-brandenburg.de* • *www.radeln-in-brandenburg.de* (Online-Routenplaner)

Überblick

17% Radverkehrsanteil machen Brandenburg zum Fahrradland. Brandenburgs dienstältester Reiseschriftsteller ist Theodor Fontane. Seine über hundert Jahre alten „Wanderungen durch die Mark Brandenburg" können auch heute noch nachvollzogen werden. Brandenburg, im Südosten des Norddeutschen Tieflandes, umfasst eine Vielzahl historischer Landschaften wie das Havelland, die Prignitz, Ukkermark und Niederlausitz. Sandböden mit Kiefern- und Mischwäldern, Sumpf- und Moorgebiete, Heide und Wiesen, Felder und Gärten, Mittelstädte und Weiler bedecken das Land, das immer wieder von Flüssen und Bächen, Kanälen, Seen und Teichen unterbrochen wird. Flache Niederungen, Urstromtäler und sanfte Hügel bestimmen die Topografie und lassen das Radeln nirgendwo in Schwerarbeit ausarten. Die im 17. Jh. eingewanderten Niederländer legten die heute so typischen Alleen an – zum Schutz vor Sonne, Wind und Schnee.

Der Ausbau des **Radwegenetzes** wurde in den letzten Jahren intensiviert und mittlerweile umfasst das beschilderte Radwegenetz 7000 km. Quer durch Brandenburg verläuft bis Küstrin-Kietz der „Europaradweg R 1". Durchs nördliche Brandenburg führen die Radfernwege „Berlin-Kopenhagen" (s. Mecklenburg-Vorpommern) und „Berlin-Usedom" (s.u.). Rund um Brandenburg führt die 1111 km lange „Tour Brandenburg" (s.u.). Der bislang schönste regionale Radweg ist der „Spree-Radweg" (s.u.).

Berlin

www.bbbike.de (s.u.)
www.stadtentwicklung.berlin.de/verkehr/mobil/fahrrad/radrouten

Oft steht Berlin am Anfang einer Brandenburg-Tour. Die nach allen Himmelsrichtungen aus der Stadt führende S-Bahn erspart die Auseinandersetzung mit dem Hauptstadtverkehr (Radmitnahme problemlos). In Berlin spürt der 160 km lange **Mauer-Radweg** den Resten des Eisernen Vorhangs rund um West-Berlin nach. Esterbauer Vlg. (bikeline): „Mauer-Radweg".

Drei Radfernwege führen durch Berlin bzw. beginnen dort: Berlin-Kopenhagen, Berlin-Usedom und der Europaradweg R1.

Der **R1** durchquert Berlin auf einer Länge von 68 km von West nach Ost und zeigt die Stadt von ihren schönsten Seiten. Seit Ende 2009 ist der R1 innerhalb Berlins komplett fertig gestellt – inklusive lückenloser Beschilderung und baulicher Radwege entlang der Havel.

www.bbbike.de ist ein einfach zu bedienender, lernfähiger Routenplaner für Berlin. Die Site entstand aus einer Diplomarbeit und hat mittlerweile Ableger in 200 Städten.

Prignitz

www.dieprignitz.de
Verträumt und dünn besiedelt ist die Prignitz im Nordwesten Brandenburgs. Rund 1600 qkm groß ist diese flachwellige und seenarme Region zwischen Elbe und Dosse, deren sandige Böden überwiegend landwirtschaftlich genutzt werden. Stärker bewaldet ist die Prignitz im südlichen und östlichen Bereich, ansonsten dominieren landschaftsparkähnliche Szenerien mit Wiesen und Hainen. Hügelgräber, slawische Burgwälle, Festungen und Klöster können besichtigt werden. Die Nebenstraßen sind nahezu autofrei, wenn auch oft holperig, die Waldwege gelegentlich versandet. Besonders reizvoll ist der **Naturpark Elbetal,** ein Auengebiet, in dem auch Rühstädt liegt, Deutschlands storchenreichstes Dorf (Linum, das andere bekannte Storchendorf Brandenburgs, liegt 80 km weiter östlich, im Rhinluch).

In den letzten Jahren wurde die Radwegweisung in der Prignitz auf das bewährte, aus den Niederlanden bekannte **Knotenpunktprinzip** umgestellt. Motto: Es muss nicht immer das Navi sein!

Nordöstliches Brandenburg

Uckermark

www.tourismus-uckermark.de
Eines der interessantesten Radelreviere Brandenburgs ist die rund 4000 qkm umfassende Uckermark zwischen oberer Havel und unterer Oder. Das sanfte Kuppen- und Hügelland birgt Moore, Auenlandschaften und über 300 Seen. Landwirtschaft wird im Norden betrieben, während der Süden von großen Waldgebieten eingenommen wird. Highlights sind der Nationalpark Unteres Odertal, die Seengebiete bei Prenzlau (gotische Hallenkirchen) und Templin (Stadtbefestigung), das Lychener Seekreuz und die Schorfheide, außerdem Kloster Chorin und das Schiffshebewerk Niederfinow am Südrand der Uckermark.

Mittlerweile ist auch der 260 km lange **Uckermärkische Radrundweg** fertig. Auch hier steht das Naturerlebnis im Vordergrund. Der Radweg führt durch die Naturparks Feldberger Seenlandschaft und Uckermärkische Seen, das Biosphärenreservat Schorfheide-Chorin und den N.P. Unteres Odertal.

Untere Oder

www.nationalpark-unteres-odertal.de
Der **Nationalpark Unteres Odertal** umfasst 105 qkm Auenlandschaften, Polderwiesen und Vogelschutzgebiete. Deich- und Versorgungswege sind

weiträumig zum Radeln freigegeben. Am interessantesten ist der Park bei Niedrigwasser (etwa ab Jahresmitte), dann sind auch die tiefer gelegenen Polderwege befahrbar. Treffpunkt der Zugvogelbeobachter ist die Gegend um Mescherin (nördl. von Gartz).

Schorfheide Schorfheide heißt das flachwellige (50 – 70 m), wildreiche Waldgebiet zwischen dem Städtchen Zehdenick und dem idyllischen Werbellinsee. Es umfasst etwa 400 qkm und ist Teil des *Biosphärenreservats Schorfheide-Chorin* (1258 qkm). Super einsam, schöne Waldseen, wenige Nebenstraßen und viele, oft sandige Waldwege mit Wildschweinbegegnungen.

Spreewald

www.spreewald.de • www.spreewald-info.com
Die einst sumpfige Hügel- und Heidelandschaft der Lausitz ist die Heimatregion der traditionsbewußten *Sorben.* Während die Oberlausitz zu Sachsen gehört, liegt die etwa gleich große **Niederlausitz** auf brandenburgischem Gebiet. Südlich von Cottbus hat der Braunkohletagebau hier riesige Mondlandschaften geschaffen. Nordwestlich von Cottbus wartet hingen die Zauberwelt des Spreewalds. Mangels Gefälle löst sich die Spree hier in rund 300 Bäche und Kanäle auf und hat dabei ein 55 km langes und bis zu 16 km breites, grünes Insellabyrinth geschaffen: das „Venedig der Sorben". Der feuchte, aber weithin gerodete **Oberspreewald** ist Dauergrünland für Gemüse und Obstbau, nur teilweise sind noch die alten Erlenbruchwälder vorhanden. Der kleinere, waldreiche **Unterspreewald** ist weniger feucht; hier gehen die alten Bruchwälder bereits in Hochwälder über, Grünland und Ackerflächen bilden Lichtungen. Der gesamte Spreewald ist als *Biosphärenreservat* geschützt (476 qkm), dessen Kernzonen nicht betreten werden dürfen (Totalreservate).

In puncto Wegebeschaffenheit dürfen Radler nicht wählerisch sein, denn

Unterwegs im Spreewald

das touristische Hauptverkehrsnetz bilden die Spreewald-Kanäle mit ihren Kähnen. Den Landwegen kommt oft nur sekundäre Bedeutung zu, wobei das Spektrum vom schmalen Trampelpfad über zugewucherte Betonplattenwege, tiefsandige Waldwege, holpriges Kopfsteinpflaster bis hin zu passablen Dammwegen, komfortabel ausgebauten Wanderwegen und neu asphaltierten Nebenstraßen reicht. Beliebtester Ausgangspunkt für Spreewaldtouren ist **Lübben.** Hier kommen auch die beiden großen Radwege vorbei: der Spree-Radweg (s.u.) und der **Gurken-Radweg** (260 km Radweg-Achter, 2015: 3-Sterne-ADFC-Qualitätsradroute), der entlang der Hauptspree über Lübbenau und Lehde (schönes Museumsdorf) nach Leipe und von dort weiter nach Burg Kauper führt, das auf einer der inselartigen Erhebungen des Oberspreewalds liegt.

Spree-Radweg

Führt durch Sachsen und Brandenburg.

Länge ca. 410 km

Verlauf Spreequelle bei Neugersdorf – Bautzen – Boxberg – Spremberg – Cottbus – Burg – Lübbenau – Lübben – Schlepzig – Alt Schadow – Beeskow – Fürstenwalde – Erkner – Berlin.

Beschaffenheit/Verkehr Neu angelegte Radwege, Feld- und Waldwege, ruhige Nebenstraßen. Insgesamt sehr angenehme Streckenführung Nur wenige Abschnitte sind bzgl. Verkehr bzw. Beschaffenheit weniger angenehm. Die Beschilderung ist reichlich, allerdings nicht einheitlich und auch nicht völlig lückenlos. Spürbare Steigungen gibt es nur zu Beginn (Spreequelle bis Bautzen), ab Bautzen ist der RFW dann sehr familienfreundlich. Für den Endspurt von Erkner bis Berlin (ca. 40 km) empfiehlt sich die S-Bahn.

Eindrücke Der Weg, der sich am Lauf der Spree orientiert, die oft auch zu sehen ist, führt durch diverse Parklandschaften („Natur vom Feinsten"). Die Strekkenführung sorgt für viel Abwechslung. Sehenswert sind u.a. die Spreequellen (es gibt drei), das Waldhufendorf Schirgiswalde, das mittelalter-liche Bautzen, die Spreewaldlandschaft (hier wohl auch der schönste Abschnitt des Radweges: Lübben – Schlepzig), Beeskow (Altstadt, Burg), Fürstenwalde (Dom).

Infos *www.spreeradweg.de* (GPS-Download)

Toruenführer Esterbauer Vlg.: „Spree-Radweg" (mit GPS-Download)

Berlin-Usedom-Radweg

Führt durch Brandenburg und Mecklenburg-Vorpommern

Länge 337 km

Verlauf Berlin – Bernau – Joachimsthal – Prenzlau – Pasewalk – Ueckermünde – Anklam – Usedom – Kamminke – Ahlbeck (Swinemünde/Polen) – Zinnowitz – Peenemünde. Abkürzungen sind möglich, vor allem die Fähre übers Stettiner Haff (Ueckermünde – Kamminke) verkürzt den Weg erheblich.

Beschaffenheit/Verkehr Überwiegend asphaltiert und steigungsarm! Straßenbegleitende Radwege, Feld- und Waldwege, ruhige Nebenstraßen. Nur wenige Abschnitte sind stärker befahren (Bundesstraßen) oder unangenehm (gepflasterte Ortsdurchfahrten). Die Beschilderung ist sehr gut.

Eindrücke Wälder, Seen, Schleusen, Dorfkirchen aller Art. Der Weg führt durch den Barnim, das Biosphärenreservat Schorfheide-Chorin und die Region der Uckerseen. Im Vordergrund stehen Naturerlebnis und Abgeschiedenheit.

Infos *www.berlin-usedom-radweginfo.de* • *www.berlin-usedom-radweg.net*

Tourenführer IS Radweg: „Unterwegs auf dem Berlin-Usedom Radfernweg" (mit CD-ROM, Bestellg. über *www.berlin-usedom-radweginfo.de*), Esterbauer Vlg. (Bikeline): „Radfernweg Berlin-Usedom".

Fläming

www.reiseregion-flaeming.de • *www.flaeming-skate.de*

Fast scheint es, als sei der betriebsame **Fläming-Skate** das Wahrzeichen dieser Landschaft geworden, die doch eigentlich so einsam und herb ist. Der **Fläming** ist ein über 100 km langer und bis zu 50 km breiter, dicht bewaldeter Höhenrücken, der sich bis nach Sachsen-Anhalt hinein erstreckt.

Im westlichen Teil, dem **Hohen Fläming** findet sich die höchste Erhebung Brandenburgs (201 m, Hagelberg), weiter östlich gipfelt der **Niedere Fläming** im Golmberg (178 m). Was den Radwanderer erwartet, sind Kiefern- und Buchenmischwälder, tief eingeschnittene Trockentäler (sog. Rummeln, die bekannteste in Garrey), Bäche, deren Wasser verloren geht und wieder auftaucht (daher der Ortsname Verlorenwasser), Ebenen und Hügel, außerordentlich klare Luft, 400 km markierte Wanderwege und ehemalige Patrouillenwege. Besonders im Herbst ist das „Drei- Burgen-Land" (Burg Rabenstein, Burg Eisenhardt, Schloß von Wiesenburg) für Radwanderer eine der schönsten Landschaften im Brandenburgischen – wenn anderswo die Seen nicht mehr locken und im Fläming das Laub der Buchen ins Rotgelbe umschlägt.

Berühmt wegen seiner gotischen Wandmalereien ist das Zisterzienserkloster *Zinna* im Niederen Fläming. Fast noch berühmter ist mittlerweile aber der **Fläming-Skate.** Dieses 230 km lange Wegenetz besteht aus acht steigungsarmen Rundkursen (RK1–8), die ausschließlich für Radler und Skater geschaffen wurden. Der Kurs ist perfekt asphaltiert und so angelegt, dass sich Radler und Skater möglichst nicht ins Gehege kommen. Da die Skater vor allem die kleineren Rundkurse bevorzugen, sind die Radler auf den langen, peripheren Streckenanteilen nahezu unter sich. Weder Skater noch Radler bedauern diese Entmischung. Der Rundkurs RK8 scheint hierfür prädestiniert zu sein. Schöne Rastplätze und Schutzhütten gibt es aber überall.

Weitere Tourentipps für Brandenburg

Kreis Oberhavel *www.oberhavel.de*

Rhinluch, Ruppiner Schweiz (Seengebiet, markierte Radwanderrundwege ab Neuruppin). Granseer Seenplatte. Seenplatten zwischen Rheinsberg und Fürstenberg sowie nördlich davon, mit Fontanes Lieblingssee, dem Großen Stechlin.

Dahme-Spree-Region Altes Erholungsgebiet zwischen Berlin und Spreewald mit tausend Seen und Waldteichen, Kanälen und Flüssen.

Havelland

www.havelland-tourismus.de
Kleinräumig und abwechslungsreich, vor allem das Gebiet der vielfach gewundenen Havelseen (Schwielowsee, Trebelsee, Beetzsee, Plauer See, Breitlingsee u.a.). Unbedingt sehenswert sind Potsdam (Sanssouci), die Stadt Brandenburg und das Kloster Lehnin. Großes Obstanbaugebiet an den Hängen des klimatisch begünstigten Hügellandes um Werder (Baumblütenfest). Last nort least: Der **Havel-Radweg,** er wird zu den schönsten Flussradwegen Deutschlands gezählt.

Barnim

www.barnim.de
Teil der Ostbrandenburgischen Platte. Reicht vom Nordosten Berlins bis an die Märkische Schweiz im SO. Hügelig und abwechslungsreich. Große Waldgebiete und Naturrefugien zwischen Parsteiner See, Werbellinsee und Bernau.

Märkische Schweiz

www.amt-maerkische-schweiz.de • *www.rund-um-buckow.de*
Ein idyllisches Wald- und Seengebiet rund um Buckow am Ostrand des Barnim. Biosphärenreservat mit Felsen, Kehlen (Schluchten) und Steilufern. Bekanntester See ist der 45 m tiefe Schermützelsee. Das dichte Netz gut beschilderter Waldwege ermöglicht wunderschöne *MTB-Touren* ohne allzu große Schwierigkeiten.

Oderbruch

www.oderbruch-tourismus.de
Ehemalige Sumpfniederung zwischen Oderberg und Küstrin (Bruch = Sumpf-/Moorland). Rund 60 km lang und bis zu 15 km breit. Östlich der Seelower Höhen völlig flaches Bauernland ohne größere Sehenswürdigkeiten, dafür aber mit Wiesen, Feldern, Kanälen, Naturrefugien, Störchen, adretten Dörfern und Nebenstraßen (Asphalt und Pflaster). Am schönsten ist das Odervorland, durch das auch der „Oder-Neiße-Radweg" führt (s. „Radweg-Parade").

Schlaubetal

www.schlaubetal-online.de
Naturpark, südl. von Müllrose. 20 km langes, eiszeitlich geprägtes Bach-Seen-Tal, das durch Moor, Heide u. wildwüchsigen Wald führt. Abwechslungsreich und ursprünglich. 250 km Radwege. Große Schlaubetal-Tour 65 km. Abstecher zum Oelsener See und zum „Urwald Fünfeichen".

Tour Brandenburg

www.reiseland-brandenburg.de
Ringförmig führt die „Tour Brandenburg" durchs ganze Bundesland und verbindet dabei all die anderen, über Berlin verlaufenden Radwege. Wem die immerhin 1111 km zuviel auf einmal sind, kann fast beliebig nach Berlin abkürzen oder den Nahverkehr benutzen. 4-Sterne-ADFC-Qualitätsradroute (2015).

Tourenführer: Esterbauer Vlg., bikeline: „Tour Brandenburg".

Fürst-Pückler-Weg

www.reiseland-brandenburg.de, www.sachsen-tourismus.de
Auch der „Fürst-Pückler-Radweg" (527 km) ist teilweise an der „Tour Brandenburg" beteiligt, d.h. der Abschnitt Bad Liebenwerder – Schwarzheide – Spremberg ist identisch. Darüber hinaus ist es aber ein eigenständiger Radrundweg im Süden Brandenburgs (und auch etwas Sachsen) durch die Zeitgeschichte und Tagebaugebiete der Lausitz. 3-Sterne-ADFC-Qualitätsradroute (2015). Esterbauer Vlg., bikeline: „Fürst-Pückler-Weg".

Hessen

Daten 21.114 qkm • 6,05 Mio. Ew. • 286 Ew./qkm • Landeshauptstadt Wiesbaden

Infos *www.hessen-tourismus.de*

Überblick Reinhards-, Kaufunger- und Odenwald, Hoher Meißner, Kellerwald, Knüllgebirge, Vogelsberg, Rhön, Hoher Westerwald, Taunus, Spessart – kein Zweifel, Hessen ist Mittelgebirgsland. Damit Radlern beim Blick auf die Karte nicht vorschnell die Puste ausgeht, sind zwischen die Höhenrücken Tal- und Beckenlandschaften gestreut, die weniger anspruchsvoll profiliert sind. Die größte Ebene ist die Wetterau zwischen Frankfurt und dem Vogelsberg. Aber selbst die bergigen Regionen erweisen sich am Ende meist sanfter als befürchtet. Was noch für Hessen spricht, ist die velosympathische Kleinräumigkeit, der „skandinavische" Waldreichtum (40%), über 300 Burgen aus den Zeiten der Kleinstaaterei und außergewöhnlich viele hübsche Fachwerkstädte. Zahlreiche Kurorte mit Heilquellen und Gradierwerken signalisieren den hohen Erholungswert Hessens.

Radwegenetz Hessen Ein Massenphänomen war der Fahrradtourismus in Hessen in der Vergangenheit nicht. Um dem abzuhelfen, wurde ein landesweites **Radfernwegenetz** mit 9 Routen von insgesamt 2200 km Länge geschaffen (R 1 bis R 9). Dazu kommen 1100 km Flussradwege wie Main-, Rhein-, Elberadweg und Bahntrassenradwege wie der idyllische **Bahn-Radweg Hessen** (245 km, *www.bahnradweg-hessen.de*), der mehrere Bahnradwege zu einer Strecke vereint. Fast der gesamte hessische Raum jenseits der Ballungsgebiete – um Kassel im N und dem Rhein-Main-Gebiet im S – bietet sich für Radtouren an. Wer weder Höhen noch Tiefen, sprich Täler scheut, kann seine Route mitten durch die Naturparks legen, von denen es ebenfalls neun gibt (29% der Landesfläche) und versäumt dabei auch nicht die attraktiven Höhenrouten der einzelnen Gebirgsstöcke (beste Fernsicht bieten die kargen Basalthöhen von Vogelsberg und Rhön).

Wer es softer mag, folgt einem der **Flussradwanderwege** (Main, Lahn, Eder, Fulda, Werra) oder dem (Nord-Süd)-Radfernweg R 4, der durch die

Bahn-Radweg in Hessen

NORDRHEIN-WESTFALEN
HESSEN / RHEINLAND-PFALZ / SAARLAND
© Rich Verlag Hermann
0
100 km
N
BREMEN
Aller
HANNOVER
NIEDERLANDE
Enschede
Osnabrück
Wiehen-gebirge
Arnhem
Ems
Teutoburger Wald
Bielefeld
Naturpark Hohe Mark
Detmold
Münster
Kleve
Münsterland
Weser
Xanten
Wesel
Paderborn
Eggegeb.
Geldern
Essen
Dortmund
Duisburg
Arnsberg
Rein-hardts-wald
Viersen
Altena
Münden
Wuppertal
Mönchen-gladbach
Sauerland
Kassel
DÜSSELDORF
Keller-wald
Kaufunger Wald
Rothaargeb.
Winterberg
Bergisches Land
Bad Berleburg
Köln
Aachen
Siegerland
Knüll
Bad Honnef
BONN
Marburg
Fulda
Werra
BELGIEN
Nordeifel
Westerwald
Vogels-berg
Hohe Eifel
Lahn
Rhön
Maria Laach
Adenau
Koblenz
Schneifel
Wetterau
Schlüchtern
Eifel
Mosel
Taunus
Daun
WIESBADEN
LUXEM-BURG
Frankfurt
Naturpark Spessart
Main
Hunsrück
Bingen
MAINZ
Rhein
Luxem-burg
Trier
Würzburg
Konz
Schwarzwälder Hochwald
St. Wen-deler Ld.
Odenwald
Pfälzer Wald
Miltenberg
Mettlach
Haardt
Kaisers-lautern
Saarlouis
Mannheim
Völklingen
SAAR-BRÜCKEN
Ann-weiler
Ludwigs-hafen
Neckar
Bliesgau
Deutsche Weinstraße
Pirma-sens
Bruchsal
FRANKREICH
Karlsruhe
STUTTGART

Beckenlandschaften der Hessischen Senke verläuft und dabei viel Spielraum nach beiden Seiten bietet (Bad Karlshafen – Trendelburg – Hofgeismar – Wolfhagen – Fritzlar – Alsfeld – Schotten – Nidda – Bad Vilbel – Heusenstamm – Dieburg – Michelstadt – Hirschhorn/Neckar).

Reinhardswald (472 m), Kaufunger Wald (641 m) und Meißner (753 m) bilden in der wenig besiedelten nordöstlichen Grenzregion Hessens, dem sog. „Hessisch-Sibirien", ein großes Naturpark-Ensemble mit Buchen und Eichen, die teilweise noch älter sind als die Sababurg, die hier den Gebrüdern Grimm als Vorlage für Dornröschen diente. Schöne Kirschbaumblüte im Frühjahr rund um Witzenhausen. In **Münden** treffen sich die Radfernwege von Weser, Fulda und Werra.

Genaue Beschreibung aller RFW in Hessen und Online-Tourenplaner: *www.hessen-tourismus.de* • *www.radroutenplaner.hessen.de*

Taunus

www.taunus-info.de • *www.daslahntal.de*

Wegen der Nähe zum Rhein-Main-Gebiet ist der bekannteste hessische Höhenzug, der rund 70 km lange Taunus, ziemlich touristisch. Die Idsteiner Senke trennt den *Hochtaunus* im O (bis 879 m) vom *Untertaunus* im W (bis 620 m). Südlich fällt der Untertaunus zum Main hin steil ab (Rheingau, Weinbaugebiet). Günstige Radwanderbedingungen bietet vor allem der vom Lahntal aus sanft ansteigende *Hintertaunus* mit seinen zahlreichen Mineralquellen und kleinen Flüssen, die sich in die bewaldete Hochebene gekerbt haben. Ein attraktiver Zubringer ist der gut ausgebaute **Lahnradweg** zwischen Westerwald und Taunus (245 km), 4-Sterne-ADFC-Qualitätsradroute (2015).

Limburg an der Lahn

Rhein-Main-Gebiet

www.odenwald.de

Wenn es im Taunus zu kühl oder zu regnerisch ist, bietet sich das mildere Rhein-Main-Gebiet als Zuflucht an. Hier verläuft am Westrand des Odenwalds die Bergstraße (Bundesstraße 3, Darmstadt – Bruchsal) mit dem frühesten Frühlingsbeginn in Deutschland und üppiger Obstbaumblüte.

Ruhigere Strecken finden sich im westlichen **Odenwald,** ein „hochromantisches" (Zitat Eichendorff), von Laubwäldern überzogenes Wandergebiet voller Kuppen, Täler und Wiesengründe, unterfüttert von Legenden und Brauchtum. Die meisten Strecken sind mäßig bis mittelschwer. Durch den südlichen Odenwald schneidet das **Neckartal** (dort RFW bis Mannheim).

Frankfurt/Main

Offroad (MTB)

Ein perfekt beschildertes MTB-Streckennetz durchzieht den **MTB-Geo-Naturpark Bergstraße-Odenwald.** 30 Strecken, 1000 km. Die Rundtouren können ohne Karte oder GPS an beliebigen Streckenpunkten begonnen werden. Mehr: *www.mtb-geo-naturpark.de*

Rhön

www.rhoen.de • *www.milseburgradweg.de*

Die Rhön ist ein Mittelgebirge im Dreiländereck Hessen, Bayern und Thüringen. Unbewaldete Kuppen („Land der offenen Fernen"), Tälern, Flussläufen, Mooren prägen die alte Kulturlandschaft. 1991 erklärte die UNESCO die Rhön zum Biosphärenreservat. Mountainbiken ist daher auch nur auf den gekennzeichneten Wegen des immerhin 1200 km langen MTB-Radwegenetzes erlaubt. Sehr beliebt ist die 46 km lange Panoramatour ab Bischofsheim. Sie führt erst über den **Kreuzberg** (928 m), dann durch die **„Schwarzen Berge"**. Straßenradler finden ein relativ gutes Angebot verkehrsarmer Straßen, allerdings mit Anstiegen bis zu 500 Hm. Die **Wasserkuppe** (950 m) zieht als höchste Erhebung der Rhön an sonnigen Tagen mit guter Thermik viele Gleitschirm- und Segelflieger an, die zusammen mit unbemannten Lenkdrachen die Kuppe wie bunte Schmetterlinge umschwirren. Familien machen sich auf den 32 km langen **Milseburg-Radweg.** Dieser von Hilders nach Fulda führende Radweg wurde auf einer alten Bahntrasse angelegt. Nahezu flach führt er am Westhang der Rhön. Highlights sind 14 Brücken und der 1172 m lange Milseburgtunnel (beleuchtet).

Milsebergtunnel (Hessischer Bahnradweg)

MTB-Tipp Eselsweg

Auf den Spuren einer alten Salzstraße verläuft der **Eselsweg** genannte Wanderweg durch den hessisch-bayerischen **Naturpark Spessart** (bis 585 m). Diese reizvolle Längsroute hat alles zu bieten – glatte Forstwege, knackige Anstiege, unverblockte Singletrails. Etwas sportlichen Ehrgeiz sollte man schon mitbringen.

Verlauf: Schlüchtern (Bahnstation)– Großheubach (bei Miltenberg), 111 km, Profil 300 bis 500 m, durchgehend ausgeschildert („E").

Infos: *www.spessart-tourismus.de*

Mecklenburg-Vorpommern

Daten 23.169 qkm • 1,6 Mio. Ew. • 69 Ew./qkm • Landeshauptstadt Schwerin

Infos Mecklenburg-Vorpommern: *www.auf-nach-mv.de*

Überblick Mecklenburg-Vorpommern bietet seinen Fans wenig, nämlich wenig Industrie und wenig velofeindliche Erhebungen, dafür viel Landschaft und unverbaute Natur, hohen Himmel und Badewasser bis zum Abwinken. Ostseeküste und Mecklenburgische Seenplatte üben große Anziehungskraft auf Fahrradurlauber aus. Und dies trotz eines unzureichenden Straßennetzes. Da der Fahrradtourismus jedoch konsequent gefördert wurde, allein in den letzten Jahren wurden 100 Millionen Euro investiert, entstand ein umfassendes Radfernwegenetz. Die Radwege **Hamburg-Rügen** und **Berlin-Kopenhagen** bilden das Hauptkreuz dieses Netzes.

Ostseeküste

Die reich gegliederte Küste Mecklenburg-Vorpommerns zählt zu den besonders attraktiven Abschnitten der Ostsee. Inseln, Halbinseln und flache Meeresbuchten (Bodden), Küstenwälder, Sandbänke und Steilufer, Strände und Klippen sorgen für viel Abwechslung und schöne Landschaftsbilder. Wer dabei von West nach Ost radelt, sichert sich die Chance auf im Tagesverlauf zunehmenden Rückenwind.

Küstentour Der mecklenburgische Teil des **Ostseeküsten-Radwegs** führt ab Travemünde mit einem Abstecher zur Insel **Poel** (flach, unbewaldet, Steilküsten) über Wismar nach **Kühlungsborn**. Landschaftlich ist dieser Abschnitt noch relativ eintönig, Wiesen und Felder, ab und zu ein kleiner Wald oder ein Stück Allee. Wer will, kann von Kühlungsborn mit „Molli", der Dampflok, nach Heiligendamm zischeln und ab Börgerende auf einem schönen Radwanderweg, entlang des Steilufers, nach Nienhagen und weiter bis Warnemünde fahren.

Mit der Fähre geht's über die Warnow und weiter durch die Rostocker Heide zur Halbinselkette **Fischland-Darß-Zingst**. Darß und Zingst gehören zum *Nationalpark Vorpommersche Boddenlandschaft,* der auch die Insel Hiddensee einschließt. Alles sehr reizvolle Radlerlandschaften, bestehend aus Flachküsten, Stränden, Dünen, Bodden und Mooren, windgezaustem Küstenurwald (bsds. auf Darß) und hübschen, teilweise aber auch sehr touristischen (und teuren) Fischer- und Badeorten. Ehemalige Patrouillenwege führen in die Dünen, jenseits dieser Wege lauert dann tiefer Sand. Da **Zingst** eine verkehrstechnische Sackgasse ist, verläuft der weitere Weg zwangsläufig über **Stralsund** (eindrucksvolle Altstadt). Ab Stralsund (Autobrücke) oder Reinberg-Stahlbrode

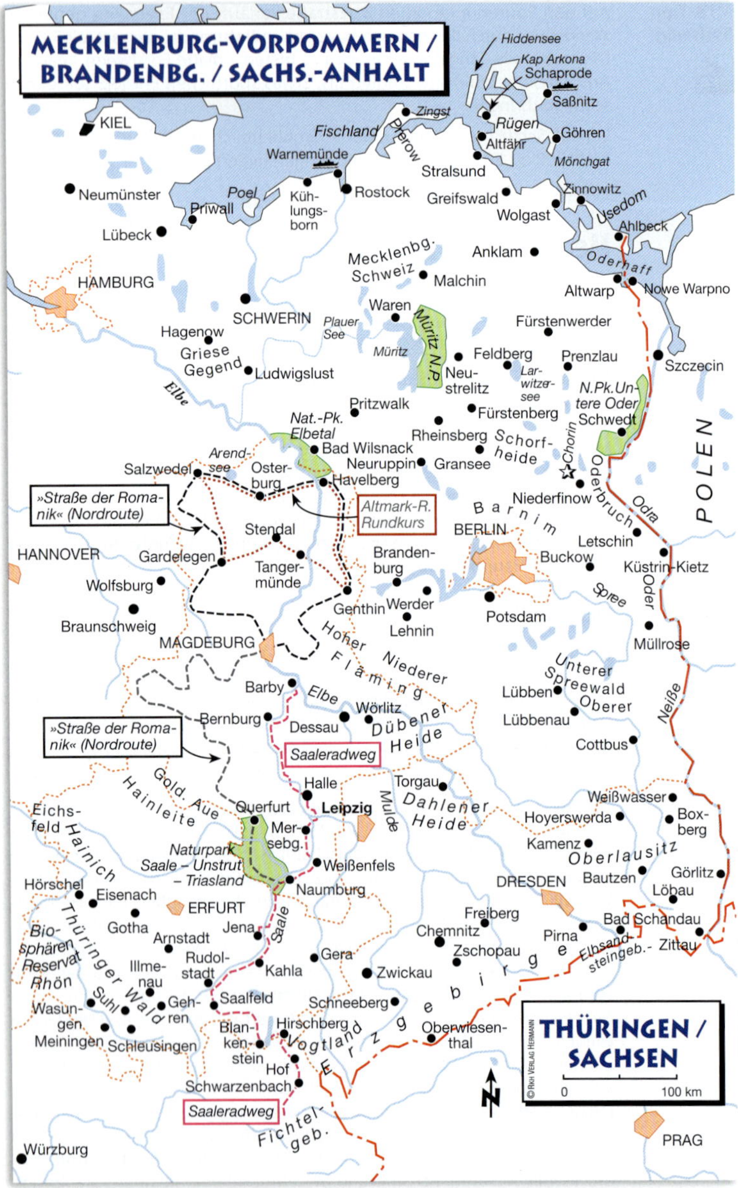
MECKLENBURG-VORPOMMERN / BRANDENBG. / SACHS.-ANHALT
Hiddensee
Kap Arkona
Schaprode
Saßnitz
Zingst
Rügen
KIEL
Fischland
Prerow
Altfähr
Göhren
Warnemünde
Mönchgat
Stralsund
Neumünster
Poel
Küh-lungs-born
Rostock
Greifswald
Zinnowitz
Priwall
Wolgast
Usedom
Lübeck
Ahlbeck
Mecklenbg. Schweiz
Anklam
Oderhaff
HAMBURG
Malchin
Altwarp
Nowe Warpno
Waren
SCHWERIN
Plauer See
Müritz N.P.
Fürstenwerder
Hagenow
Müritz
Feldberg
Prenzlau
Griese Gegend
Ludwigslust
Neu-strelitz
Lar-witze-see
Szczecin
N.Pk. Untere Oder
Elbe
Pritzwalk
Fürstenberg
Nat.-Pk. Elbetal
Schwedt
Rheinsberg
Schorfheide
Chorin
Bad Wilsnack
Arend-see
Neuruppin
Gransee
Salzwedel
Oster-burg
Havelberg
Oderbruch
POLEN
»Straße der Romanik« (Nordroute)
Altmark-R. Rundkurs
Niederfinow
Barnim
Oder
Stendal
BERLIN
Letschin
HANNOVER
Gardelegen
Branden-burg
Buckow
Küstrin-Kietz
Tanger-münde
Wolfsburg
Spree
Genthin
Werder
Potsdam
Braunschweig
Lehnin
MAGDEBURG
Hoher Fläming
Niederer
Müllrose
Unterer Spreewald
Barby
Elbe
Lübben
Wörlitz
Oberer
Bernburg
Dessau
Dübener Heide
Lübbenau
Neiße
»Straße der Romanik« (Nordroute)
Saaleradweg
Cottbus
Gold. Aue
Halle
Torgau
Hainleite
Weißwasser
Querfurt
Leipzig
Mulde
Dahlener Heide
Eichs-feld
Mer-sebg.
Hoyerswerda
Box-berg
Hainich
Kamenz
Naturpark Saale – Unstrut – Triasland
Weißenfels
Oberlausitz
Görlitz
Hörschel
Naumburg
DRESDEN
Bautzen
Löbau
Eisenach
ERFURT
Freiberg
Gotha
Saale
Bad Schandau
Bio-sphären Reservat Rhön
Jena
Chemnitz
Pirna
Thüringer Wald
Arnstadt
Zschopau
Elbsandsteingeb.
Zittau
Illme-nau
Rudol-stadt
Gera
Erzgebirge
Kahla
Zwickau
Suhl
Saalfeld
Geh-ren
Schneeberg
Wasun-gen
Hirschberg
Vogtland
Oberwiesen-thal
Meiningen
Schleusingen
Blan-ken-stein
THÜRINGEN / SACHSEN
Hof
© RKH VERLAG HERMANN
0
100 km
Schwarzenbach
Saaleradweg
Fichtel-geb.
PRAG
Würzburg

(Fähre) ergibt sich die Möglichkeit einer großen Runde durch Rügen. Weiter führt der Radweg über Greifswald und Wolgast nach **Usedom** – eine Halbinsel mit nostalgischen alten Seebädern und 40 km feinsten Sandstrandes. Der OK-Radweg endet in **Ahlbeck,** an der Grenze zu Polen. (Die Weiterführung durch Polen steckt noch in den Kinderschuhen. Zwar ist der Ostseeradweg grundsätzlich schon lange bis Stilo als R10 beschildert, aber er ist eine Art Hindernis-Parcours mit nur wenigen familienfreundlichen Abschnitten.) Mehr zum Ostseeküsten-Radweg: s. „Radweg-Parade".

Rügen

www.ruegen.de

Rügen ist Deutschlands größte Insel (926 qkm), mit der längsten Küstenlinie, der höchsten Erhebung (Piekberg, 161 m) und den meisten Urlaubern (über 1 Mio. pro Jahr). Was Rügen so anziehend macht, ist die landschaftliche Vielfalt. Mit dem Fahrrad kann man sich auf Rügen leicht eine Woche amüsieren, bevor man das Gefühl hat, alle Ecken beschnuppert zu haben. Feine Sandstrände und feuersteinübersäte Küstenstreifen, Bodden und Steilufer, ausgedehnte Buchenwälder und berühmte Kreidefelsen (Stubbenkammer), sanfthügelige Wiesen und alte Leuchttürme (Kap Arkona), Gründerzeitcharme (Putbus, Binz) und Hünengräber, schnuckelige Fischerorte … es gibt viel zu sehen, und es ist sehr, sehr voll im Sommer. Hauptstraßen sollten in dieser Zeit möglichst gemieden werden, denn es gibt dort kaum Radwege, auch nicht an der „Deutschen Alleenstraße", die auf Rügen ihren Ursprung hat (in Sellin). Beschaulicher geht es im Inselinnern zu, wo zahlreiche Wirtschaftswege existieren (gute Karte erforderlich).

Der „Rasende Roland" auf Rügen

Auch Rügens Radwanderwege basieren weitgehend auf nichtasphaltierten, witterungsabhängigen Wegen. Ausgezeichnete Radwege finden sich entlang der Küsten im Norden und Westen. Im Osten, bei den Kreidefelsen hingegen, überwiegen Kopfsteinpflaster und Sandwege.

Nicht versäumen sollten Rügenradler die **Halbinsel Mönchgut,** die von der UNESCO zum „Biosphärenreservat Südostrügen" erklärt wurde. Hier zuckelt auch der „Rasende Roland", ein echter Dampfzug, regelmäßig von Göhren über Binz nach Putbus (Fahrradmitnahme 3 €).

Natürlich gehört zu einer Rügentour auch der Sprung nach **Hiddensee,** das im Jahr 1308 durch eine Sturmflut von der Hauptinsel abgetrennt wurde und heute wie ein Seepferdchen vor Rügen liegt. Die 17 km lange, autofreie Insel galt Künstlern um die Jahrhundertwende als Ort der Ruhe und Kontemplation. Heute präsentiert sich Hiddensee vor allem als Landschaftsidyll friedliebender Wanderer und Radler, wobei die Wege oft sandig und die Küste zum Greifen nah ist. Da Hiddensee im Sommer notorisch ausgebucht ist und keine Campingplätze besitzt, sind Tagesausflüge ab Schaprode auf Rügen sinnvoll (Camping unweit der Fähre).

Usedom, Oderhaff

www.usedom.de

Wer von Rügen aus direkt nach Usedom will, kann von Saßnitz aus zum pittoresken Hafenstädtchen Wolgast übersetzen. Auf der Insel **Usedom** reiht sich am langen Außenstrand ein herausgeputztes Seebad ans andere. Der gut ausgebaute Küstenradweg (Teil des Ostseeküsten-Radweges) führt von Zinnowitz nach Ahlbeck mit der bekannten Seebrücke. Wer will, kann nun (an Binnenseen und Waldungen vorbei) inseleinwärts nach Anklam radeln, wird dabei aber den Verkehrsengpass 110 nicht vermeiden können.

Mecklenburgische Seenplatte

www.mecklenburgische-seenplatte.de

Zwischen den Höhenzügen der Helpter Berge im SO (179 m) und der Ruhner Berge im SW (178 m) erstreckt sich die eiszeitlich geformte Landschaft „Klein-Skandinavien" wie die Mecklenburgischen Seenplatte auch bildhaft genannt wird. Sie reicht im Westen bis Schwerin, im Osten bis an die Uckermark. Zwischen mehr als tausend, untereinander verbundenen Seen bedecken Mischwälder, Wiesen und Äcker sanftes Hügelland. Insgesamt ein Revier von ca. 130 km x 40 km, das zu naturnahen Radwanderungen einlädt. Alte Backsteinarchitektur macht die Orte sehenswert. Besonders kurzweilig sind Touren im Kerngebiet der Seenplatte, also zwischen **Plauer See, Müritz** (größter Binnensee Deutschlands, Müritz-Radrundweg, 83 km), **Tollense-See** (Radrundweg), **Carwitzer See** (bei Feldberg) und den 117 kleineren Seen im **Müritz-Nationalpark,** der zu weiten Teilen für Autos gesperrt ist. Die meisten Nebenstraßen sind nicht asphaltiert, Ortsdurchfahrten meist gepflastert, sandige Wege gehören zum Tourenalltag. Radwanderers Ariadnefaden durch die Seenplatte ist der RFW **Mecklenburgischer Seen-Radweg** (600 km, Lüneburg – Müritz – Ahlbeck – Wolgast), wechselhafte Wegbeschaffenheit auch hier inklusive. *Tourenführer:* Esterbauer Vlg., bikeline: „Mecklenburgische Seen", 1:75.000, + GPS-Tracks.

Weitere Tourentipps

Radweg Berlin – Kopenhagen

www.bike-berlin-copenhagen.com

„700 grün-blaue Kilometer" verspricht der Radweg Berlin-Kopenhagen. Und tatsächlich sind Wälder und Gewässer Hauptmerkmale des Weges, der durch Brandenburg (151 km), Mecklenburg-Vorpommern (255 km) und an den Küsten der dänischen Inseln Falster, Møn und Sjælland (302 km) nach Kopenhagen führt.

Als der Radweg im April 2001 eingeweiht wurde, war er alles andere als fertig. Schilder fehlten, etliche Passagen befanden sich noch im Urzustand, kurz, es war eine abenteuerliche Radroute voller Schlaglöcher und tiefen Sandes. Inzwischen hat sich fast alles zum Guten gewendet, insbesondere was die durchgehende Beschilderung betrifft, aber ein bisschen abenteuerlich wird der Weg wohl bleiben. Denn es wurde ja kein 630 km langer Radweg neu angelegt, sondern vorhandene Wege und Straßen wurden verknüpft, die als naturnah und radlerfreundlich galten. Nur dort, wo Verbindungswege bislang nicht befestigt waren, wurden tatsächlich neue Radwege geschaffen.

Insgesamt ergibt sich so eine bunte Wegemischung, die von mittelmäßig bis superkomfortabel reicht. Nach 406 Radweg-km durch Brandenburg und „Meck-Pomm" geht es mit der Fähre in zwei Stunden von Rostock hinüber nach Gedser, und in Dänemark, überwiegend auf Nationalradrouten, die nicht mehr zusätzlich markiert sind, weiter bis Kopenhagen.

Der Radweg ist auf der Website in Etappen eingeteilt, Unterkünfte werden angegeben und die ganze Tour steht auch als GPS-Track zur Verfügung. Für die **Rückreise inkl. Fahrradmitnahme** kommen nur die Bahn (12 h, bis Berlin 4 Umstiege) oder der Flieger infrage.

Tourenführer: Esterbauer Vlg., bikeline: „Berlin-Kopenhagen" mit GPS-Tracks // Kay Wewior, Paradiseguide: „Das Berlin-Kopenhagen GPS RadReiseBuch".

Mecklenburgische Seenplatte

Nördlich der Seenplatte erstreckt sich um Malchin die **Mecklenburgische Schweiz.** Auch hier gibt es Seen und liebliches Hügelland mit Wäldern und Feldern. Allerdings liegen die Seen sehr tief, so dass die Höhenunterschiede zwischen Seespiegel und Hügelkuppen ausgeprägter sind als in der Mecklenburgischen Seenplatte, deshalb der Begriff „Schweiz".

Griese Gegend

www.griesegegend.de

Ein hübsches Kontrastprogramm zur Mecklenburger Seenplatte ist die wenig bekannte **Griese Gegend.** Zahlreiche Wege führen kreuz und quer durch die einsame Wald- und Heidelandschaft, der von Kanälen und Bächen durchzogenen Gegend zwischen Hagenow und **Ludwigslust** mit seinem berühmten Pappmaschee-Schloss.

Niedersachsen

Daten 47.605 qkm • 7,8 Mio. Ew. • 164 Ew./qkm • Landeshauptstadt Hannover

Infos Tourismuszentrale Niedersachsen: *www.reiseland-niedersachsen.de*

Überblick Außerhalb der Niederlande dürfte Niedersachsen vielleicht das Land mit den meisten Hollandrädern sein. Nicht nur weil auf dem platten Lande ohnehin viel radgefahren wird, sondern weil auch das Terrain, das sich von den Ostfriesischen Inseln bis zum Mittellandkanal erstreckt, ähnliche Umfänge

Ostfriesland, Greetsiel

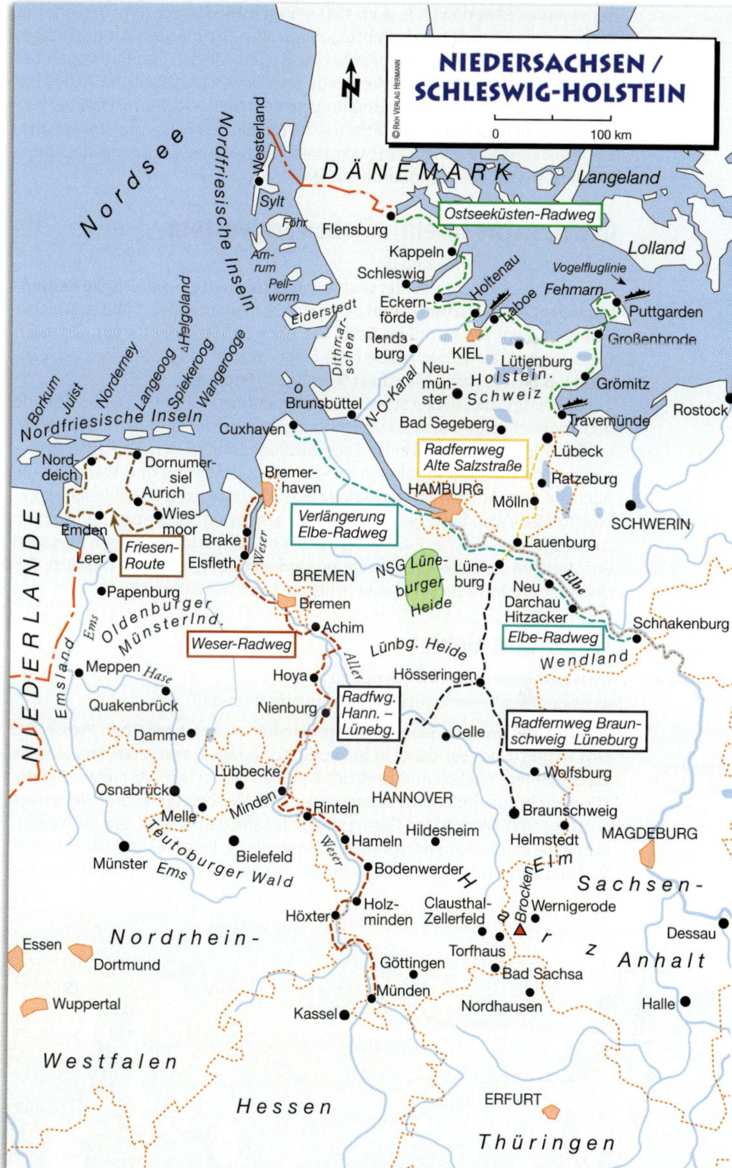
NIEDERSACHSEN / SCHLESWIG-HOLSTEIN
© RKH Verlag Hermann
0
100 km
Nordsee
Nordfriesische Inseln
DÄNEMARK
Langeland
Lolland
Sylt
Westerland
Föhr
Amrum
Pellworm
Flensburg
Ostseeküsten-Radweg
Kappeln
Schleswig
Eckernförde
Holtenau
Laboe
Fehmarn
Vogelfluglinie
Puttgarden
Großenbrode
Eiderstedt
Dithmarschen
Rendsburg
KIEL
Lütjenburg
Neumünster
Holstein. Schweiz
Grömitz
Helgoland
Borkum
Juist
Norderney
Langeoog
Spiekeroog
Wangerooge
Brunsbüttel
N-O-Kanal
Bad Segeberg
Travemünde
Rostock
Cuxhaven
Lübeck
Radfernweg Alte Salzstraße
Norddeich
Dornumersiel
Aurich
Wiesmoor
Emden
Bremerhaven
HAMBURG
Ratzeburg
Mölln
SCHWERIN
Verlängerung Elbe-Radweg
Friesen-Route
Leer
Brake
Elsfleth
Weser
Lauenburg
BREMEN
NSG Lüneburger Heide
Lüneburg
Neu Darchau
Hitzacker
Elbe
Papenburg
Bremen
Achim
Oldenburger Münsterland
Schnakenburg
Elbe-Radweg
Weser-Radweg
Lünbg. Heide
Wendland
Aller
NIEDERLANDE
Ems
Emsland
Meppen
Hase
Quakenbrück
Hoya
Hösseringen
Nienburg
Radfwg. Hann. – Lünebg.
Radfernweg Braunschweig Lüneburg
Damme
Celle
Wolfsburg
Lübbecke
Osnabrück
Minden
HANNOVER
Melle
Rinteln
Braunschweig
Hildesheim
Helmstedt
MAGDEBURG
Teutoburger Wald
Hameln
Bielefeld
Münster
Elm
Bodenwerder
Harz
Brocken
Sachsen-Anhalt
Holzminden
Clausthal-Zellerfeld
Wernigerode
Höxter
Dessau
Essen
Dortmund
Nordrhein-Westfalen
Torfhaus
Göttingen
Bad Sachsa
Münden
Nordhausen
Halle
Wuppertal
Kassel
Hessen
ERFURT
Thüringen

hat wie die Niederlande. Erst im tiefen Süden Niedersachsens beginnt mit Weserbergland und Harz der Mittelgebirgsraum. Die meisten Bundesstraßen sowie auch stärker frequentierte Nebenstraßen werden von Radwegen begleitet. Einschließlich der Radfernwege erschließen unglaubliche 70.000 km Radrouten die weiträumigen Erholungsgebiete Niedersachsens. Darüber hinaus lassen sich auch die zahlreichen nicht markierten Forst- und Wirtschaftswege mit einer Radwanderkarte vom niedersächsischen Landesvermessungsamt bestens für eine Landpartie nutzen.

Ostfriesische Inseln – Sieben Schwestern

www.das-gelbe-vom-eiland.de

Die Eselsbrücke für Südlichter und sonstige Landratten, die sich die **Reihenfolge der Ostfriesischen Inseln** partout nicht merken können, lautet: **W**elcher **S**eemann **l**iegt **b**ei **N**anni **i**m **B**ett? Die Antwort entspricht – von Ost nach West – den Anfangsbuchstaben der Frage: **W**angerooge, **S**piekeroog, **L**angeoog, **B**altrum, **N**orderney, **I**uist (korr. Juist), **B**orkum.

Populär sind die „sieben Schwestern" wegen ihres Heilklimas. Dünen, Strände und Vogelschutzgebiete sind die Freiformelemente der sandigen Inseln, deren größte mit 36 qkm Borkum ist. Tagesausflüge lohnen sich für Radler insbesondere zu einer der autofreien Inseln – Juist, Langeoog und Wangerooge. Auch auf den „Autoinseln" Norderney und Borkum existieren zahlreiche kombinierte Rad-/Wanderwege. Ganz restriktiv geht es auf Spiekeroog und Baltrum zu, hier geht man nur zu Fuß – oder nutzt die Kutsche. Inselspringen ist wegen der Untiefen zwischen den Inseln nur indirekt übers Festland möglich. Die Überfahrten sind aber sehr teuer (einfache Fahrt mit Rad um 15 €).

Weser-Ems-Gebiet

Überblick

www.ostfriesland.de • *www.emsland.com*
www.nordwestreisemagazin.de/radrouten/rad-up-pad

Wer friedlich versponnene Kulturlandschaften mag, ist zwischen Weser und Ems richtig. Und wer dabei in Richtung Küste radelt, wird zwei Phänomene wahrnehmen: Wolken und Horizont kommen sich scheinbar näher, und der Wind frischt zunehmend auf (überwiegend aus NW, bei veränderter Wetterlage auch aus SW). Marsch und Geest prägen das alte Bauernland, das im Wesentlichen die Landschaften Ostfriesland, Ammerland, Emsland und Oldenburger Münsterland umfasst. Marsch heißt der flache, bis zu 20 km breite Streifen

Autofreies Langeoog

fruchtbaren Schwemmlandes, auf dem die schwarzweißen Kühe der Ostfriesen weiden, Geest ist das wellige, grün-gelbe Land, das sich südlich der Marsch erhebt und tief ins Land zieht. Äcker, Schafweiden, lichte Wälder, Heide- und Moorgebiete bedecken die sandig-moorige Geest. Entlang der Kanäle, die aus den feuchten Moorgebieten kultiviertes Fehn machten und auf denen der Torf fortgeschafft wurde, entstanden lang gestreckte Fehnkolonien wie Papenburg.

Wer sich für die Fehnkultur interessiert, folgt am besten der **Deutschen Fehnroute**, ein 158 km langer Radrundweg, der hervorragend beschildert und ausgebaut ist: *www.fehnroute.de.*

Schöne Radelreviere innerhalb der südlicheren Geest sind das kleine, aber feine Naturschutzgebiet **Ahlhorner Fischteiche** (ca. 6 qkm, super Naturerlebnis), der weiträumige **Naturpark Wildeshauser Geest** (Heide und Hünengräber) und der Naturpark **Dümmer**, der vom landschaftlichen Kontrast zwischen Dammer Bergen (141 m) und Dümmer-See profitiert. *Mountainbiker* erfreuen die **Dammer Berge** mit einem sehr dichten Wegenetz, wobei die Orientierung allerdings meist einem selbst überlassen wird.

Friesen-Route „Rad up Pad"

„Rad up Pad" ist das Motto der Friesen-Route; einleuchtend wäre auch „Moin, Moin!". Weitgehend ausgeschildert und mit Infotafeln sowie Rastplätzen versehen führt der 265 km lange Radrundweg über Emden, Norddeich, Dornumersiel, Aurich und Wiesmoor – und damit durch halb Ostfriesland. Wer die Tour macht, dem wird ein abwechslungsreiches Bild dieses nur von den Erhebungen her „platten Landes" vermittelt.

Tourenführer: Esterbauer Vlg., bikeline: „Radatlas Ost-Friesland"

Hase-Ems-Tour

Die wohl beschaulichste Verbindung vom flachen Emsland ins hügelig-bergige Osnabrücker Land stellt die „Hase-Ems-Tour" dar. Der 265 km lange Zwei-Flüsse-Radwanderweg verläuft von Rheine entlang der Ems bis Meppen, von dort im Hasetal nach Quakenbrück und weiter bis Osnabrück, schließlich entlang der jungen Hase bis Melle. Die Route ist in beiden Richtungen markiert.

Lüneburger Heide, Wendland, Elbe

Lüneburger Heide

www.lueneburger-heide.de

Die nach Brennholz gierenden Siedekessel der Salinen und ein Heer krummhörniger Heidschnucken-Schafe machten einst den einstigen zwischen Elbe und Aller den Garaus. Callun vulgaris (Heidekraut) und Wacholder bedecken seit dem 18. Jahrhundert die Moore und Sandhügel der wellig-hügeligen Geestlandschaft. In den letzten hundert Jahren ist die Heidelandschaft jedoch auch schon wieder stark geschrumpft. Exemplarisch vorhanden ist sie weiterhin im **Naturpark Südheide** und im **Naturschutzgebiet Lüneburger Heide**. Letzteres umfasst das zentrale Gebiet rund um den Wilseder Berg (169 m). Ein dichtes Rad-/Wanderwegenetz erschließt das 200 qkm große Gebiet. Besonders attraktiv ist die Heide während der Hauptblüte im August und September.

Heide-Radweg

Großzügig bemessen ist das Einzugsgebiet des **Lüneburger Heide-Radwegs,** der sich aus vier teilweise überlappenden Rundkursen zusammensetzt und daher eigentlich ein kleines Netz darstellt. Im Westen ist *Bremen* die äußerste Bastion des Heide-Radweges, im Norden *Lüneburg,* im Osten die Elbe bis *Gorleben,* im Süden *Celle* und *Gifhorn.* Wer das ganze Netz abfährt, hat am

Ende rund 900 km in den Waden. Auch dieser Radweg trumpft vor allem mit seiner Naturnähe bei gleichzeitiger Verkehrsferne. Hingegen ist die Wegebeschaffenheit eher wechselhaft und die Beschilderung lückenhaft. *Tourenführer:* Esterbauer Vlg. (Bikeline), „Lüneburger Heide-Radweg".

Wendland

www.region-wendland.de
Am Höhenzug **Drawehn** (142 m, Hoher Mechtin) endet die Lüneburger Heide. Östlich davon begrenzt das Urstromtal der Elbe mit Marschen, Auen, Dünen und Vogelkolonien das Wendland. Ein gemütlicher Landstrich ist das, mit bewaldeten Anhöhen und alten Rundlingsdörfern, Hamburger Zweitwohnsitzen und Freizeitqualität. Der einstigen Zonenrandförderung ist es zu verdanken, dass die meisten Wirtschaftswege geteert sind. Die landschaftlich reizvollsten Teile des Wendlands umfasst der hügelig-bergige **Naturpark Elbufer-Drawehn.**

Osnabrücker Land, Weserbergland, Harzvorland, Harz

Osnabrücker Land

www.osnabruecker-land.de
Von Quakenbrück bis Glandorf, oder anders gesagt, vom Unterlauf der Hase bis zum nördlichen Teutoburger Wald reicht das Osnabrücker Land. Einen guten Ruf hat sich das alte Bistum, das wegen dieser Kirchengrenze sackförmig nach Westfalen hineinragt, als Umweltschutz-Region erworben. Mit 2500 km bestens ausgeschilderten Radwanderwegen auf rund 250 qkm ist es eines der best ausgebauten Radwandergebiete Niedersachsens. Radrouten erschließen die ländlich-flachen Erholungsgebiete ebenso wie die bewaldeten Höhenzüge von Teutoburger Wald und Wiehengebirge mit ihren Heilbädern. Eine gediegene Radwanderregion mit Geheimtippcharakter.

Abstecher

Im benachbarten **Mühlenkreis Minden-Lübbecke** (Nordrhein-Westfalen) lockt die „Mühlenroute". Der 320 km lange Radrundkurs verläuft auf flachen, meist autofreien Wegen links und rechts des Mittellandkanals und verbindet dabei etwa 40 funktionstüchtige Wind-, Wasser- und Roßmühlen. Leider gibt es kein Mühlen-Abitur zum Abschluss.

Offroad Weserbergland

www.weserbergland.com • *www.teutoburgerwald.de*
Waldreiche Kleingebirge von 300 bis 528 m Höhe säumen den romantischen Oberlauf der Weser zwischen Münden und Minden, gemeinsam bilden sie das **Weserbergland.**

Gute Tourenmöglichkeiten auf Forstraßen und bestens markierten Rad-/Wanderwegen bieten die waldreichen Naturparks *Nördlicher Teutoburger Wald / Wiehengebirge* (1220 qkm); *Weserbergland – Schaumburg – Hameln* (1116 qkm); *Solling – Vogler* (528 qkm) und *Münden* (374 qkm). Klarer Favorit geländebikender Nordlichter ist dabei der niedersächsisch-westfälische **„Teuto"** (Teutoburger Wald), wo sich eine Bergkuppe an die nächste reiht und der von Rheine kommende „Hermannsweg" dem Gebirgskamm folgt (bis 468 m).

Harzvorland

www.elm-lappwald.de
Wie eine Vorankündigung auf den Harz wirkt der östlich von Braunschweig gelegene Höhenrücken des **Elm** (bis 322 m, Kuxberg). Das fossilienreiche Niedergebirge, das vom „schönsten Buchenwald Norddeutschlands" bedeckt wird, bildet das Herzstück des **Naturparks Elm-Lappwald.** Radwanderer können in der über 300 qkm großen Ferienregion zahlreiche familienfreundliche Touren auf Feld- und Waldwegen unternehmen und werden dabei neben

Landschaftsidyllen (Reitlingstal, Velpker Schweiz) auch allerlei Mittelalterliches entdecken.

Harz

www.oberharz.de
Deutschlands nördlichstes Mittelgebirge gilt vielen als das schönste. Anteil daran hat Niedersachsen mit dem **Oberharz** und Sachsen-Anhalt mit dem **Unterharz.** Wo in der Walpurgisnacht furcht erregende Damen mit dem Besen tanzen, markiert der **Brocken** mit seinen 1142 m die höchste Erhebung. Ausgrabungen auf dem *Wurmberg* (971 m) deuten allerdings eher auf den zweithöchsten Berg des Harzes als Versammlungsplatz der Hexen. Am Brocken und NW davon ist der Harz sehr niederschlagsreich, im südlichen und östlichen Vorland hingegen sehr niederschlagsarm. Tief zertalt ist das geologisch hoch interessante Waldgebirge, eintausend Jahre Bergbau haben Orte und Kultur geprägt.

Auf dem Brocken

Radtouren im Harz sind ebenso abwechslungs- wie steigungsreich, wobei harztypische Straßensteigungen aber eher lang als „irre steil" sind (es gibt auch 18-prozentige, aber nicht auf Durchgangsstraßen). Radfahren im Harz beinhaltet zwischendurch auch längere Talstrecken, die für einen gewissen Ausgleich sorgen. Prinzipiell ist der Ostharz sanfter gebaut als der Westharz. Nicht vermeiden lässt sich bei einer Harzrundtour die streckenweise Benutzung von Bundesstraßen. Abgesehen von der radlerfeindlich ausgebauten „Harz-Heide-Straße" über Torfhaus sind sie unter der Woche aber durchaus okay.

Tipp: Aus drei Linien besteht das Netz der dampfbetriebenen Schmalspurbahnen im Unterharz (Sachsen-Anhalt), es ist das größte in Deutschland. Interessant ist vor allem die 60 km lange Panoramastrecke der **Harzquerbahn** von Wernigerode nach Nordhausen, daneben auch die **Selketalbahn** und für Tretfaule natürlich die **Brockenbahn.** Die Fahrradmitnahme im Gepäckwagen hinter der Lok war auch 2015 kostenlos möglich.
Harzer Schmalspurbahnen: *www.hsb-wr.de*

Offroad Harz

Reizvoll und ideal für leichte bis mittlere Touren ist praktisch das gesamte Gebiet zwischen Bad Harzburg, Osterode und Bad Sachsa. In den überwiegend als Natur- bzw. Nationalpark deklarierten Regionen von **Hoch- und Südharz** (im Oberharz) existieren neben diversen für den Autoverkehr gesperrten Forststraßen viele gut ausgebaute Wanderwege und zahlreiche bequem zu befahrende Grabenwege aus der Zeit des Bergbaus mit seinen kunstvoll verbundenen Teichen, Gräben und Stollen (Oberharzer Wasserregal, Clausthal-Zellerfelder Hochplateau). Die höchste Tour Nord- und Mitteldeutschlands führt auf den **Brocken.** Am einfachsten ist die Auffahrt auf der geteerten Brockenchaussee ab Schierke, relativ leicht ist auch der „Goetheweg" ab Torfhaus (ca. 7 km langer Höhenwanderweg), anstrengender hingegen der nördliche „Hirtenstieg". Wanderungen auf den „Blocksberg" (Brocken) sind sehr beliebt, daher am besten den späten Nachmittag für die Tour wählen, denn sonst wird's eng.

Nordrhein-Westfalen (NRW)

Daten 34.071 qkm • 17,57 Mio. Ew. • 515 Ew./qkm • Landeshauptstadt Düsseldorf

Infos *www.nrw-tourismus.de* • *www.radroutenplaner.nrw.de*

Überblick In Nordrhein-Westfalen begegnen sich Norddeutsche Tiefebene und Mittelgebirge. An beidem hat das bevölkerungsreichste deutsche Bundesland etwa gleich großen Anteil: Im Nordosten begrenzen Teutoburger Wald und Eggegebirge die Westfälische Bucht (Münsterland), im Süden schmeichelt sich die Niederrheinische Bucht ins Rheinische Schiefergebirge (Nordeifel, Bergisches Land, Sauerland). Aus der Sicht der Gangschaltung sind Norden und Westen relativ eben, Nordosten und Süden hügelig bis bergig, der Südosten mittelgebirgig. Gegensätzlich wie das Profil ist auch die Wetterlage. Während die Ebenen klimatisch begünstigt sind und im Rheintal schon Ende April die Apfelbäume blühen, ist das Hochsauerland ein echter Regenfänger (atlantische NW-Winde).

Wegen des Strukturwandels in den Industriegebieten an Rhein und Ruhr und der veränderten Umwelt- und Freizeitbedürfnisse seiner Bewohner hat Nordrhein-Westfalen schon Anfang der 80er Jahre mit dem Ausbau eines überregionalen Radroutennetzes begonnen. Genutzt werden dafür bereits vorhandene Rad-, Wald- und Wirtschaftswege sowie verkehrsarme Nebenstraßen. Ein Gitter von „R-Wegen" überzieht das Bundesland; sehr eng ist das Raster im Westmünsterland, von wo aus, über die grüne Grenze hinweg, auch zahlreiche Verknüpfungen mit Radrouten in den benachbarten Niederlanden bestehen.

Alle R-Wege sind in den Kreisradwanderkarten (1:50.000) und ADFC-Radtourenkarten (1:150.000) verzeichnet. Diese Karten sind auch erforderlich, denn auf die knappe Wegweisung allein können sich Radwanderer nicht verlassen.

Münsterland *www.muensterland.de* • *www.muensterland-tourismus.de*
Vom Münsterland heißt es ja, entweder es regnet oder es läuten die Glocken! Und dennoch erstreckt sich zwischen Teutoburger Wald und Lippe Deutschlands beliebtestes und wahrscheinlich auch perfektestes Radwanderrevier: 4500 km Radwege, 200 Routen, 150 Servicestationen, 130 Bett-und-Bike-Herbergen! Im Zentrum der gut 6000 qkm großen Tieflandbucht steht die sehenswerte Bischofsstadt *Münster,* eine katholische Hochburg, umgeben von kultivierten Parklandschaften mit Pferdekoppeln, Weiden, Wallhecken und Waldstücken. Die höchsten Erhebungen im flachen bis leicht welligen Münsterlandstellen die *Baumberge* dar (bis 186 m), den landschaftlich schönsten Teil umfasst der **Naturpark Hohe Mark** im Südwesten (waldreich, hügelig bis 146 m, kleine Hochmoore im Merfelder Bruch). „Gräften" heißen die Wassergräben, die Gutshöfe, Burgen und Schlösser umgeben, „Pättkes" die zahlreichen asphaltierten Wirtschaftswege, die Radlern das Münsterland erschließen.

100-Schlösser-Route Die Königin des Radwegnetzes ist die **100-Schlösser-Route,** ein verschlungener Radweg von 1250 km Länge, der u. a. an 150 Wasserschlössern, Burgen, Herrensitzen und Gräftenhöfen vorbeiführt. 750 km zusätzlicher Verbindungswege ermöglichen Variationen und machen aus dem Rundkurs letztlich ein Netz. Über 10 Millionen Radler zieht die 100-Schlösser-Route jährlich an. Da die meisten als Tagesausflügler an Wochenenden und Feiertagen kommen, ist es unter der Woche deutlich ruhiger.

Tourenführer: Esterbauer Vlg. (Bikeline): „100 Schlösser im Münsterland".

Burg Bentheim (100-Schlösser-Route)

Sauerland

www.sauerland.com

Ein eher herbes und anspruchsvolles Tourengebiet ist das Sauerland. Terrassenförmig steigt das waldreiche „Land der 1000 Berge", zu dem im Südwesten auch das **Siegerland** gehört, von etwa 100 m an der Ruhr bis auf 841 m im **Rothaargebirge** (Kahler Asten). An den Westhängen des Hochsauerlandes regnen sich die atlantischen Feuchtigkeitsmassen ab und speisen zahlreiche Flüsse, die Täler und Kalkhöhlen geschaffen haben. Tiefeingeschnittene Kerbtäler und raumgreifende Höhenzüge sorgen in der Regel für mittelschwere Tourenprofile, lockere Besiedlung für ruhige Nebenstraßen. Die leichteren Strecken durch die großen Flusstäler sind allerdings verkehrsreich und nur empfehlenswert, soweit separate Radwege existieren (beispielsweise im Lennetal). Die Kreisradwanderkarte „Hochsauerlandkreis" gibt darüber Aufschluss. Reizvolle Tourenziele sind neben den Naturparks mit ihren Panoramahöhen, Wäldern, Stauseen und Tropfsteinhöhlen (Attahöhle, Dechenhöhle …) auch Burgen und Schlösser (Altena, Bad Berleburg …), sowie manch alter Stadtkern (Attendorn, Arnsberg, Schmallenberg …).

Damit das Sauerland, von dem es früher lapidar hieß, „da kann man nicht Rad fahren", zukünftig noch mehr Radler anzieht, wurden in Zusammenarbeit mit dem ADFC-Landesverband die **Westfälischen Höhenrouten** entwickelt. Dieses 750 km lange Routennetz durch Sauerland und Siegerland/Wittgenstein integriert vorhandene R-Wege mit neuen verkehrsfernen Strecken. Besonders beliebt sind die Radrouten entlang der Flüsse, die im Rothaargebirge beginnen: wie Sieg, Lenne, Ruhr, Eder, Dill.

Bike Arena Sauerland

www.bike-arena.de • www.bikepark-winterberg.de

Der eigentliche Knaller für Radler aber ist die **Bike Arena Sauerland.** 37 Strecken überwinden auf insgesamt 1700 km 34.000 Höhenmeter. Das hört sich gewaltig an, aber es ist für jeden Bikertyp etwas dabei. Das Anforderungsprofil ist so unterschiedlich, dass Familien und Extrembiker „ihre" Strecken wählen können. Auch der 102 km lange Panoramaweg „Hochsauerland-Höhenroute" ist Bestandteil der Bike-Arena. Biker-Zentrum ist **Winterberg,** dessen weitläufiges Bob- und Rodelbahngelände im Sommerhalbjahr von Downhillern genutzt wird, die sich zuvor mit dem Skilift nach oben befördern lassen.

Region Niederrhein

www.niederrheinroute.de • *www.niederrhein-tourismus.de*
Ohne größere Höhen und Tiefen verlaufen Radtouren am **Unterlauf des Rheins**, der etwa ab Bonn beginnt und zunächst von prosaischen Industrieanlagen und Kraftwerken gesäumt ist. Dieser Abschnitt des Rheines ist ohne größere Lücken auf Rad- und Uferwegen befahrbar. Reizvoller wird der Niederrhein aber erst wieder hinter Duisburg.

Nordwestlich von Duisburg ist aber auch die **linksrheinische Tiefebene** anziehend. Diese fruchtbare Landschaft hat viel mit den benachbarten Niederlanden gemein: Kanalisierte Sümpfe und Moore, verträumte Altwässer und blühende Wiesen, Pappelalleen und Kopfweiden, Herrensitze, Burgen, Ruinen, Spuren der Römer (in Xanten und anderswo) und natürlich auch ein paar Windmühlen (in Geldern etwa). Ein sehr dichtes Radwegenetz erschließt die Landkreise **Kleve** und **Wesel**, darunter auch die „Herrensitz-Route" entlang der Niers und die „Via Romana" *(www.via-romana.de)*, die auf einer alten Römerstraße von Xanten nach Nijmwegen führt. Auch den südlicher gelegenen **Kreis Viersen** durchzieht ein exzellentes Radroutennetz – speziell den niederländ.-deutschen Naturpark **Maas-Schwalm-Nette.** Alles in allem bietet die Region Niederrhein mit ihrem dichten Radwegenetz (über 2000 km) beste Voraussetzungen für beschauliche Radwanderungen.

Tourentipp Ruhrgebiet

www.ruhr-tourismus.de
Das „Radwegenetz Route Industriekultur" umfasst 700 km Radwege durchs Ruhrgebiet. U.a. den Emscher-Park-Radweg („Rad-Tour Ruhr") mit Duisburg-Ruhrort als Start und Ziel. Der Radweg verbindet zwei anschauliche Rundkurse durchs Ruhrgebiet (230 km), die neben den Industrie-Kathedralen der Ruhrpottgeschichte auch die grünen Seiten des Reviers zeigt.

Rheinland-Pfalz

Daten 19.845 qkm • 4 Mio. Ew. • 201 Ew./qkm • Landeshauptstadt Mainz

Infos *www.gastlandschaften.de* • *www.radwanderland.de* (mit Radroutenplaner)

Überblick Zwei hügelig-bergige, von Flüssen gegliederte Großräume erwarten den Radler in Rheinland-Pfalz: Im Norden das **Rheinische Schiefergebirge** mit Eifel, Westerwald und Hunsrück, im Süden die **Pfalz** (Rheinhessen) mit Nordpfälzer Bergland und Pfälzer Wald, Rheinhessischem Hügelland (Alzeyer Hügelland) und Oberrheinischer Tiefebene. Seit den Zeiten der Römer wird in den geschützten Lagen von Rhein, Mosel und Ahr Wein angebaut. Mittlerweile erzeugt Rheinland-Pfalz 70% des deutschen Weines. Da aber nur 4% der Fläche von Weinreben bedeckt sind, bleibt noch genügend Raum für andere Eindrücke. Radwanderwege wurden in den letzten Jahren vermehrt angelegt, darunter auch auf den Trassen stillgelegter Bahnstrecken. Am ergiebigsten ist das Radwegenetz der Eifelregion mit den angrenzenden Flusstälern.

Seit 800 Jahren in Familienbesitz: Burg Eltz (Eifel)

Eifel und Ahrtal

www.ahrrheineifel.de • www.eifel.info • www.vulkanbike.de
Erst vom Meer bedeckt, später von Vulkanen, hat die rheinland-pfälzische Eifel der Erdgeschichte einige herausragende Erscheinungen zu verdanken: Maare (Kraterseen) und Fossilien, Mineralwasser und Rotwein. Auch ihr weich fließendes Profil (450 – 600 m) und die Kargheit ihrer Böden verdankt die Eifel Ihrer vulkanischen Vergangenheit. Fichtenwälder, Heideflächen und Ackerbau wechseln mit Steinigem ab.

Mountainbiker und sportive Radwanderer treffen in der **Vulkaneifel** auf ein erfreuliches Streckenangebot. Neben Forst- und Wanderwegen existieren über 1000 km ausgewiesener Radwanderwege. Wegen der einst zahlreichen kleinen Bauernhöfe durchzieht zudem ein dichtes Netz von Wirtschaftswegen die Vulkaneifel. Schwere und leichte Strecken treffen am Ende immer wieder zusammen, so dass auch Gruppen mit unterschiedlichem Leistungsniveau bedient werden.

Tourenführer: Esterbauer Vlg., bikeline: „Radatlas Südeifel".

Schöne Bikerziele sind, neben zahlreichen Burgen und Schlössern, die Kuppen der **Hohen Eifel** (bis 747 m) und die Maare der Süd- und Osteifel – allen voran die drei **Dauner Maare** (super Panoramablick vom Mäuseberg bei Daun). Größtes Maar ist der **Laacher See** mit dem berühmten Kloster Maria Laach. Südlich davon wurden im **Maifeld** alte *Bahntrassen* als Radwege hergerichtet.

Maare-Mosel-Radweg

www.maare-moselradweg.de
Flaggschiff ist der **Maare-Mosel-Radweg:** Daun – Bernkastel-Kues, 58 km, 450 m Gefälle, 160 m Gegensteigung. Der komfortabel ausgebaute Radweg führt über zwei hohe Viadukte (gesichert) und durch vier Tunnel (schwach beleuchtet). Mit Infotafeln und Relikten der alten Bahnlinie ist der Radweg auch für Kinder interessant.

Auf alter Bahntrasse: Der Maare-Mosel-Radweg

Mehrere Nebenflüsse führen von der Mosel in die Vulkaneifel. Interessant ist für Radler vor allem die 140 km lange **Kyll,** beschauliche Nebenstraßen führen in ihrem Tal bis zur **Schneifel** (Schnee-Eifel), wo eine lohnende Höhenstraße wartet (Forsthaus Schneifel – Schneifel). Viel Spaß werden *Mountainbiker* in dem von Schluchten und Hochflächen zerklüfteten Gebiet zwischen Kyll und Lieser haben.

Ahrtal

Das Pendant zum Moseltal bildet im Norden, zwischen Hoher Eifel und Ahrgebirge, das Ahrtal, wo statt weißem roter Wein angebaut wird. Im Vergleich zu Mosel und Rhein ist die Ahr eher ein grünes Urwaldflüsschen. Der **Ahr-Radweg** (80 km) führt von ihrer Quelle in Blankenheim bis zu ihrer Mündung in den Rhein. Das war's dann mit der Ahr. Der Radweg ist gut beschildert und familienfreundlich.

Mosel

Mosel-Radweg

www.mosellandtouristik.de

Von Perl an der französischen Grenze bis Koblenz am Rhein reicht der **Mosel-Radweg** (275 km). Überwiegend verläuft er auf Rad- und Wirtschaftswegen, ab und zu auch auf der Bundesstraße (Randstreifen). Besonders reizvoll sind die 200 km von **Trier** bis **Koblenz:** Ungewöhnlich viele Flussschleifen, die schon Goethe begeisterten, endlose Weinberge, altertümliche Winzerstädtchen und romantische Burgen. Die Enge des Tales steigert den Eindruck, kanalisiert aber auch den Verkehr, so dass die meisten Straßen mehr oder weniger stark befahren sind. Wo es keine Brücken gibt, ermöglichen Fähren den Wechsel zur jeweils verkehrsärmeren Flussseite. Die Steigungen im Tal sind gering.

Allerdings ist die Streckenführung häufiger auf Tuchfühlung mit dem Autoverkehr, insbes. zwischen Cochem und Kobern. Der Mosel-Radweg lässt sich ab Konz wunderbar mit dem *Saar-Radweg* kombinieren, der dann wieder eine ganz andere Szenerie bietet (mehr s. Saarland). Auch eine Verlängerung der Moseltour nach Frankreich ist möglich. Dort legt die Mosel von der Quelle bis zur deutschen Grenze 280 km in einer weiten Beckenlandschaft zurück. Der französische Mosel-Radweg ist aber noch unvollständig und die Wegbeschaffenheit wechselhaft.

Esterbauer Vlg., bikeline: „Mosel-Radweg – Von Metz an den Rhein" // „Mosel-Radweg Frankreich – Von der Quelle bis zum Dreiländereck". Beide mit GPS-Tracks. • BVA, ADFC-Radreiseführer: „Mosel-Radweg", Spiralo mit GPS-Tracks.

Mosel-Radweg bei Cochem

Hunsrück

www.naheland.net

Merkspruch: „Mosel, Nahe, Saar und Rhein schließen rings den Hunsrück ein." Im Hunsrück, wo sich einst Schinderhannes und der Jäger aus Kurpfalz Gute Nacht sagten, sind Sehenswürdigkeiten rar. Unspektakulär ist auch die besiedelte, waldarme Hunsrücker Hochfläche (450 – 550 m), reizvoller schon die dicht bewaldeten Höhenrücken von Osburger und Schwarzwälder Hochwald (bis 818 m), Idarwald und Soonwald. Die *Hunsrück-Höhenstraße* (157 km) erschließt zwar die schönsten Teile dieser einsamen Waldgebiete, ist aber wegen des starken Verkehrs und Fehlens einer Randspur wenig radlerfreundlich.

An der Südflanke des Hunsrück verläuft das *Nahetal.* Der gut ausgebaute, familienfreundliche **Nahe-Radweg** führt von der Nahequelle bei Selbach nach Bingen am Rhein (125 km, *www.naheradweg.de,* Esterbauer Vlg.: „Nahe-Radweg").

Pfälzer Wald

www.pfalz.de

Südlich von Kaiserslautern erstreckt sich der weitgehend zum Naturpark erklärte Pfälzer Wald (1800 qkm). Gut zwei Drittel seiner Fläche sind tatsächlich von Wald bedeckt. Auf den bis zu 600 m hohen Bergkuppen ragen markante Burgruinen aus den weiten Mischwäldern. Besonders attraktiv ist das Gebiet südlich von Pirmasens und Annweiler. Charakteristisch für das **Wasgau** sind bizarre Sandsteinfelsen, die sich im *Dahner Felsenland* geradezu drängeln (140 Felsmassive und 80 Felstürme). Der *Teufelstisch,* ein Felsen bei Hinterweidenthal, ist das sehenswerte Wahrzeichen des Pfälzer Waldes. Das **Haardt-Gebirge,** ein ausgeprägter Bergrücken, riegelt den Pfälzer Wald schließlich zur Rheinebene hin ab.

MTB-Tipp Wasgau

Für *Mountainbiker* ist der Pfälzer Wald mit seinen Schluchten, Wurzelpfaden und sandig-steinigen Anstiegen ein ebenso wildromantisches wie herausforderndes Revier. Schon seit 1993 findet hier in Lemberg der **Wasgau-Mountainbike-Marathon** statt, liebevoll „Wasi" genannt *(www.wasgaubike.de).*

Tourenradler kommen angesichts der reichen Auswahl szenisch schöner Nebenstraßen ebenfalls auf ihre Kosten. *Michael Kristl* empfiehlt die folgende Tour durchs **Wasgau:** „Ab Neuhof bei Rodalben (nördlich von Pirmasens) folgt ein wunderschöner, beschilderter Radweg dem Verlauf einer teilweise stillgelegten Eisenbahnstrecke. Zwischen Münchweiler und Hinterweidenthal durchfährt man auf einem besonders schönen, durch dichten Wald führenden Abschnitt einen ehemaligen Eisenbahntunnel. Dann radelt man durch das bei Kletterern bekannte Dahner Felsenland und kann dem Verlauf der Lauter bis Wissembourg hinter der französischen Grenze folgen.

Tourenverlauf: Neuhof-Rodalben – Münchweiler – Hinterweidenthal – Dahn – Bruchweiler-Bärenbach – Bundenthal – Bobenthal – Wissembourg. 43 km, 300/430 Hm."

Deutsche Weinstraße

www.deutsche-weinstrasse.de
Unterhalb der steilen Osthänge des Haardt-Gebirges verläuft die *Deutsche Weinstraße*. Von der nördlichen **Weinpforte** in Bockenheimführt sie zum südlichen **Deutschen Weintor** in Schweigen-Rechtenbach (bei Wissembourg an der Grenze zu Frankreich). Neben der Autoroute gibt es auch den **Radweg Deutsche Weinstraße** (97 km). Sanft auf- und abschwingend und überwiegend verkehrsarm führt er durch ein Meer von Rebstöcken, in dem heimelige Winzerdörfer und geschäftige Weinstädte wie Inseln wirken. Alternative Nebenstrecken, Abstecher zu Burgen und Schlössern (auf den Kuppen und Vorbergen der Haardt) und Weinproben können diese Genusstour beliebig ausweiten: siehe *www.rad-wandern.de* („24 Radtouren entlang der Dt. Weinstraße").

Mittelrhein

Abgesehen von einigen hübschen Orten lohnt eine Tour am **Oberrhein** wenig. Von Wörth bis Ludwigshafen durchfließt Gevatter Rhein eine unspektakuläre Tiefebene und hat dann bis hinter Mainz reichlich Industrie-Applikation.

Ganz anders der sich anschließende **Mittelrhein,** der auf seiner 130 km langen Reise von **Bingen** bis **Bonn** das *Rheinische Schiefergebirge* durchsticht. Er gilt als romantischster Abschnitt des Rheins. Enger als in jedem anderen Flusstal der Welt stehen hier mittelalterliche Burgen und Schlösser. Hübsche Weinstädte im Fach-

Rhein-Radweg, Burg Rheinstein

werkstil, sehenswerte Klöster und Flussinseln gibt's obendrauf. Besonders malerisch geht's zwischen den Quarzfelsen von Hunsrück und Taunus zu (Bingen – Koblenz, Loreleyfelsen). Erst hinter dem Siebengebirge (Drachenfels) weitet sich der Mittelrhein wieder und wird zum *Niederrhein* (s. Nordrhein-Westfalen).

Rhein-Radweg

Zum Radeln bieten sich am **Mittelrhein** die asphaltierten Uferwege an, die den Fluss unterhalb der Straßen begleiten (bei Hochwasser im Frühjahr u.U. gesperrt), aber auch etwas ferner verlaufende Nebenstraßen sind bei der Streckenführung des Rhein-Radweges integriert. Die Beschilderung ist lückenlos, aber uneinheitlich. Dem Mittelrhein verbunden sind die Radfernwege von Nahe, Lahn und Mosel, ein günstiger Zubringer ist der „Mainradweg", der bereits bei Mainz auf das Rheintal trifft.

Tourenführer: Esterbauer Vlg., bikeline: „Rhein-Radweg 3 – Von Mainz nach Duisburg", mit GPS-Tracks.

EuroVelo 15 (Rhein-Route)

EV15 – Der internationale Rhein-Radweg

www.rheinradweg.eu

Über 1300 km lang ist der internationale Rhein-Radweg, der vom Quellgebiet bei Andermatt in der Schweiz bis zur Mündung bei Rotterdam in den Niederlanden führt. Ab Schaffhausen hat der Rheinradler die Wahl, entweder bis zu den Niederlanden ausschließlich auf deutscher Seite zu bleiben oder linksrheinisch weiter durch die Schweiz und zusätzlich Frankreich zu fahren und anschließend erst wieder durch D. Der Rhein-Radweg ist durchgehend beschildert, allerdings von Land zu Land unterschiedlich. Den einheitlichen Touch verleiht der Route das „EuroVelo"-Zusatzschild.

- Esterbauer Vlg., bikeline: „Rhein-Radweg" in 4 Bd., mit GPS-Tracks.
- BVA, ADFC-Radreiseführer: „Rheinradweg" in 3 Bd., Spiralos, mit GPS-Tracks.

Saarland

Daten 2570 qkm • 0,99 Mio. Ew. • 386 Ew./qkm • Landeshauptstadt Saarbrücken

Infos *www.tourismus.saarland.de* • *www.saar-obermosel.de*

Überblick

Das für Kohle, Stahl und Schwerindustrie bekannte Saarland gehört zu den weniger bekannten Urlaubsregionen Deutschlands. Wer aber auf Vorurteile pfeift, den erwarten zwischen Mittelgebirge und Schlackehalden zahlreiche ländlich-grüne Oasen und bewaldete Landstriche – dazu heiteres Wetter, frankophile Lebensart und Kulturzeugen aus über zwei Jahrtausenden. Unter anderem keltische Hinkelsteine, römische Bodenmosaike, die Völklinger Hütte und die „Straße der Skulpturen".

Das Saarland war eines der ersten Bundesländer, die den sanften Tourismus förderten. Über die grünen Grenzen hinweg verbindet das Radwegenetz Saarland, Lothringen und Luxemburg. Die früher so mangelhafte Beschilderung wurde grundlegend erneuert und ist nun so, wie man es in einem Bundesland erwarten darf, wo als Vergnügen gleich nach gutem Essen das Radfahren kommt.

Auf regionaler Ebene ist das Saarland mit *1800 km Radwanderwege* ähnlich dicht versorgt wie Niedersachsen. Unterschiede bestehen aber in der Qualität der Wege, die oft unbefestigt sind (Feld- oder Forstwege), sowie im vorwiegend hügelig-bergigen Profil. Im Norden des Saarlands reicht der

Schwarzwälder Hochwald bis 695 m, im Süden bringen es die Hügelländer im **Bliesgau** auf gut 400 m. Bequeme Radwanderwege existieren eigentlich nur an den größeren Seen (Bostalsee, Losheimer See, Nonnweiler Stausee) und in den Flusstälern (Saar-Radweg, Köllertal-Radweg).

Saar-Radweg, Völklinger Hütte

Tourentipps

Saar-Radweg (80 km)

4-Sterne-ADFC-Qualitätsradroute (2015). Das Tal der *Unteren Saar* erinnert mit seinen Windungen, Fachwerksorten und Weinbergen an die Mosel, ist aber fast noch schöner. Höhepunkt ist die 10 km lange Saarschleife bei Mettlach mit Abstecher zum Aussichtspunkt Cloef. Nachdem die Völklinger Hütte (abenteuerliches Industriemuseum) und die barocke Landeshauptstadt Saarbrücken passiert sind, kann die Tour an der Saar auf französischer Seite fortgesetzt werden.

Tourenführer: Esterbauer Vlg., bikeline: „Saar-Radweg".

Saarland-Radweg (362 km)

3-Sterne-ADFC-Qualitätsradroute (2015). Einmal rund ums Saarland nahe der Bundeslandgrenze, mit einer ganzen Reihe sehenswerter Stationen – auch ein Stück Saar ist dabei. In Saarbrücken schließt sich der Kreis. Das Höhenprofil ist zwar nicht extrem, es sind aber viele kurze und ein paar längere Anstiege dabei, die man nicht unterschätzen sollte. Unterwegs stößt man auch auf die „Veloroute SaarLorLux", die durch das Dreiländereck Deutschland-Frankreich-Luxemburg führt (473 km) und im Vergleich zum Saarland-Radweg, von ein paar Ausnahmen abgesehen, sehr viel leichter ist.

Tourenführer: Esterbauer Vlg., bikeline: „Saarland-Radweg" // „VeloRoute SaarLorLux". Beide mit GPS-Tracks.

Weitere Tourentipps

Ein hübsches Tourenrevier mit Wäldern, Seen und Flüssen ist das bergige **Sankt Wendeler Land** im Nordosten. Hier gibt es Badeseen, die erwähnte „Straße der Skulpturen" (St. Wendel – Bostalsee) und rund um St. Wendel ein 270 km langes Routennetz für Mountainbiker. Im Südosten empfiehlt sich das ländlich-friedliche, aber auch hügelreiche **Bliesgau** für grenzüberschreitende Radwanderungen ins **Bitscher Land** (Lothringen/Frankreich).

Saar-Radweg

Sachsen

Zwinger in Dresden

Daten 18.408 qkm • 4,05 Mio. Ew. • 220 Ew./qkm • Landeshauptstadt Dresden

Infos *www.sachsen-tourismus.de*

Überblick Von rund 100 Höhenmetern in der Leipziger Tieflandsbucht steigt Sachsen zu den Kämmen des Erzgebirges bis auf 1214 m an (Fichtelberg). Landschaftlich bemerkenswert sind vor allem das Elbsandsteingebirge (Sächsische Schweiz) und die Oberlausitz. Touren durchs Erzgebirge lohnen wegen der überall präsenten Bergbaugeschichte, deren letztes Kapitel im Schneeberger Raum die sowjetische Wismut AG schrieb. Unangefochtene Kunstmetropole ist Dresden, das wiedererstandene „Elbflorenz" des Barockzeitalters, gefolgt von Leipzig, der alten Buch-, Messe- und Musikstadt.

Wie in allen östlichen Bundesländern sind auch in Sachsen die Bundesstraßen stark befahren und sollten, soweit keine Radwege angelegt wurden, gemieden werden (s. ADFC-Radkarte). Attraktive Radrouten sind die Flusstäler von Elbe, Mulde, Weiße Elster, Spree und Neiße. An ihnen orientiert sich auch das sächsische Radwegenetz. Kleinräumig betrachtet ist wohl die Oberlausitz am besten durch Radwanderwege erschlossen.

Radfernwege

Der 270 km lange, sächsische Abschnitt des Elbe-Radweges war um 1930 Deutschlands erster Radwanderweg. Zu DDR-Zeiten verfallen und vergessen, ist dieser Abschnitt mit der Kulisse des Elbsandsteingebirges der landschaftliche Höhepunkt des mittlerweile perfekt ausgebauten Radfernweges (s. „Radweg-Parade").

Durch das „Tal der Burgen" führt der **Muldental-Radweg** (390 km); Eindrücke: Auen und Feuchtgebiete, historische Orte und Burgen; *www.muldentalradweg.de*

Überwiegend durch Berg- und Bergvorland verläuft der **Radfernweg Bayreuth – Zittau** (450 km), der den gesamten Süden Sachsens erschließt. In Zittau beginnt der naturnahe **Oder-Neiße-Radweg,** der den beiden Grenzflüssen zu Polen folgt und nach 465 km am Oderhaff in Ueckermünde endet (s. „Radweg-Parade").

Erzgebirge

www.tourismus-erzgebirge.de

Das Flöhatal trennt das westliche vom östlichen Erzgebirge. Gut 140 km lang ist der gesamte Erzgebirgszug. Tiefe Täler mit bewaldeten Hängen kennzeichnen das bis zu 1214 m hohe *Westerzgebirge,* weite Hochflächen mit Landwirtschaft das niedrigere *Osterzgebirge*. Typisch sind die bäuerlichen Straßendörfer in den Tälern und die alten Bergstädte auf den Hochflächen.

Forstwirtschaft und Bergbau haben dem Erzgebirge ein riesiges Wegenetz beschert, das von Mountainbikern gern genutzt wird.

MTB-Tipp

Beliebter Ausgangspunkt für MTB-Touren im Erzgebirge ist die Region um den **Fichtelberg,** die lange Abfahrten durch die Seitentäler ermöglicht. Wer mag, kann sich und sein Bike von der Seilschwebebahn auf den Fichtelberg transportieren lassen und anschließend 70 km Talfahrt durchs Zschopautal bis Flöha genießen. Tourenradler können dafür auch eine der asphaltierten Forststraßen wählen. Ebenfalls lohnend sind die Kammwege von Oberwiesenthal (höchste Stadt Deutschlands) entlang der tschechischen Grenze, anschließend geht's durch romantische Täler ins Vogtland (ca. 80 km). Auch im **Mittleren Erzgebirge,** südöstlich von Zschopau, tut sich was in Sachen MTB, rund 200 km Bikerouten sind markiert (*www.miriquidi-bike-trails.de*).

Oberlausitz

www.radwandern-oberlausitz.de

Häufig taucht neben der Bezeichnung Oberlausitz auch noch das Wort Niederschlesien auf, wozu das deutsch-sorbisch besiedelte Ostsachsen eine Zeitlang gehörte. Jahrzehntelang kohlten riesige Schaufelbagger das nördliche Tiefland der Oberlausitz aus und verödeten die Landschaften zwischen Hoyerswerder, Weißwasser und Boxberg. Die Landschaften werden zwar wieder renaturiert, aber viel authentischer präsentiert sich das Dreiländereck südlich davon: Heide- und Teichlandschaften, Wälder, Bergland und Gebirge, mittelalterliche Städte als Zeugen einer wohlhabenden Vergangenheit (Bautzen, Görlitz, Löbau, Zittau, Kamenz), die typischen Umgebindehäuser der Weber (Kombination aus Block- und Fachwerkhaus, bsds. sehenswert in Großschönau u. Obercunnersdorf). Über 2400 km markierter Radwanderwege erschließen die Oberlausitz. Der *RFW „Bayreuth – Zittau"* verbindet Oberfranken/Bayern mit dem Bergland der südlichen Oberlausitz. Die letzten 100 km des RFW stellen zugleich den **Umgebindehaus-Radweg** dar.

Museumsbagger „1452" in Berzdorf (Oberlausitz)

Sanft hügelig und familienfreundlich ist die Region nördlich von **Bautzen.** Hier führt eine große Radrundroute durch und um die **Oberlausitzer Heide- und Teichlandschaft** (Biosphärenreservat). Mäßig hügelig ist die „Ferienlandschaft der Umgebindehäuser" südlich von Bautzen, anspruchsvoll wird es im daran anschließenden **Lausitzer Bergland** (bis über 500 m) und im **Zittauer Gebirge** (bis über 700 m), das eine Art Echo des Elbsandsteingebirges ist. Radwanderrouten sind in allen Regionen markiert, natürlich auch in den Flusstälern von Spree, Mandau und Neiße.

Weitere Tourentipps für Sachsen

Mittelsachsen

www.leipzig-mittelsachsen.de
Kleinräumig besiedeltes Land im Großraum Leipzig – Dresden – Chemnitz. Dichtes Straßennetz. Sanfte Hügel und Buchenwälder. Wo ein kleiner Berg übers Land schaut, thront auch oft ein Schloss oder eine Burg. Zu den Idyllen gehören die Dübener und Dahlener Heide (Radrundkurs), die Flusstäler der **Weißen Elster**, der **Zschopau** (Radwanderwege ab Mittweida), **Mulde** (RFW) und **Elbe** (RFW).

Vogtland

www.vogtland-tourismus.de
Übergang vom Thüringer Schiefergebirge zum Erzgebirge. Im Norden 250 – 300 m, im Elstergebirge bis 759 m. 300 km Radrundkurs „Quer durchs Vogtland" (Aussichtshöhen, Naturschutzgebiete, Elstergebirge, „Musikwinkel").

MTB

www.bikewelt-schoeneck.de
In der Bikewelt Schöneck stehen 130 km MTB-Routen – von einfach bis schwierig – allen offen, die Spaß dran haben. Nur der Sessellift kostet.

Sächsische Schweiz

www.saechsische-schweiz.de
360 qkm, bis 560 m. Berühmtester Teil des deutsch-tschechischen Elbsandsteingebirges. Eindrucksvoll zerklüftetes Erosionsgebirge mit bizarren Klettertürmen, Elbdurchbruchstal und Festung Königstein. Tolle Aussichtspunkte. 50 km Radrouten auf unbefestigten Wegen sind – vom Elbe-Radweg ausgehend – ausgeschildert.

Sachsen-Anhalt

Daten

20.445 qkm • 2,25 Mio. Ew. • 110 Ew./qkm
Landeshauptstadt Magdeburg

Infos

www.sachsen-anhalt-tourismus.de

Überblick

Viele Pflasterstraßen, diesige Horizonte und riesige Ländereien, Freileitungen und Abraumhalden … Punkte, die eher gegen ausgedehnte Radtouren in Sachsen-Anhalt sprechen. Für eine Radtour sprechen aber u. a. die Altmark, das Saaletal, die Elbe und der Harz, sowie der große Bestand an Zeugnissen der Romanik, den es in ähnlicher Dichte nur noch im Rheinland gibt. Sachsen-Anhalt ist deutschlandweit das Bundesland mit den meisten UNESCO-Weltkulturerbe-Stätten.

Mit einer Nord- und einer Südschleife verbindet die **Straße der Romanik** 60 dieser sehenswerten Orte und ist dabei auch landschaftlich interessant. Zwei Streckenführungen für Radler beschreibt der vom Tourismusverband herausgegebene Radwanderführer „Straße der Romanik": Nordroute 540 km, Südroute 780 km.

Altmark

www.altmarktourismus.de

Von den Auen der mittleren Elbe zu den Niederungen des Naturparks **Drömling** und den sanft hügeligen Waldgebieten der **Colbitz-Letzlinger Heide** reicht die flach-wellige Altmark. Dazwischen: Immer wieder Landwirtschaft und kleine Flüsse wie die Jeetze, Hügel mit Weitblick wie die Dolchauer Berge (97 m), ausgedehnte Wälder wie der Klötzer Forst, stille Dörfer mit romanischen Kirchen (insg. ca. 200) und eine Handvoll sehenswerter Städte wie Salzwedel, Stendal, Tangermünde und Gardelegen.

Als Perle der Altmark gilt der 5,5 qkm große *Arendsee,* hier gibt es sogar zwei Campingplätze. Ansonsten sind Seen und Campingplätze rar in der etwas schwerblütigen Altmark.

Altmark-Rundkurs Der 500 km lange **Altmark-Radrundkurs** ist das Herzstück des Altmark-Radwegenetzes. Er ist zugleich ein Rundkurs um die mittlere Elbe und nicht zuletzt deshalb attraktiv. *Route:* Stendal – Gardelegen – Salzwedel – Osterburg – Havelberg – Genthin – Parey – **Elbe-Radweg** – Arneburg – Stendal. Die Wege sind familienfreundlich und anhängergeeignet beschaffen.

Tourenführer: Esterbauer Vlg., bikeline: „Altmarkrundkurs“, mit GPS-Tracks.

Mittlere Elbe

Wer mit dem Rad durch das größte Auenwaldgebiet Mitteleuropas streifen will, findet in der Bauhaus-Stadt *Dessau* einen zentralen Ausgangspunkt. Das 430 qkm große *Biosphärenreservat Mittlere Elbe* reicht von Barby bis zur Lutherstadt Wittenberg und umfasst die Auenwälder der mittleren Elbe sowie ihrer Nebenflüsse Saale und Mulde. Ein Teil der Auen wurde bewusst ins Dessau-Wörlitzer-Gartenreich einbezogen: Prächtige Landschaftsparks aus feudaler Zeit, Fürst-Franz-Weg-Radrundweg ab Dessau (45 km).

Elbe-Radweg s. „Radweg-Parade“

Saale-Radweg

Nach Bayern und Thüringen durchquert der Saale-Radweg das südliche Sachsen-Anhalt und endet schließlich an der Elbe.

Länge 427 km

Verlauf *Innerhalb Bayerns:* Saalequelle bei Zell – Schwarzenbach – Hof – *Thüringen:* Hirschberg – Saalburg – Saalfeld – Kahla – Jena – Dorndorf – *Sachsen-Anhalt:* Naumburg – Weißenfels – Merseburg – Halle – Bernburg – Saalemündung bei Barby an der Elbe.

Beschaffenheit Die Ausschilderung ist gut, aber der Ausbauzustand nicht vergleichbar mit dem anderer Flussradwege. Neben asphaltierten Wegen und befahrenen Straßenabschnitten sind auch unbefestigte und steile Wege dabei.

Eindrücke Viele romantische Abschnitte entlang der Naturparks von Fichtelgebirge und Frankenwald, Thüringer Wald und Schiefergebirge, Saale-Talsperren, Harzvorland. Sehenswerte mittelalterliche Orte, Burgen und Schlösser, u.a. Hof, Theresienstein, Saalburg, Ziegenrück, Saalfeld, Rudolstadt/Heidecksburg,

Saale-Radweg

Leuchtenburg, Jena, Tautenburg, Naumburg, Weißenfels, Merseburg, Halle, Wettin und Bernburg. Bemerkenswert am Saale-Radweg ist, dass man tatsächlich oft mit Blickkontakt zum Fluss radelt und dass die Infrastruktur bodenständig ist.

Fazit Landschaftlich herausragend, aber wechselhaft beschaffen und daher nicht durchgängig „familienfreundlich". Ein authentischer natur- und flussnaher Radweg.

Infos *www.saale-radweg.de*

Tourenführer: Esterbauer Vlg., bikeline: „Saale-Radweg", mit GPS-Tracks. Vlg. Grünes Herz: „Saale-Radwanderweg".

Schleswig-Holstein

Daten 15.738 qkm • 2,82 Mio. Ew. • 178 Ew./qkm • Landeshauptstadt Kiel

Infos *www.sh-tourismus.de*

Überblick Radfahren hat Tradition im Norden – im Landesteil Schleswig (nördlich der Eider) ebenso wie im Landesteil Holstein (südlich der Eider). Fleißig „gepettet" wird im flachen, windigen Westen ebenso wie im wellig-hügeligen, aber dafür etwas weniger windigen Osten. Separate Radwege begleiten die meisten Bundesstraßen und zunehmend auch Nebenstraßen. Darüber hinaus bilden 30.000 km asphaltierter Wirtschaftswege, sowie ungezählte Schotter- und Waldwege eine breite Basis für individuelle Radwanderungen. Schleswig-Holsteins **Radfernwegenetz** umfasst 13 Routen. Die längste verläuft entlang der Ostseeküste (440 km), kaum kürzer sind der Mönchsweg (340 km) und der Nordseeküsten-Radweg (300 km), ein weiterer führt entlang der Alten Salzstraße (120 km, 2015: 3-Sterne-ADFC-Qualitätsradroute), und der Ochsenweg (240 km, mit Varianten sogar 504 km) setzt den dänischen RFW Hærvejen fort.

Wer vor dem Wind, der an 300 Tagen im Jahr aus West bis Nordwest bläst, durchs meerumschlungene Schleswig-Holstein radelt, lernt rasch die wesentlichen Landschaftszonen kennen:

Der Ostseeradweg zwischen Timmendorfer Strand und Travemünde

- Im Westen die raue **Nordseeküste** mit den klimabegünstigten Nordfriesischen Inseln, dem einzigartigen Wattenmeer, den Salzwiesen und den Deichen
- landeinwärts die flachen, fetten **Marschen** mit kleinen Wasserläufen und Weidevieh (Nordfriesland, Eiderstedt, Stapelholm, Dithmarschen)
- in der Mitte die teilweise bewaldete, wellig-karge **Geest**
- östlich davon Felder, Wälder, Seen und „Knicks" in den durch Förden getrennten **Hügellandschaften** (Angeln, Schwansen, Dänischer Wohld, Probstei und Ostholstein)
- schließlich Schleswig-Holsteins beliebteste Seite, die **Ostseeküste** mit ihren großen Buchten, langen Stränden, alten Hafenstädten, beliebten Seebädern und der Insel **Fehmarn,** die eigentlich keine Insel ist, da eine Straßenbrücke inkl. schmalem Radweg existiert.

Nordseeküste

www.nordseetourismus.de

Deiche schützen das bewirtschaftete Marschland **Nordfrieslands** vor Sturm- und Springfluten. Jenseits der Deiche erstreckt sich das **Wattenmeer**, das zweimal am Tag überflutet wird und als Nationalpark großen Vogel- und Seehundkolonien geschützten Lebensraum bietet. Meist verlaufen Nebenstraßen oder Asphaltwege hinter den Deichen. In **Dithmarschen** häufig auch außendeichs, was schön, aber auch windig ist. Auch die Katastrophenschutzwege hinter den Deichen sind zum Radfahren freigegeben. Auf der Halbinsel **Eiderstedt** warten zudem 250 km ausgeschilderte Radwanderwege, die von Kirche zu Kirche führen (Prospekt „Kirchenrundwanderwege" bei den Touristeninformationen auf Eiderstedt).

Nordfriesische Inseln

Nicht nur einen Abstecher wert sind die vor der Nordseeküste liegenden Geest-, Marscheninseln und Halligen – genannt die Nordfriesischen Inseln.

- **Sylt** ist die „Königin", wo auch noch die Sonne scheint, wenn's auf dem Festland regnet. Weitere Attraktionen: Rote Kliffs, Dünen- und Heidelandschaften, 40 km weiße Strände, Naturschutzgebiete, Geldadel und Punks,

Leuchttürme und Deutschlands nördlichste Fischbude in List. Anreise: per Bahn über den durchs Wattenmeer gebauten Hindenburgdamm bis Westerland. Schöne zweitägige Rundtour (ca. 120 km). Insgesamt 350 km kombinierte Rad-/Fußwanderwege. Aber nicht für dünne Reifen, da oft Schotter. Sylt ist wegen des milden Golfstromklimas ganzjährig interessant, aber auch teuer und touristisch.

- **Föhr** gilt als friesischste und gemütlichste des nördlichen Insel-Dreigestirns. Anreise per Fähre von Dagebüll aus. Ausgesprochen familien-/velofreundlich, ca. 100 km Rad-/Wanderwege, Inselbus mit Fahrradanhänger.
- **Amrum** ist klein und schön, eine landschaftliche Perle. Anreise ebenfalls von Dagebüll aus (Wattenweg von Föhr aus, aber nur mit Führung!). Jenseits der verkehrsreichen Hauptstraße führen 40 km Rad-/Wanderwege u.a. durch Kiefernwälder und ins Vogelschutzgebiet.
- Auch die Marscheninseln **Nordstrand** und **Pellworm** geben sich velofreundlich, und selbst die kleine Hallig **Hooge** meldet noch 10 km Radwege. Verboten ist Radfahren hingegen auf **Helgoland**; es ist auch nicht erforderlich.

Flüsse und Kanäle

www.gruenes-binnenland.de

Flüsse und Kanäle sind immer gut für eine familienfreundliche Radwanderung quer durchs Land. Auch in Schleswig-Holstein. Solche Touren sind meist auf verkehrsarmen bis autofreien Wegen realisierbar und weisen nur ausnahmsweise Steigungen auf. Da die Strecken teilweise auf unbefestigten Wegen verlaufen, sind breitere Reifen empfehlenswert.

Nord-Ostsee-Kanal (NOK-Route)

www.nok-route.de

Mit dicken Pötten um die Wette radeln. Kann man am drittgrößten Schifffahrtskanal der Welt machen. 99 km misst der über 100 Jahre alte „Kiel-Canal", der heute Nord-Ostsee-Kanal – kurz NOK – heißt und von Brunsbüttel nach Kiel-Holtenau führt. Die Wettfahrt lässt sich relativ leicht gewinnen, denn die „Pötte" schaffen im Kanal maximal 15 km/h. Mehr als hundert befahren den NOK täglich, immer wieder auch große Kreuzfahrtschiffe. Die Betriebswege zu beiden Seiten des Kanals sind für Radler und Fußgänger freigegeben. Trotzdem müssen Schlenker gemacht werden, so dass die kürzest mögliche Befahrung per Rad auf etwa 130 km kommt. Erwähnenswerte Steigungen gibt es nicht. 2006 wurde die **NOK-Radroute** eröffnet, die mit etlichen Abstechern auf 325 km Länge kommt.

BVA, Spiralo: „Radroute Nord-Ostsee-Kanal".

Schlei

www.naturparkschlei.de

Sie kamen über die **Schlei,** eine gut 40 km lange Förde mit flussähnlichem Charakter. In Haithabu bei Schleswig gründeten die Wikinger vor 1200 Jahren einen Handelsplatz. Mit vielen Seitenbuchten hat sich die Schlei zwischen die kleinräumigen Landschaften von *Schwansen* und *Angeln* geschoben. 15 Themenradrouten sind ausgeschildert.

Alte Salzstraße

www.hlms.de

Auf den Spuren der „Alten Salzstraße" radelt, wer mal links, mal rechts des **Elbe-Lübeck-Kanals** durchs ehemalige Herzogtum **Lauenburg** streift, das von saftigem Weideland, bewaldeten Hügeln und Seen geprägt ist. Verschiedene Streckenführungen mit Abstechern nach Ratzeburg und zu den Lauenburger

Seen sind möglich (insgesamt gibt es 1000 km markierter Radwege in der Region Lauenburg).

Auf direkter Route sind es von **Lübeck** bis Lauenburg ca. 70 km, bis Lüneburg 95 km. Dabei wird überwiegend auf autofreien, befestigten Wegen. geradelt. Auch die Treidelpfade am **Elbe-Seitenkanal** lassen sich befahren. Sehenswert dort das Schiffshebewerk bei Scharnebeck und die älteste Schleuse Europas in Lauenburg.

Holsteinische Schweiz – Ostholsteinische Seenplatte

www.ostsee-schleswig-holstein.de

Trotz meist nur geringer Höhenunterschiede geht das Radeln im hügeligsten Landesteil Schleswig-Holsteins schon kräftiger in die Beine, besonders bei Gegenwind. Es sei denn, die *Knicks* sind davor! So heißen die hohen Wallhecken, die speziell in Angeln und Ostholstein Felder und Fluren begrenzen. Damit die Knicks vom Boden her gleichmäßig winddicht bleiben, werden sie etwa alle zehn Jahre gestutzt, „geknickt" eben. Im Windschutz eines Knicks lässt es sich selbst bei Regen noch halbwegs würdevoll radeln. Stehen Knicks zu beiden Seiten des Weges, ist man auf einem *Redder* unterwegs.

Holsteinische Schweiz

www.holsteinischeschweiz.de

Die attraktive Holsteinische Schweiz ist eine in der Eiszeit entstandene Moränenlandschaft, die aber keineswegs wirklich bergig ist. Lieblich ist sie vielmehr und hügelig, waldreich und mit über 80 Seen gespickt; der größte Teil wurde zum Naturpark erklärt. Zentrum der Holsteinischen Schweiz ist der **Große Plöner See** (37 km Radrundweg), höchste Erhebung ist der Bungsberg (168 m), besonders sehenswerte Städte sind **Plön** und **Eutin**. Zahlreiche kommunal angelegte Radwanderwege erschließen die gesamte Region. Auch die Seen bei Bad Segeberg und Lütjenburg werden oft noch zur Holsteinischen Schweiz gezählt.

Lübeck, Holstentor

Mönchsweg *www.moenchsweg.de*
Der Themenradweg **Mönchsweg** ist eine Verknüpfung bestehender Radwege zu einem 530 km langen Fernradweg mit einheitlichem Mönchsweg-Logo. Der Weg führt von Bremen über die Fehmarnsundbrücke nach Puttgarden auf Fehmarn. Thema ist die Christianisierung und Kirchengeschichte Schleswig-Holsteins. In der Holsteinischen Schweiz um Plön ist es hügelig, sonst bestimmt flaches Marsch- und Geestland das Streckenprofil. Zu den zahlreichen „Points of interest" gehören u.a. das Kloster Cismar und der holsteinische Bischofssitz Oldenburg.

Tourenführer: Esterbauer Vlg., bikeline: „Mönchsroute", mit GPS-Tracks. • BVA,Spiralo: „Mönchsweg".

Thüringen

Daten 16.175 qkm • 2,16 Mio. Ew. • 134 Ew./qkm • Landeshauptstadt Erfurt

Infos *www.thueringen-tourismus.de* • *www.radroutenplaner.thueringen.de*

Überblick Thüringens Straßenverhältnisse haben sich seit der Jahrtausendwende sehr verbessert. So hat sich auch hier mittlerweile ein schönes Radtourenpotential gebildet. Etwa 1700 Radwege sind ausgeschildert. Dazu zählen viele kleine, aber auch große Radfernwege, die Thüringen durchqueren. Grundsätzlich bedenken muss man jedoch, dass gut die Hälfte Thüringens bergig ist. Diesen Faden beißt auch kein Radweg ab, aber er kann es etwas leichter machen.

Das „Grüne Herz Deutschlands", wie sich Thüringen wegen seiner bewaldeten Höhenzüge nennt, ist ein ausgesprochen geschichts- und kulturträchtiges Land voller sehenswerter Städte, Burgen und Schlösser; die meisten davon in der Südhälfte gelegen.

Radewege Thüringens erster Radfernweg war 1991 das 30 km lange Endstück des *Main-Werra-Radweges* (Würzburg – Meiningen, 150 km). Bedeutsam war drei Jahre später die Einweihung des *Saale-Radweges* (s. Sachsen-Anhalt), dem Radfernwege durch den Thüringer Wald, entlang der Weißen Elster (250 km, *www.elsterradweg.de*) und durchs Werratal folgten (306 km, *www.werratal.de*)

Thüringer Becken

Thüringens Kernland ist weiträumig, hügelig, von kleinen Flüssen durchzogen und überwiegend landwirtschaftlich geprägt. Reizvoller als das niederschlagsarme, aber fruchtbare Beckeninnere sind die 200 bis 300 m darüber liegenden, meist von Buchenwald bedeckten Höhenzüge und Hochflächen in den westlichen und nördlichen Randbereichen: *Hörselberge*, *Hainich*, *Eichsfeld* (mit Ohmgebirge und Dün, Naturpark Oberes Eichsfeld), *Hainleite*, *Windleite*, *Schmücke*, *Schrekke*, *Finne* und *Kyffhäusergebirge*, in dem der Sage nach seit 800 Jahren König Barbarossa nebst Hofstaat schlummert. Am Südrand des Thüringer Beckens reihen sich die fünf sog. Klassikerstädte aneinander.

Thüringer-Städtekette-Radweg *www.thueringer-staedtekette.de*
Seit 2010 verbindet ein Radweg die Klassikerstädte. Zeit wurde es ja, denn die Idee, Eisenach, Gotha, Erfurt, Weimar und Jena durch einen Radweg zu verbinden und am östlichen Ende noch um Gera und Altenburg zu erweitern, lag auf der Hand. Der 225 km lange Radweg ist auch nicht völlig neu, er ist Teil

des nationalen D4-Radweges, nutzt daher bis Gera die vorhandene, weitgehend asphaltierte, Wegführung und verlängert das Ganze nach Altenburg. Zwischen den schönsten Städten Thüringens führt der Radweg allerdings durch fade, agroindustrielle Landschaften.

Ilmtal-Radweg *www.ilmtal-radweg.de*
Der 2015 vom ADFC erneut mit vier Sternen zertifizierte Ilmtal-Radweg kreuzt den „Thüringer-Städtekette-Radweg" in Weimar. Der 125 km lange Ilmtal-Radweg führt von den Quellen der Ilm im Thüringer Wald bei Allzunah (740 m) bis zur Saalemündung bei Großheringen (120 m) – und damit – von kleinen Gegensteigungen bis 30 Hm abgesehen – praktisch nur bergab.

Gera-Radweg *www.geraradweg.de*
In Kombination mit „ Rennsteig-Radweg", „Ilmtal-Radweg" und „Städtekette-Radweg" ermöglicht der 75 km lange „Gera-Radweg" eine attraktive ca. 300 km lange Rundtour – allerdings mit insgesamt ca. 1000 Hm Anstiegen.

Thüringer Wald, Thüringer Schiefergebirge

www.thueringer-wald.com
Praktisch einen durchgehenden Höhenzug bilden *Thüringer Wald* und *Schiefergebirge*. Die kaum wahrnehmbare Schnittstelle zwischen den beiden geologisch unterschiedlichen Mittelgebirgen verläuft auf der Linie Gehren – Schleusingen. Als günstiger Ausgangspunkt für Tagestouren gilt seit Goethes Zeiten das zentral gelegene **Ilmenau.**

Gemeinsam ist beiden Gebirgen der Waldreichtum (Buchen und Fichten) und der Wechsel von quer verlaufenden Flusstälern mit zergliederten, welligen Hochflächen. Dieses ausgeprägte Profil bedeutet einerseits Abwechslung und romantische Perspektiven, andererseits eine permanente Reihung mittelschwerer Steigungen (speziell bei Längstouren). Sehr tief eingeschnitten haben sich die Flüsse ins Schiefergebirge, ganz besonders das windungsreiche Tal der 53 km langen **Schwarza,** wo seitlich die Hänge bis zu 300 m emporstreben. Die Straße, die von Limbach bis Bad Blankenburg durch dieses malerische Tal führt, verläuft zwar überwiegend bergab (eine größere Gegensteigung), ist aber im Sommer und an Wochenenden recht befahren.

Das zweite bemerkenswerte Tal im Schiefergebirge wird von der **Saale** und ihren diversen Stauseen gebildet (s. Sachsen-Anhalt, Saale-Radweg). Eines der szenischsten Gewässer im Bereich des Thüringer Waldes ist die **Ohra-Talsperre,** die vollständig umradelt werden kann (13 km) und sich als Baustein einer größeren Rundtour anbietet.

MTB-Tipp Rennsteig *www.rennsteig.net*
Ein besonderer Mythos umgibt Deutschlands bekanntesten Wanderweg, den **Rennsteig.** 1300 Grenzsteine säumen den mittelalterlichen Grenz- und Kurierpfad, der den Kammlinien von Thüringer Wald und Schiefergebirge folgt und bei gutem Wetter exzellente Fernblicke bietet. Die durchgehend mit einem weißen „R" markierte Route besteht aus Wander- und Forstwegen, teilweise auch Asphaltstraßen. Unter mehreren scharfen Anstiegen ist die 25%-Rampe zum **Großen Inselsberg** (916 m) die anstrengendste. Den höchsten

Auf der Wartburg

Punkt erreicht der Rennsteig am **Großen Beerberg** (982 m, Straßenanstieg). Achtung, feuchte Baumwurzeln! Der Rennsteig ist sehr beliebt bei Wanderern. Wochenenden daher meiden.

Rennsteig-Radweg

www.rennsteig.de
Seit 2000 gibt es auch einen **Rennsteig-Radweg,** manchmal auch „Höhenradweg Rennsteig" genannt. Den klassischen Kammweg nutzt er nur auf 26 km und verläuft ansonsten auf besser befahrbaren Waldwegen und Straßen. Mit 195 km ist der Rennsteig-Radweg 27 km länger als das Original. Trotz einer zivileren Wegführung ist er für normale Radwanderer immer noch eine Herausforderung. Besonders die ersten 30 km und die letzten 15 km sind weiterhin Offroad-Strecken.

Tourenführer: Esterbauer Vlg., bikeline: „Rennsteig-Radweg", mit GPS-Tracks.

Weitere Tourentipps für Thüringen

Holzland, Hintere Heide/ Vordere Heide

Dünnbesiedeltes, teilweise noch sehr urwüchsiges Wälderplateau zwischen Jena, Gera, Orlasenke und Saalfeld. Familienfreundliches Tourengebiet mit hübschen Fachwerkdörfern, Burgen, Schlössern und Klöstern. Idyllische kleine Flusstäler wie das „Mühltal" der Rauda (südl. Eisenberg, 12 km Rad-/Wanderweg durchs Mühltal).

Biosphärenreservat Rhön

Kuppiges Mittelgebirgsregion bis über 800 m. Sanfter und lieblicher als der Thüringer Wald. Lohnt in Verbindung mit den Naturparks Hessische und Bayerische Rhön, wo es eine Fülle von Wehrkirchen gibt. Mehr zur Rhön bei Hessen.

Nationalpark Hainich

www.nationalpark-hainich.de
Thüringens einziger Nationalpark ist zwar klein, aber fein. Da der **Hainich** zu DDR-Zeiten Sperrgebiet war, hat sich hier ein, für Mitteleuropa einzigartiger Buchenbestand entwickelt. Die 16 markierten Themenwege, die den Urwald-Höhenzug dem geneigten Besucher erschließen, dürfen auch per Fahrrad genutzt werden. Außerdem wurden zwei längere Radrouten angelegt, die den Park durchqueren.

Radweg-Parade
Die beliebtesten Radfernwege Deutschlands

Altmühltal-Radweg

Führt durch Bayern.

Länge 250 km

Verlauf Rothenburg – Altmühlsee – Gunzenhausen – Treuchtlingen – Eichstätt – Beilngries – Riedenburg – Kelheim.

Beschaffenheit Die Route ist bestens beschildert und familienfreundlich (anhängergeeignet) auf autofreien Rad-, Forst- und Flurwegen geführt (Ausnahme Ortsdurchfahrten). In beiden Richtungen kaum Steigungen, die Altmühl hat nur ein minimales Gefälle.

Eindrücke Das mittlere und untere Flusstal ist eingebettet in den großzügig dimensionierten Naturpark Altmühltal (2900 qkm). Im mittleren Bereich ist das Flusstal licht und offen, nur selten muss sich die Altmühl hier um Felswände winden. Sehenswert sind u. a. Kastelle aus der Römerzeit (Limes), die Felsengruppe „Zwölf Apostel", das barocke Eichstätt, diverse Burgen; in Mörnsheim kann nach Versteinerungen gepickelt werden; in Kelheim ist ein Schiffsausflug zum Donaudurchbruch bei Weltenburg machbar. Der schönste Abschnitt des Altmühltals beginnt ab Kipfenberg. Ab Dietfurt geht's dann entlang des Main-Donau-Kanals (MDK), der zu 60% im ehemaligen Bett der Altmühl verläuft und deshalb nicht so öde und geradlinig ist wie der Oberlauf des Kanals nördlich von Dietfurt. Wer sieht, wie wenige Schiffe den MDK nutzen, erkennt eine gigantische Fehlinvestion.

Anmerkungen Rund 500 km weitere Radwanderwege sind im Naturpark markiert. Kostenlose Biwakplätze gibt es an der Altmühl zwischen Treuchtlingen und Beilngries.

Wasser- und Radwanderer in Pappenheim am Altmühlradweg

DIE BELIEBTESTEN RADFERNWEGE
0
100 km
N
1 Ostseeküstenroute
2 Oder-Neiße-Radweg
3 Elbe-Radweg
4 Weser-Radweg
5 Main-Radweg
6 Donauroute
7 Altmühltal-Radweg
8 Romantische Straße
DÄNEMARK
OSTSEE
NORDSEE
NIEDER-LANDE
POLEN
LUXEM-BURG
FRANK-REICH
SCHWEIZ
ÖSTERREICH
TSCHECHISCHE REPUBLIK
RÜGEN
USEDOM
Fehmarn
Flensburg
Schleswig
Husum
Kiel
Neumünster
Itzehoe
Cuxhaven
Lübeck
Wismar
Rostock
Stralsund
Greifswald
Schwerin
Hamburg
Wilhelmshaven
Emden
Bremerhaven
Bremen
Oldenburg
Lüneburg
Neustrelitz
Schwedt
Wittenberge
Neuruppin
Berlin
Potsdam
Frankfurt an der Oder
Wolfsburg
Hannover
Braunschweig
Magdeburg
Nordhorn
Osnabrück
Minden
Hameln
Münster
Bielefeld
Goslar
Nijmegen
Höxter
Dessau
Guben
Cottbus
Aschersleben
Halle
Hamm
Paderborn
Göttingen
Dortmund
Duisburg
Arnsberg
Hannoversch-Münden
Leipzig
Bautzen
Dresden
Essen
Kassel
Meissen
Düsseldorf
Gotha
Weimar
Chemnitz
Zittau
Aachen
Köln
Erfurt
Jena
Zwickau
Marburg
Bonn
Giessen
Plauen
Fulda
Koblenz
Hof
Prag
Coburg
Frankfurt am Main
Wiesbaden
Bayreuth
Mainz
Darmstadt
Würzburg
Trier
Worms
Rothenburg
Amberg
Mannheim
Nürnberg
Ludwigshafen
Heidelberg
Saarbrücken
Regensburg
Metz
Heilbronn
Karlsruhe
Passau
Baden-Baden
Stuttgart
Ingolstadt
Heidenheim
Landshut
Ulm
Tübingen
Augsburg
München
Donau-eschingen
Memmingen
Kempten
Freiburg
Rosenheim
Friedrichshafen
Weil
Konstanz
Füssen
Basel

Varianten In der Hochsaison und an Wochenenden müssen sich Radler den Weg mit Fußwanderern und Skatern teilen. Wem das zu nervig ist, kann in eines der steigungsreichen Seitentäler ausweichen (Heumöderntal, Anlautertal, Wellheimer Trockental / retour ab Rennertshofen per Museumsbahn, Kleines Schambachtal, Großes Schambachtal) oder eine Schleife durchs gut mit Radwegen versorgte „Neue Fränkische Seenland" ziehen (Altmühlsee, Kl. Brombachsee, Rothsee). Wem der gesamte Radweg zu viel ist, kann auch nur den klassischen Teil befahren (166 km), der hinter dem Altmühlsee in Gunzenhausen beginnt.

Fazit Der Altmühltal-Radweg ist ein kleiner, feiner Radweg, fast ein „Radspazierweg", aber eben auch sehr beliebt.

Infos *www.naturpark-altmuehltal.de* • *www.romantisches-franken.de*

Tourenführer
- Esterbauer Vlg., bikeline: „Altmühl-Radweg", mit GPS-Tracks
- Kompass: „Altmühltal-Radweg".

Donau-Radweg, der deutsche Teil

Führt durch Baden-Württemberg und Bayern.

Länge 610 km

Verlauf Donaueschingen – Tuttlingen – Sigmaringen – Ulm – Donauwörth – Kelheim – Regensburg – Deggendorf – Passau.

Beschaffenheit Gute sandgebundene und asphaltierte Radwege. Kaum Steigungen. Familienfreundlich. Ab Kelheim auch als „Tour de Baroque" ausgeschildert.

Eindrücke Der landschaftlich schönste Abschnitt kommt gleich zu Beginn: Von Tuttlingen bis Sigmaringen ist das Donautal wildromantisch, schließlich versickert die Donau eindrucksvoll (Naturpark Obere Donau) und taucht erst nach 12 km wieder auf. Landschaftlich weniger beeindruckend ist der mittlere Abschnitt des Donau-Radweges (ab Ulm). Wenn der Weg nur an Wiesen, Feldern und Badeseen vorbeiführt, die Auenlandschaft von Donauried und Donaumoos sich aber selten zeigen, könnte der Radweg fast auch irgendwo in Niedersachsen sein. Auch das 6 km lange Schauspiel des Donaudurchbruchs beim Kloster Weltenburg ist nur vom Schiff aus richtig erlebbar. Was den mittleren Donau-Radweg dennoch interessant macht, sind vor allem die alten Residenzstädte (Höhepunkt Regensburg) und eine Fülle solitärer Barockarchitektur. Das Ende der Tour markiert das mittägliche Orgelkonzert im Passauer Dom, wozu man die Bistumsstadt aber schon am Vorabend erreicht haben sollte.

Anmerkungen Der Donau-Radweg setzt sich in Österreich fort und endet zur Zeit in Bratislava (Slowakei). Linienschiffe mit reichlich Platz für Fahrräder verkehren donauabwärts ab Kelheim.

Fazit Von gewissen Schwächen abgesehen ein schöner, aber kein großartiger Radweg.

Infos *www.ostbayern-tourismus.de* • *www.deutsche-donau.de* (ARGE Deutsche Donau)

Tourenführer
- Esterbauer Vlg., bikeline: „Donau-Radweg 1", mit GPS-Tracks
- ARGE Deutsche Donau: „Donau-Radwanderführer"
- Kompass: „Donau-Radweg 1".

Bei der Feste Königstein wechselt der Elbe-Radweg das Ufer.

Elbe-Radweg

Führt durch Niedersachsen, Hamburg, Mecklenburg-Vorpommern, Sachsen-Anhalt und Sachsen.

Länge 840 km

Verlauf Von der Elbmündung bei Cuxhaven über Hamburg, Wittenberge, Magdeburg und Wittenberg nach Dresden und weiter bis zur tschechischen Grenze hinter Bad Schandau.

Beschaffenheit Alles kommt vor, vom sandigen Waldweg über Kopfsteinpflaster bis zum Flüsterasphalt. Insgesamt ist der Weg gut zu befahren und wird kontinuierlich verbessert. Auch mit einem Anhänger kommt man meist gut durch. Die Beschilderung ist manchmal interpretationsbedürftig. Ein Navi mit den GPS-Tracks ist hilfreich.

Eindrücke Ab Cuxhaven durchs Alte Land (Obstanbaugebiet, Kirschblüte April/Mai). Die Städte Glückstadt, Stade und natürlich Hamburg. Durchs hügelige Wendland mit seinen rauschenden Wäldern und herausgeputzten Städtchen. Eine breite Flusslandschaft aus Auen und Altwasserarmen bis Wittenberge! Sehenswerte alte Städte folgen (Havelberg, Jerichow, Magdeburg). Nächstes großes Highlight ist die Wörlitzer Gartenlandschaft. Auf die Bauhaus-Stadt Dessau folgt die Lutherstadt Wittenberg, Torgau (Schloss Hartenfels), die schöne Porzellanstadt Meißen (Albrechtsburg), die Hänge der Sächsischen Weinstraße, das barocke „Elbflorenz" Dresden, schließlich das Elbsandsteingebirge (Naturpark Sächsische Schweiz).

Anmerkungen Immer mehr setzt sich die Erkenntnis durch, dass es lohnender ist, die Elbe stromAUF zu fahren. Einerseits hat man den vorherrschenden Westwind im Rücken (vor allem zu Beginn), andererseits steigern sich die Eindrücke. Eine Fortsetzung der Elbetour bis Prag ist möglich (+160 km, ab Melnik an der Moldau, dort aber kein durchgängiger Radweg).

Fazit Der deutsche Abschnitt der Elbe ist der letzte „freie" große Strom Mitteleuropas, und der Elbe-Radweg die heimliche Nummer 1 in Deutschland!

Infos *www.elberadweg.de*

Sächsische Schweiz, Bastei

Tourenführer
- BVA, ADFC-Radreiseführer: „Elberadweg Nord" (Cuxhaven – Magdeburg), „Elberadweg Süd" (Magdeburg – Dresden – Bad Schandau), Spiralos mit GPS-Tracks. StromAUF beschrieben!
- Esterbauer Vlg., bikeline: „Elbe-Radweg" in 2 Bänden (Prag – Magdeburg – Cuxhaven), mit GPS-Tracks. StromAB beschrieben!
- Kompass: „Elbe-Radweg" in 2 Bänden (Schmilka – Magdeburg – Cuxhaven). Stromab beschrieben!

Main-Radweg

Führt durch Bayern und Hessen.

Länge 510 km

Verlauf Bayreuth – Bamberg – Schweinfurt – Würzburg – Wertheim – Aschaffenburg – Frankfurt – Mainz.

Beschaffenheit Autofreie Rad- und Uferwege, verkehrsarme Uferstraßen. Überwiegend direkt am Fluss. Kaum Steigungen, aber einige unbefestigte Wegstrecken. Viele Varianten möglich. Sehr gute Beschilderung. Wurde vom ADFC wiederholt als „Qualitätsradroute" mit 5 Sternen zertifiziert, war aber 2015 von der Liste komplett verschwunden.

Eindrücke Fränkische Kulturlandschaften mit sehenswerten historischen Städten, Barockklöstern und romantischen Winzerorten. Rund 100 m tief windet sich der mittlere Main durch die Gäuflächen des Schichtstufenlandes. Von Schweinfurt bis Aschaffenburg werden die Hänge für den Weinbau genutzt (Fränkisches Weinland).

Anmerkungen Vielerorts ist das Umsteigen aufs Schiff möglich. Da das Maintal sehr niederschlagsarm ist, reicht die Tourensaison bis Ende Oktober.

Fazit Ein harmonischer Radweg mit vielen positiven Eindrücken und fortwährenden Verlockungen zur Einkehr.

Infos *www.mainradweg.com* (mit GPS-Download)

Tourenführer Esterbauer Vlg., bikeline: „Main-Radweg", mit GPS-Tracks.

Oder-Neiße-Radweg

Führt durch Sachsen, Brandenburg und Mecklenburg-Vorpommern.

Länge 465 km

Verlauf Der Radweg verläuft auf der *deutschen* Seite der beiden Grenzflüsse zu Polen. Zittau – Görlitz – Forst – Guben – Frankfurt/Oder – Küstrin-Kietz – Schwedt – Mescherin – Penkun – Ueckermünde. Ab Mescherin entfernt sich der Radweg von der Oder, die nun vollständig auf polnischem Gebiet liegt.

Beschaffenheit Etwa 60% des Weges sind autofrei (Bestmarke in Deutschland). Guter Radweg neben der befahrenen B99. 4-Sterne-ADFC-Qualitätsradroute (2015).

Eindrücke Sachsen glänzt mit den Zeugnissen einstigen Wohlstandes (Zittau, Görlitz, Bad Muskau). In Brandenburg trifft der Radler auf eine Mischung aus DDR-Erbe und preußischer Vergangenheit. Dafür sind die Landschaften umso schöner. Auf Deichen „schwebt" der Radler durch die vogelreichen Überflutungsgebiete der Oder (Oderbruch, Nat.-Park Unteres Odertal). Durch hügeliges Waldland und flaches Schilfreich erreicht der Weg schließlich das Oderhaff.

Anmerkungen In beiden Richtungen sinnvoll befahrbar. Abstecher nach Polen bieten sich wiederholt an. Wer die gesamte Tour machen will, sollte sie flussaufwärts machen, dann steigern sich die Eindrücke. Der romantischste Abschnitt sind die 15 km zwischen Kloster Marienthal und Hirschfelde. Hier führt der Radweg direkt am Fluss durch ein enges Waldtal. Nur nach starkem Regen weniger vergnüglich, da unbefestigt.

Infos *www.oder-neisse-radweg.de*

Tourenführer
- Esterbauer Vlg., bikeline: „Oder-Neiße-Radweg", mit GPS-Tracks.
- BVA, ADFC-Radreiseführer: „Oder-Neiße-Radweg", Spiralo mit GPS-Tracks.

Oder-Neiße-Radweg, Kloster St. Marienthal

Ostseeküsten-Radweg

Führt durch Schleswig-Holstein und Mecklenburg-Vorpommern.

Länge 836 km

Verlauf Kupfermühle (Grenze DK) – Flensburg – Kappeln – Eckernförde – Kiel – Laboe – Hohwacht – Großenbrode – Puttgarden (Fehmarn) – Großenbrode – Grömitz – Travemünde – Boltenhagen – Wismar – Zingst – Stralsund – Greifswald – Wolgast – Ahlbeck.

Beschaffenheit Der Wegezustand ist sehr wechselhaft und nicht immer vom Feinsten. Wer mit einem Anhänger unterwegs ist, bekommt Plattenwege, Spurrillen, Kopfsteinpflaster, Sand und evtl. auch Matsch besonders zu spüren. In beiden Richtungen beschildert, jedoch nicht immer lückenlos und eindeutig. Zahlreiche Campingplätze und Unterkünfte.

Eindrücke Landschaftlich: Felder, Wälder, Wiesen, Naturstrände, Strandseen (Bodden), Vogelschutzgebiete, Steilküsten, Buchten, Deiche, Inseln und Halbinseln. Kulturell: Kirchen, Hünengräber, Wasserschlösser, Windmühlen, Leuchttürme, Fischerdörfer, Hansestädte, Hafenstädte, Ostseebäder.

Anmerkungen Wegen des vorherrschenden Westwindes ist Rückenwind wahrscheinlich. Es soll aber auch Tage mit Ostwind geben. Um das ungemütliche Ostufer der Kieler Förde zu vermeiden (Industriegebiet), am besten vom Kieler Stadthafen per Fähre gleich nach Laboe. Eine Rügen-Runde schlägt mit 145 km zusätzlich zu Buche.

Fazit Was den Ostseeküsten-Radweg auszeichnet ist vor allem die verkehrsarme Streckenführung und das Landschaftserlebnis. Dass der Weg nur zu weniger als der Hälfte wirklich küstennah verläuft, tut dem keinen Abbruch.

Infos
- *www.ostsee-schleswig-holstein.de/radfahren*
- *www.sh-tourismus.de/radfahren-in-schleswig-holstein*

Tourenführer
- Esterbauer Vlg., Bikeline: „Ostseeküsten-Radweg“, 2 Bd., mit GPS-Tracks.
- Kay Wewior, Paradiseguide: „Das Ostseeküsten-Radweg GPS RadReiseBuch“.

Radweg Romantische Straße (Radfernweg D9)

Führt durch Baden-Württemberg und Bayern.

Länge 439 km

Verlauf Würzburg – Tauberbischofsheim – Rothenburg – Dinkelsbühl – Nördlingen – Augsburg – Landsberg – Schongau – Füssen.

Beschaffenheit In den letzten Jahren stark verbessert. 3-Sterne-ADC-Qualitätsradroute (2015). Autofreie Radwege und ruhige Nebenstraßen, auch einige Wald- und Feldwege. Verkehrsberührung bei Ortsdurchquerungen. Längere Steigungen beim Ver-

Bamberg

lassen bzw. Queren der Flusstäler (Tauber, Donau, Lech), hügelig zwischen Würzburg und Tauberbischofsheim. In beiden Richtungen bestens beschildert. Von Hochhausen bis Rothenburg ist der Verlauf mit dem „Radweg Liebliches Taubertal" identisch.

Eindrücke Das unbegradigte Taubertal und seine Weinberge, mittelalterliche Bilderbuchstädte, Klöster, das Nördlinger Ries, die Auen und Stauseen des Lech, Burgen und Königsschlösser, der Pfaffenwinkel, Alpenpanorama (glasklar bei Föhnwetter).

Fazit Wer romantisch nicht mit idyllisch verwechselt, wird hoch zufrieden sein. Es gibt viel fürs Auge, aber auch viele, die Gleiches vorhaben.

Infos *www.romantischestrasse.de* (mit GPS-Download)

Tourenführer Esterbauer Vlg., bikeline.: „Romantische Straße" (Würzburg – Füssen), wahlweise in 1 oder 2 Bd., mit GPS-Tracks.

Weser-Radweg

Führt durch Hessen, Niedersachsen, NRW und Bremen.

Länge 500–520 km

Verlauf Von der Weserquelle bis zu ihrer Mündung. Hann.-Münden – Bad Karlshafen – Höxter – Holzminden – Bodenwerder – Hameln – Rinteln – Minden – Nienburg – Hoya – Achim – Bremen – Elsfleth – Brake – Bremerhaven – Cuxhaven.

Beschaffenheit Familienfreundlich. Überwiegend Radwege und asphaltierte Wirtschaftswege, zum geringeren Teil auch Schotter- und verkehrsarme Nebenstraßen. Entlang der Oberweser, bis Minden, teilweise hügelig, da nicht immer direkt am Fluss verlaufend, ansonsten flach. In beiden Richtungen durchgehend beschildert.

Eindrücke Romantisch ist vor allem die Oberweser, die sich durchs bewaldete Weserbergland schlängelt und an der 800 m breiten Porta Westfalica vom Mittelgebirgsraum ins Norddeutsche Tiefland durchbricht. Das Tor zur Welt öffnet sich in Bremerhaven. Bemerkenswerte Orte sind u. a. Münden, Kloster Corvey, Hameln, Fischbeck, Rinteln, Bremen. Außerdem Fachwerkstädte und, im Tal der Oberweser, dekorative Burgen und Schlösser im Stil der Weser-Renaissance.

Anmerkungen Gute Unterkunftsmöglichkeiten, auch in puncto Camping. Auf Abschnitten der Ober- und Unterweser verkehren Linienschiffe (mit Radtransport).

Fazit Der Weser-Radweg ist seit Jahren einer der populärsten Radfernwege Deutschlands, in vielem vergleichbar mit dem österreichischen Teil des Donau-Radweges, aber nicht so frequentiert wie dieser.

Infos
- *www.weser-radweg.de* (mit iOS-App)
- *www.weserbergland-tourismus.de* (Radroutenplaner)

Tourenführer
- Esterbauer Vlg., bikeline: „Weser-Radweg", mit GPS-Tracks
- BVA: „Weser-Radweg"

ⓘ-Box Deutschland

Einreise
Die EU-Binnengrenzen sind offen. Grenzkontrollen gibt es nur an den Außengrenzen. Ein Personalausweis genügt für die Einreise (EU und CH).

Geld
Währung ist bekanntlich der Euro (€, EUR).

Infos
- *www.deutschland-tourismus.de* – DZT (Deutsche Zentrale für Tourismus)
- *www.europarc-deutschland.de* – Portal der dt. National- u. Naturparks
- *www.adfc.de* – ADFC (Allgemeiner Deutscher Fahrradclub)
- *www.radnetz-deutschland.de* – Nationales D-Radrouten-Netz
- *www.vcd.org* – VCD (Verkehrsclub Deutschland)
- *www.dimb.de* – DIMB (Deutsche Initiative Mountainbike)
- *www.radweit.de* – Fahrrad-Fernschnellrouten in Deutschland
- *www.bahntrassenradeln.de* – Fundus von Radwegen auf ehemaligen Bahntrassen
- *www.vertraeglich-reisen.de* – Magazin für Reisen und Umwelt

Wetter
Deutschland liegt in der Begegnungszone von atlantischen und kontinentalen Einflüssen. Biomediziner bescheinigen dem Land ein gesundes, mildes Reizklima. Die vorherrschenden Westwinde bringen oft feuchte Meeresluft ins Land und sorgen für wechselhaftes Wetter. Die wärmsten Regionen sind die Oberrheinische Tiefebene, der Bodensee, die Täler von Mosel, Main und Saale sowie das ostdeutsche Binnentiefland südlich Berlins. Niederschlagsreichste Monate sind Juli und August, wobei besonders der Osten, aber auch der Norden Deutschlands, niederschlagsärmer sind als der Westen und der Süden.

Wind
Der Wind weht im Binnenland überwiegend aus westlichen bis südwestlichen Richtungen. An den Küsten häufiger aus nordwestlichen Richtungen. Bei stabilen Schönwetterlagen tritt häufiger auch Ostwind auf. Unter den regionalen Winden ist der Föhn der bekannteste. Er streicht in Bayern als trockenwarmer Südwind die Alpen herunter und sorgt ganz nebenbei für gute Fernsicht.

Reisezeit
Die beste Reisezeit für Radtouren reicht ungefähr von Mai bis Oktober. In der Rheinischen Tiefebene zieht der Frühling schon ab Mitte April ein, an der Kieler Bucht erst einen Monat später. Camper sollten aber bis in den Juni für Kälteeinbrüche gewappnet sein („Eisheilige", „Schafskälte"). Eine stabile Schönwetterlage verspricht Ende September der „Altweibersommer".

Anreise
Die grenzüberschreitende Fahrradmitnahme nach Deutschland ist von allen Nachbarländern aus möglich. Entsprechende Verbindungen lassen sich über die Website der Deutschen Bahn ermitteln (s.u.).

Transport im Land

Deutsche Bahn
- *www.vertraeglich-reisen.de* – „Rad fährt Bus und Bahn" downloaden.
- *www.bahn.de/bahnundbike* – DB-Radler-Hotline, tgl. 8–20 h: 01806-996633 (20 ct/Anruf aus dem Festnetz, max. 60 ct aus dem Mobilnetz).
- *www.bahn.de* – Unter „Fahrpläne/Reiseauskunft" können europaweit Verbindungen „mit Fahrradbeförderung" gesucht werden.

Fahrradmitnahme: Alle Züge, die eine Fahrradmitnahme erlauben, sind im Fahrplan mit einem Fahrradsymbol gekennzeichnet. Im Fernverkehr sind diese Plätze generell reservierungspflichtig (IR, IC/EC, ICN, D, D-Nacht, 9 € inkl. Reservierung, 6 € mit Bahn Card). Werden Plätze nicht vergeben, dürfen auch Räder ohne Reservierung mit. Ist aber Glückssache, denn Stellplätze sind knapp. Keine Reservierungspflicht besteht im Nahverkehr (IR, RB, RE, S-Bahnen, 4,50 €).

Fahrradversand ist als Kurier-Gepäck möglich (25,80 €). Es kann nur von Haus zu Haus versendet werden. Beauftragung über die DB-Website oder Radler-Hotline.

Fernbusse

Die Fahrradmitnahme ist innerhalb Deutschlands inzwischen bei vielen Fernbus-Verbindungen möglich. Allerdings ist die Kapazität im Sommer oft kleiner als die Nachfrage, man muss sich früh kümmern. Beim größten Anbieter *www.meinfernbus.de* kostet die Mitnahme pauschal 9 €/Strecke, bei *www.postbus.de* 10 €.

Andere Verkehrsmittel

Flussfähren begegnen einem häufiger als vermutet. Sie verkehren meist nur bei Tageslicht, dafür aber regelmäßig. Passage um 1 €, Fahrrad um 0,50 €. Vergleichsweise teuer sind die **Küstenfähren** zu den Ost- und Nordfriesischen Inseln! In fahrradtouristisch engagierten Regionen ist die Fahrradmitnahme in **Bussen** des Regionalverkehrs möglich, gelegentlich gibt es auch spezielle Shuttle-Busse für Radler. Viele **Seil- und Bergbahnen** nehmen im Sommer gern auch Biker und deren Bikes gegen Bares mit.

Übernachten

Infos

- *www.jugendherberge.de*
- *www.naturfreunde.de*
- *www.alpenverein.de*
- *www.bettundbike.de*
- *www.dachgeber.de*

Zimmer

Rund 40.000 **Hotels**, **Gasthöfe** und **Pensionen** sorgen in Deutschland für ein flächendeckendes Angebot regulärer Übernachtungsmöglichkeiten. Hinzu kommt noch eine stattliche Zahl privater Zimmeranbieter, die sich oft erst durch ein „Zimmer frei"-Schild zu erkennen geben.

Im Ursprungsland der Jugendherbergsidee gibt es noch immer die höchste Jugendherbergsdichte weltweit. Unter der Regie des DJH (Deutsches Jugendherbergswerk) halten über 500 **Jugendherbergen** ihre Pforten meist ganzjährig geöffnet. Am dichtesten ist das Netz in Nordrhein-Westfalen, Rheinland-Pfalz, Baden-Württemberg und Sachsen. Die meisten Häuser sind räumlich großzügig und relativ modern. Unzeitgemäß ist nur, dass deutsche JHs, im Gegensatz zu denen anderer Länder, kaum Selbstkochermöglichkeiten bieten. Für Juli und August immer vorbuchen, in den großen Städten generell vorbuchen. In Bayern finden Einzelwanderer über 26 Jahre nachrangig Aufnahme.

Hübsch gelegen, preiswert und gut ausgestattet sind auch die **Naturfreunde-Häuser,** von denen es ebenfalls rund 500 in Deutschland gibt. Sie sind mit Jugendhergen vergleichbar und stehen auch Nichtmitgliedern offen.

In den 325 **Berghütten** des Deutschen Alpenvereins (DAV) genießen Mitglieder Preisvorteile und das Privileg, schon ab 15 Uhr einchecken zu können. Nichtmitglieder sind ebenfalls willkommen, zahlen aber das Doppelte und müssen bis 19 Uhr mit der Anmeldung warten. DAV-Mitglieder können auch die Hütten anderer Alpenvereine so benutzen, als wären sie dort Mitglied (Gegenrecht). Auch mit vielen Besitzern privater Berghütten bestehen Rabattabkommen.

Campen

www.d-camping.de

Rund 3000 Campingplätze gibt es in Deutschland. Die meisten natürlich dort, wo im Sommer Urlaub gemacht wird: Küsten, Seen, Wandergebiete. Ansonsten bestehen im Binnenland oft recht große Lücken, so dass Umwege erforderlich werden können. Die meisten Plätze sind von April bis Oktober geöffnet, viele auch ganzjährig (400 Winterplätze in Skigebieten). Die Preise für 2 Pers. mit Zelt liegen bei 10–20 €.

Freies Zelten ist nur mit Einwilligung des Landbesitzers erlaubt. Wer bei einem Bauern fragt, wird selten abgewiesen.

Bett & Bike, ADFC-Mitglieder

Bett&Bike: Vom Hotelzimmer bis zum Campingplatz hat der ADFC mittlerweile über 5500 Übernachtungsmöglichkeiten aus Radlersicht gecheckt und aufgelistet (das ADFC-Verz. „Bett & Bike Deutschland" ist in den ADFC-Infoläden erhältlich, die ADFC-Website ermöglicht auch die direkte Online-Suche). Die dort als besonders radlerfreundlich aufgeführten Häuser und Plätze dürfen sich nach außen hin mit einer Bett&Bike-Plakette zu erkennen geben.

ADFC-Dachgeber: Wer alternativ und kostenlos übernachten will, sollte Mitglied beim Dachgeber werden. Das jährlich neu erscheinende Übernachtungsverzeichnis enthält 3300 Adressen von netten Menschen in Deutschland, die Radlern nach Voranmeldung eine Übernachtung ermöglichen und dafür im Gegenzug selbst die Adressen im Dachgeber nutzen können.

Karten, Literatur & GPS

- Einen schönen Überblick über Deutschlands beliebteste Radrouten bietet der Prospekt „Deutschland per Rad entdecken" von DZT und ADFC (gedruckt oder als pdf, Adressen s.o.).
- *www.radweg.org* hat aktuelle **Radführer und -karten** zu beliebten deutschen Radwegen aufgelistet.
- BVA, ADFC-Radtourenkarte, 1:150.000, 27 Blätter, flächendeckend für Deutschland, 8,95 €, fahrradspezifisch gestaltet, regelmäßig aktualisierte Auflagen.
- BVA, ADFC-Regionalkarte, 1:50.000 / 1:75.000, div. Blätter, für das Umland deutscher Großstädte und ausgewählte Radtourengebiete.
- Aus dem GPS-Dschungel seien nur ein paar hilfreiche Adressen beispielhaft herausgegriffen: *www.gps-tour.info* • *www.gpsies.com* • *www.aighes.de* • *www.kowoma.de* • *www.mtb-touren-deutschland.de*

Immer mehr Flächen-Bundesländer stellen **Radroutenplaner** ins Netz, einige sogar mit Apps fürs Handy:

- Bayern – *www.bayern.by*
- Brandenburg – *www.radeln-in-brandenburg.de*
- Hessen – *www.radroutenplaner.hessen.de*
- Mecklenburg-Vorpommern – *www.auf-nach-mv.de*
- Niedersachsen – *www.reiseland-niedersachsen.de/radland-niedersachsen*
- Nordrhein-Westfalen – *www.radroutenplaner.nrw.de*
- Rheinland-Pfalz – *www.routenplaner.rlp.de*
- Schleswig-Holstein – *www.sh-tourismus.de/de/radfahren-in-schleswig-holstein*
- Thüringen – *www.radroutenplaner.thueringen.de*

Fahrrad

Ausstattung

Für norddeutsche Tourengebiete tut's schon ein solides Rad mit Nabenschaltung. Spätestens für Mittel- und Süddeutschland braucht's aber ein bergtaugliches Bike. Wer nicht ohnehin auf breiten MTB-Schlappen fährt, findet mit 32 mm Reifenbreite ein gutes Allroundmaß, um gelegentlich auch mal einen Waldweg mit Gepäck befahren zu können. Rennlenker, Hörnchen oder Thriathlonaufsätze sind bei Regen und Gegenwind vorteilhaft; um sich klein zu machen.

Reparaturen

Unterwegs fährt man an vielen Fahrradläden vorbei. Nur, wenn man einen braucht, ist gerade Feiertag, oder weit und breit kein Service in Sicht. Wenn der Schaden dann auch noch

etwas kniffliger ist und sich nicht mit Bordmitteln beheben lässt, wird ein Ausflug in die nächst größere Stadt unumgänglich sein.

Straßen und Wege

Straßen und Verkehr

Generell ist das Straßennetz der westlichen Bundesländer in einem guten Zustand. Die Hauptstraßen sind zwar stark befahren, aber doch häufig mit separaten Radwegen ausgestattet. Wo dies nicht der Fall ist, lassen sich fast immer alternative Nebenstrecken finden, die ruhiger sind. Die Wegweisung orientiert sich vorrangig an den Bedürfnissen der Autofahrer. Immer noch kann es passieren, dass man vor einer Autostraße steht und nicht weiß, wie es weiter geht, weil weder ein Radweg noch ein Hinweis vorhanden ist.

Die Bereitschaft der Städte, den Radverkehr zu fördern ist hoch. Städte wie Münster und Erlangen konnten mit entsprechender Infrastruktur den Radleranteil im Verkehr auf über 30% bringen. Auch Bremen, Freiburg, Dessau, Oldenburg, Offenburg und Bocholt gelten als fahrradfreundlich. Großstädte tun sich generell etwas schwerer, den Fahrradverkehr effektiv zu fördern.

Viel hat sich in den letzten Jahren in den östlichen Bundesländern getan. Die Straßennetze sind zwar dünner als im Westen Deutschlands, aber in gutem Zustand. Dichter wird das Straßennetz aber wohl nicht mehr werden, wenn sich die strukturschwachen Landkreise weiter entvölkern. Dafür fördern die östlichen Bundesländer den Fahrradtourismus ganz besonders und präparieren unablässig neue Radrouten.

Radwege, Radrouten

Radwanderwege gibt es mittlerweile in kaum noch überschaubarem Ausmaß. Ihre Entstehung verdanken sie in der Regel den einzelnen Kommunen, die ihren radellustigen Urlaubsgästen etwas bieten wollen und daher aus bereits vorhandenen Wegen und Nebenstraßen eine Route in der Umgebung stricken. Landschaftlich attraktiv, abwechslungsreich, verkehrsarm und nicht zu anstrengend wollen die meisten dieser Routen sein, mit einem Wort: familienfreundlich. Ein wichtiges Qualitätsmerkmal ist dabei die Beschilderung, die im Idealfall deutlich, aufschlussreich und lückenlos in beiden Richtungen vorhanden sein sollte. Bei der Wegweisung offenbart sich auch, wie viel für die Wartung getan wird. Ohne kontinuierliche Pflege kann auf Dauer der schönste Radwanderweg nicht bestehen.

Für *überregionale* Radwanderwege hat sich die Bezeichnung **Radfernweg** (RFW) eingebürgert. Was aber nicht bedeutet, dass es sich hier um Radler-„Schnellwege“ handelt. Im Gegenteil, nicht wenige Routen sind aufgrund von unbefestigten Wegabschnitten und unvollständigen Beschilderungen ziemlich langsam. Was Radfernwege jedoch auszeichnet, ist das Versprechen, eine reizvolle, überregionale Tour auf verkehrsarmen Wegen zu ermöglichen. Inwieweit es eingelöst wird, hängt ab von der Streckenführung (Verkehrsferne, Naturnähe, Sehenswürdigkeiten, Lokalitäten) und der Qualität der Radroute (Wegbeschaffenheit, Wegweisung, Radler-Unterkünfte, Service, Dokumentation). Besonders beliebt sind Radfernwege, die Gewässern folgen. Dies sind vor allem Flusstäler, aber auch Uferlinien und Meeresküsten.

www.bahntrassenradeln.de
Zunehmend populärer werden auch **Bahntrassen-Radwege.** Bevor sie unwiderbringlich verschwinden, werden still gelegte Bahntrassen in letzter Zeit vermehrt in Radwege umgewandelt. Der Erfolg ist groß, denn diese Radwege haben mehrere Vorteile: autofrei, steigungsgarm (max. 2,5%), interessant (Tunnels, Brücken, Ausblicke), überschaubare Distanzen, problemlose Orientierung. Mehr Infos:

www.radnetz-deutschland.de
Vergleichbar dem Schweizer Veloroutennetz, entsteht in Deutschland ein **D-Routen-Netz.** Es verknüpft 11.700 km vorhandener Rad-

Hessen, Main-Radweg

wege zu einem Netz von 12 „Premiumrouten". Anders als in der Schweiz ist das Netz aber noch lange nicht realisiert. Fertig ist zumindest die D3-Route, die dem Europa-Radweg R1 folgt.

www.radweit.de
Eine Alternative zu beschilderten Radfernwegen bietet Ulrich Lamm auf der radweit-Website. Da auch Ulrich meint, dass Radfernwege im Alltag kein zügiges Vorankommen ermöglichen, dokumentiert er verkehrsarme **Fahrrad-Fernschnellrouten** für Deutschland. Die nicht beschilderten Routen sind in topografische Karten der Vermessungsämter eingetragen und können ausgedruckt oder als GPS-Track geladen werden.

Offroad (MTB)

www.dimb.de
Grundsätzlich erlaubt das **Bundeswaldgesetz** das Rad fahren in Wäldern und Forsten, aber nur auf Straßen und Wegen. Das Gesetz gilt für alle Eigentumsarten, also auch private Wälder. Die Regelung der Einzelheiten überlässt das Gesetz den Ländern. Besonders restriktiv sind dabei Baden-Württemberg und Thüringen, wo das Rad fahren auf Waldwegen, schmaler als 2 m, untersagt ist. In Bayern gibt es eine ähnliche Soll-Regelung. Andere Bundesländer sind toleranter, behalten sich aber Einschränkungen im Einzelfall vor. Zwei Gebote sollten Mountainbiker in deutschen Wäldern auf jeden Fall beachten:

1.) Fußwanderer haben immer Vorfahrt!
2.) Bleibe auf den Wegen!

Färöer

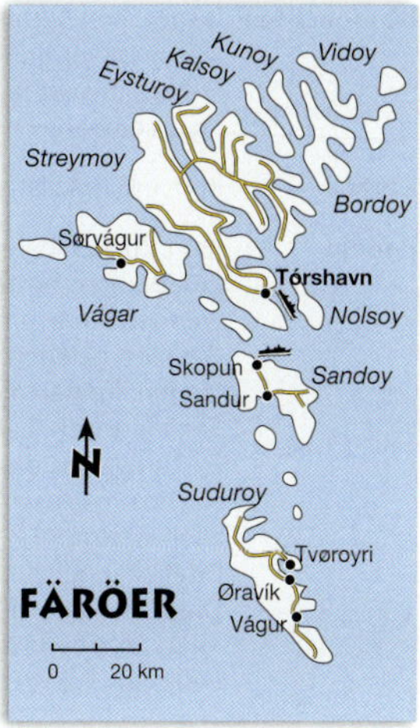

Die außenpolitisch zu Dänemark gehörende Inselgruppe der Färöer sind eine eigene Nation mit innerer Autonomie. Man hat sogar eine „eigene" Währung: die Färöer-Krone (entspricht 1:1 der Dänen-Krone). Von insgesamt 25 Eilanden, allein ein Drittel lebt in der Hauptstadt Tórshavn. Steilküsten, Fjorde und Sunde bestimmen die äußere Gestalt der Färöer (wörtl. „ferne Inseln", im Volksmund auch „Schafinseln"), Wiesen, Heiden, Hochplateaus und Vogelfelsen die innere. Wer auf der Überfahrt von oder nach Island in Tórshavn an Land geht, kann den Stopover für Tagestouren nutzen. Smyril-Line ermöglicht auch einen längeren Stopover, eine Woche etwa. Eine Überlegung wäre es wert.

Kurzinfo Färöer

Daten 1400 qkm • 49.600 Einwohner

Wetter Kräftiger Wind meist aus Süd bis West, ansonsten viel Nebel und 280 regnerische Tage pro Jahr – Irland ist dagegen die reinste Sonnenbank.

Infos
- *www.visitfaroeislands.com*
- *www.faroeislands.com* – Hier kann u.a. eine englischsprachige Broschüre mit 15 Tourenvorschlägen für Radler heruntergeladen werden. Bis auf eine Ausnahme handelt es sich um one-way-Touren, wo Hin- und Rückweg identisch sind. Tourenlängen: 20–80 km. Alle Touren sind mit Skizze und Beschreibung.
- *www.faroe-islands.de* – Eine weitere ergiebige Quelle ist dieses Forum der Färöer-Freunde, wo auch Radlerbelange diskutiert werden.

Die einspurige Straße nach Saksun auf der Hauptinsel Streymoy

Übernachten Insges. 800 Betten für Gäste, u.a. in fünf Jugend- und Familienherbergen. Saison ist von Juni – August. Ü ab 25 €. Vorbuchen!
Freies Zelten ist zwar erlaubt, jedoch nicht auf Kulturland, und deshalb schwierig. Es gibt aber 17 Campingplätze.

Karte Kort + Matrikelstyrelsen: Färöer-Karte 1:200.000, 16,90 €.

Radeln Kein Zuckerschlecken. Da die melancholischen Inseln praktisch nur aus Erhebungen bestehen (höchste auf Eysturoy, 882 m) erlebt der Radler das weitgehend asphaltierte Straßennetz als stete Abfolge von Anstiegen und Gefällen, gelegentlich unterbrochen von einem einspurigen, u. U. kilometerlangen Tunnel (manche beleuchtet und gut, andere stockfinster und voller Schlaglöcher). Eine Sundbrücke verbindet die Hauptinseln Streymoy und Eysturoy, was eine größere Rundtour ermöglicht. Durch Dämme mit den Nachbarinseln verbunden ist Bordoy. Fähren verkehren regelmäßig zwischen allen Inseln. Bei starkem Seegang besteht allerdings die Gefahr, auf einer der Inseln hängenzubleiben und dann ggf. die Fähre nach Island zu versäumen. Die öffentlichen Hubschrauber nehmen keine Räder mit!

Da alles Land in Privathand ist, ist Geländeradeln abseits von Fahrwegen verboten. Wer es trotzdem tut, den bestraft der Dicknebel!

Zwischenaufenthalt

von Christoph Gocke

Während wir gestern die Hauptinsel Streymoy abgeklappert haben, lassen wir uns heute vom Bus auf die Nachbarinsel Eysturoy bringen. Da es Schöneres gibt als kilometerlange Straßentunnel, lassen wir uns hinter dem Eysturoy-Tunnel in Skálabotnur (dänisch: Skålefjord) absetzen. Gute Idee. Die Fahrt rüber in den Funningsfjord geht sanft über 100 m. Gutes Training für die Steigung ab Funningfur.
Hier erklimmen wir eine Zeit lang die Westflanke des Slättaratindur, mit 882 m der höchste Berg der Färöer. Der Gipfel ist sogar frei von Wolken. Auch heute haben wir wieder gelegentlich Sonnenschein. Die 300 Höhenmeter rollen wir gleich wieder hinunter nach Gjógv. „Max. Speed": 71,5 km/h.

Gjógv hat zwar ein Hotel, aber das liegt nicht da, wo man es gern hätte – mit Blick auf See, Felsen, Inseln. So setzen wir uns auf das Vulkangestein am Hafen. Gjógv bedeutet auf Färöisch Felsspalte. Die namengebende Spalte, ein natürlicher Hafen, entdecken wir erst beim Anstieg auf die Klippen. Hier präsentiert sich uns in nächster Nähe der Nationalvogel der Färöer: ein Papageitaucher (auch Papageientaucher, lateinisch Fratercula arctica). Geduldig dreht er sich für verschiedene Foto-Perspektiven in jede Richtung.

Beim Wiederaufstieg Richtung Slättaratindur verlässt uns leider die Sonne. Wir erleben das färingische Klima-Charakteristikum Nr. 1: Regen! Hier an 280 Tagen im Jahr. Zurecht haben wir uns über die August-Sonne am Morgen so gefreut. Mit dem Regen fällt die Temperatur von 18 auf 11 Grad. Die Abfahrt nach Eidi ist dadurch kein echtes Sommererlebnis. Der Blick auf den See von oben irritiert: Als seien *der* See und *die* See nur durch eine kleine Mauer getrennt wären. Doch *der* See liegt 200 m höher als der Ort an der Küste. Auch wenn nach den bisherigen Erfahrungen die Orte weder Uferpromenade noch Cafés oder Bars besitzen, geben wir Eidi eine Chance. Das Hotel liegt auf einer Anhöhe. Leider derzeit ohne Bar oder Restaurant. Also doch. Wieder unten im Ort versuchen wir uns im Supermarkt aufzuwärmen, was aber weder körperlich noch mental gelingt. Okay, noch 13 Kilometer bis zum Bus. Regen. Gegenwind. Färöer. An der Brücke zurück nach Streymoy wärmen wir uns an der Tankstelle mit heißem Kakao aus dem Automaten auf. Der Bus Linie 400 bringt uns zum Trocknen nach Tórshavn zurück.

Finnland

Daten

338.000 qkm • 5,3 Mio. Einwohner • 16 Ew./qkm
Ausdehnungen: N – 1150 km – S // W – 600 km – O

Land

Finnland, oder das Land der Zehntausend Seen, macht seinem Beinamen alle Ehre. Die allerkleinsten gar nicht mitgerechnet, sind es sogar an die 190.000 Seen. Ein Zehntel der Landesfläche steht unter Wasser, und über zwei Drittel sind bewaldet. Da musste in Finnland ja die Sauna erfunden werden. Sümpfe und Moore, diese dritte Landschaftsform, finden sich vor allem in Mittel- und Nordfinnland. Spätestens hier wird klar, weshalb die Finnen ihr Land Suomi nennen. Suomi, Sumpfland!

Geografisch ist Finnland das Übergangsgebiet zwischen den nordskandinavischen Gebirgen und dem osteuropäischen Flachland. Die durchschnittliche Landeshöhe liegt bei 150 m. Der Haltia (1324 m), Finnlands höchste Erhebung, gehört fast schon zu Norwegen. Dennoch ist das von Eisgletschern modellierte Finnland alles andere als flach. Felsige Moränenzüge bilden im Süden bis zu 250 m hohe „Querfalten" (Salpausselkä!), im Norden ragen Inselberge und Fjälls (baumlose Hochflächen) aus weit schwingendem Land. Wirklich flach sind nur die Küstenregionen und die Åland-Inseln. Während Finnlands Südhälfte von der granitfelsigen Schärenküste und der dicht bewaldeten Seenplatte geprägt ist, wird die Nordhälfte vom hügeligen Waldfinnland und den menschenarmen Weiten Finnisch-Lapplands eingenommen.

und Leute

Finnische Haustüren gehen traditionell nach außen auf. Vielleicht weil die Finnen es nicht mögen, wenn man mit der Tür ins Haus fällt. Den Unterschied zum finnischen Temperament merkt man in den schwedischsprachigen Gebieten Finnlands, wo der erste Kontakt einfacher ist. Dass die stoische Wesensart der Finnen auch Vorteile hat, zeigt ihre Badefreude in eiskalten Seen und ihr lässiger Umgang mit blutrünstigen Mücken. Wirtschaftlich hat sich das einst bäuerliche Finnland in eine Industrie- und Dienstleistungsgesellschaft verwandelt. Neben den im Norden lebenden Sami (Lappen) lebt als zweite ethnische Minderheit eine schwedischstämmige Bevölkerung im Südwesten. Diese Region ist komplett zweisprachig, auch die Ortsnamen sind finnisch/schwedisch (Helsinki/Helsingfors usw.). Englisch ist in Finnland gängig, Deutsch zumindest nicht unbeliebt.

per Rad entdecken

Die ganz dicken Speicherkarten müssen fotografierende Finnlandradler vielleicht nicht mitnehmen, denn die Landschaft bleibt sich irgendwie immer treu bzw. ändert sich nur langsam. Kilometerweit geht es in Südfinnland geradeaus durch Wälder, dann kommt eine Kurve oder ein See, und schon geht es wieder kilometerweit geradeaus durch Wälder. Überzeugte Finnlandradler wissen schon, auf was sie sich einlassen. Hyvää matkaa – Gute Reise!

Schweden vs. Finnland

Joachim Klaas: „Wir fanden Schweden landschaftlich reizvoller, da abwechslungsreicher als Finnland. Dort überwiegt Wald, der nur in Südwestfinnland häufiger von bewirtschaftetem Land unterbrochen wird. Auch die Siedlungen bieten mehr Abwechslung. Außerdem sind die Seen in Schweden eher zugänglich als in Finnland."

Routen & Regionen

Åland-Inseln

Mit Å wie Åland beginnen wir unsere Finnland-Tour ganz im Westen, mit einem der schönsten (und leider auch teuersten) Radelreviere Finnlands. Die Ålands sind eine schwedischsprachige, autonome Region Finnlands mit eigener Flagge und eigenen Briefmarken. Die meisten der 6700 Åland-Inseln sind winzig kleine Schären, nur 80 der größeren sind bewohnt. Die Gesamtfläche aller Inseln wird mit 1480 qkm angegeben, die Anzahl der Einwohner mit 25.000, wovon die Hälfte in der Inselmetropole Mariehamn lebt. Der Rest ist total einsam. Selten gibt es mal ein richtiges Dorf, fast immer nur einzelne Bauernhöfe.

Anreise

a) Mehrmals täglich verkehren Autofähren zwischen Turku (Finnland) und Stockholm (Schweden) mit Zwischenstopp in Mariehamn (Åland).
b) Die zwischen den Schärengemeinden verkehrenden, kostenlosen Inselfähren lassen sich zu einer alternativen An- bzw. Rückreiseroute verbinden.

Karte Norstedts, Åland Turist & Cykelkarta, 1:100.000 (mapfox.de 19,90 €)

Infos Åland-Touristeninformation: *www.visitaland.com*

Radwanderwege

Radlern stehen auf den Hauptinseln rund 800 km ruhiger Autostraßen sowie zahlreiche feste Sandwege zur Verfügung. Die Hauptinseln sind durch Brücken verbunden. Durch die Einrichtung spezieller Fahrradfähren (7–9 €), die zumindest im Sommer regelmäßig verkehren, konnten die Radwanderwege teilweise zu Rundwegen ausgebaut werden. Natürlich berühren die Radrouten auch die Sehenswürdigkeiten der Inseln: alte Wehrkirchen und knarrende Windmühlen, eine Burg aus dem 13. Jh., ein Naturschutzgebiet, prähistorische Gräberfelder …

Das immer wiederkehrende grüne Tandem auf den Radwegschildern signalisiert, dass es sich bei den Ålands um weitgehend flaches Terrain handelt. Hügeliger sind nur die einsamen NO-Küsten der Hauptinseln (bis 129 m). Während die Hauptinseln für sehr beschauliche Radwanderungen gut sind, sorgen die labyrinthisch verschachtelten Schärengemeinden schon mehr für Augenjucken.

Inselhüpfen

Die schönste Art, die Ålands kennen zu lernen ist daher das Inselhüpfen per Rad und Fähre. Zunächst mit der Jumbofähre nach Mariehamn, dann per Rad über die Hauptinseln, schließlich in Trippelschritten zum Festland hüpfen: Bomarsund – Vardö – Enklinge – Kumlinge – Lappo – Torsholma – per Rad bis Långo (bezaubernde Strecke) – Jurmo – Osnäs – Kustavi.

Ziemlich flach – die Åland-Inseln

FINNLAND
0 100 km
© Reise Know-How Verlag Hermann
NORWEGEN
(Finnmark)
Tromsø
Haltia (1321 m)
Kilpisjärvi
Utsjoki
Varangerfjorden
BARENTS-SEE
Kirkenes
Inarijärvi
(Inari-See)
Inari
Ivalo
Lemmenjoki N.P.
Lotta
Kola
MURMANSK
Pallas-Ounastunturi N.P.
Tankavaara
Kiruna
Muonjo
KonKämäälven
Levi
Äkäslompolo
Kolari
Finnisch-Lappland
Luiro
Moncegorsk
Kandalaksa
SCHWEDEN
Luleälven
Torneälv (Tornionjoki)
Ounasjoki
»Eismeer Straße«
ROVANIEMI
Oulanka N.P.
Kemijoki
Luleå
Kemi
Kuusamo
Iijoki
Skellefteå
OULU
Oulujoki
Oulujärvi
Siikajoki
Pyhäjoki
Lestijoki
Kokkola
Kajaani
Lentira
Kuhmo
RUSSLAND (Karelien)
»7-Brücken-Straße«
»Bärenrunde«
Bottnischer Meerbusen
VAASA
Pielinen-See
Lieksa
Koli (347 m)
KUOPIO
JOENSUU
Virrat
Jyväskylä
Näsijärvi
Salpausselkä
Pori
MIKKELI
Savonlinna
Tampere
Paijanne
Saimaa-See
Imatra
Rauma
»7-Kirchen-Tour«
Åland-Inseln
HÄMEENLINNA
Lahti
KOUVOLA
Lappeenranta
LADOGA-SEE
TURKU
Mariehamn
Turunmaa-Schären
HELSINKI
Espoo
Kotka
Finischer Meerbusen
n. Stockholm ca. 50 km
TALLINN
ESTLAND
St.-PETERSBURG
Volchov

Küstenregionen

Westküste/ Bottnischer Meerbusen

Landschaften: Satakunta, West-Pohjanmaa.
Die Hauptstraße ist relativ befahren, vom Meer ist selten etwas zu sehen, die Ebene landwirtschaftlich geprägt, die Küstenorte industriell ausgerichtet – natürlich, es gibt auch Reizvolles, aber insgesamt ist die weite Küstenebene am Bottnischen Meerbusen kein sonderlich interessantes Tourenziel. Wer jedoch nach Lappland hinauf will, den bringt die Küstenstraße konkurrenzlos schnell ins Ziel. Die rund 800 km von Turku bis Kemi (Nordgrenze Lapplands) lassen sich auf dem **EuroVelo 10** (Ostsee-Route) locker in einer Woche abspulen (meist schiebt der Wind auch noch).

Abstecher

Ab Turku lässt sich ein Bogen landeinwärts am See **Pyhäjärvi** vorbei machen. Die 40 zusätzlichen Kilometer belohnt der See mit Uferwäldern, Sandstränden und sonnig warmem Badewasser. Ab **Rauma** (größte hölzerne Altstadt Skandinaviens) geht es dann auf der 8 bis 40 km nordöstlich von Vaasa weiter. Hier lockt der **Schärenweg** zu einer außerplanmäßigen Einlage. Auf einer Nebenstraße durch granitene Küstenformationen nach Österö und zurück (insgesamt 60 km). Wer den Schärenweg nicht machen will, sollte 80 km nordöstlich von Vaasa, auf die im Schärengürtel verlaufende **7-Brücken-Straße** wechseln (Nykarleby – Jakobstad – Kokkola). In Kemi verabschieden sich alle Lappland-Aspiranten schließlich von der Küste und radeln vorzugsweise auf der *östlichen* Uferstraße des Kemijoki bis **Rovaniemi.**

Südküste/ Finnischer Meerbusen

Landschaften: Varsinais Suomi, Uusimaa, Kymenlaakso.
Während Finnlands Küsten vor allem von den Schweden besiedelt wurden und bis heute zweisprachig sind, ließ sich im Schärengebiet südlich von Turku schon früh der finnischsprachige Stamm der Suomer nieder. **Varsinais Suomi** (Wahres Finnland) heißt die alte Kulturlandschaft und nationale Keimzelle rund um **Turku.** Finnlands älteste und authentischste Großstadt ist Ausgangspunkt für zwei interessante Radtouren durch Varsinais Suomi.

Als Einstimmung zunächst die **7-Kirchen-Tour** westlich von Turku. Sie führt durch Raisio, Masku, Nouslainen, Lemu, Askainen, Merimasku und Naantali (insgesamt 90 km, Radweg von Turku nach Naantali).

Mindestens drei weitere sehenswerte Kirchen (darunter die schöne gotische Steinkirche von Rymättylä) liegen auf der abwechslungsreichen **Schären-Tour** (Archipelago Trail). Ergänzt durch Brücken und Fähren führt die 180 den Radler bis zum äußersten Schärengürtel, und als 189 wieder zurück gen Turku (rund 200 Rad-Kilometer, Inselfähren-Fahrplan in Turku besorgen). Ein Vorzug der grünen **Turunmaa-Schären** ist, dass sie, im Gegensatz zu den Ålands, bislang kaum vom Tourismus entdeckt wurden.

Südfinnische Seenplatte

Landschaften: Häme, Keski Soumi, Savo.
Bäume, Seen und Hügelketten bestimmen den Radtourenalltag. Die Straßen schlängeln sich, so gut es geht, zwischen all dem hindurch. Kurze Anstiege bleiben nicht aus. Und wenn es sich um felsige Moränenzüge handelt, wie die bis zu 247 m hohen **Salpausselkä** im südöstlichen Bereich der Seenplatte, sind auch schon mal kräftigere Steigungen zu bewältigen. Ideal für Familien sind Tagestouren von einer fest angemieteten Hütte aus. Die größte Herausforderung für *Mountainbiker* besteht vor allem im genauen Kartenstudium, denn allzu viele Wege enden am Rande von Seen oder Feuchtgebieten.

Um das südfinnische Seengebiet etwas überschaubarer zu machen, werden üblicherweise drei lose miteinander verbundene Seenplatten unterschieden:

- **Westliche Seenplatte** – zwischen Virrat, Tampere und Hämeenlinna mit dem Hauptsee **Näsijärvi.**
- **Mittlere Seenplatte** – um Jyväskylä u. Lahti mit dem Hauptsee **Päijänne.**
- **Östliche Seenplatte** – im Quadranten von Mikkeli, Kuopio, Joensuu und Imatra, Hauptsee ist der **Saimaa.**

Westliche und mittlere Seenplatte

Nahezu lautlos verkehren die Dampfschiffe auf der szenisch abwechslungsreichen „Silberlinie" zwischen Hämeenlinna und Tampere (tägl. 1 Abfahrt in beiden Richtungen, 7–8 h, ca. 35 €, Fahrradmitnahme möglich). Von Tampere setzt ein anderer Dampfer die Sightseeing-Tour nach Norden fort: Auf dem „Dichterweg" geht's über den Näsijärvi-See nach Virrat (Details ähnlich Silberlinie).

Im westlichen Seengebiet, rund um **Tampere,** bleibt zwischen den Wasserflächen viel Raum für Besiedlung, so dass ein hubscher Mix aus Dörfern, Kulturlandschaft und Seen entstanden ist. Für Radwanderungen in diesem leicht hügeligen Gebiet sprechen das günstige Klima und das dichtere Straßennetz. Eine individuelle Rundtour auf ruhigen Nebenstraßen ist leichter realisierbar als weiter östlich. Wer auch nicht asphaltierte Sommerwege nutzt, findet zwischen den großen Seenketten, nördlich von Tampere, reizvolle Reviere mit kleineren Gewässern, die nur Einheimischen bekannt sind.

Der **Päijänne-See** dominiert das mittlere Seengebiet. Gewässer, Inseln, Wälder und Hügelketten überwiegen nun die besiedelten Flächen. Beliebt für Radwanderungen ist die Ostuferroute des 119 km langen Päijänne. Schöne Erweiterungen nach Norden und Osten, herausragend die Straßen Nr. 610 (Tammikoski – Tarumihaara) und 616 (Joutsa – Pylvänälä).

Östliche Seenplatte

Noch größer sind hier die miteinander verbundenen Wasserflächen, *noch* blauer die Seen, *noch* weniger überschaubar die Inseln und Uferverläufe, noch höher die Bäume, noch dunkler die Wälder, noch vogelreicher die Sümpfe, noch schöner die Wege – Europas größtes Seenlabyrinth ist Finnlands Landschaftsjuwel. Aber gleich vorweg: Trotz des riesigen Angebots sauberer Gewässer und fantastischer Campingplätze ist der Badespass bei sommerlichen Wassertemperaturen um 15 °C begrenzt. Da machen Radler zur Abwechslung lieber mal eine Tour mit dem Mietkanu oder fahren mit einem der vielen nostalgischen Dampfer, etwa von Kuopio nach Savonlinna (Fahrzeit 3 Tage).

Beschauliche Radwanderungen ermöglicht das gut ausgebaute Netz ruhiger Asphaltstraßen. Die Region ist durchweg leicht bis maßvoll hügelig, die Straßen hübsch kurvig. Wo Wasserarme nicht überbrückt sind, übernehmen kostenlose Fähren den Transport. Rundtouren können so gelegt werden, dass die etwas stärker befahrenen Hauptstraßen (ein- und zweistellige Nummerierung) weitgehend außen vor bleiben. Ausnahme: Die szenisch schöne 62 von Mikkeli nach Imatra!

Wo radeln) (1)

Wald und Seen hat's in der Östlichen Seenplatte schließlich überall.
Die erste Antwort ist **Savonlinna**. Die Stadt ist Ausgangspunkt für die wichtigsten Sehenswürdigkeiten der Seenplatte:

- **Olavinlinna** (Olafsburg) – Finnlands sehenswerteste mittelalterliche Burg in Savonlinna (im Juli zugleich Stätte der berühmten Opernfestspiele)
- **Kerimäki** – größte Holzkirche der Welt, oder zumindest eine der größten (nordöstlich von Savonlinna)

- **Punkaharju** – eine geologische Sensation, 7 km langer Seen-Damm aus eiszeitlichem Geröll, über den Finnlands berühmteste Panoramastraße führt (Naturschutzgebiet, südöstlich von Savonlinna)
- **Retretti** – unterirdisches Kunstzentrum Finnlands (beim Punkaharju)
- **Nationalpark Linnansaari** (Hauki-See, NW Savonlinna, *www.luontoon.fi*)
- und das Naturschutzgebiet **Silkalahti** (Vogelbrutgebiet SO Savonlinna).

(Radkarte „Savonlinna Biking" bei den Touristeninformationen.)

Wo radeln? (2)

Die zweite Tourenempfehlung zur Östlichen Seenplatte betrifft das südlichere Gebiet, in dem die Hügel des **Salpausselkä** und der **Saimaa-See** den Ton angeben. Dort führt der markierte **Radrundweg Saimaan Pyöräilyreiti** zunächst mitten durch den Saimaa-See (Fähre), wandert dann zur russischen Grenze und am Saimaa-Kanal entlang und endet im karelischen **Lappeenranta,** wo er auch beginnt.

Verlauf: Lappeenranta – Taipalsaari – Suur-Saimaa – (Fähre) – Kyläniemi – Ruokolahti – Imatra – Joutseno – Nuijamaa – Lappeenranta (insgesamt 175 km, überwiegend asphaltierte Nebenstraßen).

Finnisch-Karelien / Karjala

Karelien ist ein geteiltes Land, das sich vom Finnischen Meerbusen bis zum Weißen Meer erstreckt. Während Süd- und Nordkarelien finnisch sind, gehört das weit größere Ostkarelien zu Russland. Landschaftlich hat Finnisch-Karelien noch Anteil am östlichen Seengebiet, wird weiter östlich aber von Wäldern, Mooren und kleineren Flüssen beherrscht. Hauptsee ist der **Pielinen** mit den aussichtsreichen **Koli-Bergen,** wirtschaftliche Hauptorte sind die Holzverarbeitungsstädte Lappeenranta und Imatra in Südkarelien, kulturelles Zentrum ist **Joensuu** in Nordkarelien (karelisches Chorfestival Ende Juni!). Radler erfahren das urwüchsige Finnisch-Karelien auf verschwiegenen Straßen und Wegen im Schatten der russischen Grenze.

Straße der Runen und Grenzmarken

Eine Anzahl der interessantesten Punkte Finnisch-Kareliens vereint die von Süd nach Nord verlaufende „Straße der Runen und Grenzmarken". *Verlauf:* Lappeenranta – Imatra – Kesälahti – Mutalahti – Ilomantsi – Hattuvaara – Lieksa – Nurmes – Suomussalmi

MTB-Tipp Bärenrunde

Eine Herausforderung für Mountainbiker ist die „Bärenrunde" (finn. Karhunpolka), nicht zu verwechseln mit dem „Bärenpfad" (Karhunkierros, nördlich Kuusamo). Die 123 km lange Bärenrunde führt vom **Nationalpark Patvinsuo** an den **Ruunaa-Stromschnellen** vorbei bis hinauf zum **Jogunjoki** (Endpunkt an der 524 bei Teljo). Übernachtung in Schutzhütten oder im Zelt. Infos in Lieksa.

Waldfinnland

Landschaften: Kainuu, Kuusamo.
Waldfinnland, das ist mittelfinnisches Hügelland mit weiten Wäldern, Moorgebieten, Stromschnellen und einigen Aussichtsbergen (Vuokatti, 326 m). Waldfinnland ist das Übergangsgebiet zwischen den Seengebieten und Lappland.

Kainuu

Finnlands südlichste „Wildnisprovinz" im Vorhof Lapplands, ist die Gemeinde Kainuu. Eine rund 200 km lange Radroute für Radwanderer ist ab **Kajaani** rund um den **Oulujärvi-See** ausgewiesen. Infos in Kajaani.

MTB-Tipps Kainuu

Das von gewässerreicher Waldwildnis umgebene **Kuhmo** ist ein günstiger Einstiegsort für den insgesamt 300 km langen **UKK-Reiti** (Urho Kekkonen-Weg), der vom Ryti-Palonen-See zu den Koli-Bergen am Pielinen-See führt. Der gut markierte Trail ist zwar primär für Fußwanderer konzipiert, wird aber auch ambitionierten Mountainbikern empfohlen. Infos in Kuhmo.

Auch das 43 km nördlich von Kuhmo gelegene **Lentiira** hat sich auf MTB-Biker eingestellt. Im Ort bietet die Wandererzentrale „Peuranpolku" geführte MTB-Touren an.

Kuusamo

Die wenig befahrene, landschaftlich aber schöne 912 führt von Lentiira weiter nach Suomussalmi. Von dort empfiehlt sich die 913 bis Murtovaara. Und auch die 22 km Schotterstraße via Pousso (843) lohnen. Auf der belebteren 5 verbleiben dann noch 16 km bis Kuusamo. Der Polarkreis ist näher gerückt. Kuusamo ist Hauptort der gleichnamigen Wildnisprovinz: Hügelland und Berge bis 500 m, Wälder und Seen, Bäche und Sümpfe, Schluchten und Stromschnellen – ein Paradies für Aktivurlauber.

MTB-Tipps Kussamo

Nördlich von Kuusamo finden Mountainbiker zwischen den **Rukantunturi-Bergen** (bis 462 m) und dem **Oulankajoki-Fluss** ein äußerst reizvolles wie auch anspruchsvolles Bewegungsfeld (Infos in Kuusamo; Karte: „Rukantunturi-Oulanka" 1:50.000).

Finnisch-Lappland

Überblick

Endloses Land, kaum berührte Wildnis, Sami, Rentiere, Mücken und Mitternachtssonne: Knapp ein Drittel Finnlands entfallen auf Lappland. Grob pgesagt ist Finnisch-Lappland ein weitgehend von Wäldern und Sümpfen bedecktes Hügel- und Bergland, das nach Nordosten hin ansteigt. Fjällgebiete überragen das Plateauland, im Nordwesten reicht es sogar bis ins skandinavische Hochgebirge (dort ist auch Finnlands höchster Berg, der Haltiatunturi, 1328 m).

Natürlich gibt es immer wieder Ödflächen, kahl sind auch die Erhebungen der Fjälls, aber entgegen landläufiger Meinung ist Finnisch-Lappland überwiegend *bewaldet*. Im Süden mit dichten Nadelwaldplantagen, lockerer im Norden mit Birken und Kiefern – Finnlands letzten Urwäldern. Baumlose Tundra dominiert nur das Gebiet nördlich des Inari-Sees.

Tipps für die Tourenplanung

Wer Finnisch-Lappland per Rad erfahren will, muss sich bezüglich der Route schon früh festlegen. Zu weit sind die Distanzen, zu weitmaschig das Straßennetz, als dass man einfach ins Blaue hineinradeln könnte. Prinzipiell sollte auch klar sein, ob die Tour relativ komfortabel auf Asphalt rollen soll, oder ob Bike-Abenteuer auf Nebenstraßen angesagt sind. Lappland-Feeling bringen beide Varianten. Wer jedoch die oft stark hügeligen

Mittsommernacht in der Fjällregion Ylläs

und Kräfte zehrenden Schotter-Nebenstraßen nicht scheut, hat erstens größere Planungsfreiheit, zweitens Einsamkeit pur, drittens weniger Langeweile. Problemlos möglich ist auch die Anreise per Bahn. Ab Helsinki bis Rovaniemi oder bis zum Endbahnhof für Personenzüge in Kemijärvi. Mehrere Verbindungen tägl., Fahrzeit um 10 h.

Zur Lappland-Ausrüstung gehören ein Mountainbike (vorzugsweise), Karte/Kompass/GPS, Lebensmittelvorräte für mindestens zwei Tage. Finnisch-Lappland gilt als Skandinaviens mückenreichste Gegend. Um abends nicht dem Wahnsinn zu verfallen, ist guter Mückenschutz unerlässlich: *finnische* Abwehrmittel, Kopfnetz, Handschuhe, mückensicheres Zelt. Weniger Mücken und Stechfliegen hat's in den höher gelegenen Fjälls und allgemein ab August.

Jenseits vom Weihnachtsmann

www.rovaniemi.fi
Kinder auf der ganzen Welt wissen, dass in **Rovaniemi** am Polarkreis einer der Weihnachtsmänner wohnt! Darüber hinaus gilt das Städtchen als „Tor zu Lappland" – auch wenn Finnisch-Lappland geografisch schon am Bottnischen Meerbusen beginnt. Von Rovaniemi aus führen die 79 und die 83 / E 8 nordwestlich in Richtung Skanden-Gebirgszug. Beide Straßen sind gut asphaltiert, die 79 wenig befahren, die E 8 etwas belebter. In Muonjo mündet die 79 in die E 8, die anschließend bis 16 km vor Kilpisjärvi auf 566 m klettert – Finnlands höchster Straßenpass! Am **Kilpisjärvi-See** fühlt man sich bereits wie in Norwegen bzw. Schweden. Kaum einer macht nach dem Anblick schneebedeckter Gipfel wieder kehrt. Drum aufgepasst: Wer nach Kilpisjärvi radelt, kehrt Finnland den Rücken zu!

Eismeerstraße

Die wahre Bestimmung eines Reisenden in **Rovaniemi** ist der Norden. Erschlossen wird er durch die „Eismeerstraße" E 75. Sie ist hervorragend ausgebaut und trotz ihrer Hauptstraßenfunktion wenig befahren (das Haar in der Suppe sind die Lastwagen auf dem Weg nach Kirkenes). Gelegentlich taucht ein gut ausgestatteter Rastplatz auf, die Steigungen sind allgemein moderat, bergiger ist der Abschnitt nördlich von Tankavaara. Wenn auch landschaftlich unspektakulär, radelt es sich doch recht angenehm auf der E 75: Vorbei am Goldgräberdorf **Tankavaara,** an der Fjällregion **Saariselkä**, am eiskalten **Inari-See** (Zentrum der Rentier züchtenden Sami) bis nach **Utsjoki.** Rovaniemi – Utsjoki: 470 km.

Tundra

Willkommen in der Tundra! Nur ein Menschlein verläuft sich hier auf fünf qkm Landschaft – statistisch betrachtet. In Wirklichkeit sind es noch weniger, da die meisten in winzigen Siedlungen beisammen hocken. Das Kirchdorf **Utsjoki** gilt als Finnlands nördlichste „Stadt". Insgesamt eine melancholische Gegend, die sich praktisch nur im Zusammenhang mit einer Runde durch die norwegische Finnmark anbietet (schön dort die 98 zwischen Kunes und Lakselv). Wiedereinreise nach Finnland dann weiter westlich auf der 93: Über Kautokeino nach Enontekiö (so steht es auf den Karten, der Ort selbst heißt in Wirklichkeit Hetta).

MTB-Tipps

Schöner Pistentrail durch den **Pallas-Ounastunturi-Nationalpark** ab Enontekiö über Pallastunturi nach Särkijärvi (rund 70 km, Karten: 1:50.000 „Hetta-Outaka" und „Pallas-Olos"). Lohnend auch die benachbarten Fjällregionen **Ylläs** (nördl. Kolari, MTB-Spot Äkäslompolo) und **Levi** (nördl. Kittilä). **Saariselkä** (*www.saariselka.fi*) stellt sein 230 km umfassendes Skiloipennetz im Sommer den Bikern zur Verfügung.

ⓘ-Box Finnland

Einreise
Die EU-Binnengrenzen sind offen. Grenzkontrollen gibt es nur an den Außengrenzen. Ein Personalausweis genügt für die Reise (EU und CH).

Geld
Währung ist der Euro. Die Lebenshaltungskosten waren 2014 ein Fünftel höher als in D.

Gesundheit
Versicherungsschutz für GKV-Mitglieder. Details: *www.dvka.de*. Achtung, Selbstbeteiligungen sind obligatorisch, Reise-KV abschließen!

Infos
- *www.visitfinland.com* – Finnische Tourismuszentrale
- *www.finnland.de* – Finnische Botschaft (aktuelle deutschsprachige Landesinfos
- *www.finland.de* – Deutsch-Finnische Gesellschaft (Landes- u. Reiseinfos)
- *www.skandinavien.de* – Nordis-Verlag (Reiseinfos)

Infos vor Ort
In Finnland selbst findet sich in jedem größeren Ort eine **Matkailutoimisto** – eine Touristeninformation also – die umfangreiches Material bereit hält, vieles davon gratis (Karten, Sehenswürdigkeiten, Campingverz., Fahrpläne, Radtouren …).

Wetter
Ausläufer des Golfstromes bewirken, vor allem im Süden Finnlands, ein wärmeres Klima als es der geografischen Lage entspricht. Im Juli klettert das Thermometer in Helsinki locker über 25 °C. Im Norden ist es zu dieser Zeit um 5 Grad kühler, nachts sind dort sogar Bodenfröste möglich. Die Niederschläge nehmen von Südwesten (700 mm) nach Osten und Norden (400 mm) ab, regenreichster Monat ist der August.

Das subpolar-kontinentale Klima verkürzt das Sommerhalbjahr und sorgt für erhebliches Temperaturgefälle zwischen Sommer und Winter. Die Finnen bezeichnen ihre Heimat sogar als „Land mit den drei Wintern". Auf einen kurzen Sommer folgen demnach die Jahreszeiten *Herbstwinter*, *Hochwinter* und *Frühlingswinter*.

Wind
In Südfinnland weht der Wind fast immer aus S bis SW, in Mittel- und Nordfinnland überwiegend aus NW. Im *Landesinnern* weht er vergleichsweise schwach, da die Wälder Windschutz geben.

Reisezeit
Die günstigste Jahreszeit für Radtouren ist von Mitte Juni bis Ende August (Lappland: Juli bis Mitte August), für Süd- und Mittelfinnland sind auch Mai und September geeignete Monate. Aber Nachtfröste sind möglich, viele Campingplätze sind geschlossen, dafür gibt es noch wenig Mücken bzw. keine mehr, denn die **Mückenplage** nimmt nach der Sommersonnenwende (Anfang Juli) rasch ab.

Sommersonnenwende
Am 21. Juni erreicht die Sonne ihren höchsten Stand und geht am Polarkreis den ganzen Tag nicht unter. Nördlich davon lässt ich das Phänomen der fahlgelben **Mitternachtssonne** auch vor und nach diesem Stichtag beobachten – in Utsjoki, dem nördlichsten Punkt Finnlands, sogar vom 17. Mai bis 28. Juli. Abgehärtete Naturen, die evtl. im September/Oktober durch Lappland radeln, werden mit dem Naturschauspiel des **Nordlichts** bzw. **Polarlichts** belohnt (finnisch kaamos), sehr beeindruckend!

Anreise

Per Rad
Auf dem Landweg über Warschau und St. Petersburg oder dem Europa-Radweg R1 nach Finnland zu radeln, ist zwar aufwändig, aber nicht ohne Reiz. Zwischen Berlin und Helsinki liegen 3000 km, wofür 5–6 Wochen zu veranschlagen sind. Ein russisches Visum ist erforderlich. Details in den Kapiteln „Baltikum" und Osteuropa".

Per Fähre
Die kombinierten Fracht-Passagierschiffe von Finnlines fahren sehr zuverlässig das ganze Jahr über an jedem Tag der Woche. Die preiswerten Passagen im Ruhesessel sind allerdings oft früh ausgebucht, dann bleiben nur noch die teureren Kabinen.
Finnlines: tägl., Travemünde/Rostock – Helsinki, 29 h, Ticket: 130 €, HS oneway, Ruhesessel, Fahrrad 25 €, *www.ferrycenter.fi*

Per Flieger

Finnair fliegt ab D/A/CH nach Helsinki. Von dort aus bestehen Inlandsverbindungen, die von kleineren Maschinen bedient werden, Fahrrad oneway 75 €: *www.finnair.com*

Transport im Land

Bahnen

www.vr.fi

Die **Finnischen Staatsbahnen** (VR) befahren rund 6000 km. Gut ausgebaut ist das Netz vor allem in Südfinnland. Die subventionierten Fahrpreise sind nur halb so hoch wie in Westeuropa. Auch die **Fahrradmitnahme** ist gut organisiert, entweder im Gepäckwagen oder in speziell bezeichneten Abteilen. Preis: 9 €, Tandems und Räder mit Anhänger 18 €.

Fernbusse

www.expressbus.fi

Wo die Eisenbahn nicht hinkommt, ist der Linienbus *das* öffentliche Verkehrsmittel. Speziell in Lappland gibt es kaum eine Alternative. Die Fahrpreise liegen höher als bei der Bahn, mit internat. Studentenausweis gibt es jedoch 30% Rabatt. Fahrradmitnahme ist generell möglich und auch preiswert (um 4 €). Da spezielle Halterungen fehlen, kann das im Laderaum liegende Bike auf schlechten Strecken ziemlich geprügelt werden. Aufrecht steht es in Postbussen, die ein separates Heckgepäckabteil haben.

Inlandsfähren

Fähren dienen im Seengebiet und an der Schärenküste als Brückenersatz und können inklusive Fahrrad kostenlos benutzt werden.

Übernachten

Zimmer

Wenn die Finnen im Sommer Urlaub in ihren Hütten machen, locken die Hotels in den Städten mit Sonderpreisen. Finnische Hotels haben einen recht hohen Standard und entsprechende Preise (ab 80 €). Normalerweise kämen Hotelübernachtungen daher kaum in Frage, aber es gibt die skandinavische Besonderheit, im Sommer große Rabatte zu gewähren. Geknüpft sind diese Rabatte (bis zu 60%) an ein Schecksystem, dem sich bestimmte Hotelketten anschließen (beispielsweise Finn-Cheque). Hotel-Schecks müssen zuvor im Heimatland erworben werden, Rückgabe ist möglich. Infos/Bezug über Reisebüros.

Wer preiswert, jedoch ohne Campingausrüstung reisen will, kommt an den **Herbergen** des Finnischen Jugendherbergsverbandes SRM nicht vorbei. Die Art dieser Häuser reicht von Jugendherbergen über Sommerhotels (Studentenwohnheime) bis zu „Finnhostels". IYHF-Ausweis ist nicht obligatorisch, reduziert den Übernachtungspreis jedoch. Ü ab 20 €.

Was noch? Ein Doppelzimmer in einem original finnischen **„Gasthaus"** (heißen wirklich so) oder privates **B&B** schlägt mit 30–60 € aufs Portemonnaie. Ansonsten heißt das Motto „hytter, hytter", sprich **Ferienhütte** am See. Diese finnischste alle Unterkunftsarten ist aber eher etwas für längere Aufenthalte.

Christian Zschalig über Wildnishütten: „Eine Besonderheit sind die **Wildnishütten.** Einfache Hütten mit Ofen, Pritsche, Tisch, zwei Bänken, meist ein paar Kerzenstummeln, Streichhölzern, Teebeuteln, ein Holzschuppen usw.; sie sind kostenlos nutzbar, befinden sich jedoch meist abseits von Straßen. Wenn möglich, sollte man sich eine Nacht in so einer Hütte nicht entgehen lassen!"

Campen

Es wäre schade, Finnland ohne Campingausrüstung zu beradeln. Erst beim Zelten stellt sich das wahre Finnland-Feeling ein – besonders im Norden mit einem *mückendichten* Zelt. **600 Campingplätze** gibt's, die allermeisten liegen an Seen, sind zumindest von Juni bis August geöffnet (70 Plätze ganzjährig) und verlangen pro Zelteinheit 6–10 €. Die erforderliche *Camping Key Europe Card* kann vor der Reise bestellt werden, oder als provisorische Karte unterwegs beim ersten Campingplatz erworben werden (in Finnland 16 €). Die neuen Karten gelten nicht mehr nur in ganz Skandinavien sondern jetzt europaweit für 1600 Plätze. Wer mag, kann auch eine Campinghütte mieten (4 Betten, Küche, ab 30 €). Camping-Verz. in Finnland kaufen (Buchhandlungen, R-Kioske). Finnischer Campingverband: *www.camping.fi*

Freies Zelten ist im Rahmen des **Jedermannsrechts** mit Ausnahme der Åland-Inseln möglich (zum Jedermannsrecht s.

Mein Rad, mein Zelt, mein See

Schweden);. Manchmal kann es (besonders im Norden) allerdings schwierig sein, einen Platz zu finden, der nicht sumpfig und/oder von Mücken verseucht ist. Da nimmt man dann freudig das Stückchen Wiese in Beschlag, das sich in der Regel bei einem Straßen-Rastplatz findet.

Karten, Literatur & GPS

(Adressen zum Bezug von Karten und Reiseführern im Anhang.)

Tourenkarten

- *Empfehlung:* Freytag & Berndt: Skandinavien-Atlas 1:250.000/400.000, 29,95 €: Aktuell und detailliert. Die preiswerteste Komplettlösung für ganz Finnland bzw. Skandinavien. Aber schwer und unhandlich, daher die benötigten Seiten heraustrennen, lohnt sich trotzdem.
- Freytag & Berndt: Finnland, 1:500.000, 9,99 €, doppelseitig bedruckt, je nach Vorhaben ausreichend.
- Karttakeskus: Finnland, 1:800.000, Straßenkarte mit Radlerinfos, 14,90 €. Aktuell und informativ, gute Planungskarte.
- Tiekartta 1:250.000, 4 Bl., je 20,90 €. Optimale Tourenkarte mit allen erforderlichen Details. In Finnland billiger.
- *Offroad:* In neueren 1:50.000-Wanderkarten sind auch MTB-Tracks ausgewiesen.
- OSM-basierte Radreise-Karten für Garmin&Co.: *www.aighes.de* • *www.kowoma.de*

Tourenführer

- Kettler Vlg.: „Finnland per Rad". Radreiseführer mit variablem Tourennetz, zwar schon 1994 erschienen, aber noch brauchbar.
- Stein Verlag: „Bärenrunde", 9,90 €. Beschreibt nur den eigentlichen Wanderweg, dennoch hilfreich.

Fahrrad (finn. polkopyörä)

Art und Ausstattung

Wer nicht gerade eine Wintertour plant (für die Schwalbe aber auch Nokia die entsprechenden Spikesreifen produziert), kommt mit einem Reise- oder Trekkingrad (ATB) gut voran. Wen es auf Entdeckungstouren in den Norden zieht, wird einem MTB den Vorzug geben. Auch für Liegerad- und Tandemfahrer ist das relativ flache Finnland ein hervorragendes Ziel. Tipp: Rückspiegel montieren. In Finnland besteht Helmpflicht, die zwar nicht kontrolliert wird, aber bei einem Unfall juristisch von Bedeutung ist.

Reparaturen

Werkstätten sind außerhalb der wenigen großen Städte dünn gesät und dann nur auf die einfachen Alltagsräder der Finnen eingestellt. Wo kein Fahrradhändler existiert, helfen auch Autowerkstätten, Tankstellen oder Sportgeschäfte. Grundsätzlich sollten Pannen in Selbsthilfe behoben werden können.

Straßen und Wege

Straßen

Rund 80.000 km lang ist Finnlands öffentliches Straßennetz, davon sind rund 50.000 km asphaltiert. Ist das Straßennetz im Süden noch vergleichsweise dicht, so reduziert es sich nach Norden hin auf wenige Hauptstraßen. Straßen 1. und 2. Ordnung (ein- bzw. zweistellige Nummerierung) sind immer asphaltiert, andere Straßen oft nur mit einer Kiesschicht befestigt. Auch diese lassen sich in trockenen Jahreszeiten gut beradeln. Problematisch können Straßenbaustellen von 20 Kilometer Länge und mehr sein, die in einer bestimmten Bauphase nur den faustgroßen Schotter des Unterbaus als Fahrbahn anbieten. Vermeiden lassen sich solch üble Pisten mit der Straßenkarte der Verkehrsbehörde

Liikennevirasto. Sie zeigt alle größeren Straßenbauvorhaben des laufenden Jahres an und ist kostenlos bei Touristenbüros und an Tankstellen erhältlich. Auch ein Blick in die Website der Behörde lohnt.

Auf *www.liikennevirasto.fi* sind nicht nur die Straßenbauabschnitte vermerkt, sondern auch hilfreiche Links, und **Road Weather Cameras,** die bis hinauf nach Utsjoki hunderte aktueller Schnappschüsse von wichtigen Straßen zeigen. Unromantisch, aber sehr aufschlussreich!

Christian Zschalig: „Ansonsten sind die unbefestigten Straßen gut in Schuss und erreichen in trockenem Zustand fast Asphaltqualität. Im Gegensatz zu Schweden übrigens, wo ich unbefestigte Straßen vor allem als Felgen mordende Huckelpisten erlebte."

Verkehr

Der meiste Verkehr fließt über die Europa-Straßen in N-S-Richtung sowie von Turku nach Helsinki. Sie sollten nach Möglichkeit gemieden werden. Ansonsten ist der Verkehr, gemessen an deutschen Verhältnissen, herrlich gering. Autofahrer nehmen Rücksicht auf Radler, die meisten sind sogar richtig höflich. Genau umgekehrt verhalten sich die finnischen Trucker, die offenbar ein Schild mit „Platz da!" im Führerhaus vor der Stirn haben.

Andrea Pühse: „Autofahrer überholen stets mit Sicherheitsabstand, Lkw-Fahrer nur selten, dafür aber mit lautem Hupen. Teilweise hilft nur die Flucht auf den Grünstreifen oder in den Seitengraben."

Christian Zschalig: „Besonders muss man aufpassen, wenn man auf einer unbefestigten, meist recht schmalen Straße fährt, da die dort verkehrenden Lkw (die kommen öfter, als man denkt) auf Radfahrer absolut keine Rücksicht nehmen. Anhalten und ganz rechts ran ist dann am sichersten!"

Radwege

Radwege an Ortsdurchfahrten und Ausfallstraßen sind meist nur einseitig angelegt. Generell ist das Primat des Autoverkehrs unübersehbar – kein Wunder in einem weiträumigen, dünn besiedelten Land. Immerhin verfügen die großen Städte über ein Netzwerk separat geführter Radwege, die auch aus den Städten hinausführen. Problematisch ist für Ortsunkundige, dass die Zielangaben auf den Radwegweisern oft wechseln.

In Helsinki ist es selbst mit der lokalen Radwegekarte nicht leicht, die Hauptausfallstraßen zu vermeiden. Zu allem Überdruss muss man auch noch mit ansehen, wie die Autos elegant über Brücken huschen und wie umständlich die Radler geleitet werden. Am Ende nimmt man dann doch den einfachsten Weg entlang der Hauptstraße.

Radfernwege

Mittlerweile existieren im Süden des Landes sechs, sich kreuzende Radfernwege:

- **Via Finlandia** (Helsinki – Tampere – Seinäjoki – Vaasa, 596 km, leicht).
- **Die Küstenroute** (Turku – Vaasa – Kokkola – Oulu, 955 km, leicht).
- **Durch den Süden Finnlands** (Turku – Hämeenlina – Lahti – Kouvola, 360 km, leicht)
- **Die Königsstraße** (Turku – Helsinki, 253 km, moderat)
- **Große Seenrundfahrt** (Lappenranta – Imatra – Savonlinna – Mikkeli – Lappenranta, 458 km, sportlich)
- **Die Mittelfinnland-Route** (Helsinki – Lahti – Jyväskylä, 312 km, sportlich)

Alle Radfernwege sind markiert. Es werden Nebenstraßen bevorzugt, die zwar nicht immer befestigt, aber auch dann gut befahrbar sind. Außerdem führen der **EuroVelo 10 (Ostsee-Route), EV 11** und **EV 13** (Iron Curtain Trail) durch Finnland. EV 10 und 13 sind hier bereits weitestgehend markiert.

Offroad (MTB)

Mountainbiker sind in Finnland herzlich willkommen, solange sie nicht querfeldein brettern. In Naturschutzgebieten und Nationalparks darf nur auf ausgewiesenen Biketrails geradelt werden (verzeichnet in neueren Wanderkarten). Ansonsten bieten landauf, landab viele tausend Kilometer Forstwege Auslauf genug. Auch Wanderwege und Wildnispfade dürfen mit der nötigen Umsicht benutzt werden. Zwar sind in Nord- und Ostfinnland einige MTB-Routen kartografiert und markiert (auch Skiloipen werden in den Fjällregionen vermehrt als MTB-Routen ausgewiesen), doch generell tendiert die Wegweisung abseits befestigter Straßen gegen Null.

Radstory-Klassiker: Kiitos, Suomi!

von Jörg Wellendorf

Raus aus der Metropole

Viel zu früh sind Christine und ich auf das Auto-Deck der „FinnJet" gegangen, um unsere Fahrräder mit den 25 kg Gepäck zu beladen. Deswegen müssen wir nun den Mief der herausfahrenden Autos bis zur bitteren Neige einatmen, weil die Räder erst ganz am Schluss die Fähre verlassen dürfen. Nun ja, das ist Anfängerpech – das nächste Mal wissen wir's besser.

Endlich von der Fähre erleiden wir die endlose Autoschlange noch bis in die Innenstadt Helsinkis. Die Hauptstadt Finnlands mit rund 550.000 Einwohnern (12% aller Bewohner Finnlands) gleicht um diese Jahreszeit einer einzigen Baustelle, und so holpern wir, in Benzingestank gehüllt, gen Jugendherberge, uns nach frischer Luft und unberührter Natur sehnend.

Am nächsten Tag heißt es jedoch erstmal, raus aus der Metropole! Über Irrwege und Umwege gelangen wir völlig entnervt an den Stadtrand. Dass es für diese und andere größere Städte eine Radkarte des Fremdenverkehrsamtes gibt, erfahren wir erst Wochen später.

Kurz bevor wir die Hauptstraße verlassen und in unseren ersten Schotterweg einbiegen wollen, begegnen wir zwei anderen deutschen Radlern. Mit ihren Mountainbikes sind sie unseren schmalen Reiseradreifen auf dem unbefestigten Weg jedoch überlegen, und so trennen wir uns nach einigen Kilometern wieder. Kurze Zeit später gelangen wir auf eine asphaltierte Nebenstraße – die finnische Generalkarte leitet uns sicher durch die Weite Finnlands.

Wie wir so dahin gleiten, bemerken wir gar nicht, wie die Zeit vergeht, denn die Dämmerung setzt im August hier erst gegen 22 Uhr ein. Unsere erste Quartiersuche beginnt. Wir haben uns vorgenommen, nicht wild zu zelten, sondern wollen immer bei einem Haus den Besitzer fragen. Wir halten also Ausschau nach einem Haus mit ausreichend großem Grundstück. Ein wenig Mut kostet es schon, an die Tür zu klopfen und zu fragen: „Saanko leiriytyä tähän päiväksi?" – Darf ich hier für einen Tag zelten? Beim ersten Mal trauen wir uns noch nicht mündlich zu fragen, und so deute ich mit dem Finger auf die entsprechende Buchstabenkombination in unserem Wörterbuch.

Blick auf Helsinki

Und es misslingt. Wir werden auf einen Campingplatz verwiesen, der zu dieser Zeit von finnischen Urlaubern belegt ist. Unser Wörterbuch macht unter den Campern die Runde – besonders belustigt sind sie über die darin aufgeführten Schimpfworte und dummen Sprüche. Nach etlichem Hin und Her stellt sich heraus, dass eine Übernachtung nur mit dem Vereinsausweis möglich ist. Doch bei der kurzfristig einberaumten „Mitgliederversammlung" wird entschieden, dass wir auch ohne Vereinsbeitritt unser Zelt aufschlagen dürfen. Am nächsten Morgen wollen wir uns für die Logis erkenntlich zeigen, doch die Camper lehnen dankend ab und wünschen uns eine gute Reise – Gastfreundschaft auf finnisch.

Unsere Tour führt uns zunächst zur südöstlichen Seenplatte, die mit ihrem Wald- und Wasserreichtum besonders reizvoll ist. 55.000 Seen bedecken rund ein Drittel der gesamten Fläche. Auch wenn die Seen während der Fahrt häufig durch Hügel oder Wälder verdeckt werden, spätestens am Abend steht das Zelt an einem dieser glasklaren Naturschwimmbecken. Und abends gibt es nichts Schöneres, als den verschwitzten Körper mit einem Bad zu erfrischen. Morgens wird das Aufstehen erleichtert durch die Erwartung eines kühlen Bades.

Fahrradland mit Tücken

Das „ideale Fahrradland", wie es in den Fremdenverkehrsprospekten beschrieben wurde, hat so seine Tücken: Will man die Hauptstraßen mit ihren guten Belägen und damit auch die vielen Autos meiden (was zu empfehlen ist), weicht man auf Nebenstraßen aus, die manchmal eine Schotter-Lehm-Decke und manchmal eine Schwarzdecke haben. Dort geht es dann in einer Tour auf und ab: Nach kurzen, starke Steigungen (bis zu 10% auf 200 bis 300 m) kommen ebensolche Gefällstrecken. Übersetzungen von 1:1 oder darunter sind vorteilhaft. Die wenigen finnischen Autofahrer sind sehr rücksichtsvoll und weichen großzügig auf die andere Fahrbahnhälfte aus, daher ist das Radeln sehr angenehm, wir gewöhnen uns schnell an den „topografischen Seegang", genießen die klare Luft, das milde Klima und die überwältigende Landschaft. Unvermittelt endet die Straße an einem See. In der Ferne am anderen Ufer erkennen Christine und ich eine Kabelfähre, von der gerade die Autos hinunterrollen. Ob sie auch uns an das andere Ufer bringen wird? Ob sie regelmäßig fährt oder nur nach Bedarf? Die Schilder am Ufer können wir nicht entziffern – aber was macht es: Am Straßenrand steht eine *Kahvila*. Neben Kaffee gibt es hier allerlei Naschereien und Herzhaftes, und damit überbrücken wir die Wartezeit.

Kaum haben wir unsere Becher geleert, hören wir, wie die Blechrampe der Fähre auf den Asphalt knallt. Zeit zum Aufbruch! Trockenen Fußes gelangen wir mit der modernen Fähre an das andere Ufer – zu unserer Überraschung sogar kostenlos.

Zwischen dem Städtchen Mikkeli und der Saimaa-Seenplatte radeln wir auf Savonlinna zu. Hier steht die 1475 erbaute Burg Olavinlinna, die im Wechsel von Schweden, Finnen und Russen beherrscht wurde und somit eine bewegte Geschichte hat. Heute ist der Burghof Austragungsort der international bekannten Opern-Festspiele. Leider sind an den zwei Tagen, an denen wir den Ort besuchen, keine Aufführungen. Dafür genießen wir eine hervorragende deutschsprachige Führung durch die Burg und deren Geschichte. Und am Abend schlafen wir nicht in unseren Schlafsäcken, sondern in einem Internat, das in den Sommermonaten zum Teil zur Jugendherberge umfunktioniert wurde.

Zwischen feucht und trocken

In der ersten Woche war das Wetter wunderbar: blauer Himmel, eine milde Brise und gemäßigte Temperaturen. Doch allmählich ziehen Wolken auf, von Tag zu Tag mehr, dann fällt der erste Schauer, und es folgt die erste Nacht im Regen. Das neue Zelt hält zum Glück stand und alles bleibt trocken. Am nächsten Tag ändert sich das Wetter alle zwei Kilometer, wir sehen die Regenfronten regelrecht auf uns zukommen. Zunächst wechseln wir ständig unsere Bekleidung, bis es uns zu dumm wird. Die Radlershorts und die Regenjacke gegen Auskühlung angezogen, und dann durch, irgendwie wird schon alles wieder trocken werden!

Nach dem dritten Tage – es gibt inzwischen nur noch einen Schauer täglich, aber der dauert etwa 24 Stunden – sind wir es leid und flüchten in eine der wenigen Jugendherbergen. Sie befindet sich in einem ehemaligen Gutshof und ist in ihrem Komfort unschlagbar: Doppelzimmer, freie Benutzung der Sauna und der Ruderboote und – gegen Aufpreis – ein Frühstück, dass jeden Engländer erbleichen ließe. Die einzigen Gäste außer uns kommen aus Berlin, und so gibt es viel zu erzählen: Über die phantastische Landschaft, die lieben Finnen, die wundervolle Sauna …

Wadenjucken

Zwei Tage bleiben wir hier, doch dann juckt es wieder in den Waden. Die triste Wolkendecke reißt auf, und der erste Tag beschert uns nur wenige Schauer, vor denen wir immer rechtzeitig in Bushäuschen oder Scheunen flüchten können. Die restlichen Wochen bleibt es trocken, von Regen keine Spur mehr.

Den Sonnenschein genießend radeln Christine und ich auf einer gut ausgebauten Nebenstraße dahin. Nur im Vorbeifahren sehen wir das Verkehrsschild „Vorsicht Baustelle! 20 km". Was uns dann aber widerfährt, bleibt unvergesslich: Die komplette Asphaltdecke der Fahrbahn ist entfernt worden. Stattdessen liegen dort faustgroße Steine. Der Regen der vergangenen Woche verwandelte die gesamte Fläche in eine rutschige Schlammstrecke, und zu allem Überfluss entledigt sich kurz vor uns ein Lastwagen seiner Fracht. Plötzlich geschieht es: Ein vorüber fahrendes Fahrzeug wirbelt einen Stein auf, der Christines Stirn trifft. Zum Glück geschieht ihr nichts Ernsthaftes, und so können wir unsere Fahrt fortsetzen.

Wilde Erdbeeren

Am Abend finden wir ein Quartier bei einem Haus im Garten. Überall im angrenzenden Wald wachsen *mansikka* und *mustikka* – wilde Erdbeeren und Blaubeeren. Das Frühstück am nächsten Morgen erhält so ein unbeschreiblich frisch-fruchtiges Aroma.

Der nächste Tag beschert uns weitere tolle Landschaftseindrücke. Ab und zu unterbrechen wir unsere Fahrt an einer der wenigen Telefonzellen: Wir wollen Pia, eine Bekannte, die in Finnland lebt und arbeitet, besuchen, aber sie weiß noch nichts davon. Weil sie sich entweder in Jyväskylä oder in Lahti aufhält, wissen wir nicht, wo sie zu erreichen ist. Über eine Kontaktadresse in Deutschland gelingt schließlich doch eine Verabredung in Lahti – aber bis dahin ist noch viel Zeit …

Erschöpft suchen wir an diesem Abend ein Quartier. Ein Landwirt weist uns den Weg zu einer Lichtung im Wald. Als wir gerade unsere Zeltplane ausbreiten wollen, sind sie plötzlich da: die Mücken. Nach kurzer Zeit habe ich das Gefühl, leer gesaugt zu werden. Der Mückenschutz versagt gänzlich und wir beschließen, unsere Lagerstätte schnellstmöglich zu räumen.

Auf unserer Flucht gelangen wir schließlich an einen See, wo wir unsere Stichwunden kühlen und unser Zelt aufstellen.

Letztlich erweist sich die vielfach ausgesprochene Warnung vor den Mücken in dieser Jahreszeit als nicht ganz zutreffend: Nur bei Sonnenauf- und -untergang sind die kleinen Quälgeister aktiv, und sie lieben schattige, feuchte Orte. Wenn man diese meidet, bleibt man weitestgehend unbehelligt – während des Fahrens hat man Ruhe, da die Biesterchen nicht schnell genug sind. Am Ende der Reise haben wir unseren Mückenschutz nur zweimal benutzt.

So sind sie, die Finnen

In den nächsten Tagen führt unsere Reise weiter in Richtung Norden: Über Varkaus gelangen wir nach Pieksämäki. An einem Abend dieser Tage richten wir unsere Frage nach einem Übernachtungsplatz an einen Mann, der uns großen Respekt einflößt: breitschultrig, bärtig, grimmig blickend und zu allem Überfluss mit einem Tarnanzug bekleidet, so steht er vor uns. Und hinter uns knurrt sein Hund. Auf unsere Frage nickt er nur, deutet in eine Richtung und verschwindet im Haus.

Wir wollen uns schon einen Platz in weiter Ferne suchen, da springt er plötzlich aus der Tür hinter uns her und redet auf uns ein. Wir verstehen wieder mal gar nichts, aber irgendwie erkennen wir: Wir sollen unser Zelt direkt beim Haus aufstellen. Der Isegrim ist einem freundlichen Mann gewichen, und auch der Hund winselt nur noch mit angelegten Ohren.

Inzwischen haben sich noch zwei weitere Männer eingefunden. In dieser Nacht kommen wir spät ins Zelt: Zunächst dürfen wir uns in der Sauna erfrischen, dann erhalten wir Kaffee und Hefegebäck. Lange noch unterhalten wir uns mit den Männern, indem wir auf verschiedene Wörter in unserem Wörterbuch deuten. So sind sie, die Finnen: Distanziert, aber gastfreundlich – und immer überraschend anders!

Der Termin, an dem wir uns mit Pia in Lahti verabredet haben, ist nahe gerückt. Daher ändern wir bei Keitele unsere Fahrtrichtung um 180 Grad und radeln nun in Richtung Süden. Entlang des östlichen Ufers des Päijänne erreichen wir Lahti. Wir fragen einen entgegenkommenden Radfahrer nach dem örtlichen Campingplatz. Zum Glück kann er englisch, und so ist die Verständigung kein Problem. Nachdem er uns zunächst den komplizierten

Weg beschrieben hat, überlegt er es sich anders: „But also you could stay at my private camping place!" Überracht willigen wir ein und fahren mit ihm zu seinem Haus. Im Garten können wir unser Zelt aufstellen und genießen vorzügliche Gastfreundschaft – einschließlich einer Sightseeing-Tour durch Lahti.

Drei Tage später brechen wir beiden auf, um zu Pias Sommerhaus zu fahren. Auf einer extrem steil ansteigenden Nebenstraße, die nur aus grobem Schotter besteht, radeln wir durch einen dichten Kiefernwald. Der Schweiß perlt auf der Haut, und plötzlich spüre ich einen stechenden Schmerz an meinem linken Oberschenkel. Ich sehe nur noch ein graues Insekt davonfliegen: Eine Stechfliege hat eine gemeine Bißstelle hinterlassen. Diese Viecher sitzen mit Vorliebe auf feuchter Haut. Inzwischen bin ich von mehreren Blutsaugern umgeben. Ich beschleunige und schlage wild um mich, aber ich habe keine Chance. Diese Fliegen sind schneller. Ungläubig schaut Christine auf mich zurück; sie hat von der Stechfliegenattacke nichts mitbekommen. Mich allerdings werden die Bißstellen noch einige Tage quälen.

Pias Hütte

Endlich erreichen wir Pias Hütte am See. Hier genießen wir drei Tage „Urlaub vom Urlaub". Die Fahrt über den See in einem Sportboot eröffnet uns eine völlig neue Landschaftsperspektive. Letzlich ist uns das Rad aber doch das angenehmere Fortbewegungsmittel, und so schwingen wir uns bald wieder in die Sättel.

Während unserer letzten Urlaubswoche wollen wir den Südwesten des Landes erkunden und fahren südlich von Hämeenlinna in einem Flusstal gen Turku. Diese Region ist eben und von Landwirtschaft geprägt. Nur rund 13% Finnlands sind Kulturland, und der größte Teil davon befindet sich hier im südlichen Zipfel. Sehr viele Lebensmittel müssen daher importiert werden und sind demzufolge auch recht teuer.

In Marttila fahren wir bei der kleinen Dorftankstelle vor, um Vorrat für den Benzinkocher zu holen und die Reifen wieder aufzupumpen. Wie immer schaut uns der Tankwart ungläubig an, als wir ihm die eine Finnmark für den halben Liter über den Ladentisch reichen.

Als wir gerade wieder unsere Räder besteigen wollen, kommt ein älterer Herr mit Fahrrad auf uns zu. Das Gesicht kommt uns bekannt vor – richtig, das war der Mann, den wir kurz zuvor überholt hatten. In gutem Deutsch lädt er uns höflich, aber bestimmt zum Essen zu sich nach Hause ein. Seine Frau wäre schon mit der Zubereitung beschäftigt. Wir schauen auf die Uhr, es ist schon spät, und wir haben noch einen langen Weg vor uns.

Im Abendlicht durch die Schären

Diese Gastfreundschaft ist unwiderstehlich: Nach etlichen Tellern Butterkartoffeln und zwei Flaschen Bier schaffen wir es dann endlich, uns von diesen netten Menschen und den Gesprächen mit ihnen zu lösen. Mit vollem Bauch besteigen wir unsere Räder. Christine und ich nehmen uns fest vor, diese Gastfreundschaft weiterzugeben, wo immer uns dies möglich ist. Nach wenigen Kilometern sind die aufgenommenen Kalorien wieder verbrannt, doch wir erreichen noch rechtzeitig Turku, wo wir schon von Pias Bekannten erwartet werden.

Am nächsten Tag tauchen wir in die Vergangenheit Finnlands ein: In Turku gibt es ein Museumsdorf, in dem die Lebensweise der finnischen Vorfahren eindrucksvoll nachgelebt wird. An manchen Tagen werden die alten Maschinen wieder in Betrieb genommen und im Backhaus Brot gebacken. Die Produkte werden in einem kleinen Laden verkauft.

Unerbittlich neigt sich unser Urlaub dem Ende zu, und so schaffen wir nicht mehr den gesamten Weg zurück nach Helsinki. In Salo besteigen wir den Zug und legen den Rest der Strecke auf der Schiene zurück. Ein wenig wehmütig schieben wir unsere Räder anschließend in den Bauch der „FinnJet" – lediglich die Vorfreude auf das reichhaltige Buffett erleichtert den Abschied. Im Licht der späten Abendsonne sucht sich der Kapitän den Weg durch die kleinen Schären vor der Küste Finnlands und hält Kurs auf Travemünde. An der Reeling stehend, sagen wir all unseren Gastgebern in Gedanken ein letztes Mal Kiitos – Danke!

Frankreich

Daten

547.000 qkm • 66 Mio. Einw. • 120 Ew./qkm
Ausdehnungen: N – 1000 km – S // W – 930 km – O

Land

Meere und Hochgebirge umrahmen Frankreich: Im Westen der Atlantik, südwestlich die Pyrenäen, südöstlich das Mittelmeer, östlich die Alpen. Dazwischen erstreckt sich von Tieflandebenen und Mittelgebirgen durchzogenes Hügelland. Zwei Drittel Frankreichs liegen *unter* 250 m. Während sich im Westen und Norden ausschließlich Flachland mit hügeligen Hochplateaus findet, ist die östliche Landeshälfte weit stärker durch Beckenlandschaften und Gebirge profiliert.

Vier große Ströme entwässern das Land. Die Seine fließt in den Ärmelkanal, die Loire in den Ostatlantik, die Garonne in die Biscaya, die Rhône ins Mittelmeer. Das vulkanische Zentralmassiv, das sich im Süden erhebt, wird im Norden vom Pariser Becken austariert, der Ile de France.

und Leute

Frankreich ist weit dünner besiedelt als die nördlichen Nachbarländer. Allerdings sind die regionalen Unterschiede beträchtlich. Während im Großraum Paris 900 Ew./qkm leben, entvölkern sich ländliche Regionen, wie etwa das Limousin, peu à peu. Selbstbewusst sehen die Franzosen wenig Notwendigkeit für den Gebrauch anderer Sprachen. Außer im zweisprachigen Elsass, wo auch deutsche Laute gedeutet werden können, wird generell nur Französisch parliert.

per Rad entdecken

Trotz 60 Millionen Auslandstouristen gilt Frankreich als Reiseland der Individualisten. Auch viele Fahrradreisende haben das Land ins Herz geschlossen. Denn nicht nur Radsportler sind Liebhaber „der kleinen Königin", wie das Fahrrad im radsportbegeisterten Frankreich verklärt wird. Wovon schwärmt der Frankreich-Radler? Von vielerlei Verlockungen. Aber immer wieder auch von den Landschaften und deren Ursprünglichkeit, von alten Bilderbuchstädten und Märchenburgen, von Savoir-vivre und Laisser-faire, von guter Infrastruktur und natürlich dem unerschöpflichen Netz einsamer Nebenstraßen. Wegen der Vielfalt

Arrivée: Vorm Eiffelturm in Paris

attraktiver Tourengebiete verteilt sich der Fahrradtourismus höchst praktisch übers Land. Natürlich existieren auch Schwerpunkte, wie etwa das Loiretal, die Westalpen, Korsika und zunehmend auch „grüne Freizeitrouten" (voies vertes) an Kanälen oder auf alten Bahntrassen oder Fernradwege wie die Atlantikroute „Vélodyssée" oder die großen Fluss-Radwege an Loire und Rhône. Doch selbst dort ist man als Radler noch oft genug allein auf weiter Flur.

Routen & Regionen

Elsass und Vogesen

Infos *www.tourisme-alsace.com • www.tourisme67.com (Unterelsass)*

Zwischen Schwarzwald und Vogesenkamm erstreckt sich in der Oberrheinischen Tiefebene das rund 160 km lange **Elsass** (Alsace). Die kleine, kontrastreiche Region ist ebenso geeignet für kernige Bergtrips wie für genussorientierte Wochenendtouren in hügeligem Terrain. Nicht nur das Straßburger Münster und der Isenheimer Altar in Colmar haben einen hervorragenden Ruf, auch die elsässische Küche und der Elsässer Riesling sind in aller Munde.

Großbritannien
Southampton
Dover
Brighton
Portsmouth
Plymouth
Isle of Wight
Calais
Boulogne sur Mer
LILLE
DER KANAL - LA MANCHE
AMIENS
Cherbourg
Baie de la Seine
Guernsey (U.K)
Le Havre
ROUEN
Beauvais
Jersey (U.K)
Cotentin
St-Lô
Bocage Normandie
CAEN
Seine
PARIS
Roscoff
Baie de Saint-Malo
Suisse Normandie
St-Malo
Mayenne
Brest
St-Brieux
Mont-St-Michel
Alençon
Chartres
Tour de Bourgogne
Parc Reg. d'Armorique
Douarnenez
Quimper
RENNES
Le Mans
ORLÉANS
Vannes
Loire
Auxerre
Carnac
Sarthe
Quiberon
Angers
Tours
Cuffy
St-Nazaire
Cher
Loire
Belle-Île
Nevers
St-Brévin-les-Pins
NANTES
Loire-Radweg
Bourges
Châteauroux
Creuse
POITIERS
Allier
La Vélodyssée
La Rochelle
Vienne
Charente
Île d'Oléron
CLERMONT-FERRAND
Puy de Dome
Gironde
LIMOGES
ATLANTIK
Angoulème
Vézère
Massif
Golfe de Gascogne
Medoc
Périgord
Tulle
Volcans d' Auvergne
Périgueux
Central
Sarlat-la-Caneda
Aurillac
Entre-Deux-Mers
Dordogne
Célé
Cevennen Nat.Pk.
Figeac
Puy
BORDEAUX
Garonne
Lot
Aveyron
Les Landes
Cahors
Agen
Tarn
Canal des Deux Mers
Midouze
Santander
St-Jean-de-Luz
Auch
TOULOUSE
Bayonne
Kanal du Midi
Béziers
Bilbao
Pau
Tarbes
San Sebastian
Pyrenäen N.P.
Lourdes
Garonne
Carcasonne
Ebro
Pic du Midi
Pamplona
Pyrenäen
Perpignan
SPANIEN
ANDORRA

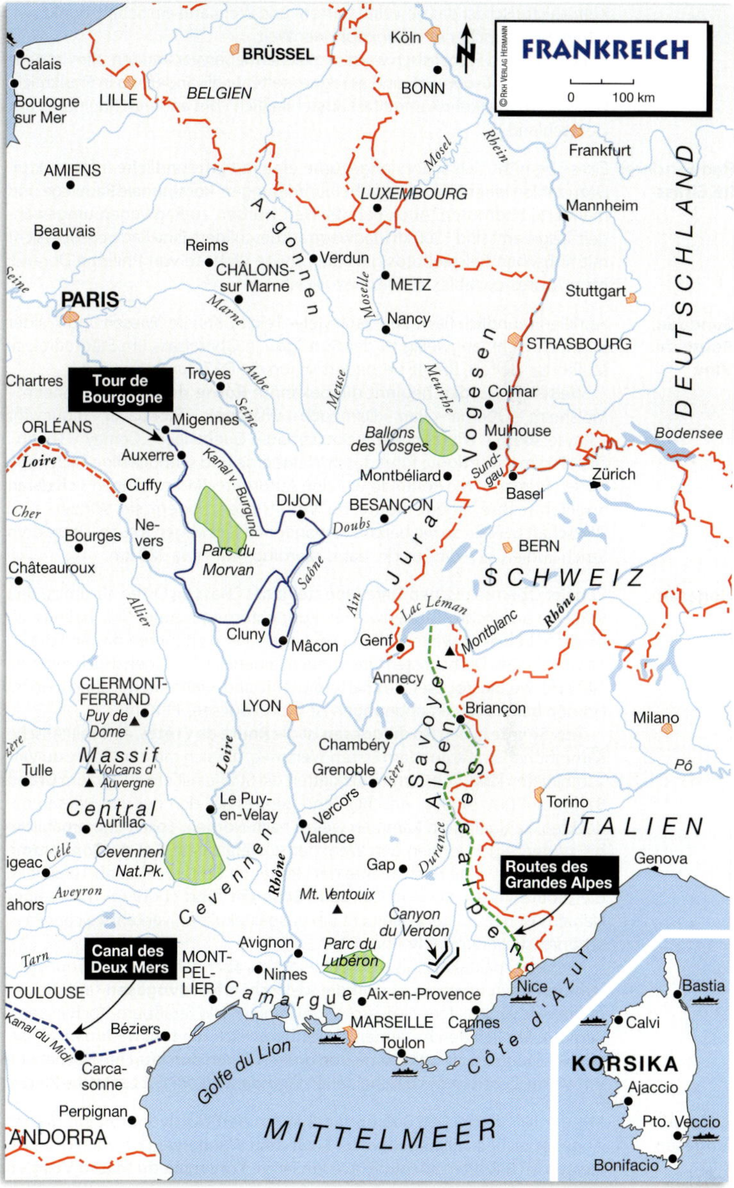
FRANKREICH
© RKH VERLAG HERMANN
0 100 km
Calais
Boulogne sur Mer
LILLE
BRÜSSEL
BELGIEN
Köln
BONN
Rhein
Mosel
Frankfurt
LUXEMBOURG
Mannheim
DEUTSCHLAND
AMIENS
Beauvais
Argonnen
Reims
Verdun
CHÂLONS-sur Marne
Moselle
METZ
Stuttgart
Seine
PARIS
Marne
Nancy
STRASBOURG
Vogesen
Chartres
Tour de Bourgogne
Troyes
Aube
Seine
Meuse
Meurthe
Colmar
Migennes
ORLÉANS
Loire
Auxerre
Kanal v. Burgund
Ballons des Vosges
Mulhouse
Bodensee
Sundgau
Montbéliard
Basel
Zürich
Cuffy
Cher
DIJON
BESANÇON
Doubs
Nevers
Bourges
Parc du Morvan
Jura
BERN
Châteauroux
Saône
SCHWEIZ
Allier
Ain
Lac Léman
Rhône
Montblanc
Cluny
Mâcon
Genf
Annecy
CLERMONT-FERRAND
Puy de Dome
LYON
Briançon
Milano
Savoyer Alpen
Chambéry
Massif Central
Tulle
Volcans d' Auvergne
Loire
Grenoble
Isère
Pô
Seealpen
Torino
Le Puy-en-Velay
Vercors
Aurillac
ITALIEN
Valence
Célé
Cevennen Nat.Pk.
Cevennen
Durance
Genova
Gap
Rhône
Aveyron
Mt. Ventouix
Routes des Grandes Alpes
Canyon du Verdon
Tarn
Avignon
Parc du Lubéron
Canal des Deux Mers
MONT-PEL-LIER
Nimes
Nice
Bastia
TOULOUSE
Camargue
Aix-en-Provence
Côte d'Azur
Kanal du Midi
Béziers
MARSEILLE
Cannes
Calvi
Toulon
Carcasonne
Golfe du Lion
KORSIKA
Ajaccio
Perpignan
MITTELMEER
Pto. Veccio
ANDORRA
Bonifacio

Kulturhistorisch ist das gewellte Garten- und Weinland ein Schnittpunkt zwischen germanischer und frankophoner Welt.

Deutsch und Französisch werden gleichermaßen verstanden, alles ist ganz allerliebst herausgeputzt, und es regnet seltener als anderswo in Frankreich. Der Fremdenverkehr kommt fast ausschließlich vom anderen Rheinufer, aus Deutschland.

Radwanderer im Elsass

Elsass bemüht sich schon lange, ume eine radlerfreundliche Infrastruktur. Dazu zählen innerörtliche Verkehrsberuhigungen, kommunale Radwege und markierte Radrouten. Auch Bahntrassen wurden zu Radwegen umgewandelt. Insgesamt sind 1300 km Radwege ausgeschildert. Eine Radweg-Übersicht mit hübschen Beispielfotos gibt die private Website von Philippe Durand: http://pistes-cyclables-alsace.chez-alice.fr

Sundgau, Route du Vine

Familienfreundlich flach und dank vieler Teiche, Kanäle, Wiesen und Wälder dennoch nicht langweilig ist der **Sundgau** in Oberelsass (im Städtedreieck Mulhouse, Belfort, Basel); besonders schön die D17 durchs Largtal.

Weiter im Norden beginnt die bekannte **Route du Vin** (Marlenheim – Molsheim – Obernai – Barr – Dambach – Châtenois – Ribeuavill – Riquewihr – Kaysersberg – Wintzenheim – Soultzmatt – Guebwiller – Cernay – Thann). Die 170 km lange Route führt durch Weinberge und schnuckelige Fachwerkdörfer. Primär ist die Route du Vin eine Autoroute. Radler können sich daran angelehnt ihre eigene Route du Vin stricken, indem sie Winzer- und Wirtschaftswegen sowie bereits vorhandenen Radwegen folgen. Unter dem Strich addiert sich die Strecke dann allerdings auf etwa 280 km.

Vogesen

Von der Oberrheinischen Tiefebene steigt das Elsass im Osten abrupt zu den Vogesen an. Dichte Tannenwälder, kuppenförmige Gipfel (frz.: ballons, elsässisch: belchen), weite Höhen und enge Täler bestimmen das Bild dieses Mittelgebirges. Die höchsten Erhebungen finden sich im Süden (Hochvogesen, 1423 m), wo die Vogesen aus hartem Granit sind, während der Sandstein im Norden bereits stärker abgetragen ist (Nordvogesen, 1110 m).

Top-Strecke in den **Hochvogesen** ist die **Route de Crêtes**, eine militärische Kammhöhenstraße aus dem Ersten Weltkrieg, die sich mit der „Route du Vin" kombinieren lässt. Von Cernay aus klettert die Straße mit etwa 10% zum **Grand Ballon** auf fast 1400 m. Anschließend geht es auf den nur von Wiesen bedeckten, kahlgefegten Kämmen weiter nach Norden. Tolle Panoramablicke bis zu den Alpen lohnen den Weg, der schließlich am **Col du Bonhomme** (949 m) endet. Eine Kurzvariante der „Route de Crêtes" nutzt ab Turckheim die „Route Verte", die zum **Col de la Schlucht** führt (1139 m).Trotz seines Namens ist der Col de la Schlucht ein unspektakulärer, verkehrsreicher Pass; schöner ist allemal der Bonhomme.

Weniger spektakulär als die Hochvogesen, aber dafür von den Touristenströmen noch unentdeckt sind die idyllischen **Nordvogesen** und die angrenzende verschlafene *Elsässische Kornkammer* (NW Straßburg, Kochersberg-Region). Ähnlich den Ardennen präsentieren sich die zum Naturpark erklärten Nordvogesen als waldreiche, von grünen Tälern durchfurchte Hochebene um 400 m. Zentrum des bescheidenen Fremdenverkehrs ist **La Petite-Pierre.**

Offroad Vogesen

Mit der IGN-Karte 1:50.000 finden Biker in den Nordvogesen ein großes Angebot nicht zu anspruchsvoller Forst- und Wanderwege. Neben diversen kleinen MTB-Routen sticht die 420 km lange **Traversée du Massif Vosgien**

hervor. Von Wissembourg bis Thann folgt die TMV-Route den Vogesen. Auch der **Vogesen-Fernwanderweg GR 53** wird dabei zum Teil befahren.
tmv.alsacecyclo.org

Haute-Saône Ans Elsass schließt sich südwestlich das Dpt. **Haute-Saône** an. Es gilt als wirtschaftlich rückständig, ist entsprechend reich an unverbrauchter Natur und im Vergleich zum Elsass weit weniger touristisch. Im westlichen Teil vom **Parc Regional des Ballons des Vosges** treffen die Vogesen auf den Jura. Auf einem ab 350 m ansteigenden Plateau drängeln sich hier dunkle Wälder, eiszeitliche Teiche, sanfte Hügel und „Ballon"-Berge. Für Tourenradler bietet sich **Melisey** (330 m) als Ausgangspunkt für einen prächtigen, rund 70 km langen Rundkurs an. Ist aber nicht ganz leicht, speziell im bergigen Westen warten Anstiege um 12%. Dort geht es auf einer winzigen Straße (D 16) unterhalb des *Ballon d'Alsace* durch den *Forêt de Saint Antoine* und weiter über den *Col des Croix* (678 m) nach *Faucogney*.

Und wer gar keine Lust auf Berge hat, macht eben die 80 km lange **Treidelwegstrecke** entlang der **Saône** (Gray – Port sur Saône). Sehr schön!

Burgund

Infos *www.burgund-fur-radfahrer.com*

Das Gebiet zwischen den Flüssen Seine, Loire und Sâone ist mit rund 30.000 qkm ebenso groß wie Belgien, allerdings nur ein Sechstel so dicht besiedelt. Landwirtschaft und Weinbau bestimmen das hügelige, von Flüssen und Kanälen durchzogene Landschaftsbild. Viele sehenswerte Bauwerke und archäologische Funde befinden sich in und zwischen den burgundischen Eckstädten Sens, Dijon, Cluny, Mâcon und Nevers. Im Zentrum erhebt sich das **Massiv von Morvan** (902 m), dessen Hügel, Täler, Wälder und Gewässer zum Naturpark erklärt wurden.

Überhaupt gilt das industriearme Burgund als ökologisch weitgehend intakt. Jung und unverbraucht sind die fischreichen Flüsse. Hecken trennen wie vor Jahrhunderten die fetten Wiesen, auf dem die jedem Feinschmecker bekannten Charolais-Rinder weiden. Adrett schauen die Weinberge mit ihren alten Châteaux in den Weinbaugebieten südlich von Dijon aus. Die edelsten Tropfen reifen an der **Côte d'Or** zwischen Dijon und Beaune.

Fahrradtouren im Burgund sind etwas für Genießer, die sich auf ruhigen Nebenstraßen den nötigen Appetit für die schmackhaften Spezialitäten des Burgunds holen wollen, wozu nicht nur die berühmten, leider auch teuren Weine zählen. Die landschaftlich attraktivste Radelgegend ist das bereits erwähnte Bergland des Massivs von Morvan mit dem Hauptort **Château-Chinon.** Zahlreiche verkehrsarme Asphaltsträßchen durchziehen den weitläufigen Naturpark. Die Steigungen sind moderat, nur in wenigen Fällen überschreiten sie 10%.

Tour de Bourgognes Die „Tour de Bourgogne" ist kein offizieller Rundkurs, aber er drängt sich förmlich auf. Denn rund ums Massif du Morvan gibt es Kanäle mit ausgebauten Treidelwegen. Am **Canal de Bourgogne** ist nur der 3,3 km lange Scheiteltunnel tabu, der Europas Hauptwasserscheide unterquert (Atlantik vs. Mittelmeer). Eine Allee führt über die Kuppe. Weitere ausgebaute Treidelstrecken gibt es am **Canal du Nivernais** und am **Canal du Centre.** Zusammen mit der **Loire-Radroute** (EuroVelo 6) und einem Teilstück entlang der **Saône**

Und kein Auto weit und breit

(EuroVelo 6, von Chalon-sur-Saône bis Saint-Jean-de-Losne, wo der Canal de Bourgogne in die Saône mündet) ergibt sich so ein steigungsarmer gut 650 km langer Rundkurs – die **Tour de Bourgogne!**

Erweitern lässt sich das Ganze ab Chalon-sur-Saône (Canal du Centre), wo einer der ältesten und beliebtesten Voies Vertes Frankreichs beginnt. Der nach Mâcon führende Bahntrassenweg **„Voie verte du Bourgogne du Sud"** (68 km) wird bald auch als „Voie bleue du Bourgogne du Sud" entlang der Saône wieder nach Chalon-sur-Saône zurückführen (2015 bis Tournus fertiggestellt). Diese extraordinäre Runde durchs südliche Burgund würde noch einmal mit 140 Extra-km zu Buche schlagen.

Massif Central – Auvergne und Cevennen

Infos
www.auvergne-tourisme.info

Auvergne
Ein uralter Gebirgsrumpf, aus dessen Brüchen und Spalten Lavamassen quollen, erhebt sich als Mittelgebirgslandschaft in der Südhälfte Frankreichs. Die höchsten Anteile am Massif Central hat die **Auvergne** im Norden, ihre höchste Erhebung ist der **Mont Dore** (1886 m). Aus den kargen Hochflächen der Auvergne ragen Kraterkegel, die aus Vulkanasche bestehen (puys), Quellkuppen, die wie Dome geformt sind (dômes), Felsnadeln, Explosionstrichter und Ruinen einstiger Vulkane – allesamt bizarre Gebilde in einer rauen Landschaft.

Da das Zentralmassiv Frankreichs größter Wasserlieferant ist, sind Kraterseen, Wasserfälle und Bäche allgegenwärtig – ganz zu schweigen von den großen Flüssen, die das Massiv entwässern. Kalte und heiße Quellen versorgen traditionelle Badeorte wie **Vichy.** Eine von Menschenhand geschaffene Dreingabe sind Kirchen, Klöster und Schlösser, deren Äußeres der wilden, manchmal düsteren Landschaft entspricht. Regelrechte Prunkbauwerke sind in der historisch wenig wohlhabenden Region dafür selten. Ausnahmen bilden die Kathedralen in Clermont-Ferrand und Le Puy.

Den zur **Languedoc** gehörenden Südostrand des Zentralmassivs bilden das im Mittelalter abgeholzte, grottenreiche Karstplateau der **Causses** und das üppig bewaldete Schiefergebirge der **Cevennen.** In beide Gebirge schneiden tiefe Flusstäler ein.

Das Zentralmassiv und seine Randgebirge sind ein anspruchsvolles Radelrevier, das sich wegen seiner Größe (ca. 25.000 qkm) und Auswahl an schönen Strecken für mehrwöchige Touren anbietet. Während Normalradlern ein ausreichend dichtes Netz asphaltierter Nebenstraßen zur Verfügung steht, sind der Offroad-Phantasie der Mountainbiker kaum Grenzen gesetzt. Lang gezogene Gefälle sind das „Ah", zähe Steigungen das „Oh" im Massif Central. Flache Strecken gibt es praktisch nicht. Empfehlenswert zum Radeln sind die heiß-trockenen Sommermonate, denn in Frühjahr und Herbst fallen beträchtliche Niederschläge.

Wer nur mal schnuppern will, sollte von Clermont-Ferrand aus die 30 km lange **Chaîne de Puys** erkunden, die aus über 60 Vulkankegeln besteht, darunter auch der berühmte **Puy de Dôme** (1465 m, Stichstraße zum Gipfel allerdings für Radler gesperrt). Nahezu beliebige Erweiterungen bieten sich südlich davon im **Parc régional des Volcans d'Auvergne** an, wo auf dem Weg zum Puy Mary der höchste Straßenpass im Zentralmassiv lauert, der *Pas de Peyrol* (1582 m). Europaradler *Jens Griesang* hat ihn noch in „bester" Erinnerung: „Wirklich sausteil! Bin trotz 28/34er-Untersetzung nur in Schlangenlinien rauf gekommen."

Cevennen

Stark hügelig sind auch die Cevennen. Höchste Erhebung ist der **Mont Lozère** (1699 m), um den sich die Hochflächen des *Cevennen-Nationalparks* erstrecken. *Timm Freytag:* „Am besten haben uns die Strecken gefallen, die unmittelbar durch den Nationalpark verliefen. Hier ist es herrlich ruhig, die Landschaft ist wirklich idyllisch und man sieht lange Zeit noch nicht einmal einen Bauernhof. Die Hügellandschaft bietet immer wieder fantastische Ausblicke. Alles grünt und blüht im Mai, knallgelbe Ginsterteppiche überziehen die Hügel. Zwar geht es ständig auf und ab, gesalzen sind aber nur die relativ kurzen Anstiege zu den Hochplateaus."

Flusstäler

Einladende Radrouten sind auch die von den Cevennen ausgehenden Flusstäler, die sich schluchtartig in den Kalkstein gegraben haben (Tarn, Jonte, Tapoul, Vis, Doubrie ...). Traumhaft die **Gorges du Tarn,** wo es auf 60 km viel zu sehen gibt. Die Schlucht beginnt bei Mostuéjuls („Porte des Gorges de Tarn") und endet bei Ispagnac. Unterwegs lässt sich bei Les Vignes ein Abstecher zum Aussichtsberg **Point Sublime** einbauen (600 zusätzliche Höhenmeter).

Flusstäler

Das zweite Highlight sind die **Gorges de l'Ardèche.** Östlich von Vallon-Pont-d'Arc schneidet die gut ausgebaute D 290 gemeinsam mit der Ardèche durch Kalksteinschichten, die mehrere hundert Meter mächtig sind. Die Straße verläuft dabei oberhalb der Ardèche auf rund 300 m, so dass man im Gegensatz

Blick auf Albi (Cevennen)

Ardèche

zur Tarn-Schlucht immer in die Schlucht blickt. 11 Aussichtspunkte wurden angelegt, und jeder lohnt das Anhalten. Außerdem führen immer wieder kurze Kieswege ins Unterholz und enden sichtgeschützt an Plätzen, wo man wunderbar zelten könnte. Rein theoretisch natürlich. Übrigens ist der Anstieg zur Höhenstraße D290 von St.-Martin viel leichter als von Vallon-Pont-d'Arc, wo es nach der Pont d'Arc (Naturfelsenbrücke) richtig knackig hoch geht.

Kammstraße

Weit weniger befahren ist die **Corniche des Cevennes,** die von der Rhône-Ebene in die Tarn-Schlucht führt. Landschaftlich bemerkenswert ist die eigentliche Kammstraße zwischen Anduze und Florac (ca. 1000 Hm, mittelschwerer Anstieg, steile Abfahrt nach Florac).

MTB Cevennen

Mountainbiker treffen im einsamen **Cevennen-Nationalpark** auf ein Netz von Pisten und Wanderwegen, über die teilweise schon die alten Römer zogen. Die Orientierung erfordert gutes Kartenmaterial, da immer wieder neue Pisten als Feuerlöschwege hinzukommen.

In den Schluchten des Vercors von Thomas Schröder

Infos

www.vercors.com • *www.parc-du-vercors.fr* • *www.ot-pont-en-royans.com*

Nüchtern betrachtet ist das **Vercors** ein etwa 30 mal 40 km umfassender Gebirgsstock der französischen Voralpen – gelegen zwischen den Flüssen Isère, Drac und Drôme sowie den Städten Valence und Grenoble. Und es ist, das sei schon mal vorweg genommen, ein ganz starkes Stück Frankreich!

Das Vercors im Hinterkopf

Es war Anfang der 1990er Jahre auf einer Tourismusmesse am Stand des „Maison de la France". Ein netter Angestellter fragte uns: „Ihr radelt also gern über Pässe und habt keine Angst vor schmalen Bergstraßen, Felsgalerien und unbeleuchteten Tunnels? Nein? Dann müsst ihr unbedingt in das Vercors!" Mit verklärtem Blick reicht er uns einen Faltprospekt mit Fotos von kaum fahrspurbreiten Straßen, die wie Dachrinnen an steile Felswände geklebt sind. Obwohl wir nie zuvor etwas vom Vercors gehört hatten, setzte sich sofort etwas in unseren Hinterköpfen fest.

Zwei, drei Jahre später überqueren wir bei St. Marcellin die Isère und pedalieren mit rundem Tritt auf der D 518 durch ausgedehnte Nussbaum-Plantagen in Richtung Pont-en-Royans. Schon bei der Anfahrt fasziniert uns der Blick auf ein eindrucksvolles Kalkfelsplateau, einen gewaltigen Tafelberg, Jahrhunderte lang unzugänglich und geheimnisumwittert. Nur durch wenige Klammen und Schluchten konnte das Vercors einst erschlossen werden, z.B. durch die Gorges de la Bourne.

Häuser wie Schwalbennester

In Pont-en Royans schlagen wir für ein paar Tage auf dem kleinen Camping unsere Nylonhütte am Ufer der **Bourne** auf. Und am Abend promenieren wir gemütlich am Fluss entlang zum Zentrum des Städtchens, das kaum 900 Einwohner zählt, aber schon im Mittelalter einige Bedeutung hatte. Die Bourne-Schlucht war damals ein wichtiger Handelsweg, und hier an der einzigen Brücke konnte man kräftig Zoll kassieren. Wie Schwalbennester hängen die Häuser in den Felsen über der Bourne. Das Niveau der Grande Rue liegt rund 20 Meter über dem Fluss. Manche Häuser betritt man im Dachgeschoss, dann kann man bis zu sechs Stockwerke hinabsteigen. Andere Häuser ragen gar über die Kluft hinaus und sind mit Wahnsinns-Holzkonstruktionen gegen den Absturz gesichert.

Schierer Wahnsinn

Am nächsten Morgen radeln wir in die **Gorges de la Bourne** und damit tief in die Eingeweide eines Gebirges, das von Pont aus gesehen, immerhin gut 1500 Meter Höhenunterschied aufweist. Sauber asphaltiert windet sich die D 531 mit moderater Steigung durch die erste Engstelle, und als das Tal sich dann ein wenig weitet, gibt es den Blick frei auf Felsstöcke, die fast an die Dolomiten erinnern. Eine archaische und unwegsame Gegend. Nach Choranche nimmt die Steigung auf 8–10% zu, führt in fast Schwindel erregende Höhen und verläuft bald wie ein Sims an der Wand. Mehrere hundert Meter tiefer rauscht noch immer die Bourne, oder ist es ein naher Wasserfall? Lieber nicht über die niedrige Brüstung schauen, allzu schwindelanfällig darf man beim Radeln im Vercors nicht sein! Felsüberhänge und Tunnel – allein die Idee hier eine Straße anzulegen, erscheint schierer Wahnsinn und ist auf jeden Fall eine herausragende Ingenieursleistung. Übrigens haben wir hier so manchen Laster oder Reisebus feststecken sehen. In den umliegenden Dörfern gibt es ein paar Bergungsunternehmen, die sich auf solche Fälle spezialisiert haben.

Fistuleuses

Schluchten gibt es etliche, sie erschließen sich dem Radler in fantastischen Tages-Rundtouren (s. Aufstellung unten). Das Erlebnis Vercors wäre aber nicht komplett ohne den Besuch einer der zahlreichen Tropfsteinhöhlen. Wir hecheln deshalb zu den **Grottes de Choranche,** die hoch droben in der Felswand liegen und nur über eine etwa 15%ige Stichstraße zu erreichen sind. Drinnen glauben wir uns in einer Märchenwelt zu befinden. Wie Lametta hängen unzählige zwei bis drei Meter lange *Fistuleuses* von der Decke, fadenartig dünne und innen hohle Stalaktiten, wie gigantische, schneeweiße Makkaroni, durch die unermüdlich Wassertropfen laufen und am Ende auskristallisieren.

Himmelsleiter

Schade, aber irgendwann muss es einfach weitergehen. Also die Packtaschen wieder aufgeschnallt, dann verlassen wir Pont in Richtung Sisteron und Gorges du Verdon, und zwar über die vermutlich tollste Straße, die das Vercors zu bieten hat: die **Route des Grands Goulets.** Eigentlich muss man sagen: zu bieten hatte – denn diese Himmelsleiter über dem Tal des Flüsschens Vernaison musste leider an ihrer schönsten Stelle entschärft werden, nachdem Steinschlag die

Route des Grands Goulets (Vercors)

Fahrbahn mehrfach ein paar hundert Meter in die Tiefe gerissen und manchmal jahrenlange (!) Sperrungen nötig gemacht hatte. Der neue Tunnel ist beleuchtet, hat in Bergauf-Richtung einen Radstreifen, und der verbleibende Rest der Grands-Goulets-Straße ist immer noch beeindruckend genug. Dennoch legt der neue Bypass es nahe, das Vercors möglichst bald einmal per pedales zu entdecken, bevor noch weitere atemraubende Schluchtenstrecken Geschichte sind.

Obwohl das Vercors eine einmalige, faszinierende Wunderwelt ist, gibt es wenig Tourismus. Nur ein paar Radler, Wanderer, Kletterer und Kajakfahrer teilen sich die wenigen touristischen Einrichtungen. Wir selbst kommen mittlerweile nahezu jedes Jahr einmal hierher. Vielleicht liegt das aber auch an den Menschen – in solchen Ecken schlägt halt das wahre Herz Frankreichs.

Rundtouren im Vercors

Rundtour 1: 71 km, ca. 1000 Hm

Pont en Royans – Ste. Eulalie – Route des Grands Goulets (D 518) – La Chapelle – D 178 bis zum Kriegsgräber-Friedhof – D 76 durch den Forêt de Lente – Col de la Machine – Combe Laval – St. Jean – Pont. Grands Goulets s. oben; auch die Route du Combe Laval ist fantastisch angelegt und bietet schöne Ausblicke, 600 m über dem Tal.

Rundtour 2: 59 km, ca. 900 Hm

Pont en Royans – Gorges de la Bourne (D 531) bis La Balme-de-Rencurel – Route des Ecouges (D 35) – Rovon (N 532) – St. Romans – Pont. Geniale Abfahrt. Dabei führt die Straße durch einen stockfinsteren Tunnel (nicht möglich ohne Beleuchtung), den man aber noch durch die spektakuläre simsartige, aussichtsreiche alte Straße umgehen kann. Wird nicht mehr unterhalten, die Simsstraße ist eigentlich gesperrt, also auf eigene Gefahr!

Rundtour 3: 54 km, ca. 700 Hm

Pont en Royans – Gorges de la Bourne (D 531) bis Abzw. D 292, dann über Presles, Le Fas – Gorges du Nan – Cognin – St. Romans – Pont. Durch die Gorges du Nan führt ebenfalls eine enge, kurvenreiche und steile Schluchtenstraße – kaum bekannt, praktisch null Verkehr.

Für alle drei Touren ist Beleuchtung am Rad unabdingbar!

Noch mehr zum Vercors: *www.tour-magazin.de/touren/reviere/frankreich/frankreich-vercors-mit-gps-daten/a8903.html* • *www.quaeldich.de/regionen/vercors/bilder* und • *http://radreise-wiki.de/Rhône-Alpes*

Provence, Côte d'Azur

Infos *www.provence-radfahren.de*

Lavendel, Ockerpuder und Mistral, Jean Giono, Cezanne und van Gogh, Camargue, Stierspiele und Chateau-Neuf-du-Pape, Boule und Bouillabaisse – die Provence ist Südfrankreich pur. Wie nirgendwo in Frankreich betört das „Land des Lichts" die Sinne. Der Tourismus konzentriert sich an der von Marseille bis zur italienischen Grenze reichenden Côte d'Azur sowie im unteren Rhône-Tal, wo die Römer Höhepunkte ihrer Baukunst hinterließen (Orange, Nîmes, Arles, Pont-du-Gard ...). Nicht minder sehenswert die Päpstestadt Avignon und die Universitätsstadt Aix-en-Provence.

Insgesamt ist die Provence ein steigungsreiches, anspruchsvolles Radwandergebiet. Das Nebenstraßennetz ist für französische Verhältnisse eher dünn, aber noch dicht genug für verkehrsarme Touren. Um der hochsommerlichen Hitze zu trotzen, ist der Asphalt recht grob. Separate Radwege existieren an einigen Hauptstraßen, bspw. an der N100 östlich von Apt. Die Provence ist die wärmste Ecke Frankreichs, im Juli und August hat es oft bis zu 40 °C. In den angenehmeren Jahreszeiten Frühjahr und Herbst kann allerdings der Mistral auch mehrtägige Kälteeinbrüche bringen. Die Lavendelblüte setzt ab Ende Juni ein.

Die Provence des Hinterlandes, östlich des Rhône-Beckens, ist härter, urwüchsiger und wenig touristisch. Die Böden sind recht fruchtbar, aber steinig, so dass die Landwirtschaft ein spezielles Geschäft ist. Schwer hängt der Duft der Lavendel-Destillerien im Spätsommer über dem Land. Dies ist das Land der Aussteiger, die sich mit Jean Gionos Büchern in eine alte „ferme", ein Bauernhaus aus Bruchsteinen, zurückziehen, um dem wahren Leben nachzuspüren.

Wer aber nur Lavendelfelder, steinige Wiesen und Weinbergterrassen erwartet, den wird die landschaftliche Vielfalt der Provence überraschen: Sie reicht vom Schwemmlandgebiet der *Camargue* im Westen, über den 1912 m hohen Alpenableger *Mont Ventoux*, die wüstenartige *Grande Crau* und die 700 m tiefe Schlucht des *Grand Canyon du Verdon* bis zu den karstigen *Alps de Provence* im Osten.

Rhône-Tal Wohlwollend kann man feststellen, dass am französischen **Rhône-Radweg** gearbeitet wird. Er ist die Fortsetzung der schweizerischen Veloroute 1: vom Genfer See zum Mittelmeer, genannt **„du Léman à la mer".** Imposante Städte aus der Römerzeit liegen an der Route: Valence, Orange, Avignon als bekannteste. Jahr für Jahr werden der im Endzustand 700 km langen Route neue Abschnitte hinzugefügt. 2015 war etwa die Hälfte realisiert. Manche Abschnitte sind ganz liebevoll gemacht, separat geführt mit einer glatten sandgebundenen Decke und Picknickplätzen alle 5 km. Da das alles aber ein Langzeitprojekt ist, sind die asphaltierten Abschnitte aus den Anfangsjahren teilweise durch Wurzelwerk schon wieder zerstört. Haltbarer sind die sandgebundenen Abschnitte.

Zwischen Lyon und Avignon teilt man das Rhône-Tal immer wieder mit Autos, Autobahnen, Großstädten und ihrer Industrie. Dominierend bleibt aber selbst im heißen Sommer das Grün und der lange, ruhige und irgendwie auch etwas langweilige Fluss. Landschaftlicher Höhepunkt ist die **Camargue** im Rhône-Delta, wo sich der Radweg teilt. Alle weiteren Details hier:

Provence

Östlich der Rhône erstreckt sich die von den Voralpen geprägte **Provence.** Besonders attraktiv für Radtouren ist dort die Region östlich der Synagogen-Stadt Carpentras: beginnend im Norden beim Inselberg **Mont Ventoux** über die *Schluchten der Nesque*, das **Plateau de Vaucluse,** das *Becken des Coulon*, den **Naturpark der Lubéron-Berge** bis hin zu den Ufern der unregulierten *Durance* im Süden. Je nach Kartenmaterial, Ambition und Fahrradtyp können Asphaltstraßen oder unbefestigte Wege unter die Räder genommen werden. Speziell wenn es im Sommer in den Ebenen schwülheiß ist, schwingt man sich gern in luftige Höhen. Großartige Fernsichten darf man dann allerdings nicht erwarten.

Tour de Luberon

236 km lang ist der provenzalische Radrundkurs **Tour du Lubéron,** der wie es der Name schon vermuten lässt, ums sanfte Lubéron-Gebirge führt (am südlichen Fuße des Mont Ventoux). Ausgangspunkt ist **Cavaillon** an der Durance (im Westen des Lubéron). Der höchste Punkt ist bei **Vachères** (707 m) erreicht. Die Orientierung ist völlig problemlos, denn der Rundkurs ist in beiden Richtungen perfekt beschildert. Auf zusätzlichen Tafeln gibt es außerdem all die Infos, die sonst nur in Radtourenführern stehen (Übernachtung, Fahrradwerkstätten, Sehenswürdigkeiten ...).

Mont Ventoux (1912 m)

40 km nordöstlich von Avignon zieht der Mont Ventoux alle Radsportler, die im zu nahe kommen, in seinen Bann. Und dann müssen sie ihn hoch fahren. Seit Anfang des 20. Jahrhundert geht das so. Da waren die Straßen noch nicht asphaltiert, aber Autorennen wurden bereits ausgetragen. Der Berg, den man den Windigen nennt, ist von Radsportlern schon mit vielen unfreundlichen Worten bedacht worden: Warze, Geschwür, umgestülpter Hexenkessel, Auswurf Gottes ... Sie haben Angst vor dem seltsamen Berg, der zu den Tour-Heiligtümern gehört (neben Galibier und Tourmalet). Selbst Lance Armstrong, der smarte siebenmalige Toursieger, nannte ihn einen heimtückischen Berg, wo er immer das Gefühl habe, in einer anderen Welt zu sein. Erst 1951 traute sich die Tour de France überhaupt an den Ventoux heran. Drei Varianten gibt es für den Aufstieg. Sie tragen bezeichnende Namen:

Bei Oppedette (Umgebung Vachères, Luberon)

- **La Douce** – die Sanfte – 27 km ab Sault (765 m)
- **La Trompeuse** – die Trügerische – 22 km ab Malaucène (377 m)
- **L'Impitoyable** – die Erbarmungslose – 22 km ab Bédoin (275 m)

„Die Erbarmungslose" heißt nicht umsonst so. Ohne mildernde Umstände wurde die Trasse vor rund hundert Jahren den Berg hinauf geköpft. Zum Verhängnis wurde sie dem Engländer Tom Simpson bei der Tour de France 1967; kurz vorm Gipfel kippte der ausgepowerte, gedopte Weltmeister von 1965 vom Rad und starb mit Schaum vorm Mund am Straßenrand. „Die Sanfte" und „Die Erbarmungslose" sind im oberen Abschnitt identisch. Dort ist der Berg völlig kahl und der Fahrer dem Wetter nach allen Richtungen schutzlos ausgeliefert. Das kann eisiger Wind sein oder sengende Hitze.

Grand Canyon du Verdon

Einen ganz anderen Schwerpunkt hat die Tour im Sinn, die zunächst der Durance in östlicher Richtung folgt (Cadenet – Pertuis – Mirabeau – Rians – Tavernes – Aups) und ab Aups auf der *Route de Lavande* (Lavendelstraße) nordwärts den **Lac de S.te Croix** ansteuert. Am Ostufer des Sees bieten sich nun zwei in den weißen Fels gesprengte Panoramastraßen an, die durch eine der eindrucksvollsten Schluchten Europas führen: den **Grand Canyon du Verdon.**

Ob nun die Nord- oder die Südroute die reizvollere ist, darüber gehen die Radlermeinungen auseinander. Steigungen und Aussichtspunkte hat's auf beiden Seiten. *Eckart Schwalm* urteilt über die Nordroute: „Herrliche Blicke in den Canyon, viele Steigungen, relativ anstrengend, im Sommer leicht zu heiß." Hingegen meint *Olaf Korbanek:* „Wir sind die Nord- und die Südroute gefahren, beide sind absolut empfehlenswert. Nur empfanden wir die Südroute als wesentlich anstrengender, vor allem mit Gepäck."

Die dritte Panoramaroute im Bunde ist die 23 km lange **Route de Créte** (D 23). Diese Ringstraße zweigt auf der Nordseite bei La Palud (890 m) ab und steigt dann auf 1360 m. Im Uhrzeigersinn ist der Anstieg etwas flacher! *Georg Föcker:* „Die Route de Créte ist schon spektakulär. Tolle Blicke über mehrere hundert Meter steil abfallende Felswände in die Schlucht. Tief unten der Fluss."

Côte d'Azur

Besonders schön ist die Côte d'Azur von Januar bis März, wenn ringsum alles blüht. Mit dem Rad macht sie aber nur dort Freude, wo es Alternativen zu den stark befahrenen Strecken gibt. Betrachten wir die Côte d'Azur dabei nun ab Marseille in östlicher Richtung. Akzeptabel ist die D 559 bis Toulon. Von **Toulon** führt ein neuer, asphaltierter Radweg nach **Le Lavandou** (auf ehemaliger Bahntrasse).

Von dort führt der Fernwanderweg **GR51** auf einem für Autos gesperrtem Fahrweg mit vielen Ausblicken auf die Corniche des Maures entweder hinab nach Rayol-Canadel-sur-Mer oder weiter bis Cogolin. Auf der pittoresken, aber schon sehr verkehrsreichen **Corniche** (D559) geht es über **St. Tropez** nach **Fréjus,** wo jeden Oktober das *Roc d'Azur,* das größte MTB-Festival der Welt, abgefeiert wird (*www.rocazur.com*). Ab Fréjus lässt sich das rote Massif de l'Esterel und der Rest der Küste angenehmer aus dem Fenster des Regionalzuges bewundern (endet in Antibes).

Anstrengender, aber auch viel friedlicher, ist das bergige Hinterland der Küste (Kalkvoralpen), das nach Nordosten zunehmend an Höhe gewinnt. Neben dem bewaldeten Küstengebirge **Massif des Maures** sind die Voralpen nördlich der Städte Draguignan, Grasse und Vence ansprechendes Tourengebiet. Diese Orte sind zugleich auch sympathische Quartiere für Tagestrips.

Annecy, Savoyen

Französische Alpen

Infos *www.montivagus.de/links*

Savoyer Alpen (Dauphiné-Alpen)

Schneebedeckte Granitgipfel, schroffe Gebirgskämme, Schotterhänge und Gletschermassen, saftige Almen und dunkle Wälder, tiefe Täler und kleine Dörfer an den Südhängen, Passstraßen und Panoramablicke satt. Mit den Savoyer Alpen hat Frankreich Anteil an den höchsten und spektakulärsten Teilen der Alpen. Der Gipfel des **Mont Blanc** (höchster Berg Europas, 4808 m) liegt hart an der Grenze zu Italien.

Radtouren lassen sich von Ende Juni bis Ende September unternehmen, wenn alle Pässe geöffnet sind. Stark befahren sind die Durchgangsstrecken zur Schweiz und nach Italien. Wer's moderat mag, sollte sich auf den schönen *Westteil* der Savoyer Alpen konzentrieren (zwischen Annecy und Cluses), dort liegen die Pässe zwischen 700 und 1500 m. Ein 20 km langer, völlig flacher Radwanderweg führt von Annecy zum Südende des **Lac d'Annecy.** Durch eine Kette pittoresker Hochalpendörfer führt die **Straße der Sonnenuhren,** im Städte-Dreieck Gap (Ausgangspunkt), Briançon, Grenoble. Wer ganz hoch hinaus will, muss sich nur an der Grenze zu Italien orientieren, die verläuft nämlich über die höchsten Gipfel und Kämme der Westalpen.
Michael Kristl über die beiden höchsten Straßenpässe, die auf Tourenradler im Savoyen warten:

- **Col de l'Iseran (2770 m)** – 1930 Höhenmeter auf der Nordrampe bei 10% Steigung machen diesen Pass zu den konditionell anspruchvollsten der Alpen. Während des ersten Abschnitts bis zum Stausee von Tignes (1800 m) müssen einige unbeleuchtete Tunnels mit häufig nass-glitschiger Fahrbahn passiert werden, auch kann hier der Verkehr zum Sommerskigebiet recht rege sein. Auf dem letzten Anstieg durch immer einsamer werdende Gebirgslandschaft wird man zunehmend von Gletschern und schroffen Bergriesen flankiert.
- **Col du Galibier (2645 m)** – Zählt bei der Tour de France zu den Königsetappen. Während die Nordrampe am Anschluss zum Col du Telegraphe (1530 m) mit

bis zu 13% außerordentlich anspruchsvoll ist, sind die Steigungsverhältnisse auf der Südseite von Briancon mit zunächst 9% bis zum Col du Lautaret (2040 m) wesentlich moderater. Die letzten 500 Höhenmeter haben es dann aber mit bis zu 12% noch einmal in sich. Ist die Passhöhe nach dem schweißtreibenden Anstieg erreicht, entschädigt ein einzigartiger Ausblick auf die Savoyer Alpen für die Mühen der Kletterei. Besonders im Bereich der Passhöhe muss mit teilweise schadhafter Straße gerechnet werden.

Seealpen (Meeralpen)

Den südlichen Abschluss der französischen Alpen bilden die vom Mittelmeerklima beeinflussten Seealpen, auch Meeralpen genannt. Sie zeigen sich oberhalb der Waldgrenze vor allem kahl und karstig, aber dennoch beeindruckend. Wer einen echten Höhepunkt sucht, knöpft sich den **Cime de La Bonette** (2802 m) vor – höchster auf Asphalt anfahrbarer Punkt der Alpen. Der Cime de La Bonette wird oft mit dem Pass verwechselt, ist aber nur eine knapp 1 km lange Schleife um den Bonette-Gipfel (cime = Gipfel).

Zuvor erreicht man bereits den eigentlichen Pass, den Col bzw. **Restefond de La Bonette** (2715 m) und kann bereits ab hier nach Nizza hinabstürzen (noch 100 km, davon aber nur die ersten 60 km echte Abfahrt). Wer es hingegen wissen will, stemmt zuvor noch mit einem finalen Kraftakt den Cime de La Bonette. Die Runde ist kurz (900 m), aber steil (15%).

Routes des Grandes Alpes

Wer die Supertour machen will – von den Ufern des Genfer Sees an die Côte d'Azur – kann einerseits der 700 km langen *Route des Grandes Alpes* mit ihren Tour-de-France-Pässen folgen, die seit 1937 vor allem die Herzen aller motorisierten Alpenfans erfreut, oder verkehrsarme Nebenstreckenpässe beimischen, die mindestens ebenso großartig sind.

Werner Wilhelm hat einen solchen Alpen-Parcours ausgetüftelt und befahren:

Thonon Les Bains (420 m) – Col de Saxel (944 m; oder: Col de Cou, 1113 m) – Bonneville (450 m) – Le Petit Bornand (717 m) – La Clusaz (1040 m) – Col des Aravis (1486 m) – Flumet (917 m) – Col des Saisier (1633 m, Hochplateau) – Albertville (345 m) – Col de la Madelaine (1984 m) – La Chambre (495 m) – Col du Tlgraphe (1570 m) – Valloire (1430 m) – Col du Galibier (2645 m) – Col du

Col du Semnoz, Savoyen

Lautaret (2054 m) – Briançon (1350 m) – Col d'Izoard (2361 m, höchstgelegenes Fahrradmuseum der Welt) – Guillestre (1000 m, 5 Tunnel) – Col de Vars (2110 m) – Jausiers (1220 m) – Cime de la Bonette (2802 m; oder: Col de Restefond, 2600 m) – **Nice** (0 m).

Distanz: 620 km, ca. 12.000 Hm

Steigungen: 7–12%, kurzzeitig auch 14%

Beste Reisezeit: 1.7.–30.9. (nur in dieser Zeit sind alle Pässe mit Sicherheit geöffnet).

MTB Französische Alpen

Einige Highlights aus dem Füllhorn der Möglichkeiten:

- **Chamonix-Mont-Blanc** (1037 m) ist *der* Biker-Spot für ambitionierte Touren zu Gipfeln und Gletschern unterhalb des Mont-Blanc-Massivs (klassische Hochgebirgspanoramen).
- Für Touren auf Militärpisten im französisch-italienischen Kammbereich der **Westalpen** (Ü: in Berghütten oder wettersicherem Zelt) bietet sich als Ausgangspunkt der italienische Grenzort **Susa** (500 m) an.
- Wer 60 km südwestlich davon, in Frankreichs höchstgelegener Stadt **Briançon** startet, kann von einem Basisniveau von 1350 m mehrere Berge über 2500 m angehen. Krönung für kernige Biker ist die 28 km lange Militärpiste auf den **Mont Chaberton** (3136 m, höchster anfahrbarer Bike-Berg der Alpen).
- Alte Militärpisten erschließen auch die reizvolle Region um den **Lac du Mont Cenis,** und im Ostteil des **Parc National du Mercantour** locken, zwischen Cime de Glas („Frostgipfel", 3143 m) und Cime du Diable („Teufelsgipfel", 2685 m), diverse Gebirgsseen.

Normandie

Infos

de.normandie-tourisme.fr

Aus Radlersicht ist die Normandie ein moderates Tourengebiet, das sich für friedliche und weitgehend unstrapaziöse Radtouren empfiehlt. Gemäßigt sind Wetter (milde Sommer), Landschaftsprofil (Flach- und Hügelland ohne große Erhebungen) und der wenig ausgeprägte Tourismus.

Die von den Wikingern im 9. Jahrhundert besiedelte „Nordmänner"-Region wird in *Obere* und *Untere Normandie* unterteilt (Hauptorte: Rouen und Caen). Äpfel, Calvados, Camembert und Butter aus dem üppig-grünen Bauernland werden viel gerühmt in Frankreich. Das Vorurteil, dass die Normandie eintöniges Bauernland sei, müssen Autofahrer erfunden haben: Fette Weiden, heckengesäumte Felder, kleine Wälder, murmelnde Bäche, zerfahrene Feldwege, verträumte Dörfer, alte Städte und prominente Seebäder gilt es auf Nebenstraßen zu entdecken.

Radrouten

Die Normandie macht vor allem mit überregionalen Radrouten auf sich aufmerksam: Die **„Véloscénie"** führt von Paris nach Mont St. Michel (440 km, davon 232 km in der Normandie, *www.veloscenic.com*); die **„D-Day"**-Route führt von den museal hergerichteten Landungsstränden nach Mont-St.Michel (210 km, *www.dday-montsaintmichel-bybike.com*); und die **„Tour de Manche"** verbindet beiderseits des Ärmelkanals Normandie, Bretagne und Südwest-England (1200 km, davon 242 km in der Normandie, *www.tourdemanche.com*).

Nicht jede Route ist schon komplett beschildert, aber es gibt gut gemachte Etappenbeschreibungen: *de.normandie-tourisme.fr* (mit deutschen pdf-files).

Obere Normandie

Mit **Rouen** besitzt die Obere Normandie (Haute Normandie) eine der schönsten Städte Frankreichs. Attraktiv für Radtouren ist das westlich davon gelegene Tal der Seine, in deren Schleifen sich große Waldgebiete erhalten haben (Forêt de Brotonne). Reizvoll ist auch die hügelige Strecke entlang der **Côte d'Albatre** („Alabaster-Küste", Steilküste mit Kreidefelsen) von St.-Valéry über Fécamp nach Étretat. Nicht versäumen sollte man das ungleiche Badeort-Zwillingspaar Deauville und Trouville, die nur durch die Mündung des Flüsschens Touque getrennt sind, und das altertümliche Seefahrerstädtchen Honfleur.

Untere Normandie

Weit größer ist die Auswahl an landschaftlich attraktiven Strecken in der Unteren Normandie (Basse Normandie). Hier lockt die Halbinsel **Cotentin,** an deren Küste sich entspanntes Radeln mit Badefreuden kombinieren lässt. Im Landesinnern ist es die **Bocage Normandie** („Hecken"-Normandie), ein bäuerliches Hügelland (200 – 360 m üNN), das von St.-Lo über Thury-Harcourt bis Ecouché (bei Argentat) eigentlich durchgehend schön ist. Einige Elfprozenter erwarten den Radler dabei vor allem im Südwesten, wo sich die vom Orne-Tal und anderen Schluchten durchfurchte **Normannische Schweiz** (Suisse Normandie) erstreckt: das landschaftliche Highlight der Bocage.

Auch wenn der Klosterberg **Mont-St.-Michel** mehr oder weniger als Touristenfalle verschrieen ist, sollte man einmal dort gewesen sein. Schließlich ist die Abtei auf dem 80 m hohen Felsen eine der Top-Sehenswürdigkeiten Frankreichs. Gleiches gilt für den *Panorama-Teppich von Bayeux.*

Loiretal

Infos

www.loire-radweg.org

Folgt man dem französischen Dichtertum, dann gleicht der letzte unregulierte Strom Europas einer schönen Frau: Mal sanft, mal wild; mal träge, mal zornig. Populär für Radtouren ist der **Unterlauf der Loire** zwischen Gien und Nantes wegen seiner pittoresken Lustschlösser, Wachtürme und Burgen.

Klosterberg Mt. St. Michel

Schlösser und Herrensitze am Unterlauf der Loire

La Loire à Vélo

Viele sehenswerte Schlösser und Herrensitze liegen aber auch an den Nebenarmen der Loire: **Cher, Indre, Loir** und **Sarthe.** Am 30. November 2000 erklärte die UNESCO das Loiretal auf einer Länge von 280 km zum Weltkulturerbe. In der Begründung hieß es: „Diese außergewöhnliche Kulturlandschaft zeugt von einer harmonischen, zweitausendjährigen Entwicklung zwischen Mensch und Umwelt. Hier zeigt sich der Einfluss der Ideale von Renaissance und Aufklärung auf die Gedankenwelt Westeuropas."

1995 beschlossen die beiden beteiligten Departments, einen **Loire-Radweg** zu entwickeln. Nachdem man nie genau wusste, wie es um dieses „La Loire à Vélo" genannte Projekt gerade stand, ist es 2012 tatsächlich fertig geworden. 800 km lang ist der in beiden Richtungen beschilderte RW „La Loire à Vélo" und mittlerweile wird er auch schon von 800.000 Radlern pro Jahr genutzt, ähnlich viele wie man am österreichischen Donau-RW zählt. „La Loire à Vélo" beginnt im Osten in **Cuffy** und endet an der Loire-Mündung in **Saint-Brévin-les-Pins.** Einen schönen Service hat man sich auch noch einfallen lassen: Vom 14. Juni bis 13. Sept. verkehren spezielle *Fahrradzüge* – „Train Vélo Loire" genannt – mit kostenloser Radmitnahme. Der Loire-Radweg ist zusammen mit dem Donau-Radweg einer der Hauptbestandteile des **EuroVelo 6.**

Bretagne

Infos

www.tourismebretagne.com • *cycling.brittanytourism.com*

Auch die Bretagne entwickelt ein **Radroutennetz.** Über 1300 km sind bereits realisiert, davon viele auf Bahntrassen oder Treidelwegen (voies vertes), was das Radeln durch die arg hügelige Bretagne etwas leichter macht. Während die Inlandsrouten schon ziemlich komplett sind, ist die Küstenroute erst zu einem Fünftel realisiert. Wie der Ausbauzustand der Routen im Einzelnen ist, lässt sich gut auf *cycling.brittanytourism.com* einsehen.

Hügel und Täler, kleine Wälder und klare Bäche, zwei niedere Gebirge im Innern, weite Heideflächen im Süden und ringsum eine zerfurchte Felsenküste: voilá, die Bretagne. Das Rad rollt auf der rund 250 km langen und 100 bis 150 km breiten Halbinsel nicht immer ganz leicht, denn die reichlich vorhandenen Nebenstraßen sind überwiegend sanft bis mäßig hügelig und überraschen auch schon mal mit knackigen Steigungen. Außerdem weht stets ein frischer Wind aus West, der im Frühjahr manch kühlen Schauer heranträgt. Aber das macht nichts, denn es gibt viel zu entdecken auf der urigen Halbinsel, wo einst König Artus und seine Tafelrunde nach dem Heiligen Gral fahndeten.

Kelten besiedelten die Bretagne, indem sie im 5. Jh. mit ihren Fischerbooten von der Südspitze Englands übersetzten. Aber sie waren offenbar nicht die ersten: überall finden sich Menhire, Dolmen und Cromlechs – mächtige Steinsetzungen eines unbekannten Volkes aus dem 3. vorchristlichen Jahrtausend (speziell rund um Carnac). Die Bretonen haben die Landschaft ihrerseits um Kalvarienberge bereichert. Sie sind Ausdruck ihrer tief verwurzelten Religiosität, die sich auch in wunderschönen, verschwiegenen Kirchhöfen, „7777" Volksheiligen und Prozessionen zu fast jeder Jahreszeit (sog. Pardons) niederschlägt.

Küstentour

Das landschaftliche Faustpfand der Bretagne ist ihre klippen- und buchtenreiche Felsenküste. Wer auf den verkehrsarmen, hügeligen Nebenstraßen (nicht immer im besten Zustand) stets möglichst nah an der Küste entlangpedalt und dabei die Landzungen nicht auslässt, kann es bei einer kompletten Umrundung der bretonischen Halbinsel locker auf 1500 km bringen! Die Strecke wäre erheblich kürzer, wenn es Fähren über die Flussmündungen gäbe. Gibt es aber nicht! In die Länge ziehen sich auch die einzelnen, sehr attraktiven Küstenabschnitte: die **Côte d'Emeraude** mit dem einzigartigen Gezeitenkraftwerk östl. von Dinard, die Côte de Granit rose mit ihren im Abendlicht rosaglühenden Felsen, die Côte des Abers mit ihren im Meer versunkenen Flusstälern, die raue Landzunge Crozon oder die von Douarnenez mit dem spektakulären *Pointe du Raz.*

Bretagne kreuz und quer

Die nur über Stichstraßen zu erreichenden, feinen Sandstrände saugen die Touristen auf; irgendwo müssen sie ja bleiben, schließlich ist die Bretagne Frankreichs zweit beliebtestes Urlaubsgebiet. Doch je weiter westlich man kommt, desto geringer der Trubel. Noch weniger bemerkt man davon im Innern der Halbinsel, die von einem dichten Netz hügeliger Nebenstraßen durchzogen ist. Wunderschön ist eine Tour durch den im Westteil gelegenen **Parc Regional d'Armorique,** dessen Herzstück die baumlosen, aber panoramareichen Höhen der Monts d'Arre sind (höchster Punkt 384 m, bei Roch Trevezel). Am Ende dieser Etappe könnte **Quimper** stehen – malerischer Prototyp einer alten bretonischen Stadt.

Fougéres (Bretagne)

Eine weitere hübsche Tour bietet sich im Mittelteil der Insel an. Sie beginnt in **Rostrenen** und führt über die alte Herzogsstadt **Pontivy** hinunter zur Hinkelsteinlandschaft von **Carnac.** Nach dem Besuch im *Archeoscop* von Carnac radelt man/frau als frischgebackener Experte für Megalithen, Menhire, Alignements und Dolmen weiter nach **Quiberon,** von dort per Fähre zur **Belle-Ile** (wunderschönes „Mini-Irland", nicht versäumen).

Fahrrad-mitnahme Fähren

Zur **Belle-Ile** kann das Rad problemlos mitgenommen werden (Autofähre). Hingegen mauern die zu den anderen Inseln verkehrenden Fähren gern – offenbar in Absprache mit den Vélo-Vermietern. Probleme gab es in der Vergangenheit auch bei den Fähren über die Halbinselspitzen, die den **Golfe du Morbihan** bei Port Navalo bzw. Locmariaquer umschließen. Hier wurde die Fahrradmitnahme oft ohne Begründung abgelehnt, was in der Konsequenz 80 km Umweg über Vannes bedeutete. Da die offizielle Küstenradroute aber bis Port Navalo bereits realisiert wurde, ist damit zu rechnen, dass die Fährbetreiber inzwischen von den Touristikern weich geklopft wurden. Dennoch besser rechtzeitig vor Ort erkunden und nicht erst bis Port Navalo bzw. Locmariaquer fahren, um dann möglicherweise festzustellen, dass es mit der Fähre doch (noch) nicht weitergeht.

Abstecher Britische Kanalinseln

Autofähren verkehren von St. Malo zur britischen Kanalinsel **Jersey** (116 qkm, 80.000 Ew., Amtssprache Französisch). Englischer Lifestyle paart sich hier mit französischem savoir-vivre, liebliches Ambiente mit mildem Golfstrom-Klima. Ein abgedachtes, hügeliges Hochplateau zwischen 60 und 120 m und ein dichtes Nebenstraßennetz laden zu leichteren Touren ein. Da Jersey sehr dicht besiedelt ist (690 Ew./qkm), sind auch die meisten Straßen vergleichsweise stark befahren. Das Radroutennetz umfasst 10 markierte „Cycle Routes", die auf wenig befahrenen Straßen und Wegen geführt sind. Autofahrer dürfen auf den entsprechend markierten Nebenstraßen nur Schrittgeschwindigkeit fahren. Hübsche Ausgangsorte sind St. Helier, St. Brelade, Rozel und Gorey. Wer auf den Geschmack gekommen ist, kann von Jersey mit der Personenfähre auch noch zu den flachen Kanalinseln **Guernsey** und **Sark** (autofrei) schippern. Achtung: An den Wochenenden sind Jersey und Guernsey rappelvoll mit englischen Ausflugsgästen. Infos und pdf-Radreiseführer: *www.jersey.com*

Offroad Bretagne

Hervorragend eignen sich die alten **Küstenkontrollwege des Zolls** (sentiers des douaniers) zum Offroad-Biken. Speziell an der Nordküste finden sich noch viele befahrbare Abschnitte dieser Saumwege. In den Michelin-Karten sind sie übrigens weitgehend identisch mit dem Verlauf des eingezeichneten Fernwanderweges GR 34, bspw. von les Rosaires nach St. Quay-Portrieux. Leichte Touren lassen sich auf den Wirtschaftswegen unternehmen, die an Flüssen verlaufen. Attraktiv die ca. 80 km lange Flussstrecke an **Aulne** und **Canal du Nantes;** wobei der von Chateaulin bis Port-de-Carhaix (bei Carhaix-Plouguer) reichende Begleitweg teilweise identisch mit dem Fernwanderweg GR 38 ist.

Frankreichs wilder Westen – per Rad durch die Bretagne

von Andreas Bugdoll

Wie schon so oft lassen wir unseren Wagen in der Obhut eines Campingplatzes zurück. Vor uns liegt eine dreiwöchige Radtour durch eine wilde Küstenregion mit vielen mittelalterlichen Städtchen – die Bretagne.

Klosterfelsen

Schon nach wenigen Kilometern ist die erste große Sehenswürdigkeit unübersehbar. Erhaben liegt die Klosterinsel **Mont Saint Michel** auf einem Felsen vor der Atlantiküste. Eine Deichstraße führt in weitem Bogen darauf zu. Während bei Ebbe weit und breit nur Sand ist, wird der Klosterfelsen bei Flut zur Insel. Der Gezeitenunterschied beträgt hier teilweise über zehn Meter!

Schon bald nach dem Klosterbesuch müssen wir die Tour erneut unterbrechen, denn **St. Malo** ist erreicht. Leider hatten unsere Landsleute im Zweiten Weltkrieg ganze Arbeit geleistet. Doch wurde die Altstadt originalgetreu wiederaufgebaut.

Zu Fuß durch das Mittelalter

Die Strecke wird nun sehr hügelig und anstrengend. Aber die nächste herausragende Sehenswürdigkeit ist bald erreicht: **Dinan** – uralt und wirklich gut erhalten. Wir schieben unsere Räder durchs Mittelalter. Dicke krumme Balken stützen windschiefe Fassaden. Dunkle Sprossenfenster lassen wenig Licht in die Räume. Schattige Arkaden laden zum Flanieren ein. Restaurants, Straßencafés und Crêperien locken mit ihren Düften zur Einkehr. Eine steile Gasse führt hinunter zu der mittelalterlichen Steinbrücke über die Rance. Nur schwer können wir uns von Dinan losreißen.

Granit und Artischocken

Tolle Steilküsten mit kleinen Buchten und das versteckt gelegene **Fort La Latte** lassen auf dem Weg zum Cap Frehel keine Langeweile aufkommen. Stark erodierte Klippen liegen tief unten im rauen Meer. Wir lassen die Räder stehen und umrunden den äußersten Zipfel zu Fuß, auf Atem raubenden Pfaden über dem Abgrund. Bald darauf verzaubert uns die **Côte de Granit rose** mit ihren großen rund geschliffenen Felsen. Wie zum Schutz lehnt sich vereinzelt ein Häuschen an einen rosafarbenen Granitfelsen. Üppig blühen die Artischockenfelder am Straßenrand, sie erinnern uns an blaue Riesenstrohblumen.

Gute Entscheidung

In **St. Pol de Leon** besteigen wir den 40 m hohen Granitkirchturm. Tolle Aussicht! Den Abend lassen wir in der wunderschönen, von großen Bollersteinen eingerahmten, weißen

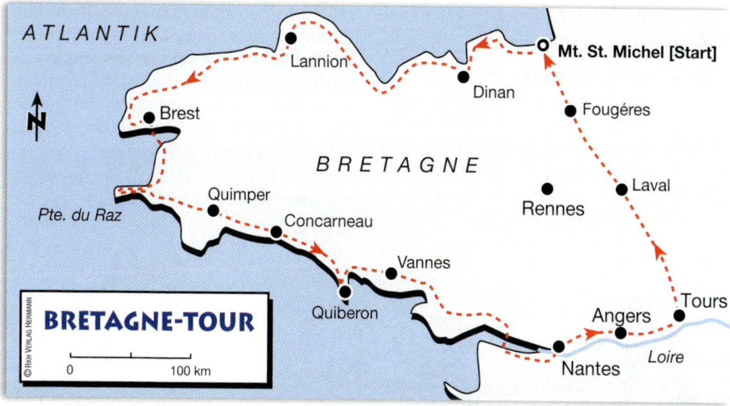

Sandbucht von **Brignogan** ausklingen. Bis **Brest** haben wir am nächsten Tag zum ersten Mal Regen, so dass wir gleich die Fähre nach **Le Fret** nehmen. Eine gute Entscheidung, denn auf der anderen Seite der Bucht kommt die Sonne wieder heraus. So können wir die sanft hügelige, von Wälder und Feldern bestimmte Landschaft richtig genießen.

Wieder eine Topp-Sehenswürdigkeit. Von der Hauptstraße radeln wir zum Zentrum von **Locronan** hinauf und fühlen uns erneut einige hundert Jahre zurück versetzt. Alte Granithäuser versammeln sich um den kleinen Brunnen, und eine dunkle trutzige Kirche beherrscht das Ende des Platzes. Kleine Artisans sind in den Häusern untergebracht, so dass man auch mal einen Blick in das Innere werfen kann. Über das Kopfsteinpflaster des Marktplatzes rumpeln wir wieder aus dem Ort heraus.

Am schönsten Punkt

Nur wenig später folgen wir dem Weg hinunter zur **Baie des Trespasses,** wo uns riesige Wellen und ein toller Strand erwarten. Nun sind es nur noch Minuten bis zum westlichsten Punkt Frankreichs, dem **Pointe du Raz.** Wie ein langer Finger reckt sich die felsig zerklüftete Halbinsel in die wilden Strömungen des Atlantiks. Auf befestigten Wegen können wir auf einem Rundgang fast bis zum äußersten Zipfel gelangen. Starker Wind umtost uns, kaum ein Pflänzchen kann den Unbilden des Wetters hier trotzen. Ein kleiner Leuchtturm steht auf einem Felsen im aufgewühlten, weiß schäumenden Meer. Für uns ist das Kap der schönste Punkt der Bretagne!

Camping mit Schlosspark

Ab jetzt geht es entlang der Südküste nach Osten. Nach dem zurückliegenden Naturerlebnis freuen wir uns schon auf die nächste Stadt. Ähnlich wie Dinan hat auch **Quimper** eine Altstadt mit vielen gut erhaltenen Fachwerkhäusern, überragt von einer großen Kathedrale mit reich verzierten Türmen. Auch der nahe Campingplatz *L`Orangerie de Lannion* begeistert uns. Durch einen alten Schlosspark radeln wir zu dem ungewöhnlich schön gelegenen und ausgestatteten Platz. Das stilvolle Restaurant in einem der restaurierten Gebäude verführt uns zu einem leckeren Abendessen und einer Flasche Rotwein. Müde kriechen wir in das, unter alten Bäumen stehende Zelt.

Springluft

Es wird immer windiger. Auf dem Asphalt lesen wir die Parolen der letzten Tour de France. Noch schützt uns der Forêt de Carnoet etwas gegen den anschwellenden Sturm, dann kämpfen wir blank gegen den Wind und erreichen ziemlich erschöpft die **Landzunge von Quiberon.** Wahnsinnig große Wellenberge werfen sich am Grand Plage krachend auf den Strand und überfluten ihn weiß schäumend. Der Sturm macht aus dem Meer eine Furcht einflößende, grauweiß brodelnde Masse. In **Portivy** knallen die Brecher schon über die Mole in das Hafenbecken und lassen die kleinen Boote dort tanzen. Sogar die Straßen werden von den wilden Wassermassen erreicht. Hunderte von Menschen haben sich versammelt, um der gigantischen Springflut ins Auge zu schauen. Auch wir können uns kaum losreißen. Aber es wird bald dunkel und noch liegen einige Kilometer vor uns. Eine kaum befahrene Straße führt durch Dünenlandschaften entlang der vom Wind gepeitschten Küste. Haushoch fingert die Gischt über die Abbruchkante und platscht kübelweise auf uns herab. Wie froh sind wir, als wir den geschützten Campingplatz erreicht haben.

In den nächsten Tagen nähern wir uns der Loire und damit dem Ende der bretonischen Halbinsel. Die letzten Kilometer vermengen sich mit etwas Wehmut. Das ist in Ordnung. Immerhin waren wir drei Wochen lang in einem der schönsten Radelgebiete Europas unterwegs!

Côte de granit rose

Aquitanien

Infos *www.tourisme-aquitaine.fr*

Aquitanien, das Land der Baskenmütze, ist heute als Verwaltungsregion nur noch etwa halb so groß wie das einstige Herzogtum gleichen Namens. Mit gut 41.000 qkm ist es aber immer noch so groß wie die Schweiz. In Frankreich steht Aquitanien im Ruf eines Garten Edens mit angeschlossenem Schlemmerlokal. Alles was dazu gehört, wird in den fünf Départments geerntet, gemästet oder gefangen: vom Trüffelpilz über gestopfte Gänseleber, Singvögelchen und Kaviar bis hin zu Tausenden verschiedener Bordeaux-Weine. Wen wundert es da noch, dass es hier, in Eugénie-les-Bains, auch das „weltbeste" Drei-Sterne-Restaurant gibt: „les Prés d'Eugénie" hat seit 1976 ununterbrochen drei Michelin-Sterne.

Auch landschaftlich bietet Aquitanien viele Genüsse, die sich per Rad ganz wunderbar auskosten lassen. Dass Aquitanien nicht am Mittelmeer, sondern am Atlantik liegt, merkt man an den moderateren Temperaturen (im Juli durchschnittlich vier Grad „kühler") und daran, dass es hier auch im Hochsommer immer wieder mal regnen kann (vor allem im Einzugsbereich der Pyrenäen). Sieht man einmal von den Westpyrenäen ab, die Aquitanien nach Süden hin begrenzen, ist die Topografie an der Küste flach, landeinwärts durchgehend wellig.

Entre-Deux-Mers Unauffällig, aber liebenswert ist die zwischen **Dordogne** und **Garonne** gelegene Region Entre-Deux-Mers, östlich von Bordeaux. Abseits der großen Touristenströme werkelt diese große Weinbauregion vor sich hin und besticht durch den einfachen Charme vergangener Jahrhunderte sowie mit überdurchschnittlich vielen Nebenstraßen. Sehr geeignet für beschauliches Radwandern.

Périgord Weiter östlich erschließt sich dann eines der schönsten Radelreviere Aquitaniens: das – speziell im Bereich zwischen der alten Bischofsstadt **Angoulême** und dem filmreifen **Sarlat-la-Caneda** – mit attraktiven Burgen, Schlössern, Herrensitzen und Karsthöhlen aufwartende Prigord (Départment Dordogne). Durch die von Eichenwäldern und Wacholderbüschen bedeckten, hügeligen Hochebenen haben sich Flüsse wie Isle, Vézère, Couze und Dordogne ganz malerisch ihren Weg gebahnt. Hervorgehoben seien Touren entlang der **Vézère,** wo sich auf dem Abschnitt zwischen Montignac und les Eyzies-de-Tayac (Périgord Noir) den in Karsthöhlen hausenden Ureinwohnern nachspüren lässt, sowie entlang der burgen- und schlösserreichen **Dordogne.** Auch hier ist das Périgord Noir (in der „Gabel" zwischen Vézère und Dordogne) die schönste, interessanteste, aber auch touristischste Gegend; beschaulicher radelt es sich zwischen Souillac und Argentat.

Weniger bekannt als die Dordogne, aber kaum weniger reizvoll, ist der Garonne-Nebenfluss **Lot** und ganz besonders deren Ableger **Célé** (Department Lot). Lohnend hier vor allem der Streckenabschnitt zwischen Figeac und Puy-l'Eveque mit seinen verträumten Tälern, felsigen Grotten, alten Dörfern, Burgruinen und Klöstern. Fast immer können verkehrsarme Nebenstraßen benutzt werden, manchmal auch ein alter Treidelpfad (bspw. zwischen St. Cirq und Bouziès).

Aquitaniens Küsten Leichte Radtouren von ganz speziellem Reiz lassen sich in den flachen Küstenebenen von **Medoc** (Départment Gironde) und **Les Landes** unternehmen. Ein velofreundliches Netz verkehrsarmer Nebenstraßen und befestigter Radwege durchzieht die schwach besiedelte Region. Weinfelder und Chateaux am linken Gironde-Ufer (Besichtigungen möglich), Kiefernwälder, Binnenseen und Teiche, ein Naturschutzgebiet um den Etang de Cousseau, Flüsse und Flüsschen, Sandstrände, Badeorte und Dünenketten prägen dieses rund 200 km lange „Handtuch" zwischen Gironde-Mündung und Pyrenäenvorland. Außer der höchsten Düne Europas (bei Pilat) und dem mondänen, aber wenig einladenden Biarritz darf man dabei nicht viel Spektakuläres erwarten. Der Reiz ergibt sich eher aus der ständigen Nähe des bewegten Atlantiks und der Ruhe des Küstenlandes, aus dem Wechselspiel zwischen salziger Meeresbrise und harziger Kiefernluft.

Radrouten

Aquitanien wirbt mit 2000 km gut ausgebauter Radwanderwege. Großen Anteil daran haben die Küstenroute Vélodyssée und die Véloroute des Deux Mers.

Die 1200 km lange **Vélodyssée** von Roscoff im Norden der Bretagne nach Hendaye an der spanischen Grenze ist der französische Abschnitt des EuroVelo 1 und so etwas wie das Flaggschiff im französischen Radroutennetz. Von Royan (bzw. Le-Verdon-sur-mer) bis Hendaye führt die Vélodyssée durch Aquitanien, macht 500 km. Die Wegebeschaffenheit ist gut bis sehr gut, 80% auf autofreien Wegen (Voies Vertes). Man muss nur etwas aufpassen, nicht auf die alten Radwege an der Küste zu geraten, zu denen auch die versandeten Betonplattenwege der deutschen Wehrmacht gehörten.
Etappenbeschreibungen: *www.lavelodyssee.com*

Die 700 km lange Véloroute **Canal des Deux Mers** ist noch im Aufbau, kann jedoch schon jetzt problemlos befahren werden. Eine Beschilderung fehlt zwar noch, aber die Wege sind vorhanden. Überwiegend sind es die Treidelwege am **Canal du Midi** und dessen Fortführung zum Atlantik, dem Garonne-Seitenkanal. Die Route führt von Royan am Atlantik über Bordeaux und Agen nach Toulouse und über Carcassonne weiter bis Sète am Mittelmeer. Etappenbeschreibungen und Tracks: *www.canaldes2mersavelo.com* • *www.canal-et-voie-verte.com*

Pyrenäen

Infos

www.tourisme-midi-pyrenees.com
www.velopyrenees.com (Pässebeschreibungen!)

Radsportler lieben die Pyrenäen: Gute rennradtaugliche Straßen, Herausforderungen am laufenden Band (Längstouren mit bis zu 18 Straßenpässen und 22.000 Höhenmetern sind möglich), tolle Szenerie, gute Infrastruktur (Unterkünfte, Fahrradservice), aufregende Bilder, wenn die Heroen der Tour de France über die Pässe pumpen. Außerdem milderes Klima und länger geöffnete Pässe als in den Alpen.

Rund 440 km lang ist der Block der Pyrenäen, der einen mächtigen Sperrriegel zwischen Frankreich und Spanien bildet. Die Grenze verläuft auf dem Kamm. Während die relativ trockene spanische Südseite vergleichsweise sanft abgedacht ist, fällt die regenreichere, grüne Nordseite steil ab. Daher gehört flächenmäßig zwar nur ein Drittel der Pyrenäen zu Frankreich, aber das hat es steigungsmäßig und szenisch in sich. Klimatisch liegen die West-Pyrenäen im Einflussbereich des kühleren Atlantiks, während der Osten oft vom feuchtwarmen Vent d'Espagne bestrichen wird. Rasche Wetterwechsel sind typisch, ebenso die Umkehr der Windrichtung im Tagesverlauf (starke Talwinde am Vormittag, Fallwinde am Nachmittag). Generell ist das Klima jedoch mild.

Stärkere Hügel, bewaldete Täler und Pässe deutlich unter 1000 m prägen die **West-Pyrenäen** (Pyrénées Atlantique). Paradoxerweise entpuppen sich gerade die Nebenpässe der West-Pyrenäen oft als hundsgemein. Steil in die Höhe türmen sich die **Zentral-Pyrenäen** (bis 3298 m), die höchsten Pässe reichen bis über 2000 m, darunter auch der **Col du Tourmalet** (2114 m), berühmter Tour-de-France-Pass. Der Westanstieg ist gleichmäßiger und deshalb weniger anstrengend als der wechselhafte Ostanstieg. Wolf-Christian Strauß: „Einer der schönsten Pässe überhaupt! Die letzten fünf bis sieben Kilometer sind weitgehend von oben einsehbar (Tour de France!), und natürlich auch umgekehrt. Ewig lockt die Passhöhe!"

Die **Ost-Pyrenäen** sind zwar ebenfalls noch recht hoch (höchster Punkt 2785 m), werden aber von breiten Tälern eingekerbt und wirken weniger wild.

Schwer passierbar waren die Pyrenäen früher. Da durchgehende Quertäler fehlen, konnte der Gebirgszug außerhalb der Sommersaison nur an den Enden umfahren werden. Mittlerweile gehört die französische Seite der Pyrenäen zu den touristisch erschlossensten Gebirgen Europas. Ein sehr gutes Straßennetz führt zu Kurorten, Unterkünften (auch Campingplätzen), Aussichtspunkten, Höhlen und Wandergebieten. Während die Steigungen der Pyrenäen-Durchgangsstraßen in der Regel nicht über 12% betragen, können Stichstraßen und kleine Nebenstraßen bis zu 20% steil sein.

Pyrenäen der Länge nach

Prinzipiell kommen für Gepäckradler zwei Möglichkeiten in Frage, um die Pyrenäen auf rund 700 km der Länge nach zu passieren:

Möglichkeit Nr. 1

Die landschaftlich attraktive Strecke zu Füssen der Pyrenäen bei überwiegend moderaten Anstiegen bis ca. 600 m. Diese Strecke lässt sich auch in Frühjahr und Herbst machen. Kulturelle Höhepunkte sind der Wallfahrtsort **Lourdes** und die gotische Kathedrale von **St.-Bertrand-de-Comminges** (das Nachbardorf Valcebrère besitzt darüber hinaus eine ansehnliche romanische

Westabfahrt vom Col d'Aubisque (Pyrenäen)

Canal du Midi

Basilika). Mehrere prähistorische Grotten und Tropfsteinhöhlen säumen den Weg (am schönsten: die Grotte-de-Medous bei Bagnères-de-Bigorre). Im Osten endet die Strecke in der Region **Languedoc-Roussillon,** wo ein Abstecher der unbedingt sehenswerten Festungsstadt **Carcassonne** gelten sollte.

Carcassonne liegt am **Canal du Midi** (*www.canalmidi.com*), der auf seiner gesamten Länge von Toulouse bis zum Mittelmeer mit dem Rad befahren werden kann. 182 km von insgesamt 240 km sind Treidelwege. Radfahrer werden von der Wasserstraßenverwaltung toleriert. Der Canal du Midi entstand unter enormen Anstrengungen im 17. Jh. Er ist der älteste noch in Betrieb befindliche Kanal der Welt und seit 1996 in der Weltkulturerbeliste. Der Radweg ist Teil der Véloroute „Canal des deux Mers" (s. Aquitanien).

Möglichkeit Nr. 2

Die „Route des Pyrénées", die im Osten und Westen mit der ersten Route identisch ist, aber im mittleren Abschnitt durch das spektakuläre Hochgebirge der Zentral-Pyrenäen führt (Steigungen 8–12%, befahrbar Juli–September).

Den Zwergstaat **Andorra** kann man sich eigentlich schenken. Er ist vollgestopft mit Autos, deren Insassen zollfrei tanken und einkaufen wollen. Lohnend ist hingegen der Abstecher zu den grandiosen Wasserfällen im wilden **Pyrenäen-Nationalpark** (Stichstraße 921, Luz - Gavarnie - Puerto de Bujaruelo), ein Aufstieg per Seilbahn *oder* MTB zum Panoramagipfel *Pic du Midi* (beim Col du Tourmalet), oder der Besuch der riesigen prähistorischen Höhle *Les Mas d'Azil* (nordöstlich von St. Girons).

MTB

Mountainbikern bieten sich in allen Abschnitten der Pyrenäen Extra-Verlockungen an: Gipfel, Bergseen, Wasserfälle, Höhlen und Schluchten. Auf unbefestigten Wegen können sie sich bei stabiler Wetterlage zu den Wanderhütten im Kammbereich hinaufarbeiten (Gites d'Étape in 20-km-Abständen) oder sich der Länge nach am Fernwanderweg GR 10 die Ritzel ausbeißen (der GR 10 verläuft von Hendaye im Westen bis Banyuls-sur-mer im Osten).

Korsika

Daten 8720 qkm • ca. 200.000 Ew. 23 Ew./qkm

Infos *www.korsika.com* (u.a. 12 Radtourenvorschläge)

Fähren Wer über Frankreich anreist, kann ab Nizza, Toulon und Marseille (zu allen drei Städten gute Bahnverbindungen) nach Korsika übersetzen. Noch vielfältiger sind die Verbindungen von Italien aus, wo Korsika-Fähren in Genua, La Spezia, Livorno (Fahrradbus ab D!), Piombino und Porto Stefano ablegen. Kürzeste und billigste Verbindung ist Livorno – Bastia. Preise vergleichen! Nicht bei allen Reedereien ist die Mitnahme des Fahrrades kostenlos! Infos: *www.corsicaferries.com* *www.sncm.fr*

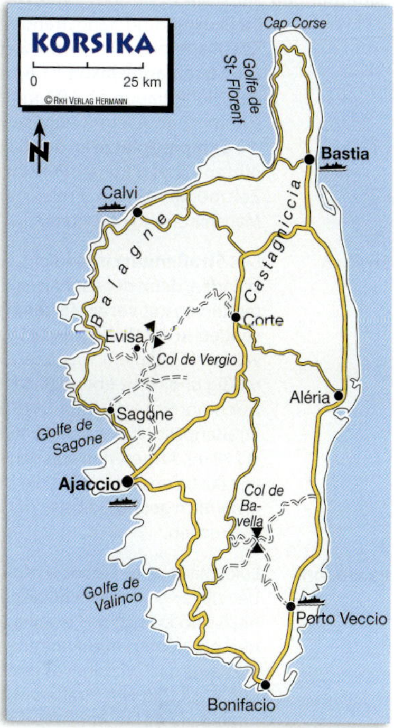

Situation Dünn besiedelt und vergleichsweise arm ist die viertgrößte Insel des Mittelmeeres. Nur 5% ihrer Fläche werden landwirtschaftlich genutzt, hinzu kommen etwas Weinbau und Viehzucht. Wichtigster Arbeitgeber ist der Tourismus, der vor allem an der sandigen Ostküste während der französischen Sommerferien stattfindet. Die Einheimischen profitieren davon wenig, das Kapital kommt vom Festland. Und das strömt nur sehr gezielt auf die Insel. In die meisten Gegenden gar nicht. Vieles macht daher einen aufgegebenen Eindruck. So, als hätten die Leute keine Lust mehr. Es gibt Stimmen, die sagen, die Insel sei „sozial kaputt". Eingefleischte Korsika-Fans sehen das natürlich ganz anders, verweisen auf den geringen Pauschaltourismus und dass man hier nirgends auf Ballermann & Co. trifft. Und dass die Insel etwas marode wirkt, finden sie sogar charmant.

Gebirge im Meer Korsikas wichtigstes Kapital ist und bleibt die Landschaft. 51 Zweitausender, aufgereiht auf einem zentralen Gebirgskamm, durchziehen die Insel. Die Krone trägt der **Monte Cinto** mit 2707 m. Mächtige Querausläufer, die bis an die Küste reichen, zweigen vom Inselrückgrat ab. Korkeichen, Eukalyptusbäume, Edelkastanien und Schwarzkiefern sind typische Vertreter der einzelnen Vegetationsstufen. Im Mai und Juni duftet die ganze Insel intensiv nach der dann blühenden korsischen Macchia – weshalb Napoleon bekanntlich schwor, seine Heimatinsel selbst blind wieder zu erkennen!

Tourenbedingungen Wachtürme und Zitadellen, Wackelsteine und Nadelfelsen, Bergseen und Flusstäler, Golfe und Fjorde, Wälder und Macchia, Kurven und Aussichtspunkte, Steilküsten und Sandstrände – all das und noch mehr erwartet beinharte Korsika-Radler. Der **Wind** weht überwiegend aus südlichen Richtungen. Günstige **Radelsaison** ist April–Juni und September/Oktober, wobei es in den Höhenlagen ab 600 m gelegentlich regnet (Hitzegewitter im Hochsommer). Im Juli und August finden ca. 80% des Tourismus statt. Dann sind die **Campingplätze** an den Küsten rappelvoll. Im Inselinnern gibt es Wanderhütten (Gites d'Étape), Pensionen und kleine Hotels, und auch einige private Zeltmöglichkeiten. Freies Campen ist wegen der leicht entflammbaren Macchia streng verboten.

Straßen Das **Straßennetz** ist so dicht, wie es die Berge zulassen. Federung kann nicht schaden, denn der Asphalt ist oft recht holperig. Wer bergab saust, sollte hinter Kurven mit **verwilderten Hausschweinen** rechnen, die sich hier ganz besonders in der **Castagniccia** sauwohl fühlen, wo das Schweinefutter am Baum wächst (Kastanien). Anstiege ziehen sich meist in die Länge, sind aber gleichmäßig und nicht übermäßig steil trassiert (meist bis 9%, Teilstücke bis 13%). Auch normal konditionierte Gepäckradler kommen hier hoch. Höchster Straßenpass ist der **Col de Vergio** (1477 m), schönster der **Col de Bavella** (1218 m). Abgesehen von den Nationalstraßen zwischen Bastia und Calvi sowie Bastia und Ajaccio ist der Verkehr gering, auf Nebenstraßen sogar außerordentlich gering. Selbst in der Hauptsaison (Juli/August) hält sich der Verkehr in Grenzen.

Inselbahn Lukas hätte seine Freude an Korsikas **Eisenbahn.** Die CFC (*www.train-corse.com*) betreibt zwei schöne Schmalspurstrecken (230 km). Von *Bastia über Ponte Leccia nach Ajaccio* und von *Ponte Leccia nach Calvi*. In der Nebensaison kann das Fahrrad problemlos mitgenommen werden. **Tipp:** Mit der Bahn von Bastia durch die Berge nach Vizzanova fahren (906 m, höchster Punkt der Bahnstrecke). Vom Bhf. noch 250 Hm Straßenanstieg bis zum **Col de Vizzavona** (1163 m), anschließend 40 km Abfahrt bis Ajaccio.

Südlich von Calvi (Westküste Korsika)

Abgesehen von der Ostebene (Plaine Orientale) und dem Weinanbaugebiet der Südspitze (Sartenais) ist Korsika durchweg attraktives Radelgebiet. Rund die Hälfte der Inselfläche steht unter Naturschutz. Kurzurlaubern empfiehlt sich die **Castagniccia,** eine von Kastanienwäldern bedeckte Mittelgebirgslandschaft mit einem besonders dichten Netz schöner Sträßchen. Außerdem der Inselfinger **Cap Corse** (Korsika en miniature) und die liebliche **Balagne** mit den Hauptorten Calvi und L'Île Rousse.

Inselrunde

Mit einem Zeitpensum ab zwei Wochen lässt sich die beliebte Inselumrundung absolvieren: ca. 700 km, an genuesischen Wachtürmen und Zitadellen vorbei. Wer in **Bastia** startet und zunächst nach Süden pedalt, nutzt den langweiligsten Teil Korsikas, die agrarische Schwemmlandebene der Ostküste, als Warmmacher, bevor dann die korsikatypischen Anstiege beginnen.

Abwechslungsreich und attraktiv ist die **Westküste.** Die Berge brechen an dieser Inselseite geradezu ab, weshalb die Straße meist bis zu 200 m über dem Meer dahinführt und nur hin und wieder einen Kniefall zur Küste hin macht. Diese Strecke, die auch an den berühmten Granitfelsen der 4 km langen **Calanche** vorbeiführt, ist nicht ganz leicht, aber ungemein reizvoll. Wer sie von Süd nach Nord befährt, hat Wind und Sonne überwiegend im Rücken! Nicht versäumen sollten Inselumrunder einen Abstecher zur alten Inselhauptstadt **Corte.** Ansonsten sind der Tourenphantasie kaum Grenzen gesetzt.

Offroad Korsika

Markierte MTB-Trails gibt es auf Korsika nicht, auch wuchert manch beschriebener Pfad wieder zu oder wird von Geröll weggerissen. Die Orientierung ist also nicht immer einfach. Fast schon ein Klassiker und nicht schwer zu finden, ist die Auffahrt vom **Lac de Tolla** (östl. von Ajaccio) zum **Plateau d'Ese** – der Trail folgt nämlich dem Lauf der Ese. Downhiller lieben hingegen die Tour von den Felszinnen des **Col de Bavella** zur Ostküste.

Der **Fernwanderweg GR 20,** der Korsika auf den Gebirgskämmen von Nord nach Süd durchquert, ist mit dem Bike nicht befahrbar. Wer eine solche „Tour de Corse" machen möchte, muss sich schon ein Stockwerk tiefer durch die Insel schlagen.

ⓘ-Box Frankreich

Einreise
Die EU-Binnengrenzen sind offen. Ein Personalausweis genügt für die Einreise (D, A, CH).

Geld
Währung ist der Euro (€, EUR). Das Preisniveau liegt etwas über dem deutschen (2014: + 15%).

Gesundheit
Versicherungsschutz für GKV-Mitglieder. Details: *www.dvka.de*. Achtung, Selbstbeteiligungen obligatorisch, Reise-KV abschließen!

Infos
- *www.rendezvousenfrance.com* – Maison de La France (Tourismuszentrale Frankreich)
- *www.sncf.com* – Französische Eisenbahnen SNCF
- *www.letour.fr* – Tour de France
- *www.ffct.org* – Rund 3000 Vereine sind im nationalen Radtouristikverband FFCT organisiert. Auf der Website ist auch die MTB-Fraktion integriert.
- *www.af3v.org* – Verein zur Förderung und Entwicklung von markierten Radrouten und Voies Vertes (Autofreie Wege für Radler, Reiter, Skater, Wanderer – auch deutschsprachig).

Infos vor Ort
Die örtlichen Touristenbüros heißen Office du Tourisme und Syndicat d'Initiative. Sie sind in allen größeren Orten vertreten und haben regionales Info-Material vorrätig.

Wind und Wetter
Atlantisches Klima bestimmt **Nord- und Westfrankreich.** Bretagne und Normandie sind daher relativ feucht und kühl (vergleichbar England), und auch die Sommermonate nicht besonders heiß. Aquitanien, am Golf von Biscaya, ist ebenfalls eher feucht, im Sommer aber deutlich wärmer. Der Wind kommt aus westlichen Richtungen.

Im **Landesinnern** sorgen kontinentale Klimaeinflüsse für wärmere und trockenere Sommer. Durch die Vogesen geschützt hat das Elsass die stabilste Wetterlage des Binnenlandes. Der Wind kommt überwiegend aus westlichen Richtungen, im Elsass aus Süden, im Massif Central aus Norden.

Regenwetter an der Mosel

Im **südöstlichen Frankreich** dringt von der Côte d'Azur her Mittelmeerklima landeinwärts. Das Sommerhalbjahr ist regenarm und warm bis heiß. Der Wind weht überwiegend aus nördlichen Richtungen. Im Frühjahr kann der kalte Mistral tagelang von Norden her durchs Rhône-Tal fegen. Im Sommer treten gelegentlich tropische Winde aus Süden auf.

Das mediterrane Klima beschert auch **Korsika** trockenheiße Sommer, westliche Winde überwiegen.

Reisezeit
Französische Ferienzeit ist landesweit zwischen Ende Juni und Anfang September; die Franzosen urlauben sehr gern im eigenen Land. Abgesehen von der absoluten **Hochsaison** (etwa 10. Juli bis 20. August) empfehlen sich als tourengünstige Zeiträume für:
- Nord- und Westfrankreich: Mai – September
- Zentral- und Ostfrankreich: April – Oktober
- Südostfrankreich: März – Oktober
- Korsika: April – Oktober

Anreise

Per Rad
Saarland, Rheinland-Pfalz und Baden-Württemberg grenzen an Frankreichs Nordosten. Velogünstige Zubringer sind fürs Elsass der Rheinradweg, für Lothringen der Saar-Radweg. Wer zur Westküste will (Normandie, Bretagne) kann bis Calais dem Europaradweg R 1 folgen.

Im Folgenden beschreibt Ulrich Lamm weitere empfehlenswerte Anreiserouten von Deutschland nach Paris und Mittelfrankreich (Stand 2015).

Anreise Deutschland – Paris

Vom Rhein bis in die Île de France erfordern Gebirge oder Höhenrücken eine sorgfältige Routenwahl. Siehe auch radweit: Deutschland – Frankreich [*www.radweit.de/index/yfbd.html*]

Routen an die Oise

- Von **Wesel** oder **Duisburg** nach Venlo, von dort zunächst ein Stück weit der **Maas** folgend und dann südwestwärts duch die überweigend flache belgische Provinz Limburg nach **Leuven** (Löwen, Louvain).
- Von dort entweder über *Tervuren* nach **Brüssel** und von dort am **Kanal de Charleroi** bis zum Schiffshebewerk (Schiefe Ebene) – Le Rœulx – Esitnnes – Vieux-Reng (F) – Maubeuge *oder* entlang der Laan (Lasne), dann Genape – Pont-de-Celles – Chapelle-lez-Herlemont – Binche – RAVeL-Route, rechtzeitig wieder verlassen – Vieux-Reng (F) – Maubeuge. Von Maubeuge die **Smaber** weiter fllussaufwärts und, praktisch im selben Tal bleibend, die **Oise** flussabwärts. Kurz vor Noyon die Oise verlassen und durch den Forêt de Compiègne zur **Île de France.** Das Ballungsgebiet der Pariser Banlieue durchquert man am besten am **Canal de l'Ourcq.**
- Da Aachen schon in den Ausläufern der Eifel liegt, fährt man von **Düsseldorf** und **Köln** besser durch den *Selfkant-Zipfel* nach **Leuven.** Von da wie oben.

Routen über Reims

- *Von Aachen* fährt man vorzugsweise durch das Voeren-Tal nach Visé. Von dort kann man das Ballungsgebiet von **Liège** (Lüttich) nördlich umfahren und erst westlich von Huy wieder an die **Maas** gelangen. In Belgien sind die die Radfahrbedingungen an der Maas auf Straßen und Uferwegen wechselnd. In Frankreich führt durch das Ardennental der Maas die sehr komfortable **Voie verte transArdenne** nach Charleville-Mézières. Von dort auf kleinen bis mittleren Straßen durch die Crêtes Préardennes (Vorardennen) nach Châreau Porcien und dann durch die Champagne nach **Reims.** Von dort geht es zunächst auf einer größeren Départementsstraße in die Montagne de Reims, bergab dann aber auf kleinen Straßen an die **Marne.** Dort folgte die **EuroVelo-Route 5** kleinen bis mittleren Straßen. Schließlich landet man am Canal de l'Ourcq und folgt diesem bis nach **Paris.**
- *Anreise von Köln über Eifel und Ardennen:* Mechernich (290 m) – Kall (389 m) – Hallschlag (480 m) – Auw (560 m) – Our-Tal mit Schönberg (420 m) – Burg Reuland (363 m) – ein Stück Vennbahn-Radweg, Teil des belgischen RAVeL-Netzes – Huldange (500 m, Lux) – Steinbach – Cetturu – Noville (460 m) –Lonchamps – St-Hubert (420 m) – Libin (400 m) – Oûr (320 m) – Bièvre – Louette-St-Denis (360 m) – Les Hautes Rives (F) – Tal der Semoy – Monthermé (127 m) – **Voie verte transArdenne** und weiter wie oben.
- *Aus dem Rhein-Main-Gebiet* kann man der **Nahe** bis zur Quelle folgen, bei Merzig die Grenze nach Frankreich überqueren und dann durch kleine Dörfer und sanfte Hügel **Lothringens** nach Grand pré nahe an die Mündung der Aire in die Aisne. Von dort noch ein paar Hügel und dann entlang kleiner Flüsse durch die Champage nach **Reims.** Ab dort siehe oben.

Routen über Toul – Bar-le-Duc

- Die **EuroVelo-Route 5** führt, dem Rhein-Marne-Kanal folgend, durch die Zaberner Steige und weiter bis an die **Marne,** dort teils auf Radwanderwegen, teils auf Straßen dem Fluss folgen. Schließlich landet man am *Canal de l'Ourcq* und folgt diesem bis **Paris** (s.o.)
- *Aus Freiburg im Breisgau* gelangt man durch Sélestat (Schlettstadt, 175 m) und das Tal von Villers (teilweise Radwanderweg) zum Col de Steige (637 m), auf diesem an die obere Breusch. Dann von Saales (633 m) mit relativ geringem weiteren Anstieg über den Col du Las (703 m) an die Meurthe (Étival-Clairefontaine (285 m). Seit dem Bau einer Schnellstraße ist die alte Talstraße dort hervorragend zum Radfahren geeignet. Entlang der Meurthe gelangt man nach Nancy. Schon kurz vorher, in Dombasle, stößt man auf die **EuroVelo-Route 5.**

Anreise Deutschland – Mittelfrankreich

Die „flachste" Verbindung von Deutschland nach Mittelfrankreich ist seit einigen Jahren Teil der **EuroVelo-Route 6** (EV6) und sehr gut ausgebaut: Vom Rhein bei Mülhausen/ Mulhuose am Ufer des Rhein-Rhône-Kanals durch die Burgundische Pforte (Mülhausen/ Mulhuose, Rhein-Rhône-Kanal) und dem Doubs folgend ins **Burgund,** von dort entlang des Canal du Centre bis zur **Loire.** Die **EV6** folgt der Loire flussabwärts bis an den Atlantik.

- Fährt man stattdessen das Loiretal aufwärts nach Süden, so gelangt man kurz hinter **Roanne** an einen Stausee, in dem eine wunderschöne Schlucht verschwunden ist. Die Straße am Stausee ist eine ziemliche Berg-und-Tal-Fahrt.
- Eine weitere Fortsetzung nach Süden bietet das breite Tal des **Allier,** das weit ins **Zentralmassiv** reicht.

Für beide Routen nach Süden kann man den Kanal schon auf der Höhe von Paray-le-Monial verlassen und durch eine nur leicht hügelige Landschaft nach Südwesten radeln.

Per Bahn

Grenzüberschreitend ist die **Fahrradmitnahme** nur noch regional möglich. Strasbourg wäre der beste Umsteigebahnhof, um von dort mit dem TGV nach Paris, Rennes, Nantes, Bordeaux zu gelangen. Die obligatorische Fahrradreservierung für den TGV ist online nicht möglich, sondern nur telefonisch zusammen mit der Fahrkarte (bei Zahlung mit Kreditkarte) über die dt. Vertretung der SNCF: 01805-218 238.

Ideal für die Anreise nach Korsika ist der Nachtzug München – Florenz (I).

Per Bus

- *www.meinfernbus.de* – MeinFernbus bietet die Fahrradmitnahme nach **Paris** und **Straßburg** an (Heckträgertransport, Pauschalpreis 9 €). Aktuelle Abfrage bzgl. der Verfügbarkeit über die Buchungsmaske.
- *www.rucksack-reisen.de* – Im Juli und August gelangt man von Deutschland per Fahrradbus ins Burgund.

Transport im Land

Bahnen

Wer zwischendurch den Zug benutzen will, muss dies entsprechend planen. Zwar bedienen die Französischen Eisenbahnen (SNCF) rund 23.000 km Strecke, verglichen mit D, A, CH ist das Netz aber wesentlich weitmaschiger. Kommt hinzu, dass fast alle Landesteile zwar mit einem der bis zu 300 km/h schnellen TGV erreichbar sind, bislang aber fast nur die zum Mittelmeer fahrenden TGVs (Méditerraneé) Fahrradstellplätze haben (Reservierungspflicht, 10 €). Zunehmend mehr Fernzüge werden aber darauf eingerichtet. Herauszufinden ist dies aber jeweils nur über die Fahrplanauskunft.

Was bleibt, sind vor allem die **Regionalzüge,** bei denen die **Fahrradmitnahme** generell möglich ist, und dies sogar kostenlos. Über 2000 Verbindungen sind im Kursbuch mit einem Fahrradsymbol entsprechend gekennzeichnet (Indicateur Officiel). Die Mitnahme ist natürlich nur möglich, wenn Stellplätze im Gepäckabteil frei sind. Da manche Triebwagen nur drei Fahrrädern Platz bieten, kann dies in populären Radwandergebieten „Auf- den-nächsten-Zug-warten" bedeuten.

Wer es schafft, sein Fahrrad zu falten oder sonst wie zu verkleinern (auf 120 x 90 x 30 cm), kann es in jedem Zug, also auch im TGV, kostenlos als Handgepäck mitnehmen.

Möglich ist innerhalb Frankreichs auch der **Fahrradversand** zwischen 350 Bahndepotstationen. Die **Radler-Website** der SNCF – *www.velo.sncf.com* – enthält hilfreiche Infos. Durchklicken!

Busse

Verschiedene Busunternehmen nehmen auf Fernstrecken auch Fahrräder mit – oft sogar zuschlagsfrei.

Übernachten

Zimmer

Eine hotelähnliche Unterkunft findet sich praktisch in jedem größeren Dorf. Allerdings hält sich die Begeisterung französischer Hoteliers gegenüber „Eintagsfliegen", wie es die meisten Radler nun mal sind, in Grenzen. Zahlreich sind Hotels mit einem oder zwei Sternen (DZ * ab 40 €).

Preiswerter, bei vergleichbarem Standard, sind die 3000 staatlich geförderten kleinen Hotels der Kategorie **Logis de France** (DZ * ab 35 €, *www.logis-de-france.fr*), und **Landgasthöfe** (Auberges). Zunehmend werden auf dem Land auch **Privatzimmer** mit Frühstück

– **Chambres d'hôtes** – vermietet. 55.000 Privatzimmer und Ferienhäuser auf dem Lande können über den Verband **Gîtes de France** gebucht werden: *www.gites-de-france.fr.*

Mit dem Schild **Accueil Vélo** werben die unterschiedlichsten Unterkünfte und Campingplätze. Was sie eint, ist das Kriterium – ähnlich wie bei Bett+Bike – auf die Bedürfnisse von Radlern ausgerichtet zu sein.

Rund 350 **Jugendherbergen** werden von den Verbänden FUAJ und LFAJ betrieben. Zur Übernachtung ist ein IYHF-Ausweis erforderlich, Schlafsack darf benutzt werden. In den Ferienzeiten (Ostern, Sommer) limitieren FUAJ und LFAJ die Aufenthaltsdauer auf drei Nächte, Vorausbuchung ist dann ohnehin ratsam.
FUAJ: *www.fuaj.org*
LFAJ: *www.auberges-de-jeunesse.com*

Noch weit zahlreicher als Jugendherbergen sind die 4000 **Gîtes d'Étape.** In diesen populären, meist etwas außerhalb gelegenen Wanderhütten können Radler und Wanderer bis zu drei Nächte im eigenen Schlafsack übernachten und die Selbstkocherküche nutzen: *www.gites-refuges.com*

Camping

www.campingfrance.com
Frankreich ist das Land der 10.000 Campingplätze. Ähnlich wie Hotels werden sie mit 1 bis 4 Sternen bewertet und sind in der höchsten Kategorie genauso teuer wie ein preiswertes Zimmer. Solche Plätze finden sich vor allem an den Badeküsten von Côte d'Azur und Côte d'Argent. Riesig ist die Zahl preiswerterer Plätze, die selten direkt an der Küste liegen: Zeltplätze auf Bauernhöfen (Camping a la ferme), Biwakplätze (Aire naturelle) und kommunale Zeltplätze (Camping Municipal). Preise: 2 Pers./Zelt um 12 €. Das Gros der Plätze ist zumindest von Mitte Juni bis Mitte September geöffnet, viele auch schon ab April. Natürlich gibt es auch ganzjährige Plätze.

Freies Zelten ist offiziell nur mit Zustimmung des Grundbesitzers erlaubt. Zurückhaltung ist angebracht in Naturreservaten und waldbrandgefährdeten Regionen (Provence, Côte d'Azur, Korsika). Ansonsten finden sich fast immer und überall Möglichkeiten.

Timm Freytag: „Auf unserer Cevennen-Tour zelteten wir ausschließlich wild. Ging ganz hervorragend. Fantastische, wildromantische Zeltplätze gehabt." *T. Seffers:* „Wir haben viele Nächte wild gezeltet, hinter Dünen und auf Obstplantagen. Dort wuchsen uns die Äpfel buchstäblich in den Mund. Der Besitzer, der mit einem Gewehr vorbeiknatterte, hatte es nicht auf uns abgesehen, sondern auf Kaninchen."

Elisabeth Eichler: „Wild campen an der Dordogne, am Plantagenrand oder sonst in der Natur war nirgends ein Problem. Wir empfanden es als fairen Preis, dafür zumindest auf die Ökologie zu achten, also nichts wegzuwerfen, nichts zu zerstören usw … In der Nähe von Wohngrundstücken gehört es sich, den Besitzer zu fragen. Oft wurden wir dann erst einmal zu einem Glas Wein eingeladen."

Karten, Literatur & GPS

- Radtourenkarten und -führer speziell für Frankreich: *www.cartovelo.com*
- Franz. Pässeführer und -atlanten für Radler: *www.altigraph.fr*
- Hervorragende Online-Karten von Frankreich (inkl. Territorien): *www.geoportail.fr*

Weitere Adressen zum Bezug von Karten und Reiseführern im Anhang

Tourenkarten

- Empfehlenswert: Michelin 1:200.000, flächendeckend in 36 bzw. 16 Bl.; aktuell und informativ. Oder als sehr preiswerten Kompakt-Spiralo „France" (13,59 €). Auch die meisten Voies Vertes sind sehr genau erfasst (grün punktiert)!
- Empfehlenswert: IGN 1:1 Mio., Bl. 924, „Voies Vertes et Véloroutes de France", in F 7,10 €, Institut Gographique Nationale, *www.ign.fr*
- Empfehlenswert: IGN: „Série verte", 1:100.000, flächendeckend in 74 Bl.; Topokarte mit Höhenlinien und kleinsten Fahrwegen, in F billiger als in D.
  Für MTB-Touren empfehlen sich die IGN-Topokarten 1:50.000 / 1:25.000 (série bleue).
- Reise Know-How: Pyrenäen 1:250.000, Korsika 1:135.000, Bretagne 1:200.000, Provence 1:250.000. Stabiles Papier ohne störenden Umkarton. Höhenlinien. Viele Infos. 9,95 €.

Tourenführer

- Kettler Vlg.: „Südwest-Frankreich per Rad (Auvergne – Aquitanien – Pyrenäen)"; „Südost-Frankreich per Rad (Provence – Alpen – Côte d'Azur)"; „Nordost-Frankreich" (Burgund – Elsass – Lothringen); „Korsika per Rad". Radreiseführer mit kombinierbaren Etappen.
- Esterbauer Vlg. (Bikeline): „Canal du Midi", „Radregion Provence", „Loire-Radweg", „Mosel-Radweg", „Radregion Elsass".
- Auch der engl. Vlg. Cicerone hat mehrere seiner hübsch kompakten Radführer zum Thema Frankreich im Programm: Loire; Canal du Midi; Franz. Alpen. *www.cicerone.co.uk*

GPS

- *www.utagawavtt.com* – jede Menge Tracks für „VTT"-ler.
- *www.eurovelo6-france.com* – alle Tracks für den EuroVelo 6 (inkl. Loire-Radweg) im gpx-Standardformat.
- *www.canaldes2mersavelo.com* – alle Tracks (gpx) für die „Canal des Deux Mers"-Route.
- *www.velodyssey.com/la-velodyssee/gps-tracklog* – alle Tracks (gpx) für die „Vélodyssée"-Route.

Fahrrad

Ausstattung

Für klassische Touren mit Gepäck: Bergtüchtige Gangschaltung, fitte Bremsen und nicht zu schmale Reifen (relativ rauh ist der Straßenbelag vor allem in der Provence, ansonsten gut bis rennradtauglich). Eine *nicht* zu aufrechte Sitzposition (Lenker, Vorbau, Vorlauf) hilft, bei Wind und Wetter die Contenance zu wahren.

Bei schlechten Sichtverhältnissen (Dämmerung, Nacht, Nebel, Regen) sind Radler außerhalb geschlossener Ortschaften zum Tragen einer EU-konformen **Warnweste** verpflichtet.

Reparaturen

Fahrradläden finden sich in größeren Orten, sind insgesamt aber seltener als in D. Die früher rein französischen Ersatzteillager sind inzwischen international sortiert. Generell sind die Läden eher am Radsport orientiert, so dass Tourenradler oft nur eine beschränkte Auswahl an Ersatzteilen vorfinden, beispielsweise sind Straßenreifen für MTBs kaum verbreitet.

Schwer erhältlich sind auch bestimmte Speichenlängen, 27-Zoll-Reifen und Schläuche mit Dunlop-Blitzventil (notfalls passt ein Schlauch mit Sclaverand-Ventil). Kleinere Fahrrad-Wehwehchen verarztet auf dem Land auch der Automechaniker.

Straßen und Wege

Straßenklassifikation

Wer die Nationalstraßen meidet, wird seine Freude haben an den verkehrsarmen, durchgehend nummerierten und gut beschilderten „Département"-Straßen (D). Durchweg stark befahren sind alle Nationalstraßen (N) und solche Département-Straßen, die in den Michelin-Karten rot eingezeichnet sind. Besonders verkehrsarm sind hingegen die zahlreichen, in den Michelin-Karten farblos eingezeichneten Straßen (am schönsten die zugleich grün markierten). Allerdings sind diese kleinen D-Straßen in puncto Steigungen oft nicht zimperlich; auf die Steigungspfeile ist diesbezüglich wenig Verlass.

Radwege

Seit die französischen Kommunen das Fahrrad als umweltfreundliche Alternative zum Auto entdeckt haben, gibt es immer mehr **Radwege** (piste cyclable) in den Städten. Außerhalb von Ortschaften dürfen Fußwege, soweit vorhanden, mitbenutzt werden. Landschaftlich reizvoll, jedoch oft nur mittelmäßig beschaffen, sind die **Treidelwege** des über 4000 km langen Kanalnetzes dar. Beispiele: **Canal de l'Ourcq** (nordöstliche Banlieue – Vororte – von Paris, ab Gressy 40 km Radweg bis zum Parc de la Vilette in Paris); **Rhein-Rhône-Kanal** (s. Text); **Canal de Bourgogne** (s. Text); **Canal du Midi** (s. Text, nicht beschildert, oft verläuft der gefühlt bessere Weg auf der anderen Seite, Toulouse – Carcassonne 70 km fantastischer Radweg, Carcassonne – Sête teils auf Nebenstraßen). Leider gibt es auch viele Treidelwege, die nicht mehr gewartet werden und eher an Singletrails erinnern.

Der durch Frankreich führende **EuroVelo 6** (*www.eurovelo.org*) verbindet Wege entlang von Flüssen und Kanälen zu einer 1300 km langen, steigungsarmen Route durch

Frankreich (vom Atlantik zum Schwarzen Meer). Auch der **EuroVelo 1** (Atlantik-Route) ist in Frankreich realisiert, er entspricht der Vélodyssée-Radroute. **EV 3** (Pilger-Route) und **EV 4** (Zentraleuropa-Route) sind in F hingegen erst zum Teil beschildert.

Verkehr

Das Verhalten der **Autofahrer** gegenüber Radlern hat sich in den letzten Jahren sehr zum Besseren gewandelt. Radler werden nun in aller Regel respektvoll behandelt. Manchmal ist es schon rührend, wie die Pkws hinter einem herschleichen, wenn eine dieser künstlichen Fahrbahnverengungen naht, die innerorts praktisch überall sind. Nur manche Lkw-Fahrer haben noch immer nicht so ganz verinnerlicht, wofür die Bremse da ist.

Offroad (VTT)

Sprachlich korrekt heißt das Geländerad in Frankreich **Velo Tout-Terrain** (VTT). Benutzer eines VTT dürfen sich in Frankreich erdferkelwohl fühlen. Neben zigtausend Kilometern von Feld- und Forstwegen bieten sich auch viele Wanderwege zum Biken an. Wanderer und Biker begegnen sich partnerschaftlich.

Etwa 30.000 km VTT-Routen, darunter viele beinharte Downhill-Trainingsstrecken, sind mittlerweile landesweit markiert, meist in der Umgebung sog. VTT-Zentren. Eines der beliebtesten MTB-Reviere ist das weitläufige Métabief im französischen Jura.

Leichtere Offroad-Strecken finden sich auch bei den „Grünen Wegen":

P-B-P

www.randonneure.de
www.paris-brest-paris.org

Das **Langstreckenrennen Paris-Brest-Paris** wird seit 1971 alle vier Jahre veranstaltet. 1891 fand es zum ersten Mal statt und ist damit das älteste Radrennen der Welt. Organisiert wird es vom **Audax Randonneurs Club Paris.** Ursprünglich sollte es die Leistungsfähigkeit, Vielseitigkeit und Reichweite des Fahrrades demonstrieren. Deshalb sollte während des Rennens auch nur auf die allgemeine Versorgung entlang der Strecke zurückgegriffen und alles Notwendige selbst transportiert werden. Vor einem Jahrhundert war man übrigens über eine Woche unterwegs (schlechte Straßen, anfällige Fahrräder …).

Ende August 2015 startete das 18. P-B-P-Rennen. Das Rennen zuvor hatte rund 5200 gemeldete Teilnehmer, von denen 5004 gestartet und 4062 ins Ziel gekommen sind. Das heißt: Ein knappes Fünftel ist unterwegs „ausgestiegen"!

Griechenland

Daten

132.000 qkm • 10,8 Mio. Einw. • 82 Ew./qkm
Ausdehnungen (ohne Inseln): N – 660 km – S // W – 640 km – O

Land

Landschaftlich ist Griechenland ein im Meer verwurzeltes Gebirge. Nur ein Fünftel des Landes entfallen auf tiefer gelegene Küstenstreifen und auf Beckenlandschaften. Dominierend sind rund 2000 bergige Inseln und ein vor Urzeiten zerbrochener Gebirgsbogen. Vom Pindosgebirge im Norden (bis 2637 m) pflanzt sich dieser Bogen über drei weitere Massive auf die Halbinsel Peloponnes fort (bis 2407 m), taucht dann ab, um auf Kreta erneut Flagge zu zeigen (bis 2456 m), hebt sein Haupt dann ein letztes Mal auf Rhodos (bis 1215 m).

und Leute

Fast 400 Jahre gehörte Griechenland zum Osmanischen Reich. Diese traumatische Zeit der Fremdherrschaft haben die Griechen den Türken bis heute nicht verziehen. Auch im Griechisch-Türkischen Krieg hatten die Griechen das Nachsehen (1920–1922). Die Folge war ein großer Bevölkerungsaustausch. 1,5 Millionen sog. Pontosgriechen mussten ihre Heimat Kleinasien verlassen und landeten im „Mutterland". In den folgenden Jahrzehnten war Griechenland eines der Armenhäuser Europas, so dass 3 Millionen Griechen auswanderten.

Eine wichtige Rolle spielt bis heute die griechisch-orthodoxe Kirche, der fast die gesamte Bevölkerung angehört. Kirchen und Kapellen gehören zu Griechenland wie Ziegen und Olivenbäume.

Sprache: Schnell erlernen lassen sich das griechische Alphabet wie auch einzelne Wörter und deren Aussprache. Schwierig ist hingegen die Grammatik. Relativ viele Griechen sprechen Englisch (Ex-Auswanderer).

per Rad entdecken

Hellas ist kein kunstsinniges Land wie Italien, sondern ein rustikales, bäuerlich geprägtes Land mit einer Unmenge antiker Ruinenfelder und mediterranen Landschaften – teils arkadisch, teils ausgeglüht. Griechenland hat durch seine EU-Mitgliedschaft viele erstaunlich gute Straßen erhalten, die oft nur wenig befahren sind. Da Griechenland zudem eine gute Infrastruktur für Individualreisende hat, ergibt sich viel Freiraum für spontane Ideen. Die meisten Radler zieht es dennoch auf die Inseln. Sie sind als Tourenreviere hübsch überschaubar und bieten diesen attraktiven Mix aus Gebirge, Meer und Inselfeeling. Inseln, die vom Tourismus schon zu sehr gezeichnet sind, lassen sich leicht vermeiden, es gibt ja genügend andere.

Zur Abwechslung und als Kontrastprogramm: das Festland! Fernab des Meeres gibt es hier Gegenden zu entdecken, die vom Tourismus völlig unbeleckt sind.

Routen & Regionen

Nordgriechenland

Wer Nordgriechenland hört, denkt oft nur an Thessaloniki und die Chalkidiki. Alles was darüber liegt, genießt keinen besonderen Aufmerksamkeitswert: Es mangelt an Stränden, sehenswerten Altertümern und der Leichtigkeit des Südens. Stattdessen viel Landwirtschaft, Industrie und ein relativ nüchterner Menschenschlag. Viele vom Schwarzen Meer stammende „Pontosgriechen" leben hier. Wer dieses unauffällige Griechenland beradelt, darf sich auch einiger Pluspunkte erfreuen:

- Hauptstraßen mit leichtem bis moderatem Profil
- zumindest streckenweise schöne Szenerien
- nicht zu heiße Sommer
- insgesamt wenig Tourismus
- kein dickes Pflichtenheft in puncto Sehenswürdigkeiten. Interessant sind aber: Kastoria, Edessa, Vergina, Veria, Pella, Thessaloniki, Serres, Philippi, Kavala.
- Möglichkeiten für anspruchsvolle Touren durch ursprüngliches Hinterland (Rhodopen, Kastoria-See).

Via Egnatia Wer Makedonien und Thrakien der Länge nach in Richtung Istanbul durchqueren will, kann der Route folgen, die schon die Römer für den besten Weg hielten. Zwar ahnten sie noch nichts vom Fahrrad, aber ihre Straßen führten stets durch möglichst leichtes Gelände. Als Handelsstraße entstand ab 146 v. Chr. die **Via Egnatia** zwischen Durrës (Albanien), Thessaloniki und Istanbul. Mit 750 römischen Seemeilen, oder 1110 km, war sie die längste der antiken Römerstraßen. Noch immer ist der heutige Straßenverlauf der E 86 und E 90 zu großen Teilen mit dem der Via Egnatia identisch. Hie und da können Radler sogar noch parallel verlaufende, überwucherte Abschnitte der alten Pflasterstraße entdecken (bspw. östlich von Alexandroupoli). Eine allzu romantische Verklärung dieser Route verhindert allerdings der Verkehr, der besonders zwischen Thessaloniki und Kavala sehr dicht ist. Erwägenswert ist in diesem Bereich die anstrengendere Nordroute über Serres und Drama.

Chalkidiki Mal wird die Silhouette der Chalkidiki als „Dreizack des Poseidon" beschrieben, mal als „Hand mit drei Fingern". Insgesamt ist die 3000 qkm große Halbinsel grün und fruchtbar, im Südwesten relativ flach, ansonsten überwiegend hügelig bis bergig. Ein von NW nach SO verlaufendes, bergiges Hochland (um 800 m) beherrscht den „Handteller". Viele Sehenswürdigkeiten gibt es nicht: Die Altstadt von Poligiros, die Tropfsteinhöhle Petralona, vielleicht noch die Ausgrabungen von Olynthos.

Wer die Chalkidiki umrunden will, muss auch unbefestigte Wegstrekken in Kauf nehmen. Die schönsten Strecken hat's im Herzen der Chalkidiki, rund um das Bergmassiv **Holomondas** (1165 m) mit Blick auf die drei Inselfinger.

Der westliche Finger, **Kassandra,** ist nur leicht bergig (353 m) und hat neben Sithonia die besten Strände Griechenlands, die immer mehr Touristen anziehen (hauptsächlich an der östlichen Küste).

Der mittlere Finger, **Sithonia,** ist bergiger (808 m), ruhiger und reizvoller. Lohnend die 103 km lange Panorama-Ringstraße (Anstiege bis ca. 300 m).

Schließlich der bergige östliche Finger, der südlich von Ouranopolis den autonomen Mönchen von **Athos** gehört. Die Einreisebedingungen für

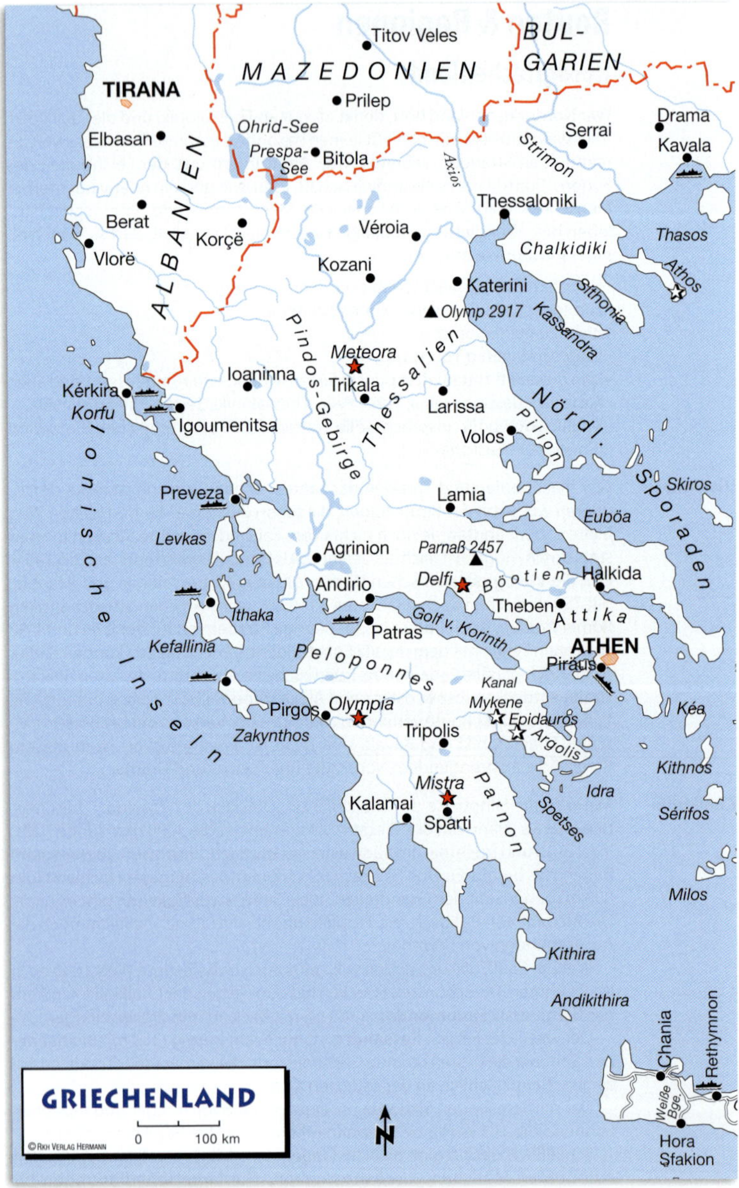

GRIECHENLAND
0 100 km
© Rkh Verlag Hermann
Titov Veles
BUL-GARIEN
MAZEDONIEN
TIRANA
Prilep
Ohrid-See
Prespa-See
Bitola
Elbasan
ALBANIEN
Berat
Korçë
Vlorë
Drama
Serrai
Kavala
Strimon
Axios
Thessaloniki
Véroia
Kozani
Katerini
Chalkidiki
Thasos
Athos
Sithonia
Kassandra
Olymp 2917
Pindos-Gebirge
Meteora
Trikala
Thessalien
Ioaninna
Kérkira
Korfu
Igoumenitsa
Larissa
Volos
Pilion
Nördl. Sporaden
Skiros
Preveza
Lamia
Euböa
Levkas
Agrinion
Parnaß 2457
Delfi
Böotien
Halkida
Andirio
Theben
Attika
Ithaka
Patras
Golf v. Korinth
ATHEN
Piräus
Kefallinia
Peloponnes
Kanal
Mykene
Epidauros
Argolis
Pirgos
Olympia
Zakynthos
Tripolis
Kéa
Kithnos
Ionische Inseln
Mistra
Parnon
Idra
Spetses
Sérifos
Kalamai
Sparti
Milos
Kithira
Andikithira
Chania
Rethymnon
Weiße Bge.
Hora Sfakion

BULGARIEN
Edirne
Kirklareli
E87
Kiyiköy (Miti)
Schwarzes Meer
Bosporus
Türkisch-Thrakien
E80
Drama
Xanthi
Komotini
Kavala
Ardanion
E84
Tekirdag
Istanbul
Gebze
Izmit
Alexandroupolis
Kesan
Marmara-Meer
Samothraki
Sarköy
Thasos
Dardanellen
Bandirma
Bursa
Athos
Canakkale
Troja
Limnos
Balikesir
TÜRKEI
Ägäische Inseln
Edremit
Lesvos
Mitilini
Skiros
Sporaden
Ägäis
Manisa
Izmir
Chios
Ödemis
Chios
Andros
Aydin
Samos
Denizli
Kéa
Tinos
Ikaria
Siros
Mikonos
Kithnos
Mugla
Naxos
Paros
Sérifos
Sifnos
Kos
Amorgos
Dodekanes
Milos
Kykladen
Astipalaia
Rhodos
Tilos
Santorin
Lindos
Rhodos
Karpathos
Chania
Rethymnon
Kreta
Kasos
Mittelmeer
Weiße Bge.
Ida Gebirge
Iraklion
Agios Nikolaos
Vai
Hora Sfakion
Ierapetra

Ausländer sind extrem restriktiv. Fahrräder dürfen nicht mitgenommen werden. Ihre besten Zeiten hat die Mönchsrepublik ohnehin hinter sich.

MTP-Tipp Chalkidiki

Von **Angelohori** (im äußersten Westen) entlang der verträumten SW-Küste auf Schotterstraßen und moderaten Pisten durch Plantagen und über die Dörfer bis **Siviri** (84 km, Kassandra-Finger). Ab Siviri auf Asphalt weiter.

Mittelgriechenland

Überblick

Mittelgriechenland umfasst die Landschaften Thessalien, Epirus, Böotien und Attika. Zu ihnen gehören das Zentralgebirge Pindos sowie mehrere Einzelmassive wie Olymp und Parnass. Im Tiefland verlaufen die Täler mittelgroßer Flüsse wie Aliakmonas und Pinios. Mächtige Golfe sorgten für die Entstehung von halbinselförmigen Landmassen wie Pilion und Euböa. Zwischen populären Badestränden, kulturellen Highlights und weltfernen Hochgebirgsregionen sind in Mittelgriechenland Touren aller Schwierigkeitsgrade denkbar.

Thessalien, Pilion

Wer von Makedonien kommend auf der verkehrsarmen Straße 13 in würziger Höhenluft westlich um den **Olymp** geradelt ist (Passhöhe 1350 m), stößt in **Thessalien** auf das größte Tieflandbecken Mittelgriechenlands. Ein kleiner Höhenzug (bis 533 m) unterteilt es in ein westliches Becken (Hauptorte Trikala und Karditsa) und ein östliches (Hauptort Larissa). Wie zum Ausgleich umgeben die höchsten Gebirge Griechenlands diese Region.

Eine starke Anziehungskraft übt auf Griechen vor allem das östliche Anhängsel Thessaliens aus, nämlich die ungewöhnlich grüne und schöne Halbinsel Pilion. Ihre entfernt an die Provence erinnernde Landschaft gilt als eine der griechischsten. Sehr reizvoll ist die 125 km lange Ringstraße ab Volos: viel Panorama, viel Dorfleben und viele Serpentinen (speziell zwischen Portaria und Makrirani). MTB-Biker finden im bewaldeten Bergland des Pilion ein weit verzweigtes, freilich unmarkiertes Wegenetz. Bademöglichkeiten satt gibt's am Pagasaischen Golf.

Nach dem Pilion ist es ganz nett, im **thessalischen Tiefland** wieder mal eine längere Strecke durch flaches Land zu rollen, wenn auch die agrarisch genutzte Gegend alles andere als aufregend ist. Die 6 folgt dem Lauf des Pinios, ohne dass man diesen Fluss öfter zu Gesicht bekäme. Und dann, am nordwestlichen Ausgang des Beckens, bei Kalambaka, eine verblüffende Sehenswürdigkeit: die auf Felsnadeln pappenden Klöster von **Meteora** (s. James Bond „For your eyes only").

Pindos

Westlich von Kalambaka beginnt der lange Anstieg durchs Pindos-Gebirge zum **Kataras-Pass** (1705 m). Der Kraftakt lohnt, denn Griechenlands höchste Straße führt durch eine grandiose Bergwelt mit Hochalmen, Wäldern und steilen Felswänden.

Von unerfreulichen Begegnungen mit albanischen Desperados, die sich griechischen Warnungen zufolge im Pindos verbergen, hat konkret bislang kein Radreisender berichtet. Eine gewisse Vorsicht mag angebracht sein, speziell was *MTB-Touren* in diesem unberührtesten aller griechischen Gebirge anbelangt.

Gemeinsam mit drei Parallel-Gebirgen durchzieht der Pindos die Region Epirus. Fruchtbares Tiefland fingert um die Gebirgsketten. Die beiden wichtigsten Fernstraßen kreuzen sich im Hauptort **Ioannina** (sehenswerte türkische Altstadt). Bekannte Ausgrabungsorte sind Dodona und Nikopolis, auch die Anhäufung byzantinischer Kirchen und Klöster rund um Arta ist einen Abstecher wert.

Pargas

Traumhaft das Küstengebirge Pargas, südlich der hässlichen Hafenstadt Igoumenitsa. Eine kleine Straße führt über **Sivota** an wild zerklüfteter Küste entlang. Ab Perdika dann entweder per MTB auf prügelharter Piste nach Agia und **Parga** oder via Karteri zurück zur Hauptstraße und evtl. auf Schotterstraße über Levadari nach Parga. In der Saison lohnen sich für Parga übrigens keine besonderen Verrenkungen. Der Hafenort ist zwar recht hübsch, aber auch viel touristischer als etwa das ruhige Sivota.

Die große Runde durch Mittelgriechenland setzt sich über Kanali und den **Ambrakischen Golf** östlich umrundend (denn die Fähre bei Preveza existiert nicht mehr und der Tunnel ist den Autos vorbehalten) nach Vonitsa fort. Anschließend auf hügeliger, aber beschaulicher Küstenstraße nach Messolongi. Die stärker befahrene E 55 eröffnet in Andirio die Möglichkeit zur Peloponnes überzusetzen. Wer weiter nach Athen strebt, wählt hinter Nafpaktos die 48 durchs Küstengebirge. Trotz Anstiegen bis 600 m rentiert diese schöne Nebenstrecke allemal mehr als die Küstenstraße. **Delfi,** eine der Top-Sehenswürdigkeiten Griechenlands, wo sich einst der „Nabel der Welt" befand, markiert schließlich den Übergang nach Böotien.

Böotien, Attika

Böotien und Attika füllen die östliche Halbinsel Mittelgriechenlands aus. Berge bis 1413 m (Parnes) umgeben in der **Attika** die steinigen Küstenebenen von Eleusis und Athen. An den Küsten viel Tourismus, so dass die Fahrt zur malerischen Ruine des Poseidon-Tempels, an der Südspitze der Halbinsel, mit dem Rad kein großes Vergnügen ist. Landeinwärts schließt sich an die Attika die Region **Böotien** mit dem Hauptort Thiva (Theben) an. Im Westen begrenzt sie der Parnaß (2457 m), im Norden ein Küstengebirgszug (bis 1372 m). Dazwischen eine fruchtbare Senke. Durch sie verläuft die alte Fernstraße nach Lamia, die durch eine Küstenschnellstraße entlastet wird. Landschaftlich und straßenmäßig gibt es für Radler reizvollere Gebiete als Attika und Böotien, und wer das Kapitel „Athen und Umgebung" abgehakt hat, wird sich überlegen, wohin er sein Bike nun genialerweise wendet. Am Ende bleiben nur zwei Alternativen: Peloponnes oder Euböa.

Euböa

(3650 qkm, bis 1750 m) Über eine Drehbrücke ist **Euböa** bei Halkida mit dem attischen Festland verbunden. Da Griechenlands zweitgrößte Insel nicht übermäßig reich an schönen Stränden ist, gibt es wenig Tourismus. Um so mehr Platz haben Biker auf der 175 km langen Insel, die sich als Gebirgszug mit fruchtbaren Tälern, sprödem Karst und billigem Bauland darstellt. Da Euböa wegen der steil abfallenden Ostküste keine Ringstraße besitzt, empfiehlt sich von Athen aus der südliche Einstieg. Per Fähre geht es vom Hafenort Rafina nach **Karistos,** dem angeblich „griechischsten" Ort Euböas. Wenig befahren pendelt die Straße dann zwischen 200–400 m durch karstiges, oft auch unansehnliches Bergland nordwärts, senkt sich nach Halkida auf Meeresniveau, führt an unfertigen Streusiedlungen vorbei, und steigt in der bewaldeten Nordhälfte Euböas bis Agios auf 605 m. Der Norden ist zugleich das landschaftliche Sahnestück Euböas, sehr grün und abwechslungsreich und eigentlich die Hauptsache, die wirklich für Euböa spricht.

Tipp: Nicht auf der Inselmagistrale bis zum Nordende kurbeln, sondern bei Strofilia auf die westliche Küstenstraße nach Limni wechseln. Von dort weiter bis *Loutra Edipsou* (Fähre nach Arkitsa) bzw. *Agiokambos* (Fähre nach Glifa).

Peloponnes

Überblick

Bis zum Bau des **Kanals von Korinth** (1893) war die Peloponnes eine Halbinsel. Heute ist sie nur noch durch **zwei Straßenbrücken** mit dem Festland verbunden, zum einen über der westlichen Meerenge *Rio-Andirrio* (fast 3 km lange Spannbrücke) zum anderen über den besagten Kanal von Korinth. Beide Brückenanlagen können problemlos mit dem Rad passiert werden. Faktisch ist die Peloponnes also eine große Insel (21.400 qkm) mit dünner Besiedlung (47 Ew./qkm). Von rau bis mediterran reicht das Landschaftsspektrum dieses urgriechischen Siedlungsraumes, den hochkarätige Sehenswürdigkeiten adeln: Das „schönste Amphitheater der Welt" in *Epidaurus,* die von Schliemann ausgegrabenen Mykener-Burgen in *Tirintha* und *Mikines,* die byzantinische Geisterstadt *Mistra,* die 2300 Jahre alte Stadtmauer von *Messene,* der Tempel von Vasses (einer der besterhaltenen Griechenlands), das antike Ruinenfeld von *Olympia.*

„Historische" Orte sind auch Kalavrita und das Kloster *Agia Lavra.* An solchen Orten wird einem peinlich bewusst, wie brutal deutsche Truppen Griechenland im Zweiten Weltkrieg besetzt hielten.

Argolis-Halbinsel

An das wilde Berg- und Hochland im Zentrum der Peloponnes schließen sich zur Küste hin sanftere Landschaften an. Aus Süd- und Ostküste hat das Mittelmeer vier Halbinseln präpariert. Von der östlichsten, der **Argolis-Halbinsel,** können Gepäckradler, die eine Abwechslung suchen, Abstecher zu den Inseln Idra und Spetses machen (beide so gut wie autofrei), Quartier im Hauptort nehmen und mit nunmehr erleichtertem MTB bzw. Trekkingbike die hübschen Inseln auf Wirtschaftswegen erkunden. **Spetses** ist dicht bewaldet und bis 250 m hoch, **Idra** ein felsiges „Piratennest" und bis 590 m hoch.

Martin Pfaffenzeller: „Wer die Peleponnes in Richtung Athen durchquert, sollte sich unbedingt einen Schlenker über die **Argolis-Halbinsel** gönnen, um noch einmal vor der Großstadt-Hektik durchzuschnaufen. Indem man mit der Fähre von Ermioni nach Piräus übersetzt, erspart man sich anschließend das letzte unangenehme Wegstück in Attika.

Auf Argolis ist noch einmal alles in verdichteter Form vereint, was *Radfahren in Griechenland* ausmacht: Das blau leuchtende Meer, weiße Häuser, untouristische Sandstrände, Olivenhaine und eine spektakuläre, unbefahrene Küstenstraße. Zudem lädt die Insel Idra (Hydra) und die wunderschöne Hafenstadt Poros zu Ausflügen ein. Am Kanal von Korinth rechts halten und dann immer am Meer entlang Richtung Poros. Weiter nach Ermioni oder je nach Fährsituation nach Portoheli."

Küstenstraße (Peloponnes)

Küstenrouten auf der Peloponnes

Die Schwemmlandebenen um die Flussmündungen von Alfios und Pinios im NW sind, abgesehen von ihrer Flachheit, für Radler völlig reizlos (Agrarwüsten, Industrien, Verkehr). Etwas freundlicher ist der weitere Verlauf der **Westküstenstraße** bis zur messenischen Halbinsel (viele Sandstrände).

Die flache **Nordküstenstraße** führt durch Badeorte, Zitrus- und Olivenhaine, bietet schöne Blicke auf den *Golf von Korinth* und wird vom Autoverkehr wegen der parallelen Schnellstraße nicht übermäßig frequentiert. Mäßig befahren ist auch die aussichtsreiche **Ostküstenstraße** zwischen Leonidio und Astros.

Die für Radler attraktivste, aber auch anstrengendste Küstenstrecke führt auf und über die herbe **Mani-Halbinsel:** Von *Kalamata* an den Hängen des Taygetos entlang über *Areopoli* und die *Höhlen von Dirou* (super!) nach *Gerolimenas,* von *Alika* über das Sangias-Gebirge zur Mani-Ostküste und mit vielen Ausblicken via *Kokkola* zurück nach *Areopoli.*

Inlandsrouten auf der Peloponnes

Wie das so ist, finden sich die schönsten Strecken wieder mal in den bergigen Regionen, hier also dem Berg- und Hochland der mittleren Peloponnes. Landschaftlich reizvoll und überwiegend verkehrsarm sind folgende Touren:

- Von **Patra** nach **Kalavrita** (Anstieg bis 850 m)
- Von **Olympia** durchs arkadische Hochland nach **Tripoli** (am allerschönsten die Nebenstrecke über Dimitsana und Hrissovitsi)
- Von **Megalopoli** über Tripoli in Richtung **Nafplio**
- Von **Kalamata** durchs Taygetos-Gebirge nach **Sparti** (Anstieg bis auf 1300 m, höchster Straßenpass der Peloponnes)
- Von **Sparti** durchs lakonische und arkadische Hochland nach **Tripoli** (Anstieg bis 950 m)
- Von **Geraki** durchs Parnon-Gebirge nach **Leonidio** (Anstieg bis 1200 m).

Griechische Inseln

Es gibt wohl kaum einen Griechenland-Radler, den es nicht auch auf eine der 200 bewohnten Inseln verschlägt (insgesamt gibt es 2000 Inseln). Als eigenständige Tourengebiete empfehlen sich vor allem Kreta und Rhodos. Inselspringer sollten berücksichtigen, dass es oft an Querverbindungen zwischen den Inseln mangelt und Umwege erforderlich sind.

Einige Insel-zu-Insel-Verbindungen bestehen auch nur in der Hochsaison. Die Fahrpläne der großen Reedereien sind überwiegend zuverlässig. Über aktuelle Veränderungen sind die Reisebüros vor Ort am besten informiert. Hauptdrehkreuz in der Ägäis ist die Kykladen-Insel Paros. Von hier aus bestehen Verbindungen zu den meisten Kykladen-Inseln, den Dodekanes sowie Kreta und Samos.

Ideal für Inseltouren sind Vor- und Nachsaison. Ambitionierte Inselspringer sind allerdings wegen der besseren Erreichbarkeit vieler Inseln mit der Hauptsaison besser bedient.

Ionische Inseln

Korfu, Lefkas, Ithaka, Kefallinia und Zakynthos sind die fünf wichtigsten der Ionischen Inseln vor der Westküste Griechenlands. Die meisten dieser Inseln sind fruchtbar und mit subtropischer Vegetation bedeckt. Ihr Klima ist mild. Die Landschaften sind bergig, aber selten schroff, die Kontraste weicher als bei der östlichen Inselwelt Griechenlands. Auch das weit abgeschlagene Kithira, zwischen Peloponnes und Kreta gelegen, wird zu den Ionischen Inseln gezählt.

Korfu (593 qkm, bis 906 m) – Die grünste aller Inseln, in diesem Punkt daher auch die ungriechischste. Sehr gutes Straßennetz. Landschaftlich schön, aber teilweise doch arg touristisch. Im Inselinnern zwar noch recht traditionell, aber viel Ausflugsverkehr zu den Sehenswürdigkeiten. *Timm Freytag und Julia Kreß:* „Korfu ist zwar sehr schön, aber in den Sommermonaten viel zu überlaufen. Tausende motorisierter und meist auch alkoholisierter Nordeuropäer machen das Radfahren sehr ungemütlich. Kann man wirklich nicht empfehlen." Das überwiegend bergige Profil erfordert relativ viel Bein- und Bremsarbeit. Es finden sich zwar auch einsame Nebenstraßen, aber insgesamt ist Korfu eher eine Insel für Biker, die lieber auf Schotter als Asphalt fahren. Insbesondere rund um den 906 m hohen Pantokrator verlaufen viele, oft anspruchsvolle Trails. Einen guten Bikeshop gibt es in Dassia. Korfu-Fanseite: *www.corfu.de*

Lefkas (Lefkada) (292 qkm, bis 1141 m) – Mit dem Festland durch einen Straßendamm verbunden. Typisch griechisches Landschaftsbild mit karstigen Bergen und fruchtbaren Tälern mit Weinanbau. Am schönsten der Südwesten mit Kalksteinklippen und Kieselstränden (Standort Vasiliki). Gutes Straßennetz.

Ithaka (94 qkm, bis 806 m) – Mythenreiche Individualisteninsel. Felsig, steinig, karg und dennoch reizvoll. Ein Golf trennt die beiden Bergmassive. Brauchbares Straßennetz. Anspruchsvolles Profil.

Kefallinia (743 qkm, bis 1628 m) – Größte und gebirgigste der Ionischen Inseln. Grün und vielgestaltig. Mäßiger Tourismus. Schöne Strecken im N mit Blick auf die Nachbarinseln. Brauchbares Straßennetz. Anspruchsvolles Profil.

Zakynthos (406 qkm, bis 756 m) – Sanft und freundlich, grün und fruchtbar ist die italienisch wirkende „Blume des Orients". Viele Badestellen mit Tourismus. Einsamer hingegen das Bergland im Nordwesten. Gutes Straßennetz (sehr gut im Osten, viel Schotter im Westen) mit vielen leichteren Strecken in den Ebenen und Tälern, gut für Einsteiger.

Kithira (285 qkm, bis 490 m) – Felsig-karg, nur strichweise grün. Bewohntes Hochplateau mit tiefen Tälern. Schroffe Küsten. Untouristisch. Mäßiges Straßennetz.

Ägäische Inseln

Rund 1300 Inseln und Inselchen schwimmen zwischen Makedonien und Kreta im Ägäischen Meer. Rund 600 km liegen zwischen nördlichster (Thasos) und südlichster (Kasos) Insel in der Ägäis. Generell geht auf den Inseln immer ein Wind, der auch die größte Sommerhitze erträglich macht. Wenn allerdings der **Meltemi** bläst, kommt es insbesondere in den Sommermonaten immer wieder mal zu einer stürmischen Periode, die 2–4 Tage anhält. Meist hat der Meltemi seinen Schwerpunkt bei den Kykladen. Hier nun eine Auflistung der interessantesten Radlerinseln in der Ägäis.

Nordägäische Inseln

Thasos (398 qkm, bis 1227 m) – Fruchtbar, dichte Wälder und Olivenhaine. Bäume bis an die Sandstrände. Mildes Klima. Touristisch. Hübsche 90 km lange Inselringstraße auf halber Höhe, ansonsten nur Stichstraßen in die Berge. MTB-Revier. *www.thassos-forum.de*

Samothraki (178 qkm, bis 1644 m) – eine der schönsten Inseln der Ägäis – einsam, still und unberührt (nur 2500 Ew.). Fast ständig weht ein Wind. Der höchste Berg ist der Oros Fengári, 1644 m. Das kleine Straßennetz wächst nur langsam. Irgendwann wird die Ringstraße aber wohl fertig sein. Der Rest sind einsame Pisten und Wanderwege. *www.samothraki.com*

Limnos (476 qkm, bis 430 m) – Mit Buchten und Halbinselchen stark gegliedert. Nahezu baumlos, aber viele Obst- und Weingärten auf fruchtbarem Vulkanboden. Leichtes Geländeprofil. Abgelegene Strände, daher wenig Pauschaltourismus. Ausreichendes Straßennetz.

Nordost-Ägäis

Lesbos (1630 qkm, bis 967 m) – Recht dicht bevölkert und sehr fruchtbar. Relativ untouristisch. Gegliedert durch je zwei Inselfjorde und Höhenzüge. Olivenhaine, Pinienwälder, schöne Kieselstrände und Klöster. Gutes Straßennetz, sanftes Profil. Die Umgebung von Skala Kalloni ist ein beliebtes MTB-Revier.

Chios (852 qkm, bis 1295 m) – Gebirgig schroff im Norden, einzigartige Mastixkulturen und mittelalterliche Mastixdörfer im Süden, Kloster Nea Moni. Mäßiges Straßennetz.

Samnos (472 qkm, bis 1433 m) – Nur 2 km von der Türkei entfernt. Erzeugerinsel des gleichnamigen Muskatweins. Üppige Vegetation, schöne Strände. Viel Rucksacktourismus. Wanderinsel. Mäßiges Straßennetz.

Skiros (Nördliche Sporaden) (208 qkm, bis 772 m) – Eine insgesamt eher karge, aber dennoch sehr hübsche Insel mit Felsküsten, tollen Stränden und gut zugänglichen Bergen. Während der grüne Norden gut erschlossen und touristisch ist, ist der gebirgige Süden das genaue Gegenteil: karg, unberührt, untouristisch.

Dodekanes

Rhodos 1404 qkm • bis 1215 m • *www.rhodos-info.de*

Die „Roseninsel" ist die größte der dreizehn Dodekanes-Inseln und zählt zu den schönsten Zielen im östlichen Mittelmeer. Rhodos-Altstadt, die mächtige mittelalterliche Festungsstadt, ist allein schon einen Rhodos-Trip wert. Die Insel hat aber noch mehr angenehme Seiten. Dazu gehört das Klima wegen ständiger Westwinde. Überwiegend Hügel und niedrige Berge. Byzantinische Kulturlandschaft mit subtropischen Kulturen, Zypressenwäldern und Schmetterlingstal. Ausgedehnte Sandstrände im Osten, rauhe Küste im Westen. Touristisch im Nordosten, idyllisch im Süden und im Inselinnern, dort aber auch etliche Waldbrandgebiete. Gutes Straßennetz im Norden, im Süden überwiegen unbefestigte Straßen. **Inselumrundung** auf der Küstenstraße: Höchster Anstieg im Westen (bis 700 m zwischen Kritinia und Siana); im Süden 15 km Schotterpiste; weniger idyllisch im Osten zwischen den Touristenmagneten Lindos und Rhodos-Stadt, hier ausweichen auf die Old Road.

Kos (290 qkm, bis 846 m) – Kos gehört zu den flachsten Inseln der Ägäis und eignet sich deshalb für Gelegenheitsradler, mal die Pedale zu treten. Besonders schön ist die Insel zum Radwandern allerdings nicht, denn ihre Fläche ist voll ausgenutzt und die Auswahl an Strecken gering. Zumindest Kos-Stadt und das berühmte Asklipeion sind aber Gründe, die einen Zwischenstopp lohnen. *www.kos-info.de*

Auffahrt zum „Antennenberg" (Tilos)

Tilos (63 qkm, 651 m) Kleine Inseln können große Reize entfalten. Tilos ist so ein Beispiel. Zunächst glaubt man, hier sei der Hund begraben, aber dann stellt man fest, dass die Insel eine ganz zauberhafte, familiäre Atmosphäre hat. Trotz ihrer Kleinheit gibt es viel landschaftliche Abwechslung und zwei super Straßen, auf denen kaum ein Auto fährt. *www.tilos-greece.com*

Nissiros (43 qkm, bis 698 m) Ein weiteres Beispiel für eine ungewöhnliche kleine Insel ist Nissiros, das einen großen, subaktiven Vulkankrater zum Zentrum hat. Abgesehen von drei bis vier vormittäglichen Tagesausflugsbussen gibt es praktisch keinen Verkehr, so dass Radler die Insel in aller Ruhe erkunden können. Herrlich. *www.nisyros.de*

Karpathos (300 qkm, 1215 m) Ein mächtiger Gebirgszug, der gut die Hälfte der Insel einnimmt, riegelt den schroffen Norden der Insel vom sanfteren, gut erschlossenen Süden ab. Auf Karpathos existieren noch Traditionen, die anderswo in Griechenland längst ausgestorben sind. Berühmt ist diesbezüglich das Bergdorf Olimbia, zu dem zwei spannende Straßen und eine Piste führen. *www.mykarpathos.de*

Kykladen

www.kykladen.de

Etwa 210 Inseln tummeln sich in den Kykladen. Die meisten sind klein, kahl und felsig, zudem wasserarm und wenig fruchtbar. Doch die ungewöhnliche Klarheit des Lichts, der Kontrast von Weiß, Blau und Schwarzbraun, die prägnanten Landschaftsformationen und malerische Würfelarchitektur machen die Kykladen ungewöhnlich reizvoll. Einige der Inseln sind extrem touristisch, **Mikonos** an der Spitze. Szenisch einzigartig ist die Vulkaninsel **Santorin.** Wenig touristisch sind die kleineren **Westkykladen** (Kea, Kithnos, Sertifos, Sifnos, Milos).

Naxos (428 qkm, bis 1004 m) – Größte und fruchtbarste der Kykladen-Inseln. Im NW Landwirtschaft, im SO die bewaldeten Marmorberge mit Wandermöglichkeiten. Dünnes Straßennetz. Schön der SO als MTB-Revier mit One-way-Schotterpisten bis 700 m. Offroad-Tipp: Halbrunde um den Inselsüden, von Naxos-Hafen der südlichen Küstenlinie bis Moutsouna folgend; steigungsarme, aber sandige Wege; teilweise muss auf dem Strand gefahren werden; daneben auch Schotterwege und Asphalt.

Paros

(195 qkm, bis 755 m) – Hauptumsteigehafen in der griechischen Ägäis. Wird von vielen als schönste Insel der Kykladen empfunden. 70 km lang und ziemlich leicht ist die asphaltierte Inselrunde. Paros ist zugleich auch ein besonders ergiebiges MTB-Revier mit guten Pisten und viel Abwechslung. Hierzu gehört auch die Auffahrt zum Agios Ilias (755 m; ab Angeria, erst noch Straße, dann Fahrweg). Auch die kleine Schwester **Antiparos** (35 qkm) ist kein schlechter Tipp zum Biken. Dort gibt es eine der schönsten Tropfsteinhöhlen Europas! *www.paros-online.de*

Tinos

(194 qkm, bis 713 m) – Wunderschöne Wallfahrtsinsel mit gutem Straßen- und Wegenetz. Landschaftlich abwechslungsreich, mit grünen Tälern und venezianischen Taubentürmen. Abgesehen vom zeitweisen Pilgeransturm (in Tinos-Stadt) wenig Tourismus.

Kreta

Daten

560.000 Ew. • 8260 qkm • bis 2456 m

www.kreta-klaus.de (umfangreichste Kreta-Seite)
Die größte Insel Griechenlands ist sich selbst genug, sie gehört keiner Gruppe an. Schließlich ist sie vielgestaltig wie ein kleiner Kontinent: Karstige Hochgebirge bis 2456 m, fruchtbare Täler und Ebenen, Höhlen, Schluchten und Plateaus, Sandstrände und Steilküsten, Palmen und Bananen, Klöster, Kirchen und minoische Ausgrabungen (Wiege der abendländischen Zivilisation). Der Tourismus konzentriert sich an der Nordküste, die anderen Küsten und vor allem das Inselinnere sind deutlich ruhiger. Sehr gutes Straßennetz. Allerdings ist per Rad keine komplette Inselumrundung möglich. Die Lücke zwischen Sfakia (Hora Sfakion) und Paleohora muss per Küstenfähre überbrückt werden. Die zahlreichen Passstraßen sind gut ausgebaut, mit Steigungen von 6 bis 12% (selten darüber). Höchste Asphaltstraße ist die Stichstraße zum Observatorium auf dem **Skinakas** (1700 m, Ida-Gebirge). Schöne Strecken gibt es überall, besonders viele in der westlichen Inselhälfte. Rau und wild ist der Süd-Ost-Zipfel zwischen Ierapetra und Palekastro (überwiegend Schotterstraßen).

MTB

Mountainbikern offeriert die kretische Bergwelt endlos viele Pisten aller Schwierigkeitsgrade. Der Hammer sind die steinig-steilen Trails in den Gipfelregionen der Dikti-Berge und der Levka Ori. **Traversierung der Lefka Ori:** Der europäische Fernwanderweg E4 führt der Länge nach über Kreta. Er ist aber ein reiner Hiking-Trail mit Wegen, die gerade mal zu Fuß machbar sind, und daher keine Option für Biker.

Die Bike-Station auf Kreta, mit allem Drum und Dran: *www.martinbike.com*

Kreta

Kreta-Treter von Thomas Metje

„Kreta eignet sich hervorragend für einen Fahrradurlaub. Nur die autobahnähnliche Küstenstraße im Norden sollte man meiden. Um von Iraklion nach Westen Richtung Rethimnon zu fahren, gibt es als sehr schöne Alternative die alte Nationalstraße die durchs Landesinnere führt. Etwa 5 km hinter Iraklion muss man dazu von der Hauptstraße links abbiegen. Bis Damasta geht es meist bergan, dann durch eine wunderschöne Landschaft Richtung Perama. Die Straße ist nur leicht hügelig, es gibt kaum Verkehr und kaum Höhenunterschiede. Hinter Perama führt die Straße dann wieder zur Küste hin.

Nach Osten hin bietet sich von Iraklion die Strecke über **Knossos** und Mirtia nach **Kasteli** an. Diese Route ist ebenfalls kaum befahren und landschaftlich sehr reizvoll. Von Kasteli kann man dann zur Bucht von Malia hinunterfahren, viel interessanter ist aber die Fahrt zur **Lassithi-Hochebene.** Von Kasteli über Lythos nach Aski, wo die Asphaltstraße zu einer steinigen Erdstraße wird, die aber trotzdem noch ganz gut zu befahren ist. Bis Gonies geht's bergab. Dann beginnt der lange Aufstieg zur Lassithi-Hochebene, der mit einem atemberaubenden Panorama am öchsten Punkt der Strecke belohnt wird: Zur einen Seite die Hochebene, zur anderen die Bucht von Malia! Die Ebene selbst ist absolut flach. Eine schöne Route führt hinab nach Agios Nikolaos. Auf dem Weg dorthin lohnt ein Abstecher nach **Kritsa** (!) und **Lato.**

Von **Agios Nikolaos** kann man auf der Nationalstraße nach **Sitia** fahren. Das erste Drittel ist relativ flach. Hinter der Abzweigung nach Ierapetra geht es dann bergauf. Die gesamte Strecke ist landschaftlich sehr schön, und trotz der gut ausgebauten Straße herrscht wenig Verkehr. Lohnenswert ist eine Weiterfahrt über das **Kloster Toplou** (!) zum **Palmenstrand von Vai.**

Eine weitere sehr empfehlenswerte Strecke führt von der *Hochebene von Askifou* über viele enge und steile Serpentinen hinunter nach **Hora Sfakion.** Von dort kann man dann eine der schönsten Küstenstraßen Kretas Richtung Osten bis nach **Plakias** fahren. Wenig Verkehr und landschaftlich sehr schön."

Einfahrt zur Triptis-Schlucht (Kreta)

ⓘ-Box Griechenland

Einreise
Die EU-Grenzen sind offen. Personalausweis genügt für die Einreise (D/A/CH).

Geld
Nach 2600 Jahren tauschten die Griechen die Drachme gegen den Euro und schafften das einst wichtigste Zahlungsmittel im östlichen Mittelmeerraum ab. 2014 lagen die Lebenshaltungskosten bei 96% (D=100%).

Gesundheit
Versicherungsschutz für GKV-Mitglieder ist gegeben. Details: *www.dvka.de*

Infos
- Griechenland-Fan-Portal: *www.in-greece.de* (große Community, viele einschlägige Links, bestes Griechenland-Portal)
- Offizielle Tourismus-Seite: *www.visitgreece.gr*

Wetter
Mittelmeerklima mit langen, trockenheißen Sommern und milden Regenzeiten im Winter bestimmt besonders die südlichen und östlichen Teile Griechenlands. Etwas abgeschwächt durch atlantische und kontinentale Einflüsse ist das mediterrane Klima der westlichen und nördlichen Landesteile.

Wind
Der Wind kommt überwiegend aus nördlichen Richtungen und wird an heißen Tagen beim Radeln als sehr angenehm empfunden. Im Tagesverlauf werden die Küsten zunehmend von See her angefächelt. Echte Störenfriede sind die sporadisch auftretenden Etesienwinde, auch Meltemia genannt. Etwa zwei bis vier Tage halten diese stürmischen NW-Winde über der Ägäis an (Schwerpunkt Kykladen). Wenn sie von der Feuchte und dem Salz des Meeres geschwängert, hinter Ecken lauern, um Biegungen pfeifen und jedes Ding auf seine Verankerung prüfen, fühlt man sich ziemlich klein. Sinnlos, ihnen die Radlerstirn zu bieten, besser abwarten und „kafe elliniko" trinken, es geht vorbei!

Reisezeit
Günstig sind die Monate der Nebensaison, also März bis Mitte Juni und September/Oktober. Im Hochsommer herrscht in den geschützten Lagen des Landesinnern oft drückende Windstille, Touren sollten zu dieser Jahreszeit überwiegend in Küstennähe oder luftigen Höhen stattfinden und die heißeste Tageszeit, 14–17 Uhr, an einem schattigen Plätzchen verdöst werden.

Anreise

EuroVelo 8 und 11
Wer von Albanien kommend auf der Küstenstraße (EuroVelo 8) nach Griechenland radelt, sollte wissen, dass der **Preveza-Aktio-Tunnel** unter dem **Ambrakischen Golf** (Amurakikos Kolpos) für Radler gesperrt ist und die regulären Fähren nicht mehr verkehren. Mit mehr oder weniger Glück lässt sich ein privater Fährmann engagieren. Wer seinem Glück nicht vertraut, sollte besser gleich den ca. 100 km langen „Umweg" einplanen. Auch der geplante Verlauf des **EuroVelo 8** führt östlich um den Ambrakischen Golf herum!

Der von Mazedonien kommende **Euro Velo 11** soll über Thessaloniki und Larissa nach Athen führen. Bislang sind beide EuroVelos noch nicht realisiert.

Per Fähre
Gute Verbindungen von den italienischen Häfen Venedig, Triest, Ancona, Brindisi und Bari nach Korfu, Paxi, Igoumenitsa, Patras und Piräus. Fahrzeiten bis 38 h. Preise: 50–90 €, Fahrrad frei. Tipp von *Timm Freytag und Julia Kreß:* „Die Hafenstadt Bari ist groß und hässlich und vor allen Dingen nicht ganz ungefährlich. Für eine Überfahrt nach Griechenland würden wir eher Brindisi empfehlen."

Per Flieger
Einfachste und häufigste Art der Anreise. Charterflugziele sind Athen, Thessaloniki und alle bedeutsamen Inseln bzw. Inselgruppen. Fahrradmitnahme bestätigen lassen.

Transport im Land

Bahnen
www.ose.gr
Nur 2500 km umfasst das Streckennetz der Hellenischen Eisenbahnen, darunter auch die fast hundert Jahre alte Schmalspur-Ringstrecke auf der Peloponnes. Fahrradmitnahme ist offiziell nicht möglich, kann aber bei Zügen mit Gepäckwagen dennoch praktiziert werden (außer IC).

Busse

Sofern genügend Stauraum vorhanden, können Fahrräder in Überlandbussen gegen Berechnung mitgenommen werden. Sobald er sich blicken lässt, mit dem Fahrer sprechen.

Fähren

Fährportale gibt es viele, u.a.: *www.ferries.gr* • *www.ferries-greece.com* • *www.goferry.gr*

Fährverbindungen bestehen zu, aber nicht zwischen allen bewohnten Inseln. Einige Inselziele sind nur durch Umsteigen zu erreichen. Teilweise existieren auch Küstenlinien. Für die Fahrradmitnahme muss nur auf reinen Personenfähren ein Obolus entrichtet werden („obolus" war im alten Griechenland übrigens die kleinste Münze). Schnellboote transportieren meist keine Bikes.

Übernachten

Zimmer

Während in größeren Orten Hotels, Pensionen und Privatvermieter Zimmer anbieten, sind es in kleinen Orten meist nur die letzteren. Einfache DZ ab 20 €. In der Nebensaison sind die Preise verhandelbar. Offizielle Jugendherbergen gibt es nur noch zwei im ganzen Land (s. www.hihostels.com). Bewirtschaftete Berghütten werden von den griechischen Gebirgsvereinen (E.O.S. usw.) unterhalten. 43 gibt es in Mittel- und Nordgriechenland, eine auf Euböa, 7 auf der Peloponnes, 4 auf Kreta. Auch Nichtmitglieder sind willkommen.

Zelten

Die meisten der insgesamt 300 Campingplätze konzentrieren sich auf beliebte Küstenabschnitte, besonders viele auf der Halbinsel Chalkidiki. Nur ausnahmsweise findet sich auch landeinwärts ein Platz. Preise 5–10 €/Zelt. Öffnungszeiten überwiegend von April bis Oktober.

Freies Campen ist zwar verboten, aber die wenigsten scheren sich darum. Sofern rücksichtsvoll praktiziert, wird es auch toleriert. Einzelne Strandschläfer werden klaglos hingenommen, Unmut erregen dauerhafte Strandkolonien.

Karten, Literatur & GPS

Versand von Griechenlandkarten:
www.mapfox.de • *www.road.gr*

Tourenkarten

- Marco Polo: Griechenland 1:300.000, 1 Blatt beidseitig bedruckt, gute All-round-Infos und detailliertes Straßennetz, mit etlichen Fehlern, aber dennoch beste Gesamtkarte, 7,50 €.
- Freytag & Berndt: 1:50.000/1:100.000/1:300.000/1:500.000, Karten für Griechenland, Chalkidiki, Pilion, Peloponnes und die meisten Inseln; Straßen und touristische Hinweise zwar etwas grob dargestellt, dafür aber recht zuverlässig.
- Reise Know-How, World Mapping Project: Kreta 1:140.000 • Rhodos 1:70.000 • Korfu 1:65.000. Höhenlinien etc. GPS-tauglich. Straßenverläufe leider nicht immer stimmig, stabiles Papier, 8,90 – 9,95 €.
- *Empfehlung:* Road Editions: Griechenland in allen Maßstäben ab 1:40.000, präzise und zuverlässig, mit Höhenlinien etc., auch für viele kleine Inseln erhältlich. Unpraktisch sind der Pappumschlag und das dünne Papier! Im Versand um 10 €, vor Ort um 5 €.
- *www.kowoma.de* – OSM-basierte, routingfähige Freizeit-Karte fürs Garmin, u.a. für Griechenland.

Noch im einsamsten Winkel stößt man auf ein Kapellchen

Tourenführer

- Kettler Vlg.: 1) „Mittelgriechenland per Rad", 2) „Peloponnes per Rad", 3) „Ostägäische Inseln per Rad", 4) „Kreta per Rad", 5) „Rhodos und Dodekanes per Rad". Alle Titel mit variablen Tourennetzen, Streckenskizzen und meist auch Höhenprofilen. Nicht mehr taufrisch, aber als Ideengeber allemal hilfreich.

Fahrrad (griech.: posílato)

Ausstattung

Trekkingrad oder MTB. Bergtüchtige Schaltung incl. Untersetzung. Rüttelfeste Gepäckträger. Lichtanlage. Schutzbleche sind je nach Ziel und Jahreszeit verzichtbar (evtl. Steckblech fürs Vorderrad mitnehmen). Tourenräder sollten stabile Laufräder und Reifen haben.

Reparaturen

Service und Ersatzteile für moderne Fahrräder, sprich Mountainbikes, findet man nicht nur in Großstädten, sondern auch in vielen kleineren Provinzstädten. In Küstennähe generell eher als landeinwärts. Kleine und mittlere Pannen sollten auf jeden Fall auch selbst behoben werden können.

Straßen und Wege

Straßen

Gemessen an dem Umstand, dass Griechenlands Oberfläche zu rund 80% aus mehr oder weniger schroffen Erhebungen besteht, verfügt das Land über ein akzeptables Straßennetz, das kontinuierlich ausgebaut wird. Kleine Nebenstraßen sind aber oft nur mit Schotter befestigt und teilweise auch deutlich steiler als asphaltierte Straßen. Offizielle Wegweiser sind prinzipiell zweisprachig ausgeführt. Abseits befestigter Straßen ist die Wegweisung nur griechischsprachig oder fehlt völlig.

Griechische Autofahrer sind rücksichtsvoll im Umgang mit radelnden Verkehrsteilnehmern. Hautnahes Überholen ist verpönt, die Hupe wird gern zur Warnung angetippt. Die meisten der durch die Gebirge führenden Hauptstraßen sind verkehrsarm. Stark befahren sind die Hauptstraßen an Küsten, in Ebenen und Tälern, sowie die Großräume Tessaloniki und Athen.

Offroad (MTB)

Neben dem Esel dürfte ein MTB wohl das beste Vehikel sein, um Griechenlands ursprünglichste Seiten kennen zu lernen. Abgesehen von den Tieflandregionen schlummert praktisch überall großes Potenzial für MTB-Touren. Unüberschaubar ist die Anzahl unbefestigter Pisten, die sich durch Berge und Gebirge ziehen. Ständig kommen neue hinzu, die auf keiner Karte verzeichnet sind. Ganz zu schweigen von all den Ziegenpfaden und Fußwegen, die über Hochebenen, durch Schluchten und Bergland führen.

Außerhalb von Naturparks können Biker alle Wege und Trails benutze -, die auch von Wanderern begangen werden. Beschränkungen ergeben sich nur aus der MTB-Etikette und den eigenen Fähigkeiten. Generell problematisch ist die Orientierung, denn exakte Karten, Tourenskizzen und Wegemarkierungen sind rar. Entdeckerfreude und ein GPS sind gefragt.

Großbritannien
England – Wales – Schottland

Daten

229.270 qkm • 62 Mio. Einwohner • 270 Ew./qkm
Ausdehnungen: N – 900 km – S // W – 350 km – O

Land

Großbritannien gilt zwar als Insel, aber es ist schon eine ordentliche Landmasse, die sich da nördlich des Kanals auftut. Diesen Kanal schuf übrigens erst die letzte Eiszeit. Deshalb ähnelt Südost-England der gegenüberliegenden Normandie. Wie auch die westenglischen Mittelgebirge geologisch mit der französischen Bretagne verwandt sind.

Großbritanniens bergigste und wasserreichste Region ist Schottland. Dort kann man auch den höchsten Gipfel des königlichen Eilands vermelden: Ben Nevis, 1343 m. Historisch war Schottland ansonsten aber immer ein Land des Mangels, und hatte außer der Sprache wenig mit England gemein.

Polnische Gastarbeiter kehren aus England zurück, weil sie dort den Wald vermissen. Höchstens ein Zehntel des britischen Inselreichs ist bewaldet. Im Osten und Norden sind es überwiegend Neuaufforstungen mit Föhren und Fichten (Low- und Midlands, Northumberland), im Westen auch alte Waldgebiete (Dartmoor, Südwales). Parkähnliche Landschaften aus Baumreihen und Hecken, Äckern und Grasland dominieren in Süd- und Mittelengland und heißen oft Forest. Ursprüngliche Landschaften haben sich vor allem in den unwirtlichen Teilen Schottlands erhalten, besonders in den Moorgebieten der Highlands. Wahre Vogelparadiese sind die schottischen Küsten.

und Leute

Französische Kelten, skandinavische Normannen, Angeln und Sachsen aus Germanien – alles Urahnen der Briten. Englisch, ursprünglich die Sprache der Bauern, wurde erst nach dem verlorenen Hundertjährigen Krieg gegen Frankreich salonfähig (14./15. Jh.).

Die große Zeit der Briten kam mit der Entdeckung Amerikas. Großbritannien wurde zum Mittelpunkt des Austausches zwischen Alter und Neuer Welt.

Das Land ist ähnlich dicht besiedelt wie Deutschland. Allerdings leben neun Zehntel der Bevölkerung in den Städten, so dass die ländlichen Regionen nur dünn besiedelt sind.

per Rad entdecken

Der moderne Tourismus und das Fahrrad? Beides wurde in Great Britain erfunden! Nur logisch dass es auch ein Engländer war, der als erster mit dem Hochrad um die Welt radelte: Stevens. Trotzdem gewann das Fahrrad insgesamt wenig Freunde in Großbritannien. Die naturgegebenen Umstände waren ja auch nicht so supergünstig. Man nutzte das Rad

Es war natürlich ein Engländer, der als erster auf einem Hochrad um die Welt radelte.

GROSSBRITANNIEN
© RKH VERLAG HERMANN
0
100 km
Great Glen Cycle Route
„Der wilde Norden Schottlands" s.S. 253
Radweg C2C
End to End
South Downs Way
ORKNEY ISLANDS
OUTER HEBRIDES
The Minch
Thurso
Beinn Dearg 1080
Moray Firth
Inverness
Isle of Skye
Kaledonischer Kanal
Loch Ness
Aberdeen
Grampian Mts.
Polloch
Ben Nevis 1343
SCHOTTLAND
Dundee
Killin
Loch Lomond
Firth of Forth
NORDSEE
Edinburgh
Glasgow
Peebles
Arran Isl.
Tweed
Northumberland N.P.
Border Forest Park
Hadrians Wall
Newcastle
Tynemouth
Sunderland
NORTHERN IRELAND
Dumfries
Carlisle
Belfast
Solway Firth
Workington
Lake District
Penrith
Keswick
Whitehaven
Middlesbrough
North York N.P.
Windermere
Yorkshire Dales N.P.
Isle of Man
York
IRISH SEA
Hull
ENGLAND
Blackpool
Leeds
Manchester
Liverpool
DUBLIN
Anglesey
Holyhead
Sheffield
Trent
The Wash
Chester
Snowdon 1085
Hunt-stanton
Norfolk Broads
IRELAND
Lleyn
Snowdonia N.P.
Notting-ham
East Anglia
Norwich
Great Yar-mouth
Birmingham
St George's Channel
Cambrian Mts.
Severn
WALES
Stratford upon Avon
Cambridge
Avon
Wood bridge
Brecon
Northampton
Fishguard
Harwich
Oxford
Cotswolds
Chiltern Hills
Swansea
Thames
Canterbury
Cardiff
Bristol
Reading
LONDON
Kent
Exmoor N.P.
Salis-bury
Win-
Sussex
Dover
West Country
Southampton
Brighton
Folk-stone
Calais
Exeter
Bourne-mouth
Ports-mouth
New-haven
Dartmoor N.P.
Isle of Wight
Plymouth
ENGLISH CHANNEL
Land's End
Penzance
FRANKR.

entweder sportlich oder gar nicht. Das änderte sich mit der Initiative **Sustrans** (Sustainable Transport), die das Fahrrad seit den 1980er Jahren als umweltschonendes Fortbewegungsmittel propagiert. Flaggschiff der Bewegung ist das **National Cycle Network** (NCN), das im Vereinigten Königreich mittlerweile 24.000 km Radrouten geschaffen hat, die natürlich auch Besuchern aus dem Ausland offen stehen.

Routen & Regionen

England

Daten 130.423 qkm • 53,4 Mio Einwohner • 410 Ew./qkm

Südost-England

Grafschaften Kent, East-Sussex, West-Sussex

Überblick „England für Einsteiger" könnte das Motto für den Südosten Englands lauten. Für eine Tour durch Kent und Sussex sprechen die leichte Erreichbarkeit per Fähre, das günstige Klima (sonnige Sommer, mäßiger Wind) und englische Bilderbuchlandschaften mit kulturellem Beiprogramm, als da wären Kastelle, Kathedralen, Herrenhäuser, Freilichtmuseen, alte Städtchen und prähistorische Stätten.

Tourentipps Zwischen den bis zu 300 m hohen Kalksandsteinketten der **North und South Downs** (schöne Nebenstraßen, aber anspruchsvolle Steigungen) erstreckt sich fruchtbares, sanft gewelltes Hügelland. Von East Sussex mäandert der **Weald** mit seinen hügeligen Laubwäldern und sanften Tälern bis nach **Kent,** dem „Garten Englands". Dort verdichten sich Obstgärten, Hopfenfelder, Herrensitze und Fachwerkstädtchen ganz besonders malerisch, fast kitschig, typisch englisch eben. Der Urlaubsrummel konzentriert sich weitgehend auf die Strände und Badeorte von Sussex – die „Badewanne" der Londoner. Spektakulär sind in **Sussex** längere Abschnitte der Steilküste (Beachy Head Cliff, Seven Sisters). Sie bildet deshalb auch den Auftakt für den 171 km langen, nach Winchester führenden Fernwanderweg South Downs Way.

MTB-Tipp
South Downs Way
Auch Radler dürfen diesen lohnenden, streckenweise sehr anstrengenden National Trail benutzen; ein MTB ist erforderlich. Tourenradlern stehen in Kent und Sussex hingegen friedliche Nebenstraßen, Reitwege und ausgeschilderte Radrouten offen.

Abstecher London Wer keine Lust auf „Streetfighting" hat, fährt mit dem Vorortzug von Brighton oder Crawley nach London, wo sich die **Themse-Radroute** fürs Sightseeing by bike anbietet (70 km). Mehrfach wechselt der Radweg zwischen Hampton Court Bridge und Dartford die Uferseite und berührt dabei viele Sehenswürdigkeiten. Überhaupt lässt sich die Stadt wunderbar mit dem Rad erkunden, denn London erweitert sein „Cycle Superhighway"-Netz zur Zeit auf 12 Strecken.

Mittleres Südengland Wer seine Tour nach Südwest-England fortsetzen will, den erwartet in **Hampshire** überwiegend sanft hügeliges Land. **Salisbury** und das geheimnisvolle **Stonehenge** sollten unbedingt auf der Route liegen. Reizvoll ist, zuvor noch einen Schlenker zur **Isle of Wight** zu machen (Fähre ab Portsmouth). Nachdem die flache Ferieninsel mit ihren Kreideklippen und Nadelzinnen im Süden umrundet ist, geht es wieder hinüber nach Lymington, von dort weiter durch den **New Forest** – eine herrlich zum Radwandern geeignete Waldheide – und schließlich auf kleinen Nebenstraßen zu der einzigartigen frühgotischen Kathedrale von **Salisbury.**

Südwest-England (West Country)

Grafschaften Das sog. *West Country* umfasst die Grafschaften Avon, Cornwall, Devon, Dorset, Somerset, Wiltshire

Überblick Windumtoste Küsten und neblige Hochmoore, schmale, gewundene Straßen, supersteile Zwischenanstiege, hohe Hecken, die die Sicht versperren, viel Verkehr auf nicht immer vermeidbaren Hauptstraßen – und trotzdem übt das West Country auf Radreisende eine beträchtliche Anziehungskraft aus. Weniger wegen der spärlichen historischen Attraktionen der Halbinsel (verlassene Zinnminen etwa oder das angebliche Geburtshaus König Arthurs in Tintangel), sondern wegen der weitgehend ursprünglichen Landschaft, die zu den abwechslungsreichsten Englands gehört und Maler wie Schriftsteller inspiriert hat.

Südküste Idyllische Buchten, bewaldete Flussmündungen, Strände, Seebäder, Klippen und Fischerdörfer zerfurchen den Saum der windgeschützten Südküste. Der Golfstrom beschert der „englischen Riviera" das milde Klima und die subtropische Vegetation, die sie so attraktiv machen. Der Andrang in den Badeorten und der Verkehr auf den Hauptstraßen ist entsprechend stark. Radler werden jede halbwegs vernünftige Möglichkeit nutzen, um auf Straßen auszuweichen, die den Autofahrern weniger behagen: Die engen, unübersichtlichen und keine Steigung auslassenden „by-ways" (Nebenstraßen).

Nordküste Am **Land's End,** Englands südwestlichstem Punkt (der Gegenpol in Schottland ist John o'Groats), fallen die Granitfelsen jäh ins brodelnde Meer. Mal rau, mal freundlich gibt sich daran anschließend die Nordküste. Schwarze Felsklippen

Steiles West-Country

wechseln mit hellen Sandstränden. Das Klima ist frischer als an der Südküste, dennoch ist auch hier im Hochsommer schwer was los. Das Ausweichen auf ruhigere Ecken ist jedoch leichter als an der Südküste.

Da die Küstenstraßen fast immer ein gutes Stück über dem Meer verlaufen, ermöglichen sie oft weite Ausblicke. Schönste Radelzeit ist ab April, wenn das nahezu subtropische Klima die feudalen Gärten erblühen lässt, viele davon sind zugänglich.

Inside West Country

Das Innere der auf Granit ruhenden Halbinsel bedecken Heideflächen, wilde Moorhügel, Sümpfe, Bäche, Felsen und grüne Täler. **Exmoor** und **Dartmoor,** die beiden größten Hochmoorgebiete, sind als Nationalparks geschützt. Im westlichen Cornwall wurden enorm viele Funde aus der Eisen- und Bronzezeit gemacht. Hünengräber, keltische Steinkreise, Dolmen und Menhire sind so zahlreich, dass es irgendwann langt.

Bei einer Größe von rund 16.000 qkm und Ausdehnungen von etwa 280 zu 60 km lassen sich im West Country mehrwöchige Radtouren unternehmen, ohne dass es langweilig wird. Regionale **Radrouten** und öffentliche Reitwege (public bridleways), auf denen generell auch Rad feahren werden darf, finden sich in allen Counties (County = Landkreis). Selbst die Hochmoore und das bis ins 19. Jh. weitgehend isolierte Cornwall sind inzwischen durch kleine Nebenstraßen erschlossen. Fies sind allerdings so manche Steigungen, die insbesondere in Dorset und Devon bis zu 20% betragen können.

Tipp: Als Alternative zu einer Rundtour bietet sich die von Reading (Buckinghamshire) nach Penzance (Cornwall) führende Bahnlinie an, die zu den schönsten Englands gehört. Retour dann per Rad, überwiegend mit Rückenwind!

Mittelengland

Wer seine Englandtour vom West Country nach Wales fortsetzen will, kann entweder die direkte Variante über die spektakuläre *Severn-Road-Bridge* wählen, oder zunächst nach Mittelengland weiterradeln (lohnende Etappenpunkte: Wells, Bath, Stratford-upon-Avon, Worcester, Shrews-bury und Chirk).

Cotswold Hill

Schon in der benachbarten **Grafschaft Gloucestershire** warten die bei Radwanderern beliebten Cotswold Hills. Die 80 km langen, mehr oder weniger sanft gerundeten Hügelketten, erstrecken sich von Bristol und Bath im Süden bis Stow-on-the-Wold im Norden. Am höchsten sind die Cotswolds im Westen. Das Wegenetz geht in seinen Grundzügen auf die Römer zurück. Wo die Straßen in nördlicher Richtung die Flusstäler queren, ist dies jeweils mit längeren Steigungen verbunden. Zwischen dem Grün der Wälder und fetten Schafweiden verbergen sich bildhübsche Wollweberdörfer und schmucke Städtchen und die Herrensitze der einstigen Wollbarone.

Ostengland

Grafschaften Cambridgeshire, Norfolk, Suffolk

Überblick

www.visiteastofengland.com

East Anglia ist eine in sich gekehrte Schönheit, abseits der Verkehrsströme, ohne Großstädte oder Schwerindustrie. Die einzige Region Englands, wo es sich auch auf A-Straßen radeln lässt. Während Cambridgeshire und Suffolk leicht hügelig sind, präsentiert sich Norfolk als fruchtbar-flaches Sumpf- und

Moorland (Englands Kornkammer). B&B ist in East Anglia überall vertreten, Campingplätze konzentrieren sich im Küstenbereich. Einziger Wermutstropfen im ansonsten velosympathischen und vergleichsweise sonnigen East-Anglia ist der NO-Wind, der an der Küste und im flachen Norfolk ganz schön aufdrehen kann. Regional ausgeschildert sind u.a. die **Suffolk Coastal Cycle Route** (Rundkurs, 142 km), Der **Norfolk Coast Cycleway** (von King's Lynn nach Greta Yarmouth, 166 km, www.norfolkcoastaonb.org.uk/Out and About/cycling) und die **The Heart of Suffolk Cycle Route** (125 km).

Rund um East Anglia

Wer von Cuxhaven oder Hoek van Holland per Fähre in **Harwich** gelandet ist, hat sogleich eine malerische Landschaft vor sich: **Constable Country** – Heimat und Inspirationsquelle des berühmten englischen Landschaftsmaler John Constable („Nichts kann die Schönheit dieses Landes übersteigen"). Hier, im grünen Suffolk County, liegen auch das mittelalterliche Lavenham und die alte Grafschaftsmetropole Bury-St-Edmunds – beide sehr sehenswert. Wer weiter nach Westen radelt, überquert die Ausläufer der East Anglian Heights – die einzigen nennenswerten Erhebungen im Tourengebiet – und erreicht das sympathische Universitätsstädtchen **Cambridge** – ein Stück „wahres England" und Muss jeder East-Anglia-Tour. Das nächste Highlight liegt nördlich davon, die berühmte Kathedrale des Marktfleckens Ely (Norfolk County). Und östlich hiervon Norwich, die sehenswerte alte Hauptstadt East Anglias. Damit sind dann auch schon die Eckpunkte einer East-Anglia-Tour abgesteckt, der nun nur noch die Küste fehlt. Deren kühle Gewässer ziehen weit weniger Badevolk an als Englands Südküste. So sind die Badeorte kleiner und wenig mondän.

East Anglias **Nordküste** stellt den landschaftlich interessantesten Teil des spröden und einsamen Norfolks dar. Ab Hunstanton geht es recht ruhig entlang der geschützten Sumpfküste durch nette Fischerdörfer bis nach Sheringham. Von dort geht es auf Nebenstraßen entlang der gewässerreichen Norfolk

Cambridge, Punting auf dem River Cam

Broads (Paddelgebiet), wo 34 alte Polderwindmühlen restauriert wurden, bis Great Yarmouth, dem Versorgungshafen der Nordseeölbohrer. Südlich davon kann das sumpfige Küstenland ab Blythburg erneut auf Nebenstraßen durchgängig bis Woodbridge beradelt werden. In **Harwich** schließt sich der Kreis der etwa einwöchigen Rundtour durch East Anglia.

Mittelengland

Wer Greater London umgehen will, setzt seine Tour ganz entspannt in Richtung Westen durch das sanftwellige, verträumte Mittelengland fort (Counties Hertfordshire, Bedfordshire, Buckinghamshire, Oxfordshire). Auf dem Weg nach Oxford liegen die schönen, bis zu 250 m hohen **Chiltern Hills** (nordwestlich von Greater London) mit reichlich Wald und urigen Bauerndörfern.

Nördliches England

Grafschaften

Cumbria, Northumberland, Durham, North Yorkshire, West Yorkshire

Überblick

www.visitnortheastengland.com
Englands Industriegürtel und die Mittelgebirge der Penninen (das „Dach Englands") bilden das Koordinatenkreuz Nordenglands. Der Kontrast könnte verblüffender nicht sein: Hier städtisch-industrielles Ballungsgebiet, dort Natur pur – halb Nordengland ist Naturschutzgebiet! Vier Nationalparks (N.P.) ziehen sich von West nach Ost quer durchs nördliche England. Highly attractive und sehr touristisch ist der Lake District N.P. (1920 qkm); nicht ganz so malerisch, aber bedeutend ruhiger die drei anderen Parks.

Lake District National Park

Eine Art Mini-Schweiz ist der bis ins 19. Jahrhundert nahezu unbekannte Lake District. Etwa hundert Gipfel überschreiten dort die 600er-Marke, der höchste bringt's auf 979 m (Scafell Pike) und ist zugleich der höchste Englands. Die atlantischen Niederschläge sammeln sich in den Becken der Hochtäler. Wasserfälle, Flüsse und Wildbäche befördern das Nass von dort in die 16 tiefer gelegenen Seen. Von ihnen ist der Derwentwater als schönster, und der 17 km lange Windermere als größter bekannt. Was die zahlreichen Besucher im Lake District so entzückt, ist die Gleichzeitigkeit lieblicher und wilder Landschaftselemente. Mai und Juni sind die besten Tourenmonate (weniger Touristen, mehr Sonne), doch Wetterstürze in den Höhenlagen sind das ganze Jahr über möglich.

Haupteinfallstor ist das per Bahn erreichbare **Windermere.** Kräftezehrende Steigungen bis 25% auf schmalen, kurvigen Nebenstraßen generieren fantastische Ausblicke, insbesondere am Honister Pass (356 m), Hardknott-, Wrynose- und Whinlatter Pass. In einer Schleife zwischen Atlantikküste und Penninen, aber außerhalb des eigentlichen Seengebietes und den anspruchsvollen Pässen, verläuft der 415 km lange, markierte **Cumbria-Cycle-Way.**

MTB-Tipp Lake District

Die Wanderwege im Lake District sind stark frequentiert, ein heißer Tipp sind deshalb die steinigen Saumpfade (alte Römerstraßen) zwischen dem Cumbrian-Gipfel **High Street** (828 m) und dem Stausee Ullswater (150 m). Ausgangspunkt ist **Hartsop.**

Genaue Tourenbeschreibungen: *www.cyclingcumbria.co.uk*

Yorkshire Dales National Park

www.cyclethedales.org.uk • *www.dalesbikecentre.co.uk*
Der Yorkshire Dales National Park umfasst den landschaftlich attraktivsten und zugleich wenig berührtesten Teil der **Penninen** (höchster Punkt: Cross

Yorkshire-Dales Nationalpark

Fell, 893 m). Dort hat das regenreiche Klima die wasserundurchlässigen Hochlagen mit Moorlandschaften versehen. Restberge aus Kalk- und Sandstein, Schluchten und Wasserfälle beleben die herben Hochplateaus. Neben Bergen, Tälern, Flüssen, Wiesen und Wäldern beinhalten die Yorkshire Dales auch viel historisches Natursteingemäuer: Adelssitze, Kirchen, Burg- und Klosterruinen. Die reizvollsten und vergleichsweise leichtesten Radelstrecken bilden die landschaftstypischen Flusstäler (dales), die alle ihr eigenes Gesicht haben. Wharfedale, Wensleydale, Dentdale und Swaledale zählen zu den schönsten. Außerhalb der Parkgrenzen kommt noch Teesdale hinzu. Gasthäuser, B&Bs und Campingplätze sind in den Haupttälern zahlreich vertreten.

Zwischen 100 und 500 Höhenmetern bewegt sich der **Yorkshire Dales Cycleway.** Von Skipton ausgehend verläuft der Rundweg auf verkehrsarmen Nebenstraßen durch den Park und berührt dabei die interessantesten Orte und Täler: Skipton – Bolton Abbey – Malham – Ingleton – Dent – Hawes – Grinton – Kettlewell – Skipton, 210 km. Einige steile Anstiege sind zu überwinden.

North York Moor National Park

Heidebedecktes Moorland, auf dem sich Schafe tummeln, und waldreiches Hügel- und Farmland, durchzogen von Flüssen, Bächen und Tälern prägen den verträumten North York Moor National Park. Durch die Moore ziehen sich Fußwege, sog. trods, auf denen Mönche einst Lebensmittel zu den Klöstern buckelten. Die Straßen sind verkehrsarm, aber mit heftigen Steigungen gespickt. 30 km südlich des Parks liegt das altehrwürdige **Yorck,** sehenswerteste historische Stadt Englands!

Northumberland National Park

Rau und abgeschieden, Hügelland und Hochmoor, auf den felsigen Berghöhen zahlreiche Burgruinen und im Süden den römischen **Hadrian's Wall** (die meisten Überreste zwischen Brampton und Chollerford, nahe der B 6318). So präsentiert sich der insgesamt wenig besuchte Northumberland National Park in Englands Nordzipfel.

Der **Hadrian's Cycleway** folgt dem Wall der Länge nach: 280 km, von Tynemouth nach Carlisle, CNC-Route 72, perfekt markiert, *www.cycle-routes .org/hadrianscycleway*. Neben dem C2C und W2W (s.u.) ist der Hadrian's Cycleway eine weitere Coast-to-Coast-Verbindung, die aber leichter ist, da sie den Lake District vermeidet. Besonders interessant für Radler, die von Tynemouth mittels Fähre nach Hamburg oder Amsterdam übersetzen wollen. Die Fahrt durch Newcastle ist ziemlich unangenehm, da sehr verkehrsreich. Vom Zentrum Newcastles bis zum Fährhafen sind es 15 km durch Industriegebiet!

An den Northumberland NP schließt sich Europas größtes Wiederaufforstungsgebiet an: der **Border Forest Park.** Dort existieren, speziell um Kielder-Water, mehrere Radrouten, einige davon extra für Mountainbiker.

Radweg Coast to Coast (C2C)

www.c2c-guide.co.uk
Großbritanniens erster Radfernweg ist die **Coast-to-coast Cycle Route,** kurz **C2C** (1994 eröffnet, 225 km). Von Workington bzw. Whitehaven an der Irischen See führt der C2C durch den Lake District, dann über die Penninen und endet in Newcastle bzw. Sunderland an der Nordsee. Da der C2C Vorbildcharakter für alle anderen Strecken des National Cycle Networks haben soll, wurde er aufwändig gestaltet (inkl. „Kunst am Radweg"). Die touristische Infrastruktur entlang des Weges ist ebenso hervorragend wie die Beschilderung und die Dokumentation. Beschrieben wird der Weg wegen der starken Westwinde von West nach Ost. Das hat leider den Nachteil, dass die Steigungen im Lake District und den Penninen genau in dieser Richtung am steilsten sind. Dennoch befahren ihn rund 15.000 Radler pro Jahr brav in der empfohlenen Richtung. Meist als 5-Tages-Tour.

Walney to Wear & Whitby (W2W)

www.cyclingw2w.info
Konkurrenz bekommen hat der C2C durch den ebenfalls von Küste zu Küste führenden Radweg **Walney to Wear & Whitby.** Auch der **W2W** durchquert den Lake District, um dann aber nach Wearmouth (243 km) bzw. optional nach Whitby (274 km) zu führen.

Offroad Coast to Coast (C2C)

Nicht ganz neu, aber unvermindert reizvoll ist die Idee, den **Coast-to-coast-Wanderweg** (300–320 km) mit dem Mountainbike zu befahren. Der C2C-Wanderweg ist nicht identisch mit der C2C-Cycle Route.

Er beginnt zwar ebenfalls im Lake District, führt dann aber durch die Nationalparks Yorkshire Dales und North York Moors. Es gibt mehrere Wanderführer zum Weg. In sieben Tagen ist der Trail gut zu machen.

Wales

Daten

20.766 qkm • 3,1 Mio. Einwohner • 149 Ew./qkm

Überblick

www.visitwales.com • www.mbwales.com
Wer per Anhalter oder mit öffentlichen Verkehrsmitteln durch Wales reisen will, braucht im Land der lyrischen Ortsnamen und puffenden Kleinbahnen Geduld. Radler sind in diesem Punkt per se im Vorteil. Allerdings sind die Wege fast immer hügelig, oft sogar steil. Reichlich Regen und Wind und kühle Sommer (kaum über 22 °C) müssen ebenfalls einkalkuliert werden. Große Waldgebiete sind selten. Sie wurden einst von den Engländern gerodet, um die Waliser gefügig zu machen. Kaum besiedelt sind die von Heide und Moor bedeckten Hochflächen von Nordwales. Kahle Hochflächen und Härtlingsberge (geologische Erhebungen aus abgetragen en Gesteinsflächen), Karseen und parkartige Täler sowie Wasserfälle prägen die Szene im Snowdonia-Nationalpark. Dem stehen in Südwales melancholisch-reizvolle Landschaften und eine Vielzahl normannischer Burgen gegenüber. 10 National Cycle Routes führen durch Wales (insges. 2200 km).

Snowdonia National Park

Radrouten führen von Bangor und Caernarfon aus in den Park, wo die Cambrian Mountains von der Küste innerhalb einer 18-km-Distanz rasch auf über 1000 m ansteigen. Die oft sehr engen Nebenstraßen im Park sind unter der Woche wenig befahren. Beliebter Standort für **MTB-Touren** von leicht bis schwer ist das von Forsten umgebene **Bedgellert.**

Anglesey (Insel)

Ein velosympathisches Kontrastprogramm offeriert die über eine Straßenbrücke erreichbare Insel Anglesey. Hier können sich Radler von Wetter- und Steigungskapriolen erholen. Das Terrain ist überwiegend flach, das Klima mild, im Norden und Westen hat's schöne Felsenküsten, im Inselinnern prähistorische Funde, im Osten interessante Orte wie Beaumaris und Llanfair PG. Die mächtigen Festungen Caernavon, Bangor und Conwy befinden sich „gleich gegenüber" auf dem Festland. Eine weitere Brücke führt von Anglesay aufs Inselchen **Holy Island,** wo Holyhead ein günstiges Sprungbrett nach Irland ist (mehrmals täglich Fähren nach Dublin und Dun Laoghaire).

Weitere Tourentipps für Wales

Einen Bogen sollten Tourenradler um das dicht besiedelte Industriegebiet im Südosten von Wales machen (Swansea – Cardiff – Newport). Beliebte Radelreviere mit ruhigen Straßen und ansehnlichen Landschaften sind hingegen:

- Die **Halbinsel Lleyn,** wo die nordwestlichen Snowdonia-Ausläufer die südöstlichen Badestrände wettermäßig abschirmen
- Das bergig-hügelige, stets etwas herbstlich wirkende **Midwales**
- Der **Brecon Beacons Nationalpark,** für das der an Kanälen und auf alten Bahntrassen verlaufende **Radwanderweg Cardiff–Brecon** ein idealer Zubringer ist.
- Auf schier endlosen Forstwegen können Mountainbiker in **Midwales** agieren. Beliebte Ausgangspunkte sind **Rhayader** (Elan Valley) und **Llanwrtyd Wells** (Ifon und Tywi Forest). MTB-Spots in Wales: *www.mbwales.com*
- Der Länge nach lässt sich Wales prima auf der Radroute **Lon Las Cymru** durchqueren (400 km, beschildert). Ausgangspunkt ist Chepstow im Süden, Ziel Holyhead im Norden. Dazwischen liegen Hay-on-Wye – Builth Wells – Rhayader – Llanidloes – Machynlleth – Portmadog – Caernarfon – Bangor.

Schottland

Daten

78.080 qkm, 5,33 Mio. Einwohner, 68 Ew./qkm

Überblick

www.visitscotland.com/de

Von Süd nach Nord gliedert sich „Nessieland" in drei Landschaftsräume: die hügelig-bergigen *Southern Uplands,* die flachen bis hügeligen Lowlands und die gebirgigen *Highlands* mit ihren 227 Munros, wie in Schottland alle Berge über 3000 Fuß heißen (gut 900 m). Die vierte schottische „Landschaft" bilden die aus dem Meer ragenden Inselkämme versunkener Gebirge, die *Hebriden, Orkneys* und *Shetlands.*

Eine Schottland-Tour ist schon eine Geschichte für sich: Sowohl vom Wetter, von der Landschaft, vom Zeitfaktor und von der inneren Einstellung her. Auf Nummer Sicher geht, wer in Schottland mit wechselhaftem Wetter rechnet. Denn Regen und Wind können Tourenplanungen zunichte machen, wenn die Ziele zu ehrgeizig gesteckt sind. Statistisch gesehen sind die Monate März (noch sehr kühl), April, Mai und September weniger feucht. Wer in April/Mai oder September radelt, genießt zudem den Vorteil weitgehender Mückenfreiheit. Die schottischen midges sind wegen ihrer Winzigkeit (2 mm) und Resistenz gegen alle Arten von Abwehrmitteln berüchtigt. Für den Zeitraum Mai bis August hilft ein moskitosicheres Zelt mit feinmaschiger Gaze und gut abschließenden Reißverschlüssen sowie eine Kopfnetz, das am besten auch über den Helm passt. Die Hochsaison (Juli/August) eignet sich für den kühleren, untouristischen Norden (inkl. Shetland-Inseln).

Reine Zeltplätze gibt es in Schottland nur ein Handvoll, meist sind es Caravanplätze, wo auch gezeltet werden kann. Wer dort vom Regen durchfeuchtet ankommt, wird ohnehin lieber einen der Mietcaravans oder eine „cabin" (Hütte) beziehen. Da auf den meisten Plätzen Waschmaschinen mit Trockner vorhanden sind, muss nicht endlos viel Wäsche mitgeschleppt werden. Nasse Schuhe usw. lassen sich mit einem kleinen Reiseföhn trocknen (Steckdosenadapter mitnehmen), oder ab in den Wäschetrockner damit.

Tourengebiet Schottland

Schottland ist überwiegend bergig, viele Straßen schlüpfen jedoch in den Tälern zwischen den Bergen hindurch. Was aber nicht heißt, dass es dort nun völlig eben sei. Wie überhaupt Schottlands Straßen den Charakter einer mehr oder weniger steilen Achterbahn haben. Flachere Tourengebiete finden sich an den **Ostküsten,** der Südküste der **Galloway-Halbinsel** (SW-Schottland), auf einzelnen Inseln der **Äußeren Hebriden** sowie dem Paradies der Prähistoriker, auf den **Orkney-Islands** mit ihren hohen Kliffküsten. Relativ leicht sind auch die Wege entlang des **Kaledonischen Kanals.** Seit 1822 durchschneidet dieses Rinnensee-Kanal-System die Highlands im Grabenbruch des Great Glen. Prominentester Rinnensee ist der 40 km lange **Loch Ness.** Überwiegend auf Forstwegen geführt ist die **Great Glen Cycle Route** (Inverness – Loch Ness – Loch Oich – Loch Lochy – Banavie, 124 km). Sie ist mit beladenen Reiserädern allerdings kaum befahrbar, sondern eher ein MTB-Trail.

Relativ uninteressant sind die flachen bis hügeligen **Lowlands.** Hier lebt drei Viertel der Bevölkerung, hier befindet sich das schottische Industrierevier. Sehenswert aber die Hauptstadt Edinburgh. Nördlich davon beginnen die wilden, einsamen **Highlands,** das „echte" Schottland mit winzigen Bergseen,

Isle of Skye

unergründlichen Rinnenseen, Flüssen und Fjorden, Felsmassiven, Heide- und Moorlandschaften, Whisky, Dudelsack und Baumstammwerfen. Die aufregendsten Strecken finden sich in der westlichen Hälfte der Highlands, inklusive der daran anschließenden, stark gegliederten **Westküste.** Die Strecke dort ist spektakulär, anstrengend und im Sommer ziemlich verkehrsreich (Touristenautos). Wer jedoch eine Route mit Fjordpassagen und Abstechern auf die Inseln **Skye** und die **Äußeren Hebriden** kombiniert, kommt hier auch in der Hochsaison nicht unter die Räder.

Wer den nordirischen Giant's Causeway noch nicht kennt, sollte von der *Isle of Mull* unbedingt einen Ausflug zum Inselchen **Staffa** machen (Ausflugsboot ab Fiomphort). Die dortige Basaltsäulenküste gleicht der nordirischen ganz verblüffend.

Generell bei der Routenplanung berücksichtigen, dass an der Küste und auf den Inseln nordwestliche Winde vorherrschen.

Shetlands

www.visit.shetland.org • *www.cycleshetland.com*
Shetland-Pullis, Shetland-Ponys und die North Sea Cycle Route. Fast schon nicht mehr zu Schottland gehören die 180 km nordöstlich des „Festlandes" im Atlantik ruhenden **Shetland Islands.** Sie sind unter Schottland-Radlern ein bisschen Kult. Wer von Aberdeen nach Lerwick übersetzt, der winzigen Hauptstadt der Shetlands (tgl. Überfahrten), begibt sich in eine andere Welt. Alles ist hier wilder, rauer, naturbelassener. Eine Mischung aus viel Irland und etwas Island. Auf einen Einwohner kommen zehn Papageitaucher (puffins) und mindestens ebenso viele Schafe. Die hundert Inseln liegen schon so weit nördlich, dass die Sonne im Sommer nur wenige Stunden verschwindet. Die Straßen sind wenig befahren, so dass es nicht stört, dass die Radrouten alle auf Straßen verlaufen. Im Gegenteil, denn das Gelände ist sehr hügelig, der Westwind ist oft heftig bis stürmisch und das Wetter immer für eine „nette" Überraschung gut. Hauptradroute über die Inseln ist die **North Sea Cycle Route** (EuroVelo 12): 175 km.

Weitere Tipps für Schottland
von Michael Krist

Nordküste (Thurso – Durness): Wegen der starken westlichen Winde möglichst in Ost-Richtung befahren. Östlich von Durness befindet sich der schönste Streckenabschnitt der Küste mit einigen herrlichen Sandstrandbuchten.

Westküste, B 869 (zweigt südwestlich von Kylesku von der A 894 ab): Wellige Rundstrecke auf Halbinsel mit extremen Steigungen, aber auch fantastischen Ausblicken auf einen der schönsten Abschnitte der schottischen Westküste.

Loch Ness: Entlang der Nebenstrecke am Ostufer (B 852) für Radfahrer zwar deftige Steigungen, aber viel weniger Verkehr und landschaftlich lohnender als die Touristenstraße am Westufer.

Isle of Arran: Ideal für Radtouren, da viele landschaftliche Merkmale Schottlands im Kleinformat verkörpernd. Besonders lohnend die Westküste zwischen Lochranza und Blackwaterfoot. Fährverbindung: Mull of Kyntire – Lochranza (saisonweise), Ardrossan – Brodick (ganzjährig).

MTB-Tipps Schottland

Wenig bekannt ist das große MTB-Potential im dünn besiedelten, bergigen Schottland. Hier einige Anregungen:

- Beliebtes MTB-Revier südlich von Edinburgh ist das **Upper Tweed Valley** mit seinen Forsten. Bewährte Ausgangspunkte sind Peebles und Innerleithen. Infos: TIC Peebles, Galashiels.

- Kein schlechter Deal ist auch die mit einsamen Forstwegen gesegnete Region **Dumfries & Galloway.** Über 300 km MTB-Trails sind markiert, mehrere davon im Mabie Forest bei Dumfries-Stadt, das sich auch generell als Ausgangspunkt anbietet.
- Westlich und südl. von Glasgow wurden alte Bahntrassen zu Bike-Trails ausgebaut. Infos: TIC Paisley. Überwiegend unbefestigte Wege, teilweise auch Nebenstraßen, nutzt der **Glasgow – Loch Lomond – Killin Cycleway,** der 140 km weit durch Zentralschottland führt.
- In den Central Highlands empfiehlt sich **Dunkeld** als Ausgansgpunkt für Touren durch die Gebirgstäler der **Cairngorm Glens.** Jede Menge alter Militär-, Pirsch- und Schmugglerwege, etwa die Hälfte davon mit dem Bike befahrbar, komplett klassifiziert im handgeschriebenen MTB-Führer von P. Koch-Osborne: Cicerone Press, „The Cairngorm Glens und The Atholl Glens" (nur noch antiquarisch, Amazon-Marketplace).
- Günstige Startpunkte für Highland-Touren beiderseits von **Loch Ness** sind Inverness und Nairn.
- In den **Western Highlands** endet in **Fort William** der von Glasgow kommende West-Highland-Way, Schottlands populärster Fernwanderweg ist eine harte Nuss und nur partiell befahrbar. Biker verlassen das quirlige Fort William am Ben Nevis dann südwärts, setzen 25 km weiter mit der Corran-Fähre über den Loch Linnhe und können sich bis Polloch am **Cona Glen Track** die Kettenzähne ausbeißen.

Noch mehr **MTB-Infos für Schottland:**
www.forestry.gov.uk/cycling • *www.7stanesmountainbiking.com*

Glamis Castle im Osten Schottlands

i-Box Großbritannien

Einreise

Deutsche, Österreicher und Schweizer können mit dem Personalausweis einreisen. GB ist nur teilweise dem Schengen-Abkommen beigetreten, an den Grenzen wird weiterhin kontrolliert.

Geld

Britisches Pfund (£, GBP). 1 € = 0,74 £ (Okt. 2015). Die Lebenshaltungskosten sind 15% höher als in D (2014).

Gesundheit

EU-Bürger werden im Rahmen des National Health Service (NHS) kostenlos medizinisch versorgt. Von Notfällen abgesehen ist dabei die erste Anlaufstelle stets der General Practitioner (Praktischer Arzt). Personalausweis genügt. Weitere Details: *www.dvka.de*

Infos

- *www.visitbritain.com* – BTA (British Tourist Authority), Tourismuszentrale Großbritannien
- *www.visitscotland.com* – Tourismuszentrale Schottland
- *www.visitwales.com* – Tourismuszentrale Wales
- *www.ctc.org.uk* – Cyclist's Touring Club (CTC). Seit 1878 nimmt sich der CTC der Interessen britischer Radler an. Neben der politischen Arbeit ist der CTC ein großer Informationspool für alles, was mit dem Radfahren zusammenhängt.
- *www.bikeradar.com* – BikeRadar. Die umfassendste Plattform für Soft- und Hardcore-Biker mit unendlich vielen kommerziellen Links.
- *www.sustrans.org.uk* – Sustrans organisiert das nationale Radroutennetz in GB (s. „National Cycle Network" weiter unten).
- *www.mtbbritain.co.uk* – Alle erdenklichen Links und Infos für MTB-Touren in GB.
- *www.forestry.gov.uk/cycling* – MTB-Routen der Forstbehörden:
- *www.traveline.info* – Öffentliche Verkehrsmittel in GB.

Infos vor Ort

In größeren Orten helfen **Tourist Information Centres** (TIC) bzw. **Tourist Boards** (Schottland) mit Auskünften, Prospekten und Karten auf die Sprünge.

Wetter

„Cats and dogs" soll es in Großbritannien regnen. Manchmal schon! Aber so schlecht wie sein Ruf ist das Wetter auf „der Insel" schon lange nicht mehr. Das Global Warming heizt auch den Briten ein. Außerdem gibt es beträchtliche regionale Unterschiede.

Der atlantische Golfstrom beschert dem Westen milde Winter und relativ kühle Sommer mit reichlich Luftfeuchtigkeit. Kontinentaler ist das Wetter der östlichen Landesteile Englands. Sie liegen im Windschatten der Gebirge, die als Klimascheide wirken. Ihre Westhänge fangen die meisten Niederschläge ein.

In den Küstenregionen von Schottland und Wales und im Lake District fallen deshalb jährlich bis zu 4000 mm, an der Südostküste Englands hingegen weniger als 500 mm. Ähnlich niederschlagsarm ist nur noch Cornwall im Südwesten Großbritanniens.

Die Temperaturdifferenz zwischen dem Süden und dem Norden Großbritanniens beträgt 3,5 °C. Die statistisch regenärmsten Monate sind April bis Juni. Aber dieser jahreszeitliche Unterschied ist weniger prägnant als der regionale zwischen West und Ost. Dies gilt auch für den insgesamt regenreichsten Teil Großbritanniens: Schottland. Hier ist es im Osten nur halb so schlimm wie im Westen, wo stürmische Böen auch im Sommer „Katzen und junge Hunde" schon mal waagerecht durch die Luft jagen. Gegen Abend dann: Sonnenschein. Zum Ausgleich für das wechselhafte Wetter kommen Schottland-Radler in den Genuss von rund einer Stunde mehr Tageslicht.

Wind

Überwiegend aus W bis SW, wobei sich die Geschwindigkeit nach Südosten hin verringert. An 250 Tagen im Jahr werden in den westlichen Küstenregionen starke bis stürmische Westwinde vermeldet: die „prevailing westerlies". In Ostengland herrschen Winde aus NO vor.

Reisezeit

Die beste Radtourenzeit ist von April bis zur zweiten Julihälfte. Der Mai ist der Monat mit der geringsten Niederschlagsneigung. In der zweiten Julihälfte beginnen die fünfwöchigen Schulferien und in den Urlaubsgebieten wird es enger. Schön sind dann wieder September bis Anfang Oktober.

Anreise

Per Rad

www.avenuevertelondonparis.com
Wer etwas mehr Zeit hat, für den käme die Radroute **Avenue verte Paris-London** in Frage. Je nach Variante sind dies 406 km oder 472 km. Mittendrin geht es allerdings noch mit der Fähre von Dieppe nach Newhaven.

Per Bahn

Wer weniger Zeit hat, steigt in Brüssel in den Eurostar. Der *Eurotunnel Cycle Service* transportiert Rad und Radler für 22 GBP in einem Rutsch durch die Röhre nach London. Reservierung ist allerdings erforderlich, denn es werden immer nur 6 Räder pro Fahrt mitgenommen. Alle Infos: *www.eurotunnel.com/uk/traveller-info/vehicles/bicycles*

Per Fähre

Gut mit der Bahn zu erreichen sind die **Fährhäfen in den Niederlanden:** Ijmuiden (bis Newcastle, 12 h), Rotterdam (bis Hull, 11 h), Hoek van Holland (bis Harwich, 6 h). Die Verbindung Oostende – Dover (1 h) existiert nicht mehr.

Reedereien:
- Stena Line: *www.stenaline.de*
- DFDS Seaways: *www.dfdsseaways.de*
- P&O Ferries: *www.poferries.com*

Per Flieger

Vor allem Schottland-Radler reisen bevorzugt mit dem Flugzeug an. Infos in jedem Reisebüro. Nach der Frachtraumgröße des eingesetzten Flugzeugtyps fragen. Sonst läuft man Gefahr, sein Fahrrad am Flughafen auf die Größe einer Hutschachtel falten zu müssen.

Transport im Land

Bahnen

Engmaschig ist das Eisenbahnnetz von British Rail (BR, *www.rail.co.uk*) in England und Wales, weitmaschig in Schottland. 1995 wurde BR in 25 Bereiche aufgeteilt, die von privaten Konzessionären betrieben werden. Grundsätzlich kann das Rad bei allen Zügen (auch Hochgeschwindigkeit) für max. 3 GBP mitgenommen werden, eine Reservierung ist meist nicht erforderlich. Auch bei begrenzter Kapazität im Regionalverkehr (oft nur 2 Räder pro Zug) kann das Rad wegen der hohen Zugdichte ohne große Probleme mitgenommen werden (Sperrzeiten für London beachten).

Die Bedingungen der Radmitnahme unterscheiden sich von Gesellschaft zu Gesellschaft, insbes. was die Reservierungspflicht

Cycle- und Busway in Cambridge-St. Ives (Ostengland)

betrifft (meist keine, aber manchmal eben doch) – alle Details gibt es in einem pdf-Faltblatt (Google-Stichwort: National Rail Cycling by Train) oder hier: *www.nationalrail.co.uk/passenger_services/cyclists.html*

Fähren, Busse

Auf den **Autofähren** der größten schottischen Reederei Calidonian MacBrayne (*www.calmac.co.uk*) werden Fahrräder für maximal 3 € transportiert. Auch auf *Personenfähren* können Räder mitgenommen werden, der Preis kann dort aber bis zur Hälfte des Personentarifs betragen. **Busse** sind preiswert, nehmen aber keine Fahrräder mit.

Übernachten

Verzeichnisse

„The Walkers & Cyclists Accomodation Guide" ist das Gegenstück zum deutschen „Bett & Bike"-Verzeichnis. Im „Walkers" sind alle Übernachtungsbetriebe aufgelistet, die als fahrradfreundlich anerkannt wurden.
http://walkersandcyclists.visitor-guides.co.uk

Zimmer

Hotels sind relativ teuer (ab 60 €/P) und bieten außer dem Vorteil, weniger oft ausgebucht zu sein, kaum mehr als die preiswerteren **Gasthäuser** (Guest Houses, Inns, Boarding Houses). Typisch britisch und sehr verbreitet sind Privatzimmer mit Frühstück, bekannt als **Bed & Breakfast** (B&B, ab 35 €/P). Wer länger als eine Nacht bleibt, kann oft auch Halbpension buchen. Entlang der großen Radrouten sind es die Vermieter inzwischen gewohnt, die Räder ihrer Gäste sicher unterzustellen.

Abgesehen vom mittelenglischen Industriegürtel besitzt Großbritannien ein recht dichtes und gleichmäßiges Netz von **Jugendherbergen** (Youth Hostels). 240 JHs in England und Wales (Verband YHA, *www.yha.org.uk*), 80 in Schottland (SYHA, *www.syha.org.uk*). Die meisten Häuser sind einfach, klein und gemütlich. Ü um 15 €. Häufig ist etwas Mithilfe beim Hausputz angesagt („duty"). In YHA-Häusern sind Leinenschlafsäcke Pflicht. JuHes in touristisch beliebten Gebieten sind während der Oster-, Pfingst- und Sommerferien in der Regel ausgebucht. Dagegen hilft nur frühzeitige Reservierung (im IYHF-Führer sind über 300 JHs verzeichnet). Eine gute Alternative stellen die privaten **Independent Hostels** dar, die moderner und freizügiger, aber auch teurer sind (um 30 €/P, *www.independenthostelguide.co.uk*).

Campen

Über 2500 **Camping- und Caravanplätze** sind im Ursprungsland der Campingidee registriert. Einzelcamper zahlen um 10 €. Caravanplätze wenn möglich meiden, das sind meist unattraktive Wohnwagenlager ohne Wiese, oft direkt an der Straße. Auch die Campingplätze in den Badeorten Südenglands sind in der Feriensaison wenig idyllisch und vergleichsweise teuer (Einzelcamper bis zu 20 €). Origineller ist das Campen auf Bauers Wiese für kleine Beträge um 5 €. Auch wenn kein Camping-Schild an der Einfahrt steht, einfach mal fragen.

Wie so vieles ist auch **freies Zelten** in GB explizit nicht verboten. In der Praxis scheidet aber jedes umgrenzte Grundstück schon mal aus. Und da ganz England irgendwie parzelliert ist, finden sich Möglichkeiten fast nur in Schottland. Es ist üblich, diese Möglichkeiten zu nutzen, zugleich aber auch keinen Müll zu hinterlassen und immer schön alle Gatter wieder zu schließen. Stabile Zeltnägel mitnehmen, die Böden sind oft steinig! Eine Reihe schön gelegener Waldcampingplätze werden von der schottischen Forstverwaltung unterhalten. Auflistung und Beschreibung aller möglichen und unmöglichen **Campingplätze in Schottland:** *www.unmoralische.de/schottland/schottland.htm*

Karten, Literatur & GPS

(Adressen zum Bezug von Karten und Reiseführern im Anhang.)

Tourenkarten

- Michelin: Straßenatlas Großbritannien & Irland, Spiralbindung, 17,70 €; alle Straßen und Infos, die für Tourenradler wichtig sind, ca. A4-Größe.
- Collins: Britain Big Road Atlas, Spiralatlas, 13,95 €; hohe Infodichte, aktuell, ca. A3-Größe.

Zusätzlich zur Planung und Übersicht:

- Reise Know How: Großbritannien, 1:750.000, 8,90 €, wetter- und reißfeste Karte.

Tourenführer

- Kettler Vlg.: „England per Rad", „Schottland per Rad". Bewährte Tourenbaukästen, jedoch ohne Berücksichtigung neuerer Radwege.
- Außerdem sind diverse englischsprachige Radtourenführer über mapfox.de erhältlich.

GPS

- *www.gps-routes.co.uk* – Großes Radrouten-Portal, u.a. mit allen National Cycle Routes.
- *www.aighes.de* • *www.kowoma.de* – OSM-basierte Radreise-Karten für Garmin&Co., u.a. für Großbritannien.

Fahrrad

Ausstattung

Das Touren- oder Trekkingrad sollte eine gut untersetzte, bergtüchtige Gangschaltung haben (supersteile Anstiege in bestimmten Gegenden) und Reifen ab 28 mm Breite. Mountainbiker sollten Steckschutzbleche nicht vergessen.

Reparaturen

Merkwürdigerweise ist die Fahrradladendichte in Schottland höher als in England. Fahrräder haben inzwischen auch in Großbritannien Komponenten mit metrischem Maß. Die frühere Ersatzteilproblematik hat sich daher weitgehend erledigt. Teile mit „altenglischem" Zoll-Maß werden nur noch für ältere Modelle geführt. Das gleiche gilt auch für 28-Zoll-Reifen, die den alten 27-Zoll-Standard verdrängten. Mountainbiker haben überhaupt keine Maßprobleme, hier gibt's nur Weltstandard. Adressen von Bikeshops können auf der CTC-Website abgefragt werden (s.o.).

Straßen und Wege

Verkehrsregeln

Der Linksverkehr erfordert vor allem an Kreuzungen und Kreiseln Umgewöhnung. Wichtig: Eine prinzipielle Vorfahrtsregel wie „Rechts vor Links" gibt es in Großbritannien nicht! Statt dessen sind praktisch alle Kreuzungen mit Verkehrsschildern, Fahrbahnmarkierungen oder Ampeln versehen. Anstelle von Kreuzungen dominieren Kreisel (Roundabouts), die stets als vorfahrtsberechtigt markiert sind. Sollte die Vorfahrt einmal nicht geregelt sein, müssen sich die Verkehrsteilnehmer untereinander verständigen. Üblicherweise wird die Kreuzung dann in der Reihenfolge der Ankunft passiert: first come – first go.

Autofahrer verhalten sich Radlern gegenüber nicht übermäßig rücksichtsvoll. Immerhin ist Großbritannien aber das EU-Land mit den wenigsten Verkehrstoten pro Einwohner. Vorhandene Radwege können, aber müssen von Radlern nicht benutzt werden.

Straßen

Die Straßenbeschaffenheit ist in England und Wales gut bis sehr gut, in Schottland befriedigend bis gut. Der Radwegebau schreitet in den Städten voran, außerhalb der Ortschaften ist davon nicht viel zu spüren. England und Wales verfügen über ein recht dichtes Netz wenig befahrener Nebenstraßen. In Schottland ist das Straßennetz zwar sehr viel weitmaschiger (kaum echte Alternativen zu den Hauptstraßen), aber dennoch überwiegend verkehrsarm. Kleine Nebenstraßen folgen in Großbritannien jeder Welle im Geländeprofil und weisen nicht selten heftige Steigungen um 15% auf (teilw. sogar über 20%).

Da der meiste Güterverkehr über die Straße rollt, sind die A-Straßen in England und Wales sehr stark von Lastzügen frequentiert. Besonders übel sind Trunk-Roads und Dual Carriage Ways. Deutlich weniger befahren sind B-Straßen. Ein wahres Labsal für strapazierte Radlernerven sind vor allem die nicht nummerierten by-ways (Nebenstraßen).

Viele Nebenstraßen sind so genannte Single Track Roads. Diese seitlich oft von 2 m hohen Hecken oder Trockensteinmauern begrenzten Straßen sind so schmal, dass zwei Fahrzeuge unmöglich aneinander vorbeikommen. In Abständen existieren deshalb Passing Places. Nur leider wartet dort kaum ein Autofahrer, wenn „nur" ein *Radler* naht.

National Cycle Route

Seit Anfang der 1980er Jahre kümmert sich die gemeinnützige Organisation **Sustrans** (Sustainable Transport) um die Schaffung eines nationalen Fahrradroutennetzes. Dieses

National Cycle Network (NCN) verbindet rund hundert wichtige Orte Großbritanniens (und Nordirlands), darunter die 20 größten Städte, mit nahezu allen beliebten Ferien- und Freizeitgebieten. Die Radrouten sollen nicht nur für Touristen attraktiv sein, sondern auch für Alltagsradler. Ein Drittel des Streckenumfangs soll autofrei sein (stillgelegte Bahnlinien; Treidelwege usw.). Die Beschilderung orientiert sich am dänischen Vorbild: Rote Nummer und weißes Fahrrad auf blauem Grund.

Bezüglich der **Qualität der Wege** sollten die Erwartungen nicht zu hoch sein. Verglichen mit deutschen Radwegen wirken die CNC-Routen oft arg improvisiert. Außerdem werden die „Radwege" auch von Fußgängern, Reitern usw. benutzt, was im Sinne der Erfinder ist. Es bedeutet aber, dass man sich als Radler auf alle möglichen Wege, Nichtwege, Umwege und Mitbenutzer einstellen muss und nicht selten mit der Straße besser bedient ist.

1995 wurde die erste Route eröffnet: 1600 km, vom äußersten Süden Englands hoch zum schottischen Norden (Dover – London – Oxford – Derby – York – Carlisle – Glasgow – Inverness), die Jungfernfahrt dauerte 29 Tage. Mittlerweile wurden mehr als 22.000 km beschildert. Zu den beliebtesten Strecken zählen der **West Country Way** in der Grafschaft Cornwall (Bristol – Padstow, 368 km), der **Welsh National** an der Irischen See (Cardiff – Holyhead, 450 km), die **Thames Valley Route** (vom Londoner Vorort Putney Bridge über Schloss Windsor nach Oxford), der **Coasts & Castles** (Newcastle – Edinburgh), der **White Rose** (Hull – York – Middlesborough), der **Kingfisher Trail** (in Nordirland, bei Enniskillen, s. Irland), der **Coast to Coast** (s.o. Nördliches England) und last not least die **North Sea Cycle Route** (EuroVelo 12, führt auf 2300 km durch England und Schottland, *www.north-sea-cycle.com*).

Offroad (MTB)

Mitbenutzen dürfen Biker die überall vorhandenen, unbefestigten Reitwege (Public Bridleway, blaue Wegmarkierungen, in OS-Karten verzeichnet). Aufgeschlossen zeigen sich auch die Forstbehörden, die Trails markieren und Streckenbeschreibungen herausgeben. Die Benutzung von offenem Land und Wanderwegen ist Ermessenssache. Eine komplizierte Geschichte ist das **Right of Way,** also das Recht, umfriedetes Privatland per pedes oder Bike zu passieren. Es basiert u. a. auf einem Verzeichnis von 1937, in dem alle zugänglich zu haltenden Orte festgelegt wurden. Wegerechte können im Laufe der Zeit verfallen, aber auch neu geschaffen werden. Landlords, Bürgerinitiativen wie auch das CTC liegen deswegen in einem beharrlichen Dauerclinch.

„End to End" – ein 1000-Meilen-Roadbook

von Christoph Gocke

Die Idee

Einmal quer durch das Vereinigte Königreich: von Land's End in Cornwall nach John O'Groats in Schottland, oder einfach „End to End". Mehrere Tausend Menschen machen sich Jahr für Jahr auf diesen Weg. Zu Fuß, mit Hund, Esel, Pferd oder Fahrrad. Auf vielfältigen Routen, von denen die kürzeste 874 Meilen lang ist. Im Verein der End-to-Enders wird nur aufgenommen, wer das Ziel erreicht hat, also ein End-To-End-Finisher ist. Wie auf der Santiago-Pilgerroute kann man in einem Ausweis Stempel sammeln, um die Tour nachzuweisen. *Unsere* End-to-End-Tour fand in einem August statt, 16 Tage gingen dabei ins Land.

Warming up in Britain

Plymouth – Penzance (130 km)

Die Bretagne-Hügel waren das ideale Training für die Cornwall-Berge. Wir fahren entlang der Südküste Richtung Westen. Wir fahren zu schnell. Extrem anstrengend vor allem die ersten 47 km bis Fowey. Rauf auf die Klippen, runter in die Bucht, wieder rauf. Meine Kette springt ständig ab, ist schnell wieder drauf, doch die Folgen werden sich noch zeigen.

Zwei Holländerinnen haben eine Karte mit dem Verlauf der National Cycle Route 3. Für uns zu umwegig, zu verspielt. Truro erfreut uns mit einem Tesco-Supermarkt und einer süßen Innenstadt. Die Anschaffung einer englischen Pre-Paid-Karte scheitert an den hohen Einstiegskosten. Kurz darauf landen wir auf der vierspurigen Schnellstraße mit kleinem Seitenstreifen. So kommen wir schließlich auf mittags noch undenkbare 130 km.

Steilste Straße zum Start

Penzance – Newquay (112 km)

Die weit und breit steilste Straße führt uns Richtung Land's End. Unser eigentlicher Startpunkt ist das Ziel für eine humpelnde Gruppe in Karate-Anzügen. Sie sind einen Tag schneller als geplant. Per Handschlag geben sie uns das Startzeichen vor dem Visitor Information Center, in dem wir uns ins Register eingetragen und das Stempel-Sammelformular bekommen haben. Weiter rauf und runter. Und weiter springt die Kette ab. Reparaturversuch beim ersten Fahrradladen. Der Zug wird gewechselt.

Linksverkehr auch im Hostel

Newquay – Okehampton (121 km)

Am Camel-Fluss wird es endlich flacher. Der Camel-Trail ist der erste richtige Fahrradweg, wenn auch nicht asphaltiert. Er führt uns etwas von der Richtung weg und endet recht plötzlich. Danach führt uns der National Cycle Network 3 auf eine kahle Hochfläche im Bodmin Moor. So stelle ich mir Schottland vor.

Ein Pärchen überholt uns auf der langen Abfahrt. Sie wollen End to End in zehn Tagen schaffen. Unser Tempo hat etwas nachgelassen, ist jetzt angemessen. Trotz Reparatur weiter Ärger mit der Gangschaltung. Ich komme nur auf Umwegen aus dem kleinsten Gang zurück in die großen. Eine Speiche am Hinterrad, das gestern zentriert worden ist, löst sich, ist zum Glück nicht gebrochen. Der Linksverkehr ist weiter voller Überraschungen (auch beim Ausweichen mit dem Tablett in der Jugendherberge).

Zur Living Gnosis

Okehampton – Glastonbury (127 km)

Eine Stunde bastelt der supernette Fahrradhändler von Okehampton an meiner Gangschaltung. Wieder ein neuer Zug. Alles wackelt ihm viel zu stark und ist ihm zu sehr verbogen. Er macht mir wenig Hoffnung, aber mit seiner Einstellung komme ich ein paar tausend Kilometer weit. Auf das bergige Cornwall folgen das hügelige Devon und das flache Sommerset. Nachdem wir anfänglich abwechselnd unseren beiden Führern „Cycling Britain" (Lonely Planet) und „Bike Britain" (Epic Guide) gefolgt sind, entscheiden wir uns nun fast ausschließlich für letzteren. Er ist sicherer, zielstrebiger, einfacher. Führt über kleine Straßen. Die National Cycle Routes sind fast nie zu gebrauchen.

Es ist sonnig, warm. Dann wieder plötzlich Wolken. Ständig kann es in Kürze regnen. Tut es aber nicht. Der Wind wechselt zwar, ist aber weitgehend im Rücken. Abends will Miri noch ein Stück weiter fahren. Ich bremse. Meine Knie schmerzen. Mit Mühe finden wir noch ein B&B im Esoterik-Zentrum Glastonbury, wo Aushänge für Living-Gnosis-Seminare, Healing-Centre und Kornkreis-Kalender werben.

Nackt auf der Energy Lane

Glastonbury – Newent (121 km)

Die Frau, die mit uns frühstückt, ist ohne ihren 17jährigen Sohn aus Arizona gekommen, um im Süden Englands ihrer Energy Lane zu folgen. Stonehenge war ihr zu „crowded" und abgesperrt. Die Stadt ist voller junger Menschen auf individuellen Heilstrips. Auf dem „Tor", dem heiligen Berg, der Glastonburys esoterische Steinzeit-Quelle ist, hüpfen zwei Nackte durch den frischen Südwind hinab. Vorbei an einem Mädchen mit Blumen im Haar, die mit geschlossenen Augen und ausgebreiteten Armen in grünem Indien-Look auf der Park-Bank zum Himmel blickt.

Im superschwülen anglikanischen Gottesdienst hat ein älterer Mann einen Schwächeanfall. Als der Notarzt samt Atemmaske und Rollstuhl ansetzt, den Mann zu retten, unterbricht die Pfarrerin die Liturgie. An den Resten der alten Abteikirche üben sich 20 Frauen in Yoga und Tai Chi.

Nachdem wir Englands Poona verlassen haben, reißt der vordere Schaltzug. Zwischen Kathedrale und römischem Bad von Bath ersetze ich ihn, unterhalten von einem Gitarrenspieler. Aus der Schwüle wird immer mehr Regen. Es ist schon fast dunkel, als Miri am letzten langen Berg noch ein paar Brombeeren entdeckt. Völlig durchnässt erreichen wir das kleine Örtchen Newent, wo Polizeiwagen die Hauptstraße gesperrt haben und mit Schusswaffen hantieren. Über den Friedhof gelangen wir zum Trocknen ins George Hotel.

Pflichtbesuch im Pub

Newent – Shrewsbury (116 km)

Leicht trüb, nur gelegentlich Regentropfen. Einen kleinen Schauer in Ludlow warten wir ab. Die Landschaft ist unspektakulär, nett, flach. Die Tourist Information von Shrewsbury ist am Stadtrand bei Burger King untergebracht und erweist sich als eine Ansammlung fliegender Zettel. Einer davon ist ein Stadtplan, der uns zum College Guest House bringt, einem 500 Jahre alten Fachwerkhaus. Die Fahrräder lassen sich nur gegenüber beim Pub unterstellen, wo uns unsere Gastgeberin zu einem Besuch verpflichtet. Wir bleiben bis zur letzten Runde geläutet wird.

Wales und der Hund im Wasser

Shrewsbury – Liverpool (105 km)

Anfangs Regen. Weiter mit Rückenwind. Durch einen Zipfel Wales. Neben dem ständig auf den Straßenbelag gemalten *SLOW* steht hier auf Walisisch *ARAF*. Chester erweist sich auch als ein sehr nettes Städtchen. Die Tourist Information verführt uns, einen neuen Fahrradweg am Shropshire Union Canal zu

Am Shropshire Union Canal

testen. Es ist ein Rumpelweg, und an jeder Brücke müssen wir balancieren, um nicht genau so ins Wasser zu fallen wie der Hund, den Miri und sein Frauchen retten. Dann bricht wirklich eine Speiche, hinten rechts, nicht selbst zu ersetzen. Drei Tage nach der letzten Reparatur.

Wir wählen die Südseite des River Mersey, fast bis zur Mündung, und sehen so Liverpool über den Fluss hinweg in der Sonne, um dann in Birkenhead die Fähre zur Stadt zu besteigen. Es ist ein bisschen Ruhrgebiet und wenig scheint älter als 150 Jahre zu sein. Recht jung ist im Untergeschoss der alten Hafen-Gebäude die „Beatles Story". Samt Audio Tour gehe ich als letzter Besucher durch die 60er und 70er Jahre, bis ich zu Tränen gerührt Postkarten im Souvenir-Shop kaufe. Schräg gegenüber ein Billighotel der Formule-1-Kette, die andernorts nur an Autobahn-Ausfahrten existiert. Ganz okay. Die Fußgängerzone ist abends öd und leer.

Rainy summer – What did you expect?

Liverpool – Crook (137 km)

Nach einem Beatles-Gedenktag treibt uns starker Rückenwind nordwärts aus Liverpool. Die vielen Ampeln lassen keinen Rhythmus aufkommen. Das Land ist weiterhin flach. Erst am Nachmittag machen die Ausläufer vom Lake District die Strecke anspruchsvoller. Wir halten mitten im Grünen an einem B&B, im Glebe House von Julia. Wir könnten es für eine Million Euro kaufen, denn Julia will mit ihrem Mann in den wärmeren Süden Frankreichs. Zum Wetter meint sie nur: „It's summer – what did you expect?" Ja, was hatten wir denn erwartet?

Unsichtbarer Hadrian's Wall

Crook – Dumfries (134 km)

Der Lake District bringt uns zur höchsten Stelle zwischen Land's End und John O'Groats: dem Kirkstone Pass, gerade mal 454 Meter. Eine Stunde brauchen wir, inklusive mehrerer Zwischengefälle, für den zehn Kilometer langen Aufstieg. Dann rollen wir durch die prächtige Kulisse zu den nächsten Seen. Bald auch in der Sonne. Meine Sonnenbrille gerät unter einen Lkw, lässt sich erstaunlicher Weise aus den Einzelteilen wieder zusammenbauen.

Miri möchte Hutton in the Forest alias Hutton End besichtigen. Ein großer Landhaussitz, ein Schloss, samt riesigem Garten. Ich stretche unterdessen. Danach fliegen wir förmlich. Nach Carlisle. Im nördlichsten Aldi von England stockt Miri unsere Reserven auf. An der englisch-schottischen Grenze überqueren wir den Hadrian's Wall, der leider unsichtbar ist, denn es sind hier keine Trümmer und schon gar keine römischen mehr erhalten. Direkt danach das „Marriage House", in dem minderjährige Engländer lange Zeit nach schottischem Recht heiraten konnten. Nun wieder ganz flach geht es bis tief in den Abend nach Dumfries.

Zimmernotstand wegen Dudelsack-WM

Dumfries – Glasgow (160 km)

Das „Full English Breakfast" hat sich zum „Full Scottish Breakfast" weiterentwickelt. Angereichert um Spezialitäten wie „black pudding", eine dicke gebratene Scheibe Blutwurst, die allein schon die Entscheidung für lebenslangen Vegetarismus rechtfertigen würde.

Eine traumhafte, einsame Bergstraße. Vom Rückenwind getrieben fahren wir zu schnell und zu lange, machen zu spät eine Pause. Sind gereizt. Bei Stewarton müssen wir uns endgültig entscheiden, ob wir an Glasgow vorbeifahren, wie es „Bike Britain" vorschlägt, oder ob wir in die Hauptstadt fahren und dort übernachten. Wir entscheiden uns für Glasgow. Wieder eine traumhafte Strecke über die Höhen. Bald erscheinen im Tal die ersten Hochhausdächer. Über einen kreuz und quer verlaufenden, wie gewohnt holprigen, schlecht markierten Radweg geht's runter in die Stadt. Am futuristischen Expo-Gelände verwandelt sich der Weg in eine edle überdachte Fahrradbrücke, die „Millennium Bridge".

Routinemäßig beginnen wir mit der Zimmersuche: B&B, Jugendherberge, Backpackers, kleine Hotels. Bald zeigt sich: völlig aussichtslos. In Glasgow steigt an diesem Wochenende die Weltmeisterschaft im Dudelsack-Pfeifen. Die ganze Stadt ist ein einziger Dudelsack. Und IBIS, Novotel, Holiday Inn – alle sind komplett ausgebucht. Mir kommt noch die Idee, mit dem Zug zu unserem gestrigen Hotel nach Dumfries zurückzufahren. Zu spät. Nach 22 Uhr ist der letzte

Zur Dudelsack-WM in Glasgow

Zug weg. Wir stellen uns auf eine Nacht im Park oder Bahnhof ein. Mehr um die Zeit totzuschlagen fragt Miri unverzagt schließlich im Euro-Hostel. Dort vermitteln sie uns das Tulip Inn, wo wir nach ungewollten 160 km kurz vor Mitternacht in die Betten fallen.

Einsam in den Highlands

Glasgow – Glencoe (144 km)

Vom Glasgower Ausstellungsgelände führt uns am übernächsten Tag ein Fahrradweg an Kanälen und Flüssen und auf einer alten Bahntrasse zu Loch Lomond (35 km). Meist ist der Weg ganz gut asphaltiert, aber häufig unterbrochen durch Schranken und Viehsperren. Er ist schlechter als ein deutscher Radweg, aber besser als die englischen. Rund um Loch Lomond eine Menge Touristen.

Meist meiden wir die viel befahrenen A-Roads. Die A82 führt aber einsam in die Highlands. Schmale und weite Täler, Hochplateaus und Seen wechseln sich ab. Das alles unter einer bizarren schwarz-weißen Wolkenlandschaft mit hellblauen Sprengseln. Hinter jedem Pass ein völlig anderes Bild. Und jedes wunderschön. Bis die Straße wieder weit ins Tal führt, wo wir in der Jugendherberge von Glencoe auf Reisende treffen, deren Stimmung durchs regnerische Wetter der letzten Tage etwas getrübt ist.

Nessy macht uns nass

Glencoe – Beauly (134 km)

Wir radeln am Great Glenn entlang, Schottlands West-Ost-Schneise erspart uns viele Berge. Die B8004 führt uns über eine hügelige, etwas längere Nebenstrecke, von der ich etwas missmutig auf einen scheinbar schönen Fahrradweg entlang des Kanals blicke. Später sind wir vor Fort Augustus selbst auf einem solchen Kanalradweg, der sich aber als unasphaltiert und reichlich holprig erweist.

Als wir Loch Ness erreichen, zieht sich der Himmel zu. Alle Fliegen fliehen unter den selben Baum, unter dem wir gerade versuchen, eine Mittagspause zu machen. Wir brechen ab und auf. Aber Nessy macht uns nass. Es regnet. Immer stärker. Bei Drumnadrochit sind Regen und Stimmungstief überwunden. Mit bis zu 20 Prozent Steigung geht es von Loch Ness und Great Glenn weiter nach Norden. In Beauly finden wir, dank wieder einmal großer Hilfsbereitschaft der Passanten, ein nettes B&B. Miri wäre gern noch ein paar Kilometer gefahren.

Reparatur mit Tee und Keksen

Beauly – Altnaharra (128 km)

Regen, Regen, Regen. Der erste komplette Regentag. Zwölf Kilometer vor Tain bricht mein Gepäckträger unterm Sattel an beiden Halterungen ab. Ich setze den Rucksack auf, gurke durch Regen und Gegenwind bis Tain, wo wir an den Ortsrand zu einem Fahrradmechaniker geschickt werden. Als wir in der ruhigen Wohngegend keinerlei Werkstatt sehen, tritt der Mann schon winkend aus seinem Haus. Miri wird gleich zum wärmenden Tee in die Küche geladen, während der Rentner in seiner Garage zwei Streben sucht und findet. Weil sie nicht so gebogen sind wie die alten, tricksen wir gemeinsam, bis der Gepäckträger so fest wie nötig sitzt. Danach werde auch ich noch mit Tee, Keksen und Käse gestärkt, bevor es wieder raus in die

Durch die Highlands

Nässe geht. Als der Rentner mit Frau und Kindern seinerzeit die End-to-End-Tour machte, hat es an *jedem* Tag geregnet. Aber das ist uns kein Trost.

Ein Stück lang haben wir wenigstens Rückenwind, weil wir jetzt wieder dem Cycling Britain folgen und im Landesinnern nach Norden fahren, statt an der Ostküste, wo der Nord-Ost-Wind ein Vorankommen nahezu unmöglich macht. Von Lairg aus buche ich telefonisch eines von einer Handvoll Zimmern im Mini-Dorf Altnaharra. Bis dahin bleiben eine einspurige Straße in einer traumhaften Plateaulandschaft mit Dauerregen. Trotz Sturmbrille halte ich die Hand vors Gesicht um den peitschenden Gegenwindregen abzuhalten. Endlich erreichen wir das B&B, wo uns Mandy und Lindsay Smith mit mitleidsvollen Mienen erwarten. Im Glaspavillon reißen wir uns die triefenden Klamotten runter, die alle ohne unser Zutun in den Trockenraum wandern. Schon der herzliche Empfang wärmt.

Stopp!

Altnaharra – Bettyhill (40 km)

Durch unaufhörlichen Regen und konstanten Nordwind kämpfen wir uns 40 km voran bis zur Nordküste bei Bettyhill. Wir machen eine lange Pause im Foyer des Schwimmbads. Dann gebe ich für heute auf. Morgen soll es besseres Wetter geben, und deshalb kann ich mich nicht weiter quälen. Das bescheidene Hotel, die maritime Atmosphäre und ein paar Sonnenstrahlen am Abend versöhnen uns mit dem Tag, der uns normalerweise locker bis John O'Groats gebracht hätte.

Mission completed

Bettyhill – John O'Groats (86 km)

Das Wetter ist heute deutlich besser. Nur einige Regentropfen. Der Wind kommt weiter aus Norden, ein Tick Nord-West vielleicht, fast Rückenwind. In Thurso macht Miri einen Großeinkauf im letzten schottischen Lidl, während ich an meinem Hinterrad wieder einen Speichenbruch konstatieren muss. Schlimmer noch: Fast alle Speichen auf der rechten Seite sind angeknackst. Eine Folge der anfänglichen Probleme in Cornwall mit der Kette, die immer wieder zwischen Speichen und Ritzel sprang. Ich lockere die rechte Seite, spanne dafür die linke Seite. Wie lange wird das halten?

Dann vertrauen wir noch einmal dem CNC-Radweg Nr. 1 und dem Cycling Britain von Lonely Planet. Ja, und verfahren uns prompt. Fünf, sechs Kilometer Umweg. Das National Cycle Network, das derzeit mit mehr publizistischem als materiellem Einsatz angelegt wird, hat uns immer wieder enttäuscht. Um 16.31 Uhr erreichen wir John O'Groats. 1643 km haben wir seit Land's End zurück gelegt. Ziemlich genau 1000 Meilen. Im Minutentakt folgen andere End-to-End-Radler. Alle Finisher waren in etwa so lange unterwegs wie wir. Wir fotografieren uns im Sturm mit Regentropfen auf der Nase. Mission erfüllt.

Der wilde Norden Schottlands

Von Andreas Bugdoll

Sauerland und Hohes Venn

Natürlich regnet es, als wir am kleinen Flughafen von Edinburgh unsere Schottland-Rundreise beginnen. Am ersten Tag hätte es uns ja nicht unbedingt treffen müssen. Aber was soll's, streifen wir also alles über, was wir an Regenklamotten dabei haben und arrangieren uns langsam mit dem starken Verkehr. Die Autofahrer machen jedoch alle einen großen Bogen um uns, was uns ein wenig optimistisch für die Reise stimmt. Die hügelige Landschaft scheint nett und grün zu sein, soweit man das bei den dunklen tief hängenden Wolken durch die mit feinen Tropfen belegte Radbrille beurteilen kann. Irgendwie kommt uns die Landschaft vor wie eine Mischung aus Sauerland und Hohes Venn. In Lanark haben wir den ersten Tag geschafft und es gibt einen netten Campingplatz mit tollem Rasen aber ohne Pub. So laufen wir abends zurück zum Dorf und bestellen in einem Pub mit Riesenhunger unsere ersten Fish and Chips und ein Guinness vom Fass. Der Fisch ist zu unserer Überraschung sehr lecker und das Guinness wird auf der Reise regelmäßig zu unserem erfrischenden Begleiter in den Abendstunden. Bis auf den Regen startet die Reise also doch recht positiv.

Englisches Frühstück

Wir haben gestern noch keine Gaskartusche kaufen können. Also gehen wir heute Morgen – nach dem gestrigen guten Dinner mutig geworden – hungrig zum Frühstück in ein Etablissement, dass wie ein Ding zwischen Imbissbude und Café aussieht. Um es vorweg zu nehmen, das war das erste und letzte englische Frühstück auf der Reise. Um die süßen Bohnen, den fettigen Toast, die Schwabbeleier und den glasigen Speck noch einmal herunter zu bekommen, muss es uns erst noch bedeutend schlechter gehen. Der Regen lässt nun nach und der Verkehr wird auch dünner, so dass wir das Radfahren bei stetigem Auf und Ab ein wenig genießen können. Schließlich sind wir auf der schönen Küstenstraße angelangt, die uns gleich eine schöne Aussicht auf irgendein altes Castle und die gegenüber liegende Insel Arran bietet.

Luxus für Radler

Nach kalter feuchter Nacht mit Temperaturen fast am Gefrierpunkt scheint uns schon um 7 Uhr die warme Sonne aufs Zelt. Was für eine Wohltat! Das Frühstück bereiten wir neben dem Zelt auf der großen Picknickbank mit dem angebauten Tisch. Welch ein Luxus für Radler! Wir fahren weiter auf der gut ausgeschilderten Radroute Nr. 7, die uns zwar manchmal im Zickzack, aber überwiegend schön durch kleine Städtchen abseits von Hauptverkehrsstraßen und teilweise sogar auf Radwegen bis nach Ardrossan führt, wo die Fähre nach Arran verkehrt. Mit der nächsten Fähre geht es gleich weiter über den Kilbrannan Sound nach Claonaig. Bis Oban müssen wir mehrere kleinere Hügel bezwingen und langsam wird die teils liebliche Landschaft in Richtung Norden rauer. Oban ist ein Städtchen, in dem man sich gut versorgen kann.

Midgets

Nach einer sehr ruhigen Nacht scheint uns früh am Morgen schon wieder die Sonne aufs Zelt. Wir überqueren bei bestem Wetter den schönen Loch Leven auf einer Brücke und düsen mit Rückenwind nach Fort William, das ein regelrechtes Touristennest ist. Den Abend

verbringen wir am etwas entfernt liegenden Campingplatz ungewollt im Zelt, weil zum ersten Mal hunderte kleiner, beißender Midgets über uns herfallen, sobald wir uns außerhalb zeigen. Gott sei Dank ist uns dieses schottische Übel in den drei Wochen nur an ganz wenigen Tagen in die Quere gekommen.

Auch an Frühstück ist außerhalb des Zeltes nicht zu denken, so dass wir einpacken und uns eine midgetfreie Stelle an der Laundry des Campingplatzes suchen. Als kleine Entschuldigung des Landes für die beißenden Unannehmlichkeiten erscheint uns die heutige Strecke, die sehr wenig befahren und landschaftlich das bisherige Highlight der Reise darstellt. Zunächst fahren wir weiter am Loch Eil entlang und kommen etwas später zum Loch Shell, wo in Glenfinnan ein Highländer-Monument auf uns wartet. Wirklich schön ist hier die Aussicht über den Loch. Vom netten Café aus kann man eine weit geschwungene Steinbrücke sehen, über die gerade eine alte Dampflok fährt. Hier sollen Teile eines Harry-Potter-Films gedreht worden sein.

Hochlandfeeling auf Skye

Später kommen wir in das Nest Malaig, wo die Fähre nach Skye ablegt. Die Überfahrt ist spektakulär, da wir von hohen Berge umgeben sind und auf den beeindruckenden Loch zurückschauen können. Sylke sieht sehr gepflegt, fast englisch, aus, und bietet immer wieder tolle Blicke zurück aufs wilde Mainland. Hinter der Knock Bay wird es karg und man kann links die dunklen Berge der Cuillins sehen. Die Straße biegt an einer Heidefläche ab, die in Blüte stehend eine unbeschreibliche Pracht darstellen muss. Nun überwiegen unwirtliche Landschaften die Szenerie. In uns kommt das Hochlandfeeling auf, das wir sehnsüchtig erwartet haben. Das in den Reiseführern oft als malerisch dargestellte Portree kann uns nicht wirklich begeistern. Wir müssen hier Sonnencreme nachkaufen, da uns unsere mitgenommene kleine Flasche nicht ausreicht. Die Straße führt in ein Hochtal und an zwei kleineren Lochs entlang, die über dem Meer zu schweben scheinen. In der Ferne sieht man schon die Felsnadel des Störs, den „Old man of Storr". Wir radeln nun an der Steilküste entlang, immer schön Auf und Ab, und haben ein paar tolle Ausblicke auf die Küstenlandschaft. Dabei ist der Aussichtspunkt zum berühmten Kiltrock noch nicht einmal der schönste. Die Landschaft links der Straße erinnert ein wenig an die Karoo in Südafrika und rechts der Straße an die grüne Küste in Südengland. In Stalin – was für ein Name – beenden wir die Etappe mit grandioser Fernsicht auf die Quirraingns-Felsen. Der Camping liegt oberhalb des Dorfes, in dem es einen kleinen Laden und ein „Restaurant" gibt. Hier runden wir den grandiosen Tag mit einem schwarzen, schäumenden Kaltgetränk vom Fass ab.

Staffin (Isle of Skye)

Auf und ab

Der nächste Tag beginnt schon wieder bei Sonnenschein und einem Frühstück im Freien – ohne Midges, wir können unser Glück kaum glauben. Weiter geht es gut gelaunt oberhalb der Stalin Bay auf die bizarren Quiraings zu. Eine Landschaft wie im Bilderbuch, die uns sehr an Kapstadt erinnert: Weiße Häuser in grüner Umgebung und ein dem Tafelberg gleichender Felsen. Die Straße wird bald einspurig und die Landschaft verschlägt uns den Atem. Wir umrunden die Spitze von Skye und radeln an dunklen Basaltfelsen vorbei und durch weite Wiesen. Dann wird es eintöniger. Die Landschaft wirkt nicht mehr so schön und wir kämpfen uns bei großer Wärme mit Rückenwind bergauf und bergab voran. Nach dem tollen Vormittag fällt die Strecke nun etwas ab. Wir schwitzen in der Sonne, was wir nie für möglich gehalten hätten. Da die Kilometer nicht so richtig fluppen und wir erste Sitzbeschwerden haben, beschließen wir in Dunvegan zu bleiben. Wir fahren zum Castle, das von der Straße aus nur zu erahnen ist und drehen am Kassenhäuschen angesichts des verlangten Eintrittspreises von fast 10 Pund pro Person dankend ab. So toll ist das dann auch nicht. Im Ort versorgen wir uns von dem ersparten Geld mit leckeren Lebensmitteln und Bier für den Abend, den wir auf einer kleinen Anhöhe mit Blick über den Loch Dunvegan genießen. Glutrot geht die Sonne unter.

Einlean Castle

Das makellose Wetter bleibt uns treu und im Gegensatz zu gestern haben wir keine schweren Beine. Die gestrige Schwächephase war auch nicht zu verwunderlich, hatten wir doch im Durchschnitt pro Tag mehr als 1000 Höhenmeter erklommen. Hinter der Skye-Brücke brechen wir am späten Nachmittag vom Zeltplatz nochmals ganz ohne Gepäck auf, um zum berühmten Einlean Castle zu radeln. Im besten Sonnenlicht liegt es ungemein fotogen auf einer kleinen Landzunge über dem Loch vor den schönen Bergen! In solchen Momenten sind wir froh, dass das zügellose digitale Fotografieren im Gegensatz zur Zeit der Diafilme praktisch keine Kosten verursacht.

Breath taking!

Von hier aus geht es nun nach Südosten ins Highland, das mit einsamen Landstrichen und spektakulären Landschaften auf uns wartet. Angefangen mit dem lieblichen Loch Carron, über die kargen Täler des Glen Carron, geht es auf einer schönen Abfahrt hinunter zum Loch Maree mit seinem alles überragenden Hausberg. Die Straße windet sich in einige Höhe und gibt fantastische Ausblicke auf das Meer und die weit unten liegenden Landzungen und Inseln frei. Auf dem Weg nach Ullapool genießen wir noch einmal die karge Einsamkeit der Hochebenen der Highlands, bevor es hinab geht nach Ardmair, wo wir uns vom Atlantik verabschieden. Hier drehen wir langsam nach Osten ab, um quer durch eine menschenleere Landschaft zum schönen Carbisdale Castle zu fahren. Bei Inverness erreichen wir mit 1100 km auf dem Tacho die Nordsee und den Grampians-Distrikt, wo erneut eine ganz andere Landschaft auf uns wartet.

Inverness ist ziemlich schäbig und ohne bemerkenswertes Flair. Uns erscheint auch die Landschaft nicht mehr so spektakulär, denn die Berge weichen zurück, und es sieht teilweise flach aus wie im Münsterland. Auch das Wetter ist, passend zur Gegend, kalt und unbeständig geworden. Daher ziehen wir es vor, weiter die Küste hinauf zu fahren, statt in die Berge, wo dicke schwarze Wolken hängen.

Whisky pur

Der Umweg lohnt sich, denn schon am nächsten Tag ist das Wetter wieder schön. Die Attraktion der Region Speyside ist Whisky, und das nutzen wir, um endlich einmal eine Destillerie zu besichtigen. Die von Glen Grant ist klein, nett und persönlich. Neben den großen Kupferkesseln haben uns auch die Lagerräume mit den dunklen Holzfässern gefallen. Die anschließende Kostprobe verkneifen wir uns, da es sonst heute mit dem Radfahren nichts mehr wird. Das nächste Ziel ist die große Glenfiddich Distillery, die jedoch viel touristischer ist und schon mehr an eine Fabrik erinnert. Im Shop kaufen wir schnell noch ein Minisortiment an kleinen alten Whisky-Fläschchen für unsere Souvenirecke. Dann geht's auch schon weiter bergauf durch giftgrüne Landschaften, die auch in Mitteldeutschland sein könnten, um später auf einer langen Abfahrt nach Huntly hinunter zu rollen. Die Briten haben anlässlich des Krönungsjubiläums der Queen vier Tage frei. Bei 8 °C sitzen die abgehärteten Schotten abends mit unzähligen flatternden Union Jacks in T-Shirt und kurzen Hosen vor dem Zelt und trinken kaltes Bier, während wir uns leicht fröstelnd in den warmen Schlafsack kuscheln.

Her Majesty is not at home

Durch schönes welliges Gebiet streben wir der Küste zu, wo das beeindruckende Dunnotar Castle auf einer uneinnehmbaren Landzunge liegt. Die alten Castles graben sich immer mehr in unser Gedächtnis. Sanft verläuft die Straße am Flüsschen River Dee bergauf, bis wir Belmoral Castle erreichen, die noble Sommerresidenz der königlichen Familie. Da die Queen wegen Ihres 60. Thronjubiläums wohl Wichtigeres zu tun hat, werden wir heute nicht mehr empfangen. In Wirklichkeit sind wir fünf Minuten zu spät am Gelände und werden gnadenlos abgewiesen, als wir eine Eintrittskarte für die Besichtigung der royalen Gemächer lösen wollen.

Highlights

Im netten Braemer finden wir einen Campingplatz, bevor wir zum höchsten Pass unserer Tour aufbrechen, dem „Devils Elbow", der immerhin auf fast 700 m kommt. Die Auffahrt ist gemächlich und so können wir die wunderschöne, karge Bergwelt ohne Schweißausbrüche genießen. Durch ein nettes Seitental steuern wir den hübschen Luftkurort Pitlochry an, wo am heutigen *Queens Jubilee Day* bunter fröhlicher Rummel ist. Dann geht's weiter zum Loch Tummel und dem tollen Aussichtspunkt „Queens View". Die weiterhin anstrengende Strecke führt am Loch Tay entlang, und später auf einem Radweg auf einer alten Eisenbahntrasse am Loch Earn vorbei, zum letzten Highlight unserer Reise „The Trossachs".

Traumziel

Die Trossachs sind ein waldreiches Seengebiet mit einigen kleineren Erhebungen, die bei uns als Mittelgebirge durchgehen würden. Abends bekommen wir nach wochenlangem tollen Wetter den ersten längeren Regen seit unserer Ankunft in Schottland. Da das kalte feuchte Wetter auch nicht besser werden soll, machen wir uns in flachere Landesteile auf. Loch Leven ist in der Karte als „landschaftlich schön" gekennzeichnet, aber genauso eine Enttäuschung wie Kirkcaldy, das trostloseste Nest, das wir bisher in Schottland gesehen haben. Das Wetter passt sich den Eindrücken an, und es beginnt kurz vor dem Ende der Reise sogar noch zu stürmen und heftig zu regnen. Hinter der berühmten Forthbridge, auf der wir fast vom Rad geblasen werden, führt uns der *Cyclepath 1* durch ruhige Vororte gut betuchter Bürger zum unverschämt teuren Camping am Stadtrand von Edinburgh. Hier schließt sich der Kreis unserer tollen Tour durch den wilden Norden Schottlands. Bleiben werden in unser Erinnerung grandiose einsame Landschaften, schöne Castles, nette Pubs und freundliche, offene Menschen. Und wenn das Wetter so mitspielt wie bei uns, zählt Schottland ohne Weiteres zu den Traumzielen für Radler in Europa.

Irland
Republik Irland und Nordirland

Daten

70.182 + 13.843 qkm • 4,6 + 1,8 Mio. Einw. • 65 bzw. 132 Ew./qkm
Ausdehnungen insgesamt: N – 430 km – S // W – 280 km – O

Land

Zur Geografie Irlands: Bis an die offene Küste reicht das zentrale Tiefland jeweils im Westen und Osten, verwitternde Mittelgebirge begrenzen die Lowlands hingegen nach Süden und Norden. Höchste Erhebungen in der Nordhälfte sind Slieve Donard (852 m) und Nephin (807 m), in der Südhälfte Carrauntoohill (1041 m) und die Wicklow Mountains (925 m). Einem Puzzle gleicht die Westküste, wo nach der letzten Eiszeit der gestiegene Meeresspiegel die Flussmündungen überflutete, die nun tiefe Buchten in der klippenreichen Küste bilden. Auch das Inselinnere wurde durch die Eiszeit umgestaltet. Neben Findlingen und Drumlins (gälisch für kleine Hügel) hinterließen die Gletscher Bergseen, Deckenmoore und hügelige Moränenzüge in der Tiefebene. Die einst riesigen irischen Laubwälder zersägten die Besatzer ihrer Majestät im 17. Jh. für den Bau der Cromwellschen Eroberungsflotte. Allen Neuaufforstungen zum Trotz sind daher nur 5% der Inselfläche bewaldet.

und Leute

Obwohl Irland so intensiv grün ist, eignen sich die meisten Böden nur für Weidewirtschaft und Torfgewinnung. Bei der großen Hungersnot im 19. Jh. starben eine Million Menschen, eine weitere Million wanderte aus. Entsprechend dünn besiedelt ist heute die Republik Irland, vergleichsweise dicht das von englisch-schottischen Einwanderern dominierte Nordirland. Die ab dem 17. Jh. angesiedelten Protestanten wollen die Union mit Großbritannien beibehalten, die katholischen Ur-Iren wollen die Vereinigung mit dem Rest der irischen Insel. Jahrzehntelang befand sich Nordirland deshalb im Bürgerkrieg.

Allgemeine Amts- und Umgangssprache ist Englisch. Zweite Amtssprache der Republik Irland ist Gälisch – eine Sprache, die mit 16 Buchstaben auskommt und nur noch von 3% der Bevölkerung gesprochen wird, ein Fünftel besitzt immerhin Grundkenntnisse. Die gälischsprachigen Regionen – Gaeltacht genannt – liegen überwiegend in West-Irland und erfreuen sich intensiver staatlicher Förderung.

per Rad entdecken

Irland gehört zu den Ländern, in die man sich als Radler entweder verliebt – oder eben nicht. Dieter Schmidt: „Aus einer Verkettung unglücklicher Umstände habe ich meine letzte große Radtour nach nur 200 km auf der Dingle-Halbinsel abgebrochen. Starker Verkehr, Sturm, Regen, steilste Passstraßen, Knieprobleme, schlechter Straßenbelag, falsche Bereifung, unlesbare gälische Wegweiser und chronischer Ersatzteilmangel brachten mich zu diesem Entschluss. Irland hat sich mir nicht als das Radfahrerparadies gezeigt, als das es in vielen Reiseführern gepriesen wird." Nie wieder Irland also? Die meisten Irlandradler sehen das anders. Tatsächlich sind die Voraussetzungen für individuelle Radtouren gut, gelegentliche Flüche

nicht ausgeschlossen. Wichtig ist nur, dass die Motivation stimmt. Denn durch Irland radeln heißt: Näher dran sein an Natur, Wind und Wetter. An Straße, Land und Leuten. An tausend Mal grün, grau, braun – ja, und auch blau.

Was die Tourenplanung angeht, halten sich viele einfach an die Parole: „The West is the Best!" Tatsächlich entspricht vor allem der Westen den gängigen Irland-Erwartungen. Aber das sollte kein Grund sein, den großen Rest Irlands außer Acht zu lassen. Zumal es dort wettermäßig auch immer etwas gemütlicher zugeht.

Routen & Regionen

Wicklow Mountains

www.visitwicklow.ie

Von der Kapitale zur größten zusammenhängenden Gebirgsregion Irlands. Wer seine Irland-Tour in „dear dirty Dublin" startet, den erwartet südlich davon sogleich die erste landschaftliche Herausforderung: Langgezogene Steigungen und wunderschöne Panoramen. Die höchsten Pässe sind der Sally Gap (518 m) und der Wicklow Gap (457 m), die höchste Stichstraße führt zum Kippure (754 m). Gelegentlich werden die **Wicklow Mountains** als der Harz Irlands bezeichnet. Auch wenn der Vergleich hinkt, vermittelt er doch ein ganz brauchbares Bild von diesem Mittelgebirge, seinen bis zu 925 m hohen Bergkuppen und kahlen Granitkegeln. Bislang konnten die intensiven Aufforstungen erst Teile des recht großen Gebietes (ca. 60 x 30 km) wieder mit dem ursprünglichen Baumkleid versehen. Der Rest sind Heide und Moor, tiefe Täler mit seltenen Hochlandvögeln, sprudelnde Wasserfälle und schwarz glänzende Bergseen. Dazwischen Dörfer und Aussiedlerhöfe der Schafzüchter.

Ein Juwel ist der 37 qkm große **Nationalpark** um die Glendalough-Seen und das dortige Kloster des Heiligen Kevin, die touristische Hauptattraktion der Wicklows.

Ring of Kerry, Dingle

www.ringofkerry.biz · *www.ringofkerrytourism.com* · *www.dingle-peninsula.ie*

Wer von Frankreich aus per Fähre in Cork gelandet ist, dem liegt sogleich eines der spektakulärsten Areale Irlands zu Füßen: Die zerklüftete Küstenlinie der Grafschaften Cork und Kerry. Wer den Ring of Kerry im Visier hat, kann sich auf dem Weg nach Killarney in der sanft hügeligen Grafschaft Cork langsam eingewöhnen. Wer gleich das Besondere sucht, radelt westlich von Skibbereen die Küsten der drei Halbinseln ab. Lohnend vor allem der weniger touristische *Ring of Beara,* wo allerdings die Straße leider reisebusgerecht ausgebaut wurde.

Ring of Kerry Bei Kenmare ist der Ring of Kerry erreicht. Hauptort ist das schön gelegene **Killarney,** das entsprechend große touristische Anziehungskraft besitzt. Günstige Klimabedingungen lassen Rhododendronwälder, kilometerlange Fuchsienhecken und Erdbeerbäume gedeihen. Hohe Berge und das wildromantische Drei-Seen-Gebiet des Killarney National Parks umgeben den Ferienort und bilden zugleich den szenischen Auftakt für eine der Top-Destinationen Irlands, die **Halbinsel Iveragh** mit der 172 km langen Ringstraße von Kerry. Umgeben von Seen und üppiger Vegetation steigen innerhalb der

IRLAND / NORDIRLAND
0
100 km
© RKH Verlag Hermann
SCHOTTLAND
NORD-IRLAND
ATLANTISCHER OZEAN
Malin Head
Fanad Head
Glenveagh N.P.
Antrim Coast
Ballycastle
Firth of Clyde
Glens of Antrim
NORTH CHANNEL
Aranmore Island
Derry
Sperrin Mts.
Ballymena
Larne
Slieve League
Donegal
Rocky Point
Omagh
L. Neagh
Donegal Bay
Lower L. Erne
BELFAST
L. Derg
Sligo
Upper L. Erne
Armagh
Belderrig
Ballina
Mourne Mts.
Cavan
Achill Island
Dundalk Bay
Westport
Lough Carra
Ros-common
Longford
Drogheda
IRISH SEA
Lough Mask
Lough Ree
Boyne
Clifton
Conne-mara
Lough Corrib
Mullingar
Ballinasloe
Grand Canal
DUBLIN
Galway
Tullamore
Dun Laoghaire
Aran Islands
Shannon
Naas
Glendalough
Lough Derg
Wicklow-Mountains
Cliffs of Moher
The Burren
Port Laoise
Wicklow
Carlow
Limerick
Kilkenny
Loop Head
Tarbert
Tipperary
Barrow
Slea Head
Rock of Cashel
Clonmel
Wexford
Tralee
Suir
Waterford
Dingle
Killarney
Blackwater
Rosslare
Carauntoohil
Fermoy
Ring of Kerry
Cork
Dungarvan
ST. GEORG CHANNEL
Youghal Bay
Beara
WALES
Bantry
Mizen Head
Route von M. Kristl (s. Text: »Mein irisches Radel-Tagebuch«)

Halbinsel Berge bis auf über 1000 m empor, und dies praktisch von Meeresniveau aus. Am Ring gibt's Panoramablicke satt: über Buchten, Fjorde, Inselchen, Klippen und Strände. Die Ringstraße ist schmal und durchgehend hügelig (besondere Anstiege: Coomakesta-Pass, 200 m; Moll's Gap, 263 m). Rund um den Ring existieren zahlreiche Unterkünfte und Campings, so dass bei Schlechtwetter beliebig gekürzt werden kann.

Ziele am Ring

Sehenswert sind **Sneem** (niedliches Dorf), **Staigue Fort** (Festung aus der Eisenzeit, 4 km einwärts), **Skellig Michael** (ohne Fahrrad zur felsigen Mönchs- und Vogelinsel, kürzeste Verbindung ab Portmagee, bewegte Überfahrt), **Valentia Island** (von Portmagee aus über die subtropische Insel, von Knight's Town per Fähre wieder zum Ring), **Caragh Lake** (tolle Szenerie, toller Ausblick, Abzweig bei Caragh Bridge, am See entlang und auf Inlandspiste via Lake Field wieder auf den Ring), **Killorglin** (dreitägiges Puck Fest im August).

Radeln am Ring

Man sollte die Erwartungen nicht zu hoch schrauben, es gibt idyllischere Strecken als den Ring. Um sich auf der schmalen Ringstraße nicht zu blockieren, starten alle Touristenbusse von Killarney *entgegen* dem Uhrzeigersinn. Radler fahren daher vorteilhaft *im* Uhrzeigersinn. Wer an der Westpitze der Halbinsel (zuvor ggf. Schleife über Valentia Island) landeinwärts abzweigt, versäumt zwar die Nordküste (weniger aufregend), darf aber ein idyllisches Sträßchen genießen, das zunächst im Inny-Tal verläuft, dann den nicht sehr steilen Ballagisheen-Pass (304 m) überquert und durch Hochtäler an Irlands höchsten Bergen vorbei weiterführt.

Dingle

Nördlichster der fünf Landfinger von Kerry und Cork ist die **Halbinsel Dingle,** die sich dem Ring nahtlos draufsatteln lässt. Hier wird's nun sehr gälisch. Die in der Hochsaison ziemlich überlaufene Halbinsel ist eine bedeutende Gaeltacht, und das merkt man nicht nur an den Ortsschildern (meist nur gälisch), sondern auch am Tresen. Groß ist der Fundus an prähistorischen und frühchristlichen Stätten (z.B. die Bienenkorbhütten der Eremiten). Lohnendste Ecke der Halbinsel ist das Hügelland westlich von Dingle-Stadt: die imposanten Klippenlandschaften von Slea Head und Clogher Head, ab Dunquin spannende Überfahrt (ohne Bike) zur entvölkerten Felseninsel Great Blasket. Der Bau der Küstenstraße um den **Slea Head** war einst eine Arbeitsbeschaffungsmaßnahme für die

Nur bedingt radelbar - der Kerry-Way-Wanderweg

hungernde Bevölkerung, und genauso abenteuerlich sieht sie auch aus. Die Diretissima von der Nord zur Südküste führt nördlich von Dingle-Stadt über den **Connor-Pass** (456 m), einen der höchsten Straßenpässe Irlands: Es ist eine nicht sehr steile, aber schmale Straße, gerade mal drei Schafe breit, die sich mit bepackten Rädern gut meistern lässt. Wenn das Wetter es zulässt, gibt es oben eine grandiose Aussicht. Alternative: Von Dingle-Stadt zurück bis Anascaul und am Corrin vorbei nach Camp.

Clare, West Mayo, Galway

Und weiter geht's entlang der aufregenden Westküste in Richtung Norden. Wer von Dingle kommt, den schiebt der SW-Wind auf Nebenstraßen flott nach Tarbert (entweder via Tralee – Kilflynn – Listowel oder Tralee – Ballyduff). Von dort per Autofähre nach Kilimer.

Clare

www.clare.ie
Zunächst hält die Grafschaft Clare einige Leckerbissen bereit:

- Die **Halbinsel um Loophead** (so heißt der Aussichtspunkt an der Spitze) mit ihrer wild zerfransten Küste. Windig, windig.
- **Milltown Malbay** – musikalisches Dorf mit „Konservatorium", ohne den Rummel wie in Doolin.
- **Cliffs of Moher** – Irlands berühmteste Steilklippenküste (10 km lang und 200 m hoch) liegt leider oft im Dunst.
- **Doolin** (5 km nördlich Cliffs of Moher): Dorf mit drei berühmten Singing Pubs, Szenetreff der Rucksackis, Bootsverbindung nach Inisheer (kleinste der Aran Islands).
- **Aran Islands** – Gruppe von drei bewohnten, wildromantischen Inseln mit alten Klöstern, prähistorischen Steinforts und den wetterfestesten Pullovern Irlands. Gaeltacht, speziell die Insel Inishmaan. Viele Schotterwege für *Offroad-Fun*. Vor Ort erhältlich: The Aran Map, 1:29.000. Passagierfähren verkehren zwischen den Inseln sowie nach Doolin, Galway, Spiddle und Rossaveal (Fahrradmitnahme gratis).
- **The Burren** – 80 qkm großes Karstplateau mit Höhlensystem. „Zu wenig Wasser, um einen Mann zu ertränken, zu wenige Bäume, um ihn zu hängen", fluchte ein General der engl. Cromwell-Armee im 17. Jh. über den Burren. Diese irlanduntypische Mondlandschaft ist dafür heute ein ideales, nicht zu extremes Terrain für Mountainbiker.

Connemara

www.connemara.ie
Die Fähren von den Aran Islands sind ein gutes Sprungbrett für die zerlappte Halbinsel Connemara (Co. Galway). Obwohl touristisch äußerst beliebt, schluckt die dünnbesiedelte Connemara ihre Besucher ganz gut weg. Abseits der Hauptrouten kann es, trotz des weitmaschigen Straßennetzes, richtig einsam werden. Herb ist die Landschaft und grünbraun der vorherrschende Farbton. Eindrucksvoll ist es eigentlich überall, sei es nun an der Küste (kleine Ringstraßen führen zu Fels- und Sandstränden, an denen es sich prima campen lässt) oder im bergigen Inland, wo schwarz glänzende Bergseen und hingeduckte Bauernkaten, schroffe Felsmassive und kahl gepeitschte Bergkegel, endlose Steinmauern und halbwilde Schafe, weite Hochmoore und viel, viel Torf die Szene bestimmen. Der Süden ist gälischsprachig (Hauptort der Gaeltacht ist Carna).

Eine **Connemara-Runde** führt idealerweise in nördlicher Richtung zunächst an der Küste entlang (Galway – Carna – Ballyconneely – Clifden – Louisburgh – Westmore), anschließend durchs Innere der Connemara zurück nach Galway Town (entweder westlich der Bergzüge oder direkt entlang der großen Seen Lough Mask und Lough Corrib). Wer flacheres Gelände sucht, findet es jenseits der Connemara: in den grünen Ebenen östlich der großen Seen. Ein gutes Standquartier für Tagestouren ist **Clifden,** quirliger Hauptort der Connemara.

Achill Island

Nördlich von Westport schließt sich eine weitere Halbinsel mit Puzzle-Küste an. Erstes Etappenziel ist **Achill Island** – per Brücke mit dem Festland verbunden. Die Insel ist ein da capo Irlands: Klippen höher als die von Moher, Strände zum Verlieben, düstere Hochmoore und Heidekrautflächen, klotzige Gebirgsstöcke und eingesprenkelte Seen. Kein Wunder, dass Böll hier in Doogort viele Sommer verbrachte. Steil ist der Insel-Westen, moderat der **Atlantic Drive** – eine 40 km lange Panoramastraße. Auch die 30 km lange Ringstraße der vorgelagerten, menschenleeren **Corraun Peninsula** ist des Radelns wert (aufteilen: Nordschleife nach Achill Island, Südschleife zurück). Der Hit für Radler aber ist der **Great Western Greenway** (GWG), eine 42 km lange, autofreie Route auf einer ehemaligen Bahntrasse. Sie führt entlang der Atlantikküste von Westport (Süd-Mayo) nach Achill Island. Man hat der GWG sogar eine eigene Website gewidmet: *www.greenway.ie*

Mayo

Der *Norden* von Mayo ist nichts für Schwermütige. Hier lässt es sich aufgrund des sanft hügeligen Terrains zwar relativ leicht radeln, aber die endlosen Torf- und Moorlandschaften erscheinen auf Dauer doch trostlos. Am interessantesten ist noch die küstennahe Strecke von Barnatra via Belderg und Killala nach Ballina: wenig Tourismus, wenig Verkehr, etwas Wald, kuppenartige Erhebungen, allerlei Steinsetzungen, historisches Mauerwerk – und leider auch viel Wind aus SW. Beschreibung einer organisierten Radrundtour, u. a. auf dem Western Mayo Way (Wanderweg): *www.myguideireland.com/wild-west-mayo*

Team Tandem an der Westküste (County Mayo, südl. Croagh Pattrick)

Donegal

Überblick

www.donegal.ie

Ganz klarer Fall: Wer sich vom Tourismus möglichst weit entfernen will, radelt durch den Nordwesten Irlands. Hier ist das Klima rauer, sind die Menschen zurückhaltender, ist die Landschaft ursprünglicher, gibt es keine Eisenbahnverbindungen. Große Teile der mäßig besiedelten Grafschaft sind Gaeltacht. Die Landschaft hat alte Verwandte im Nordosten – eine Landbrücke verband einst Donegal und Schottland. Zerklüftet ist die Küste mit ihren Sandstränden und Steilklippen, von Hochmooren überzogen sind die Berggebiete mit ihren kahlen Granitgipfeln, weit und einsam sind die Täler mit ihren Seen,

Wasserfällen und Schafen, farbigen Hütten und grauen Steinmauern. Im Herzen Donegals liegt der 100 qkm große **Glenveagh National Park** mitsamt viktorianischem Märchenschloss.

„Achte den Weg!" – Gällisch für Anfänger

Tourentipps Die Auswahl an landschaftlich reizvollen Strecken ist groß. Die Straßen sind überwiegend schmal, verkehrsarm und bergig. Im Tagesverlauf oft heftig zunehmend ist der SW-Wind. Fantastisch sind einmal mehr die Küstenstraßen. Ein starker Auftakt ist die Halbinsel westlich von Donegal-Stadt. In dieser aufregenden Ecke befindet sich auch der **Slieve League** mit Europas höchster Klippenwand (600 m). Mountainbiker, die fit und schwindelfrei sind, können den Slieve League bei gutem Wetter auf dem *One Man's Path* überqueren. Tolle Sache – aber auch nicht ungefährlich, wie man der folgenden Schilderung entnehmen kann.

Nur für Schwindelfreie *René Reibetanz* („Unbekanntes Irland", Pietsch-Verlag): „Dann kommt erneut eine Mutprobe: Der Grat wird sehr schmal und fällt auch landeinwärts steil ab. Ein Balanceakt auf dem Messerrücken. Ich schiebe das Bike lieber, es ist mir eine zusätzliche Stütze, die mir Sicherheit gibt, mein drittes Bein. Wieder stellt sich ein mulmiges Gefühl ein, es verstärkt sich, wenn ich meinen Blick auf den Weg hefte. Dieser befremdende Eindruck, dass der Weg sich bewegt, während alles, was tief unten liegt zu ruhen scheint, dieser ungewohnte Eindruck sorgt für das aufkommende Schwindelgefühl. Ich komme wesentlich besser voran, wenn ich mich nur so weit auf den Weg konzentriere, wie es wirklich nötig ist.

Bald ist dieser schmale Grat geschafft. Ich bin mir nicht sicher, ob es jener ist, der auf den Karten als **One Man's Path** eingezeichnet ist, oder ob es die Engstelle ist, von der mir die Schotten berichteten und die sie als größeren Nervenkitzel empfunden haben als jenen bekannten Pass. Vielleicht wird mir der Rückweg darüber Auskunft geben. Dann kommt der Gipfel des eigentlichen Slieve League. Teilweise muss ich wieder schieben, mitunter das Bike sogar schultern wenn es zu felsig wird. Unvorstellbar, in welche Welt mich dieser Weg heute geführt hat."

Eisbude am Slieve League

Atlantic Drive mit Abstechern

Vom Slieve League über die Haarnadelstrecke des Glengesh Passes geht es weiter nach Ardara. Dort beginnt ein weiterer **Atlantic Drive,** eine malerische Küstenstrecke entlang der fjordreichen Westküste Donegals. Abstecher zur Aranmore-Insel muss nicht sein, ebenso wenig die zersiedelte Nordküste (Ausnahme: Horn Head). Lohnend sind hingegen die Strecken zu den Mittelgebirgen (bis 750 m) und den **Glenveagh National Park** im Landesinnern; sie lassen sich teilweise mit dem Atlantic Drive kombinieren. Nordöstlich der Berge warten zwei große Halbinseln als krönender Abschluss der Donegal-Tour: Fanad und Inishowen. Das weitaus reizvollere Radelrevier ist dabei das grüne **Fanad,** wo die 70 km lange Panorama-Runde *Fanad Drive* wartet.

Irlands Inland

Tourentipps

Im Gegensatz zu den Küsten bietet das Landesinnere vor allem irischen Alltag sowie unspektakuläre, friedliche Landschaften und einige besondere Orte wie Newgrange, Cashel, Kilkenny, Slane, Cahir, Mitchelstown, Clonmacnoise und Boyle. Das 370 km lange Fluss-Seen-System des **Shannon,** das die zentrale Kalksteinebene durchschneidet, ist als Tourengebiet insgesamt recht unergiebig. Hübsch sind jedoch die Uferstraßen von Lough Arrow und Lough Key (am Oberlauf des Shannon) sowie die südlichen Uferstraßen von Lough Derg (am Unterlauf). Interessanter als der Shannon ist der 130 km lange **Grand Canal:** Eine Wasserstraße aus dem letzten Jahrhundert, die den Shannon mit Dublin verbindet. Die alten Treidelwege entlang des Kanals ermöglichen beschauliches Biken. 29 nostalgische Schleusen sind dabei zu passieren. Ein angenehmes Tourengebiet jenseits aller Dramatik und Stürme ist auch die überwiegend sanft hügelige **Irische Seenplatte** zwischen Monaghan und Longford.

Nordirland (GB)

Anreise

Rund zwanzig Straßenübergänge verbinden die Republik Irland mit *Nordirland* (historisch: Provinz Ulster). Wer vom nördlichen Donegal kommt, sollte vor Derry (britisch: Londonderry) noch einen Schlenker zum Ringfort Grianan of Aileach (1700 v. Chr.) machen. Wer vom südlichen Donegal bei Pettigo einreist, kann eine Spritztour zum Pilgersee Lough Derg einplanen.

Überblick

Das mit Großbritannien verbundene Nordirland nimmt nur ein Sechstel der Inselfläche ein (13.843 qkm). Im Vergleich zur Republik Irland ist Nordirland dichter besiedelt und stärker industrialisiert. Das schon immer recht wohlhabende Nordirland besitzt ein sehr gutes Straßennetz und eine gut ausgebaute touristische Infrastruktur. Rund um die zentrale Senke mit dem riesigen Binnensee Lough Neagh erheben sich Hügel- und Bergländer. Abgesehen von der Antrim Coast, dem absoluten Sahneteil Nordirlands, verläuft der Tourismus in ruhigen Bahnen.

Radrouten

www.cycleni.com
Im Gegensatz zur Republik Irland partizipiert Nordirland am **National Cycle Network** (NCN, s. Großbrittanien). Rund 1300 km CNC-Routen wurden beschildert, davon sind 170 km autofrei. Neben fünf Rundrouten sind vor allem die beiden *Coast-to-coast-Verbindungen* interessant: **Belfast to Ballyshannon** (390 km) und **Ballyshannon to Larne** (452 km). Daneben wurde eine Vielzahl regionaler Radrouten geschaffen, die mit den CNC-Routen verknüpft sind.

Tourentipps für Nordirland

Antrim Coast Die sagenumwobene Küste der Grafschaft Antrim ist ein landschaftliches Juwel, praktisch die ganze Strecke von Coleraine bis Larne ist sehenswert. Basaltklippen, Kreidefelsen und Granitabbrüche prägen die Küstenlinie. Besonders viele Highlights sammeln sich im rauen Nordabschnitt zwischen Portrush und Ballycastle: das faszinierende Klippenschloss **Dunluce,** die älteste Whiskybrennerei der Welt in **Bushmills** (besichtigen!) und der berühmte Fußweg der Riesen, **Giant's Causeway.** Hier kippt das Plateau von Antrim mit seinen Basaltsäulenklippen ins Meer.

Weiter östlich geht es dann vorbei an den Ruinen von **Dunseverick Castle,** der Lachsfischer-Seilbrücke bei **Ballintoy** und dem klingenden Kreidefelsen **Kinbane Head.** Östlich von Ballycastle führt ein Abstecher zu den Klippen von Benmore Head (Aussichtspunkt mit Blick nach Schottland).

Der östliche Abschnitt der Antrim-Küste führt an einem Hochmoorplateau vorbei, das von bewaldeten Schluchten zerfurcht ist: Die neun **Glens of Antrim.** Um die imposanteste kennen zu lernen – Glenariff – ggf. eine Schleife in die Küstentour einbauen: Cushendun – Glenariff – Cushendall.

Mourne Mountains (MTB)

Eine 25 km lange, bläulich leuchtende Bergkette mit baumlosen Granithöhen und großartigen Weitsichten. Höchster Gipfel ist der *Slieve Donard* (852 m). Straßen und Wanderwege sind rar, off-track per MTB aber möglich. Die 35 km lange Steinmauer rund um das Trinkwassereinzugsgebiet darf überstiegen werden und ist zugleich ein roter Faden für Touren im Kammbereich, der über zwölf Gipfel führt. Beliebt sind dort vor allem die Downhill-Trails am **Moneyscalp.**

Lough Erne Das stark gegliederte Seengebiet gilt als schönstes von ganz Irland. Die besten Blicke offeriert die ruhige und mäßig hügelige NO-Route des unteren Seengebietes **Lower Lough Erne** – je nach Fahrtrichtung ausgeschildert als „Enniskillen Scenic Route" oder „Kesh Scenic Route".

Sperrin Mountains Die Straße von Plumbridge nach Draperstown verläuft im **Tal des Glenelly** und wird beiderseits von den bis zu 680 m hohen Sperrin Mountains begleitet. Eine der schönsten Panoramastrecken Irlands. Empfehlenswert ist die südliche Strecke (weniger befahren als die nördliche B 47 und noch bessere Ausblicke). Leicht zu radeln, da sanft hügelig, sind beide Varianten.

Dunluce Castle (Nordirland)

Irland im Winter

von Sebastian Johannsen

Bei Null Grad in Dublin von strahlendem Sonnenschein begrüßt. Hammer! Eine ausgewiesene Bastelstation zum Zusammenbauen des Rades fand ich am Flughafen nicht, wurde halt neben dem ersten Pub im Flughafen gebastelt und im Anschluss eine Prepaid-Karte mit unendlich viel Internet besorgt. Ich liebte das Land bereits, bevor ich den Flughafen verlassen hatte.

Die zehn Kilometer zur Unterkunft waren ein einziger Run an Snack-Buden und Bars vorbei. Eine erste Guinness-Pause nach drei Kilometern? Vielleicht doch etwas zu früh. Und die Straßen? Linksverkehr. Es gibt auch eine Spur für Räder. Ich teile sie mir mit parkenden Autos, Bussen und Taxen, die es ja zum Glück nie eilig haben.

Dafür Fußgänger und Autos an jeder Ecke, auf jeder Straße. Rot galt für nichts und niemanden. Lag eventuell am tollen Wetter. Woher der Fußgänger kam, der wie aus dem Nichts auf meinem Gepäckträger landete, bleibt ein Rätsel. Er schimpfte, ich wunderte mich. Weniger rennen!

Tag 2

Dublin – Glendalough, 55 km

1. Februar 2015. Bei strahlendem Sonnenschein rollte ich langsam aus dem Verkehrschaos in Dublin. Eine Sache beschäftigte mich. Warum ging es konstant aufwärts? Wollte ich doch eigentlich die Wicklow Mountains umfahren, die mit der Over-the-Top-Tour in Dublin beworben wurden. Jetzt machte ich sie doch. Dafür waren die Straßen nun einsam und verlassen.

In Glendalough war Ende Gelände. Ich weiß nicht, ob es an den fehlenden Geraden, der Temperatur um NULL Grad oder woran auch immer lag, nur sollte mitten in den Bergen Schluss sein. Als ich dann im einzigen Restaurant im Dorf Platz nahm, welches von innen doch sehr an das Auenland erinnerte, war am Ende die Schlappe vom ersten Tag dank gratis Baileys und dem „Song of the lonely Mountain" im Radio fast vergessen.

Tag 3

Glendalough – Carlow, 65 km

Wer aus den Bergen will, muss über die Berge. Bei Sonne und leichten Minustemperaturen macht das mit diesem Ausblick dann auch etwas Spaß, wenn man dabei nicht im Hinterkopf hat, wie viele unnötige Sachen man mit sich schleppt. Braucht doch alles kein Mensch! 800 Höhenmeter überwunden. Puh!

In Carlow – mein geplantes Ziel vom Vortag – war wieder Schluss. Geschafft von den Bergen, dafür eine Straße voller B&Bs vor mir. Da war die Auswahl fast schwer, es entschied der Preis. 30 Euro für eine Suite, wo selbst das Fahrrad ein eigenes Bett bekommen konnte. Unschlagbar gegen die Jugendherbergen zuvor.

Tag 4

Carlow – Cashel, 95 km

Vorweg: Es läuft. Während ich streckenbedingt schon langsam nervös wurde, hieß es heute: Zähne zeigen, Strecke machen. Und es ging. Ich passierte zahlreiche einsame Bauernhöfe mit wachsamen Hunden, erkletterte Hügel für Hügel, und das Fahrrad verwandelte sich zusammen mit dem Fahrer äußerlich zum schlammverdreckten Traktor. Geht doch.

Tag 5

Cashel – Cork, 105 km

Leichter Nebel zog durch die Straßen von Cashel, während am Morgen noch immer der Besitzer der Jugendherberge auf dem Sofa vor dem Kamin saß. Ich vermutete, dass er dort die Nacht verbracht hatte. Jedenfalls wünschte er eine gute Fahrt, als ich in Richtung Rock of Cashel rollte.

Selbst die Queen hat diesen Ort schon einmal besucht. Die Unterschrift im Besucherbuch wurde fotografiert, kann man vielleicht noch brauchen. Dabei blieb ich der einzige Besucher, nur Krähen begutachteten mein Treiben argwöhnisch.

Doch es muss, es soll weiter gehen. Auf nach Cork! Berge, ich bin bereit für euch! Nur wollte ich nicht die Google-Maps-Entdeckerroute nehmen, sondern einer einsamen Landstraße direkt neben der Autobahn folgen. Ich sah dafür zwar keine Breaveheart-Drehorte, aber umso mehr Altherrenrennradler, die aufgrund der ziemlich ebenen Strecke ihr Rad heraus geholt hatten und mir bei fast frühlingshaften Temperaturen entgegenkamen. Alle grüßten nett, ich freute mich.

Durch die sehr späte Abfahrt in Cashel war es 18 Uhr geworden und stockdunkel um mich herum. Es half eine orange Warnweste, die wirklich jeder zu jedem Anlass auf dem Land trägt. Gäbe es auch Warnhosen, sie wären binnen Sekunden ausverkauft. Und so kam es dann, dass ich kurz nach der Blauen Stunde die Tür der Jugendherberge öffnete. Freude im ganzen Gesicht. Die Sonne war weg, ich war da.

Beim abendlichen Rugby-Match im Fernsehen musste noch eine Sache geklärt werden. Warum sprechen alle über Meilen, wenn die Beschilderung „km" ist? Keine Antwort. Vorerst.

Tag 6

Cork – Bantry, 95 km

Ich sah die Hand vor Augen kaum, als ich morgens das Haus verließ – was für ein Nebel! Sichtweite vielleicht eine Lenkerreichweite. So ging es aus Cork und – welch Überraschung – in die Berge. Yes! Doch mit der Kuppe kam die Sonne und ein perfekter Radeltag begann. Mit fast schon vergessenem Highspeed bretterte ich durch die Täler. What a lovely day! Irgendwie wurde hier mit dem Wort lovely inflationär umgegangen. Schaffte ich es diesmal vor Sonnenuntergang? Vollgas.

Ungewollt wurde es doch wieder spannend. Alle Unterkünfte waren geschlossen. Winterschlaf. Reiseführer? Keine Antwort. Handy? Akku – ahhh – 2% Der nächste Ort war einfach zu weit weg. Handy! Im Schloss war noch was frei – 150 Euro. Hm, nein! Akku: 1%. Das Wellness-Hotel machte einen Spezialpreis. Puh. Am liebsten hätte ich das Rad im goldenen Wagen durch die Eingangshalle geschoben. Wellness ist im Keller. Hatte ich gerade, danke.

Tag 7

Bantry – Sneem, 65 km

Wenn Google-Maps eine Abkürzung von 10 km kennt und es der erste ausgeschilderte Radweg ist, folge ihm NIEMALS. Ich habe in meinem Leben bisher noch nie so eine Steigung erlebt. Was ging denn hier ab? Ich wusste, dass es steil wird. Aber so? Krank! Dafür war die Abfahrt aber auch nicht schlecht. Alter Schwede. Downhill mit Gepäck. Macht Spaß. Zur Sicherheit lieber schnell in der Unterkunft anrufen. Ich komme – irgendwann – hatte gerade so einen Berg – mal sehen, wie lange ich brauche.

Was für eine nette Familie. Was für eine tolle Unterkunft. Und zum Schluss die Frage: Bist du durch den Tunnel gefahren? Tunnel? Tunnel? Ach: TUNNEL! Verdammt!

Auch im Winter ist Irland noch etwas grün

Tag 8

Sneem – Caherciveen, 65 km

Beim Frühstück erfuhr ich noch, dass der Sohn bald einen Mittelalter-Film in der Grundschule drehen wollte und daher extra mit dem Pferd zur Dorfschule reiten will. Einsatz vom Feinsten. Danach kam sie, die Panoramafahrt de luxe. Ich kam aus dem Fotografieren kaum noch raus. Foto für Foto. Hammer! Deshalb hatte die Walkerin am Morgen vom schönsten Weg zur Arbeit gesprochen, den sie kennen würde. Sie kannte wohl noch nicht die Benningen-Hoheneck-Route.

Tag 9

Caherciveen – Tralee, 65 km

Ist es normal, seinen eigenen Atem im Zimmer zu sehen? Ich glaubte nicht. Was ist das denn für eine Isolierung hier? Da ist es ja draußen wärmer als drinnen. Mann, Mann, Mann. Meine Beschwerden verflogen aber als sich der Inhaber doch super aufmerksam beim Frühstück um die dringend nötigen Vitamine kümmerte. Spannende Lebensgeschichte inklusive – ich muss dann auch mal weiter.

Panoramafahrt Teil zwei. Leicht bedeckt, aber immer noch genauso beindruckend. In Tralee kam ich an einem klasse Hostel vorbei. Es wurde zwar gerade alles gestrichen, aber ich hatte trotzdem das Gefühl: Hier war ich willkommen. Cool!

Tag 10

Tralee – Miltown Malbay, 95 km

Den gesamten Tag dachte ich eigentlich nur an ein Thema: FÄHRE. Ich stehe nämlich auf Kriegsfuß mit Fähren, oder sie mit mir.

Im Internet stand, dass die Fähre über den Shannon fährt und ich nicht weit um den Fluss herum fahren muss. Aber im Internet steht viel. Und schließlich kam der Hafen. Doch warum war ich alleine? Wo ist die Fähre? Wo sind die Menschen. Auf dem Wasser? Nichts zu sehen. Neiiiiinnnn – nicht schon wieder. Verdammt!

Fast wollte ich schon umdrehen, als kurz vor der geplanten Abfahrt die Fähre um die Ecke kam. Freudensprünge. Party on. Drei Autos wollten am Ende ebenfalls mit. Gerne. Zur Unterkunft in Miltown möchte ich weiter nichts schreiben. Oder doch? Kalt kalt kalt und laut und heruntergekommen. Zehn Euro für ein Bett. Mehr Geld für sehr gutes Essen. Wird es eben eine Gourmet-Tour.

Tag 11

Milton Malbay – Galway, 110 km

Die Cliffs of Moher. Mein Ziel. Sie sind es, wofür die Insel Irland in meinen Augen steht. Und ich konnte sie bei trockenem Wetter sehen. Top!

Einfach unglaublich beeindruckend. Mindestens genauso waren dann auch Sturm und Regen im Anschluss. So stellte ich mir Irland auch vor. Das echte Irland! Nur schönes Wetter, das klingt doch super langweilig. Nein, mein Rad schwankte, drohte sogar umgepustet zu werden, der Regen verhinderte jeden Blick auf vermutlich vorhandene Auffahrten. Ich setzte mein Segel und bretterte am Nachmittag die 80 km nach Galway.

Tag 12

Galway – Athlone, 90 km

Trübsal im Frühstücksraum. Fast alle wollten zu den Cliffs of Moher, jedoch es regnete in Strömen. Egal. Let's go!

Und die Strecke, die folgte, war wie ein grünes Niedersachsen. Nichts als Flachland, Schafe und Bauernhöfe. Da selten etwas geschah, geroet ich bei konstantem Regen langsam aber sicher in den Schlafmodus,. War ich doch mehr der Typ für die Berge?

Seltsam wurde es jedoch an meinem Zielort. Umgeben von zahlreichen Polizeifahrzeugen wurde ich in die Stadt Athlone gebracht. Jeder Hauseingang wurde von Polizisten bewacht. Der Verkehr wurde geregelt, umgeleitet. Hallo, was ist hier denn los?

Und der Pakistani, der für mich ein perfektes B&B hatte, schaute sich erst einmal mehrfach um, bevor er mich ins Haus ließ. Sind denn hier alle paranoid? Als Radfahrer schien ich sicher. Er erzählte darauf von einem Mörder aus Athlone, der gerade in der Stadt vor Gericht sei. Ich fand es stark übertrieben.

Tag 13

Athlone – Dublin,125 km

Noch 125 km? Mist, wie konnte das denn passieren? Doch es ging! Dank Taktik, Abfahrten, Sonne, Flachland und etwas Rückenwind. Jaaaaa, mit Vollgas nach Dublin. Ich wurde schneller und schneller, und plötzlich war ich wieder da, wo ich vor zwei Wochen schon einmal war. War ich etwa die ganze Zeit im Kreis gefahren?

ⓘ-Box Irland

Einreise
Für die Einreise benötigen Schweizer, Österreicher und Deutsche den Personalausweis (Republik Irland und Nordirland).

Geld
In der Republik Irland wird mit dem Euro gezahlt, in Nordirland mit dem Pfund Sterling. Das Preisniveau ist etwa ein Fünftel höher als in D.

Gesundheit
Das EU-weite Sozialversicherungsabkommen ermöglicht Mitgliedern gesetzlicher Krankenkassen kostenfreie medizinische Behandlung in der Republik Irland. In Nordirland wird EU-Bürgern kostenlose medizinische Behandlung wie in Großbritannien gewährt. Details: *www.dvka.de*

Infos
- *www.discoverireland.com* – Irische Tourismuszentrale, zuständig für ganz Irland
- *www.wild-atlantic-way.de* – 2600 km Küstenstraßen umspannen die Westhälfte Irlands
- *www.irishtimes.com* – The Irish Times, Nachrichten-Portal
- *www.irish-net.de* – kommerzielle Irland-Seite mit vielen Infos u. Verweisen
- *www.irishcycletours.com* – kommerzielle Irland-Radtouren-Seite mit vielen Anregungen

Infos vor Ort
Freundlich und kompetent ist auch das Personal der örtlichen ITB -Büros (Irish Tourist Board). Infomaterial, das im Ausland umsonst abgegeben wird, muss hier jedoch bezahlt werden.

Wetter
An West- wie Südküste streicht der wohltemperierte Golfstrom vorbei und sorgt für milde Winter und nicht zu heiße Sommer (selten über 24 °C). Der Atlantik liefert den Regen, der viele Dichter inspirierte. Besonders feucht ist die Westküste, wo es an bis zu 250 Tagen im Jahr „pieselt".

Geradezu trocken ist die irische Ostküste, wo nur ein Drittel der westlichen Regenmenge niedergeht. Zwischen diesen Polen variiert das irische Wetter. Immer wieder schieben sich Azorenhochs zwischen die atlantischen Tiefs und bringen rasche Wetterwechsel. Dauerregen ist seltener als der feine Sprühregen („Irish Mist"), der sich ganz gut ertragen lässt.

Im Sommer kann es sowohl anhaltend sonnig sein mit Temperaturen um 30 Grad, als auch „arschkalt" und regnerisch.

Wind

Der kommt vor allem aus südwestlichen Richtungen. An den westlichen Küsten ist er am stärksten, oft sogar richtig stürmisch. Irland-Umrundungen daher möglichst immer im Uhrzeigersinn angehen!

Reisezeit
Bei der Wahl des Reisemonats hilft vielleicht etwas Wetterstatistik: Als *regenärmster* Monat gilt der April, *sonnigste* Monate sind Mai und Juni, die *wärmsten,* aber keineswegs trockensten, der Juli und August. Als vergleichsweise *wetterstabil* wird der September gelobt. Doch so wichtig sollte man das alles nicht nehmen, denn ohne die Dramatik des Himmels wären Irlands Landschaften nur halb so eindrucksvoll.

Anreise

Mit der Bahn und Fähre
Wer den Flieger vermeiden will, muss zwei bis drei Tage veranschlagen, um die irische Küste von Deutschland aus per Bahn und Fähre zu erreichen. Direktfähren nach Irland verkehren nur ab Frankreich (ab Cherbourg und Roscoff), ansonsten kämen auch die sog. Landbridge-Verbindungen über England in Betracht. Aber nur für Leute, die zusätzlich 600 km durch GB radeln wollen. Schneller geht es ab Cherbourg. Um nach Cherbourg zu kommen, bleibt nur die Fahrradmitnahme per TGV ab Strasbourg oder Luxemburg.

Die Fährverbindungen Cherbourg – Rosslare, Cherbourg – Dublin und Roscoff – Rosslare werden von **Irish Ferries** bedient (*www.irishferries.ie*). Person ab 64 €, Fahrrad 6 €. **P&O Irish Sea** (*www.poirishsea.com*) bedient die Verbindungen Frankreich-GB und GB-Irland.

Per Flieger

Angeflogen werden Dublin, Cork, Shannon und Kerry. Die meisten Flüge bietet die irische **Aer Lingus** an: *www.aerlingus.com*. Fahrrad 50 € (one-way, keine Kartonpflicht).

Transport im Land

Busse und Bahnen werden in der Republik Irland von der staatlichen CIE (www.cie.ie) betrieben, die verschiedene Sparangebote für die mehrmalige Nutzung von Bahnen und/oder Bussen anbietet (auch im Verbund mit Nordirland). Angesichts der hohen Normaltarife durchaus erwägenswert.

Bahnen

Das Streckennetz von **Irish Rail** (www.irishrail.ie) wurde auf die einträglichsten Strecken reduziert, dominierender Knotenpunkt ist Dublin. Fahrradmitnahme ist bei fast allen Zügen möglich, entweder im Gepäckwagen oder im „Guard's van", Preis 6 €. Online-Reservierung wird empfohlen. Mitnahme ist auch auf der grenzüberschreitenden IC-Verbindung Dublin – Belfast möglich.

Busse

Generell können Fahrräder in Überlandbussen mitgenommen werden. Die Zustimmung des Fahrers ist erforderlich. Preis pro Rad: Republik Irland (Bus Eireann) 11 €; Nordirland (Ulsterbus) gratis.

Fähren

Auf Inselfähren, wie auch auf der bedeutsamen Fähre über die Shannon-Mündung, können Fahrräder gegen kleines Geld oder sogar kostenlos mitgenommen werden.

Übernachten

Zimmer

Irland lässt Individualreisende nicht im Regen stehen. Ein bezahlbares Dach überm Kopf findet sich eigentlich immer. Immer mehr favorisiert werden Hostels. Längst haben die Independent Hostels den offiziellen Youth Hostels den Rang abgelaufen. Auch preislich nehmen sie sich nichts. Übernachtungen in einer Jugendherberge beginnen bei 16 €; die Preise der Independents liegen bei 15–22 € im Schlafsaal und ca. 70 € im Doppelzimmer. Daneben gibt es selbstverständlich auch Hotels und Guest Houses, rund 1000 allein in der Republik Irland. Die meisten befinden sich in Städten oder Urlaubszentren und sind in der einfachsten Kategorie preislich vergleichbar mit einem besseren B&B (Bed & Breakfast). B&B beinhaltet stets ein reichliches Frühstück (logisch) und manchmal auch Familienanschluss. B&Bs gibt es in jedem Nest und zunehmend auch auf Bauernhöfen. 60 € sind fürs DZ zu veranschlagen.

- *www.anoige.ie* – An Oige (Irischer JH-Verband)
- *www.hini.org.uk* – HINI (Nordirischer JH-Verband)
- *www.hostels-ireland.com* – IHH (Independent Hostels of Ireland)
- *www.bandbireland.com* – Buchungsportal für weit über 1000 zertifizierte B&Bs

Campen

www.camping-ireland.ie

Irland ist zwar nicht Spitzbergen, aber dennoch muss das Zelt gelegentlichen Unbilden standhalten können, als da wären Wolkenbrüche, Dauerregen, Sturm – abwechslungshalber auch Moskitos. Nicht selten muss das Zelt auf eine saftig grüne, leider auch nasse Wiese gestellt werden. Eine Unterlegplane ist deshalb empfehlenswert. Ebenfalls vorteilhaft wegen der feuchten Witterung ist ein Synthetikschlafsack (trocknet schneller) und ein kleiner Reiseföhn, um nasse Haare, nasse Schuhe etc. zu trocknen (Adapterstecker erforderlich).

Die meisten Campingplätze befinden sich in den Küstenregionen, im waldreicheren Nordirland häufiger auch in den Forest Parks. Übernachtungen sind preiswert: 2 Pers. um

10 € (Hiker-and-Biker-Tarif), auch Solisten werden preislich fair behandelt. Ist kein Campingplatz in der Nähe, lohnt es, bei einem Hostel zu fragen.

Freies Campen wird in Irland zwar toleriert (Ausnahme Staatsforsten), ist aber mangels Sichtschutz, nasser Böden und Einfriedungen oft schwer zu realisieren.

Karten, Literatur & GPS

(Adressen zum Bezug von Karten und Reiseführern im Anhang)

- Reise Know-How, World Mapping Project: Irland 1:350.000. 8,90 €. Viele Infos. Maßstab reicht in der Regel aus. Wichtig für Irland: wasser- und reißfestes Papier. Empfehlenswert vor allem als Übersichtskarte.
- OS: Irland Spiralatlas 1:210.000, mit vielen touristischen Angaben, 15,90 €. Empfehlenswert in Kombination mit Übersichtskarte.
- OS: Discovery-Serie 1:50.000. Topografische Karten für „Entdecker".
- Kettler Vlg.: „Irland per Rad". Mit Nordirland. Bewährt, aber in die Jahre gekommen.
- Kay Wewior, Books on Demand: „Das Irland-**GPS**-Radreisebuch". Nüchtern-korrekt.
- Cicerone: „Cycle Touring in Ireland". Gute Karten, viele Insider-Infos, handlich und sehr brauchbar.

Fahrrad (gälisch: rothar)

Ausstattung

Für längere Touren solides Rad mit bergtüchtiger Gangschaltung und Reifenbreite ab 32 mm. Ein Spritzschutz am vorderen Schutzblech hält bei Regenfahrten viel Feuchtigkeit von Schuhen und Kette fern. Für MTBs empfehlen sich Steckschutzbleche. Wegen des Salzgehalts der Luft an der Westküste nur rostfreie Schrauben verwenden, die Kette häufiger ölen, Aluteile gelegentlich reinigen. Dass die Gepäcktaschen wasserdicht sein sollten, versteht sich wohl von selbst.

Reparaturen

Fahrradwerkstätten nur in größeren Orten. Zoll-Gewinde weichen den metrischen Maßen. Probleme kann es aber noch bei Reparaturen

geben, wenn zwar das passende Ersatzteil, nicht jedoch das entsprechende metrische Werkzeug vorhanden ist (Abzieher usw.).

Straßen und Wege

Straßen

Mit ein Grund für die Attraktivität Irlands ist das enorm verzweigte Netz ruhiger Nebenstraßen. Probleme können diese Sträßchen bei der Orientierung bereiten. Denn insbesondere in der Republik Irland müssen Wegweiser stets mit Skepsis betrachtet werden. Manche tragen alte Nummerierungen, andere verweisen auf Orte, die in keiner Karte stehen, wieder andere wurden von Spaßvögeln verdreht. Jeder, der nicht immer auf Hauptstraßen fahren will, muss daher auch immer etwas Pfadfinder sein. Ein wesentlicher Unterschied zwischen Republik Irland und Nord-irland betrifft auch den Straßenzustand. Während in der Republik Irland die Straßendecken oft rau und uneben sind, verwöhnt Nordirland mit rennradtauglichen Asphaltpisten.

Radfernwege

Kurz vor der Jahrtausendwende wurde mit dem Kingfisher Cycle Trail Irlands erster Radfernweg eröffnet. Mittlerweile gibt es in allen Regionen Irlands ausgeschilderte Radrouten, zu denen vor Ort auch Karten und Führer erhältlich sind. Hier die wichtigsten:

- **Kingfisher Cycle Trail** (*www.kingfishercycletrail.com,* Nordirland, 480 km Routennetz mit 6 Varianten, Kreuzungspunkt ist Carrick-on-Shannon).

- **Tour de Humbert**
  Historische Thementour im Nordwesten, 225 km; Karte/Infos in Touristenbüros
- **Beara Way Cycling Route**
  Ringroute, 138 km, ausgeschildert
- **Ring of Kerry Cycle Tours**
  217 km, davon 74 km Hauptstraße, ausgeschildert, viele Anstiege, aber kaum über 300 m, Achtung: Jedes Jahr im Juli findet das „Ring of Kerry Charity Cycle"-Rennen statt (*www.ringofkerrycycle.ie)*, dann wird's voll.
- **Táin Trail & Cycle Route**
  940 km, Route in Form einer Acht zwischen Roscommon , Kells und Carlingford (an der Irischen See im Osten). Die Route basiert auf einem 1200 Jahre alten Epos um Queen Maeve. Kreuzungspunkt ist Athboy. Karte mit Beschreibung bei allen Touristenbüros.
- **Wild Atlantic Way**
  www.wild-atlantic-way.de
  2015 stellte die irische Tourismus-Werbung erstmals den 2600 km langen „Wild Atlantic Way" als „Eine der längsten ausgewiesenen Küstenstraßen der Welt" vor. Ist aber keine Radroute, nur die aneinander gereihten Küstenstraßen, die die Westhälfte Irlands umspannen. Dennoch könnte das auch per Rad spannend sein!

Verkehr

In Irland herrscht Linksverkehr. Anders als in Nordirland gilt in der Republik Irland aber die Vorfahrtsregel „Rechts vor Links". In Nordirland müssen sich Verkehrsteilnehmer wie in Großbritannien an ungeregelten Kreuzungen hingegen verständigen. Insgesamt ist die Verkehrsbelastung kein großes Thema. Unangenehm sind nur längere Etappen auf den lastzugverseuchten Fernstraßen im Osten Irlands zwischen Cork, Dublin und Belfast.

Offroad (MTB)

Irland steht nicht gerade im Ruf eines Dorados für Mountainbiker. Wege gibt es zwar genug, nur die wirklich grandiosen Strecken fehlen. Zudem sind manche Regionen wie die Connemara, wo Gebirgmassive alles abriegeln, völlig unergiebig. Tourenfreundlich geben sich hingegen Waldgebiete, insbesondere die Forest Parks, aber auch Schotterwege auf den kargen **Aran Islands,** kahle Hochebenen wie **The Burren** oder die großen Kanäle mit ihren alten Treidelwegen – Grand Canal Towpath, Royal Canal Towpath. Weitere Anregungen vermittelt die Übersichtskarte „Wandern in Irland" (mit Kurzbeschreibungen der wichtigsten Fernwanderwege). Wanderführer sind vor Ort in den i-Büros erhältlich („Irish Walk Guides").

Cliffs of Moher

Radstory-Klassiker: Mein irisches Radel-Tagebuch

von Michael Kristl

Schöner Auftakt

Nach zwei Tagen Dublin machen sich zwei Schwaben und ein US-Biker auf den Weg, um der verkehrsreichen Inselmetropole auf schwer bepackten Drahteseln zu entfliehen. Der ungewohnte Linksverkehr tut ein Übriges, um an unübersichtlichen Kreuzungen unsere Nerven zu strapazieren. Als dann die ansteigende Straße erste Blicke auf das tiefe Blau der Meeresküste freigibt, entspannen wir uns allmählich. Bevor es in die Wicklows geht, füllen wir unsere Vorräte in Enniskerry noch einmal auf. Gleich am Ortsausgang empfängt uns eine hundsgemeine Steigung, die in der prallen Mittagssonne bergan führt. Stetig an Höhe gewinnend radeln wir alsbald auf der schmalen und viel gewundenen Straße mit immer weiter reichenden Ausblicken auf sanft geschwungene Hügel und Hochmoore. Trotz des saftigen Anstieges auf über 500 m Höhe entpuppen sich die Wicklow Mountains als ideales Radlerterrain. Außerhalb der kleinen Wälder kann der Blick weit in die Ferne schweifen. Nur die Mückenschwärme vereiteln unser Übernachtungsvorhaben am Wasserfall hinter Sally's Gap. Trotz empfindlicher Abendkühle müssen wir daher noch die lange Abfahrt bis Glendalough machen.

Lange Anstiege und rasante Abfahrten prägen den nächsten Tag. Der oft schlechte, von Schlaglöchern übersäte Fahrbahnbelag und unübersichtliche Kurven stehen einem allzu hemmungslosen Geschwindigkeitsrausch entgegen. Gleich bei der ersten Bergetappe am Morgen ereilt mich und unmittelbar darauf auch Stefan ein Speichenbruch – der Anfang einer ganzen Serie. Durch die Reparatur verlieren wir Brad aus den Augen, der sich uns auf der Fähre angeschlossen hatte und nun, vorausfahrend, nichts von dem Missgeschick ahnt.

Hinter Aghavannagh verlassen wir die grünen Wicklow Mountains. Mächtige Hecken säumen die oft schlecht beschilderten Sträßchen, die an einsamen Streusiedlungen vorbeiführen. An einem allein stehenden Haus bitten wir zwei im Garten spielende Jungs um frisches Wasser. Nur wenig später kommen sie mit den gefüllten Radflaschen lachend wieder um die Ecke gerannt.

Abends vor dem Pub

Ab Carlow folgen wir dem River Barrow. Zusehends wird die Orientierung schwieriger, und so fragen wir uns auf einer über beachtliche Hügel verlaufenden, unbeschilderten Straße bis zum Weiler The Butts durch, der außer einer Handvoll halbverfallener Häuser auch einen Pub besitzt. Ich muss ziemlich erschöpft dreingeschaut haben, denn spontan offeriert uns der irische Gastwirt, auf einer seiner Viehweiden zelten zu können, treibt seine Rindviecher kurzerhand auf eine andere Wiese. Später ordern wir zwei Pints und einen Berg lecker belegter Brote. In der Abendsonne vor dem Pub sitzend findet so ein ziemlich nervenaufreibender Tag doch noch einen versöhnlichen Abschluss. Am nächsten Morgen erweisen sich die restlichen fünzehn Meilen bis Kilkenny als unerwartet aufwändig. Nachdem uns der eingeschlagene Weg immer suspekter vorkommt, klärt uns ein Ire grinsend über hiesige Streiche auf: „You know, people just turn signs ...".

Neben einem schönem Castle und der Besichtigung der Smithicks-Brauerei bietet Kilkenny während der Sommermonate vor allem Touristen en masse, was uns nach einer Frühstückspause im Schlosspark und dem vergeblichen Ausschauhalten nach Brad umgehend die Flucht ergreifen lässt. Über ruhige, von dichten Hecken gesäumte Landsträßchen radeln wir bei schweißtreibenden Temperaturen über Fethard nach Cashel. Dessen mächtiger „Rock" mit den historischen Gemäuern darauf bietet einen imposanten Anblick in der Abendsonne.

Für den weiteren Weg nach Cork bleibt nur die befahrene Nationalstraße N8, die aber glücklicherweise meist einen Seitenstreifen besitzt. Den restlichen Weg radeln wir auf der bedeutend ruhigeren R 614, auch wenn wir dabei ein paar zusätzliche Steigungen empor schnaufen müssen.

In Cork quartieren wir uns im Youth Hostel ein. Ob aber 15-Mann-Schlafsäle und eine bestenfalls als tropfend zu bezeichnende Dusche für 9 Pfund pro Nase ein guter Deal sind, ist fraglich. Doch abends platzen die Pubs in der Umgebung aus allen Nähten. Man steht so dicht gedrängt mit dem Pint in der Hand, dass sich mit den ohnehin redseligen Iren immer ein Gespräch ergibt.

Im Rausch der Sinne

Let's go West! Nach fünf Tagen Binnenland übt die Westküste magische Anziehungskraft aus, entsprechend motiviert treten wir in die Pedale. Auf der R 618 folgen wir dem lieblichen Tal des River Lee. Wir sehen malerische Seen und von sanften Hügeln umfasste Täler. Zusehends steigert sich die Landschaft, so dass wir uns in einen kleinen Rausch fahren, bei dem auch der Keimaneigh Pass kein echtes Hindernis mehr darstellt. 110 km hinter Cork blicken wir erstmals auf die Weite des Atlantik.

Das milde Golfstromklima ermöglicht es, dass wir uns abends in Bantry noch auf ein Soccermatch mit der Dorfjugend einlassen. Vor allem der kleine Terrence zeichnet sich durch unermüdlichen Kampfeswillen und ein unglaubliches Laufpensum aus. In einem Folk-Pub lassen wir den Tag ausklingen.

Als wir am übernächsten Tag nach Glengarriff weiterfahren, trübt sich der Himmel in Windeseile ein, so dass wir den Ring of Beara auslassen, um unser Glück am Ring of Kerry erneut zu versuchen. Herrliche Ausblicke in saftig grüne Täler, welche unter den tief vorbeiziehenden Wolken in ständig wechselnden Farbschattierungen erscheinen, versüßen uns den steilen Anstieg zum Turner's Rock Tunnel. Nach der dunklen Tunnelröhre brausen wir durch eine karger werdende Berglandschaft die gerade erst hochgestrampelten 300 Höhenmeter bis Kenmare wieder hinunter. Der tiefe Schlaglöcher aufweisende Straßenbelag hält uns dabei ständig auf Schlingerkurs.

Auf dem Marktplatz von Kenmare trauen wir dann unseren Augen kaum. Steht doch da tatsächlich der seit Tagen vermisste Brad grinsend am Straßenrand! Schnell sind Lynn aus Schottland und Kevin aus Neuseeland vorgestellt, die ebenfalls mit vollbepackten Rädern unterwegs sind und denen sich Brad angeschlossen hatte.

Der General

Auf der Campingwiese eines Hostels pflanzen wir unsere Zelte auf. Die etwas schrullige Besitzerin entpuppt sich in der Folgezeit als „General" und gibt in kaum verständlichem Englisch ständig irgendwelche abstrusen Anweisungen. „Pitch your tent here! Put your bikes there! Why do you leave the campground?" Den Höhepunkt stellt der nächste Morgen dar, als Kevin, nichtsahnend beim

Am besten im Uhrzeigersinn (Ring of Kerry)

Frühstück vor seinem Zelt sitzend, zum Appell muss und aufgefordert wird, zwecks Müllkomprimierung in einen vor dem Hostel stehenden Plastikbehälter zu steigen. Der ganze Zeltplatz hat Tränen gelacht.

Zu fünft machen wir uns an die Umfahrung des Ring of Kerry. Als guter Tippp erweist sich das Radeln im Uhrzeigersinn, da die mittags einsetzenden Touristenbusse verpflichtet sind, die Iveragh-Halbinsel in entgegengesetzter Richtung zu befahren. Am Südwestzipfel lockt ein prächtiger Sandstrand zum Bad im überraschend warmen Atlantik, bevor sich die Straße dann mit fantastischen Ausblicken auf traumhafte Buchten die langgezogene Steigung zum Coomakesta-Pass hinauf windet. Die anschließende Abfahrt über 250 Höhenmeter in das in der malerischen Ballinskelligs Bay liegende Waterville steht dem kaum nach.

Beim gemeinsamen Köcheln an der Küste genießen wir einen prächtigen Sonnenuntergang. Wegen des schönen Wetters befahren wir anderntags auch den äußersten Zipfel der Halbinsel zur St. Finan's Bay auf dem Scenic Skellig Ring. Schöne Sandstrände und eine atemberaubende Küste erkaufen wir allerdings mit heftigen Steigungsstrecken. Nachdem ich mich mit letzter Kraft einen supersteilen Hang hinaufgeschleppt habe, fällt die Straße ebenso abrupt und schnurgerade bis zum Brückenübergang nach Valentia Island ab. „45 miles!" ruft man mir aus einem überholenden Auto zu. Praktisch, nachdem mein Tacho schon längst den Geist aufgegeben hat!

Endlos zieht sich die von der sengenden Sonne in ein klebendes Teerband verwandelte Küstenstraße nach Dingle, wo wir schließlich unsere Zelte auf der Wiese eines alternativen Hostels aufschlagen. Abends brausen wir in einem alten VW-Bus mit Folkband und Fangemeinde in den mit bunten Häusern leuchtenden, von Individualtouristen fast überquellenden Ortskern und erleben in einem finsteren, aber urgemütlichen Pub ein tolles Folkkonzert.

Am folgenden Morgen liegt Brad kreidebleich in seinem Zelt. Hat sich am Vortag in einer Imbissbude wohl den Magen verdorben. Also beschließen Stefan und ich noch einen Tag zu bleiben und umrunden auf der von schroffen Klippen gesäumten Küstenstraße den Slea Head. Andertags statten wir dem wohl bekanntesten Bewohner Dingles einen Besuch ab. Von einer Meeresbucht, die wir als Frühstücksplatz gewählt haben, schauen wir dem Delphin in seinem lieb gewonnenen Revier zu, bevor wir uns dann Brad an die Fersen heften, der schon „langsam" vorgefahren ist.

Zunächst müssen wir stramme 500 Höhenmeter zum Connor Pass hinauf. Wolken- und Nebelschleier verhindern auf dem Pass die versprochene Aussicht, aber die anschließende Abfahrt macht trotzdem mächtig Laune.

An der von Sandstränden gesäumten Küstenstraße liefern wir uns anschließend ein langes Rennen mit einem holländischen Paar auf einem höllisch schnellen Tandem, das endgültig erst entschieden ist, als den „Fliegenden Holländern" ein Teil ihres Gepäcks vom Fahrrad fällt! Schneller als gedacht ist so Tralee erreicht.

Sangeskünste

Ein angenehmer Rückenwind schiebt uns auf Nebenstraßen fast noch bis zum Shannon. Im Örtchen Ballylongford zwingt uns aber die aufkommende Dunkelheit nach einer Übernachtungsgelegenheit Ausschau zu halten. Ein Pub mit dem Slogan „Live music tonight" zieht uns an. Die Besitzerin bietet uns sofort an, die Fahrräder in einem Nebenraum unterzustellen. Als die Stimmung zusehends steigt, beginnt nach lautstarker Aufforderung Mike, der Starsänger des Ortes, erste Balladen zu trällern. Unter ständiger Anfeuerung liefern im Laufe des Abends noch weitere Iren Proben ihrer Sangeskunst. Als irgendwann der Dorfälteste seinem Guinnesskonsum Tribut zollt, indem er förmlich aus den Latschen kippt, bekommen wir einen Stock höher ein Übernachtungsquartier zugewiesen.

Die halbstündige Fährüberfahrt von Tarbert über den sich tief ins Landesinnere erstreckende Shannon erspart uns den langen Umweg über das verkehrsreiche Limerick. Ab Kilrush wählen wir die über Wiesen und Felder führende L 54, um am Spanish Point wieder die Küste zu streifen. Als wir uns während einer Mittagspause mit einer Heilbronner

Radlerfamilie unterhalten, hält, wie aus dem Nichts auftauchend, Brad mit seinem Rad neben uns. Schlicht meint er: „Hello Germans, I'm back!"

Gemeinsam machen wir uns abends auf den Weg zum bekanntesten Steilküstenabschnitt Irlands, den Cliffs of Moher. Gerade noch vor Sonnenuntergang erreichen wir die in die Meeresbrandung abfallenden Klippen. Die warme Sonne taucht die Felsen in goldgelbes Licht und schnell machen wir einige Stimmungsfotos, bevor der blutrote Sonnenball hinter den Aran Islands versinkt.

Good luck, Brad!

Statt nun von Doolin mit der Fähre via Aran Islands nach Galway zu schippern, bevorzugen wir die L 54. Optimal verläuft die Straße entlang der Küste und bietet zugleich interessante Ausblicke auf die Karstformationen des Burren. Anschließend haben wir mit hartnäckigem Gegenwind zu kämpfen und ich bin fix und fertig, als wir am Abend die Universitätsstadt Galway erreichen. Auf diesem Abschnitt verlieren wir Brad endgültig aus den Augen. Good luck, Brad …

Um das atmosphärische Städtchen mit seinen engen Gassen und den stilvollen Pubs so richtig genießen zu können, mieten wir uns erstmals regulär in einem B&B ein. Ein eigenes Zimmer mit Dusche, ein solides Dach

Zweisprachige Wegweiser in Westirland

über dem Kopf und keine Bedenken wegen des Gepäcks oder des Fahrrades – Herz was willst du mehr?

Die direkteste Verbindung nach Connemara ist die N59 über Oughterard, beim Radeln kommt wegen des Schwerlastverkehrs aber keine rechte Laune auf. Der stramme Gegenwind lässt uns im stilvollen „Quiet-Man-Cafe" eine Teepause einlegen. Nördlich von Maam Cross tauchen wir jenseits der Nationalstraße sofort in völlige Abgeschiedenheit ein. Schroffe Bergflanken säumen die karge Umgebung, und die dunklen, tief hängenden Wolken lassen die Natur fast bedrohlich erscheinen. Unschlüssig, welche Richtung wir an der nächsten Kreuzung einschlagen sollen, bestimmen wir kurzerhand den Westwind zum Routenplaner und brausen trotz mancher Steigung fast mühelos am Nordufer des Lough Corrib auf der L 101 gen Osten.

Nieselregen mit Rückenwind

Auch auf der weiteren Fahrt durch Joyce Country sind wir wegen des ständigen Zickzacks der Streckenführung den Launen des Windes ausgesetzt. Nach einem steilen Anstieg genießen wir einen fantastischen Tiefblick zum riesigen Lough Mask, dessen tiefblaues Wasser so wunderschön mit den moosgrün überzogenen Hügeln kontrastiert. Die folgenden 20 km verläuft die Straße zwischen Seeufer und Patrick Mountains. Trotz Nieselregens lassen wir uns noch von den „tail winds" nach Nordosten bis zum Lough Conn treiben, über dessen aufgewühltem Wasser sich ein perfekter Regenbogen zeigt.

Nach ausgiebigem Frühstück im geschäftigen Ballina steuern wir auf der L 133 auf die Ox-Mountains zu. Trotz des beachtlichen Höhenunterschieds ist die Steigung angenehm zu fahren, und nachdem sich die Berge von weitem noch als mächtiges Hindernis dargestellt haben, sind wir überraschend mühelos auf dem Sattel angelangt. Auf fast verkehrsfreier Straße radeln wir an einem romantischen See weiter. Speichenbruch Nr. 4 einmal ausgenommen, entpuppt sich die der Eisenbahn folgende und an mehreren Streusiedlungen vorbeiführende Landstraße über Cloonacool und Coolaney als äußerst geruhsam. Auf den letzten Kilometern bis Sligo lässt sich die Nationalstraße N4 nicht umgehen. Mehrmals werde ich von schweren Lastwagen an den schlaglochübersäten Straßenrand gedrängt und kann nur mit Mühe einen Sturz vermeiden. Daher verlassen wir diesen „Highway to hell" bei nächster Gelegenheit wieder und nähern uns Sligo lieber über das zwar hügelige, aber ungemein idyllische Yeat's Country.

Viel Regen und stürmische Winde nageln uns für zwei Tage in Sligo fest. Was aber gar nicht schlimm ist, da wir im Hostel und in den Pubs eine Menge netter Leute treffen.

Bei nasskaltem Wetter vom gemütlichen Hostel wieder aufs Rad zu wechseln – das fällt nicht leicht. Nach den schlechten Erfahrungen mit der N4 nehmen wir gerne einen beträchtlichen Umweg Richtung Norden in Kauf. Nördlich vom Lough Gill radeln wir auf der R 286 durch abwechslungsreiches Hügelland, überqueren auf holprigem Asphalt einen Bergsattel und schwenken auf der R 280 nach Nordwest, da die meisten Nebenstraßen an der nordirischen Grenze enden. Hecken mit köstlichen Schwarzbeeren bremsen uns eine Zeitlang beträchtlich.

Unbemerkte Einreise

Ohne jede Grenzkontrolle radeln wir hinter Ballyshannon auf nordirisches Staatsgebiet. Erst als ich in einem Lebensmittelladen englische Pfund zurückbekomme, wird mir dies vollends bewußt. Der Unterschied, der einem als Radfahrer in Nordirland im Vergleich zur Republik Irland sofort auffällt, ist der weitaus bessere Straßenbelag. Vorbei die Zeit speichenkillender Rüttelpisten, Flüsterasphalt ist nun angesagt. Vielleicht ist es diese Begeisterung über den neuen Rollkomfort, der uns 140 km weit treibt – die längste Etappe unserer Irlandtour.

Via Boa Island durchqueren wir frühmorgens den Binnensee Lower Lough Erne und pedalen im D-Zug-Tempo auf der B 4 und A 32 (Seitenstreifen) nach Omagh, um im „Pink Elephant Coffee Shop" eine Verschnaufpause einzulegen. Sie hilft uns, die im Anschluss an den Glen Forest Park bedeutend welliger werdende Topografie zu meistern. Im Glenelly Valley komme ich mir fast wie auf einer Achterbahn vor. Leider reicht der Downhill-Schwung selten fürs anschließende „uphill". Auf der mitten durch eine riesige Schafweide verlaufenden, einspurigen Passstraße überqueren wir die Sperrin Mountains. Selbst an den steilsten Stellen der grünen Hügel kann man unzählige Schafe als weiße Farbtupfer ausmachen.

Irlands gemütlichstes Hotel

Bei der folgenden Abfahrt über gut 300 Höhenmeter begegnet uns kein einziges Fahrzeug. Als wir abends in Dungiven ankommen, bleibt gerade noch Zeit, ein paar Lebensmittel einzukaufen. Auf die Frage nach der Jugendherberge macht mir die freundliche Verkäuferin einen Streckenplan zum Flex Mill Hostel, der eigentlich recht simpel erscheint. Doch die Suche entwickelt sich zu einer wahren Odyssee. Erst 12 km außerhalb von Dungiven erreichen wir nach mehrmaligem Fragen und völlig erschöpft ein einsam liegendes Häuschen. Wie im Märchen werden wir sogleich von einer Frau begrüßt und in eine von warmem Kerzenschein beleuchtete Stube geführt, wo uns heißer Tee und Linseneintopf erwarten. Zusammen mit drei anderen Radwandererinnen teilen wir ein urgemütliches Zimmer mit Petroleumfunzel. Das Hostel ist völlig ohne Strom, dafür gibt's Brot aus selbst gemahlenem Korn, Müsli mit frisch gepflückten Beeren, Frühstückseier von glücklichen Hühnern, einen Wintergarten, vier neugeborene Kätzchen und sogar eine Solardusche! Am Abend sitzen wir alle um ein knisterndes Kaminfeuer und sind uns einig, in Irlands gemütlichstem Hostel zu weilen!

Nach einem Ausflugstag in das von einer imposanten Stadtmauer umgebene Derry fällt der Abschied von unserer gemütlichen Mühle besonders schwer. Schnurstracks nach Norden radelnd erreichen wir hinter Limavady erstmals die raue Nordküste Irlands. Mit einer frischen Meeresbrise in der Nase und der von Wind und Wasser angenagten Antrim Coast vor Augen tritt es sich gleich viel leichter. Ab Portstewart jagt dann eine Traumbucht die nächste. Nach einem Tag mit unglaublich vielen landschaftlichen Höhepunkten fahren wir in der Abenddämmerung noch am gespenstisch auf den Klippen stehenden Dunclue

Castle vorbei. Dann suchen wir uns in Port Ballintrea einen Panoramakochplatz am Meer und verdrücken eine ordentliche Portion Pasta.

Bilderbuchbuchten

Nach den Erlebnissen des Vortages glaubte ich nicht an eine nochmalige Steigerung in Sachen Naturschönheiten, sollte mich aber getäuscht sehen. Frühmorgens fahren wir auf der für den allgemeinen Autoverkehr gesperrten Uferstraße zum Giant's Causeway. Absolut beeindruckend, wie sich über 40.000, bis zu zehn Meter hohe Basaltsäulen in meist regelmäßiger Sechseckform vor der gischtenden See aneinanderreihen – erstarrte Lava in geometrischer Form! Ich verknipse fast einen Film. Als dann der Touristenstrom anschwillt, suchen wir auf unseren Drahteseln das Weite. Doch es geht nur langsam voran, denn alle paar hundert Meter bleiben wir erneut bei einer Bilderbuchbucht stehen. An einer kommen wir mit einem Maler ins Gespräch, der sich als irischer Lebenskünstler und lustiger Geselle entpuppt. Er empfiehlt uns seinen „favourite place in Ireland", ein kleiner Hafen, zu dem sich eine Straße hinabschlängelt. Die traumhaften Klippen- und Felsformationen lohnen den Abstecher. Nur wenige Kilometer weiter balancieren wir nach einem Spaziergang über die Rope Bridge, eine Hängebrücke 40 m über dem Meer. Obwohl wir den ganzen Tag auf den Beinen waren, haben wir abends in Ballycastle angekommen nur schlappe 30 km zurückgelegt.

Würdiger Abschluss

Der letzte Tag in Irland. Unser Wunsch, möglichst nahe am Meer zu radeln, beschert uns auf der Nebenstrecke über den Klippen von Torr Head die fraglos steilste Straße unseres Irlandurlaubes. Während wir die schwer bepackten Räder die Anstiege regelrecht empor wuchten müssen, leisten die Bremsen bei den wie Skipisten geneigten Abfahrten Schwerstarbeit. Jetzt bloß kein Bremsversagen! Kurz hinter Cushendall beginnt dann eine Genussstrecke erster Güte. Das direkt dem Küstenverlauf folgende Sträßchen führt uns in tief eingeschnittene Buchten und klemmt sich teilweise abenteuerlich zwischen Meer und die Antrim Mountains, deren kräftiges Grün von der zwischen den Wolken hervorbrechenden Sonne beleuchtet wird. So sind die letzten Radkilometer bis zum Fährhafen in Larne würdiger Abschluss einer mir unvergesslich bleibenden vierwöchigen Irlandtour – hope to be back soon!

Giant's Causeway (Antrim Coast)

Island

Daten

103.000 qkm • 320.000 Einwohner • 3,1 Ew./qkm
Ausdehnungen: N – 300 km – S // W – 500 km – O

Land

Trotzig ragt die „Insel aus Feuer und Eis" aus dem Atlantik. Bewohnt von einer Handvoll Menschen mit Superjeeps. Gemacht aus frischer Schlacke und ungebändigten Gewässern. Eine Rettungsinsel zwischen Europa und Grönland. Praktisch noch wie neu, erst zwanzig Millionen Jahre alt. Das Eis: Der größte Gletscher, der Vatnajökull, ist tausend Meter dick und nimmt eine Fläche von der Hälfte Schleswig Holsteins ein, auf dem Gletscher thront Islands höchster Berg, der Hvannadalshnúkur (2119 m). Das Feuer: Von Islands 140 Vulkanen sind noch dreißig aktiv. Jene, die unter dem Eis liegen, machen sich bei einem Ausbruch durch große Gletscherläufe bemerkbar.

Fjorde und Buchten zerlappen die Nord- und Westküste, Sanduren (vulkanische Schwemmlandebenen) prägen die Südküste. Wie eine Lupe wirkt die klare Luft im Hochland, entfernte Bergketten scheinen greifbar nah. Moose und Gräser, Lavaformationen und Aschefelder, Wüsten und Tundren prägen das weitgehend baumlose Antlitz Islands. Flüsse stürzen allerorten als Wasserfälle zu Tal, reißende Schmelzflüsse machen das Inselinnere manchmal bis in den Juli unpassierbar. Typisch isländisch auch die vielen heißen Quellen, deren bekannteste zum Namensgeber aller Springfontänen wurde: Der Große Geysir.

und Leute

Erst im 9. Jahrhundert wurde die karge Basaltinsel von Wikingern und Kelten besiedelt. Die reichlich vorhandene geothermische Energie versorgt die Isländer heute mit Wärme und Strom, Obst und Gemüse. Dennoch sind vier Fünftel der Insel kaum besiedelt; zwei Drittel der Bevölkerung lebt im Großraum Reykjavik. Englisch ist gängig als Zweitsprache. Isländisch ist die letzte germanische Sprache, die noch in ihrer mittelalterlichen Form gesprochen wird. Ein Computer ist ein „Zahlenprophet" (tölva) und Inflation heißt „Preisentzündung" (verdbólga).

Reisegruppe im Hot Pot (Hveravellir)

per Rad entdecken

Dass Radtouren auf Island keine Kaffeefahrten sind, dürfte sich ja schon herum gesprochen haben. Erstaunlich, wie viele es trotzdem mit dem Bike dort umtreibt. Wer nicht gerade auf abgelegensten Pisten unterwegs ist, wird jeden Tag Gesinnungsgenossen treffen. Alles Nicht-Isländer natürlich – die Einheimischen haben für solche Spinnereien keine Zeit. Zwar sind Radreisende eine Minderheit unter den Islandtouristen, aber wegen der Kürze der Tourensaison, kommen die meisten Radler im Juli und August. Und dann trifft man sich halt. Und umso länger man auf Island unterwegs ist, umso familiärer erscheint die Insel. Im Kontrast dazu stehen die menschenleeren Landschaften. So eine Islandtour ist ein seltsamer Mix aus Nähe und Weite, aus Geborgenheit und Ausgesetztsein. Auch wenn Island immer mehr Reisende anlockt (im Jahr 2000: 300.000 Besucher, 2015: 1,2 Millionen), ist weiterhin Platz genug für alle.

Routen & Regionen

Tourenplanung

Da das Streckennetz vergleichsweise dünn ist, folgen praktisch alle größeren Touren dem selben Baukastenprinzip, das aus folgenden Bausteinen besteht: Abschnitte der Ringstraße + Erweiterungen in den Küstenregionen + Touren durchs Hochland. Alle drei Bausteine lassen sich individuell zu einer Island-Tour verbinden, für die sechs Wochen zu veranschlagen sind. Wer nur drei bis vier Wochen mitbringt, kann entweder Teilstrecken mit dem Bus zurücklegen oder – in der Beschränkung liegt die Stärke – eine kleinere Schleife durch West- bzw. Ost-Island ziehen.

Die Ringstraße (Hringvegur)

Seit vor über 40 Jahren das noch fehlende Brückenglied am Skeidarársandur fertig gestellt wurde, ist die Umrundung Islands auf der 1400 km langen Nationalstraße möglich. Die bis auf wenige Abschnitte durchgehend asphaltierte 1 ist die logische Basis jeder Tourenplanung. Meist verläuft sie in tief liegenden Küstenbereichen bis 200 m. Im Nordosten führt sie für rund 200 km durchs Hochland (200–500 m), das Gleiche gilt für kürzere Teilstücke im Nordwesten. Stärker befahren sind die südwestlichen Abschnitte im Großraum Reykjavík, ansonsten ist der Verkehr mäßig bis minimal (Nordosten). Allerdings gilt dies nicht für die Wochenenden, wenn die Karawane der Hauptstädter zu den Ausflugsgebieten strömt.

Im oder gegen den Uhrzeigersinn

Diese Frage treibt alle um: Fahre ich die Ringstraße besser im oder gegen den Uhrzeigersinn? Obwohl es theoretisch etwas besser wäre gegen den Uhrzeigersinn zu fahren, gibt es die Tendenz, Island im Uhrzeigersinn zu umrunden. Eine generelle Empfehlung ist also schwierig. Auf einer *Ringstraße* wird man es im Verlauf immer mit allen Windrichtungen zu tun haben. Und dass der Wind auf Island rotiert, erscheint manchen nur so. Die vorherrschende Windrichtung ist nun mal Südwest, die sich höchstens nach NO etwas abschwächt.

Streckendramaturgie

Mal abgesehen vom Wind gibt es aber noch ein anderes Kriterium für die Fahrtrichtung: Die „dramaturgische“ Steigerung der Eindrücke! Wer an der Ostküste in **Seydisfjördur** startet (Anreise mit der Fähre), sollte die Ringstraße deswegen gegen den Uhrzeigersinn angehen (Vorteil: Steigerung der Eindrücke, Nachteil: Gegenwind an der Nordküste); wer in **Reykjavik** loslegt (Anreise mit dem Flieger), dem empfiehlt sich die Befahrung im Uhrzeigersinn (Vorteil wie oben, Nachteil: Gegenwind an der Südküste). Wenn einem der Wind am Ausgangspunkt aber schon aus der falschen Richtung wütend entgegen bläst, kann man sich natürlich auch spontan umentscheiden. Alles klar?

Einmal um Island: Macht 1400 km auf der Ringstraße!

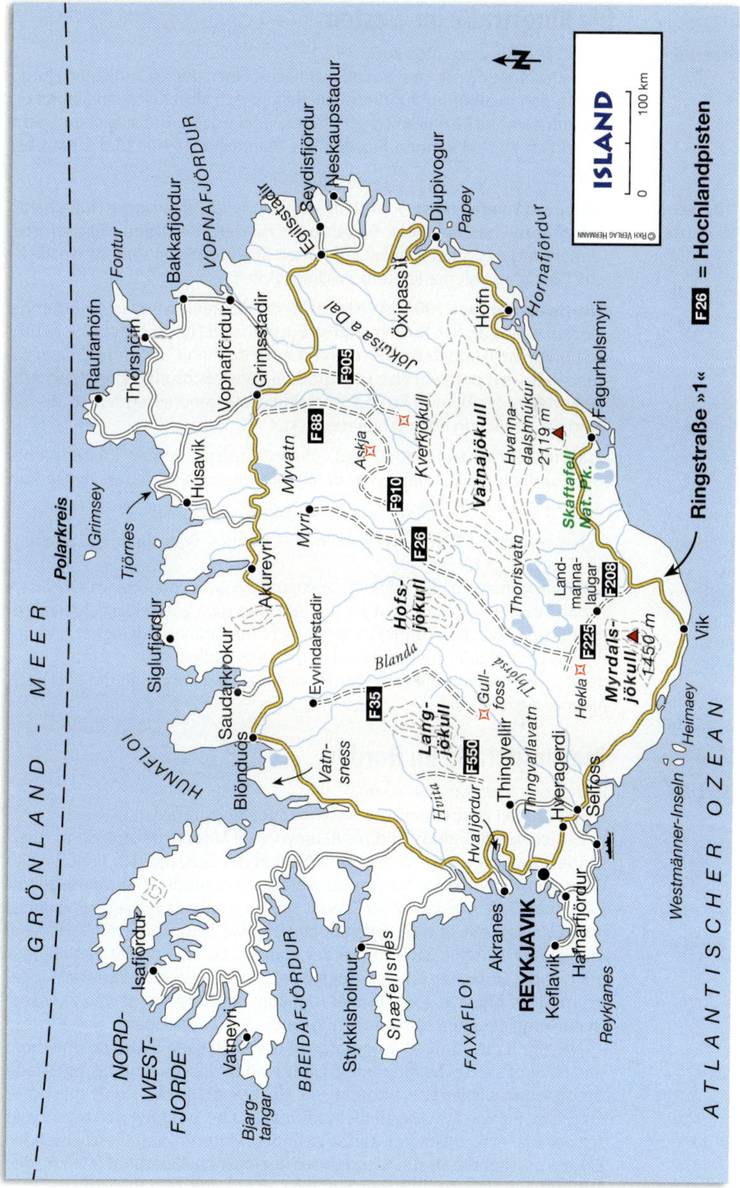
ISLAND
0
100 km
© RKH VERLAG HERMANN
F26 = Hochlandpisten
Ringstraße »1«
GRÖNLAND - MEER
ATLANTISCHER OZEAN
Polarkreis
Grimsey
Tjörnes
NORD-
WEST-
FJORDE
Bjarg-
tangar
Vatneyri
Isafjördur
BREIDAFJÖRDUR
Stykkisholmur
Snæfellsnes
FAXAFLOI
Akranes
REYKJAVIK
Keflavik
Hafnarfjördur
Reykjanes
Westmänner-Inseln
Heimaey
HUNAFLOI
Vatn-
sness
Blönduós
Saudarkrokur
Siglufjördur
Akureyri
Husavik
Myvatn
Myri
Eyvindarstadir
Blanda
Hofs-
jökull
Lang-
jökull
Hvita
Hvaljördur
Thingvellir
Thingvallavatn
Hveragerdi
Selfoss
Gull-
foss
Thjorsá
Hekla
Myrdals-
jökull
1450 m
Vik
Land-
manna-
laugar
Thorisvatn
Vatnajökull
Hvanna-
dalshnúkur
2119 m
Skaftafell
Nat. Pk.
Fagurholsmyri
Höfn
Hornafjördur
Kverkjökull
Askja
Jökulsa a Dal
Öxipass
Djupivogur
Papey
Egilsstadir
Seydisfjördur
Neskaupstadur
Grimsstadir
Vopnafjördur
VOPNAFJÖRDUR
Bakkafjördur
Fontur
Raufarhöfn
Thorshöfn
F26
F35
F88
F208
F225
F550
F905
F910
N

Die Ringstraße im Westen

Strecke

Reykjavík – Blönduos (285 km)
Nördlich von Reykjavík umkurvt die 1 zunächst einen der markantesten Fjorde Islands, den Hvalfjördur, führt anschließend durch altes Kulturland, nutzt einen Durchschlupf im vulkanischen Schlackengebirge Nordurárdalur und zieht schließlich an den kleinen Fjorden der Meeresbucht Húnaflói hinauf bis Blönduos.

Abstecher/ Varianten

- **Halbinsel Snæfellsness** (+ 300 km) – sehr lohnend, „Island in der Nußschale": pflanzenreiches Lavafeld Budahraun, Höhlen, Bergseen, Fischerorte, Umfahrung des Snæellsjökull auf harten Schotterpisten (Islands westlichster Gletscher, mit markantem Zwillingsgipfel).
- **Nordwestfjorde** (+ 700 km) – Islands Wilder Westen, im Innern schuttartige Hochplateaus, an den Küsten rund 50 Buchten und Fjorde, die von bis zu 500 m hohen Steilklippen begrenzt werden, weitgehend unberührte Gegend mit rauem, subpolarem Flair und großem Vogelreichtum (Papgeitaucher!). Aber viel steiles Auf und Ab und sehr windig und generell regnerisch. Bis Juli sind die Sträßchen noch schneebedeckt.
- **Halbinsel Vatnsnes** (+ 70 km) – Schotterpiste, schöne Küstenszene, Seehundkolonie bei Hindisvik, drachenförmiger Basaltfelsen Hvítserkur, Felsenburg Borgarvirki.

Im NW erspart die **Fähre** Stykkishólmur – Flatey – Brjánslæur 300 Straßenkm (Fahrzeit 2,5 h).

Früher gab es auch eine Fähre zwischen Reykjavík und Akranes. Doch seit es den **Tunnel** zwischen **Saubær** und **Akranes** gibt, wurde die Fähre eingestellt. *Remo Kiss:* „Der Tunnel ist leider nicht für Radfahrer geeignet und riesige Verbotsschilder weisen darauf hin, dass es Radlern nicht gestattet ist, in den Tunnel einzufahren. Es bleibt also nichts anderes übrig, als die 1 bis nach Akranes zu nehmen."

Die Ringstraße im Norden

Strecke

Blönduos – Egilsstadir (404 km).
Insgesamt der anstrengendste Abschnitt der Ringstraße.

Östlich von Blönduós sind bis Akureyri zwei Mittelgebirgspässe zu überwinden. Zwischen den Pässen, im Talschluß des Skagafjordes, liegt die alte Grassodenkirche von Vídimyri und Islands bedeutendstes Museumsgehöft Glaumbæ. Östlich von Akureyri (Islands viertgrößte Stadt, Flüge zur Polarkreisinsel Grimsey) macht die 1 einen Bogen um den Bergrücken der Vadlaheidi und passiert anschließend im Tal der Fnójská das Waldgebiet Vaglaskógur (für Isländer ein Garten Eden). Es folgen der bemerkenswerte Wasserfall Godafoss und der **Myvatn,** touristisches Highlight des Nordens (der „Mückensee" ist ein Vogelparadies, die Umgebung eines für Vulkanologen).

Nachdem die Straße den Myvatn auf der attraktiven Südroute umfahren hat, passiert sie das Solfatarenfeld Namskard und führt dann bis Egilsstadir durch kaum besiedelte Gegend mit Hochlandcharakter und glasklarer Fernsicht. Riesige Stricklavafelder und trügerische Sumpfwiesen machen es schwer, hier einen Platz zum Zelten zu finden. Mitten in dieser faszinierenden Einöde passiert die Straße Islands höchstgelegenen Bauernhof (450 m), den Mödrudalur, eine Art „Wüstenoase" mit Cafteria und Zeltmöglichkeit.

Variante

Halbinsel Tjörnes (+ 140 km, überwiegend Schotter, teilweise recht übel) – von Reykjahlíd am Myvatn aus nördlich nach Húsavík (bekannter Ausgangspunkt für Walbeobachtungstouren), dann die Küstenstraße 85 um die Halbinsel Tjörnes, durch den Nationalpark Jökulsargljúfur (der Grand Canyon Islands) zum Naturdenkmal Asbyrgi (bildschönes Hufeisental). Dort weiter auf der 864, die in wesentlich besserem Zustand ist als die 862. Es folgen Abstecher zu den spektakulären Wasserfällen Dettifoss, Selfoss und Hafragilsfoss, schließlich zurück auf die Ringstraße bei Grimsstadir.

Die Ringstraße im Osten

Strecke

Egilsstadir – Höfn (245 km)

Prägnante Sehenswürdigkeiten fehlen auf diesem östlichen Abschnitt, die Szenerie lebt vom Kontrast zwischen Hochland, Tälern und Fjorden. 44 km südlich von Egilsstadir beginnt der Anstieg zur *Breiddalsheidi* (Passhöhe: 420 m). Durch ein Tal von bizarrer Schönheit windet sich die Hringvegur anschließend wieder hinab und führt – nunmehr asphaltiert – am flachen Küstensaum der Ostfjorde entlang. Südlich von **Djúpivogur** geht es an tief eingezogenen Fjorden vorbei, die vom Meer durch schmale Landzungen getrennt sind. Mit dem verheißungsvollen Anblick des Vatnajökull-Gletschers geht's entweder über die alte Passhöhe des Almannaskards (16%) oder ganz relaxed durch den 1300 m langen, beleuchteten Tunnel hinunter nach **Höfn** – richtig ausgesprochen übrigens „Höbbn".

Variante 1

Küstenroute (+ 60 km) – Ab Egilstadir auf den Straßen 92, 955 und 96 dem Verlauf dreier Ostfjorde folgen, ab Breiddalsvik wieder auf die Ringstraße. Wunderschöne, leicht zu radelnde Variante.

Variante 2

Öxipass (- 60 km) – 44 km südlich von Egilsstadir zweigt rechts die 939 ab, die über den bei Islandradlern einst gefürchteten Öxipass führt (532 m). Mittlerweile wurde der Pass entschärft. Jetzt sind es von der Nordseite in der Spitze „nur" noch 17%, von der Südseite max. 20%. Ganz einfach ist der Pass also immer noch nicht. Wer sich die stellenweise steile Lehm-Schotterpiste zutraut und – in Gegenrichtung – zum Schieben bereit ist, wenn das Hinterrad durchdreht, spart im Vergleich zur Ringstraßenroute 60 km.

Die Ringstraße im Süden

Strecke

Höfn – Reykjavík (471 km)

Der südliche Streckenabschnitt ist der attraktivste. Die Tour ist relativ leicht, allerdings besteht erhöhte Regen- und Gegenwindwahrscheinlichkeit (aus SW). Die Strecke ist weitgehend asphaltiert.

Westlich von Höfn führt die 1 an den Gletscherzungen des **Vatnajökull** entlang. Ein erster szenischer Höhepunkt ist nach 83 km der Treibeis führende Gletschersee **Jökulsárlón.** Nach der Querung des Breidamerkur-Sanders beschreibt die Ringstraße eine weite Schleife um Islands höchsten Berg, den Gletscher Öræfajökull (Eisgipfel Hvannadalshnúkur, 2119 m). Eine kurze Stichstraße führt anschließend zum touristischen Basislager des **Skaftafell-Nationalparks.** Fußwanderern erschließt sich dort eine überaus reizvolle Berg- und Gletscherwelt. Westlich von Skaftafell durchquert die 1 den **Skeidarár-Sander,** eine ausgedehnte Schwenmsandebene, die von einem Geflecht

Sommer auf Island! (Ringstraße im Süden)

unberechenbarer Gletscherflüsse durchzogen ist. Erst 1974 gelang es mit amerikanischer Unterstützung, dieses letzte Teilstück der Ringstraße fertig zu stellen (inklusive 18 km Dammstraße und fünf langen Brücken).

Beim alten Gehöft Núpsstadur ist der Sander überquert, und die 1 führt durch Lavafelder und fruchtbares Schwemmland. Westlich von Vík zweigt eine raue Stichstraße zum spektakulären **Kap Dyrhólæy** ab, Islands südlichstem Punkt (während der Vogelbrutzeit gesperrt). Unterhalb der Gletscher Myrdalsjökull und Eyafjallajökull wird die Straße nun hügelig. Attraktionen sind der imposante Wasserfall **Skógafoss** und das populärste Wandergebiet Islands, die *Thórsmörk* (20 km abenteuerliche Piste F249 bis dorthin, Fußgängerbrücke über die Krossá).

Durch grünes, unspektakuläres Tiefland erreicht die 1 das Geothermalgebiet um die Treibhausstadt Hveragardi. Von dort führt ein kräftiger Anstieg aufs Plateau der Hellisheidi (Blick über Südwest-Island) und weiter durch das Lavafeld der Svínahraun bis **Reykjavík,** wo sich der Ring um Island schließt.

Inselabstecher

Westmänner-Inseln – Von Hveragardi nach Porlákshöfn radeln, dann per Fähre zur Westmänner-Hauptinsel **Heimaey,** die 1973 von einem spektakulären Vulkanausbruch heimgesucht wurde und seitdem eine Art skandinavisches Pompeji ist. An den Klippen Heimaeys lassen sich hervorragend Papageitaucher und andere Seevögel beobachten. Aber Achtung, der nächste Schritt könnte der letzte sein!

Inlandsvariante

F208 / Landmannaleid-Hochlandpiste (+ 140 km) – 22 km SW von Kirkjubærklaustur zweigt rechts die 208 ab, die sich nach 17 km als F208 fortsetzt. Diese mittelschwere Hochlandpiste wird in der Regel ab Mitte Juli freigegeben. Bis Landmannalaugar steigt die Piste bis auf 530 Hm an, zahlreiche Flüsse sind zu furten. Höhepunkte der wegen ihres Farbenreichtums berühmten Strecke sind die Eldgja (größte Eruptionsspalte der Welt), der imposante Ofæufoss-Wasserfall und das Geothermalgebiet **Landmannalaugar** (wörtl. „Landmännerbad"; warme Quellen und bunte Berge).

5 km nördlich von Landmannalaugar zweigt links die F225 ab. Nach zwei, drei Furtungen führt die Piste in gebührendem Abstand zum scheinbar schlafenden Vulkan **Hekla** durch leblose, schwarze Aschewüste. Am Ende stößt die F225 auf die 26. Um auf die andere Seite des Flusses Thjorsa zu gelangen, rechts auf die 26 und nach 3 km links die alte Piste („road closed") zum Stauwerk nehmen. Nach 500 m dann die breite Brücke des Stauwerks. Auf der anderen Seite weiter auf der asphaltierten 32.

Inklusive eines Abstechers zum Bauernhof *Stöng* (im Jahre 1104 von Vulkanasche begraben und 1939 wieder ausgegraben) auf der 30 zu Islands meistbesuchtem Wasserfall, dem **Gullfoss.** Am Weiterweg auf der 35 liegen die berühmten **Geysire** und schließlich – via gepflegte Pistenverbindung 365 – das Lavaplateau von **Thingvellir** (Nationalpark) mit der 40 m tiefen *Allmännerschlucht* (Islands historisches Open-Air-Parlament). Den Thingvallavatn passierend (Islands größter Binnensee) trifft die 36 kurz vor Reykjavík wieder auf die Ringstraße.

Sieben Stunden bis Landmannarlaugar

von Georg Föcker

Die Hochlandpiste F208 gehört auf dem Stück von Holaskjol nach Landmannarlaugar zu einer der schönsten Hochlandetappen Islands überhaupt. Um die Schönheit dieser Strecke genießen zu können, muss man mit dem Rad allerdings ein paar Anstrengungen auf sich nehmen. Umsonst bekommt man auf dieser Piste so gut wie nichts. Von Süden aus kommend besitzt die 40 km lange Gesamtstrecke schon auf den ersten 9 km einen Höhenunterschied von 350 Höhenmetern. Wofür ich in den Alpen nur ein Grinsen übrig hätte, wird hier zur echten Herausforderung. Auf der Gesamtstrecke sind 20 Flussfurten zu queren, und es sind Steigungen zu bewältigen, die aufgrund des losen Gesteins mit Gepäck nur schiebend zu bewältigen sind. Aber würde man mich vor die Entscheidung stellen, eine meiner 20 Tagesetappen streichen zu müssen, wäre diese Piste mit an Sicherheit grenzender Wahrscheinlichkeit die letzte.

Am Abend saß ich vor meinem Zelt auf dem Campingplatz in Landmannarlaugar und beobachtete das Treiben auf dem Gelände. Wie in einem Hochgebirgslager sah es hier aus. Mannschaftszelte und darum gruppierte kleine Zelte gleicher Bauart standen auf der südlichen Seite des Platzes, einzelne Zelte mit davor liegenden Rucksäcken oder Rädern auf der anderen. Dazwischen liefen Menschen dick eingekleidet zwischen den Zelten hin und her. Der Wind, der hier blies, besaß eine beißende Kälte. Im Hintergrund dampfte es in den Bergen und das Ryolithgestein mit seinen bunten Farben war einfach herrlich anzuschauen. 200 m weiter rechts von mir lagen Menschen in Badekleidung in 35 Grad erdbeheiztem Wasser und streckten den Kopf aus dem Wasser. Zu Hause hatte ich mich an einem doppelseitigen Bildbandfoto der Ryolithberge nicht satt sehen können, hatte es mir immer wieder angeschaut. Diese satten Farben von gelb über Zwischenstufen bis dunkelbraun! Und jetzt saß ich hier, war tatsächlich in Landmannarlaugar.

Sieben Stunden hatte ich mit meinem „Icelandexpress" für die 40 km von Holaskjol nach Landmannarlaugar gebraucht. Ich war

Die erste Furt

früh um 8.30 Uhr gestartet, die Nacht über hatte es geregnet und auf den Straßen standen noch Pfützen, als ich den Platz in Holaskjol verließ. Der Fahrbahnbelag bestand aus fast schwarzer, festgefahrener Lava und führte zunächst durch grün bemooste uralte Lavafelder. Nach 5 km stand ich vor der ersten Herausforderung des Tages, einer 40 cm tiefen Furt. Von zu Hause hatte ich 30 cm hohe Neoprensocken mitgenommen, die meine Füße vor dem kalten Wasser der Gletscherflüsse schützen sollten. Es war die richtige Entscheidung. Den ganzen Tag über zog ich die Neoprensocken und Teva-Sandalen nicht mehr aus.

Aber in welcher Art und Weise sollte ich mein Gespann hinüber bringen? Was geschah mit dem Hänger, wenn ich versuchte mein Rad einschließlich Hänger einfach durch den Fluss zu schieben? Ich löste sicherheitshalber den Anhänger vom Rad, drückte das Rad kraftvoll in einer ersten Aktion durch den Fluss, stellte es auf der anderen Seite ab und lief zurück. In einer zweiten Aktion zog ich den Hänger hinüber und bemerkte sehr schnell, dass er schwamm. Die Holzplatte mit dem darauf befestigten wasserdichten Ortliebsack schwamm, ohne zu kippen, einfach hinter mir her. Das ich vor den nächsten Furten bei nicht stärkerer Strömung den Hänger gar nicht mehr vom Rad lösen würde, war damit klar. Gut einen Kilometer weiter stand ich am Abzweig zur Eldgja-Schlucht.

Die Eldgja-Schlucht zählt mit einer Breite von bis zu 600 m und 40 km Länge zu einem der größten Spaltenvulkane der Erde. Wie ich Reiseführern entnehmen konnte, lässt sich diese Dimension leider nur aus dem Flugzeug wahrnehmen. Als Radler oder Wanderer in der Schlucht unterwegs, kommt einem diese wie ein ausgewaschenes Flussbett vor. Der germanischen Mythologie zufolge stand ich am Straßenabzweig zur Unterwelt. Die Eldgja-Schlucht (Feuerspalte) war der gefährliche Weg in das Reich der Totengöttin, das nur über eine schmale Naturbrücke erreicht werden konnte. Diese Naturbrücke aus Basalt gab es bis 1993, dann stürzte sie ein. Seit die Brücke nicht mehr existiert, kann man nicht mehr so einfach ins Reich der Totengöttin gelangen. Den Fluss, den die Basaltbrücke früher überspannte, wollte ich mir nicht antun. Er hieß Nordaridfaera und besaß zwei tiefe Furten, die mir mit meinem Hänger einiges an Schwierigkeiten bereiten konnte. Hinzu kam, dass ich mich auch nicht auserwählt genug fühlte, einen neuen Weg in die Unterwelt zu finden.

Ich quälte mich lieber den nächsten steilen Anstieg über 350 Höhenmeter und überlegte, ob es nicht möglich war, von oben einen Blick in die Schlucht zu erlangen. Einen Kilometer weiter wurde die Steigung einmal für ein paar Meter etwas flacher, möglicherweise eine ideale Stelle, um mein Vorhaben in die Tat umzusetzen. Ich stellte das Rad ab und suchte mir einen Weg zu Fuß durch das rechts von mir liegende Lavafeld. Die ersten Schritte auf dem dickbemoosten Lavafeld waren ein tolles Erlebnis. Bei jedem Schritt sackte ich 5 cm tief ein, ich lief wie auf einer dicken Schaumstoffmatte. Mehrere hundert Meter „torkelte" ich über das leicht wellige weiche Terrain, bis ich am Rand der Elgdja-Schlucht stand.

Ich kehrte zum Rad zurück und kämpfte mich weiter den Hügel hinauf. Jeder Meter musste schweißtreibend erarbeitet werden. Konnte ich aufgrund einer kurzen Gefällstrecke ausnahmsweise mal den Druck von den Pedalen nehmen, stand ich mit Sicherheit kurze Zeit später vor dem nächsten Wasserlauf. Die meisten der etwa 20 Furten bis Landmannarlaugar waren nicht besonders schwierig. Vielleicht hatte ich mit der aktuellen Wassertiefe auch nur Glück. Ich steuerte immer Stellen an, die weiter links oder rechts vom normalen Fahrweg lagen und wo das Wasser erkennbar flacher war. Konnte ich die Tiefe nicht genau erkennen, lief ich zunächst ohne Rad hinein und erkundete sie.

Erste Anzeichen einer landschaftlichen Veränderung waren zwar in der Ferne bereits sichtbar gewesen, aber es dauerte doch noch einige Zeit, bis sich wesentliche Veränderungen ergaben. Zunächst stand ich nach ungefähr 25 Tageskilometern noch einmal vor einer Furt, hinter der es sofort steil bergauf ging. Die gut 50 Höhenmeter die ich da hinauf musste, kosteten einiges an Kraft. Ich ergriff Lenker und Sattel und drückte Rad und Hänger den Hügel hinauf. Dabei musste ich

darauf achten, dass ich das Rad so senkrecht wie eben möglich schob, leicht geneigt rutschte mir das Vorderrad immer zur Seite. Gleichzeitig bestand die Herausforderung darin, mit den Füssen auf den losen Steinen Halt zu finden und nicht wegzurutschen. Mehrmals musste ich anhalten und dabei beide Bremsgriffe fest durchziehen um das Rad zu fixieren.

Ich radelte mal wieder im Flussbett. Links und Rechts von Felswänden begleitet, kämpfte ich mich Meter für Meter weiter. Höchste Konzentration war hier erforderlich um nicht zu stürzen. Ständig stand ich auf dieser Piste vor neuen Herausforderungen, am Ende der Schlucht in Form einer breiten ca. 30 cm tiefen Furt. Die Strömung war nicht sehr stark, ich wagte es, mein komplett beladenes Rad einschließlich Hänger durch den Fluss zu drücken. Es war die richtige Entscheidung, ein wenig Gegendruck zur Strömung reichte aus, um das Gespann auf die andere Flussseite zu bugsieren.

Nur kurze Zeit später trat ein, worauf ich schon einige Kilometer gewartet hatte. Die Landschaft veränderte sich stark. War ich vorher auf einer fast schwarzen Piste geradelt, während die umgebene Landschaft überwiegend Grüntöne enthielt, so wurde die Fahrbahn immer brauner. Die Berge nahmen mehr und mehr die Farben Landmannarlaugars an. Große Steigungen waren nun nicht mehr zu bewältigen. Ich kurbelte an den Flussläufen der Tungnaa entlang und genoss das Farbenspiel in den Bergen. Es fehlte etwas Sonne, um die Farben noch intensiver wahrnehmen zu können, aber ein Naturschauspiel war es dennoch. Etwas später sah ich die Brücke über den kaum aussprechbaren Fluss Jökugilskvisl. Ich wusste, ab hier waren es nur noch 2 km bis zum Camping in Landmannarlaugar, die kraftraubende Piste war fast geschafft.

Kurz hinter dem Straßenabzweig zum Campingplatz, muss ein Lavafeld durchfahren werden, während man in der Ferne bereits den Dampf der heißen Quellen von Landmannarlaugar aufsteigen sieht. Vor dem Camping befindet sich noch eine tiefe Furt. Dass sie nicht leicht zu queren war, sah man schon daran, dass normale Pkw's an der rechten Straßenseite parkten. Ein Hochlandbus, der durch den Fluss fuhr, tauchte um die 70 cm tief ins Wasser. Für Radler gab es aber einen „Geheimtipp". Ich musste mein Rad nur eng am Felsen entlang schieben um ca. 50 m weiter zu einer schmalen Holzbrücke zu gelangen. Über einen kleinen Kiesweg erreichte ich dann nach 7 Std. Fahrt etwas ausgelaugt und erschöpft das Holzgebäude der Rezeption und freute mich.

Die ganze Tour, komplett mit GPS-Daten und Höhenprofil, auf Georgs Homepage www.alpenradtouren.de

Hochlandpisten

Überblick Kurzbeschreibungen der wichtigsten Hochlandpisten, betrachtet von West nach Ost. Achtung: Sandstürme, Regenfälle, Wintereinbrüche und anschwellende Flüsse können aus relativ leichten Pisten furchtbar schwere und sogar vorübergehend unpassierbare machen!

F 208 – Landmannaleid-Hochlandpiste

s.o., „Die Ringstraße im Süden".

550 – Kaldidalur-Piste

Strecke Uxahryggir – Húsafell (40 km, Freigabe ab Ende Juni/Anfang Juli).

Zustand Schotterpiste, ansteigend bis 730 m, relativ befahren.

Tour Die durchs Kaldidalur („Kaltes Tal") führende 550 – früher F550 – gehört zu den szenisch besonders attraktiven Hochlandstrecken Islands, die zugleich leicht zu befahren sind. Oft hängen Nebelbänke im Tal. Einige steile Anstiege. Wegen der Kürze und des guten Pistenzustands eher eine Schnuppertour.

35 – Kjölur-Piste

Strecke Gullfoss – Hveravellir – Eyvinstardadir (161 km, Freigabe ab Ende Juni/Anfang Juli).

Zustand Bis Hverarvellir Lavasand, Wellblech und Schlaglöcher, aber jedes Jahr weniger schlimm. Nördlich von Hveravellir straßenähnliche Piste bis Eyvinstardadir.

Tour Auch die einstige F35 wird nur noch als 35 geführt. Die kürzeste Verbindung zwischen Nord- und Süd-Island stellt zugleich eine der für Biker reizvollsten Hochlandpisten dar. Sie ist einerseits nicht besonders schwierig, andererseits landschaftlich erheblich abwechslungsreicher als die östlichen Hochlandpisten. Auf den ersten 75 km steigt die Piste zwischen den Flüssen Svartá und Jökullfall auf 670 m an, links und rechts die Gletscher Langjökull (schön der Gletschersee Hvítárvatn) und Hofsjökull. Treffpunkt aller Pistenfahrer ist **Hveravellir** im Kjölur-Hochtal (650 m), eine der attraktivsten Thermalregionen Islands. Den straßenähnlichen Nordabschnitt verschönern Berge, Seen und Schluchten.

F26 – Sprengisandur-Piste

Strecke Hrauneyjalon-See – Versalir – Nyidalur – Fjórdungsvatn – Myri (200 km, Freigabe ab Anfang Juli)

Zustand Trotz Verbesserungen ist die Piste immer noch ziemlich ruppig. Anfangs hügelig und schlecht, später etwas besser, viel Wellblech und viele Furtungen.

Große und kleine Steinmännchen (Kjölur)

Tour Namensgeber ist die etwas abseits gelegene Schotterwüste Sprengisandur. Für Radler ist die berühmteste Hochlandpiste Islands eigentlich eher unattraktiv, da sie überwiegend durch öde Erosionslandschaften führt. Für Abwechslung sorgen allerdings mehrere Flüsse, die zu furten sind und Blicke auf die Gletscher Hofsjökull und Tungnafellsjökull. Ganz im Norden, wenige Kilometer vor Myri, belohnt die F 28 alle Überwinder mit einem in eine Basaltsäulenschlucht stürzenden Wasserfall: dem Aldeyjarfoss.

F88 – Askja-Piste

Strecke Ringstraße – Herdubreidarlindir – Askja (102 km, Freigabe meist ab Ende Juni).

Zustand Wechselnd. Mal leichter, dann wieder anstrengender (Sand, Bimsasche, loser Schotter, Fladenlava). Relativ befahren. Sandstürme aus S sind möglich. In knochentrockenen Sommern auch weicher Mahlsand, was dann Schieben bedeutet!

Tour Hallo? Der Askja hat gerufen? Nur zweimal muss unterwegs gefurtet werden (Grafarlandaá und Lindaá), die Piste selbst ist von wechselnder Qualität. In der ersten Hälfte verläuft sie am Rande des größten isländischen Lavafeldes, der Missetäter-Wüste Odádahraun. Jeglicher Niederschlag versickert in den Schotterritzen. Nach 60 km erwartet den ausgelutschten Pistero auf Höhe des imposanten Vulkans Herdubreid die Flussuferoase **Herdubreidarlindir** (Zeltplatz), wo früher Geächtete ihr Leben fristen mussten. Nach einer weiteren Tagesetappe, die u. a. durch die von Bimsasche bedeckte Vikursandur und über ein Lavafeld führt, erreicht die Piste das ringförmige Vulkanmassiv Dyngjuföll. Hinein geht's nur zu Fuß. Dort finden sich die Implosionssenke **Askja** mit dem alten Höllenkrater Víti und dem tiefsten See Islands, dem Öskjuvatn. Man kann sogar drin baden!

Viti, die Hölle – man kann sogar in ihr baden

F910 / F905 – Gaesavatnaleid / Kverkfjallaleid

Strecke Askja – Kverkjökull – Hvannalindir – Ringstraße bei Mödrudalur (185 km, 6 Radeltage, Freigabe ab Juli, zum Kverkjökull aber unsicher).

Zustand Zerfurcht, loser Lavaschotter, Lavasand, Furtungen.

Tour Wer von der Askja nicht auf der F88 zurückradeln will, dem bleibt die F910 als Alternative. Diese Hochlandpiste ist eine der schwierigsten überhaupt.

Besonders schlecht ist der zur F26 führende westliche Arm der F910, der **Gaesavatnaleid.** Tiefer Lavasand kann hier oft nur schiebend bewältigt werden. Tagesschnitt um 30 km, gutes Wetter vorausgesetzt. Insgesamt 120 km = 4 Tage. Mit Hilfe durch Geländewagenfahrer darf nicht gerechnet werden.

Kaum leichter, aber kürzer und reizvoll wegen des Gletschervulkans **Kverkjökull** (Island-pur-Ensemble aus heißen Quellen und Gletschereis) ist die F902, die nach der Brücke über die Jökulsa rechts von der F 910 abzweigt und südwärts zum Kverkfjöll führt, dabei bis 800 m ansteigend. Zeltmöglichkeit an der Gletscherzunge (Sigurdarskali). Der Rückweg zur Ringstraße kann auf der F903 über Hvannalindir (Flussoase mit Zeltmöglichkeit) erfolgen. 23 km nördlich Hvannalindir stößt die F903 wieder auf die F910, die über die 923 zur Ringstraße führt (noch 58 km). Dieser letzte Teil ist der leichteste.

Kreuzweg Gaesavatnaleid

von Georg Föcker

In Gedanken versunken saß ich beim Frühstück und versuchte mir vorzustellen, wie wohl die nächsten drei Tages bis zur Hütte in Nyidalur verlaufen würden. Die Strecke, die mir nun bevorstand, zählte zu einer der härtesten Islandpisten. 125 km führt sie durch Niemandsland. Keine Einkaufsmöglichkeit und kaum eine Möglichkeit die Wasserreserven zu füllen. Mit Proviant hatte ich mich reichlich eingedeckt, acht Liter Wasser befanden sich auf dem Hänger und Rad. Ich wollte es wagen, das Sandurgebiet zu durchqueren und über die Gaesavatnaleid Nyrdi (Nordroute) nach Nyidalur zu gelangen.

Ein etwa 3 km langes Stück bis zum Dyngjuvatn ließ sich bergab auf der Bimssteinpiste noch relativ gut befahren. Danach war der Spaß vorbei. Was dann folgte war die reinste Katastrophe! Der Sandsturm hatte die Piste zu geblasen, nur die Holzpflöcke zeigten den Weg noch an.

Ich versuchte mein Glück und schob mein Gespann mehrere hundert Meter durch den Sand. Aber es war zu Kräfte zehrend. Was nun? Abbruch? Rückkehr zu Askja? Nein aufgeben wollte ich noch nicht. Ich verließ die Piste und schob mein Rad zum Dyngjuvatn. Mir war aufgefallen, dass der Sand dort bedingt durch die Nähe zum See feuchter und fester war. Radeln konnte ich dort auch nicht, es ließ sich aber leichter schieben. Am Ende des Sees war ich keine 3 km weitergekommen.

Warum ich mich hier nicht entschied, zur Askja zurückzukehren, ich weiß es nicht mehr. Stattdessen nahm ich mit Hilfe meines GPS-Gerätes wieder die Piste ins Visier und hielt nach den Holzpflöcken Ausschau. Um überhaupt weiterzukommen, löste ich den Hänger vom Rad und zog ihn hundert Meter durch den losen Lavasand. Dann kehrte ich zum Rad zurück und schob nun das Rad in der leicht angedrückten Lavaspur zum Hänger. Eigentlich vollkommen verrückt, aber es klappte, ich kam voran, wenn auch sehr langsam. Nachdem ich in dieser Art und Weise gut eine Stunde unterwegs war, rechnete ich mir zeitlich aus, dass ich das Ende des Sandurgebietes ungefähr zwischen 17 und 18 Uhr erreichen müsste. Der Wille war vorhanden, ich wollte diese Wüste unbedingt durchqueren.

Mehrere Stunden war ich so bereits unterwegs, als ich in der Ferne etwas wahrnahm, das sich augenscheinlich auf mich zu bewegte. Eine viertel Stunde später stand die „Fata Morgana" vor mir. Sie hieß Alessandro, war mit Rucksack und 25 kg Gepäck zu Fuß unterwegs und wollte an dem Tag noch bis zur Askja laufen. Danach ging es weiter! 100 Meter den Hänger ziehen, in lockeren Schritt zurück und wieder das Rad gestemmt. Der Rhythmus war mir wortwörtlich in Fleisch und Blut übergegangen, denn meine Füße waren an den Fersen bereits blutig, als mir 2 km vor dem Ende des Sandurgebietes ein „Engel" zur Hilfe kam. Der Engel kam in Form von drei Allradfahrzeugen, deren Insassen anhielten, um sich nach meinem Befinden zu erkunden. Ich war gerade damit beschäftigt, meine Wasserflaschen am Rad zu füllen und

Nach dem Sandsturm (Gaesavatnaleid Nyrdi)

meine Schuhe vom Lavasand zu befreien, als sie, vom Wind übertönt, fast geräuschlos neben mir hielten. Der Wind hatte am späten Nachmittag wieder zugenommen und ich strahlte über beide Backen, als sie mir anboten, mich einige Kilometer mitzunehmen.

Die spanische Adventure-Truppe war mit eigenen Toyota Landcruisern unterwegs. Im Wagen von Enrique war noch ein Platz frei, mein Rad sowie Gepäck wurden auf die Fahrzeuge verteilt. 30 km Laufstrecke im Lavasand hatte ich an dem Tag absolviert. Die Uhr zeigt bereits 18 Uhr, als ich mich überglücklich auf dem Sitz neben Enrique niederließ und meine lädierten Beine streckte. Danke Paula! Danke Jorge! Danke Enrique! Danke Ana! Danke Luis! Ich konnte mein Glück noch immer kaum fassen, als wir ein bis zwei Kilometer weiter auf die **Gaesavatnaleid Sydri** einbogen und mir Enrique eine kalte Pepsi Cola in die Hand drückte. Meine Wegstrecke führte eigentlich über die Gaesavatnaleid Nyrdi, also die Nordroute. Da beide Strecken aber wieder zusammentrafen, war mir das nach dem anstrengenden Tag egal. Mit Paula und Jorge hatte ich abgemacht, dass sie mich dort, wo Nord- und Südroute wieder zusammentreffen, am späten Abend absetzen werden.

Wenn ich rückblickend an die mit dem Allrad gefahrene Strecke denke, kann ich nur zu der Einschätzung kommen, dass es extrem schwierig sein muss, die *Gaesavatnaleid Sydri* mit dem Rad zu bezwingen. Mit Hänger auf keinen Fall. Ich denke selbst mit einem MTB

Alessandro

und Minimalgepäck dürfte die Tagesanforderung extrem hoch sein. Respekt vor jenen, die diese Piste bereits unter die Räder genommen haben! Um 20 Uhr erreichten wir den Straßenabzweig, der Nord- und Südroute wieder zusammenführt. Er befindet sich kurz vor der Brücke über den Skjalfandarfljot.

Und dann stand ich plötzlich wieder allein in der Steinwüste. Ich sucht mir einen etwas geschützten Stellplatz in der Nähe des Flusses, baute das Zelt auf und kochte mir erst einmal eine warme Suppe. Danach mussten die Füße versorgt werden. Mehrere offene, blutige Blasen hatten die Socken bereits verfärbt und mussten behandelt werden. Danach fühlte ich mich etwas besser.

Die Sonne schien in voller Pracht, als ich den Kopf nach langem Schlaf durch die Zeltöffnung steckte. Ich fühlte mich wieder einigermaßen fit. Die Füße schmerzten beim Anziehen der Radschuhe zwar, aber das würde vergehen. Wie man früher ohne Brücke über den Skjalfandarfljot kam, war mir ein Rätsel. In weiterem Umkreis der Straße sah ich keine geeignete Flachstelle, und der Fluss war ziemlich reißend. Ich hatte die Brücke kaum überquert, da führte der Weg sofort schweißtreibend steil bergauf. In Erinnerung an einen Sturz im Vorjahr rollte ich den steilen Hang anschließend sehr langsam hinunter. Auf den losen Steinen konnte das Vorderrad schnell wegrutschen. Die Strömung an der ersten Furt war nicht sehr stark. Das Rad ließ sich zusammen mit dem Hänger durch den Fluss drücken.

Der Wind hatte am Morgen leider wieder mächtig zugenommen. Er blies schon seit mehreren Tagen immer aus derselben Richtung und kam immer von vorn aus Westen. Im hügeligen Terrain kam ich nur langsam voran. Um 12.30 Uhr hatte ich erst zwei Furten und 15 km hinter mich gebracht. Die dritte Furt, vor der ich eine halbe Stunde später stand, war ungefähr 40 cm tief und besaß eine recht starke Strömung. Ich lief den Fluss entlang, um eine geeignete Stelle zum Queren zu finden. Die Stärke der Strömung testete ich an verschiedenen Stellen, in dem ich ein paar Schritte ins Wasser lief. Besser hier, oder doch besser da, keine leichte Wahl. Irgendwann fällte ich einfach eine Entscheidung.

Beim Furten zerrte und drückte das Wasser mächtig an den Radtaschen, so dass ich aufpassen musste, nicht die Balance zu verlieren. Das Rad verlor bei der Aktion kurz die Bodenhaftung, weil die Taschen aufschwammen. Mit meinem Körpergewicht hielt ich dagegen und drückte das Rad durch die Fluten. Nach einer guten Minute war der Kampf gegen die Strömung geschafft.

Ich war kaum auf der anderen Seite, als ich sah, dass auf den hinter mir liegenden Hügeln der rote Unimog und der weiße Hanomag erschienen. Zeit genug, um mit meinen Nachbarn der letzten Nacht ein paar Worte zu wechseln, hatte ich ja. So schaute ich ihnen beim Furten zu und machte noch ein paar Fotos.

Die weiteren 9 km bis zum Erreichen der Sprengisandur (F26) führten auf weiterhin welligem Terrain am Tungnafellsjökull entlang. Er lag in Blickrichtung links von mir und war mit einer Höhe von 1520 m schon recht eindrucksvoll. Auf der Strecke kam mir noch ein französisches Pärchen mit einem Allradfahrzeug entgegen. Sie wollten unbedingt alles über meine Tour erfahren. Der krönende Abschluss der Unterhaltung bestand darin, dass sie mir eine kleine Dose kalten Biers schenkten. Eine Geste, über die ich mich sehr freute. Das auf Island eher seltene Exemplar verschwand in einer der Radtaschen. Später sollte es mein Abendessen bereichern.

Um 15 Uhr war der einsamste Teil der Strecke zwischen Askja und Nyidalur geschafft. Ich stand am Straßenabzweig zur Sprengisandur (F26), schaute auf die vorletzte Furt des Tages und fühlte mich etwas geschafft. Das Hochland hatte in den letzten Tagen mächtig von meinen Kräften gezehrt. Der ständige Gegenwind und das Sandurgebiet hatten mich dermaßen ausgelaugt, dass ich mich wunderte, überhaupt bis hierher gekommen zu sein. Die vorletzte Furt war zwar breit und tief, besaß aber eine mäßige Strömung. Auf einen Kraftakt wollte ich mich nicht mehr einlassen, deshalb trennte ich den Hänger vom Rad und lief zweimal durch den Fluss.

In den Hütten von Nyidalur gibt es 160 Schlafplätze. Reisegruppen, die das große Hochlandabenteuer gebucht haben, übernachten dort, um tags darauf ihrer jeweiligen Route zu folgen. Von Nyidalur aus kann man interessante Tageswanderungen unternehmen, die durch das Jökuldalur oder durch das Gletschertal bis an den Rand des Tungnafellsjökull führen.

Ich selber stand mit meinem Gespann auf der Kuppe des letzten Hügels, blickte hinab auf die Hütten von Nyidalur und freute mich, meinen Zielort vor Augen zu haben. Die letzte Furt ließ sich zügig in einem Gang durchqueren. Danach ein paar Meter hinauf und schon war ich am Ziel. Der Platzwart stand gerade auf einer Leiter und strich mit einem Pinsel die Giebelwand des Hauses. In der Hütte waren nur wenige Leute anwesend. Meine Ankunft wurde kaum wahrgenommen.

Die ganze Tour, komplett mit GPS-Daten und Höhenprofil, auf Georgs Homepage www.alpenradtouren.de

ⓘ-Box Island

Einreise

Island gehört nicht zur EU, ist aber Mitglied der Nordischen Passunion und dadurch quasi auch des Schengen-Abkommens. Einreisekontrollen finden daher nur ausnahmsweise statt. Den Personalausweis muss man aber schon dabei haben.

Geld

Isländische Krone (ISK). 1 € = 142 ISK (Okt. 2015). Mit Kreditkarten, ec-Karten und Postbank-Sparkarten kann am Flughafen und in Orten mit Bankfiliale Geld vom Automaten gezogen werden.

Das Preisniveau war 2014 um 28% höher als das deutsche. Wer zeltet und sich selbst verpflegt (fleischlos), den berühren Hotel- und Restaurantpreise wenig, seien sie nun gerade hoch oder niedrig. Am preisgünstigsten sind die BONUS-Supermärkte in Reykjavík, Egilsstadir, Borganes und Akureyri. Wichtig ist auch eine gute, zuverlässige Ausrüstung, um die Reisekasse zu schonen. Zollfrei eingeführt werden dürfen sterilisierte Lebensmittel bis 3 kg.

Gesundheit

Ein Sozialversicherungsabkommen ermöglicht Mitgliedern gesetzlicher Krankenkassen die Inanspruchnahme medizinischer Leistungen (D, A). Wegen der in Island üblichen Zuzahlungen und dem Kostenrisiko eines Rücktransports zusätzlich Reise-KV abschließen. Details: *www.dvka.de*

Infos

Im Internet ist Island hervorragend vertreten, was auch den bemerkenswert guten Island-Fanseiten zu verdanken ist.

- Isländische Tourismuszentrale: *www.icetourist.de*
- Island-Fanseiten: *www.eldey.de, www.iceland.de, www.islandreise.info*
- Stadt Reykjavik: *www.reykjavik.is*
- Icelandic Mountainbike Club: *www.fjallahjolaklubburinn.is*. Infopool und Ansprechpartner für Biker und Radler, leider überw. isländisch.
- Island-Radreise-Plattform: *http://members.ziggo.nl/erens/icelinks.htm*. Viele Links zu Strecken- und Tourenbeschreibungen.
- Wettervorhersage: *www.vedur.is*
- Straßenzustand und Webcams: *www.vegagerdin.is*

Infos vor Ort

Vor Ort existiert nur in Reykjavík ein reguläres Tourist-Information-Centre. Gute Dienste leistet auch das BSÍ-Travel-Büro am Bus-Terminal. Daneben gibt es 7 weitere Tourist Infomations (Akureyri, Borgarnes, Egilsstadir, Hella, Isafjödur, Varmahlid, Vik). In über dreißig weiteren Orten fungieren Reisebüros, Campingplätze oder Hotels als isländische Touristeninformation. Außerdem gibt es Besucherzentren an touristischen Brennpunkten wie Myvatn oder Skaftafell.

Wind und Wetter

Obwohl in subarktischen Breiten gelegen, sorgen Ausläufer des Golfstromes für ein relativ mildes, ausgeglichenes Klima: Die Winter sind nicht sehr kalt, die Sommer nicht sehr warm. Gegenspieler des Golfstromes ist der treibeisführende Grönlandstrom, der die Nord- und Ostküste umspült.

Meist bläst der Wind aus südwestlichen Richtungen. Daher sind West- und Südküste auch die Regionen, wo am häufigsten von noch nie erlebtem Gegenwind berichtet wird. Ein großer Teil der vom SW-Wind mitgeführten Feuchtigkeit schlägt sich als Nebel oder Regen an den Gletschern nieder, in deren Windschatten radelt es sich entsprechend angenehmer (nordöstliches Hochland, Nord- und Ostküste).

Generell ist der Südosten die feuchteste Ecke Islands, während der Myvatn im NO als Schönwettergebiet gilt. Mit Hochland-Schneefällen muss auch im Sommer gerechnet werden, mit Regenschauern und Sandstürmen sowieso. Aktuelle Wettervorhersagen werden täglich bei Touristeninformationen und Besucherzentren ausgehängt. Allerdings ist die Treffsicherheit nicht allzu hoch. Generell sollte man sich darauf einrichten, dass es an jedem zweiten Tag Niederschläge gibt.

Fassen wir zusammen: Launisch, wechselhaft, unberechenbar, ungemütlich – mit einem Wort gewöhnungsbedürftig – so ist das isländische Wetter.

Reisezeit

Die besten Tourenmonate sind Juli und August. Dies gilt speziell für das Hochland, das noch bis Juni/Juli von hochwasserführenden Flüssen blockiert sein kann und schon ab September von Schneefällen (erste Nachtfröste ab August). Für weniger extreme Touren (Ringstraße und Küsten) kommen auch Mai/Juni und die erste September-Hälfte in Frage.

Island gilt als „Land der hellen Nächte". Das Phänomen der echten Mitternachtssonne betrifft aber nur die Polarkreis-Insel Grimsey im äußersten Norden. Die langen isländischen Sommertage lindern so manchen schlechtwetterbedingten Zeitdruck. Überhaupt ist es sehr angenehm, nicht bald nach dem Losfahren schon wieder an den nächsten Übernachtungsplatz denken zu müssen.

Fahrradverladung (Hveravellir)

Anreise

Per Fähre

Von Anfang Februar bis Anfang Oktober wird Seydisfjördur (Ost-Island) von der „Norröna", der hochmodernen Autofähre der Smyril-Line angelaufen, und zwar ab Hirtshals (Dänemark). Fahrzeit der Norröna: Hirtshals – Tórshavn: 30 h, Tórshavn – Seydisfjördur: 16 h, mit Aufenthalten ist man je nach Termin bis zu 96 h unterwegs.

Preise: Hirtshals/DK – Tórshavn – Seydisfjördur, einfache Strecke in der Hauptsaison ab 203 € (Fahrrad 15 €).
Infos: *www.smyril-line.com*

Per Flieger

- *www.icelandair.de*
- *www.wow-air.de*
- *www.airberlin.com*

Flüge sind paradoxerweise nicht nur schneller, sondern mit rund 400 € (H+R) auch billiger als die Fähre. Der internat. Flughafen Keflavik ist 50 km von Reykjavik entfernt. Der auf dieser beleuchteten Schnellstraße verkehrende Fly-Bus nimmt auch Fahrräder mit (10+5 €).

Transport im Land

Busse

Wer eine bestimmte Strecke mit öffentlichen Verkehrsmitteln überbrücken will, benutzt im eisenbahnlosen Island einen Linienbus der BSÍ-Unternehmen. Zu- und Aussteigen ist überall möglich. Entfernungs-km ca. 0,20 €, Fahrradmitnahme max. 10 €. Je schlechter das Wetter und je weiter vom Ausgangspunkt entfernt, desto voller die Busse! Die meisten Fahrer tun, was sie können, einige sind aber auch komisch drauf. Auf der Ringstraße und in den angrenzenden Küstenregionen verkehren die Busse von Mai bis September, auf Teilstrecken auch ganzjährig. Im Hochland werden die populären „Oasen" Hverarvellir (Kjölur-Piste), Landmannalaugar und Thorsmörk angefahren. Ausführliches Fahrplanheft beim BSÍ-Busterminal in Reykjavík besorgen (jeweils neu ab Mai, gratis). Info: *www.bsi.is*

Fähren

Acht Personenfähren verkehren linienmäßig an West- und Nordküste. Sie ermöglichen im Westen teilweise erhebliche Abkürzungen, erschließen im äußersten Nordwesten straßenmäßig unzugängliche Landesteile und stellen die Verbindung zu den kleineren Inseln her. Fahrradmitnahme problemlos. Infos: BSÍ-Travel.

Übernachten

Zimmer

Hotels und Hotelpensionen finden sich in touristischen Zentren (DZ ab 60 €), Gästehäuser in kleinen Orten (DZ ab 50 €). Ebenfalls in Hotels verwandeln sich während der Sommerferien die gut ausgestatteten Internate. Neben Zimmern werden oft auch preiswerte Schlafsackunterkünfte angeboten (mit Bett um 20 €, mit eigener Isomatte um 15 €, bspw. in Schulräumen). Tourismus als Nebenerwerb haben auch Islands Bauern entdeckt. Weit über hundert Bauernhöfe bieten B&B, Schlafsackunterkünfte und Campingmöglichkeiten an.

33 **Jugendherbergen** verteilen sich entlang der Küsten. Keine Altersbeschränkung. Auch Familienzimmer mit 2 oder 4 Betten. Ü ab 26 €, ohne IYHF-Ausweis ca. 4 € mehr. Infos: *www.hostel.is*

Im Hochland und in Wandergebieten stellen **Wanderhütten** oft die einzigen Quartiere weit und breit dar, die meisten gehören dem Isländischen Touringverein (Ferdaflag Islands) und sollten vorgebucht werden. Nichtmitglieder sind willkommen, wenn Plätze frei bleiben. Nur für Notfälle gedacht – in Island meist durchs Wetter bedingt – sind die leuchtend orangefarbenen **Schutzhütten.** Sie wurden an exponierten Stellen des Hochlandes und der Küsten für Wanderer und Schiffbrüchige errichtet. Notrationen und Heizmaterial am besten nicht anrühren; ansonsten dafür sorgen, dass sie unverzüglich wieder aufgefüllt werden, Geld ist kein Ersatz! Die Hütten sind in den Karten verzeichnet, allerdings auch die, die nicht mehr gewartet werden oder bereits vernagelt sind (etwa die Schutzhütten an der Ringstraße).

Campen

Sturm- und regensicher muss das Zelt sein, eine stabile Unterlage den Zeltboden schützen. Außerdem empfehlenswert: Gute Zeltnägel, aufblasbare Isomatte, Synthetik-Schlafsack bis echten –5 °C, Benzin- oder Campinggaz-Kocher (die bekannten Stechdornkartuschen C206 gibt es an jeder Tankstelle, Spiritus ist nur schwer erhältlich).

Das isländische Camping-Verzeichnis listet an die 150 **Sommer-Zeltplätze** auf, in der Realität sind es wohl doppelt so viele. Ü 6–9 €/P. Viele Plätze, besonders die im Hochland, sind nur einfache Biwakplätze (Plumpsklo, Wasserhahn). Duschen sind die Ausnahme, dafür besitzen viele Orte ein Schwimmbad mit Hot-Pools. **Freies Zelten** ist in Island erlaubt. Ausnahmen bilden Naturschutzgebiete, eingezäuntes und/oder bewirtschaftetes Land (dazu gehören auch Wiesen) und die Nähe von Campingplätzen. Vereinzelt gibt es auch ausdrückliche Verbotsschilder.

Karten, Literatur & GPS

- Isländisches Vermessungsamt Landmaellingar Islands (*www.lmi.is*): Island komplett in 5 Bl., 1:250.000, topografische Darstellung mit 50m-Höhenlinien, fast schon etwas unübersichtlich, Einzelblatt 18,90 €.
- *Empfehlung:* Ferdakort: Island Straßenatlas 1:200.000, 42,90 € (*www.mapfox.de*). Ebenfalls topografisch, aber übersichtlichere Darstellung. Aktuell und handlich. Windtauglich!
- *Empfehlung:* Ferdakort: Island 1:500.000, 17,50 €. Diese Faltkarte gehört zu den Island-Klassikern. Trotz ihres großen Maßstabs ist alles Wichtige drauf; und wer grad keine speziellen Hochlandtouren plant, kommt mit dieser Karte im Grunde aus.
- Stein Vlg.: „Rund um Island", 16,90 €, die Ringstraße im Uhrzeigersinn, eigentlich für Autofahrer, aber auch für Radler sehr interessant.
- Ulf Hoffmann, der Autor von „Island per Rad" (ehem. Island-Radler-Bibel, nicht mehr erhältlich), hat eine informative Website zu Island erstellt, die allerdings um 2010 eingeschlafen ist. Vielleicht lebt sie noch mal auf: *www.bikingiceland.com*
- Kostenlose Islandkarte für kartenfähige Garmin-GPS-Geräte: *www.ourfootprints.de/gps/mapsource-island*
- Annette und Olaf Birgelen haben auf ihrer Website Island in 14 Radtouren anschaulich und genau beschrieben: *www.touren-wegweiser.de*
- *www.kowoma.de* – OSM-basierte, routingfähige Freizeitkarten für Radler und Wanderer, u.a. für Island.

Fahrrad (isländ. reidhjól)

Ausrüstung

Jede Island-Tour ist ein Härtetest fürs rollende Material. Die meisten Pisten lassen sich zwar auch mit einem guten Trekking- oder Reiserad meistern, aber Ersatzteile für 28-Zoll-Räder gibt es allein in Reykjavik! Daher ist ein Mountainbike per se die bessere Wahl. Besonders wenn es ins Hochland geht, wo Mann und Maus von Wellblechpisten, Lavasand und Gletscherflüssen gepeinigt werden. Oft stehen die Lager im Wasser, müssen also möglichst dicht sein. Auch Kette, Ritzel und Bremsgummis verschleißen schneller (Sand, Staub, Regen, Mergel) und sollten vor der Tour neuwertig sein. Je nach Bodenbeschaffenheit verwandeln sich manche Pisten nach Regenfällen in Schmierseifenbahnen, wo gröbere Stollenreifen von Vorteil sind. Nur Reifen verwenden, die für hohen Druck gebaut sind (MTB: um 85 psi) und dicke Reifenwände haben (kein Skinwall). Stabilste Gepäckträger (CrMo, tubus), ein bequemer Sattel und tief reichende, montierte Schutzbleche sind kein Schnickschnack. Auch ein guter Seitenständer ist mehr als sinnvoll, denn es gibt unterwegs wenig, um ein Fahrrad daran anzulehnen.

Tipp: Schraubdeckel von Konservengläsern eigenen sich prima zum Unterlegen für den Seitenständer. Der Trick ist, dass der Deckel wegen des Randes nicht wegrutschen kann! So ein Deckel hält aber nicht ewig, und man vergisst ihn auch schon mal. Deshalb Reserve mitnehmen.

Um einen Gepäckträger für Lowrider-Taschen ohne technische Verrenkungen zu montieren, ist eine Starrgabel wesentlich besser geeignet als eine Federgabel. Ein Kombi-Klickpedal erhält die Option, auch ohne Pedalbindung zu fahren. Für das Furten der eiskalten undurchsichtigen Gletscherflüsse empfehlen sich dicht abschließende Goretex- oder Neoprensocken und wasserfeste Sandalen mit straffen Riemen.

Was man auf Island *nicht* braucht, ist ein Fahrradschloss.

Reparaturen

Wer mit einem gut gepflegten, relativ hochwertigen Rad antritt, muss nicht allzuviel befürchten. Dennoch die wichtigsten Ersatzteile und entsprechendes Werkzeug mitnehmen (Reifen, Schlauch, Speichen, Inbusschrauben, Abzieher für Ritzel und Tretlager ...). Immer auch daran denken, dass Ersatzteile auf Island etwa dreimal so teuer sind. Für ein mittelmäßiges Schaltwerk mal eben 100 Euro hinzulegen, tut schon weh.

Bei Pistenfahrten Verschraubungen regelmäßig kontrollieren, auch die der Lager und des Steuersatzes. Fahrradwerkstätten sind rar. Ein halbes Dutzend gibt es in Reykjavík, je ein bis zwei in größeren Küstenorten wie Akranes, Akureyri, Keflavík und Selfoss, etwa zehn weitere in anderen Küstenstädtchen, gar keine im Hochland. Manchmal ist ein Bauernhof mit Werkstatt die Lösung. Die Jungs schweißen, flexen und kanten wie die Profis. Aus Edelstahl bauen sie tolle Provisorien. Und nichts hält – jedenfalls frei nach Konrad Adenauer – länger als ein Provisorium.

Straßen und Wege

Straßen

Obwohl das asphaltierte Straßennetz kontinuierlich wächst (mittlerweile 4300 km), kommen auf 1 km Asphalt immer noch 8 km Sand- und Schotterpisten. Liegt die letzte Wartung noch nicht zu lange zurück, so lässt sich auch auf Naturstraßen überraschend gut radeln. Autoreifen sorgen allerdings schnell für Spur- und Querrinnen, Gletscherflüsse lagern Schotter und Sand ab, Regenfälle waschen Steine aus dem Boden, Trockenheit macht die Pisten staubig und tief ausgefahren, Regen macht sie schmierig. Auch speziell befestigte Pisten sind nach der Saison überholungsreif.

Soweit Schotterpisten zum Hauptstraßennetz gehören (Ring- und Küstenstraßen), werden sie allerdings auch zwischendurch gewartet. Anders schaut es im Hochland aus, wo es keine Asphaltstraßen gibt. Oberste Priorität ist dort, die wichtigsten Pisten in passierbarem Zustand zu halten. Da praktisch alle Hochlandpisten quer übers Gelände verlaufen, bedeutet dies viel Auf und Ab. In der Regel liegen die Steigungen bei 8–12%, kraftzehrende Anstiege gibt es an den Steilküsten der Westfjorde (mehrmals ca. 400 Höhenmeter auf 4 km). Die Wegweisung ist gut, im Hochland jedoch nur auf den nummerierten Hauptpisten.

Nummerierung

Die Nummerierung der Straßen folgt einem leicht verständlichen Schema:

- Ein- bis zweistellig sind die Nummern der Hauptstraßen.
- Dreistellig nummeriert sind kleine Nebenstraßen im Küstenbereich.
- Die erste Ziffer gibt jeweils Aufschluss über die Region, in der sich die Straße befindet (eine Ausnahme bildet logischerweise die überregionale Ringstraße Nr. 1).
- Ein F vor der Zahl markiert die Hochlandpisten.

Auf der Kjölur durchs Hochland (im Hintergrund der Langjökull)

Hochlandpisten

Befahren werden dürfen Hochlandpisten erst nach der offiziellen Freigabe durch die Straßenverwaltung, was bei einigen Pisten erst Ende Juli der Fall sein kann (in manchen Jahren auch überhaupt nicht). Witterungsbedingte Sperrungen sind jederzeit möglich. Infos in allen Touristenbüros oder direkt vom Straßenamt (*www.vegagerdin.is*)

Verkehr

Der Autoverkehr nimmt auch in Island zu. Vor allem die Ringstraße ist insgesamt schon recht befahren. Islands Autofahrer sind zwar wenig zimperlich in Bezug auf ihre Autos, verhalten sich jedoch Radlern gegenüber besonnen.

Offroad (MTB)

Island geizt nicht mit Pisten, die Kraft und Geschicklichkeit abverlangen. Auf den feinsandigen, von vulkanischer Bimsasche durchsetzten Hochlandpisten im Osten erleichtert die Halbierung des normalen Reifendruckes das Vorankommen. Da die Reifenflanken dabei aber sehr strapaziert werden, den Druck baldmöglichst wieder erhöhen.

Verboten ist das Querfeldeinfahren! Es schädigt die empfindliche Vegetationsdecke, bricht die dünne Erdkruste auf und begünstigt die Bodenabtragung durch Wind und Wetter. Speziell im Hochland verheilen solche Wunden erst nach Jahrzehnten. Flechten brauchen an die 30 Jahre, um zu wahrnehmbarer Größe heranzuwachsen. Auch Wanderwege sind für Biker tabu. Aber regelrecht dogmatisch sind die Isländer nicht. Letztlich muss jeder selbst entscheiden, was er verantworten kann.

Flüsse sind ein besonderes Offroad-Kapitel. Neben den gut einschätzbaren Klarwasserflüssen müssen speziell im Hochland auch viele tückisch-trübe Gletscherflüsse gefurtet werden, deren Wasserstände und Ausmaße zu rapiden Änderungen neigen. Generell lassen Sonnenschein und Regen die Gletscherflüsse anschwellen, während ein bedeckter, aber nicht regnerischer Himmel wenig Nachschub erzeugt. Sollte der Wasserstand zu hoch sein, ist es besser bis zum Morgen zu warten, denn in der Nacht fließt kaum neues Gletscherwasser nach. Außerdem: Je später der Sommer, desto zahmer die Gletscherflüsse; ideal ist deshalb der August. Ein hilfsbereiter Ansprechpartner ist der *Icelandic Mountainbike Club* in Reykjavik (s. Infos).

Blick auf den Snækollur (Kjölur)

Italien

Daten

301.277 qkm • 60,8 Mio. Einwohner • 202 Ew./qkm
Ausdehnungen: N – 1200 km – S // W – 250 km – O

Land und Leute

Tief ins Mittelmeer schiebt sich südlich der Alpen der italienische Stiefel. Als Fortsetzung der bogenförmigen Westalpen zieht sich auf dem Stiefelschaft das Kettengebirge der Apenninen bis nach Sizilien. Nach Osten hin fällt es schnell und unspektakulär zum Adriatischen Meer hin ab. Nach Westen, zum Tyrrhenischen Meer hin, geht es in sanftere und formenreiche Hügellandschaften über (Toskana, Umbrien, Latium, Kampanien). Flusstäler, Kraterseen und erloschene „Feuerberge“ (Vulkane) sind reizvolle Landschaftsakzente in Mittel- und Süditalien. Berühmteste Badeküste ist die norditalienische Riviera zwischen Ventimiglia und Viareggio – eine Fortsetzung der französischen Côte d'Azur. Ausgedehntes Tiefland findet sich in der fruchtbaren Po-Region, zwischen Hauptalpen und Apenninen (Piemonte, Lombardei, Venetien, Emilia-Romagna). Neben den beiden größten Inseln des Mittelmeeres – Sizilien und Sardinien – gehören noch etliche kleinere Eilande zu Italien. Mehr oder weniger gebirgig sind sie alle.

Die Farbe des italienischen Lebensgefühls ist Blau. Azurro sind das Meer und der Himmel, sind die Trikots der Nationalmannschaften. Das eint die Italiener. Wirtschaftlich ist Italien jedoch gespalten in den wohlhabenden, industrialisierten Norden und den durch Jahrhunderte der Ausbeutung geprägten Mezzogiorno südlich von Rom.

per Rad entdecken

Wenn Italiener Rad fahren, dann meist mit dem Rennrad oder dem Mountainbike. Dabei ist das Gesamtkunstwerk Italien so reich an Eindrücken, dass es auch für Italiener lohnend wäre, sich aufs Reiserad zu schwingen. Aber die Einheimischen wissen auch, dass sie dabei Einschränkungen in Kauf nehmen müssten. Die erste wäre, dass es, abgesehen von der Po-Ebene, kaum flachere Gebiete gibt, die zweite, dass Italien ein Autoland ist. Doch peu á peu verschiebt die Umwelt-Lobby das Kräfteverhältnis in Richtung Fahrradverkehr. Immer mehr Städte schmücken sich mit chicen Fahrradwegen, die auch gern bis vor die Tore der Stadt führen dürfen.

Wandgemäle auf Sardinien

Um der hohen Verkehrsdichte zu entgehen, konzentriert sich der Fahrradtourismus auf Regionen, die möglichst viele Nebenstraßen und autofreie Wege haben. Das sind vor allem Südtirol, die Oberitalienischen Seen, die Po-Ebene, die Toskana mit Umbrien und Sizilien. Große Teile Italiens bleiben also jenen Reiseradlern vorbehalten, die es sich in den Kopf gesetzt haben, den ganzen Stiefel zu machen. Die wenigsten bereuen diese Idee.

Routen & Regionen

Südtirol / Dolomiten

Überblick

Direkt hinter dem Brenner gelegen, ist Südtirol (Provinz Bozen/Bolzano) eines der Einfallstore Italiens. Der Alpengürtel hält die kalten Nordwinde ab und sorgt für mildes Klima. Größter Fluss ist die Etsch (Adige), überwiegend deutschsprachig ist die Bevölkerung und österreichisch das Lokalkolorit. Italienisch geprägt ist die sich südlich anschließende Provinz Trient (Trento). Zusammen bilden sie die autonome Region *Trentino-Südtirol.*

ITALIEN (NORD)
0 100 km
© Reise Know-How Verlag Hermann
Bregenz
Innsbruck
ÖSTERREICH
SCHWEIZ
Lausanne
Dolomiten
Lienz
Vinschgau
Stilfser-joch
Bozen
Corvara
Cortina d'Ampezzo
Etsch
Lugano
Lago Maggiore
Lago di Como
TRIENT
Piave
Udine
SL
FRANKREICH
AOSTA
Como
Adda
Lago di Garda
Adige
TRIEST
Altino
Novara
MAILAND
Verona
VENEDIG
Ticino
Pavia
Padova
KR
Golfo di Venezia
Cremona
TURIN
Po
Piacenza
Alessandria
Parma
Ferrara
Po-Delta
ADRIA
Tanaro
Apenninen
Modena
1 2
3
GENUA
BOLOGNA
Ravenna
Savona
Cesenático
Chiávari
4
5
6
Rimini
La Spezia
Golfo di Genova
Nice
MONACO
Prato
Lucca
Arno
SAN MARINO
Pisa
San Gimignano
FLORENZ
Tevere
7
ANCONA
Côte d'Azur
Livorno
Maremma
Chianti
Arezzo
Siena
Lago di Trasimeno
PERUGIA
LIGURISCHES MEER
Piombino
(Tiber)
Gran Sasso 2914 m
Bastia
Elba
Lago di Bolsena
Terni
Abruzzen
KORSIKA
(Fr.)
Viterbo
L'AQUILA
Civitavécchia
Ajaccio
ROM
Anzio
SARDINIEN
Costa Smeralda
Golfo di Gaeta
Olbia
Sassari
Alghero
(SARDEGNA)
Tirso
Monti Gennargentu
Arbatax
Barbágia
- Sardin. Südspitze -
CAGLIARI
Sulcis
Golfo di Cagliari
1 = beschriebene Apenninen-Übergänge, s.S. 308
1 Passo della Bocchetta (772 m)
2 Passo degli Giovi (472 m)
3 La Forcella (876 m)
4 Passo di Lagastrello (1200 m)
5 Abetone (1388 m)
6 Passo di Raticosa (986 m)
7 Passo di Viamággio (983 m)

ITALIEN (SÜD)
0 100 km
© RKH Verlag Hermann
7
SAN MARINO
ANCONA
Lago di Trasimeno
PERUGIA
(Tiber)
San Benedetto del Tronto
ADRIA
Dubrovnik
JGSL.
Abruzzen
Gran Sasso 2914 m
Terni
Viterbo
Pescara
L'AQUILA
Abruzzen N.P.
ROM
CAMPOBASSO
Gargano-Geb.-
Manfredonia
Foggia
Anzio
Montecassino
Barletta
Volturno
Benevento
Ofanto
BARI
Golfo di Gaeta
NEAPEL
Alberobello
Matera
Brindisi
Pompeji
Salerno
Zona dei Trulli
Ischia
Amalfi
POTENZA
Taranto
Capri
Golfo di Salerno
Golfo di Tarento
Cosenza
Sila-Geb.
Crotone
Soveria Manelli
TYRRHENISCHES MEER
CATANZARO
Golfo di Squillace
Vulk.Stromboli
Äolische Inseln
PALERMO
Villa San Giovanni
Messina
Reggio di Calabria
Trapani
SIZILIEN
Simeto
Taormina
Straße von Messina
Marsala
Catania
Eraclea Minoa
Agrigento
Gela
Siracusa
IONISCHES MEER
MALTA
Gozo
Valetta

Südtirol ist ein Gebirgsland mit wunderschöner Szenerie. Bis über 3300 m türmen sich im SO die Massive der wild zerklüfteten **Dolomiten.** Ihre Gipfel, Grate und Schluchten stehen in beeindruckendem Kontrast zu wiesenbedeckten Tälern und kiefernbestandenen Talsohlen. So schroff und unwegsam wie sich die Dolomiten geben, so kunstvoll mogeln sich die Straßen, unter Ausnutzung von Flusstälern und Gebirgspforten, hindurch. Für viele sind die Dolomiten „das schönste Gebirge der Welt". Weltkulturerbe sind sie mittlerweile auch.

Radwanderwege sind in letzter Zeit vor allem im Vinschgau entstanden. Aber auch in den Innenstädten von Brixen, Bozen sowie im **Etschtal** (Meran bis Salurn) wurden leicht zu bewältigende Radwanderwege geschaffen. Wer den Anstieg zum Reschenpass nicht scheut (1504 m), kann den **Etsch-Radweg** mit dem Inntalradweg (s. Österreich) zu einer 400 km langen Zwei-Länder-Tour kombinieren. Besonders gut ausgebaut ist der Etsch-Radweg in der Provinz Trient, nicht so gut in Südtirol und der Provinz Verona.

Infos

- *www.suedtirol.info* – Tourismuszentrale Südtirol (über 300 gpx-Tracks für Rad und MTB)
- *www.provinz.bz.it* – Berg- und Passstraßen in Südtirol, Freigabe für den Verkehr

Stilfserjoch (Passo dello Stelvio)

Wenn ab Mitte/Ende Juni die Wintersperre endet, zieht das am Ortler-Massiv gelegene **Stilfserjoch** (2757 m, ital. Passo dello Stelvio) alles was Räder hat in seinen Bann. Der Stelvio ist Italiens höchster Straßenpass und nach dem Col d'Iseran (2770 m) zugleich der zweithöchste der Alpen (die noch etwas höhere Cime de la Bonnette zählt nicht als Pass). Gebaut wurde die spektakuläre Straße in nur sechs Jahren (1820–1825) – eine Pioniertat im Zeitalter der Pferdepostkutschen. 48 asphaltierte Spitzkehren führen bis heute in kaum veränderter Trassierung von **Spondinig** im Vinschgau (km 0/890 m) über **Prad** (km 2,4/915 m), **Trafoi** (km 13,1/1530 m) und die **Franzenshütte** (km 20,7 / 2188 m) – hier beginnt die spektakuläre Steilwand – zur **Passhöhe** (km 27,4/2757 m). Die durchschnittliche Steigung beträgt 8%, das Maximum liegt bei 15%, gut trainierte Radsportler bewältigen die gesamte Auffahrt in weniger als zwei Stunden. 36 Serpentinen, die 2005 für den Giro neu asphaltiert

Südtirol, Anstieg zum Stilfserjoch

wurden, führen auf der anderen Seite nach **Bormio** hinab (km 49,2/1217 m). Radsportler lieben die **Jochrundfahrt** über Stilfserjoch, Umbrailpass (2501 m), Sta. Maria (CH), Müstair (CH), Glurns (907 m), Spondinig, Prad und Trafoi (insges. 65 km, 1900 Hm). Webcam: *www.stelvio.net*

Radtag Stilfserjoch

Was beim Giro d'Italia zu den Königsetappen zählt, wollen andere auch probieren. Jeden ersten Samstag im September ist daher **Radtag.** Dann wird das Stilfserjoch bis zum späten Nachmittag für den motorisierten Verkehr gesperrt, und jeder der es sich auch ohne Motor zutraut, darf die berühmten 48 Kehren erklimmen. Tausende sind unterwegs. Georg Föcker: „Fast unvorstellbar mit was für Rädern hier teilweise gefahren wird: Vom uralten MTB über Cityräder mit 5-Gang-Nabenschaltung, Rennräder für 5000 Euro bis zum Tandem. Einige machen selbst davor nicht Halt, ihren Sprössling im Kinderanhänger mit hinaufzuziehen." Der Radtag ist kein Rennen wie der Glocknerkönig in Österreich, sondern ein Event für alle, eine Anmeldung ist nicht erforderlich. Ohne Ehrgeiz geht aber auch hier nichts.

„Stilfserjoch Radtag": http://naturatrafoi.com/stelviobike/deutsch/index.php

Tourentipps Dolomiten

Für Gepäckradler sind die Dolomiten recht strapaziös. Wer nicht in eine Steigungsfalle mit 20% oder mehr geraten will, sollte die beabsichtigte Route sorgfältig auf der Karte sondieren. Gut bewältigen lässt sich die **Große Dolomitenstraße** von Bozen nach Cortina d'Ampezzo (1210 m). Handicaps dieser Panoramastraße sind der Urlauberverkehr und ein (erträglicher) 8%-Anstieg bis 2239 m (Passo Pordoi). Erweiterung um das nördlich gelegene **Pustertal** zu einer 180 km langen Rundtour mit überwiegend moderaten Steigungen ist möglich.

Unter sportiven Radlern zählen die Dolomiten zu den Top-Bikerevieren. Amateur-Radsportler schlagen ihr Trainingslager gern im Gebirgsdorf **Corvara** auf, das an der Talkreuzung zweier reizvoller Nebenstraßen liegt. Von hier aus ist die klassische **Sella-Runde** möglich (51 km, 1700 Hm). Diese Tour um den mächtigen Sellastock führt über die vier Pässe *Campolongo* (1875 m), *Pordoi* (2239 m), *Sellajoch* (2244 m) und *Grödner Joch* (2121 m) und ist ein bekannter Schauplatz des Giro d'Italia. *Michael Kristl zur Sella-Runde:* „Fantastische Dolomitenlandschaft. Weil die Höhenunterschiede „nur" zwischen 200 m am Campolongo und 700 m am Grödner Joch betragen, ist die Sella-Runde bei bis zu 12% Steigung durchaus als Tagestour machbar. Der Fahrbahnbelag ist qualitativ sehr unterschiedlich." Sinnvoll befahrbar ist die Runde in beiden Richtungen.

Dolomiten-Radweg

www.ciclabiledolomiti.com

Auf der Trasse der ehemaligen Dolomitenbahn führt der **Dolomiten-Radweg** (Ciclabile delle Dolomiti) von über **Toblach** (1220 m) über den **Passo Cimabanche** (1530 m) nach **Cortina** (1211 m) und **Calalzo** (806 m, 65 km, max. 4%). Der Dolomiten-Radweg ist etwa zur Hälfte asphaltiert, ansonsten zumindest gut befestigt. Die Gebirgskulisse ist vom Feinsten. Auch die alten Eisenbahntunnel und -brücken werden genutzt.

MTB-Dolomiten

Ein kaum überschaubares Wegenetz aus alten Militärpisten, Forst- und Almwegen lockt Mountainbiker in die kleinräumigen Dolomiten. Bei Steigungen bis zu 30% ist gelegentliches Absteigen keine Schande. Wanderwege lassen sich weitestgehend vermeiden; es sei denn, man hat sich verkalkuliert und der Weg endet auf einer Almwiese oder an einem Gehöft. Herausragende MTB-

Reviere sind Drei Zinnen, Grödnertal (Seiser Alm), Sarntal, Eggental, Schlerngebiet, Marmolada. Daneben tauchen immer wieder neue Tourentipps auf. Wobei gern behauptet wird, die kürzlich realisierte Dolomitentour sei „traumhaft“, „spektakulär“ oder „kaum noch zu toppen“. Die Dolomiten sind eben einfach super. Gute Ausgangspunkte für MTB-Touren sind u. a. **Toblach** (Dobbiaco, 1220 m, im Hoch-Pustertal) und **Völs am Schlern** (Fi a Sciliar, 880 m, östlich Bozen).

MTB-Tipp Sartntaler Alpen Von Oberbozen per Zahnradbahn auf den Ritten. Dort zwischen westernmäßigen Erosionspyramiden biken. Die fotogensten stehen bei Lengmoos.

Oberitalienische Seen – Trentino, Lombardei, Piemont

Überblick Umgeben von mediterranen Uferzonen und eingebettet in die Kulisse südalpiner Randgebirge buhlen drei große Obertalienische Seen um den Rang der Schönheitskönigin: Garda-See (368 qkm, 65 m), Comer See (146 qkm, 197 m) und Lago Maggiore (212 qkm, 194 m). Ganz oben auf der Skala touristischer Wertschätzung steht dann doch der sonnige Garda-See. Vom zuverlässigen Südwind Ora lassen sich ganze Surfer-Bataillone über den lang gestreckten See treiben, Autos parken kreuz und quer die Uferstraßen zu.

Tourentipps Eine Rundtour auf den eigentlich sehr schönen Uferstraßen des **Garda-Sees** lässt bei Radlern wenig Freude aufkommen. Beträchtlich ist zudem das Risiko, in einem der finsteren Tunnel zwischen Gargnano und Riva über den Haufen gefahren zu werden. Daher dürfen Radler auch den von Riva zum Ledro-Tal führenden Tunnel nur bergab befahren, also ab Biacesa (Mountainbiker nutzen hier ohnehin die alte, inzwischen gesperrte Serpentinenstraße).

Hingegen existieren **nördlich des Garda-Sees** mittlerweile eine Reihe autofreier Radwege: der **Valle-dei-Laghi-Radweg** durchs Sarca-Tal (38 km, 400 Hm); der **Radweg Riva-Torbole-Mori,** der den Etsch-Radweg mit dem

Gardasee

Garda-See verbindet (18 km, 210 Hm); der **Valsugana-Radweg** von Levico nach Primolano (51 km, 290 Hm); der **Radweg Val di Fiemme und Fassatal** (51 km, 550 Hm) von Molina di Fiemme bis Campitello di Fassa den Avisio entlang und durch Fleimstal und Fassatal; der **Val-di-Sole-Radweg** (35 km, 620 Hm); und und und … ein ganzes Radwegenetz durch die großen Täler ist hier entstanden, die man mit gewissen Abstrichen sogar als familienfreundlich bezeichnen kann.

Mehr Radwege: *www.tr3ntino.it*

Auch an den Ufern von **Lago di Como** und **Lago Maggiore** herrscht bis zum Sonnenuntergang viel Verkehr. Beschaulicher geht es an den etwa tausend kleineren Seen der Region zu. Doch da die Ost-West-Verbindungsstraßen über steile Bergrücken führen, bleibt Gepäckradlern am Ende nur die südliche Route unterhalb der Seen.

Wer die dicht besiedelte lombardische Tiefebene von N nach S durchqueren will, kann vom Comer See bis zum Po auf autofreien Wirtschaftswegen dem Lauf der **Adda** folgen (außer auf dem Abschnitt um Lodi); das ist eine sehr lohnende Flussroute, schließlich ist die Adda das Kernstück des gleichnamigen Naturschutzgebietes. Anschließend eröffnet sich die Möglichkeit, dem Po zu folgen.

- *www.visitgarda.com/de/mountaibike-gardasee*
- *www.gardatrentino.it* (Tourenplaner mit gpx-Download)

MTB Garda-See & Co.

Des einen Leid, des andern Freud. Für Mountainbiker ist der **Lago di Garda** mega-in. Frei nach dem Motto: Tagsüber die Kalorien aus dem Leib pusten, abends in Meckis Bikerbar. Der Garda-See selbst spielt dabei nur als Standquartier und Panoramamotiv eine Rolle.

Das wahre Biken spielt sich in der wildromantischen Gebirgslandschaft ab, die das obere Dittel des Sees umgibt (Garda – Trentino). Eine Unzahl abenteuerlicher Militärpisten aus dem Ersten Weltkrieg bietet alles, was das Herz eines Hardcore-Bikers begehrt: In den Berg gesprengte Single-Trails und Tunnels, endlose Schotterpisten mit berauschenden Aussichten, prügelharte Trials und Downhills à la carte. Klassiker ist der **Passo Tremalzo** (1830 m) mit seiner spektakulären Abfahrtspiste zum Gardasee. Die ergiebigsten MTB-Reviere befinden sich rund um den **Monte Brione** und den kleinen **Ledro-See** (660 m) im Westen, sowie zwischen **Tenno-See** und **Monte Bondone** im

Westliche Pasubio-Militärstraße

Süden. Downhiller lieben die Seilbahn, die sie von Malcsine 1700 m höher auf den **Monte Baldo** befördert. Alle anderen Biker müssen sich täglich durch Muskeleinsatz von See-Niveau (65 m) auf 1000 m und mehr liften. Gemäßigter geht es diesbezüglich im Tal von **Arco** zu, das nicht nur für Einsteiger ein guter Ausgangspunkt ist. Wer nicht täglich zum Garda-See absteigen will, findet am Ledro-See beschauliches Quartier. Die schönste Verbindung zwischen Garda- und Ledro-See ist die alte Passstraße **Strada del Ponale,** an die sich ab Biacesa ein perfekter *Radweg* anschließt (insges. 25 km, 630 Hm). Der touristisch noch mehr im Dornröschenschlaf befindliche **Idro-See** (390 m) erschließt im Westen eine weitere weltabgeschiedene Bergwelt, deren Trails zwar scheinbar endlos, aber auch weniger gut erhalten sind.

MTB Lago Maggiore

Auch der **Lago Maggiore** hat einen besonderen Klang in der Welt der Hardcore-Biker. In **Stresa** am Westufer des Sees trifft sich die norditalienische Downhill-Szene. Von dort geht's per Kabinenbahn auf den **Monte Mottarone** – von 194 auf 1491 m. Hinunter stehen dann vier unterschiedlich harte Pisten zur Auswahl. Ohne Full-Suspension und Protektoren am Körper tritt kein ernsthafter Downhiller von ganz oben an. Wer's weniger extrem mag, steigt besser bereits an der Mittelstation Alpino aus, und wer die Gondelfahrt gar nicht mag (oft langes Anstehen), kommt aus eigenem Antrieb auf Asphaltstraßen via Armeno bzw. Bavena nach oben. Als Ergänzung zum Downhill-Abenteuer findet sich in der Hügellandschaft rund um den Mottarone auch reichlich Gelegenheit zum Crosscountry. Allerdings gibt's am Lago keine alten Militärpisten, die Wegestruktur ist sehr unterschiedlich – Crosscountry eben.

Venetien, Emilia Romagna

www.ferraraterraeacqua.it/de/fahrradtourismus – ein Füllhorn für Radler; hier gibt es sauber gemachte Roadbooks (pdf) und gpx-Tracks für Rad- und MTB-Routen in der ganzen Region.

Po-Ebene (Bassa)

Die auch Bassa genannte Po-Ebene zwischen **Parma** und **Padua** (Padova) ist flach, hat ein dichtes Straßen- und Kanalnetz und bedeutsame Etappenziele. Gewöhnungsbedürftig sind die gleichförmigen Agrarlandschaften (Reisfelder) und eine eher melancholische Stimmung. Wer noch die „Don Camillo"-Filme kennt, hat eine Ahnung von der Bassa (konkreter Drehort war das Städtchen Brescello). Das Schöne am Po sind die Dammwege, die so hoch sind wie Aussichtsplattformen. Kontinuierlich gleitet die Landschaft vorbei und ordnet sich immer wieder neu. Von **Pavia** bis zur italienischen Radlerhauptstadt **Ferrara** kann auf diesen ungewöhnlich hohen Dämmen geradelt werden.

Die anschließende Radroute von Ferrara bis zur Mündung (126 km) ist als **Destra Po** ausgeschildert (wörtlich: rechts des Po). Es ist der schönste Abschnitt, da direkt neben dem Fluss verlaufend, dessen Bett bis zu 2,5 m aus der Ebene ragt. „Der Po, ein freundlicher Fluß, zieht hier durch große Plainen, man sieht nur seine bebuschten und bewaldeten Ufer, keine Fernen." *(J.W.v.Goethe)*

Po-Delta

Während der Po eher ein Fluss der Kontemplation ist, geht es im Po-Delta kurzweiliger zu. Ungefähr im Städtedreieck **Ferrara / Ravenna / Venedig** gelegen, gehört das Delta halb zu Venetien, halb zur Emilia Romagna. Es präsentiert sich als attraktive Mischung aus ruhigen Nebenstraßen, Kanälen und Dammwegen, sehenswerten Orten und Städten, Villen und Palästen (wie

Canale Grande (Venedig)

etwa die ehemaligen „Zweitwohnsitze" der Venezianer am Brenta-Kanal), und Naturreservaten wie das Tal von Comacchio oder der Wald von Mesola (frei für Radler). Man sollte den Begriff Po-Delta dabei nicht zu eng auszulegen und auch so sehenswerte Städte wie Lendinara, Montagna und Padua mit einbeziehen. Wie auch immer die Planung aussieht, den krönenden Abschluss muss einfach **Venedig** bilden.

Emilia Romagna

Südlich des Po erstreckt sich die bereits erwähnte Emilia Romagna. Hier geht die Bassa nach Süden hin in Hügel- und Gebirgslandschaften über. Radsportlern ist die Emilia Romagna schon lange ans Herz gewachsen. Im Frühjahr trainieren sie sich im Rudel den Winterspeck von den Hüften. Beliebte Standquartiere sind die Küstenorte der Adria – vorneweg **Cesenático.** Fürs sachte Einrollen ist die Po-Ebene zuständig, für die ersten Pulsbeschleuniger die moderaten Steigungen des Hügellandes, für den Konditionsaufbau die knackigen, bis zu 18-prozentigen Anstiege an den NO-Flanken des Toskanischen Apennins. Höhepunkte bilden die Strecken durchs **Frignano-Massiv** im Westen der Emilia. So komisch wie treffend heißt es in einem deutschen Radführer des Tourismusamtes von Ravenna: „Professionisten und Dilettanten finden in diesem Landstrich ideale Radfahrbedingungen!"

Apennin

Johann Wolfgang von Goethe, „Italienische Reise" (1786)

„Die Apenninen sind mir ein merkwürdiges Stück Welt. Auf die große Fläche der Regionen des Pos folgt ein Gebirg, das sich aus der Tiefe erhebt, um zwischen zwei Meeren südwärts das feste Land zu endigen. Wäre die Gebirgsart nicht zu steil, zu hoch über der Meeresfläche, nicht so sonderbar verschlungen, daß Ebbe und Flut vor alten Zeiten mehr und länger hätten hereinwirken, größere Flächen bilden und überspülen können, so wäre es eins der schönsten Länder in dem herrlichsten Klima, etwas höher als das andere Land.

So aber ist's ein seltsam Gewebe von Bergrücken gegeneinander; oft sieht man gar nicht ab, wohin das Wasser seinen Ablauf nehmen will. Wären die Täler besser ausgefüllt, die Flächen mehr glatt und überspült, so könnte man das Land mit Böhmen vergleichen, nur daß die Berge auf alle Weise einen andern Charakter haben. Doch muß man sich keine Bergwüste, sondern ein meist bebautes, obgleich gebirgiges Land vorstellen. Kastanien kommen hier sehr schön, der Weizen ist trefflich und die Saat schon hübsch grün. Immergrüne Eichen mit kleinen Blättern stehen am Wege, um die Kirchen und Kapellen aber schlanke Zypressen."

Übergänge über den nördlichen Apennin von Ulrich Lamm (Stand 2015)

Kriterien

Im Apennin gibt es eine sehr große Zahl von Passstraßen. Hier werden nur solche vorgestellt, die folgende Radler-Kriterien erfüllen:
- möglichst ruhig (zumindest im oberen Bereich)
- nur ein Kamm ist zu erklimmen (allenfalls ein großer und ein kleiner)
- nicht zu hoch und damit ab dem Frühjahr sicher zu passieren.

Passo della Bocchetta (772 m)

Genova – Alessandria (westlich des Passo degli Giovi)
Der Pass ist auf der Südseite steil und kurvig, auf der Nordseite sanft und gerade, daher vor allem für die Fahrt von Süd nach Nord zu empfehlen und auch so beschrieben: Von Cornigliano Ligure (westl. Vorort von Genova) auf dem westlichen Ufer des Flusses Secco nach Ponte Decimo (90 m). Fluss erst im Ortszentrum überqueren! Nach wenigen Metern Hauptstraße geht es links steil hinauf. Wegweisung erst Campo Morone (207), dann Bocchetta. Auf der Nordseite wird über Gavi (215 m) im Tal des Lemme bei Basaluzzo westlich von Novi Ligure die Po-Ebene erreicht.

Passo deglie Giovi (472 m)

Genova – Alessandria
Die traditionelle Straße von der Po-Ebene nach Genova. Autobelastung mäßig bis stark; kein Schwerverkehr, da Höhenbegrenzung auf 2,75 m

La Forcella (876 m)

Piacenza – Chiávari
Geht lange durch unberührtes Waldgebirge. Südseite steil. Nebenstraße über dem Westufer des Flusses Trebbio bis Travo (171 m) – Hauptstraße (SS 45, teilweise breit, aber meist nicht sehr voll) bis Bobbio (272 m) und weiter bis Marsaglia (320 m). Die dort abzweigende SS 586 ist ein niedliches Sträßchen. Erst von der Passhöhe an etwas Ausflugsverkehr von der Küste her. In Carasco (26 m) nach der Einmündung in die stark befahrene SS 225 gleich wieder links abbiegen und auf dem linken Ufer des Flüßchens Torrente Lavagna bis zur Küste. Die wird 10 km weiter östlich, hinter Sestri Levante, wesentlich beschaulicher.

Passo di Lagastrello (1200 m)

Parma – La Spezia und Carrara (östlich des Passo della Cisa)
Um die Passhöhe Hochgebirgslandschaft, Südseite steil. Das Tal des Torrente Parma aufwärts bequeme Nebenstrecke vom Rand der Stadt Parma (55 m) durch Alberi und Panocchia bis Torrechiara (221 m). Bergige Nebenstrekke ab Pastorello. Dann: Corniglio (688 m) – Passo di Ticchiano (1154 m) – Mónchio (802 m) – Passo di Lagastrello (1200 m) – Licciana (210 m) – Aulla (64 m) – ab dort viel Autoverkehr.

Passo della Cisa (1039 m)

Parma – La Spezia
(offizielle Wegweisung, Beschreibung anhand von *www.bicitalia.org* und openstreetmap)
Ab Parma (55 m) Nebenstraßen parallel zum Torrente Baganza nach Berceto (808 m), ab dort Hauptstraße SS 62 über den Passo della Cisa (1039 m) nach Pontremoli (236 m), von dort Nebenstraßen auf der westlichen Talseite nach Terrarossa, 2 km vor Aulla (64 m). Ab dort viel Autoverkehr.

L'Antenna
(996 m)

Bologna – Prato
(offizielle Wegweisung, Beschreibung anhand von *www.bicitalia.org* und openstreetmap)
Von Bologna auf Nebenstraßen und kürzeren straßenunabhängigen Radwegabschnitten an den Fiume Reno und dort nach Sasso Marconi. Hauptstraße bis Marzabotto (130 m). Von dessen Ortseingang Radweg unklarer Oberfläche bis Pioppe de Salvaro (160 m), Dann Nebenstraßen (teilweise alte Straße) bis Riola di Vergato (263 m). Dann Provinzialstraßen: Lago die Suviana (470 m) – nahe dem Rifugio l'Acquerino (883 m) vorbei. Ab Cascina di Spadaletta neue kleine Straße (Scheitel 996 m) nach Tobbiana (342 m), dann Ortsstraßen nach Prato (65 m)

Passo di Viamággio
(983 m)

Ravenna (und Rimini) – Tiber-Tal
Nicht zuletzt die Nähe zu Cesenático macht diesen Pass zu einer beliebten Rennradstrecke.
Auf der Nordseite biegt eine ruhige Zufahrt in Savignano sul Rubicone (32 m) als Via Pace von der alten Hauptstraße ab. Zunächst keine Wegweisung, dann Richtung Pòggio Berni. Von dort etwas größere Straße bis unter Verúcchio. Ab dort fährt man auf der ss 258, nach 20 km nimmt die Autobelastung aber stark ab (Nova Fltria, 293 m). Kurz vor der Passhöhe in den waldigen Alpe de la Luna gibt es kleine Hotels in Badia Tedalda (700 m) und Viamàggio. Die Straße bleibt ruhig bis Sansepolcro (330 m). Die Straße durchs Tiber-Tal weiter nach Süden ist zwar durch die parallel laufende Superstrada entlastet, zwischen Sansepolcro und Città di Castello (228 m) hat sich aber ein 14 km langes Siedlungsband mit entsprechend starkem Ortsverkehr gebildet. Dahinter wird es etwas besser.

Sentiero GEA

MTB-Tipp

Der Europäische Fernwanderweg E1 führt vom Nordkap entlang der Apenninen nach Sizilien. In Italien ist der E1 auch als Sentiero Italia bekannt. Da dies ein Bergweg ohne technische Schwierigkeiten ist, versuchten sich auch Mountainbiker schon bald an ihm. Bis der italienische Alpenverein schließlich einen Abschnitt extra für Biker markierte, den **Sentiero GEA** (Grande Escursione Apenninica). Seine Länge beträgt je nach individueller Variante 520–600 km bei 15.000–18.000 Hm, er verläuft überw. auf Forststraßen und Singletrails, einige Schiebe- und Tragestrecken sind inklusive. Wer sich auf den einsamen GEA-Trail durch den tosko-emilianischen Apennin begeben will, sollte über gute Kondition und gute Karten verfügen. Individuelle Varianten sind manchmal unvermeidbar. Gute Erfahrungen haben GEA-Biker mit den Karten „Appennino Toscoemiliano" gemacht (1:25.000, Bezug: mapfox.de). Der Weg beginnt am Passo della Cisa bei **Pontremoli** und endet am Bocca Trabaria bei **Sansepolcro.**

Die gut mögliche Weiterfahrt auf dem Wanderweg **Sentiero Italia** führt über den umbrischen Apennin zu den Sibillinischen Bergen, wo der E1 bislang endet. Inklusive GEA ist dies eine Strecke von rund 800 km bei 22.000 Hm. Einfache Übernachtungsmöglichkeiten gibt es auf dem GEA in Abständen von maximal 25 km, u.a. in den Rifugios des CAI (nur in der Hochsaison), wie auch in den Orten am Weg (Pensionen und Matratzenlager „Posti Tappa GEA"). Befahrbar sind GEA und Italia maximal von April bis Oktober.

Toskana

Charles Dickens, „Reisebilder aus Italien" (1846)

„Als wir Pisa erreichten, konnten wir hinter der Mauer den schiefen Turm sehen, ziemlich schief – das schattige Original der alten Bilder in den Schulbüchern, die die „Weltwunder" beschrieben. Wie alle Dinge, die mit Schulbüchern und Schulzeit verbunden sind, war er zu klein. Ich fühlte das stark. Er war nicht so hoch, wie ich gehofft hatte.

Ich hätte es besser wissen sollen; aber irgendwie dachte ich den schiefen Turm von Pisa zu sehen, wie er seinen langen Schatten auf eine belebte Straße wirft, wo Leute den ganzen Tag kommen und gehen. Ich war überrascht ihn auf einem feierlichen Platz, getrennt vom Zustrom der Leute und mit weichem, grünen Rasen umgeben zu sehen. Aber Turm, Taufkapelle, Kathedrale und die Kirche des Campo Santo, die sich auf und über diesem grünen Teppich zusammendrängt, ist vielleicht das beachtenswerteste und schönste der ganzen Welt; und dadurch, dass sie dort zusammengedrängt ist, weg von den gewöhnlichen Geschäften und Eigenarten der Stadt, hat der Platz einen einzigartigen, ehrwürdigen und beeindruckenden Charakter. Es ist die architektonische Essenz einer alten, reichen Stadt, wo das allgemeine Leben und die allgemeinen Wohnungen hinausgepresst sind, hinweggefiltert."

Eindrücke

Keine italienische Region zieht Reisende wohl so sehr an wie die Toskana. Oft gerät ihre Beschreibung zur Liebeserklärung: „Wiege der Neuzeit", „kulturelles Herz Italiens", „Gesamtkunstwerk", „Wohngarten". Von der Harmonie der Landschaften und Bauwerke ist die Rede. Gelobt werden Lebensart, Kreativität und Sprache. Namen wie Dante, Petrarca, Michelangelo und da Vinci fallen. Galerien und Museen werden gehandelt, die Etrusker ausgebuddelt, das Rot des Brunello-Weines mit dem des Klatschmohns verglichen, lukullische Genüsse und Ich-Findung gebucht.

Relief

Um sich in dieses Gesamtkunstwerk einzubringen, schwingen sich manche Toskanafans sogar aufs Fahrrad. Und dies, obwohl 70% der Toskana hügelig bis bergig sind (Mittelgebirge), 20% gebirgig (Apuanische Alpen, Toskanischer Apennin) und nur 10% flach (Tiefebenen von Arno und Ombrone, Küsten-

Zypressenallee in der Toskana

streifen Maremma). Von der Küstenregion **Maremma Pisana** steigt die Toskana rasch auf rund 600 m zu den **Colline Metallifere** an und pendelt dann auf erhöhtem Niveau landeinwärts (300–600 m). Abstecher zur Küste sind daher immer mit langwierigen Neuanstiegen verbunden.

Ingo Poosch: „Nach dem dritten knackigen Anstieg fiel die Begeisterung für die toskanischen Berge auf den Nullpunkt. Aber Berge waren gerade das Merkmal dieser Landschaft."

Georg Föcker: „Ständig geht es Auf und Ab. Bei einem Pass in den Alpen weiß man, wie viele Höhenmeter man hinauf kurbeln muss. Höhenmeter in der Toskana abzuschätzen, ist schon wesentlich schwieriger."

Landschaften Nach allen Himmelsrichtungen dehnt sich die 23.000 qkm große Toskana rund 200 km weit aus – viel Raum für individuelle Touren. Prototyp einer toskanischen Landschaft ist das hinter Siena gelegene, waldreiche Chianti, wo Zypressen und Pinien auf den Kämmen der Weinberge stehen, der Sfumato seinen verklärenden Dunstschleier über Formen und Farben legt, die bessere Küche mit den erdig-samtigen Rotweinen der Region wetteifert.

Aber auch andersartige Landschaften birgt die Toskana: das strenge, erosionszerfressene Hügelland der **Crete** (südöstlich Siena), den wild-romantischen **Casentino** (nördlich Arezzo), den einst malariaverseuchten „bitteren" Küstenstreifen **Maremma.**

Tourenplanung *www.turismo.intoscana.it*

Beste Jahreszeit für eine Tour ist Mitte Mai – Ende Juni und Sep. – Mitte Okt. Aber auch dann auf gelegentliche Regengüsse eingerichtet sein.

Grundsätzlich sind alle Orte, die als zweitrangige Sehenswürdigkeiten gelten, ideale Etappenziele für erlebnisreiche Touren abseits des Toskana-Rummels: etwa kaum beachtete mittelalterliche Bergstädtchen wie Scarlino und Chiusdino. Sympathisch ist die enge Verzahnung von Landschaft und Städten. Ohne wuchernde Vorstädte passieren zu müssen, ist man rasch im Zentrum und – nach absolviertem Besichtigungsprogramm – wieder draußen. Allerdings liegen die meisten Orte auf irgendwelchen Erhebungen. Ausnahmen bilden Siena und vor allem Florenz. Zwar liegt auch **Siena** auf Hügeln, hat aber einen furchtbaren Speckgürtel (die Altstadt ist autofrei). Das in der Ebene gelegene **Florenz** ist bis in die Altstadt mit Autos und Motorrollern vollgestopft. Da der zentrale „Camping Michelangelo" oft überfüllt ist, am besten in einem Vorort Quartier nehmen, bspw. der weiträumige „Camping Internazionale" in Galluzzo, dann mit dem Bus ganz entspannt ins 7 km entfernte Stadtzentrum pendeln.

Etappenziele in der Toskana

- die großen Kunststädte Florenz, Siena und Pisa
- schöne interessante Städtchen wie Arezzo, Colle di Val d'Elsa, Cortona, Fiesole, Grosseto, Lucca, Massa Marittima, Montalcino, Montepulciano, Montieri, Pienza, Pitigliano, Populonia, San Gimignano, Sorano, Volterra und unbekannte mittelalterliche Festungstädtchen wie Capalbio oder Scarlino
- die Zick-Zack-Zypressenallee bei la Foce (das Toskanamotiv schlechthin, 20 km südlich Montepulciano)
- die Tropfsteinhöhle Maona beim mondänen Kurort Montecatini
- der Giardino die Tarocci (bei Garavicchio, Park mit begehbaren bunten Fantasieskulpturen von Niki de Saint Phalle)
- da Vinci-Museum in Empoli (Rekonstruktion des Ur-Fahrrades!)
- das Benediktinerkloster Monte Oliveto Maggiore (mit keuscher Unterkunft)

- die Schwefeltherme von Saturnia (37 °C, Freibad)
- die Marmorbrüche von Carrara
- die Küsten zwischen Castiglione und Monte Argentario (Pineta del Tombolo, Tombolo di Giannalla, Monte Argentário-Runde)
- die Auffahrten zu den Panoramabergen il Telgrafo (635 m, auf Monte Argentário) und Monte Amiata (1738 m, erloschener Vulkan, höchste und markanteste Erhebung der Toskana).

MTB-Tipp Elba

www.elbagoodbike.com
Neben dem Appennin ist wohl die Insel Elba das beliebteste MTB-Revier unweit der Toskana. Da landwirtschaftlich kaum genutzt, bieten sich – *ungehindert von Zäunen und Toren* – enorm viele Schotterpisten, Forstwege und markierte Wanderwege für Tagestouren durchs bis zu 1018 m hohe Inselinnere an. Besonders ergiebig ist die südöstliche Halbinsel der Insel, rund um den **Monte Calamita,** inzwischen ein Bike-Park mit markierten MTB-Routen und Austragungsort des *Capoliveri-Legend-Cup* (*www.capoliverilegendcup.it*). Auch einen *Elba-MTB-Marathon* gibt es (*www.elbaovest.com*).
Auch sonst ist Elba ein hübsches Radlerziel. Innerhalb einer Woche lässt sich die bergige und waldreiche Insel auf gut ausgebauten Asphaltstraßen problemlos erkunden. Viele Buchten und Campingplätze. Wunderschön die friedliche Vorsaison bis Ende Mai.

Anreise: ca. stündliche Überfahrten Piombino – Portoferraio (versch. Reedereien mit konkurrierenden Tarifen), die Fähre Livorno – Portoferraio verkehrt hingegen nur saisonal (aktuell erkunden).

Karte: Kompass Nr. 650, Isola d'Elba, 1:30.000 (gibt es auch mit GPS-Routenplaner).

Umbrien, Latium

Wer Toskana sagt, meint oft auch Umbrien und Nord-Latium. Diese waldreicheren, landschaftlich weniger durchgestylten Regionen bereichern die eigentliche Toskana-Tour um die großen **Vulkanseen** Trasimeno, Bolsena und Bracciano, uralte Städtchen und Stätten wie Todi und Tarquinia, **Perugia**

Vatikan, Petersdom

(einer der schönsten Orte Italiens) und **Assisi** (beeindruckende Pilgerstadt), und last not least die „Ewige Stadt" **Rom** (lässt sich von Norden kommend ideal auf dem *Tiber-Radweg* erreichen und erkunden). Das umbrische Relief steht dem toskanischen kaum nach. Das von weitem so sanft erscheinende Hügelland enthält viele Steigungen der Marke „kurz und knackig".

Colosseum (Rom)

MTB-Tipp Umbrien

Innerhalb Umbriens sind die sanft geformten **Sibillinischen Berge** ein geniales Revier für Biker, die einsame Trails und lange, weite Downhills suchen. Günstiger Ausgangspunkt ist Visso.

Südliches Italien

Relativ wenige Radler zieht es in das Italien südlich Roms. Dabei vermittelt gerade der etwas zurückgebliebene Mezzogiorno die eindrucksvollsten und authentischsten Italienbilder. Nachteile wie das schlechtere Straßennetz und die einfacheren Unterkünfte werden durch weniger Tourismus und eine freundliche Bevölkerung wettgemacht. Darüber hinaus dürfen sich alle Süditalien-Radler auch auf einige kulturelle und landschaftliche Sahneteile freuen.

Abruzzen

Der höchste Teil des Apennin sind die Abruzzen. Sie beginnen etwa 120 km östlich von Rom mit dem über 1000 m hoch gelegenen Nationalpark, dessen Plateaus, Steilwände, Schluchten, Wälder und Wildnisse eine spannende Landschaft bilden. Keiner der berühmten Italien-Reisenden des 18. Jahrhunderts setzte auch nur einen Fuß in diese grandiose, aber unwirtliche Region, die seinerzeit von legendären Banden beherrscht wurde.
Heute ist das anders. Grandios und einsam ist die Landschaft immer noch, die Gesetzlosen sind Geschichte. Auf rund 150 markierten Wanderwegen verschiedener Schwierigkeitsgrade dürfen auch Mountainbiker kurbeln und dabei nach Abruzzen-Bären oder Madonna Ausschau halten (Madonna stammt aus dem Abruzzendorf Pacentro) und in den Schutzhütten des 400 qkm großen Parks übernachten. Tourenradlern empfiehlt sich die durch den Park verlaufende **Panoramastraße SS83.** Höchster Punkt ist der **Passo del Diavolo** (1400 m), anschließend bergab bis zum Stausee Lago di Barrea (1000 m); bis zu den Abruzzen-Wölfen bei Alfedena dann wieder auf 1160 m.

Typisch ist der Wechsel zwischen Bergkämmen und Hochtälern eigentlich für die gesamten Abruzzen, also auch außerhalb des Nat.-Parks. Bemerkenswert sind die Hochplateaus um 1500 m mit ihren uralten Weidelandschaften, etwa das **Campo Imperatore** zwischen l'Aquila und Teramo.

MTB-Tipp Abruzzen

Der hochgelegene **Nationalpark del Gran Sasso e dei Monti della Laga,** zu dem auch das Campo Imperatore zählt, ist ein perfektes, nahezu unbekanntes MTB-Revier riesigen Ausmaßes. Hier erhebt sich der höchste Berg der Abruzzen, der Corno Grande (2914 m). Ein echtes Wow-Erlebnis, denn immer wieder stellen sich Assoziationen zu exotischen Hochländern wie dem der Anden oder der Mongolei ein.

Eine Woche wie ein Tag – durch die Abruzzen

von Andreas Bugdoll

L'Aquila

Als wir nach einer Woche Adria zwischen Bars, Urlaubströdel und Ledergeschäften ins Landesinnere abbiegen, freuen wir uns schon sehr auf die Berge. Über Perúgia erreichen wir den Lago Piediluco. Die warme Nachmittagssonne lässt die Fahrt zwischen See und grün bewachsenen Hügeln zum Erlebnis werden. Im Hintergrund leuchten die kahlen Bergriesen der Abruzzen.

Nebelfelder verzaubern am nächsten Morgen die einsame Landschaft. Über einen leicht zu fahrenden Pass erreichen wir die quirlige Abruzzen-Hauptstadt L´Aquila. Hohe Berge ringsum, gekrönt vom fast 3000 m hohen Corno Grande. Mit dem faszinierenden Blick aufs Gran Sasso Massiv fahren wir auf einer kleinen Bergstraße weiter nach Avezzano. Durch ein dicht bewaldetes Tal geht es hinab.

Walnüsse und Kastanien

Mit jedem Kilometer wird die Landschaft schöner. Auf langen weiten Rampen und einigen Spitzkehren führt die Straße den Berg hinauf. Zwischen den Wäldern weiden Kühe und wilde Pferde. Hinter Alfedena erreichen wir den Nationalpark mit dem Braunbären im Logo. Bald liegt der von bewaldeten Hängen gesäumte Stausee Lago di Barrea unter uns. Die schattige, relativ flache Fahrt entlang des Sees ist ein Genuss. Eine leicht ansteigende, landschaftlich wunderbare Strecke bis Pescasseroli schließt sich an. Die ersten Bäume der riesigen Laubwälder färben sich Anfang Oktober gelb. Was in der klaren Sonne für eine fast liebliche Herbststimmung sorgt. Vereinzelt fallen auch schon Eicheln, Walnüsse und Kastanien auf die Straße und knacken laut unter unseren Reifen. Wir biegen nach Bisegna ab und klettern gemächlich auf fast 1400 m. Nach einem Tunnel öffnet sich eine vollkommen neue Landschaft. Baumlose Wiesen legen sich wie grüne Teppiche über die hügelige Hochebene. Die Fernsicht auf die umliegenden Berge und in die Tiefe begeistert uns.

Unheimliche Schlucht

In Richtung Lago di Scanno geht es auf eine riesige, unheimliche Schlucht zu. Wir können kaum glauben, dass die Straße hier weiterführt. Spektakulär in den Felsen geschlagen, zwängt sie sich durch das Nadelöhr. Die Schlucht bleibt eng. Zwischen den steilen Berghängen müssen wir nochmals 400 m Höhe gewinnen, bevor wir am traumhaft gelegenen Lago di Scanno ankommen. Auf unserem Panoramacampingplatz denken wir beim Sonnenuntergang an die nächste einsame Etappe. Sie führt uns auf fast 1600 m, in einen saftig grünen Talschluss mit weidenden Kühen und Schafen. Biblischer Frieden! Eine tolle Abfahrt führt uns zurück zum Lago di Barrea und weiter nach Opi.

Im Hexenwald

Hier beginnt die Auffahrt zum letzen großen Pass der Reise. Nach schöner, schattiger Auffahrt bis 1600 m kurvt die Straße am Acero-Pass flach durch einen geheimnisvollen Buchenwald, den wir sogleich Hexenwald taufen. Und dann kommt die Straße unvermittelt an einen Steilhang, der sich grandios über der fast 1400 m tiefer liegenden Ebene erhebt. Während die Straße am steilen Berghang in die Tiefe fällt, genießen wir auf den folgenden Kilometern den grandiosen Blick auf Berge und Tal. Unaufhörlich klickt die Kamera. Auf der guten Straße rollen die Räder flott hinab. Eigentlich zu flott angesichts des Panoramas.

Abschiedsmenü

Bei Atina erreichen wir den Talboden und rollen durch die enge Schlucht des Fiume Melfa zurück in die Ebene von Cassino. Für verhältnismäßig kleines Geld übernachten wir mal nicht auf einem Campingplatz, sondern in der Nobelherberge Locanda del Castello – in einem uralten Gemäuer direkt unterhalb der Burgruinen von Roccasecca. Im Gewölbekeller gönnen wir uns ein tolles Abschiedsmenü und eine Träne im Knopfloch. Eine Woche radelten wir durch die Abruzzen; es erschien uns wie ein einziger Tag!

Weiter durch Süditalien

Festland-Italien besitzt nicht allzu viele radelnswerte Küstenabschnitte. Jene, die es sind, befinden sich an der Westküste Süditaliens. In **Kampanien** ist es die recht anspruchsvolle Strecke entlang der klippenreichen **Costa Amafiltana** (via Positano und Amalfi) sowie die 267 entlang der sagenumwobenen **Küste des Cilento** (südlich von Paestum).

Zur Route: Gewiß, die Region am **Golf von Neapel** ist ein furchtbarer Verkehrsmoloch, den weiträumig zu umradeln sich lohnen würde, aber *Herkulaneum, Vesuv* und *Pompeji* muss man schließlich gesehen haben. Von dort ist es dann nur noch ein Katzensprung bis zur gebirgigen Halbinsel Monti Lattari mit obiger Costa Amafiltana.

Apulien (Puglia)

www.viaggiareinpuglia.it
Quasi „gegenüber" von Kampanien liegt Apulien, ital. Puglia. Eine untouristische, etwas zurückgebliebene Region. Dort lockt an der Adria, auf der **Gargano-Halbinsel** (Italiens Stiefelsporn) die alte Römerstraße **Via Garganica** zum Küstentörn – entlang von Buchten, Schluchten und Grotten. Gargano ist aber auch im Landesinnern attraktiv. Die Panoramastraße 528 führt über das gebirgige Kalksteinplateau mit Apuliens einzigem Wald, der naturbelassenen **Foresta Umbra.**

Karstige Kalksteinplateaus und Tiefebenen mit Olivenfeldern und Plantagenwirtschaft prägen hingegen in Apulien die Stiefelferse und den Absatz. Der Absatz, das ist die 100 km lange Halbinsel **Salento,** die sich zum Tipp für ländliche Radtouren entwickelt hat. Sie lassen sich gut ab Alberobello planen, das am Eingang zur Halbinsel liegt und zugleich Highlight der **Zona dei Trulli** ist.

Die immergrüne, hügelige Gartenlandschaft des **Itria-Tals** nördlich von Martina Franca ist die Heimat der weißen kegelförmigen *Trulli-Häuser.* Diese uralten Arme-Leute-Häuser sind zum Wahrzeichen Apuliens geworden. Meist sind es allein stehende Bauernhäuser, nur in Alberobello haben sich zu ganzen Stadtvierteln verdichtetet (Weltkulturerbe). Als Draufgabe gibt es, am Nordrand der Trulli-Region, die enormen Tropfsteinhöhlen von **Castellana** zu bestaunen, vielleicht die bedeutendsten Europas.

Kalabrien

Es heißt, wer das Italien der 1960er Jahre erleben will, fahre nach Apulien oder besser noch nach Kalabrien. Italiens Stiefelspitze – ja eigentlich der ganze vordere Stiefel – das ist Kalabrien. Nahezu ungebeugt setzen sich die Apenninen bis hierher fort, wobei die knapp 2000 m hohen Gebirge Sila und Aspromonte letzte Höhepunkte markieren.

Das straßenmäßig gut erschlossene und mit einigen Sehenswürdigkeiten gespickte **Sila-Gebirge** (Nat.-Park) lohnt die Anstrengungen einer rund 220 km langen **Rundtour:** Von Soveria Manelli via Taverna nach Mesoraca, Abstecher zum Klosterdorf San Giovanni (Pass bei 1371 m), am Lago Ampollino vorbei, über Bocca di Piazza (Pass bei 1267 m) zurück nach Soveria Manelli. Mäßig befahren ist die am Tyrrhenischen Meer entlang führende 18, denn den überregionalen Verkehr saugt die mautfreie Autostrada auf (südlich von Salerno sind alle Autobahnen auf dem Festland mautfrei). Besonders schön sind die letzten 100 km von Pizzo bis Villa San Giovanni, dem Sprungbrett nach Sizilien.

Abruzzen bei Tagliacozzo

Sizilien

Daten 25.500 qkm • Ausd. 250 x 180 km • 5,1 Mio. Ew. • 200 Ew./qkm

Infos *www.sizilien-rad.de* – Website der Autoren des Fahrradführers „Sizilien per Rad“

Überblick Gut ein Drittel Siziliens besteht aus Hochgebirgen, wobei der Ätna alles überragt. Etwa die Hälfte der Insel sind flachwellige, von Bergen und Tälern unterbrochene Hochebenen, der Rest entfällt auf Tiefebenen in den Küstenbereichen, die flach bis hügelig sind.

Reisezeit Schönste Tourenzeit ist der Frühling, wenn Mandel- und Apfelsinenbäume blühen (März-Mai), günstig ist aber auch der Spätherbst (Sep. – Nov.). Im Sommer bringt der nordafrikanische Scirròco oft Staub und Schwüle über die Insel. Die Niederschläge beschränken sich auf den Winter, dann kann es tatsächlich auch ungemütlich werden.

Christian Buttkereit über eine Sizilientour im Februar: „Morgens baue ich das Zelt im kalten Nieselregen ab und radle nach Sortino hinauf. Beim Frühstück sollen schwerwiegende Entscheidungen fallen. In Gedanken sehe ich mich schon im Bus, um in Siracusa die Fähre nach Malta zu erreichen – in der Hoffnung auf Sonne und etwas Wärme.“

Eindrücke Sizilien ist wirklich ein kleiner Kontinent, mit vielen schönen Seiten. Über allem liegt ein Hauch geschichtlicher Würde, so dass sogar die maroden Ecken gar nicht so abstoßend wirken. Die Küsten sind meist flach und abgetragen, nur zwischen Palermo und Taormina gibt es Steilküste. Die größte und zentrale Mittelmeerinsel fand das Gefallen vieler Mittelmeervölker, die dort ein entsprechend großes Kulturerbe hinterließen – von griechischen Tempeln bis zu normannischen Kathedralen. Von jeder Epoche etwas hat die Inselhauptstadt Palermo, Ankunftsort der Fähren aus Genua, Livorno und Neapel. Hier merkt der Ankömmling auch sogleich, dass Sizilien nicht nur eitel Sonnenschein ist. Die Mafia ist für Touristen aber überhaupt keine Gefahr, und außerhalb der drei großen Städte wird auch nicht mehr geklaut als anderswo. Wer Ruhe und Landschaft sucht, sollte ohnehin die dicht besiedelten, verkehrsreichen und leider oft auch vermüllten Küsten im Norden und Osten meiden

Ätna-Ringstraße Circumetnea (Sizilien)

und sich ins Inselinnere absetzen. Da aber die meisten kulturellen Highlights an den Küsten liegen, wird die Routenwahl in einem Kompromiss enden. *Christian Buttkereit* (Radl-Magazin): „Sizilien ist ein Reiseziel, auf das man sich gut vorbereiten sollte. Längst nicht alles ist schön. Wer sich aber darauf einstellt, kann eine höchst interessante Reise erleben."

Rund um Sizilien

Mit der Fähre nach **Messina** übergesetzt, zieht es die meisten zunächst entlang der Ostküste südwärts. Der Verkehr auf der 114 ist erträglich, am Weg liegen der Touristenmagnet Taormina (die Aussicht Siziliens), der Ätna, das chaotische Catánia, die von antiken Kulturen geprägte, ansonsten aber langweilige Tiefebene Piana di Catánia, schließlich das alte Syrakus, neben Palermo und Agrigent die kulturhistorisch herausragende Stadt Siziliens.

Viel reizvoller, als direkt nach Catania zu fahren, ist eine **Schleife um das Ätna-Massiv.** Dazu hinter Taormina die Küstenstraße nach Francavilla verlassen, unterwegs die berühmte Alcantara-Schlucht erkunden (es gibt neben dem kostenpflichtigen Haupteingang auch einen freien Zugang zur Schlucht) und weiter nach Linguaglossa. Dort auf einer einsamen Nebenstraße westwärts bis zur 284 fahren. Via Maletto (1025 m, höchster Punkt der Strecke) geht es weiter nach Bronte, dann über Adrano nach Catania. Wer seine Kondition noch nicht einschätzen kann, soll wissen, dass ziemlich parallel zu der beschriebenen Strecke die private Schmalspurbahn **Circumetnea** fährt. Mit Zustimmung des Schaffners kann das Fahrrad mitgenommen werden, auch unzerlegt.

Auch die *südliche* Küstenroute ab **Siracusa** ist landschaftlich weniger aufregend. Auf Nebenstraßen, die Gewächshausalleen gleichen, geht's zunächst durch barocke Bauernstädte an den Stränden SO-Siziliens vorbei bis **Gela.** Auf etwas hübscherer Strecke weiter nach Agrigento. Die schönsten Sandstrände hat's dann bei Eraclea Minoa.

Den äußersten *Westen Siziliens* nimmt eine fruchtbare Tiefebene ein. Einige kurze knackige Steigungen auch hier, dafür schöne Blicke von den Hügelkuppen zur Salinen- und Lagunenküste.

Äolische Inseln

Wer will, kann ab **Palermo** versuchen, mit dem Aliscafo (Tragflächenboot) zu den **Äolischen Inseln** überzusetzen (bei uns auch als Liparische Inseln bekannt). Das Problem ist nur, dass auf den Aliscafi keine Fahrräder transportiert werden, sobald es eng wird. Wem es aber gelingt, kann nach lohnender Mini-Odyssee durch die äloische Inselwelt mit der normalen Autofähre zur Nordost-Küste Siziliens zurückkehren (Milazzo bzw. Messina)

Obwohl die **sieben Äolischen Inseln** klein sind (die größte ist Lipari mit 37 qkm), kann man sich auf ihnen durchaus ein bis zwei Wochen mit dem Rad vergnügen. Zwar gibt es kaum Kilometer zu fressen, aber es geht kräftig rauf und runter, und die Überfahrt von Insel zu Insel mit jeweiligem Quartierwechsel braucht auch seine Zeit. Größtes Schauspiel der Inseln ist der aktive Vulkan **Stromboli.** Regelmäßig wie ein Geysir jagt der „Leuchtturm des Mittelmeeres" mehrmals in der Stunde seine glühenden Schlackefontänen in die Luft. Nachts ist das grandios anzuschauen. Mehr unter *www.swisseduc.ch/stromboli*

Innersizilien

Ein Netz von Nebenstraßen erschließt von Küstenstraßen aus das Inselinnere Siziliens. Öffentliche Verkehrsmittel sind hier Mangelware und Radler deshalb gegenüber Rucksackreisenden im Vorteil. Die Landschaft ist ein Wechselspiel von flach gewellten Hochebenen, fruchtbaren Tälern, ärmlichen Bauerndörfern, Hügelketten, Schluchten und Mittelgebirgen. Ähnlich wechselhaft ist das Profil der Straßen. Für Spazierfahrten ist Innersizilien nicht das rechte Terrain. Schönste *Querstraße* durch Sizilien ist wohl die 118, die von Agrigento im S über die Mafia-Keimzelle Corleone nach Palermo im Norden führt. Radelnswert in *Längsrichtung* ist besonders die Staatsstraße 120 von Tèrmini Imerese im Norden nach Fiumfreddo im Osten (bei Taormina).

Anspruchsvoll, aber lohnend sind auch die nördlichen Gebirgszüge **Madonie** und **Monti Nebrodi,** dort warten Straßenpässe bis 1536 m, Ursprünglichkeit und sehenswerte mittelalterliche Bergdörfer wie die zwei Petralias, Nicosia und Troina. Der *Nationalpark von Madonie* ist zugleich ein beliebtes **MTB-Revier.**

MTB Ätna

Ein magischer Anziehungspunkt ist der unübersehbare **Ätna** (3323 m). Trotz seiner Schneekuppe ist der Vulkan alles andere als erloschen. Eine Straße führt von **Zafferana Étnea** (574 m) durch ein altes Lavafeld hinauf zum **Rifugio Sapienza** (1881 m, Bikertreff). Dort können Mountainbiker auf die Schotterpiste zum Gipfel abzweigen. Oberhalb des **Torre del Filósofo** (2819 m, ehem. Forschungsstation) geht es dann noch einmal ans Eingemachte – bis die restlichen Höhenmeter zum Kraterrand schließlich zu Fuß erledigt werden. Szenisch vielleicht noch reizvoller ist die nördliche Jeep-Piste zum Gipfel. Anfahrt ab **Linguaglossa** über Mareneve bis **Piano Provenzanza** (1770 m). Dort beginnt eine MTB-fähige Piste und führt zunächst durch Pinienwälder, später durch wilde Kraterlandschaft, bis unterhalb des Hauptkraters. Die letzten Höhenmeter müssen auch hier zu Fuß zurückgelegt werden. Und immer genug Wasser mitnehmen!
News zur Lage am Ätna: *www.vulkan-etna-update.de*

Schnuppertour Sizilien

Wer Sizilien noch nicht kennt, oder nicht allzu viel Zeit mitbringt, sollte sich auf die **südöstliche Ecke** der Insel beschränken. Das sind die **Ibleischen Berge** (Monti Iblei) und ihr östliches Einzugsgebiet – grob gesagt das Gebiet Lentini-Siracusa-Noto-Ragusa. Diese Ecke Siziliens bietet neben dem Vorteil der kurzen Anreise (Flug nach Catania) eine überdurchschnittlich große Auswahl landschaftlich schöner Nebenstraßen. Reizvoll auch die Architektur der Städte, die nach dem großen Erdbeben von 1693 komplett wieder aufgebaut wurden, als gerade das Barock angesagt war.

Sardinien

Daten 24.000 qkm • Ausd. ca. 270 x 110 km • 1,6 Mio. Ew. • 67 Ew./qkm

Infos *www.sardegnaturismo.it*

Eindrücke, Überblick

Obwohl Korsika und Sardinien nur ein paar Kilometer Wasser trennen, unterscheiden sich beide Inseln doch erheblich. Während Korsika vor allem landschaftlich auftrumpft, besticht Sardinien in weiten Teilen durch Ruhe, Frieden, eine intakte Sozialstruktur und sehr gute Straßen. Lange galt die am dünnsten besiedelte Provinz Italiens als „vergessene Insel“ oder „Insel des Schweigens“. Dieser Ruf ist an den schönsten der zugänglichen Küstenabschnitte allerdings dahin, ganz besonders an der Millionärsküste des Nordens, der Costa Smeralda, im Süden um Cagliari (viel Industrie und Chemie) und überhaupt im Juli und August.

Friedlich aber windig ist die Westküste (NW-Wind) mit der einsamen Costa Verde, weniger windig, aber wild zerklüftet, steil und felsig sind große Teile der Ostküste und des Inselinnern. Sardinien besteht zu 80% aus karstigem Bergland (überw. unter 1000 m) mit hügeligen Hochebenen im Zentrum (altopiano) und zahlreichen Grotten und Höhlen im Untergrund; die sehenswertesten wurden zu Schauhöhlen gemacht (bei Alghero, Dorgali und Ulassai), andere zum Straßentunnel degradiert.

Typischste Zeugen der Vergangenheit sind die kegelförmigen Wohnburgen der Urinsulaner. Etwa 7000 dieser Nuraghen genannten Trockensteinbauten verteilen sich über die „Insel der Sardinengründe". Sie passen in die karge Landschaft, deren Vegetation dem Weidedruck von über drei Millionen Schafen standhalten muss (ein Viertel Italiens). Wälder sind eine Rarität, und die verbliebenen Bestände alter Pinien, Eichen und Kastanien ständig von Bränden bedroht.

Typisch Sardinien

Ungewöhnlich: Wenn man auf Sardinien eine Auskunft erhalten hat, gibt man sich anschließend die Hand. Noch ungewöhnlicher: Sardiniens Hunde jagen keine vorbeikommenden Radler! Sie bleiben einfach liegen und bewegen nur den Kopf ein wenig. Selbst die Hütehunde bei den Schafsherden bleiben gelassen. So liebe Hunde gibt es wohl im ganzen restlichen Europa nicht!

Tourentipps

Eine schöne Jahreszeit ist von März bis Mai, wenn alles grünt und blüht. Später wirken die Heidelandschaften, trotz diverser Gewässer, fahl und trocken. Die Profis trainieren im März auf Sardinien (Tagestemp. 17 °C). Anstiege und Gefälle sind – abgesehen von Tiefebenen in der Westhälfte (Campidano, La Nurra) – allgegenwärtig, Steigungen über 6% sind auf Durchgangsstraßen aber selten. Der Wind kommt im Norden meist aus Nordwest, im Süden aus Südost. Gelegentlich gibt es orkanartige Windstärken, zum Sommer hin wird diese Gefahr allerdings geringer.

Im Farbenrausch – Lavendelfelder auf Sardinien

Freies Zelten ist gut möglich, da Sardinien nur dünn besiedelt ist und kaum jemand zu Fuß unterwegs ist. Immer findet sich irgendwo eine vergessene Nische oder ein vergessener Weg. Im schlechtesten Fall muss man sich auch trauen, ein altes Gatter aufzumachen.

Nahezu die gesamte **Ostküstenroute** von Olbia bis Cágliari (N125) ist abwechslungsreich und szenisch reizvoll, allerdings nicht gerade verkehrsarm. Da die Endpunkte Haupthafenorte sind, ist die Ostküste auch ideal für eine Schnuppertour. Eine Runde um das **Sopramento-Gebirge** zählt zu den klassischen Einlagen. Orosei und Tortoli sind Anknüpfungspunkte hierfür (beide Ostküste). Außerdem ergibt sich in Tortoli oder Bari-Sardo die Möglichkeit einer großen Extrarunde durch die **Barbágia** und ums **Gennargentu-Massiv** (1834 m), zugleich zwei der lohnendsten **MTB-Reviere** Sardiniens (günstiger Standort ist die Provinzhauptstadt Nuoro). Beschaulich radelt es sich an der Küste der **Südwest-Ecke** der Insel (Iglesente). Schön dort die felsige Costa del Sud und die Antioco-Insel. Im **Nordwesten** ist die verkehrsarme Küstenstraße von **Algerho** nach **Bosa** eine Traumstrecke für Radler.

Weitere Tourentipps in der Story „Einmal um Sardinien": S. 324

Offroad/MTB Sardinien

So wie Sardinien für *Straßentouren* nur eingeschränkt empfohlen werden kann, ist es umgekehrt für *Offroad-Touren.* Hier spielt Sardinien seine Trümpfe aus: Geringe Besiedlung, aber jede Menge unbefestigter Fahr- und Weidewege! Ein besonderes **MTB-Highlight** ist die einsame Wildnis der **Sulcis.** Fahrwege führen dort ab Dómus de Maria und Santa Margherita hinauf nach **is Cannonris** (715 m).

ⓘ-Box Italien

Einreise
Die EU-Grenzen sind offen. Deutsche, Österreicher und Schweizer können mit dem Personalausweis einreisen.

Geld
Italien ist Euro-Land. Die Lebenshaltungskosten sind etwas höher als in D (2014 +11%).

Gesundheit
Das EU-weite Sozialversicherungsabkommen ermöglicht Mitgliedern gesetzlicher Krankenkassen die Inanspruchnahme medizinischer Leistungen (D, A). Details: *www.dvka.de*

Infos
- *www.enit.it* – Tourismuszentrale Italien
- *www.bicitalia.org* – Umfangreiche Fahrradseite mit enormen Radroutennetz für ganz Italien, leider nur italienischsprachig
- *www.biciedintorni.org* – Fahrradseite mit dt. Übersetzung, prakt. Infos, jedoch auf dem Stand von 2004

Infos vor Ort
Dicht geknüpft ist während der Saison das Netz der Touristenbüros regionaler, provinzialer und gemeindeeigener Fremdenverkehrsämter (EPT, APT, AAPIT, AAST, Pro Loco), die auch bei der Quartiersuche behilflich sind.. Regional werden von den Touristenämtern (insbes. Norditaliens) oft ganz hervorragende kostenlose Broschüren für Radler produziert, auch in deutsch. Jedoch sind sie immer nur zufällig erhältlich.

Wetter
Norditalien – Kontinentales Klima mit kalten Wintern und relativ heißen Sommern. Ausgeglichener ist der Temperaturgang in geschützten Alpenrandlagen (Oberitalienische Seen, Südtirol) und den von Seebrisen bestrichenen Küstengebieten (Riviera).

Wetter Mittel- und Süditalien – Mittelmeerklima, die Apenninen wirken als Klimascheide, etwas feuchter und milder die Westküste, vergleichsweise heiß und regenarm die Ostküste.

Wetter Sardinien und Sizilien – Nicht zu heiß, regenarm, an der Süd- bzw. Südostküste hat es die meisten Sonnentage Italiens.

Wind
Starke Ablenkungsmanöver erfahren die westlichen Atlantikwinde, wenn sie über Italien hinweg streichen. Sie müssen um Inseln und Gebirge kurven und können dabei vom unberechenbaren, staubig-schwülen Sciròcco aus Nordafrika ebenso abgefälscht werden wie vom kalten dinarischen Bora Bora (aus NO) und weiteren Fremdwinden. Unter dem Strich ist die günstigste Tourenrichtung von Nord nach Süd.

Reisezeit
Der Frühling, der mit dem Beginn der Apfelblüte definiert wird, erreicht Italiens Tieflandgebiete Anfang April, die höher gelegenen Landschaften wie die Toskana etwa Mitte April, und die Abruzzen Mitte Mai. Die regenreichsten Monate sind Oktober (Nord- und

Etsch-Radweg, Südtirol

Mittelitalien) und November (Süditalien). Juli, und ganz besonders August, bilden den Höhepunkt der sommerlichen Urlaubssaison. Radtouren in den Küstenregionen sind dann relativ stressbeladen (Verkehr, Unterkunftssuche, Schwüle), und auch die klimatisch angenehmen Gebirgsregionen sind ziemlich überlaufen. Günstige Tourenmonate sind für Norditalien April bis Juni und September, für Mittel- und Süditalien März bis Juni und September/Oktober.

Anreise

(Per Rad: siehe „Alpen / Nord-Süd-Passagen")

Per Bahn

Grenzüberschreitende Fahrradmitnahme ist von Deutschland aus in den Nachtzügen nach Florenz/Rom und Venedig möglich, ab München auch mit den Eurocitys nach Verona, Venedig und Bologna. Infos:

- *www.bahn.de/bahnundbike*
- *www.trenitalia.com*
- *www.trenitaliaplus.com*

Per Bus

MeinFernbus (*www.meinfernbus.de*) bietet die Fahrradmitnahme nach **Bozen, Triest** und **Mailand** an (Heckträgertransport, Pauschalpreis 9 €). Aktuelle Abfrage bzgl. der Verfügbarkeit über die Buchungsmaske.

Von Mitte Mai – Mitte Sep. verkehrt der Fahrradbus von Rucksackreisen (*www.rucksackreisen.de*) zwischen München und der **Toskana** (Florenz, Livorno, Piombino, Grosseto). Unterwegs kann aber auch in **Rovereto** (Norditalien) aus- bzw. zugestiegen werden. Das ist nicht nur ideal für den Etsch-Radweg und die Via Claudia Augusta sondern auch für Touren an den Oberitalienischen Seen.

Transport im Land

Bahnen

Rund 16.000 Streckenkilometer bedienen die Italienischen Staatsbahnen FS, weitere 3600 km die Privatbahnen. Fahrradtransport ist auf den Strecken der FS mit Einschränkungen möglich

Fahrradmitnahme im Abteil ist in allen Regionalzügen gestattet. Aber: Das Rad muss in einer kompakten Radtasche verpackt sein (max. 110x80x30 cm)!

Radreisende, die ihr Fahrrad weder zerlegen noch verpacken wollen/können, sind für die **Fahrradmitnahme** auf Züge mit Gepäckwagen/Radabteil angewiesen, sog. *bici-Züge.* Diese rund 400 Regionalzüge sind mit einem blauen Fahrrad-Piktogramm gekennzeichnet. Die Mitnahme kostet regulär 3,50 €. In einzelnen Regionen wie Apulien, Kampanien, Basilikata, Marken und Ligurien ist sie gratis.

Busse

Mitnahme in regionalen Linienbussen ist vor allem in Norditalien oft möglich. Bis zu 6 Fahrräder passen in die Stauräume der Busse. Fahrradmitnahme in Überlandbussen ist Verhandlungssache.

Fähren

- Hauptfährverbindungen zu den 7 Zielhäfen von **Sardinien** bestehen: ab Genua, La Spezia, Livorno, Piombino, Civitavecchia, Neapel. (Fahrtdauer je nach Linie 11 bis 17 h, Fahrpreise ab 30 bzw. 50 €, Fahrrad frei bzw. 10 €). Außerdem diverse Möglichkeiten des Inselspringens via *Elba* und *Korsika.*
- Hauptfährverbindungen nach **Sizilien** (Palermo): ab Genua, Livorno, Neapel, Cagliari (Fahrtdauer: je nach Linie 11 bis 24 h. Fahrpreise: ab 30 bzw. 70 €, Fahrrad um 10 €).
- Die Suche nach dem billigsten Tarif ist nicht einfach, die wichtigsten Reedereien sind Tirrenia (*www.tirrennia.it*), Corsica Ferries (*www.corsicaferries.com*), Moby (*www.moby.it*), Grimaldi Lines (*www.grimaldi-lines.com*) und SNCM (*www.sncm.fr*).

Übernachten

Zimmer

Preiswerte Unterkünfte sind Pensionen und Ein-Sterne-Hotels (Locando, Albergo, Aloggi, Pensione). DZ ab 30/40 €. Unterkünfte sind in den im Sommer entvölkerten Großstädten günstiger als in Ferienregionen. Schlafplätze in den Berghütten (Rifugio) sind in der Hochsaison knapp und relativ teuer. Auch Privatzimmer (Camere) und Unterkünfte in Studentenheimen (Casa dello studente) sind preiswerte Unterkunftsarten. Unterkunftsverzeichnis über die ENIT, Zimmernachweise bei den örtlichen i-Büros.

Rund 60 **Jugendherbergen** (Ostello per la Gioventù) sind nicht viel für ein Land von der Größe Italiens. Die meisten gibt's im Norden zwischen Turin, Venedig und Florenz, vereinzelte Exemplare auch im tiefen Süden. Ü/F 15–25 €. In der Feriensaison nur für Nervenstarke. Wer ohne Reservierung antritt, sollte zumindest in der Feriensaison um Punkt 18 Uhr, und möglichst als Erster, auf der Matte der Rezeption stehen.

Campen

Die meisten der über 2000 Campingplätze finden sich an den Ferienküsten. Billig sind sie aber nicht, denn Italien ist laut ADAC das teuerste Camping-Land Europas. Üblich sind pro Standplatz um die 30 €. Auf kleineren Plätzen kann man auch schon mal mit 20 € davon kommen. Völlig ausgeflippt sind die Preise mit bis zu 70 € an der Riviera, wo es sogar passieren kann, dass Caravans bevorzugt werden. Nützlich ist ein Camping-Carnet (FICC/AIT).

Billiger ist natürlich *freies Campen*. Offiziell ist das aber nicht erlaubt. Radreisepuristen praktizieren es dennoch. Besonders gut klappt es in einsamen Bergregionen wie den Abruzzen. Ansonsten ist in wärmeren Jahreszeiten das freie Campieren ohne Zelt vorzuziehen. So kann man in den stärker kultivierten Regionen auch kleinste Flecken ausnutzen und fällt kaum auf. Einen Biwaksack für überraschende Niederschläge und Mückenschutz (!) zum Einreiben sollte man aber parat haben.

Karten, Literatur & GPS

(Adressen zum Bezug von Karten und Reiseführern im Anhang)

Tourenkarten

Für Italiens dichtes Straßennetz und autogerechte Wegweisung (generell ohne Entfernungsangaben) kommt man eigentlich um ein Navi nicht herum. Andernfalls muss man eine ganze Menge Papier mit sich schleppen, denn auch Stadtpläne sind wichtig, um durch und aus größeren Städten zu finden, ohne immer wieder auf Autostraßen zu landen. Wer dennoch nach Karte fahren will, sollte überlegen, ob nicht ein preiswerter Autoatlas genügt, aus dem zuvor die benötigten Karten getrennt werden.

- Kümmerly + Frey oder TCI: 1:200.000, als Atlas ca. 27 €, klare Darstellung mit Relief und Steigungspfeilen, lanschaftl. schöne Strecken sind hervorgehoben.
- Freytag & Berndt: 1:200.000, Großer Spiral-Autoatlas Italien, 23 €.
- Eine Sonderstellung nimmt der Kompass-Verlag ein. Er hat eine Fülle von Wanderkarten und Radtourenführern für Italien im Programm, die teilweise zwar auch gpx-Tracks zum Downloaden beinhalten, andererseits aber auch solo immer noch eine attraktive Alternative zum Navi sind. Der Verlag hat auf seiner Website auch eine Karte zur Planung von Radtouren, der man sofort Höhenprofil und Gesamt-Hm entnehmen kann (viel mehr aber auch nicht).
- *www.kowoma.de* – OSM-basierte, routingfähige Freizeit-Karten für Garmin&Co., u.a. für Italien.
- *www.ferrarateraeacqua.it/de/fahrradtourismus* – gpx-Tracks für Rad- und MTB-Routen in Venetien und Umgebung.

Tourenführer

- Kettler Vlg.: Radreiseführer „Toskana per Rad (inkl. Umbrien)" (2001!), „Sizilien per Rad".
- Esterbauer Vlg. (Bikeline), Radtourenführer zu: Via Claudia Augusta, Umbrien, Toskana, Südtirol Sardinien, Po-Radweg, Etsch-Radweg, Alpe Adria-Radweg, Veneto, Radfernweg Venedig-Rom, Piemont. Die neueren Führer zum Teil auch mit gpx-Tracks zum Downloaden.
- PaRadiseGuide (Kay Wewior): GPS-Radreisebücher zu Südtirol & Trentino, Via Claudia Augusta, Venetien, Etschradweg.

Fahrrad, Straßen, Wege

Fahrrad (ital.: bicicletta)
Üblich und empfehlenswert sind eine bergtüchtige Schaltung mit Untersetzung, Reifenbreiten ab 28 mm (Rennräder ab 20 mm), Helm, Rückspiegel. Die meisten Fahrradläden sind rennsportorientiert (feine Campagnolo-Teile zu unfeinen Preisen). Aber auch für MTBs ist die Servicelage gut, wovon natürlich auch Tourenradler profitieren. Schwach sortiert ist das Werkstattnetz im tiefen Süden sowie auf Sardinien und Sizilien.

Radfahrer sind verpflichtet, außerhalb geschlossener Ortschaften bei Dunkelheit eine **Warnweste** zu tragen. Ebenso beim Durchfahren von Tunneln.

Straßen und Radwege

Italien besitzt über 480.000 km Straßen. Besonders der Norden ist gut mit Asphaltpisten versorgt. So weist die Po-Ebene das landesweit dichteste Nebenstraßennetz auf. Nach Süden hin wird die Auswahl gut asphaltierter Nebenstraßen geringer.

Küstenstraßen in Ober- und Mittelitalien sind uninteressant und verkehrsreich, nur in Süditalien und auf den Inseln existieren radelnswerte Küstenabschnitte. Die kleinen Nebenstraßen im allgegenwärtigen Hügel- und Bergland sind generell steigungsreich. Da die Orte vorzugsweise auf Kuppen liegen und aufwändige Trassierung vermieden wird, sind Wadenbeißer um 15% keine Seltenheit.

Da fast alle Orte eine Umgehungsstraße besitzen, ist der Weg *durch* den Ort für Radler oft der angenehmere. Wenn auch immer mehr Städte wie Parma, Ferrara und auch Rom den Radler-Nahverkehr fördern, so ist doch, aufs ganze Land gesehen, immer noch wenig Infrastruktur für Radler vorhanden. Markierte Radfernwege existieren bislang nur in Norditalien (Etsch-Radweg, Po-Radweg).

Verkehr

Die meisten Italien-Radler empfinden den Verkehr insgesamt nicht als unangenehm und die Autofahrer soagr als radlerfreundlich. Faktum ist, dass Italien zu den verkehrsreichsten Ländern überhaupt zählt. Faktum ist auch, dass relativ wenige Unfälle mit Radlern passieren. Generell gilt im Verkehr das „Nase-vorn-Prinzip“. Wer darauf vertraut, wird auch als Radler respektiert. Damit es zu keinem ungewollten Kontakt kommt, ist es aber auch wichtig, klaren Kurs zu halten und keine unvorhersehbaren Manöver zu machen wie plötzliches Abbiegen oder Anhalten. Doch selbst bei solchen Fehlern sind die Folgen nicht so gravierend. Denn in den Orten wird langsam gefahren, für deutsche Verhältnisse geradezu schleichend.

Offroad (MTB)

Italien hat einen guten Ruf bei Mountainbikern: Liberales Wegerecht und attraktive Landschaften. Dolomiten und Gardasee sind die beliebtesten Großreviere. Dort gibt es allerdings auch Bestrebungen den Boom zu kanalisieren, sprich bestimmte Wege für Biker zu sperren wie bspw. am Garda-See und in Tirol. Gute Karten bzw. GPS-Routing sind ein Muss. Auch um die Rätsel zu lösen, die die einheitlich rot-weißen Wanderwegsmarkierungen dem Biker an Gabelungen aufgeben.

Valparola-Pass (Südtirol)

Einmal um Sardinien

von Andreas Bugdoll

Nachdem wir von anderen Radlern nur Positives über Sardinien gehört hatten, wollten auch wir die drittgrößte Mittelmeerinsel kennenlernen. Geplant ist eine 17tägige Komplettumrundung. Erwartungsvoll landen wir in **Olbia.** Es ist Ende Mai. Vom kleinen Flughafen geht es auf verschlungenen Wegen durch das Stadtgebiet in Richtung Lido Pittulongo und auf einer ruhigen Nebenstrecke weiter nach Golfo Aranci. Schön ist der Blick auf die steile Isola Tavolara, der wir am Ende unserer Tour noch näher kommen sollen. Porto Rotondo ist ein hübsches neues Touristendorf mit langen Promenaden an künstlichen Kanälen. Hier lassen wir uns zu einem ersten guten Espresso nieder, dem viele weitere folgen werden.

Costa Smeralda

Anschließend verwöhnt uns eine nette Straße mit häufigen Blicken aufs Meer. Jetzt im Frühsommer ist die Landschaft im Nordosten Sardiniens noch grün und lieblich. Auf dem Weg nach Norden machen wir einen kleinen Abstecher nach **Capricciolі** und suchen den tollen Strand **La Celva** auf. Nach dem Besuch des sterilen Jetset-Dörfchens **Porto Cervo** verlassen wir die zwar schöne, aber sehr teure und überlaufene **Costa Smeralda** über Baja Sardinia. Auf einer freundlichen Küstenstraße geht es nun den Golf von Arzachena hinauf. An den Sandsteinfelsen des **Capo d`Orso** vorbei erreichen wir **Palau.** Dort beobachten wir von einem kleinen Caf das bunte Treiben am Fährhafen. Unser abendlicher Campingplatz auf der Isola Gabbiani ist einmalig gelegen. Wir blicken direkt auf Korsika und die Klippen von Bonifacio.

Blicke auf Korsika

St. Theresa di Gallura überrascht uns mit einigen fürchterlich steilen Straßen. Ansonsten ist es ein schönes Städtchen mit netter Einkaufsstraße, vielen Cafés und einem hervorragenden Stadtstrand. Wir decken uns mit Brot ein, essen eine Kleinigkeit auf der Mauer des Strands und blicken dabei erneut auf Korsika, die ungleiche Zwillingsschwester von Sardinien. So gestärkt geht es auf einer anstrengenden Straße zu den wild verwitterten Sandsteinfelsen des **Cabo Testa.** Wir lassen die Räder am Kiosk stehen und erobern die sehenswerte kleine Halbinsel zu Fuß.

Brotzeit am Abgrund

Bis **Vignola Mare** ist die weitere Strecke dann leider nicht mehr so reizvoll, so dass wir etwas für unsere Durchschnittsgeschwindigkeit tun können. Der nette Abschnitt bis **Castelsardo** wird durch eine eher langweilige Strecke bis **Porto Torres** abgelöst, die teils durch niedrigen Nadelwald führt. Natürlich fahren wir auch die schöne Strecke

Das Capo d'Orso (Bärenkap) an der Costa Smeralda

zum sehenswerten Cabo Caccia. Spektakulär führen hier Hunderte von Stufen an den fast senkrechten Felsen hinunter zum Eingang einer Grotte. Die zehn Euro Eintritt verkneifen wir uns aber. Uns genügt der tolle Blick entlang der steilen Klippen, den wir bei einer Brotzeit am Abgrund genießen.

Farbenrausch

Mit wiederkehrenden Blicken auf helle Strände und türkisgrünes Wasser geht es schließlich weiter nach **Alghero.** Vom Campingplatz laufen wir zur schönen Altstadt. Nach der Weiterfahrt befinden wir uns gleich wieder am Meer. Die folgende Strecke entwickelt sich umgehend zur Traumstrecke. Kurvenreich geht es Auf und Ab, wobei der höchste Punkt bei etwa 360 m liegt. Ganze Berghänge sind mit rosa, roten und blau blühenden Blumenteppichen bedeckt, und dazwischen immer wieder knallgelber Ginster. So etwas haben wir in dieser Fülle noch nie gesehen. Als Zugabe eröffnet die Panoramastraße immer wieder traumhafte Blicke auf die wilde Küste und das Meer. Die verwitterten Felsen sind überaus fotogen, und das zurückliegende Cabo Caccia wirkt aus der Ferne wie ein kleines Cap Formentor. Eine tolle Abfahrt bringt uns schließlich nach **Bosa** mit seinem streng wirkenden Zentrum.

Costa Verde

Nach den Schönheiten der letzten Tage langweilt uns die flache Strecke über **Arborea** und **Marceddi** ein wenig. Eine einspurige Dammstraße führt uns über eine Bucht in Richtung Costa Verde. Hier beginnt eine einsame Hügelstrecke in uriger Maccialandschaft und bald hinter dem Abzweig zur Costa Verde liegt wieder eine traumhafte Küstenstraße am Meer. Außer einer kleinen Ortschaft und einem Ferienkomplex gibt es hier nur wunderschöne Natur. Als wir die ersten Dünen sehen, endet der Asphalt und eine gut befahrbare Schotterpiste beginnt. Nach der Durchquerung von zwei breiten, aber flachen Bächen und einer kurzen Fahrt durch afrikanisch wirkende Landschaft erreichen wir ein einsames Luxushotel inmitten der grün bewachsenen Dünen am Strand. Hier bekommen wir den Tipp für die heutige Übernachtung. Es ist ein neuer, nur 3 km entfernter Campingplatz. Der Platz hat viel Schatten und die Terrasse des Restaurants eine weite Aussicht auf das in der Ferne liegende Meer. Ein wunderschönes Plätzchen, um den Tag mit leckerer Pasta und Vino Rosso ausklingen zu lassen.

Costa del Sud

Nach einem kleinen Frühstück fahren wir weiter durch die einsame Bergwildnis zu den alten Minen von **Ingurtoso.** Die Straße ist zwar nicht sehr steil, aber es geht stetig bergan. Bald gibt es wieder Asphalt. Langsam radeln wir durch die fast ausgestorbene Minenstadt bis auf etwa 400 m. Hier treffen wir auf die SS126, die nach weiteren 100 Höhenmetern zu einem Pass führt. Aussichtsreich geht es nun an einem Steilhang in rauschender Fahrt kilometerweit bergab. Hinter dem Abzweig nach **Buggeru** kommt mal wieder ein Traumstrand und etwas später erfreuen wir uns an tollen Bicken auf eine Steilküste, die uns ein wenig an die Amalfiküste erinnert. Die kurvenreiche Küstenstrecke der **Costa del Sud** ist anstrengend, doch zum Glück laden unterwegs etliche Strände mit glasklarem Wasser zum Baden ein. Auch der Campingplatz liegt an einer halbrunden Traumbucht, die zudem von einem alten Wachturm überragt wird.

Stau vor der Costa Rei

Bald wird die Straße verkehrsreicher und bis **Cagliari** haben wir schließlich 28 km Stau. Alle Bewohner scheinen einen Sonntagsausflug ans Meer machen zu wollen. Die Stadt interessiert uns nicht sehr und so geht´s, vorbei an zahlreichen weißen Buchten, gleich weiter nach **Villasimius,** ein Touristenort, den wir umgehend in Richtung Costa Rei verlassen. Am Campingplatz bekamen wir gestern den Tipp, direkt südlich der großen Hotelanlage Santa Giusta rechts einzubiegen, und den Parkplatz entlang zum Meer zu fahren. Der Tipp war Gold wert, denn sonst wären wir an diesem Traumstrand bestimmt vorbei gefahren. Während Marion sich im kristallklaren Wasser abkühlt, gehe ich den Trampelpfad ein kurzes Stückchen weiter nach Norden und werde mit einer *einmaligen Aussicht* belohnt: Von einer kleinen Kuppe blicke ich auf die ganze **Costa Rei** mit ihren schönen Stränden und dem traumhaft klaren Wasser. Der gleichnamige Ort Costa Rei ist ein beschauliches Touristendorf, zugleich das Zentrum der umliegenden Bungalowanlagen. **Porto Pirastu** markiert das einsame Ende der Costa Rei. Eine für Autos gesperrte, einsame Schotterpiste führt weiter nach Norden. Dort haben wir bald eine herrliche Aussicht auf die Lagunen und Strände von **Muravera.**

Unvergleichliche Aussicht

Nach einem Cappuccino in **Villaputzu** müssen wir einen Pass mit der sagenhaften Höhe von 83 m bewältigen und radeln auf einer kaum noch von Autos befahrenen Straße sehr entspannt durch das **Tal des Rio Quirra.** Über Barisardo, ein nettes Dorf mit Cappuccino-Versorgungsstelle, und Tortole erreichen wir den roten Porphyrfelsen von **Arbatax.** Wir finden ihn aber gar nicht so schön wie manche Reiseführer. Vom Dorf aus geht es nun fort von der Küste und hoch in die Berge.

Bis **Baunei** quält uns fast durchgängig eine kräftige Steigung, die aber für weite Blicke auf das riesige Tal und Arbatax sorgt. Nach der Durchquerung eines Hochtals mit dem Blick auf schroffe Felsen erreichen wir auf etwa 1020 m die eigentliche Passhöhe. Hier genießen wir die *unvergleichliche Aussicht* nach Norden, auf spektakuläre hellgraue Berge und die Stadt Dorgali in der Tiefe. Die Straße fällt verhältnismäßig flach ab, so dass wir die tolle Weitsicht bei der Abfahrt lange genießen können. Kurz vor Dorgali führt die Straße rechts durch einen Tunnel und dann in Serpentinen hinunter zum Urlaubsdorf **Cala Gonone,** wo uns ein Boot zu einer einsamen Bucht bringt.

Traumhafte Abfahrt

Wir brauchen fast eine Stunde um die 450 Höhenmeter zurück über die Serpentinen zu bewältigen. Doch in der Kühle des frühen Vormittags hält sich der Schweißausbruch in Grenzen. Hinter **Dorgali** geht es weiter zum Lago del Cedrino und weiter auf einer total einsamen Nebenstraße nach Lula. Lange fahren wir bergauf, ohne ein Auto zu sehen, während der dolomitenähnliche Monte Turruddo und der Punte Catirina dauernd im Blickfeld liegen. Hinter Lula geht es unterhalb schöner

Sardinien bei Dorgali

Felsen langsam bergan, während die Aussicht immer besser wird. Bei 800 Höhenmetern bezaubert uns eine einmalig schöne Weitsicht über die halbe Nordinsel, die nur von der wunderbaren Abfahrt noch getoppt wird. Während wir in waghalsigem Tempo nach **Siniscola** hinabrollen, taucht die Nachmittagssonne die Berge in die schönsten Farben. Es ist zweifellos *eine der schönsten Abfahrten Sardiniens,* die uns den nahenden Abschied schon jetzt schwer macht!

Der Kreis schließt sich

Von Kilometer zu Kilometer wird es dann an unserem letzten Tag immer touristischer. **San Teodoru** hat einen schneeweißen Strand, den wir für ein letztes Bad im Meer mit Blick auf die nahe Isola Tavolara ansteuern. Hier schließt sich der Kreis unserer Rundreise. Über 1200 km und 12.000 Hm addieren sich auf den Tachos. Den milden Abend verbringen wir im Restaurant des Campingplatzes. Bei italienischen Spezialitäten nehmen wir Abschied von Sardinien, das uns mit traumhaften Stränden, tollen Küstenstraßen und aussichtsreichen Bergstrecken total begeistert hat.

Kosovo

Daten

10.887 qkm • 1,7 Mio. Einwohner • 156 Ew./qkm • Hauptstadt: Pristina, 200.000 Ew.
Ausdehnungen: N – 140 km – S // W – 160 km – O

Land und Leute

Zwei Beckenlandschaften prägen das Innere des neuen Kleinstaates. Zum einen das östliche **Kosovo Polje** (um 600 m) – auch bekannt als **Amselfeld** – zum anderen das westliche **Metohija** (um 500 m). Ein Hochgebirgsring umschließt die Beckenlandschaften. Im Westen das **Prokletije-Gebirge** (auch Nordalbanische Alpen, 2656 m), im Süden die **Sar Planina** (2494 m), im Norden das **Kopaonik-Gebirge** (der Pancicev vrh, 2017 m, ist fast noch Kosovo, faktisch aber Serbien).

90% der Bevölkerung sind Albaner, 5% sind Serben, 5% gehören zu anderen Minderheiten (Türken, Roma, Aschkali). Die **Landessprachen** sind Albanisch und Serbisch. Englisch ist die dritte inoffizielle Landessprache. Mit der albanischstämmigen Bevölkerung kann man relativ gut auf englisch oder deutsch kommunizieren. Die Kosovo-Serben sind weniger polyglott. Die im Deutschen gebräuchliche Bezeichnung Kosovo (= Amsel) kommt aus dem Serbischen. Im Albanischen heißt das Land Kosova.

Der **Konflikt** zwischen Albanern und Serben begann mit der verlorenen Schlacht auf dem Amselfeld. 1389 unterlagen die Serben hier den Türken und verließen ihre Heimat. Ende des 17. Jh. wanderten Albaner in das mittlerweile entvölkerte Gebiet, übernahmen die verlassenen Landwirtschaften, den

Glauben der türkischen Besatzer und manche ihrer Methoden, wie die Haltung von Wasserbüffeln (bis heute). Erst 1912, in den Balkankriegen, wurden die Türken verjagt. Die serbische Verwaltung begann das Kosovo wieder in Besitz zu nehmen und die albanischen „Zwischennutzer" zu verdrängen. Doch trotz aller Begünstigungen schafften es die Serben nicht mehr, die Bevölkerungsmehrheit im Kosovo zu stellen. Seit 2008 steht die „Kosovo-Amsel" auf eigenen Beinen, wackelig, von innerem Frieden noch immer weit entfernt.

Eine Woche Kosovo

Wer mit dem Rad durchs Kosovo fährt, wird oft nach seiner Mission gefragt. Touristen kennt man hier kaum. Ausländer kommen entweder, um Geschäfte zu machen, oder um zu helfen. Noch immer wird in den kriegszerstörten Siedlungsgebieten gebaut, was das Zeug hält. Schön ist anders. Arbeitslosigkeit und Korruptionsindex sind hoch. Die anfängliche Aufbruchstimmung nach dem Motto „Es kann nur besser werden" hat sich mittlerweile auch verflüchtigt.

Praktisch das ganze Land ist besiedelt und wird irgendwie bewirtschaftet. Selbst in scheinbar einsamen Bergregionen trifft man immer wieder auf Leute. Das **Amselfeld** (Kosovo polje mit Pristina) ist eine etwa 70 km lange, 15 km breite Hochebene im Landeszentrum mit viel Landwirtschaft und reichlich Verkehr auf der E65 und E80.

Landschaftlich interessant ist eigentlich nur der **Landesteil südwestlich** der Linie **Pec – Prizren.** Wer darüber hinaus ein bisschen mehr Kosovo machen will, dem sei die folgende **340 km lange Runde** empfohlen: Podujevo – Kosovska Mitrovica – Pec – Dakovica – Decani – Prizren – Prevalac-Pass (1515 m, bis 18%!) – Brezovica – Sar-planina – Gnjilane – Pristina – Podujevo. Man sollte sich dafür ruhig eine Woche Zeit nehmen, nicht nur wegen der Höhenmeter (mit dem steilen Prevalac-Pass als Höhepunkt), sondern auch wegen der Dinge, die es zu sehen gibt: Schluchten, Bergseen, orientalische Städtchen, Freskenklöster, Obstfelder, Wasserbüffel und die Passstraßen durchs Kopaonik- und Sar-planina-Gebirge.

Highlight für die meisten Reiseradler ist die wilde, 25 km lange **Rugova-Schlucht** westlich von Pec. Aufpassen: Das sehenswerte Patriarchenkloster gleich hinter Pec ist nur nachmittags geöffnet. Der Grenzübergang zu Montenegro ist zwar seit dem Kosovokrieg 1999 geschlossen und trotz mancher Ankündigungen noch immer nicht wiedereröffnet, Radler dürfen aber – geduldet von den Grenzern – schon rüber machen. Auf montenegrinischer Seite wartet eine neue Asphaltstraße! Eine Drei-Länder-Runde mit der Rugova-Schlucht ist im Albanien-Kapitel beschrieben.

ⓘ-Box Kosovo

Infos

- Tourismus-Info Kosovo: *www.beinkosovo.com*
- Balkan-Forum: *www.balkanforum.info/f61*

Einreise

Für die Einreise genügt der Pass (D/A/CH), für EU-Bürger auch der Personalausweis (nur der neue im Scheckkartenformat).

Serbien betrachtet die Grenze zum Kosovo auch weiterhin nur als Demarkationslinie, macht dort aber gleichwohl eine polizeiliche Kontrolle, erteilt jedoch keinen serbischen Aus- bzw. Einreisestempel. Das kann bei einer späteren Wiedereinreise nach Serbien bzw. Ausreise Probleme machen. Wer das Kosovo von Serbien aus besuchen will, fährt daher bis auf Weiteres am besten vom Kosovo auch wieder nach Serbien hinaus. Auch wenn man für Serbien und Kosovo eleganterweise den Personalausweis benutzt (s.o.), bleibt die Problematik bestehen, denn die Serben verteilen Einreisekarten. Wer aber nicht wieder nach Serbien will, kann vom Kosovo direkt nach Mazedonien ausreisen und auf den serbischen Ausreisestempel pfeifen.

Geld

Landeswährung ist bis auf Weiteres der Euro. In den serbischen Enklaven wird mit serbischen Dinaren gezahlt. Geldautomaten gibt es genügend. Der Lebenshaltungskostenindex lag 2014 im Vergleich bei 59% (D=100%).

Gesundheit, Sicherheit

Bislang besteht kein Sozialversicherungsabkommen mit der EU. Eine Auslands-KV ist daher sehr ratsam. Leitungswasser aus öffentlichen Netzen ist in aller Regel trinkbar. Mit markierten noch nicht geräumten Minenfeldern wird man selten konfrontiert. Trotzdem wachsam sein, hohes Gras ist beispielsweise verdächtig, und auch mal die Sicherheitshinweise des Auswärtigen Amtes lesen: *www.diplo.de*

Klima

Moderate Temperaturen und Niederschlag in Frühling und Herbst. Die Sommer sind trocken und heiß (25–38 °C).

Anreise

Per Rad: Via Serbien bzw. EuroVelo 11.

Per Flieger: Mit Air Berlin und Germanwings von D/CH, mit Austrian Airlines ab Wien.

Per Bahn: *www.trainkos.com* Die internationale Bahnlinie Belgrad – Pristina wird zur Zeit nicht bedient. Nur die südliche Teilstrecke ist in Betrieb: Pristina – Skopje – Thessaloniki.

Transport im Land

Das Eisenbahnnetz ist 430 km lang, davon 333 km für den Personentransport. Fahrradmitnahme ist offiziell nicht geregelt, soll aber möglich sein. Bei Bussen entscheidet der Fahrer.

Übernachten

Eine Vielzahl kleiner privater Hotels wurde in den letzten Jahren gebaut. Der Standard ist recht gut. Die Preise liegen bei 25 Euro/DZ. In Regionen mit schlechter Zahlungsmoral gibt es täglich Stromsperren. Folge: kein Licht, kein A/C! Campingplätze gibt es vielleicht einen oder zwei. Wildzelten ist im dicht besiedelten Landesinnern so gut wie ausgeschlossen, in den bewaldeten Bergregionen ist es einfacher. Die polizeiliche Meldepflicht, ein Relikt aus jugoslawischen Zeiten, wird normalerweise vom Hotel erledigt. Der Gast erhält im Idealfall einen Durchschlag, den er bei der Ausreise vorweisen kann. In der Praxis kräht kein Hahn danach.

Karten und Literatur

- *Empfehlung:* Freytag & Berndt: Kosovo, 1:150.000, 9,99 €.

Fahrrad

Rad fahren ist nur was für Kinder, heißt es. Mehr als 26"-Reifen (in Supermärkten) sollte man servicetechnisch nicht erwarten.

Straßen und Verkehr

Mit 2000 km ist das Straßennetz zehn mal dünner geknüpft als das deutsche. Auf den Hauptachsen (E65, E80, E851) ist der Verkehr heftig. Wo es keinen Seitenstreifen gibt, braucht man als Radler ein dickes Fell. Die geplante Autobahn Pristina-Skopje soll Entlastung bringen. Aber das dauert noch. Auf den gebirgigen Nebenstrecken ist der Verkehr deutlich geringer, und manche Straßen sind sogar wie ausgestorben.

Kroatien

Daten

56.500 qkm • 4,3 Mio. Einwohner • 76 Ew./qkm
Ausdehnungen: N – 450 km – S // W – 440 km – O

Tourenziel Kroatien

Die einstige jugoslawische Teilrepublik Kroatien zieht heute die meisten Urlauber im Balkan an. Was auch kein Wunder ist, denn fast die gesamte Adria ist kroatisch. Auch Biker mögen das Land mit den vielen Stränden. Das Interesse konzentriert sich folgerichtig auf die dem Meer zugewandten Regionen. In erster Linie auf die italienisch geprägte Halbinsel Istrien, aber auch auf die Küstenlandschaft Dalmatiens mit den Dalmatinischen Inseln. Weit abgeschlagen folgt das Kroatische Berg- und Hügelland nördlich Zagrebs. Gleich gar kein Tourismus findet in jenen Teilen Kroatiens statt, die noch immer unter den Folgen des Balkankriegs leiden (s. Info-Box).

Deutsche, englische und italienische Sprachkenntnisse sind in Kroatien ziemlich verbreitet. Ein Drittel aller Schüler lernt sogar Deutsch.

Routen & Regionen

Istrien

Überblick

www.istria-bike.com

Pultförmig steigt die 4000 qkm große Halbinsel Istrien von West nach Nordosten hin an und fällt steil zur Ostküste ab. Landläufig wird Istrien nach der Farbe seiner Böden in Weiß-, Braun- und Rot-Istrien eingeteilt. „Weiß" die bergigen Karstgebiete Cicarija (bis 1273 m) und Ucka (bis 1401 m), „braun" die Ackerböden des mittelistrischen Hügellandes, „rot" das Küstentiefland Südwest-Istriens. Istrien ist aber bei weitem nicht so karg, wie es das Klischee will. Denn obwohl die Venezianer einst die Wälder Istriens zur Pfahlgründung Venedigs gnadenlos abholzten, sind insbesondere die Niederungen Rot-Istriens und das Hügellland Braun-Istriens im Sommer sehr grün. Fast immer ist auch die Luft Rot-Istriens klar und trocken, was zusätzlich ein schönes Landschaftsbild erzeugt. Die markanten Kirchtürme (graue Spitzpyramiden) sieht man oft schon auf 20 km.

Fjordartige Flussmündungen und Meeresarme schneiden in die istrische Küste, die im Westen breit und im Osten schmal ist. Sandstrände gibt es kaum, Felsen und Kiesstrände umso mehr. Gern wird das Hinterland Istriens mit der Toskana verglichen, und der Malvasier Wein, der auch im Chianta angebaut wird, vertieft diesen Eindruck. Toureninfos und Streckenbeschreibungen: *www.istra.com*

Tourentipps

Istrien-Radler können sich auf viele Verschnaufpausen freuen, denn die Halbinsel ist gut bestückt mit historischen Sehenswürdigkeiten. Neben mittelalterlichen Küsten- und Bergstädtchen, Kirchen, Burgen und Schlössern ist auch die Römerzeit eindrucksvoll vertreten (Pula!).

Zwar gehört der überwiegende Teil Istriens zu Kroatien, der nördliche Übergang zum Festland ist aber slowenisch. Rundtouren sind problemlos möglich, so dass die sehenswerten slowenischen Hafenorte Koper, Izola, Piran und Portoroz nicht außen vor bleiben müssen.

Prinzipiell gilt: Je weiter weg von der Küste, desto ruhiger. Immer stärker befahren sind die Hauptstraßen, vor allem Istriens Magistrale E 751 (viel italienischer Ausflugsverkehr). Allerdings wird Istriens Straßennetz auch ständig ausgebaut. Keine Karte ist diesbezüglich sonderlich aktuell. Wegen des Naturparks von Palud gibt es auch keine Küstenstraße zwischen Rovinj und Barbariga.

In der Nebensaison und unter der Woche sind die Nebenstraßen gut zum Radeln. Neben moderaten Touren durchs Hügel- und Hochland bietet Istrien auch einige Strecken im Osten, die man besser nur mit leichtem Gepäck angeht. Etwa die Auffahrt zum Panorama-Gipfel Vojak (1401 m, bis 18%) oder die 23-prozentige Rampe südlich von Vranja.

Italienische Stadtbilder in Istrien (Svet Vincenat)

Istrien-Runde

… die interessantesten Etappenziele in Istrien:
- Pula (römisches Amphitheater, fünftgrößte Arena der Welt)
- Bale (Prototyp alter istrischer Städte)
- Rovinj (venezianisches Hafenstädtchen)
- Dvigrad (geheimnisvolle Geisterstadt mit Burg, 10 km westl. Zminj)
- Limfjord bzw. Limskij-Kanal (ein 9 km langer Meeresfinger, wo der „Schatz am Silbersee" gedreht wurde)
- Porec (bedeutendste byzantinische Basilika Istriens, offiz. Endpunkt d. Parenzana-Radroute s.u.)
- Umag (an der istrischen „Weinstraße", malerische Altstadt)
- Buje (an der istrischen „Weinstraße", venezianische Altstadt)
- Groznjan (venezianische Stadtfestung, Künstlerstädtchen)
- Motovun (oberhalb Vizinada, alte Bergsiedlung mit mächtigem Festungsgürtel)
- Pazin (am Rande einer Schlucht, besterhaltene Burg Istriens)
- Labin (venezianische Stadtburg über der Kvarner Bucht)

MTB-Tipp Parenzana

Vom italienischen Triest führt die Wander- und Radroute **Parenzana** durch Slowenien und Istrien nach Porec. Namensgeber und roter Faden ist die Trasse der ehemaligen Parenzana-Bahn, die 1935 stillgelegt wurde. Der gesamte Radweg hat eine Länge von ca. 120 km, ist aber immer noch unvollständig ausgebaut. Den italienischen Teil kann man sich gleich schenken, denn da ist bis auf ein wenig Asphalt vor der slowenischen Grenze nichts passiert. Die folgenden 20 km durch Slowenien sind perfekt asphaltiert und beschildert und ziemlich eben. In Istrien wird es holprig (Feldwege) und bergig (bis 300 m), aber auch lohnend. Fünf Tunnel und mehrere Viadukte liegen auf dem Weg. Streckendownload für den istrischen Abschnitt Sekovlje–Vizinada (60 km): *www.istria-bike.com*

Streckendownload komplett: *www.bikemap.net*

Radführer für die gesamte Strecke: „Die Parenzana", Janko Ferk, Styria 2013, 19,99 €

www.bahntrassenradwege.de – Beschreibung der (kroatischen) Parenzana mit gpx-Tracks

Parenzana-Radweg nahe Slowenien

Dalmatien

Dalmatien hat für Radler zwei wesentliche Verlockungen: die *Adria-Magistrale* und das *Inselspringen.*

Jadranska magistrala (EuroVelo 8)

Es heißt zwar, die an die Hänge der Küstengebirge gebaute **Adria-Magistrale** (Jadranska magistrala, E 65) sei eine der schönsten Straßen Südeuropas, aber so pauschal stimmt das nicht. Von Rijeka bis Sibenik ist die Strecke eher unspektakulär, erst dann kurvt die Magistrale größtenteils über dem Meer, säumen karstige Gebirgswände, Lagunen und Inselblicke die Straße. Obwohl die E 65 auch ein Stückchen durch Bosnien-Herzegowina führt, kann sie von **Rijeka** bis **Dubrovnik** problemlos beradelt werden (600 km, Schleife über Plitvica 150 km zusätzlich, Abstecher nach Mostar/Bosnien 120 km zusätzlich). Nach einer kurzen Grenzkontrolle radelt man für 9,3 durch Bosnien-Herzegowina (in **Neum** Gelegenheit preiswert Proviant zu fassen). Die EU möchte hier einen Korridor ohne Grenzkontrollen schaffen. Noch ist es aber nicht so weit. Im Hinterland von Zadar zeugen muslimische Geisterdörfer vom Irrsinn des Bürgerkriegs der 1990er Jahre. Hier liegen immer noch die meisten Minen.

Lohnende Etappenziele sind vor allem Zadar (Altstadt), die Krka-Wasserfälle (Naturpark mit Schotterstraßen), Sibenik (Altstadt), Trogir (fotogenes „Insel"-Städtchen), die Festung Klis und Split (Diokletian-Palast, Altstadt); den krönenden Abschluss bildet Dubrovnik.

Trotz der entlastenden Autobahn A1 ist die Adria-Magistrale während der Sommersaison relativ verkehrsreich. Immerhin bleibt einem der Schwerverkehr weitgehend erspart. Als Alternative bietet sich das Inselspringen an (s.u.). Anstrengend wird die Küstenstrecke auch, wenn gerade der Borino (sommerliche Variante des Bora) aus NO die Küstengebirge herab pfeift. Balkanradler überqueren nach rund 600 km in Prijevor die Grenze zu Montenegro.

Die Jadranska magistrala ist Teil des **EuroVelo 8** (Cadiz – Athen – Zypern). Der wurde hier zwar noch nicht realisiert, sprich beschildert, was aber nix macht, denn verfahren kann man sich ja kaum. Dass der EV8 hier verläuft, adelt die Strecke aber auch.

MTB-Tipp

Mountainbiker können im **Nationalpark Paklenica** einen Abstecher in die Karl-May-Film-Schluchten machen (Große und Kleine Höllenschlucht). Allzu weit kommt man auf den felsigen Pfaden mit dem Bike jedoch nicht.

Dalmatinisches Inselspringen

Wer nicht nur Kilometer machen will, springt zwischendurch ein Stück von Insel zu Insel. Das kostet zwar Zeit, macht aber Laune. Man muss sich aber bewusst sein, dass viele Inseln im Sommer ziemlich ausgedörrt, ja teilweise sogar kahl sind (Mondlandschaft an der Ostküste von Pag). Verlässlich schön sind die Strände und Hafenorte.

Von insgesamt 1185 dalmatinischen Inseln (Klippen und Riffs mitgezählt) sind 66 bewohnt und werden von Fähren angelaufen. Einige Fährverbindungen bestehen nur im Sommer. Leider gibt es kaum noch Insel-zu-Insel-Verbindungen, so dass man immer erst wieder zurück aufs Festland muss. Da ist es gut, dass es auch Inseln gibt, die durch **Brücken** mit dem Festland verbunden sind (Krk, Pag, Vir, Murter, Ciovo und Peljesac) bzw. *untereinander* verbunden sind (Cres – Losinj, Ugljan – Pasman). Das landschaftliche Spektrum der Inseln reicht von karstig-kahl bis subtropisch und von hügelig bis bergig.

Hübsche Inselstädtchen und Badestrände gibt's wie gesagt überall, und beständige Brisen sorgen auch im Hochsommer für ein nicht zu extremes Radelklima. Die meisten Touristen hat's auf Krk und Rab, und die meisten Autos auf Krk, das durch eine Brücke mit Rijeka verbunden ist. Auf **Cres** (404 qkm) fährt man beispielsweise viel bergan, bis Predroscika immerhin auf 360 m. Die Nachbarinsel **Losinj** (75 qkm) hingegen ist leichter zu schaffen. **Krk** (410 qkm) macht da wieder mehr Mühe, im Süden der Insel sind die Anstiege wohl die steilsten der dalmatinischen Inselwelt, die „bessere" Hälfte ist daher die nördliche. Nicht versäumen: **Korcula** (279 qkm), die Insel mit den schönsten dalmatinischen Städtchen. Infos und Eindrücke: *www.inselhuepfen.de* (kommerzielle Seite).

MTB-Tipp

MTB-Touren im kleinen Stil ermöglichen Dalmatiens **autofreie Inseln.** Diese Inseln sind so klein, dass eine Karte kaum erforderlich ist und die Nase als Kompass meist genügt. Die kleinste Insel misst 2,4 qkm (Kolocep), die größte 25,6 qkm (Olib). Die höchsten Erhebungen weist Sipan auf (bis 223 m). Per Fähre erreichbar und mit touristischer Infrastruktur versehen sind folgende autofreie Inseln:

- Unije, Susak und Ilovik in der Kvarner Bucht
- Olib, Silba, Premuda, Skarda, Ist und Molat in der Region vor Zadar
- Zirje, Kaprije und Zlarin auf der Höhe von Sibenik
- Sipan, Lopud u. Kolocep auf Höhe von Dubrovnik (Elaphitische Inseln).

Krajina und Plittwitzer Seen

Wer von Slowenien kommend die kroatische „Taille" durchquert, wird ein deutliches Wohlstandsgefälle feststellen. Reichten in Slowenien die neuen Häuser bis zur Grenze, dominieren östlich davon immer noch die Hinterlassenschaften des Krieges: verfallene, zerbombte Häuser zwischen Kraut und Rüben. Das bergige Hinterland Dalmatiens war Schauplatz des Balkankrieges. Nur langsam erholt sich die **Krajina** von den Zerstörungen und Vertreibungen im Zuge der Rückeroberung der „Serbischen Rebublik Krajina" (bis 1991). Hauptanziehungspunkt in der Krajina ist der wieder hergerichtete Nationalpark **Plittwitzer Seen** (Plitvicka jezera). Um den Drehort der Karl-May-Filme (1960er Jahre) zu erreichen, in Jurjevo die **Adria-Magistrale** landeinwärts verlassen und auf landschaftlich schöner Nebenstrecke via Krasno Polje durchs Küstengebirge bis Otocac (bis 13%, Passhöhe 864 m), dann leichter weiter bis Plitvica. Zurück zur Adria geht's über Gospic

Adria-Magistrale zwischen Split und Makarska

Plitvicer Seen

nach Karlobag (Nebenstraßen). Insgesamt bedeutet der Abstecher zu den Seen ca. 150 zusätzliche Kilometer. Auch ab Karlobag ist der Abstecher denkbar – via Gospi und Titova Korenica. Dabei sind zwei Pässe zu bewältigen. Ab Karlobag Aufstieg zum ersten Pass (Otarijska vrata, 928 m, lange Serpentinen bis 8%), hinter Gospi der zweite Pass (Ljubovo, 980 m, 8%). Dann ist es geschafft.

Nord-Kroatien

Hrvatsko Zagorje

Bis Varazdin erstreckt sich nördlich von Zagreb (der heimlichen Hauptstadt des alten Jugoslawiens) das Berg- und Hügelland Hrvatsko Zagorje. Im Herzen dieses „Kroatiens hinter den Bergen", so die Bedeutung von Hrvatsko Zagorje, liegt das durch altsteinzeitliche Knochenfunde bekannt gewordene Städtchen **Krapina.** Rundum finden sich viele weitere Ziele für Tagesrundtouren. Neben kleinen Burgen, Schlössern, Kirchen und Kurorten sind Wein- und Obstgärten prägende Landschaftselemente. Das Straßennetz ist gut ausgebaut, die drei Hauptstraßen lassen sich nahezu vollständig vermeiden. Steigungsreich sind vor allem die Mittelgebirge des westlichen Bereichs.

Donau-Radweg (EV6)

www.donau-info.org

Im Nordosten Kroatiens bildet die Donau die Grenze zu Serbien. Dieses Gebiet – **Ost-Slawonien** – war im Kroatienkrieg (1991) hart umkämpft. Die nach dreimonatiger Belagerung an die Serben gefallene Stadt Vukovar wurde zum Fanal des folgenden Balkankriegs. Die Ruine des Wasserturms von Vukovar, das erst 1998 wieder zu Kroatien kam, erinnert am **Donau-Radweg (EuroVelo 6)** bis heute daran. Insgesamt sind es von Udvar bis Ilok 140 km, die der Radweg (über Osijek und Vukovar) auf kroatischer Seite zurücklegt. Die Strecke ist perfekt beschildert, sehenswert ist das an der alten Drau gelegene **Osijek.** Ansonsten spricht nicht allzu viel für den kroatischen Abschnitt, der auf Hauptstraßen und meist fernab der Donau durch Flachland führt.

ⓘ-Box Kroatien

Einreise

Der Personalausweis genügt für die Einreise (D/A/CH).

Geld

Kroatische Kuna (HRK). 1 € = 7,6 HRK (Okt. 2015). Kroatien gehört zu den teureren Balkan-Ländern. Der Lebenshaltungskostenindex lag 2014 im Vergleich bei 80% (D=100%).

Gesundheit

Ein Sozialversicherungsabkommen erlaubt GKV-Mitgliedern die Inanspruchnahme medizinischer Dienste (Details: *www.dvka.de*). Reise-KV abschließen!

Sicherheit

Abseits der offiziellen Durchgangsstraßen existieren in den ehemals serbisch besetzten Gebieten noch immer ungeräumte Minenfelder. Dazu zählen Ost- und Westslawonien, das Grenzgebiet zu Bosnien, das Hinterland der Küsten zwischen Zadar und Split sowie die Berge südöstlich von Dubrovnik. Sie sind in aller Regel markiert. Trotzdem wachsam sein, hohes Gras ist beispielsweise verdächtig. Sicherheitshinweise des Auswärtigen Amtes lesen: *www.diplo.de*

Infos

- Kroatische Zentrale für Tourismus: *www.kroatien.hr, www.istra.com*
- Portal für Istrien, die Kvarner Bucht und Dalmatien: *www.kroatischeadria.de*
- Portale für und von Kroatien-Fans: *www.forum-kroatien.de, www.kroatien-net.de*
- Link-Sammlung: *www.kroatien-links.de*
- Radrouten in Kroatien (sehr unfangreich, engl. Version in Planung): *www.pedala.hr*
- Istria-Bike (über 100 herunterladbarer Istrien-Routen für Tourenradler und MTB, mit GPS-Daten, auch auf deutsch): *www.istria-bike.com/de*

Wetter, Wind und Reisezeit

Nördlich der Dinarischen Küstengebirge überwiegt kontinentales Klima, südlich davon ist das Mittelmeer wetterbestimmend. Niederschläge fallen verstärkt im Winterhalbjahr, aber auch im Sommer gibt's Regentage. Im Süden kommt der Wind meist aus Nordwest, im Binnenland eher aus Nordost bis Ost. Berüchtigt ist der Bora bzw. Borino, ein von Zeit zu Zeit auftretender, kalter Fallwind aus Nordost, der vor allem an der dalmatinischen Küste für unangenehm heftigen Gegenwind sorgen kann. Günstige Tourenmonate fürs südliche Kroatien sind April bis Oktober, fürs Binnenland Mai bis September.

Anreise

Zwischen München und Zagreb liegen rund 650 km und die Alpen. Routinierte Tourenradler machen die Strecke in 8 Tagen. Lohnend kann aber auch der Umweg über Ungarn sein. Siehe außerdem „Slowenien, Anreise".

Per Zug

Wer per **Zug** (mit Gepäckwagen für Fahrradmitnahme) anreisen will, kann dies ab München bis Zagreb tun (Fahrrad umladen in Villach). Ab Zagreb bestehen dann „Fahrrad"-Verbindungen nach Split, Rijeka (und weiter bis Pula), Osijek und Vincovci.

Per Autofähre

Täglich verkehren **Autofähren** zwischen Italien und Kroatien. Von Venedig nach Pula, Zadar und Split, von Ancona nach Zadar, Split und Sibenik, von Bari nach Dubrovnik. Interessant ist vor allem die Hafenstadt Ancona, die ab München täglich per Fahrradzug erreichbar ist (München – Bologna – Ancona – Pescara).

Per Bus

MeinFernbus (*www.meinfernbus.de*) bietet die Fahrradmitnahme nach **Zagreb** an (Heckträgertransport, Pauschalpreis 9 €). Aktuelle Abfrage bzgl. der Mitnahmemöglichkeit über die Buchungsmaske.

Transport im Land

Bahn: *www.hznet.hr*
Fahrradmitnahme ab Zagreb nach Split, Rijeka, Osijek und Vincovci.

Busse: Mitnahme nach Absprache mit dem Fahrer.

Insel-Fähren:
www.jadrolinija.hr • *www.rapska-plovidba.hr*
Personenschnellfähren (Katamarane) nehmen keine Fahrräder mit, weshalb man oft nicht vom gewünschten Hafen übersetzen

kann, sondern auf die Autofähren angewiesen ist, die dafür aber preiswerter sind. Die Fahrradmitnahme kostet in der Regel noch einmal so viel wie der Personenpreis.

Übernachten

Prinzipiell lässt sich in den meisten Orten problemlos ein preiswertes Zimmer finden. In einfacheren Pensionen oder Hotels (Kategorien C und D) kostet die Übernachtung im DZ ab 30 €. Privatzimmer werden vor allem in der Hochsaison zahlreich angeboten, Hinweisschild „sobe", DZ ab 20 €. Übernachtungen in einer der 15 Jugendherbergen des Landes ab 12 €.

Rund 280, nicht immer ganz ruhige, Campingplätze gibt's in Kroatien. Die allermeisten liegen am Meer. Preise 8–25 €/Zelt. Freies Campen ist offiziell nicht erlaubt, wird aber toleriert.

Tourenkarten & GPS

- *Empfehlung:* Reise Know-How, World Mapping Project: Kroatien 1:300.000 • Dalmatien 1:175.000 • Istrien 1:70.000. Handlich, haltbar, informativ. 8,90 €.
- *Empfehlung:* Freytag & Berndt: Kroatien-Slowenien Superatlas 1:150.000, 23x30 cm, 970 g, Schummerung, Steigungspfeile, viele Details, 14,95 €.
- Freytag & Berndt: Istrien 1:100.000 • Cres, Losinj, Krk, Rab 1:100.000 • Dalmatinische Küste (1 und 2) 1:100.000, je 8,95 €.
- Kümmerli & Frey: Kroatische Küste, 1:250.000, 10,95 €.
- Esterbauer Vlg. (Bikeline): „Radatlas Istrien", 1:75.000, mit Tourenempfehlungen.
- *www.kowoma.de* – OSM-basierte, routingfähige Freizeitkarten für Radler und Wanderer, u.a. für Kroatien.

Fahrrad, Straßen, Wege

Das Fahrrad (kroatisch: bicikl) sollte die übliche Tourenausstattung haben (bergtüchtige Schaltung, stabile Laufräder, Reifenbreite ab 35 mm). Ersatzteile für hochwertige Fahrräder gibt es in den Städten.

Kroatiens asphaltiertes Straßennetz ist nicht sehr dicht. Wer die stärker befahrenen Europa-Straßen meidet, kann dennoch auf ruhigen Haupt- und Nebenstraßen Rundtouren verschiedenen Ausmaßes realisieren. Achtung bei sommerlichen Regenfällen, die Straßen sind dann oft rutschig. Im Vergleich zu anderen Balkanstaaten pflegen kroatische Autofahrer einen defensiveren Fahrstil.

Offroad (MTB)

Mountainbiker können im Bergland Istriens und den Küstengebirgen Kapela und Velebit schöne Touren zwischen Meer und Karst unternehmen. Über 80 MTB-Routen sind in Istrien mittlerweile markiert. Auch die dalmatinischen Inseln sind interessante MTB-Reviere.

Ruta Dunav (Donau-Radweg)

Florian und seine aus China stammende Frau Minxin starteten im Januar 2015 zu einer Radferntour von Deutschland nach China. Quasi von der Heimat des einen zur Heimat des anderen. Hier berichten sie von ihrer Fahrt durch Kroatien.

Geburtstag in Kroatien

von Florian Welzel

Alles auf EU

Etwas verdutzt stehen wir vor dem slowenisch-kroatischen Grenzübergang. Es ist das erste Mal, dass unsere Ausweisdokumente verlangt werden. Der kroatische Grenzbeamte mustert uns nur kurz, schließlich haben wir ihn beim Schauen eines Youtube-Videos gestört, entsprechend schnell und unbürokratisch verläuft die Abfertigung.

Seit etwa einem Monat sind meine chinesische Frau Minxin und ich nun mit dem Fahrrad unterwegs. Gestartet sind wir an einem trüben Januarmorgen im niedersächsischen Hildesheim. Bis August wollen wir in China sein. Jetzt wollen wir aber erst einmal entlang der kroatischen Adria nach Montenegro radeln.

Bereits auf den ersten Kilometern sieht man, dass Kroatien seit 2013 zur EU gehört. Zwischen die baufälligen, buntbemalten Tante-Emma-Läden hat man Speditionen und Supermärkte gerammt. Am Straßenrand prangen blitzsaubere EU-Verkehrsschilder, die Fahrbahnmarkierungen sind EU-geeicht, sogar die Trüffel erfüllen EU Standard und die auf großen Stellwänden angekündigten Projekte sind ebenfalls EU-finanziert. Bezahlt wird noch in der Landeswährung Kuna.

Radlerfalle

Wir verlassen die Magistrale und radeln auf Nebenstraßen durchs hügelige Istrien. Hier versiegt der EU-Geldregen recht schnell. Alte Lada und Zastava mit unklarem Verwendungszweck rosten in der Sonne vor sich hin, während Hühner und Gänse gackernd über den brüchigen Asphalt wackeln.

Am Nachmittag möchten wir die Fähre auf die Insel **Cres** nehmen, um uns den Umweg über die vielbefahrende Küstenstraße nach Rijeka zu ersparen. Wir sind gewarnt worden. Am gegenüberliegenden Ufer lauere die fieseste Fahrradfahrerfalle Europas, denn der Fährhafen auf der Insel besteht nur aus einer Bar ohne Übernachtungsmöglichkeit. Die gibt es erst 27 km entfernt im gleichnamigen Hauptort der Insel, zuvor muss man aber einen 450 m hohen Pass überqueren. Am winzigen Hafen angekommen, treten wir ohne Elan in die Pedale, wissend, dass noch ein langer, anstrengender Fahrtag auf uns wartet, der zum großen Teil in der Dunkelheit stattfinden wird.

Mick Jagger in Kroatien

Doch nach den ersten Metern hält neben uns ein roter Van und wir sehen uns dem kroatischen Double von Mick Jagger gegenüber. Es ist Igor, der uns einen Schlafplatz für die Nacht anbietet. Igor bewohnt mit seiner Familie ein Anwesen in einem verlassenen Dorf. Nachdem er sich bereits als Bühnendesigner, Trawler und Musiker versucht hat, beschloss er vor zehn Jahren, Rijeka zu verlassen und in die Berge zu ziehen. Erst renovierte er alte Häuser, dann machte er sich daran, die passenden Möbel dafür zu schreinern. Heute hält er Ziegen, betreibt Bienenzucht, destilliert Schnaps, bäckt sein eigenes Brot und bietet Gästezimmer an – falls sich mal jemand in die Gegend verirrt. Eine Website besitzt Igor nicht, und auch ein Hinweisschild am Straßenrand fehlt. „Läuft alles über Mundpropaganda", versichert er uns. „Was aber traurig ist, die Dörfer sterben langsam aus. Die jungen Leute hauen alle ab in die Städte. Und die Regierung kümmert sich nicht um die Inseln, oder nur dann, wenn dort Hotels stehen, die Geld einbringen. Das tun sie vier Monate im Jahr. Wir wohnen hier aber das ganze Jahr über."

Vier mal Sylt

Die Insel **Cres** ist ein topographisches Phänomenen. 85 km lang und an einigen Stelle nur wenige km breit hat sie etwa dieselbe Form wie Sylt, ist aber flächenmäßig viermal so groß. Im Gegensatz zur recht überlaufenen Nachbarinsel Krk hat der Urlauber hier noch seine Ruhe. Nur 3000 Menschen siedeln entlang der steilen Küste, auf jeden Einwohner kommen umgerechnet acht Schafe. Genau vor diesen hat man uns gewarnt. Sie würden die Straße blockieren, was fatale

Konsequenzen hätte, wemn man nach einer Kurve nicht rechtzeitig zum Stehen käme. Das sollte erstmal nicht unsere Sorge sein, da es bergauf geht. Nachdem wir die erste Hälfte der Steigung gestern Abend bereits im Auto zurückgelegt haben, sind die restlichen 200 Höhenmeter kein Problem mehr. Statt des istrientypischen Kiefernwalds gibt es hier nur noch karge Macchia- und Heidevegetation.

Marginalie: Engpässe

Am kommenden Tag wollen wir von Mali Losinj per Fähre nach **Zadar** übersetzen. Doch erleben wir nach recht anspruchsvollen 75 Fahrradkilometern mit gut 1000 Höhenmetern eine böse Überraschung. Die kroatischen Schifffahrtsbetreiber stecken in finanziellen Schwierigkeiten und haben in den letzten Monaten zahlreiche Routen gestrichen. Während im Sommer nach wie vor täglich Fähren den Hafen von Mali Losinj verlassen, machen sich die finanziellen Engpässe in der Nebensaison bemerkbar. Doch wir wären nicht in Kroatien, wenn sich keine Lösung fände. Dank einer Ausnahmegenehmigung können wir unsere Fahrräder auf einem Katamaran verstauen, der täglich nach Rijeka schippert. Von dort geht es in einem komfortablen Reisebus in sieben Stunden bis nach Split.

Dalmatinische Adria

Nach zwei Tagen Sightseeing schwingen wir uns wieder in die Sättel, um unser nächstes Ziel, die berühmte Hafenstadt Dubrovnik im Süden Kroatiens anzusteuern. Dubrovnik liegt eigentlich gar nicht so weit entfernt, die Straße an der dalmatinischen Adriaküste führt aber in unzähligen Kurven bergauf und bergab, so dass wir uns vier Tage Zeit für die etwa 250 km lange Strecke genommen haben.

Wir passieren die Randbezirke von **Split,** betongewordenes Abbild des Titoismus der 1960er und 1970er Jahre, und erreichen schließlich die ebenfalls verbaute Riviera der Stadt. In Istrien hatten wir noch Fahrradwege entdeckt, hier gibt es nur noch Fußwege mit oberschenkelhohen Bürgersteigen. Also ab auf die Bundesstraße. Glücklicherweise ist der Fahrstil der kroatischen Autofahrer eher bei mitteleuropäisch-moderat als lässig-mediterran anzusiedeln. Die Pkw bremsen artig und fahren im Bogen an uns vorbei, während freundliche Lkw-Fahrer kurz hupen, um ihr Überholen anzukündigen.

Schönwetterradler

Je weiter wir nach Süden kommen, desto unversehrter ist die Küste und umso entspannter das Radeln. Immer wieder eröffnen sich gigantische Ausblicke. An der Straße blühen Mitte Februar bereits die ersten Kirschbäume, und in unserem Rücken ragt das bis zu 1800 Meter hohe, schneebedeckte Massiv der Dinarischen Alpen auf. Die Urlaubsorte begrüßen uns auf großen Plakatwänden mit etwas unbeholfenen Slogans: „We are always number one". Wie wir das als Schönwetterradler erwarten, hält sich sogar die Bora, ein gefürchteter Fallwind aus den dalmatinischen Bergen, vornehm zurück.

Ivica und Marija

Trotz der angenehmen Wetterlage schlagen wir nur selten unser Zelt auf. Zwar wird das Wildcampen von den kroatischen Behörden in der Regel toleriert, doch ist das Gelände

Die Adriamagistrale vor Dubrovnik (bei Slano)

entlang der Küste oft steil und dicht besiedelt. Wer sich teure Hotelübernachtungen sparen möchte, kann auf den zahlreich vorhandenen, in der Nebensaison jedoch meist geschlossenen Campingplätzen, sein Zelt aufschlagen.

Andernfalls empfehlen sich noch „Sobe" („Zimmer") als günstige Übernachtungsmöglichkeit. Mit bequemen Betten, warmer Dusche, TV und manchmal sogar funktionierendem WiFi bieten sie alles, was wir nach einem anstrengenden Radeltag so brauchen. Wir finden die Zimmer im Februar meist ausgekühlt und ohne Bettzeug vor, doch werden sie in Windeseile hergerichtet. Die Wartezeit wird mit selbstgebrannten Schnaps und Smalltalk überbrückt. Heute sind wir bei Ivica und Marija, einem Rentnerehepaar, gelandet. Man entschuldigt sich, es sei Beginn der Fastenzeit und man habe für ausgehungerte Radfahrermägen kein Fleisch im Kühlschrank. Uns stört das nicht wirklich, denn die Bohnensuppe und die eingelegten Sardellen schmecken wirklich ausgezeichnet. Und wenn es nach Ivica und Marija geht, ist für die nächsten Tage unsere Unterkunft bereits gesichert: etwa 40 km weiter südlich wohnt Luka, der immer ein Zimmer frei hat. Und wenn wir es noch etwas weiter nach Süden schaffen, böte sich auch Anton an.

Ein Hauch von gestern

Doch nicht immer verläuft unsere Sobe-Suche erfolgreich. Am nächsten Abend ragen hinter einem Hügel Plattenbauten auf. Würde mich jemand fragen wo ich mich befände, meine Antwort wäre Jugoslawien, auch wenn das hier niemand gerne hört. Wir befinden uns in **Ploce,** einer wichtigen Hafen- und Industriestadt. Seine Rolle verdankt es der strategisch wichtigen Lage an einer Flussmündung. Fast alle Gebäude stammen aus der Tito-Ära. Immerhin ist hier endlich mal was los – die einzige Straße wird von jungem Publikum bevölkert und es reiht sich eine Kneipe und Pizzeria an die nächste. Für uns bleibt heute nur ein überteuerter Hotel-Betonkasten aus den 70er Jahren.

10 km Bosnien

Auf unserer Schlussetappe Richtung Dubrovnik durchqueren wir 10 km bosnisches Territorium. Für eine halbe Stunde verlassen wir die EU und müssen zweimal unsere Pässe zeigen. Diese politische Besonderheit geht aufs 18. Jahrhundert zurück, als das unter osmanischer Kontrolle stehende Bosnien einen winzigen Meerzugang zugesprochen bekam. Deshalb ist die Gegend um Dubrovnik eine Exklave ohne Zugang zum Rest des Landes und Kroatien ein geteiltes Land. In Bosnien konzentriert sich der gesamte Badetourismus des Landes auf die Stadt Neum an der Adriaküste. Sobes und Hotels unterschiedlicher Preisklassen ringen um die Gunst der Kunden.

Dalmatinische Adria zwischen Makarska und Ploce

Trendiges Dubrovnik

Nach weiteren 60 km erreichen wir **Dubrovnik,** das Must-See eines jeden Kroatien-Reisenden. Bis Napoleons Truppen diesen Teil der Adria eroberten, konnte der Stadtstaat seine Stellung als wichtige Handelsmacht wahren. Noch heute verbindet der Stolz auf die Unabhängigkeit die Bürger dieser Stadt. Zeugen dieser Epoche sind die monumentalen begehbaren Festungsmauern, die den Altstadtkern umklammern, Paläste, Kirchen und marmorgeflieste Straßen.

Überall trendige Cafés und Gourmetrestaurants, ein privater Yachthafen für die oberen Zehntausend, Filialen renommierter Luxus-Hotelketten am Rande der Altstadt. Somit ist Minxins Geburtstagsgeschenk nicht etwa die ominöse Yes-Torte, überreicht in einem nassen Zelt im Regenwald, sondern ein standesgemäßes Drei-Gänge-Menu in einem Fusion-Restaurant.

Luxemburg

Daten

2586 qkm • 543 Tsd. Einwohner • 210 Ew./qkm
Ausdehnungen: N – 80 km – S // W – 55 km – O

Tourenziel Luxemburg

Luxemburg ist ein veritabler Kleinstaat, immerhin acht mal so groß wie der *Zwergstaat* Malta. Landschaftlich ist das Großherzogtum reizvoll. Tiefe Flusstäler schneiden im nördlichen Luxemburg ins **Ösling,** der bis zu 565 m hohen Brücke zwischen belgischen Ardennen und deutscher Eifel. Die steinigen Böden dieses Waldgebirges erlauben keine Landwirtschaft, und so ist die Landschaft noch sehr ursprünglich – die Wälder voller Wild, die Bäche voller Fische. Die südlichen zwei Drittel des Landes werden von **Gutland** eingenommen. Die Alzette und ihre Nebenflüsse entwässern das aus welligen Plateaus bestehende Gutland, fruchtbare Ebenen ermöglichen Landwirtschaft, daher der Name. Im Osten Gutlands liegt die **Luxemburger Schweiz** (Müllerthal): Ein malerisches Landschaftsensemble aus Wäldern, Schluchten und Wasserfällen. In der südlichsten Region – zwischen Luxemburg-Stadt und

Frankreich – konzentriert sich die Schwerindustrie des Landes: Flach zwar, aber wenig attraktiv zum Radeln.

Leichte bis moderate Touren ermöglichen die Radwanderwege in den Tälern von **Sauer** (Sûre), **Mosel** und **Our.** Ansonsten müssen vor allem im Norden viele Steigungen abgearbeitet werden. Das engmaschige Straßennetz ermöglicht verkehrsarme Routenplanungen. Aber Achtung, das kurvig-hügelige Luxemburg ist auch ein beliebtes Wochenendziel motorisierter Biker.

Routen & Regionen

Radwanderwege

23 PC-Radrouten von insgesamt 900 km Länge sollen ein landesweites Radroutennetz bilden. Rund zwei Drittel sind fertig gestellt. Die Radwege werden überwiegend separat der Straßen geführt, teilweise auch auf Sandwegen und still gelegten Bahntrassen. Eine Übersichtskarte auf der Seite des LVI gibt den Ausbauzustand wieder: *www.lvi.lu/velomap/velomap.pdf*

Die wichtigsten (längsten) bereits fertig gestellten Radrouten (PC = Piste Cyclable):

- **PC 1:** Radrundweg Luxemburg-Stadt (43 km)
- **PC 2:** Luxemburg-Stadt – Echternach (44 km)
- **PC 3:** Drei-Flüsse-Radweg Mosel-Sûre-Our (Schengen – Vianden, 89 km)
- **PC 12:** Attert-Radweg (Pétange/Linger – Colmar Berg, 57 km)
- **PC 15:** Alzette-Radweg (Bereldange – Alzettetal – Ettelbrück, 31 km)
- **PC 16:** Radweg Mittlere Sûre (Reisdorf – Ettelbrück, 16 km)
- **PC 20/21:** Clerv-Wiltz-Radweg (Wilwerwiltz – Kautenbach – Wiltz – Schleif – Bastogne/B, ca. 40 km, grenzüberschreitend, ab Wiltz auf ehemaliger Bahntrasse mit 4 beleuchteten Tunnels)

Anmerkung zum PC 3: Ab Vianden, wo der Radweg endet, wird es erst richtig schön. Die Straße führt nordwärts durch das tief eingeschnittene, windungsreiche Tal der Our. Traumhafte Radelstrecke, bis Rodershausen!

Rundtour Luxemburg

Das „handliche" Format des Landes und die Tatsache, dass alle landschaftlich reizvollen Regionen nördlich von Luxemburg-Stadt liegen, laden förmlich zu einer entsprechenden Rundtour ein. Eine Route, die dabei auch etliche Sehenswürdigkeiten mitnimmt, könnte so aussehen: Von Luxemburg-Stadt auf Radwegen bis Consdorf, via Müllerthal durch die Luxemburger Schweiz, ab Echternach dem Sauerradweg folgen, im Our-Tal den Deutsch-Luxemburgischen Naturpark durchqueren, ins Ösling nach Clervaux klettern, südwärts schwenken und durchs „Sieben-Schlösser-Tal" der Eisch zurück nach Luxemburg-Stadt. Länge: rund 350 km.

Die Route (Sternchen stehen für Sehenswertes):
Luxemburg-Stadt (**) – Müllerthal (*) – Grundhof – Burg Beaufort (*) – Dillingen – Vianden (*)– Rodershausen – Clervaux (**) – Kautenbach – Wiltz – Bavigne – Kaundorf – Esch-sur-Sûre (*) – Eschdorf – Oberfeulen – Ettelbrück (*) – Colmar-Berg – Mersch (*) – Ansembourg (*) – Septfontaines (*) – Goeblange (*) – Koerich (*) – Dahlem – Limpach – Luxemburg-Stadt (**).

ⓘ-Box Luxemburg

Einreise
Die Grenzen sind offen, zur Einreise genügt der Personalausweis (D/A/CH).

Geld
Luxemburg ist Euro-Land. Der Lebenshaltungskostenindex lag 2014 im Vergleich bei 126% (D = 100%).

Gesundheit
Das EU-weite Sozialversicherungsabkommen erlaubt GKV-Mitgliedern die Inanspruchnahme medizinischer Dienste. Details: *www.dvka.de*

Infos
- Luxemburgisches Verkehrsamt: *www.visitluxembourg.lu, www.ont.lu*
- Luxemburgisches Radwegenetz: *www.velospisten.lu*
- Radlerinitiative LVI (Letzebuerger Velos Initiativ): *www.lvi.lu*
- Radeln in Luxemburg: *www.tours.lu*
- OSM-basiertes Routing für Garmin&Co., deckt BeNeLux und Grenzregionen ab: *www.openfietsmap.nl*

Wetter, Wind und Reisezeit
Atlantische und kontinentale Klimaeinflüsse sorgen für lange Winter und milde, regenreiche Sommer. Die Höhenlagen des Öslings sind rauh und niederschlagsreich. Ansonsten ist der aus wechselnden Richtungen wehende Wind eher zahm (Windstärke 2–3).

Reisezeit: April bis Oktober (Weinlese), ideal sind Mai, Juni und September. Juli und August sind sehr touristisch – besonders die Luxemburger Schweiz.

Anreise

Per Rad
Idealer Zubringer bis Wasserbillig ist der *Moselradweg,* anschließend ab Moersdorf auf dem *Sauerradweg* bis Ettelbrück.

Per Bahn
Grenzüberschreitende Fahrradmitnahme ist in allen Interregios (IR) und Nahverkehrszügen möglich.

Per Bus
MeinFernbus (*www.meinfernbus.de*) bietet die Fahrradmitnahme nach **Luxemburg** an (Heckträgertransport, Pauschalpreis 9 €). Aktuelle Abfrage bzgl. der Mitnahmemöglichkeit über die Buchungsmaske.

Transport im Land
www.cfl.lu
Das Streckennetz der Luxemburgischen Eisenbahn **CFL** umfasst 270 km. Im Inlandsverkehr können Fahrräder kostenlos mitgenommen

Die Burg der Burgen in Vianden

werden. In Bussen ist die Fahrradmitnahme nicht möglich.

Übernachten

Hotels sind komfortabel und teuer. Schlichter und deutlich preiswerter sind Gasthöfe (Auberge) und Pensionen. 9 geräumige Jugendherbergen verteilen sich in Entfernungen von 10 bis 20 km übers Land: *www.youthhostels.lu*

86 Betriebe (dazu zählen auch Campingplätze) trugen 2015 das luxemburgische bed+bike-Label: *www.bedandbike.lu*

Über 120 recht preiswerte Campingplätze gibt es, die meisten im Norden und sehr schön gelegen: *www.camping.lu*. Freies Campen ist nur auf Privatland und mit Zustimmung des Besitzers gestattet.

Karten, Literatur & GPS

- *Empfehlung:* Galli-Verlag: Luxembourg by cycle, 1:100.000, 2010, 5,00 €, Bezug: *www.mapfox.de*
- De Moezel, Sportoena: 1:50.000, 1) Südeifel und Ardennen – Luxemburg Nord (Blatt 19), 2) Mosel – Luxemburg Süd (Blatt 24), je 9,80 €, Bezug: www.*mapfox.de*
- *Empfehlung:* Editions Guy Binsfeld, Velo Tour Luxemburg. 13 tolle Entdeckungstouren, 17,80 €, Bezug: *www.editionsguybinsfeld.lu*
- OSM-basierte Radreise-Karte für Garmin& Co.: *www.aighes.de* • *www.kowoma.de*

Fahrrad

Bergtüchtige Gangschaltung, Normalbereifung. Ersatzteile und Reparaturen nur in wenigen größeren Orten. Fahrradvermietungen in einzelnen Orten an Radwanderwegen (z.B. Luxemburg-Stadt, Echternach, Kaundorf, Reisdorf, Vianden, Wiltz). Fahrradanhänger sind seit 2001 erlaubt.

Straßen und Wege

Die in der Sommersaison stark befahrenen Fernstraßen lassen sich dank des außerordentlich dichten Nebenstraßennetzes leicht umgehen. Zudem wird, um den Fahrradtourismus zu fördern, das Angebot markierter Radwegrouten kontinuierlich erweitert. Für Mountainbiker wurden im Ösling, den luxemburgischen Ardennen, 300 km als Routen markiert.

Bivels an der Our

Malta

Daten

246 qkm (Hauptinsel) • 390.000 Ew. (Hauptinsel) • 1585 Ew./qkm
Ausdehnungen (Hauptinsel): N – 30 km – S // W – 14 km – O

Tourenziel Malta

Wer an einer längerenRadtour interessiert ist, sollte Malta vergessen. Man muss sich nur vor Augen führen, dass schon die ähnlich große griechische Ferieninsel Kos (290 qkm) alles andere als einsam ist. Und Malta hat 15 mal so viele Einwohner!

Und dennoch bietet sich von Sizilien aus ein Abstecher nach Malta an. Die Insel ist ja nicht nur dicht besiedelt, sondern strotzt auch vor kulturhistorischem Erbe. Zudem sind die Winter mild, die Sommer dafür sehr heiß. Die Landschaft ist entsprechend karg und kümmerlich. Tiefebene und Hügelland überwiegen. Im Südwesten bringt es eine Hochebene immerhin auf 273 m. Attraktiv sind Teile der Küsten und hübsche Hafenorte. Bei einer Fläche von der Größe Münchens und 1500 km Straßen ist das Fahrrad (maltesisch: Ir-rota) eigentlich das geeignete Vehikel, um die Distanzen zwischen steinzeitlichen Tempeln, Johanniter-Bauten und anderen Sehenswürdigkeiten zu überwinden. Nur die Malteser selbst pfeifen natürlich aufs Rad fahren. Auf den Hauptstraßen herrscht lebhafter Autoverkehr und dazu auch noch auf der linken Seite. Besonders schlimm ist es an der NO-Küste, verkehrsärmer ist nur der Norden Maltas. Vergleichsweise wohltuend sind die Nachbarinseln **Gozo** (26.000 Ew., 67 qkm) und **Comino** ab (10 Ew., 2,5 qkm).

Radfahren auf Malta

- *Ingo Petzold:* „Im Frühjahr war ich auf Malta. Die Insel erschien mir klein und sehr zersiedelt. Übernachtet habe ich in der Jugendherberge und bin von dort zu Tagesausflügen aufgebrochen. Problematisch war die Orientierung,

Marsaxlokk im Südosten Maltas (marsa = arab. Hafen, xlokk = maltesisch Südwind)

denn es gibt sehr viele Straßen; die Kompass-Karte war dem nicht gewachsen, und die Ausschilderung auf Malta erst recht nicht. In vier oder fünf Tagen hatte ich Malta und Gozo abgeradelt."

- *Europaradler Christoph Gocke:* „Malta ist von allen Ländern Europas mit Abstand am wenigsten zum Rad fahren zu empfehlen. Es ist eines der am dichtesten besiedelten Länder der Welt. Auch von Touristen. Völlig zersiedelt. Man entdeckt kaum ein grünes Fleckchen. Die schlechten Straßen fassen den Verkehr nicht. Staus überall. Alles ist teuer. Die Flucht mit der Fähre ins 100 km entfernte Sizilien kostet 63 Euro. Egal, nur weg von hier."
- *Johannes Meusel:* „Malta ist ja nur eine sehr kleine Insel, und es gibt auch keine hohen Gebirge. Doch es ist trotzdem recht hügelig, und eine Tagestour kann ganz schön Schweiß kosten. Auf den Straßen ist unheimlich viel Verkehr. Auf ruhigen Nebenstraßen zu fahren, ist oft schwierig, da die Ausschilderung sehr schlecht ist. Im Kreisverkehr fahren die Autos oft ohne zu blinken raus und schneiden Radfahrer. Aber sie sind auch sehr freundlich, wenn man sie nach dem Weg fragt. Zweimal lotsten uns Autofahrer direkt bis zu unserem Ziel."

ⓘ-Box Malta

Infos
- Malta-Tourismus-Seiten: *www.visitmalta.com, www.malta-online.de*

Anreise
Charterflug oder via Italien per Fähre (regelmäßig ab Reggio di Calabria, Catania/Sizilien, Siracusa/Sizilien).

Einreise
Personalausweis genügt (D/A/CH)

Geld
Malta ist Euro-Land.

Gesundheit
Reise-KV empfehlenswert.

Karten
Wegweisung ist den Maltesern keine Herzensangelegenheit, oft müssen Karte oder Smartphone konsultiert werden.
- *Empfehlenswert:* Kompass Freizeitkarte Malta / Gozo 1:25.000, 8,99 €.
- Freytag & Berndt: Malta / Gozo 1:30.000, 9,99 €.

Literatur
Buch- und Zeitungsläden auf Malta verkaufen den lokalen Radführer „Cycle Malta & Gozo". Er beschreibt 335 km in 12 Routen (9 auf Malta, 3 auf Gozo) und kostet 6,90 €. Wer will kann ihn auch online ordern: *www.cyclemaltandgozo.com*

Mazedonien

Daten

25.713 qkm • 2,1 Mio. Einwohner • 81 Ew./qkm • Hauptstadt: Skopje, 0,6 Mio. Ew. Ausdehnungen: N – 160 km – S // W – 200 km – O

Tourenziel Mazedonien

Kaum jemand wird extra nach Mazedonien zum Radeln kommen. Wenn, dann eher im Rahmen einer Balkantour. Wer dabei aus Albanien kommt, den ergreift in Mazedonien das Gefühl, wieder in Europa zu sein: Straßen ohne große Schäden, neue Automodelle, Hinweise auf Restaurants und Hotels, keine Bunker mehr. Der Lebensstandard ist zwar gering, aber insgesamt doch deutlich besser als in Albanien. Wie Albanien blickt auch Mazedonien auf eine bewegte Geschichte zurück, mit vielen Zeugnissen aus byzantinischer und osmanischer Zeit. Die Landessprache ist mit dem Bulgarischen verwandt (kyrillisches Alphabet). Mazedonien besteht zu 80% aus Hügel- und Bergland. Gebirgskämme, weite Becken, Hochplateaus und große Seen bestimmen das karstige Landschaftsbild. Die im Westen an Albanien grenzenden Ausläufer des Dinarischen Gebirges bringen es auf bis zu 2764 m (Golem Korab).

Routen & Regionen

Mazedonien ist touristisch noch weitgehend unerschlossen. Wer es entdecken will, sollte folgende Eckpunkte einplanen:

- **Skopje** (nach dem verheerenden Erdbeben von 1963 recht ansprechend wiederaufgebaut, in der Umgebung mittelalterliche Klöster)
- **Heraclea** (sehenswerte antike Siedlung in schöner Lage bei Bitola)
- **Ohrid-See** und **Ohrid** (eine der schönsten Städte des Balkans an einem der tiefsten und klarsten Seen Europas, in der Umgebung byzantinische Kirchen)
- **Mavrovo-Nationalpark** (West-Mazedonien, schöne Straße vom Debarsko-See durch die Radika-Schlucht am sehenswerten *Bigorski-Kloster* vorbei zum Mavrovsko-See).

E-65

Radler sind in der Straßenplanung von Mazedonien nicht vorgesehen. Um **von Skopje zum Ohrid-See** zu gelangen, lässt sich bis **Tetovo** die **Autobahn** (E-65) praktisch nicht vermeiden. Weder die Mautkontrolle noch die Polizei haben allerdings etwas dagegen, sondern winken nur lässig durch. Die 50 km bis Tetovo sind dann auch gar nicht so schlimm, da die Autobahn hier einen breiten Randstreifen hat. Nachts könnte es allerdings fatal sein, hier zu fahren, denn sämtliche Gullideckel sind geklaut, so dass sich alle paar hundert Meter ein Loch im Asphalt auftut. Bis Tetovo steigt die E-65 allmählich von 250 auf 540 m.

Der weitere Autobahnabschnitt bis **Gostivar,** der sich eigentlich anbietet, weil es doch bis Tetovo gut lief, ist richtig ätzend, da ohne Randspur. Hautnah hat man die Lastzüge auf der Pelle und fühlt sich absolut deplatziert. Die alternativen Nebenstraßen sind allerdings auch nicht erfreulich, da deutlich länger und steigungsintensiver.

Ab Gostivar ist die E-65 keine Autobahn mehr und hat nun auch etwas weniger Verkehr. Ab **Kicevo** (680 m) dann auf der Kriechspur mit 6% über zwei Pässe (um 1100 m) und weiter bis **Ohrid** (700 m).

Westliche Seen

Länger aber auch schöner ist die hinter Gostivar von der E-65 abzweigende **westliche Nebenstrecke:** erst zum Mavrovo-See, dann weiter zum Debar-See und von dort weiter bergan bis Struga am Ohrid-See. Das sind 110 wirklich sehr empfehlenswerte kleine Männer (km).

EuroVelo

Der **EuroVelo 11** (Nordkap – Athen) soll auch Mazedonien durchqueren. Passiert ist hier aber noch wenig. Abgesehen von den Eckpunkten Kumanovo, Skopje, Veles und Gevgelija ist der genaue Streckenverlauf noch in der Planung.

Hingegen ist der **EuroVelo 13** (Iron Curtain Trail) schon konkreter, da der Streckenverlauf durch die Geschichte ja bekannt ist. Da Jugoslawien als blockfreier Staat westlich des Eisernen Vorhangs lag, folgt der EV13 in Mazedonien für 150 km der Grenze zu Bulgarien. Die Route ist mit Ausnahme eines Schlenkers zu den Wasserfällen von Pehchevo weitgehend identisch mit der 523 (Delcevo – Pehchevo – Wasserfälle – Berovo – Strumica). Die Beschilderung soll bis 2020 erfolgen.

MTB-Tipps

Am meisten zu bieten hat das bergige Mazedonien fast zwangsläufig den Mountainbikern unter uns. Einen visuellen Vorgeschmack kann man schon mal auf *www.ride.mk* bekommen („Gallery", leider sind die Fotos ohne Legende, machen aber Lust auf das Land). Im Folgenden ein paar Fingerzeige für moderate Touren, die auch Reiseradler als Tagesausflüge machen können (moderat = befestigte und unbefestigte Wegstrecken, keine Trial-Passagen, keine Mörderanstiege).

Im Osten

- Auffahrt zu den **Pehchevo-Wasserfällen** (25 km H+R; Start in Pehchevo).
- Runde um den **Berovo-See** (45 km; Start in Berovo, auf der unbefestigten Klepalo-Zaminica-Road durch Wälder bis Klepalo, zurück auf Asphalt).

Im Süden

- Runde durch den **Pelister-NP** (56 km; Bitola – Pelister – Golemo-See – Orlovi Bari-Neolica – Bukovo – Bitola)
- Runde durch den **Galicica-NP** (70 km, davon 40 km unbefestigt; Ohrid – Velestovo – Azan Djura (Bergsee) – Trpejca – Ohrid)

Im Westen

- Runde durch den **Mavrovo-NP** (77 km, davon ca. die Hälfte unbefestigt; Anovi – Ri. Mavrovo – Galichki Pat – Abstecher Tresonce – auf der 202 zurück nach Anovi)
- Ins **Gebirge westlich von Tetovo** (Shara Berge, Popova Shapka, Titov Vrv), wo sich diverse Optionen eröffnen (s. GPSies).

ⓘ-Box Mazedonien

Infos
Touristische Infos sind im Internet immer noch spärlich, auch eine eigenständige Tourismuszentrale existiert nicht. Touristische Infos finden sich u.a. hier:
- *www.macedonia.co.uk*
- *www.mazedonien-info.de*
- *www.ohrid.de (.com),*
- *www.mazedonien-nachrichten.blogspot.com*

Einreise
Pass oder Personalausweis genügt (D/A/CH). Von Albanien kommend problemloser Grenzübertritt bei Pogradec. Ebenso von Serbien und vom Kosovo kommend.

Geld
Mazedonischer Dinar (MKD). 1 € = 61,9 MKD (Okt. 2015). Der Dinar ist weitgehend an den Euro gekoppelt. Der Lebenshaltungskostenindex lag 2014 im Vergleich bei 50% (D= 100%). Geldautomaten akzeptieren bislang keine V-Pay-Karten. Dafür werden überall Euros akzeptiert. Also am besten Euros schon mitbringen, dann entfällt jeglicher Umtauschverlust.

Gesundheit
Reise-KV empfehlenswert.

Sicherheit
Solange der ethnische Konflikt mit der albanischen Bevölkerungsgruppe virulent ist, sollen abgelegene Landesteile nördlich und nordwestlich von Skopje mit etwas Vorsicht bereist werden. Aktuelle Infos: *www.auswaertiges-amt.de* (Länderseite „Ehemalige jugoslawische Republik Mazedonien").

Wetter, Wind und Reisezeit
Das Klima ist überwiegend balkanisch kontinental, d.h. kalte Winter, heiße Sommer. Geringe bis mäßige Niederschläge das ganze Jahr über. Reisezeit: Mai/Juni, Sept./Okt.

Anreise
Neben der Anreise per Rad (Balkan-Tour) gibt es natürlich auch Flugverbindungen von Skopje nach D/A/CH.

Transport im Land
Öffentliche Verkehrsmittel wie Busse und Bahnen sind in akzeptablem Zustand, jedoch

oft voll, so dass die Mitnahme eines Fahrrades Glückssache ist.

Übernachten
Einfache Hotels, Campingplätze und Privatzimmer ab 10 € gibt es in Skopje und den Urlaubsregionen (Seengebiete). Ansonsten auf gut Glück bei Privatleuten anklopfen, die meisten freuen sich über solch seltenen Besuch! Die polizeiliche **Meldepflicht** sollte vom Hotel/Vermieter erledigt werden. Im Idealfall erhält man sogar einen Durchschlag für Nachfragen bei der Ausreise. Aber es kümmert sich ohnehin niemand darum.

Karten
- *Empfehlung:* Freytag & Berndt: Mazedonien, 1:200.000, 9,99 €.
- Freytag & Berndt: Slowenien/Kroatien/ Serbien/Montenegro/ Bosnien-Herzegowina/ Mazedonien, 1:500.000, Atlas, 9,99 €, für länderübergreifende Balkan-Touren.
- Gizi-Map: Macedonia 1:250.000, 10,90 €.

Fahrrad
Reise-MTB mit zuverlässigen Komponenten. Pannen müssen mit Bordmitteln behoben werden. Moderne Fahrradläden gibt es nur in Skopje (5x, u.a. bikemarket.de) und Bitola (2x). Das Straßennetz ist eines der dünnsten in Europa (24 km/100 qkm). Der Autoverkehr ist mäßig.

Florian und seine aus China stammende Frau Minxin starteten im Januar 2015 zu einer Radferntour von Deutschland nach China. Quasi von der Heimat des einen zur Heimat des anderen. Hier berichten sie von ihrer Fahrt durch Mazedonien.

Unbekanntes Mazedonien

von Florian Welzel

Was wissen wir?

Seit Ende Januar sind Minxin und ich per Rad auf dem Weg nach China. Bevor es über Griechenland Richtung Bosporus und Asien geht, wollen wir noch den südöstlichen Zipfel Mazedoniens durchqueren und dabei Ohrid besichtigen. Als wir den albanisch-mazedonischen Grenzübergang überqueren, wird uns gewahr, dass wir sehr wenig über unser nächstes Reiseziel wissen. Eigentlich nur das engagiert-erfolglose Auftreten beim Eurovision Songcontest. Ein bisschen wenig.

Weltkulturerbe Ohrid

Zunächst geht es an einem Stausee entlang, der an einer engen Schlucht endet. Bestimmt ist das eine sehr schöne Strecke, deren Schönheit wir im Dauerregen allenfalls erahnen können. Die Stadt **Ohrid,** am gleichnamigen See gelegen, bietet dem Besucher viel. Viel mehr, als wir in einen Tag Aufenthalt packen können. Zitadelle, Moscheen, Kirchen, osmanische Bürgerhäuser und ein römisches Amphitheater. Alles da.

Wir erkunden das Gassengewirr im Schneegestöber. Zwei Tage bevor wir von den rauen Höhen des Balkans an die milde griechische Ägaisküste hinabsteigen, sind die Temperaturen um 20 Grad gesunken.

Winterradeln zum Zweiten

Während unserer Zeit in Mazedonien werden wir einige déja vus erleben, die an den Anfang unserer Reise erinnern. Die eisige, fast gefrorene Kleidung. Das fahle Licht der Scheinwerfer im Schneetreiben. Der dampfende Kaffee während der Aufwärmpausen in den Tankstellen.

Der nächste Tag startet mit einer anspruchsvollen Bergetappe. Eine enge Passstraße windet sich vom **Ohridsee** (650 Meter) auf eine über 1200 Meter hohe Passhöhe. Die Buchen- und Eichenwälder entlang der Straße erinnern an deutsche Mittelgebirge. Die Befürchtung, wir müssten heute auf

Byzantinische Kirche in Ohrid

schneeglatter Straße fahren, hat sich glücklicherweise nicht erfüllt, erst ab 1000 Metern wachsen die Schneeflecken entlang der Straße zu einer geschlossenen, pappigen Schneedecke zusammen.

Bergab ins Tal verlässt uns das Glück. Hier im abgelegenen Osten Mazedoniens befinden sich die Straßen mehrheitlich in schlechtem Zustand. Steine von den Ausmaßen eines Felsbrockens blockieren die Straße.

Weltfrauentag

Gerade zwei Millionen Menschen leben in dem kleinen, gebirgigen Binnenstaat. Die Städte liegen oft 30 km voneinander entfernt, dazwischen keine nennenswerte Infrastruktur. Daher beschließen wir bereits um 16 Uhr in der Kreisstadt **Resen** den Radtag zu beenden und den letzten Gebirgspass des Balkans auf morgen zu verschieben. Das einzige Hotel im Stadtzentrum ist voll. Morgen sei Internationaler Frauentag, heißt es. Man vertröstet uns mit einer anderen Herberge, die sich am Stadtrand befinden soll. Dort angekommen, mustert der osmanische Inhaber als erstes unsere durchnässten Taschen. Wir schreiten durch einen endlosen und dunklen Gang, bis wir vor einer kleinen, beheizten Abstellkammer stehenbleiben. „Praktisch, hier können wir unser Gepäck abstellen und trocknen", sagen wir. „Nein, darin schlaft ihr!", antwortet der Hotelbesitzer und lächelt.

Es ist Samstagabend. Die Pizzeria wird ausnahmslos von männlicher Kundschaft bevölkert, auch die Cuba Bar nebenan erweist sich als eine Bastion betrunkener, bärtiger Männer. Vielleicht ist es gar nicht so schlecht, wenn sich die weibliche Weltbevölkerung in dieser mazedonischen Kleinstadt versammelt, um für ihre Rechte zu kämpfen.

Wir kommen wieder!

Als wir uns am nächsten Morgen auf die Sättel schwingen wollen, hat sich urplötzlich die gesamte männliche Dorfbevölkerung um unsere Fahrräder versammelt. Wieviel wir schon gefahren sind, und was die Fahrräder so gekostet haben. „Es sind 1800 km von hier bis Hannover", sage ich. „Falsch!", triumphiert einer der flotten Opas, „2200 km! Ich bin es selber in meinem Zastava Yugo gefahren." Die Menge johlt, und wir müssen mitlachen. Ein überraschend hoher Prozentsatz der Anwesenden spricht gut Deutsch, da fast alle Bewohner von Resen irgendwelche Verbindungen nach Deutschland haben. Menschen unterschiedlichsten Alters und Bildungsgrades haben dort ihr Glück versucht, mal auf dem Bau oder als Putzkraft, mal an einer Universität oder einem großen Industriekonzern.

In der Heimat gibt es indes nur wenig zu tun. Die südlichste Teilrepublik gehörte zu den rückständigsten Gebieten des jugoslawischen Staatenbundes. Nach der Unabhängigkeitserklärung gingen die meisten Betriebe Pleite, so dass sich Mazedonien bis heute mit einer extrem hohen Arbeitslosenquote herumschlagen muss.

Bitola, die südlichste Stadt Mazedoniens, begrüßt uns nach einer eisigen Talfahrt mit einer vertrauten, weil sehr mitteleuropäisch wirkenden Fußgängerzone. Wir verbraten die letzten mazedonischen Denare in einem Fastfoodrestaurant und radeln dann die letzten 15 km bis zur griechischen Grenze.

Hinter uns liegen 180 Fahrradkilometer, die wir auf mehrheitlich schlaglochübersäten Straßen bei mäßigem Wetter absolviert haben. Und trotzdem hat Mazedonien unser Interesse geweckt. Wir kommen wieder, und zwar bei besserem Wetter!

Montenegro

Daten

13.812 qkm • 630.000 Einwohner • 47 Ew./qkm • Hauptstadt: Podgorica, 140.000 Ew. • Ausdehnungen: N – 140 km – S // W – 170 km – O

Land und Leute

Im Juni 2006 wurde Montenegro als 192. Mitglied in die UNO aufgenommen. Erst einen Monat zuvor hatte es sich von Serbien gelöst und als unabhängig erklärt. Auf Qualitätstourismus will man wirtschaftlich setzen. Die natürlichen Voraussetzungen sind gut, denn kein Balkanstaat ist landschaftlich dichter, birgt auf kleiner Fläche mehr Vielfalt als Montenegro. Bis 2522 m türmt sich das kleine Land im Durmitor-Massiv, wo zugleich das gesamte Dinarische Gebirge zum Höhepunkt kommt. Höhere Gipfel gab es im ehemaligen Jugoslawien nur noch in den Julischen Alpen (Slowenien).

Balkan-Intensivradler Thomas Longin zur Geografie von Montenegro: „Die pittoreske Adriaküste mit wilden, schmalen, steinigen, nur ganz im Süden auch breiten, sandigen Stränden, wird unmittelbar gefolgt von hohen Karstbergen mit reicher Macchia-Vegetation, die früher besonders dunkel gewirkt haben muss („Schwarze Berge"). Dahinter eine Art zerrissenes Hochplateau mit extremer Verkarstung, besonders ausgeprägt im Westen (Cetinje, Cevo, Grahovo, Crkvice). Richtung Nordosten Übergang zu einer Vielzahl von Hochgebirgen, ganz besonders kleinräumig und mit vielen sehr tiefen Schluchten, danach zu den gemäßigteren Bergregionen der Nachbarländer, dabei immer weniger deutliche Karsterscheinungen. Flachland mit Landwirtschaft fast nur zwischen Podgorica und dem Shkoder-See, ein wenig auch um Niksic. Landbau auch an der Küste. Karstbewirtschaftung sehr spärlich."

In keinem Land des Balkans leben Ethnien und Religionen so friedlich zusammen wie in Montenegro. Die Montenegriner sprechen die selbe Sprache wie die Serben. Unterschiedlich ist aber die Schrift: kyrillisch in Serbien, lateinisch in Montenegro.

per Rad entdecken

Mit ihrem zu zwei Drittel bergigen Profil gehört die „Perle der Adria" in die Kategorie der Tourenziele, denen man am besten mit einem Mix aus Ehrgeiz und Ergebenheit begegnet. Und auch Zeit sollte man mitbringen. Denn neben den regulären Straßen existieren viele Fahrwege, die zwar schön, aber bergig und zeitaufwändig und nicht selten unbefestigt sind. Man kann eine Woche oder einen Monat im Land der „Schwarzen Berge" verbringen. Was man aber nicht tun sollte, ist Montenegro links liegen zu lassen. Denn dann versäumt man einige von Südeuropas Topstrecken. Die Touristiker des Landes vermarkten dieses Plus sehr offensiv.

Bucht von Kotor

Routen & Regionen

Küste und Hochkarst

Küste

Wer durch Kroatien der Adria-Magistrale gefolgt ist, wird in Montenegro zunächst eine Abschwächung der Eindrücke feststellen, denn es gibt keine vorgelagerten Inseln mehr! Wer das Land nur schnell in Richtung Albanien passieren will, was schade wäre, folgt dennoch der Küstenstraße bis Ulcinj. Ähnlich wie in Kroatien haben die Orte auch hier italienisch anmutende Altstadtkerne. Von Ulcinj dann auf schöner, aber steigungsintensiver Strecke landeinwärts nach Vladimir und weiter in Richtung (AL).

Hochkarst, Bucht von Kotor, EuroVelo 8

Eine weitere sehr lohnende Alternative ist die alte Bergstrecke über den Hochkarst – via **Kotor** (5 m), **Cetinje** (670 m) und **Podgorica** (56 m). Die Route macht zugleich eine Schleife um den **Lovcen-Nationalpark.** Nach einem 15 km langen Anstieg (8–10%), der mit 32 durchnummerierten Serpentinen beginnt („Leiter von Cattaro") ist der **Pass** erreicht (Cekanje, 1006 m). Zuvor fesselnde Blicke auf die **Bucht von Kotor,** genialerweise bei Sonnenuntergang. Hinter Cetinje dann rechts auf die verträumte Nebenstraße biegen und durch unberührte Wälder und Olivenhaine nach **Rijeka Crnojevica.** Weiter bis Podgorica.

Diese Strecke nimmt auch der **EuroVelo 8** (bislang noch nicht realisiert, ab Podgorica ist die Weiterführung nach Albanien via E-762 vorgesehen).

Die Tiefebene (Mittelmontenegro)

Skadarsko Jezero

Die fruchtbare, von der Zeta durchflossene Tiefebene bildet die Mitte Montenegros. Hauptorte sind Podgorica (56 m) und Niksic (650 m). Die Tiefebene ist dicht besiedelt und die Hauptstadt **Podgorica** nur interessant, um eventuelle logistische Probleme zu lösen. Touristische Hauptattraktion ist der **Skutarisee** (Skadarsko Jezero, Nationalpark). Mit 400 qkm ist er der größte See des Balkans und ein Paradies für Vögel. Zum Meer hin wird der See durch das **Rumija-Massiv** abgeschottet (bis 1592 m). Von der Küste aus bietet sich der Einstieg in **Petrovac na Moru** an, um dann ab **Virpazar** an den steilen Hängen oberhalb des Skutari-Sees nach Vladimir zu gelangen. Eine überaus reizvolle,

Von Kotor via Rijeka Cernojevica *nach Podgorica*

aber auch anspruchsvolle Strecke, durch ein Gebiet, das ab Virpazar zum Osmanischen Reich gehörte. Drei winzige Klosterinseln im See können unterwegs von **Murici** aus besucht werden, was aber mühsam ist, da es nur eine kleine Stichstraße nach Murici gibt.

Nordmontenegro

„Kampfstraße"

Die Europastraße **E-65** Belgrad-Podgorica ist landschaftlich reizvoll. Aber der Schwerverkehr auf der relativ schmalen Straße lässt die Reize nicht groß zur Geltung kommen. Insgesamt ist die N-S-Richtung für Radler dennoch vergleichsweise harmlos, da sie bergab führt. Wer nicht ohnehin schon in **Mojkovac** zur Tara-Schlucht abgebogen ist, kann die E-65 auch in **Kolasin** verlassen und via **Lijleva Vireka** weiter südwärts fahren. *Thomas Longin:* „Durchgehend asphaltierte Parallele. Viele Höhenmeter, kaum Verkehr, Blicke auf Tunnels und Viadukte der berühmten Eisenbahnstrecke Belgrad – Bar. Lehrbuchhafter Übergang vom Laub- oder sogar Nadelwald zum heftigen Karst. Wasser aus Zisternen."

Wer die **E-65 in Gegenrichtung,** also von Podgorica aus befährt, hat gleich drei Faktoren gegen sich:

- den Schwerverkehr, der ab dem frühen Nachmittag die Straße zunehmend beherrscht,
- den Anstieg zum Crkvine-Pass (1045 m), der 40 km hinter Podgorica beginnt,
- die ca. 33 unbeleuchteten Tunnel, die dabei zu passieren sind.

Diese Tunnel sind das eigentlich höllische Element. Da man im Anstieg (um 10%) als Gepäckradler ja sehr langsam ist, kommt garantiert in jedem Tunnel – auch wenn er nur 300 m lang ist und man sich vorher drei mal umgeschaut hat – mindestens ein Lastzug von hinten. Im Tunnel ist es aber weder per Rückspiegel noch akustisch möglich, zu verorten, ob der Laster dich gleich *überholen* oder *überrollen* wird. Du kannst nur stur die Spur halten und das anschwellende Dröhnen ignorieren. Schau auch nie nach hinten, denn dann liegst du auf der Straße. Im dunklen Tunnel!

In **Mojkovac** schließlich die Belohnung: Dort zweigt die Straße durch die Tara-Schlucht ab (s.S. 356).

Blick in die Tara-Schlucht

Durmitor-Gebirge

Durmitor

Im nördlichen Drittel des Landes liegen die Nationalparks **Biogradska Gora** (54 qkm, Urwald und Gletscherseen) und **Durmitor** (390 qkm). Um zu den höchsten Gipfeln des Landes im Durmitor-Massiv zu gelangen, empfiehlt sich als Alternative zur „Kampfstraße" E-65 die Anfahrt über die Niksic-Pljevlja-Nebenstraße. 35 km braucht die Straße bis zum Pass (1487 m), fällt anschließend ins Koma, pardon, ins Tal der Komarnica und steigt via Slatina wieder an bis **Zabljak** (1450 m), das nach weiteren 55 km erreicht ist.

Bereits 5 km vor Zabljak zweigt ein Sträßchen ab, das westwärts durch den Durmitor-N.P. führt, dabei zum **Durmitor sedlo** auf 1908 m klettert und via Trsa zum **Piva-Stausee** (mit dem aufwändig geretteten Piva-Kloster) weiterführt. Dabei fällt das Sträßchen am Ende an einer spektakulär in die Steilwand gehauenen Straße von 1100 auf 750 m ab. Deshalb auch Achtung in umgekehrter Richtung: Vom Piva-Stausee ist der Anstieg in Richtung Trsa sehr anstrengend: 350 Hm auf engen Serpentinen bei ca. 12% Steigung, da sollte man als Reiseradler noch halbwegs frisch sein!

Tara-Schlucht

Der **Durmitor-Nationalpark** ähnelt im Umriss einer Axt. Das Blatt der Axt ist aber in Wahrheit eine grüne Hochebene (um 1500 m) mit kleinen Seen und alles überragenden, meist schneebedeckten Gipfeln – wunderschön! Der Stiel der Axt hingegen ist die **Tara-Schlucht.** Bis zu 1300 m tief ist diese Schlucht, die eine der „zweitgrößten" der Welt ist (offenbar gibt es mehrere davon, ist auch egal). Die 44 km lange Straße durch die Tara-Schlucht ist wirklich spektakulär: Links und rechts steile Felswände, unten der grüne Fluss – toll!

Leider ist die Weiterfahrt nach Bosnien-Herzegowina nur über den nördlichen Grenzübergang bei Hum möglich. Der Offroad-Übergang bei Lipnik bleibt geschlossen. Immerhin gibt es Leute, die es mit einer Sondergenehmigung geschafft haben sollen. Dafür führt die Straße (18) nach Bosnien durch die **Piva-Schlucht,** und das ist die zweitschönste nach der Tara-Schlucht.

ⓘ-Box Montenegro

Infos
NTO Montenegro: *www.montenegro.travel*

Einreise
Für die Einreise genügt der Personalausweis (D/A/CH).

Geld
Geduldet von der EZB gilt der Euro in Montenegro als offizielle Landeswährung. Der Lebenshaltungskostenindex lag 2014 im Vergleich bei 66% (D=100%).

Gesundheit
Touristen werden zur Kasse gebeten, Reise-KV abschließen! Leitungswasser ist okay, Quellwasser ebenso.

Wetter und Reisezeit
Durch die Höhenunterschiede gibt es drei Klimazonen von mediterran bis gemäßigt kontinental. *Thomas Longin:* „Von Mai bis in den Oktober kann man gut radeln, mit besonders stabilem Wetter im Hochsommer. Dann allerdings auch große Hitze und Waldbrände, in Küstennähe schwül. In höheren Lagen kann es im September schon schneien."

Anreise
Von der schönen Hafenstadt Bari (Italien) geht es ganzjährig mit der **Fähre** zum auch recht hübschen Bar (9 h). Ebenfalls geht es von Ancona (Italien), das auch mit der Bahn ganz gut erreichbar ist, nach Bar (17 h) – aber nur in den Sommermonaten. Preise ab 50 Euro, Fahrrad gratis. Infos: *www.montenegrolines.net*

Die internat. Airports **Tivat** und **Podgorica** werden ab D vor allem von JAT und Adria Airways angeflogen.

Transport im Land
Das Eisenbahnnetz ist winzig, dafür aber spektakulär: Die Gebirgsstrecke Belgrad – Podgorica – Bar führt durch 256 Tunnel! Busse fahren in Montenegro zwar überall hin, sind aber nicht immer in gutem Zustand. Zur Fahrradmitnahme gibt es weder bei den Bussen noch bei der Bahn Vorschriften, reine Verhandlungssache.

Übernachten
Die Tourimusstrategen fördern den hochpreisigen Tourismus und deshalb den Bau teurer Hotels. Das Gros der Betten stellen aber immer noch die Privatvermieter (Ü ab 10 Euro). Viele Campingplätze an der Küste sind geschlossen. Wildes Zelten wird toleriert (nicht in den NPs). Die polizeiliche **Meldepflicht** besteht faktisch nur noch pro forma und sollte vom Hotel bzw. Vermieter erledigt werden.

Karten
- *Empfehlung:* Freytag & Berndt: Montenegro , 1:150.000, 9,99 €, beste Gesamtkarte, zeigt auch viele unbefestigte Wege in guter Auflösung. Nachteil: Unhandliches Format.
- Freytag & Berndt: Slowenien/ Kroatien/ Serbien/ Montenegro/ Bosnien-Herzegowina/ Mazedonien, 1:500.000, Atlas, 9,99 €, für länderübergreifende Balkan-Touren.

Fahrrad
Empfehlung: Reise-MTB mit zuverlässigen Komponenten. In den Städten finden sich brauchbare Bike shops. Aber sonst sieht's, abgesehen von Zabljak, dünn aus.

Straßen und Verkehr
Thomas Longin: „Viele gute, eher schmale Asphaltstraßen. Typisch sind sehr schmale, extrem gewundene und mit viel Vergnügen zu befahrende, oft gut asphaltierte Wege abseits der wenigen Hauptstraßen, vor allem im küstennahen Hochkarst. Die steinigen Pisten Montenegros fand ich auch immer gut brauchbar. Verkehr: Außerhalb des Einzugsbereich der Städte meist noch bemerkenswert wenig. Der Fahrstil ist nicht auffällig partnerschaftlich, aber lange nicht so schlimm wie in Kroatien, Bosnien oder gar Kosova."

Offroad (MTB)
Der Tourismusmasterplan hat für Mountainbiker ein 3000 km umfassendes, ausgeschildertes Routennetz realisiert, das überwiegend autofrei auf alten Pfaden und Wegen geführt ist. Die längste Tour ist die 1276 km lange „Tour de Montenegro", die keinen Zipfel des Landes auslässt und dabei 30.090 Hm kumuliert. Veranschlagt ist die Tour für 14 Tage. Die steilsten Abschnitte betragen 35%.

Informative Übersichtskarte „Wilderness Biking Map" und Roadbook „Top Biking Trail 3 – Eastern Enchantments": *www.montenegro.travel/en/multimedia/brosure* (Downloads nur bei der englischspr. Version)

Für 26,80 € ist zudem der „Montenegro Mountainbike Guide" (mit topografischen Karten und Höhenprofilen) bei *www.mapsolutions.de* erhältlich. 17 Touren werden in dem englischsprachigen Roadbook beschrieben (insges. 1700 km).

Niederlande

Daten

41.528 qkm • 16,8 Mio. Einwohner • 405 Ew./qkm
Ausdehnungen: N – 300 km – S // W – 200 km – O

Land und Leute

Nicht jeder Niederländer ist ein Holländer. Denn neben den historischen Kernprovinzen Nord- und Südholland gibt es noch zehn weitere Provinzen. Vor allem die Friesen im Norden, aber auch die Brabanter und Limburger im Süden nennen sich daher vorzugsweise „Nederlanders". Fast alle jüngeren Niederländer sprechen sehr gut Englisch; zumindest in den östlichen Provinzen wird auch überall Deutsch verstanden.

Seit dem Mittelalter gelten die Niederländer als Spezialisten für Landgewinnung. Etwa 40% des festen Landes entstand durch Eindeichung und Trockenlegung, mehr als ein Fünftel der Landesfläche liegt unter „Normal Null". Früher trugen die berühmten Hollandwindmühlen ihren Teil zur Entwässerung dieser Polderflächen bei, heute tun dies maschinelle Pumpen. Das geförderte Grundwasser fließt in Ringkanäle, die ihrerseits in die großen Flüsse geleitet werden. Größtes Landgewinnungsprojekt ist das seit 1932 durch einen 32 km langen Abschlußdeich von der Nordsee getrennte IJsselmeer. Peu à peu entwässern zwei große Schleusen den Binnensee bei Ebbe. 1969 widerfuhr auch der kleineren Lauwerszee die Trennung von der Nordsee. Gewaltige Deltawerke schotten die stark gegliederte Küste der Provinz Zeeland ab. Verheerende Flutkatastrophen wie die von 1953 sollen so für alle Zeit verhindert werden. Noch Zukunftsmusik ist der Waddenplan, der die Westfriesischen Inseln untereinander und mit dem Festland verbinden will. Aus der salzigen Waddenzee würde ein Binnensee. Landeinwärts schließt sich an die ebenen Polder- und Marschregionen leicht wellige Geest an.

Aller Landgewinnung zum Trotz nehmen Binnengewässer aber immer noch rund ein Sechstel der Landesfläche ein. Neben dem stark verzweigten Mündungsgebiet von Rhein, Maas und Schelde durchzieht das Land ein etwa 4000 km langes Netz von Flüssen und Kanälen. Auf ihnen schippern die Kühe zur Weide und die Käseräder zur Auktion. Typisch holländisch sind deshalb auch organisierte Radtouren mit dem Hausboot als Basislager.

DIE NIEDERLANDE UND IHRE PROVINZEN
Groningen
Friesland
Drenthe
Noord-Holland
Flevoland
Overijssel
Zuid-Holland
Utrecht
Gelderland
Zeeland
Nord-Brabant
Limburg
NIEDERLANDE
0
100 km
© RKH VERLAG HERMANN
Westfriesische Inseln
Vlieland
Terschelling
Ameland
Schiermonnikoog
Borkum
Juist
Ndy
Waddenzee
Texel
Den Helder
NORDSEE
Emden
Reitdiep
Delfzijl
Dollard
LEEUWARDEN
Prinses-Margriet-Kanal
GRONINGEN
Harlingen
Winschoterdiep
Sneek
Heerenveen
Hondsrug
Sneekermeer
Heegermeer
Drachten
ASSEN
Tjeukemeer
Sloten
Steenwijk
Drentse Hoofdvaart
Ems
Ijsselmeer
Emmen
Enkhuizen
Emmelord
Meppel
Meppen
Alkmaar
Hoorn
Urk
Waterland
Hardenberg
Noordzeekanaal
LELYSTAD
Kampen
Vechte
Edam
Flevoland
IJmuiden
Monickendam
ZWOLLE
Ijssel
Nordhorn
HAARLEM
Salland
Almelo
Radroute »Bloembollenstreek«
Zandvoort
AMSTERDAM
Keukenhof
Deventer
Rijssen
Hengelo
Aalsmeer
Apeldoorn
Leiden
Bunschoten
Berkel
Enschede
DEN HAAG
UTRECHT
Amersfoort
Hoge Veluwe
Zutphen
Oude Rijn
Zeist
Achterhoek
Delft
Gouda
Lek
Arnhem
Winterswijk
Rotterdam
Betuwe
Voorne
Kinderdijk
Waal
Nijmegen
Overflakkee
Kleve
Dordrecht
Biesbosch
Schouwen
Zierikzee
Heusden
'S-HERTOGENBOSCH
DEUTSCHLAND
Willemstadt
Lippe
MIDDELBURG
Veere
Bergen op Zoom
Tilburg
Breda
Oisterwijk
Eindhoven
Helmond
Essen
Bochum
Goes
Vlissingen
Zuid Beveland
Drunenser Dünen
Venlo
Duisburg
Terneuzen
Groote Peel
Knokke-Heist
Turnhout
Weert
Maas
Mönchen-Gladb.
Düsseldorf
Wuppertal
Antwerpen
Brügge
Gent
BELGIEN
Schelde
Rur
Rhein
Mechelen
Köln
Heerlen
Kortrijk
BRÜSSEL
Leuven
MAASTRICHT
Aachen
Düren
Valkenburg
BONN

per Rad entdecken

Millionen von Alltagsradlern nutzen die günstigen Gegebenheiten für zügiges Vorankommen. Sieht man mal von Dänemark ab, ist das Fahrrad nirgendwo in Europa so stark in den Alltagsverkehr integriert, wie in den Niederlanden. In den Städten bringt es der Radverkehr auf Anteile von bis zu 60%. Auch Radwanderer können ohne langwierige Vorbereitung losradeln, sie profitieren von hervorragenden Mitnahmemöglichkeiten bei der Bahn, flachem Terrain, kurzen Distanzen, durchdachter Wegweisung und den vielen, vielen Radwege. Das beschilderte Radroutennetz umfasst 30.000 km, was angesichts der Größe des Landes rekordverdächtig ist.

Thomas Dionisius: „Sieben mal war ich in den Niederlanden mit dem Rad unterwegs, 18 Monate habe ich dort gewohnt. Es ist das Radland schlechthin. Wobei meine persönliche Lieblingsregion Friesland ist. Die kleinen, pittoresken Dörfer mit ihren Mühlen und Kirchtürmen, die Menschen mit ihren großen, offenen Gesichtern und ihrer eigenen Sprache. Kühe, soweit das Auge blickt. Als Tourenradler hangelt man sich von Dorf zu Dorf, erblickt zuerst immer den Kirchturm, dann die Silhouette und erreicht etwa eine halbe Stunde später die nächste Ortschaft. Als Großstadtindianer liebe ich das Ursprüngliche und Raue hier im Norden. Zum Radfahren nicht zu vergessen sind die fünf friesischen Inseln. Teilweise autofrei (Vlieland, Schiermonnikoog) bieten sie sich als Abstecher an. Hier findet man Vogelkolonien, Dünenlandschaften und auf den Campingplätzen Partyatmosphäre. Alle fünf Inseln sind Naturparadiese zum Ausspannen und Genießen, persönlich gefällt mir nur Texel nicht so gut."

Routen & Regionen

Friesland und Groningen

Die beiden nördlichen Provinzen sind vergleichsweise dünn besiedelt. Abgeschieden vom Durchgangsverkehr bilden sie den wohl friedlichsten Teil der Niederlande. Trotz einer gewissen Gleichförmigkeit von Landschaft und Orten loben Radler die beschaulichen Nebenstraßen, die stressfreie Stimmung und die Naturnähe.

Friesland

Eindrücke

Selbstbewußt grenzt sich Fryslân (Friesland) in kultureller und sprachlicher Hinsicht von den „Holländern" ab. Mag sein, dass zukünftige Straßenkarten doppelte Ortsbezeichnungen vermerken, denn inoffiziell sind die meisten Ortsnamen ohnehin schon „frisiert". Das hinter der Küste gelegene Marschland, auf dem sich Friesland gründet, wurde der Nordsee abgewonnen und ist heute saftig-grünes Weideland. Milchwirtschaft dominiert die Szenerie, und statistisch gesehen gibt es mehr Rindviecher als Einwohner. Kein Wunder, dass die Friesen ihrem liebsten Haustier in Leeuwarden sogar ein zünftiges Denkmal gesetzt haben.

Südlich von Sneek liegt das friesische Seengebiet, nicht nur für Segler ein Paradies. Abwechslung in die Szenerie bringen Kanäle, Wälder, Moore und gemütliche Orte, deren höchste Teile einst flutgeschützt auf künstlichen Hügeln angelegt wurden. Etwa tausend dieser bis zu 9 m hohen Warften (friesisch: Terpen) zeugen von den Zeiten, da Friesland noch halb dem Meer gehörte.

Tourentipps

www.elfstedenroute.nl/de

Seit 1912 wird alljährlich am Pfingstmontag in Friesland mit der **Elf-Städte-Tour** die Radelsaison eröffnet – ein urfriesischer Hexenkessel mit 15.000 Teilnehmern. Wer will, kann die 230 km lange Route nachradeln, sie ist als „Elfsteden-Route" markiert; offizieller Start- und Zielpunkt ist Bolsward.

Knapp 100 km lang ist der friesische Teil des Radfernweges LF 10, die „Waddenzeeroute": Harlingen – Oosterbierum – Holwerd – Moddergat – Engwierum – Buitenpost. Von Harlingen, Holwerd und Achutsluis ermöglichen Fähren Abstecher zu den naturnahen Westfriesischen Inseln im Wattenmeer. Untereinander bestehen wegen der seichten Wasserverhältnisse nur zwischen den Inseln Vlieland – Texel (gehört zu Noord-Holland) und Vlieland – Terschelling Fährverbindungen.

Etappenziele in Friesland:

- *Leeuwarden* (gemütliche Provinzhauptstadt)
- *Sneek* (von Gewässern umgeben, schöne Altstadt)
- *Sloten* (historisches Städtchen mit Wällen und Grachten)
- *Sexbierum* (Wind-Attraktionspark Aeolus)
- *Franeker* (200 Jahre altes Planetarium des Wollkämmerssohn Eise Eisinga)
- *Hindeloopen* (Hidde-Nijland-Museum, Schlittschuh-Museum)
- *Dokkum* (Festungsstadt auf zwei Warften)
- *Bolsward* (schöne Hansestadt aus dem 15. Jh.)
- *Allingawier* (Museumsbauernhof)
- *Harlingen, Workum* (typische Fischerdörfer)
- *Schiermonnikog, Vlieland* (autofreie Inseln)
- *Terschelling* (Insel, bedeutendes Naturschutzgebiet, 30 km langer Sandstrand).

Groningen

Eindrücke

Kleine Dorfkirchen aus romanisch-gotischer Zeit thronen hochwassergeschützt auf Warften, den von Menschenhand geschaffenen Hügeln. Fruchtbare weite Felder, von Deichen parzellierte Weideflächen und burgähnliche Landsitze sind ebenfalls typische Motive aus dieser Provinz. Industrie und Natur teilen sich die Eems-Dollard-Region, leicht hügeliges Heideland sorgt in Ostgroningen für

Intern. Dollard-Route (Groningen)

Abwechslung. Reizvoll sind Radwanderungen in den Wäldern und der kanaldurchzogenen Moorlandschaft des untouristischen Südostens. Die **Dollard-Route** (Rundkurs, 204 km, *www.dollard-route.de*) verbindet das deutsche Ostfriesland mit dem holländischen Gronigen.

Etappenziele in Groningen:
- *Groningen* (Unistadt mit der wohl höchsten Radlerdichte des Landes, echt erlebenswert)
- *Bourtange* (Festungsstädtchen an der deutschen Grenze)
- *Nordlaaren* (Naturschutzgebiet südl. von Groningen)
- *Zoutkamp* (Beobachtung der Trockenlegung des Lauwersmeeres).

Drenthe

Eindrücke Drenthe steht bei niederländischen Radwanderern in gutem Ruf. Über 1000 km Radwanderwege erschließen die herbe, oft melancholische Heide- und Moorlandschaft. Sümpfe und Teiche bedecken fruchtbares Marschland, das durch Venns und Weiks entwässert wird. Stille Flüsse durchziehen Weideland und Wälder, in denen sich geheimnisumwobene Hünengräber verstecken. Im Hondsrug, dem bewaldeten Höhenrücken zwischen Groningen und Emmen, haben die Dörfer noch einen baumgesäumten freien Platz in der Mitte, den so genannten Brink. Mal geradlinig und offen, mal verschlungen und eng sind die Wege durch diese Provinz, in der van Gogh einige seiner schwermütigsten Bilder malte – und dies, obwohl er meinte, hier sei es überall schön.

„R 4 D" *www.laura-alphen.nl*
Ende Juli finden in und um Drenthe die **Rijwielvierdaagse** statt, das beliebteste Volksradwandern der Niederlande. Praktisch jeder kann beim „R 4 D" mitmachen. Angeboten werden Kategorien von 30 bis 150 km/Tag (auch eine MTB-Kategorie).

Interessante **Etappenziele** in Drenthe:
- *Borger* (Museumsbauerndorf)
- *Emmen* (Biochron)
- *Assen* (Drenther Regionalmuseum)
- *Orvelte* (Museumsdorf)
- *Anloo* (altes Dorf mit romanischer Kirche)
- *Zuidlaren* (Dorf mit uralten Eichen)
- *Exloo, Westerbork, Ruinen* (Dörfer mit täglichem Schafauftrieb)
- *Roden* (mittelalterliche Moorsiedlung)
- *Diever* (besucherfreundliches Dorf mit Schauwerkstätten, Freilufttheater und Naturreservat)
- *Hünengräber* (vor allem in der Umgebung von Borger und Havelte).

Overijssel

Salland Stolz ist man in der Provinz Overijssel auf die bis zu 80 m hohen Hügel des Sallandes, das sich zwischen Zwolle, Hardenberg, Rijssen und Deventer erstreckt (ca. 1000 qkm). Lose verbundene Einzelgehöfte (Eschdörfer), Landgüter und Schlösser, die Flussebene der IJssel und die Vecht mit ihren Altarmen, Weiden und Heideland, der bewaldete Hügelrücken zwischen Ommen und Holten – all das fügt sich zu einem hübschen Radwandergebiet mit ruhigen

Wegen und Dutzenden von Campingplätzen. Ein sehr gemütlicher Radweg verläuft ab Deventer entlang des *Overijssels-Kanals* (via Raalte).

Waterland

Im Städtedreieck Kampen – Zwolle – Steenwijk schließt sich West-Overijssels Waterland an. Wasserläufe, Binnenseen, autofreie Naturschutzgebiete und pittoreske Wasserdörfer wie Giethoorn und Blokzijl prägen diese Region. Naturnahe Radwanderwege sind ausgeschildert („Weerribbenroute", „Wiedenroute").

Twente

Besonders nordöstlich, aber auch südwestlich des zentralen Industriegebiets um Enschede, Almelo und Hengelo entpuppt sich Twente als charmantes Bauernland mit Burgen, Rittergütern, Landhäusern, Hügeln, Gärten und Parks. Über 200 km markierter Radwege, wie die „Fünf-Sterne-Route" im südwestlichen Twente, schlängeln sich durch Heide und Wälder, über Äcker und Felder, ziehen an Wasserwegen und Wallhecken vorbei, passieren Wassermühlen und „Sachsenhöfe". Twente baut sich ein sog. Hochqualitätsfahrradnetz, dessen Rückgrat der **Fahrradschnellweg F35** von Nijverdal nach Enschede sein wird.

Gelderland

Tourentipps

Naturparks und Waldgebiete machen Gelderland zum wichtigsten Naherholungsgebiet im Herzen der Niederlande. Das Juwel der hügeligen Provinz ist die *Veluwe,* deren Namen sich von fahler Aue, also minderwertigem Land, herleitet. Rad- und Wanderwege durchziehen die aus Restwäldern, Dünen und Heide bestehende **Hoge Veluwe.** Anziehungspunkte in diesem Nationalpark sind das Rijksmuseum Kröller-Müller und ein famoser Skulpturenpark. In der Hochsaison sind in dem 55 qkm großen Park bis zu 50.000 Besucher, die gern mit einem der tausend weißen Fietsen herumkurven, die kostenlos zur Verfügung stehen. Weit weniger touristisch ist der östlich anschließende Nationalpark *Veluwezoom* (45 qkm).

Eine andere interessante Ecke für Radwanderer liegt östlich der IJssel. Zwischen Zutphen und Winterswijk erstreckt sich die **Achterhoek,** wo einst Moor- und Heideflächen urbar gemacht wurden. Offenbar erfolgreich, denn der Landadel hinterließ stattliche Gutshäuser und an die 70 Schlösser und Burgen. Einsame Alleen, kleine Waldheidegebiete und Kanäle sind weitere Augenpunkte dieser sehr ans benachbarte Münsterland erinnernden Region.

Wer im Frühling durch Gelderland kommt, den sollte seine Tour unbedingt durch die zwischen Niederrhein und Waal gelegene **Betuwe** führen, wo bis in den Juni die Obstplantagen entlang der Linge in voller Blüte stehen.

Weitere **Etappenziele** in Gelderland:
- *Nijmegen* (nationales Fahrradmuseum Velorama)
- *Berg-en-Dal* (Afrika-Museum)
- *Groesbeek* (Bibel-Freilichtmuseum)
- *Arnhem* („Nederlands Openlucht-Museum" – größtes Freilichtmuseum der NL, Altstadt von Arnhem)
- *Het Groote Veld* (Waldgebiet, nördl. Zuthpen).

Noord- und Zuid-Holland

Eindrücke Die beiden topfebenen Kernprovinzen der Niederlande bieten all das, was man sich unter Holland so vorstellt: Sandstrände, Dünen, Deiche, Kanäle, Windmühlen, Tulpenfelder, Käse- und Viehmärkte, Waldungen, Heide, Polderwiesen, Vogelbrutstätten, Schafzuchten, urige Dörfer und lebenslustige Menschen. Ein bis zu 60 m hoher Dünengürtel schützt die Randstad (wörtl.: „Ringstadt") vor dem Meer. In diesem flächenmäßig kleinen, ringförmigen Ballungsgebiet zwischen Utrecht, Amsterdam und Rotterdam leben ein Drittel aller Niederländer.

Tourentipps Erstaunlich stressarm lässt sich die **Randstad** auf Radwegen erkunden. Um aber nicht nur durch städtische Agglomerationen zu radeln, empfiehlt sich ein Kurs, der bewußt auch durch das ländliche Zentrum der Randstad führt.

Friedlich sind auch die Polderlandschaften nördlich von Amsterdam. Mit der Fähre gelangt man vom Hauptbahnhof ans andere Hafenufer. Pappelalleen ziehen sich durch Wiesen und Weiden, passieren Dörfer mit Windmühlen, Käsereien und Holzschuhmachereien. Schon vor Monnickendam, im Waterland, scheint Amsterdam weit weg.

Der Länge nach durch Hollands Blumengürtel führt der **Bloembollenstreek** („Blumenzwiebelweg") von Alkmaar über Haarlem und Keukenhof nach Leiden. Die Orientierung ist problemlos: Einfach auf den allgegenwärtigen Rad- und Kanaluferwegen durch die auf den Karten markierten Blumenfelder südwärts kurbeln.

Bloembollenstreek bei Noordwijk (Zuidholland)

Durch Noord- und Zuidholland sowie Zeeland verläuft die **Nordzeeroute LF 1,** Urmutter aller niederländischen Radfernwege. Von Den Helder bis Sluis führt die 270 km lange Route an den Dünen und Deichen der Nordseeküste entlang. Lobenswerterweise meist auf der windabgewandten Seite.

Etappenziele in Noord-Holland:
- *Aalsmeer* (Blumenauktion)
- *Zandvoort* (Badeort, Naturpark Kennemerdünen)
- *IJmuiden* (landesgrößter Fischereihafen, zweitgrößte Schleuse der Welt)
- *Amsterdam* (Grachten und Trams, Touris und Geschäftsleute – muss man einfach mal erlebt haben)
- *Monnickendam* (altertümlich-calvinistisches Dorf)
- *Zaanland* (Polderlandschaft am Flüßchen Zaan)
- *Bergen* (Künstlerort)
- *Alkmaar* (Stadtbild, Käsemarkt)
- *Hoorn* (Stadtbild, Mittwochsmarkt)
- *Enkhuizen* (Stadtbild, Freilichtmuseum)
- *Twisk* (Dorf unter Denkmalsschutz)
- *Callantsoog* (dörflicher Badeort, Dünenreservat Zwanenwater)
- *Texel* (größte und landschaftlich vielgestaltigste der WattenInseln, 48. 000 Schafe, 306 Vogelarten und 110 km Radwege, touristisch).

Etappenziele in Zuid-Holland:
- *Den Haag* (Regierungssitz und Großstadt mit Strand, eher unspektakulär; sehenswert aber Miniaturstadt „Madurodam", Mesdag Panoramagemälde, Binnenhof mit Parlament und Ritterhalle, Königliches Gemälde-kabinett, Antiquitätenmarkt)
- *Gouda* (Stadtbild, donnerstags Käseauktion)
- *Kinderdijk* (19 historische Polder-Windmühlen; werden in Juli/Aug. samstags in Betrieb gesetzt, trad. „Mühlentag")
- *Dordrecht* (älteste Stadt der Niederlande)
- *Delft* (Delfter Kachelmuseum, Stadtbild mt Grachten, Prinsenhof)
- *Leiden* (Universitätsstadt mit typisch holländischem Flair, in der nicht nur der Königsnachwuchs gern eine feuchtfröhliche Studentenzeit verlebt)
- *Alphen aan den Rijn* (Vogelpark Avifauna)
- *Keukenhof* (größte Blumenausstellung der Welt, bei Lisse)
- *Apfelgärten* (rund um Boskoop, prächtig zur Blütezeit).

Flevoland und Utrecht

Eindrücke

Das dem Meer abgewonnene Flevoland lädt ein zur populären 380-km-Tour ums **IJsselmeer** (Zuiderzee). Der perfekt beschilderte Rundkurs **„Zuiderzeeroute"** (LF21/22/23) ist steigungsfrei und ideal für Familien. Die Seen-, Wald- und Parklandschaft von Utrecht ist ein Warmmacher für Touren durch die südrheinischen Niederlande.

Ein bemerkenswerter Landstrich in Flevoland ist der **Nordoostpolder.** Diese der Zuiderzee abgerungene Region lockt mit einstigen Hansestädten, urigen Wasserdörfern, verlandeten Inseln, stillen Kanälen und Vogelschutzgebieten. Calvinistisch und abweisend geben sich die Bewohner abgeschiedener Dörfer wie Urk und Staphorst.

Thomas Dionisius: „Die Polder sind ein weiterer Höhepunkt für geografisch interessierte Radler. Auf dem alten Meeresboden durchstreift man Alleen,

Radeln an und über den Kanälen

deren Bäume windschief in den Himmel ragen und stets gut vom Nordwestwind durchlüftet werden. Rund um Emmeloord, Hauptort des Nordoostpolders, gruppieren sich die Dörfer in 8 km Abstand. Warum 8 km? Weil die Stadtplaner in den Fünfziger Jahren meinten, dies sei eine Entfernung, die jeder gut per Fahrrad zurücklegen könnte. Ausnahmen bilden die früheren Inseln Schokland und Urk. Als Zeichen des Protests, dass man seit 1942 zum Festland gehört, tragen die Alten in Urk bis zum heutigen Tag ihre Trachten."

Auf Flevoland hat man zwei künstliche Städte errichtet, Almere und Lelystad. Spielwiesen für Stadtplaner. Wer sich mit dem Neu-Land befassen will, darf sich das Museum Nieuw Land in Lelystad-Haven und den Abschlussdeich nicht entgehen lassen.

Etappenziele in Flevoland:
- *Urk* (altertümliches Fischerdorf mit großer Fischauktion)
- *Bidinghiuzen* (Flevohof: „Bauernhof zum Anfassen")
- *Ketelhaven* (Museum für Schiffsarchäologie)
- *Lelystad* (Gartenstadt mit gestrandetem ostindischen Dreimaster)
- *Oostvaarderplassen* (Vogelpark)

Etappenziele in Utrecht:
- *Utrecht* (schöne alte Bischofsstadt)
- *Bunschoten-Spakenburg* (volks- und altertümelndes Hafenstädtchen)
- *Amersfoort* (von Kirchen geprägter Ort, schöne Altstadt)
- *Oudewater* (malerische Giebelhäuser, Hexenwaage)

Zeeland

Eindrücke

Wegen der relativ umständlichen Anreise ist Zeeland zwar kein selbsttragendes Radtourengebiet, wer aber erst einmal dort ist, den lässt die stark gegliederte Küstenlandschaft so schnell nicht wieder fort. Der Kampf gegen das Hochwasser prägte die Geschichte und heutige Gestalt Zeelands. Seit 1986 schotten die von den Niederländern als „Achtes Weltwunder" gerühmten **Delta-Werke** die Provinz zur See hin ab. Dammstraßen verbinden das zerklüftete Gebiet. Dünenketten, Alleen, Obst- und Blumenplantagen, alte Kirchen und Bauernhöfe sind typische Eindrücke einer Zeeland-Tour.

Thomas Dionisius: „Eine besondere Radregion ist Zeeland. Das Delta der Rheinarme, das noch am 1. Februar 1953 völlig unter Wasser stand, als die schlimmste Sturmflut in diesem Jahrhundert 1853 Menschen und 160.000 Stück Vieh ersaufen ließ. Hier ist der Wind noch stärker als im übrigen Land, die Bäume noch schiefer und die Menschen sind noch mehr vom Kampf gegen das Wasser geprägt. Im Sommer fallen Touristen ohne Ende, vor allem aus dem Ruhrgebiet, ein. Den Kofferraum voll mit Hansa Pils (Aldis Rache), geben sie sich alle Mühe, das Bild vom häßlichen Deutschen zu untermauern. In der Hochsaison verzichtete ich daher gern auf die angespannte Situation zwischen Deutschen („Moffen") und Holländern. Ansonsten ist Zeeland mit den Oosterscheldewerken (größter flexibler Sturmflutdamm der Welt), den kilometerlangen Sandstränden und der wunderschönen Hauptstadt Middelburg durchaus eine Tour wert."

Etappenziele in Zeeland:
- *Dreischor* (gotische Dorfkirche)
- *Zierikzee* (hübsches altes Marktstädtchen mit drei Stadttoren)
- *Veere* (alte Festungs- und Handelsstadt mit schottischen Häusern)
- *Middelburg* (Hauptort in flämischer Gotik)
- *Goes* (Altstadt).

Noord-Brabant

Eindrücke

Nur an wenigen Stellen ist Noord-Brabant mehr als 30 m hoch. Die dicht besiedelte Region lebt von der Agrarwirtschaft und Industrie. In den großen Städten wie Eindhoven und Tilburg haben sich bedeutende Industrien angesiedelt. Jenseits davon erstreckt sich weiträumiges Bauernland – eine Collage aus Heide, Dünen, Kanälen, Feldern, Wäldern, Mooren, Teichen und Bachtälern. Die architektonisch bedeutendsten Städte im schon sehr früh besiedelten Noord-Brabant sind 's-Hertogenbosch und Breda (ein Süd-Brabant gibt es übrigens nicht). Gut ausgebaut ist das Fahrradwegenetz der trotz aller Industrialisierung gemütlich-gastfreundlichen Provinz.

Abstecher Belgien

Eine weite Schleife durch die nordbelgischen Provinzen Antwerpen und Limburg beschreibt die grenzüberschreitende **Jeugdherbergroute LF 50,** die an der Jugendherberge von Bergen op Zoom startet: JH Bergen op Zoom (NL) – JH Zoersel (B) – JH Westerlo – JH Diest – JH Bokrijk – JH Voeren (B); 235 km.

Etappenziele in Noord-Brabant:
- *Breda* (Industriestandort mit schöner Altstadt, umgeben von Parks und Wäldern)
- *Bergen op Zoom* (Handels- und Erzeugerzentrum für Hummer, Austern, Anchovis, Erdbeeren und Spargel)
- *Willemstad* (Festungsstädtchen mit einer Getreidemühle auf dem Wall)
- *'s-Hertogenbosch* (Den Bosch) – die gotische St. Jans-Kathedrale gilt als schönste des ganzen Landes
- *Oisterwijk* (Ferienzentrum mit 1000-jähriger Lindenallee, Oisterwijkse Vennen: Waldheide und Moorseen mit vielen Rad-/Wanderwegen, Vogelschutzgebieten und Vogelpark)
- *Heusden* (Festungsstädtchen mit drei Getreidemühlen auf dem Wall)
- *Drunenser Dünen* (nördlich von Tilburg)
- *Groote Peel* (Hochmoorlandschaft bei Helmond)
- *Nationalpark Biesbosch* (Süßwasserdelta nördlich von Breda, Erkundung per Kanu).

Und sei er noch so schmal, ein fietspad gehört dazu

Limburg

Eindrücke

Fast schon im Ausland fühlen sich viele Niederländer in Limburg, wo Architektur und Gastronomie südländische Züge annehmen. In Nord-Limburg gleichen die Bauernhöfe rheinischen Winzerhöfen, und die Spargel- und Erdbeerfelder nördlich von Venlo bei Arcen ziehen in Mai und Juni viele Grenzgänger an. Limburg, dieser nach Belgien hineinragende Zipfel, misst an seiner engsten Stelle nur 3 km. Dafür finden sich hier die meisten Erhebungen der Niederlande, der **Dreiländerpunkt** an der Grenze zu Belgien und Deutschland bringt es sogar auf stolze 322 m. Daher sind östlich von Maastricht hollanduntypische Übersetzungen beim Radeln angesagt.

Maas-Radweg

Die Hauptradelroute in Limburg verläuft entlang der landschaftsprägenden, gemütlichen Maas und auf den alten Treidelwegen des Juliana-Kanals. Das Industriegebiet um Stein weiträumig umradeln.

Michael Kristl zum Maas-Radweg (Arnhem – Nijmegen – Maastricht): „Gut ausgeschilderter Radweg entlang der deutsch-niederländischen Grenze. Allerdings nicht immer direkt am Fluss verlaufend. Öfters radelt man auch außerhalb der Sichtweite der Maas im Zickzackkurs über Feldwege oder kleine Wäldchen. Teilweise Schotterabschnitte, sind auch mit dem Tourenrad machbar. Eine zusätzliche Radwegekarte wird eigentlich nicht benötigt, gibt es aber zu kaufen. Genügend Campingplätze auf der Strecke vorhanden."

Etappenziele in Limburg:
- *Valkenburg* (Ferienort mit Burgruine und Grotten)
- *Maastricht* (Altstadt mit südländischem Flair)
- *Thorn* (malerisches „weißes" Städtchen).
- *Geul-Tal* (landschaftlich schönes Flusstal im südlichen Dreiländereck).

ⓘ-Box Niederlande

Einreise
Die Grenzen sind offen (Schengener Abkommen), ein Personalausweis genügt (D/A/CH).

Geld
Die Niederlande gehören zur Euro-Zone, das Preisniveau liegt etwas über dem deutschen (2014: +13%).

Gesundheit
Das EU-weite Sozialversicherungsabkommen erlaubt Mitgliedern einer gesetzlichen Krankenkasse die Inanspruchnahme medizinischer Dienste. Details: *www.dvka.de*

Infos
(Soweit nicht anders angegeben, alle Seiten nur auf holländisch!)

- *www.niederlande.de* – NBT (Niederländisches Büro für Tourismus) – auch deutsch
- *www.fietsersbond.nl* – Niederländischer Radfahrerverband enfb (Echte Nederlandse Fietsers Bond)
- *www.fietspad.nl* – Hunderte von Radrouten
- *www.mtbroutes.nl* – MTB-Tourenbeschreibungen
- *www.fietsen.123.nl* – Jede Menge Tourenvorschläge
- *www.fietsvakantiewinkel.nl* – Größter Fahrradbus- und Radreiseveranstalter
- *www.anwb.nl* – Niederländischer Touringclub ANWB
- *www.hollandfahrradland.de* – Alle Radfernwege zum Download – deutsch
- *www.allefietserswelkom.nl* – Radlerfreundliche Übernachtungsmöglichkeiten in NL (Camping und Zimmer)

Infos vor Ort
www.vvv.nl
VVV heißen die ca. 500 lokalen Verkehrsbüros im Land. Hier sind alle regionalen Informationen, inklusive spezieller Radtourenvorschäge und Gebietskarten, erhältlich. Wo zusätzlich ein „i-Nederland"-Schild angebracht ist, gibt es auch überregionales Info- und Kartenmaterial wie etwa die gesamte ANWB-Radwanderkarten-Serie.

Wetter
Atlantisches Klima mit mäßig warmen Sommern und milden Wintern. Generell wechselhaft. Juli und August sind die wärmsten, aber auch feuchtesten Monate. Häufiger bewölkt ist das Landesinnere, den meisten Sonnenschein hat's an der Küste.

Wind
Wind weht fast immer, meist aus Nordwest. Besonders spürbar an den Küsten, schwächer und mit Unterbrechungen im Landesinnern.

Ulrike Baars: „Anstrengend wird es, wenn der Wind wieder von vorn bläst. Da gibt es oft keinen Baum oder Strauch, der einen schützt."
Thomas Dionisius: „Manchmal schafft man locker 160 km, ein anderes Mal ist man schon nach 60 km völlig alle."

Reisezeit
Optimale Monate für eine Radtour sind Mai, Juni und September. Auch April und Oktober sind gut geeignet. Im Juli und August sind landesweit Schulferien und die Urlaubsreviere vielfach ausgebucht. Im Landesinnern ist es im Sommer zudem recht regnerisch.
Anmerkung: Der 4. und 5. Mai sind Feiertage, die das Land berühren (Gedenken der Toten des Zweiten Weltkrieges, Befreiung vom Faschismus). Als Deutscher sollte man sich an diesen Tagen zurücknehmen.

Anreise

Per Rad

Wer mit dem Rad anreisen will, kann aus 30 Straßenübergängen zwischen den Niederlanden und Deutschland auswählen. Als grenzüberschreitende Radroute bietet sich in erster Linie der Europaradweg R 1 an, der von Zwillbrock/Zwilbroek nach Den Haag führt. Über die „grüne Grenze" hinweg führen Radwege auch vom Emsland und dem Niederrheingebiet nach NL.

Per Bahn

Fahrradmitnahme nach Amsterdam ist mit internationaler Fahrradkarte im Fernverkehr (IC) von Berlin möglich, ebenfalls mit den Nachtzügen (City Night Line) ab Zürich und München. Außerdem in allen grenzüberschreitenden Regionalzügen.

Per Bus

MeinFernbus (*www.meinfernbus.de*) bietet Fahrradmitnahme nach **Amsterdam** an (Heckträgertransport, Pauschalpreis 9 €). Aktuelle

Abfrage bzgl. der Verfügbarkeit über die Buchungsmaske.

Transport im Land

Bahn

www.ns.nl

Ein Streckennetz von rund 2500 km betreiben die **Nederlandse Spoorwegen (NS)**. Um den Fahrplan muss man sich wenig sorgen, denn die meisten Züge verkehren im 30- oder 60-Minuten-Takt. Mit einer zuvor gelösten *fietskaart* (Fahrradticket) ist zudem auf fast allen Strecken die Mitnahme des Fahrrades möglich (Selbstverladung), es sei denn, der mit einem Fahrradsymbol von außen gekennzeichnete Gepäckraum ist bereits belegt. Sperrzeiten für die Mitnahme bestehen werktags während des Berufsverkehrs: von 6.30–9.00 Uhr und 16.30–18.00 Uhr (außer Juli/Aug.).

Fähren und Busse

Alle Personenfähren nehmen Fahrräder mit, teilweise sogar umsonst. Busse sind hingegen nicht auf den Transport von Fahrrädern eingerichtet, Regionale Ausnahmen gibt es in Overijssel.

Übernachten

Zimmer

Hotels gibt's in allen Kategorien, Privatzimmer weniger. Bed & Breakfast (Bêd en Brochje) wird vor allem in Friesland angeboten sowie in Nord- und Zuid-Holland.

Stayokay Hostels (SH, *www.stayokay.com*) heißen die einstigen Jugendherbergen. 25 SHs verteilen sich in Abständen von etwa 10–70 km übers Land. Bei entsprechender Planung führt eine Tour von SH zu SH zu den interessantesten Orten im Land. Ü/F ab 21,50 €.

Weitere preiswerte Unterkünfte: **Naturfreundehäuser** (etwa 15), **Sleep-Ins** und **Jugendhotels** in Großstädten, 243 **Wanderhütten** im Abstand von ca. 25 km (bis 4 Pers., ab 32 €, *www.trekkershutten.nl*).

Eine gute Idee sind auch Übernachtungen bei fahrradfreundlichen Vermietern. Über 3000 Familien sind landesweit bei **„Vrienden op de Fiets"** als Vermieter gemeldet. Eine Mitgliedskarte ist erforderlich. (ÜF 19 € pP, *www.vriendenopdefiets.nl*).

Mitglieder des ADFC-Dachgebers können dem enfb-Verzeichnis „Fietsen & Overnachten" außerdem weitere Anschriften spezieller Radlerquartiere entnehmen: *www.dachgeber.de*

Campen

www.svr.nl • *www.natuurkampeerterreinen.nl*

Mit über 2000 Plätzen weisen die Niederlande Europas höchste Campingplatzdichte auf. Nur in den Provinzen Holland, Utrecht und Groningen sind sie dünner gesät.

Die meisten dieser Plätze sind auf die Bedürfnisse von Caravanern zugeschnitten, weshalb Leichtgewichtscamper meist ohne Tisch und Bank auskommen müssen. Über 100 Plätze dürfen den Zusatz „Fietscamping" führen. Dort können Radler, auch auf belegten Plätzen, mindestens eine Nacht verbringen, wenn sie vor 19 Uhr eintrudeln. Diese Plätze, die oft auch über Reparatur- und Trockenräume verfügen, sind in den „Landelijke Fietsroutes"-Karten verzeichnet.

Freies Zelten ist nur auf Privatgrundstücken und mit Einwilligung des Eigentümers erlaubt. Wer unbemerkt campen will, kann dies praktisch nur ohne Zelt realisieren. Die Alternative heißt „Mini-Camping". Mitglieder der **SVR** (Stichting Vrije Recreatie) dürfen auf rund tausend Bauernhöfen und ähnlichen Grundstücken ihr Zelt für wenig Geld aufschlagen. Ähnliches gilt für die Stichting **Natuurkampeerterreinen,** die ihren Mitgliedern mehr als 140 einfache, ruhige Zeltplätze zur Verfügung stellt.

Karten, Literatur & GPS

Tourenkarten

- *Empfehlung:* ANWB: Fietsatlas Nederland 1:100.000, flächendeckend, 23 €. Hier ist alles drin, was man für die Niederlande als Fahrradtourist braucht. Sehr hilfreich ist, dass die Pilz-Radwegweiser (paddestoelen oder fietsknooppunten) vermerkt sind. So entstehen keine Zweifel. Vermerkt sind auch Radfahrverbote und die LF-Routen.

Darüber hinaus gibt es eine große Vielfalt an Fahrradkarten. Gut sortiert ist mapfox.de.

Tourenführer

- Esterbauer Vlg. (bikeline): „Nordseeküsten-Radweg 1" (Rotterdam – Leer, 450 km)

- „Rund ums Ijsselmeer" (mit Texel und Vlieland, 380 km)
- „Internationale Dollard-Route" (Rundkurs zw. Ostfriesland und Holland, 200 km)
- „Radregion Holland"

GPS

www.openfietsmap.nl
- *www.aighes.de*
- *www.kowoma.de*

bieten OSM-basiertes Radreise-Routing für Garmin&Co. an.

Fahrrad (fiets)

Ausstattung

Im Prinzip lassen sich die Niederlande mit jeder Art Fahrrad erkunden. Eine Dreigangschaltung sollte allerdings auch ein Hollandrad aufweisen. Die gemütliche, aufrechte Sitzhaltung ist zwar vereinbar mit der flachen Topografie des Landes, jedoch ein spürbarer Nachteil, wenn es gegen den Wind geht. Touren- und Rennlenker ermöglichen eine günstigere Haltung als der „Pastorenlenker" eines Hollandrades.

Da die Oberfläche der Radwege sehr wechselhaft und selten die beste ist, sollte die Bereifung nicht zu schmal sein. Eine gut hörbare Klingel (bel) ist wichtig, um andere Radfahrer vor dem Überholen an-„bellen" zu können. In Großstädten werden Velos als Gemeineigentum betrachtet und sollten daher am besten bei einer „bewaakte fietsenstalling" (bewachte Fahrradstation) eingestellt werden – u. a. an Bahnhöfen.

Michael Kristl: „Achtung: Fahrradklau in Amsterdam exorbitant. Niemals unbeaufsichtigt lassen. Nachts niemals draußen stehen lassen, auch nicht abgeschlossen!"

Thomas Dionisius: „Jährlich werden in den Niederlanden etwa eine Million Räder geklaut, in Amsterdam schätzt man, dass nur noch fünf Prozent der Räder vom ursprünglichen Eigentümer gefahren werden. In großen Städten die wichtigen Teile des Rades mit mindestens zwei Schlössern sichern. Kabelschlösser werden als kleiner Scherz aufgefasst. Titan sollte es schon sein!"

Reparaturen

Fast jedes Dorf hat seine Veloschmiede, selten ist ein Punkt mehr als fünf Kilometer vom nächsten Radladen entfernt. *Heiko Ahlers:* „Auf jedem Dorf gibt es einen ‚fietsenmaker'. Die Leute sind meist sehr hilfreich und innovativ. Allerdings fehlen manchmal die neuesten Hightech-Komponenten. Übliche Reifengröße ist 37-622, alles andere löst mancherorts Erstaunen aus."

blikvanger – fängt den Abfall beim Vorbeiradeln

Mieten

Fahrräder werden gegen Hinterlegung einer Kaution in rund 300 Orten und an ca. 100 Bahnhöfen vermietet. Überwiegend sind es schaltungslose Hollandräder, die zwar für eine Tagestour geeignet sind, nicht aber für längere Fahrten mit Gepäck.

Straßen und Wege

Verkehr

Pro Kopf ein Fahrrad, das ist Spitze in Europa (auf Platz zwei: Dänemark). In den Städten werden Radler u. a. durch das Zusatzschild „Uitgezonderd fietsers" – Ausgenommen Radfahrer – privilegiert, das typischerweise das entgegengesetzte Durchradeln einer Einbahnstraße erlaubt. Außerhalb der Städte wird der Verkehr überall dort, wo es kritisch werden könnte, durch separate Radwege getrennt. Insgesamt existieren über 20.000 Kilometer fietspads, für die Benutzungspflicht besteht und von denen (leider) ein großer Teil auch von Mopeds (bromfietsen) befahren werden darf und seit 2008 auch von Skatern. Ampelgeregelte Radlerfurten, die in beiden Richtungen passiert werden können, erleichtern das Abbiegen. Das Signal wird per Tastendruck vom Radler selbst aktiviert. An stark befahrenen Straßen kann die konsequente Trennung aber auch in einen Hindernislauf ausarten. Etwa wenn der Radweg immer wieder die Straßenseite wechselt, die Ampelfurten den Radler dabei warten lassen und alle paar hundert Meter ein neuer Radwegweiser zu beachten ist.

Um diesem Frust zu begegnen, entwickeln die Niederländer zur Zeit ein Netz von **Fietssnelwegen.** Acht solcher Fahrradschnellwege gibt es bereits, 20 weitere sollen folgen. Baulich handelt es sich um einen klar abgegrenzten, mindestens 4 m breiten „roten Teppich", der mit allem ausgestattet ist, was das Radeln erleichtert und angenehmer macht. Prototyp ist der F35 in der Provinz Twente (*www.fietssnelwegf35.nl*).

Radwege

Neben den bekannten blauweißen Gebotsschildern für Radwege existieren weitere: Weiße Schilder mit roter Schrift und rotem Fahrrad zeigen an, dass diese Strecke für Autos nicht geeignet und deshalb besonders interessant für Radler ist.

Schwarze längliche Schilder mit der Aufschrift „Fietspad" oder „Rijwielpad" weisen auf szenisch schöne Radwanderwege hin, die für Mopeds verboten sind. Wichtige Wegweiser für Radler sind die viereckigen Betonpilze, die an Kreuzungen und Abzweigungen stehen. Diese Paddestoelen sind nummeriert, mit Orts- und Entfernungsangaben versehen und in den ANWB-Touristenkarten individuell vermerkt.

LF-Radrouten

4500 km bereits vorhandener Radwege wurden mittlerweile in ein landesweites Radfernwegenetz integriert. Die 25 bislang realisierten Routen sind zwischen 20 und 455 km lang. Ihr Hauptmerkmal ist die standardisierte durchgehende Beschilderung (grün auf weißem Grund). Die Hinweise tragen stets die Buchstaben „LF" (Landelijke Fietsroute = Radfernweg), gefolgt von der Routennummer mit Richtungshinweis „a" (Hauptrichtung) bzw. „b" (Gegenrichtung) sowie der Routenbezeichnung. Komplett sieht das dann etwa so aus: „LF1a Noordzeeroute". Die Wege sind so beschaffen, dass sie generell leicht zu fahren sind. Unbefestigte Wegstücke sind selten.

Verzeichnet sind die LF-Routen in den Karten und Handbüchern der **Stichting Landelijk Fietsplatform,** die das LF-Netz landesweit koordiniert. Details und GPS-Tracks zu allen Routen (auch zu den 5 großen thematischen Routen) gibt es hier im Netz: *www.nederlandfietsland.nl/lf-routes.* Vor Ort sind LF-Führer in den Kartenshops des **ANWB** erhältlich. Der Touringclub gehört zu den Trägern der Stiftung und hat Büros in allen größeren Orten.

Fietsvierdaagse

Zu den beliebtesten und typisch holländischen Volksportveranstaltungen gehören die viertägigen Fietsvierdaagse. Rund 20 solcher Veranstaltungen (mit eigenen Websites) verteilen sich über Land und Kalender. Den meisten Zulauf haben der „R 4 D" in der Provinz Drenthe (s.o.) und die friesische Elf-Städte-Tour (s.o.).

Norwegen

Daten

324.000 qkm • 5,1 Mio. Einwohner • 16 Ew./qkm
Ausdehnungen: N – 1750 km – S // W – 400 km – O

Land

Für nördlich gepolte Tourenradler, die viel sehen und erleben wollen, gehört Norwegen zu den erklärten Traumzielen. Vereinfacht gesagt, handelt es sich bei Norwegen um ein Gebirgsland, das aufs Meer schaut. Dem Skanden, eine Art skandinavischer Alpen, verdankt Norwegen, dass ein Viertel des Landes über 1000 m hoch liegt. Im Kontrast dazu stehen rund 150.000 kleine Felseninseln (Schären) vor der Westküste. Durch die von der Eiszeit ausgeschürften Trogtäler, landläufig Fjorde genannt, dringt das Meer tief ins Landesinnere vor. Gleichzeitig steigt das Land östlich der Küste steil an – bis hinauf zu den dann wieder radlerfreundlicheren Hochflächen. Hochgebirgskämme bis 2470 m überragen diese gewellten, baumlosen Vidden und Fjelle. Überreste der letzten Eiszeit sind auch die großen Plateaugletscher und die zahlreichen Flüsse, die im Skanden entspringen und auf ihrem Weg zum Meer tiefe Rinnenseen auffüllen, um schließlich als eindrucksvolle Wasserfälle zu Tal zu stürzen: Geirangerfjord, Vøringsfossen …

und Leute

Vor Jahren dichtete die Tourismuswerbung „Norwegen – groß wie Deutschland, klein wie Berlin." Das „klein" bezog sich auf die Anzahl der Einwohner: Vergleichsweise dicht besiedelt ist nur der klimatisch günstige Süden, besonders rund um den Oslofjord, nach Norden hin wird es zunehmend einsamer, in der Finnmark leben nur noch 1,6 Ew./qkm. Jeder neunte Norweger lebt in Oslo, das von fruchtbaren Böden umgeben ist. Aufs ganze Land gesehen spielt Landwirtschaft aber nur eine geringe Rolle. Reich gesegnet ist Norwegen dafür mit Fischschwärmen, die sich in den warmen Küstengewässern tummeln, und Bodenschätzen wie Erdöl, Erdgas, Eisenerz und Wasserkraft.

Zwei Minderheiten kennt die Wikinger-Nation: die nomadisierenden *Sami* (etwa 30.000 Angehörige) und die aus Finnland eingewanderten *Quäner* (etwa 12.000). Gängige Zweitsprache ist für die meisten Norweger Englisch.

per Rad erfahren

Der Fahrradtourismus wird durch den Ausbau einzelner Radrouten gefördert, die zu einem Fernradwegenetz verknüpft werden. Zwar ist das Netz noch sehr lückenhaft und erst zu etwa einem Drittel realisiert, aber es bedeutet doch, dass Radler gern gesehene Gäste sind.

So geht's auch

Letztlich ist jeder Norwegen-Radler dennoch vor allem auf sich selbst gestellt und will das meist auch so. Wechselhafte Umstände gehören zum Radreisealltag. Mal scheint sich alles verschworen zu haben, und die Stimmung sinkt gegen Null, dann herrscht wieder eitel Sonnenschein, und die Radlerseele berauscht sich am Licht und den Farben der nicht enden wollenden Tage. Und wenn mal gar nichts mehr geht: Mit Schnellbooten, Bussen, Zügen und Postschiffen kommt man in Norwegen überall hin. Das Fahrrad fährt mit.

NORWEGEN (SÜD)
© RKH Verlag Hermann
0 100 km
Nationale Fahrradrouten
1 Kystruta
2 Kanalruta
3 Setelsdalruta
4 Rallarvegen
5 Numedalsruta
6 Sognefjellsvegen
7 Pilgrimsruta
8 Trollheimen
9 Villmarsruta
ATLANTIK
Bodø
Fauske
Svar-tisen
Mo i Rana
Mosjøen
Vega
Brønnøysund
Helgeland
Ross-vatnet
Kystriksveien RV 17
Vikna
Namsos
Grong
Steinkier
Froya
Hitra
Trondheim-fjord
Trøndelag
Smola
TROND-HEIM
Dovrefjell
Molde
Alesund
Åndalsnes
Oppdal
Røros
Trollstigen
Tron
Rauma
Geiranger
Troll-Radweg
Jotun-heimweg
Lagen
Sogne-fjell
Jotum-heimen
Koppang
Sogne-fjord
Leikanger
Lillehammer
Elve-rum
Rallar-vegen
Hemsedal
Hamar
Myrdal
Peer-Gynt-Weg
BERGEN
Har-danger-vidda
Mjøsa-See
Glåma
Klarälven
SCHWEDEN
Kongsvinger
OSLO
Nordseeroute
Leirvik
Haukeligrend
Villmarksveien
Haugesund
Telemark
Drammen
Horten
Moss
Karlstad
Tonsberg
Dalen
Setesdal
Skien
Örebro
STAVANGER
Porsgrünn
Larvik
Oslofjord
Halden
Sira
Värnern
Otra
Arendal
Kristiansand
Uddevalla
North Sea Cycle Route
SKAGERRAK
Vättern

NORWEGEN (NORD)
0 100 km
© RKH Verlag Hermann
Barents-See
ATLANTIK
Nordkap
Sørøy
HAMMERFEST
Vadsø
Varangerfjorden
Kirkenes
RUSSLAND
Inarijärvi
Finnmark
Olderdalen
TROMSØ
Troms
Andøja
Senja
VESTERALEN
Harstad
Narvik
Konkämaälven
Kiruna
LOFOTEN
Vestfjorden
SKANDEN
Bodø
Fauske
Nördl. Polarkreis
Rovaniemi
Svartisen
Mo i Rana
Luleälven
Mosjøen
Storavan
Lulea
Helgeland
Rossvatnet
Skellefteälven
Skelleftea
Bottnischer Meerbusen
FINNLAND
SCHWEDEN
Umea
Ornskoldsvik
Vaasa

Routen & Regionen

Südnorwegen / Sørlandet

Orientierung Provinzen und ihre Hauptorte: Vest-/Aust-Agder (Kristiansand, Arendal), Telemark (Skien), Buskerud (Drammen), Vestfold (Tønsberg), Østfold (Moss), Oslo, Akershus (Oslo).

Infos: *www.visitsorlandet.com* • *www.visitkrs.com*
North Sea Cycle Route: *www.northsea-cycle.com*
Nordseestraße: *www.nordsjovegen.no*

Karte: K+F 1

Überblick Das ganz große Landschaftsdrama findet in Südnorwegen zwar noch nicht statt, aber norwegisch genug sind die Landschaften allemal. Wer die südnorwegische Schärenküste mit ihren Leuchttürmen und weißen Stränden landeinwärts verlässt, arbeitet sich allmählich nach oben: von landwirtschaftlich geprägten Regionen zu gewässerreichen Mittelgebirgslandschaften und schließlich den arktisch wirkenden Hochebenen. Für Einsteiger ist Südnorwegen ideal. Leicht zu erreichen, klimatisch günstig, da wärmer und regenärmer als der Rest des Landes, gut erschlossen durch Straßen und Wege mit mäßigen Steigungen und trotzdem viel spannendem Norwegen-Feeling.

North Sea Cycle Route Von der schwedischen Grenze bis Bergen folgt die internationale *North Sea Cycle Route* der südnorwegischen Küstenlinie. Daneben existieren auch eine „Nordseestraße", eine „Küstenroute" und eine „Nordseeroute". Etwas unübersichtlich. Während die *Nordseestraße* eine Route für Autofahrer ist (Kristiansand – Haugesund), gibt es für Radler die beschilderte **Küstenroute** (von Horten südl. Oslo nach Flekkefjord, 502 km) und die anknüpfende **Nordseeroute** (Flekkefjord – Haugesund, 296 km). Den Rest des Weges (bis Bergen) vollendet die **North Sea Cycle Route** (Svinesund – Kristiansand – Haugesund – Bergen, 1022 km).

Südöstlich von Oslo bei Örje

Oslo

www.visitoslo.com

Oslo gilt als radlerfreundliche Großstadt, wo man sogar auf den Gehwegen radeln darf. Ausgeschilderte Radrouten führen durch die Stadt. Einen sehr hilfreichen Gratis-Fahrradplan mit lesbaren Straßennamen bis zum Stadtrand gibt es beim i-Büro. Wer die flächenmäßig ausufernde, hügelige Metropole verlassen will, kann dies auch gut mit einem der Vorstadtzüge tun.

Oslomarka

Nördlich und südöstlich der Metropole erstreckt sich die waldreiche Hochebene der Oslomarka. Dieses uralte Kulturland umfasst zusammen etwa 1500 qkm. Die einst von Almbauern, Jägern, Fischern und Händlern angelegten Wege verlaufen ohne große Höhenunterschiede zwischen kleineren Gewässern und bis zu 700 m hohen Bergen. Die heute als Wanderwege genutzten Pfade eignen sich hervorragend für leichtere MTB-Touren. Geeignete Wanderkarten sind in Oslo erhältlich.

Unterwegs in der Villmarksveien

Villmarks-veien

Mal was Anderes: An der Grenze zu Schweden und fernab der Nord-Süd-Magistralen verläuft der Villmarksveien („Wildnisstraße"). Seen, Teiche, Wälder, Kulturland, Festungen, Museen, technische Denkmäler und schöne Campingplätze säumen die ruhige Strecke. Im norwegischen Radroutennetz wurde der **Villmarksveien** (Villmarksruta) zur nationalen Radroute Nr. 9. Ihre Eckpunkte sind: Halden – Kongsvinger – Elverum – Røros – Trondheim. Gesamtlänge 730 km. Ab Halden sind die ersten 160 km beschildert. Den Rest muss man sich selbst zusammenstellen, was nicht schwierig ist.

Setesdal

www.setesdal.com

Alte Blockhäuser und hölzerne Stelzenspeicher säumen ein Flusstal, das mal eng und drohend, dann wieder weit und sanft ist: Viel Ursprünglichkeit und Abwechslung bietet in der Provinz Aust-Agder das einst isoliert gelegene Setesdal. Von **Kristiansand** (45 m) führt das 230 km lange Tal nach **Haukeligrend** (560 m). Der höchste Punkt der Strecke liegt beim Sessvatn auf 917 m.

Unterwegs wechselt die eindrucksvolle Szenerie mehrmals die Kleider: Zunächst Küste und seenartig breite Flüsse, dann Mittelgebirge, schließlich Fjell. Wer dem mäßigen Verkehr auf der 39 entgehen will, kann am jeweils anderen Ufer der Otra auf geschotterten Nebenstraßen radeln, die schön friedlich, aber auch bergiger sind.

Telemark

www.visittelemark.com
„Norwegen in der Nussschale" oder „Norwegen im Kleinformat" sind Slogans, die auf die landschaftliche Vielfalt der Telemark hinweisen. Die waldreiche, radtourenfreundliche Region zieht sich von einem Küstenstreifen um Porsgrunn hinauf zum Plateau der Hardangervidda.

Telemark-Kanal

www.visittelemark.com
Zu den großen Norwegen-Attraktionen zählt der 105 km lange **Telemark-Kanal,** der einst für den Holztransport genutzt wurde. Das Wort Kanal weckt allerdings falsche Vorstellungen. Es handelt sich vor allem um eine geschickte Aneinanderreihung von Gewässern. Seen, Flüsse und Kanäle wurden miteinander verbunden. Heute verkehren zwischen **Skien** und **Dalen** zwei kleine Passagierschiffe (Mai – Sep.). Fahrräder werden zwar in begrenztem Umfang mitgenommen, meist sind die Boote aber ohnehin ausgebucht. Man kann dem „Kanal" auch viel besser auf Begleitwegen und kleinen Straßen folgen. Diese **Radroute** erfreut sich zunehmender Beliebtheit, denn sie ist einfach, und es gibt unterwegs allerlei zu sehen (Schleusen, Museen, Bergwerk, Stabkirche).

Hardangervidda

Das wahre Gesicht der Telemark offenbart aber erst die Hardangervidda, dieses riesige Hochgebirgsplateau mit seinem arktisch kargem Bewuchs, unzähligen Seen, Mooren, Flüssen und Bächen und den südlichsten Rentierherden der Welt. 3430 qkm umfasst allein der *Hardangervidda-Nationalpark.* Das weitläufige Terrain ist von unbefestigten, teilweise markierten Wegen durchzogen, ideal für leichtere MTB-Touren. Übernachtet wird in Wanderhütten. Oder im Zelt, Platz gibt es ja genug.

Buskerud

Die liebliche Provinz Buskerud (grüne Hügel, malerische Seen und Flussläufe) ist das östliche Anmarschgebiet zu den Hochebenen der Hardangervidda. Wer von Oslo aus hinüber zum Fjordland strebt, kann auf der gut ausgebauten 7 durchs reizvolle **Hallingdal** radeln. Der Verkehr ist moderat (keine Lkw an Wochenenden, teilweise Seitenstreifen).

Die Strecke lässt sich verknüpfen mit einer heiteren Fahrt auf der **Museumsbahn** Vikersund – Krøderen, die an den Wochenenden der Sommermonate 23 km weit parallel zur 280 schnauft. Fahrräder können im Gepäckwagen zum halben Personentarif mitgenommen werden.

MTB-Tipp Hemsedalsfjella

www.hemsedal.com
Populärer MTB-Spot ist der Wintersportort **Hemsedal** auf dem Hemsedalsfjella (30 km NW Gol, an der RV 52). 21 MTB-Pisten von insgesamt 240 km Länge sind präpariert und beschildert. Auf den Sesselliften dürfen Bikes zu den Skistationen mitgenommen werden, die im Sommer ideale Ausgangspunkte für Fjelltouren sind, oder einfach nur, um Norwegens härteste Abfahrtspiste hinunterzujagen (3,5 km, 450 Hm). In Hemsedal ist immer was los, und wenn nicht, lässt man sich was einfallen.

Rallarvegen

Fakten und Tipps

Region: Nördliche Hardangervidda (Hardangerjøkulen)

Länge: 125 km (plus Fährfahrt)

Allgemeines: Der Rallarvegen ist so etwas wie der Donau-Radweg Norwegens. Über 20.000 Radler werden hier pro Jahr gezählt. Auf dem einst für den Bau der Bergen-Bahn angelegten Versorgungsweg passiert der Radwanderer

Firnfelder, Rentiergebiete und das wunderschöne Flåmsdalen. Am besten lässt sich der befestigte, hinter Myrdal teils grobsteinige Weg mit MTBs oder Trekkingrädern befahren, ohne Gepäck auch mit normalen Tourenrädern (Fahrradvermietungen in Geilo, Haugastøl, Finse, Myrdal, Voss). Ab Gudvangen dann auf Asphalt, aber nur mit bergtüchtigem Rad.

Strecke: Haugastøl (990 m, Ü) – Finse (1240 m, Bhf., Ü) – Fagernut (1300 m) – Hallingskleid (1110 m, Ü) – Vatnahalsen (810 m, Ü) – Myrdal (870 m, Bhf.) – **Flåm** (2 m, Ü, C) – Fährfahrt durch Aurlandsfjord und Nærøyfjord (1000 m hohe Wände!) – Gudvangen (2 m, Ü, C) – Stalheim (360 m, Ü) – Vinje (240 m) – **Voss** (60 m, Ü).

Achtung: Zwischen Gudvangen und Stalheim müssen Radler die alte Serpentinenstraße benutzen, der neue Tunnel ist nur für Autos frei. Die 350 Hm welche auf der alten Stalheimskleiva überwunden werden müssen, sind die steilsten, die Norwegen zu bieten hat: Steigung um 18%, in der Spitze sogar 25%! Oben wartet dafür ein feudales Hotel mit Blick in die Schlucht und den besten Waffeln weit und breit.

Variante: Von Myrdal mit dem Radlerzug durch den Gravhalstunnel nach Upsete (850 m), dann per Rad weiter über Mjølfjell (630 m, Ü) bis Voss.

Saison: Schneefrei ist der Weg im Juli und August. Der populärste Abschnitt (Haugastøl – Finse, 27 km) ist von Juni – Sep. befahrbar, Schnee wird ggf. geräumt, in dieser Zeit verkehren auch täglich Sonderzüge mit Gepäckwagen zur Fahrradmitnahme.

Infos: *www.rallarvegen.com* • *www.rallarmuseet.no*

Weiterreise mit der Bahn: Sonderpreis-Ticket für kombinierte An-/Abreise mit der Bahn (Oslo–Finse/Myrdal–Oslo). Für die Weiterfahrt mit der Bahn nach Bergen bzw. Oslo die Fahrradmitnahme (wegen der geballten Nachfrage am Ende des Rallarvegens) unbedingt vorher reservieren, ansonsten muss das Rad ggf. aufgegeben werden und kommt erst einen Tag später an!

Erfahrungen Wie sich der Rallarvegen „verkehrt" herum fährt, berichtet *Andrea Pühse:* „Wir sind in Flåm gestartet und haben trotz aller Warnungen auf die Bergfahrt mit dem Zug bis Myrdal verzichtet. Die ersten 17 km führten über einen festgefahrenen Waldweg durchs Flåmsdalen, ein wundervolles Tal mit Schluchten und Wasserfällen. Kontinuierlich ging es dort bis auf etwa 600 m bergan, die

Von Oslo nach Bergen (Hardangervidda)

mit Pausen gut zu schaffen waren. Die anschließenden 3 km mit den 21 Haarnadelkurven brachten uns beim Schieben über groben Schotter aber schnell ins Schwitzen.

Oben angekommen, hatten wir einen herrlichen Blick zurück und trafen die Radler wieder, die den Zug genommen hatten. Bis Haugastøl führte der Rallarvegen nun über den höchsten Punkt bei Taugevatn (1301 m). Für die gesamte Strecke bis Finse (65 km, Bahnhof, Hotel, Hütte) brauchten wir zehn Stunden, die mich an den Rand meiner Kondition brachten; über 200 Radler kamen uns an diesem Tag wohl entgegen. Belohnt hat uns die gewaltige Landschaft der nördlichen Hardangervidda. Plätze zum Wildzelten gibt es trotz felsigen Bodens reichlich, Flächen mit Moosen und Flechten geben den Häringen Halt; bei Temperaturen um den Gefrierpunkt waren wir froh über unsere dicken Schlafsäcke. Die restliche Strecke von Finse bis Haugastøl erwies sich als der am besten beschaffene Teil des Rallarvegen und ist praktisch vollständig befahrbar."

Westnorwegen

Orientierung Provinzen und ihre Hauptorte: Rogaland (Stavanger), Hordaland (Bergen), Sogn og Fjordane (Leikanger), Møre og Romsdal (Molde).

Karte: K+F 1, 2, 3.

Überblick Unergründliche Fjorde, begrenzt von steilen Felswänden. Wasserfälle, einer schöner als der andere, Stabkirchen, Fischmärkte, Gebirgskämme, ewiger Schnee – Norwegen vom Feinsten erwartet den Radler zwischen Stavanger und Kristiansund.

Am dichtesten gepackt sind die landschaftlichen Attraktionen im eigentlichen Fjordland: von Haugesund im Süden über Bergen in der Mitte (Norwegens schönste „Großstadt") bis Ålesund im Norden.

Fjordland *www.fjordnorway.com*

Das Fjordland ist die Verzahnung von Meer und Fjell. Die Anreise kann per Bahn (Bergenbahn, eine der schönsten Strecken Europas), per Rad (Rallarvegen, s.o.) oder per Fähre erfolgen (ab Norddänemark). Das geschützte Klima

Die R55 führt übers firnbedeckte Sognefjell (Westnorwegen)

Fjorde, Schluchten, Wasserfälle – Westnorwegen

innerhalb der Fjorde (nördlichste Obstanbauregion der Welt), sorgt bereits ab Mitte Mai für radtourenfreundliche Temperaturen. Allerdings ist dies nur die halbe Wahrheit, denn im Fjordland befinden sich auch Norwegens höchste Passstraßen, und die sind erst ab Ende Mai /Anfang Juni geöffnet.

Diese Panoramastraßen zwischen Fjord und Fjell verlangen erheblichen Einsatz. Der **Sognefjell-Pass** ist mit 1440 m der höchste Straßenpass Norwegens (über 30 km Anstieg auf der 55 ab Skjolden), und auch der von Åndalsnes zum Geiranger führende **Trollstigen** (850 m), der sich mit elf Haarnadelkurven eine steile Gebirgswand emporwindet, gehört in die Kategorie „Echtheitsprüfung für Norwegenradler".

Reinhard Pantke: „Das Fjordland ist der anstrengendste Part Norwegens. Man kommt da nur voran, wenn man über die Fjells fährt. Eher was für Konditionstiere."

Ostnorwegen / Østlandet

Orientierung Provinzen und ihre Hauptorte: Hedmark (Hamar), Oppland (Lillehammer).

Karten: K+F (Cappelen) 1, 2.

Hedmark *www.villmarksriket.com*

Wiesen und Äcker, Seen und Flussläufe, bewaldete Täler und weitläufiges Hügel- und Bergland bestimmen das Landschaftsbild der Hedmark. Zusammen mit der westlichen Nachbarprovinz **Oppland** bildet sie den sog. **Trollpark,** Naturbühne der olympischen Winterspiele 1994. Die dünn besiedelte Hedmark ist kein grandioses, eher ein verhaltenes Norwegen. Manche sagen sogar: langweilig. Der geringe Niederschlag sorgt im Sommer für reichlich Mückenbrut. Genussradler fahren am **Mjøsa-See** entlang oder folgen auf Nebenstraßen Norwegens längstem Fluss, der **Glåma.**

Kleine Holzschilder markieren den **Troll-Radweg,** der in der Hedmark durch Bergland mit weiten Hochtälern führt. Die 360 km lange Route (Lillehammer – Røros) ist überwiegend auf autofreien Alm- und Forstwegen geführt, der Rest sind verkehrsarme Nebenstraßen. Den höchsten Abschnitt des Troll-Radweges bildet der **Friisveien** mit dem 1100-m-Pass zwischen Gudbrandsdalen und Østerdalen.

Wer sich in der Hedmark nun immer noch langweilt, wird zur Strafe von Alvdal aus mit seinem Mounty auf den Tron geschickt – einen der höchsten anradelbaren Aussichtsgipfel Norwegens (1666 m).

Oppland

Genug Abwechslung und Herausforderung gibt's mit Sicherheit in der sich westlich anschließenden Provinz Oppland. Sie ist Sammlungsgebiet der höchsten Berge Norwegens. Radfahren spielt sich hier meist in Höhen von 700–1100 m ab, denn mehr als die Hälfte der Region liegt über 900 m.

Neben den Anteilen an Dovrefjell und Rondane ist es vor allem der **Jotunheimen,** dem die Provinz ihren Titel „Dach von Norwegen" verdankt. Diese alpenähnliche Hochplateaulandschaft (1140 qkm) reicht vom Sognefjord im Westen bis zum Gudbrandsdal im Nordosten. Baumlose Hochgebirgsvegetation, weite Fels- und Firnfelder, Täler und Seen, Bergkämme mit Schneemützen und Norwegens höchste Gipfel (Glittertind 2452 m, Galdhøpiggen 2469 m) sind hier beieinander.

Durch diese überwiegend raue Landschaft führt der **Jotunheimweg** (Jotunheimvei). Die aus Schotter und Ölkies bestehende Piste lässt sich auch mit Gepäck bewältigen (MTB optimal). Sie zweigt bei Bygdin hinter dem 1029 m hoch gelegenen See Vinstervatn ab und trifft nach 79 km bei Vinstra auf den **Peer-Gynt-Weg.** Diese knapp 100 km lange Radroute führt mit ständigem Auf und Ab von Dalseter oberhalb des Gudbrandsdalen („Tal der Täler") nach Lillehammer. Der Peer-Gynt-Weg ist einer der schönsten und dennoch wenig bekannten Radwege Norwegens. Infos: *www.peergynt.no*

Peer-Gynt-Radroute

Verlauf: Dalseter (920 m) – Lomseter (870 m) – Fefor (900 m) – Sandsetra (800 m) – Gålå (910 m) – Toftsetra (920 m) – Fagerhøl (1000 m) – Skei (840 m) – Svingvoll (560 m) – Follebu (370 m) – Lillehammer (180 m). 98 km. Die ersten 60 km bis Skei breiter Schotterweg, dann überwiegend Asphalt bis Lillehammer.

Mountainbiker dürfen ihr Gefährt in Oppland beim Wort nehmen. Gute Karten und gutes Wetter vorausgesetzt, lassen sich nirgendwo in Norwegen so viele Steilpisten und Auffahrten realisieren wie hier.

Mittelnorwegen / Trøndelag

Orientierung

Provinzen und ihre Hauptorte: Sør-Trøndelag (Trondheim), Nord-Trøndelag (Steinkjer).

Infos: *www.trondelag.com*

Karte: K+F (Cappelen) 3.

Eindrücke

Sanft geformte Fjellplateaus, riesige Wälder, viel Landwirtschaft rund um den Trondheimsfjord und eine von Schären und Fjorden zerklüftete Küste prägen die beiden mittelnorwegischen Provinzen. Anteil an Hochgebirgen haben sie nur am Rande (Trollheimen im SW, Dovrefjell im Süden).

Tourentipps

Den meisten Radreisenden erscheint Mittelnorwegen schon als Transitland in Richtung Norden. Obwohl speziell **Nord-Trøndelag** auch das Zeug zum eigenständigen Radtourenziel hätte. Das landschaftliche Spektrum dieser Provinz ist so weitgefächert, dass die Fremdenverkehrswerbung sie gern als „Norwegen en miniature" bezeichnet. Nordkap-Aspiranten eröffnet Nord-Trøndelag die Möglichkeit, statt auf der E 6, westlich davon durch adrettes *Fjordland* zu radeln (Trondheim – Namsos – Lund – Gravvik – Revnes).

Nordnorwegen

Orientierung Provinzen und ihre Hauptorte: Nordland (Bodø), Troms (Tromsø), Finnmark (Vadsø).

Info: *www.nordnorge.com*

Karten: K+F (Cappelen) 4, 5.

Nordland Charakteristisch für die Provinz Nordland ist ein Gebirgsriegel aus rundlichroten und schroff-schwarzen Bergformationen. Die Nordländer scherzen, dieses Gebirge bewahre Schweden davor, ins Meer zu fallen. Vergleichsweise grün und lieblich ist eigentlich nur das südwestlich von Mo i Rana gelegene Mittelgebirgsland **Helgeland.** Nördlich von Mo i Rana markieren die Klimagrenze des Polarkreises das **Saltfjell** und das Gletschermassiv **Svartisen** (wörtl. „schwarzes Eis", ist aber gar nicht schwarz). Weiter nordwärts macht sich die Vegetation klein, statt Wäldern gibt es nur noch subpolare Bodendecker, einzeln stehende Birken und Fichten.

Lofoten und Vesterålen *www.lofoten-info.no* • *www.lofoten.info* • *www.visitvesteralen.com*
Die landschaftlichen Sahneteile Nordlands liegen im Meer: Die Inselgruppen **Lofoten** und **Vesterålen.** Pittoreske Granitfelsen sind ihr Hauptmerkmal. Beide Archipele sind reizvolle Tourengebiete mit weitgehend flach verlaufenden, aber auch dem Wind ausgesetzten Straßen. Zu den schönsten Strecken zählen Radler die kleinen nordwestlichen Küstenstraßen von **Austvågøy** (Lofoten) und **Andøya** (Vesterålen). Ein 130 km langer, beschilderter **Lofoten-Radweg** führt von Svolvær (auf Austvågøy) nach Å (auf Moskenesøy). Dabei muss der 1780 m lange **Nappstraumen-Tunnel** durchquert werden, der die Inseln Vestvagøy und Flakstadøy unterseeisch verbindet (beleuchtet und belüftet). Alle anderen Inseln sind durch Brücken bzw. Fähren verbunden.

Im Winter auf die Lofoten? Die Lofoten und die Vesterålen eignen sich sogar für eine winterliche Tour. Wegen des Golfstroms sinkt die Temperatur in dieser Jahreszeit kaum unter Null. Trotzdem schneit es oft, taut aber auch schnell wieder. Die Schneeräumdienste sind sehr zuverlässig, so dass bspw. mit Spikesreifen von Schwalbe fast immer gefahren werden kann. Anreise von Oslo bis Bodø per Bahn oder Flug. Von Bodø per Fähre nach Moskenes (auf Flakstadøy). Moskenes liegt auf dem Lofoten-Radweg (s.o.). Es gibt zwei ganzjährig geöffnete Campingplätze mit Hütten (Sortland, Harstad), ansonsten Jugendherbergen. Empfehlenswert wäre ein solcher Trip Ende Februar/ Anfang März, da dann auch noch eine gute Chance für das Erlebnis des Nordlichts besteht (= Polarlicht). Früher sollte man wegen der Winterstürme allerdings auch nicht kommen.

Troms Ein Teil der Vesterålen gehört bereits zur Provinz Troms. Nachdem sich der Festlandskorridor bei Narvik (noch Nordland) auf 6 km verjüngt, wird das Land zwischen Nordmeer und schwedisch-finnischer Grenze in Troms wieder weiter. Der große norwegische Gebirgszug Skanden verliert merklich an Massivität. Mehrere Flüsse haben tiefe Quertäler in ihn gegraben, um anschließend in die Fjorde der stark gegliederten Küste zu münden.

Die klimatisch günstigen Flusstäler trumpfen mit Wasserfällen und unerwartet üppiger Vegetation auf. Überhaupt ist Troms landschaftlich die abwechslungsreichste der drei Nordprovinzen. Beeindruckend die „nordischitalienische" Szenerie auf dem Weg entlang von Lyngenfjord, Kvænangen und Altafjorden, der bereits zur Finnmark gehört.

Finnmark

www.nordkapp.no
Mitternachtssonne, Mückenschwärme, Nordkap, Polarlicht, Pisten, Sami, Rentiere, Moltebeeren, Eisenerz, Lachse, Tundra – all das gehört zur Finnmark! Abenteuerlust und Monotonie gehen beim Radeln durch Norwegens nördlichste Provinz eine merkwürdige Symbiose ein und erzeugen eine Spannung, die sich erst am Nordkap wieder löst. Gemütlich breite Fjorde bestimmen die Küstenlinie, schwach gewelltes, moos- und heidebewachsenes Plateauland dominiert das Landesinnere, die **Finnmarksvidda.**

Kaum mehr als ein mächtiger Schieferfelsen mit Blick aufs leere Eismeer, das ist schließlich das **Nordkap,** gefeiert als nördlichster Aussichtspunkt Europas. Noch etwas weiter nördlich liegt das benachbarte Kap Knivskjellodden, aber dorthin führt nur ein einsamer Fußweg.

Ohnehin zählen nicht ein paar Meter mehr oder weniger, sondern das Gefühl, irgendwie am „Ende der Welt" angelangt zu sein und der hypnotische Blick auf die über dem Meereshorizont entlang schleichende Mitternachtssonne. Dafür kassieren die Norweger rund 30 € Eintritt (bei Radfahrern werden Ausnahmen gemacht), und das sogar wenn es waschküchendick bewölkt ist. Was nicht selten ist. Manche verzichten daher von vornherein aufs Nordkap. Aber können 130.000 Besucher pro Jahr irren?

Nordkap-Tourentipps

Nirgendwo auf der Welt sind polare Gefilde so leicht erreichbar wie in Skandinavien, und ganz speziell hier, in Norwegen. Eine Nordkap-Tour hat jedoch ihre eigenen Gesetzmäßigkeiten: Die Distanzen sind groß, Wind und Wetter launisch, die Strecken am Anfang anspruchsvoll, am Ende monoton, die Infrastruktur zunehmend weitmaschig. Auch ist die Saison recht kurz. Bis Mitte Juni dauert die Schneeschmelze, und ab Ende August wird es auch schon wieder um 20 Uhr dunkel.

Hingegen gibt es kaum nervige Ortsdurchfahrten, und geradelt werden kann theoretisch rund um die Uhr. Da alle wichtigeren Schotterstraßen nach und nach mit Schwarzdecken versehen werden, darf mit positiven Überraschungen bezüglich des Straßenzustandes gerechnet werden.

Nordkapstraße E 6

Ab Trondheim heißt die einzige durchgehend asphaltierte Straße und kürzeste Verbindung zum Nordkap: E 6. Schlappe 1800 km. Und viel Verkehr! Eine Strecke für Marathonisti, denen alles andere egal ist! Dem regen Verkehr lässt sich ein Schnippchen schlagen, wenn man im Schein der Mitternachtssonne radelt und tagsüber pausiert (am Nordkap scheint die Mitternachtssonne vom 12.5.–30.7.).

Reinhard Pantke: „Die E 6 sollte man nur fahren, wenn es gar nicht anders geht. Viel zu viel Verkehr! Hinter Trondheim in jedem Fall die Küstenstraße nutzen. Die vielen Fähren blocken dort den Verkehr ab."

Kystriksveien Fv 17

Bis **Alderdalen** lässt sich, unter Einbeziehung der Lofoten, im Küstenbereich eine überwiegend asphaltierte und nicht sehr bergige Alternativroute zur E 6 realisieren. Diese Strecke ist zwar länger und mit zeitaufwändiger Insel- und Fjordspringerei verbunden, für eingefleischte Norwegen-Radler aber dennoch der einzig wahre Weg zum Nordkap.

Erster Streckenbaustein ist der 550 km lange Kystriksveien **Fv 17** (früher Rv 17), der von **Steinkjer** über diverse Inseln nach **Bodø** führt (*www.visitbodo.com*). 30 km vor Bodø führt die Tour am **Saltstraumen** vorbei. Dort auf den Gezeitenwechsel warten, wenn dieser mächtigste Gezeitenstrom der Welt seine eindrucksvolle Vorstellung gibt!

Andrea Pühse zum Kystriksveien: „Das Küstengebiet ist ein regenreiches Gebiet, und selbst wenn es trocken ist, verhindern oftmals tief hängende Wolken oder Dunst weitere Blicke. Zudem handelt es sich überwiegend um Steilküste, so dass die Straße kontinuierlich mal oben, mal unten verläuft. Zusammen mit dem meist von West wehenden Wind war die Fahrt nicht gerade ein Vergnügen."

Andreas Bugdoll zum Kystriksveien: „An fast jedem Tag wurde unsere Reise zum Nordkap von einer oder mehreren Fährfahrten unterbrochen. Von Bergen bis zum Nordkap mussten wir 30 Fähren benutzen! Die Fahrzeiten sind immer am Anleger angeschlagen. Abfahrten normalerweise bei gut frequentierten Strecken alle halbe bis eine Stunde. Auf abgelegenen oder längeren Routen auch schon mal alle 2 bis 3 Stunden. Meistens pendeln ein oder zwei Schiffe hin und her. Die wichtigsten Verbindungen stehen mit Preisen im Ruteheft und im Kystriksveien-Reisehandbuch."

Das aktuelle Handbuch (u.a. auch mit Tunnelguide) lässt sich als pdf downloaden. Stichwort „Kystriksveien" googeln.

Lofoten – Nordkap

Ab **Bodø,** wo der Kystriksveien endet, geht es auf der E 10 weiter über die Lofoten und Vesterålen (teilweise sind dort auch Nebenstrecken möglich) nach Harstad. **Tromsø** ist die letzte richtige Stadt auf dem Weg nach Norden. Hier endet die Inselspringerei, nur noch mit dem Postschiff geht es weiter. Will man aber im Sattel bleiben, dann folgen ab Tromsø noch zwei Inselsprünge. Anschließend ist, ab **Olderdalen** am Lyngen-Fjord, wieder Festland angesagt.

Auf der E 6 (nun also doch) und schließlich der E 69 geht es weiter bis zum Nordkap. Zunächst mäandert die Straße schön durch die Fjorde, ab Alta wird es dann sehr karg (Fjellregion). Hinter Olderfjord zweigt die 889 nach **Havøysund** ab. Wer Zeit hat, sollte diesen 80 km langen Abstecher unbedingt machen, es ist eine der schönsten Straßen hier oben.

Vor dem Nordkap wird es noch einmal spannend, 212 m unter dem Meeresspiegel geht es durch den **Nordkap-Tunnel** auf die Nordkap-Insel Magarøya. Mangels Fährverbindung dürfen auch Radler durch die Röhre. Nach 2,5 km Gefälle (10%) bis zur tiefsten Stelle folgen 2 km waagerechte Strecke, dann 2,5 km Wiederanstieg zum Tageslicht (sehr zäh). Der Tunnel ist beleuchtet (schwach) und belüftet, es gibt aber keinen Randstreifen, lediglich kleine Notbuchten. Es ist kalt im Tunnel. Stressig sind auch die monströs verstärkten Geräusche der Autos. Etwa 45 min braucht man für die Durchquerung. Immerhin ist die Benutzung für Radler gratis. Und netterweise wird man später auch am **Nordkap** als Radler nicht um die üblichen 30 Euro Eintritt erleichtert – ist aber reine Kulanz. Anschließend befindet man sich auf einem 307 m hohen Schieferfelsen und hat einen schönen Ausblick, zur rechten Zeit auch auf die Mitternachtssonne! Falls nicht, es gibt ein Kino. Also denn, pack ma's, diese läppischen lappländischen 470 km ab Tromsø!

ⓘ-Box Norwegen

Einreise
Norwegen gehört nicht zur EU, ist aber Mitglied der Nordischen Passunion und dadurch quasi auch des Schengen-Abkommens. Einreisekontrollen finden daher nur ausnahmsweise statt. Der Personalausweis muss aber mitgenommen werden.

Geld
Norwegische Krone (NOK). 1 € = 9,2 NOK (Okt. 2015). Die Lebenshaltungskosten lagen 2015 bei 140% (D=100%).

Zahlungsmittel
Mit Kreditkarten, Maestro-Karten und Postbank-Sparcards kann in allen Orten mit Bankfiliale Geld aus dem Automaten gezogen werden.

Gesundheit
Ein Sozialversicherungsabkommen ermöglicht Deutschen und Österreichern die Inanspruchnahme medizinischer Leistungen, Zuzahlungen sind üblich, Reise-KV daher ratsam. Details: *www.dvka.de*

Infos
- Norwegische Tourismuszentrale: *www.visitnorway.com*
- Radrouten in Norwegen, Infoversand, Online-Shop (Sykkelturisme i Norge, SND): *www.cyclingnorway.no*
- Norwegischer Radlerverband SLF (Syklistenes Landsforening): *www.slf.no* (nur norweg.)

Infos vor Ort
Vor Ort warten rund 130 **Touristenbüros** („Reiselivslag", „Turistinformasjon", „Turistkontor") auf Informationshungrige. Hier sind auch regionale Touren-Infos erhältlich. Das bestsortierte Touristenbüro gibt es natürlich in der Hauptstadt, gegenüber vom Rathaus.

Christoph Kuhn: „Fast jedes zentrale Tourismusbüro hat sinnvolle Broschüren mit nützlichen Empfehlungen inkl. genügend detaillierten Karten zu regionalen, meist mehrtägigen Fahrrad-Ausflügen. In Verbindung mit den allgemeinen touristischen Broschüren erhält man alle nötigen Informationen für die Planung von Rundreisen per Rad innerhalb einer Gegend."

Wetter
Wechselhaft, feucht und relativ mild ist das Klima, das die atlantischen Luftströmungen dem größten Teil Norwegens bescheren. Besonders die Westküste mit ihren berüchtigten Regenlöchern (von Haugesund über Bergen bis Ålesund) sorgt dafür, dass Norwegen mit Abstand das niederschlagsreichste Land Skandinaviens ist. Regenreichste Monate sind Juli bis Oktober. Während die Regenneigung nördlich von Narvik deutlich nachlässt, ist die Temperaturabnahme nur gering. Im Sommer ist der Norden wegen des wärmenden Golfstromes nur etwa 3 °C kühler als der Südwesten!

Kontinentaler geprägt ist das Wetter der im Regenschatten liegenden Tallandschaften Innernorwegens (wärmere Sommer, kältere Winter, weniger Niederschläge). Mit 17,3 °C reklamiert Oslo das wärmste Julimittel Norwegens für sich. Schneereich ist das norwegische Bergland (Schneegrenze im Norden 600 m, in Küstennähe 1200 m, im Landesinnern bis zu 2000 m).

Wind
Während des Sommerhalbjahres weht der Wind als *wechselnde Brise* (norweg. skiftende bris) überwiegend aus nordwestlichen Richtungen, in Südostnorwegen aus südlichen Richtungen. Prinzipiell schiebt der Wind **fjordeinwärts** und hemmt *fjordauswärts*. Da die westlichen Nordmeer-Winde aber meist erst gegen Mittag einsetzen, kann es hilfreich sein, schon sehr früh auf die Piste zu gehen.

Reisezeit
Generell sind Juni bis September die günstigsten Tourenmonate (für den Norden: Juli und August). Hauptreisezeit ist von Anfang Juli bis Mitte August. Dann wechseln sich einzelne Regentage mit sommerlichen Temperaturen und Glockenblumenhimmel ab. Gleichzeitig haben die Mücken Hochsaison: Im Süden speziell auf der Hardangervidda und dem Dovrefjell, im Norden im Landesinnern wie Finnmark; an der Küste sind sie kein Problem. Oftmals wunderschön, allerdings auch schon merklich kühler, ist der Herbstmonat September, der sich, ebenso wie der trockene Mai, für Touren in den tiefer gelegenen Regionen Südnorwegens eignet.

Die besten Monate um *Polarlichter* zu erleben, sind März, September und Oktober, ganz besonders in Jahren erhöhter Sonnenaktivität.

Anreise

Per Bahn und Fähre

OW – One Way, HS – Hochsaison (ca. 10.6. – 20.8.) Redereien:

- *www.colorline.de*
- *www.fjordline.dk*
- *www.stenaline.de*

Südnorwegen lässt sich mit einer Kombination aus Fahrrad, Bahn und Fähre erreichen:

1) Per Bahn oder Fernbus nach **Kiel,** von dort per Fähre nach Oslo (20 h, Color Line, Kabinenpflicht).
2) Ber Bahn nach **Frederikshavn** (Fahrradmitnahme möglich), von dort per Fähre nach **Oslo** (9h15, Stena Line, keine Kabinenpflicht).
3) Per Bahn nach Hjørring (DK/Nordjütland, grenzüberschreitende Fahrradmitnahme im Zug nach Frederikshavn möglich). Von Hjørring per Rad nach **Hirtshals** (noch 17 km), von dort per Fähre nach:

- **Kristiansand** (3h15, Color Line)
- **Bergen** (17 h, Fjord Line).

Wer erst **nördlich des Polarkreises** in die Pedale treten will (Lofoten, Nordkap), nimmt am besten zunächst eine der Fähren bis **Oslo** (s.o.) und fährt von dort per Bahn nach **Bodø** (1 Tag).

Per Fahrradbus

Per **Fahrradbus** gelangt man zwar nicht nach Norwegen, aber immerhin bis in die Nähe der schwedisch-norwegischen Grenze. Infos: *www.rucksack-reisen.de*

Per Flieger

Norwegian fliegt alle internat. Airports in Norwegen zu günstigen Preisen an. Auch den inländischen Luftverkehr bedient Norwegian. Drehscheibe im Norden ist Bodø. Infos: *www.norwegian.no*

Transport im Land

Ruteheft

Das „Ruteheft" ist ein eng bedrucktes Fahrplankompendium mit allen wichtigen Bus-, Bahn-, Flug- und Fährverbindungen in Norwegen. Muss man haben. Erhältlich jeweils ab April über die Tourismuszentralen und, falls dort nicht, bei den i-Büros im Land.

Portal der norwegischen Verkehrsunternehmen mit ihren Fahrplänen: *www.ruteinfo.no*

Bahnen

Gut überschaubar ist das rund 4300 km lange Streckennetz der Norwegischen Staatsbahnen NSB: Strahlenförmig gehen vier Hauptstrecken von Oslo aus, längste Linie ist die Nordroute (Nordlandsbanen), die 170 km hinter dem Polarkreis in Bodø endet.

Fahrradmitnahme ist möglich. Am einfachsten in den Lokalzügen, wo das Rad einfach mit ins Abteil genommen wird. Bei Regionalzügen muss es in den Gepäckwagen verladen werden, wozu es hoch gewuchtet werden muss. In Fernverkehrszügen muss der Stellplatz vorab reserviert werden, am besten direkt an einem Fahrkartenschalter. Fürs Fahrrad werden mittlerweile 50% vom Personenpreis veranschlagt (gedeckelt bei ca. 25 €). Infos: *www.nsb.no*

Busse

Überlandbusse ergänzen das dünne Bahnnetz. Busse, die auf Strecken verkehren, die für Radler gesperrte Tunnel passieren, haben einen außen angebrachten Fahrradträger. Ansonsten kommen die Räder in den Gepäckraum; oft auch vollbepackt, die Fahrer sind da nicht kleinlich. Die Preise variieren von gratis bis zu einem Drittel vom Personentarif. *Reinhard Pantke:* „Je einsamer die Regionen, desto größer die Chance Räder mitzunehmen. In der Finnmark haben die Busse oft sehr große Frachtabteile."
Info: *www.nor-way.no*

Fähren

Küsten- und Inlandsfähren sind in Norwegen ein primäres Verkehrsmittel; ohne sie würde es an Fjorden oft ebenso wenig weitergehen wie im nördlichen Küstenbereich. Während die Küstenfähren nur einige mal pro Tag verkehren, sind die meisten Fjord-Fähren tagsüber non-stop unterwegs. Das Fahrrad wird gratis bzw. zum Kindertarif befördert.

Küstenreedereien: Flaggruten (*www.tide.no*) verkehrt zwischen Stavanger und Bergen,

Hurtigruten (s.u.) zwischen Bergen und Kirkenes.

Hurtigruten („Postschiff")
www.hurtigruten.de • *www.hurtigforum.de*
Das ganze Jahr über befahren die berühmten Passagier-Post-Frachtschiffe der Hurtigruten die 2300 km lange Küstenstrecke Bergen – Nordkap – Kirkenes. 11 Schiffe verkehren praktisch rund um die Woche und haben, je nach Schiffstyp, 150–1000 Betten im Bauch. Auch zwei der traditionellen alten Postschiffe sind noch in Betrieb.

Die Schiffe fahren im geschützten, auch im Winter eisfreien Inlandsfahrwasser, also zwischen den Inseln und der Küste. Das ist für die Passagiere sehr abwechslungsreich. Sechs Tage beträgt die gesamte Fahrzeit, 34 Häfen werden angelaufen und die Fahrpläne genau eingehalten. Wer von Süd nach Nord geradelt ist, dem eröffnen diese Eilschiffe eine tolle Rückfahrgelegenheit. Kabinenplätze sollten für die Sommersaison (1.5.–31.8.) jedoch schon etwa ein Jahr im voraus gebucht werden. Preiswerter sind Deckpassagen, die spontan gebucht werden können. Nachts dürfen sich Deckpassagiere in der Cafeteria und den Salons lang machen (bis 7 Uhr früh). Studenten erhalten 50% Rabatt. Die Fahrradmitnahme kostet 10% des Pkw-Preises.

Übernachten

Zimmer
59 sehr unterschiedlich ausgestattete Gästehäuser (Vandrerhjem) firmieren als Jugendherbergen. Zwischen den einzelnen Häusern liegen südlich von Trondheim im Schnitt etwa 80 km, nördlich von Trondheim bis zu 200 km. Ü/Schlafsaal ab 20 €. Norske Vandrerhjem: *www.hihostels.no*. Preiswert sind außerdem Privatzimmer („rom", „B&B", ab 30 €/P), Ferienhütten (für Aufenthalte ab 1 Woche, ab 12 €/P, „hytter ledig" = „Hütte frei") und Studentenwohnheime (sog. Sommerhotels, ab 35 €/P). Teuer sind Hotelzimmer (DZ ab 90 €). Um das abzumildern, haben alle Hotels sich einem Rabattsystem angeschlossen. Nur wenn man den entsprechenden Ausweis zuvor erworben hat, kommt man in den Genuss erheblicher Preisnachlässe (50–60%). Für Radreisende aber wenig praktikabel.

Campen
www.camping.no • *www.nafcamp.com*
www.pluscamp.no
1400 **Campingplätze** – kein nordeuropäisches Land hat mehr zu bieten! Die meisten Plätze befinden sich im warmen Südnorwegen und sind im Sommer stark belegt. Ein Camping-Carnet ist in Norwegen nicht obligatorisch. Mittlerweile gibt es neben der alten Camping Card Scandinavia (CCS) ja noch weitere Karten wie die CCI (Camping Card International) und CKE (Camping Key Europe), so dass man sich besser erst unterwegs für eine bestimmte Karte entscheidet (wenn überhaupt). Ü Camping ab 12 € (meist personenunabhängig pro Zelt). Campinghütten für 2–6 Personen 35–70 €. Fast alle Plätze sind mit Waschtrocknern ausgerüstet.

Freies Zelten ist im Rahmen des Jedermannsrechtes (s. Schweden) erlaubt und vor allem in den Fjellregionen (Hochebenen) sehr schön und leicht realisierbar. Anders hingegen im Fjordland, wo es immer mehr Verbotsschilder gibt.

Reinhard Pantke: „Es gibt, wenn man mal vom Fjordland nördlich von Bergen absieht, unendlich viele Möglichkeiten einen guten Platz für die Nacht zu finden. Das gilt insbesondere für die einsame Finnmark und das Nordland. Allerdings wird in stärker frequentierten Regionen diese Freiheit schon eingeschränkt, weil sich einige Leute daneben benehmen."

Karten, Literatur & GPS

(Gut sortierte Kartenversender sind *nordland-shop.net* und *mapfox.de*)

Tourenkarten
- *Empfehlung:* Sykkelruter i Norge, 1:1 Mio., Fahrradplanungs- und Tunnelkarte für Norwegen, 14,90–19,90 €, von 2007, keine aktuellere Auflage verfügbar.
- Freytag & Berndt: Norwegen, 1:600.000, 9,99 €. Ideale Planungskarte.
- *Empfehlung:* Kümmerly & Frey (K+F, Lizenzausgabe der Cappelen- Karte): 1:325.000 (Bl. 1–3) und 1:400.000 (Bl. 4 u. 5, Norden), je 11,95 €, flächendeckend. Allround-Standardkarte mit praktischen Überlappungen, wird im 5-Jahres-Turnus aktualisiert, momentan ist 2012 aktuell, abgesehen von der

müden Grafik wohl immer noch die beste Tourenkarte.

- Freytag & Berndt: Skandinavien-Atlas 1:250.000/400.000, 29,95 €: Aktuell und detailliert. Die preiswerteste Komplettlösung für ganz Norwegen bzw. Skandinavien. Aber zu schwer, daher „kannibalisieren" (benötigte Seiten heraustrennen).
- Kunth: Großer Reiseatlas Norwegen, 1:300.000/1:800.000 (N Trondheim), 136 S., 12,95 €, ansehnliches Kartenbild und gute Infodichte, wird nur in größeren Abständen aktualisiert.

Tourenführer

- Kettler Vlg.: „Norwegen per Rad". Handlicher Radreiseführer mit Tourennetz, gut brauchbar bis Trondheim, im Norden eher schwach.
- Castor-Vlg.: Radwanderführer u. a. zu Nordseeküste, Hjulgleder (Radfernweg 3), Telemarkkanal, Setesdal, Rallarvegen, Numedal, Telemark, Lofoten; sehr gute Karten, Höhenprofile, Wegezustand, viersprachig, 39,90 € (mapfox), 300 NOK bei Direktbestellung ab Verlag: *www.castorforlag.no*
- Stein-Vlg.: Schweden/Norwegen Nordseeküstenradweg, 14,90 €

GPS

- *www.aighes.de, www.kowoma.de* – OSM-basierte Skandinavien-Radreise-Karten für Garmin&Co.
- *www.touren-wegweiser.de* – Annette und Olaf Birgelen haben auf ihrer Website eine Rundtour durch Schweden und Norwegen mit Fotos, Reliefkarten, GPS-Daten, Höhen- und Anforderungsprofil penibel dokumentiert.

Fahrrad (sykkel)

Ausstattung

Mit einem guten Reise-MTB lässt sich Norwegen vom Kap Lindesnes (im Süden) bis zum Nordkap erkunden. Wegen der großen Distanzen und der Wettereinflüsse (Wind, Regen) empfehlen sich Clickpedale und evtl. ein Triathlonaufsatz. Die Lichtanlage sollte auch bei Langsamfahrt hell genug sein, um bei langen, unbeleuchteten Tunnelpassagen zu sehen und gesehen zu werden. Die Taschen müssen viel Feuchtigkeit abhalten können (Ortlieb, Vaude). Ein Rückspiegel ist auf den engen Fjordstraßen von Vorteil. Wer mit einem 28-Zoll-Rad fahren will, muss wissen, dass Ersatzteile hierfür nur in den größeren Städten zu bekommen sind.

Reparaturen

Nur in den Städten bestehen ausreichende Reparaturmöglichkeiten, teilweise mit Selbsthilfewerkstatt. In kleineren Orten haben Sportgeschäfte häufig eine Fahrradabteilung. Wegen der großen Distanzen sollten Defekte prinzipiell mit Bordmitteln behoben werden können.

Den Store Styrkeprøven

www.styrkeproven.com

Norwegens großes Bike-Marathon **Den Store Styrkeprøven** („Das große Kräftemessen") findet seit 1969 statt. In der Regel an dem Wochenende, das auf den Mittsommer folgt (21. Juni). Die E 6 zwischen Trondheim und Oslo bildet die ewig selbe Route. Wer bei diesem populären Bike-Marathon in der Wertung bleiben will, muss die ca. 550 km lange Strecke in max. 36 Stunden bewältigen. Das Höhenprofil ist mit ca. 2500 Gesamthöhenmetern vergleichsweise moderat. Wer will, kann auch nur eine Teilstrecke machen, die kürzeste ist die 70 km-Schlussetappe von Eidsvoll bis Oslo.

Rennräder, Liegeräder, Tandems, vollverkleidete HPVs – zugelassen ist praktisch alles (Klassenwertung). Die Räder müssen mit Licht ausgestattet sein, es besteht Helmpflicht. Triathlonlenker sind wegen der Einschlafgefahr verboten. Das Gepäck wird separat von Trondheim nach Oslo transportiert. In einem Daypack lassen sich Werkzeug, Powerriegel und wärmende/wetterfeste Kleidung mitführen. Verpflegungsstationen sind ungefähr alle 50 km eingerichtet. Die Anmeldung ist ab Dezember möglich. Mindestalter 17 Jahre. Keine Beschränkung der Teilnehmerzahl. Die Anmeldegebühr ist auf über 120 € gestiegen.

Straßen und Wege

Überblick

Rund 60.000 km Straßen (RV = Riksvegen / Reichsstraßen) sowie 30.000 km Fahrwege schlängeln sich durch Norwegens Berg- und Fjordwelt. Der klimatisch begünstigte Süden ist die Region des besten Straßennetzes. Dass die Maschen dennoch recht weit sind, liegt an den naturräumlichen Hindernissen.

Überhaupt kann man nur staunen, welche Anstrengungen die kleine Nation der Norweger in puncto Straßenbau seit Jahrzehnten unternimmt. Um den Warentransport zu erleichtern, werden wichtige Verbindungen, wie die von Bergen nach Oslo, durch neue Tunnelstrecken peu à peu winterfest gemacht. Das hat die erfreuliche Folge, dass die alten Trassen zu Rad- und Wanderwegen umgewidmet werden. Während die Autos dann durch die lange dunkle Röhre flitzen, genießen die Radler den beschwerlicheren, aber auch schöneren Weg außen herum.

Steigungen sind das Salz in der Suppe einer Norwegen-Tour. Damit die wichtigen Passstraßen nicht schon durch leichte Schneefälle oder Raureif unpassierbar werden, sind die Anstiege der Hauptstraßen relativ moderat. Selten über 10%, sogar der gefürchtete Trollstigen hat „nur" 11–12%! Die Länge macht's halt!

Pässe und Tunnel

Die meisten **Pässe** sind von Juni bis Oktober geöffnet, einige auch schon früher (Trollstigen bspw. ab Mai). Auch einige Straßen, wie die E 69 zum Nordkap, sind im Winterhalbjahr gesperrt (E69: Okt.-April).

Über 1000 **Straßentunnel** gibt es in Norwegen. Zwar gibt es bei gesperrten Tunneln in der Regel eine Alternative für Radler, aber es kann auch anders kommen.

Andreas Bugdoll: „Wir hatten zwei gesperrte Tunnel, die Fjorde unterquerten. Der eine führte von der Insel Bolsøya nach Molde. Dummerweise war aber die Fähre von Grønnes nach Lønset eingestellt, so dass entweder der Fannefjorden komplett umrundet werden muss (ca. 45 km), der Bus durch den Tunnel genommen, oder eine ganz andere Strecke über die E 69 von Andalsnes aus. Der zweite Tunnel befindet sich südlich von Kristiansund auf der Insel Frei und führt von Kvitnes zur Insel Bergsøya. Aus diesem Grund wurde die Fähre Kvalvag – Kvisvik eingestellt. Ein netter Skipper brachte uns über den Fjord, ansonsten wäre wieder ein längerer Umweg fällig gewesen."

Andere gesperrte Tunnel, wie der 7617 m lange Svartisen-Tunnel lassen sich weiterhin mit der Fähre umgehen (in diesem Fall ab Ørnes). Wenig Probleme bereiten hoch gelegene Gebirgs- und Pässetunnel, da meist noch eine alte Straße existiert (s.o.). Da sich nicht alle Tunnelpassagen vermeiden lassen,

Alte Passstraße im Eidfjord, jetzt Tunnelumgehung für Radler

braucht man Licht am Rad, das auch bei Langsamfahrt hell ist.

In der Planungskarte „Sykkelrute i Norge" (s.o.) sind die meisten der für Radler gesperrten Tunnel markiert. Eine sehr ausführliche Übersicht der Straßentunnel und ihrer Eignung für Radfahrer findet sich auch auf *www.cycle tourer.co.uk/maps/tunnelmap.shtml.*

Radwege

Radwege sind vor allem an Ortsdurchfahrten und Ausfallstraßen angelegt. Meist jedoch nur einseitig und irgendwie immer halbherzig. Da keine Radwegbenutzungspflicht besteht und die norwegischen Autofahrer rücksichtsvoll sind, radelt man meist lieber auf der Straße ... Von den beschilderten **Radrouten** sind der „Rallarvegen" und der „Telemarkkanal" die populärsten, und die „North Sea Cycle Route" ist die längste. Außerdem wurde ein aus 9 Touten bestehendes **Radfernwegenetz** entworfen, das bestehen de Radwege integriert. Dieses Netz ist bislang zu ca. einem Drittel beschildert. Von den durch Norwegen führenden **EuroVelo-Routen** 1, 3 und 12 ist vor Ort noch nichts zu sehen.

Norwegens Radfernwegenetz
siehe Karte S. 374/375

Nr. 1: „Kystruta", 1120 km, Svinesund – Bergen – Trondheim – Nordkapp – Kirkenes (cpl. beschildert)

Nr. 2: „Kanalruta", ca. 360 km, Porsgrunn – Ulefoss – Telemarkkanal – Suleskar – Stavanger (280 km sind beschildert: Ulefoss – „Telemarkskanalenruta" – Dalen – Lysebotn)

Nr. 3: ca. 800 km, Kristiansand – Haukeli (Setesdalruta) – Hardanger – Alesund (255 km sind als „Setelsdalruta" beschildert)

Nr. 4: ca. 650 km, Bergen – Osterfjorden – Geilo – Finse (Rallarvegen) – Hønefoss – Oslo (125 km sind als „Rallarvegen" beschildert)

Nr. 5: "Numedalsruta", ca. 800 km, Larvik – Geilo – Molde (280 km von Larvik – Geilo sind beschildert als „Numedalsruta")

Nr. 6: „Sognefjellsvegen", ca. 700 km, Røros – Leirvik (teilw. beschildert)

Nr. 7: „Pilgrimsruta", ca. 700 km, Halden – Oslo – Hamar –Lillehammer – Ringebu – Trondheim (teilw. beschildert)

Nr. 8: "Trollheimen", ca. 160 km, Oppdal – Sunndalsøra – Molde (noch nicht beschildert)

Nr. 9: „Villmarksruta", ca. 730 km, Halden – Kongsvinger – Elverum – Røros – Selbu – Trondheim (ab Halden sind die ersten 160 km beschildert)

Offroad (MTB)

Prinzipiell erlaubt das Jedermannsrecht das Radeln auf allen Wegen und Pfaden. Jedoch sollen weder Mensch noch Natur beeinträchtigt werden und Einzelverbote sind zu beachten. Die meisten Wanderwege eignen sich ohnehin nicht zum Biken (steinig, holprig, steil, glitschig). Die allemal bessere Wahl für MTB-Abenteuer sind teilbefestigte Fahrwege. Populärster MTB-Spot ist Hemsedal (s.o.). Zunehmend können Bikes auf den Sesselliften der Wintersportorte mitgenommen werden (u. a. um Hemsedal, Lillehammer, Trysil).

Osteuropa (GUS)

Weißrussland (BY) – Ukraine (UA) – Moldawien (MD) – Russland (europ. Teil) (RUS)

Tourenziel Osteuropa: Zu Europa, genauer gesagt Osteuropa, zählen die Geographen die Staaten Weißrussland, Ukraine, Moldawien und den bis zum Ural reichenden Teil Russlands.

Nur wenige Reiseradler betrachten den „wilden Osten" Europas als Verlockung. Eher schon als Herausforderung: Einmal quer durch Weißrussland nach Moskau radeln, oder der Länge nach von Odessa nach St. Petersburg. Warum nicht? Letzteres wären 1700 km. Okay, das Straßennetz ist weitmaschig, die Nebenstraßen sind schlecht, der Komfort ist gering. Aber spannend wäre es schon. Zumindest für Leute, die auch mit ungewohnten Situationen umgehen können, sich mit gewissen Entbehrungen arrangieren können und im zwischenmenschlichen Bereich nicht immer nur Anteilnahme erwarten.

Muss man für Touren *östlich* des Urals Streckenpläne einreichen und genehmigen lassen, ist das Gute an der Region *westlich* des Urals – also Osteuropa – dass sich Individualreisende auf eigene Faust durchschlagen dürfen. Ist man erst mal im Land, kann man fast alles machen, was man will. Man wird auch nicht besonders kontrolliert. Die Versorgung mit dem Lebenswichtigen ist immer ausreichend, die Versorgung mit Unterkünften nicht immer, eine Campingausrüstung kann über manchen Engpass helfen. Und Zähigkeit. Ohne die geht es nicht. Das betrifft auch die Erwartungshaltung. Denn jenseits der Schwarzmeer-Region geht es oft lange Zeit durch weites Agrarland und steppenähnliche Regionen. Ohne große Abwechslungen, fast monoton. Auch muss man als Ausländer selbst auf die Leute zugehen, wenn man Kontakt bekommen will. Doch ist das durch die Jahrhunderte anerzogene Misstrauen erst überwunden, wird man Menschen mit großem Herzen kennenlernen.

Leninmosaik am Hafen von Sotschi, Russland

GUS-EUROPA
0 200 km
© Reise Know-How Verlag Hermann
Barentssee
Ural-Gebirge
Murmansk
Halbinsel Kola
Karelien
Bottnischer Meerbusen
FINNLAND
Onega-See
Ladoga-See
RUSSLAND
Helsinki
St. Petersburg
Kostroma
Kasan
Wolga
Jaroslawl
Rostow
Pereslawl
Sagorsk
Iwanowo
Nisnij Novgorod
Wladimir
Samara
Ostsee
ESTLAND
LETTLAND
Braslaver Seenplatte
Moskau
»Goldener Ring«
Königsberg
zu RUSSLAND
LITAUEN
Vitebsk
Smolensk
WEISSRUSSLAND
Minsk
Pripjet-Sümpfe
Brest
Tschernobyl
Don
KASACHSTAN
POLEN
Kiew
Lwow
Dnjepr
UKRAINE
SLOW.
Waldkarpaten
MOLDAWIEN
Asowsches Meer
UNGARN
Chisinau
Odessa
Krim
RUMÄNIEN
Sevastopol
SERBIEN
Schwarzes Meer
BULGARIEN
MZ.
AL.
GRIECHENLAND
TÜRKEI

Weißrussland (Belarus)

Daten

207.600 qkm • 9,5 Mio. Einwohner • 46 Ew./qkm • Hauptstadt: Minsk, 1,8 Mio. Ew. Ausdehnungen: N – 550 km – S // W – 550 km – O

Weiß-russland

Weißrussland, auch Belarus genannt, ist ein überwiegend flaches Land mit Seenplatten und ausgedehnten Sumpfgebieten. Mischwälder bedecken ein Drittel der Landesfläche. In weiten Ebenen und Hügelländern verlieren sich traditionelle Bauerndörfer, alte Burgen und Klöster. Amtssprache ist Weißrussisch (kyrillisches Alphabet), das mit dem Russischen und Ukrainischen verwandt ist.

Interessante **Ziele in Weißrussland** wären:

- **Brest** (Festung) und das **Landschaftsschutzgebiet Belaveschskaja Puschtscha** (Urwald und Wisente)
- **Minsk** und der Minsker See, **Nesvisch, Vitebsk** und Umgebung (Seenplatten)
- **Braslaver Seenplatte** (im Dreiländereck Weißrussland / Litauen / Lettland)
- das **Naturschutzgebiet Bjarezinski** (südl. von Polack).

Ukraine

Daten

603.700 qkm • 46 Mio. Einwohner • 76 Ew./qkm • Hauptstadt: Kiew, 2,7 Mio. Ew. Ausdehnungen: N – 800 km – S // W – 1150 km – O

Ukraine

Landschaftlich ist die Ukraine attraktiver als Weißrussland. Sie besitzt große Wälder im Norden, ansonsten dominieren Waldheiden, Steppen und Ackerland. Größter Fluss ist der Dnjepr. Ausgedehnte Tiefländer überwiegen. Typisch sind einige Höhenzüge bis 400 m, die zu den Flusstälern steil abfallen. Größte Gebirge sind die Waldkarpaten im SW (bis 2061 m) und das Gebirge der Krim (bis 1545 m). Die umstrittene Halbinsel – ein ehemaliges „Geschenk" Russlands – gehört als autonome Republik zum Staatsgebiet. Amtssprache ist Ukrainisch (erweitertes kyrillisches Alphabet, verwandt mit Weißrussisch und Russisch). *Christoph Gocke* durchquerte die Ukraine 2003. Sein Fazit: „Unter Radlerkriterien war die Ukraine mega angenehm. Rücksichtsvolle Autofahrer, nicht allzu viel Verkehr, kein einziger Hund, der sich bemerkbar machte, no hassle at all."

Die attraktivsten **Tourengebiete in der Ukraine** wären:

- die Waldkarpaten im Dreieck der Städte **Lwiw, Kiew** und **Odessa.** Wobei das herrliche **Lwiw** (ehem. Lemberg) allein schon eine Reise wert wäre (Stichworte „Florenz des Ostens", UNESCO-Weltkulturerbe).
- die von der Ukraine abgetrennte **Krim.** Die Halbinsel, die fast so groß wie Belgien ist, eignet sich vor allem im flachen Hinterland des Krimgebirges für Radtouren. Hingegen ist die szenisch reizvolle Küstenhöhenstraße von Foros nach Sudak steigungsmäßig ein harter Brocken.

Christoph Gocke zur Krim: Seit 2014 wird die Krim durch Russland kontrolliert. Ausländer konnten die sich bildende Grenze zunächst nur an den beiden großen Straßen nach Armjansk und Dzhankoi überqueren. In jedem Fall sollte man (im gesamten ukrainisch-russischen Grenzgebiet) vorab aktuelle Informationen über Sicherheits-, Grenz- und Visumfragen einholen. Flüge sind über Moskau nach Simferopol möglich.

Der Gebirgszug im Süden der Halbinsel schützt die attraktive Küstenregion vor sibirischer Witterung. Es herrscht dort subtropisches Schwarzmeer-Klima mit üppiger Vegetation. Die traumhafte rund 350 km lange *Strecke von*

Sewastopol nach Kertsch ist im ersten Drittel rund um Jalta relativ befahren. Nach dem Abzweig der Hauptstraße mit ihrer 73 km langen Oberleitungs-Bus-Linie Richtung Simferopol ist das zweite Drittel der schönste, aber mit seinem Auf und Ab auch noch anspruchsvollere Teil. Das letzte Drittel ist flach und verläuft nicht mehr an der Küste. Eine Fähre verbindet Kertsch mit der russischen Schwarzmeerküste. Eine Brücke ist geplant.

Moldawien (Moldova)

Daten

33.700 qkm • 3,56 Mio. Einwohner • 98 Ew./qkm • Hauptstadt: Chisinau, 0,7 Mio. Ew. Ausdehnungen: N – 330 km – S // W – 150 km – O

Moldawien

Zwischen Dnjestr und Pruth erstreckt sich der kleinste Osteuropäische Staat. Das einstige Bessarabien ist ein eher dünn besiedeltes Land mit viel Wald und großen Weinbaugebieten. Umklammert von Rumänien und der Ukraine hat Moldawien keinen Zugang zum Schwarzen Meer. Die Landessprache (lateinisches Alphabet) ist mit der Rumäniens verwandt. Zum rumänischen Nachbarn fühlt sich auch ein Großteil der Bevölkerung hingezogen.
Transnistrien, das Gebiet östlich des Flusses Dnister/Djnestr, hat sich mit russisch-militärischer Unterstützung de fakto von Moldawien abgespalten. In Transnistrien ist die Zeit seit dem Zerfall der Sowjetunion stehen geblieben. Zum Einkaufen fährt man in die Shopping-Malls von Chisinau, der Hauptstadt Moldawiens. Eine Durchreise mit dem Fahrrad, z.B. Richtung Odessa, ist in der Regel problemlos möglich.

Auch wenn Moldawien aus der Ferne unspektakulär erscheinen mag, vom Fahrradlenker aus betrachtet, ist es eigentlich wunderschön.

Russland (Russische Föderation) – europäischer Teil bis zum Ural

Daten

ca. 4 Mio. qkm (Europa) • ca. 110 Mio. Einw. • 28 Ew./qkm • Hauptstadt: Moskau, 12 Mio. Ew. • Ausdehnungen (Europa): N – 3000 km – S // W – 1800 km – O

Russland

Russland ist die übliche Kurzbezeichnung, wenn die Russische Föderation gemeint ist – ein komplexes Gebilde aus 20 Republiken, 6 Regionen und 49 Gebieten. Der europäische Teil Russlands erstreckt sich rund 3000 km weit zwischen der Barents-See im Norden und dem Kaspischen Meer im Süden. Dazwischen liegt die Osteuropäische Ebene. Östlich bildet das lang gezogene Uralgebirge die Schwelle zum asiatischen Sibirien, im Süden stellt der Kaukasus eine massive Barriere zum Morgenland dar. Als Exklave im Nordwesten gehört auch das Gebiet Königsberg zu Russland (Oblast Kaliningrad, Kalinin war übrigens ein Gefährte Stalins). Landessprache ist natürlich Russisch (kyrillisches Alphabet), das zugleich die „lingua franca" der Osteuropa-Staaten ist. Ein russischer Sprachführer genügt also zur Verständigung; wer höflich ist, versucht sich auch in der jeweiligen Landessprache.

Hauptstraße durch den Oblast-Kaliningrad

Interessante **Tourengebiete in Russland:**

- **Goldener Ring** – Mit dem „Goldenen Ring" ist eine Reihe kulturhistorisch bedeutender altrussischer Städte nordöstlich von Moskau gemeint: Wladimir, Susdal, Iwanowo, Palech, Kostroma, Jaroslawl, Rostow Weliky, Pereslalwl-Salesski, Sagorsk und andere (Gesamtrunde ab Moskau ca. 1000 km). In **St. Petersburg** angelangt, ist nicht nur die Stadt ein lohnendes Besichtigungsziel, sondern auch die schön mit dem Rad zu erreichenden Zarenpaläste der Umgebung.
- **Schwarzmeerküste** – Durch die Olympischen Winterspiele in Sotschi 2014 hat vor allem der südliche Teil der 350 km langen Küstenstrecke mit ihrem subtropischen Klima eine stark verbesserte Infrastruktur. Die je nach Saison unterschiedlich stark befahrene Küstenstraße führt durch eine grandiose Kulisse, die zu Ausflügen in die kaukasischen Berge lockt.
- **Karelien** – Im zivilisationsfernen **Karelien** wird es noch abenteuerlicher. Denn die meisten Straßen sind unbefestigt und die Infrastruktur sehr dürftig. Karelien umfaßt die ex-finnische Seenlandschaft, die vom riesigen **Ladoga-See** (nordöstlich Petersburg) bis zur Kola-Halbinsel hoch im Norden reicht. Da die meisten Straßen unbefestigt sind, finden Radtouren hier weitgehend unter Offroad-ähnlichen Bedingungen statt.

  Karelien birgt einige großartige Ziele, die es wert sind: etwa die Klosterinsel Valamo im Ladoga-See (1943 emigrierten dessen Mönche nach Finnland und bauten dort das neue Kloster Uusi Valamo; das religiös bedeutende Ur-Kloster im Ladoga-See ist aber inzwischen auch wieder zugänglich, Fähre ab Sortavala), die Märcheninsel Kishi (Preobrashenski-Kirche, Russlands „Achtes Weltwunder"), das Naturschutzgebiet Kiwatsch („Mutter der Wasserfälle").

Heidi und Werner Reichen über Karelien: Nordöstlich von St. Petersburg befindet sich Russisch-Karelien. Das Gebiet grenzt an Finnland. Wer Finnland, Einsamkeit und Mücken mag, wird von Karelien begeistert sein. Verwegene Abenteurer können der in russischen Karten verzeichneten Ost-West-Verbindung P20 folgen. Die Piste existiert noch, nur ein paar Brücken fehlen. Es gibt aber auch zahlreich neuere Verbindungspisten, die von finnischen Holzfällertrupps angelegt wurden. Nach Karelien gelangt man entweder von Sankt Petersburg oder von Helsinki aus.

Interessante Details und Fotos zu einer (geführten) Karelien-Radtour finden sich bei *www.ost-impuls.de (Reiseprogramm).*

Königsberg

Vom polnischen Danzig oder dem litauischen Klaipeda kommend ist auch das **Kaliningrader Gebiet** (Oblast Kaliningrad) – ehem. Königsberg – mit der Kurischen Nehrung und der Samlandküste ein mögliches Ziel. Viel zu sehen gibt es nicht. Es sind eher die atmosphärischen und geschichtlichen Eindrücke, die evtl. lohnen. Hängt vom Grad der Neugier ab. Der **Europaradweg R1** führt von Polen durch Königsberg nach Litauen. Die **Einreise** (Visum!) ist in den letzten Jahren problemlos geworden.
Mehr Infos: *www.euroroute-r1.de*

ⓘ-Box Osteuropa (GUS)

Infos

- Russian National Tourist Office RNTO: *www.visitrussia.org.uk* • *www.russlandinfo.de*
- Russian Cycle Touring Club: *www.rctc.ru/de*
- Russlandreisen-Infos: *www.reiseservice-russland.de* • *www.waytorussia.net*
- Weißrussland-Infos: *www.belarusguide.com* • *www.belarustourist.minsk.by*
- Ukraine-Infos: *www.traveltoukraine.org*
- Moldawien-Infos: *www.moldova.md*
- Visadienste: *www.visum.de* • *www.visum-centrale.de* • *www.russlandinfo.de*

Einreise

Für jedes Land benötigen Deutsche, Österreicher und Schweizer ein gesondertes Visum. Die Beantragung ist etwas umständlich und für jedes Land auch unterschiedlich. Visumserteilung an den Landgrenzen ist teilweise möglich (Moldawien), aber nicht empfehlenswert. Der einfachste Weg zum Visum führt über einen Visadienst (einfach googeln). Für ihre Bemühungen verlangen diese Agenturen natürlich einen Obolus (ab 20 €), der zusätzlich zu den nicht unerheblichen Visagebühren anfällt.

Geld

Russland hat den Rubel (1 € = 70 RUB, 10.2015), Moldawien den Lei (1 € = 22,5 MDL, 10.2015), die Ukraine den Griwna (1 € = 24,5 UAH, 10.2015), Weißrussland den Belarus Rubel (1 € = 19.600 BYR, 10.2015). Je nach Anspruch kann das persönlich erlebte Preisniveau entweder niedrig sein (Grundnahrungsmittel) oder hoch (teure Importwaren, Sondertarife für Ausländer in Hotels). Moskau ist die teuerste Metropole der Welt, aber Kaviar gibt es zum Spottpreis.

Zahlungsmittel

Kreditkarten werden akzeptiert (vor allem Mastercard, Visa ist auch noch okay). Reiseschecks können bei Banken getauscht werden, aber die Gebühren sind hoch (ca. 10%). In vielen besseren Hotels stehen Geldautomaten für Kreditkarten, die zu besseren Zeiten sogar US-Dollars ausspuckten. Unabhängig von der aktuellen politischen Großwetterlage fungieren US-Dollar und Euro als Helfer in allen Lebenslagen (cash, unbeschädigte Scheine!), auch „Silbergeld" ist oft hilfreich. Devisen sind bei Ein- und Ausreise zu deklarieren, werden aber selten kontrolliert. Hauptsache man hat bei der Ausreise nicht mehr, als bei der Einreise deklariert wurde.

Gesundheit

Trotz kostenloser Erste-Hilfe-Versorgung ist der Abschluss einer Auslands-Krankenversicherung nicht nur ratsam (Rettungsflug), sondern allein schon für die Visumbeantragung zwingend erforderlich. Leitungswasser ist generell gechlort. Wie an die Bevölkerung gerichtete Warnungen zeigen, ist es offenbar in einigen Städten nicht immer keimfrei. Mineralwasser in Flaschen ist sicherer. Auch bei Brunnenwasser, dass es noch überall gibt, sollte vorsichtshalber Entkeimer wie „Certisil Combina" hinzu gegeben werden (klares Wasser ist Voraussetzung, dann 3 Tropfen pro Liter, 30 min einwirken lassen).

Weiterhin radioaktiv verseucht, sind die Wälder im Großraum Tschernobyl. Auch wenn mittlerweile ganz arglos Besichtigungstouren zur einbetonierten AKW-Ruine, dem „Sarkophag", angeboten werden, sollte man die Wälder meiden.

Sicherheit

Aktuelle Hinweise und Verhaltenstipps: *www.auswaertiges-amt.de* (Länderseiten)

Wetter, Wind und Reisezeit

Gemäßigtes Kontinentalklima. Nördlich von Minsk und Moskau ist es im Frühling und Herbst kälter als in Mitteleuropa. Mäßig warme Sommer mit Niederschlagsmaxima in Juli und August. Vergleichsweise mild ist das Klima im Süden, speziell der Schwarzmeer-Region. Dort ist nicht nur der Sommer generell heiter und regenarm, sondern auch der Herbst noch eine (velo)freundliche Jahreszeit. Der Wind kommt meist aus W bis SW.

Anreise per Rad

Wer genug Zeit hat, kann natürlich ganz stilgerecht anreisen. Den Auftakt bilden die mitteleuropäischen Staaten Polen, Slowakei, Ungarn und Rumänien. Bis in die 1990er Jahre gehörten sie zum „Ostblock", heute bilden sie eine Art cordon sanitaire zwischen West- und Osteuropa. Grenzübergänge bestehen:

Die „Belarus" genannte M1 führt von Brest nach Moskau

- von Polen zum russischen Gebiet Kaliningrad (1x), Weißrussland (2x) und Ukraine (3x)
- von der Slowakei zur Ukraine (1x)
- von Ungarn zur Ukraine (1x)
- von Rumänien zur Ukraine (1x) und Moldawien (1x).

An den Grenzen nicht auf Schlepper einlassen, sondern an der Schlange wartender Autos vorbei bis zum Schlagbaum vorfahren. Bei bereits vorhandenem Visum erfolgt die Abfertigung dann gewöhnlich außer der Reihe, so dass die ganze Geschichte oft schon nach einer Stunde erledigt ist.

Besonderheit Kaliningrad: Bislang durften Radfahrer die Grenze bei Gronowo/Mamonovo offiziell nur an *Bord eines Reisebusses* überqueren. Das ist nicht mehr erforderlich. Auf der R1-Website (*www.euroroute-r1.de*) ist eine Reihe hilfreicher Infos und Kontaktadressen für den Grenzübertritt zusammengestellt.

Anreise per Bahn

Jedem Bahnreisenden aus Westeuropa wird an den Grenzen zu Weißrussland und der Ukraine ein mehrstündiges Schauspiel geboten, wenn die Züge auf russische Breitspurfahrgestelle umgesetzt werden (in Brest, Przemysl, Cop). Nach Kaliningrad wurde nach dem Krieg allerdings eines der Gleise nicht auf Breitspur umgestellt, weshalb es dorthin wesentlich schneller geht, ohne Umspuren. Die meisten Direktzüge laufen von Berlin über Warschau und Brest nach Moskau, eine weitere Direktverbindung nach Moskau besteht ab Wien. Direktverbindungen nach Kiew (Ukraine) und St. Petersburg ab Wien und Prag.

Das **Fahrrad** kann nur demontiert im Abteil mitgenommen werden (am besten im Schlafwagen), was in der Regel toleriert wird.

Anreise per Flieger

- Linienflüge von Wien, Zürich, Genf und allen deutschen Flughäfen nach Moskau und St. Petersburg. Im Sommer auch preiswertere Aeroflot-Charterflüge. Außerdem Linie Berlin – Kaliningrad. Aeroflot fliegt nur noch mit westlichem Fluggerät.
- Nach Chisinau (Moldawien) bieten neben Air Moldova u.a. auch AirBerlin und Turkish Air Flüge an.
- Nach Kiew (Ukraine) geht es von deutschen Flughäfen, meist über Wien, u. a. mit Air Ukraine, Austrian Airlines, KLM.
- Nach Minsk (Weißrussland) werden Linienflüge u.a. ab Berlin, Frankfurt und Wien angeboten.

Anreise per Fähre

Die Finnlines-Fähre von Lübeck nach St. Petersburg verkehrt bis auf Weiteres nicht mehr. Derzeit gelangt man nur von Stockholm und Helsinki mit der Fähre nach St. Petersburg.

Transport im Land

Egal ob Bahn, Bus oder Flugzeug, inländische Verkehrsmittel zu nutzen, braucht Zeit und Nerven wie Drahtseile. Größte Hürde ist das Besorgen des Tickets (manchmal nur mit Beziehungen oder Devisen), zweite Hürde ist die Mitnahme des Fahrrades in den meist überfüllten Verkehrsmitteln. Wer eine längere Strecke mit der **Bahn** fahren will, sollte unbedingt Erster-Klasse-Schlafwagentickets kaufen, wo die Fahrräder dann im Zweierabteil mit untergebracht werden können (Vorderräder demontieren, Lenker querstellen). Diese Lösung ist zwar keine offizielle, funktioniert aber, wie mehrfach berichtet. Sollen die Räder hingegen im Gang untergebracht werden – Gepäckwagen sind bei

Personenzügen unbekannt –, so gibt es schnell Stress mit dem Zugpersonal, was mit dem Raußschmiss der Räder enden kann.

Auf der **Krim** verbinden **Küstenschiffe** Jalta mit den anderen Küstenorten. Die Fahrradmitnahme ist problemlos. Ob die Passagierschiffe von Kiew nach Odessa wieder verkehren, ist fraglich, in den letzten Jahren waren fast alle großen Liniendienste auf dem **Dnjepr** eingestellt.

Übernachten

Der Beherbergungssektor ist keine Boombranche. Da Einheimische traditionell bei Freunden oder Verwandten übernachten, gibt es weniger Unterkünfte als in anderen Ländern. Ausgestattet mit Anspruchslosigkeit, Neugier und einem Zelt für alle Fälle ist die Übernachtungsfrage insgesamt aber dennoch kein großes Problem.

Zimmer: Hotels existieren in den meisten größeren Orten und den Ferienressorts. Neue Hotels mit westlichen Standard sind vor allem in Städten mit regem Wirtschaftsleben entstanden. Sie verlangen hohe Preise und sind dennoch meist ausgebucht. Was bleibt, sind die einfacheren Hotels, die früher teilweise für Ausländer tabu waren. Die meisten sind inzwischen renoviert. Soweit in Landeswährung bezahlt werden kann, sind die Übernachtungen in solchen Ein- bis Zwei-Sterne-Etablissements bezahlbar. Zunehmend angeboten werden auch Privatzimmer, die naturgemäß preiswerter sind. Online-Buchung von teuren Hotelzimmern: *www.osteuropa-hotels.de*

Camping: Trotz großer Lücken sind Campingplätze insgesamt doch etwas zahlreicher als die wenigen Plätze, die für Osteuropa in Online-Campingführern vermeldet werden. Geöffnet sind sie meist vom 1. Juni bis 30. September. Das größte Problem besteht darin, sie überhaupt zu finden bzw. vorab zu wissen, wo es einen Platz gibt, denn Campingverzeichnisse gibt es nicht, und in den Straßenkarten sind nur wenige verzeichnet. Ausdrücklich verboten ist freies Campen nur in Landschaftsschutzgebieten und an Hauptverkehrsstraßen, ansonsten wird es weitgehend toleriert. Konflikte sind dennoch möglich und lassen sich am besten durch vorheriges Fragen und/oder einen sichtgeschützten Standort vermeiden.

Karten und Literatur

- Reise Know-How: 1:2 Mio, "Russland West" und „Russland – vom Ural zum Baikalsee", je 8,90 €.
- Reise Know-How: 1.1 Mio, „Ukraine", 8,90 €.
- Freytag & Berndt: 1:700.000, „Weißrussland", 9,99 €.
- Freytag & Berndt: 1:500.000, „Rumänien – Moldawien", 9,99 €.
- Literatur: Weiterführende Toureninfos zu Russland im „Fahrrad-Weltführer", Reise Know-How Vlg.

Fahrrad

Stabiles Bike mit zuverlässigen Komponenten, Gabel und Sattel möglichst komfortabel, breite nicht zu stark profilierte Bereifung. Schrauben fixieren und unterwegs kontrollieren. Ein Rückspiegel leistet auf verkehrsreichen Straßen wertvolle Dienste.

Außerhalb von Moskau und St. Petersburg existieren praktisch keine Fahrradwerkstätten, die westliche Fahrräder reparieren. Russische Reifen passen weder auf 26- noch 28-Zoll-Felgen. Daher ausreichend Ersatzteile und Werkzeug mitnehmen. Notfalls Radsportler suchen und Teile tauschen bzw. abkaufen.

Straßen

Das Straßennetz ist weitmaschig, der Zustand regional unterschiedlich. Das vergleichsweise beste Straßennetz hat die Ukraine. Harte Winter und überladene Lastwagen sind die Feinde osteuropäischer Straßen. Bei starker Sonneneinstrahlung werden manche Straßendecken so weich, dass es große Probleme beim Radeln geben kann. Ist man aber nicht gerade im Hochsommer bei 38 Grad oder mehr unterwegs, lässt sich zumindest alles, was auf Straßenkarten als „wichtige Hauptstraße" deklariert ist, halbwegs würdevoll bewältigen.

Sobald man die Hauptstraßen aber verlässt, beginnt die Reise ins Ungewisse. Straßen enden unvermittelt, Hindernisse unterschiedlichster Art tauchen auf, und obendrein ist die ohnehin kyrillische Wegweisung extrem lückenhaft und selten eindeutig. Auch in den Städten lauern Radlerfallen in Form tiefer Schlaglöcher und versenkter oder gar fehlender Gullydeckel. Dagegen ist der Verkehr noch das kleinere Übel. Lkw-Fahrer erwarten natürlich, dass Radler Platz machen.

Drei Tage bis St. Petersburg

von Christoph Gocke

Vorbemerkung: Dies ist der Auszug eines Roadbooks. Christoph will seine vor ein paar Jahren begonnene Runde um die Ostsee vollenden. Drei Wochen im August hat er sich dafür auserkoren. Neun Tage ist er bereits durch Weißrussland geradelt. Russland, Finnland und Schweden liegen noch vor ihm.

14. August (156 km)

Russisch

542 km bis St. Petersburg sagt der erste Kilometerstein in Russland. Weil alles so schnell ging, hatte ich vergessen, die letzten weißrussischen Rubel gegen russische zu tauschen. Obwohl ich noch zwei Mal vor der Grenze zum Einkaufen gehalten hatte, bin ich das Geld einfach nicht los geworden. Die ersten 25 km sind neu geteert. Anders als auf den Karten führt die M20 nicht durch Nevel, sondern lässt den Ort rechts liegen.

Es ist wieder flach geworden. Nur kurz bekomme ich auf einer kleinen Anhöhe die Stadt und die endlosen Wälder ringsherum zu sehen. Verkehr gibt es so gut wie keinen. Zwei Mal werde ich gefragt, ob diese Straße nach Nevel führe. Immer auf Russisch. Jeder geht davon aus, dass ich – sofern nicht sowieso Russe – auf jeden Fall Russisch verstehe.

Kurz vor Pustoshka kreuzt die große Verbindungsstraße nach Lettland. Jetzt ist etwas Verkehr. In Pustoshka sehe ich zwei Rucksackreisende. Sie kommen aus St. Petersburg und als sie merken, dass mein Russisch schnell an seine Grenzen stößt, wechseln sie sofort in hervorragendes Englisch. Sie trampen von Minsk nach Hause und wollen die Nacht an einem See verbringen, an dem ich sicher auch gut übernachten könne. Ich zögere und bleibe. Zum Glück. Denn bis ich am nächsten Morgen den See erreiche, bin ich schon mehr als eine Stunde unterwegs.

Die Unterkunft

In Pustoshka soll es ein kleines Hotel geben. Und das gibt es tatsächlich. Die Frau am Empfang ist im Vergleich zu den bisherigen Rezeptionspatroninnen recht jung und schlank. Freundlichkeit schwappt bei ihr aber auch nicht über. Und natürlich muss ich sofort zahlen. In Rubel. Also laufe ich zurück

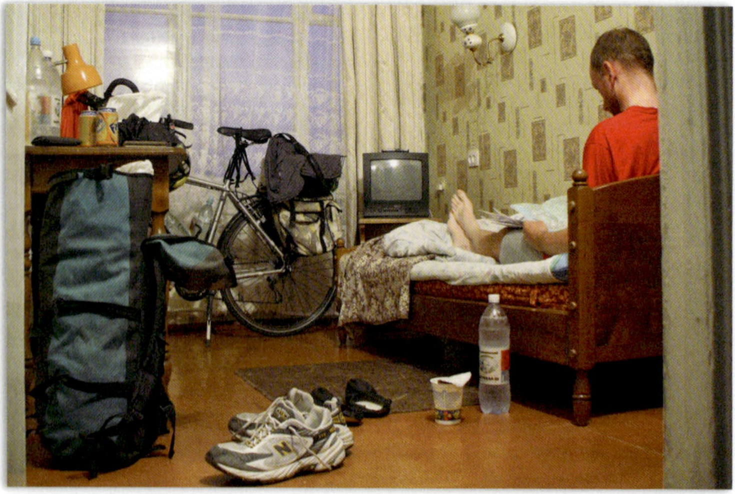

Christoph plant den nächsten Tag

zum lokalen Geldautomaten, der sich in einem Häuschen in der zweiten Reihe versteckt. Im Laden decke ich mich für Abendessen, Frühstück und mehr ein. Denn der riesigen tristen Hotelhalle sah man an, dass hier nicht an ein Frühstück zu denken ist.

Dann stellt sich die spannende Frage, ob ich ohne russischen Einreisestempel im Hotel registriert werde. Mein Vorteil: An der Rezeption steht ein Kopierer, mit dem mein Pass kopiert wird. Der psychologische Vorteil: Die Empfangsdame ist überzeugt, alles getan zu haben. Die Überprüfung meiner Daten findet erst später bei der Polizei statt, wenn ich längst wieder in den Wäldern bin. So wird es auch an den nächsten Abenden sein.

Zum Abschluss bittet sie mich, mein Fahrrad mit aufs Zimmer zu nehmen. Das ist nicht nur sicherer, sondern erlaubt mir auch Gepäck drauf zu lassen, kleinere Reparaturen bequem zu erledigen und das Rad als Wäscheständer zu nutzen.

Das Hotel ist alt. Aber die katastrophalen Zustände in den Jahren nach Ende der Sowjetunion sind passé. Nichts tropft im Badezimmer, heißes Wasser kein Problem, auch wenn die Ästhetik die alte sowjetische geblieben ist. Das Straßendorf Pustoshka ist so klein und unattraktiv, ich bin so müde, die Mücken sind so zahlreich und die Suche nach einem Internet-Café so aussichtslos, dass der Abendspaziergang ersatzlos gestrichen wird. Ich lese auf dem Bett in meinem von der Sonne aufgeheizten Zimmer.

15. August (195 km)

Diametrales

Das heiße Zimmer hat mir keinen guten Schlaf beschert, dann esse ich, weil ich ja so gut erzogen bin, zum Frühstück auch noch zwei der Möhren, die mir Katja mit auf den Weg gegeben hatte. Grässlich. Rohe Möhren und Fahrrad fahren vertragen sich überhaupt nicht. Widersprechen sich geradezu. Eigentlich weiß ich das längst, aber manche Erkenntnis muss gelegentlich aufgefrischt werden. Die Möhren liegen mir den ganzen Tag schwer im Magen.

Dank der Querverbindung nach Riga kurz vor Pusthoshka ist jetzt kräftig Verkehr auf der Straße. Daran muss ich mich erst wieder gewöhnen. Hinter Ostrov wird es durch einen Seitenstreifen besser. Auf dem kann ich stumpf und stur vor mich hinfahren und Autos, Busse und Lkw an mir vorbeidonnern lassen. Recht geschafft erreiche ich Pskow. Jetzt noch ein paar Kilometer in der Abendsonne an der Welikaja entlang. Der Kreml ist verwaist. Eine große Festung mit einer riesigen Kathedrale. Ich bin überhaupt nur aufs Gelände gekommen, weil vor der Festung am Abend Theater gespielt wird. Eine Hakenkreuzfahne hängt auf der Open-Air-Bühne. Hitlers Schergen waren auch in Pskow.

Vorhersage

Als ich spätabends im VIP-Raum des Internet-Cafés die Windvorhersage bei wetteronline aufrufe, breitet sich Euphorie aus. Nachdem ich heute schon fast 200 km gefahren bin, kommt morgen der Wind aus Südwest: Zum ersten Mal Rückenwind auf dieser Tour!

16. August (292 km)

Rekordtag?

Kann ich 300 km an einem Tag radeln? Die weißen Nächte sind zwar vorüber, trotzdem geht die Sonne heute am 16. August erst um 21.51 Uhr unter, dann noch die Dämmerung, ist das zu schaffen? 280, 290 km bis St. Petersburg. Ziemlich genau die Entfernung zwischen Hamburg und Berlin. Meine bisher längste Strecke waren 258 km in Libyen. Das ist sechs Jahre her.

Relativ locker starte ich um 8.15 Uhr. Ohne Hektik. Ohne Stress. Vor einer endgültigen Entscheidung will ich die ersten Kilometer abwarten. Auf meinem Tourenplan stehen eigentlich nur 144 km bis Luga. Aber dort gibt es kein Hotel. Nur zwei, drei Sanatorien in der Nähe, die aber in der Regel wenig begeistert über One-Night-Stands sind.

Nachdem ich noch ein paar Lebensmittel gekauft habe, komme ich dann richtig in Fahrt. Tatsächlich: Rückenwind aus Südwest. Ich spüre ihn sofort, obwohl zunächst ringsum Nebel herrscht. Es läuft von Beginn an super. Und von Stunde zu Stunde immer besser.

Mantra

Die ersten 80 km ist die Straße recht rumpelig und ohne Seitenstreifen. 200 km vor St. Petersburg wird sie besser, und es bleibt so.

Verkehr ist reichlich, aber nicht zu viel. Die ersten Stunden liege ich bei 23 km/h, deutlich über meinem Durchschnitt. Psychologisch hilfreich: Ich werde immer schneller. Die größte Gefahr: Zu schnell. Gerade beim schnellen Fahren spüre ich die Erschöpfung häufig erst zu spät. Gut, dass ich das weiß. Kurze Pausen und das Anfahren danach geben meist ein genaues Gefühl vom Kräftezustand.

Aber heute läuft es einfach. Und ich profitiere von all den Ausdauerevents, die ich hinter mir habe – samt aller Einbrüche. In meinem Kopf hämmert der Slogan, den ich bei einem Ironman aufgesogen hatte: „You can go the extra mile!" Mein Mantra. Immer wieder. Immer weiter.

Auch heute wieder: Wälder, Felder, Holzhäuser, Flüsse. Um 13 Uhr habe ich 105 km hinter mir. Und dann kommt ein brillanter Nachmittag. Es wird ein kleines bisschen hügelig. Aber genau so, dass ich in einen traumhaften Rhythmus komme, ohne mich anstrengen zu müssen. Und die stetig steigende Durchschnitts-Geschwindigkeit schreit mir zu: Du kannst es schaffen.

Fotos beim Radeln

Punkt 19.00 Uhr, nach genau zehn Stunden reiner Fahrzeit, 243 km, also 24,3 km/h, erreiche ich Gatchina. So viel weiß ich aus meinen Führern: Es ist eines der Sanssoucis von St. Petersburg: Sommerschlösser und Parks.

Nur ein paar Meter links von der Strecke stehe ich vor der weit ausladenden Fassade des nicht sonderlich restaurierten Schlosses, das Katharina die Große ihrem Lover Grigori Orlow schenkte – zum Dank, dass er ihr Peter III. vom Halse schaffte.

Schön ist vor allem der Park. Hier gelingt mir endlich ein Foto von jungen Russen, die mit freiem Oberkörper herumlaufen. Eigentlich begleiten sie mich schon die ganze Tour. Aber erst in den letzten Tagen ist mir bewusst geworden, wie viele Jungs mit freiem Oberkörper herumlaufen, und es sich leisten können.

Auch die Mode der jungen Frauen mit ihren kurzen knappen Höschen, die nur noch einen Hauch von Hosenbein haben, mit verschiedensten Oberteilen den Rücken oder Sonstiges frei lassen, versuche ich mehr schlecht als recht vom rollenden Rad zu fotografieren. Ich bin wohl schon etwas high, genau genommen mehr als etwas.

Auf der Zielgeraden

Bei der Ausfahrt aus Gatchina frage ich nach dem Weg. Die Gegenfrage lautet: „In welchen Teil von St. Petersburg wollen Sie denn?" Wow, ich muss verdammt nah am Ziel sein! Und ich weiß, ich werde es schaffen. Den ganzen Tag über keine Einbrüche, keine Tiefs. Es ist unglaublich. Zwei Muffins, zwei kleine Kuchen, ein Snickers, ein Bounty. Aber viel getrunken. Sieben Liter. Still und sprudelnd, Pfirsichsaft, Bitter Lemon, am späten Nachmittag eine Pepsi zum wach bleiben. Nur gelegentlich ergreift mich jetzt ein leichter Trancezustand. Doppelt aufpassen. Der Verkehr wird dichter. Auch wenn die Straße endlich vierspurig geworden ist.

Rund 30 Kilometer vor St. Petersburg Stau in Gegenrichtung. Ein Stau, der fast bis in die Stadt anhält. Etwa 20 Kilometer vor dem Ziel geht es unerwartet bergab. In einer großen Schleife nimmt das Rad richtig Fahrt auf. Ich rolle runter zum Newa Delta. Die Stadt liegt im Dunst des Flusses. Und schon passiere ich, jetzt achtspurig, die wenig spektakuläre aber den ganzen Tag vor meinen Augen schwebende Markierung: „St. Petersburg". Links und rechts Flughafen, Shopping Malls mit riesigen Parkplätzen. Hier und da auch ein Radler. Ich bin happy, happy, happy. Trotz der Ungewissheit über eine Unterkunft.

Die Stadt zieht sich ewig, obwohl sie schon Zentrum ist. Die gleiche Traufhöhe, große Plätze, der größte mit einem überdimensionierten Lenin. Der Kilometerzähler, der bei Fahrten in große Städte häufig ein guter Gradmesser für die Zentrumsnähe ist, sagt: „Weiter!" Ich will bis an den Fluss, ins Herz der Stadt. Und die Straße führt genau dorthin. Immer geradeaus, nur ganz zuletzt muss ich einen kleinen Bogen schlagen, um dann an der Kathedrale, an der Admiralität, an der Newa zu halten. 290 km. Von mir aus könnte es noch zwei, drei Stunden so weitergehen.

Jetzt noch ein Bett finden

Es ist nach 21 Uhr und immer noch hell. So ein dunstiges Hell. Eine Art weiße Nacht. Ich habe

Endspurt (Stadtgrenze St. Petersburg)

zwei Hostels im Visier, die einzigen günstigeren Unterkünfte im Zentrum. Bei beiden heißt es, eine Reservierung sei notwendig, weil sie in der Regel ausgebucht seien.

Beim ersten überwinde ich nicht mal den wenig repräsentativen Hinterhofeingang. Über die Fernsprechanlage erfahre ich: Njet!

Bleibt als Hoffnung das Nord Hostel. Dort packe ich auf der breiten repräsentativen Treppe das Fahrrad gleich unter den Arm. Lasse es auf halber Höhe stehen und schleppe mich zur Minirezeption an der Eingangstür im ersten Stock, hinter der sich ein Schlafraum mit etwa 14 Betten abzeichnet. Das Wunder: Sie haben noch ein Bett frei. Direkt hinter der Rezeption. Mit 25 Euro nicht superbillig, für St. Petersburg aber schon. Ein echter Travellertreff inklusive Piano, freiem Internet, Frühstück, Waschmaschine.

St. Petersburger Blues

Lange Zeit kann ich nicht einschlafen, bin aufgewühlt, eine dreiköpfige Mädchengruppe kommt spät zurück, ein paar Mücken, Durchzug, mein Gepäck ist auch nicht sehr sicher verstaut, die Gedanken kreisen. Trotzdem fühle ich mich am nächsten Morgen aufgeräumt. Das Hostel bietet in einer kleinen Küche Frühstück zum Selbermachen an. Ein Brasilianerin ist da, die nach einem Winter in Oslo von der nördlichen Welthalbkugel genug hat. Französinnen, Spanier. Echtes Hostelflair eben. Seit ich etwas ausgefallenere Ziele ansteuere, ist so was selten geworden.

Ich genieße es, bleibe aber innerlich in meiner eigenen Einsamkeits-Reisewelt. Das Erlebnis von 292 km an einem Stück auf dem Sattel passt hier nicht rein. Mich erfüllt es immer noch. Glückshormone überkommen mich den ganzen Tag. Zugleich Leere. In einem großen Rundgang über die langen Brücken, die die Herzstücke von St. Petersburg verbinden, bewege ich mich bei tristem Wetter langsam durch die Weite der Stadt …

Österreich

Vorbemerkung

Mit Ausnahme von Wien ist allen österreichischen Bundesländern ein eigenes Kapitel gewidmet. Geordnet sind sie alphabetisch. Radfernwege, die mehrere Bundesländer berühren, sind jeweils bei dem Bundesland mit dem größten Anteil beschrieben.

Seitenverzeichnis

Daten

83.845 qkm • 8,6 Mio. Einw. • 103 Ew./qkm
Ausdehnungen: N – 290 km – S // W – 570 km – O

Land und Leute

Vier Jahre vor der Jahrtausendwende feierte Österreich sein eigenes Millenium. Im Jahre 996 hatte Kaiser Otto III. Ländereien bei Neuhofen an der Ybbs verschenkt, die die Keimzelle für „Ostarrichi" bildeten. Heute gibt es einen „Ostarrichi-Radweg" und neun österreichische Bundesländer.

Vier Zehntel des Landes sind bewaldet, nur Finnland und Schweden haben in Europa einen noch höheren Waldanteil. Zwei Drittel des Landes werden von den Alpen eingenommen. Verglichen mit den Westalpen der Schweiz sind die österreichischen Ostalpen niedriger und stärker durch große Längswie auch Quertäler gegliedert, insgesamt also leichter passierbar. Höchster Gebirgszug sind die vom Großglockner gekrönten Hohen Tauern (3798 m).

Aber auch *nördlich* der Donau steigt das Land an: zu einem welligen Granit- und Gneisplateau auf 400–800 m (Mühl- und Waldviertel). Da erstaunt es schon fast, dass immerhin ein Viertel Österreichs flaches bis hügeliges Tiefland ist – insbesondere der Nordosten des Landes mit dem Wiener Becken und der pannonischen Tiefebene des Burgenlandes.

Gebirge sind Wasserlieferanten. Österreich ist ein Land der Gebirge und deshalb auch der Bergseen, Wasserfälle und jungen Flüsse. Die Donau allerdings, der seit altersher bedeutendste Strom, entspringt in Deutschland. Zwar legt der Strom in Österreich nur 350 von insgesamt 2900 km zurück, präsentiert sich hier aber besonders malerisch und geschichtsträchtig.

per Rad erleben

Für Radwanderer, Radsportler und Mountainbiker wird viel getan. Über ein Viertel aller Sommerurlauber sind schließlich mit dem Radl oder Bike da. Sie dürfen sich eines ständig wachsenden Angebotes erfreuen. Den ersten Schub brachte ab 1983 der Donau-Radweg, der mit 150.000 Nutzern pro Jahr ganz oben in Europas Radwegeliga mitspielt. Auch die jüngeren Radfernwege wurden bevorzugt durch Flusstäler geführt. So zieht das Alpenland Österreich auch jene an, die sich die Berge beim Radeln lieber von unten ansehen. Auf über 10.000 km summieren sich Österreichs Radwanderwege. Dazu kommen fast noch einmal so viele Kilometer privater Forstwege, die in den letzten Jahren zum Biken freigegeben wurden. Nur ein nationales Radroutennetz wie in der Schweiz fehlt noch.

Routen & Regionen

Beliebte Radfernwege **siehe Karte S. 409**

- **Donau-Radweg:** 376 km, Passau – Wien – Hainburg, Kategorie **1, ff**
- **Drau-Radweg:** 366 km, Toblach – Klagenfurt – Maribor, K. **1, ff**
- **Ennsradweg:** 250 km, Flachau – Enns, K. **3**
- **Innradweg:** 517 km, Maloja (CH) – Innsbruck (A) – Passau (D), K. **3**
- **Kamp-Thaya-March-Radweg (KTM):** 450 km, Krems – Marchegg, K. **3**
- **Karnischer Radweg:** 90 km, Kötschach-Mauthen – Villach, K. **1, ff**
- **Kulturradweg:** 150–160 km, Rundweg, Start/Ziel Linz, K. **1, ff**
- **Mostviertelrunde:** 174 km, Rundweg, Start/Ziel Ybbs, K. **2, ff**
- **Mozartradweg:** 450 km, Rundweg, Start/Ziel Salzburg, K. **2, ff**
- **Mur-Radweg:** 340 km, Muhr – Bad Radkersburg, K. **1, ff**
- **Neusiedler-See-Radweg:** 110 km, Rundweg, Start/Ziel Neusiedl, K. **1, ff**
- **Tauernradweg:** 325 km, Krimml – Passau, K. **2, ff**
- **Thermenradweg:** 148 km, Mönichkirchen – Bad Radkersburg, K. **2**
- **Salzkammergut-Radweg:** 280–325 km, Rundkurs Salzkammergut, K. **2, ff**

(**1** leicht, **2** moderat, **3** mittelschwer, **4** schwer, **ff** familienfreundlich)

Wien – Michaelerplatz mit der Hofburg im Hintergrund

ÖSTERREICHISCHE BUNDESLÄNDER
Vorarlberg
Tirol
Salzburg
Osttirol
Kärnten
Oberösterreich
Niederösterreich
Steiermark
Burgenland
Ulm
Augsburg
Lech
Donau
Isar
Braunau
Inn
München
DEUTSCHLAND
Chiemsee
Rosenheim
SALZBURG
Bodensee
BREGENZ
Bregenzer Wald
Dornbirn
Rhein
Feldkirch
Gr. Walsertal
Flexenpaß
Bludenz
LIECHTENSTEIN
Chur
Bielerhöhe
Garmisch-Partenkirchen
Lechtaler Alpen
Wetterstein-Gebirge
Karwendel-Gebirge
Fernpaß
Hahntennjoch
St. Anton
Ischgl
Landeck
Kaunertal
Pitztal
Ötztal
Sölden
Timmelsjoch
INNSBRUCK
Wipptal
Kufstein
Kaiser-Gebirge
Kitzbühel
Kitzbüheler Alpen
Saalach
Hallein
Golling
Werfen
Tennengau
Zell a.S.
Großglocknerstr
Pinzgau
Krimml
Salzach
Gr.Gl.
Hohe Tauern
Felbertauernstraße
Matrei
Mallnitz
Defereggental
Lienz
Mölltal
Drau
Sillian
Pustertal
Karnische
Kötschach-Mauthen
SCHWEIZ
Bozen
ITALIEN
Udine

Nebenpässe in der Steiermark
1 Stoderzinken-Hochalpenstraße
2 Buchauer Sattel
3 Halspass
4 Niederalp-Pass
5 Pfaffen-Sattel
6 Hohentauern-Pass
7 Stanzertal
8 Sölker-Pass
9 Freiland / Hebalpe
ÖSTERREICH
0 100 km
© RKH Verlag Hermann
PRAG
Brno
TSCHECHIEN
Ceske-Budejovice
Znaim (Znojmo)
Waidhofen
Retz
March (Morava)
SLOWAKEI
BRATISLAVA
Passau
Mühl-viertel
Wald-viertel
Wein-viertel
Sau-wald
Inn-viertel
Freistadt
Krems
Kamp
Nibelun-gengau
Ysper
Wachau
Donau
Kloster-neuburg
Marchfeld
LINZ
Grein
Wels
Enns
Most-viertel
Ybbs
Melk
Sankt Pölten
Wiener Wald
WIEN
Hain-burg
Vöcklabruck
Steyr
Leitha
Wiener Neustadt
Leithageb.
Neusiedel a. S.
Mondsee
Attersee
Gmunden
Traunsee
Phyrn-Eisen-wurzen
Schnee-berg
See-winkel
Wolfgangsee
Bad Ischl
EISEN-STADT
Salzkammergut
Alten-markt
Mürzsteg
Schwarza
Höllental
Neusiedler See
Hallstättersee
Salza
Mürzzuschlag
Rad-stadt
Dachstein-gruppe
Liezen
Enns
Mürz
Schladming
Bruck
Mönich-kirchen
Günser Geb.
Niedere Tauern
Leoben
Naturpark Pöllauer Tal
Hartberg
Szombathely
Gasthofalm
St. Michael
Raba
UNGARN
Lungau
Muhr
Judenburg
GRAZ
St. Michael i.L.
Mur
Teufenbach
Naturpark Grebenzen
Nockberge
Bonisdorf
Turracher Höhe
Gurk
Friesach
Koralpe
St. Paul
Spital
Ossiacher See
St. Veit
Leibnitz
Zalaegerszeg
Villach
Wörther See
Balaton
Alpen
Gail
Völkermarkt
Drau
Bad Radkersburg
Faaker See
KLAGEN-FURT
Maribor
SLOWENIEN
Varazdin
Drava
LJUBLJANA
KROATIEN

Burgenland

Daten 3965 qkm • 0,29 Mio. Ew. • 72 Ew./qkm • Landeshauptstadt Eisenstadt

Infos *www.burgenland.info* – Tourismusportal und Radtourenplaner

Überblick Konträr sind die beiden Landschaftsräume, die das östlichste Bundesland Österreichs prägen: Im **Norden** die steppenähnlichen Ausläufer des **Ungarischen Tieflands** mit Seewinkel, Neusiedler See und Leithagebirge, im **Süden** mittelgebirgiges Wald- und Hügelland mit dem **Günser Gebirge.**

Weinanbau ist eines der verbindenden Merkmale des gesamten Burgenlandes, das seinen Namen übrigens anderen Gründen verdankt als den zahlreichen Burgen im Süden. Das für den Breitengrad ungewöhnlich milde und sonnenreiche Klima macht das Burgenland nicht nur für den Weinanbau, sondern auch für Radtouren attraktiv. Schon ab Ende März beginnt im Norden die Baumblüte und schreitet dann ins südliche Burgenland voran. Im Sommer ist es wegen ständig wehender Winde selten schwül, und bis Ende Oktober, selbst im nördlichen Burgenland, noch angenehm warm.

Das gesamte Burgenland wird von über 2500 km Radwanderwegen in Form von Rundkursen (B-Wege), Radstrecken (R-Wege) und MTB-Trails erschlossen. Der bekannteste Rundkurs führt um den Neusiedler See. Die längste Radstrecke ist der von Norden nach Süden durchs Burgenland führende Jubiläumsradweg R1.

Nördliches Burgenland

Heide- und Moorlandschaften vermitteln ungarisches Flair, ebenso die Dörfer und Einwohner. Abgesehen vom Leithagebirge (bis 493 m) ist das Terrain flach bis steigungsarm. Mehrere familienfreundliche Radrundwege führen zu Kultur und Natur. Der **Neusiedler See** ist ein großer, seichter Steppensee, ähnlich dem ungarischen Balaton. Highlight im angrenzenden **Seewinkel** ist das Naturreservat Lange Lakke bei Apleton (Salzseen, Hutweiden, Pußtalandschaft, Tier- und Pflanzenwelt), das zwar nur zu Fuß betreten werden kann, an dem aber der „Lackenradweg" (B 20) vorbeiführt. Auch der **Zicksee,** der als schönster Badesee im Seewinkel gilt, wird vom B 20 erschlossen.

Neusiedler-See-Radweg (B 10)

Längen 110 km (70 km in Österreich, 40 km in Ungarn = H)

Verlauf Neusiedl am See – Weiden – Podersdorf – Illmitz – Pamhagen – Fertöd/H – Balf/H – Fertörákos/H – Mörbisch – Oggau – Purbach – Neusiedl.

Beschaffenheit Der erste und bislang einzige Radweg in Österreich, der vom ADFC als Qualitätsradroute mit 5 Sternen bedacht wurde. Flaches Ostufer, hügeliges Westufer (Steigungen zwischen Mörbisch und Oggau). Asphaltiert mit Ausnahme des geschotterten Abschnittes Weiden – Podersdorf (Zitzmannsdorfer Wiesen), durchgehende Beschilderung. 2006 wurde der Radweg mit chicen neuen Rastplätzen versehen.

Eindrücke Verläuft überwiegend zwischen Wiesen und Weinfeldern. Zu sehen gibt es Wasservögel, Steppenlandschaft, Weinberge bzw. -felder, Laubenhäuser, Winzerhöfe, Windmühle in Podersdorf, Schloß Esterhazy in Fertöd/H, Steinbruch in Fertörákos/H, Weinlehrpfad bei Oggau und mehr.

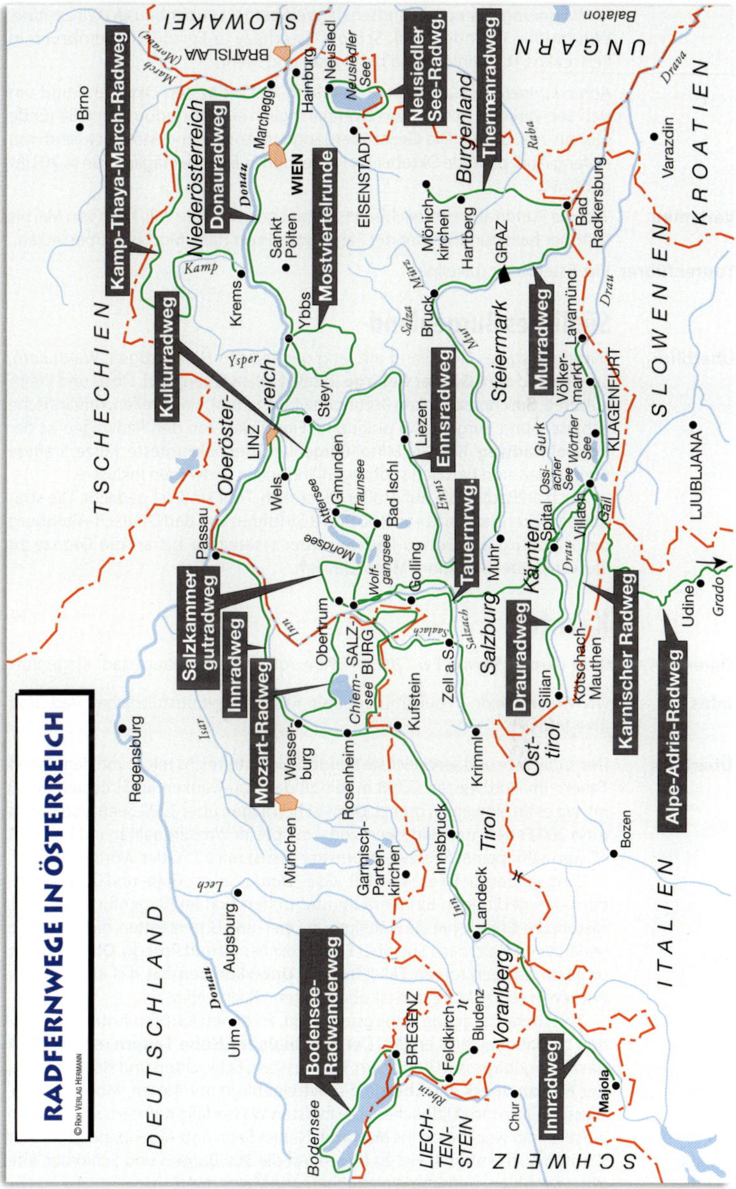
RADFERNWEGE IN ÖSTERREICH
© RKH VERLAG HERMANN
DEUTSCHLAND
TSCHECHIEN
SLOWAKEI
UNGARN
KROATIEN
SLOWENIEN
ITALIEN
SCHWEIZ
LIECHTENSTEIN
Kamp-Thaya-March-Radweg
Donauradweg
Mostviertelrunde
Neusiedler See-Radwg.
Thermenradweg
Kulturradweg
Ennsradweg
Murradweg
Tauernrwg.
Salzkammergutradweg
Innradweg
Mozart-Radweg
Drauradweg
Karnischer Radweg
Alpe-Adria-Radweg
Bodensee-Radwanderweg
Innradweg
Niederösterreich
Oberösterreich
Burgenland
Steiermark
Kärnten
Salzburg
Ost-tirol
Tirol
Vorarlberg
Brno
BRATISLAVA
March (Morava)
Marchegg
Hainburg
Neusiedl
Neusiedler See
WIEN
EISENSTADT
Sankt Pölten
Krems
Kamp
Ybbs
Ysper
Donau
Steyr
LINZ
Wels
Passau
Gmunden
Attersee
Traunsee
Mondsee
Bad Ischl
Wolfgangsee
Obertrum
SALZBURG
Golling
Chiemsee
Kufstein
Zell a.S.
Salzach
Saalach
Inn
Krimml
Muhr
Liezen
Enns
Bruck
Mürz
Salza
Mur
Mönichkirchen
Hartberg
GRAZ
Bad Radkersburg
Raba
Balaton
Drava
Varazdin
Lavamünd
Drau
Völkermarkt
KLAGENFURT
Wörther See
Gurk
Ossiacher See
Villach
Gail
Spital
Kötschach-Mauthen
Silian
LJUBLJANA
Udine
Grado
Bozen
Regensburg
Isar
Wasserburg
Rosenheim
München
Garmisch-Partenkirchen
Innsbruck
Landeck
Augsburg
Lech
Ulm
Bodensee
BREGENZ
Feldkirch
Bludenz
Ill
Rhein
Chur
Majola

Wasservögel, Steppenlandschaft, Weinberge, Laubenhäuser, Winzerhöfe, Windmühle in Podersdorf, Schloss Esterhazy in Fertöd/H, Steinbruch in Fertörákos/H, Weinlehrpfad bei Oggau und mehr.

Anmerkungen: Radsaison ist von Anfang Mai bis in den Oktober. Rund um den See verkehrt mindestens zweimal täglich ein Fahrradbus der ÖBB (Ende Mai bis Anf. Sept.). Die Grenzübergänge in Andau und Mörbisch sind von Anfang April bis Ende Oktober für Radler und Fußgänger täglich von 6–20 Uhr geöffnet.

Varianten Wer die Runde auf österreichisches Gebiet beschränken will, kann von Mai bis Oktober halbstündlich mit der Fähre von Illmitz nach Mörbisch übersetzen.

Tourenführer Vlg. Esterbauer (bikeline).

Südliches Burgenland

Überblick Mittelgebirgiges Hügelland mit lang gestreckten Höhenzügen, Waldtälern, Senken und dem **Günser Gebirge** (bis 884 m) als Querriegel. Obst- und Weinkulturen, Buschenschenken (Heurigenwirtschaften), Heilquellen, romantische Schlösser und Burgen sind prägnante Eindrücke. Von den Radwegen ist der **Rotweinradweg** (B 40) im Mittel-Burgenland der bekannteste. Kurze, kräftige Steigungen sind bei allen südburgenländischen Radwegen inklusive.

Auch an Radler, die auf großer Österreich-Tour sind, ist gedacht: Die straßenbegleitenden Radwege R 50 und R 56 führen von Bad Deutsch-Altenburg bei Hainburg am Donau-Radweg über Eisenstadt bis an die Grenze zu Slowenien bei Bonisdorf. Macht 200 km.

Kärnten

Daten 9531 qkm • 0,56 Mio. Ew. (2015) • 59 Ew./qkm • Landeshauptstadt Klagenfurt

Infos *www.kaernten.at* – Tourismuszentrale Kärnten (mit ausführlichen Rad- und Bike-Infos)

Überblick Das südlichste und seenreichste Bundesland Österreichs reicht von den Hohen Tauern im Nordwesten (3798 m) bis zu den Karawanken im Südosten (3360 m), wo es an Slowenien grenzt. Dazwischen liegen über 1200 Seen, von denen rund 200 Ferien- und Badeseen sind – mit bester Wasserqualität und bis zu 28 °C warm (Klopeiner See; zweitwärmster See ist mit 27 °C der Wörther See).

Langgestreckte Täler, wie Möll-, Gail-, Drau-, Lieser-, Glan- und Gurktal gliedern den gebirgigen Binnenraum und treffen sich im Klagenfurter Becken. Historische Gründe hat die Einteilung in Ober- und Unterkärnten, die Trennlinie verläuft von Nord nach Süd über Ebene Reichenau und Rosegg. **Oberkärnten** umfasst den gebirgigen Teil Kärntens, **Unterkärnten** hat das Klagenfurter Becken in seiner Mitte und ist überwiegend flachwellig.

Zwei herausragende Gebirgsregionen, an denen Kärnten Anteil hat, wurden zu Nationalparks erklärt. Der **Nationalpark Hohe Tauern** repräsentiert das Hochgebirge mit Gletschern, Gebirgsseen, Schluchten und Hochmooren, der **Nationalpark Nockberge** die Mittelgebirge mit Almen, Mooren, Seen, Wasserfällen und Wildbächen. Die meisten Wasserfälle Kärntens stürzen sich westlich der Nockberge ins **Maltatal.** Neben Seen und Alpenpanoramen hat Kärnten auch kulturell viel zu bieten: An die 300 Burgen und Schlösser, alte Wassermühlen, gotische Wehrkirchen und vieles mehr.

Familienfreundliche Radrouten bilden neben „Drau-" und „Karnischem Radweg" auch Täler wie das Mölltal sowie regionale Radwege im eigentlichen Seengebiet. Alles andere richtet sich vornehmlich an Mountainbiker und sonstige Bergziegen.

Region Großglockner / Mölltal

Großglockner-Hochalpenstraße s. „Salzburger Land". Als nördliche Alternative zum Oberdrautal bietet sich Radwanderern das erwähnte **Mölltal** an, wo es 41 km lang überwiegend bergab geht: Winklern (970 m) – Stall (810 m) – Flattach (700 m) – Obervellach (680 m). Schönster Abschnitt ist Stall – Obervellach. Flattach ist zugleich Ausgangspunkt des regionalen „Burgen- und Schlösser-Radwanderweges".

Offroad (MTB)

Bester Ausgangspunkt im Nationalpark Hohe Tauern ist das bikerfreundliche **Mallnitz** (1200 m). Ein anderer beliebter Ausgangspunkt ist die an der Möll-Drau-Gabel gelegene Großgemeinde **Lurnfeld,** wo seit der Austragung der MTB-Europameisterschaft das Angebot an MTB-Routen stark erweitert wurde.

Region Lieser- und Maltatal

Eines der eindrucksvollsten Täler Österreichs ist das Maltatal, auch „Tal der stürzenden Wasser" genannt. Vom Porsche-Städtchen Gmünd (740 m) zieht sich die **Malta-Hochalm-Straße** durch Tunnel und über Brücken, an zahlreichen Wasserfällen und Aussichtspunkten vorbei, bis zur riesigen Kölnbreinsperre hinauf (1920 m; 30 km, Steigungen bis 13%).

Offroad (MTB)

Bekanntestes MTB-Revier ist die Region rund um den **Katschbergpass** (1641 m, südlich von St. Michael i. L.), an die sich das **Liesertal** anschließt. Die Saison beginnt im Juni.

Region Nockberge

Der Kurort **Bad Kleinkirchheim** ist ein beliebter Ausgangspunkt für MTB-Touren durch die vergleichsweise sanft geformten, aber landschaftlich sehr idyllischen Nockberge. Bergsüchtige Tourenradler sollten die **Nockalmstraße** nicht versäumen. Bei Steigungen bis 12% führt sie von Ebene Reichenau (im oberen Gurktal) über Rosentaler Alm, Grundalm (im Grundtal), Karlbad, Heiligenbachalm nach Innerkrems (1480 m); von dort aus ist die Weiterfahrt zum Liesertal möglich.

Keine Bange mehr müssen Tourenradler heutzutage vor der **Turracher Höhe** haben. Wer sich von Ebene Reichenau nordwärts ans Werk macht, dem stehen bis zur Passhöhe auf 1783 m maximal 12% entgegen. Die ehedem berüchtigte südliche Auffahrt, die das Klinometer (deutsch: Steigungsmesser) in den 60er Jahren bis zu 34% ausschlagen ließ, wurde auf 10% entschärft.

Region Gurk- und Lavanttal

Stark befahren ist die Nord-Süd-Verbindung B 83 von Neumarkt nach Klagenfurt, weniger die B 92.

Schön, aber anspruchsvoll ist die nördliche Querroute durch die **Gurktaler Alpen** und **Saualpe:** Von der Flattnitzer Höhe (1390 m) durchs Metnitztal über Metnitz (850 m) nach Friesach (640 m); von Althofen (720 m) über Klippitztörl (1644 m) nach Bad St. Leonhard (720 m) im Lavanttal. Der „Lavanttaler Radweg" führt von Wolfsberg südwärts nach St. Paul.

Zwischen Friesach, Klagenfurt und St. Veit erstreckt sich Kärntens reich bestücktes **Burgen- und Schlösserland** mit diversen Tourenmöglichkeiten ab St. Veit. Top-Ziel ist die Märchenburg Hochosterwitz.

Offroad (MTB)

Westlich von St. Paul ist **St. Georgen** Ausgangspunkt von vier MTB-Routen im „Tal des Mostes".

Region Drautal und Karnische Alpen

In den großen Flusstälern von Drau und Gail verlaufen die beiden familienfreundlichsten Landesradwanderwege: Der aus Osttirol kommende **Drau-Radweg** (s.u.) und der **Karnische Radweg** (90 km, Kötschach-Mauthen – Villach, nahezu eben durch Wiesen und Felder).

Auch die bekannten Ferienseen, wie Faaker-, Ossiacher- und Wörther See, werben mit fahrradtouristischer Infrastruktur. Radrundwege um die Seen und in die Umgebung sowie MTB-Routen sind dort inzwischen üblich. Eine gewisse Sonderstellung hat der **Faaker See,** wo 1987 eine Rad-WM stattfand und die Familie Schleicher Österreichs erstes Radlerhotel in Drobollach eröffnete, das „Radhotel Faakersee".

Kärntner Seen im Winter

Ein Schmankerl für Winterfans sind die im Januar glasklar zugefrorenen Kärntner Seen. In Tallagen beträgt die Dicke der Eisdecken zwar nur 30 cm, bei höher gelegenen Seen, wie dem Weissensee, aber oft mehrere Meter. Neben Schlitten und Schlittschuhen ist dann auch ein gefedertes MTB mit Spikesreifen ein probates Fortbewegungsmittel.

MTB-Tipp Karnische Alpen

Abgesehen von Plöckenpass (1360 m, 13%) und Naßfeldpass (1530 m, 10%), die als einzige Straßen das österreichisch-italienische Grenzgebirge queren, sind es vor allem die in den Seitentälern endenden, kleinen Stichstraßen, die den Einstieg zu den steilen Alm- und alten Militärstraßen im Kammbereich der **Karnischen Alpen** ermöglichen. Mit GPS-Navigation lassen sich hier bemerkenswerte Höhentouren realisieren, mal auf italienischer Seite (Region Veneto und Friaul), mal auf Kärntner Seite. Nicht befahrbar ist allerdings der Karnische Höhenwanderweg „Sentiero della Pace"; zu viele Kletterpartien!

Drau-Radweg (R1)

Länge 366 km

Verlauf Toblach (Italien) – Sillian (1100 m) – Lienz (675 m) – Oberdrauburg (620 m) – Spittal (560 m) – Villach (500 m) – Völkermarkt (460 m) – Lavamünd (350 m) – Maribor (Slowenien)

Beschaffenheit Überwiegend bergab, ab Lienz aber nur noch minimales Gefälle. Verläuft auf verkehrsarmen Nebenstraßen, guten Dammwege, Rad- und Feldwegen. Noch Lücken in der Beschilderung.

Drau-Radweg südlich von Klagenfurt

Eindrücke Von den Lienzer Dolomiten führt die vom ADFC mit 4-Sternen bedachte Route im Drautal zwischen Gailtaler und Karnischen Alpen in die Kärntner Seenwelt. Sehenswert u. a. Lienz, Spittal, Schloss Paternion, Villach, Maria Elend, Tscheppaschlucht (Abstecher ab Ferlach), Schloss Saager, Neudenstein (Schloss, Vogelparadies). Seit 2002 wurde der kanalisierte Oberlauf der Drau renaturiert (erstes großes Rückbau-Projekt der EU).

Anmerkungen Vor allem landschaftlich sehr reizvoll. Verläuft in der klimatisch begünstigten Region südlich der Zentralalpen (mehr Sonne, weniger Niederschläge). Durch die Verlängerung des Rw. bis Toblach in Italien und Maribor in Slowenien machte man aus dem nationalen Radweg einen internationalen mit der Bezeichnung „R1".

Varianten Abstecher zu den Kärntner Seen sind fast immer auf Radwegen möglich. In Villach Anschluss an den „Karnischen Radweg".

Infos *www.drauradweg.com*

Tourenführer Vlg. Esterbauer (bikeline).

Niederösterreich

Daten 19.163 qkm • 1,64 Mio. Ew. • 86 Ew./qkm • Landeshauptstadt St. Pölten

Infos
- *www.niederoesterreich.at* – Tourismuszentrale Niederösterreich, mit ausführlichen Rad- und Bike-Infos.
- *www.radland.at* – Niederösterreichs Initiative zur Förderung des Radverkehrs beinhaltet auch die Top-Radrouten des Bundeslandes.

Überblick Vom waldreichen Hügelland des böhmischen Granitplateaus im Norden über das Donautal zu den ersten Alpengipfeln im Süden (um 2000 m): so weit reicht die landschaftliche Spanne des größten österreichischen Bundeslandes. Fast alle Landschaften haben klingende Namen: Waldviertel, Weinviertel, Mostviertel, Wachau, Nibelungengau, Wienerwald, March-Donauland. Nicht zu Niederösterreich gehört Wien, das ein eigenes Bundesland bildet (415 qkm).

Waldviertel *www.waldviertel.at* • *www.kamptal.at*
Östliche Fortsetzung des oberösterreichischen Mühlviertels ist das **Waldviertel.** In Höhen von 400–700 m erstreckt es sich über felsige und moorige Hochflächen (Granit- und Gneisplateau). Der einstige Waldreichtum, dem das Waldviertel seine Namen verdankt, existiert nur noch partiell. Während im westlichen Waldviertel ein etwas raues Klima herrscht, geht es im Osten milder zu. Insgesamt ist das Klima aber auch im Hochsommer angenehm, und schwülwarme Sommernächte wie in Kärnten sind selten.

Durchs nordöstliche Waldviertel schlängelt sich die von Sehenswürdigkeiten gesäumte **Thaya.** Hauptgewässer aber ist der **Kamp** mit seinen drei skandinavisch anmutenden Stauseen und den in enge Täler gebetteten Nebenflüsschen. Schön ist der Radweg durchs Kamptal südlich von Horn, sehr urwüchsig die Landschaft im oberen Waldviertel (Wälder, Naturparks, Heide, Teiche, Moore, Wackelsteine). Ausgehend vom „Donau-Radweg" führt der „Waldviertelradweg" in einem 284 km langen Rundkurs durch Flusstäler und über bewaldetes Hügelland. Wie unvermittelt tauchen dabei immer wieder Schlösser, Burgen, Klöster und Kirchen auf. Insgesamt umfasst das Landesradwegenetz rund 600 km.

Mostviertel

www.mostviertel.at

Südlich der Donau breitet sich zwischen Enns und Ybbs das Mostviertel aus. Apfel- und Birnbaumgärten bedecken die Hügel und liefern die Grundlage für den späteren Most, Fruchtsaft aus dem Wein gegoren wird. Das kleine Bauernland ist zugleich altes Kulturland mit sehenswerten Kirchen und Klöstern und das beliebteste Radwandergebiet Niederösterreichs. Zusammen mit der „Mostviertelrunde" (174 km) stehen über 550 km Radwanderwege zur Auswahl (mit Anschluss zum Donau-Radweg).

Weinviertel

www.retzer-land.at

Ans Waldviertel grenzt das **Weinviertel.** Im Süden wird es von der Donau begrenzt, östlich von der March. Das zum Karpatenvorland zählende Weinviertel erstreckt sich in Höhen von 200–400 m (höchste Erhebung 492 m) und präsentiert sich dem Radler leicht bis mäßig hügelig; nur hie und da lauern Berg und Tal mit Höhenunterschieden bis 100 m. Größere Waldgebiete sind eher selten, denn die weiten, fruchtbaren Lößtäler eignen sich vorzüglich zum Weinanbau, vor allem für die Traube des „Grünen Veltiners". Größte Weinbauorte sind Poysdorf und Retz, beide sehenswert.

Retz ist zugleich Knotenpunkt mehrerer Radwanderwege, die das **Retzer Land** über die tschechische Grenze hinweg mit dem **Znaimer Land** verbinden. Allein schon die südmährische Gurkenstadt Znaim (Znojmo) und das Barockschloß von Vranov lohnen einen solchen Ausflug; aber auch das Znaimer Land selbst ist eine hübsche, mäßig hügelige Region mit Obst- und Weinbau und ländlichem Charme. Die grenzüberschreitenden Radrundwege sind Teil des durchgehend beschilderten und asphaltierten Routennetzes „Retzer-Land-Znaimer-Land-Radwege". Alle Rundwege sind problemlos zu befahren, nur der „Nationalpark-Thayatal-Radweg" (40 km) ist im tschechischen Teil ein reinrassiger MTB-Kurs.

Das Gebiet östlich von Retz, also der Löwenanteil des Weinviertels, wird durch das Netz der **Weinviertelradwege** erschlossen. Verbunden sind sie mit den Radwegen vom Retzer Land und Waldviertel sowie dem „Donau-Radweg". Damit erstreckt sich vom Mostviertel bis zum Znaimer Land ein geschlossenes, familienfreundliches Radroutennetz, das ein- bis zweiwöchige Touren in vielen Variationen ermöglicht. Wer Streckentouren bevorzugt, bekommt auf dem „Kamp-Thaya-March-Radweg" (s.u.) einen schönen Eindruck vom Weinviertel.

Kamp-Thaya-March-Radweg (KTM)

Länge 450 km

Verlauf Krems – Gars – Rastenfeld – Zwettl – Raabs – Retz – Laa – Hohenau – Marchegg.

Beschaffenheit Der KTM verläuft auf gut ausgebauten Radwegen und ruhigen Nebenstraßen, nur kurze Abschnitte auf Bundesstraßen. Wie die meisten Radrouten in Wald- und Weinviertel hat auch der KTM eine sportliche Note. Nur selten verläuft er tatsächlich flussbegleitend, sondern kurvt durch die Täler auf und ab. Da zudem zwischen den Flusstälern die Hochflächen des Waldviertels und die „toskanischen" Hügel des Weinviertels liegen, ist das Höhenprofil entsprechend zackig (von 200 bis über 600 m). Erst im March-Donauland ist der Weg überwiegend flach. Im Vergleich zur „Radlerautobahn" an der Donau ist der KTM ein weltfernes Juwel.

Eindrücke Kamptal, Waldviertel, Weinviertel und die Donauauen sind die Landschaftspatrone. Burgen, Schlösser, alte Strandbäder und Weinstädtchen schmücken die Route. Viele Hinweise an der Strecke.

Infos *www.ktm-radweg.at*

Tourenführer Vlg. Esterbauer (bikeline).

Nibelungengau, Wachau Als „Nibelungengau" wird das Donautal zwischen dem Zufluss der Ysper und Melk bezeichnet. Donauwanderer, die es nach einem scharfen Ausritt gelüstet, sollten das steil ansteigende **Tal der Ysper** nicht versäumen (14 km durch schöne, unberührte Wälder bis Altenmarkt). Die **Wachau** ist das romantische Durchbruchstal der Donau zwischen Böhmischem Massiv und Alpenausläufern von Melk bis Krems. Sanfte Berge, schroffe Felsen, Weinbauterrassen und an nahezu jeder Biegung alte Schlösser, Burgen, Klöster (s. Donau-Radweg weiter oben).

March-Donauland Insgesamt eine untouristische Region. Reicht vom slowakischen Grenzfluss March im Norden übers Marchfeld und die Donau-Auen bis zum Leithagebirge im Süden. Typisch sind die alten Winzerorte. Größte Ebene Österreichs und zugleich dessen Kornkammer ist das **Marchfeld,** das auch noch einige Schlösser des einstigen Landadels vorweisen kann. Zum Nationalpark erklärt wurden die March-Donau-Auen, durch die der östliche Abschnitt des „Donau-Radweges" verläuft.

Von Wien zum Höllental Südwestlich von Wien erstreckt sich jener Teil Niederösterreichs, bei dem Radler zuerst immer die Steigungsangaben in der Karte sondieren. Es beginnt mit dem **Wienerwald,** der sanft mittelgebirgigen Ausflugsregion vor den Toren Wiens. Ein ländlich-idyllisches Bergland mit Felsen, Wildwasserschluchten, dunklen Wäldern, Wiesen, Auen, Weinbergen, Höhlen, Klöstern, Kirchen und vielen Radwandermöglichkeiten mit super Ausblicken, wie etwa vom Leopoldsberg oder Kahlenberg. Eine kleine Höhenstraße verbindet diese und weitere Hausberge im Nordwesten Wiens.

Südlich des Wienerwaldes steigen die Straßen aus dem Voralpenland über die Gutensteiner Alpen bis zur **Rax-Schneeberg-Gruppe** auf über 700 m an, je nach Routenwahl auch noch höher. Also, Steigungsangaben beachten. Zwischen den Bergmassiven des Schneebergs (2076 m) und der Rax (2007 m) hat die Schwarza das schluchtartige **Höllental** in den Kalkboden gegraben. Auch wenn es hier keinen separaten Radweg gibt, da die Felsen teilweise so eng stehen, dass die Straße selbst kaum Platz findet, lohnt sich diese „Höllen"-Tour nach Gloggnitz.

Oberösterreich

Daten 11.980 qkm • 1,44 Mio. Ew. • 120 Ew./qkm • Landeshauptstadt Linz

Infos
- *www.radfahren.at* – Radfahren in Oberösterreich
- *www.oberoesterreich.at* – Tourismuszentrale Oberösterreich

Günstige Umstände Wer Oberösterreich, Niederösterreich und das nördliche Salzburger Land in eine Tour packen und dabei von West nach Ost radeln will (Zielgebiet Wiener Becken), hat folgende Umstände auf seiner Seite: die primär westlichen Winde (Rückenwind), die von West nach Ost verlaufenden Haupttäler, die generelle Absenkung des Landes, die Chronologie der Siedlungsgeschichte, die von Bayern ausging und mit Burgen und Klöstern nach Osten vordrang.

Die wichtigsten **Regionen Oberösterreichs:**
im **Norden:** Mühlviertel und Donautal
im **Westen:** Innviertel und Hausruck
im **Süden:** Salzkammergut
im **Südosten:** Pyhrn-Eisenwurzen.

Mühlviertel / Donautal

Bodenständig

Bis zum Böhmerwald erstreckt sich das **Mühlviertel,** ein bewaldetes, hügeliges Granit- und Gneisplateau, das vom Donautal aus ansteigt. Durch Seitentäler führen die Straßen von Süd nach Nord aufs Plateau. Dessen höchste Erhebung ist der Sternstein (1125 m), die meisten Orte und Straßen liegen aber um 500–600 m, und selten geht es über 700 m hinaus. Kleine, Große und Steinerne Mühl haben ihre Flusstäler ins Plateau gekerbt. Einsame Hochwälder und stille Moore, trutzige Bauernhöfe und sagenumwobene Opfersteine, hier eine Burg, da ein Schloss, dort ein Kloster mit Brauerei.

Der Fremdenverkehr verläuft sich, die ländlichen Nebenstraßen sind verkehrsarm, die Preise für Zimmer, Speis und Trank sind zivil. Über 600 km Landesradwanderwege sind ausgewiesen.

Donau-Radweg (österreichischer Teil)

Länge 376 km (bis Wien 326 km)

Verlauf Passau (310 m) – Linz (250 m) – Melk (230 m) – Krems (200 m) – Tulln (180 m) – Wien (160 m) – Hainburg (160 m)

Beschaffenheit Leichtes Gefälle Flussab. Wechselnde Qualität der Wege, von unbefestigten Treppelwegen (Treidelpfade) bis zu Asphalt. Von Passau bis Krems teilweise Wahlmöglichkeit beiderseits der Donau. Häufig sehr hübsch neben oder unter Laubbäumen. Durchgehend beschildert. Im Oberlauf bis Linz anstelle von Brücken mehrfach Fähren mit Radtransport.

Eindrücke Überwiegend sanfte bis romantische Landschaft mit Talengen und Flusskehren (Schlögener Schlinge!), grünen Hügeln, Weinbergen und Auen. Zahlreiche sehenswerte Orte wie Passau (Altstadt), Linz (viel Industrie, aber schöne Altstadt), Mauthausen (KZ-Gedenkstätte), Enns (Abstecher), Grein, Ybbs, Melk, Spitz, Weißenkirchen, Dürnstein, Stein, Krems, Tulln, Korneuburg, Klosterneuburg, Wien, Carnuntum, Hainburg. Dazu mehr als ein halbes Hundert sehenswerter Einzelbauwerke (Schlösser, Burgen, Stifte, Barockbauten).

Anmerkungen So um die 150.000 Radler sind jährlich zwischen Passau und Wien unterwegs. Hört sich viel an, verteilt sich aber. Die Steigung ist in beiden Richtungen unerheblich, allerdings muss flussauf etwas Gegenwind in Kauf genommen werden. Obwohl Weltkulturerbe ist der Abschnitt durch die **Wachau** (Melk – Krems) eher schwach, denn dort ist der Radweg von der Donau durch die Autostraße abgeschnitten. Das Schöne an der Wachau sind allerdings die Dörfer.

Die größte Ablenkungskraft auf dem Donau-Radweg übt **Wien** aus. Die Kapitale hält viele Bonbons bereit. Zugleich verliert man den Donau-Radweg schnell aus den Augen. Es gibt zwei Möglichkeiten, um sich als Donauradler mit Wien zu arrangieren. 1.) Man kennt die österreichische Hauptstadt schon. Dann kann man ab Klosterneuburg über die **Donauinsel** völlig stressfrei an Wien vorbeiradeln. 2.) Man will Wien näher inspizieren. Dann sollte man die **Wiener Donaubrücken** kennen, die auch für Radler passierbar sind. Denn

Donaubrücke mit Radlerauffahrt (Wien)

etwa jede zweite der gigantischen Donaubrücken ist dem Autoverkehr vorbehalten, und es ist absolut frustrierend unter einer solchen zu stehen und nicht rüber zu können. Die „Radlerbrücken" von West nach Ost sind Nordsteg, Floridsdorfer Brücke, Nordbahnbrücke (Eisenbahnbrücke mit Radweg), Brigittenauer Brücke (Autobahnbrücke mit Radweg), Reichsbrücke und Praterbrücke (Autobahnbrücke mit Radweg). Westlich und östlich davon gibt es keine direkte Möglichkeit, ans andere Ufer der Donau zu kommen.

Täglich verkehrt von Anfang Mai bis Ende Oktober ein Zugpaar der ÖBB entlang der Donau: **„RadExpress Donau"**, Reservierung wird besonders Richtung Passau dringend empfohlen.

Infos *www.donauradweg.at*

Tourenführer Vlg. Esterbauer und andere.

Innviertel / Hausruck

Überblick, Eindrücke *www.innviertel.at*

Donau, Inn und Salzach sowie der Höhenzug von Hausruck und Kobernaußerwald umgeben das Innviertel wie ein Passepartout. Im Innviertel selbst wird der Norden vom dicht bewaldeten Granitplateau des **Sauwalds** (791 m) bestimmt. Das mittlere Innviertel steht im Zeichen von Aulandschaften (unterer Inn) und fruchtbarem Hügelland (Äcker, Wiesen, Obstbäume, Weiler, „Vierkanthöfe" und Kirchen). Der Norden ist von Höhenrücken mit großen Wäldern und eiszeitlicher Seen- und Moorlandschaft überzogen.

Eines der größten zusammenhängende Waldgebiete Mitteleuropas ist der **Kobernaußer Wald** (bis 777 m). Hier sind auch Biker willkommen, während der kleinere **Hausruck-Wald** (801 m) eher den Reitern vorbehalten ist. Im Seengebiet des oberen Innviertels, an der Grenze zu Deutschland, erstreckt sich das Ibmer Moor, Europas größtes Hochmoorgebiet (350 qkm).

Außerhalb der Waldregionen überzieht ein Netz ländlicher Straßen das Innviertel. Vorwiegend steigungsarm verlaufen die **Landesradwanderwege** innerhalb der Haupttäler, außerdem im Einzugsbereich des Inn und in anderen flacheren Teilen des Innviertels wie um Ried oder ums Ibmer Moor. Längere Steigungen mit Höhendifferenzen bis 300 m erfordern hingegen die Querungen der bewaldeten Höhenrücken.

Salzkammergut

Überblick, Eindrücke *www.salzkammergut.at • www.salzkammergut-trophy.at*
Rund 60 mal 50 km misst der Raum, den das **Salzkammergut** zwischen Salzburg, Almtal und Dachsteingruppe ausfüllt. Über 40 Bade- und Ferienseen liegen inmitten hügelig-bergiger bzw. gebirgiger Landschaften – die meisten sehr malerisch und vielbesucht. Das Salzkammergut gehört überwiegend zu Oberösterreich, westlich aber auch zu Salzburg (Fuschlsee, Wolfgangsee) und südöstlich zur Steiermark (Ausseer Land). Im Vergleich zum Mühlviertel ist das Salzkammergut nichts für Radwanderer, die beschauliche kleine Straßen bevorzugen. Stark befahren sind die Uferstraßen der großen Seen, wie Traunsee, Attersee, Mondsee, Wolfgangsee (offiziell Abersee), Hallstätter See. Etwas ruhiger geht es an den kleinen Seen zu. Auch das steigungsreiche Terrain zwischen den Seen schmeckt nicht jedem. Wer das Salzkammergut ohne Tüftelei erfahren will, schließt sich am besten dem **Salzkammergut-Radweg** an. Dieser variable Rundkurs ist so geführt, dass verkehrsreiche oder bergige Abschnitte alternativ auch mit anderen Verkehrsmitteln überbrückt werden können.

Salzkammergut-Radweg

Länge 280 km (mit Gosau- und Grundlsee: 325 km)

Verlauf Salzburg – Mondsee – Wolfgangsee – Bad Ischl – Hallstätter See – (Gosausee – Grundlsee) – Bad Ischl – Traunsee – Attersee – Mondsee – Irrsee – Obertrumer See – Salzburg. Der 3-Schleifen-Rundkurs verbindet insgesamt 13 Seen.

Beschaffenheit Bauliche Radwege und Nebenstraßen. Der erste Abschnitt bis Bad Ischl verläuft auf einer stillgelegten Bahntrasse. Die Anstiege zwischen den Seen können durch Bus/Bahn überbrückt werden, die befahrenen Seeuferstraßen ggf. mit Linienschiffen. Durchgehend asphaltiert bzw. fein gekiest. Kurz- und Langvarianten sind möglich.

Eindrücke Kontrastreiche Landschaften: Seen, Berge, Wiesen, Wälder, Auen, Moore. Außerdem Klöster und Kirchen.

Infos *www.salzkammergutradweg.com*

Tourenführer Ig. Esterbauer.

Pyhrn-Eisenwurzen

Eindrücke/ Tourentipps Eine Region, deren Name irgendwie sibirisch klingt. Vor Ort fällt das Urteil um so freundlicher aus. Grob gesagt, handelt es sich um das Gebiet südlich von Linz, das von den Flüssen Krems, Steyer und Enns begrenzt wird. Der nördliche Teil, die Linz-Donau-Region, ist überwiegend bäuerliches Alpenvorland. Hier postieren sich die wichtigsten oberösterreichischen Städte – Linz, Enns, Steyr und Wels – die der sanft hügelige „Kulturradweg" verbindet (150 km). Auch innerhalb dieses Städtevierecks finden sich ruhige Nebenstrecken über Wiesen und Felder.

Völlig anders hingegen der zu den Kalkalpen zählende südliche Teil der Region: bergig, bewaldet, dünn besiedelt und ursprünglich – die (nicht *der*) eigentliche **Pyhrn-Eisenwurzen** eben. Straßen und Radwanderwege existieren hier fast ausschließlich in den Tälern von Teichl, Steyr und Enns. Im Sengsengebirge, Reichraminger Hintergebirge und dem Weyer Land üben hingegen Wanderer die Wegehoheit aus, Mountainbiker halten sich an die freigegebenen Forststraßen (u. a. im Reichraminger Hintergebirge). Auch zwei öffentliche Straßen führen in diese wenig vom Tourismus berührte Alpenregion: von Molln nach Bodinggraben (entlang der Krummen Steyerling) und, am Hochkogel vorbei, von Unterlaussa nach Reichraming bzw. Großraming.

Salzburger Land

Daten 7154 qkm • 0,54 Mio. Ew. • 75 Ew./qkm • Landeshauptstadt Salzburg

Infos *www.salzburgerland.com* – Tourismuszentrale Salzburger Land (mit Rad und Bike)

Überblick Vom bewegten Voralpenland im Norden bis zu den hochalpinen Tauern im Süden erstreckt sich beiderseits der Salzach das Salzburger Land. Fünf historische Regionen gliedern das dreiarmige Bundesland. Im *nördlichen* Drittel: Flachgau und Tennengau; im *westlichen* Drittel: Pinzgau; im *östlichen* Drittel: Pongau und Lungau.

Flachgau *www.salzburg-umgebung.com*
Die nördlichste Region umfasst auch die Stadt Salzburg mit Umgebung. Das Flachgau gibt sich grün und überwiegend hügelig und besitzt einige bekannte Badeseen inmitten lieblicher Landschaft. Leicht hügelige Radwege erschließen die kleinräumige Seenregion mit dem **Obertrumer- und Wallersee.** Im Westen hat das Flachgau mit Fuschl- und Wolfgangsee Anteil am Salzkammergut.

Dass das Flachgau auch beachtliche Steigungen bis 12% besitzt, erweist sich auf der reizvollen Nebenstraße von Oberndorf am Haunsberg (836 m) vorbei über Schörgstätt nach Obertrum. Gut gebügelt präsentiert sich hingegen die nahezu flache Region gleich nördlich vom Haunsberg (zwischen Oberndorf und Michaelbeuern).

Ein Radwegenetz erschließt die Mozart-Stadt **Salzburg** und verbindet sie mit sieben hübschen „Vororten" (Anif, Bergheim, Elsbethen, Großgmain, Grödig, Hallwang, Wals/Siezenheim). Auf diesen Radwegen lässt sich der Verkehrsknotenpunkt, den Salzburg ja darstellt, weitgehend ignorieren.

Salzburg ist außerdem eine wichtige Station auf dem „Tauernradweg" (s.u.) sowie Ausgangspunkt für die „Salz- und Seentour" (Radrundkurs, 165 km) und den „Salzkammergut-Radweg" (s.o.).

Tennengau Beginnt 15 km südlich von Salzburg-Stadt, wird vom **Tennengebirge** (bis 2412 m) dominiert und im Südosten begrenzt von der **Dachsteingruppe** (bis 2995 m). Insgesamt schon recht unwegsam, daher zwar deutlich weniger Straßen als im Flachgau, aber dennoch ein gutes Radroutenangebot links und rechts der Salzach.

Pongau Schließt südlich ans Tennengau an und wird begrenzt von Hagengebirge und Dachstein im Norden, Radstädter und Hohen Tauern im Süden.

Landschaftliche Attraktionen wie Liechtensteinklamm und Eisriesenwelt liegen am „Tauernradweg". Eine interessante Alternative ist der „Ennsradweg" (s.u.), der im Pongau seinen Ausgangspunkt hat und anschließend durch die Biker-Zentren Flachau und Radstadt führt („Amad-Sportwelt").

Pinzgau *www.bike-pinzgau.at* • *www.nationalpark.at*
Schließt westlich ans Pongau an und wird landschaftlich von den Ausläufern der Kitzbüheler Alpen und dem Nationalpark Hohe Tauern bestimmt. Der

Tauernradweg (s.u.) beginnt im Pinzgau und legt dort 216 km zurück (bis Salzburg). Reizvolle Stichstraßen führen dort in die südlichen Seitentäler des Salzachtales, u. a. Stubachtal, Rauriser Tal und Hüttwinkltal, Großarltal. Forst- und Almstraßen erschließen weitere Täler, die zu Almhöfen und Berghütten im Nationalpark führen.

Großglockner-Hochalpenstraße

www.grossglockner.at
Die Großglockner-Hochalpenstraße führt durch die Hohen Tauern nach Kärnten und gehört zu jenen spektakulären Hochgebirgsstraßen, die eigens als Panoramastraße erbaut wurden (1930–1935). Die Trassenführung folgte vor allem der Maxime, möglichst viele großartige Ausblicke zu vereinen. Vergletscherte Hänge und gleißende Firnfelder, gewaltige Wasserfälle und tiefe Klammen – hier in den Hohen Tauern präsentieren sich die Alpen noch einmal mit der ganzen Palette hochalpiner Eindrücke.

Mit den lohnenden **Abstechern** Edelweißspitze und Gletscherstraße müssen Radler auf dieser Königsetappe rund 3500 Höhenmeter abarbeiten. Deshalb früh los, denn ab 9 Uhr zieht ein steter Autostrom die Straße hoch – trotz 34,50 € Maut (Radler frei). Üblich ist die Nord-Süd-Richtung von Bruck nach Lienz. Diese Richtung vollzieht den Klimawechsel: vom durchwachsenen Wetter Salzburgs über die Wetterscheide der Hohen Tauern ins warme Kärnten. Die Straße ist von Anf. Mai bis Ende Okt. geöffnet.

Tourenverlauf

Ab de Mautstelle **Ferleiten** zieht die Steigung abrupt mit 12% an. Nach 15 km und 14 durchnummerierten Kehren ist das **Fuscher Törl** erreicht (2428 m). Hier zweigt die Stichstraße zur **Edelweißspitze** ab, ein hervorragender Panoramapunkt (noch 1,8 km, 14%, 2571 m). Nach einem Zwischentief bis zur **Fuscher Lacke** (Bergteich auf 2262 m, Ü 35 € dort beim Mankeiwirt) folgt der finale Anstieg. Zunächst zum Mittertörltunnel (2328 m9, dann zum **Hochtor-Tunnel** (2504 m). Dies ist der höchste Punkt der Großglocknerstraße, die Grenze zu Kärnten und die Wetterscheide (manchmal auch nicht).

Das Fuscher Törl und die Edelweißspitze (Großglocknerstraße)

Nun geht es praktisch nur noch bergab. Etwa 7 km südlich, bei **Guttal** (1859 m), zweigt die **Gletscherstraße** zur Franz-Josefs-Höhe ab (eine 9 km lange, gut ausgebaute Stichstraße mit 12%, bis 2369 m ansteigend; unterhalb der Straße der gewaltige Pasterze-Gletscher, dem sich der Großglockner anschließt). Zurück nach Guttal. Nach einer kurzen Gegensteigung (+40 Hm) geht es mit 12% Gefälle hinab nach **Heiligenblut** (1300 m), wo die Großglocknerstraße offiziell endet.

Glocknerkönig

www.glocknerkoenig.com
Einmal im Jahr gehört die Großglockner-Hochalpenstraße den Radlern. Dann findet auf der für den Autoverkehr gesperrten Straße der „Glocknerkönig" statt. Ein internationales Radrennen für fast Jedermann. Start ist in Bruck (757 m), Ziel ist die Gedenkkapelle am Fuscher Törl (2445 m). Auf 27 km sind 1694 Hm abzuarbeiten (Steigung bis 12%, Classic-Strecke). Der **„Classic"-Rekord** lag 2006 bei 1:12 h (m) bzw. 1:32 h (w) und **2015** bei 1:17 h (m) bzw. 1:30 h (w). Die Damen holen also auf! Der Glocknerkönig findet immer am ersten Sonntag im Juni statt.

Alpe-Adria-Radweg

Der 2013 fertiggestellte **Alpe-Adria-Radweg** führt von Salzburg via Villach und Udine zum italienischen Adria-Städtchen Grado. Länge 410 km, Anstieg 2400 Hm. Steil ist ist nur das Stück Straße nach Bad Gastein hinein (bis 18%).

Die neue *Trans-Alp-Verbindung* nutzt vorhandene Radwege, u.a. den Tauern-, Gasteiner- und Drau-Radweg, führt aber auch über nicht zu befahrene Bundesstraßen und durch zwei Tunnel mit Radweg. Der größte Brocken auf dem Weg, nämlich der Alpenhauptkamm (Hohe Tauern), wird auf einer Höhe von 1200 m im 8,5 km langen *Tauerntunnel* durchstoßen (Mallnitz – Böckstein). Der als *Tauernschleuse* bekannte Bahntransport durch den Tunnel kostet 5 € (Fahrrad inkl. Person). Zwischen Villach und Udine verkehrt täglich ein Zug mit Fahrradwaggon. Infos: *www.alpe-adria-radweg.com*

Lungau

www.lungau.at
Das „Radlerparadies hinter den Tauern" ist ein weites Alpenhochtal, durchflossen von der Mur und umgeben von Hochgebirgen (Niedere Tauern, Gurktaler Alpen). Wiesen und Wälder bedecken gut drei Viertel der Fläche. Obwohl das Lungau, im Gegensatz zum übrigen Salzburger Land, von kontinental sonnenreichen Sommern profitiert, ist es relativ untouristisch. Sternförmig laufen diverse Flusstäler auf das zentrale Mur-Becken zu und werden durch verkehrsarme/autofreie Radrouten erschlossen. Im Lungau entspringt der „Mur-Radweg" (s.u.). 15 „optimierte" MTB-Routen sind beschildert und als Krönung die tälerverbindende Rundtour „Lungau Extreme" (158 km, 7172 Hm).

Alpenmarathons

www.radmarathon.at
Die alpinen Radmarathons im Salzburger Land sind sehr populär. Wer bei einem dieser Marathons mitfahren will, braucht eine gute bis außergewöhnliche Kondition. Wer die Strecken „nur" nachfahren will, darf sich zumindest mehr Zeit lassen. Alle Termine – nicht nur für Österreich, sondern auch andere europäische „Gebirgsländer" – sind auf *radmarathon.at* verlinkt.

Tauernradweg

Tauernradweg

Länge 310 km

Verlauf Folgt dem Lauf von Salzach und Unterem Inn. Krimml (1080 m) – Kaprun (790 m) – Taxenbach (780 m) – Werfen (550 m) – Golling (480 m) – Hallein (450 m) – Salzburg (425 m) – Braunau (350 m) – Passau (310 m).

Beschaffenheit Der Salzach folgend ab Krimml überwiegend bergab, immer wieder kurze Zwischenanstiege. Talwärts durchgehend beschildert, ca. 80% auf Wirtschaftswegen und ruhigen Nebenstraßen, ca. 20% auf z.T. stärker befahrenen Bundesstraßen.

Eindrücke Reichlich, u. a. Krimmler Wasserfälle, Leogang (Silberbergwerk), Kitzlochklamm, Feste Hohenwerfen, Eisriesenwelt (Höhle), Gollinger Wasserfall, Hallein (Salzbergwerk), Salzburg.

Anmerkungen Sehr beliebter Radweg. Ab Burghausen mit dem „Innradweg" identisch.

Varianten Ab Zell am See führt eine Alternativroute entlang der Saalach nach Salzburg (über Bad Reichenhall/D, 120 km). Forststraßen ermöglichen Abstecher in die Seitentäler der Saalach. In Bruck lockt die Großglockner-Hochalpenstraße (s.o.).

Frank Zühlke: „Der Saalach-Radweg ist zwar etwas hügeliger als die Straße, bietet aber schöne Blicke auf das Landschaftsschutzgebiet vor dem Pass und die Leoganger Steinberge."

Infos *www.tauernradweg.com*

Tourenführer Vlg. Esterbauer (bikeline).

Ennsradweg

Länge Je nach Routenwahl 240–280 km

Verlauf Gasthofalm (1200 m) – Flachau (930 m) – Altenmarkt (840 m) – Radstadt (860 m) – Schladming (750 m) – Gröbming (780 m) – Liezen (660 m) – Admont (640 m) – Hieflau (500 m) – Weyer (400 m) – Steyr (310 m) – Enns (280 m).

Beschaffenheit Hügelig. Mit Zwischenanstiegen überwiegend bergab. Radwege und verkehrsarme Nebenstraßen, in der Steiermark auch teilweise auf Hauptstraßen, hier ist auch noch die Beschilderung evtl. lückenhaft.

Eindrücke Von Flachau bis zur Donau entlang der Enns, oft direkt am Fluss; sehenswert u.a. Radstadt, Schladming, Schloss Thurnfeld, Schloss Trautenfels, Kloster Admont, Gesäuse (15 km langer Alpendurchbruch der Enns, wow!), Steyr, Enns.

Anmerkungen Vergleichsweise wenig genutzter Radweg. Verläuft nördlich der Zentralalpen, wo das Klima allgemein etwas kühler und niederschlagsreicher ist.

Varianten In Enns Anschluss an den „Donau-Radweg". Reizvolle MTB-Variante von Altenmarkt nach Reichraming durchs Reichraminger Hintergebirge (Herzstück des projektierten Nat.-Parks „Nördliche Kalkalpen"): führt auf der Trasse der ehemaligen Waldbahn entlang der Reichraming, u.a. durch 13 schmale, stockdunkle Tunnel; wird als Forstwirtschaftsweg genutzt, daher nur an Wochenenden und Feiertagen für Radler freigegeben (Sa/So, Mai–Okt. 7–18 Uhr, Juli/Aug. 7–19 Uhr).

Infos *www.ennsradweg.com • www.ennsradweg.at*

Tourenführer Vlg. Esterbauer.

Mozart-Radweg

Länge 450 km

Verlauf Salzburg – Wasserburg (D) – Rosenheim (D) – Kössen – Waidring – Bad Reichenhall – Berchtesgaden – Salzburg.

Beschaffenheit Hügelig. Insgesamt 2000 addierte Höhenmeter. 90% Radwege und ruhige Nebenstraßen. Befahrung gegen den Uhrzeigersinn wird empfohlen.

Eindrücke Der 2003 eröffnete Mozart-Radweg ist ein sog. Themen-Radweg, der voralpine Seenlandschaften und historische „Mozartpunkte" miteinander verbindet.

Anmerkungen Der Radweg verläuft überwiegend in Deutschland (Bayern). Die maximale Länge auf dem äußeren Ring ist 450 km, Abkürzungen sind ausgeschildert (ab Kössen und Bad Reichenhall).

Infos *www.mozartradweg.com*

Tourenführer Vlg. Esterbauer.

Blick auf Salzburg

Steiermark

Daten 16.388 qkm • 1,22 Mio. Ew. • 74 Ew./qkm • Landeshauptstadt Graz

Infos *www.steiermark.com* – Tourismuszentrale Steiermark

Überblick 60% Wald, weitere 25% Wiesen und Weiden – keine Frage, die Steiermark ist das „grüne Herz Österreichs". Neben Hochgebirgen im Norden, waldreichen Mittelgebirgen im Zentrum und fruchtbarem Hügelland im Südosten hat das zweitgrößte Bundesland viel Raum für kleine Burgen, Kirchen, Klöster, Stifte, Weingüter, schnuckelige Dörfer und Städte. Die Topografie bewirkt klimatische Unterschiede: kühleres Gebirgsklima im Norden, milderes Klima südlich der Niederen Tauern (d.h. mehr Sonne und weniger Niederschläge schon im oberen Murtal, speziell aber in der südöstlichen Steiermark). Das **Landesradwegenetz** orientiert sich vorzugsweise an Flussläufen und ist im Südosten am dichtesten. Die 30 Landesradwege (R 1 – R 30) bringen es auf eine Gesamtlänge von 1850 km.

Gebirgs- und Passstraßen Für Bergspezialisten hat die Steiermark den Vorteil, dass sie jenseits des großen Alpentransits liegt. Die reizvollsten Passstraßen, von Nordwest nach Südost betrachtet, sind:

1) Stoderzinken-Hochalpenstraße (12 km Stichstraße bis auf ca. 2000 m, über 12%)
2) Buchauer Sattel (850 m, bis 10%)
3) Salzatal / Halspass / Hochschwab (830 m, bis 18%)
4) Niederalp-Pass (1229 m, bis 20%)
5) Pfaffen-Sattel (1372 m, bis 20%)
6) Hohentauern-Pass (1265 m, bis 16%)
7) Stanzertal / Fischbacher Alpen (ca. 1100 m, über 12%)
8) Sölker-Pass (1790 m, bis 15%, Österreichs ruhigster Pass über 1500 m)
9) Freiland / Hebalpe (Koralpe-Massiv, 1294 m, über 12%).

Die Steigungsangaben beziehen sich auf die *steilsten* Abschnitte, die meist nur einige hundert Meter lang sind.

Ober- und Mittelsteiermark

Tourentipps

- Den Norden der Steiermark bestimmen die Kalkalpen. Ihre Gebirgsgruppen verlieren nach Osten hin weniger an Höhe als an Umfang und enden 30 km vor den Toren der Wiener Neustadt abrupt mit dem Schneeberg (2076 m). Zwischen Kalkalpen und Niederen Tauern (Massiv der Zentralalpen) hat sich die Enns ihren Weg gebahnt, ihr folgt der „Ennsradweg" (s.o.).
- Im Westen hat die Obersteiermark *Anteil* am **Salzkammergut.** Dort liegen Altausseer See und Grundlsee auf der Route des „Salzkammergut-Radweges" (s.o.).
- Die Region **Dachstein-Tauern** mit ihren steilen Kalkfelsen und dem grünen Lauf der Enns gehört zu den bekanntesten Wandergebieten der Steiermark. Aus der alten Bergstadt **Schladming** (750 m) ist ein bedeutendes Biker-Zentrum geworden. Ihre Lage im Oberennstal macht sie zum idealen Ausgangspunkt für 200 km markierte Rad- und MTB-Routen, die in den südlichen Enns-Seitentälern bis auf max. 1850 m führen (Hochwurzen).
- Zwischen Eisenerzer Alpen und Rottenmanner Tauern verläuft durch Palten- und Liesingtal der **Rastlandradweg** (Liezen – St. Michael, 80 km) und bildet eine Querverbindung zwischen „Enns-" und „Mur-Radweg".

- Die alte Heimat des Schriftstellers Peter Rosegger ist das große Waldgebiet um **Mürztal** und Stuhleck. Hier verläuft u. a. der „Mürztalradweg" (Mürzzuschlag – Bruck, 47 km) und eine MTB-Route von Mürzsteg zum Niederalp-Pass (1129 m).
- Südlich der Tauern, im Einzugsbereich des „Mur-Radweges", lohnt ein Abstecher zum **Naturpark Grebenzen** (Hochmoor, Vogelparadies Furtnerteich, Stift St. Lambrecht). Der „Grebenzen-Radweg" ab Teufenbach ist Teil des regionalen Radwegenetzes Oberes Murtal.

Untersteiermark

Am dichtesten ist das Straßen- und Radwegenetz in der südöstlichen Steiermark, der „steierischen Toskana", mit der fahrradfreundlichen Landeshauptstadt Graz. Die Mur trennt die West- von der Oststeiermark.

Weststeiermark

Eine steirische Werbebroschüre witzelt „Weintrinken und Radfahren" seien in Wahrheit Nebenzweige der Philosophie. Überprüfen lässt sich diese These in der hügeligen Weinbauregion zwischen Koralpe und Graz. „Schilcher" heißt der Wein, der hier in urigen Buschenschenken verkostet werden kann. Und „Schilcher" heißt daher auch der Radwanderweg R 4, der von Stainz über Bad Gams und Deutschlandsberg nach Eibiswald führt (58 km). Der R 4 ist nur einer unter mehreren Radwegen, die die Weststeiermark hervorragend erschließen. Radlerfreundlich organisiert ist auch die *Steiermärkische Landesbahn*.

Oststeiermark

Weiträumiges Hügelland mit Apfel- und Weingärten, Almwiesen und Laubwäldern, Schlössern, Burgen und Thermalbädern. Da die Nebenstraßen meist geradewegs über die Hügel führen, sind knackig-kurze Steigungen programmiert, die viele Blicke übers gemütliche Bauernland bieten, wo sich offenbar jeder noch Zeit für die Dinge des Lebens lässt (wie Meister Gsellmann, der in Edelsbach bei Feldbach jahrzehntelang an seiner staunenswerten „Weltmaschine" bastelte). Landschaftlich besonders attraktiv ist das Hartberger Land mit dem Naturpark Pöllauer Tal. Der Thermenradweg R 12 (148 km) erschließt die Oststeiermark der Länge nach: Von *Mönichkirchen* im Norden nach *Bad Radkersburg* an der slowenischen Grenze, wo auch der „Mur-Radweg" endet.

Mur-Radweg (R 2)

Länge 475 km

Verlauf Sticklerhütte (1752 m) – St. Michael i. L. (1070 m) – Murau (810 m) – Judenburg (740 m) – Leoben (540 m) – Bruck M. (490 m) – Graz (365 m) – Ehrenhausen (260 m) – Bad Radkersburg (210 m) – Razkrizje (367 m, Slowenien) – Legrad (130 m, Kroatien)

Beschaffenheit Trotz einiger Zwischenanstiege insgesamt bergab. Überwiegend gute Radwege und verkehrsarme Nebenstraßen. Durchgehend beschildert.

Eindrücke Von der Quelle der Mur inmitten der wald- und wiesenreichen Höhen des Lungaus durchs hügelige Obere Murtal bis zur Mündung in die Drau im kroatischen Legrad. Im südsteirischen Thermenland durch enge und weite Täler und die Obst- und Weingärten der Windischen Büheln. Sehenswert sind Tamsweg, Judenburg, St. Georgen, Bruck, Lurgrotte, Stübing, Straßengel, Graz („radlerfreundlichste Stadt Europas"), Leibniz, Ehrenhausen, Bad Radkersburg.

Bis 1985 war Österreichs zweitlängster Fluss trauriger Rekordhalter unter den am meisten verunreinigten Flüssen Europas. Ein Glas Mur-Wasser konnte den Tod bringen. Dann wurde die Sanierung beschlossen und so konsequent umgesetzt, dass die Wassergüte mittlerweile allerbeste Werte erreicht. Nach der Donau ist die einst völlig tote Mur nun wieder der artenreichste Fluss Österreichs und der Mur-Radweg wird als „schönster Flussradweg im Alpenraum" beworben.

Anmerkungen Verläuft südlich der Zentralalpen, wo das Klima generell sonniger und niederschlagsärmer ist als bspw. in der Region des „Ennsradweges". Im Lungau und im Salzburger Land als „Mur-Radweg" ausgeschildert, in der Steiermark als „R2".

Infos *www.murradweg.com*

Tourenführer Vlg. Esterbauer.

MTP-Tipp Alpentour

„Alpentour" nannte sich der 900 km lange Rundkurs, der Mountainbiker seit 1997 in 14 Etappen durch die Steiermark führte. 27.000 Hm waren dabei auf unterschiedlich schweren Wegstrecken zu überwinden. Die längere Variante führte über Aflenz Kurort (970 km, 28.000 Hm). Start und Ziel war Ramsau. Während die nordwestliche Hälfte des einstigen Rundkurses alpinen Charakter hat, ist der südöstliche Teil um Graz eher mittelgebirgig. Leider ist die Alpentour seit 2010 nur noch Stückwerk. Alpentour-Obmann Jürgen Pail: „Der Markt hat sich geändert: Wer früher die Alpentour gefahren ist, fährt heute in Marokko oder Nepal" (Kleine Zeitung, 9.6.2011). Mehrere Gemeinden fanden es nicht mehr lukrativ und scherten aus dem Gemeinschaftsprojekt aus – auch um nicht mehr für die Wegerechte der privaten Landbesitzer zahlen zu müssen. Ein Relaunch vermarktet die Alpentour seit 2012 nach Schwerpunktregionen (s. *www.steiermark.com)*. Von einem Rundkurs ist nicht mehr die Rede. Den haben sich jetzt die Tiroler gebastelt (Bike Trail Tirol, s.u.).

Tirol

Daten 12.648 qkm • 0,73 Mio. Ew. • 57 Ew./qkm • Landeshauptstadt Innsbruck

Infos
- *www.tirol.gv.at/mountainbike* – Offizielle Tiroler MTB- und Rad-Site
- *www.tirol.at* – Tourismuszentrale Tirol

Überblick Mitten durch **Nordtirol** zieht sich die markante Furche des Inntals. Den nördlich davon liegenden Teil nehmen die schroffen Kettengebirge der Kalkalpen ein: Lechtaler Alpen, Wetterstein-, Karwendel- und Kaisergebirge. Im *südlichen Nordtirol* geben hingegen die hochalpinen Gebirgsmassive der Zentralalpen den Ton an: Ötztaler-, Stubaier-, Sarntaler-, Zillertaler- und Kitzbüheler Alpen. Umgekehrt verhält es sich in **Osttirol,** wo der *Norden* von den Zentralalpen beherrscht wird (Venediger- und Glocknergruppe), und der *Süden* von den Kalkalpen (Lienzer Dolomiten, Gailtaler- und Karnische Alpen). In Osttirol spielt das Drautal die Trennlinie.

Nordtirol

Eindrücke / Tourenplanung

Fitten Radlern wird in Nordtirol viel geboten: Zu Herzen gehende Gebirgspanoramen mit Gipfeln und Wäldern, Hochtäler und Almen, Schluchten und Klammen, Seen und Wasserfällen. Dazu gepflegtes Brauchtum und Sinn für Form und Farbe. Außerdem Bilderbuchdörfer wie Nauders oder Holzgau und schmucke Altstädte, wie die von Innsbruck und Hall. Im Radlerparadies ist man hier aber dennoch nicht, denn in Nordtirol trifft sich der Fernverkehr. Drei Viertel des gesamten österreichischen Alpentransits geht durch Tirol. Radleroasen sind Seitentäler, wo kein Durchgangsverkehr möglich ist.

Beispiel *Wipptal:* Von dieser Haupttransitroute (Brennerstraße) zweigen mehrere, bis zu 15 km lange Seitentäler ab. Kaum abgebogen ins Gschnitztal, Obernbergtal, Valstal, Schmirntal oder Navistal ist die Radlerwelt schon wieder in Ordnung! Da die Steigungen meist um 10% liegen (Schmirntal bis 15%!), lassen sich zwei bis drei Seitentäler in einen Tag packen.

Lechtaler Alpen

Wer westlich vom Wetterstein vom Lechtal her anreist, sieht sich in Nordtirol zunächst den Lechtaler Alpen gegenüber. Wer dieses mächtige Kettengebirge der nördlichen Kalkalpen nicht über den verkehrsreichen **Fernpass** (1209 m) hinter sich bringen will, sondern die direkte Art bevorzugt, wird unweigerlich auf das **Hahntennjoch** (1884 m) stoßen.

Frank Zühlke: „Nette kleine Passstraße. Landschaftlich sehr schön. An der Südostseite gibt es aber wohl häufig Erdrutsche. Es war nicht ganz einfach, das Fahrrad über diese 'Muren' zu schieben."

Michael Kristl: „Interessante Alternative zum vom Schwerlastverkehr überlasteten Fernpass. Bis 15% steil, nur mäßig von Autos frequentiert."

Bike Trail Tirol

Bike Trail Tirol nennt sich der längste zusammenhängende Mountainbike-Rundkurs in den Alpen. In ihm ist auch die einstige *Tirol-Vital-Route* aufgegangen (jetzt: Etappen 1-11 Bike Trail Tirol). Auf 1000 km führt der Bike Trail Tirol auf allen Arten von Wegen durch die Täler und Gebirge des Bundeslandes. 27.000 Hm sind in die fahrtechnisch unproblematischen 32 Etappen eingearbeitet. Genaue Etappenbeschreibungen mit gpx-Download: *www.tirol.at/bike-trail-tirol*

Silvretta-Hochalpenstraße

Über die **Bielerhöhe** (2030 m, Tirol/Vorarlberg) hinweg verbindet die Silvretta-Hochalpenstraße Galtür und Partenen bzw. das Nordtiroler Paznauntal mit dem Vorarlberger Montafon. Unterwegs viele Stellen mit Aussicht auf die vergletscherten Gipfel der Silvrettagruppe. Für Radler ist der östliche Anstieg zur Bielerhöhe mit max. 11% leichter als der westliche mit bis zu 14%.

Jan Cramer: „Ein Zweitausender für Einsteiger. Ruhige Auffahrt von Osten her, kaum einmal richtig steil. Herrliche Möglichkeiten zu einer kombinierten Wandertour."

Michael Kristl: „Hochalpenstraße, die zu den landschaftlich abwechslungsreichsten Österreichs zählt. Von Partenen am Ende des Montafontales schlängeln sich 25 Kehren bis zum Vermunt-Stausee auf 1750 m. Höchster Punkt ist die Bielerhöhe mit einer fantastischen Aussicht auf die vergletscherte Bergwelt der Silvretta."

Kaunertal

Zu den landschaftlichen Highlights Nordtirols gehören vor allem auch die Seitentäler, die südlich vom Inntal abzweigen – Kaunertal, Pitztal und Ötztal.

Die Straße durchs Kaunertal beginnt bei **Prutz** (860 m), führt mit max. 14% durch Kur- und Wintersportorte zum Gepatsch-Stausee, dessen Westuferstraße für Kfz gesperrt ist. Vom Gepatsch-Haus (1928 m) geht es dann auf der **Gletscher-Panoramastraße** weiter bis zum Gletscher-Restaurant (2750 m), von dort mit der Seilbahn zum Drei-Länder-Aussichtspunkt.

Jan Cramer: „Für Extremisten. Zweithöchste Passstraße Österreichs – Marke Großglockner. Panoramastraße mit Kehrennummerierung. Hochalpine Flora, Gletscherblick."

Ötztal

Eines der schönsten Alpentäler überhaupt ist das rund 60 km lange Tal der Ötztaler Ache in den Ötztaler Alpen. Anfangs noch breit, verjüngt sich das stufenförmig ansteigende Tal zu einer Folge von Schluchten, Zwischentälern und Wasserfällen. Imposante Blicke auf Gipfel und vergletscherte Alpenkämme. Vom Talschluss in Untergurgl (1793 m) führt Österreichs höchste Passstraße anschließend zum **Timmelsjoch** hinauf (2509 m, s. a. Alpen). Herausforderung: Ab Sölden (1380 m) auf abenteuerlicher Gletscherstraße einen Abstecher zum **Rettenbachferner** (2670 m) machen. Der extrem steile Pass mit mehr als 13% Steigung auf den letzten 7 km bildete 2005 die Königsetappe der grenzüberschreitenden „Deutschlandtour". Tourteilnehmer *Patrik Sinkewitz:* „Das ist der schwerste Berg Europas. Brutal!" *Jan Ullrich:* „Tierquälerei!"

Ötztaler Radmarathon

www.oetztaler-radmarathon.com
Wer es mal richtig knacken lassen will, startet in **Sölden** zum Marathon auf „der härtesten Einbahnstraße Europas". Das Ötztaler Radmarathon führt über die großen Tiroler Pässe (238 km, 5500 Hm, Steigungen bis 18%, immer im August) und wird nicht umsonst auch „Wildsaurennen" genannt.

Tagestouren vom Inntal aus

Auch die wichtigste Radroute durch Nordtirol, der Innradweg (s.u.), animiert in seinem Verlauf zu Tagestouren, vornehmlich in Mittelgebirgsregionen:
Ab Landeck: Rund um den **Venetberg** (41 km, sportlich, höchster Punkt ist die Pillerhöhe 1559 m, Höhenunterschiede bis 820 m).

Jan Cramer: „Durch die Hintertür ins Kaunertal. Relativ fordernder Anstieg auf schmalem Asphaltband, nahezu ohne Verkehr. Schöner Panoramablick ins Oberinntal. Nette, wilde Übernachtungsmöglichkeiten."

- Ab Untermieming („Innradweg": Stams): „Bergdoktor-Radwanderweg" auf dem **Mieminger Plateau** (30 km, moderat, höchster Punkt ist Wildermieming 827 m, Höhenunterschiede bis 140 m).
- Ab Bairbach („Innradweg": Pfaffenhofen): Runde auf dem **Seefelder Plateau** (42 km, via Seefeld / Burggraben / Leutasch; mittelschwer, höchster Punkt ist Mösern 1206 m, Höhenunterschiede bis 330 m).
- Ab Jenbach: Am **Achensee** vorbei rund ums **Rofangebirge** (63 km, Radweg und Nebenstraßen, via Achental / Aschau; sportlich, höchster Punkt ist Steinberg 1016 m, Höhenunterschiede bis 550 m).
- Ab Jenbach (2. Mögl.): Abstecher ins **Zillertal** (hin & retour 72 km, Radwege und Nebenstraßen, bis Mayrhofen, leicht, höchster Punkt ist Mayrhofen / 633 m, Höhenunterschiede bis 70 m). **Zillertal offroad:** Das Zillertal wirbt mit 824 km Bikewegen und 8 Bahnen mit Biketransport (*www.zillertal.at*).

- Ab Wörgl: Rund um den **Wilden Kaiser** und durchs **Brixental** (110 km, überwiegend Radwege, via Kufstein / Walchsee / Erpfendorf / Kitzbühel / Rettenbach; mittelschwer, höchster Punkt ist Kirchberg 837 m, Höhenunterschiede bis 340 m).

Osttirol

Tourenplanung

Seit Österreich Südtirol (das Gebiet südlich des Brenners) an Italien abtreten musste, sind Nord- und Osttirol voneinander getrennt. Entweder man bezieht nun das italienische Südtirol einfach mit in die Tour ein, oder man muss sich der einzigen Verbindung zwischen Nord- und Osttirol anvertrauen: Der 1965 fertig gestellten **Felbertauernstraße** (*www.felbertauernstrasse.at*). Herzstück ist der 5 km lange, wintersichere Felbertauerntunnel durch die Hohen Tauern (Scheitelpunkt 1650 m), der für Radler gesperrt ist, weshalb ein kleiner Pendelbus mit Radtransport bereit steht (18 € für max. 6 Pers.). In Osttirol angekommen, gibt es vier Wege, die weiterführen:

- Das **Iseltal** von Matrei nach Lienz („Iseltal-Radweg")
- das **Oberdrautal** ostwärts nach Kärnten („Drauradweg", s.o.)
- das **Pustertal,** mäßig ansteigend, nach Südtirol („Drauradweg" bis Sillian)
- das **Defereggental,** mit 11% ansteigend, via Staller Sattel (2052 m) ebenfalls nach Südtirol.

Jan Cramer: „Ein Highlight war sicherlich das landschaftlich unübertroffene Defereggental mit Befahrung des Staller Sattels. Ein rechtes Vergnügen: In Ost-West-Richtung schlängelt sich die Strecke genussvoll durch beschauliche Örtchen hinauf. Ungewohnt die stündlich nur jeweils für 15 Minuten mögliche Abfahrt ins Tal; auf italienischer Seite enges Sträßchen ohne Leitplanke."

Tourentipps

Reizvoll sind Spritztouren ins **Virgen-, Kalser-** und **Villgratental.** Asphaltierte Stichstraßen erschließen diese Seitentäler für Tourenradler, ab einer bestimmten Höhe sehen sich dann vor allem Mountainbiker von kleinen Alm- und Höhenstraßen zur Weiterfahrt animiert (etwa zur Mooshofalm im Winkeltal).

Hinteres Sonnenwendjoch am Kaisergebirge

Schließlich noch der Hinweis auf eine sportliche Alternative zum „Drauradweg“: Von Abfaltersbach bis Leisach (bei Lienz) führt die **Pustertaler Höhenstraße** an den Südhängen des Defereggengebirges entlang; eine Nebenstraßenroute, die mehrere Bergdörfer mit der Außenwelt verbindet. Steigungen um 10%, tolles Panorama der gegenüber liegenden Lienzer Dolomiten.

Innradweg

Länge 517 km

Verlauf Der Radweg folgt dem Lauf des Inn von der Quelle bis zur Mündung und führt dabei durch drei Länder (CH, A, D). **CH:** Maloja (1815 m) – St. Moritz (1810 m) – Zernez (1473 m) – Martina – **A:** Finstermünz (1087 m) – Landeck (820 m) – Haiming (670 m) – Innsbruck (580 m) – Schwaz (540 m) – Kufstein (500 m) – **D:** Rosenheim (450 m) – Wasserburg (430 m) – Mühldorf (380 m) – Burghausen (360 m) – Braunau (350 m) – Schärding (320 m) – Passau (310 m).

Beschaffenheit, Eindrücke Obwohl es im Engadin (CH) überwiegend bergab geht, ist dieser erste Abschnitt des Innradweges wegen häufiger Gegensteigungen und Naturwegeanteilen der anspruchsvollste – zugleich aber auch der landschaftlich schönste! In Tirol ist der Radweg gemütlicher, hat idyllische Abschnitte, aber auch weniger schöne Passagen entlang der Autobahn und durch Innsbruck. Nach dem durchwachsenen Tiroler Abschnitt ist der letzte Teil durch Bayern insgesamt wieder stimmig und sehr schön.

Anmerkungen Wer den Innradweg ohne sportlichen Ehrgeiz befahren will, sollte erst in Landeck starten. Wer es sich aber zutraut, sollte den Radweg in Gegenrichtung fahren – wegen der Steigerung des Landschaftseindruckes und wegen des Erfolgserlebnisses. In der Schweiz entspricht der Innradweg der östlichen Graubünden-Route (s. Schweiz, Veloroutennetz).

Infos *www.innregionen.com* – Etappenbeschreibungen (mit gpx-Daten)

Tourenführer Vlg. Esterbauer (bikeline)

MTB Tirol

Ein ergiebiges MTB-Revier für Touren aller Anspruchskategorien ist das Silvrettagebirge mit dem Paznauntal als Ausgangspunkt. Auf alten Säumerwegen lassen sich von hier aus die Hochplateaus unterhalb des Piz Buin erkunden (3327 m, Vorarlberg). Zahlreiche Hütten für Ruhepausen. Der Postbus befördert auch Bikes.

Einen Platz im Herzen vieler Biker hat sich Österreichs Ballermann der Berge, der Wintersportort **Ischgl** (1377 m), mit seiner „Silvretta Mountainbike-Arena“ erworben. Seilbahnen befördern den Biker (mitsamt Bike natürlich) auf die Idalpe (2307 m), das Herzstück des Erlebnisparks. Dort stehen über 300 km MTB-Routen an: von Downhill bis Cross-Country, von leicht bis schwer. Zusammen mit dem Paznaun und dem Samnaun (CH) kommt die Region um Ischgl sogar auf ein Tourennetz von 1200 km. Höhepunkt ist das jährliche MTB-Festival Ende August. Infos und Strecken: *www.ischgl.com*

180 Dreitausender, über 400 km ausgewiesener MTB-Routen und bikerfreundliche Hoteliers sind Argumente, die auch für das „abgeschnittene“ **Osttirol** sprechen. Entsprechende Reviere sind vor allem im Virgental, Defereggental, Hochpustertal und den Lienzer Dolomiten.

Vorarlberg

Daten 2601 qkm • 0,38 Mio. Ew. • 146 Ew./qkm • Landeshauptstadt Bregenz

Infos *www.vorarlberg.travel* – Tourismuszentrale Vorarlberg

Überblick Fast schon zur Schweiz gehört das westlichste Bundesland Österreichs. Obwohl flächenmäßig mini, ist es ein „Haus mit vier Etagen". Im „Erdgeschoss" machen sich der östliche Bodensee, das Rheintal und der Walgau breit; im „ersten Obergeschoss" der Bregenzer Wald (eine ungewöhnlich formenreiche Mittelgebirgsregion); im „zweiten Obergeschoss" die Hochtäler Montafon/Walser und der Arlberg; im „Dachgeschoss" das Silvretta-Massiv mit dem Piz Buin (3312 m). Diese eng verzahnten Landschafts- und Panoramawechsel ermöglichen auch bei knappem Zeitbudget tolle Touren. Das Radwegenetz ist im Aufbau. Bislang existieren rund 200 km überörtlicher Radwanderwege – im Rheintal, Walgau, Montafon und Bregenzer Wald.

Strecke Lohnende Strecken (Auswahl):

- **Bregenzer Wald** – Zunächst 32 km *Radwanderweg* Egg – Reuthe – Mellau – Schoppernau, dann 20 km *Höhenstraße* Schoppernau – Hochtannbergpass (1675 m / 14%) – Warth.
- **Flexenstraße** – Schöne Strecke über den Flexenpass (1784 m / 10%) mit Ausblicken auf die Verwallgruppe.
- **Silvretta-Hochalpenstraße** (Montafon) – s. „Tirol".
- **Walgau / Rheintal** – 70 km Radwanderweg von Bludenz (588 m) durchs dichtbesiedelte untere Illtal (Talschaft Walgau) zur Rheinebene, an Neuem und Altem Rhein entlang via Meiningen und Lustenau bis Bregenz am Bodensee.

Bestens kombinieren lässt sich Vorarlberg mit einer Bodenseetour und/oder dem Allgäu („Bodensee-Radweg" s. „Deutschland"). Fürs Grenzgebiet Bregenzer Wald / Bayern noch ein Tipp von *Jan Cramer:* „Von Hittisau nach Oberstdorf verläuft nördlich der Gottesackerwände ein für Autos gesperrter, schnuckeliger Forstweg durch eine wald- und wiesenreiche Gegend, nahezu ohne Zivilisation."

Abfahrt vom Hochtannbergpass zum Bregenzer Wald (Vorarlberg)

ⓘ-Box Österreich

Einreise

Österreich gehört zum Schengen-Raum. Der Personalausweis genügt für die Reise (D/CH).

Geld

Österreich gehört zur Euro-Zone. Die Lebenshaltungskosten sind etwas höher als in D. Preisgünstig innerhalb Österreichs ist die Steiermark.

Gesundheit

GKV-Mitglieder sind anspruchsberechtigt. Details: *www.dvka.de*

Infos

- *www.austria.info* – Tourismuszentrale Österreich
- *www.oebb.at* – Österreichische Bundesbahnen
- *www.argus.or.at, www.radlobby.at* – Österreichs Lobby für Alltags- und Reiseradler
- *www.radtouren.at* – Beschreibung aller 14 Top-Radwege mit POIs und gpx-download
- *www.alpintouren.at* – MTB-Touren, interaktiv, nicht immer aktuell
- *www.radmarathon.at* – Rad- und Bike-Events in Österreich

Infos vor Ort

In praktisch allen Urlaubsorten existieren **Verkehrsbüros.** Hier bekommt man das ganze regional fokussierte Material, das anderswo schwer erhältlich ist (Rad- und Bikerouten der näheren und weiteren Umgebung, spezielle Karten).

Wetter

Während im nördlichen Alpenvorland und dem Alpen-Nordrand atlantisches Klima vorherrscht, ist in den östlichen Vorländern, also „hinter" den Bergen, das Klima kontinental (ähnlich dem ungarischen) und in den Alpen selbst natürlich alpin. Prinzipiell bedeutet alpines Klima kurze, kühle Sommer, aber in den geschützten Tallagen südlich der Alpenhauptkämme ist der Sommer ausgesprochen warm und freundlich. Bestes Beispiel ist das Drautal in Kärnten: vor Wind und Wetter aus dem Norden geschützt, vom Süden dafür mit Sonne verwöhnt. Die Kehrseite der Medaille sind Niederschlagsstaus am nördlichen Alpenrand, die speziell im Salzburger Land immer wieder zu Sommergewittern und „Schnürlregen" führen.

Vergleichsweise niederschlagsarm sind, außerhalb des Alpenraums, Niederösterreich und Burgenland. Für ganz Österreich gilt,

Steiermark (s. Story „Von der Donau zum Bodensee", S. 437)

dass der Herbst oft mit stabilen Schönwetterperioden aufwartet (Altweibersommer).

Wind

Generell dominieren westliche bis nördliche Winde, im „offenen" Burgenland auch östliche Winde aus Ungarn. Windarm sind das Wiener und das Klagenfurter Becken (Weinviertel, Kärntner Seengebiet). Südliche Föhnwinde treten vor allem im westlichen Österreich auf, verstärkt im Frühjahr und im Herbst. Hinter den Hauptkämmen der Alpen fällt dieser warm-trockene Wind böig zu Tal. Eine berüchtigte Föhngasse ist das Wipptal zwischen Brenner und Innsbruck. Während Radler über den Föhn meist stöhnen, schätzen ihn die Bauern, je nach Jahreszeit, als „Schneefresser" oder „Traubenkocher".

Reisezeit

Allgemein radtourengeeignet ist für die tieferen Regionen der Zeitraum von Mitte April bis Mitte Oktober. Einschränkung: Wie in den meisten Ländern sind auch in Österreich Juli und August nur bedingt empfehlenswert. Dann geht es auf manchen Radwanderwegen hoch her, und in Wien ist kein erschwingliches Zimmer mehr frei.

Gute Monate für Hochalpen-Touren sind der Juni und ganz besonders der September. Weniger günstig ist der Hochsommer. Tagsüber wird es dann sehr heiß, sind die größeren Passstraßen voll mit Urlauberautos, ist die Sicht meist diesig. Für Nebenstraßentouren in den Alpentälern sind aber Juli und August durchaus okay.

Anreise

Per Rad

Wer „Fahrradurlaub von Anfang an" plant, kann einer der grenzüberschreitenden Radrouten folgen: Entweder entlang des Bodensees, durchs Inntal oder entlang der Donau (Inntal-Radweg, Bodensee-Radweg, Donau-Radweg).

Per Bahn

Die grenzüberschreitende Fahrradmitnahme mit internationaler Fahrradkarte ist bei den meisten Direktverbindungen möglich (u. a. nach Wien, Klagenfurt, Innsbruck und zum Brenner-Pass). Leider gibt es immer weniger **Nachtzugverbindungen,** wo die Fahrradmitnahme besonders komfortabel war, da nicht umgestiegen werden musste.

Mehr Bahn&Bike-Infos:
- *www.bahn.de/bahnundbike*
- *www.oebb.at* • *www.citynightline.ch*

Per Bus

MeinFernbus (*www.meinfernbus.de*) bietet die Fahrradmitnahme nach **Linz, Wien** und **Salzburg** an (Heckträgertransport, Pauschalpreis 9 €). Aktuelle Abfrage bzgl. der Mitnahmemöglichkeit über die Buchungsmaske.

Transport im Land

ÖBB

Das Streckennetz der Österreichischen Bundesbahnen (ÖBB) umfasst gut 5000 km. Großzügig geregelt ist die Fahrradmitnahme. „Regio-Biking" heißt bei der ÖBB die *reservierungsfreie* Radmitnahme in Nahverkehrs-, Regional- und Eilzügen. Alle in Frage kommenden Züge sind in den Fahrplänen mit Fahrrad-Piktogrammen versehen, ebenso die Einstiegs- und Abstellmöglichkeiten bei den Zügen selbst.

Ab Ende 2016 soll die Fahrradmitnahme in nahezu allen ÖBB-Zügen möglich sein. Dazu stattet die ÖBB ihre Schnellzüge mit Fahrradabteilen aus. Jeder Zug erhält ein Fahrradabteil mit Platz für 5 Fahrräder.

„Intercity-Biking" bezeichnet die *reservierungspflichtige* Mitnahme in IC-Zügen und ausgewählten EC-, SC- und D-Zügen (sämtlich in den Fahrplänen markiert). Die Reservierung beinhaltet einen Sitzplatz am Gepäckabteil. Fahrradversand ist nur mit dem **Gepäckservice** der ÖBB möglich, und dies auch nur zwischen privaten Adressen, also nicht von Bahnhof zu Bahnhof.

Infos zu Fahrradmitnahme und Gepäckservice: *www.oebb.at*

Privatbahnen

Unterschiedlich geregelt ist die Fahrradmitnahme bei den Privatbahnen (Streckennetz 600 km), oft ist sie sogar kostenlos. Mit der Möglichkeit der Fahrradmitnahme werben u. a. Steiermärkische Landesbahnen (*www.stlb.at*), Linzer Lokalbahn, Salzburger Lokalbahn, Graz-Köflacher-Bahn.

Schiffe

- *www.donauschiffahrt.de* – Wurm & Köck
- *www.ddsg-blue-danube.at* – DDSG

Die Donau-Schiffe von Wurm & Köck nehmen auf den Linien Passau–Linz und Linz–Wien auch Fahrräder mit (Aufpreis 2 €). Auch die im Sommer auf den größeren Seen verkehrenden Linienschiffe nehmen Fahrräder mit.

Busse

Spezielle „Radelbusse" gehören in manchen Regionen zum touristischen Nahverkehrsangebot (Neusiedler See, Tennengebirge, punktuell an Radwegen). Auch Postbusse nehmen häufig ein bis zwei Räder gegen geringe Gebühr mit: *www.postbus.at*

Seilbahnen

Über 500 Bergseilbahnen gibt es in Österreich. Viele transportieren auch Bikes.

Übernachten

Infos

- *www.jungehotels.at, www.oejhv.at* – Jugendherbergsverbände ÖJHW, ÖJHV
- *www.naturfreunde.at* – Naturfreunde Österreichs
- *www.alpenverein.at* – Österr. Alpenverein ÖAV
- *www.campingfuehrer.at* – Campingplätze in Österreich
- *www.tiscover.at* – „Mein Bett in den Alpen", Portal für über 2500 Unterkünfte aller Preisklassen

Zimmer

Hotels, Gasthöfe, Pensionen, Privatzimmer – Sie sind das Rückgrat des Fremdenverkehrs und sorgen für eine Vielzahl individueller Übernachtungsmöglichkeiten im ganzen Land. Die Preise sind mit denen in Deutschland vergleichbar. Die Hoteliers der Skigebiete werben in der Sommersaison verstärkt um Radwanderer und Mountainbiker als Gäste und bieten entsprechenden Service (Radschuppen, Radlermenü, Reparaturen, Mietbikes, geführte Touren, Shuttle-Jeep). Auch wer nur eine Nacht bleiben will, wird nicht schief angesehen. Radlerfreundliche Hotels sind von außen meist durch Logos erkennbar (in Pyhrn-Eisenwurzen bspw. durch eine grüne Radlerflagge).

Jugendherbergen – 59 Jugendherbergen betreiben die Dachverbände ÖJHW und ÖJHV. Die meisten befinden sich im nordwestlichen Viertel des Landes (Oberösterreich, Salzkammergut), relativ wenige hingegen in Niederösterreich, Burgenland und Tirol. Für Juli und August sollte man generell vorbuchen (ganzjährig sogar für Wien, Salzburg und Innsbruck). Ü ab 15 €.

Naturfreundehäuser – Rund 170 Gästehäuser, Berg- und Wanderhütten in allen Regionen, teils für Selbstversorger. Preise, je nach Ausstattung, 5–20 € für Nichtmitglieder.

Studentenherbergen – Infos bei den i-Büros der Uni-Städte.

Berghütten, Schutzhütten – Bewirtschaftet von den Alpenvereinen (ÖAV, DAV) und vom Touristenklub. Auch Nichtmitglieder werden aufgenommen, zahlen allerdings rund das Doppelte. Alpenhüttenfinder: *www.alpenvereinshuetten.at*

Campen

Rund 600 **Campingplätze** sind registriert. Die meisten Plätze finden sich in Vorarlberg, Tirol, Kärntner Seengebiet, Salzkammergut und Neusiedler See. Preise: 2 Pers./Zelt um 10 €. Etwa ein Viertel der Plätze ist ganzjährig geöffnet, ansonsten überwiegend von April/Mai bis Mitte/Ende Oktober. Viele Plätze sind eher einfach ausgestattet. Frühjahrstourer sollten bedenken, dass es in den Alpengebieten bis in den Juni Kälteeinbrüche geben kann („Schafskälte") und den Schlafsack lieber eine Stufe wärmer wählen.

Wildes Zelten ist generell nicht erlaubt bzw. nur mit Einwilligung des Landbesitzers. Wenn es sich nicht vermeiden lässt, sollte man den Platz umsichtig auswählen (auf Schutzzonen achten) und im Zweifelsfall nur einen Biwaksack benutzen.

Karten, Literatur & GPS

Tourenkarten

- Freytag & Berndt: Österreich 1:300.000. 1 Blatt beidseitig bedruckt. Steigungspfeile, prägnante Schummerung, viele Details, eng bedruckt. 9,99 €.

- Freytag & Berndt: 1:100.000/125.000, 8,99–9,99 €, verschiedene Radwanderkarten mit Begleittext.
- Kompass: 1:25.000/1:35.000, Wander- und Topokarten für Vorarlberg, Tirol, Kärnten, Salzburger Land, Salzkammergut.
- Freytag & Berndt: 1:50.000, Wander- und Topokarten (z.T. mit Radwegen), oft besser und günstiger im Schnitt als die entsprechenden Kompasskarten.

Tourenführer

Zu fast allen Radfernwegen hat der österreichische **Verlag Esterbauer** Tourenführer bzw. Radkarten herausgegeben. Die *bikeline-Tourenführer* genießen einen guten Ruf. Der Begleittext ist mit guten Kartenausschnitten gekoppelt und im lenkertaschenfreundlichen Langformat gehalten. Gpx-downloads sind über einen Code möglich, der mit dem jeweiligen Führer erworben wird. Auch für Mountainbiker gibt es Angebote, wie einen Guide zum „Bike Trail Tirol". Verlagswebsite: *www.esterbauer.com*

Fahrrad

Ausstattung

Für leichte Tourengebiete wie den Donau-Radweg oder am Neusiedler See tut es prinzipiell zwar schon ein solides Fahrrad mit Nabenschaltung, aber erst ein bergtaugliches Bike erschließt das ganze Spektrum möglicher Wege.

Reparaturen

Generell sind Reparaturen in den Städten und den Urlaubsregionen problemlos. Wo das Service-Netz dünner ist, gibt es in vielen Hotels zumindest einen Pannenkoffer, der aber keine Wunder bewirken kann. MTB-Bereifung lässt sich praktisch immer finden.

Mieten

Überall wo sich Urlauber tummeln, werden auch Fahrräder vermietet. Das Angebot variiert regional. Immer mit dabei sind MTBs, die qualitativ aber nur für mäßige Beanspruchungen gedacht sind (Radwanderwege). Hochwertige MTBs finden sich im Angebot spezialisierter Sport-Hotels und MTB-freundlicher Gemeinden.

Straßen und Wege

Straßenzustand

Das Straßennetz ist für ein überwiegend gebirgiges und nicht sehr dicht besiedeltes Land sehr gut ausgebaut. Straßenzustand und Wegweisung sind generell gut. Kleinste Nebenstraßen sind aber oft nur mit Schotter befestigt. Winterschäden an Asphaltstraßen werden in der Regel vor der Sommersaison behoben. Zahlreiche Pass- und Panoramastraßen in den Alpen sind mautpflichtig, Radler sind hiervon in aller Regel immer noch ausgenommen.

Wer in den Übergangsmonaten Mai (Juni) und Oktober oder gar im Winter auf Pässetour gehen will, kann sich beim ÖAMTC über Wintersperren von Pässen (in A, CH, I und SLO) sowie den aktuellen Straßenzustand informieren: *www.oeamtc.at/bergstrassen*

Verkehr

Zwar verläuft der Transitverkehr weitgehend auf Autobahnen, aber die Bundeshauptstraßen in den Tälern müssen im Sommer viel Urlauberverkehr aufnehmen. Radler profitieren dabei vom kontinuierlichen Ausbau des Radwegenetzes. Salzburg, Wien, St. Pölten, Graz, Klagenfurt und Villach sind Städte, die sich angenehm auf Radrundwegen erkunden lassen. Auto- und Radfahrer sind einander gewöhnt.

Gebirgsstraßen

Wen Steigungsrampen von über 15% und teilweise über 20% nicht schrecken, dem eröffnet sich in den Ostalpen ein weites Feld von Nebenstrecken. Verbunden werden sie von den weniger steilen, aber stärker befahrenen Hauptstraßen, die sich also nie völlig vermeiden lassen. Wer im Juli/August auf den großen Pässen und Panoramastraßen unterwegs sein will, sollte früh auf die Piste gehen, am besten schon um 6 Uhr; spätestens ab 10 Uhr rollt nämlich echt der Verkehr.

Radwanderwege

Sie sind die roten Fäden, an denen sich vor allem Genussradler und Familien gern orientieren. Manch Radler fühlt sich aber durch Radrouten gebremst oder bevormundet, will nicht im Pulk fahren, hat keine Lust, dauernd nach Schildern Ausschau zu halten, die es vielleicht schon nicht mehr gibt, da geklaut.

Unter dem Strich sind Radwanderwege jedoch sehr beliebt und es werden immer neue kreiiert. Übernachtungsmöglichkeiten säumen die Routen in relativ kurzen Abständen. Alle Radfernwege sind durchgängig und in beiden Richtungen beschildert. Die Schilder sind generell weiß auf grün. Der Richtungspfeil ist so klein, dass man ihn immer erst im letzten Moment erkennt. Oft fehlen auch Entfernungsangaben auf den Schildern. Mit Lücken oder sonstigen Irritationen muss man bei beschilderten Radwegen eigentlich immer rechnen, auch im velophilen Österreich. Ein guter Tourenführer mit Karte oder GPS-Navigation helfen über solche Unsicherheiten hinweg und listen zugleich auch praktische Details und Adressen auf.

Für alle Radwanderwege in Alpenregionen gilt eine *Wintersperre* (Tirol: 1.11.–1.4.).

EuroVelo

Die durch Österreich führenden **EuroVelo 6, 7, 9 und 13** sind alle realisiert – in der Regel durch ein Zusatzschild auf der mitgenutzten nationalen Radroute.

Quo radis?

Der **EV6** nutzt den Donau-Radweg, der **EV7** u.a. Donau- und Tauernradweg, der **EV 9** den Thermen- und Murradweg. Eine Ausnahme stellt der eigenständige, von der EU geförderte „Iron Curtain Trail" bzw. **EV13** dar.

Offroad (MTB)

www.tirol.gv.at

Prinzipiell gilt in Österreich, dass das Radfahren auf Forststraßen und auch den meisten Almwegen verboten ist. In Tirol wurde jedoch eine Lösung gefunden, damit möglichst viele Wege, die für Biker interessant sind, freigegeben werden können (Tiroler Mountainbikemodell 2.0). Mittlerweile sind in Tirol, dem Mekka der Mountainbiker, 6000 km Forststraßen und Almwege als Offroad-Routen markiert (neben nur 971 km Radwanderwegen) und wie die Skipisten nach Schwierigkeitsgraden klassifiziert (blau = leicht, rot = mittel, schwarz = schwer). Die Wege dürfen nur tagsüber befahren werden, und Wanderer haben natürlich Vorfahrt. Da aber keine Singletrails freigegeben wurden, also keine schmalen Wanderwege, sind Begegnungen unproblematisch. Andere Bundesländer folgten dem Tiroler Modell, so dass auch dort bereits viele Forstwege offen sind. Alle geöffneten Wege sind entsprechend beschildert. Vorhandene Verbotsschilder sind auch weiterhin wirksam.

Von der Donau zum Bodensee – eine aussichtsreiche Tour durch die Ostalpen

Geplant und ausprobiert von Andreas Bugdoll

Von der Donau zum Bodensee, quer durch die Alpen, ausschließlich auf verkehrsfreien Strecken zu fahren ist schwer möglich. Aber mit Ennsradweg, Tauernradweg und einigen weiteren Fernradwegen gibt es gute Möglichkeiten, dicht befahrene Straßen weitgehend zu meiden und eine aussichtsreiche Tour zu erleben.

Vom fahrradfreundlichen **Linz** folgen wir der Donau ein gutes Stück auf perfekten und hervorragend ausgeschilderten Radwegen bis zur Mündung der Enns. Das historische Zentrum von **Steyr** ist eine Besichtigung wert, bevor es im engen Taleinschnitt trotz Flussnähe häufig kräftig auf und ab geht. Bis **St. Gallen** fahren wir mangels Radweg ein Stück auf der breiten Bundesstraße, die aber recht schwach befahren ist. Vorbei an der Burgruine **Gallenstein** führt die Strecke in Richtung **Gesäuse.** Hier hat sich die Enns ihr Bett durch steile Bergflanken gebrochen. Ein Tunnel kann von Radlern auf einem alten Weg umfahren werden, der Ausblicke in die Schlucht ermöglicht. Im Nationalparks-Pavillon gönnen wir uns einen Kaffee und schauen uns eine kostenlose Ausstellung über den Nationalpark an. Der Radweg führt über asphaltierte Wirtschaftswege und kleine Nebenstraßen an wunderschönen, blumengeschmückten Bauernhöfen vorbei in Richtung **Schladming,** wo viele Cafés zur Rast einladen und wir den tollen Blick auf das steil abfallende Dachstein-Massiv genießen.

Über aussichtsreiche, aber oft auch steile Nebenstrecken streben wir über **St. Veith** dem **Zeller See** entgegen. Das Tal öffnet sich zum See, der auf einer ruhigen Ringstraße und teils auf Radwegen umrundet werden kann. Besonders vom Nordufer bietet sich ein unvergleichlicher Panoramablick über den See auf das Kitzsteinhorn und die umliegenden Gletscher. Auf Wirtschaftswegen nähern wir uns nun dem **Tauernradweg,** der flussauf an der eingedeichten Salzach nach Westen führt. Die Hauptstraße durch das Pinzgau ist außer Sichtweite und immer wieder laden Bänke zu einer Rast mit Blick auf die umliegenden Berge ein. Der Tauernradweg endet an den **Krimmler Wasserfällen.** Wir fahren bis an die tosenden unteren Fälle heran, wo ein einsamer Alphornbläser

Salzburger Land, Gerlos-Alpenstraße

sein Können demonstriert und sich an der tosenden weißen Gischt viele ungewöhnliche Fotomotive bieten. Vor unserem heutigen Ziel müssen wir auf der gut ausgebauten **Gerlos Alpenstraße** unseren ersten „richtigen" Pass bezwingen. An der Kehre Nr. 1 sind wir schon über 1100 m hoch und so ist die Höhendifferenz bis zur höchsten Stelle der Straße am Parkplatz Filzsteinalpe auf ca. 1630 m kein wirkliches Problem. Unterwegs gibt es noch ein paar Aussichtspunkte mit Blicken auf die Krimmler Fälle. Die Steigung ist erträglich und so sind wir in weniger als neunzig Minuten oben angelangt. Der nächste Stopp liegt nur ein paar Kilometer weiter an einem Café, das einen wirklich spektakulären Ausblick auf den **Durlassboden-See** und die hohen, von Gletschern bedeckten Berge im Hintergrund bietet. Nur mühsam reißen wir uns von der selten schönen Kulisse los.

Die lange Abfahrt, auf der wir stellenweise mittreten müssen, endet im Zillertal. Hier bietet der **Zillertalradweg** eine autofreie Alternative bis ins Inntal. Um dem verkehrsreichen Inntal zu entgehen, biegen wir sofort ab in Richtung Achensee. Die Radstrecke ist ziemlich steil, und endet in einem Forstweg, den wir nur mit Mühe schiebend schaffen. Wir nehmen dann doch lieber die gut ausgebaute Bundesstraße, die heute recht ruhig ist. Der **Achensee** ist außerordentlich schön mit toller Bergkulisse rundum. Ein Radweg führt direkt am See unterhalb der Bundesstraße entlang. Ein weiteres landschaftliches Highlight ist bald darauf der **Sylvensteinspeicher,** ein von unberührt scheinenden Wäldern umgebener Bergsee. In **Vorderriss** beginnt eine für Radler kostenlose Mautstraße nach Wallgau, von der aus wir viele schöne Blicke auf die wilde unbegradigte Isar und ihr Kiesbett haben. Wir beenden den einmaligen Tag auf dem vier Sterne Camping **Tennsee,** wo wir uns als Belohnung einen knusprigen Schweinebraten zum Bier genehmigen. Da wir nicht in die Nähe des verkehrsreichen Garmisch möchten, erfüllen wir uns einen lang gehegten Wunsch und biegen im sehenswerten **Mittenwald** ins fantastische Leutaschtal ab.

Hier haben wir von einer der landschaftlich schönsten Radstrecken in West-Österreich gehört: Das **Gaistal,** das der absolute Höhepunkt der Reise wird. Eine schmale Forststraße führt verkehrsfrei zwischen der wilden Bergkulisse des Wettersteinmassivs und den Bergen des Inntals entlang, und nur wenige Wanderer kreuzen unseren Weg. Die steilen Berge erscheinen links und rechts des Wegs zum Greifen nah.

Bald sind wir an der idyllisch gelegenen **Tillfußalm** angelangt, wo wir die letzte Möglichkeit für eine Einkehr bei den sehr netten Wirtsleuten Ruth und Alfred wahrnehmen und uns mit einem Kaiserschmarrn für die weiteren Kilometer bis zur Passhöhe stärken. Der Weg bleibt gut, und so sind wir viel zu schnell im Angesicht des Zugspitzmassivs am höchsten Punkt der heutigen Strecke mit über 1600 m angelangt. Die steile Abfahrt lässt die Bremsen glühen. Kurz darauf radeln wir schon durch die Weiden des Tals zum netten Camping in **Leermoos,** wo wir diesen tollen Tag mit Blick auf die Zugspitze und einem guten Essen beenden.

Am nächsten Tag stoßen wir auf den nächsten Radweg, der uns vor dichtem Verkehr auf dem Weg nach Reutte bewahrt: Die **Via Claudia Augusta,** die uns hinunter zum Lech bringt. Der Lech sieht ähnlich wild und naturbelassen aus, wie die Isar westlich des Sylvensteinspeichers. Flussauf radeln wir an einzelnen Skiorten vorbei dem **Hochtannberg-Pass** entgegen, der mit 1675 m den höchsten Punkt und auch den krönenden Abschluss einer genialen Panoramaroute quer durch die Alpen darstellt. Nach langer Abfahrt durch den Bregenzer Wald erreichen wir schließlich mit einem Korb neuer Eindrücke und über 1000 Kilometern auf dem Tacho den Bodensee.

Wehe Via Claudia oder Warten Sie auf den Postbus!

von Christoph Gocke

Christoph ist die „VIA" im August 2011 von Füssen bis Bozen gefahren und berichtet hier über gemischte Gefühle und Erfahrungen. Ein weitere Via-Erfahrung vom April 2014 beschreibt Christoph im Nachtrag. Infos zur Via Claudia Augusta und Streckenskizze im Deutschland-Kapitel (S. 103).

17. August

Füssen – Grenze Deutschland/Österreich – Fernpass (1216 m) – Landeck – Ried im Oberinntal (118 km)

Nach neun Kilometern Deutschland bin ich schon in Österreich. Die Beschilderung der Via Claudia Augusta, der ich zwei Tage lang folgen möchte, hat mich bis dahin schon mehrfach verlassen. „VIA"-Schilder tauchen offenbar aus Prinzip immer nur da auf, wo überhaupt keine Abzweigung ist. Sie haben auch keine Richtungspfeile, die mir weiterhelfen könnten.

Schon bald ist **Reutte,** das nächste Ziel, doppelt ausgeschildert. Ohne, dass man erführe, was die beiden Varianten unterscheidet. Vor Reutte führt der von mir gewählte links-lechische Weg über den Lech und dann zurück, bevor er sich völlig verliert.

Immerhin finde ich in Reutte Fahrradhinweisschilder zum Fernpass. Doch bevor ich ihnen folgen kann, habe ich sie schon wieder verloren. Leichtsinnig habe ich Claudias VCA-Bikeline-Führer zu Hause gelassen. War mir zu viel Gepäck für zwei Tage Tour. Claudia war vor ein paar Wochen hier. Jetzt: Reue in Reutte.

Ich lande schließlich auf der großen Ausfallstraße zum Pass. Ansteigend. Ein Auto jagt das nächste. Horror. Bei der Klause kann ich wieder abfahren und finde im Talgrund den Radweg, der kurz darauf kaum noch befahrbar ist. In schwerstem Schotter stoße ich mich bergauf. Dann auch mal asphaltierte Passagen.

Hinter **Lermoos** macht die Via vor dem Zugspitz-Panorama einen Riesenschlenker. Ich kürze etwas ab. Danach ist die Via kaum wiederzufinden. Immerhin steht ihr Name jetzt gelegentlich direkt auf dem Asphalt, verliert sich gleichwohl regelmäßig. Und ist plötzlich Wander- und Radweg zugleich. Gelegentlich mehr Wander- als Radweg. Ein italienisch heulendes Mädchen bekommt von mir ein „Avanti!" auf den Weg, was ihre Eltern zu der Frage bewegt, wie weit es noch zum Blindsee sei. Ich setze drei Kilometer in die Welt.

Drei Kilometer, die die VCA und mich für immer in einen Zustand versetzen, der wohl nur mit Hilfe einer mehrjährigen Mediation jemals wieder behoben werden kann. Unvermittelt weicht der Weg nach links nahezu senkrecht ab. Damit nicht genug. Rudimentärer Schotter, der auch nicht ansatzweise eingeebnet ist. Der Weg ist kein Weg. Schon gar kein römischer. Er ist selbst zu Fuß nur begrenzt zu bewältigen. Mit Rad nur mit Zeitlupen-Schieben. On and on.

Wanderer kommen mir munter entgegen. Im Abstieg begriffen. Ich frage, lasse mir die Karte zeigen. Ja, noch 200 Meter und ich kann zurück zur Straße. Gerade da, wo die Via in etwas solideren Serpentinen dem Zenit zustrebt. Ich ziehe den Asphalt vor. Sehe so vom Rasthaus Zugspitzblick noch den Blindsee im tiefen Tal voller Bötchen und Badenden. Ein wunderschöner Sonnentag. Wird fast zu heiß.

Blick vom Fernpass nach Nordosten auf Blindsee und Zugspitzmassiv

Nach dem **Fernpass** gebe ich der Via noch eine Chance, die aber im Nirgendwo endet. Daher rollt mein Rad von selbst wieder auf den Asphalt und lässt sich auch nicht mehr von einem Fahrradverbotsschild aufhalten. Immer nur downhill bis nach Imst an den Inn. Den Inn-Radweg zwischen Fluss und Autobahn bin ich schon vor acht Jahren gefahren: Laut, aber bestens asphaltiert.

Bin erschöpft von dem Kampf mit der Via Claudia, der Hitze. Stürze mich ins Freibad am Stadtrand von **Landeck.** Das belebt. Die Kräfte kommen zurück. So kann ich noch 20 Kilometer ins Oberinntal. Auf dem Talradweg. Die Claudia-Ultras erklimmen schon direkt hinter Landeck einen bestialischen Waldweg auf ein Hochplateau, von dem sie bald wieder runterfahren müssen.

18. August

Ried im Oberinntal – Grenze Österreich/Schweiz/Österreich – Norbertshöhe (1405 m) – Grenze Österreich/Italien – Reschenpass (1507 m) – Meran – Bozen (164 km)

Ein fast perfekter Tag. Sonne, jede Menge Höhenmeter, aber im Wesentlichen bergab. Da lässt sich auch mit Gegenwind leben.

Mit dem Ziel „**Pfunds**/CH" ist der Radweg seit Landeck beschildert und das funktioniert. Irritierend nur, dass er auch hinter Pfunds immer noch nach Pfunds führen will. Doch bald kommt die Grenze und für 6,5 km fährt man auf der Schweizseite des Inn.

Zu guter Letzt passiert man die **Zollstation Martina** zwecks offizieller Einreise in die Schweiz und direkt dahinter führt die Brücke über den Inn zurück nach Österreich – ohne Zollstation. In der Schweiz hab ich Gregor aus Danzig kennengelernt. Er fährt den Inn-Radweg seit Passau, will bis Chur und dann zum Bodensee. Fahrrad und Equipment sind ein bisschen altmodisch, aber so sind wir damals auch weit gekommen.

Jetzt also elf Haarnadelkurven auf die **Norbertshöhe.** Von 1000 auf 1405 Meter in 7,8 Kilometern. 45 Minuten brauche ich. Die Strawberry-Maracuja-Molke, die ich in einer Bäckerei von Pfunds gekauft habe, macht sich nicht nur positiv bemerkbar. Die Daseinsberechtigung von Molke ist mir seit jeher ein Rätsel.

Auf den letzten österreichischen Metern schleicht sich die Via Claudia Augusta von **Nauders** noch einmal auf das ein oder andere Schild zum **Reschenpass.** Der liegt dann schon in Italien. Eine völlig unspektakuläre Anhöhe hinter der Grenze. Der Fahrradweg verläuft noch ein paar Meter höher.

Zwischen Nauders und Reschenpass

Dann kann man den **Reschensee** beidseitig umfahren. Wer den einstigen Kirchturm von Alt-Graun im Stausee aus der Nähe bestaunen will, fährt linksherum. Trotz Touristentrubel mache ich hier eine nette Pause. Eine vierköpfige Familie verschießt geschätzte vier Gigabyte Fotos in allen Konstellationen.

Der quengelige Junge will mit seiner älteren Schwester aufs Bild, aber sie darf ihn dabei nicht umarmen. Bei seinen Eltern will er ebenfalls aufs Bild. Dann ist noch Freestyle-Shooting, bevor alle wieder im Auto verschwinden.

Viele sind hier oben auf 1500 Metern mit dem Rad unterwegs. Auf dem nun allerbestens ausgebauten Radweg herrscht Volksradeln. Zur Sicherheit gibt es auf beiden Seiten eine Randmarkierung, die vergleichsweise unromantisch wirkt. Häufig ist sogar in der Mitte ein Strich, wenn es um leichte Kurven geht. Na ja, ganz ungefährlich ist es nicht, wenn man, wie ich, mit bis zu 63,5 km/h downhill rast.

Der **Vinschgau** ist nett, aber nicht über die Maßen spektakulär. Relativ bebaut. Dann beginnen die Apfelplantagen. Eine einzige Apfelplantage, die sich durch alle Orte, bis hinein nach Bozen zieht. Meist sind die Bäume ganz schlank an Drähten hochgezogen und voller Äpfel. Wie Hecken. Grellgrün, mattgrün, rot. Das ganze Tal. Riesige Erntemaschinen fahren durch die Gänge. Überall Erntehelfer. Grad wird die Sorte Gala geerntet, wie ich der deutschsprachigen Südtiroler Tageszeitung „Dolomiten" entnehme. Die Beschilderung des Radwegs ist bis auf das Fehlen von Kilometerangaben perfekt.

Meran ist ein Juwel. Die neue Therme spektakulär. Weitaus mehr Räder tummeln sich vor dem Lido. Schon bei der Abfahrt in die Stadt passiere ich ein völlig überfülltes Bad. Kurz zuvor war ein wunderschöner See im Wald. Leider bade ich heute gar nicht.

Ich kurve etwas im Kreis, bis ich wieder den Radweg nach **Bozen** gefunden habe. Der wird immer mehr am linken Etschufer vorangetrieben. Ich verpasse das Ende einer Baulücke und stoße erst bei Vilpian wieder auf ein Hinweisschild. Hier die erste Entfernungsangabe: Bozen 12. Es sind aber 17 Kilometer bis in die Bozener Innenstadt. Dafür führt der Weg weit in den Süden bis zur Mündung der Eisack. Wo es weiter nach Trient geht. Auf der Via Claudia Augusta, von der aber schon lange nichts mehr zu sehen war.

Grenzfeste Altfinstermünz

Nachtrag

Im April 2014 bin ich auf der wahren Via Claudia nach **Nauders** rauf. Nach maximal einem Kilometer Schweiz lockt links die alte Brücke von **Altfinstermünz.** Der offizielle Fahrradweg zum Reschenpass führt auf einer passablen Piste dorthin. Die Überquerung des Inn auf der alten Holzbrücke ist malerisch. Nur danach weckt ein Aushang mit drei, vier Postbus-Abfahrtszeiten pro Tag, Zweifel am regulären Fortgang des Radwegs. Und tatsächlich, der Radweg führt nun auf sehr viel schlechterem Grund brutal steil den Berg hinauf. Es ist wieder die alte Leier mit der Via Claudia Augusta. Unberechenbar und ohne Vorwarnung wechselt sie von komfortabler Route zu völlig indiskutabler Streckenführung.

Und es wird noch schlimmer, als wir auf die Straße nach Nauders stoßen. Ein Schild verkündet, die Straße sei wegen vieler Tunnel, Galerien und Kurven für Fahrräder gesperrt. Aber es gäbe ja einen Shuttle-Bus, der ein paar Mal am Tag fahre. Wie bitte??? Zwei Stunden Warterei für fünf flache Kilometer bis Nauders? Wir radeln weiter.

Polen

Daten

312.678 qkm • 38,5 Mio. Einw. • 123 Ew./qkm
Ausdehnungen: N – 650 km – S // W – 690 km – O

Land

90% der Landesfläche liegen unter 300 m Höhe. Doch Tiefland ist nicht der einzige Aspekt der Landesgestalt: Eiszeitliche Gletscher hinterließen in der nördlichen Landeshälfte Hügelketten (Endmoränen), Urstromtäler und Tausende von Seen, u. a. die berühmte Masurische Seenplatte. Riesige Sandstrände, Steilküsten, Dünen, Nehrungen und Haffs sorgen hingegen an der Ostsee-Küste für Abwechslung. Die angrenzende Küstenebene mit ihren dichten Pinienwäldern verjüngt sich nach Osten hin. Ist sie bei Stettin noch etwa 100 km breit, misst sie vor Danzig nur noch 1 km. Gerade einmal auf 328 m bringt es die höchste Erhebung im nördlichen Polen.

Ackerland und weite Wälder finden sich in den flachen mittelpolnischen Tiefländern Großpolen, Masowien und Podlachien. Zunehmend bergiger wird es im Süden Polens. Abgesehen vom flachen Schlesischen Tiefland bestimmen dort vor allem hügelig-bergige Hochflächen und Gebirgsvorländer das Relief. Im südlichen Randbereich erstrecken sich als natürliche Landesgrenzen die Gebirge der Sudeten und Beskiden. Rasch steigt die „polnische Scholle" hier bis auf Höhen über 1000 m an und gipfelt im Riesengebirge auf 1602 m (Schneekoppe), in der Hohen Tatra bei 2499 m (Rysy / Meeraugspitze).

Wer also Naturnähe und mittelalterliche Backsteinromantik liebt, wird im nördlichen Polen bestens bedient. Das südliche Polen bietet hingegen mehr Bergland und die meisten Sehenswürdigkeiten des Landes.

und Leute

Größte Minderheit im Lande sind die ca. 300.000 deutschstämmigen Schlesier. Englisch und Deutsch sind die favorisierten Fremdsprachen der jungen Generation. Ein polnischer Sprachführer muss aber mit. Und sei es auch nur, um sich einmal selbst in dieser zungenbrecherischen Sprache versucht zu haben.

Marek und Agnieszka

per Rad erfahren

Thomas Dionisius: „Voraussetzung für ein unvergleichlich ruhiges und entspanntes Radeln auf wunderschönen Straßen ist natürlich, dass man die viel befahrenen Hauptstraßen meidet und auf die in der RV-Karte gelb eingezeichneten Straßen zurückgreift. Dort erwarten einen kaum befahrene, pittoreske Alleen, die jeden Kilometer zum Genuss werden lassen. Das Land ist noch sehr ursprünglich, etwa ein Viertel der Bevölkerung arbeitet in der Landwirtschaft, und es ist keine Überraschung, wenn in jedem Dorf ein Storchenpaar auf seinen Nachwuchs aufpasst und dabei auf uns Radler herabschaut. In den Dörfern springen Hühner auf der Landstraße herum, jagen Hunde hinter einem her. Und immer gibt es einen kleinen sklep (Laden), der ein paar Dinge hat und dessen Verkäuferin einen schier ungläubig anschaut, wenn man mit Radlerhose und durchgeschwitzt das Geschäft betritt. Außerhalb der Dörfer fährt man durch weite Feldlandschaft und kleine Wälder. Nichts ist wirklich spektakulär, dafür alles sehr beschaulich und natürlich."

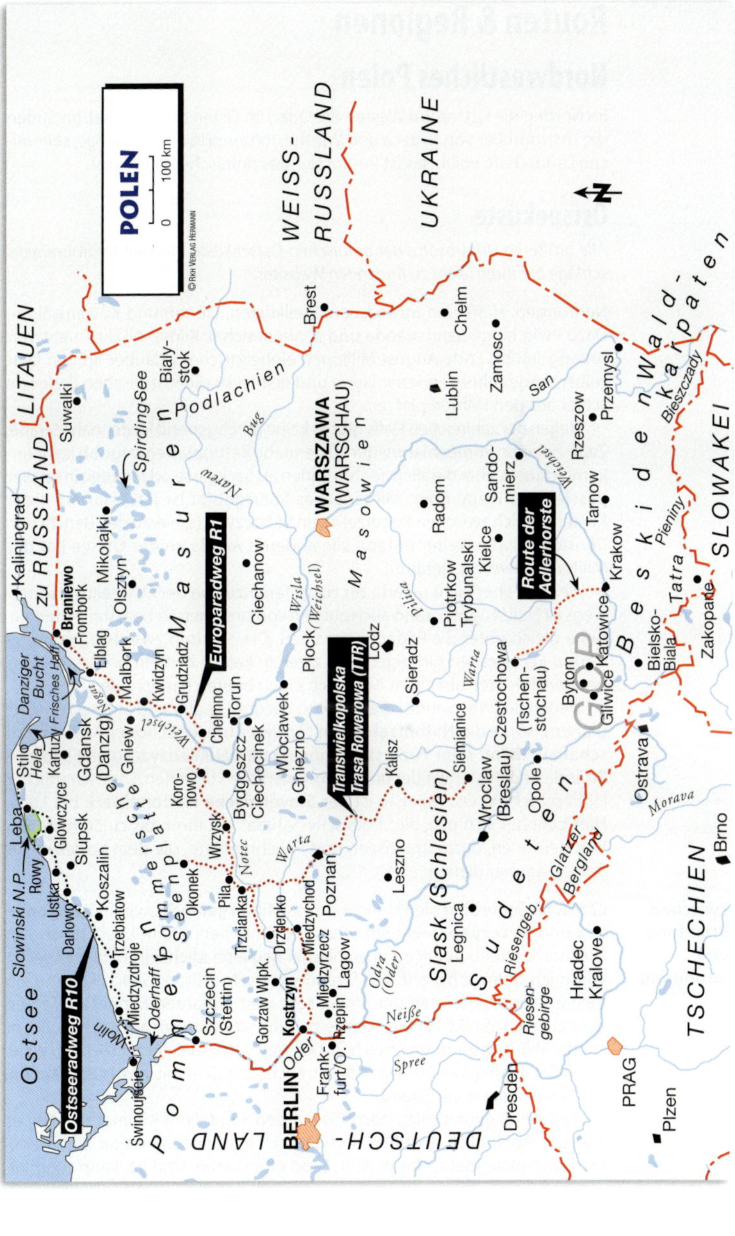
POLEN
0 100 km
© RKH VERLAG HERMANN
Ostsee
Ostseeradweg R10
Europaradweg R1
Transwielkopolska Trasa Rowerowa (TTR)
Route der Adlerhorste
LITAUEN
RUSSLAND
zu RUSSLAND
WEISS-RUSSLAND
UKRAINE
SLOWAKEI
TSCHECHIEN
DEUTSCH-LAND
Pommern
Pommersche Seenplatte
Masuren
Podlachien
Masowien
Slask (Schlesien)
Sudeten
Beskiden
Wald-Karpaten
Danziger Bucht
Frisches Haff
Hela
Slowinski N.P.
Oderhaff
Wolin
Swinoujscie
Szczecin (Stettin)
Kaliningrad
Braniewo
Frombork
Elblag
Malbork
Gdansk (Danzig)
Gniew
Kwidzyn
Grudziadz
Chelmno
Torun
Ciechocinek
Bydgoszcz
Koronowo
Kartuzy
Stilo
Leba
Glowczyce
Rowy
Ustka
Slupsk
Darlowo
Koszalin
Trzebiatow
Miedzyzdroje
Olsztyn
Mikolajki
Suwalki
SpirdingSee
Bialystok
Brest
WARSZAWA (WARSCHAU)
Ciechanow
Plock
Wloclawek
Gniezno
Wrzysk
Pila
Okonek
Trzcianka
Drzdenko
Miedzychod
Miedzyrzecz
Poznan
Lagow
Gorzaw Wlpk.
Kostrzyn
Rzepin
Frankfurt/O.
BERLIN
Leszno
Kalisz
Lodz
Sieradz
Piotrkow Trybunalski
Radom
Lublin
Chelm
Zamosc
Sandomierz
Kielce
Siemianice
Wroclaw (Breslau)
Opole
Czestochowa (Tschenstochau)
Bytom
Gliwice
Katowice
GOP
Krakow
Tarnow
Rzeszow
Przemysl
Bielsko-Biala
Zakopane
Tatra
Pieniny
Bieszczady
Ostrava
Brno
Hradec Kralove
Legnica
Riesengebirge
Riesengeb.
Glatzer Bergland
Dresden
PRAG
Plzen
Oder
Odra (Oder)
Neiße
Spree
Warta
Notec
Wisla (Weichsel)
Weichsel
Nogat
Narew
Bug
Pilica
San
Morava

Routen & Regionen

Nordwestliches Polen

Im Norden die Ostsee, im Westen die Oder, im Osten die Weichsel, im Süden die Urstromtäler von Noteca und Warthe, mittendrin eine hügelige, seenreiche Landschaft: voilá, das ist Pomorze – das polnische Pommern!

Ostseeküste

Alle größeren Urlaubsorte der polnischen Ostseeküste machen Radtourenvorschläge auf ihren leicht zu findenden Websites.

Nehrungen, Haffs und Strandseen, Steilküsten, Dünen und Küstenwälder. Dazu ewig lange Sandstrände und sonnenreiches Klima. All dies zieht von Anfang Juli bis Ende August Millionen einheimischer Urlauber an und lässt selbst ausgedehnte Ferienanlagen und erst recht die historischen Badeorte schier aus den Nähten platzen.

Wegen der zahlreichen Haffs gibt es keine durchgehend küstennahe Straße. Zwar zweigen immer mal wieder küstennahe Betonplattenwege ab (sehr unkomfortabel!), aber die allermeisten enden als Sackgasse oder gehen in schwer passierbare Wege über. Militärisches Sperrgebiet ist jetzt nur noch der Küstenbereich zwischen Pogorzelica und Mrzezyno (s. hierzu den Bericht von *Christoph Gocke* weiter unten), alle anderen Areale an der Ostsee hat das Militär mittlerweile geräumt.

Wer nun aber nicht gerade zur Hauptferienzeit an der Ostseeküste unterwegs ist (Juli/August), kann auch auf den vorhandenen Nebenstraßen radeln, ohne gleich unter die Räder zu kommen. Die ein- und zweistellig nummerierten Fernstraßen hingegen sind zwar zu keiner Zeit ein großes Radvergnügen, besitzen aber zum Ausgleich einen breiten Randstreifen.

Wegen des Westwindes die Tour von Usedom beginnend (immer ostwärts planen), sorgt die **Halbinsel Wolin** für den Auftakt (schöner Küstenlandschafts-Mix mit dem Wolinski-Nationalpark bei Miedzyzdroje). Es folgen Strände und Küstenwälder und altpommersche Städtchen. Landschaftlicher Höhepunkt der Ostseeküste ist der **Slowinzische Nationalpark** bei Leba. Hier befindet sich u. a. die „Polnische Sahara" mit ihren bis zu 50 m hohen Wanderdünen, dazu Strandseen und Feuchtgebiete, die dem Vogelzug als Speisekammer dienen.

Zwischen Brandung und Strandung

Christoph Gocke über die Möglichkeit, das **Militärgelände** zwischen **Pogorzelica** und **Mrzezyno** direkt am Strand zu umgehen: „Beim Leuchtturm von Niechorze offenbart mir mein polnischer Begleiter Michael, am besten sei es, wenn ich demnächst auf den Strand wechseln würde. Gleich komme ein Militärgelände, das man per Straße sehr weit umfahren könne, am Strand aber ziemlich direkt. Ich bin skeptisch. Dann stranden wir auch schon, bevor wir die Militärabsperrung erreichen. Der Weg versandet immer mehr im Wald. Schließlich sehen wir den Wachdienst. Michael spricht mit ihm. Auch der sagt, am besten weiter am Strand.

Michael begleitet mich noch bis auf den Sand. Fünf Kilometer sollen es werden. Anfänglich liegt hier und da noch ein Sonnenanbeter am Strand. Dann niemand mehr. Nur Wasser, Sand und Dünen. Und ich kann sogar radeln. Barfuß auf meinen zackigen Pedalen, genau auf der Naht zwischen Wellenspitzen und trockenem Sand ist es etwas fester. Ab und zu muss ich abspringen, ab und zu erwischt mich eine Welle.

Nach fünf Kilometern Pause: FKK-Schwimmen im Meer, Lunch am Meer. Dann kommen wieder Menschen, bei Kilometer sieben ein Aufgang, von dem man bald auf eine Straße trifft. Nach 10,5 Kilometern kommt die Brücke über die Rega, der Ort Mrzezyno ist erreicht.

Am Ende war es eine wunderbare Ausweichstrecke, wenn auch hart für Material und Mann. Immer wieder höre und lese ich seitdem von Radlern, die die selbe Strecke strand-radelten."

Ostsee-radweg R10

Eine Herausforderung besonderer Art ist der noch wenig genutzte polnische **Ostseeradweg R10,** der mittlerweile von **Swinoujscie** (dt.-poln. Grenze) bis **Stilo** (ein Leuchtturm östlich von Leba) ausgeschildert ist. Das sind **356 km** auf unterschiedlichsten Straßen und vor allem Wegen. Ein großer Teil davon sandige Waldwege, die stellenweise wirklich an eine Wüstensafari erinnern. Auch beim R10 gibt es nur wenige Abschnitte, die mit echtem Sichtkontakt zur Ostsee verlaufen. Man kommt aber mit allen Badeorten und Stränden immer wieder hautnah in Kontakt. Dazwischen viele Küstenwälder und ein Dutzend preußischer Leuchttürme. Der Radweg ist nur teilweise dokumentiert, einen Gesamtführer für den R10 gibt es auch in polnischer Sprache nicht. Die Ausschilderung ist außerhalb der Orte ganz ordentlich. Aber bei der Durchfahrung größerer Orte ist man auf Karten angewiesen, in denen der R10 ausreichend genau verzeichnet ist. Man besorgt sich diese Regionalkarten am besten im Verlauf der Tour bei den i-Büros oder größeren Buchhandlungen. Zur Not reicht aber auch eine normale Straßenkarte. Vorausgesetzt man kennt die einzelnen Etappenpunkte des R10. Auch mit dieser Liste wird man den Radweg hier und da aus den Augen verlieren, aber zumindest nicht für immer. Der *schönste Abschnitt des R10* ist übrigens der Dammweg zwischen Darlowko und dem Kopan-Haff. Leider endet diese Traumstrecke bereits nach 5 km, dann ist wieder harte Arbeit angesagt.

Ostseeradweg R10 bei Darlowko

Die Etappenpunkte des R10:
Swinoujscie – Miedzyzdroje – Warnowo – Kolczewo – Sieroslaw – Zastan – Miedzywodzie – Dziwnów – Pobierowo – Tresacz – Rewal – Pogorzelica – Trzebiatów – Mrzezyno – Kolobrzeg – Ustronie Morskie – Mielno – Lazy – Osieki – Bukowo Morskie – Dabki - Darlowo – Darlowko – Drozdowo – Barzowice – Rusinowo – Jaroslawiec – Lacko – Korlino – Krolewo – Zaleskie – Starkowo – Peplino – Wodnica – Ustka – Wytowno – Machowinko – Debina – Rowy – Smoldzino – Lokciowe – Kluki – Skorzyno – Glowczyce –Izbica – Zarnowska – Leba – Stilo.

Pommern

Eindrücke

Jenseits des Küstensaums erstreckt sich das pommersche Binnenland – wegen seiner 1800 Seen auch *Pommersche Seenplatte* genannt (Pojezierze Pomorskie). Zwischen den beiden expreußischen Metropolen *Szczecin* (Stettin) und *Gdansk* (Danzig) erstreckt sich eine liebenswert provinzielle Landschaft, die sich bestens für extensives Radwandern eignet, zumal das pommersche Binnenland, verglichen mit Masuren, immer noch ein Geheimtipp ist. Dabei kann es landschaftlich durchaus mithalten, ist leichter erreichbar und hat ein besseres Straßennetz. Klar, die pommerschen Seengebiete sind deutlich kleiner als die masurischen, und das Land dazwischen ist hügeliger, aber vom Fahrradsattel aus betrachtet sind dies keine wirklichen Nachteile. Die Tour wird dadurch sogar abwechslungsreicher, und es werden mehr Kilometer geradelt – zumeist auf schönen, alten Alleen.

Pommersche Seenplatte

Moränenhügel, Rinnen- und Gletscherseen, ausgedehnte Waldgebiete und dünne Besiedlung sind Charakteristika der von der letzten Eiszeit gestalteten Landschaft. Nicht immer, aber immer wieder, findet sich dies alles hübsch beieinander. Herausragend in diesem Zusammenhang die **Dratziger Seenplatte** (Poezierze Drawskie) bei Polczyn Zdroj mit dem „Tal der Fünf Seen" (Dolina Pieciu Jezior) und die **Kaschubische Seenplatte** (Pojezerzie Kaszubskie) mit dem Hauptort Kartuzy. Der Landschaftspark westlich von Kartuzy ist das Herzstück der *Kaschubischen Schweiz,* ein typisches Moränengebiet mit seengefüllten Urstromtälern, das Anteil am Pommerschen Landrücken hat. Dies ist nicht nur die „bergigste" (bis 329 m), sondern in den beiden Ferienmonaten auch die touristischste Region des pommerschen Binnenlandes. Aber, die „Schweiz" ist klein, Pommern ist groß.

Neben diesen beiden prominentesten und reizvollsten Seenplatten Pommerns können entdeckungslustige Radwanderer noch weitere, weniger bekannte Seenplatten, wie die *Pojezierze Mysliborskie, – Waleckie, – Krajenskie,* durchforschen. Da sie oft mehr Wald und Feld als Seen präsentieren, werden sie vom großen Tourismus ignoriert. Einerseits erfreulich, andererseits einen Mangel an Campingplätzen und Unterkünften bedeutend. Dieser Punkt wird die Etappenplanung am Ende wohl am stärksten beeinflussen.

All diese Überlegungen gelten in ähnlicher Weise auch für die **Großpolnischen Seenplatten,** die südlich an die Pommerschen Seenplatten anschließen (s. Großpolen weiter unten).

Nordöstliches Polen

Überblick *www.warmia.mazury.pl* • *www.wim.pl*
Der Unterlauf der Weichsel trennt den Norden in eine westliche und eine östliche Sphäre (zu einer Tour entlang der Weichsel s. „Südöstliches Polen"). Östlich setzt sich das Küstengebiet nun als verschiedenartig gestaltetes Tiefland fort. Zunächst ist da das monotone Depressionsgebiet des Weichsel-Nogat-Deltas (Zulawy Wislane), das bis zu 1,8 m unter dem Meeresspiegel liegt. Dann liegt weiter östlich das hügelige, waldreiche Ermland (Warmia), das landeinwärts mit Masuren (Mazury) verzahnt ist (die Grenzen sind fließend). In Masuren hat die jüngste Eiszeit Rinnen und Becken hinterlassen, in denen sich über 3000 größere Seen bilden konnten (die ganz kleinen hat noch keiner gezählt). Weiter voran hat es die letzte Eiszeit dann aber nicht geschafft, so dass sich südlich Masurens die deutlich älteren und daher bereits abgetragenen Tiefländer Podlachien und Masowien erstrecken – samt Urwäldern und „amazonischen" Feuchtgebieten.

Ostseeküste und Ermland

Danzig (Gdansk) ist Dreh- und Angelpunkt vieler Touren. Für die einen ist die Stadt wegen ihrer günstigen Bahnverbindungen Start- bzw. Endpunkt, für andere einfach ein beeindruckendes Highlight, das man nicht versäumt. Weniger Begeisterung erzeugte früher die Danziger Bucht. Baden war überall verboten, nur Bernsteinsammeln erlaubt! In den letzten Jahren hat sich die Situation gebessert, so dass die altberühmten Strände vor Danzig, wie die der Frischen Nehrung, auch von Baderatten wieder besucht werden können.

Halbinsel Hel Sie bekam von den Kaschuben einst den Beinamen „Krowi Ogon". Denn wie ein „Kuhschwanz" sieht sie auf der Landkarte auch aus. Dabei ist sie eigentlich nur eine Sandbank, die vor etwa 8000 Jahren aus der Danziger Bucht gehoben wurde. Zunächst in Form einzelner Inseln, später durch Schwemmsand zum schmalen Ganzen verbunden. Landschaftlich ist die Halbinsel ein langer Dünenstreifen, dessen angewehte Sandkörner von zählebiger Strandvegetation festgehalten werden. Wären die angepflanzten Krüppelkiefern und Bodendecker nicht, würde der nächste Wintersturm Hel glatt wieder durchtrennen. Die einstigen Fischerdörfer, von denen Jastarnia und Hel die größten sind, leben heute aber vom Badetourismus und daher muss die Insel zusammengehalten werden.

Mit dem Fahrrad kann man die Halbinsel mittlerweile vollständig passieren (die Militärs sind fort). In **Hel** angekommen (5000 Ew.), gibt es dann ein halbes Dutzend alter Fischerhäuser, ein Fischereimuseum (in der gotischen Kirche) und einen 42 m hohen Leuchtturm zu besichtigen. In der Sommersaison fährt von Hel 2x am Tag ein Ausflugsdampfer direkt in die Danziger Altstadt (und umgekehrt). Person um 6 €, Fahrrad die Hälfte. Saison: Mitte Mai – Ende Sep.

Frische Nehrung Wer auf Hel war, kann sich die Frische Nehrung getrost verkneifen. Hier sieht es auch nicht viel aufregender aus. Ziemlich viel Verkehr auf der einzigen schmalen Straße, und der Nehrungswald versperrt die Sicht aufs Meer. Wer trotzdem dorthin fährt, kann von **Krynica Morska** mit dem Ausflugsschiff übers Frische Haff nach **Frombork** fahren (verkehrt nur im Sommer, Pers. + Fahrrad um 9 €, *www.zegluga.pl*).

Eine Alternative zur Frischen Nehrung bieten die kleinen Straßen im Weichseldelta, die allerdings eine gute Karte erfordern, damit man nicht an irgendeinem Kanal umdrehen muss. Unbehelligt von jeglichem Verkehr gelangt man so nach **Elblag.**

Pomerellen

Die dritte Route ab Danzig ist die beste. Zunächst geht es südwärts durchs einstige Pomerellen nach **Gniew** (mittelalterliches Städtchen mit Weichselpanorama, im Schloss übernachten). Von Gniew per Fähre über die Weichsel. Weiter bis **Kwidzyn** (mächtige Ordensburg). Auf Nebenstraßen nun wieder nordwärts nach **Malbork** (Marienburg, größte aller Deutschordensburgen, größter Backsteinbau Europas). Weiter nach **Elblag** und **Frombork** (der Dom und Kopernikus!). Ab Danzig sind dies insgesamt 200 km und fünf sehr lohnende Etappenziele. Unbedingt machen!

Oberländischer Kanal

Elblag ist Ausgangspunkt der ungewöhnlichen Fahrt auf dem **Oberländischen Kanal,** die man nicht versäumen sollte. Seit preußisch-wilhelminischer Zeit ist Elblag über den Oberländischen Kanal mit **Ostróda** verbunden. Vom Ingenieur Georg Jakob Steenke für den Holztransport ersonnen, ist dieser 81 km lange Kanal ein wassertechnisches Meisterwerk und Kuriosum zugleich. An fünf Stellen überwinden die kleinen Schiffe die zwischen Druzno- und Pniewo-See liegenden Landabschnitte, sog. „Schiefe Ebenen", auf wasserkraftgetriebenen Gleitkarren, wobei sie auf einer Strecke von 9,6 km einen Höhenunterschied von 104 m bewältigen. Die Fahrt führt durch urwaldähnliche Naturschutzgebiete mit diversen Wasservögeln, alles fast zum Greifen nah.

Die Schiffchen nehmen auch Fahrräder mit, die vom Personal samt Gepäck an Deck gehievt werden. Wer nur einen Ausflug ohne Fahrrad machen will, kann eine Teilstrecke bis Buczyniec oder Maldyty buchen und noch am selben Tag zurückfahren – entweder mit dem Bus oder dem Zug. Schon die Strecke bis Buczyniec beinhaltet alles, was die Bootsfahrt interessant macht – inklusive aller fünf „Rutschen". Tickets und Infos beim Camping in Elblag. Die Boote verkehren von Mai bis September, sind im Sommer aber oft schon für Tage im voraus ausgebucht. Infos: *www.zegluga.com.pl*

Ermland

Zurück nach Frombork. Ostwärts geht es von hier, durchs spürbar hügelige Ermland, weiter in Richtung Masuren. Interessante Etappenpunkte sind Lidzbark Warminski, Reszel, Swieta Lipka und, als Anschauungsunterricht, die im Wald versteckte, nur halb gesprengte Anlage der „Wolfsschanze" (Gierloz bei Ketrzyn). Dann sind die Großmasurischen Seen erreicht.

Ordensburg in Reszel

Masuren

Das Wort Seenplatte weist auf flaches Land hin. Aber ebenso wie Pommern hat auch Masuren seine hügeligen Seiten in Form des Baltischen Höhenrückens. Dort sind die höchsten Erhebungen Góra Dylewska (312 m, 20 km südl. von Ostróda) und Góra Szeska (308 m, 20 km südl. von Goldap).

Groß-masurische Seen Leicht hügelig bis flach ist die Region der Großmasurischen Seen. Stimmungsvollster Ort Großmasurens ist nicht Gizycko und schon gar nicht Wegorzewo, sondern **Mikolajki.** Das „Venedig Masurens" liegt am **Spirding-See** (Jez. Sniardwy), der wegen seiner Größe auch „Masurisches Meer" genannt wird. Die Landschaft ist wirklich reizvoll, friedlich und weltfern. Wer am liebsten nur auf Asphalt radelt, muss sich hier aber umstellen. Die schönsten Strecken sind alle mehr oder weniger sandig, oder verlaufen auf Kopfsteinpflaster. Dafür ist hier alles naturnah. Ausgeschilderte Radrouten existieren nicht (abgesehen von einigen verblichenen Versuchen). Doch es gibt gute Karten (1:100.000, vor Ort leicht erhältlich) und damit kann man sich selbst einen Weg stricken. So kann man westlich der Großmasurischen Seen gut dem **roten Wanderweg** folgen (Pisz – Wegorzewo). Hier wandert eh niemand mehr zu Fuß, man sollte ihn gleich zum Radweg erklären und besser beschildern. Wo der rote Wanderweg auch von Autos befahren werden darf, ist er stellenweise ziemlich sandig und zerfahren, da kommt man manchmal ums Absteigen nicht herum. Am besten ist der Weg im Wald, wo es schattig ist und die Sonne den Sand nicht austrocknen kann.

Straßen-version Vorschlag für ein „großmasurisches" Minimalprogramm auf Asphalt. Zunächst das Zwei-Seenpanorama auf der Dammbrücke zwischen Sztynar und Harsz genießen. Dann über **Gizycko** nach **Mikolajki** radeln. Dort mit einem Dampfer der Weißen Flotte in See stechen. Das russische Dorf **Wojnowo** besuchen und ins benachbarte Urwaldtal des Flüßchens Krutynia weiterfahren. Zu guter Letzt dort in **Krutyn** ein Paddelboot mieten (die glasklare Krutynia ist ein Paddler-Hit).

Süd- und mittelmasurische Seen **Olsztyn** (Allenstein) ist die größte Stadt Masurens (sehenswerte Altstadt). Zugleich liegt sie im Zentrum einer Seenplatte, die gute Möglichkeiten für individuelle Touren bietet. Innerhalb Masurens repräsentieren die in weite Wälder gebetteten süd- und mittelmasurischen Seen – also die Region zwischen Lidzbark Warminski und Nidzica – das vergleichsweise attraktivste Radelrevier. Obwohl das Straßennetz auch hier nicht sonderlich dicht ist, lassen sich doch weit mehr Stern- und Rundtouren auf idyllischen Nebenstrecken verwirklichen, als rund um die Großmasurischen Seen. Pflasterstraßen und Feldwege sind allerdings Teil des Programms.

Ähnliche Bedingungen gelten auch für die Seenplatten östlich der Großmasurischen Seen: Die Pojezerzie Elkckie mit dem Hauptort **Elk** und die an Litauen grenzende Pojezerzie Suwalskie mit ihrem Namensgeber **Suwalki.**

Jenseits von Masuren

Wigierski Park, Puszcza Augustowska Östlich von Suwalki und Augustow bilden der Wigry-Nationalpark (Wigierski Park) und die Augustower Waldheide (Puszcza Augustowska) ein zusammenhängendes, großes Waldgebiet mit Gewässern aller Art (Seen, Sümpfe und der legendäre Augustowski-Kanal) und minimaler Besiedlung. Ein schönes Gebiet, aber nur in Zeiten der Nebensaison, wenn die wenigen Straßen nicht mit zig Urlauberautos geteilt werden müssen.

Puszcza Bialowieska Wer von Augustow südwärts strebt, sollte eine Nebenstraße östlich der 19 wählen. Entlang der weißrussischen Grenze geht es dann ganz bezaubernd durch leicht hügeliges Bauernland und Waldheidegebiet. Via Sokólka ist so **Bialystok** erreichbar, die Metropole von Podlasien. Von dort dann weiter durch die mit

Panjewagen – selten gewordener Anblick in Polen

urigen Bauerndörfern gespickte podlasische Tiefebene nach Hajnówka. Von hier aus führt die 689 mitten in die **Puszcza Bialowieska:** größtes zusammenhängendes Urwaldgebiet Mitteleuropas, Lebensraum von ca. 250 Wisenten und anderen Raritäten. Kernbereich ist der Nationalpark, der von **Bialowieza** aus nur im Zuge einer Führung betreten werden kann. Jedoch führen durch die frei zugänglichen Waldregionen genügend einsame Sandstraßen, die sich gut radeln lassen und mehr Urwalderlebnis vermitteln als der Besuch im Nationalpark – beispielsweise die Strecke Pogorzelece – Narewka (14 km). Da Wegweiser Mangelware sind, die Regionalkarte „Puszcza Bialowieska" 1:75.000 im Gepäck haben (auch im i-Büro in Bialowieza erhältlich).

Storchenroute

• *www.biebrza.org.pl* • *www.npn.pl*
• *www.park.bialowieza.com* • *www.tykocin.hg.pl*

Im sumpfigen Podlasien gibt es die höchste Storchennestdichte weltweit. Die über 200 km lange Fahrradroute **„Storchenroute von Podlasien"** führt durch eine Reihe sog. Storchendörfer (Kennzeichen: mind. zehn Nester). Die traditionelle Bauweise der Dörfer erhöht den Reiz. Etwas abseits der Route liegt bei der Barockstadt Tykocin das „europäische" Storchendorf Pentowo, wo es fast mehr Nester als Häuser gibt. Auch durch drei Nationalparks führt die Storchenroute: Biebrza NP, Narew NP, Bialowieza NP (größter Bisonbestand Europas). Nebenstraßen wechseln sich mit Wald- und Sandwegen ab. 2008 war die Route allerdings noch nicht markiert. Ihr Verlauf von Nord nach Süd:

Lipsk – Dabrowa B'stocka – Goniadz – Zajki – Tykocin – Saniki – Lesniki - Pajewo – Jenki – Bokiny – Baciuty – Dobrowoda – Suraz – Zawyki – Czerewki – Wojszki – Cieluszki – Trzescianka – Odrynki – Suszcza – Lewkowo – Narewka – Pogorzelce – Bialowieza.

Masowien

Von Hajnówka sind es bis Warschau noch 250 km, die durch das leicht hügelige und sehr ländliche Masowien führen. Da der Fluss **Bug** nur an zwei Stellen überquert werden kann, bleibt einzig die 637 als akzeptable Radroute (Drohiczyn – Wegrów – Warszawa).

Warschau ist zweifellos sehenswert, zugleich repräsentiert es aber auch den modernen Zeitgeist Polens. Radler sind im städtischen Verkehr nicht vorgesehen. Wichtig ist nur, rechtzeitig einen Stadtplan zur Hand zu haben, um nicht den Zentrums-Hinweisen folgen zu müssen und dabei auf der Stadtautobahn zu landen. Wer Warschau später nicht unbedingt in südlicher Richtung verlassen will, sollte die westwärts führende 580 entlang des Kampinoski-Nationalparks wählen. Dies ist die direkteste und einfachste Möglichkeit, um die Hauptstadt hinter sich zu lassen.

Südwestliches Polen

Großpolen (Wielkopolska)

www.wielkopolska.travel • www.umww.pl

Beiderseits der unteren und mittleren Warthe erstreckt sich die polnische Kernprovinz Wielkopolska. Hier entstand, in Gniezno (Gnesen), vor rund 1000 Jahren, der polnische Staat. Mehrere sehenswerte urpolnische Städte und herausgeputzte Magnatenschlösser mit Lustgärten sind in die sanft hügelige Landschaft gebettet. Insgesamt ein gepflegter Landstrich mit unspektakulären, friedlichen Subregionen: Lubuskier Seenplatte (um den Ferienort Lagów), Reppener Waldheide (bei Rzepin), Pszczewski-Landschaftspark (bei Pszczew), Gneesener Seenplatte (östlich Gniezno), Lissaer Seenplatte (nördlich von Leszno). Nebenstraßen sind in der großpolnischen Region zwar relativ dünn gesät, aber ausreichend für eine hübsche Rundtour. Rund um Posen (Poznan) hat der PTTK sieben Radrouten (ges. 1200 km) beschildert.

Kreuzungspunkt Posen

Zwei Radrouten durchqueren Großpolen und kreuzen sich dabei in Posen (Poznan).

- In Nord-Süd-Richtung ist es der 480 km lange beschilderte **TTR** (Transwielkopolska Trasa Rowerowa), der von Okonek über Pila, Poznań und Kalisz nach Siemianice bei Kępno führt.
- Zum anderen ist es die von Ost nach West verlaufende **Warthe-Radroute.** Die von der Quelle bei Jeziorko über Posen bis zur Mündung in die Oder (Küstrin) führende Radroute ist bislang eigentlich nur eine Idee. Die konkrete Gestaltung der ca. 500 km langen Strecke liegt daher allein beim Nutzer, eine einheitliche durchgehende Ausschilderung gibt es bislang nicht. Einige lokale Radwege entlang des Flusses können zwar einbezogen werden, sind allerdings oft sehr sandig.

Schlesien (Slask)

Rund 45.000 qkm umfasste das Doppel-Herzogtum Schlesien, das sich auf einer Länge von ca. 250 km beiderseits der oberen und mittleren Oder erstreckte. Unterteilt wurde es in Niederschlesien im Nordwesten (Dolni Slask) und Oberschlesien im Südösten (Górny Slask). Bedeutendster Ort war das niederschlesische Breslau (Wroclaw), auch heute noch ist es Schlesiens größte und schönste Stadt. Überhaupt hat sich der historische Wohlstand Schlesiens in zahlreichen sehenswerten Städten und Bauwerken niedergeschlagen. Und auch landschaftlich hat Schlesien einiges zu bieten.

Der Schiefe Turm von Frankenstein (Zabkowice)

Tourentipps Schlesien

- **Niederschlesische Heide (Bory Dolnoslaskie):** Hübsche, parkähnliche Felder-Wald-Mischung zwischen **Szprotawa** und **Boleslawiec.** Leider nur wenige Straßen. Immerhin berichtet *Kurt Scheidegger,* dass die Nebenstraße durchs Kwisa-Tal zwischen Lozy und Swietoszów nicht mehr durchs Militär blockiert ist.
- **Mittelschlesisches Oderbecken:** Flach, wegen der überaus fruchtbaren Böden auch **Schlesische Börde** genannt, beschauliches Radwandern auf alten Landstraßen (Tourenvorschlag: Legnica – Ujazd Gorny – Rakoszyce – Smolec – Wroclaw – Piskorzów – Wiazów – Gnojna – Jaszów – Nysa, 170 km).
- **Mittelsudeten:** Die Nordhänge des **Riesengebirges** (Karkonosze) sind ein anspruchsvolles, bei Steigungen bis 12% ein anspruchsvolles, aber lohnendes Tourengebiet mit viel Panorama (Tourenvorschlag: Lwówek Slaski – Rzasnik – Jelenia Góra Sosnówka – Karpacz/850 m – Kowary – Lubawka, 95 km).
- **Ostsudeten:** Schöne, nicht sehr schwere Strecken durch talreiche Vorgebirge (Tourenvorschlag: Lubawka – Chelmsko Slaskie – Krzeszów – Mieroszów – Jugowice – Lubachów – Swidnica, 75 km).
- **Östliches Sudetenvorland:** Hügeliges Bauernland mit bewaldeten Inselbergen (Zobten, 718 m) (Tourenvorschlag: Swidnica – Wiry – Sobótka – Naslawice – Krzyzowice – Wroclaw, 65 km).
- **Glatzer Bergland:** Glatzer Neiße, Warthaer Gebirge, Reichensteiner Gebirge, Eulengebirge: Stauseen und harmonisches Hügelland, malerische Bergländer, überwiegend anspruchsvolles Tourengebiet. Tourenvorschlag: Nysa – Otmuchów – Paczków – Zloty Stok – Klodzko – Wojborz – Woliborz – Jugów – Walim – Jugowice, 110 km.
- **Oberschlesischer Höhenrücken:** Mit dem mythischen **Annaberg** als Gipfel (385 m).
- **GOP** Eine schlesische Region, die man hingegen besser weiträumig umradelt, ist das **Oberschlesische Industriegebiet** (poln. Abk. GOP, Hauptorte sind Gliwice, Bytom und Katowice). Eine Atemmaske ist in dem einstigen Umwelt-Notstandsgebiet zwar nicht mehr erforderlich, aber große Freude kommt angesichts des Verkehrs und der Szenerie auch nicht auf. Es gibt schönere Ecken in Polen. Wenngleich, ihre bizarren Reize haben solche alten Hochburgen der Industrialisierung ja auch.

Südöstliches Polen

Überblick

Topografisch ähnelt das südöstliche Viertel Polens dem südwestlichen. Ausgehend von der Landesmitte um Warschau (Masowisches Tiefland), über die Hochflächen und Mittelgebirge Kleinpolens bis hin zu den Gebirgen der Westkarpaten (Tatra, Beskiden) wird es hier ebenfalls nach Süden hin zunehmend bergiger. Und ähnlich der Oder im Westen fließt im Osten die Weichsel in einem breiten Becken.

Eindrücke

In Südostpolen trafen sich Kulturen und Religionen aus dem Süden und dem Osten Europas und machten aus dieser Ecke Polens eine kosmopolitische. Der Krieg bereitete dem Vielvölkergemisch ein Ende. Heute prägt ein seltsamer Spannungszustand das Land: Wirtschaftlich zurückgeblieben und fast trotzig-traditionell die polonisierten Randgebiete in heiler Umwelt, südländisch-heiter und dekorativ-wohlhabend die alten Städte Krakau, Sandomierz, Zamosc, Lancut, Kazimierz Dolny.

Tourenplanung

Insgesamt ist Südostpolen ein reizvolles Tourengebiet, das sich deutlich vom Rest des Landes unterscheidet. Berücksichtigen muss man, dass die Übernachtungsmöglichkeiten in diesem Teil des Landes eher rar sind. Konkret bedeutet das: Entweder wenig Wahlfreiheit bei der Streckenplanung oder relativ lange Tagesetappen in Kauf nehmen (bis zu 120 km).

Kleinpolen (Malopolska)

Kleinpolen bezeichnete ursprünglich den jüngeren, östlichen Teil des polnischen Königreiches, der im 13. Jh. hinzu gekommen war. Das heutige Kleinpolen (ein Großteil ist seit dem Krieg ukrainisch) umfasst den von Hochflächen und Flusstälern geprägten Mittelteil Südostpolens (Hauptorte Krakau, Kielce, Lublin). Auch hier ist das Tourenpotenzial relativ groß. Als Pfeiler einer Tourenplanung empfehlen sich u.a. folgende Regionen:

Route der Adlerhorste

Die durch die Jurassische Hochebene (Wyzyna Krakowsko-Czestochowska) führende „Route der Adlerhorste“ (Szlak Orlich Gniazd) gilt als Polens schönster Wanderweg. Von **Krakau** bis **Tschenstochau** folgt die Route der historischen Handelsstraße nach Schlesien.

Adlerhorsten gleich liegen Burgruinen und Schlösser auf Felshügeln. Daneben gibt es skurrile Felsen zu sehen wie die 20 m hohe Herkuleskeule, die zugleich Symbol des **Ojcowski-Nationalparks** ist. Durch diesen Park führt der südliche Abschnitt der Adlerhorst-Route.

Wer die Route der Adlerhorste fahren will, hat zwei Möglichkeiten: Wanderweg oder Straße. Mountainbiker dürfen sich auf den rot markierten Wanderweg machen, der für Radfahrer freigegeben ist (überw. Feld- und Wiesenwege, Verlauf in der 1:50.000-Topokarte von Compass Krakow, Titel „Jura“, 3 €). Tourenradler orientieren sich entweder an der in der RV-Karte punktiert gekennzeichneten Straßenversion (160 km) oder machen einen Mix aus beidem.

Krakau, Rynek

Schöne Touren lassen sich aber auch in den **Kleinpolnischen** und **Lubliner Hochebenen** unternehmen (Wyzyna Malopolska, Wyzyna Lubelska). Die Streckenprofile variieren von sanft hügelig bis bergig. Diverse Naturparks und sehenswerte Orte. Ungefähre Eckpunkte dieses ergiebigen Tourengebietes sind Kielce, Krakau, Sandomierz, Lublin und Zamosc. Auch das dünn besiedelte, sanft wellige **Lubliner Waldland** ist ein großes unbekanntes Radwanderidyll (Polesie Lubelskie, NO Lublin).

Weichsel

Weichsel-Oberlauf

Der Oberlauf der Weichsel glänzt nicht gerade mit Traumstrecken für Radler. Dennoch ist die „Königin der polnischen Flüsse" als roter Faden nicht uninteressant. Liegen doch in ihrem Becken mehrere Orte, die man/frau einfach mal gesehen haben muss. Vom aufrüttelnden bzw. niederschmetternden **Auschwitz** ist **Krakau,** die schönste Stadt Polens nur einen Katzensprung entfernt. Die vergleichsweise verkehrsärmste Streckenvariante zwischen den beiden Orten geht über Zator und Skawina. Bis zu den nächsten Highlights – Baranów Sandomierski und Sandomierz – sind es von Krakau rund 160 km, die rechts der Weichsel auf überwiegend verkehrsarmen Straßen zurückgelegt werden können (Fähre über die Dunajec).

Station am Weichsel-Radweg: Auschwitz-Birkenau

Auch **Kazimierz Dolny,** das nächste bedeutende Ziel, kann am besten rechtsufrig erreicht werden (90 km). Nun bleiben noch 130 km bis **Warschau,** die sich links oder rechts der Weichsel zurücklegen lassen. Welche Seite ist ziemlich egal, beide sind mehr oder weniger stark befahren.

Weichsel-Unterlauf

Wem die Weichseltour bislang Spaß gemacht hat, auf den wartet westlich von Warschau, ab Plock, der wohl interessanteste Abschnitt. Häufiger als bislang gibt es am Unterlauf der Weichsel Blickkontakt zum Fluss, und die Abfolge sehenswerter Orte ist auch dichter: Plock – Wloclawek – Ciechocinek – Torun. Anschließend nicht über Bydgoszcz sondern besser „landeinwärts" weiterfahren, über Unislaw nach Chelmno – Grudziadz – Kwidzyn – Gniew – Tczew – Danzig. Insgesamt gut 300 km ab Plock. Zuvor müssen von Warschau bis Plock ca. 120 km südlich der Weichsel zurückgelegt werden, wobei der Abstand zum Fluss bis zu 20 km beträgt.

Seit 1928 gibt es die Tour de Pologne

Westkarpaten

Überblick und Tourentipps

Zwei unterschiedliche Gebirgszonen umfasst der polnische Karpatensaum. Lang und breit sind die von West nach Ost ziehenden beskidischen Mittelgebirge, schroff ansteigend und flächenmäßig konzentriert hingegen das **Tatra-Hochgebirge.**

Eine gute Auswahl schöner Strecken haben Tourenradler im *Vorland* der Beskiden, wobei besonders das Vorgebirgsland der abgeschiedenen **Bieszczady** im äußersten Südosten hervorsticht („Polnisch-Sibirien"). Das eigentliche Bieszczady-Gebirge, dessen höchste Erhebungen im Bieszczady-Nationalpark liegen (bis 1346 m), wird zunehmend von *Mountainbikern* geschätzt. Noch populärer als MTB-Revier ist allerdings das **Tatra-Hochgebirge** (bis 2499 m, Nationalpark). Strecken-Infos usw. bei den Bike-Stationen in **Zakopane** und **Schreiberhau** (Szklarska Poreba).

Auch Tourenradler kommen in der **Tatra** hoch hinaus. Der höchste Punkt ist der Bergsee **Morskie Oko** auf 1391 m. Leider ist die 12 km lange Stichstraße mittlerweile auch für Radfahrer gesperrt, berichtet *Daniela Schmidt.* Ansonsten sind die Straßen im Einzugsbereich der Tatra in den Ferienmonaten ziemlich belastet. Die Szenerie der Tatra lohnt es dennoch, besser jedoch im Juni oder September. Etwas ruhiger geht es weiter östlich im kleinen, aber feinen **Pieniny-Gebirge** zu (bis 981 m, Drei-Kronen-Massiv). Hier reizt vor allem das Durchbruchstal der Dunajec, wo Floßfahrten ab Sromowce möglich sind. Im Gegensatz zur tschechischen Seite verläuft am polnischen Ufer jedoch kein Weg entlang der Dunajec.

ⓘ-Box Polen

Einreise
Polen gehört zum Schengen-Raum, an der Grenze finden keine Kontrollen statt. Einen Personalausweis soll man natürlich trotzdem dabei haben.

Geld
Polnischer Zloty (PLN). 1 € = 4,2 PLN (Okt. 2015). Die Lebenshaltungskosten lagen 2014 bei 61% (D = 100%). Bargeld am Automaten immer direkt in Zloty ziehen, nicht in Euro, da gibt es sofort einen schlechteren Kurs (beliebte Abzocke-Masche).

Gesundheit
GKV-Mitglieder sind anspruchsberechtigt. Details: *www.dvka.de*

Sicherheit
Polen ist weitaus sicherer, als es die gängigen Vorurteile vermuten lassen. Das gilt gerade auch für Radreisende. Die Sicherheitshinweise des AA richten sich in der Hauptsache auch nur an Autobesitzer (*www.auswaertiges-amt.de*).

Lutz Köhler: „Wir haben uns nach einigen Tagen völlig vertraut und sicher gefühlt und keinerlei Probleme gehabt. Wir haben unsere hochwertigen Fahrräder in jeder Seitenstraße geparkt, wie auch sonst wo. Nicht einmal der Fahrradcomputer fehlte. Im Gegensatz zur gängigen Meinung – jeder weiß eine düstere Geschichte zu erzählen – sind die Leute fleißig, höflich und redlich. Man tut ihnen bitter Unrecht, etwas anderes zu behaupten!"

Infos
- *www.polen.travel* – Tourismuszentrale Polen
- *www.info-polen.com* – Vielfältiges halbkommerzielles Polen-Portal
- *www.dpg-brandenburg.de/de/download/polnisch-fuer-die-hosentasche* – Sprachführer „Polnisch für die Hosentasche" (pdf-file)

Infos vor Ort
Innerhalb Polens sind die „it"-Touristenbüros für regionale Infos, Zimmernachweise usw. zuständig. Gut sortiert und auskunftsfreudig sind die zentralen „cit"-Büros in den Hauptstädten der Kreise. Hier sind auch deutschsprachige Reiseführer und das ganze Spektrum polnischer Karten erhältlich.

Wetter
Im Norden gemäßigtes Seeklima, ansonsten nach Osten hin zunehmend kontinental. Hochdrucklagen aus den Tiefen Russlands sorgen im Sommerhalbjahr für lang anhaltende Schönwetterperioden. Besonders regenarm ist das mittlere Polen. Hier konzentrieren sich die sommerlichen Niederschläge auf einzelne Tage oder Stunden (Starkregen, Wärmegewitter). Zu den Küsten und den südlichen Grenzgebirgen nimmt die Niederschlagsneigung etwas zu.

Wind
Generell aus westlichen Richtungen. An der Ostseeküste, vor allem im Herbst, beständig aus Nordwest und im Tagesverlauf an Stärke zunehmend (daher dort auch vorzugsweise von West nach Ost radeln). Landeinwärts sind die Windverhältnisse moderat, hier ist es statistisch nur an jedem dritten Tag überhaupt spürbar windig. Nahezu windstill ist es in den großen Waldgebieten des östlichen Polens.

Reisezeit
Klimatisch günstig für Radtouren ist praktisch das gesamte Sommerhalbjahr, also etwa von Mitte April bis Mitte Oktober. Zu bedenken sind nur die landeseinheitlichen Ferienmonate Juli und August und die Öffnungszeiten von Campingplätzen und Jugendherbergen (s. Übernachten).

Anreise

Per Rad
Im Norden führt der Ostseeradweg an die polnische Westgrenze (Übergang Ahlbeck – Swinoujscie, nur für Fußgänger und Radler). Auf Höhe Berlins überquert der Europaradweg R1 die Grenze zu Polen (Übergang Küstrin-Kietz – Kostrzyn). Der R1 führt anschließend 675 km weit durch Polen und endet hinter Braniewo an der Grenze zu Königsberg. Last not least bietet der Oder-Neiße-Radweg entlang der Westgrenze fast überall und jederzeit den Einstieg, und sei es nur für eine Schnuppertour.

Per Bahn
Fahrradmitnahme mit Internationaler Fahrradkarte (10 €) ist derzeit nur noch nach

Stettin und **Warschau** möglich. Immerhin haben diese Bahnhöfe sehr guten Anschluss an den innerpolnischen Fernverkehr. Polnische „Fahrradzüge" verkehren ab Stettin und Posen nach Danzig, Elk und Bialystok, ab Görlitz nach Warschau. Stettin, Küstrin und Görlitz sind auch im Regionalverkehr erreichbar (Fahrradkarte 3 €). Achtung: Die Internationale Fahrradkarte, die ggf. für die Rückfahrt benötigt wird, ist nur an den großen Bahnhöfen erhältlich. Internationale Zugverbindungen am besten selbst in einem Internet-Cafe recherchieren, oder bereits zu Hause auf Vorrat, am Bahnhof ist es jedenfalls deutlich schwieriger.

Die Polnische Staatsbahn wurde 2001 aufgeteilt. Für den Personenverkehr ist seitdem Intercity zuständig.

Transport im Land

Bahnen

www.intercity.pl

Mit über 24.000 km Betriebsstrecke ist das Netz der Polnischen Staatsbahnen PKP recht dicht. Die meisten Züge sind zwar betagt und langsam, aber preiswert. **Fahrradkarten** kosten auch im Fernverkehr nur eine geringe Pauschale. Bis auf die EC-, IC- und Expresszüge ist die **Fahrradmitnahme** bei allen Zügen möglich. Generell muss das Rad selbst verladen werden. Da auch in Polen immer mehr Fahrräder mitgenommen werden wollen, haben viele Züge im Fernverkehr inzwischen ein spezielles Fahrradabteil. Bei Regionalzügen, die generell ohne Gepäckwagen unterwegs sind, können im ersten oder letzten Vorraum des Zuges jeweils bis zu drei Fahrräder gestellt werden, was aber eng wird.

Immer mehr Züge mit Fahrradabteil

Allerdings sind die Regionalzüge selten voll und fahren oft erstaunlich weite Strecken.

Busse, Flussfähren

Fahrradmitnahme in Überlandbussen ist unüblich, aber mit Zustimmung des Fahrers möglich. Größere Flüsse können in Polen auf weite Strecken oft nur per Fähre überquert werden. Sie verkehren ausschließlich bei Tageslicht.

Übernachten

Zimmer

- *www.eholiday.pl* • *www.agroturystyka.pl*
- *www.ptsm.org.pl* • *www.pttk.pl*

Wer nicht mehr als 15 € pro Nacht ausgeben will und dennoch ein Zimmer mit Dusche haben möchte, muss sich auf **Pensionen** konzentrieren. Zimmer in modernen oder modernisierten **Hotels** kosten ab 20 €. Ideal für mehrtägige Aufenthalte, aber auch für eine Nacht, ist **„Urlaub auf dem Bauernhof"** („Agroturystika").

Von einst stolzen 1400 **Jugendherbergen** sind in Polen keine 100 mehr übrig geblieben. Ü im Schlafsaal ab 6 €.

Herbergen für Erwachsene betreibt die **PTTK.** Sie sind oft in denkmalgeschützten alten Gebäuden untergebracht, die Schlafsäle bzw. Zimmerchen sind einfach, aber okay. Ü ab 8 €.

Immer gut für eine positive Überraschung sind **Privatzimmer,** die mit Schildern wie „Noclegi" (Unterkunft) oder „Wolne pokoje" (Zimmer frei) auf sich aufmerksam machen. Ü ab 6 €.

Campen

www.campingpolska.com

Offiziell: Rund 500 Campingplätze in drei Kategorien gibt es in Polen. Sie sind in der Karte „Campingi w Polsce" aufgelistet (erhältlich in Buchhandlungen). Preise 5–10 € pro Stellplatz, einfache Biwakplätze ab 2 € pro Person. Auf „pole campingowy" genannten Plätzen können auch spartanische Hütten gemietet werden.

Egal ob Camping, Zelt- oder Biwakplatz, die meisten sind im Juli und August stark belegt. Wer diese beiden Monate meiden will, muss bedenken, dass ein erheblicher Teil der Plätze bereits kurz nach Ferienende schließt (speziell an der Ostsee). Die Öffnungszeiten der einzelnen Plätze sind auf der Camping-Übersichtskarte vermerkt.

Wildzelten: Wer ohne Polnischkenntnisse einen Bauern um Erlaubnis zum Zelten bitten will, muss nicht selten mit einer gewissen Verständnislosigkeit kämpfen. Wer sich komplizierte Fragereien sparen will, findet im waldreichen Polen auch fast immer ein hübsches Plätzchen zum Zelten. Grundsätzlich wird freies Zelten toleriert, da ist man in Polen großzügig, nur Nationalparks und Kulturland sollten, wenn möglich, gemieden werden.

Karten, Literatur & GPS

(Adressen zum Bezug von Karten und Reiseführern im Anhang)

Tourenkarten

- *Empfehlung:* Mair DuMont, Marco Polo, Polen 1:300.000. Sehr wichtig für Radler, die kein Kopfsteinpflaster mögen, ist die gute Erkennbarkeit asphaltierter Straßen. Sie sind in der Karte rot bzw. gelb gefärbt, während die ungefärbten „weißen" Straßen meist gepflastert sind (nicht immer). Die Karte hat eine reichhaltige Legende und enthält viele Hinweise auf Sehenswürdigkeiten. Der Spiralatlas ist eine preiswerte Vollversion der 4 Einzelblätter und hat zusätzlich ein Ortsregister und Stadtpläne. 4 Bl. je 8,99 €, Atlas 12,99 €.
- Höfer Verlag: 1:200.000. 12 Gebietskarten decken Polen ab, je 12,90 €. Diese Karten sind zwar sehr aktuell, da aber Feld- und Forststraßen nicht eingezeichnet wurden, enden kleine Nebenstraßen oft scheinbar als Sackgassen. Daher nur eingeschränkt nützlich. Zudem sehr teuer.
- Außerdem gibt es reichlich Wander- und Freizeitkarten für beliebte Urlaubsregionen. Maßstäbe ab 1:30.000. Meist sehr präzise und informativ, auch Radtourenvorschläge sind in solchen Karten oft enthalten. Legenden und Texte jedoch meist nur polnisch.

Tourenführer

- Kettler Vlg.: „Masuren per Rad". Schwerpunkt Masuren und südliches Ostpreußen. Mit Beschreibungen der Masuren-Zubringerrouten Ostseeküste (R10) und Europaradweg R1.

Krakau, Weichsel-Passerelle

- Stein Vlg.: „Radtouren in Masuren".
- Esterbauer Vlg.: „Radatlas Masuren", „Ostseeküsten-Radweg, Teil 3 Polen".
- *www.is-radweg.de,* Radreiseführer inkl. CD mit GPS-Tracks: „Europaradweg R1", 17,90 €; „Berlin-Stettin-Danzig-Marienburg", 14,90 €; „Berlin – Posen – Warschau – EuroVelo 2", 14,90 €.
- OSM-basierte Radreise-Karten für Garmin& Co.: *www.aighes.de* • *www.kowoma.de*

Fahrrad (poln. rower)

Ausstattung

Für Nord- und Mittelpolen genügt für kürzere Touren mit wenig Gepäck eine Nabenschaltung mit 5 bis 7 Gängen, generell vorzuziehen ist aber eine Kettenschaltung. Sudeten und Karpaten (Südpolen) verlangen auf jeden Fall nach einer bergtüchtigen Gangschaltung. Reifenbreite: ab 32 mm. Eine Federgabel mildert schlechtere Wegstrecken, auf die man in Polen ja immer mal stößt. Nord- und Mittelpolen sind auch ideale Reviere für Freunde des Liegerads.

Reparaturen

Obwohl Radfahren in Polen chic geworden ist, gibt es immer noch ziemlich wenige Werkstätten. Auf dem Land sind Reparaturen oft nicht zu bewerkstelligen. *Joachim Horst:* „Auch gut gemeinter Hilfsbereitschaft der Polen dürfte es mitunter schwer fallen, die passenden Schrauben zu besorgen."

Mieten

Gute MTBs werden in der Tatra vermietet, wo auch geführte MTB-Touren angeboten werden (Zakopane, Schreiberhau).

Straßen und Wege

Straßen

Radtouren finden in Polen typischerweise auf schattigen Alleen statt, was nicht nur an heißen Sommertagen ein Genuss ist. Zwei Drittel des Straßennetzes sind mittlerweile asphaltiert, viele Nebenstraßen sind weiterhin gepflastert. Gewollt ist auf manchen Strecken der Wechsel zwischen gut asphaltierter Landstraße und gepflasterten Ortsdurchfahrten. Ansonsten lassen sich Pflasterstraßen und ähnlich unkomfortable Wege aufgrund der Darstellung in der Marco Polo-Karte (weiß bzw. farblos) frühzeitig identifizieren und fast immer umgehen. Die Wegweisung ist insgesamt okay.

Leider hat der **Verkehr** schneller zugenommen als der Umfang des Straßennetzes, weshalb so manche zweispurige Landesstraße (in D Bundesstraße) unangenehm geworden ist. Randspuren gibt es nicht immer. Polnische **Autofahrer** überholen Radfahrer ungewöhnlich vorsichtig, das gilt auch für die meisten Brummifahrer. Die polnische Straßenverkehrsordnung verpflichtet Radfahrer, eine Fahrprüfung abzulegen und einen entsprechenden **Fahrradführerschein** mitzuführen. Ausländische Radreisende sind hiervon jedoch ausgenommen („Wiener Abkommen über den Straßenverkehr").

Radwege

Obwohl das Freizeitradeln in Polen stetig beliebter wird, ist ein nationales Radwegenetz noch nicht erkennbar. Die bislang existierenden Fernradwege sind eher zufällig miteinander verknüpft. Der bedeutendste Radfernweg Polens ist der **Europaradweg R1.** Diese Route in Polen bereits seit 1996 bis zur russischen Grenze perfekt ausgeschildert. 675 km weit führt der R1 vom Grenzübergang Kostrzyn (90 km östlich Berlins) durch Nordpolen (Sulecin – Pila – Grudziadz – Elblag – Frombork) und endet hinter Braniewo an der Grenze zu Königsberg. Hingegen ist der **Ostseeradweg R10** (s.o.) immer noch abenteuerlich und alles andere als ein Selbstläufer. Besser ausgeschildert und zuverlässiger in puncto Wegbeschaffenheit ist der neue Fernradweg durch Großpolen **TTR** (s. Großpolen). Von den durch Polen führenden **EuroVelos** ist erst der EV 2 bis Poznan ausgeschildert, EV 11 und 13 sind noch im Planungsstadium.

Offroad (MTB)

Generell kann auf allen frei zugänglichen Forst- und Wanderwegen auch geradelt werden. Vor allem in Nationalparks aber niemals querfeldein und im Kernbereich ggf. gar nicht! Abgesehen von den bekannteren MTB-Revieren, wie Hohe Tatra und Bieszczady-Gebirge, lassen sich mit GPS-Unterstützung auch einsame Trappertouren in den riesigen Wäldern des östlichen Polens unternehmen.

Im nördlichen Polen sind die Waldwege im Sommer oft sehr sandig. Da ist dann manchmal schieben angesagt. Oder man riskiert einen „Kapitänssturz" – so nennt man Radler, die nicht rechtzeitig das sinkende Schiff sprich stürzende Fahrrad verlassen und gemeinsam mit ihm zu Boden gehen.

Radweg entlang der Weichsel, Krakau

Rundbrief aus Istanbul: 25 Jahre nach dem Fall der Mauer

von Herbert Lindenberg

Berlin, 24. Juni 2015, hinter mir fällt die Haustür ins Schloss. Ich schwinge mich aufs Rad. Danziger Straße, Frankfurter Straße, und dann in südöstlicher Richtung nach Istanbul. Vor mehr als 25 Jahren war die Mauer gefallen, und zufällig waren auf den Tag genau 27 Jahre vergangen, als ich Berlin schon einmal mit dem Rad gen Istanbul verlassen hatte.

1988 war es noch eine Radreise hinter dem Eisernen Vorhang, und ich musste mit dem Zug durch die DDR reisen. Honecker hatte seinerzeit auf die Frage, warum man nicht auch mit dem Fahrrad in die DDR einreisen dürfe, erstaunlich freimütig geantwortet: Weil unsere Straßen zu schlecht sind! UNSERE! Ja ja, Herr Honecker, nicht mehr lange. Aber wer wusste das schon 1988.

Besonders Rumänien hatte mich damals sehr beeindruckt. Ein Land, das völlig aus der Zeit gefallen war, einerseits bitterarm und von jeder Fürsorge verlassen, andererseits märchenbuchhaft schön. Ich hatte schon so lange vorgehabt, noch einmal durch Rumänien zu radeln.

4 Wochen und 5 Tage, 3143 km und 15.000 Höhenmeter später habe ich in Kumkapi in der Altstadt von Istanbul ein nettes Zimmer gefunden. Bis zur Blauen Moschee sind es 15 Minuten zu Fuß. Istanbul ist ein Träumchen! Hatte ich gar nicht mehr so schön und interessant in Erinnerung.

Rumänien 1988, Bukarest

Was war in der Zwischenzeit?

Viel Verkehr, viel anstrengend, viel heiß. Doch doch, das ist schon so. Du ackerst den ganzen Tag auf dem Rad. Mal läuft's, mal weniger. Aber es geht immer weiter, und irgendwelche Schmerzen verschwinden beim Radfahren wieder. Das Fahrrad ist mein Doktor. Das Fahrrad kann eigentlich nichts und doch alles. Es kann aus toten Orten belebte machen. Es verbraucht Energie, und es erzeugt Energie. Und es macht, dass jedes positive Erlebnis auf einer Radreise gefühlt zwei negative aufwiegt. Unterm Strich ist man, wenn man mit dem Rad reist, immer im Haben.

Balik ekmek – Fischbrötchen gefällig? (Istanbul)

Das Zweitschönste, manchmal sogar das Schönste am Reisen mit dem Rad, ist das Zelten. Immer irgendwo in der Pampa. Niemals auf dem Campingplatz. Immer spannend, wie man es trifft. Polen mit seinen riesigen einsamen Wäldern ist ein Dorado für Wildcamper. Wenn es dämmert, den ersten Waldweg rechts rein, wegen der Verkehrsgeräusche nicht gleich, aber dann doch noch zwei mal in möglichst unbegangene Nebenwege biegen, und schon stehst du irgendwo auf einer Lichtung und kannst dein Zelt aufstellen. Es knistert und knackt, und der Uhu macht Huhu. Quatsch, alles ist mucksmäuschenstill.

Es gibt so schöne Plätze. Etwa in der Slowakei auf einem grünen Hügel mit Fernblick aufs Durchbruchstal der Dunajec. Da bin ich morgens erst los, als kein Schatten mehr war, und die Sonne zu brezeln begann. Denn es war ja eine heiße Radtour. Meist 34 bis 36 °C, einmal auch 39 °C. Hätte es keinen Fahrtwind gegeben, hätte ich in der prallen Sonne kaum radeln können. Rückenwind am Berg ist deshalb auch ganz schlecht, weil man dann zu langsam ist, um Fahrtwind zu generieren. Da bricht dir sofort der Schweiß aus. Leichter Gegenwind ist zumindest am Berg viiiel besser.

Wildzelten in der Slowakei

Noch mal zurück zum Wildzelten. Es ist ja nicht so, dass man nie gesehen wird. Aber es geht immer gut aus. In Rumänien hatte ich mich in der ersten Nacht an ein Sonnenblumenfeld gestellt. Die Landstraße war ungefähr 300 m entfernt. Ich hatte mir in der Morgensonne gerade meine Route durch Rumänien zusammengebastelt, da rollt ein klappriger Dacia vors Zelt. Zwei Polizisten. Müssen gute Augen haben. Woher? Alemania! Bei dem einen geht sofort ein Dauergrinsen an, als hätte ich den Namen einer schönen Frau erwähnt. Der andere macht einen auf geschäftlich. Documenti! Auf der Motorhaube pinselt er meinen Ausweis ab, während der Lächler etwas Small Talk versucht. Nach Istanbul? 3000 km? Oho! Chefchen ist fertig und gibt mir den Ausweis zurück. Drum bun – Guten Weg – fort sind sie.

Manchmal ist die Zeltplatzsuche auch schwierig. Überall ist jemand. Schäfer, Baumfäller, ins Horn blasende Blödmänner, die nur einen einzigen Ton beherrschen, oder Imker. Der Platz beim Imker gefällt mir. Hier bleibe ich, der Boden sieht gut aus, und man kann über die Wiese gucken. Der Imker ist 23 Jahre alt, heißt Nathaniel und spricht gut Englisch. Er züchtet deutsche Bienen, weil die viel härter arbeiten als die Karpathen-Bienen. Nathaniel meint, mit Rumänien ginge es seit Ceaucescu bergab. Jeder nähme sich, was er kriegen könne. Nathaniel kennt natürlich auch das Einstein zugeschriebene Diktum, das wohl alle Imker kennen: Wenn die Biene von der Erde verschwindet, hat der Mensch nur noch vier Jahre zu leben! Au weia!

In Bulgarien weckt mich ein Roma-Paar durch lautstarke Fragen durch die Zeltwand. Und trotz meiner geknurrten Kurzantworten und meiner Unlust, mich zu zeigen, lassen sie

Polizeikontrolle in Rumänien

Selfie mit Roma-Paar

sich zum Frühstück vor dem Zelt nieder. Roma-Leute haben mich schon immer beeindruckt. Sie sind auf eine angeborene Art selbstbewusst und lassen sich nie die gute Laune nehmen. Auch die beiden hier. Ich krauche also aus meinem Zelt, und wir machen ein bisschen Smalltalk. Bevor sie mit ihrer DEUTSCHEN Kettensäge (das war mit das einzige worüber wir uns verständigen konnten – Stihl und ich kommen aus Deutschland) im Wald zum Holzmachen verschwinden, machen wir noch ein Selfie. Schön finden sie es auf dem Display. Aber wie kommt es nun zu ihnen? Sie haben da eine Idee: Ich überlasse ihnen einfach mein Handy mit dem Foto!

Was mich immer wieder verwundert ist, dass man in vergleichsweise armen Ländern nicht beklaut wird. Besonders wenn man solo unterwegs ist, kann man auf seinen Krempel ja oft nicht aufpassen. Da muss man sich einfach dran gewöhnen. Und dann geht das auch. Vor jedem Supermarkt, jeder Kirche, jedem Museum lehne ich mein Rad vollbepackt an eine schattige Mauer, hänge den Helm an den Lenker, nehme Lenkertasche und Tacho ab, und gehe ganz entspannt von dannen. Que séra, séra! Anschließen mache ich fast nie, denn das Gepäck kann man eh nicht sichern, und die Erfahrung lehrt ja, da kommt nichts weg! Selbst wenn die merkwürdigsten Gestalten in der Nähe rumlungern. Ist doch schön, oder?

Was sich im Vergleich zu meiner Hinter-dem-Eisernen-Vorhang-Tour von 1988 noch verändert hat: Ich treffe keine Deutschen mehr oder überhaupt irgendwelche Touris. Zum Teil liegt das sicherlich daran, dass ich jetzt ausschließlich in der Pampa zelte und nicht mehr auf Campingplätzen. Dennoch: Die Ostdeutschen machen einen großen Bogen um ihre ehemaligen Bruderländer, und die Westdeutschen waren sowieso kaum hier. Höchstens mal am Plattensee oder am Schwarzen Meer. Gewiss, man sieht schon gelegentlich Autos mit D, NL oder GB. Aber das sind die Autos der Gastarbeiter.

Und es fehlt auch die Exotik von 1988. Auf den Landstraßen begegnete ich damals sehr vielen Menschen, die mit Fuhrwerken oder zu Fuß unterwegs waren. Heute hat sie der Strukturwandel weitgehend verschwinden

Ungarn, Theiß-Radweg

Rumänien, die letzten Pferdewagen

lassen. Ganz besonders in Polen, der Slowakei und Bulgarien gibt es nur noch Autos, Autos, Autos. Nur in Ungarn sind sie noch viel mit dem Fahrrad unterwegs, und in Rumänien sieht man, wenn auch nur einen Bruchteil, vergleichsweise noch die meisten Pferdefuhrwerke.

Weder Womofahrern noch Fahrradtouristen begegne ich im Jahr 2015. Weltumradler Tudd aus den USA war eine Ausnahme. Auch George, der fahrradbesessene Mechaniker von „Dr. Velo" aus Varna, hat noch keine Fahrradtouristen auf der Euro Velo-Route Nr. 6 an der bulgarischen Donauseite gesehen. Von Polen vielleicht mal abgesehen, sind diese Länder für uns, die wir durch China, Australien oder Afrika radeln, offenbar immer noch terra incognita. Keiner will hier hin. Dabei kann es doch so spannend sein. Nur eine Kaffeefahrt ist es allerdings immer noch nicht. Fahrradfahrer sind im Allgemeinen nicht vorgesehen im Straßenverkehr. Separate Radwege sind, wenn es sie mal gibt, in viel schlechterem Zustand als die Straße. Am entspanntesten radelte es sich auf den autofreien Deichen an der ungarischen Theiß.

Bevor ich schließe noch ein paar Worte zu Rumänien. Der Dornröschen-Zauber ist verflogen! Rumänien ist immer noch ein armes, aber normales Land geworden, das wegen seiner schönen alten Häuser und Brunnen in den Dörfern weiterhin sehenswert ist. Nur diese zum Zerreißen gespannte bleierne Stimmung ist fort. Jetzt gibt es Traktoren und Autos und jede Menge Hunde (wo waren die damals?) und jeder macht, wie er denkt. Und in Arad, wo ich 1988 eine Flasche Essig kaufte, weil es auf Regalkilometern nichts anderes gab, und weil ich wegen des Etiketts glaubte, es sei Traubensaft, ja genau da, wo dieser gruselige Autoservire war, da ist jetzt ein Restaurant, wo ich eine Steinofenpizza von WELTNIVEAU esse.

Geht doch, Herr Honecker, oder wie ihr alle geheißen habt!

Rumänien 1988: Gut aufgelegte Roma in Bukarest

Jau, meine Lieben, ich höre an dieser Stelle einfach mal auf. Es sollte doch kein Buch werden. Hatte ich das nicht erwähnt?

Herzliche Grüße und bis denne,
euer

Herbert

Portugal

Daten

92.389 qkm • 10,6 Mio. Einw. • 114 Ew./qkm
Ausdehnungen: N – 560 km – S // W – 160 km – O

Land

Im äußersten Südwesten unseres Kontinents liegt ein Land, das selten Schlagzeilen macht; es sei denn, es geht um Fußball oder den Euro. Die Grenzen zum spanischen Nachbarn sind mit die ältesten und stabilsten Europas.

Allerdings wurden sie von den Spaniern auch immer wieder „geprüft", denn eine natürliche Grenze gibt es nicht. Innerhalb Portugals teilen die Westausläufer des Kastilischen Scheidegebirges, mit dem herausgehobenen Hochgebirge Serra da Estrêla (bis 1991 m), das Land in zwei Großlandschaften: Die höher gelegene **Nordregion** (Hauptort Porto) überwiegend bergig bis gebirgig; die tiefer liegende **Südregion** (Hauptort Lissabon) sanfter und nur oberhalb der Algarve-Küste gebirgig (Serra de Monchique, 902 m). Steil- und Schwemmlandküsten schließen das Land zum Atlantik hin ab

Rund 1600 bzw. 1000 km vom portugiesischen Mutterland entfernt, sind die atlantischen Inselgruppen der Azoren und das Madeira-Archipel.

und Leute

Trotz sozialer Ungleichgewichte, die sich durch die Euro-Krise noch verstärkten, leben die Nachkommen der Lusitanier weitgehend mit sich im Frieden. Da sich die Portugiesen in den 1960er Jahren massenhaft als Gastarbeiter verdingten, gibt es heute in vielen Dörfern des Nordens jemanden, der Deutsch oder Französisch spricht. Englisch wird eher im Süden gesprochen.

per Rad entdecken

Insgesamt werden Portugalradler nicht gerade verwöhnt. Portugals Pflasterstraßen waren früher der Schrecken aller Reiseradler. Heute betrifft dies nur noch die kleinen Nebenstraßen Nordportugals. Dass Portugal selten flach, sondern mehr oder weniger hügelig oder sogar bergig, ist eine naturgegebene Eigenschaft. Auch dass es wenig Radwege gibt, ist in Südeuropa eher normal. Hier und dort entstehen zwar hübsche Radwege auf alten Bahntrassen, die sog. Ecopistas, aber sie lassen sich nicht zu einer längeren Route verbinden. Auch Portugals erster Fernradweg – entlang der Algarve – ist zwar eingeweiht, aber noch immer nicht fertig. Dennoch kommt man in Portugal ganz gut über die Runden. Ein Weg findet sich immer.

Kaum wahrgenommen als Tourenreviere werden die Inselgruppen Madeira und Azoren. Wer sich die Mühe der Anreise macht, wird nicht enttäuscht!

Portugiesischer Jakobsweg
PORTUGAL
© Reise Know-How Verlag Hermann
0 100 km
Vigo
Minho
Valença
Minho
VIANA DO CASTELO
Costa Verde
BRAGANÇA
Tras os Montes
BRAGA
Barcelos
Vila do Conde
Tamega
VILA REAL
Pinhão
PORTO
Vila Nova de Gaia
Douro
Espinho
SPANIEN
VISEU
GUARDA
AVEIRO
Costa Prata
Mondego
Covilhã
COIMBRA
Serra da Estrêla
Cabo Mondego
CASTELO BRANCO
Zêzere
LEIRIA
Fátima
Tomar
Serra da Mamede
Nazaré
Peniche
SANTA-REM
Tejo
PORTALEGRE
Estremadura
Ribatejo
Elvas
Badajoz
Lissabon
Cabo da Roca
Almada
Barreiro
ÉVORA
Alentejo
ATLANTIK
MADEIRA
Porto Moniz
Santana
Ponta do Pargo
Ribeira Brava
Funchal
0 25 km
Baia de Setubal
Serra da Grândola
BEJA
Costa Dourada
Sines
Cercal
Guadiana
Mertola
Serra da Monchique
Huelva
Vila Real
Algarve
Portimão
Tavira
Sagres
FARO
Golfo de Cadiz
Cabo de São Vicente
Graciosa
São Jorge
Terceira
Faial
Angra do Heroísmo
São Sebastião
São Mateus
Lajes
Pico
AZOREN
0 50 km
Mosteiros
Ribeira Grande
Nordeste
São Miguel
Ponta Delgada
Furnas

Routen & Regionen

Nord- und Mittelportugal

Überblick

Die Nordhälfte Portugals ist das historische Kernland der Nation. Ein wenig zersiedelt vielleicht, aber speziell in den Küstenprovinzen Beira Litoral, Douro Litoral und Minho zeigt es sich abwechslungsreich und grün. So grün, dass sogar ein Teil der Küste *Costa Verde* heißt. Endlose Sandstrände, Weinberge, Flusstäler, Gebirge, urige Bauerndörfer, sehenswerte Städtchen und historisches Gemäuer erwartet die Handvoll Radreisender, die es nach Nordportugal verschlägt. Das Netz tourengeeigneter Straßen ist grob gestrickt, Oberfläche (viel Pflaster auf den Nebenstraßen) und Landschaftsprofil reduzieren die Durchschnittsgeschwindigkeit. Da die Entfernungen aber nicht sehr groß sind, lässt sich bereits innerhalb eines dreiwöchigen Zeitrahmens eine ausgiebige Rundtour arrangieren. Die Tourenbausteine sind *Nordküste, Douro-Tal, Trás-os-Montes* (Bergregion) sowie *Serra da Estrêla* (Hochgebirge).

Nordküste

Vom Cabo da Roca auf der Höhe Lissabons bis zur Mündung des Douro in Porto erstreckt sich die **Costa Prata** (Silberküste). Nordwärts schließt sich die erwähnte **Costa Verde** an, die bis zum Grenzfluss Minho reicht. Pinienwälder. Olivenhaine und grüne Hügel bilden das bis zu 30 km breite Hinterland für weite Strände, Lagunen, Dünenketten, Kliffs und Felsen. Kühle Wassertemperaturen und frische Meereswinde sorgen dafür, dass die Strände insgesamt weit weniger besucht sind als jene der Algarve. Geradezu einsam und endlos sind die Strände zwischen Nazar und Espinho und nördlich von Viana do Castelo. Die Auswahl küstennaher Straßen ist allerdings beschränkt. Reizvoll ist die von Sintra kommende N247 zwischen Ericeira und Peniche. Der Löwenanteil der Route entfällt aber auf die küstenferner verlaufende N109. Wer weniger Verkehr und mehr Blickkontakt zum Atlantik bevorzugt, kann auf holprigen Sträßchen auch direkt an der Küste radeln. Der Küstenwind sorgt dabei auch im Hochsommer für angenehmes Radelklima.

Der portugiesische Jakobsweg

Weitgehend in Vergessenheit geraten sind die *portugiesischen Zweige* der Jakobs-Pilgerwege, die durch die nordportugiesischen Küstenregionen zum spanischen Santiago de Compostela führte. Der Weg von Lissabon nach Porto kann als roter Faden für eine Tour mit entsprechenden Sehenswürdigkeiten dienen (Kirchen und Klöster).

Orte und Stationen des **Jakobsweges** innerhalb Nordportugals sind: Lissabon – Santarem – Tomar – Fátima – Batalha – Coimbra – Porto – Vila do Conde – Barcelos (alternativ Braga) – Ponte de Lima – Bravães – Valenca (Grenze Spanien).

Bemerkung: **Fátima** lag ursprünglich nicht auf dem Pilgerweg, ist heute aber *das* portugiesische Pilgerziel (beeindruckende Massenprozessionen jeweils am 12./13. Mai und 12./13. Okt.). Jeder mag sich *seinen* Pilgerweg innerhalb Nordportugals zusammenstellen und dabei weitere Sehenswürdigkeiten mit einbeziehen, einen Pilgerbrief wie in Spanien gibt es nicht, und die ehemaligen Pilgerherbergen sind heute „Pousadas" – staatliche Nobelherbergen in historischem Gemäuer.

Die weiteren Stationen des „Portugiesischen Weges", über die spanische Grenze hinaus, sind: Tui – Porriño – Redondela – Pontevedra – Caldas de Reyes – Padron – Santiago de Compostela.

Douro-Tal

Wer von Mitte September bis Mitte Oktober in Nordportugal ist, hat die beste Jahreszeit für eine Tour durchs Douro-Tal gewählt. Die brütendheißen Sommertage sind vorbei, und die Weinlese belebt das Tal. An den mageren Schieferhängen des Oberlaufs reifen die Burgundertrauben, aus denen der berühmte Portwein entsteht. Die windgeschützte Lage schafft das hierfür erforderliche Treibhausklima im Douro-Becken, das durch hügeliges Bergland mäandert. Rund 170 km lang ist die entlang des Douros befahrbare Strecke, von **Pinhão** im Zentrum des Weinbaugebietes (Regiao de Vinho) bis zu den Kellereien Portos in **Vila Nova.** Flach und flussnah verläuft die Straße dabei aber lediglich zwischen Pinhão und Peso da Regua, der Rest ist überwiegend hügelig.

Trás-os-Montes

Den Raum zwischen dem oberen Douro-Tal und Spanien füllt eine Bergregion aus, die den weiter westlich lebenden Portugiesen so abgeschieden und uninteressant erschien, dass sie von ihr immer nur als „Jenseits der Berge" sprachen: Trás-os-Montes! Dabei blieb es. Trás-os-Montes gilt bis heute, neben dem Alentejo, als Portugals rückständigste Region, unschwer abzulesen an den Traditionsdörfern der kargen Grenzgebirge im Nordosten (Parque Natural de Montezinho). Um den interessantesten und landschaftlich reizvollsten Teil von Trás-os-Montes in die Radtour einzugliedern, bietet sich die folgende Route an. Zunächst ab **Chaves** auf der ebenso schönen wie kurven- und steigungsreichen N103 bis **Vinhais,** dort abzweigen und durch die melancholische Höhenlandschaft der **Serra da Coroa** mit ihren musealen Bergdörfern hart an der Grenze zu Spanien weiterkurbeln. Endpunkt der 140 km langen Tour ist die Provinzhauptstadt **Bragança.**

Serra da Estrêla

Klaus Gattner: „Als besonders lohnenswert empfand ich meinen mehrtägigen Aufenthalt in einer von Portugals schönsten Naturlandschaften, dem „Sternengebirge" (Serra da Estrêla). Die steilen, sich scheinbar endlos hinziehenden Pässe trieben mir allerdings oft den Schweiß aus den Poren, kaum

Porto

weniger strapaziös kam mir die eine oder andere Abfahrt vor. Meine mit 150 km längste, und vielleicht auch schönste Tagesetappe in Portugal überhaupt führte zunächst auf den 1991 m hohen Torre, dann entlang der Bergkette westwärts nach Coimbra."

Tourentipps Rund 60x 30 km betragen die Ausdehnungen des höchsten Gebirgsmassivs Portugals. Wild-romantisch sind vor allem die tieferen Regionen bis etwa 1000 m. Hier gibt es Wälder, Schluchten, Wasserfälle und Bergseen. Ab 1000 m sorgen Almen, blanker Granitfels und Karsthänge für eine zunehmend herbere Szenerie. Günstige Ausgangspunkte für Touren durch die Serra da Estrêla sind die mit diversen Übernachtungsmöglichkeiten ausgestatteten Städtchen **Seia** (530 m), **Belmonte** (610 m), **Covilhã** (675 m) und **Guarda** (1050 m). Die meisten Straßen sind in gutem bis befriedigendem Zustand, die Steigungen können je nach Strecke bis 15% betragen. An Wochenenden erheblicher Ausflugsverkehr! Die Auffahrt zum **Torre** (1991 m) reizt viele, ist es doch Portugals höchster anradelbarer Punkt. Dabei gehen die Steigungen von Covilhã aus spürbar leichter vom Fuß als von Seia. Etwas enttäuschend ist lediglich der Gipfel, zu dem vom Pass aus eine Stichstraße führt und der nur ein Hochplateau mit Touri-Rummel ist.

Estremadura, Ribatejo Nur wenige verlockende Tourenmöglichkeiten bergen die Provinzen Estremadura und Ribatejo. Die Küstenprovinz **Estremadura** ist zwar hübsch grün und kleinteilig, zieht aber viel Verkehr aus dem Großraum Lissabon auf sich. **Ribatejo,** wie das Überschwemmungsgebiet des Tejo-Flusses heißt, ist flach, fruchtbar und eher langweilig. Wegen der jährlichen Überflutungen im Februar ist das Straßennetz dürftig. Dennoch lohnen beide Provinzen mehr als den bloßen Transit: Wer sich die Sehenswürdigkeiten und optischen Reize, speziell der Estremadura, nicht entgehen lassen will, darf bezüglich der Routenwahl nicht wählerisch sein. Ist der Großraum Lissabon auf der Küstenstraße N6 aber erst einmal westwärts überwunden, radelt es sich auf den Nationalstraßen N247 und N8 (Seitenstreifen) gar nicht so schlecht.

Südportugal

Alentejo *www.visitalentejo.pt*

Dünn besiedelt, niedrig gelegen und regenarm sind jene drei Zehntel der Landesfläche, die von den Provinzen **Alto Alentejo** und **Baixa Alentejo** eingenommen werden (Oberer / Unterer Alentejo). *Planícies,* sanft gewellte Ebenen mit endlosen Ländereien, beherrschen diesen Raum zwischen Atlantikküste und spanischer Grenze. Belebt wird das Landschaftsbild durch Hügelkuppen und niedrige Bergketten, Korkeichenwälder und Olivenhaine, weiße Dörfer und mittelalterliche Städte. Die mittlere Höhe des Alentejo liegt bei 200 m, bis 325 m reicht die **Serra de Grändola** im westlichen Alentejo, bis über 400 m das Hügelland zwischen Vora und Beja. Von Eukalyptusbäumen, Pinien- und Korkeichenwäldern gesäumte Straßen verlaufen durch die weiträumige Landschaft. Von wechselhafter bis sehr guter Qualität ist dabei der Asphalt. Empfehlenswerte Jahreszeit ist der Frühling, wenn der Alentejo grünt und blüht.

Ab Ende Mai kippt das Bild. Nur ein Zehntel der Agrarflächen können bewässert werden, und aus dem Alentejo wird in wenigen Wochen eine sonnendurchglühte Landschaft. Gäbe es nicht den Schatten der zahlreichen Bäume und die schönen alten Festungsstädte im Grenzraum zu Spanien, wäre die Tour in dieser Jahreszeit eine harte Gemütsprobe.

Alto Alentejo, Portalegre

Nordöstlich von Vora zeigt sich der Alentejo von seiner bergigen Seite. Wobei die **Serra de Mamede,** östlich von Portalegre, Höhen bis 1025 m erreichen. Spektakulär ist das zwar alles nicht – die Berge sind weitgehend geschliffen und erodiert, Schluchten gibt es auch nicht – wer hier aber ohne halbwegs brauchbare Kondition antritt, wird doch öfter den Schiebegang einlegen müssen. Die Region um Portalegre ist zwar hügelig, aber abwechslungsreich und schön zum Radfahren, es gibt kleine ruhige Straßen und viel zu gucken – etwa die höchst gelegene Ortschaft Portugals: das Burgdorf Marvão.

Die lohnendsten Tourenziele sind alle in der Osthälfte des Alentejos gelegen: Mertola, Serpa, Beja, Moura, Monsaraz, **Évora,** Arraiolos, Evoramonte, Vila Viçosa, Estremoz, **Elvas** (fast noch schöner als Vora), Portalegre, Marvão, Castelo de Vide.

Alentejo Central, Évora

Ecopista de Évora, Arraiolos e Mora heißt ein längerer Bahntrassenradweg, der ab Évora nordwestlich an Arraiolos vorbei führt. Zur Zeit endet der Radweg nach ca. 30 km an einem alten Bahnhof, parallel verläuft die N370, bis Mora verbleiben 25 km.

Costa Dourada

Rauer, schwerer zugänglich und vergleichsweise untouristisch ist die *nordwestliche* Atlantikküste. Strenge Auflagen und ein Naturparkstatus verhindern zudem eine dichtere Besiedlung. Weitgehend unverbaut zeigt sich daher die Costa Dourada auch mit ihren Sandstränden, Flussmündungen, Küstenwäldern, Felsen und Klippen. Gut asphaltiert und lohnend ist die hügelige Nebenstrecke ab Cercal: N390, N393, N393-1. Wer holprige Wege nicht scheut, kann diese küstennahe Route auch noch erweitern: 17 km südöstlich von **Sines** zweigt eine alte Nebenstraße von der N120-1 ab und stößt bei Brunheiras auf die N390. Mäßig hügelig führt die Küstenstraße dann ab Odeceixe zwischen der Steilküste und den Höhen der Serra de Espinhaço de Cão zum **Cabo de São Vicente** und damit direkt zum südwestlichsten Landpunkt Europas, der bereits zur Algarve zählt.

Algarve

Eindrücke

www.algarve-live.de • www.algarve-reisen.com • www.visitalgarve.pt
Egal ob *der* oder *die* Algarve (möglich ist lt. Duden beides), eines steht fest: Die Küste der südlichsten Landschaft Portugals gehört zu den beliebtesten in Südeuropa. Innerhalb Portugals ist die Algarve der Urlaubermagnet schlechthin, die Badeverhältnisse sind auch einfach sehr viel besser als an den westlichen Atlantikküsten. Sonnig-mildes Klima vom nordafrikanischen Typ sorgt für subtropische Vegetation, so dass schon ab Januar die ersten Mimosen, Kamelien, Orangen-, Mandel- und Erdbeerbäume blühen. Fürs Beiprogramm haben diverse Herrschervölker kulturelles Zeugnis hinterlassen.

Der Länge nach betrachtet besteht die Algarve aus einem bis zu 900 m hohen Bergland, der *Hoch-Algarve,* dem ein bis zu 20 km breiter und 150 km langer Küstenstreifen vorgelagert ist, die *Nieder-Algarve.*

Nieder-Algarve

Besonders attraktiv ist der **Fels-Algarve** (Barlavento) genannte westliche Teil der Nieder-Algarve, vom Cabo de São Vicente bis etwa **Faro** (Charterflugziel). An der Fels-Algarve locken kristallklares Wasser, bunte Klippen, bizarre Felsen und Buchten mit versteckten Stränden reichlich Tourismus an. Ruhiger geht es an den besonders hohen und daher schwer zugänglichen Steilküsten der Halbinsel westlich von Lagos zu. Dort befindet sich auch das einzige wirklich beeindruckende Stückchen Küstenstraße, die von **Sagres** als Stichstraße zum 6 km entfernten **Cabo de São Vicente** führende N268. *Olaf Korbanek:* „Dieser südwestlichste Zipfel Europas hat uns mit seiner Kargheit und der fast 100 m hohen Steilküste super gefallen. Besonders bei Sonnenuntergang." Aber der Weg dorthin kann schwer sein. *Klaus Gattner:* „Bei extremem Gegenwind waren die sechs Kilometer nur im ersten Gang zu bewältigen."

Die ideale Tourenrichtung ist von West nach Ost, denn die Fels-Algarve liegt voll im Südwest-Wind – was übrigens auch ihr portugiesischer Name *Barlavento* ausdrückt. Ansonsten ist die gesamte Küstenstraße der Algarve, die N125, für Radler eine ziemlich banale Angelegenheit. Viele Betonbauten, kaum Blickkontakt zum Meer und trotz der kostenlosen, zur Küste parallel führenden Autobahn sehr befahren – speziell zwischen Albufeira und Olhão. Immerhin, ein breiter Seitenstreifen ist vorhanden.

Östlich von Faro führt die N125 durch die **Sand-Algarve** (Sotavento). Stichstraßen führen dort zu weiten Sandstränden, Lagunen und vorgelagerten Sandbänken, von

Carrapateira, Praia da Bordeira

Cabo de São Vicente

denen aus gebadet wird. Reizvollster Ort ist **Tavira.** Die Sand-Algarve gilt als windabgewandte Küste und heißt deshalb auch *Sotavento.* Wenn sich hier aber von Afrika kommende Winde durchsetzen, kann dies statt Südwest- auf einmal heftigen Ost-Wind bedeuten.

Wer nach 170 km auf der N125 den Grenzfluss Guadiana bei Vila Real erreicht hat, setzt mit der Autofähre zum spanischen Ayamonte über (halbstündlich von 9.00–19.30 Uhr, Radler u. Rad um 1 €). Die markante Hängebrücke etwas weiter nördlich ist hingegen für Radler gesperrt!

Algarve-Radroute

Ecovia do Litoral heißt die Radroute an der Algarve. Von Vila Real do Santo António am Grenzfluss Guadiana führt die 214 km lange Route bis zum Cabo de Sao Vicente. Interessant ist die 60 km lange Passage durch die Lagunenlandschaft des Ria Formosa, wo viele Wasservögel Station machen. Obwohl Ende 2008 erst ein Viertel der Route fertig gestellt war, wurde sie wegen der EU-Fördermittel trotzdem schon eingeweiht. Inzwischen sind gut drei Viertel fertig. Da wo immer noch Lücken sind, muss man weiterhin auf die N125 ausweichen.

Hoch-Algarve

Reizvoller als der Küstenstreifen selbst ist das fruchtbare, hügelig-bergige Hinterland der Küste: die Hoch-Algarve. **Etappenpunkte** für eine Straßentour: Azinhal - Vaqueiros – Rua da Barranco do Velho – São Bartolomeu de Messines – Monchique – Aljezur – Sagres (230 km, Steigungen um 10%). Vielfältiger sind die Möglichkeiten für Offroad-Biker, die von der Küste zu Tagestouren ins untouristische Bergland hinaufpendeln, um das Geflecht aus Wirtschafts- und Forstwegen für herrlich friedliche Touren zu nutzen.

Schönstes Tourenrevier der Hoch-Algarve ist zweifellos die **Serra de Monchique,** die schroffere Gebirgsformen mit lieblichem Hügelland verbindet. Sie ist der „Garten der Algarve", der im Sommer mit angenehm kühlem Klima lockt (günstig von Mai bis Oktober). Tourenradler können die Serra auf einer guten Asphaltstraße durchqueren (N266, Steigungen bis 12%). Alle anderen Straßen wie die N267 (bis 20%) sind schon ziemliche Körnerfresser. Wer den höchsten Gipfel, den **Pico da Foia** (902 m), erklommen hat, kann anschließend eine geniale Abfahrt bis Aljezur genießen (40 km).

Olaf Korbanek: „Häufig waren unsere Erwartungen von der Algarve enttäuscht worden. Aber restlos begeistert hat uns die Monchique! Dieses Mittelgebirge ist ein echter Tipp. Wie übrigens auch der gleichnamige Ort. Da wir im Frühjahr in der Monchique waren, trafen wir keine anderen Touristen. Im Sommer muss dort aber der Bär los sein."

MTB-Tipp

Mountainbiker finden in der Monchique ein potentes Netz von vielen Wirtschafts-, Forst- und Wanderwegen. Trialähnliche Strecken locken im wilden Flusstal *Ribeira de Oudelouca.*

Madeira

Daten

741 qkm • Ausd. 20 x 57 km • 230.000 Ew. • 310 Ew./qkm

Überblick und Eindrücke

Scheinbar einsam und verloren ragen die Gipfel einiger unterseeischer Vulkangebirge auf Höhe Casablancas aus dem Atlantik. Hauptinsel des Archipels ist Madeira, was schlicht Holz heißt, weil es hier mal so viele Bäume gab. Nur wenige Biker verirren sich auf dieses schöne, aber auch anstrengende Anhängsel Portugals. Bis zu 580 m hohe Steilküsten umgeben die Insel. Flüsse haben in dieses Bollwerk Schluchten gegraben (Ribeiras). Schmal ist der besiedelte Küstensaum. Kammartige Gebirgszüge mit bis zu 1862 m hohen Erhebungen verlaufen über das innere Hochplateau. Üppige Vegetation kontrastiert mit jungvulkanischen Fels- und Gebirgsformationen. Bis auf wenige Ausnahmen sind Madeiras Straßen ebenso reizvoll wie anspruchsvoll. Typisch sind die langen Anstiege auf engen Serpentinen durch mehrere Vegetationsstufen und über die Wohngrenze hinaus, die bei 650 m liegt. Wer auf der „Blumeninsel" allerdings Blumenmeere erwartet, wird enttäuscht sein. Blumen wachsen eher am Straßenrand, denn die wertvollen Flächen werden landwirtschaftlich genutzt.

Die Zeitschrift „RadSport" brachte vor einigen Jahren eine Madeira-Reportage mit dem Aufmacher „ … ein blaugrünes Landschaftswunder und Touren, die an Abfahrtsthrill und Aufstiegskampf kaum zu übertreffen sind." Immerhin gibt es auf der gebirgigen Insel rund 300 organisierte Radsportler. Radtouren mit voller Ausrüstung sind allerdings schon eine Prüfung. Sinnvoller ist es auf Tagestouren ohne größeres Gepäck zu setzen. Interessant sind vor allem die Mitte mit den Picos, schroff aufragenden Felsspitzen, und der Westen mit dem Hochplateau Paul da Serra. Zwei Quartierwechsel genügen, um Madeira etappenweise zu erkunden. Auch der „RadSport"-Autor steigerte sich mit seinem Rennrad am Ende auf Tagestouren von 120–150 km (null Gepäck, 30er Ritzel).

Weniger interessant ist die „flache" Nachbarinsel *Porto Santo* (44 qkm, bis 508 m). Gegenüber der Hauptinsel hat das karge Porto Santo eigentlich nur zwei Vorzüge: lange gelbe Sandstrände und viele Sonnentage.

Tipps und Infos

www.madeira-club.de • *www.visitmadeira.de*

Anreise – Nur per Charterflug, keine Schiffsverbindungen.

Klima/Reisezeit – Ganzjährig mild („Ewiger Frühling"). Mit sporadischen Regenfällen muss zu allen Jahreszeiten gerechnet werden. Nur im Juli fällt fast kein Regen. Schön sind die Blütezeiten in Frühling und Herbst. Im Juni stark bewölkt. Wegen der geringeren Niederschlagsneigung ist der Frühsommer für Radtouren ein guter Kompromiss. Der vorherrschende NO-Wind lässt es an der Nordküste immer wieder regnen und bringt Nebel in die Berge. Der Süden hat deutlich weniger Niederschläge zu verzeichnen.

Kartenempfehlung – Freitag & Berndt „Madeira", 1:40.000, 9,99 €.

Penha de Águia, der Adlerfelsen im Nordosten von Madeira

Übernachten – Madeiras Unterkünfte sind eher teuer, für ein **-DZ müssen ab 60 € veranschlagt werden. Camping in Porto Moniz und Montado do Pereiro: *www.madeira-camping.com*. Auch freies Zelten ist möglich.

Straßen – Lange Anstiege mit Steigungen bis 12% und Höhendifferenzen bis 1800 m. Das Straßennetz ist ausreichend, am besten sind die Straßen in den Bergen. Fast alle Straßen führen durch Tunnel, die entweder gar nicht oder nur schwach beleuchtet sind. Insgesamt ist der Verkehr gering (kein Massentourismus, wenig Mietwagen). Verkehrsreicher ist nur die Küstenstraße R101 von Calheta bis Machico.

Levadas – Madeira ist vor allem ein populäres Wandergebiet mit vielen markierten Wegen, wovon Biker aber nur teilweise profitieren. Befahrbar sind jedoch ein Teil der Saumpfade an den madeiratypischen Levadas (Bewässerungskanäle, alle südlich verlaufend). Rund 2000 km Levadas soll es geben, genau weiß es niemand. Es können auch noch viel mehr sein. Das zeigt nur, dass viele Wege kaum bekannt sind. Viele wasserführende Levadastrecken sind jedoch gut befahrbar. Etliche sind sogar extra für Wanderer komfortabel ausgebaut worden. Eine auch für Biker gut geeignete Strecke ist bspw. die Levada da Serra do Faial, die nach Camacha führt. Andere Levadas hingegen sind steinig, stark abfallend, schlüpfrig nach Regenfällen und führen durch niedrige Tunnelstrecken. Levada-Wanderungen werden in Madeira-Führern meist nach Schwierigkeitsgraden differenziert. Damit lässt sich einschätzen, welche Wege ggf. auch befahrbar sind. Außerdem liefern sie nützliche Infos zum Streckenverlauf.

Bike-Stationen und Fahrradservice – mehrere in Funchal.

Azoren

Überblick

Ein Geheimtipp für Biker, die schon alles kennen, sind die Azoren. Aber die relativ weite Anreise und das feuchtelnde Klima hält die meisten bislang auf Distanz. Sehr zu Unrecht, denn im Gegensatz zu Madeira sind die mindestens ebenso grünen und vulkanisch geprägten Azoren deutlich moderater profiliert. Interessant für Radtouren sind vor allem die größeren Inseln: São Miguel, Terceira, Pico, Faial und São Jorge (letztere mit Einschränkungen, s.u.).

Infos *www.visitazores.com* • *www.azoren-online.com* • *www.die-azoren.de* • *www.azoren.at*

Anreise Die azorische SATA und Air Berlin fliegen von D direkt nach Ponta Delgada. TAP mit Umstieg in Lissabon.

Inselspringen Der Archipel hat eine West-Ost-Ausdehnung von 900 km! Von Apr. bis Ende Sep. bestehen Fährverbindungen zwischen allen Inseln. Allerdings gibt es nur zwei Reedereien mit insgesamt vier Schiffen, so dass einige Inseln wie Flores nur im Wochenturnus erreichbar sind. Die Turboprops der SATA fliegen die Inseln hingegen täglich an. Pro Flieger werden zwei Bikes mitgenommen, was aber mit 50 € ziemlich teuer ist. Hat man das Rad im Karton verpackt, kann es auch aufs Freigepäck angerechnet werden. Doch wo, in Gottes Namen, bekommt man auf den Azoren einen Fahrradkarton her?

Klima/ Reiseziel Ganzjährig mildes, sehr wechselhaftes Klima. Günstig sind die sonnenreichen Monate Juli und August (durchschnittl. 21 °C), die allerdings oft schwül sind. Fast noch besser ist die Nachsaison ab September.

Das beliebte **Whalewatching** ist generell von Mai bis Okt. möglich, wird aber schon ab Sep. schwieriger (weniger Wale, weniger Touristen, weniger Boote). Bei der Wahl der Insel auch bedenken, dass es wegen der großen Ausdehnung des Archipels (900 km) ein signifikantes **Niederschlagsgefälle** gibt: Im äußersten Westen, auf Flores, regnet es *doppelt* so viel wie im äußersten Osten auf Santa Maria!

Karten

- Turinta: Azoren 1:75.000, 9,90 €. Mit Höhenlinien und unbefestigten Nebenstraßen, zuverlässig. Empfehlung.
- Reise Know-How, World Mapping Project: Azoren 1:70.000, 8,90 €, gut brauchbar.
- Freytag & Berndt: Azoren, 1:50.000, 9,99 €, auf den ersten Blick gut, aber lückenhaft und tendenziell veraltet.

Übernachten Zimmer gibt es fast nur in den Hauptorten, dafür aber einige gute Campingplätze, die teilweise sogar kostenlos sind (in Lajes auf Pico, bei Salão auf Faial). Auch wildes Zelten ist gut möglich.

Straßen Erstaunlich gutes Straßennetz, generell wenig Verkehr, nur auf São Miguel teilweise mehr (südöstl. Küstenstraße und Querverbindungen ab Ponta Delgada), moderate Steigungen bis 10% (selten darüber), Höhendifferenzen bis 1000 m.

Offroad (MTB) Zahlreiche gepflegte Schotterpisten (Fahrstraßen) mit Wegweisung erschließen das Innere der Inseln.

São Miguel (760 qkm, 130.000 Ew.)

Vergleichsweise geschäftig geht es auf der Hauptinsel zu, wo die Hälfte der Azoreaner lebt. Die Insel ist für Radler ein hervorragender Azoren-Einstieg. Höchster Berg ist der Pico da Vara (1105 m), Highlight der **Vista do Rei** (575 m), der Königsblick auf die Kraterseen Lagoa Azul und Lagoa Verde. Dazu muss ein wunderschöner Anstieg bis auf knapp 700 m bewältigt werden, der nach dem Ausblickspunkt von einer 7 km langen Schussfahrt zum Kraterstädtchen **Sete Cidades** (250 m) belohnt wird. In Sete Cidades angekommen (wörtl. Sieben Städte), lockt für den Rückweg der feuchte, 1400 m lange **Felstunnel nach Mosteiros,** der in den 1930er Jahren durch die Kraterwand gebohrt wurde, damit Sete Cidades nicht mehr überflutet wurde. Der Tunnel erspart einen großen Umweg, ist aber für Klaustrophobiker absolut ungeeignet (Tunneleingang ca. 1,5 km N Sete Cidades, Passage ca. 30 min., sehr eng). Highlight No. 2 ist der **Lago das Furnas** im Südosten der Insel. Ort und See sind das Wochenendausflugsziel der Einheimischen. Sie garen in den heißen Schwefelquellen ihre mitgebrachten Eintöpfe, die dann lecker nach faulen Eiern schmecken. Von Furnas lässt sich die empfehlenswerte **Inselrunde** (160 km) weiter fortsetzen.

Terceira (402 qkm, 60.000 Ew.)

Kahle Berge mit Grotten, urwüchsige Vegetation und bizarre Lavaformen. Die Landschaft im Inselinnern ist geprägt von den Ausbrüchen des zentralen Vulkans, der Kraterwände zerstörte und kilometerweit Lavamassen über die Insel ergoß. Höchster Punkt auf Terceira ist der Santa Barabara (1021 m). Die nach einem Erdbeben wieder aufgebaute Altstadt von **Angra do Heroísmo** ist Weltkulturerbe. Die Amerikaner unterhalten eine Luftwaffenbasis im Osten und sind der größte Arbeitgeber der Insel. Viele neu asphaltierte Straßen und gut befahrbare Schotterpisten im Inselinnern sorgen für ideale Radelbedingungen. Das Inselrelief ist moderat. Unterwegs kommt man nahezu zwangsläufig auch mit der *Tourada a corda* in Berührung. Bei dieser inseltypischen Dorfbelustigung wird ein junger Stier mit bandagierten Hörnern an einem langen Strick geführt, und jeder darf sich an ihm messen. Obwohl Terceira im Vergleich mit den anderen, größeren Inseln landschaftlich eher eine graue Maus ist, gibt es auch hier ein Highlight, den Vulkanschlot **Algar do Carvão:** ein farbiges Höhlensystem mit Tropfsteinen, ziemlich genau in der Inselmitte.

Pico (442 qkm, 16.000 Ew.)

Pico ist eine besonders schroffe Insel mit dem höchsten Berg Portugals, der zugleich einer der imposantesten Vulkankegel der Welt ist: der **Pico** (2351 m). Schwarze Lavaklippen an der Küste und malerische Häuser aus Lavagestein. Schönes Hochland mit Seen, Schluchten und Wäldern. Auf Pico bieten sich im Wesentlichen zwei Touren an. 1) Auf der wenig befahrenen **Ringstraße** einmal um Pico herum (120 km, sehr schön vor allem die Südhälfte mit dem Walfängerdorf Lajes). 2) Die **Inseltransversale** durchs attraktive Hochland: Madalena – Piedade (50 km, erste Hälfte auf Asphalt, dann Piste), lohnt aber nur bei gutem Wetter, wenn der Pico zu sehen ist. Noch ein Wort zum **Pico:** Der Berg ist mit festem Schuhwerk relativ leicht zu besteigen, aber wegen des Lavagerölls extrem rutschig im Abstieg, daher unbedingt Wanderstöcke mitnehmen! Weiter mit der **Kanalfähre** nach Faial (mehrmals tgl. ab Madalena).

Zelten am Fuße des Vulkans (Pico)

Faial (173 qkm, 16.000 Ew.)

Faial ist eine kleine, freundliche Insel mit rund 100 km moderaten Straßen und mindestens noch einmal so vielen Schotterstraßen. In der reizvollen Inselhauptstadt **Horta** treffen und verewigen sich die Atlantiksegler (legendärer Yachthafen). Schön ist der Blick von Faial zum Pico auf der Nachbarinsel (wenn er sich denn zeigt). Im Nordwesten entstand 1957 durch Vulkanausbruch eine neue Halbinsel mit hügeliger Mondlandschaft und staubigen Pisten aus grauer Lavaasche. Kreisförmig steigen die Hänge zum Rand der **Caldeira** an. Eine kurvenreiche Straße zum Kraterrand (900 m). Dort vom Parkplatz durch einen Fußgängertunnel zur Innenseite der Caldera. Auf dem Caldeirakamm verläuft ein schmaler Wanderweg.

São Jorge (246 qkm, 4000 Ew.)

Rundum steil abfallend und ursprünglich nur in den tief gelegenen Schwemmlandfächern (Fajas) besiedelt, ist São Jorge praktisch ein einziger langer Gebirgsrücken, der bis zu 1000 m aus dem Meer ragt. Die Verbindungsstraßen zwischen den **Fajas** sind sehr steigungsintensiv: 300 Höhenmeter raufgequält, und – zack – wieder runter auf Null. Dann wieder von vorn. Das Gebirge ist ein mächtiger Wetterfänger. Wolkenmassen quellen von Norden über den Gebirgskamm, während im Süden die Sonne scheint. Man weiß nie, was einen auf der anderen Seite der Insel erwartet. Große Sehenswürdigkeiten gibt es auf São Jorge nicht, hier wird vor allem Käse produziert. Die Insel *an sich* ist spektakulär. Lohnend ist die Fahrt zum Westkap, dem **Punta dos Rosais.** Dort blickt man fast 300 m lotrecht nach unten, auf ein fantastisches Brandungsszenario. Drei Campingplätze (spottbillig) gibt es an der geschützten Südküste, der von Velas ist supermodern, der von Urzelina der schönste.

Blick auf die Inselhauptstadt von Sao Jorge

ⓘ-Box Portugal

Einreise
Der Personalausweis genügt (D/A/CH). Portugal ist Mitglied des Schengener Abkommens.

Geld
Portugal gehört zur Euro-Zone. Die Lebenshaltungskosten sind etwas niedriger als in D.

Gesundheit
Das EU-Sozialversicherungsabkommen ermöglicht Mitgliedern gesetzlicher Krankenkassen die Inanspruchnahme medizinischer Leistungen (D, A). Details: *www.dvka.de*

Infos
- *www.visitportugal.com* – Offizielle Tourismus-Seite
- *www.portugal-links.de* – Umfangreiche Link-Sammlung

Infos vor Ort
Innerhalb Portugals sind die **Touristenbüros** der Städte und Gemeinden (Posto de Turismo, Junta de Turismo) zuständig für regionale Infos, für Stadtpläne, Zimmernachweise oder auch Karten für Stierkämpfe (in Portugal bleibt der Stier am Leben).

Wetter
Atlantische Einflüsse verhelfen Portugal zu einem gemäßigt subtropischen Klima. Die heiß-trockene Sommerperiode ist etwas milder als in den östlichen Mittelmeerländern. Am stärksten ist der Norden den kühlfeuchten Einflüssen des Atlantiks ausgesetzt, während südlich des Portugiesischen Scheidegebirges nur noch wenig davon zu spüren ist. Für ganz Portugal gilt, dass es landeinwärts heißer als an der Küste ist; besonders ist dies in der Tejo-Ebene gut nachvollziehbar. Mit Juli/August-Temperaturen bis zu 40 °C sind Alentejo und Trás-os-Montes die heißesten Regionen des Landes.

Wind
Westliche Winde dominieren, in Nordportugal aus Nordwest (Nortada), an der Algarve auch aus südlichen bis östlichen Richtungen. In Küstennähe deutlich stärkere Winde als im Landesinnern.

Reisezeit
Günstige Tourenmonate für die Nordhälfte Portugals sind Mai bis September, für die Südhälfte März bis Oktober, wobei aber das Wetter bis in den Mai noch wechselhaft sein kann. Mandelblüte ab Februar. Schulferien landesweit von Anfang Juli bis Mitte September.

Anreise

Per Bahn
Nach Portugal sind weder Fahrradmitnahme noch -versand möglich.

Per Flieger
Lissabon und Faro sind die Hauptziele der Charterflieger. Das Bike kostet 30–50 € pro Strecke.

Per Rad
Von Frankfurt bis Lissabon sind es auf Nebenstraßen mindestens 3000 km. Eine Verknüpfung von EuroVelo 3, 2 und 1 wäre eine Option. Nur leider ist davon bisher erst ein Viertel realisiert. Denkbar wäre eine Portugaltour aber auch im Kombipack mit einer ohnehin geplanten Spanienfahrt, entweder via Galicien im Norden, der Extremadura im Osten oder Andalusien im Süden (s. a. Spanien / Anreise).

Transport im Land

Bahnen
www.cp.pt (auch engl.)
Das Streckennetz der Portugiesischen Eisenbahn **CP** besteht aus einer Nord-Süd-Achse, fünf davon abgehenden Verbindungen mit Spanien und einigen regionalen Nebenstrecken (insgesamt um 3600 km). Die Möglichkeiten der Fahrradmitnahme wurden stark beschnitten. Das unzerlegte Rad kann nur in Regionalzügen mitgenommen werden, und auch hier nur in solchen Zügen mit Gepäckwagen oder -abteil. Die Bedingungen ändern sich häufiger, einfach versuchen!

Busse
Fahrradmitnahme in Überlandbussen ist nur in Ausnahmefällen möglich. Der Busfahrer entscheidet.

Übernachten

Zimmer
Das größte Bettenangebot konzentriert sich wie üblich an den Ferienküsten. Dort ist es im Sommer aber oft aussichtslos, ein Zimmer für lediglich ein bis zwei Nächte zu ergattern.

Weniger Probleme gibt es diesbezüglich im Hinterland, auch dort gibt es ausreichend Unterkünfte.

Preiswerte Unterkünfte sind **Pensionen** oder einfachere **Hotels** (Pensão, Casa de Hóspedes). DZ um 40 €. **Privatzimmer** werden nur in Regionen mit viel Tourismus angeboten.

Teuer sind Übernachtungen in den eher noblen Herbergen der Kategorien **Estalagem, Albergaria** und **Pousada.**

Rund 40 **Jugendherbergen** (Pousadas de Juventude) verteilen sich recht gut übers Land, jeweils drei weitere gibt es auf Madeira und den Azoren. Reservierung in der Feriensaison obligatorisch! JH-Ausweis kann vor Ort erworben werden. Ü ab 10 € (*www.hihostels.com).*

Campen

Rund 200 Campingplätze dürften in Portugal existieren, neue entstehen, viele sind längst geschlossen – keiner registriert sie so genau. Die meisten Plätze finden sich an den Küsten (speziell Algarve), nur wenige im Landesinnern. Die Ausstattung ist gelegentlich noch recht spartanisch (kalte Duschen, Boden-WCs). Ü ab 7 €/Zelt.

Hinweis für Lissabon: Groß und gut ausgestattet ist der Hauptstadt-Campingplatz im Parque de Monsanto. Aber nur wenige Radler werden diesen Platz am Stadtrand erreichen, ohne dabei die Stadtautobahn benutzen zu müssen – horrível! Ein *Zimmer in der Stadt* ist von vornherein die bessere Wahl.

Freies Campen wird unter ähnlichen Bedingungen wie in Spanien toleriert (s. dort). Gute Möglichkeiten bieten die Pinien- und Korkeichenwälder des Alentejo. Wegen der steinigen Böden eine Unterlegplane fürs Zelt mitnehmen.

Karten, Literatur & GPS

Tourenkarten

- Michelin: Portugal, 1:400.000, 8,99 €. Aktuell und meist auch ziemlich zuverlässig, gute Unterscheidung der Straßenzustände (asphaltiert, nicht asphaltiert).
- Reise Know-How, World Mapping Project: Portugal 1:350.000, 8,90 €, Algarve 1:100.000, 8,90 €.
- ADAC: Portugal 1:300.000. 8,50 €, Algarve 1:125.000, 8,50 €.
- *www.kowoma.de* – OSM-basierte, routingfähige Freizeit-Karte für Garmin&Co.

Tourenführer

- Kettler Vlg.: Radreiseführer „Portugal per Rad" in 2 Bänden. Bd. 1: Algarve/Alentejo ... Bd. 2: Norden.

Der Weg war lang bis Portugal

Fahrrad (A bicicleta)

Ausstattung

Generell empfiehlt sich ein Reise-MTB mit 26-Zoll-Rädern. Schutzbleche sind empfehlenswert fürs feuchtere Nordportugal. Laufräder, Gepäckträger, Taschen, alles sollte stabil und zuverlässig sein, denn Ersatzteile sind schwer zu beschaffen.

Reparaturen

Außer in Porto, Lissabon, Faro und einigen Küstenorten gibt es nur wenige Werkstätten, die helfen können. Es wird gerne improvisiert. Nicht immer jedoch so gefühlvoll, wie sich das der Besitzer eines hochwertigen Bikes erhofft. Ersatzteile für 28-Zoll-Räder sind schwer aufzutreiben. Auch 26-Zoll Schläuche mit franz. Ventil sind ungebräuchlich. Dafür gibt es überall billige MTB-Reifen.

Am südlichsten Landpunkt Europas (Cabo de São Vicente)

Straßen und Wege

Straßen

Gaanz früher, so bis in die 1980er Jahre, war Portugal bei Radreisenden wegen seiner Pflastersteinstraßen verrufen. Seitdem wurde viel Asphalt übers Land verteilt und ein modernes Straßennetz geschaffen. Unbehandelte Pflasterstraßen gibt es noch im Norden. Auch Ortsdurchfahrten sind häufig nur gepflastert, um den Ortscharakter zu erhalten. Außerhalb des Einzugsbereichs der Ballungszentren ist der Verkehr gering. Radwege existieren vereinzelt an Ausfallstraßen. Neuere Hauptstraßen (Nationalstraßen) haben in der Regel einen ausreichend breiten Randstreifen zum Radeln. Die Orientierung erfordert manchmal einen guten Instinkt (oder eben ein GPS), denn auf Nebenstrecken ist die Wegweisung sparsam bis dürftig, und um die Landbevölkerung zu fragen, müsste man erst mal portugiesisch können.

Verkehr

Portugals Autofahrer hatten früher einen miserablen Ruf. Mittlerweile haben sie sich sehr gebessert und die rote Laterne als „Land mit den meisten Verkehrstoten pro Einwohner" an Rumänien abgegeben. Radler werden mit gebührendem Abstand überholt. Nur wo es eng und voll ist, kommt auch mal der „alte" Portugiese zum Vorschein.

Verkehrsregeln: Seit 2014 sind auch Radfahrer gegenüber motorisierten Verkehrsteilnehmern vorfahrtsberechtigt, zuvor waren sie das nicht. Autofahrer müssen Radfahrer mit verminderter Geschwindigkeit und einem Mindestabstand von 1,5 m überholen. Auch Gehwege dürfen von Radfahrern neuerdings benutzt werden, allerdings nur im Schritttempo und Fußgängern gegenüber rücksichtsvoll.

Offroad (MTB)

Wanderwege dürfen benutzt werden, auch in Nationalparks, Verbote können in Vogelschutzgebieten bestehen. Für entspanntes Offroad-Biken bieten sich zahllose Wirtschaftswege an, sehr schön etwa in den Korkeichenwäldern des Alentejo. Ungewöhnlich sind die Levadas auf Madeira. Schöne, nicht zu anspruchsvolle MTB-Reviere finden sich in Gebirgsgregionen wie der Serra da Monchique im Südwesten oder dem Peneda Geres-Nationalpark hoch im Norden. Wer eine beschilderte Route sucht: Der 230 km lange Caminho Historico – Hauptweg des **Rota Vicentina** *(www.rotavicentina.pt)*, ein voll ausgeschilderter Wanderweg entlang der Westküste – ist auch für Mountainbiker machbar.

Vía de la Plata – der andere Jakobsweg

von Andreas Bugdoll

Westwind

Für den Start in den südlichen Frühling haben wir uns Anfang April einen einsamen Jakobs-Pilgerweg ausgesucht: die Via de la Plata, die von Andalusien nach Norden führt. Bis nach Santiago de Compostela wollen wir fahren, und dann noch ein Stück weiter bis Porto. Wir haben uns für Portugal als Start und Ziel entschieden, da die Flüge wesentlich preiswerter waren, als ins benachbarte Spanien. Der Westwind meint es gleich zu Beginn gut mit uns und so brausen wir auf dem breiten Seitenstreifen der Hauptstraße vom Flughafen bis an den Rio Guadiana, der die Grenze nach Spanien darstellt. Die kleine Autofähre „Virgen de los Milagros" bringt uns trotz ihres Alters hinüber nach Ayamonte in Spanien.

Vía Verde

In La Antilla gehen wir am nächsten Morgen in einer Bar am einsamen Strand frühstücken, bevor wir landeinwärts Richtung Nerva abbiegen und uns für die nächsten zwei Wochen vom Meer verabschieden. Dann sehen wir neben der Straße einen Vía Verde, einen Radweg auf einer alten Eisenbahntrasse, mit asphaltiertem Belag und wechseln bis Valverde de Camino zu dieser autofreien Variante. Dort geht der Vía Verde zwar weiter, aber leider nicht asphaltiert. Durch den vielen Regen der vergangenen Wochen stehen die sichtbaren Teile des Weges unter Wasser, und so bleiben wir lieber auf der guten, leeren Straße mit dem breiten Seitenstreifen.

Roter Fluss

Kurz hinter Zalamea biegen wir nach Minas de Rio Tinto ab. Der Rio Tinto ist trübe, wirklich tiefrot gefärbt und sieht ziemlich ungesund aus. In dieser Mondlandschaft dominieren die weithin sichtbaren Anzeichen des vergangenen Kupferabbaus. Weit reichende, erodierte Schutthügel, Seen mit dunkel gefärbtem Wasser, ehemalige Tagebaugruben und riesige Förderanlagen sind mahnende Symbole einer massiven Landausbeutung und Umweltverschmutzung. Ein wenig fühlt man sich an den Braunkohletagebau in unseren Landen erinnert. Der Zeltplatz bei Nerva ist leider aufgegeben, die Anlage ist verfallen und lädt auch nicht zum Wildzelten ein. Also geht es zurück in die Stadt in ein kleines Hotel.

Vía de la Plata

In Aracena ist die Szenerie des Rio Tinto schon vergessen, als wir in einer kleinen Bar leckere, mit Tomatenmus und Olivenöl bestrichene Tostados und einige Cortados zum Frühstück einnehmen. Für uns ist diese spanische Barkultur eine willkommene Einrichtung, die es uns immer wieder möglich macht, mit den netten Menschen vor Ort problemlos in Kontakt zu treten. Bei eisiger Kälte genießen wir dann auf dem Weg nach Zafra die schönen Aussichten in die weite Landschaft. In Zafra stoßen wir nun auf die *Via de la Plata*. Die Pilgerschilder werden nun allgegenwärtig sein. In Zafra ist es um 16 Uhr nach der Siesta noch wie ausgestorben. Da uns nach einem kurzen Besuch der netten Altstadt keine Bar einladend genug erscheint, begnügen wir uns für den Pausensnack mit einem Bocadillo und Nutella und fahren anschließend weiter durch die Extremadura in Richtung Norden.

Auf der Via de la Plata nördlich von Mérida (Extremadura)

Mérida

Bei strammem Wind von hinten düsen wir die leicht fallende Strecke nach Mérida hinunter. Hier fließt der Rio Guadiana, der wegen des Dauerregens weit über die Ufer getreten ist. Die Uferstraße wurde schon gesperrt. Auch der Sportplatz ist nur noch durch die knapp aus dem Wasser ragenden Latten der

Tore zu erahnen. Mérida hat viele sehenswerte römische Gebäude zu bieten, unter anderem ein großes Amphitheater, und ist auch sonst recht einladend.

Cáceres

Das mühselige Auf und Ab quält uns weiter, allerdings begleitet von schönen Aussichten über Hügel mit grünen Wiesen und knorrigen Bäumen. Unterwegs ist eine römische Brücke mit den Resten der alten Römerstraße ein netter Fotostopp. Als wir nach dem Überwinden eines fast 500 m hohen Sattels in Cáceres einlaufen, sind ringsum schwarze Wolken und Bindfäden zu sehen. Gott sei Dank regnet es erst, als wir im Hotel angelangt sind. Bisher ist unser Wunsch nach einem vorgezogenem Sommer mit warmen Temperaturen noch nicht erfüllt worden. So gehen wir nach einer heißen Dusche und in warme Sachen gekleidet noch in die schöne Altstadt mit ihren wehrhaften Gemäuern. Insbesondere die Plaza Mayor ist einen Besuch wert. Hübsche weiße Häuser auf der einen Seite, und die Festung maurischen Ursprungs auf der anderen Seite des großen Platzes bilden den Rahmen für einen gemütlichen Abend in einem der vielen belebten Restaurants. Wir nehmen am Plaza Major eine Racion Gambas al Ajillo und etliche kostenlose Tapas mit einigen Cañas zu uns und bewundern bei einsetzender Dunkelheit die toll illuminierten Gebäude. Ohne Zweifel ist Cáceres einen Stopp wert und der Höhepunkt der zurück liegenden Kilometer.

Mühsam und kalt

Da es bis Plasencia fast 100 Kilometer sind, radeln wir bei bitterkalten Temperaturen recht früh los. Durch eine einsame Gegend mit nur einer einzigen Verpflegungsmöglichkeit. Die Fahrt führt weit abseits der Via de la Plata auf 400 m Höhe auf einer Art Bergkamm entlang, und wegen einiger Flusstäler müssen wir mehrmals auf etwa 200 m hinab. Die Steigungen sind recht leicht, aber ihre Vielzahl und die Eintönigkeit der Strecke sind zehrend. Hinter Torrejón wird es schließlich schöner, als wir auf eine steile Felswand zufahren. Die Straße führt am Wasser entlang zu einem Felsdurchbruch, wo unzählige große Greifvögel ihre Heimat haben. Es ist mit 11 °C auch über Mittag sehr kalt und der Himmel zeigt sich immer noch voller dicker Wolken. Als wir Plasencia erreichen, haben wir keine Lust mehr auf weitere Kilometer und radeln daher gleich zum Camping, der etwas außerhalb am Stadtrand im Jerte-Tal liegt.

Jetzt auch noch Schnee

Der Wettergott ist uns weiterhin nicht gut gesonnen. Auf der zunächst relativ flachen Straße durch das Tal des Rio Jerte kämpfen wir neben der Kälte nun auch noch mit starkem Gegenwind. Statt in kurzer Hose und T-Shirt fahren wir nun schon tagelang in langen Wintersachen und mit übergezogener Windjacke. Die Strecke zieht sich und die Kilometer wollen bei Geschwindigkeiten um 10 km/h nicht so richtig fluppen. Es liegen zwar einige Dörfer wie Navaconcejo am Weg, aber es gibt kaum Einkehrmöglichkeiten. Hinter Tornavaca zieht die Straße endlich ein wenig stärker an und wir erreichen den gleichnamigen Pass in 1275 m Höhe. Oben ist es stürmisch bei 5 °C, und es grieselt leicht. Die Berge rundum sind verschneit. Für die rauschende Abfahrt müssen wir wegen der Kälte unsere kompletten Regensachen zusätzlich überziehen. Doch leider geht's bis Béjar nicht weiter abwärts, sondern von 1000 m wieder langsam hoch bis auf nochmals 1285 m. Wir sind erschöpft, müssen aber weiter. An der Kreuzung zur N630 liegt dann zu unserem Glück ein Hotel, so dass wir nicht noch bis nach Béjar müssen.

Puerto de Tornavacas, Extremadura

Schinkenfabriken

Nach einer erholsamen Nacht beunruhigt uns der schöne Blick hinüber auf das tief verschneite Skigebiet von Béjar, das auf fast 2000 m Höhe liegt. Der Himmel ist zwar wolkenlos, aber beim Start in den neuen Radtag zeigt das Thermometer nur noch 1 °C unter Null! Das ist also unsere Radtour in den erhofften spanischen Frühsommer. Super! Die erste Kaffeepause, die wir in einer Bar hauptsächlich zum Auftauen nutzen, machen wir in der Schinkenstadt Guijuelo. Der Wirt erzählt uns von über einhundert Schinkenfabriken, die in der Gegend sein sollen. Es will nicht über 5 °C werden und so fahren wir ein wenig widerwillig weiter durch die Hochebene auf über 1000 m. Wir sehen kurz die Embalse de Sta. Teresa, bevor wir nach endlosem Auf und Ab den Kampf mit dem eisigen Gegenwind gewonnen haben und endlich in Salamanca einfahren, wo wir wieder auf die Via de la Plata treffen.

Endlich in Salamanca

Die immerhin auf 800 m Höhe liegende Altstadt kann mit einem tollen alten Zentrum aufwarten. Die Highlights von Salamanca sind neben den belebten Altstadtgassen natürlich die beiden großen Kathedralen mit beeindruckend hohen Schiffen, das so genannte Muschelhaus mit unzähligen Jakobsmuscheln auf der Fassade und natürlich die atemraubende Plaza Mayor. Dieser Platz ist wohl der schönste in ganz Spanien und stellt für uns sogar den Hauptplatz von Madrid in den Schatten. Hier verbringen wir einen Teil des Nachmittags in der angenehm warmen Sonne, bevor wir abends ins Café Real auf ein paar Tapas und eine Racion Gambas al Ajillo einfallen. Um etwa 21 Uhr wird die Beleuchtung des Placa Mayor zur so genannten Blauen Stunde, also kurz vor der einsetzenden Dunkelheit, eingeschaltet. Spätestens jetzt hat sich Salamanca einen unauslöschlichen Platz in unserer Erinnerung erobert.

Puebla de Sanabría

Hinter dem sehr netten Zamora mit seinem alten Zentrum verlassen wir die weiter nach Norden führende Via de la Plata, um uns in Richtung Westen dem nächsten Jakobsweg zu nähern. Unweit der portugiesischen Grenze liegt der recht ruhige „Camino Mozàrabe Sanabrés", dem wir nun für einige Tage folgen werden. Wir fahren bei immer noch sehr niedrigen Temperaturen auf Höhen um 1000 Meter bis zum uralten Puebla de Sanabía. Hier tauchen wir in die erhöht gelegene historische Altstadt ein. Steile Gassen und alte Häusern mit Steinfassaden und dunklen Holzbalkonen. Am schönsten ist der Ort nachts, wenn alles romantisch beleuchtet ist.

Horreos

Bei eisigem Sturm quälen wir uns einen Pass bis auf 1300 m hinauf. Der Wind ist so stark, dass wir die letzten 500m schieben müssen und selbst dabei Schwierigkeiten haben. Auf der Landstraße ist zum Glück fast kein Verkehr,

Salamanca, Via de la Plata

Kastilien

so dass wir auf dem weiteren Weg nicht gefährdet sind. Nach Verin führt die Straße überwiegend bergab. Unterwegs gibt es viele schöne Aussichten, die uns viele schwarze Wolken leider etwas vermiesen. Verin wirkt ziemlich hässlich und abweisend. Zu unserer Überraschung sind die Leute hier zum ersten Mal auf der ganzen Reise eher muffelig. Am 890 m hohen Pass Puerto de Estivadas regnet es wieder und es ist total nebelig.

In Xinxo trinken wir bei 10 °C draußen einen Cortado und unterhalten uns mit einer lieben Oma, die unsere Spanischkenntnisse bewundert. Noch einmal geht es hoch, auf den 750 m hohen Alto de Allaritz, bevor es nach Ourense hinabgeht. Hier, auf nur noch 100 m Höhe, kommt plötzlich die Sonne raus und das Thermometer klettert auf 16 °C. Was für eine Wohltat!

Da es noch früh ist, fahren wir gleich weiter zur 21 km entfernten Pilgerherberge in Cea. Bald müssen wir eine halbe Stunde steil bergauf auf fast 400 m Höhe hinauf schieben.

Kornspeicher (Horreos)
am Vía de la Plata in Kastilien-Leon

Puuuh! Zum ersten Mal kommen wir auf der Tour ins Schwitzen! In dieser Gegend begegnen uns viele sehenswerte, alte *Horreos*. Das sind lange, schmale Kornspeicher, die neben den Straßen stehen. Ein netter Mann öffnet uns einen dieser Speicher, wo wir unzählige, perfekt gestapelte Maiskolben sehen.

Hochburg

Langsam kommen wir Santiago de Compostela näher, dem kulturellen Höhepunkt unserer Reise quer durch Spanien. Die schönen Landschaftseindrücke der letzten zwei Wochen werden weniger und auch die Städtchen am Weg sehen nicht mehr so alt und verträumt aus. Santiago ist eine Touristenhochburg ist. Hier kommen und gehen unzählige Gäste aus allen Ländern der Welt für kurze Zeit, und man wickelt diese Flut ohne allzu große Freundlichkeit ab. Auch in der Touristeninformation fühle ich mich eher als Störfaktor, der tatsächlich ein Zimmer und dazu noch einen sicheren Platz für das Rad sucht. Doch der kühle Empfang kann uns den Abend in der tollen Altstadt mit der großen Kathedrale nicht verderben. Fast fühlt man sich in den von Arkaden gesäumten Gassen wie im Mittelalter.

Echte Küstenstraße

Die Sonne macht uns den Abschied von Santiago leicht. Jetzt ist es nicht mehr weit zum Meer, wo gigantische Wellen auf den riesigen Strand schlagen. Auf sehr steilen Sträßchen geht es durch die Küstenberge nach Süden. Obwohl wir noch in Spanien sind, sehen Corbucións Häuser mit ihren schmiedeeisernen Balkonbrüstungen und verglasten Balkonen schon sehr portugiesisch aus. Wir fahren nach dem Frühstück bei bedecktem Himmel auf der Promenade zum Dorf. Hinter Cee geht es durch die Hafengegend weiter an der Küste entlang. Die gut zu fahrende Strecke führt nun endlich als wirkliche Küstenstraße ganz dicht an langen Stränden vorbei. Die Berghänge sind, so weit das Auge reicht, mit fettgelbem blühendem Ginster überzogen. Das Wetter bleibt frühlingshaft warm, so dass wir die netten Dörfer Muros und Noia mit ihren uralten Gemäuern und Arkadengängen aus Granit genießen können. Oft in Meeresnähe fahrend, nähern wir uns der Grenze zu. Im kleinen Dorf Combarro sehen wir wieder einige nette Horreos, die sehr fotogen am Meer stehen. Natürlich sind an solch netten Stellen Restaurants und Souvenirbuden nicht fern, aber trotzdem lohnt der kurze Abstecher.

Vigo

Im weiten Bogen radeln wir nach Pontevedra, eine der angenehmsten Städte der Reise. Pontevedra hat noch eine sehr schöne alte Innenstadt mit vielen Restaurants an den von Arkaden gesäumten Plätzen. Es gibt noch einige nette Strände, aber die Gegend ist leider auch durchgehend bebaut. Von Cangas bringt uns die Fähre in nur zwanzig Minuten hinüber nach Vigo. Vigo ist sehr groß und städtisch. Das alte Viertel ist grundsätzlich nett, fällt aber nach den vielen schmucken Dörfern auf der Reise im Vergleich ziemlich ab. Auf einer vierspurigen Straße bewegen wir uns im Stadtverkehr nach Süden durchs Hafengebiet und erreichen den schönen Playa de Samil. Die Küstenstraße bringt uns weiter nach Baiona, das uns teilweise sehr an die oberitalienischen Seen erinnert. Die angenehmen Temperaturen nutzen wir für einen wunderschönen Abend mit Picknick am Strand bis zum Sonnenuntergang.

Portugal

Spanien verabschiedet sich von uns auf den letzten Kilometern mit einer grandiosen Straße nebst breitem Fahrradweg entlang der sehenswerten Felsenküste mit riesigen tosenden Wellen. Toll! Da die Strecke relativ flach ist, kommen wir schnell in Guarda an, um dann mit Rückenwind gleich weiter am Rio Mino ein wenig flussaufwärts nach Tui zu fahren. Der Grenzfluss Rio Minho wird hier von einer Brücke überspannt, die Gustave Eiffel zugeschrieben wird. Die hinter der Brücke liegende Stadt Valenca weist ein schönes Kastell auf, in dem der sehenswerte alte Stadtkern liegt. Die weiß getünchten Fassaden mit den Balkonen sehen überaus einladend aus. Hier sieht es frischer und freundlicher aus, im Vergleich zu den doch etwas düsteren Städten Galiciens. Auf dem Rückweg zur Küste, auf der portugiesischen Seite des Flusses, gibt es an der Landstraße durchgehend einen breiten Seitenstreifen. Vilanova und Caminha sind weitere sehr nette Dörfer mit altem Kern, die zu einer kleinen Kaffeepause am Hauptplatz einladen. Entlang der umtosten Küste kommen wir nach Vila Chá, das kurz vor Porto liegt. Von hier aus fahren wir ohne unsere Fahrräder mit dem Zug nach Porto hinein, um die sehr schöne Stadt ohne Ballast zu Fuß erkunden zu können.

Hier endet unsere Tour quer durch die iberische Halbinsel. Eine Tour mit sehr einsamen, schönen Landstrichen, netten Menschen und unzähligen sehenswerten Dörfern und Monumenten. Nur das spanische Aprilwetter hatten wir uns anders erhofft.

Atlantikküste zwischen Baiona und Portugal (Galicien)

Rumänien

Daten

237.500 qkm • 20 Mio. Einwohner • 84 Ew./qkm
Ausdehnungen: N – 500 km – S // W – 650 km – O

Land

Ein knappes Drittel des Landes besteht aus bewaldeten Gebirgen, vorneweg der 1300 km lange, bis zu 2543 m hohe Karpatenbogen. Ein gutes Drittel ist hügeliges Hochland (Transsylvanien, Moldauisches Plateau). Das letzte Drittel nehmen fruchtbare Tiefebenen ein (Walachei, Ungarische Tiefebene, Banat). Hinzu kommen so unterschiedliche Gewässer wie das Schwarze Meer, das labyrinthische Donaudelta, unbegradigte Flussläufe und rund 2300 Binnenseen.

und Leute

Der monatliche Nettolohn liegt bei 400 Euro (2014). Es wird zwar viel gebaut, aber unter dem Strich ist erst ein Bruchteil des Landes modernisiert, der Rest ist „historisch". Was nicht negativ sein muss. Auch wenn vieles verlassen oder verfallen ist, findet man so schöne Dörfer wie in Rumänien in keinem ehemaligen Ostblock-Land.

Ungarn und Roma sind die wichtigsten Minderheiten im Lande. Die deutschstämmige Bevölkerung (Siebenbürger Sachsen, Banater Schwaben) ist auf etwa 80.000 geschrumpft. Englisch und Französisch werden von einem beträchtlichen Teil der jüngeren Bevölkerung gesprochen. Rumänisch ist eine romanische Sprache mit slawisch-türkischen Einflüssen und klingt recht angenehm.

per Rad entdecken

„Descopera romania pe biciclete! – Entdecken Sie Rumänien mit dem Fahrrad!" wirbt eine rumänische Reiseagentur um seltene Kunden. Wer sich per Rad nach Rumänien begibt, dabei die großen Städte und Transitstraßen eher meidet, wird ein unvermutet reizvolles Land entdecken, mit erstaunlich viel intakter Umwelt und freundlichen Menschen. Trotz erheblichen Engagements kommt ein normaler Fahrradtourismus nur langsam in Schwung. Ein wichtiger Impuls wäre die Verlängerung des Donau-Radweges bis zum Schwarzen Meer. Aber es gibt kaum angemessene verkehrsarme Wege/Straßen und deshalb auch keine ausgeschilderte Donau-Radroute in Rumänien. Sehr aktiv ist hingegen die Szene der Mountainbiker, die vor allem in den Karpaten immer neue, wilde Touren auftut.

Routen & Regionen

Siebenbürgen (Transsylvanien) Wie ein Hufeisen umschließen die Karpaten das Siebenbürgische Hochland. *Sieben Kirchenburgen,* einst von deutschen Siedlern zum Schutz vor den Türken erbaut, verhalfen der stimmungsvollen Landschaft zu ihrem Namen. Flusstäler, die bis zu 300 m abfallen, und Höhenrücken, die bis zu 800 m ansteigen, durchziehen das Hügel- und Mittelgebirgsland. Die Straßen verlaufen überwiegend zwischen 400 und 600 m, über längere Strecken sogar nahezu eben.

Trotz etlicher Industriekomplexe ist Siebenbürgen in erster Linie in Bauernhand geblieben. Viele Städte und Dörfer sind vom Mittelalter geprägt und tragen deutsche Geburtsnamen wie Klausenburg (Cluj-Napoca), Schäßburg (Sighisoara), Hermannstadt (Sibiu) und Kronstadt (Brasov). Sie sind zugleich die typischsten Städte dieser sehr interessanten Region. Von Brasov sind es auf der 73 nur 27 km bis zur trutzigen „Dracula"-Burg Bran. Von dort führt ein Wanderweg in das populäre **Bucegi-Gebirge.** Der Aufstieg ist der schwierigste Teil, oben wartet ein unproblematisches, MTB-geeignetes Plateau. Touristische Hauptorte sind Sinaia und Predeal.

Marmarosch Zum Pflichtprogramm gehört auch die bergige Marmarosch (Maramures), eine besonders traditionsbewahrende Landschaft hoch im Norden Siebenbürgens. Eine 60 km lange Straße führt dort vom alten Hauptort **Sighetu Marmatiei** über Vadu Izei bis Sacel durchs **Tal der Iza,** wo beschnitzte Holzkirchen und buntbemalte Holzhäuser warten (speziell in Rozavlea und Bogdan Voda). In der östlich angrenzenden Bukowina erwartet Rumänienradler anschließend einer der Höhepunkte der Tour.

Bukowina Wer nicht von der Marmarosch in die angrenzende Bukowina gefahren ist, sollte von Siebenbürgen unbedingt durch die **Bicaz-Schlucht** zur Bukowina fahren. Denn die Straße von Gheorgeni nach Piatra-Neamt (80 km) durchquert die Ostkarpaten landschaftlich höchst eindrucksvoll. 15 km östlich von Gheorgeni ist mit dem **Bicaz-Pass** (1256 m) die Hauptarbeit getan, und die Fahrt durch den felsigen „Höllenschlund" beginnt. Sie endet in einem grünen Gebirgstal.

In der Marmarosch

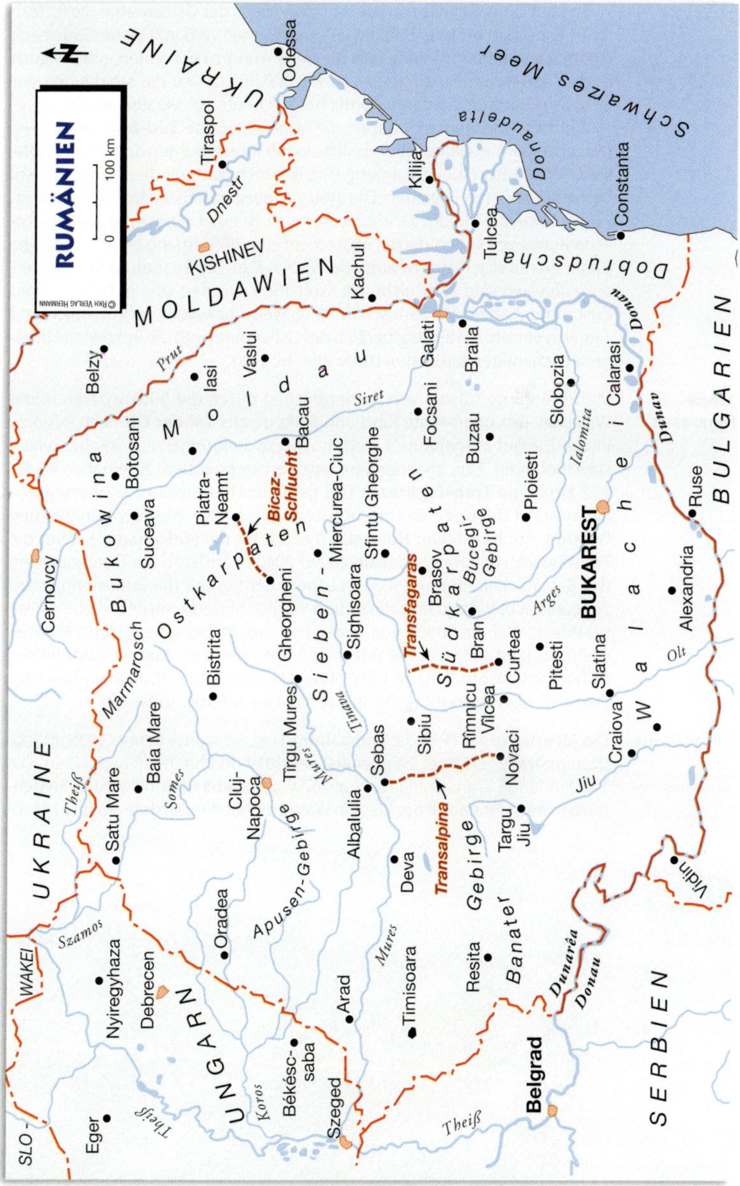
RUMÄNIEN
0 100 km
© RKH VERLAG HERMANN
UKRAINE
MOLDAWIEN
UNGARN
SERBIEN
BULGARIEN
SLO-
WAKEI
Schwarzes Meer
Donaudelta
Dobrudscha
Moldau
Bukowina
Marmarosch
Ostkarpaten
Siebenbürgen
Südkarpaten
Walachei
Banater Gebirge
Apusen-Gebirge
Bucegi-Gebirge
Bicaz-Schlucht
Transfagaras
Transalpina
Odessa
Tiraspol
KISHINEV
Kachul
Kilija
Tulcea
Constanta
Belzy
Iasi
Vaslui
Galati
Braila
Botosani
Bacau
Focsani
Buzau
Slobozia
Calarasi
Suceava
Piatra-Neamt
Miercurea-Ciuc
Sfintu Gheorghe
Ploiesti
BUKAREST
Ruse
Cernovcy
Gheorgheni
Brasov
Bran
Curtea
Pitesti
Alexandria
Slatina
Bistrita
Tirgu Mures
Sighisoara
Sibiu
Rimnicu Vilcea
Craiova
Baia Mare
Satu Mare
Cluj-Napoca
Albalulia
Sebas
Novaci
Targu Jiu
Deva
Vidin
Oradea
Resita
Timisoara
Arad
Nyiregyhaza
Debrecen
Békéscsaba
Szeged
Eger
Belgrad
Dnestr
Prut
Siret
Ialomita
Arges
Olt
Jiu
Tirnava
Mures
Somes
Theiß
Szamos
Koros
Donau
Dunav
Dunarêa

Bis zum Grenzfluss Prut erstreckt sich jenseits der Ostkarpaten die historische Landschaft **Moldau** (Moldavia). Ihren Namen verdankt sie der Sage nach einem Hund namens Molda (um die Verwirrung zu vollenden, gibt es auch noch einen NebenFluss namens Moldau). Politisch war die Moldau mit der Bukowina verbunden, deren nördlicher Teil heute zur Ukraine gehört.

Weltberühmt gemacht haben die abgeschiedene **Süd-Bukowina** zwei Dutzend spätmittelalterlicher, moldauischer Klosterburgen und Kirchen (UNESCO-Weltkulturerbe). Einzigartig sind ihre im byzantinischen Bilderbuchstil bemalten äußeren Fassaden. Die interessantesten Klöster (Voronet, Humor, Putna, Sucevita, Moldovita u. a.) lassen sich zu einer schönen großen Bukowina-Runde verbinden, die mit Abstechern etwa 400 km lang ist. Als Ausgangspunkt bieten sich Piatra-Neamt oder Suceava an. Die Straßen zu den Klosteransiedlungen sind zwar nicht alle asphaltiert, werden aber in befahrbarem Zustand gehalten. Die Landschaft ist teilweise bewaldet, sehr friedlich und ziemlich einsam. Im Einzugsbereich der Ostkarpaten hat die Bukowina Mittelgebirgscharakter, ansonsten ist sie eher hügelig.

Transfagarasch

Mehrere Wege führen von Siebenbürgen durch die Südkarpaten in die Walachei. Der bequemste führt von Sibiu durchs **Tal der Olt** nach Rimnicu Vilcea. Die gut ausgebaute 7 weist nur kurze Steigungen auf, ist aber relativ stark befahren. Eine spannendere, auch anstrengendere Alternative ist die 152 km lange **Transfagarasch** (TF) genannte Passstraße 7-C übers alpine Fagarascher Gebirge – das mächtigste und imposanteste aller rumänischen Gebirge. Auf der steilen Nordseite (typisch für die Südkarpaten) steigt die Transfagarasch in Haarnadelkurven auf 2040 m an. Nach der Durchquerung des Balea-Scheiteltunnels (884 m Länge) geht es auf der Südseite bis zum Stausee Lacul Vidraru flott hinab und vergleichsweise unspektakulär weiter bis Pitesti. Wer die Straße von Süden her angeht, hat es insgesamt leichter. Geöffnet ist die Passstraße nur in den Monaten Juli, August, September. Abhängig vom Straßenzustand (Schnee) kommt man evtl. auch im Juni oder Oktober rüber. Man sollte die Sperre nicht leichtfertig umfahren.

Transalpina

Die Alternative zur TF ist die **Transalpina** (TA). Sie wurde bereits 1939 als sog. „Königsstraße" eröffnet, ist aber erst seit 2012 durchgehend asphaltiert. Die 148 km lange Transalpina führt als 67-C von **Sebes** (Mühlbach) in Siebenbürgen nach **Novaci** in der Kleinen Walachei. Mit dem **Urdele-Pass** (2145 m)

Transalpina

ist sie die höchste Straße Rumäniens. Ebenso wie die TF ist sie nur von Juli bis September geöffnet. Gegen echte Alpenpässe kommt die Transalpina zwar nicht an, aber sie hat schon was. Im Gegensatz zur Transfagarasch ist der Anstieg von Norden leichter. Wer von Sebes kommend hoch fährt, kann nach rund 75 km in einem Hochtal auf 1350 m gut zelten. Am nächsten Morgen dann über den Pass.

Mit dem Erreichen vom Urdele-Pass ist es aber nicht getan. Denn es gibt noch einen zweiten, anonymen Pass, der sogar 2175 m hoch ist. Zwischen diesen beiden Pässen geht es auf 1990 m runter.

Welche Straße die schönere ist? Die Transfagarasch hat weniger Fernblicke, da sie überwiegend durch Wälder führt. Die Transalpina hat vor allem im oberen Bereich die schönere Fernsicht, ist aber verkehrsreicher. Welcher Anstieg ist der „leichteste"? Der südliche TF-Anstieg ist gleichmäßiger als der (nördliche) TA-Anstieg (es gibt eine lange Gegensteigung und besagten zweiten Pass). Denkbar wäre natürlich auch eine Rundfahrt, indem man die TA von N nach S fährt und die TF von S nach N. Da hat man das Beste in einem und versäumt nichts.

Wenn möglich, sollte man das Wochenende vermeiden. Dann wird die Transalpina von Ausflüglern und Bikern regelrecht überschwemmt.

Walachei

Die Walachei gilt als das rumänische Kernland schlechthin. Sie erstreckt sich von den Kämmen der Südkarpaten bis an die Donau. Den größten Raum nimmt dabei die Tiefebene der **Großen Walachei** ein (Muntenia), wo die nicht sonderlich interessante Hauptstadt Bukarest spinnengleich im Zentrum aller wichtigen Fernstraßen hockt. Der reizvollste Teil der Walachei ist das stark hügelige Karpatenvorland. Dort liegt auch die sehenswerte alte Bischofsstadt **Rîmnicu Vîlcea,** in deren Umgebung die „Klöster der Walachei" attraktive Etappenziele darstellen.

Die interessanteste Tour im karpatischen Randbezirk der **Kleinen Walachei** (Oltenia) führt von Rimnicu Vilcea über Horezu und Tîrgu Jiu nach Baile Herculane (Herkulesbad). Obstgärten, Bergdörfer, Grotten, Gebirgsmassive

Imker in der Walachei

und Bergklöster liegen am Rande dieser nach Westen hin auf 1100 m ansteigenden Strecke. Einen dunklen Fleck bildet nur die umweltruinierte Gegend um Tîrgu Jiu. *Dieter Schmidt:* „Tot, toter geht's nicht. Ein ökologisches Nevercomeback."

Donau

Hinter Baile Herculane lohnt sich ab Orsova ggf. die Fahrt durch das **Donaudurchbruchstal** in Richtung Belgrad/Serbien. Die Straße ist zur Zeit noch wenig befahren, und der als „Eisernes Tor" bekannte 120 km lange Karpatendurchbruch sicherlich einer der schönsten Donauabschnitte überhaupt.

Hingegen ist die **Donau flussabwärts,** von Orsova (bzw. Drobeta Turnu Severin) bis Calarasi, szenisch völlig uninteressant (monotone Agrarebene, staubige Dörfer, Straße entfernt vom Fluss verlaufend), hat aber den Vorteil flach zu sein, während die schönere Alternative im Karpatenvorland (s.o.) permanent hügelig und anstrengend ist.

EuroVelo 6

Die 1050 km lange **Fortführung des Donau-Radweges** von Serbien (Grenzübergang bei Bela Crkva) bis zum Schwarzen Meer ist Teil des **EuroVelo 6.** Sie ist in Rumänien noch nicht ausgeschildert. Mit den hervorragend gemachten GTZ-Karten (s. Info-Box) kommt man aber trotzdem gut durch. Die Wege verlaufen manchmal wunderbar asphaltiert auf den Deichen, oft aber auch völlig langweilig und weit weg von der Donau. Weitere Details zum Donau-Radweg in den Länderkapiteln Ungarn und Serbien.

Schwarzmeerküste

Der zum Baden geeignete, zugängliche Abschnitt der rumänischen Schwarzmeerküste ist nur 70 km lang und dementsprechend mit Hotel- und Strandanlagen gepflastert. Badeurlaub ist hier zwar billig und das Seeklima gesund, ansonsten gibt es aber weiß Gott ursprünglichere Badeküsten in Europa. Auch die Küstenstraße ist für Radler ohne großen Reiz.

Dobrudscha

Touristisch kaum erschlossen ist hingegen die Dobrudscha (Dobroega). Abgesehen von einer bei **Adamclisi** ausgegrabenen Römerstadt erscheint das weitgehend abgetragene Küstengebirge aber auch eher spröde und uninteressant, Agrarland beherrscht die einstige Steppenlandschaft. Die höchsten Erhebungen finden sich im nördlichen Bereich (bis 468 m). Vergleichsweise schön ist es aber, ab **Calarasi** zunächst noch linksufrig und ab **Cernavoda** dann rechtsufrig dem Lauf der **Donau** in Richtung Delta zu folgen.

Donaudelta

Tulcea ist der Hauptort am Donaudelta. Die über 5000 qkm große Sumpflandschaft ist ein Naturparadies besonderer Art. Erkundungen des labyrinthischen UNESCO-Biosphären-Reservats erfolgen primär per Boot und Führer. Es sollte aber auch möglich sein, auf allerdings schlechten Wegen, einzelne Dörfer des Deltas anzufahren (Maliuc, Crisan, Sulina, Periprava). Infos beim „i"-Büro Tulcea.

ⓘ-Box Rumänien

Einreise
EU-Bürger und Schweizer benötigen einen noch 6 Monate gültigen Personalausweis oder Reisepass zur Einreise.

Geld
Neuer Rumänischer Leu (RON). 1 € = 4,4 RON (Okt. 2015). Das Durchschnittseinkommen liegt bei 400 €. Die Lebenshaltungskosten lagen 2014 bei 55% (D=100%). Geldautomaten gibt es in Bankfilialen und Einkaufszentren. Mit baren Euros lässt sich auch viel bewerkstelligen.

Gesundheit
Trotz der Möglichkeit sich mit einem Auslands-Krankenschein behandeln zu lassen, ist es ratsam, eine Reise-KV abzuschließen und sich privat behandeln zu lassen. Merkblatt: *www.dvka.de*

Sicherheit
Die Sicherheit ist viel besser als erwartet. Gewarnt wird vor Taschendieben und Trickbetrügern, die sich als Polizisten ausgeben.

Infos
- Rumänisches Tourismusamt in Wien: *www.rumaenien-info.at* (gut)
- Rumänisches Tourismusamt: *www.rumaenien-tourismus.de (unzuverlässige Seite)*
- Fahrrad-Package-Touren für 2–8 Tage: *www.cyclingromania.ro* (engl., Mircea beantwortet auch spezielle Fragen)
- Bunte Rumänien-Seite: *www.karpatenwilli.com*

Infos vor Ort
Die lokalen Touristenbüros, die es in größeren Städten und Urlaubsorten gibt, können bei der Unterkunftssuche behilflich sein. Auf einer *preiswerten* möglichst privaten Unterkunft beharren, sonst werden nur teure Angebote unterbreitet!

Wetter
Hauptwetterscheide sind die Karpaten. Nordwestlich des Gebirgsbogens sind die Niederschläge doppelt so reichlich wie südöstlich davon. Zeitlich verteilen sich die Niederschläge recht gleichmäßig übers Jahr (etwas erhöht von Mai bis Juli).

Für heiße Sommer – in der Walachei über 35 °C – sorgen kontinentale Klimaeinflüsse. Etwas gemäßigter sind die Jahreszeiten in den westlichen Tiefebenen, die noch von atlantischen Einflüssen profitieren.

Wind
Überwiegend aus nördlichen Richtungen, im Westen weniger, im Hochland und an der Küste etwas stärker. Vor allem im Winterhalbjahr sind Perioden stürmischer Ostwinde möglich.

Typisches Straßendorf

Reisezeit

Günstige Tourenmonate sind für die tiefer gelegenen Landesteile Mai bis Oktober (im Juli/August ziemlich heiß), für Touren durch die Gebirge Juli bis September.

Dieter Schmidt: „Achtung! Im Frühjahr sind in den Karpaten plötzliche Wintereinbrüche nichts Ungewöhnliches. Nach plus 20 Grad in Budapest fuhr ich im April in den Karpaten tagelang bei Frost und Schnee."

Anreise

Per Rad

Über 2000 km sind für die Über-Land-Anreise von Frankfurt/M. bis Bukarest zu veranschlagen. Ein geeigneter Grenzübergang ist *Gyula / Varsand* (günstig von Budapest aus). Beate und Bernd Lippold zum Grenzübergang *Debrecen / Valea lui Mihai,* der bislang dem kleinen Grenzverkehr vorbehalten war: „Wir hatten weder hin noch zurück Probleme. Es sah auch nicht nach einer Ausnahme für Rad fahrende Deutsche aus, sondern richtig offiziell!"

Per Bahn

Alle Fernverbindungen nach Rumänien führen über Budapest, wo der Zug gewechselt werden muss. Bis Budapest ist die grenzüberschreitende Fahrradmitnahme möglich. Nach Rumänien nicht, denn die Züge führen keine Gepäckwagen. Manche stellen das Rad deshalb ins letzte Abteil, wo es nicht stört, geben dem Schaffner ein Bakschisch von etwa 5 Euronen und fahren so über die Grenze. Oder man fährt bis zu einem der Grenzbahnhöfe (Szeged und Lököshaza sind ab Budapest direkt erreichbar). Man kann die Strecke von Budapest bis zur Grenze natürlich auch mit dem Rad fahren. Die rund 230 km durchs flache Alföld lassen sich in zwei Tagen bewältigen.

Per Bus

Täglich fahren von verschiedenen Orten Deutschlands Fernreisebusse nach Rumänien. Es lohnt, bei den Busgesellschaften wegen der Mitnahme von Fahrrädern anzufragen. Eine Busgesellschaft, bei der die Radmitnahme zumindest für die Rückreise (von Rumänien nach D) völlig problemlos und sogar gratis sein soll, ist **Atlassib** (*www.atlassib.ro*).

Per Flieger

Tarom (*www.tarom.de*) fliegt von Frankfurt und München nach Bukarest, Cluj Napoca und Sibiu. **AirBerlin** (*www.airberlin.com*) fliegt ab Berlin, Düsseldorf und München direkt nach Bukarest. **GermanWings** (*www.germanwings.com*) fliegt von Berlin, Bonn, Köln, Stuttgart nach Bukarest. Fahrradmitnahme ist jeweils möglich.

Transport im Land

Bahnen

Rund 20.000 km umfasst das Streckennetz der Rumänischen Staatsbahnen **CFR** (*www.cfr.ro*). Fahrkarten sind billig. Die Fahrradkarte kostet 5 bzw. 10 Leu, die Mitnahme ist aber nur bei wenigen Zügen möglich (siehe: *www.cfrcalatori.ro/216*).

Busse

Mitnahme in Überlandbussen ist ebenfalls nur mit Glück möglich, da diese Verkehrsmittel selten leerer als voll sind. Trinkgeld hilft auch hier.

Übernachten

Zimmer

Um an ein Privatzimmer zu kommen, genügt es oft schon, sich suchend auf den Marktplatz zu stellen. Die sog. besseren Hotels ab 3 Sterne in den Städten sind in der Regel für das, was sie bieten, teuer. Selbst in abgetakelten Monopolherbergen müssen fürs DZ 40 € oder mehr über den Tresen geschoben werden. Besser als in den größeren Städten ist die Situation auf dem Lande, wo Zimmer in einfachen Hotels ab 10 € zu haben sind. Auch kleine Hotelpensionen mit gutem Standard finden sich öfter. Stimmungsvoll und preiswert sind Gästehäuser in Kirchenburgen, wie es sie in Siebenbürgen häufiger gibt. Jugendherbergen existieren vorwiegend in den Karpaten, sie gehören nicht dem IYHF an.

Zelten

Weniger als 60 reguläre **Campingplätze** gibt es. Denn die Plätze sind oft in desolatem Zustand, der Komfort minimal, und ruhig ist es oft auch nicht. Hübsch gelegen sind die zahlreichen Biwakplätze, die in den Bergen für Wanderer angelegt wurden. **Freies Campen** ist in Rumänien nicht ausdrücklich verboten.

Oft wird es sogar unumgänglich und lässt sich, abgesehen von der großflächig kultivierten Walachei, auch recht leicht realisieren. Auf Sichtschutz achten, sonst steht bald eine Meute Kinder auf der Matte. Und in den Karpaten auf die Bären achten (Lebensmittel in einen dichten Ortliebsack tun und vom Zelt entfernt an einem Baum hochziehen).

Karten und Literatur

Tourenkarten

Bezug der genannten und weiterer Rumänien-Karten:
www.mapfox.de • *www.kartographie.de*

- *Empfehlung:* Kartographia: Romania atlas rutier, 1:300.000, 19,80 €. Spiralgeb. Autoatlas, sehr brauchbar, UTM-Gitter.
- Huber: Rumänien Motorradkarte 1:600.000. Aktuellste Karte für ganz Rumänien, beidseitig bedruckt, die eingezeichneten „Traumrouten" für Motorradfahrer sind durchaus hilfreich: entweder um genau diese Strecken zu vermeiden, oder um sie einfach mit dem Rad abzufahren; denn so lästig wie in den Alpen ist der Motorradtourismus in Rumänien noch lange nicht.
- Reise Know-How: World Mapping Project, Rumänien 1:600.000, 8,90 €.
- *Empfehlung für den Donau-Radweg (Euro Velo 6):* Huber/GTZ, Donau Radweg – von Budapest bis zum Schwarzen Meer. 8 Bl. Karten-Set 1:100.000, 5. Aufl. 2015, 24,80 €

Tourenführer

- Hora-Verlag: Fahrradführer für Siebenbürgen, 2004. Etwa 850 km Tourenbeschreibungen, liebevoll gemacht, 19,80 €, erhältl. über: *www.siebenbuerger.de/shop*
- Esterbauer, Bikeline: „Donau-Radweg 4" (Von Budapest bis Belgrad) und „Donau-Radweg 5" (Von Belgrad bis zum Schwarzen Meer). Ohne flankierende GTZ-Karte sind die Bikeline-Führer nicht ausreichend (die GTZ-Karten zeigen mehr Umfeld zeigen und sind außerdem aktueller.)

Fahrrad und Ausrüstung

Fahrrad (rumän. Bicicleta)

Ein tourengeeignetes MTB ist sicherlich die beste Wahl. Alle Komponenten sollten stabil

und zuverlässig sein, denn im Falle einer Panne ist Selbsthilfe angesagt. Teurere Ersatzteile lassen sich in großen Städten auftreiben.

Hunde

Tobias Weiser: „3 km nach Grenzübertrit von Serbien über die Donau gingen die Attacken der Straßenhunde los. Mehrfach wurde ich täglich von zwei bis vier Hunden angegangen. Sehr aggressiv bellend, knurrend, zähnefletschend und bis knapp an die Wade ran. Immerhin wurde ich nicht gebissen."

Was Rumäniens Hunde betrifft, hat das Land in Radlerkreisen einen zweifelhaften Ruf. Allerdings weiß man nicht, worauf dieser schlechte Ruf beruht. Denn in der Realität verhalten sich rumänische Straßenhunde auch nicht anders als anderswo. Einige sind sogar ausgesprochen scheu und verdrücken sich sofort. Probleme kann es mit Hirtenhunden geben. Wie man sich ihnen gegenüber verhält, verrät Karpatenwilli (*www.karpatenwilli.com/hunde*). Ansonsten hat jeder Radler seine eigene Methode mit aufmüpfigen Straßenkötern fertig zu werden, z.B. Seil über dem Kopf schwingen oder mit Wasser aus der Trinkflasche bespritzen oder ein paar Steine parat haben (allein die Ausholbewegung reicht oft schon aus, um sich Respekt zu verschaffen). Eine Tollwutimpfung kann auch nicht schaden, sagt das Auswärtige Amt.

Ausrüstung

Eine Tour durch Rumänien ist keine Expedition, es gibt überall kleine oder große Läden (auch Lidl oder Penny). Auch an Sonntagen sind viele Läden geöffnet. Eine Campingausrüstung ist

Walachei, Brunnenhaus

ein Muss, wenn Stress mit der Unterkunftssuche vermieden werden soll. Gaskartuschen sind kaum erhältlich. Das Wasser aus den Straßenbrunnen ist gut verträglich.

Straßen und Wege

Straßen und Verkehr

Rumäniens Straßennetz ist weitmaschig und lädt nicht gerade zu Extratouren ein. Verglichen mit D beträgt die Straßendichte ein Drittel. Fern- und Europa-Straßen sind in gutem Zustand und leider auch zunehmend befahren. Kleine Nebenstraßen sind oft noch nicht erneuert. Am besten radelt es sich auf *regionalen* Hauptstraßen (in den Straßenkarten meist gelb gefärbt), wo die Straßen allerdings auch besonders gnadenlos dem Profil des Geländes folgen. Jedes noch so kleine Tal wird mitgenommen: steil rein, steil wieder raus. Brücken sind Mangelware in Rumänien, und oft muss man deswegen Umwege fahren. Dafür gibt es keine Radfahrverbote wie in Ungarn. Abgesehen von Autobahnen, kann praktisch auf allen Fernstraßen geradelt werden. Ob das immer Spaß macht, mit den Brummis mitzuschwimmen, ist eine andere Frage.

Autofahrer sind in der Regel ausreichend rücksichtsvoll. Nutzbare Radwege sind in Rumänien selten. Meist verkommen sie ziemlich schnell zu einer holperigen Piste.

Offroad (MTB)

Mountainbiken ist in Rumänien in den letzten Jahren ziemlich populär geworden. Mit der nötigen Umsicht kann auf allen Wegen und Trails geradelt werden, die auch für Wanderer frei zugänglich sind. Sehr abenteuerlich sind die kaum erschlossenen Gebirge der **Ostkarpaten.** Wer hier abseits der wenigen Wanderwege touren will, braucht Pionier- und Pfadfindergeist. Großmaßstäbige Karten mit Gitternetz sind für diese Gebirge kaum erhältlich, so dass auch GPS wenig nutzt. Gut versorgt mit Wanderwegen und bewirtschafteten Berghütten (cabanas) sind hingegen die **Südkarpaten.** Wanderwegsbeschreibungen mit Skizzen (die meisten fürs Fagarascher Gebirge) sind in den Hauptorten der Wandergebiete erhältlich, oft auch in den Berghütten. Auf markierte Routen stösst man eher zufällig. Wie beispielsweise in **Siebenbürgen,** wo zwischen Sighisoara (Schässburg) und Viscri (Deutsch-Weißkirch) 80 km als MTB-Route markiert wurden.

Schweden

Daten

450.000 qkm • 9,4 Mio. Einw. • 21 Ew./qkm
Ausdehnungen: N – 1500 km – S // W – 600 km – O

Land

Geografisch ist das Land dreigeteilt in **Götaland** (Südschweden), **Svealand** (Mittelschweden) und **Norrland** (Nordschweden). Letzteres umfasst alles Land nördlich des 61. Breitengrades, und das ist mehr als die Hälfte vom Ganzen. Ein Achtel der Landesfläche gehört zu Lappland bzw. der skandinavischen Nordkalotte, dem Teil der Weltkugel jenseits des Polarkreises (Land der Mitternachtssonne). 24.000 Schäreninseln belagern die Ostküste, Schiffe müssen sich durch ein Labyrinth von Sunden tasten, bevor sie die Hauptstadt Stockholm erreichen.

Typisch für Schweden ist der Dreiklang von tiefen Wäldern, sanft bewegtem Land, großen und kleinen Gewässern. Mehr als jeder zweite Quadratmeter ist bewaldet. 90.000 Seen verteilen sich übers Land. In Mittelschweden befinden sich einige der größten Seen Europas. Große Flüsse durchschneiden die unberührte Landschaft Norrlands, die vom skandinavischen Zentralgebirge zum Bottnischen Meerbusen hin sanft abfällt. Die niedrigsten Landesteile liegen in Süd- und Mittelschweden. Nahezu flach sind die Südprovinz Skåne, die Inseln Gotland und Öland sowie der schmale Küstensaum nach Finnland hinauf.

und Leute

Wegen seiner wirtschaftlichen Stärke (größte Bevölkerung, meiste Industrie) ist Schweden der nicht immer geliebte Primus in Skandinavien. Englisch und Deutsch sind gebräuchliche Zweitsprachen der vorzugsweise in Städten lebenden Schweden. Nur noch 3000 rentierzüchtende Sami hält es im einsamen Norden. Für die Urbevölkerung Skandinaviens ist das Wort „Lappland" eigentlich ein Unwort. Sie selbst nennen ihren Lebensraum „Nordkalotten" (s.o.). Landesgrenzen haben für die freiheitsliebenden Sami mit ihren wandernden Herden keine Bedeutung.

Stadtansicht Stockholm

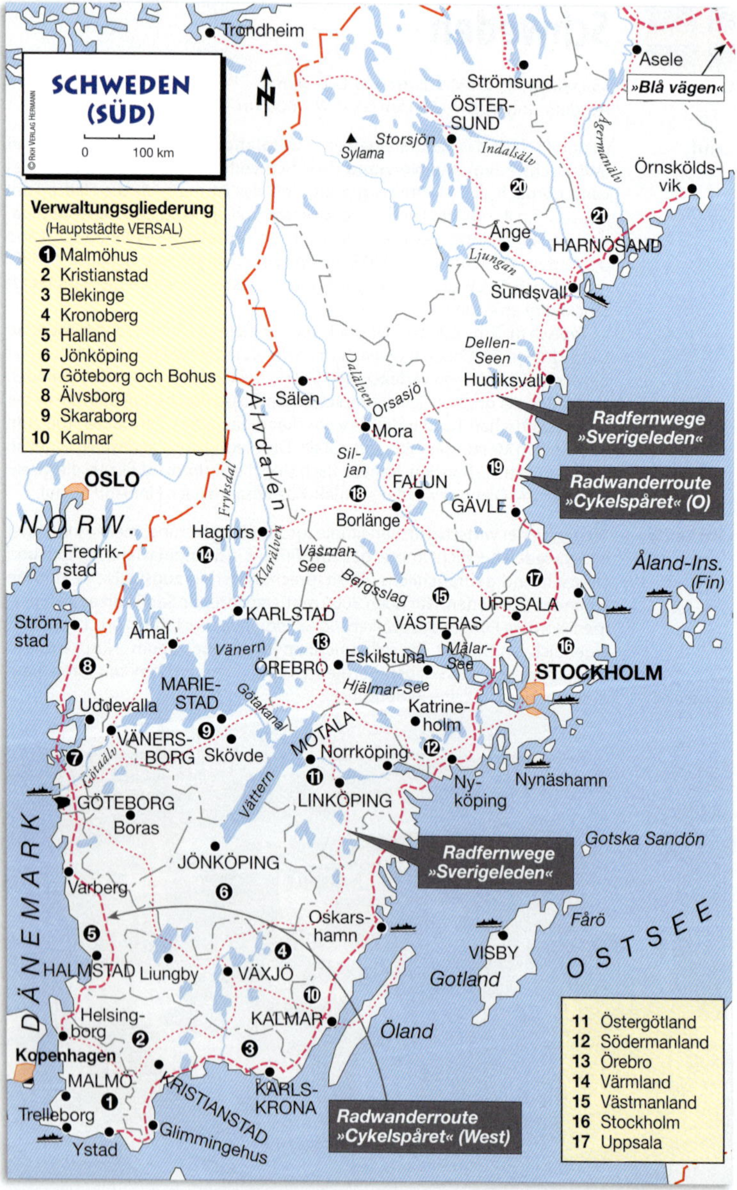
SCHWEDEN (SÜD)
© RKH Verlag Hermann
0 100 km
Verwaltungsgliederung
(Hauptstädte VERSAL)
1 Malmöhus
2 Kristianstad
3 Blekinge
4 Kronoberg
5 Halland
6 Jönköping
7 Göteborg och Bohus
8 Älvsborg
9 Skaraborg
10 Kalmar
11 Östergötland
12 Södermanland
13 Örebro
14 Värmland
15 Västmanland
16 Stockholm
17 Uppsala
Trondheim
Asele
»Blå vägen«
Strömsund
ÖSTER-SUND
Storsjön
Sylama
Indalsälv
Ågermanälv
Örnskölds-vik
Ånge
HARNÖSAND
Ljungan
Sundsvall
Dellen-Seen
Hudiksvall
Sälen
Dalälven
Orsasjö
Mora
Radfernwege »Sverigeleden«
Radwanderroute »Cykelspåret« (O)
Älvdalen
Sil-jan
FALUN
GÄVLE
OSLO
NORW.
Fryksdal
Hagfors
Borlänge
Fredrik-stad
Klarälven
Väsman-See
Bergsslag
Åland-Ins. (Fin)
UPPSALA
KARLSTAD
VÄSTERAS
Ström-stad
Åmal
Vänern
ÖREBRO
Eskilstuna
Mälar-See
STOCKHOLM
MARIE-STAD
Götakanal
Hjälmar-See
Uddevalla
Katrine-holm
VÄNERS-BORG
Skövde
MOTALA
Norrköping
Götaälv
Vättern
LINKÖPING
Ny-köping
Nynäshamn
GÖTEBORG
Boras
JÖNKÖPING
Gotska Sandön
DÄNEMARK
Varberg
Oskars-hamn
Fårö
OSTSEE
VISBY
HALMSTAD
Liungby
VÄXJÖ
Gotland
Helsing-borg
KALMAR
Öland
Kopenhagen
MALMÖ
KRISTIANSTAD
KARLS-KRONA
Trelleborg
Ystad
Glimmingehus
Radwanderroute »Cykelspåret« (West)

SCHWEDEN (NORD)
© RKH VERLAG HERMANN
0 100 km
LOFOTEN
Vestfjorden
NORWEGEN
SKANDEN
Lappland
Sarek-Nat. Park
Bodo
Mo i Rana
Ross-vatnet
Tunnsjoen
Torneträsk
Karesuando
Kiruna
Konkämaälven
Torneälven
Gällivare
Stora Lulu-vatten
Luleälv
Kvikkjokk
Pajala
Hornavan
Jokkmokk
Radfernwege »Sverigeleden«
Arjeplog
Storavan
»Silvervägen«
Boden
Kalix
Arvisjaur
Klimpfjäll
»Vildemarks-vägen«
Steken-jåkk
LULEÅ
Haparanda
Skellefteälv
Piteå
Gädedde
Vilhelmina
Lycksele
Skellefteå
Umeälv
Åsele
Burträsk-See
Strömsund
»Blå vägen«
ÖSTER-SUND
UMEA
Bottnischer Meerbusen
Storsjön
Sylarna
Indalsälv
Ångermanälv
Örnsköldsvik
Pyhäjoki
Lestijoki
Ånge
HARNÖSAND
Ljungan
Vaasa
Sundsvall
FINNLAND
Dellen-Seen
Hudiksvall
Dalälven
Orsasjö
Mora
Radfernwege »Sverigeleden«
Sil-jan
FALUN
Radwanderroute »Cykelspåret« (O)
Pori
Borlänge
GÄVLE
18 Kopparberg
19 Gävleborg
20 Jämtland
21 Västernorrland
22 Västerbotten
23 Norbotten

per Rad entdecken

Schwedens Radfernwege wollen den Fahrradtouristen in alle Landesteile locken. Wermutstropfen: Die Schwedischen Staatsbahnen haben den Fahrradtransport weitgehend abgeschafft. Trotzdem ist Schweden ein hervorragendes Touren- und Radwandergebiet für alle, die ein sanftmütiges, moderates, die Sinne beschäftigendes Skandinavien suchen. Gute Voraussetzungen für entspannte und dennoch kurzweilige Radwanderungen bieten vor allem Südschweden und Mittelschweden – bis etwa zur Linie Oslo-Stockholm. Nördlich dieser Linie dehnen sich die Etappen, werden die Ereignisabstände größer, tritt der sportliche Aspekt in den Vordergrund.

Routen & Regionen

Schwedische Radfernwege

Sverigeleden

Ein offenes Netz aus 33 Teilstrecken bildet den Sverigeleden (Schwedenroute, insgesamt 6570 km). Die Hauptstrecke führt vom südlichen Helsingborg bis Karesuando hoch im Norden (14 Etappen, 2590 km). Alle Arten von Straßen, sehr gut beschildert. Dokumentation: Svenska Cykelsällskapet – Bd. 1 (Norrland), Bd. 2 (Dalarna, Südwest-Schweden), Bd. 3 (Dalarna, Südost-Schweden).

Cykelspåret West

Deutlich kürzer ist der Cykelspåret (wörtl. Radspur) West, der etwas landeinwärts durch Halland, von Helsingborg nach Göteborg führt, und weiter durch die Küstenprovinz Bohuslän bis Strömstad (670 km). Verläuft teilweise auf Hauptstraßen, sehr gut beschildert. Dokumentation: Cykelfrämjandet.

Cykelspåret Ost

Auf der anderen Seite führt der Cykelspåret an der Ostküste von Ystad bis kurz vor Stockholm (770 km). Verläuft häufig auf Hauptstraßen und ist gut beschildert. Ystad – Sölvesborg (138 km) – Ramdala (+120 km) – Rockneby (+98 km) – Kristdala (+81 km) – Hulta (+110 km) – Jönåker (+105 km) – Vagnhärad (+69 km) – Botkyrka (+50 km). Dokumentation: Cykelfrämjandet.

Värmland-Radweg

1300 km umfassen die 18 Teilstrecken des Värmland-Radfernweges, die auf autofreien Wegen und kleinen Nebenstraßen durch Värmlands Wald- und Seengebiete führen. Sehr gut beschildert. Dokumentation: Värmland Turistråd Karlstad, auch dt. Ausgabe.

Kustlinjen Die östliche Schärenküste erschließt der Kustlinjen (Västervik – Stockholm – Öregrund, 565 km). Überwiegend ruhig und sehr gut beschildert. Teilweise ist Fährbenutzung vorgesehen. Dokumentation: Svenska Cykelsällskapet (*www.svenska-cykelsallskapet.se*).

North Sea Cycle Route Nur 380 km lang ist der schwedische Abschnitt der insgesamt 6000 km langen Nordsee-Radroute. In Schweden beginnt sie in der Hafenstadt Varberg, verläuft bis Göteborg auf dem *Ginstleden* (s.u., Halland) und folgt dann bis Svinesund an der norwegischen Grenze dem *Cyklespåret West* (s.o.). Infos: *www.northsea-cycle.com*

Kattegattleden Von Helsingborg nach Göteborg führt der 2015 eingeweihte Küstenradweg Kattegattleden. Er verläuft so küstennah, dass aus 188 km Luftlinie bzw. 213 km Straßendistanz 370 fantastische km Radweg werden.
www.kattegattleden.se

Südschweden / Götaland

Regionen Ehem. Provinzen (Landschaften): Öland • Gotland • Skåne (dt.: Schonen) • Blekinge • Småland • Halland • Bohuslän

Öland und Gotland Beide Ostsee-Inseln sind flach, haben ein mildes Klima, offerieren ruhige Radrouten und sind ideal für gemütliche Radwanderungen mit oder ohne Familie. Nur bitte nicht rund um den Juli, denn dann wimmelt es hier vor Urlaubern, vornehmlich schwedischen. Von der Größe her sind beide Inseln so bemessen, dass jeweils ein bis zwei Standortwechsel genügen, um sie in Tagesausflügen komplett zu erkunden.

Öland *www.olandsturist.se* • *www.cyklapaoland.se*
136 km lang, aber nicht breiter als 16 km ist **Öland** (1344 qkm). Eine 6 km lange **Brücke** verbindet die regenarme Insel mit dem Festland. Sie ist allerdings im Sommer für Radler gesperrt, es verkehrt daher eiegntlich ein Shuttle-Bus. Falls nicht, bleibt noch die Fähre. Ungewöhnlich ist die Steppe **Stora Alvaret** im Süden der flachen Kalksteininsel. Auf ihrem Magerboden gedeihen Blümelein, die sonst nur in Sibirien oder am Mittelmeer vorkommen.

Auf dem brandneuen Kattegattleden südl. von Varberg

Ansonsten: Waldheide in Mittel-Öland, Felsküste und Buchten in Nord-Öland, Gräberfelder, Fluchtburgen, 400 alte Windmühlen, die Inselhauptstadt Borgholm und etliches mehr. Alles nette Augenpunkte für Radwanderungen. Neben der recht befahrenen Küstenstraße eröffnet vor allem die interessante Südhälfte viele stille Wege und beschauliche Nebenstraßen. Wermutstropfen: Es ist oft sehr windig auf Öland.

Gotland

www.gotland.info • www.destinationgotland.se
Die Deutschen sagen „gootland“, die Schweden „gottland“. Wie auch immer: 125 km lang und bis zu 55 km breit ist **Gotland** (3001 qkm), die größte Insel der Ostsee. Die Regenfälle versickern rasch im Kalkstein der Insel, die sich unmerklich nach Osten etwa 30 m über den Meeresspiegel erhebt. Die meisten Sonnentage Schwedens und fruchtbare Böden lassen Orchideen, Maulbeer- und Walnussbäume gedeihen. Ungewöhnlich dicht gepackt ist Gotland mit Zeugnissen der Siedlungsgeschichte. Von der mittelalterlichen Hansestadt Visby bis zu neolithischen Steinlegungen und 92 wehrhaften Landkirchen. 600 km Küste (davon 90 km Badestrand) und die Nebeninsel **Fårö** (114 qkm) sorgen für weitere Abwechslung. Ein gut ausgeschilderter Radwanderweg, der „Gotlandsleden“, führt rund um die Insel (350 km, mit Abstechern ca. 500 km). Darüber hinaus finden Radroutentüftler im dicken Inselbauch genügend Sträßchen und Wege, die nahezu autofrei sind. **Fähren** nach Gotland ab Nynäshamn, Oskarshamn und Västervik, Dauer 4–5 h. Story: *„E-Mails von Gotland“ S. 512*

Paradies für Radwanderer

Die südlichen Provinzen sind ein Paradies für Radwanderer: Es ist dünn besiedelt, hat ein gutes, verkehrsarmes Straßennetz, Natur satt und überall verlockende Möglichkeiten zum freien Zelten. Nur Hügel muss man mögen. Oder man folgt dem 250 km langen Radweg **Banvallsleden (***www.banvallsleden.se***),** der auf einer ehemaligen Bahntrasse von Halmstad an der Westküste nach Karlsham an der Ostküste führt.

Skåne, Blekinge

www.skane.com • www.blekinge.se
Beide Provinzen sind altes Kulturland. Zusammengesetzt aus fruchtbaren Tiefebenen, flachwelligem Hügelland, Höhenzügen bis 200 m, saftigen Weiden, Laubwäldern, Holzhäusern und einer langen Badeküste im Osten wirken sie eher dänisch als schwedisch. Während Skåne als „Kornkammer Schwedens“ gilt, wurde Blekinge zum „Garten Schwedens“ gekürt, u.a. wegen des landesweit größten Eichen- und Buchenbestandes.

Die lange Siedlungsgeschichte der beiden wohlhabenden Provinzen haben dem Tourismus zahlreiche Schlösser und befestigte Herrenhäuser beschert, als bekanntestes das klotzige Burgschloss Glimmingehus an der Ostküste.

Problemlos lassen sich beschauliche Radwanderungen auf eigene Faust planen, das Netz wenig befahrener Nebenstraßen und Alleen ist engmaschig, die Infrastruktur gut (viele STF-Wanderherbergen). Für steten Wechsel im Landschaftsrhythmus sorgen die freundlichen Höhenzüge Romeleåsen, Söderåsen, Linderödsåsen und Nävlingeåsen. Wer markierte Radwanderrouten bevorzugt, kann dem **Skånespåret** folgen – ein Rundkurs, der es mit Verzweigungen auf 800 km bringt. Durch die Küstenregion von Blekinge führt auch ein Abschnitt des Sverigeleden.

Småland

www.visitsmaland.se
Diese Provinz gilt als „Schwedens südlichste Wildnis“: In den südlichen Ebenen schier endlose Nadelwälder und Moore, im Landesinnern ein weites, von

Tälern zerfurchtes Plateau (100–200 m) mit Seen, Seen, Seen (besonders schön: Sommen, Åsnen und Bolmen). Kulturhistorisch lohnende Radtourenziele finden sich in der geschichtsträchtigen Küstenprovinz **Kalmar** und der Gegend rund um **Växjö,** dem alten „Glasreich" (Glasriket). Um die dort noch in Betrieb befindlichen Glasmanufakturen in den Wäldern aufzuspüren, vom i-Büro Växjö das Toureninfo „På tur i Glasriket" besorgen. Auch **Eksjö** ist sehenswert. Die mittelalterliche Altstadt mit ihren Holzhäusern steht unter Denkmalschutz. Ein dichtes Netz kleiner und kleinster Straßen und mehrere Radrouten eröffnen insgesamt ein weites Feld für Radtouren in Småland, einer Region mit versteckten Reizen, die auch im Juli nicht überlaufen ist. Allerdings empfinden das manche auf Dauer auch als eintönig (immer nur Wälder und Seen), und dann nerven auch die ständigen Hügel irgendwann.

Infos für die Radrouten „Slöjleden", „Åsnen runt" sowie Abschnitte des „Sverigeleden" bei den i-Büros Alvesta, Växjö, Kalmar, Jönköping.

Halland, Bohuslän

www.halland.se • www.bohuslan.com

Begriffe wie „Goldküste", „Sonnenküste", „Schwedische Riviera" weisen darauf hin, dass die 400 km lange Westküste die populärste Urlaubsküste des Landes ist. Beliebt ist sie auch als Radwanderregion. Ausgeschilderte Radwanderwege kommen dem entgegen. Der **Ginstleden** führt von Halmstad bis Göteborg entlang der von weiten Stränden geprägten Halland-Küste (205 km). Zur süd-mittelschwedischen Seenplatte führt die 165 km lange Ringroute **Hylteslingan** (von/bis Halmstad).

Besonders malerisch ist die Provinz **Bohuslän** wegen ihrer Granitküste, den vorgelagerten Schären und den zwischen Felsen kauernden Fischerdörfern. Hier verläuft der **Cykelspåret.** Zu den besonders beliebten Radwanderstrecken in Bohuslän zählt auch jene entlang des Flusses **Götaälv,** seines Zeichens westlichster und schönster Abschnitt des Götakanals.

Dorfkirche in der Provinz Bohuslän

Mittelschweden / Svealand

Regionen Ehem. Provinzen (Landschaften): • Västergötland • Dalsland • Östergötland • Sörmland (Södermanland) • Närke • Värmland • Västmannland • Uppland • Gästrikland • Dalarna.

Västergötland, Dalsland

Regionen • *www.vastergotland.com* • *www.varmland.se* • *www.gotakanal.se* • *www.motala.se*

Überblick Populäre Radwanderregionen sind die im Bereich der süd-mittelschwedischen Seenplatte gelegenen Provinzen Västergötland und Dalsland. Sie sind kleinteilig und abwechslungsreich, maßvoll hügelig ist das Streckenprofil (30–120 m). Die Radrouten „Västergötaleden" (alle Varianten 1100 km), „Sverigeleden" (Teilstrecken) und „Dalslandsleden" (358 km) verlaufen hier überwiegend auf ruhigen Nebenstraßen, zu etwa 90% auf Asphalt.

Tourentipps Der **Götakanal** (*www.gotakanal.se*) ist eine Wasserstraßenverbindung zwischen West- und Ostküste, bestehend aus einer Kette von Seen, Flüssen und dem eiegentlichen Kanal (von Sjötorp am Vänernsee bis Karlsborg am Vätternsee, 60 km). Die ehemaligen Treidelpfade entlang des Kanals wurden zu Radwegen ausgebaut und führen an alten Klappbrücken und Schleusen vorbei.

Einen Bogen müssen Radler im Sommer um die Binnenmeere **Vänern** und **Vättern** machen, denn über die Uferstraßen rollt heftiger Urlaubsverkehr. Allerdings gibt es als Alternative den Radweg **Runt Vättern** (410 km). Diese beschilderte Radroute führt mit relativ viel Abstand auf ruhigen Nebenstraßen um den Vätternsee. Noch weniger Kontakt zum See hat der **Vättern-Sommen-Leden,** ein 345 km langer Rundkurs *östlich* des Vättern-Sees (von Ödeshög über Ydre nach Vadstena). Einmal im Jahr lässt sich der See aber auch ziemlich nah und dabei ohne Autoverkehr umrunden: während der **Vätternrundan**, dem schwedischen Volksradrennfest Nummer 1 (s. Info-Box, Fahrrad).

MTB-Tipp Auf Västergötlands größtem Bergplateau **Billinge** (zwischen Vänern und Vättern, westlich von Skövde) wurde eine ringförmige MTB-Route mit verschiedenen Schwierigkeitsgraden markiert (klassifiziert mit „schwarz", „blau", „rot" und „grün"). Nadelwald und Moore bedecken das nordisch karge, gut 250 qkm große Plateau. Höchste Erhebung ist der Platåberg (299 m).

Östergötland, Närke, Sörmland, Uppland

Überwiegend flache Provinzen. Reich an Seen, Flüssen und Zeugnissen aller Geschichtsepochen. Landschaft, Kultur, Badespass und die „schönste Hauptstadt Skandinaviens" lassen sich auf markierten Radrouten oder in Eigenregie gut unter einen Hut bringen.

Östergötland *www.visitostergotland.se*
Wälder im Nordosten, Seenplatte in der Mitte, hügelig im Süden und speziell im Südwesten, wo es Anteil am småländischen Plateauland hat. Lebensader ist die breite, fruchtbare Senke mit dem Göta-Kanal in der Mitte und größeren Städten, darunter das sehenswerte **Linköping.** Kultur und Seen bietet die 310 km lange Radrundstrecke „Vättern-Sommenleden". Infos: SCS, i-Büro

Ödeshög. Wer auf Treidelwegen von Motala via Borensberg nach Mem (90 km) am Göta-Kanal radeln will, erhält Infos in den i-Büros Motala und Söderköping.

Närke Südlich vom Hjälmar-See erstreckt sich die fruchtbare Tiefebene Närke, im Norden begrenzt von der Waldwildnis Tiveden, im Nordwesten vom sumpfigen Bergland Kilsbergen. Nur wenige asphaltierte Nebenstraßen hat es hier und, abgesehen von den Herrenhäusern einiger Hüttenbarone, auch wenig Sehenswürdigkeiten. Landschaftlich interessant sind die Radrundstrecken „Kilsbergsrundan" und „Tivedsrundan", die beide in **Örebro** starten.

Sörmland (Södermanland) Tiefebene mit bewaldeten Hügeln, Seen und Flüssen, einer abenteuerlichen Schärenküste und weit über 100.000 historischen und prähistorischen Objekten. In **Fiskeboda** am Hjälmar-See startet die mit gelben Pfählen markierte Radroute „Djulöleden", die auf der 140 km langen Strecke bis Virå mehrere sehenswerte Objekte tangiert. Sörmlands lokales Radroutennetz kommt auf 700 km Länge, gemeinsames Logo der 14 Strecken ist die weiße Seerose.

Stockholm *www.visitstockholm.com*
Wo Sörmland und Uppland aneinanderstoßen, liegt Schwedens charmante Hauptstadt. Die auf 14 Inseln gegründete Metropole lockt mit einer radlerfreundlichen Innenstadt. Den Weg dorthin weisen jene Radrouten, die von Nord, Süd und Westen kommend in Stockholm enden bzw. beginnen (hauptsächlich Teilstrecken des „Sverigeleden"). Wer aber eines der Schildchen übersieht oder falsch interpretiert, hat hoffentlich einen Stadtplan oder – besser noch – die Stockholmer „Cykelkarta" (Fahrradkarte) griffbereit. Die landschaftlich hübsche „Nynäsleden"-Radroute führt von Stockholm-City zum südlich gelegenen **Nynäshamn** (80 km), von wo aus Fähren nach Kiel und Gotland verkehren.

Uppland *www.destinationuppsala.se*
Tiefebene mit schwachen Höhenzügen im Norden und dem stark gegliederten **Mälar-See** im Süden. Lang ist die Liste historischer Sehenswürdigkeiten in dieser schwedischen Kernprovinz. Speziell in und um den Mälar-See zahlreiche Herrensitze und Schlösser, darunter auch die berühmten Gripsholm und Skokloster. Letzteres bereits auf dem Weg zur alten Bischofs- und Universitätsstadt Uppsala, die ihrerseits Ausgangspunkt mehrerer Radtourenvorschläge des i-Büros Uppsala ist.

Värmland, Västmanland, Dalarna, Gästrikland

Fahrradtouristisch stellen diese Regionen den Übergang zu Nordschweden dar. Gemütliche Radwanderungen sind aufgrund des zunehmend bergigen Geländes, der weiteren Distanzen zwischen den Unterkünften und der geringeren Auswahl an asphaltierten Straßen nur noch begrenzt machbar. Um so mehr Möglichkeiten finden jene, die *mehr* Landschaftserlebnis – mal wild, mal romantisch – und *weniger* touristische Infrastruktur wollen. Offroad-Biker finden in den Fjällregionen von Värmland und Dalarna endlich ein breiteres Angebot zivilisationsferner Pisten.

Värmland *www.varmland.se*
Värmland-Radweg: s. Schwedische Radfernwege weiter oben.

Im Westen heitere Landschaft mit Inlandsfjorden, Wäldern und zwei wunderschönen, von Höhenzügen und Wildmarkslandschaft umgebenen Tälern, dem **Fryksdalen** (ein Tal mit 70 km langer Seenkette, wo Selma Lagerlöf lebte und schrieb) und dem **Älvdalen** (das Flusstal des mächtigen Klarälvs).

Beide Täler lassen sich ideal zu einer 300 km langen Rundtour auf Asphalt verbinden (aber Steigungen!). Auch der „Sverigeleden" versäumt das Älvdalen nicht.

Västmanland *www.vastmanland.se*
Örebro ist Ausgangspunkt für die hügelige Radrundstrecke „Berglagsrundan", die durch die wald- und seenreiche **Noraskog** und die historische Bergbauregion **Bergslag** führt (viele Besichtigungsmöglichkeiten). Infos: i-Büro Örebro. Auch die am Nord-Ufer des Mjälar-Sees gelegene Stadt Västerås hat sich für Radwanderer engagiert. Resultat: 250 km Radwege in der Umgebung und diverse Streckenvorschläge.

Dalarna *www.dalarna.se*
Wird von vielen Besuchern als das echte, unverfälschte Schweden empfunden. Rund um die Seen **Siljan** und **Orsasjö** erstreckt sich malerisches, bäuerlich geprägtes Hügelland, wo die Uhren langsamer gehen und Holzpferdchen falunrot angemalt werden. Die Radroute **Siljansleden** führt über die schönsten Strecken im Bereich dieser Seen (310 km langes Regionalnetz). Infos: i-Büros Leksand, Orsa, Rättvik.

Nedanssiljan heißt das Land südlich des Siljan-Sees. Hier regiert, ohne das Land dabei grotesk zu verschandeln, seit Jahrhunderten die Bergbau- und Hüttenindustrie: viel sehenswerte Industriegeschichte, besonders in der Kupferstadt **Falun** (falunrot ist übrigens die typische Farbe schwedischer Holzhäuser). Eine Radroute – vom Siljan-See zum Väsman-See – führt durch diese interessante Region. Infos: i-Büro Ludvika.

Sehr dünn besiedelt, aber dafür umso dichter bewaldet ist das Hochland nördlich des Siljan-See, genannt Ovanssiljan oder auch Fjälldalarna. Hier sind die Tourenmöglichkeiten bereits stark eingeschränkt.

Gästrikland *www.gastrikland.com*
Zwischen dem Fluss Dalälven im Süden und dem Höhenzug Ödmården im Norden. Ebenfalls Bergbauregion. Außer der Badeküste kein besonderer Tourenschwerpunkt. Gute Radelbedingungen auf der Küstenroute des „Sverigeleden".

Nordschweden / Norrland

Regionen Ehem. Provinzen (Landschaften): Hälsingland • Härjedalen • Jämtland • Medelpad • Ångermanland • Västerbotten • Norrbotten • Lappland

Nicht sehr viele Radreisende verirren sich bis nach Nordschweden. Zu groß erscheinen die Distanzen, zu weiträumig und relativ reizarm die Landschaften. Wald und Moor beherrschen große Abschnitte. Wer sich damit anfreundet, dass die Landschaft sich nur langsam verändert und sonst nicht viel passiert, dem eröffnet Norrland den „Taste of Adventure" und hält in seinen von Flüssen durchfurchten Fjällregionen auch landschaftliche Leckerbissen bereit. Unter dem Strich ist Nordschweden als alleiniges Tourenziel eher etwas wenig. Dafür beginnt ganz oben in Kiruna oder Karesuando das Abenteuer einer Nordkalotten-Tour.

Grundsätzliches für eine Nordschweden-Tour

Anreise/ Rückreise Die im Sommer auf der Strecke Mora–Gällivare verkehrende Inlandsbahn nimmt Fahrräder mit (s.u., Transport im Land).

Gelände-profil Nordschweden ist insgesamt nicht besonders stark profiliert. Je näher im Hangbereich des Skanden, desto mehr muss natürlich geklettert werden; Höhendifferenzen über 300 m sind aber auch hier selten.

Straßen-zustand Sämtliche Haupt-, aber auch erstaunlich viele Nebenstraßen sind geteert, in Abständen gibt es immer wieder Rastplätze mit Grillmöglichkeiten. Leider gibt es an den Hauptstraßen kaum Seitenstreifen, so dass dort in Tuchfühlung mit dem nicht immer unerheblichen Verkehr geradelt werden muss.

Nachts radeln Wer im sommerlichen Dämmerlicht bis tief in die Nacht radelt, muss die Hauptstraßen nur mit wenigen Fahrzeugen teilen. Wenn sich lähmende Müdigkeit breit macht – Zelt aufschlagen, das Jedermannsrecht macht's möglich.

Versorgung Die Abstände zwischen den Einkaufsmöglichkeiten betragen um 50 km, Trinkwasser findet sich überall in der freien Natur. Dennoch immer Lebensmittel für ein bis zwei Tage bunkern, um spontan entscheiden zu können. Spiritus für den Kocher bekommt man leichter als Gaskartuschen.

Fahrrad-service Fahrradservice nur in einigen größeren Orten (Sport- oder Gemischtwarenläden), überwiegend MTB-Ersatzteile.

Strecken-planung Von Jämtland einmal abgesehen, wollen die meisten, die nördlich des Siljan-Sees weiterkurbeln, entweder rauf bis Lappland oder rüber nach Norwegen zu den Lofoten bzw. zum Nordkap. Für Kilometerfresser, die schnell ans Ziel kommen wollen, gibt es zwei Alternativen:

a) die **Küstenroute:** E 4 bis Töre, dann landeinwärts die 98 (Falun – Gävle – Sundsvall – Luleå – Töre – Kiruna, 1250 km)
b) vorzugsweise die gleichlange **Skanden-Route,** Straßen 80, 70, 81, 88, 98 (Falun – Mora – Östersund – Storuman – Jokkmokk – Kiruna, 1250 km).

Eine erwägenswerte Alternative zu a) und b) wäre der rund 200 km längere **Sverigeleden.** Dieser Radfernweg nutzt zwar, zumindest bis Sundsvall, abschnittweise ebenfalls die verkehrsreiche E 4, verläuft dann jedoch hauptsächlich auf ruhigen, landeinwärts gelegenen Nebenstrecken. Hilfreich ist die Ausschilderung vor allem im Bereich der Ortsumgehungen von Gävle und Sundsvall (Autobahnabschnitte). Geradezu ideal ist der Sverigeleden, der bei Karesuando die Grenze zu Finnland erreicht, für Tourenradler mit dem Fernziel **Nordkap.**

Die Küstenroute mit Varianten

Leicht zu radeln ist die durch überwiegend bewaldetes, sanftwelliges Küstenland führende E 4. Szenisch nicht sonderlich aufregend. Ausnahme: die steile, inselreiche Hoga-Küste nördlich von Härnösand (Ångermanland). Der anfangs erhebliche Verkehr schwächt sich nordwärts etwas ab. Bis zu 3 m breite Randspur. Autobahnabschnitte umgehbar.

Die Küstenroute ist zugleich der schnellste Zubringer für die Provinzen Hälsingland, Medelpad, Ångermanland, Västerbotten und Norrbotten.

Hälsingland, Medelpad, Ångermanland

www.halsingland.com
Überdurchschnittlich sonnig und regenarm sind die schwedischen Sommer an der klippenreichen Küste von Ångermanland. Im Hinterland Landwirtschaft, Seen und Sümpfe sowie endlose Wälder mit Aussichtsbergen. E4-Radler können in Hudiksvall abzweigen, um auf ausgeschilderter Radroute die **Dellen-Seen** zu umrunden; Info: i-Büro Hudiksvall.

Ljungan, Indalsälv und Ångermanälv sind die drei großen Flüsse der Küstenprovinzen. Asphaltstraßen folgen den Flusstälern auf der einen Seite, während auf der anderen Schotterwege verlaufen, da es an Brücken mangelt. Am schönsten ist das Tal des **Indalsälv** (R 86 ab Sundsvall, Teilstrecke des „Sverigeleden"), das sich mit dem ebenfalls reizvollen Tal des **Ångermanälv** kombinieren lässt.

Um **Ornsköldsvik** (Hauptstadt von Ångermanland) locken Nebensträßchen zu Abstechern entlang schmaler Fußläufe (lohnende Tour zu den Freilichtmuseen von Bredbyn und Myckelgensjö). Auch 54 km nördlich von Umeå sollten Küstenradler die schnelle E 4 verlassen, um landeinwärts auf einer kleinen Nebenstraße zum Burträsk-See zu radeln (schöne Panorama-Strecke), von dort weiter nach Skelleftea.

Västerbotten, Norrbotten

www.visitvasterbotten.se
Im Küstenstreifen allerlei Industrie. Historische Lebensadern sind fünf große Flüsse, die sich von den westlichen Fjällregionen durchs Land ziehen, um in den Bottnischen Meerbusen zu fließen. 700 km Küstenlinie mit klasse Sandstränden warten in Norrbotten, außerdem hübsche kleine Nebenstraßen entlang der Mündungsläufe von Luleälven und Råneälven (westlich bzw. nördlich von Luleå). Bemerkenswert auch der 90 km weite Ausflug entlang des Byskeälvens (nordwestlich von Skellefteå).

Wen es zum Svartisen-Gletscher nach Norwegen zieht, der sollte auf jeden Fall den landschaftlich schönen **Silvervägen** nutzen (R 95, ab Skelleftea via Arvidsjaur und Arjeplog).

Die Skanden-Route mit Varianten

Anspruchsvoller, aber auch weniger befahren, ist die *Skanden-Vorgebirgs-Route,* die Härjedalen, Jämtland und Lappland durchquert. Bewaldete Berghänge, Seen und Moorlandschaften variieren die Szenerie, quer verlaufende Flusstäler sorgen für Bewegung im Streckenprofil.

Härjedalen

www.jamtland.se
Traditionsverbundenes, fruchtbares Bauernland kontrastiert mit unberührter Wildnis aus Bergen, Wäldern und Gewässern. Die Radroute „Härjedalensfjället" führt durch die schon recht imposante Gebirgslandschaft Härjedalens – mit Gipfeln bis zu 1766 m Schwedens südlichstes Hochgebirge. Infos: i-Büro Vemdalen.

Eine Broschüre mit Tourenvorschlägen für das Gebiet des *großen* **Storsjö-Sees** ist beim i-Büro Östersund erhältlich („Cykeltur i Storsjöbygden"). MTB-Biker finden auf dem **Flatruet-Plateau** (südwestlich vom *kleinen* Storsjö-See) verschärfte Möglichkeiten.

Jämtland

www.jamtland.se
Als Traumstraße wird sich Nordschweden-Radlern der **Vildmarksvägen över Stekenjåkk** in Jämtland einprägen (520 km lange Ringstraße westlich der R 88).

Diese kaum befahrene, schmale Asphaltstraße führt durch eine Wildmark wie aus dem Bilderbuch: Stromschnellen, Tundra, Rentierherden … Tolle Ausblicke, da die Straße oft über der Baumgrenze verläuft, aber auch anstrengende Steigungen bis auf 870 m. Route: Strömsund – R 342 bis Gäddede – Stekenjåkk – Klimpfjäll – Vilhelmina. Dünne, aber ausreichende Infrastruktur.

Lappland

www.kirunalapland.se • *www.swedishlapland.com*
„Europas große Einsamkeit", hier soll sie sein. Abenteuer in den Weiten Schwedisch-Lapplands, das eine Fläche von der Größe Islands einnimmt. Das Land der Sami (Hauptort Jokkmokk) und der Rentiere ist überwiegend alaskaähnliche Wildmark. Landschaftsprägend sind endlose Wälder, Sümpfe und fünf große Ströme, die ihre Täler durch Lappland gegraben haben. Ausblicke über Wälder und Moore ermöglicht die als „Blaue Straße" (Blå vägen) bekannte Route Vilhelmina – Lycksele – Umeå (360 / E 12, wenig Verkehr).

Gletscher und schneebedeckte Hochgebirge beherrschen den Nordwesten Schwedisch-Lapplands. Dort auch die Nationalparks, deren bekanntester der **Sarek-Nationalpark** ist (1970 qkm): Schneebedeckte Fünfzehnhunderter, Natur, Einsamkeit, Abenteuer und Mückenschwärme, Rückzugsgebiet von Wolf und Bär. In den sich selbst überlassenen Nationalparks gibt es keine angelegten Wege, wer hier *biken* will, was nicht verboten ist, muss sein Mounty sehr oft schieben oder gar schultern: Durch Sümpfe und Bäche, über Stock und Stein.

Ergiebiger sind die befestigten und unbefestigten Wege außerhalb der Parks, und auch weniger harte Touren auf einer der westwärts gerichteten Stichstraßen können landschaftlich beeindrucken. Beispielsweise das 124 km lange Sträßchen Jokkmokk – Kvikkjokk, oder die nördlich von **Jokkmokk** abzweigende Uferstraße entlang des Stora Lulevatten. Beide Strecken mit schönen Blicken auf die weißbemützten Gipfel des Sareks.

Schließlich aber lockt in **Kiruna** die leicht zu radelnde 98 (E10) zur Weiterfahrt in Richtung **Narvik** (Norwegen). Sie führt durch eindrucksvolle, menschenleere Landschaft, besonders schön ist der Abschnitt entlang des Torneträsk-Sees.

ⓘ-Box Schweden

Einreise
Zur Einreise genügt der Personalausweis (D/A/CH).

Geld
Schwedische Krone (SEK). 1 € = 9,3 SEK (Okt. 2015). Schweden ist zwar EU-Mitglied, setzt aber weiter auf die eigene Währung. Das Preisniveau ist ein Fünftel höher als in D.

Gesundheit
Das EU-Sozialversicherungsabkommen ermöglicht Mitgliedern gesetzlicher Krankenkassen die Inanspruchnahme medizinischer Leistungen (D, A). Details: *www.dvka.de*

Infos
Schweden ist das Land mit der höchsten Internet-Nutzung Europas. Das Reservoir touristischer Websites ist entsprechend groß, einige sind allerdings nur Schwedischkundigen eine Hilfe.

- *www.visitsweden.com* – Tourismuszentrale Schweden, alle Prospekte auch zum downloaden.
- *www.cykelframjandet.nu* – Radfahrerverband Cykelfrämjandet, nur schwed., umfangr. Angebot von Karten/Lit.
- *www.svenska-cykelsallskapet.se* – Radfahrerverband Svenska Cykelsällskapet (SCS), teilw. auch dt. Downloads.

Infos vor Ort
Mit Rat und Tat zur Seite stehen innerhalb Schwedens rund 400 freundliche Touristenbüros, schwedisch Turistbyrå. Dort gibt es auch all die regionalen Karten und Toureninfos, die man anderswo vergeblich sucht.

Wetter
Der Skanden, das skandinavische Zentralgebirge, hält die feuchten Luftströmungen des Atlantiks fern, so dass vor allem die Ostsee und Kontinentaleuropa das Wetter bestimmen: Ein insgesamt relativ trockenes Klima mit warmen, aber kurzen Sommern (im Süden etwa 8 Wochen, im Norden 5–6 Wochen). Im Osten sind die Niederschläge geringer als im Westen. Besonders gering im Südosten und im hohen Norden. Die geringsten Niederschläge fallen in den Monaten Februar bis Mai, die wärmsten Monate sind Juli und August.

Wind
Er weht in Süd- und Mittelschweden überwiegend aus südlichen Richtungen, in Nordschweden eher aus Nordwest, schwächer jedoch im Windschatten des Skandens. Umgekehrt verhält es sich mit der sommerlichen *Mückenplage*, die nach Norden hin spürbar *zunimmt*.

Tipp: Möglichst nur dort rasten/zelten, wo auch ein *Wind* geht (den mögen die Biester nicht so sehr). Die Sommertage sind deutlich länger als in Mitteleuropa. Am 21. Juni geht die Sonne am Polarkreis überhaupt nicht unter, sie schleicht nur am Horizont vorbei (große Feier!). Hoch im Norden, in Kiruna, lässt sich die Mitternachtssonne sogar von Ende Mai bis Mitte Juli beobachten.

Reisezeit
Radelsaison ist von Mai bis September (Nordschweden: Juni – August). Zu Beginn und zum Ende muss jedoch, je nach Breitengrad, mit kühlen bis frostigen Nächten gerechnet werden. Auch ist zu berücksichtigen, dass im Mai und im September viele touristische Einrichtungen noch bzw. schon geschlossen sind (Campingplätze, Besichtigungen). Die ersten Frostnächte (meist ab September) beenden aber auch die Mückenplage. Von 21. Juni bis Ende Juli sind die Schweden als Urlauber verstärkt im eigenen Land unterwegs, besonders in Südschweden und auf den beiden Inseln. Wenn möglich, den Juli also ausklammern.

Anreise

Per Fähre

- *www.ttline.de* • *www.stenaline.de*
- *www.finnlines.com* • *www.scandlines.com*

Die Fahrt über die Ostsee nach Südschweden ist problemlos. Zunächst mit Fahrrad und Bahn zu einem der unten genannten Ostseehäfen, dort im Hafen-Terminal ein Ticket kaufen, dann die Überfahrt. Die wichtigsten Fährverbindungen nach Südschweden sind:

- Rostock – Gedser / Helsingör – Helsingborg (2 h / 20 min, 10x tgl., Scandlines)
- Travemünde – Trelleborg (7–9 h, TT-Line, Fahrradmitn. nicht bei jeder Abfahrt möglich)

- Travemünde – Malmö (9 h, Finnlines)
- Rostock – Trelleborg (6 h, TT-Line)
- Sassnitz – Trelleborg (4 h, Stena Line)
- Kiel – Göteborg (14 h, Stena Line)

Reservierungen sind für Deckspassagen nicht erforderlich. Preise: 25–40 € inkl. Fahrrad.

Per Bahn

Nach Schweden sind weder Fahrradmitnahme noch -versand möglich.

Per Bus

www.rucksack-reisen.de
Von Juni – Sept. gelangt man von Deutschland auch per **Fahrradbus** nach Südschweden (nach Dalsland, Värmland, Dalarna).

Per Flieger

Internationale Flughäfen besitzen Stockholm, Göteborg und Malmö. Zahlreich und günstig sind Flüge nach Kopenhagen (Dänemark), von wo es bis Schweden nur noch ein Katzensprung über den Öresund ist.

Transport im Land

Bahnen

www.sj.se • *www.inlandsbanan.se*
Über 11.000 km umfasst das Streckennetz der Schwedischen Staatsbahnen SJ.

Generell ist bei der SJ weder Fahrradmitnahme noch -versand vorgesehen. Ausnahmen bilden die **Vorortzüge** von Stockholm, Göteborg und Malmö und die von den Privatgesellschaften betriebenen Nebenstrecken. Längste private Strecke ist die zum Nordland führende „Wildnislinie" der privaten **Inlandsbahn AG.** Fahrräder werden problemlos im Gepäckabteil mitgenommen (Mora–Gäliivare, 1100 km, nur Mitte Juni bis Anf. Sep.).

Unter Schweden-Radlern kursieren viele Tipps, wie und wo man sein Rad, trotz aller Einschränkungen, doch im Zug mitnehmen kann: *www.rad-forum.de*

Busse

In den nördlichen Landesteilen können Fahrräder in Fernbussen mitgenommen werden. Pedale demontieren, Lenker querstellen; evtl. ist eine Verpackung notwendig, meist aber nicht.

In den südlichen Landesteilen ist Fahrradmitnahme eher Glückssache.

Helene Müller: „Es ist abhängig von der Person, an die man gerade gerät. Beim Anruf bei der Busgesellschaft hieß es: Ja! Am Buchungsschalter: Nein, auf keinen Fall. Langstreckenbusse nehmen niemals Räder mit! Und wenn man die Ausdauer hat, zur Abfahrtszeit an Ort und Stelle zu sein und den Busfahrer zu fragen, sagt der wieder: Jo jo!"

Fähren

Soweit Inlandsfähren als Brückenersatz dienen, können sie kostenlos benutzt werden. Andere öffentliche Fluss-, Kanal- und Küstenfähren setzen Fahrräder meist nur gegen einen Obolus über.

Übernachten

Zimmer

www.hotelsinsweden.net
Schwedische **Hotels** leben hauptsächlich von Konferenz- und Geschäftsreisenden. Entsprechend hoch sind Standard und Preise: ab 90 €. Da am Wochenende und in den Sommerferien diese Kundschaft ausbleibt, locken dann fast alle Hotels mit hohen Nachlässen (ca. 50%). Daher immer nach Rabatten fragen. Wer häufiger in Hotels übernachten möchte, sollte Hotelschecks mitnehmen. Sie müssen vor der Reise im Heimatland erworben werden und offerieren die besten Rabatte.

„RUM"-Schilder am Straßenrand verweisen natürlich nicht auf ein alkoholisches Getränk, sondern auf Privatzimmer. In der Regel handelt es sich dabei um **Bed & Breakfast** (DZ ab 40 €). Ebenso verhält es sich mit „Bo på Landgard"-Hinweisen (Wohnen auf dem Bauernhof). Wer in den Semesterferien in einer recht komfortablen Studentenbude nächtigen will, dem empfehlen sich die **Sommerhotels** der Universitätsstädte Stockholm und Lund (ab 30 €, über i-Büros).

Herbergen

Über 320 **Gästehäuser** (Vandrarhem) betreibt der schwedische Touristenverein STF (*www.svenskaturistforeningen.se*), darunter auch 40 **Fjällhütten**. Hinzu kommen über 150 sehr verschiedenartige, **unabhängige „Jugendherbergen"**, die sich im Herbergsverband SVIF organisiert haben (*www.svif.se*). Die meisten Häuser befinden sich 10 bis 15 km außerhalb der Ortschaften. In Südschweden liegen sie nicht weiter als eine Tagesetappe voneinander entfernt.

Von Mitte Juni bis Mitte August sind Reservierungen sehr ratsam. Der STF gehört dem IYHF an, weshalb die Häuser das bekannte blaue Juhe-Zeichen tragen.

Campen

- *www.camping.se* – Campingverband SCR
- *www.schwedencamper.de* – 590 über eine Karte verlinkte Campingplätze

Von den rund 800 Campingplätzen des Landes gehören die meisten dem SCR an. Die erforderliche Camping Key Europe Card kann vor der Reise bestellt werden, oder unterwegs beim ersten Campingplatz erworben werden (150 SEK). Die neuen Karten gelten nicht mehr nur in Skandinavien, sondern europaweit für 1600 Plätze. Prinzipiell wird pro Stellplatz bezahlt (ab 12 €). Plätze an Fernverkehrsrouten gewähren Quick-Stop-Rabatte (35–50% bei Übernachtung zwischen 21 und 9 Uhr). **Campinghütten** für 4 Personen kosten im Schnitt ab 70 €.

Freies Zelten ist im Rahmen des Jedermannsrechtes gestattet. Das skandinavische **Jedermannsrecht** (Allemansrätt) ist ein ungeschriebener Kodex, der der Gemeinschaft ein gewisses Miteigentum am Land zuerkennt. Es ist allerdings kein Freibrief, sondern fußt auf der Voraussetzung, dass niemand gestört (Wohngrundstücke respektieren), nichts zerstört und nichts zurückgelassen wird.

Kochen: Gaskartuschen sind bei Tankstellen und Outdoorläden („Intersport") erhältlich. Leichter erhältlich ist Spiritus, der in Schweden traditionell den Trangia-Kocher befeuert.

Karten, Literatur & GPS

(Adressen zum Bezug von Karten und Reiseführern im Anhang)

Tourenkarten

- Freytag & Berndt: 1:250.000/400.000. 6 Bl. überlappend. Süd- und Mittelschweden Bl. 1–4 1:250.000. Nordschweden Bl. 5–6 1:400.000. Diese Karte wird von Schwedenradlern gelobt. 6 Bl. à 9,99 €.
- Freytag & Berndt: Skandinavien-Atlas 1:250.000/400.000, 27,99 €. Aktuell und detailliert. Die preiswerteste Komplettlösung für ganz Schweden bzw. Skandinavien. Mit Ortsregister! Aber zu schwer und unhandlich, daher die benötigten Seiten heraustrennen.
- Lantmäteriet (Landesvermessungsamt): Översiktskartan 1:250.000, 20 Bl. à 15,90 €, die Mutter aller schwed. Straßenkarten.
- Lantmäteriet: Vägkartan 1:100.000, 134 Bl. à 15,90 €. Topokarten mit Fuß- und Radwanderwegen, teurer Mini-Kartenschnitt (ca. 50 x 50 km).

Zelten, wo es gefällt. Das Jedermannsrecht macht's möglich.

Tourenführer

- Kettler Vlg.: „Südschweden per Rad". Radreiseführer mit kombierbarem Etappennetz. Mit Öland, aber ohne Gotland.
- Stein Vlg.: „Schweden Norwegen Nordseeküstenradweg".

GPS

- *www.aighes.de* • *www.kowoma.de* – OSM-basierte Skandinavien-Radreise-Karten für Garmin&Co.
- *www.touren-wegweiser.de* – Annette und Olaf Birgelen haben auf ihrer Website eine Rundtour durch Schweden und Norwegen mit Fotos, Reliefkarten, GPS-Daten, Höhen- und Anforderungsprofil ausführlich dokumentiert.

Fahrrad (schwed. cykel)

Allgemein

Je weiter nördlich die Reise gehen soll, desto mehr empfehlen sich ein Trekkingrad oder ein Reise-MTB (Hauptunterschied: das Trekkingrad hat 28-Zoll-Laufräder). Breite Reifen und/oder Federgabel sind von Vorteil. Radfahrer unter 15 Jahren müssen einen Helm tragen.

Reparaturen

In den südlichen Landesteilen Götaland und Svealand sind die Reparaturmöglichkeiten recht gut, und selbst in Kiruna (Lappland) gibt es ein Sportshop mit Fahrradservice. Nordlandradler sollten Pannen aber generell selbst beheben können.

Radevent

www.vaetternrundan.se

2015 feierte die **Vätternrundan** ihr 50jähriges Jubiläum. 300 km lang und ziemlich hügelig ist die größte organisierte Radtour der Welt, bei der über 23.000 Trimm-Dich-Radler in max. 24 Stunden um den ziemlich riesigen **Vätternsee** keulen und gemeinsam mit den „heja, heja" rufenden Zuschauern viel Spaß dabei haben. Seit 1966 geht das so. Immer im Juni, und immer ist Motala Start und Ziel, und immer gibt es unterwegs Blaubeersuppe, Kartoffelbrei mit Würstchen und „schwedische Bananen" (Salzgurken). Obwohl der Event-Gedanke im Vordergrund stehen soll, wird die Vätternrundan von immer mehr Radsportlern (insbes. deutschen) zunehmend als ernsthaftes Rennen betrachtet und entsprechend humorfrei angegangen. Die Veranstalter versuchen Konflikte mit der Sun-and-Fun-Fraktion durch unterschiedliche Startzeiten zu verringern. Auch Halb-, Drittel und Mini-Vättern-Runden werden angeboten. Jeder soll mitmachen.

Straßen und Wege

Überblick

Im Süden dicht, nach Norden hin weiter, so ist das schwedische Straßennetz. Zugleich wird der Asphalt rauer. Staubstraßen sind keine Spezialität des Nordens. Gerade in Süd- und Mittelschweden locken kleinste Nebenstraßen den Radler immer mal wieder auf eine Schotter- oder Sandpiste. So wird der Verkehr abgehängt, der auf den überregionalen Reichs- und Provinzstraßen doch recht erheblich ist. Die reizvollen kleinen Küsten- und Uferstraßen Südschwedens werden ab Juli zudem vom Urlauberverkehr geflutet. Allerdings kommen Autofahrer und Radler in Schweden gut miteinander aus.

Radwege

finden sich vor allem innerhalb von Ortschaften. An den Hauptstraßen kann ersatzweise auf dem Seitenstreifen geradelt werden. Das Netz regionaler und überregionaler *Radwanderwege* wird kontinuierlich ausgebaut. Die Beschilderung könnte allerdings oft besser sein. Infos/Kartenskizzen sind erforderlich, um die Routen gezielt nutzen zu können.

Offroad (MTB)

Grundsätzlich dürfen Biker alle frei zugänglichen Wege und Pfade benutzen, das **Allemansrätten** macht's möglich. Bedingung ist, dass Mensch und Natur nicht beeinträchtigt werden. Besondere Bestimmungen sind in Naturschutzgebieten zu beachten. Während Südschweden wenig Offroad-Potenzial besitzt, ist in Nordschweden das Gegenteil der Fall. Großen Reiz übt dort die Wildmark aus (Jämtland), wo das Bike sogar mit der Seilbahn auf den Åreskutan genommen werden kann. Aber auch die mittelschwedischen Fjällregionen von Värmland und Dalarna sind lohnende Reviere, wo das Bike im Sessellift mitgenommen werden kann.

E-Mails von Gotland

von Helene Müller

Liebe Freunde!

3. Juni:: Wirklich schön, dass man in den Bibliotheken das Internet gratis nutzen darf. Bis Oskarshamn hat's gut geklappt. Der Busfahrer war so freundlich und hat mich mitsamt Rad mitgenommen! Seit gestern bin ich hier in der Jugendherberge: Einzelzimmer mit Bad, WC u. TV, sehr luxuriös, aber nicht sehr kommunikationsfördernd. Dafür werde ich morgen auf Gotland in Visby in einem zur Jugendherberge umgebauten ehemaligen Gefängnis schlafen. Mein Zelt kann ich leider noch nicht benutzen, nachts sind es 7 Grad, zudem regnet es unaufhörlich.

Visby und das Wetter

5. Juni: Endlich auf Gotland! Visby ist eine wunderschöne alte Hansestadt mit Katzenkopfpflaster in den Gassen und einer gut erhaltenen Stadtmauer. Unendlich viel Flieder blüht zur Zeit. Überall der wunderbare Duft. Die Wettervorhersage für die kommende Woche: Wind, Regen, Kälte. Statt zu zelten, ziehe ich deshalb erst mal von Jugendherberge zu Jugendherberge. Drückt mir die Daumen für besseres Wetter. Bei dem jetzigen ist die schönste Landschaft ungenießbar.

Insel der Düfte

9. Juni: Zwei Tage übernachtete ich in Visby – im „Gefängnis". Dann schien der Regen aufzuhören, und ich startete meine Inselrundtour. Es pladderte dann aber doch wieder, und bergauf ging es auch noch! Kalt war mir, und nass war ich bis auf die Haut – trotz Regenkleidung. Aber das ist nun schon wieder Vergangenheit, denn seit gestern geht es mir richtig gut: Sonne, kein Wind und 18 Grad! Die Schweden sprechen vom Sommer aber immer noch im Futur. Und es stimmt, hier ist noch Frühling, die Baumblüte ist gerade erst im Gange, kilometerlang blüht der Flieder an den Landstraßen, Maiglöckchen und Schlüsselblumen säumen lange Abschnitte der Waldwege, dazu noch Pfingstrosen, Narzissen und Rapsfelder. Meine Nase kann gar nicht genug bekommen von all diesen Düften.

Ingmar Bergmans Insel

Zwei Tage war ich auf der Insel Farö. Von Farösund geht eine kostenlose Fähre hinüber. Wenige Menschen leben da. Einer von ihnen ist Ingmar Bergman, aber ich bin ihm nicht begegnet. Statt dessen lange einsame Strecken durch Wachholderheide, Wald und Wiesen. Viele mir unbekannte Vögel gibt es hier und viele wuschelige graue, schwarze Schafe mit ihren neugeborenen Lämmern.

Gotland

Gotlandbrot

Ja, es ist schon ein feines Leben: Jeden Tag nur schöne Landschaft genießen, und als einzige Sorgen: Wo kann ich was zu essen kaufen (gar nicht so einfach) und wo kann ich ein Bett finden? Ihr wisst ja, wie gern ich esse. Also: Es gibt die schwedische Butter sehr salzig, halb gesalzen und ganz ohne. Eier und Lammfleisch kommen direkt von der Wiese bzw. der Wacholderheide. Käse gibt es mit eingebautem Cumin und Nelken. Das Gotlandbrot ist ein rundes Landbrot mit eingebackenen Pomeranzenstücken. Kuchen heißt Chokokaka, Appelkaka usw. Dazu kommen wohl hundert Eiscremesorten, u.a. mit Lakritz, Champagner, Stachelbeere, Rhabarber und Safran. Ihr merkt schon, ich bin entzückt. Brot, Käse und Trinkjoghurt habe ich tagsüber immer dabei. Denn die Cafs, wo es etwas zu essen gibt, sind weit verstreut. Ich muss auch immer gut planen: Wohin mit dem eingekauften „Gelersch" auf dem eh schon sehr beladenen Fahrrad?

Gotlands Kirchen

13. Juni: Nun bin ich auf dem Weg zu Gotlands Südzipfel. Gestern hatte ich eine von Gotlands 92 hübschen kleinen Kirchen besucht, der Innenraum mit Kalkmalereien von einem deutschen Meister. Der Frühling auf Gotland begleitet mich weiterhin: Neben all den schon erwähnten Blumen gibt es auch Akaleien, in allen Lilaschattierungen und einem ganz leuchtenden Blau!

Ich sage euch, die Schweden sind äußerst entgegenkommend und hilfsbereit. Sie sagen mir die schönsten Radstrecken und rufen sogar in den Jugendherbergen an, um für mich zu buchen.

Warmes Plätzchen

Mit Zelten ist im Augenblick dagegen nix. Es ist nicht nur frisch, die Campingplätze sind auch noch leer und die Aufenthaltsräume daher geschlossen. Ich bin zwar eine bescheidene Zelterin, aber abends brauche ich doch ein warmes Plätzchen und eine Küche: für einen heißen Tee und eine warme Mahlzeit. Ab dem Mittsommerfest soll alles anders werden, da sollen die Massen hier einbrechen. Übrigens, was machen die Schweden an diesem Tag? Sie essen Sild mit Dill und Kartoffeln und tanzen!

Die Vogelinsel

27. Juni: Nachdem ich meine Gotland-Runde beendet habe, bin ich nun wieder in Visby. Drei Tage war ich zuvor noch auf der winzigen Vogelinsel Stora Karlsö. Dort gibt es keine warmen Duschen, aber Klippen und 233 Vogelarten. In der letzten Nacht auf Karlsö hatte es heftig geschüttet. Und es ist auch wieder kälter geworden. Mein Zelt konnte ich bisher erst einmal auf einem Campingplatz aufbauen. Von dem Jedermannsrecht möchte ich nicht so gern Gebrauch machen. Obwohl mir die Frauen dazu rieten. Aber nach all den Mankells und Hakan Nessers würde ich nachts vermutlich bei jedem Geräusch hoch schrecken. Heute ist mein 29. Tag. Ade Visby, du schöne Stadt, ich muss zurück zum Festland!

Sommer!

5. Juli: Auf dem Festland stöhnt man bei 24 Grad über die große Hitze. Der Sommer ist angekommen in Schweden!

Herzliche Grüße, Helene

Nachtrag: Die alte Fährverbindung zwischen Grankullavik im Norden Ölands nach Visby auf Gotland wurde reaktiviert. Das spart einen gewaltigen Umweg, sowie Zeit und Geld, wenn man beide Inseln besuchen möchte. Mehr erfährt man unter *www.destinationgotland.se/de/fahre*. Helene

Schweiz

Daten

41.285 qkm • 8,1 Mio. Einw. • 196 Ew./qkm
Ausdehnungen: N – 220 km – S • W – 350 km – O

Land

Ins Auge stechen die von der Rhein-Rhône-Furche durchzogenen Alpen (bis 4634 m). Sie nehmen zwei Drittel der Landesfläche ein. Ein weiteres Viertel wird vom dicht besiedelten Mittelland abgedeckt (350–800 m), das restliche Zehntel vom mittelgebirgigen Jura (bis 1679 m). Mit einer durchschnittlichen Höhe von 1300 m und angesichts der großen Höhenunterschiede auf kleinem Raum ist die Schweiz das gebirgigste Land Europas. Dennoch, es gibt auch familienfreundliche Tourengebiete: Flach bis leicht hügelig sind die Täler von Rhein, Rhône und Aare sowie die Umgebungen der Seen im ansonsten hügeligen Mittelland. Gemäßigt velofreundlich, wegen seiner langen Längstäler und einiger Hochplateaus, gibt sich der *Schweizer Jura.*

Zwei Fünftel des Landes sind von Wiesen und Weiden bedeckt und sorgen, speziell in felsigen Höhenlagen, für liebliche Kontraste. Bis in Höhen von 1800 m reicht der Baumbewuchs. Für Kontraste hat auch die Eiszeit gesorgt: Zugeschärften Gipfelregionen stehen gerundete Mittellagen mit Moränenwällen, Trogtälern, Wasserfällen und Bergseen gegenüber.

und Leute

Um des lieben Friedens willen leisten sich die Eidgenossen vier Amtssprachen: Deutsch für knapp zwei Drittel der Bevölkerung (die sog. Deutschschweiz), Französisch für ein knappes Fünftel (sog. Welschschweiz), Italienisch für ein knappes Zehntel (Tessin), Rätoromanisch (in zig [unverständlichen] Dialekten, daher Ursprung des Begriffes „Kauderwelsch“) für stolze 0,6% der Bevölkerung (Graubünden). Für weitere Sprachenvielfalt sorgen die im Lande lebenden Ausländer (insges. 17%).

per Velo erfahren

Wenn die Schweizer ans Radfahren denken, denken sie an einen Plausch, einen Veloplausch. Plausch heißt im Schwyzerdütsch Spass oder Vergnügen. Ein Veloplausch ist also ein Fahrradvergnügen, auf gut deutsch: eine Radtour!

Veloland Schweiz, so heißt die Stiftung und das Motto, die dem Land im Mai 1998 ein nationales Veloroutennetz bescherten. Seitdem haben Tourenradler die Wahl unter neun verknüpften Radrouten von insgesamt 3300 km Länge. Ein Veloroutennetz wie aus einem Guss zu schaffen, war eine starke Leistung in einem Land mit 26 quasi-Bundesstaaten. Auch die passende Infrastruktur ist auf diese neun „Velokanäle“ ausgerichtet. Fast nach Lust und Laune lässt sich die Schweiz nun kreuz und quer mit dem Velo erfahren. Je nach Route, mal mehr, mal weniger schweißtreibend, mal mehr, mal weniger individualistisch.

Schlucht des Vorderrheins (Veloroute 2)

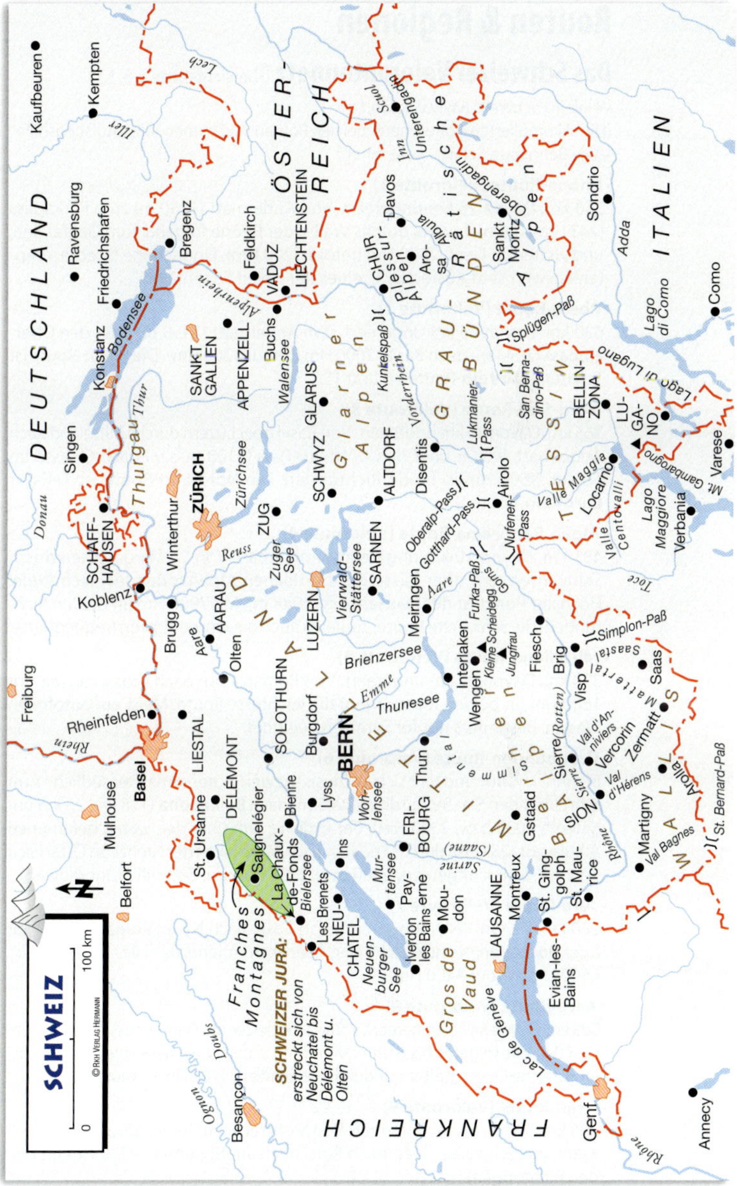
SCHWEIZ
0
100 km
© Reise Know-How Verlag Hermann
DEUTSCHLAND
ÖSTERREICH
LIECHTENSTEIN
ITALIEN
FRANKREICH
Kaufbeuren
Kempten
Ravensburg
Friedrichshafen
Bregenz
Feldkirch
Konstanz
Bodensee
Singen
SCHAFFHAUSEN
Koblenz
Freiburg
Rheinfelden
Basel
Mulhouse
Belfort
Besançon
Donau
Iller
Lech
Rhein
Alpenrhein
Thur
Thurgau
Reuss
Aare
Emme
Doubs
Ognon
Rhône
SANKT GALLEN
APPENZELL
Buchs
VADUZ
Walensee
GLARUS
Glarner Alpen
Zürichsee
ZÜRICH
Winterthur
Brugg
AARAU
Olten
LIESTAL
DÉLÉMONT
St. Ursanne
Saignelégier
La Chaux-de-Fonds
Les Brenets
Franches Montagnes
SCHWEIZER JURA:
erstreckt sich von
Neuchatel bis
Délémont u.
Olten
SOLOTHURN
Bienne
Bielersee
Lyss
Burgdorf
BERN
Wohlensee
Ins
NEUCHATEL
Neuenburger See
Murtensee
Payerne
Iverdon les Bains
Moudon
FRIBOURG
Sarine (Saane)
LAUSANNE
Gros de Vaud
Lac de Genève
Genf
Evian-les-Bains
Annecy
Montreux
St. Gingolph
St. Maurice
Martigny
Val Bagnes
St. Bernard-Paß
Arolla
Zermatt
Mattertal
Saas
Saastal
Visp
Brig
Simplon-Paß
Fiesch
Goms
Val d'Anniviers
Vercorin
Sierre
Val d'Hérens
SION
Gstaad
Berner Oberland
Emmental
MITTELLAND
WALLIS
Thun
Thunersee
Interlaken
Wengen
Kleine Scheidegg
Jungfrau
Brienzersee
Meiringen
Furka-Paß
Grimsel
Nufenen-Pass
LUZERN
Vierwald-Stättersee
SARNEN
Zuger See
ZUG
SCHWYZ
ALTDORF
Oberalp-Pass
Gotthard-Pass
Airolo
Disentis
Lukmanier-Pass
Vorderrhein
Kunkelspaß
CHUR
Plessur-Alpen
Arosa
Albula
Davos
Sankt Moritz
Oberengadin
Unterengadin
Inn
Scuol
Rätische Alpen
GRAUBÜNDEN
San Bernardino-Paß
Splügen-Paß
TESSIN
BELLINZONA
LUGANO
Lago di Lugano
Locarno
Valle Maggia
Valle Centovalli
Lago Maggiore
Verbania
Mt. Gambarogno
Varese
Como
Lago di Como
Sondrio
Adda
Toce

Routen & Regionen

Das Schweizer Veloroutennetz Übersichtskarte s. S. 517

Veloland Schweiz: *www.veloland.ch*
(Die akkumulierten Höhenmeter bei den Routen sind immer ohne „Aufstiegshilfe" – wie Bahn, Bus, Schiff – gerechnet.)

- **Rhône-Route (Veloroute 1)**
  350 km. Davon 26 km ungeteert. Von Andermatt (1450 m) zum Furkapass (2431 m), dann abwärts durchs Wallis, der Rhône folgend zum Genfer See, und weiter bis Genf. 2500 Hm (retour 3200 Hm). Eine schöne Strecke, empfehlenswert sind Abstecher in eines der vielen Seitentäler.
- **Rhein-Route (Veloroute 2)**
  430 km. Davon 68 km ungeteert. Von Andermatt (1450 m) über den Oberalppass (2044 m) nach Basel. 2000 Hm (retour 3200 Hm). Die Rhein-Route ist Teil der **EuroVelo**-Routen 6 und 15.
- **Nord-Süd-Route (Veloroute 3)**
  365 km. Davon 30 km ungeteert. Von Basel über Luzern durchs Mitteland nach Andermatt, weiter über den Gotthard-Pass (2108 m, s.u.) nach Chiasso im Tessin. 3600 Hm in beide Richtungen. Die Nord-Süd-Route ist Teil der **EuroVelo**-Route 5.
- **Alpen-Panorama-Route (Veloroute 4)**
  485 km. Davon 10 km ungeteert (umfahrbar). Von St. Margarethen durch Schluchten und über Pässe des nördlichen Alpenvorlandes nach Aigle. Höchster Punkt ist der Klausenpass (1948 m). Mit 7900 Hm (in beiden Richtungen) die schwerste Route, zugleich auch die am wenigsten frequentierte.
- **Mittelland-Route (Veloroute 5)**
  370 km. Davon 85 km ungeteert. Von Romanshorn nach Lausanne. Mit nur 1600 Hm (in beiden Richtungen) die leichteste Route. Meist auf autofreien Wegen. Besonders gut für Familien geeignet.
- **Graubünden-Route (Veloroute 6)**
  Beginnt in **Chur** und teilt sich in Thusis in zwei Routenarme. Der südliche Arm führt über den San Bernardino (2065 m) nach **Bellinzona** (128 km, 25 km ungeteert, 2000 bzw. 2300 Hm), der östliche Arm über den wenig befahrenen Albulapass (2312 m) durchs Engadin nach **Martina** an der Grenze zu Österreich (152 km, 55 km ungeteert, 2900 bzw. 2500 Hm, s. a. Österreich, Innradweg).
- **Jura-Route (Veloroute 7)**
  280 km. Davon 14 km ungeteert. Von Basel nach Nyon. Romantische Tour über Hochebenen und durch Täler. Aber anstrengend, da viele steile „Hübäli". 4500 Hm (retour 4400 Hm).
- **Aare-Route (Veloroute 8)**
  305 km. Davon 64 km ungeteert. Vom Gletschersee am Grimselpass (2165 m) dem Lauf der Aare folgend, bis zu ihrer Mündung in den Rhein bei Koblenz. Abwechslungsreiche Querschnittstour durch die Schweiz. 1700 Hm (retour 3100 Hm).
- **Seen-Route (Veloroute 9)**
  505 km. Davon 64 km ungeteert Von Montreux am Genfer See entlang einer Kette von Schweizer Seen nach Rorschach am Bodensee. 4200 Hm (in beiden Richtungen).

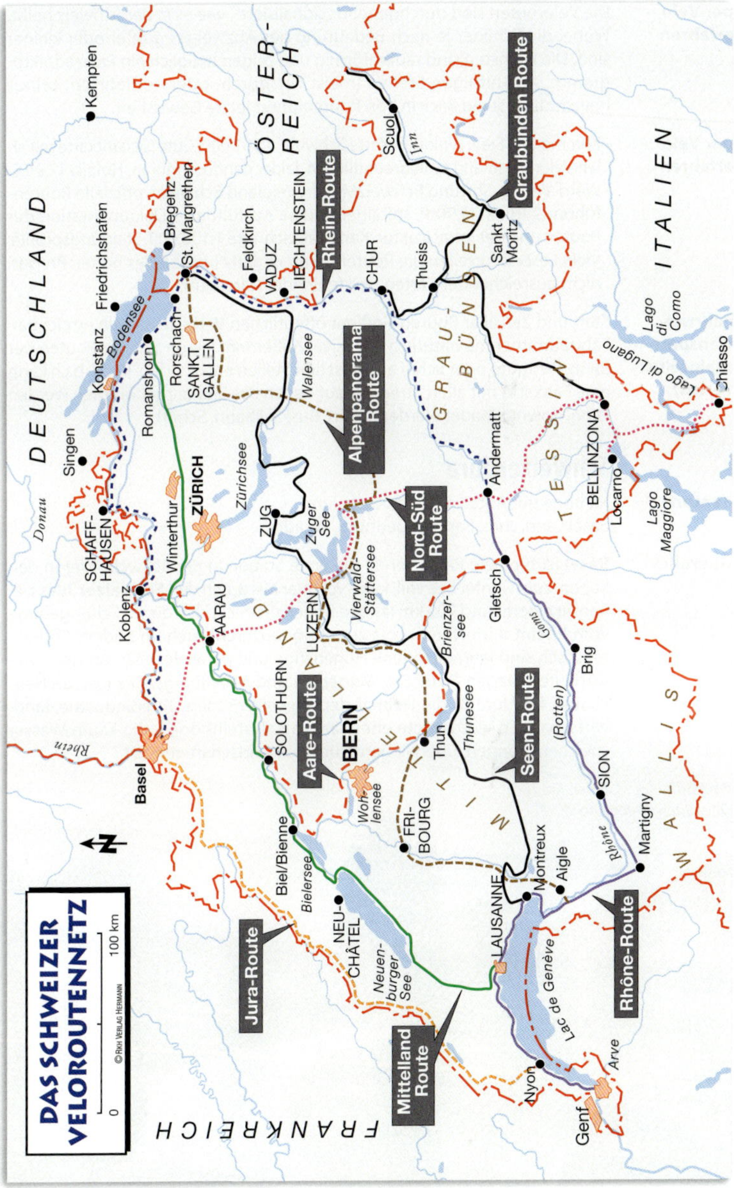
DAS SCHWEIZER VELOROUTENNETZ
0
100 km
©RKH VERLAG HERMANN
DEUTSCHLAND
ÖSTER-REICH
ITALIEN
FRANKREICH
LIECHTENSTEIN
GRAUBÜNDEN
TESSIN
WALLIS
MITTELLAND
Jura-Route
Mittelland Route
Rhône-Route
Seen-Route
Aare-Route
Nord-Süd Route
Alpenpanorama Route
Rhein-Route
Graubünden Route
Kempten
Friedrichshafen
Bregenz
St. Margrethen
Feldkirch
VADUZ
Konstanz
Bodensee
Romanshorn
Rorschach
SANKT GALLEN
Walensee
CHUR
Thusis
Sankt Moritz
Scuol
Inn
Singen
Donau
SCHAFF-HAUSEN
Winterthur
ZÜRICH
Zürichsee
ZUG
Zuger See
Vierwald-stättersee
LUZERN
Andermatt
BELLINZONA
Locarno
Lago Maggiore
Lago di Lugano
Lago di Como
Chiasso
Koblenz
AARAU
SOLOTHURN
BERN
Brienzer-see
Thunersee
Thun
Gletsch
Goms
Brig
(Rotten)
SION
Martigny
Rhône
Basel
Rhein
Biel/Bienne
Bielersee
Wohlensee
FRI-BOURG
NEU-CHÂTEL
Neuenburger See
LAUSANNE
Montreux
Aigle
Lac de Genève
Arve
Nyon
Genf

per Velo erfahren

Die Velorouten sind durchgehend „signalisiert“, wie es in der Schweiz heißt. Wobei die Schilder je nach Bedeutung des Abzweiges größer oder kleiner sind. Die kleinsten sind rautenförmig und zeigen lediglich ein Fahrradpiktogramm. An kniffligen Stellen (meist Ortsdurch- oder -umfahrten) bringt manchmal erst ein Blick in den Routenführer letzte Gewissheit.

per Velo erfahren

- Kümmerly + Frey: „Veloreisekarte Schweiz“ 1:301.000. Gute Gesamtkarte mit allen Velorouten und radlerfreundlichen, leider dennoch teuren, Hotels, 17,95 €.
- Werd-Verlag, Stiftung SchweizMobil: „Veloland Schweiz“, offizielle Routenführer, 9 Bd. à 29,90 €, spiralgebunden. Ausführliche Dokumentation der Routen und der Infrastruktur. Kartenausschnitte 1:100.000. Steigungsprofile. Viele Leser beurteilen die Routenführer negativ (wegen des hohen Preises, nicht ausreichender Karten und fehlender Adressen).

Fahrradtransport (Veloselbstverlad)

Start und Ziel aller Routen sind mit öffentlichen Verkehrsmitteln erreichbar. Fahrradmitnahme natürlich inklusive. Außerdem lassen sich die Routen per Bahn, Postauto oder Schiff an kritischen Stellen entschärfen. Bei sbb.ch kann eine Faltkarte mit allen Strecken, auf denen das Rad mitgenommen werden kann, downgeloadet werden (Bahn, Bus, Seilbahn, Schiff).

Schweizer Jura

Kantone

Kantone mit Anteil am Schweizer Jura:
Basel Land, Jura, Bern, Neuenburg, Waadt.

Überblick

Basel ist für viele Radreisende die erste Station in der Schweiz. Wer in den Süden, zum Genfer See will, kann von hier aus durch den **Schweizer Jura** ziehen. In einem rund 200 km langen Bogen erstreckt sich dieses Faltengebirge vom Rheintal im Norden bis zum Rhône-Durchbruch im Süden. Charakteristisch sind lang gezogene Höhenzüge und parallele Täler. An den Jura-Ausläufern liegen *Bieler See, Murtensee* und *Neuenburger See* (Lac de Neuchâtel). Der Jura ist die Heimat der schweizerischen Uhrenindustrie, landwirtschaftlich werden die eher kargen Kalksteinböden, die kaum Wasser speichern können, überwiegend für Weidewirtschaft genutzt.

Vom Brünigpass in den Kanton Obwalden (Veloroute 9)

Touren-planung Wegen des vergleichsweise unspektakulären Mittelgebirgscharakters gehört der Jura nicht zu den touristischen Ballungsräumen der Schweiz und ist ein entsprechend ruhiges Tourengebiet. Die Straßen nutzen die längs verlaufenden Hochtäler und Bergkämme und vermeiden häufige Passübergänge. Die dennoch unvermeidlichen Anstiege sind auf Dauer nicht zu unterschätzen. Ebenso die Anstiege vom Mittelland ins Jura.

Franches-Montagnes Ein besonderes Schmankerl im Jura ist für Radwanderer das Hochplateau der Franches-Montagnes (dt. Freiberge, Kanton Jura). Nördlich der Uhrenstadt **La Chaux-de-Fonds** erstreckt es sich auf rund 1000 m Höhe zwischen den Montagne du Droit und dem teilweise cañonartigen Bett des Doubs. Die idyllische Hügellandschaft der Franches-Montagnes setzt sich aus grünen Weiden, dunklen Nadelwäldern, Teichen, Mooren und den Weilern freiheitsliebender Jurassen zusammen, die ihr Kanton hartnäckig als Republik bezeichnen. Neben 9000 Kühen weiden auf dem Kalksteinplateau auch 3500 Freiberger Reitpferde (gerühmt wegen ihrer Gutmütigkeit und Trittsicherheit, viele Bauernhöfe vermieten Reitpferde).

Auch für „Aluross"-Wanderer erweisen sich die Franches-Montagnes mit ihrem Netz gut asphaltierter Wirtschaftswege als kleines Paradies. Was sich offenbar herumgesprochen hat, denn mittlerweile hat der Bahnhof des Hauptortes **Saignelgier** seinen Mietvelobestand erheblich aufgestockt. Auf dem Hochplateau sind die Strecken überwiegend sanft hügelig. Steiler wird es an den Rändern, im Osten beispielsweise zu den Gorges du Pichoux (Juraaufbruch mit Wasserfällen und Stausee) und im Westen zum Tal des Doubs hinunter.

Doubs Von Les Brenets bis St. Ursanne (ca. 60 km) lässt sich dem französisch-schweizerischen Grenzfluss **Doubs** auf Uferwegen folgen. Für Radler gesperrt ist nur der Wanderweg am Lac de Brenets, dann geht es überwiegend auf schweizerischer, teilweise aber auch französischer Seite durchs Doubs-Tal bis St. Ursanne. Genau dargestellt sind die Wege in den „Landeskarten der Schweiz" (1:25.000). Wer aber ab Les Brenets sukzessive den Wegweisern nach „Biaufond", „La Goule", „Goumois", Soubey" und „St. Ursanne" folgt, kommt auch mit einer 1:100.000-Karte aus. Auch die französischen, teilweise kanalisierten Abschnitte der Doubs sind super zum Radwandern.

Mittelland

Kantone *Kantone mit Anteil am Mittelland sind:* Schaffhausen, Thurgau, Zürich, Aargau, Solothurn, Luzern, Bern, Freiburg, Waadt, Genf.

Eindrücke Hübsche alte Städte, blitzsaubere Dörfer und Einzelgehöfte, parkähnliches Kulturland auf weiten Hängen, Flüsse und Seen in Talmulden – all dies vereint sich in der hügeligen Voralpenregion zwischen Bodensee und Genfer See, genannt Mittelland. Aber auch dichte Besiedlung, Industriestandorte und intensive Landwirtschaft sind charakteristisch fürs Mittelland. Während im Thurgau der Obstbau dominiert, spielt Milchwirtschaft im Greyerzer Land die Hauptrolle, Tabak im Tal der Broye und die Waadt, das Gebiet um Lausanne, gilt als Kornkammer des Landes. Wo immer möglich, wird auch Wein angebaut – in Schaffhausen ebenso wie an den Nordufern des Genfer Sees. Der durch den Bieler-See verlaufende, imaginäre *Röstigraben* markiert die Sprach- und Kulturgrenze zwischen deutsch- und französischsprachiger Schweiz.

Touren-planung

Die naturräumliche Gunst der Region hat wohlhabende Städte hervorgebracht, die ihre mittelalterlichen Kerne bis heute nahezu original erhalten haben. Stein am Rhein, Schaffhausen, Zürich, Sursee, Luzern, Bern, Solothurn, Murten, Fribourg, Lausanne, Nyon und Genf sind, neben den großen Seen, die touristischen Attraktionen des Mittellandes. Wer eine Tour durchs Mittelland plant, sollte sich klar darüber sein, dass es nicht immer leicht ist, ruhige Nebenstraßen zum Radeln zu finden. Eine gute Planungshilfe, um nicht unnötig in Steigungsfallen oder Wochenendverkehr zu tappen, ist die Veloreisekarte Schweiz (s.u.). Wer sich das ersparen will, nutzt einfach die **Mittelland-Route** (Veloroute 5).

Die Seen

Verkehr und Besiedlung stören bei Touren an den großen Seen teilweise erheblich. *Velofreundliche* Wege finden sich am Südufer des **Bodensees** (nett und unspektakulär: der Bodensee-Radweg), am NW-Ufer des **Bieler Sees** (durch die Weinberge mit schönen Blicken auf den See, die Zahnradbahn Ligerz – Tessenberg nutzen), am Südostufer des **Neuenburger Sees**, an kleineren Seen wie Halwiller- und Baldegger See, Greifensee, Wohlensee, Schiffenensee und Murtensee, und am Nordufer des **Genfer Sees** (*Angela Lüppen:* „Von Rolle bis Montreux war es idyllisch hoch drei").

Aare-Radweg

Eine Zeit lang war der Aare-Radweg der erste und einzige Radfernweg der Schweiz. Mit der Eröffnung des Veloroutennetzes wurde er bis zum Grimselpass verlängert und firmiert seitdem als Veloroute 8 bzw. **Aare-Route.** Die Strecke beginnt hoch spektakulär bei den Gletscherseen am Grimselpass, der auch vom Postbus angefahren wird. In einem Rutsch führt die Grimselpass-Straße hinab nach Innertkirchen und verliert dabei 1540 Hm. Dann zwängen sich Aare und Straße durch eine Schlucht und erreichen Meiringen. Ab hier ist die Route praktisch identisch mit dem alten Aare-Radweg und führt durchs zunehmend breiter werdende **Tal der Aare** – vorbei an Seen, Auengebieten, Feuchtbiotopen und Städtchen. Bis zum Rhein sind nur noch geringe Anstiege zu bewältigen.

Route

Grimselpass (2165 m) – Innertkirchen (625 m) – Meiringen (595 m) – Giessbachfälle – Iseltwald – Interlaken – Beatenbucht (570 m) – Beatenberg (1150 m) – Sigriswil – Gunten – Thun (560 m) – Bern (540 m) – Wohlensee – Aarberg – Biel (440 m) – Büren a.d. Aare – Altreu – Solothurn (430 m) – Wangen a.d. Aare – Olten – Aarau – Brugg (340 m) – Koblenz (300 m). Länge 305 km. (Von Biel bis Brugg ist die Aare-Route identisch mit der Mittellandroute.)

Weitere Tourentipps fürs Mittelland

Im ländlich schlichten **Thurgau,** das an den Bodensee grenzt, hat die zerstreute Siedlungsweise ein dichtes Netz kleiner Straßen erforderlich gemacht, das die zahlreichen Dörfer und Einzelgehöfte miteinander verbindet.

- Leichte Touren mit Kind und Kegel lassen sich hier vor allem am *Bodensee* und in der *Thurebene* unternehmen.
- Mäßig hügelig ist hingegen das Hochplateau des *Seerückens*
- Noch etwas anspruchsvoller ist das Terrain im *Tannzapfenland* im Südzipfel des Kantons.

Hübsche kleinräumige Radwanderreviere mit dichtem Nebenstraßennetz sind auch das

- hügelige **Weinland** im Norden des Mittellandes (zwischen Schaffhausen und Winterthur)
- das weite, offene Hügelland **Gros de Vaud** (zwischen Yverdon und Lausanne) im Süden des Mittellandes, sowie das benachbarte **Tal der Broye.**

Schweizer Alpen

Kantone Kantone mit Anteil an den Alpen:
Appenzell, St. Gallen, Glarus, Zug, Schwyz, Obwalden, Nidwalden, Uri, Bern, Waadt, Wallis, Graubünden, Tessin.

Überblick Die von Rhône (Rotten) und Vorderrhein ausgehobelten Täler teilen die Schweizer Alpen in eine Nord- und eine Südalpenkette, die ihrerseits in mehrere Gebirgsstöcke gegliedert sind.

Nordalpenkette Berner Alpen (mit dem stark vergletscherten Aaremassiv, bis 4274 m, Finsteraarhorn) • Vierwaldstätter Alpen (bis 3630 m, Dammastock) • Glarner Alpen (bis 3614 m, Tödi).

Südalpenkette Walliser Alpen (bis 4634 m, Monte Rosa, höchstes Gebirgsmassiv der Schweiz mit stark vergletscherten Kämmen) • Tessiner Alpen (bis 3273 m, Basódino) • Adula-Gruppe (bis 3402 m, Rheinwaldhorn) • Rätische Alpen (bis 4049 m, Piz Bernina).

Liechtenstein *www.tourismus.li*
Eng mit den Eidgenossen liiert ist das Fürstentum **Liechtenstein** (160 qkm, 30.000 Ew.). Mit dem westlichen **Rätikon** bildet es quasi die geografische Fortsetzung der Nordalpenkette. Hauptstadt ist Vaduz, Amtssprache Deutsch, Währung der Schweizer Franken. Nur drei Bahnhöfe besitzt Liechtenstein, dessen Landesnatur vom fruchtbaren Rheintal (breite Talstraße) und den, über drei Hochtäler, rasch bis über 2000 m ansteigenden Kalkalpen bestimmt wird (westl. Rätikon, bis 2599 m, steile Nebenstraßen, Wandergebiet). Immerhin 90 km markierter Radwanderwege (in der Rheintalebene und um den Eschnerberg) und 13 MTB-Routen von 9 bis 34 km Länge gibt es. Drei sog. „Top-MTB-Touren" können im Netz eingesehen werden, für die anderen muss eine Karte erworben werden.

Die Seen Natürliche **Gassen** vom Mittelland zu den Nordhängen der Alpen bilden die **Rinnentäler der Seen:** Zürichsee – Walensee, Zugersee – Vierwaldstätter See – Urner See, Thuner See – Brienzer See. An ihren Ufern ist gut radeln, anschließend geht es zwischen den Gebirgsstöcken hinauf zu den Passübergängen:

- Vom Walensee übers Rheintal wahlweise zum Flüelapass (2383 m), Albulapass (2312 m) oder Julierpass (2284 m)
- Vom Vierwaldstätter See zum St. Gotthard-Pass (2108 m)
- Vom Brienzer See durchs Haslital zum Grimselpass (2165 m) oder durch die Aareschlucht zum Sustenpass (2224 m), und von dort wahlweise zum Furkapass (2431 m) oder Nufenenpass (2478 m).

Passstraßen Insgesamt stehen in den Schweizer Alpen rund **30 Passstraßen** zur Auswahl, die unter individuellen Gesichtspunkten kombiniert werden können. Eine Idealroute für Radler gibt es nicht, denn in der Regel sind die leichteren Pässe verkehrsreich und die ruhigen anspruchsvoll. Neben- und Stichstraßen erschließen weitere Pässe, abgelegene Seitentäler, Gletscher und Gebirgsseen. Besonders in den *Berner* und *Walliser Alpen* lohnen viele Seitentäler einen solchen Abstecher (u. a. Obersimmental, Engstligental und Lötschental in den Berner Alpen; Val Ferret, Val de Bagnes, Val d'Hrens und Val d'Anniviers in den Walliser Alpen).

Pässerundfahrten

Andermatt (1450 m) ist ein idealer Ausgangspunkt für imposante Pässerundfahrten. Nicht nur die legendäre **Dreipässefahrt** um den *Dammastock* kann von hier aus angegangen werden, auch eine große Runde um den *Piz Blas* nach **Biasca** (s. a. Tessin, Anreise) und eine kleinere Runde um den *Pizzo Rotondo* nach **Ulrichen** im Wallis.

- **Pässerundfahrt Andermatt-Biasca** (160 km, 3200 Hm)
  Andermatt (1450 m) – Oberalppass (2044 m) – Disentis/Mustr 1140 m – Lukmanier-Pass (1916 m) – Biasca (300 m) – Gotthard-Pass (2108 m) – Andermatt (1450 m). Königsetappe der Tour de Suisse. Details zu Lukmanier- und Gotthard-Pass s. Tessin.
- **Pässerundfahrt Andermatt-Ulrichen** (106 km, 3000 Hm)
  Andermatt (1450 m) – Gotthard-Pass (2108 m) – Airolo (1175 m) – Nufenenpass (2478 m) – Ulrichen (1340 m) – Furkapass (2431 m) – Andermatt (1450 m). Details zum Nufenenpass s. Tessin.
- **Pässerundfahrt Andermatt-Innertkirchen – „Dreipässefahrt"** (120 km, 3500 Hm)
  Andermatt (1450 m) – Wassen (920 m) – Sustenpass (2224 m) – Innertkirchen (625 m) – Grimselpass (2165 m) – Gletsch (1757 m) – Furkapass (2431 m) – Andermatt (1450 m).

Trotz regen Ausflugsverkehrs ist die **Dreipässefahrt** wegen ihres hochalpinen Charakters und unzähliger Panoramablicke eine der reizvollsten Rundtouren der Schweiz. Mit rund 3500 Hm auf nur 120 km ist sie für Radler zugleich aber auch eine besonders harte Nuss. Da sie zugleich die Lieblingstour aller Motorradfahrer ist, die Wochenenden meiden, ohne permanente Beschallung macht es mehr Spaß!

Autofreie Straßen

Beachtung verdienen bei der Streckenplanung natürlich auch Straßen, die für den Kfz-Verkehr *ganz oder teilweise* gesperrt sind, u.a.:

- der Pragelpass von Muotathal bis Glarus (nur an Wochenenden gesperrt)
- das Vereinatal bei Klosters
- die Große Scheidegg von Grindelwald nach Meiringen (nur Postautos)
- der geschotterte Kunkelspass westl. von Chur (nur Anwohnerverkehr)
- die Auffahrten vom Surselva zu den Quellseen des Vorderrheins (Lai da Curnera, Lai da Nalps).

Nicht ganz autofrei, zumindest aber verkehrsarm sind auch alte Passstraßen, die, wie am St. Bernhard, St. Gotthard und San Bernardino, durch Neubauten „ersetzt" wurden.

MTB-Route Alpine Biker

Über 600 km lang ist seit 2008 die **Alpin Bike** genannte Schweizer Fernroute für Mountainbiker. Auf alpinen Singletrails führt sie ambitionierte Biker durchs ganze Land – von Scuol im Osten nach Aigle im Westen. Die Route ist hervorragend beschildert. Auch ein Tourenführer ist erhältlich: Swiss Sports Publishing, „Mountainbikeland Band 1 (Alpine Bike)", 29 CHF, Bezug: *www.sports-publishing.ch*

Graubünden

Tourismus

Der größte Kanton der Schweiz ist zugleich der am wenigsten besiedelte (7106 qkm, 27 Ew./qkm). 150 Täler umfasst Graubünden, die landschaftlich ebenso unterschiedlich sind wie die Dialekte ihrer Bewohner. Die „Ferienecke der Schweiz“ ist als Tourismusgebiet noch recht jung. Da Graubünden vor dem Krieg wirtschaftlich so gut wie am Ende war, wurden mit geborgten Geldern gewagte Alpenstraßen und Bahnlinien konstruiert, um die attraktiven, aber abgeschiedenen Berg- und Talschaften dem Fremdenverkehr zugänglich zu machen. Wie man sieht, ging die Rechnung auf.

Rheintal

In Graubünden liegen die Quellgebiete des Rheins. Das Tal des **Vorderrheins** beginnt beim Oberalppass (2044 m) und vereint sich vor Chur mit dem Hinterrhein zum **Alpenrhein.** Nördlich von Graubünden durchfließt der Alpenrhein Liechtenstein und den Kanton St. Gallen, bevor er bei Bregenz in den Bodensee mündet. Die Strecke ist Teil der Rhein-Radroute, die vom Oberalppass bis Disentis die Passstraße nutzt, dann auf überwiegend autofreien Radwegen und Nebenstraßen über Reichenau nach Chur führt. Da die landschaftlichen Eindrücke flussabwärts schwächer werden, ist die Gegenrichtung eigentlich reizvoller.

MTB-Tipp

Als Rheintal-Alternative ab Tamins auf toller Nebenstrecke über den **Kunkelspass** (1357 m). Aber: 22% Steigung auf Schotter sind zu packen. Nur bis zu 15% Gefälle hat anschließend die nördliche Abfahrt über Vättis (940 m) und durchs schöne Taminatal bis Pfäfers (820 m) und weiter bis Bad Ragaz (ab Vättis wieder Asphalt, die Straße ist aber nur für Anwohner-Kfz frei). Leichter ist also die Nord-Süd-Richtung!

Plessur-Alpen

An den Hängen des *Schanfigg* verläuft die Straße von der Kantonshauptstadt Chur zum Gebirgssportzentrum **Arosa** und quert dabei mehrere kleine Seitentäler. Bei der 30 km langen Auffahrt werden knapp 1200 m Höhe gewonnen (275 Kurven, Steigungen bis 11%). Ein Netz von Wanderwegen und zwei Seilbahnen erschließen dann rund um Arosa (1740 m) die Bergwelt der Plessur-Alpen. Markierte MTB-Routen sind zwar eher rar, aber auch so hat sich das in einem weiten Talschluss gelegene Arosa zu einem beliebten Bikespot entwickelt.

Engadin

Die bekannteste Urlaubsregion Graubündens ist zweifellos das Engadin. Das vom **Oberen Inn** durchflossene Hochtal verläuft zwischen 1750 und 1200 m Höhe. Terrassenförmig steigen die Berge vom Talgrund bis etwa 2000 m an. Abrupt wird es über den von Almen und Lärchenwäldern begrünten Terrassen hochgebirgig. Allenthalben steigen Felswände neben Gletscherbrüchen und Geröllhängen bis weit über 3000 m an. Höchster Gipfel ist der **Bernina** (4049 m). Während der jahrhundertelangen Abgeschiedenheit konnte sich im Engadin eine eigenständige Kultur entwickeln und bis heute erhalten. Besonders typisch sind die *Sgraffiti* an weiß getünchten Steinhäusern, zu betrachten u. a. im Unterengadiner Vorzeigedorf Guarda. Dazu die Postkarten-Landschaft der Umgebung. So wurde aus dem Engadin einer der Top-Spots des Schweizer Fremdenverkehrs, besonders das noble, seenreiche Oberengadin.

Tirano (Bernina-Pass-Straße)

Berninapass (2328 m)

Michael Kristl: Ein ungewöhnlich eindrucksvoller Pass, welcher das Engadin auf Schweizer Seite mit dem italienischen Veltin verbindet. Überwältigende Aussicht auf die Viertausender der Berninagruppe. Während vom Talboden bei St. Moritz auf der Nordseite nur 550 m zu überwinden sind, verlangen die 1850 Höhenmeter von Tirano ungleich mehr vom Pässeradler. Straßenzustand hervorragend.

MTB-Tipps Engadin

- **Inntal-Radroute** (überwiegend Feld- und Waldwege, etliche Steigungen; für normale Radwanderungen ungeeignet).
- Die Engadiner **Schmalspurbahn** von Scuol nach St. Moritz (stündl., mit Gepäckwagen) ist ein prima Zubringer, um von wechselnden Ausgangspunkten zu Tagestouren in die diversen Seitentäler aufzubrechen.

Bikeverbote bestehen teilweise in Oberengadin, so etwa am St. Moritzer und Silvaplana See.

Berner Oberland

Tourentipps

Als **Berner Oberland** wird im Allgemeinen jener Teil des Kantons Bern bezeichnet, der die **Berner Alpen** umfasst, inklusive Thuner und Brienzer See. In den Hochtälern urige Bauernhäuser, und Milchvieh auf den Senneralmen, darüber Wasserfälle, Bergseen, Felswände und die mächtigsten Gletscher der Alpen – Postkartenschweiz soweit das Auge reicht. Wer die Berner Alpen überqueren will, nimmt entweder die Tunnelbahn zwischen *Kandertal* und *Lötschental* (Stationen: Kandersteg – Goppenstein) oder bezwingt die abenteuerliche Piste über den **Col du Sanetsch** (2251 m, zwischen Gsteig und Sion, Südseite asphaltiert, Nordseite singletrail, mit Gepäck machbar, aber viel zu Fuß). Ansonsten erweisen sich die Berner Alpen als Totalbarriere, alle Täler enden als Sackgassen. Abgesehen von diesen Stichtälern, deren südliche Vertreter schon zum Wallis gehören, sind die Berner Alpen daher praktisch nur für Mountainbiker interessant.

MTB-Spots

Ideale Ausgangspunkte für Biketouren im Berner Oberland sind die Orte im **Jungfraugebiet** rund um die Kleine Scheidegg: **Lauterbrunnen, Wengen, Mürren, Grindelwald.** Deren Verkehrsvereine (Grindelwald voran) haben ein ganzes MTB-Netz beschildert. Die Touren sind technisch zwar problemlos, meist aber mit reichlich Höhenmetern gespickt.

Siesta am Brienzer See (Veloroute 9)

Weitere interessante Standquartiere für Touren im Berner Oberland sind: **Lenk** (im Simmental), **Oey** (im Diemtigtal), **Hasliberg** und **Meiringen** (im Haslital), **Interlaken (!)** und **Ringgenberg** (am Brienzer See), **Gstaad** (im Saanenland). Detaillierte Toureninfos bei den jeweiligen i-Büros.

Wallis

Überblick

Das obere Rhônetal zwischen Berner und Walliser Alpen markiert die nördlichen Grenzen des drittgrößten Kantons der Schweiz (5226 qkm). Die Berner Alpen im Norden schützen die Täler des Wallis vor klimatischen Unbilden, weshalb sie zu den niederschlagsärmsten und sonnenreichsten Regionen des Landes zählen. Während in den Tälern Weinbeeren und Feigen reifen, liegt auf den Gebirgskämmen ewiges Eis.

Obwohl man im Wallis bislang eher sorglos mit den natürlichen Reichtümern umging (Ferienzentren in Beton, hemmungslos verbautes Rhônetal), sind rund neun Zehntel des Kantons immer noch Landschaft pur. Gletscher, Berge, Flüsse, Almen und Wälder – ein Dorado für Bergsteiger, Wanderer und Mountainbiker. Den Alpenübergang nach Süden ermöglichen nur *St. Bernhard-* und *Simplon-Pass* (anschl. durch die wilde Gondoschlucht), alle anderen Täler der Walliser Alpen sind südwärts abgeriegelt – auch das prominente, 28 km lange *Mattertal,* an dessen autofreiem Ende Zermatt und das **Matterhorn** liegen.

Rhônetal

Hauptverkehrsader im Wallis ist das rund 180 km lange Rhônetal, von dem aus Abstecher in viele Täler möglich sind. Die Rhône, die im deutschsprachigen **Oberwallis** auch *Rotten* genannt wird, entspringt bei Gletsch (unterhalb des Rhônegletschers) und durchfließt dann bis Brig das raue, aber touristisch reizvolle Hochgebirgstal **Goms.**

Nachdem Tal und Straße von Gletsch (1760 m) bis Brig (680 m) deutlich an Höhe verloren haben, geht es nahezu flach weiter. In der klimatisch verwöhnten Ebene des Rhônetals („Kalifornien der Schweiz") führt die Radstrecke gelegentlich im Zickzack durch hübsche Städtchen, Weinberge und Obstplantagen, bevor **Montreux** (395 m) am Genfer See erreicht ist (Lac Léman). Am dicht bebauten nördlichen Seeufer weicht die offizielle Veloroute oft vom Ufer ab und addiert bis Genf noch einmal 330 Höhenmeter.

Rhône-Gletscher (Wallis)

Pause am Furkapasse (Wallis)

Tipp: Das Schönste am Rhônetal sind eigentlich dessen **Seitentäler,** besonders das Val d'Anniviers und das Val d'Hérens. Die Stichstraßen führen tief in die Walliser Alpen und enden auf rund 2000 m Höhe. Ähnlich auch das Visp-Tal mit seinen Verzweigungen nach Saas, Fee und Zermatt.

An der französischen **Fortsetzung des Rhône-Radwegs (Via Rhôna)** von Genf bis zum Mittelmeer wird gearbeitet (s. Frankreich Rhône-Tal). Jahr für Jahr werden einige Radwegkilometer dieser 650 km langen Fortsetzung vollendet. Ein Langzeitprojekt.

MTB-Tipp Wallis

- **Goms:** Ein Dorado für Mountainbiker ist die vergletscherte Bergwelt rund ums obere Rhônetal. Ein dichtes Netz aus Fahrwegen (Alm-, Forst-, Wirtschafts- und Skiwege) und ausreichend breiten Wanderwegen steht Bikern offen. Über 600 km MTB-Routen sind ausgewiesen. Nur im Aletschwald-Reservat ist Biken verboten. Infos u.a. bei den i-Büros Brig, Fiesch, Riederalp, Bettmeralp.
- Alle vier großen Täler in den Walliser Alpen – **Mattertal, Val d'Anniviers, Val Hrens, Val de Bagnes** – sind großartige MTB-Reviere und daher auch alljährlich Schauplatz des „Grand Cristal Raid", einem der härtesten MTB-Rennen der Welt.
- In den zusammenhängenden, relativ untouristischen Tälern von **Anniviers, Moiry** und **Zinal** ermöglicht ein dichtes Netz von Fahrwegen Touren vor der imposanten Kulisse von 30 weißhäuptigen Viertausendern. An die 500 km MTB-Routen mit knackigen Anstiegen sind markiert. Infos: i-Büros Grimentz, Chandolin, Zinal. Im benachbarten **Mattertal** wirbt das touristische **Zermatt** mit einem jährlichen MTB-Festival im August.
- Beste Bedingungen bieten auch die ausgeschilderten MTB-Routen-Netze durch die *Weinberge im Rhônetal* bei **Sierre** und die *Wintersportgebiete* bei **Bürchen** und **Vercorin.**

Tessin (Ticino)

Anreise, Pässe

Den wichtigsten Zugang ins Tessin bildet der **Gotthard-Pass** (2108 m). Zur Wahl stehen die Kantonsstraße und die wenig befahrene alte Poststraße mit ihrem denkmalgeschützten Pflaster. Wer sich vom Engadin aus den zehnprozentigen Anstieg sparen will, verlädt sein Rad in Göschenen (1110 m) auf die Gotthard-Bahn. Nach einer knappen Stunde Bahnfahrt durch den Tunnel geht es dann ab **Airolo** (1175 m) auf Nebenstraßen hinab nach **Bellinzona** (230 m) und, auf weitgehend autofreiem Radwanderweg, weiter bis **Ascona** am Lago Maggiore. Unterwegs lockt kurz hinter Airolo, in Piotta (1000 m), die „steilste Drahtseilbahn Europas" zum Ritomsee (1850 m), Velomitnahme möglich.

Den zweiten bedeutenden Zugang ins Tessin bildet der **San Bernadino** (2065 m, s. Alpen).

Eine interessante Alternative zum Gotthard stellt der **Lukmanier-Pass** dar (1916 m, Disentis/Mustr – Biasca). *Michael Kristl:* „Die Lukmanier-Straße überwindet den Alpenhauptkamm in bemerkenswert niedriger Höhe und mit nur durchschnittlich 5% Steigung. Daher auch für den weniger trainierten Radler sehr angenehm. Der schon von den Römern benutzte Übergang ist erfreulich verkehrsarm und weist eine gute Straßenbeschaffenheit auf."

Eine Querverbindung ins Wallis schafft der **Nufenenpass** (2478 m). *Michael Kristl:* „Höchste Passstraße der Schweiz. Nordrampe (ab Ulrichen) und Südrampe (ab Airolo) mit jeweils 1100 Höhenmeter bei bis zu 12% Steigung, beide mit sehr gutem Straßenbelag. Großartige Aussicht von der Passhöhe auf die Berner Alpen."

Luganer See und Lago Maggiore

Mediterranes Klima, italienische Sprache und Ambiente: Schon recht losgelöst von der Schweiz erscheint das auf der südlichen Abdachung der Alpen gelegene **Ticino** (Tessin). Schroffe Täler, sanfte Täler, karge Täler, blühende Täler, Kastanienwälder und Weinberge, Bergdörfer wie in Südtirol, Städtchen wie in der Toskana, Palmen und Zitronenbäume am **Lago di Lugano,** Abgeschiedenheit und Weltzugewandtheit – all dies inspirierte schon Hermann Hesse, der bei Lugano seine Wahlheimat fand. Auch der Tourismus und der Schweizer Geldadel finden das Reizklima am Luganer See anziehend, so dass dieses schöne Gewässer weitgehend zugebaut ist. Für Radler lohnt dort eigentlich nur die Süduferstrecke, die auch gut in die folgende Tour passt.

Zwei-Seen – Zwei-Länder-Tour

Vom **Luganer See** (CH/I) auf verkehrsarmer Höhenstraße durchs idyllische Bergland von *Malcanto* zum **Lago Maggiore** (I/CH). Route: Agno (280 m) – Gravesano – Arosio (860 m) – Breno (700 m) – Migliegla – Astano – Sessa – Luino (210 m). Anstrengend ist dabei der Anstieg von Gravesano nach Arosio (bis 17%). Wer mehr auf „lustig" steht, radelt auf italienischer Seite von Ponte Tresa bis Luino entlang der Tesa. Am „Lago" dann eine ähnliche Entscheidung: Entweder gemütlich in *Ufernähe* nach Locarno, oder aber über die reizvollere Höhenstraße am **Monte Gambarogno** vorbei. Route: Maccagno (200 m) – Biegno (890 m) – Indemini (940 m) – Alpe di Neggia (1395 m) – Vira (200 m).

Oberes Tessin

Wenig Spielraum bezüglich des Schwierigkeitsgrades gibt es im Tessin *jenseits* der Seen. Hier locken alle größeren Täler automatisch in die Höhe und enden immer erst irgendwo über 1000 m. **Locarno** ist Ausgangspunkt für zwei bekannte Täler: Das steile, schluchtenreiche **Centovalli** und das sanfte, fruchtbare **Valle Maggia,** das sich ab Cevio (420 m) in mehrere, stark ansteigende Gebirgstäler verzweigt.

MTB-Tessin

Von den nördlichen Quellen bis zum Luganer See im Süden ist das ganze Tessin ein „natürliches" MTB-Revier, das allerdings nicht ganz so spektakulär ist wie das Wallis oder Graubünden. Bislang existieren auch nur wenige markierte MTB-Routen.

ⓘ-Box Schweiz

Einreise

Die Schweiz gehört zur Schengen-Zone. Zur Einreise genügt der Personalausweis (D/A). Zollkontrollen sind weiterhin möglich.

Geld

Schweizer Franken (CHF). 1 € = 1,09 CHF (Okt. 2015). Die Lebenshaltungskosten liegen bei 150% (D=100%).

Gesundheit

Ein Sozialversicherungsabkommen ermöglicht Mitgliedern gesetzlicher Krankenkassen die Inanspruchnahme medizinischer Leistungen. Details: *www.dvka.de*

Infos

- Schweizer Tourismuszentrale: *www.myswitzerland.com*
- Veloland Schweiz: *www.veloland.ch*
- Mountainbikeland Schweiz: *www.mountainbikeland.ch*
- Pro Velo Schweiz (Radlerlobby): *www.pro-velo.ch*
- GAST (autofreie Tourismusorte): *www.auto-frei.ch*

Tourismuszentralen der Regionen

- Region Basel: *www.basel.com*
- Region Freiburg / Neuenburg / Jura / Berner Jura: *www.pays-de-fribourg.ch, www.neuchateltourisme.ch, www.juratourisme.ch*
- Region Genferseegebiet: *www.lake-geneva-region.ch*
- Region Genf: *www.geneve-tourisme.ch*
- Region Zürich: *www.zuerich.com*
- Region Schweizer Mittelland: *www.smit.ch*
- Region Zentralschweiz: *www.centralswitzerland.ch*
- Region Berner Oberland: *www.beoberland.ch*
- Region Wallis: *www.valais.ch*
- Region Ostschweiz: *www.ostschweiz.ch*
- Region Graubünden: *www.graubuenden.ch*
- Region Tessin: *www.ticino.ch*

Infos vor Ort

Dicht ist das Netz örtlicher Touristenbüros, die Tourenradler und Biker mit regionalen Toureninfos versorgen. Oft befinden sich die Büros im Bahnhof oder gleich nebenan.

Wetter

Bei den Meteorologen gilt die Schweiz als „Europa im Kleinen", da sie Anteil an allen Hauptklimazonen hat. Kein Wunder, denn die Alpen sind die bedeutendste Wetterscheide Europas. Nördlich der Alpen dominiert in der Schweiz atlantisches Klima, während südlich davon mediterrane Einflüsse für höhere Temperaturen und geringere Niederschläge sorgen (Tessin). Innerhalb der Alpenregionen ist das alpine Klima generell wechselhaft und regional sehr verschieden. Die Skala der Mikroklimata reicht von mild und regenarm in geschützten Tallagen (Wallis) bis kühl und niederschlagsreich in den windzugewandten oberen Hanglagen der Gebirge. Sommergewitter sind eine gebirgstypische Erscheinung, die vor allem die Alpen betrifft. Sie ziehen oft sehr rasch auf und sind in den Höhen weit heftiger als im Tal.

Wind

Nördlich der Alpen weht der Wind überwiegend aus westlichen Richtungen, im Alpenraum und am Oberrhein eher aus südlichen Richtungen (vor allem bei schönem Wetter). Ein bekanntes Gebirgsphänomen ist der *Föhn,* der als stürmischer Fallwind an der jeweiligen „Rückseite" der Gebirge für sprunghafte Erwärmungen sorgt. Entstehung und Richtung des Föhns werden vom Zusammentreffen unterschiedlicher Luftdruckzonen bestimmt. Meist fegt der Föhn vom Hoch im Süden zum Tief im Norden. Eine berüchtigte Föhngasse ist das Rheintal.

Reisezeit

Allgemein günstig sind Juni bis September, im Mittelland und im Tessin auch der Mai und die erste Oktoberhälfte.In den *Alpen* sind Juli und August für Straßentouren nur bedingt empfehlenswert (viel Verkehr, Anstiege bei Höchsttemperaturen bis 35 °C, Sommergewitter). Wer daher schon im Juni aufbrechen will, muss sich auf verspätete Wintereinbrüche und vielerorts noch geschlossene Hotels einstellen (die wenigen geöffneten verlangen Monopolpreise, so etwa im Engadin). Hingegen sind Campingplätze oft schon ab Mai geöffnet, etliche sogar ganzjährig (Wintercamper). Aber Nachtfröste sind bis in den Juni möglich! Optimal für Alpentouren ist vor allem der relativ wetterstabile Nachsaisonmonat September.

Anreise

Per Rad

Wer vom Norden her den Weg durchs Rheintal nimmt, kann ab Breisach auf autofreien Deichwegen bis Basel radeln. Dieser Abschnitt gehört zum „Rheintal-Radweg", der von Heidelberg nach Lörrach führt (300 km, ausgeschildert). Wer sich einen halben Zusatztag für die Anreise gönnt, kann alternativ auch den „Dreiland-Radweg" durchs Markgräflerland/D oder das Oberelsass/F wählen. Praktisch alle anderen sinnvollen Möglichkeiten der direkten Anreise führen entweder per Schiff über, oder um den Bodensee (Bodensee-Radweg).

Per Bahn

Fahrradmitnahme ist von verschiedenen deutschen Städten generell bis Basel und Zürich möglich. Besonders bequem mit den Nachtzügen ab Duisburg (Amsterdam), Hamburg und Berlin (CityNightLine). In Basel und Zürich bestehen gute Umsteigemöglichkeiten in alle Landesteile. Preis 10 €.

Fahrradversand von D in die Schweiz ist auch zu Bahnhöfen möglich (33,50 €). Umgekehrt können von vielen Bahnhöfen der Schweiz Fahrräder zum Versand nach D aufgegeben werden (in D nur an Hausadressen). Infos: *www.bahn.de/bahnundbike*

Per Bus"

MeinFernbus (*www.meinfernbus.de*) bietet die Fahrradmitnahme nach **Zürich** an (Heckträgertransport, Pauschalpreis 9 €, tgl. mehrere Verbdg., aktuelle Abfrage bzgl. Mitnahmemöglichkeit direkt über die Buchungsmaske).

Transport im Land

Bundesbahnen (SSB)

Bei der Überbrückung von Teilstrecken kommt der gut organisierten Eisenbahn eine wichtige Funktion zu. Die meisten Züge fahren im Stundentakt. Umstiege sind abgestimmt. Da Bahn fahren in der Schweiz aber relativ teuer ist, rentiert sich die „Swiss Half Fare Card", ein Halb-Preis-Abo für 30 Tage (120 CHF). Erhältlich sind auch „Swiss Pass"-Netzkarten für Zeiträume ab 4 Tage. Die Cards berechtigen zur Nutzung des gesamten *Swiss Travel Systems* (*www.swisstravelsystem.ch*), das neben allen SBB- Bahnstrecken auch viele Privatbahn- und Postautolinien beinhaltet. Auch einige Schiffs-linien beteiligen sich am Tarifverbund. Zudem gewähren die meisten Bergbahnen Passinhabern Rabatte.

Fahrradmitnahme (Selbstverlad) – Prinzipiell können in allen Zügen Fahrräder mitgenommen werden. Nur die Ausnahmen sind im Fahrplan markiert (durchgestrichenes Fahrrad). Velo-Tagestickets (18 CHF) gibt's am Automaten. Bei Regionalzügen werden Räder auf markierten Plattformen oder speziellen Fahrradwaggons mitgenommen, Schnellzüge führen immer Gepäckwagen. Reservierungspflichtige Züge (5 CHF) sind durch ein spezielles Symbol gekennzeichnet.

Fahrradversand – Von allen Bahnhöfen mit Gepäckabfertigung. 18 CHF inkl. Schutzhülle und Versicherung, Spezialräder über 2 m Länge 36 CHF. Transportdauer: max. 24 Std., Schäden sind äußerst selten.

Infos: *www.sbb.ch,* hilfreiche Übersichtskarte „Veloselbstverlad" (pdf).

Andere Verkehrsmittel

Privatbahnen – Einige Bahnlinien sind schon wegen ihrer aufregenden Streckenführung eine Reise wert. Vorneweg der berühmte *Glacier-Express*. Dieser „langsamste Schnellzug der Welt" führt von den Rätischen in die Walliser Alpen und passiert dabei 291 Brücken und 91 Tunnels. Die 290 km lange Route: St. Moritz – Albula-Bahn – Chur – Disentis – Oberalppass – Andermatt – Brig – Zermatt. Kaum weniger spannend ist der *Bernina-Express*, der die höchste und zugleich steilste Strecke in den Alpen befährt. Die 145 km lange Route: Chur – Albula-Bahn – St. Moritz – Pontresina – Berninapass – Tirano/ Italien. Beide Linien werden von Privatbahnen betrieben. Fahrräder müssen beim Glacier-Express auf jeden Fall als Reisegepäck aufgegeben werden, beim Bernina-Express soll in beschränktem Umfang auch eine Mitnahme möglich sein.

Busse/Postautos – Postbusse (sog. Postautos, *www.postauto.ch*) sowie private Busunternehmen nehmen Fahrräder generell mit, Vorrang hat jedoch der Fahrgasttransport. Teilweise verkehren auch Post- bzw. Autobusse mit Velohängern für bis zu 25 Räder. Das Velobillett der SBB gilt auch bei den Postbussen, so dass kein zusätzliches Ticket mehr gelöst werden muss. Reservierung (online) ist möglich und sinnvoll, bei einigen Linien sogar obligatorisch. Wie die Bahn verkehren auch die Postbusse überwiegend stündlich.

Linienschiffe – Fast alle auf den Seen verkehrenden Schiffe nehmen Fahrräder mit (3–9 CHF). Keine Velobeförderung auf Ägeri- und Silsersee, Einschränkungen bestehen auf Bieler- und Zugersee.

Übernachten

- „Schlaf im Stroh": *www.schlaf-im-stroh.ch*
- Naturfreunde Schweiz: *www.naturfreunde.ch*
- Jugendherbergen in der Schweiz: *www.youthhostel.ch*
- Hostel-Verbände: *www.hostels.com, www.swissbackpackers.ch*
- Swiss Budget Hotels: *www.rooms.ch* (über 150 relativ preiswerte Hotels)
- Schweizer Alpen Club: *www.sac-cas.ch*
- Velodach: *www.velodach.ch*

Zimmer

In der Schweiz gibt es – von der Pension bis zum **Hotel** – über 7000 Beherbergungsbetriebe. Für ein DZ sollte man mind. 80–100 CHF einkalkulieren. Wer wirklich preiswert übernachten will, sollte sich auf das Netz der gut ausgestatteten **Jugendherbergen** konzentrieren (insges. 50 JHs) oder in einem der privat geführten **Hostels** absteigen (Ü ab 35 CHF). Für Juli und August möglichst früh vorbuchen, vor allem für die Städte. Hüttenromantik versprechen die 90 landschaftlich hübsch gelegenen **Naturfreundehäuser** (Ü ab 20 CHF). **Schlaf im Stroh:** Bei rund 160 Bauernhöfen kann in der Scheune im Stroh übernachtet werden (Ü/F ab 20–30 CHF). Nur von Mountainbikern erreichbar sind ausgewählte **Berghütten** des Schweizer Alpen-Clubs SAC (insges.160 Hütten). Nichtmitglieder zahlen 50–65 CHF.

Eine Besonderheit stellt das Schweizer **Velodach** dar, ein auf Gegenseitigkeit basierendes Verzeichnis kostenloser Privatunterkünfte für Radler mit gut 500 Adressen vor allem im Mittelland und in der Deutschschweiz. In der italienischen Schweiz und den Bergen, v. a. in touristischen Gegenden wie dem Engadin, gibt es fast keinen Gastgeber. Die Website *www.velodach.ch* zeigt alle Gastgeber auf einer Karte, die Adressen können online abgerufen werden. Auch ein gedrucktes Heft gibt es nach wie vor.

Zelten

Insgesamt rund 500 *Campingplätze,* vor allem in der mittleren und westlichen Schweiz. Vergleichsweise gut erschlossen sind auch die Walliser Alpen. Größere Lücken hingegen in der östlichen Schweiz und besonders im Jura. Preise: 2 Pers./Zelt ab 15 CHF. Öffnungszeiten überw. Mai – Sep., teilw. Apr. – Okt. oder ganzjährig, in den Alpenregionen oft auch erst ab Juni oder Juli. *Wildes Zelten* wird gar nicht gern gesehen.

Karten, Literatur & GPS

www.schweizmobil.ch – **SchweizMobil** nennt sich „das Netzwerk für den Langsamverkehr". Hauptprodukt ist die Gratis-App mit 1.25.000 Landeskarten, allen signalisierten Velorouten und anderen Langsamverkehrsrouten (Wanderer etc.), POIs, Bahnhöfen usw. Im Abo ist die App auch als Off-line-Variante erhältlich (SchweizMobil Plus 35 CHF). Damit ist man eigentlich schon fast perfekt gerüstet für die Radtour.

Tourenkarten

- Kümmerly + Frey: „Veloreisekarte Schweiz" 1:301.000. Gute Gesamtkarte mit allen Velorouten und radlerfreundlichen (aber deswegen nicht billigen) Hotels, 17,95 €. Der ulkige Maßstab hat mit der Schweizer Kartensteuer zu tun, Karten bis 1:300.000 unterliegen einem höheren Steuersatz.
- *www.singletrailmap.ch* – Swiss Single Trail Map, 39 Karten 1.50.000, Bikespots mit Singletrails und Tourenvorschlägen, auch mit GPS-Chip erhältlich.

Tourenführer

- Esterbauer Vlg. (Bikeline): „Rhein-Radweg 1" (Andermatt – Basel). Mit GPS-Tracks.
- Esterbauer Vlg. (Bikeline): „Inn-Radweg 1" (Von der Quelle nach Innsbruck). Mit GPS-Tracks.
- Esterbauer Vlg. (Bikeline): „Rhône-Radweg" (Andermatt – Genf). 1. Aufl. von 2005!

- Esterbauer Vlg. (Bikeline): „Bodensee-Radweg". Mit GPS-Tracks.
- Werd-Verlag, Stiftung SchweizMobil: „Veloland Schweiz", offizielle Routenführer, 9 Bd. à 29,90 €, spiralgebunden. Ausführliche Dokumentation der Routen und der Infrastruktur. Kartenausschnitte 1:100.000. Steigungsprofile. Wegen des hohen Preises, nicht ausreichender Karten und fehlender Adressen werden diese Führer nicht eben gelobt. Eine Alternative wäre die Gratis-App von SchweizMobil (s.o.).

Fahrrad

Ausstattung

Eine potente Gangschaltung mit Untersetzung und effiziente, leichtgängige Bremsen sind sinnvoll. Reifenbreite: ab 28 mm. Gute Fahrradbeleuchtung für die meist unbeleuchteten Straßentunnels. Helmtragen ist in der Schweiz üblich, es besteht aber keine Pflicht.

Reparaturen

In den Städten problemlos, in abgelegenen Alpentälern schwierig. Im Gegensatz zur MTB-Bereifung lässt sich passende 28-Zoll-Bereifung nicht überall auftreiben. Faltreifen als Reserve mitnehmen.

Mieten

Fahrradvermietung gehört seit 1952 zum Service der Schweizerischen Bundesbahnen. Mittlerweile steht dahinter die Rent-A-Bike-AG, die mit der SBB kooperiert. An rund 200 Vermietstationen, darunter 80 Bahnhöfe, können Countrybikes, E-Bikes, Tandems, MTBs und Kinder-MTBs gemietet werden. Da der Bestand jährlich komplett erneuert, sind Mängel selten. Bei Miete für mindestens einen Tag kann die Rückgabe auch an einer anderen Station erfolgen. Infos: *www.rent-a-bike.ch*

Daneben gibt es immer mehr private Fahrradvermieter. Höherwertige MTBs können in den Ferienorten der Alpen gemietet werden (um 50 CHF).

Straßen und Wege

Zustand und Wegweisung schweizerischer Straßen sind generell gut bis sehr gut. Winterschäden werden bei den größeren Passstraßen vor der Straßenfreigabe behoben, bei kleinen Passstraßen kann's auch länger dauern. (Telefonischer Straßenzustandsbericht mit Schneebericht: 01-163, landesweit). Pässeinfos:
www.alpen-journal.de • *www.alpenpaesse.co*

Rhône-Radweg im Wallis

Gute Schweizer Tradition ist die Förderung des Fahrradverkehrs. Schon Ende der 50er Jahre wurden in Basel die ersten Einbahnstraßen in Gegenrichtung für Radfahrer freigegeben, in Winterthur dürfen Radler generell den kürzesten Weg nehmen, und große Alpenorte wie Zermatt oder Mürren sind längst autofrei.

Nebenstrecken sind im flacheren Landes-Norden recht zahlreich. Radwege verlaufen oft parallel zu verkehrsreichen Hauptstraßen. Eng wird's in den Alpentälern, wo selten Platz für eine zusätzliche Strecke ist (zu den Ausnahmen gehört das Engadin). Bis 10 Uhr ist die Radlerwelt in den Alpen noch in Ordnung, aber dann rauscht bis etwa 16 Uhr gnadenlos der Urlauberverkehr! Nervig sind vor allem die Motorräder, die immer wieder in lang gezogenen Konvois vorbeiziehen.

Die weitaus meisten *Radwanderwege* existieren in der deutschsprachigen Schweiz. Die Wegweisung (Signalisierung) erfolgt überwiegend mit roten Schildern, allerdings nicht einheitlich und manchmal sogar verwirrend. Mittlerweile sind 8000 km Radwanderwege „signalisiert".

Die nationale Velokennzeichenpflicht wurde 2012 abgeschafft. Velofahrer müssen sich nun selbst versichern. *Postbusse* haben Vorfahrt; denn obwohl sie relativ klein sind, benötigen sie bei engen Kehren die Gegenfahrbahn. Wenn ihre Drei-Ton-Fanfare hinter einer Kurve erklingt, ist Vorsicht geboten!

Offroad (MTB)

Mountainbiken wird von den lokalen Verkehrsvereinen durch die Anlage markierter MTB-Routen gefördert. Das geht bis zu Angeboten fürs Schneebiking (bspw. in Savognin/Graubünden). Die meisten markierten MTB-Routen existieren im Wallis und Graubünden. Unerwünscht sind Hardcore-Biker, die sich auf schmalen Wanderwegen oder querfeldein bewegen. Bei den meisten Verkehrsbüros außerhalb des Mittellandes sind Toureninfos mit Kartenskizzen erhältlich. Dort können auch Bikeverbote auf bestimmten Wanderwegen erfragt werden.

Etwa zwei Drittel der insgesamt 600 **Bergbahnen** transportieren auch Bikes. Von den Bergstationen geht es fast immer weiter bergauf, oder man schwenkt auf den Versorgungsweg und fährt ganz moderat wieder downhills.

Schweizer Jura: Tolle Radwege am Doubs und seinen Kanälen

Radstory-Klassiker: Velogeschichten aus den Bergen

von Andreas Hollmann

Schon in meiner Kindheit wuchs ich mit den Gefahren des Hochgebirges auf. Da gab es am Sonntagnachmittag in unserem Schwarzweiß-Fernseher immer diese dramatischen Bergsteigerfilme, wo der unvergessene Luis Trenker in seinem berühmten Dialekt gegen Felswände, Stürme und Alphörner annuschelte. Die Schneegestöber in diesen Filmen waren so heftig, dass es sogar in den nachfolgenden Sendungen weiterschneite. Wenn ich danach zum Fenster ging, schweifte mein Blick über die Höhen des Teutoburger Waldes (300 m über dem Meeresspiegel) und ich ahnte, dass „der Berg" einmal mein Schicksal werden würde ...

Erster Versuch

Zwanzig Jahre später kaufe ich mir das erste vernünftige Fahrrad und quäle mich mit der Rennradschaltung durch die Berge in unserer Gegend. Nach einer viel zu kurzen Trainingszeit mache ich mich auf den Weg nach Süden: der St. Gotthard-Pass ist mein Ziel. Doch schon bei den ersten Ausläufern des Sauerlandes kommen mir Zweifel am Gelingen dieser Reise. Nach vier Tagen befinde ich mich kurz vor Freiburg, und die vor Anstrengung zitternden Beine wollen nicht mehr weiter. Der nächtliche Dauerregen und das daraus resultierende Unterwasser-Camping machen die Entscheidung leicht: Ab zum Bahnhof und mit dem Zug nach Hause!

Jura-Studium

Viele Monde vergehen, doch der weiße Mann mit dem eisernen Pferd gibt nicht auf. Auf Radtouren in der Region erradele ich mir eine verbesserte Kondition und viele Erfahrungen, die mir auf der nächsten längeren Radreise die Illusion von Sicherheit verschaffen sollen. Diesmal fahre ich nicht allein, sondern zusammen mit Thorsten, der sein neues Reiserad auf einer längeren Strecke testen will. Nach dem Start geht alles verdächtig leicht. Die Mittelgebirge sind nicht mehr so hoch wie damals, und durch die Rheinebene erreichen wir nach einer knappen Woche die Grenze zur Schweiz. Wir sind in Kaiseraugst bei Basel. Aber jetzt ist Schluss mit lustig! Wie ein unüberwindliches Hindernis bauen sich die Bergketten des Jura am Horizont auf. Doch soll dies heute nicht unser einziges Problem sein: Die Nahrungsmittelversorgung erweist sich als unerwartet schwierig.

„Es ist Montag, da haben die Geschäfte hier immer zu", klären uns die Eingeborenen auf. Dafür sind die Läden im nächsten Ort „wegen Urlaub" geschlossen. Es geht ständig bergauf, wir haben 30 Grad Hitze, und nach einer Weile höre ich flüsternde Stimmen und seltsame Klänge. Doch es ist nicht der Wahnsinn, sondern nur mein kleines Radio in der Packtasche, das sich durch die Vibration auf schlechter Straße eingeschaltet hat und schon seit einer Weile vor sich hin redet. Beim Ausschalten des Geräts finde ich die Hälfte eines zerbröselten Schokoladenkeks und suche verzweifelt nach der anderen Hälfte. „Zwei Radfahrer in der Schweiz verhungert!" sehe ich schon eine imaginäre Schlagzeile. Solche Situationen waren es wohl, in denen bei den großen Expeditionen der Weltgeschichte mit zitternder Hand der letzte tragische Satz in das Tagebuch geschrieben wurde: „Wir sind am Ende unserer Kräfte ..."

Doch es gibt Rettung! Gerüchte besagen, dass es im 30 km entfernten Breitenbach einen Supermarkt geben soll, der trotz der Urlaubszeit geöffnet hat. Aber erst ab 15 Uhr. Bis dahin sind noch drei Stunden Zeit, und so legen wir den kräfteschonenden Spargang ein. Doch schon nach der nächsten Steigung werden wir von einer Wiese voller Kirschbäume überrascht. Mit Erlaubnis der Bäuerin stopfen wir die Kirschen solange in uns hinein, bis Blutzuckerspiegel und Stimmung wieder steigen. Gutgelaunt geht es weiter nach Breitenbach zum Einkaufen.

Die Auffahrt zum 932 m hohen Passwang ist richtig idyllisch, mit einem plätschernden Bach am rechten Straßenrand und nur wenig Autoverkehr. Im Schatten der Bäume lässt es sich angenehm fahren. Doch kurz vor der Passhöhe ist der Traum zu Ende. In der prallen

Sonne zieht sich die Straße am schattenlosen Hang hoch und wird immer steiler. Der weitere Verlauf: Zweiter Gang, erster Gang, Wiegetritt, lautes Fluchen, Absteigen, Schieben. In diesem Stadium glaube ich manchmal aus den Felsen über uns das leise Kichern der Berggeister zu hören.

Nach einigen hundert Metern zu Fuß lässt die Steigung nach und wir können wieder aufsitzen. Zur Belohnung gibt es auf der Passhöhe einen kühlen schattigen Tunnel, der durch den Berg auf die andere Seite führt. Dort hofften wir, endlich die Alpen zu sehen, doch in der Ferne löst sich die Landschaft im Dunst auf. Die rasende Abfahrt nach Balsthal auf einer gut ausgebauten Straße lässt uns die Strapazen der Auffahrt vergessen.

Premiere am Furka-Pass

Ulrichen im Wallis. Heute wollen wir unseren ersten Alpenpass bezwingen. Die erste Kehrengruppe hinter Obergestein führt nach Norden und überbrückt die etwa 300 Höhenmeter bis nach Gletsch. Da das Rhônetal hier einen Knick vollzieht, hat man noch keinen Ausblick auf den Pass. Weiter geht es um die nächste Kurve – und es verschlägt mir die Sprache! Geradeaus eine riesige Felswand, an der sich die Serpentinen hochziehen. Die wahren Größenverhältnisse werden erst klar, als wir näher kommen: Kleine Punkte wandern auf den Linien auf und ab – Autos und Busse, die wie Spielzeug wirken. Oh nein, da müssen wir doch nicht wirklich rauf? Ein Blick auf die Karte beruhigt uns, dies ist der Grimselpass und wir wollen ja über den Furkapass.

Den erblicken wir erst nach der nächsten Kurve, und er sieht *noch* schlimmer aus! Da steht ein von Wind und Wetter erodierter Felsen mit senkrechten Spalten, an dem sich die Straße hoch windet. Auf der rechten Seite steht eine Kehre auf dünnen Stelzen – die soll zwei vollbepackte Reiseräder aushalten?

Blickfang auf der linken Seite ist der Rhônegletscher. Blauweiße Eismassen lasten auf dem Berg, und aus dem Felsen darunter entspringen kleine Wasserfälle mit milchigblauem Schmelzwasser: die Quelle der Rhône. Wo sich Gletscher und Passstraße treffen, steht das winzige Hotel Belvedère und macht die Dimensionen deutlich.

Eine Stunde und etliche Serpentinen später haben wir uns einen ersten Belohnungs-Eisbecher verdient. Die Wasserversorgung an der Westrampe ist optimal, ein kleiner Bach stürzt die senkrechte Felswand herunter und schneidet die geraden Rampen der Straße; nach jeder Spitzkehre kommt man wieder an dem Bach vorbei und kann sich im eiskalten Wasser kühlen. Noch ein kurzes Stück und wir haben die Passhöhe erreicht.

„Tschweitauschendvierhunderteinendreis chisch Meter!" höre ich Luis Trenker im Geiste sagen. Das Panorama ist beeindruckend. Wie eine Schlange windet sich die Straße aus dem Tal nach oben. Da sind wir hochgefahren? Kaum zu glauben!

Absturz nach Realp

Eine Passabfahrt habe ich mir immer als ein sanftes Zu-Tal-Gleiten vorgestellt. Dabei haben gefälligst die Vögel zu zwitschern und der Fahrtwind zu säuseln. Aber die Realität ist anders: Wie von der Tarantel gestochen schießt der Drahtesel die Passrampe hinunter. Hilfe! Voll in die Bremse. Und da ist auch schon die erste Spitzkehre. Verdammt, ist die eng! Bis auf Schrittgeschwindigkeit heruntergebremst. Keine Leitplanken, keine Gefahr? Im Gegenteil, einen Meter nach rechts verliert sich der Blick im Abgrund. Die kleinen Randsteinchen, die alle paar Meter am Fahrbahnrand kleben, scheinen keine Angst vor der Tiefe zu haben. Aber ich! Deshalb zieht es mich vor der nächsten Kehre zur sicheren Mittellinie. Plötzlich ein höllischer Lärm aus Kompressorfanfaren. Da der Postautobus in den Kurven auch die Gegenfahrbahn benötigt, warten alle artig auf das entgegenkommende gelbe Fahrzeug, nur ich habe gepennt und stehe nach einer Vollbremsung vor der Stoßstange Aug' in Aug' mit dem Fahrer. Der nimmt den Vorfall eher gelangweilt zur Kenntnis und winkt mich an der Kurveninnenseite vorbei.

Die nächsten Kehren gehe ich erheblich vorsichtiger an. Ah, endlich ein längeres Stück geradeaus, da kann man die Bremse ja mal loslassen! Mein Gaul zögert kurz und geht dann durch. Der Fahrtwind reißt mir fast das Hemd vom Leib, und mir fällt der blöde Spruch ein „Wer bremst, ist feige!". Lieber feige sein, als auf einer Wolke Harfe spielen, denke ich und ziehe die Bremshebel durch. Thorsten, der hinter mir fährt, denkt wohl genauso, denn seine Bremsen jammern schon die ganze Zeit.

Irgendwann habe ich meinen Kurvenrhythmus gefunden. Einen Kilometer nach links, Kurve, einen Kilometer nach rechts, Kurve. So geht es dahin, und vom Himmel hoch da komm' ich her. Zwischendurch immer schön schlucken, damit der Druck auf den Ohren nachlässt. Als wir etwa zehn Minuten später das Dorf Realp erreichen, haben wir 900 Höhenmeter hinter uns gebracht. An der Straße nach Andermatt gibt es sogar einen Zeltplatz, der auf den meisten Landkarten nicht verzeichnet ist. Da wir uns so das Geld für eine teure Hotelübernachtung sparen, fällt das Abendessen im Gasthof um so üppiger aus.

Am Bodensee

Auf neuer Tour in Konstanz am Bodensee. Nach dem langen Sitzen im Zug tut die Bewegung auf dem Rad gut, und wir fahren noch etwa 25 km am südlichen Seeufer bis nach Uttwil.

Der erste Campingplatz ist leider ausgebucht, also auf zum nächsten. Im Ort ist es sehr ruhig, und als wir an einem Schild „Zimmer mit Frühstück 25 Franken" vorbeikommen, entschließen wir uns spontan, hier zu übernachten. Es ist eines der Touristenlager, wo jedes Zimmer bis zum Bersten mit Betten vollgestellt ist. Bei uns waren es fünf Betten auf 15 Quadratmetern. Die Bahnlinie direkt an unserem Fenster entpuppt sich als Hauptstrecke und erfreut uns alle 20 Minuten mit einem Güterzug. Jedesmal bimmelt die Schranke, und zwischendurch veranstaltet die Dorfjugend Mofarennen auf der Straße. Dazu gesellt sich noch die Dorfkirche, welche die ganze Nacht jede Viertelstunde schlägt, und die Fassadenbeleuchtung, die unser Zimmer später mit gleißendem Licht erfüllt. Als der Morgen graut, wird es ruhiger, und wir können vor dem Aufstehen noch ein Stündchen schlafen.

Mit einem schönen Sonnenaufgang am Bodensee und einem guten Frühstück im Garten des Touristenlagers fängt der neue Tag gut an. Wir holen die Räder aus dem Stall und fahren weiter am Bodensee entlang. In Rorschach ist eine Abkürzung hinauf nach Heiden ausgeschildert, und wir fallen auch prompt darauf herein. Hier bewahrheitet sich die alte Reiseradler-Weisheit: Wer an Steigungen abkürzt, wird mit Anstiegen nicht unter

Bikers Bergidyll (Große Scheidegg)

15% bestraft. Die zwei folgenden Anstiege erfüllen mit 18% dann auch gehobenere Ansprüche. Bei der nachfolgenden Pause genießen wir den Blick über Obstwiesen auf den Bodensee hinunter, auf dem die weißen Dreiecke der Segelschiffe dahin gleiten.

Bergauf in den Winter

Ende Mai 1995, Silvaplana im Oberengadin, auf einer anderen Tour. Seit zwei Wochen sind wir unterwegs – durch Schwarzwald, Allgäu und Österreich – und haben sogar schon einen Sonnenbrand gehabt. Doch in den Alpen hat uns der Winter eingeholt. Auf der gesperrten Passstraße über das Hahntennjoch in Österreich liegen über vier Meter Schnee, und wir müssen die Route abändern. Mit dem Überqueren der Schweizer Grenze setzt der Regen ein. Bei Temperaturen knapp über dem Gefrierpunkt stoßen wir ins verschlafene Oberengadin vor, überall hängen noch Schilder mit der Aufschrift „Wegen Urlaub geschlossen". Wir kämpfen uns weiter bis Silvaplana und bauen unsere Zelte auf dem Campingplatz auf. Hier, in über 1800 m Höhe, sinken die Temperaturen nachts noch deutlich unter Null. Zum Glück hat der Regen jetzt aufgehört.

Für den nächsten Tag beschließen wie die Flucht aus dieser unfreundlichen Gegend, denn der telefonische Straßenzustandsbericht verkündet, dass der Albulapass soeben geöffnet wurde. Doch wenn es hier schon so kalt ist, wie sieht es dann wohl in über 2300 m Höhe aus? Wir sind aufs Schlimmste gefasst.

Mit klammen Fingern bauen wir die Zelte ab und rollen mit leichtem Gefälle nach La Punt hinunter. Da das Hospiz am Albulapass erst in einigen Wochen geöffnet wird, werden wir uns am Pass nicht aufwärmen oder etwas essen können. Also verziehen wir uns erst noch eine Stunde in einen Gasthof … Auf der südlichen Passrampe geht es dann gleich zur Sache, bei 11% Steigung kriechen wir die Straße hinauf. Nachdem ich die geeignete Kombination von Trikot, Pullover und Windjacke herausgefunden habe, stellt sich eine angenehme Körpertemperatur ein, bei der ich weder schwitze noch friere. Nach etwa 300 Höhenmetern erreichen wir die Schneegrenze. Der Ausblick, der sich nun bietet, ist wirklich abenteuerlich: In einer tiefen Rinne zieht sich die Straße zwischen zwei schneebedeckten Bergketten hindurch und verschwindet irgendwo im weißen Dunst. Der Straßenrand wird von meterhohen Schneewächten begrenzt, so dass wir wie durch einen Hohlweg fahren. Durch diesen Engpass weht ein heftiger Wind, der uns in kürzester Zeit auskühlt und das Anlegen zusätzlicher Kleidungsschichten notwendig macht. Eingepackt wie die Polarforscher rollen wir auf der Hochebene bei nur geringer Steigung vorwärts bis zum Pass in 2312 m Höhe. Am eingeschneiten Albula-Hospiz treffen wir ein paar übergewichtige Autofahrer, die total entsetzt sind, bei diesem Wetter hier oben Radfahrer anzutreffen. Um den Schock noch etwas zu vertiefen, tun wir so, als ob das für uns nichts Besonderes sei.

Bei der Abfahrt müssen wir dann trotz Handschuhen mehrmals anhalten, um unsere Hände aufzuwärmen. Sonst könnten wir bald nicht mehr bremsen. Als wir unter 1500 Meter kommen, wird es wärmer. Nach und nach legen wir die einzelnen Kleidungsschichten ab. Unten in Filisur angekommen, haben wir dann angenehme 20 Grad, und das erste Hotel, an dem wir vorbeikommen, ist sogar geöffnet. Da es gerade Kaffeezeit ist, gehen wir hinein und sind von der freundlichen, familiären Atmosphäre überrascht. Nach dem sowohl temperaturmäßig als auch menschlich recht frostigen Oberengadin ist man solches gar nicht mehr gewöhnt.

Der Wetterbericht sagt noch etwas Sonne voraus, bevor neue Tiefdruckgebiete Kälte, Regen und Gewitter bringen werden – aber da sitzen wir schon im Zug, auf dem Weg nach Hause.

Serbien

Daten

77.474 qkm • 7,3 Mio. Einw. • 94 Ew./qkm
Ausdehnungen: N – 330 km – S // W – 430 km – O

Land

Weit und fruchtbar ist der Norden von Serbien. Die Grenze zu Ungarn verläuft durch die Pannonische Tiefebene. Die ist in Ungarn als Große Ungarische Tiefebene bekannt, in Serbien als **Vojvodina.** Dort hat das einstige Pannonische Urmeer in Jahrmillionen den fetten schwarzen Boden für die Landwirtschaft bereitet. Das Wasser dazu liefern Donau und Theiß. Nur ein Niedergebirge ragt etwas aus der Vojvodina: die **Fruska Gora,** 511 m. Die Save, die in **Belgrad** in die Donau mündet, bildet die südliche Grenze der autonomen Provinz Vojvodina.

Südlich der Save-Donau-Linie wird es allmählich hügelig, dann bergig. Denn hier erstreckt sich die **Sumadija,** das „Waldland". Die Sumadija ist im heutigen Sinn nur eine Verwaltungsprovinz, als historische Region umfasst sie aber weit mehr, nämlich das ganze Gebiet zwischen Vojvodina und Kosovo, das sog. Engere Serbien oder **Zentralserbien.** Viehweiden und grüne Täler wechseln sich dort mit großen Waldgebieten ab. Industrie gibt es in den Städten.

Im Osten bildet das **Serbische Erzgebirge** (bei Bor) eine bis zu 1336 m hohe Hürde zu Rumänien und Bulgarien. Südlich davon begrenzt die Stara Planina (bis 2170 m), ein Teil des Balkangebirges, den Osten. Hohe Gipfel auch im Westen und Südwesten, wo Serbien Anteil am Dinarischen Gebirge hat. Highlight ist hier der Tara-Nationalpark mit der Drina-Schlucht.

Serbiens kulturelle **Hauptsehenswürdigkeiten** sind Stari Ras (die Altstadt von Novi Pazar), die Klöster Sopocani und Studenica und der römische Galerius-Palast in Gamzigrad – allesamt UNESCO-Weltkulturerbe.

und Leute

Zwar beschäftigt die Loslösung des Kosovo mit dem Amselfeld (Altserbien) die eingefleischten Nationalisten noch immer, doch ansonsten scheint es, als wäre das Land zur Ruhe gekommen und formte sich wieder zu einer Zivilgesellschaft. Etwa ein Fünftel der Bevölkerung gehören einer Minderheit an,

Donaufähre Stara Palanka – Ram

die größte stellen die Ungaren. Während die Bewohner der Vojvodina daher auch mehrheitlich katholisch sind, ist der größte Teil der Serben orthodox. Diese Religion speist das serbische Nationalgefühl.

Auch wenn ein Teil der Serben sich völlig uninteressiert gibt, sind Besucher gern gesehen im Land. Die anderen sind dafür um so freundlicher. Ein Fahrradschloss braucht man fast nicht, denn die Kriminalitätsrate ist sehr gering. Die Verständigung mit Englisch klappt nur stellenweise. Vereinzelt trifft man ältere Serben, die gut deutsch sprechen. Die amtliche Schrift ist kyrillisch. Wegweiser sind aber immer auch lateinisch beschriftet.

per Rad entdecken

In den letzten Jahren ist der südosteuropäische Binnenstaat für Radreisende wieder interessant geworden. Hauptgrund ist sicherlich der Donau-Radweg, der auf 665 km durch Serbien führt und östlich von Belgrad einen der schönsten Abschnitte dieses internationalen Radweges beinhaltet. Auch im Rahmen einer Balkanrundtour ist Serbien wieder ein Land, das sich normal bereisen lässt. Der Standard ist vergleichbar mit dem Kroatiens. Allerdings ist Serbien sehr viel preiswerter.

Routen & Regionen

Der Donau-Radweg durch Serbien

Rund 670 km weit führt der internationale **Donau-Radweg,** der zugleich Teil des europäischen Fernradweges **EuroVelo 6** ist, durch Serbien. Eigentlich sollte man auch in Serbien eher von einer Radroute sprechen, denn echte bauliche Radwege sind die Ausnahme. Der Radweg ist nun bis zur rumänischen Grenze beschildert. Das Projekt wurde von GTZ und ADFC geplant und auf den Weg gebracht. Die Beschilderung ist hervorragend. Die Streckenführung weniger, denn sie entspricht nur teilweise dem Ideal einer verkehrsarmen, flussnahen Strecke. Immer wieder führt der Donau-Radweg über stark befahrene Hauptstraßen. Bis Smederovo (etwa 40 km östlich von Belgrad) geht dieses Wechselbad der Gefühle.

Auf dem Donau-Radweg durch Serbien

SERBIEN
MONTENEGRO
KOSOVO
© RKH VERLAG HERMANN
0
100 km
UNGARN
Szeged
Arad
Subotica
Timiçoara
Tisa
Kikinda
Sombor
RUMÄNIEN
Vojvodina
Begej
Osijek
Reçifia
Zrenjanin
Novi Sad
Vukovar
KROATIEN
Dunav (Donau)
Drobeta-Turnu-Severin
Sremska Mitrovica
Pancevo
Novi Beograd
Belgrad
Dunav
Smederovo
Pozarevac
Brcko
Sava
Drina
Sabac
Sava
Tuzla
Velika Morava
SERBIEN
Bor
Vidin
Valjevo
Zajecar
Kragujevac
Jagodina
BOSNIEN und HERZEGOWINA
BULGARIEN
Cacak
Uzice
Kraljevo
Zapadna Morava
Sarajevo
Krusevak
Ibar
Nis
Pirot
Prokuplje
Gorazde
Lim
Leskovac
Novi Pazar
Tara
Morava
Piva
Kosovska Mitrovica
MONTENEGRO
Vranje
Pristina
Gnjilane
Pec
KOSOVO
Podgorica
Kumanovo
Prizren
Cetinje
Skopje
Lake Scutari
Liqi Fierzës
Shkodër
Kukës
ALBANIEN
MAZEDONIEN
Adria
Prilep
Tirana
Ohrid
Bitola
Durrës

Donau-Radweg (Festung Golubac)

Donau-Radweg östl. von Belgrad

Östlich von **Belgrad** lässt sich die rechtsufrige Straße nach Smederovo nur durch einen großen Umweg über die andere Donau-Seite vermeiden. Nimmt man jedoch die ursprünglich vorgesehene Direttissima, hat man es mit einer schmalen Straße und viel Schwerverkehr zu tun. Die Sonne knallt, die Luft stinkt nach Abgasen, vor Grocka auch noch ein langer Anstieg von 170 Hm. Das langt erst mal!

Wer den Ritt aus Belgrad überlebt hat, darf sich aber auf die anschließende Strecke freuen. Unvermittelt steht der Radler in **Smederovo** einem mächtigen Bollwerk gegenüber, das die Fantasie sofort in eine andere Welt befördert. Und mit solchen Eindrücken geht es bis **Tekija** weiter: Burgruinen und die größte Flussschlucht Europas! Ab Smederevo empfiehlt sich die linke Donauseite: Via Kovin nach Stara Palanka und mit der Autofähre nach **Ram.** Weiter auf der rechten Donauseite. Wenn die Festungsruine von **Golubac** passiert hat (die Straße führt mitten durch die Ruine) und zugleich auch den **Djerdarp-Stausee,** beginnt die Fahrt durchs Eiserne Tor.

Eisernes Tor

Zur Klarstellung: Nicht nur das serbisch-rumänische Wasserkraftwerk bei Sip, sondern der gesamte Durchbruch der Donau zwischen Karpaten und Balkangebirge wird als **Eisernes Tor** bezeichnet. Die Bezeichnung kommt aus dem Türkischen, in Serbien heißt der Durchbruch offiziell **Djerdap-Schlucht.** Tekija markiert das östliche Ende der Schlucht, anschließend folgt das Kraftwerk. Die engste und fotogenste Stelle des Donaudurchbruchs, den **Veliki Kazan,** erreicht man nach 80 km (ca. 20 km vor Tekija).

Man kann sowohl auf rumänischer wie serbischer Seite die Schlucht durchfahren. Wobei die serbische Seite den Vorzug hat, dass man dort in heißen Zeiten meist im Schatten radelt, zugleich aber immer auf die Sonnen beschienene rumänische Nordseite schaut. Außerdem verläuft die serbische Straße teilweise als Höhenstraße. 21 Tunnel und ein Mini-Pass sind inklusive. Die Straße ist sehr gut asphaltiert, der Verkehr ist gering bis mäßig. Radel-Spaß pur!

Gebirgstouren

Im Osten des Landes sind **Stara Planina** und **Suva Planina** hübsche Reviere für Tagestouren. Ruhige Straßen führen durch die Gebirgstäler und steigen dabei maximal bis auf 578 m an. Der höchste Gipfel ist der **Midzor** (2170 m), ein schöner Wanderberg. Ein komfortabler Ausgangspunkt ist das renommierte Thermalbad **Sokobanja** 50 km nördlich von Nis.

Im Süden grenzt der **Kopaonik-N.P.** (bei Raska) ans Kosovo. Er ist Teil des Kapaonik-Gebirges (bis 2017 m), das überwiegend zum Kosovo gehört. Da Serbien keine Grenze zum Kosovo kennt, könnte man getrost hin und herfahren.

Im Westen animiert das **Zlatibor-Gebirge,** das bis zum **Tara-N.P.** reicht (bei Mitrovac, ganz im westlichen Zipfel), am meisten zu Pioniertaten. Die Touren spielen sich oberhalb von 1000 m ab. Moderate MTB-Routen zum Nachfahren wurden rund um Uzice dokumentiert. Auch auf GPSies spielt vor allem im Westen die Musik, d.h. hier sind die meisten Touren dokumentiert.

Serbien als Transitland

Wegen seiner zentralen Lage im Balkan ist Serbien ein klassisches Transitland mit Grenzen zu acht Ländern. Die problematischste ist sicherlich die zum Kosovo, da sie von den Serben nicht als Staatsgrenze anerkannt wird. Wer von Serbien in den Kosovo will, muss seine weiteren Reisepläne im Hinterkopf haben, denn er erhält keinen serbischen Ausreisestempel, so dass es nötig sein kann, vom Kosovo erst wieder nach Serbien auszureisen (siehe Info-Box Einreise).

Morava-Tal

Wer den Kosovo hingegen ignoriert und direkt nach **Mazedonien** strebt, kommt im **Tal der Morava** am schnellsten voran. In diesem Flusstal verläuft der Autoput (E75) und entlastet die parallel verlaufende Landstraße. Auch die Bahnlinie Belgrad-Skopje führt durchs Morava-Tal, so dass notfalls umgestiegen werden kann. Der **EuroVelo 11** wird eines Tages ebenfalls hier verlaufen.

Wer von Ungarn kommend nach **Bosnien-Herzegowina** will, kann bis Novi Sad dem Donau-Radweg folgen (s.o.). Dann wird es allerdings verkehrsreich, denn die 21 nach Sabac ist eine Art Transitstrecke mit viel Schwerverkehr. Gleiches gilt für die 18 von Sabac bis zum Grenzort Loznica. Um die 21 und die 18 zu vermeiden, bleibt nur der Weg über Sremska Mitrovica.

ⓘ-Box Serbien

Infos

- FVA Serbien: *www.serbien.travel*
- FVA Belgrad: *www.beograd.rs*
- Donau-Plattform: *www.donau-info.org* (z.Zt. kaum noch brauchbar, da völlig wirr)
- Balkan-Forum: *www.balkanforum.info*
- Serbische Bahngesellschaft: *www.serbianrailways.com*

Einreise

Für einen Aufenthalt bis zu 90 Tagen genügt der Personalausweis (D/A/CH). Einreise über Kosovo: Auf Einreisestempel achten, da sonst große Probleme bei der Ausreise entstehen. Wer von Mazedonien durchs Kosovo nach Serbien reist, bekommt an der im serbischen Verständnis rein administrativen Grenze Kosovo-Serbien keinen Einreisestempel. Einreisestempel des Kosovo werden von Serbien nicht anerkannt. Deshalb drücken die Kosovaren ihren Stempel auch nur auf einen Einlegezettel. Auch ein serbischer Ausreisestempel wird nicht an der Grenze zu Kosovo erteilt. Das kann einem aber egal sein, wenn man eh nicht wieder nach Serbien einreisen will. Wer jedoch wieder nach Serbien will, sollte den Kosovo via Serbien verlassen und erst von dort beispielsweise nach Mazedonien ausreisen. Klingt komplizierter als es ist. Aktuelle Infos: *www.diplo.de*

Geld

Serbischer Dinar (RSD). 1 € = 120 RSD (Okt. 2015). Die Lebenshaltungskosten lagen 2014 bei 59% (D=100%).

Gesundheit

Bislang besteht kein Sozialversicherungsabkommen mit der EU. Eine Auslands-KV ist daher sehr ratsam. Leitungswasser aus öffentlichen Netzen ist in aller Regel trinkbar und verträglich. Mit ungeräumten Minenfeldern, die dann in aller Regel markiert sind, wird man selten konfrontiert. Wenn, dann geht die Gefahr eher von nicht geborgenen NATO-Blindgängern aus. Hohes Gras und verwilderte Flächen sollte man als Zeltplatz auf jeden Fall meiden.

Wetter und Reisezeit

Serbien hat in den tieferen Lagen ein eher kontinentales Klima mit kurzen intensiven Wintern und warmen, manchmal auch regnerischen Sommern. Der Wind weht gern aus Norden bis Westen. Reisezeit ist allgemein April – Oktober. Besonders angenehm für Radtouren sind in den tieferen Landesteilen die Monate Mai/Sep./Okt., in den Gebirgen Juni-August.

Anreise

Per Rad: Idealerweise auf dem Donau-Radweg (EuroVelo 6).

Per Flieger: Günstige Flüge mit Air Serbia von D/A/CH, mit Germanwings ab D/CH (*www.airserbia.com* • *www.germanwings.com*). Fahrradtransport ab 50 €.

Per Bahn: Umständlich, da die Fahrradmitnahme im Gepäckwagen nur bis Ungarn möglich ist (EC bis Budapest), ggf. weiter mit dem Regionalzug bis zur Grenze Ungarn-Serbien, diese per Rad überqueren und dann wieder in die Bahn.

Transport im Land

Das Eisenbahnnetz ist 3800 km lang. Fahrradmitnahme ist zwar offiziell nicht geregelt, aber in der Praxis fast immer möglich. Bezahlt wird beim Zugbegleiter. Bei Bussen entscheidet der Fahrer, ob er ein Fahrrad mitnehmen will.

Übernachten

Gutes Angebot an preiswerten **Zimmern** mit angemessenem Komfort im ganzen Land. Privatzimmer; Pensionen und Hostels ab 10 Euro/P. Neue Privathotels sind deutlich teurer. Ehem. staatliche Hotels sind oft sehr herunter gekommen. Von den 16 offiziellen **JuHes** des Landes sind allein 7 in Belgrad, Ü ab 7 € (*www.hihostels.com*). Rund 40 **Campingplätze** gibt es, etwa die Hälfte davon im Zlatibor-Gebirge (*www.camping.rs*); wildes Zelten ist offiziell nicht erlaubt, aber machbar (30% Serbiens sind bewaldet). Die polizeiliche **Meldepflicht** wird normalerweise vom Hotel erledigt. Der Gast erhält im Idealfall einen Durchschlag, den er bei der Ausreise vorweisen kann. In der Praxis kräht kein Polizist mehr danach.

Hier wird dir geholfen – Fahrradshop in Sabac

Karten und Literatur

- *Empfehlung* – Freytag & Berndt: Blatt „Serbien-Nord", Bl. „Serbien-Süd", 1:200.000, je Bl. 9,99 €.
- Reise Know-How, World Mapping Project: Serbien & Montenegro, 1:385.000, 8,90 €.
- DGZ: Donau-Radweg, von Budapest bis zum Schwarzen Meer, 1:100.000, Kartenset mit 8 Bl., zus. 24,80 €, sehr hilfreich, (für Serbien werden Bl. 2, 3, 4 benötigt).
- Esterbauer Vlg. (Bikeline): „Donau-Radweg 4" (Budapest – Belgrad).
- Esterbauer Vlg. (Bikeline): „Donau-Radweg 5" (Belgrad – Schwarzes Meer).

Fahrrad

In den Städten hat das Fahrrad eine stetig wachsende Anhängerschaft. Ansonsten sieht man selten mal jemanden zu Rade. In den meist kleinen und nicht sehr häufigen Fahrradwerkstätten bemüht man sich, auch anspruchsvollere Fahrradtechnik zu reparieren. Ersatzteile und Komponenten für MTBs sind erhältlich, jedoch meist als China-Import.

Straßen und Verkehr

Das asphaltierte **Straßennetz** ist mit 30.000 km etwa halb so dicht wie in D. Der Zustand ist überwiegend gut. Hinzu kommen 15.000 km unbefestigter Straßen. **Verkehr:** Radler werden zwar nicht von der Straße gepustet, aber an den Nerven zehrt der hautnahe Verkehr streckenweise schon. Insgesamt ist der serbische Auto- bzw. Lkwfahrer zwar flott unterwegs, aber doch ohne die oft unterstellten „mörderischen" Absichten. Er kann oder will sich einfach nur nicht in die Lage eines Radfahrers versetzen. Vor dem Überholen hupt er gern kurz und manchmal bremst er sogar für Radfahrer.

Slowakei

Daten

49.035 qkm • 5,4 Mio. Einwohner • 110 Ew./qkm
Ausdehnungen: N – 150 km – S // W – 400 km – O

Land

Stark gegliedert präsentiert sich die Landschaft der Slowakei. Bogenförmig zieht eine **Dreierstaffel karpatischer Gebirgszüge** von Südwesten nach Nordosten durchs Land. Entstehungsgeschichtlich sind sie zwar mit den Alpen verwandt, aber doch deutlich niedriger als diese und auch ohne echte Gletscher. Der äußere Gebirgsbogen beginnt bei Bratislava mit den Kleinen Karpaten (bis 768 m) und verläuft über die Hohe Tatra (bis 2655 m) bis zu den Niederen Beskiden (bis 800 m) ganz im Nordosten. Der nächste Parallelschwung wird vor allem von der Großen Fatra und der Niederen Tatra getragen, beides Hochgebirge bis 2045 m, aber sanfter geformt als die Hohe Tatra. Den südlichsten Gebirgsbogen beherrscht das Slowakische Erzgebirge (bis 1459 m), eine ausgedehnte, eisenerzreiche Gebirgsregion mit weiten Wäldern.

Zwischen den Gebirgen haben sich Beckenlandschaften gebildet, durch die auch die Hauptflüsse Waag und Gran der Donau zustreben. Über fruchtbare **Tiefländer** verfügt die Slowakei im südwestlichen und östlichen Bereich: Einerseits das an Ungarn grenzende Donautiefland, andererseits die an die Ukraine grenzende Ostslowakische Ebene.

und Leute

Die Slowakei ist ein mitteleuropäisches Land, das kulturell von slawischen, ungarischen und deutschen Einflüssen geprägt wurde. Über 1000 Jahre gehörte die Slowakei zu Ungarn. In dieser Zeit kamen auch viele Deutsche, die die Zips besiedelten und mit hübschen Städten versahen. Noch heute sind rund 10 Prozent der Bevölkerung ungarischer Abstammung, von der deutschen Bevölkerung blieb nur ein Rest von 5000 Einwohnern (1930 waren es noch 156.000). Unabhängig davon ist Deutsch heute die wichtigste Fremdsprache im Land.

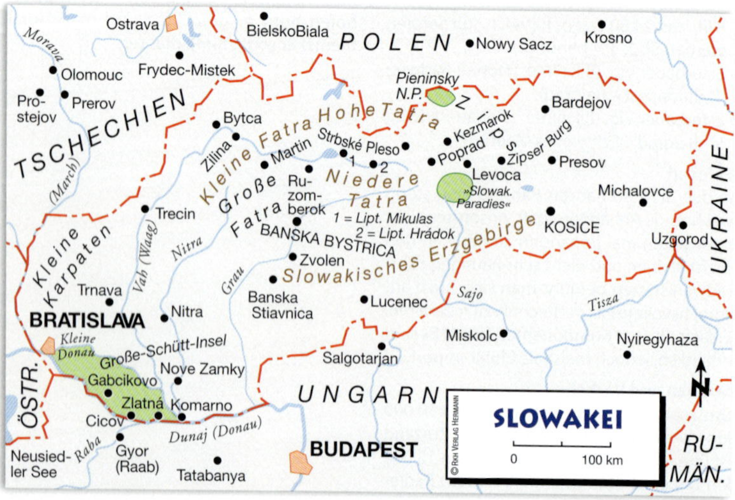

per Rad erfahren

Für eine Radtour durch die Slowakei sprechen drei Punkte: Die Landschaft, die Preise und die gemächliche Atmosphäre. Allerdings ist das Straßennetz nicht übermäßig dicht, es gibt daher unvermeidbare Abschnitte mit viel Verkehr. Auf den zweifellos auch vorhandenen Nebenstraßen geht es überwiegend hügelig zu. Der Fahrradtourismus wird durch private Initiativen befördert. 5800 km wurden bislang als Rad- und MTB-Routen beschildert und spezielle Karten herausgegeben. Die MTB-Routen überwiegen dabei allerdings, denn Waldwege gibt es in der Slowakei mehr als genug.

Routen & Regionen

Westslowakei

Bratislava

www.bratislava.sk
Überquert man von Wien kommend die große Donau-Brücke, erblickt man zunächst die Vorstadt Petrzalka, einst Osteuropas größte Plattenbausiedlung, geplant als Stadt ohne Gott und Kirche. Abgesehen von einer herausgeputzten kleinen Altstadt hat Bratislava relativ wenig zu bieten. Zwei Tage genügen. Ansonsten ist die die slowakische Hauptstadt ein ziemlicher Moloch mit ewig langen Straßen.

Tourentipps

Bevor sich die Slowakei von ihrer wahren, sprich bergigen Natur zeigt, ist es schön, östlich von Bratislava die sonnenverwöhnte, fruchtbare **Donau-Tiefebene** (Podunaj ská nízina) zum gemütlichen Einrollen zu haben. Der „Garten der Slowakei" erinnert ans ungarische Alföld. Nicht ganz zufällig lebt hier die bedeutendste Minderheit des Landes, eine halbe Million Ungarnstämmige.

Am Rande der **Großen Schüttinsel** verläuft der slowakische Abschnitt des **Donau-Radwegs.** Diese Seite ist der ungarischen auf jeden Fall vorzuziehen! Bis Cicov verläuft der Weg sehr schön auf gut asphaltierten Deichen, die nur von Radlern und Skatern benutzt werden dürfen. Ab Cicov dann auf Nebenstraßen, und schließlich auf der mäßig befahrenen Fernstraße 63.

Ein Abstecher zum Wasserkraftwerk bei Gabcikovo vermittelt Anschauungsunterricht in Sachen Größenwahn. Eine letzte sozialistische Verzweiflungstat, gegen den sich der Suez-Kanal bescheiden ausnimmt. Die **Beschilderung** ist bis Cicov sehr gut, bis Komarno zunehmend lückenhafter. Das letzte Teilstück auf slowakischer Seite von Komarno bis Sturovo ist praktisch nicht beschildert.

Der alternative Donau-Radweg führt durch die Slowakei.

Wer ab Cicov weiterhin auf autofreien Deichwegen fahren will, kann der sog. **MTB-Variante** folgen. Allerdings sind diese Wege ziemlich sandig-rutschig. Die Route ist in den entsprechenden Fahrradkarten eingezeichnet (VKU, 1:100.000, 2 Blätter). Die Karten sind im Land schwer zu bekommen, besser vorab besorgen (s.u.).

Interessante Etappenziele finden sich ansonsten erst im nördlichen Bereich der Donau-Tiefebene, unterhalb der ersten Gebirge. Jeweils eine Tagestour ist es von der Donau bis Nitra oder Trnava, beides recht geschäftige, aber durchaus sehenswerte Landstädte. Besonders leicht ist der Weg nach Trnava, wenn ab Komárno die Route durchs **Tal der Waag** (Váh) gewählt wird, meist schiebt dabei auch noch ein leichter Wind aus Süd. Das Waag-Tal ist bis in die Ostslowakei auch als Radroute ausgeschildert (ca. 250 km).

Mittelslowakei

Anspruch

Wer Touren durch Bergland und Gebirge mag, ist in der Mittelslowakei richtig. Alle großen bis mittleren Straßen sind gut ausgebaut und lassen sich steigungsmäßig auch von beladenen Tourenradlern gut bewältigen. Wirklich zäh und anstrengend (Steigungen um 12%) kann es auf Nebenstraßen werden, die mangels Alternative Hauptstraßenfunktion haben. Aufschluss über das Profil solcher Straßen liefern die Steigungspfeile in Mairs Generalkarte„Slowakei" (s.u.).

Waag-Tal

Der leichteste und schnellste Weg zu den Gebirgen der Mittelslowakei führt durchs Tal der Waag: Von der Donau-Ebene über Piestany nach Trencín, dann in der Mittelslowakei über Bytca, Zilina und Ruzemberok bis Lipt. Hrádok. Von Trnava aus sind dies 240 km durch ein ziemlich besiedeltes und industrialisiertes Flusstal. Bis Zilina ist die Strecke dabei noch ganz annehmbar zum Radeln, östlich davon kommt wenig Freude auf. Große und kleine Lastwagen beherrschen nun die einzige Straße im verengten Flusstal. Einzige Alternative ist die parallel verlaufende Eisenbahn.

Schemnitzer Gebirge

Anspruchsvoller, aber auch interessanter als das Waag-Tal ist die Route durchs dicht bewaldete Schemnitzer Gebirge (Stiavnick vrchy) und das Tal der Gran. Drei Bergstädte mit Geschichte liegen auf dem Weg: Banská Stiavnica, Zvolen und Banská Bystrica. Die Route führt zunächst bis auf 750 m (5 km SW Banská Stiavnica), anschließend bis Zvolen überwiegend bergab und auf einer Nebenstraße durchs flache und langweilige Neusohler Becken (Zvolenská kotlina) bis Banská Bystrica (360 m), wo nun die vier bedeutendsten Gebirgszüge der Mittelslowakei in Reichweite sind.

Kleine Fatra (Malá Fatra, teilw. Nationalpark)

Ausgangspunkt

Zilina (Waag-Tal)

Szenerie

Felsenstädte, Schluchten, Bergbäche, dichte Wälder, artenreiche Sandsteinflora, steil ansteigende Hänge zum Velká Kriván (1709 m, höchster Gipfel). Das *Vrátna dolina* gilt als schönstes Tal der Slowakei, der Talzugang bei *Terchová* führt zwischen imposanten Felsklippen hindurch.

Offroad (MTB)

Vom Vrátna dolina zweigen mehrere Wirtschaftswege ab; ein Versorgungsringweg ermöglicht eine ca. 20 km lange Tour zum Panoramagipfel Vel'ka luka (1476 m): Turiec (400 m) – Berghütte na Martinskych holiach (1200 m) – Vel'ka luka (1400 m, Rest zu Fuß) – Berghotel Podstráne (530 m) – Martin-Podháj (400 m).

Touren-Erweiterung In Richtung Polen durch hübsche, traditionsverbundene Landstriche zum *Orava-Stausee*. Außerdem südlich von Bytca: *Sulover Bergland* (Sulovsk vrchy) und *Sulover Felsenwelt* (Súl'ovsk skaly).

Große Fatra (Vel'ká Fatra, Landschaftsschutzgebiet)

Ausgangs-punkt Banská Bystrica, Ruzomberok (Waag-Tal), Martin

Straßen Es führt *keine* Straße durchs Gebirge, von der E 77 zweigen jedoch einige kleine Stichstraßen ab. Reizvoll auch die Nebenstraßenroute unterhalb der Westhänge (Turc. Teplice – Sucany).

Szenerie Mehrere Gipfel über 1500 m (höchster: Ostredok, 1592 m). Schöne, ursprüngliche Täler, tiefe Wälder, Gebirgswiesen, Hauptkamm meist unbewaldet (Fernblicke).

Offroad (MTB) Der unbefestigte Fahrweg durchs 27 km lange Lubochnianska-Tal (S Lubochna) führt ins Herz der Großen Fatra, moderater Anstieg von 450 auf 1000 m. Schönstes Tal der Großen Fatra ist das *Gaderská-Tal* (Felsenschlucht bei Blatnica).

Hohe Tatra (Vysok Tatry, Nationalpark)

Ausgangs-punkt Lipt. Hrádok

Straßen Die 537 ist in ihrer Funktion als *Tatra-Magistrale* (Magistralá) sehr gut ausgebaut, Steigungen um 8–9%, höchster Punkt: 1250 m bei Strebsk Pleso. Nachteil der 537 ist, dass sie permanent durch dichten Nadelwald führt, der die Sicht auf die Gipfel versperrt.

Szenerie Kleinstes Hochgebirge der Welt, 18 km Kammverlauf mit zugeschärften Granitgipfeln (höchster: Gerlsdorfer Spitze, 2655 m), dunkle Tannenwälder, Wasserfälle, über 100 eiszeitliche Bergseen („Meeraugen"), höchster Ort ist Strbsk Pleso (1355 m, Kalenderpanorama, touristisch).

Offroad (MTB) Wirtschaftswege führen zu den Bergseen *Popradsk* (1500 m) und *Velick pleso* (1650 m), ansonsten Infos zu MTB-Routen und nutzbaren Wanderwegen vor Ort besorgen, gute MTB-Station in Horny Smokovec.

Annäherung an die Hohe Tatra

Hochstapler

Niedere Tatra (Nízke Tatry, überw. Nationalpark)

Ausgangspunkt Banská Bystrica, Lipt. Mikulás, Lipt. Hrádok

Straßen Die 72 überquert das Gebirge beim Certovica-Bergsattel (Anstieg bis zum *Certovica* auf 1238 m). Jeweils von Nord und Süd führt die 584 als zweigeteilte Stichstraße in die um 1200 m hoch gelegenen Tourismuszentren der Dumbier-Tatra.

Szenerie Der *Certovica* teilt die Niedere Tatra in die *westliche* Region um den Dumbier-Gipfel (2043 m) und die *östliche* um den Králova-hol'a-Gipfel (1948 m). Rund 80 km lang ist der felsige Hauptkamm, bewaldet sind die Seitentäler, schluchtartig einige Karsttäler; insgesamt ist die Niedere Tatra sanfter und abgerundeter als die Hohe Tatra. Highlight der Dumbier-Tatra ist das *Demänovská-Tal* mit über 20 Tropfsteinhöhlen.

Offroad (MTB) Die *Králova-hol'a-Tatra* (östl. Niedere Tatra) ist eines der ursprünglichsten und ruhigsten Berggebiete der Slowakei, die Nord-Süd-Täler sind durch Wirtschaftswege für die Bergbauern erschlossen. Durchgängiger Fahrweg von Nord nach Süd ab Svarín (bei Lipt. Hrádok), am Cierny-Váh-Stausee vorbei, durch die Täler von Ipoltica und Krivul'a, bis Hel'pa.

Diese Tour lässt sich von Zavadká (5 km westlich Hel'pa) südwärts durchs wildromantisch zerklüftete *Muránska planina* (Tafelland von Muran, gehört zum Slowak. Erzgebirge) fortsetzen. Reizvoll: Wildpferde bei einer Tour durchs Felsental Hrdzavá dolina beobachten, Taleingang bei Murán. Westlich der Muránska planina ein prächtiger Urwald, durchzogen von etlichen Wanderwegen; End- bzw. Ausgangspunkt wäre Dobroc.

Ostslowakei

Überblick Die Staffel bedeutender Gebirge ist noch nicht zu Ende. Nach Hoher und Niederer Tatra wartet nun in der Ostslowakei die flächenmäßig größte Gebirgsregion des Landes: das **Slowakische Erzgebirge** (Slovensk rudohorie). Besonders attraktiv sind hier Slowakisches Paradies (Slovensky raj, Nationalpark) und Slowakischer Karst (Slovensky kras).

Slowakischer Karst

Der zerklüftete, höhlenreiche Slowakische Karst an der Grenze zu Ungarn ist mit 800 qkm das größte Karstgebiet Mitteleuropas. Abgesehen von einigen Fahrwegen ist der Karst allerdings ein problematisches MTB-Revier (schwierige Wanderwege, UNESCO-Biosphärenreservat).

Slowakisches Paradies

Auch im Slowakischen Paradies, ein schluchten- und wasserfallreiches Karstgebiet, das als Wanderparadies gilt, sind die meisten Wege kaum MTB-geeignet. Das gilt besonders für die in der Wanderkarte mit Pfeilen versehenen Einbahnstraßen-Wege (Leitern, Engstellen, viele Wanderer).

Tourenradler, die von Westen kommen, können nach einer Visite der mächtigen **Dobschauer Eishöhle** (Dobsinská l'adová jask., Slow. Paradies) ab *Stratená* auf einer idyllischen, maßvoll hügeligen Nebenstraße das „Paradies" durchqueren.

Zips

Nördlich davon beginnt die historische Region Zips mit ihren im Mittelalter von deutschen Einwanderern gegründeten Städten. Sehenswert: Kezmarok (Käsmark), Levoca (Leutschau), Spissky hrad (Zipser Burg), Presov (Preschau). Weniger schön ist die E 50. Diese von Lastzügen dominierte Transitstraße lässt sich auf dem Weg nach Bardejov nur auf den abgeschiedenen, deutlich anstrengenderen Sträßchen durchs **Leutschauer Bergland** (Levocsk vrchy) umgehen.

Russisch-orthodoxe Holzkirchen

Wie auch immer, die Region um **Bardejov** (Bartfeld) sollte auf der Tour durch die Ostslowakei nicht fehlen. Nicht nur weil die alte Tuchmacherstadt den schönsten mittelalterlichen Stadtkern der Slowakei besitzt, sondern auch wegen der alten russisch-orthodoxen Holzkirchen in den Dörfern der weiteren Umgebung: Trocany, Kozany, Hervartov, Kríze, Kriv, Lukov, Jedlinka, Fricka, Cigel'ka. Das Bergland der Niederen Beskiden macht sich bei der Suche nach den Kirchdörfern zwar in den Beinen bemerkbar, aber es ist allemal eine lohnende Tour durch weltfernes Bauernland.

Pieninsky Nationalpark

Im Anschluss an diese Expedition bietet sich die 77 für die Kehre in Richtung Heimat oder Hohe Tatra an. Profil und Verkehr sind moderat. Ganz so rasch geht es dann aber doch nicht, denn der Pieninsky Nationalpark mit dem spektakulären Durchbruchstal der **Dunajec** ist unbedingt einen Umweg wert: Dazu westlich von Stará L'ubovna auf der 543 nach **Cerveny Klástor.** Dort von der Floßablegestelle (keine Fahrradmitnahme auf Flößen!) dem nordöstlich verlaufenden *Uferwanderweg* für 7 km durch den malerischsten Abschnitt des Flusstals folgen (Blick aufs Trzy-Korony-Massiv). Ab Lesnica dann wieder Straße.

Einst eine der größten Adelsburgen Europas (Zipser Burg, Ostslowakei)

ⓘ-Box Slowakei

Einreise
Die Slowakei gehört zum Schengen-Raum. EU-Bürger und Schweizer müssen lediglich einen Personalausweis mit sich führen.

Geld
Die Slowakei ist Euro-Land. Der Lebenshaltungskostenindex lag 2014 im Vergleich bei 71% (D=100%).

Gesundheit
GKV-Mitglieder sind anspruchsberechtigt. Details: *www.dvka.de*

Infos
Slowakische Tourimuszentrale: *www.slovakia.travel* (mit ca. 40 Tourenvorschlägen)

Infos vor Ort
Im Land sind ca. 50 **Touristeninformationen** (meist halbamtliche Reisebüros) für regionale Infos, Karten aller Art, Zimmernachweise usw. zuständig. Adressen der i-Büros: *http://de.aices.sk*

Karten
- *Erste Wahl:* VKU (Landesvermessungsamt): Radwanderkarten Slowakei 1:100.000, 9 Bl., je 10,90 € sehr detailliert und präzise, zeigt alle beschilderten Rad- und MTB-Routen, GPS-Gitter, 10 m-Höhenlinien.
- VKU (Landesvermessungsamt): Radwanderführer Donau-Radweg, 1:50.000, 11,30 €, Bratislava – Gran, Querformat, mit kurzen dt. Beschreibungen.
- Freytag & Berndt: Touristischer Autoatlas Slowakei 1:100.000, 24,80 €, die preiswerte Alternative zu den VKU-Karten.
- Reise Know How: Slowakei 1:285.000, 8,90 €, ausreichend zum Durchfahren des Landes.

Kartenversand: *www.mapfox.de*

GPS
- *www.touren-wegweiser.de* – Annette und Olaf Birgelen haben auf ihrer Website zwei große Radtouren durch die Slowakei mit Reliefkarten, GPS-Daten und Höhenprofil dokumentiert.
- *www.kowoma.de* – OSM-basierte, routingfähige Freizeit-Karten für Garmin&o.

Wetter
Kontinentale Klimaeinflüsse sorgen für frostige Winter und warme Sommer. Da die Slowakei von den stabilen Hochdrucklagen des östlichen Kontinents profitiert, hält sich sommerlich schönes Wetter in der Regel über längere Zeiträume und bringt weniger Regen-

Durchbruchstal der Dunajec

Überraschungen als in Tschechien. Die Höhenlagen der Gebirge bleiben natürlich auch im Sommer nicht von Regen verschont.

Wind

Vorzugsweise aus Nord und Nordwest weht der Wind. Sommerliche Starkwinde sind bis in mittlere Höhenlagen selten.

Reisezeit

Ein für Touren geeignetes Klima herrscht praktisch während der gesamten Sommersaison, also von Mitte Mai bis Ende September. Juli und August sind landeseinheitliche Ferienmonate.

Anreise

Per Rad

Von Süddeutschland bzw. Österreich aus empfiehlt sich der **Donau-Radweg** (Donaueschingen – Ulm – Passau – Wien – Bratislava). Wer ihn noch nicht kennt, schlägt zwei Fliegen mit einer Klappe. Hinter Wien ergibt sich in Hainburg, die Möglichkeit nach Schloßhof abzubiegen. Wenn man dort die March auf der „Freiheitsbrücke" nach Devínska Nová Ves/SK überquert, ist man fast schon in den Kleinen Karpaten und kann die wenig interessante Hauptstadt Bratislava ignorieren. Die für den **Iron Curtain Trail** (EuroVelo 13) erbaute Freiheitsbrücke wurde 2012 eingeweiht und ist Radlern und Fußgängern vorbehalten.

Per Bahn

Grenzüberschreitende Fahrradmitnahme in die Slowakei ist mit dem EC Hamburg – Berlin – Dresden – Prag – Bratislava möglich. Als Alternativen kommen in Frage: Fahrradmitnahme ab Köln, Dortmund und München bis Wien, von dort per Nahverkehrszug nach Bratislava (inkl. Rad). Fahrradmitnahme ist auch von Nürnberg und Dresden nach Prag möglich. Da die Verbindungen zwischen Tschechien und der Slowakei wie Inland behandelt werden, kann das Fahrrad ab Prag problemlos in die Slowakei mitgenommen werden.

Weitere Infos: **DB-Radler-Hotline** 0180-6996633 (tgl. 8–20.00 Uhr, 0,20 €/Anruf aus dem Festnetz)

Per Bus

MeinFernbus (*www.meinfernbus.de*) bietet die Fahrradmitnahme nach **Bratislava** an (Heckträgertransport, Pauschalpreis 9 €). Aktuelle Abfrage bzgl. der Mitnahmemöglichkeit über die Buchungsmaske.

Transport im Land

Bahnen

Mit 3700 km ist das Streckennetz der Slowakischen Staatsbahnen ZSR ausreichend dicht und hilfreich, um Teilstrecken zu überbrücken. Selbstverladung ist bei allen Regional- und Fernzügen mit Koffer- oder K-im-Kreis-Piktogramm möglich. Ist kein Fahrradabteil vorhanden, wird das Rad am Packwagen abgegeben oder am Zugende platziert. Fahrplanauskunft: *www.slovakrail.sk*

Busse

Fahrradtransport in Überlandbussen ist zwar unüblich, mit Zustimmung des Fahrers aber möglich.

Übernachten

Zimmer

Rund 900 größerer Hotels und Hotelherbergen gibt es in der Slowakei. Daneben jede Menge privater Unterkünfte, Hostels und Ferienhäuser. DZ in einfachen Hotels ab 16 €. Im Juli/August sind in den touristisch beliebten Regionen praktisch alle preiswerteren Hotels ausgebucht. Gleiches gilt für die Hostels, so dass Reservierungen für diese Zeit ratsam sind. Privatunterkünfte („Ubytovany", Ü ab 7 €) sind zahlreich und fast immer ordentlich, viele vermieten aber nur im Juli und August.

Portal mit über 2500 Unterkünften aller Art: *www.limba.sk*

Zelten

Mit rund 140 Campingplätzen hat die Slowakei eine ausreichende Campingplatzdichte. 2 Pers.+Zelt um 7 €. Auf den meisten Plätzen können auch Hütten gemietet werden.

Freies Zelten ist offiziell nicht erlaubt, in dünner besiedelten Regionen aber problemlos möglich (nicht in Nationalparks).

Fahrrad (slowak. bicykel)

Ausstattung

Bergtüchtige Gangschaltung, Reifenbreite ab 32 mm. Außerhalb von Ortschaften besteht Helmpflicht (für Kinder unter 15 Jahren generell). Bei schlechten Sichtverhältnissen müssen Radfahrer sich besonders auffällig machen (durch reflektierende Kleidung oder ähnliches).

Reparaturen

Fahrradgeschäfte mit kompetenter Werkstatt und importierten Ersatzteilen gibt es in vielen größeren Orten.

Mieten

In touristisch beliebten Gebirgsregionen wie der Hohen Tatra können gute MTBs gemietet werden.

Straßen und Wege

Das Straßennetz der Slowakei ist eher weitmaschig. Mangels alternativer Nebenstraßen müssen Radreisende daher zwangsläufig auch die stärker befahrenen Hauptstraßen benutzen, die zudem nur selten mit Randspuren ausgestattet sind. Straßendecken und Beschilderung sind gut. Krasse Steigungen über 12% sind selten. Autofahrer begegnen Radlern geduldig.

Radrouten

Mehr als 13.000 km Straßen und Wege wurden bislang als Rad- und MTB-Routen beschildert. An das vorbildhafte tschechische Radroutennetz reicht das slowakische aber noch lange nicht. Alle **Fernradrouten** führen das rote „C" im Schild, das für „cyklisto" = Radfahrer steht. Die wichtigsten Routen sind der slowakische Abschnitt des **Donau-Radweges** (ca. 200 km) und die **Radroute durchs Waagtal** (Piestany – Zilina, 147 km). **Regionale Radwege** sind mit einem „C" in blau, grün oder gelb markiert.

Zumindest auf dem Papier führen auch die **EuroVelo-Routen** 6, 11 und 13 durch die Slowakei. Realisiert ist auf slowakischem Gebiet aber erst der relativ kurze Abschnitt des EV13 via Bratislava (Iron Curtain Trail).

Offroad (MTB)

Abgesehen von den ohnehin markierten MTB-Routen stehen alle öffentlichen Wanderwege Bikern prinzipiell offen. Besondere Umsicht ist wie immer in Nationalparks geboten, dort keinesfalls querfeldein biken; in den i-Büros nach geeigneten Routen und Karten erkundigen. Bikerfreundliche Hochtäler und weitgehend unberührtes Bergland finden sich vor allem in der Mittelslowakei und den angrenzenden Gebieten.

Burg in Stara Lubovna (Lublauer Burg)

Slowenien

Daten

20.250 qkm • 2 Mio. Einwohner • 96 Ew./qkm
Ausdehnungen: N – 140 km – S // W – 240 km – O

Land und Leute

Auf der Sonnenseite der Alpen liegt das kleine, kontrastreiche Land der Slowenen. Orte und Landschaft erinnern an Österreich. Im Vergleich zu Kroatien wirkt es wie ein Musterländle. Den Norden nehmen Hochgebirge ein: Julische Alpen (2863 m), Karawanken und Steiner Alpen (2558 m, Triglav) sowie das Bachergebirge (1543 m). Im Osten erstrecken sich weite Felder, Wein- und Obstberge und die Flussläufe von Drau und Mur (Pannonische Tiefebene), den Süden prägt fruchtbares Hügelland mit kulturellem Beiprogramm, den Westen die wald- und höhlenreichen Mittelgebirge des Karsts und die 40 km lange Badeküste der Adria (Istrien).

Nahezu ein Jahrtausend währte die Herrschaft der Österreicher und prägte das Aussehen vieler Orte. Politisch und wirtschaftlich hat sich Slowenien so erfolgreich umorientiert, dass die einstige „Schweiz Jugoslawiens" auch problemlos in die EU aufgenommen wurde. Deutsch und Englisch sind gängige Zweitsprachen in den Touristenzentren.

per Rad entdecken Sportliches Rad fahren ist populär in Slowenien. Ausländische Radler kommen meist aus den Nachbarländen Italien und Österreich, um sich in den Julischen Alpen und im Soca-Tal ein paar fitte Tage zu machen. Wer das Land als Reiseradler erkunden will, wird aber ebenfalls bedient. Ein Dutzend beschilderter Radrundwege und lokaler Radwegnetze decken die interessantesten Partien Sloweniens ab. Ein landesweit verknüpftes Radroutennetz existiert zwar noch nicht, aber die Slowenen sind rührige Leute.

Routen & Regionen

Nordwestliches Slowenien (Julische Alpen)

Überblick Diese Ecke ist das landschaftliche Juwel Sloweniens. Hier sind die Alpen fast noch so ursprünglich wie vor hundert Jahren. Damit das so bleibt, wurde die Region zum Nationalpark erklärt. Trotz oder gerade wegen ihrer Kompaktheit sind die slowenischen Alpen ziemlich anstrengend. Wer über den Wurzen-Pass (1073 m) von Villach (Österreich) nach Slowenien einreist, sieht sich sogleich dem attraktivsten und mächtigsten der slowenischen Gebirge gegenüber: den bis zu 2863 m hohen Julischen Alpen (Julijske Alpe). Story „Tourenparadies Julische Alpen“: S. 559

Triglav-Nationalpark Wer eine interessante und zugleich leichte Strecke *in* das Gebirge sucht, radelt vom grenznahen Urlaubsort **Kranjska Gora** (810 m) auf der ehemaligen Bahntrasse (jetzt Radweg) nach **Bled** (500 m) und kurbelt dann durch das kaum ansteigende Flusstal der Sava Bohinjka zum Sahneteil des Triglav-Nationalparks, den **Wocheiner See** (Bohinjsko jez., 523 m). Von hier aus können Mountainbiker auf markierten Wegen zu den sieben, malerisch gelegenen Triglav-Seen vorstoßen, oder sich von der Kabinenbahn aufs Vogel-Hochplateau (1535 m) gondeln lassen.

Hafen von Portoroz (slowenische Adria)

Tal der Soca Wer den direkten Weg nach Süden sucht und dennoch einen hervorragenden Eindruck von den Julischen Alpen bekommen will, nimmt die Straße durchs panoramenreiche Tal der Soca. Auf 13 km windet sich die bis zu 18%-ige Nordrampe ab **Krajnska Gora** (810 m) zum **Vrsic-Sattel** (1611 m) hinauf. Achtung bei Befahrung in Gegenrichtung: Die Kehren der Nordrampe sind gepflastert, was eine Abfahrt wenig vergnüglich macht. Nach dem höchsten Pass Sloweniens taucht die Straße mit bis zu 14% wieder auf 700 m ab und folgt der Soca hautnah durchs Trenta-Tal durch **Bovec** (460 m) nach **Kobarid** (235 m). Schon vor **Tolmin** (200 m) endet der schönste Teil der Strecke. Durch zunehmend mediterran geprägte Gefilde, aber auch an industriellen Wahrzeichen vorbei, führt die Soca-Tour dann noch bis zum südlichen **Nova Gorica** (90 m).

Rundtour Dritte Möglichkeit: Rund um die Julischen Alpen, das macht ca. 210 km. Leider ist der direkte Straßenring im östlichen Bereich zwischen Podbrdo und Bohinjska Bistrica unterbrochen (Eisenbahntunnel), so dass ein beschwerlicher Umweg erforderlich ist, ostwärts über den **Wocheiner Sattel** (Bohinjsko Sedlo, 1277 m), teilweise Schotter und bis zu 16% Steigung, insgesamt 37 km. Alternativ kann das Rad problemlos auf die Bahn verladen werden.

Loka-Radweg Wer auch die Südseite der Julischen Alpen genießen will, begibt sich am besten auf den **Loka-Radweg.** Der verläuft als 315 km langer Rundkurs durch die Täler und Höhen des Vorgebirgsland. Mit rund 6700 Höhenmetern ist der Loka-Radweg kein Pappenstiel und wurde deshalb in 12 Etappen unterteilt. Start und Ziel ist die Kleinstadt **Skofja Loka.**
Infos: *www.slovenia.info* • *www.skofja-loka.com* und vor Ort bei den i-Büros

Südliches Slowenien (Karst)

Karst Schon wenige Kilometer südlich von Ljubljana gibt sich der Karst zu erkennen. Weißes Gestein bildet zunehmend größere Flecken zwischen schütter werdendem Wald. Diese slowenische Landschaft, die sich bis nach Istrien erstreckt, war Prototyp und Namensgeber für alle geologisch ähnlich gebauten Regionen der Welt. Die karsttypischen Senkungen – Dolinen und Poljen – sorgen für durchgehend hügelig-bergiges Terrain, das trotz oberflächlicher Wasserarmut sehr fruchtbar und grün ist. Das Ganze spielt sich überwiegend auf einem Niveau von 600–900 m ab.

Höhlen Berühmt sind die Höhlenlabyrinthe **Postojnska jama** (Adelsberger Grotte, größte Tropfsteinhöhle der Welt mit entsprechendem Besucheraufkommen) und **Skocjanske jame** (St. Kanzian Höhlen, kleiner, dafür weniger Betrieb und uriger). Beide Höhlen sind sehr einfach über die 10 zu erreichen.

Weitere Tourentipps Ein weiteres Karstwunder ist der periodisch verschwindende **Cerknisko-See.** Im Sommer ist der bis zu 26 qkm große See ausgetrocknet. Wenn er im Frühling und im Herbst hingegen geflutet ist, legen viele Zugvögel eine Zwischenlandung bei ihm ein.

Interessante Ziele sind auch die halb in eine Höhle gebaute Burg **Predjamski grad** (12 km nordwestlich von Postojna) und das Gestüt von **Lipica** (10 km östlich von Triest).

Der Urkarst (Kras) an der Grenze zu Triest, der auch die Skocjanske jame umfasst, soll zum Naturpark erklärt werden. Das bereits fertig gestellte **Karst-Park-Radwegenetz** bietet insgesamt 360 km ausgeschilderter Routen verschiedener Schwierigkeitsgrade. Leicht sind die Wege auf der leicht gewellten Hochebene, anstrengender die Anstiege zu den Gipfeln am Rande des Plateaus. Eine Radwegekarte für den Karst-Park ist vor Ort beim i-Büro in **Sezana** erhältlich.

Logatec-Radweg

Ein ebenfalls beschilderter **Radrundweg** wurde etwas weiter östlich im **Sneznik-Park** eingerichtet. Die 90 km lange Runde des **LKT** (Logaska Kolesarska Transverzala) beginnt in **Logatec** und führt über Schotterwege und kleine Straßen durch Wälder, an Höhlen und Schluchten vorbei, hinauf zu Panoramagipfeln und Bergkämmen. Mit 1550 Hm keine leichte Tour.

Parenzana-Radroute

Vom italienischen Triest führt die dir rund 120 km lange Wander- und Radroute **Parenzana** durch Slowenien nach Kroatien (s. dort). Namensgeber ist die Trasse der ehemaligen Parenzana-Bahn. Nur die 20 km durch Slowenien sind perfekt asphaltiert und beschildert und auch ziemlich eben.
Streckendownload komplett: *www.bikemap.net*
Radführer für die gesamte Strecke: „Die Parenzana", Janko Ferk, Styria 2013, 19,99 € · Fotodokumentation: *www.bahntrassenradwege.de*

Östliches Slowenien

Hügel- und Mittelgebirge

Östlich von Ljubljana und Maribor gehen die alpinen Randgebirge ins **Slowenische Hügel- und Mittelgebirgsland** über (Provinzen Stajerska, Dolenjska, Bela Krajina). Zwischen Wiesen und Wäldern, Weinbergen und Hopfenfeldern stoßen Radwanderer auf Burgen, Schlösser, Klöster, Heilbäder und römische Hinterlassenschaften. Viel kulturelles Beiprogramm also. Da die wichtigeren Straßen in Flusstälern verlaufen, ist diese Region, trotz etlicher kleiner Pässe um 500 m, nicht zu anstrengend. Sehr schön ist die Straße durchs **Tal der Krka** (Gurktal), sehenswert sind vor allem die Altstädte von **Maribor** und **Ptuj.**

Bekanntester Radweg ist der von Österreich kommende **Drau-Radweg** (366 km). Dessen slowenische Fortsetzung (von Dravograd bis Maribor) ist zwar landschaftlich mindestens ebenso interessant, aber auch deutlich anstrengender als der österreichische. Das Profil ist stark hügelig und der Wegezustand teilweise bescheiden, Mountainbikes werden empfohlen. Der österreichische Abschnitt erhielt vom ADFC 2012 die 4-Sterne-Zertifizierung.
Infos: *www.maribor-pohorje.si* • *www.drauradweg.com*

Pomurje

Überwiegend beschauliches Radwandern ermöglicht in Slowenien die schon zum Pannonischen Tiefland zählende Pomurje im äußersten Nordosten oberhalb der Mur. Sehr pastoral ist diese Provinz mit den Hauptorten **Murska Sobota** und **Lendava.** Reiher und Störche laben sich in Feuchtgebieten und auf den allgegenwärtigen Feldern. Berühmt ist der hiesige Wein, an dessen Hängen man oft kilometerweit entlang radelt. Das Straßennetz ist gut ausgebaut und verkehrsarm, gelegentlich ein kurzer Anstieg, ansonsten sehr gemütlich. Das 530 km lange **Pomurje-Radwegenetz** besteht zur Zeit aus 13 Routen, darunter als Nr. 1 der **Thermenradweg** (130 km in SLO, 400 Hm). Er verlängert den österr. Thermenradweg R12 bis Ungarn und bildet das Rückgrat des Pomurje-Netzes. Mittlerweile ist auch der aus Österreich kommende **Mur-Radweg** durch Slowenien bis zur Mündung in die Drau bei Legrad in Kroatien verlängert worden. Der slowenische Abschnitt am rechten Ufer der Mur ist 83 km lang und auf Nebenstraßen geführt. Er gilt als der landschaftlich schönere als die Radwegalternative am linken Ufer (*www.murradweg.com*). Beide ergeben natürlich eine prima Rundtour – für jene die nur einen Abstecher machen wollen.

ⓘ-Box Slowenien

Einreise
EU-Bürger und Schweizer können mit dem Personalausweis einreisen (Schengener Abkommen).

Geld
Slowenien gehört zur Euro-Zone. Der Lebenshaltungskostenindex lag 2014 im Vergleich bei 87% (D=100%).

Gesundheit
Das EU-Sozialversicherungsabkommen ermöglicht Mitgliedern gesetzlicher Krankenkassen die Inanspruchnahme medizinischer Leistungen (D, A). Details: *www.dvka.de* Reise-KV abschließen!

Infos
- Tourismuszentrale Slowenien: *www.slovenia.info* (dt., umfangreiche Rad- und Bike-Infos)
- Fahrradportal für die Großregion Ljubljana: *www.gremonapot.si/Radfahren*
- Im Lande selbst gibt es in den meisten größeren Orten Touristeninformationen – die besten in Maribor und Ljubljana.

Wetter
Sloweniens Binnenklima sorgt in den tiefer gelegenen Landesteilen für lange, heiße Sommer mit mäßigen Niederschlägen. Kühler sind naturgemäß die alpinen Regionen im Norden, wo die Julischen Alpen zu den niederschlagsreichsten Gebieten Europas zählen. Heiß und *trocken* sind die Sommer hingegen an der Adria (Istrien), mild und feucht in den übrigen Jahreszeiten.

Wind
Winde wehen meist aus westlichen bis nördlichen Richtungen. Berüchtigt ist der *Bora,* ein überwiegend im Winter auftretender Fallwind aus Nordost, der aber auch im Frühsommer noch für überraschende Temperaturstürze sorgen kann.

Reisezeit
Günstige Tourenmonate sind allgemein Mai bis September, in den tieferen Landesteilen auch April und Oktober. Während der Hochsaison Juli und August ist es im Osten des Landes am ruhigsten.

Anreise

Per Rad
Wer in Österreich startet, kann in Kärnten dem **Drau-Radweg** über die Grenze hinweg bis Maribor folgen (s. Österreich, Drau-Radweg). Seit 2011 ist auch der **Mur-Radweg** (s. Österreich) nach Slowenien/Kroatien erweitert worden. Ohne große Anstiege gestaltet sich ebenfalls der Aufgalopp ab **Wien:** Durchs österreichische **Burgenland** nach Ostslowenien sind es rund 250 km (Donau-Radweg bis Bad Deutsch Altenburg, Burgenlandradwege R-50 und R-56, Grenzübergang Bonisdorf/Kuzma). Mountainbiker, die das Bachergebirge (Pohorje) anpeilen, reisen zunftgemäß über den **Radl-Pass** (679 m) ein. Wer hingegen weiter westlich über den **Wurzenpass** (1073 m) einreist, hat es schwerer, denn er bekommt 3 km vor dem Pass eine 18%-Rampe serviert (800 m lang). Dabei ist der Pass noch nicht einmal besonders attraktiv, dafür aber wenig befahren. Der **Loibl-Pass** (1367 m) ist weniger steil, die Auffahrt ist jedoch sehr ungleichmäßig. Der 1 km lange Loibltunnel, der durchquert werden muss, ist nahezu flach. Unterm Strich ist der Wurzenpass mit weniger Aufwand verbunden, knackig aber kurz.

Per Bahn
Die wichtigsten Zugverbindungen nach Slowenien laufen über Villach/A, Klagenfurt/A, Graz/A, Mailand/I und Triest/I.

Fahrradmitnahme München bis Ljubljana ist mit Umsteigen in Spittal möglich.

Per Bus
MeinFernbus (*www.meinfernbus.de*) bietet die Fahrradmitnahme nach **Ljubljana** an (Heckträgertransport, Pauschalpreis 9 €). Aktuelle Abfrage bzgl. der Mitnahmemöglichkeit über die Buchungsmaske.

Transport im Land

Bahnen
Dichtes Bahnnetz. Die Fahrradmitnahme ist generell möglich. Im Nahverkehr jedoch nur außerhalb der Hauptverkehrszeiten und im Fernverkehr nicht bei allen Zügen.

Busse
Mitnahme in Überlandbussen nach Absprache.

Übernachten

Zimmer

Privatzimmer (sobe) und Pensionen: DZ ab 25 €. Einfache Stadthotels: DZ ab 40 €. 44 Jugendherbergen gehören dem IYHF-Verband an, Ü im Schlafsaal 9–20 € (mehr: *www.hihostels.com*). Rund 140 bewirtschaftete Berghütten existieren in den Gebirgen.

Zelten

Rund 80 Campingplätze, die meisten davon im Norden. 2 Pers. m. Zelt ab 8 €. *Freies Campen* ist offiziell nicht erlaubt, bereitet aber, soweit rücksichtsvoll praktiziert, keine Probleme.

Karten, Literatur & GPS

- *Empfehlung:* Freytag & Berndt: Slowenien 1:150.000, 9,99 €. Sehr detailliert, Steigungspfeile, mieses Papier.
- ADAC: Slowenien 1:200.000, 9,99 €. Zweitbeste Karte. Steigungshinweise fehlen.
- Reise Know-How: Slowenien 1:185.000, 8,90 €. Gute Aufmachung, stabiles Papier, aber teilweise lückenhaft, ohne Grund fehlen immer wieder mal kleine Orte oder Straßen.
- Styria.: „Die schönsten Radtouren in Slowenien", 2014, 30 €. Das slowenische Standardwerk ist jetzt auch auf deutsch erschienen und beschreibt 72 Radtouren mit insges. 3300 km.
- *www.kowoma.de* – OSM-basierte, routingfähige Freizeitkarten für Radler und Wanderer.

Fahrrad (slowen. dvokolo)

Ausstattung

Erforderlich sind eine bergtüchtige Gangschaltung und Reifenbreiten ab 32 mm. Da Radfahren in Slowenien recht populär ist, gibt es auch in allen größeren Orten mindestens eine kompetente Fahrradwerkstatt. Leichte Pannen sollten natürlich selbst behoben werden können.

Straßen und Wege

Sloweniens Straßennetz wird zügig ausgebaut. Sehr zügig sind auch viele Slowenen in ihren schnellen westlichen Autos unterwegs. Wer Steigungen nicht scheut, die auch knackiger sein dürfen, kann diverse Rundtouren auf

Durch den slowenischen Karst

verkehrsarmen Nebenstraßen verwirklichen. Wer es nicht ganz so sportlich mag, orientiert sich an Hauptstraßen – möglichst solchen in Flusstälern – muss dafür aber mehr Verkehr akzeptieren. Nebenstraßen sind, vor allem in den Höhenlagen, oft noch geschottert. Mit Unterstützung der Nachbarn aus Österreich hat Slowenien bereits erstaunlich viele Radwege beschildert und dokumentiert, allerdings noch keine überregionalen Radfernwege.

Offroad (MTB)

In den Gebirgen Nordsloweniens, speziell den **Julischen Alpen,** warten 9000 km gut markierter *Wanderwege,* darunter auch einer der ältesten europäischen Fernwanderwege, die „Slowenische Alpentransversale". Beliebte MTB-Reviere sind vor allem aber das **Bachergebirge** (Pohorje, 700–1200 m) und die **Pokljuka** genannte Ostregion im Triglav-Nationalpark (bis 2275 m). Auch im **Karst** finden MTB-Biker ein großes Potenzial unbefestigter Wege, spektakuläre Trails sind jedoch die Ausnahme. *Crna na Koroskem* ist das Zentrum einer Mountainbike-Arena in den **Karawanken.** 1300 km MTB-Routen wurden hier beschildert und dokumentiert.

Tourenparadies Julische Alpen

von Andreas von Heßberg und Waltraud Schulze

Fit für jede Steigung

Anfang Mai 2004. Bei permanentem Nieselregen radeln wir an der wilden **Baca** nach **Podbrdo.** Der Pass auf 1307 m Höhe ist tief verschneit. Der Ausblick entschädigt uns aber etwas für die anstrengenden Serpentinen und den Regen. Wir sind nun in den Julischen Alpen. Nach mehr als einer Woche Radtour durch Ost- und Südslowenien sollten wir ausreichend fit sein für jede Art von Steigung und Oberflächenbeschaffenheit. Wenn nur der Regen mal aufhören würde!

Triglav-Nationalpark

In **Bohinjska Bistrica** wird unser Wunsch noch nicht erhört. Auf der Fahrt zum **Bohinjsko Jezero** werden wir wieder komplett durchweicht. Aber kaum sind wir auf dem Camping am Westufer des Sees, reißen die Wolken auf. Die Sonne kommt durch. Das Gebiet ist Teil des Triglav-Nationalparks, wo wildes Campen nicht erlaubt ist. Anfang Mai ist der Campingplatz aber noch geschlossen. Doch die offene Schranke lädt uns zur kostenlosen Nutzung ein. Unter dem großen Vordach des Bootshauses finden wir eine regengeschützte Zeltfläche mit Sitzbänken und Tisch. Schnell ist der Campingkocher angeworfen und ein heißer Tee gemacht. Nach und nach trocknen unsere Klamotten an einer Wäscheleine.

Bohinjosko Jezero

Blauer Himmel, schneebedeckte Bergriesen und hellgrünes Buchenlaub. Wie sehr wir diese Farbkomposition in den letzten Tage vermisst haben, merken wir erst heute. Die Gegend um den größten permanenten See Sloweniens lädt zu kleinen Mountainbiketouren ein. Das Gepäck lassen wir am Campingplatz. Oberhalb des Sees ergießt sich der sehenswerte **Sava-Wasserfall.** Vom kleinen Gasthaus am Parkplatz führt auch ein Wanderpfad in die nördliche Steilwand mit tollem Blick auf die Bergwelt und den hinteren Teil des Sees. Für die Rückfahrt nehmen wir die Piste auf der linken Talseite. Dabei lassen wir uns Zeit und liegen auch mal eine Stunde auf einer warmen trockenen Bergwiese in der Sonne. Am späten Nachmittag radeln wir noch bis zur Ortschaft **Jereka.** Eine frei auf dem Feld stehende Scheune ist heute Nacht unser Domizil. Sie schützt uns, für den Fall der Fälle, vor dem Regen.

Schneebedeckte Zweitausender ringsum

Die Nacht war sternenklar, und der nächste Morgen empfängt uns mit warmen Sonnenstrahlen. Der Autoverkehr auf der ausgebauten Straße von Bohinjska Bistrica nach Bled ist in den Morgenstunden noch sehr verhalten. Im Kurort **Bled** selbst ist dagegen so viel Verkehr und Leute, dass wir schnell das Weite suchen. Über **Gorje** fahren wir auf die unbefestigte Piste ins **Radovna-Tal.** Einsame Sommeralmen mit bunten Wiesen, frisches Grün an jungen Buchentrieben und ein türkisgrüner Bach mit weißen Kalkfelsen machen das gesamte Tal zum fotogenen Erholungsraum. Nur wenige Autos befahren diese Strecke. Auf der Piste ins **Krma-Tal** ist sogar noch weniger los. Die Wiesen sind übersät mit blauen Krokussen. Das passt zum blauen Himmel und den schneebedeckten Zweitausendern ringsum. Im Wald liegt allerdings ab 1000 m flächendeckend Schnee. Auf der Piste geht deshalb ab 1100 m mit unseren Fahrrädern nichts mehr.

Erneutes Kräftemessen

Die Abfahrt nach **Mojstrana** im **Sava-Dolinka-Tal** ist mal wieder viel zu kurz. Auf einem ehemaligen Bahndamm finden wir einen sehr gut ausgebauten und ausgeschilderten Radweg, der bis nach Tarvisio in Italien führt. Jedoch biegen wir in **Kranjska Gora** nach Süden ins **Pisnica-Tal.** Wir wollen unsere Kräfte am **Vrsic-Pass** messen. In zahlreichen Serpentinen geht es über 10 km um 800 Höhenmeter hinauf – bis 1611 m. Die Spitzkehren sind gepflastert und haben oft eine Steigung von über 15%. Glücklicherweise brennt die Sonne nicht so stark wie gestern. Auf der Passhöhe ist es empfindlich kalt, die Landschaft ringsum liegt unter einer geschlossenen Schneedecke. Vereinzelt begegnen uns Skifahrer.

Entlang der Soca

Kurve um Kurve rasen wir mit unseren schwer bepackten Rädern wieder hinunter und genießen den Adrenalinrausch. An der **Quelle der Soca** entspannen wir uns während einer längeren Mittagsrast wieder. Wir werden die Soca die nächsten Tage nun zur Seite haben. Unterwegs machen wir im **„Arboretum Juliana"** Halt. Seit 1926 präsentiert dieser kleine, aber feine Botanische Garten auf 2500 qm nicht einfach nur die Pflanzenarten der Julischen Alpen, sondern auch deren natürliche Umgebung (Feuchtflächen, Felsen, Wiesen). Das ist besonders jetzt im Frühjahr wirklich sehenswert.

Ein faszinierender Fluss

Die **Soca** ist ein weltberühmtes Paddler-Dorado, wo auch schon Weltmeisterschaften stattfanden. Entsprechend ist der Andrang der Touristen, eine geführte Wildwasserfahrt zu unternehmen. Wir haben allerdings in den letzten Tagen genug Wasser abbekommen und verlassen uns lieber auf unser landgebundenes Vorwärtskommen. Der Faszination des türkisblauen Flusses mit seinen strahlend weißen Kalkfelsen und Kiesbänken können jedoch auch wir uns nicht entziehen. In **Bovec** plündern wir den Supermarkt und fahren anschließend hinunter nach **Cezsoca,** wo wir am Schotterbett des Flusses einen ruhigen Zeltplatz finden. Wir trinken und kochen mit Soca-Wasser.

Jenseits der Soca

Wir folgen der Schotterpiste entlang der Soa. Öfter müssen wir dabei einen der zahlreichen Flussarme furten. Uns gefällt die Gegend so sehr, dass wir auch am nächsten Tag in der Nähe des Flusses radeln wollen. Die Piste auf der linken Uferseite, nach **Log Cezsoski,** schmiegt sich reizvoll zwischen Fluss und Felswand. Ab dem Örtchen **Log** führt eine schmale Schotterpiste zu den verlassenen Gehöften **Prevejk** und **Na Laznih.** Niemand begegnet uns. Die Piste ist mit bepackten Fahrrädern gerade noch zu bewältigen, aber wir müssen hart in die Pedale treten, um die kurzen Anstiege hoch zu kommen. Doch die einsame Piste und die Ausblicke auf die Soa und die blütenreichen Wälder und Wiesen entschädigen mehr als genug. In **Trnovo** kehren wir auf einer wakkeligen Hängebrücke zurück aufs rechte Ufer und die Teerstraße nach **Bovec,** wo wir uns erst mal zwei große Eisportionen gönnen. Die kosten hier ja nur halb so viel wie in Deutschland. Abends zelten wir wieder am Ufer der Soca.

Kleine Schinder

Der Himmel ist tatsächlich wolkenlos. Ein idealer Tag, um mal wieder einen Alpenpass anzugehen. Unser Zeltplatz bei **Cezsoca** liegt auf 368 m Höhe, der **Predel-Pass** auf 1156 m Höhe. Dazwischen liegen wie so häufig schon zahlreiche Kurven und steile Rampen. Nur diesmal scheint die Sonne, es sind über 20 °C, und der grandiose Blick auf den 2679 m hohen **Mangart** lohnt die Schinderei ohnehin.

Schmale Brücke über die Soca

Abstecher nach Italien – Lago de Predel

Überfall

Für einige Stunden kehren wir Slowenien nun den Rücken zu und rasen auf italienischer Seite die engen Kurven zum **Lago del Predel** hinunter. In seinem klaren türkisfarbenem Wasser spiegeln sich die weißen Bergriesen und hellgrünen Buchenwälder. Irre! Die Abfahrt ist am See noch nicht zu Ende, denn bis Tarvisio geht es weitere 230 Höhenmeter hinab. Ohne in die Kleinstadt hinein zu fahren, biegen wir auf die Straße nach Slowenien und erreichen **Fusine,** wo wir eine an der Straße gelegene Pizza-Bäckerei überfallen. Frische Rosinenbrötchen, Pizzastücke und Apfelstrudel verschwinden in unseren Durchlauferhitzern.

Abstecher nach Italien

Das war die Rettung, denn bald nach der Bäckerei steigt unser Weg steil an zum 200 m höher gelegenen Naturschutzgebiet um die Seen **Laghi di Fusine.** Kaum glaublich: Hier ist das Wasser noch klarer und die Oberfläche noch ruhiger. Es kommt uns vor, als befänden wir uns direkt in einem Werbeprospekt. Einige Forstwege werden mit unseren Mountainbikes noch erkundet, bevor wir am späten Nachmittag einen Platz zum Zelten suchen. Die Gegend hat kein fließendes Wasser und direkt an den Seen ist das Campen verboten. Also müssen wir einen Wasservorrat mitnehmen. Einsam und landschaftlich reizvoll, aber wahrscheinlich auch nicht ganz legal, ist schließlich unser Zeltplatz auf der Alm ca. 2 km südwestlich der beiden Seen (vom oberen See dem Forstweg rechts vom Gasthaus folgen und im Wald erneut rechts abbiegen).

Zurück nach Slowenien

Wie schon erwähnt, gibt es einen Radweg auf der ehemaligen Bahntrasse von Tarvisio nach Bled. Den nutzen wir erneut, um nach Slowenien zurückzukehren. Bei bestem Maiwetter fahren wir in das **Planica-Tal** nach Süden. Vorbei an den weltgrößten Skisprungschanzen geht es auf einer wilden, teilweise noch vereisten Schotterpiste zur bewirtschafteten **Tamarju-Hütte** (1108 m). Das Wetter ist optimal für einen Tag in den Bergen. Sogar mehrere Mountainbiker tummeln sich hier. Wir begnügen uns mit dem mitgebrachten Essen und dem klaren Flusswasser der **Nadice,** zu deren Quelle wir eine kleine Wanderung unternehmen. Das besondere an dieser Quelle ist ihr Ort. 200 m über dem Talgrund treten große Wassermassen aus einer Felsspalte, um gleich darauf als Wasserfall hinunterzustürzen.

Heiße Felgen

Die Abfahrt zurück zur Hauptstraße und weiter nach **Podkoren** ist mal wieder eine viel zu schnelle Angelegenheit. Kaum haben wir den Ort erreicht, müssen wir erneut kräftig in die Pedale treten. Gleich die erste Rampe zum **Wurzenpass** hat 18% Steigung. Zu unserem Glück sind aber nur 220 Höhenmeter zu bewältigen, bevor wir uns auf 1077 m Höhe eine Schokolade gönnen dürfen. Wir verabschieden uns von Sloweniens Naturlandschaft, seiner Bevölkerung und dem Wetter, das wir in den letzen zwei Wochen durchaus schätzen lernten. Die Abfahrt ist viel steiler als alle auf der Tour bewältigten Pässe. Schon die erste der drei längeren, fast 18% steilen Gefällstrecken vermittelt uns das Gefühl, die Erde würde unter uns wegkippen. Die bepackten Fahrräder haben einen so großen Drang zur ungehinderten Erdbeschleunigung, dass die Bremsen volle Arbeit leisten müssen und wir zweimal anhalten, um die heißen Felgen mit Wasser abzukühlen. Einen bei 50 km/h platzenden Schlauch benötigen wir zur Krönung unserer Radtour wirklich nicht mehr. Erlebnisreich genug war sie auch so. Nach 16 Tagen und 950 km treten wir von Villach aus per Bahn entspannt die Rückreise an. Wir blicken zurück auf die Julischen Alpen: ein kleines Tourenparadies!

Spanien

Daten

504.782 qkm • 46,5 Mio. Einw. • 92 Ew./qkm
Ausdehnungen (Festland): N – 850 km – S // W – 800 km – O

Land

Mit 660 m durchschnittlicher Höhe gebührt Spanien auf der „Liste der gebirgigsten Länder Europas" nach der Schweiz Platz zwei. Hochgebirge, so weit das (R)adlerauge reicht also? Das nun doch nicht. Der größte Batzen entfällt nämlich auf die zentrale Meseta – ein von Flusstälern gekerbtes Tafelhochland, das drei Viertel der Landesfläche einnimmt.

Aber zu früh gefreut, denn über dieses Plateau spannt sich das mächtige Kastilische Scheidegebirge (bis 2592 m) und trennt die kleinere **Nord-Meseta** (Altkastilien, 500–700 m) von der **Süd-Meseta** (Neukastilien, 800–850 m). **Randgebirge begrenzen das Hochland.** Im Norden riegelt das Kantabrische Gebirge (2646 m) das Hochland ab, im Osten das Iberische Randgebirge (bis 2313 m), im Süden begrenzt die Sierra Morena (bis 1323 m) das Hochland. „Offen" ist nur der Westen, wo die Landschaften Altkastilien und Extremadura zu Portugal überleiten.

Außerhalb der Meseta liegen Spaniens größte **Tief- und Flachlandgebiete.** Im Norden das Schwemmlandbecken des Ebro, im Süden das noch viel weitere Becken des Guadalquivir. Wie zum Ausgleich für soviel Tiefland schießen unweit davon sogleich die beiden **höchsten Gebirge** der Iberischen Halbinsel empor. Die Sierra Bticas im Süden (mit der Sierra Nevada, bis 3481 m), und die Pyrenäen im Norden (bis 3404 m). Steil fällt schließlich alles Gebirge zum Mittelmeer ab. Schmal ist der flache Küstenstreifen entlang des Mittelmeeres.

Auch die beiden spanischen **Inselgruppen** sind mehr oder weniger gebirgig: „Weniger" die Balearen im Mittelmeer (bis 1445 m), „mehr" die vulkanischen Kanaren im Atlantik (bis 3718 m).

und Land

Eine wechselvolle Geschichte würfelte Spaniens Bevölkerung zusammen. Fünf Sprachfamilien leben in 17 autonomen Regionen unter dem rotgelben Dach der Nation: 28,5 Mio. Kastilier, 7 Mio. Katalanen, 2,5 Mio. Galicier, 0,5 Mio. Basken, 0,5 Mio. Gitanos (Zigeuner). Als spanische Sprache schlechthin gilt das Kastilische. Eine Sonderrolle spielen die Basken, die in ihrer Geschichte schon

Morella

immer jeder Vereinnahmung widerstanden, weshalb ihre Sprache mittlerweile auch die letzte authentische Ursprache Europas ist (kaukasischer Sprachstamm). Auch die Katalanen verweigern sich zunehmend dem Kastilischen, weshalb ein Extra-Sprachführer für Katalonien durchaus erwägenswert ist.

per Rad entdecken

Wie in allen südeuropäischen Ländern setzt sich das Bicicleta auch im spanischen Alltag nur langsam durch. Fast hätte ein neues Gesetz Radfahrern sogar den Status als gleichberechtigte Verkehrsteilnehmer entzogen. Abgesehen vom Vorzeigeprojekt *Vias Verdes* (Radwege auf ehemaligen Bahntrassen) wird der Fahrradtourismus in Spanien nur sehr verhalten gefördert. Am ehesten noch dort, wo ohnehin schon die Post abgeht, siehe Mallorca. Ein landesweit verknüpftes Routennetz erscheint kaum denkbar. Das Interesse der meisten Urlaubsradler bleibt deshalb auch auf die attraktivsten Reviere fokussiert, und das sind vor allem die Inseln und der Jakobsweg. Daneben übt nur noch Andalusien größere Anziehungskraft auf Reiseradler aus. Der Rest des Landes, wie etwa die schöne Extremadura, bleibt Spezialisten vorbehalten.

Routen & Regionen

Katalonien

Einfallstor am Mittelmeer

www.catalunya.com

Cataluña (Katalonien) ist sicher nicht die spanische Top-Destination für Radler, aber ignorieren muss man die gut erreichbare, nordöstliche Provinz auch nicht. Auf relativ eng umgrenztem Raum birgt Katalonien einiges an Eindrücken: Von den Sandstränden und Buchten der Costa Brava, über die Klöster, Kirchen, Schlösser und mittelalterlichen Dörfer, bis zu den erloschenen Vulkanen um Olot – und natürlich auch Barcelona und das Dalí-Museum in Figueres. Sportliche Akzente bekommen Rundtouren im Bereich der mittelgebirgigen Serras (katalanische Sierras). Die Küste und der Einzugsbereich von Barcelona sind extrem verkehrsreich. Die Nebenstraßen sind hügelig, insgesamt aber eher rar und deshalb oft auch stärker befahren als man sich das wünscht.

Katalonien, Vía Verde „Terra alta"

Cabo Ortegal
Pozomouro
Cabo de Penas
Jakobsweg
La Coruña
Villalba
Cabo de Ajo
SANTIAGO DE COMPOSTELA
OVIEDO
Gijon
SANTANDER
Bilbao
Cabo de Finisterre
Lugo
Kantabrisches Gebirge
Palas de Rey
Sarria
Pontevedra
Vigo
Mino
Sil
Orense
Ponferrada
León
Pisuerga
Astorga
Sahagún
Burgos
Verin
Puebla de Sanabria
Cera
Fromista
Castrojeriz
Sto. Domingo
Braga
Bragança
Palencia
Esla
Meseta
Tamega
Porto
VALLADOLID
Douro
Duero
Zamora
(Alt-Kastillien)
Salamanca
Segovia
Ciudad Rodrigo
Mondego
Tormes
Guada-lajara
Coimbra
Kastillisches Scheidegeb.
Béjar
Zézère
Alagon
MADRID
Henares
PORTUGAL
Tiestar
Alberche
Leiria
Plasencia
N.P. Monfragüe
Tagus (Tajo)
TOLEDO
Tejo (Tagus)
Caceres
Meseta
Extre-madura
(Neu-Kastillien)
LISSABON
MERIDA
Guadiana
La Manc
Évora
Badajoz
Ciudad Real
Zafra
Jabalon
ATLANTIK
Sierra Morena
Guadiana
Guadalimar
Valverde del Carmino
Aracena
Cordoba
Cazorla
Guadalquivir
Huelva
SEVILLA
ANDALUSIEN
Jaén
Guadiana
N.P. Coto de Doñana
Faro
Genil
Betica s
M.
Cabo de Sao Vicente
Sanlú-car de Barrameda
Sierras
Granada
Mulhacén
Costa
Antequera
Sierra Nevada
Almeria
Via de la Plata s.S. 480
Guadalete
Alora
Malaga
Jerez de la Frontera
Ronda
Mijas
Cadiz
Costa del Sol
de la Luz
Algeciras
Gibraltar (GB)
»Ruta de los pueblos blancos«
Tanger
Ceuta (E)
MAROKKO
Tétouan

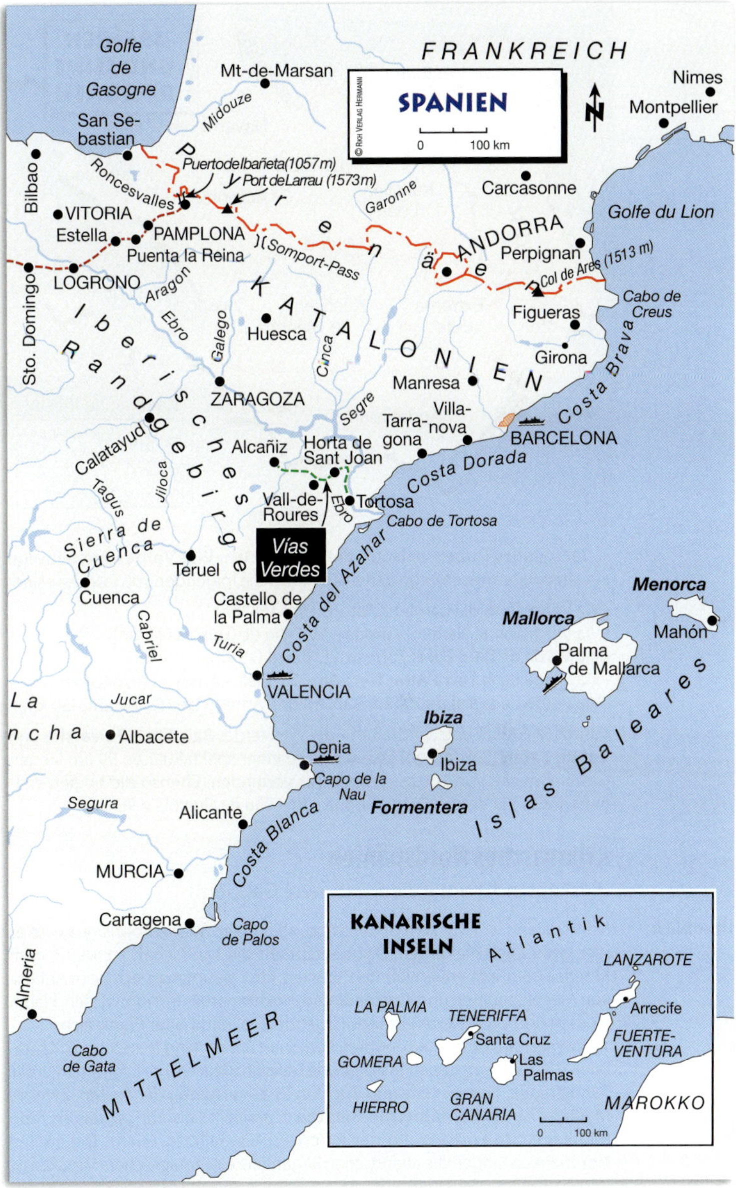
SPANIEN
© RKH Verlag Hermann
0
100 km
FRANKREICH
Golfe de Gasogne
Mt-de-Marsan
Midouze
Nimes
Montpellier
San Sebastian
Bilbao
Puertodelbañeta(1057m)
Port deLarrau (1573m)
Roncesvalles
VITORIA
Estella
PAMPLONA
Puenta la Reina
LOGRONO
Sto. Domingo
Garonne
Carcasonne
Golfe du Lion
ANDORRA
Perpignan
Col de Ares (1513 m)
Pyrenäen
Somport-Pass
Aragon
Ebro
Galego
Huesca
Cinca
KATALONIEN
Cabo de Creus
Figueras
Girona
Costa Brava
Manresa
Iberisches Randgebirge
ZARAGOZA
Segre
Villanova
Tarragona
BARCELONA
Calatayud
Alcañiz
Horta de Sant Joan
Costa Dorada
Jiloca
Tagus
Vall-de-Roures
Tortosa
Cabo de Tortosa
Vías Verdes
Sierra de Cuenca
Teruel
Cuenca
Costa del Azahar
Castello de la Palma
Cabriel
Turia
Menorca
Mahón
Mallorca
Palma de Mallarca
VALENCIA
La Mancha
Jucar
Albacete
Ibiza
Ibiza
Islas Baleares
Denia
Capo de la Nau
Formentera
Segura
Alicante
Costa Blanca
MURCIA
Cartagena
Capo de Palos
Almeria
Cabo de Gata
MITTELMEER
KANARISCHE INSELN
Atlantik
LANZAROTE
Arrecife
LA PALMA
TENERIFFA
Santa Cruz
FUERTE-VENTURA
GOMERA
Las Palmas
HIERRO
GRAN CANARIA
MAROKKO
0
100 km

Jenseits des Trubels verlaufen die katalanischen **Vías Verdes** (Freizeitwege auf alten Bahntrassen), von denen für Radler die folgenden von Interesse sind:

- Vía Verde Ruta del Carrilet: Olot – Girona (55 km)
- Vía Verde (ohne Namen): Girona – St. Feliu de Guixols (41 km)
- Vía Verde de **Baix Ebre:** Tortosa – El Pinell (25 km)
- Vía Verde de la **Terra Alta:** Terra Alta: El Pinell – Arnes y Lledó (24 km)
- Vía Verde de la **Val de Zafán** (Baix Arago): Arnes y Lledó – Alcañiz (50 km)

Tunnel, Viadukte und Landschaft – die Vías Verdes **Baix Ebre, Terra Alta** und **Val de Zafán** (Baix Arago) lassen sich zu einer spektakulären 99 km langen Gesamtstrecke von Tortosa bis Alcañiz verbinden. Ebenso die beiden erstgenannten Vía Verdes Olot – Girona – St. Feliu de Guixols = 96 km.

Atlantisches Nordspanien

(Baskenland, Kantabrien, Asturien, Galicien)

Überblick

Nordspanien ist zwar kein Geheimtipp, aber einen Massentourismus wird es hier wohl auch nie geben. Dazu entspricht die Landschaft zu wenig dem Klischee vom sonnenverwöhnten Spanien. Eher glaubt man sich beim Anblick von Meeresbuchten und Karstgebirgen, Hochmooren und Almwiesen, klaren Flüssen und verwitterten Häusern irgendwo in Irland oder Frankreich.

Gemeinsam ist den autonomen Regionen Baskenland (País Vasco), Kantabrien (Cantabria), Asturien (Asturia) und Galicien (Galicia) ihre Lage am Atlantik. Sandstrände, Felsen, Kliffs und Buchten (Rías) gestalten die Küsten. Zweites Merkmal ist das **Kantabrische Gebirge** (Cordillera Cantábrica), das als rund 600 km lange Fortsetzung der Pyrenäen bis Galicien reicht. Die steilen Nordflanken fangen die atlantischen Regenfälle ein, entsprechend trocken ist die „dahinter" liegende innerspanische Meseta. Die tief eingeschnittenen Quertäler der Cordillera erleichtern den Wechsel zwischen Küste und Meseta.

Tourentipps

Generell erwartet Radler im atlantischen Nordspanien hügelig-gebirgiges Terrain, atlantische Winde von Westen und Norden, die in den Gebirgstälern oft jetartig verstärkt werden, dazu hohe Luftfeuchtigkeit in Küstennähe. Günstig ist besonders der **September,** dann sind die Ferien vorbei und es fällt statistisch der geringste Niederschlag. Die Hauptstraßen sind in der Sommersaison verkehrsreich. Ruhig und in gutem Zustand sind die Nebenstraßen durchs Kantabrische Gebirge, wo allerdings Steigungen bis 15% lauern. Relativ flach ist der Küstenstreifen vom baskischen **Bilbao** bis zum galicischen Provinznest **Pozomouro.** Der anfangs erhebliche Verkehr auf der Küstenstraße (N634/632) dünnt im Verlauf nach Westen aus.

Landschaftlich reizvoller und eine gute Einstimmung auf die eigentlichen Gebirgsstrecken ist die zwischen Küste und Cordillera verlaufende Inlandsroute vom kantabrischen **Panes** über **Oviedo** zum asturischen **La Espina** (Ruta del Cares, C6312/ N634). Diese schöne Strecke erlaubt einen umweglosen Abstecher in den Nationalpark **Montaña de Covadonga** (die asphaltierte Auffahrt zu den Gebirgsseen ist anstrengend, aber lohnt).

Wer schließlich die *kantabrischen Pässe* fahren will, sollte sich eine Route von West nach Ost legen. So steigert sich das tägliche Streckenprofil allmählich. Was einerseits die Kondition nicht gleich überfordert, andererseits auch dramaturgisch geschickt ist. Die an der Nordküste zwischen Bilbao und Ferrol (bei Coruña) verkehrende Schmalspurbahn **FEVE** ist ein idealer Zubringer für den Westen; das Fahrrad kann im Zug mitgenommen werden.

MTB-Tipp

Die **Picos de Europa,** zu denen der Nationalpark **Montaña de Covadonga** gehört, sind ein faszinierendes, vergleichsweise wenig bekanntes MTB-Revier. Höchster Gipfel des karstig-schroffen Hochgebirges ist der Torre de Cerredo (2646 m). Überschaubare Ausmaße, wildromantische Szenerien, Berghütten und jede Menge befestigter wie auch unbefestigter Trails ermöglichen feine Tagestouren. Von **Fuente D** (1078 m) können Bike und Biker in 3 Minuten per Seilbahn zum **Mirador de Cable** (1834 m) gelangen, der ein guter Ausgangspunkt für Tagestouren ist.

Galicien

www.turgalicia.es

Die feuchteste, die grünste und die tourenmäßig lohnendste Region ist Galicien. Die Sierras des Galicischen Hochlandes sind niedriger und sanfter geformt, doch die Steigungen der Nebenstraßen deshalb nicht weniger direkt als im Kantabrischen Gebirge. Viel up and down. Dafür ist das Nebenstraßennetz besonders ruhig, und, im Gegensatz zu Kantabrien, Asturien und dem Baskenland, auch dicht genug, um Hauptstraßen weitestgehend zu vermeiden. Eine der attraktivsten Radelrouten Galiciens führt entlang der **Rías Bajas,** an Nordspaniens sonnigster Küste (subtropische Vegetation), wo vier „ertrunkene" Flüsse große Fjorde bilden. Mit dem Südwest-Wind radeln, heißt: von **La Guardia** (an der portugiesischen Grenze) nordwärts zum **Cabo Finisterre,** wo die felsige „Todesküste" beginnt.

Auch die Küstenstrecken entlang der Riás Altas (C 550, C 552, C 646) sind – mit Abstrichen – lohnenswert. Ein idyllisches, relativ leichtes Tourenrevier im Landesinnern ist das nördliche Wald- und Wiesenland der **Provinz Lugo** (im Dreieck der Orte Villalba, Castro de Rey und Lugo).

Jakobsweg (Camino de Santiago)

Auf dem Weg Im Heiligen Jahr 2010 verbuchte der Jakobsweg einen neuen Rekord: 272.135 Wallfahrer erhielten die Urkunde – davon waren etwa 45.000 per Rad gepilgert. Die ersten Pilger (aus Frankreich) lockten die Gebeine des heiligen Jakobus schon im 9. Jh. ins Land. Da die heilige Stadt Jerusalem damals in arabischer Hand war, gewann die Wallfahrt zum Apostelgrab in Santiago de Compostela immense Bedeutung. Eine schmackhafte Kammmuschel aus dem Atlantik wurde zum Symbol des Weges. Die frühen Pilger benutzten ihre großen Schalen (bis zu 13 cm Durchmesser) zum Essen, Wasserschöpfen und Betteln. Sie bohrten ein Loch hindurch und hingen sich die Muschelschale um den Hals. So wurde sie zum Erkennungszeichen der Pilger und hieß bald nur noch Jakobs- oder Pilgermuschel.

Ab dem 11. Jh. wurde die Hauptroute der Pilger mit Kirchen, Klöstern und Hospizen regelrecht zugepflastert. Diese Bauten markieren bis heute den Jakobsweg. Der größte Teil des Weges führt südlich des Kantabrischen Gebirges durch die trocken-heiße Meseta (kastilische Hochebene), die flacher und klimatisch angenehmer ist als das feucht-schwüle Nordspanien am Atlantik. Landschaftlich interessant wird es eigentlich erst hinter Astorga. Beste Reisezeit ist Mai/Juni, da ist der Camino noch nicht so überlaufen und glutheiß wie im August.

Stationen des Jakobsweges Der sog. *Aragonesische Weg* beginnt am Somportpass (860 km bis Santiago), der *Navarrische Weg* in Saint-Jean-Pied-de-Port (800 km bis Santiago). Der Navarrische Weg ist seit dem Mittelalter der klassische Pilgerweg, der Aragonesische Weg ist allerdings reizvoller (Hochgebirge, histor. Stätten). Beide Wege vereinen sich in Puente la Reina zum *Französischen Weg* bzw. **Camino Francés.** Und so geht es weiter: **Puente la Reina** – Estella – Logroño – Santo Domingo – Burgos – Castrojeriz – Frómista – Sahagún – León – Astorga – **Cruz de Ferro** (1507 m, höchster Punkt des Jakobswegs; Ritual: mitgebrachten Stein ablegen) – Ponferrada – Sarria – Portomarin – Palas de Rey – **Santiago de Compostela** (rund 700 km ab Puente la Reina).

Canál Imperial de Aragón

Mit täglich abgestempeltem Pilgerpass (Credencial) gibt es bei Erreichen der Kathedrale von Santiago die „Compostela“, die Urkunde über die vollbrachte Wallfahrt. Mindestens 200 km (= 10 Stempel) müssen dafür per Rad zurückgelegt worden sein.

Wanderweg oder Straße? Szenisch stellen die ca. 430 km zwischen Estella und Beccereá eine gewisse Durststrecke dar, was aber dem Sinn einer Pilgerreise sogar entgegenkommt. Für Abwechslung sorgen ohnehin historische Kulturstätten. Alternativ zur reinen Straßenversion des Jakobsweges existiert die alte Wegführung für Fußpilger, die auch durchgängig mit dem Rad befahren werden kann. Wegen des sehr wechselhaften Zustandes allerdings nur mit MTB und Minimalgepäck (leichter Treckingrucksack). In der Regel wird Reiseradlern deshalb eher eine Mischung aus Wanderweg und Straße gerecht. Schließlich muss man auch berücksichtigen, dass der Fußweg im August und September stark begangen ist und für Biker dann manchmal wenig Raum ist.

Nur ein Zehntel aller Pilger benutzt den **Camino del Norte,** der nördlicher als der Camino Francés verläuft, also näher zur Küste hin. Das heißt aber nicht, dass die Route flacher oder leichter wäre. Bei beiden Varianten sind um die 10.000 Hm zu überwinden.

Unterkunft Die schlichten und im Prinzip kostenlosen Übernachtungen in den Pilgerherbergen (Refugios) erfordern einen Pilgerpass. Da die Refugios in den Sommerferien stark frequentiert sind und Fußwanderer Vorrang genießen, am besten auch ein Zelt mitnehmen. Es haben sich aber auch viele private Herbergen am Camino etabliert.

Anreise Für Radler sind die Anreisemöglichkeiten ziemlich eingeschränkt. Platzhirsch **Iberia** fliegt via Barcelona nach Pamplona und Santiago de Compostela. Wer terminlich nicht zu eng gebunden ist, kann den Rückflug bei Iberia (direkt am Flughafen von Santiago) zum günstigen Pilgertarif buchen (Pilgerpass vorlegen, evtl. nur standby bzw. Warteliste). Fürs Fahrrad greift Iberia auf jeden Fall noch einmal 75 € zusätzlich pro Strecke ab. Wirklich günstige Flüge kann man wohl nur bei **Ryan Air** ergattern, allerdings nur für die Relation Frankfurt-Hahn – Santiago de C. – Frankfurt-Hahn.

Auch mit einem besseren Faltfahrrad ist der Jakobsweg machbar. Das hätte den Vorteil, es als Handgepäck im **Zug** mitnehmen zu können (s. Frankreich, Transport im Land). Und schließlich kann man natürlich auch bereits durch Frankreich pilgern, etwa ab Roncesvalle.

www.gps-tour.info – gpx-Download des Camino Francés (MTB-Tour Nr. 108457)

Erfahrungen *Diethard Brohl:* „Unterwegs haben wir den in León erschienenen *Reiseführer für den Pilger – Der Jakobsweg* benutzt; ist zwar schlecht übersetzt, ansonsten aber eine wertvolle Hilfe mit Skizzen, Alternativrouten und Hinweisen auf Pilgerunterkünfte. Nicht alle Abschnitte des alten Pilgerweges sind mit dem Rad befahrbar, dann allerdings gibt es Varianten. Nur ein einziges Mal mussten wir unsere Räder schieben, und das war in Santiago selbst, wo unsere Unterkunft an einem übersteilen Hang lag.

Den Pilgerbrief erhält man über die deutschen St.-Jakobsgesellschaften, aber auch noch in Roncevalles. Nur mit diesem Brief kommt man in den Refugios für einen geringen, freiwilligen Kostenbeitrag unter, lernt andere Pilger kennen, erfährt eine Menge zu Weg, Land und Leuten. Die Atmosphäre

Die „Via de la Plata" bei Calzadilla de los Barros

in den Refugios ist schon etwas Besonderes. Wir haben es übrigens nicht bereut, für den Rückweg von Pamplona aus die südlichere Variante des alten Pilgerweges gewählt zu haben. Der Somportpass ist zwar anstrengender als der Ibañetapass, aber landschaftlich einfach unvergleichlich. Allerdings gibt es hier nur noch wenige Refugios."

Infos und Pilgerpässe

Mehrere Jakobusgesellschaften sind im Internet vertreten, bei denen u. a. auch der Pilgerpass erhältlich ist (7,50 €). Hier nur zwei:

- *www.jakobus-gesellschaften.de* – Fränkische St. Jakobus-Gesellschaft
- *www.badische-jakobusgesellschaft.de* – Badische St. Jakobus-Gesellschaft

Zentralspanien

(Castilla-La Mancha, Extremadura)

Überblick

Liebliche Landschaften sollten Radler in Neukastilien (Castilla-La Mancha) nicht unbedingt erwarten. Kargheit und hartes Klima beherrschen die Zentralspanische Hochebene (Meseta) und ihre Mittelgebirgslagen (600–1000 m). Schön ist die Meseta im Frühjahr, wenn Mandel- und Obstbäume blühen und das Getreide zart grünt. Bis zur großen Sommerhitze ist dann alles abgeerntet, nur die gut bewässerten Flusstäler kommen als grüne Oasen durch den Sommer. Landschaftstypisch ist der Mangel an natürlichen Wäldern und Seen. Einige Aufforstungen und Stauseen dienen als kleiner Ersatz. Wer sich zu einer Radtour durch die Meseta südlich des kastilischen Scheidegebirges entschließt, auf den wartet inmitten berückend einsamer Landstriche eine Anzahl sehenswerter alter Städte, Ritterburgen und Kastelle (daher der Name Kastilien). Sie entstanden vor allem während der fünf Jahrhunderte währenden Rückeroberung Spaniens von den islamischen Mauren (Reconquista).

Kastilien – La Mancha

Auch wenn die Meseta eine *Hochebene* ist, führen die Straßen immer wieder auch durch Täler. Annähernd flach ist nur die **Mancha,** eine melancholische Agrarregion, wo Getreide und Knoblauch angebaut wird, wo jedes zweite Dorf mit Don Quijote wirbt und wo die Straßen besonders geradlinig verlaufen.

Wunderschön jedoch die **Serranía de Cuenca** am Ostrand der Mancha. Ein wasser- und waldreiches Gebirge (bis 1800 m), das wie eine grüne Barriere von Norden nach Süden verläuft. Wer aus der Mancha hierher aufsteigt, erlebt einen drastischen Wechsel von Hitze, Staub und Sonnenglut zu Schatten, blumenduftender Kühle und Vogelgezwitscher. Diese iydyllische Bergregion ist dünn besiedelt und wenig touristisch. Ideale Ausgangs- und Endpunkte für Touren sind Priego und Cuenca. Östlich davon warten viele naturnahe Sträßchen und Wege auf entdeckungslustige Biker. Nicht versäumen: die „verzauberte" Felsenstadt Ciudad Encantada.

Extremadura Charmant untouristisch und dünn besiedelt zeigt sich auch die Extremadura. Besonders attraktiv ist hier wiederum der feuchtere Norden mit seinen Mittelgebirgen, Stauseen, Naturparks und dem Nationalpark **Monfragüe.** Im trockeneren Süden herrschen Steineichen und Weiden, Hügel und geschwungene Hochebenen. Für die Tourenplanung bietet die Extremadura etliche geschichtsträchtige Orte, die bis auf die Römer zurückgehen. Besonders eindrucksvoll die Altstadt von Cáceres mit ihren Geschlechtertürmen.

Die Straßen der Extremadura sind in gutem Zustand, der Verkehr ist gering. Langgezogene, moderate Anstiege und Gefälle bestimmen den Tourentag. Auf Nebenwegen kreuzen schwarzbraun gefleckte Serrano-Schweine die Fahrbahn. Ohne große Mühe findet der Radler abends ein freundliches Zimmer. Östlich von Mérida und Cáceres verläuft die **Via Verde de las Vegas del Guadiana y las Villuercas** (Villanueva – Logrosán, 58 km), die mit der **Vía Verde de la Jara** (Calera y Chozas – Puerto de San Vicente, 58 km) in der Provinz Toledo zu einer dann ca. 170 km langen Vía Verde verbunden werden soll (*www.viaverdedelajara.com*). Bis es zum Lückenschluss kommt, wenn überhaupt, bleibt dazwischen nur die Fahrt über die EX-102 (Logrosán – Puerto de San Vicente, 60 km).

Auch die nördlich an die Extremadura anschließende Region **Castilla y Lon** lohnt tourenmäßig bis Zamora. Wie ein mittelalterliches Schmuckkästchen inmitten asketischer Landschaft wirkt dort **Ciudad Rodrigo**. Ein reizvolles Etappenziel.

Offroad (MTB) Interessante MTB-Reviere sind die kastilischen **Sierra de Gredos** und vor allem die **Sierra de Guadarrama.** Dieses stauseenreiche Hausgebirge der Madrilenen ist wegemäßig sehr gut erschlossen und auch für Gepäckradler attraktiv. Weniger Wege, aber mehr Ursprünglichkeit finden Biker allerdings in der bereits erwähnten **Serranía de Cuenca.**

Südspanien / Andalusien

Tourenplanung *www.andalusien.com* (eine der wenigen Seiten mit Radtouren-Tipps)

Andalucía – Inbegriff Spaniens. Morgen- und Abendland hinterließen Stätten, die man gesehen haben sollte (Alhambra, Mezquita, Alcázar ...). Außerdem gibt es Berge mit ewigem Schnee, Spaniens farbigste Feste, herrliches Wetter im Frühjahr und Spaniens größte Flachlandregion.

Wer außerdem das ursprüngliche Andalusien des Hinterlandes erleben will, sollte auch Schotterstraßen mögen. In den Sierras gibt es viele dieser manchmal recht steilen Wege, so dass die Übergänge vom Tourenradeln zum Mountainbiken fließend sein können. Natürlich lässt sich Andalusien auch ausschließlich auf Asphalt erradeln. Die Auswahl szenisch schöner Strecken, speziell in den Sierras, ist groß.

Costa del Sol Andalusiens Mittelmeerküste, die Costa del Sol, hat als spektakuläre Kulisse die Sierras Béticas im Rücken und beliebte Strände im Antlitz. Aber, sie ist gnadenlos touristisch! Viel Verkehr auf der einzigen Küstenstraße, von der zu allem Übel auch noch rund 100 km reine Autostraße sind (Estepona – Málaga). Auf dem Seitenstreifen darf zwar geradelt werden, bloß wer will das schon. Also besser doch den Bus nehmen (um die Mittagszeit klappt es mit der Radmitnahme am ehesten) oder weiträumig durchs gebirgige Hinterland fahren. Wer dennoch ein Stück Costa del Sol erradeln will, wählt den schönsten Abschnitt: die Felsenküste von Torrox-Costa bis La Rábita (liegt zwischen Málaga und Almería).

Guadalquivir Das Becken des Guadalquivir kann als Tourengebiet nicht überzeugen. Eine bleierne Stimmung liegt über der fruchtbaren Schwemmlandebene, die einer monotonen Agrarwüste ähnelt. Außerdem viel Verkehr auf den wenigen Straßen. Südlich von **Sevilla,** das fraglos eine ausgedehnte Inspektion wert ist, führen holprige Wirtschaftswege durch Baumwoll- und Reisplantagen. Spätestens in Coria muss dann auf die östliche Seite des Guadalquivir übergewechselt werden, denn südlich davon existieren nur zwei unregelmäßige Personenfähren. Wer im Hochsommer kommt, sollte wissen, dass das Guadalquivir-Becken als „Bratpfanne Spaniens" bezeichnet wird und wochenlang mit Temperaturen um 40 °C aufwartet.

Costa de la Luz Angenehmer temperiert, wegen der fast immer steifen SW-Winde, ist die andalusische Atlantikküste, genannt Costa de la Luz. Sie ist weniger touristisch und bildet den Abschluß des Guadalquivir-Beckens. Im Rahmen einer Andalusien-Tour kommt eigentlich nur der südöstliche Teil in Betracht (Provinz Cadiz). Der abgelegene NW-Teil (Provinz Huelva) ermöglicht hingegen Abstecher in das Ökosystem der Marismas. Ein Zehntel dieser „spanischen Camargue" ist streng geschützt als **Nationalpark Coto de Doñana.** Der Park ist nicht zugänglich. Info- und Beobachtungszentren existieren jedoch in Rocina, Acebuche und Acebron. Eine Visite lohnt wegen der Zugvögel vor allem im Februar und März; ab April lassen sich nur noch Flamingos blicken.

Andalusien, Castillo de Almodóvar del Río

Wer die große Nordschleife um den Nationalpark vermeiden will, kommt zur Not auch am **Strand der Coto de Doñana** durch. Über diese Strecke, von Matalscañas nach Sanlúcar, berichtet *Michael Winter:* „Die 30 km mit den schwerbepackten Rädern durch den tiefen Sand, immer am Wasser entlang, werden zu einer seelischen und körperlichen Tortur. Die Idee, immer möglichst dem Wasser und den Wellen zu folgen, erweist sich zwar als richtig, doch oft genug werden wir beim Cycle-Surfen von einer Welle erwischt und umspült. Entschädigt werden wir durch das Wellenrauschen und den unendlich weiten Blick über Dünen, Meer und Strand – eine einzigartige, faszinierende Natur. Mit einem Fischerbötchen setzen wir schließlich über den breiten Strom des Guadalquivir nach Sanlúcar de Barrameda über."

Ruta de los pueblos blancos

Als klimatische Oasen bieten sich, nicht nur im Hochsommer, die **Sierras Béticas** an. Je höher, desto kühler. Nicht umsonst haben sich hier die berühmten „weißen Dörfer" eingenistet. Die *Ruta de los pueblos blancos* ist wohl nicht die schlechteste Erfindung der Touristiker. Was man daran sieht, dass sich die wichtigsten Dörfer inzwischen zur Stadtgröße aufgebläht haben (auch das Vorzeigedorf Ronda) und die Bürgermeister darüber wachen, dass die Häuser zweimal im Jahr frisch geweißelt werden.

Ruta de los pueblos blancos: Jerez de la Frontera – Arcos de la Frontera – Bornos – Villamartín – Zahara – Algodonales – Ronda – Ardales – Álora – Antequera – (El Torcal, Naturpark mit beeindruckenden Felsformationen) – Málaga – Mijas. Andere Routenverläufe sind ohne weiteres möglich, weiße Dörfer schmücken die Sierras schließlich auch anderswo, bspw. in den Alpujarras.

Eine reizvolle Variante zwischen Arcos und Ronda beschreibt *Olaf Korbanek:* „Besonders die Fahrt von Grazalema nach Zahara über den Pass Puerto de las Palomas (1353 m) hat uns begeistert. Steht man auf dem Pass, sieht man auf der einen Seite, wie sich die Ebene der Sierra 800 m unter einem erstreckt. Auf der anderen Seite hat man eine fantastische Aussicht auf Zahara und den benachbarten See, der 1000 m unter einem in strahlendem Blau herauf schimmert."

Sierra Nevada

Der höchste anfahrbare Punkt Europas ist der Mulhacén in der Sierra Nevada. Ab **Granada** (700 m) zieht sich der Anstieg bei freier Sicht bis zum Pass hinauf (3200 m), und weiter zum **Pico de Veleta** (3398 m); die ersten 36 km auf Asphalt (GR 420), die letzten 10 km dann auf Schotter (GR 411), dafür aber ohne Autoverkehr (gesperrt). Anschließend führt die Südrampe, nach wenigen Kilometern in Richtung Capileira, an einem Linksabzweig vorbei, der ambitionierten Mountainbikern die Gelegenheit zum Gipfelsturm auf den **Mulhacén** eröffnet: 7 km Schotterpiste bis auf 3482 m – höher hinauf geht es in Europa nur noch zu Fuß! Schneefrei ist die Straße am Pico de Veleta ungefähr von Juli bis September (in manchen Jahren auch schon ab Mai, die GR 411 ist dann aber noch matschig). Story „Zum Pico de Veleta", S. 588.

Wer will kann die Tour mit einem 70 km langen Downhill zur Costa del Sol fortsetzen. Zunächst geht es hinab nach **Capileira** (1430 m), dann entweder auf Asphalt nach **Rábita** oder auf Sandpiste nach **Castell de Ferro.** Durchgängig ist die Freude an der Schwerkraft allerdings nicht, denn beide Varianten beinhalten einen 18 km langen Gegenanstieg von **Orjiva** (454 m) zum **Puerto Camacho** (1219 m).

Im Gegensatz zur Sierra Nevada sind für die anderen Sierras Frühjahr oder Herbst besser geeignet, zumal die allermeisten Straßenpässe dort nur bei 800 bis 1300 m liegen.

Schlucht von El Chorro

Sierra Morena

Auch die Sierra Morena nördlich vom Guadalquivir zählt noch zu Andalusien. Das rundliche Mittelgebirge ist zwar unspektakulär, bietet aber viel Abgeschiedenheit, freundliche Einwohner und ein paar schöne Stauseen für einsames Campen; besondere Höhen müssen nicht erklommen werden.

Sierras de Cazorla y Segura

Ein wunderschönes Tourengebiet am Nordostrand Andalusiens sind die kontrastreichen Sierras de Cazorla y Segura. Ein tolles Sträßchen führt vom Hauptort **Cazorla** durch den Nationalpark, der das Herzstück dieser „spanischen Schweiz" bildet. Der von den Bergen eingefangene Niederschlag speist die Quellen des Guadalquivirs und sorgt für üppige Vegetation. Ein Netz von Wanderwegen und Forststraßen durchzieht den wild-romantischen Park. Toll für alle Arten von Radtouren, auch im Sommer angenehm kühl.

MTB-Tipps Südostspanien

Sierra de Alhamilla: Bergige Halbwüste (nordöstlich Almería), in der früher viele Westernfilme gedreht wurden, toller Höhenweg von „Mini-Hollywood" via Turillas am Colativi vorbei nach Lucainena.

Sierra de Gata: Spaniens Südostzipfel birgt die heißeste Wüste Europas, im Bereich des Naturparks leichte bis mittelschwere Trails, sehr eindrucksvolles Revier. Günstiger Ausgangspunkt ist der etwas abgelegene Ort San Jos.

Vías Verdes

Die **Vía Verde del Aceite** (55 km) beginnt in Jaén und führt in die Provinz Córdoba nach Puente Genil. In der Provinz Córdoba nennt sie sich **Vía Verde de la Subbética** oder *Vía Verde del Aceite II* (65 km). Eine 120 km lange Vía Verde, das ist doch mal was.

Die **Vía Verde de la Sierra** ist einer der schönsten Vertreter dieser Wege und führt von Puerto Serrano nach Olvera (36 km). Die Route passiert 30 Tunnel einer nie in Betrieb genommenen Bahnstrecke. Bei der Estación de Coripe gibt es Erfrischungen und bei der Estación de Zaframagon kann man Falken beobachten.

Zum Pico de Veleta

von Georg Föcker

Systemgewicht

2. Juli. Ich ahne es noch nicht, aber der Tag wird sich zu einem der härtesten Radtage entwickeln, die ich je gefahren bin. 80 km und 2350 Höhenmeter bei einer Gewichtsbelastung von 28 kg Gepäck zuzüglich 6 kg Wasser. Dazu das Fahrrad, das ca. 17 kg wiegt und meine eigenen 85 kg. Insgesamt sind also 136 kg die höchste Bergstraße Europas hinaufzuschaffen.

Tütensuppe mit Wasser

Um 6 Uhr stehe ich auf und sitze eine gute Stunde später auf dem Fahrrad. Zunächst geht es von **Pitres,** ich komme von der Südseite, bis 1150 m hinab. Dort befindet sich am Straßenabzweig Pampaneira/ Bubion-Campileira eine Tankstelle. Wasser konnte ich an der Tankstelle zwar kaufen, aber nichts Nahrhaftes. Auch eine knappe Stunde später in **Capileira** (1400 m) hat kein Geschäft geöffnet. Etwas mulmig ist mir daher schon, nur mit Tütensuppenkalorien den Pico Veleta anzugehen. Im Nachhinein war es aber kein Problem. Eher, dass selbst sechs Liter Wasser knapp bemessen waren. Ich weiß nicht, ob es an den hohen Temperaturen lag, oder weil der Körper in größerer Höhe mehr Wasser benötigt, jedenfalls musste ich in 3000 m Höhe Wanderer um Wasser bitten. Ich hatte nur noch einen halben Liter und wollte mich absichern. Die Gesichter werde ich nie vergessen. Mit strahlendem Blick boten mir vier Leute gleichzeitig ihre Wasserflasche an. Einen Liter nahm ich gerne.

Nichts geht mehr im Sattel

Von Capileira zieht sich die löcherige Asphaltstraße gleichförmig auf 2100 m. Dort bewacht ein Schlagbaum mit Wächterhäuschen den Zugang zum Nationalpark: Der Wachmann grüßt und lässt mich passieren. Bei Autos scheint das anders zu sein. Außer zwei Kleinbussen mit Wanderern, die mich überholen, sehe ich in den nächsten Stunden nämlich keines mehr.

Zügig komme ich bis 2800 m voran. Ich freue mich schon, dass ich bereits um 13.30 Uhr diese Höhe erreicht habe. Ebenso hoch wie der Cime de la Bonnette in Südfrankreich! Die folgende Strecke stellt sich dann aber für mich und mein relativ schmal bereiftes Fahrrad als kleine Katastrophe dar. Eigentlich wollte ich die restlichen 11 bis 12 km fahren, rutsche mit dem Vorderrad aber immer wieder an den dicken Gesteinsbrocken ab. Der Schwerpunkt liegt einfach zu weit hinten. So kommt es, dass ich immer wieder schieben muss. Zum ersten Mal auf meinen Bergtouren! Entgegenkommende Mountainbiker fragen mich besorgt, ob ich ein Zelt dabei hätte. Ich bejahe, rechne mir aber aus, noch rechtzeitig oben anzukommen.

Mein Gepäck begeistert die Leute

Das letzte Stück wieder fahrend, erreiche ich den **Pico de Veleta** schließlich um 17.30 Uhr. Auf einmal bin ich oben, 3398 m! Grandiose Ausblicke sind die Belohnung für die strapaziöse Auffahrt. Auf dem Pico treffe ich einige Spanier, die ganz begeistert sind wegen all des Gepäcks, dass ich hier heraufgeschleppt habe. Die Temperaturen sind selbst in dieser Höhe noch angenehm. Einen Trikotwechsel für die Abfahrt kann ich mir daher sparen. Schade, dass ich mich nicht länger aufhalten kann, denn ich muss ja heute noch über 37 km und ca. 2300 Höhenmeter hinab. Langsam knurrt mir doch der Magen.

Das Ziel vor Augen: Der Pico de Veleta

Balearen

Fünf größere Inseln umfasst die Inselgruppe der Balearen: Mallorca, Menorca, Cabrera, Ibiza und Formentera. Das größte Tourenpotenzial besitzt selbstredend die Hauptinsel Mallorca. Aber auch Menorca, Ibiza und Formentera sind für Radler interessant.

Infos

- *www.visitbalears.com* – Offizielle Homepage der Balearen (mit Radtourentipps für die Inseln)
- *http://tib.caib.es* – Plattform der balearischen Personentransporteure (Bahn, Bus, Fähre, Flug)
- *www.mallorcamagazin.net* – Infos zum Mallorca-Alltag (großes Archiv, hilfreiche Suchfunktion)

Campen auf dem Balearen

Auf den Balearen gibt es keine offiziellen Campingplätze. Wer mit dem Zelt tourt, muss daher improvisieren. Was oft nicht einfach ist, da die meisten Felder und Inselgrundstücke von Mauern oder Zäunen umgeben sind. Allerdings sind viele Grundstücke auch in einem solch verwilderten Zustand, dass man davon ausgehen kann, dass niemand etwas gegen einen einmaligen Übernachtungsgast einzuwenden hat. Nur sind gerade diese Grundstücke wiederum besonders steinig. Zeltfeindliche steinige Böden sind auf den Balearen generell ein Problem, mit dem sich aber umgehen lässt.

Thomas Krawczyk: „Am einfachsten ist es im Hochsommer, wenn man aufs Zelt ganz verzichten kann. Aber auch mit dem Zelt lässt sich bei einer nicht zu starren Planung und dem gewissen Näschen immer ein Plätzchen finden. Wenn auch oft nur auf privatem Land. Aber die Besitzer sind ja selten da, und wenn doch mal einer vorbei kommt, grüsst er lässig „Ola!" und geht weiter. Einmal ist es geschehen, dass wir einem Bauern die Zufahrt zum Feld blockierten. Ungewollt. Weil uns Dauerregen im Zelt gefangen hielt. Er kam dann im Regen und hielt uns eine Ansprache durch die Zeltwand. Wir erkannten nur die Wörter *morgen* und *Traktor* und riefen *okay* und *no problema.* Darauf trollte er sich. Blieb das einzige Intermezzo in drei Wochen."

Mallorca im März

Mallorca

3640 qkm • Ausd. 100 x 80 km • 870.000 Ew.

Landschaftliche Schönheit und ein mildes Mittelmeerklima haben die „Isla de la Calma" (Insel der Ruhe) zum touristischen Dauerbrenner gemacht. Nur 50 km der 580 km langen Küste sind Badestrände, alles andere ist felsig bis gebirgig. Daher konzentriert sich das Gros der Urlauber auf die großen Badebuchten im Südwesten und Nordosten, so dass der überwiegende Teil der Insel überraschend ruhig ist – besonders zwischen den Ferienterminen.

Ein gut ausgebautes Straßennetz (insges. 1300 km, davon rund die Hälfte Nebenstraßen plus 200 km separater Radwege) und unterschiedliche Geländeformen ermöglichen Touren von leicht bis sportlich, von flach bis gebirgig. Die Insel-Bahn der **SFM** (Palma – Marratxi – Inca – Sa Pablo bzw. Manacor) ermöglicht die Fahrradmitnahme (Infos: *www.trensfm.com*).

Seit 2014 führt im NW ein perfekter **Vía Verde** auf einer nicht in Betrieb genommenen Bahnstrecke von **Manacor nach Artà** (29 km).

Südlich von Llucmajor sind die **Talaiots** die bedeutendste prähistorische Siedlung Mallorcas. Dort wurde ein 40 km langes, weitgehend flaches **Radwegenetz** asphaltiert. Autos dürfen dort zwar auch fahren, wegen Straßenblockern aber nur langsam.

Moderat sind die Berge im Osten (Serra de Llevant, Pässe bis 250 m), beschaulich die weite Ebene im Zentrum (Es Pla), anspruchsvoll die Gebirgskette der Nordwest-Küste (Serra de Tramuntana, Pässe bis 1100 m) mit spektakulären Serpentinenstrecken (Cap de Formentor, Sa Calobra). **Sa Calobra** ist zugleich die härteste Strecke auf Mallorca. 800 Höhenmeter sind auf engen

Krawattenkurve (Sa Calobra)

Serpentinen gemeinsam mit raumgreifenden Reisebussen zu überwinden. Wer aber nur nach Sa Calobra hinunterfahren will, kann diese Sackgasse mit dem Boot nach Puerto de Soller verlassen.

Noch in der touristenarmen Zeit, dem Januar, beginnt auf Mallorca der Frühling. Bei Tagestemperaturen um 15 Grad beginnen rund sechs Millionen Mandel- und Aprikosenbäume zu blühen. Spätestens ab Februar bügeln Radsportler aller Couleur übers Eiland, um sich auf die kommende Saison vorzubereiten. Es gibt nur wenige Strecken, wo man nicht den ganzen Tag über mit kleinen oder großen Pulks konfrontiert wird. An Wochenenden kommen die Motorbiker dazu, die die Küstenstraßen rauf und runter sägen. Individualistisch eingestellte Radreisende nervt das. Aber das ist der Preis, wenn alle Mallorca irgendwie lieben.

Mallorca-Runde

Wer Mallorca umrunden will (ca. 300 km), sollte von Palma entgegen dem Uhrzeigersinn fahren. So geht es topografisch nicht gleich in die Vollen, und die landschaftlichen Eindrücke steigern sich allmählich. Höhepunkt ist die Küstenpanoramastraße der südwestlichen **Serra de Tramuntana** (Soller-Andraitx). Von Andraitx aus führt eine schöne Nebenstraße über Calvia zurück zur **Bucht von Palma,** die mittlerweile komplett von einem separatem Radweg gesäumt wird.

Alternativ kann Mallorca auch von festen Standquartieren erkundet werden. Ein beliebter Radler-Standort ist Alcudia im Norden, wo auch die Fähre nach Menorca abgeht.

Reisezeit

Etwa 100.000 Radler reisen jedes Jahr auf die Insel. 90% kommen zwischen Februar und Mai. Wer Mallorca für sich haben will, kommt am besten im Oktober, oder gar im November. Die Temperaturen jedenfalls sind bis Ende November angenehm, auch die Sonne scheint, nur wird es schon um 18 Uhr dunkel, und es kann auch mal einen Tag lang regnen.

Menorca

683 qkm • Ausd. 50 x 15 km • 95.000 Ew.

www.mymenorca.net

Liebhaber und abgeklärte Individualisten zieht es eher auf die zweitgrößte Insel der Balearen. Auf **Menorca** ist das Klima unbeständiger, sind die Strände versteckter, ist die Landschaft gleichförmiger. Dafür gibt es weniger Pauschaltourismus (nur 5% aller Balearen-Urlauber), viel Naturschutz (45% der Insel sind geschützt, sanfter Tourismus wird gefördert), eine Landschaft mit irischem Touch und reiches Zeugnis früherer Kulturen (ca. 1500 Steinmonumente sind über die Insel verstreut).

Das Terrain ist leicht bis mäßig hügelig mit plateauartigen Anhöhen (50–100 m), nur in der Inselmitte führt die Inselmagistrale etwas höher (bis 150 m). Flachland gibt es vor allem im Südwesten. Immer wieder schön anzuschauen ist die buchtenreiche, schottisch wirkende Nordküste.

Das Straßennetz ist in zwei bis drei Tagen abgeradelt, viele Varianten gibt es nicht. Wer länger auf Menorca bleibt, kann sich am **Cami de Cavalls** versuchen. Der 185 km lange Küstenwanderweg (GR223) führt einmal um die Insel, hat allerdings diverse Abschnitte, wo geschoben oder gar getragen werden muss.

Wegen der fehlenden Küstengebirge ist Menorca deutlich windanfälliger als Mallorca. Das rauere Klima reduziert die Radelsaison auf Mai/Juni bis Oktober.

Ibiza

571 qkm • Ausd. 40 x 20 km • 132.000 Ew.

www.ibiza.travel
Wenn es nach dem Untergangspropheten Nostradamus geht, ist Ibiza die „letzte Zuflucht der Menschheit vor dem großen Feuer". Aber bislang sind es mehr Ibizas Mega-Discos bei San Rafael die allnächtlich die Menschenkarawanen anziehen, wenn im Juli die Rave-Saison beginnt. **Ibiza** ist zwar kleiner als Mallorca und mit maximal 475 m auch nicht so hoch, aber dennoch bergiger. Steilküsten und zwei Bergrücken dominieren die Inselgestalt, nur im Süden und im Osten gibt es flaches Land mit Salinen und Landwirtschaft. Tourenreviere fernab der Partymeilen sind vor allem der Südosten und der Norden. Landschaftlich lassen sich diese Teile Ibizas mit der bergigen Serra de Llevant im Osten Mallorcas vergleichen. Das heißt, die Berge sind eher rundlich und einladend, nicht schroff und abweisend. Einige schärfere Anstiege gibt es in diesen Bergen aber dennoch. **23 Radrouten** sind auf Ibiza ausgeschildert. Die Nummern 1–3 für Mountainbiker, 14–23 für Straßenradler. Als längste Route bringt es die Nr. 18 auf 93,6 km. Auf ibiza.travel sind zudem 21 nichtmarkierte **MTB-Strecken** dokumentiert (mit pdf- und gpx-Download).

Formentera

82 qkm • Ausd. 20 x 8 km • 10.800 Ew.

www.formentera.es
Camping ist auf Formentera verpönt, frei laufende Hunde und Lagerfeuer am Strand auch. Dafür ist sie die Baleareninsel mit dem genügsamsten Tourismus, den wenigsten Autos, und den meisten Mietfahrrrädern. Die ziemlich karge Insel besteht aus zwei Kalkblöcken bis 192 m Höhe, vor denen Salzgärten und lange goldgelbe Sandstrände lagern. Ultimatives Fortbewegungsmittel ist das Fahrrad, mit dem man auf Formentera überall problemlos hinkommt. Vorausgesetzt, es hat etwas breitere Reifen und eine Gangschaltung. Denn obwohl die Insel eher flach ist, gibt es doch die nicht so hollandradtauglichen Anstiege zur Hochebene La Mola (170 m) und zum Cap de Barbaria (110 m), außerdem diverse Sandpisten zu den Stränden der Insel. Auf Formentera sind 5 Radrouten markiert (die längste 16,5 km). Außerdem 19 leicht zugängliche *Rutas Verdes* für Wanderer und Radler.

Kanarische Inseln

Dreizehn sind es an der Zahl, sieben sind bewohnt.
Politisch gehören sie zu Spanien, geografisch zu Afrika.
Vulkanismus hob sie aus dem Meer.
Der Nordost-Passat fächelt ihnen Feuchtigkeit zu.
Plinius der Ältere taufte sie „Hundeinseln" von canis der Hund.
Die Touristikwerbung nennt sie „Inseln des ewigen Frühlings".
Macht in summa: Die Kanarischen Inseln!

Kanarisches Insel-springen

Innerhalb eines Zeitraums von vier Wochen lassen sich alle sieben Inseln per Rad erkunden. Voraussetzung ist eine gute Abstimmung der eigenen Pläne mit denen der Fährschiffreedereien. Über die Jahre wurden die Fahrpläne stark ausgedünnt und etliche Direktverbindungen wegrationalisiert. Man kann also nicht mehr nach Gutdünken von einer Insel zur anderen fahren – die West- und die Ostkanaren sind (fährtechnisch gesehen) zwei Welten mit den Drehscheiben Teneriffa und Gran Canaria. Direktfähren zwischen TF und GC gibt es mehrere (Las Palmas de GC – Santa Cruz de TF und Santa Cruz – Agaete). Von Teneriffa aus (dort jedoch nicht von Santa Cruz, sondern vom knapp 80 km entfernten Los Cristianos) gehen dann die Schiffe nach Gomera, La Palma und Hierro, von Las Palmas de GC die nach Fuerteventura und Lanzarote.

Zwei Reedereien teilen sich das Hauptgeschäft mit der Inselspringerei: **Naviera Armas** (*www.navieraarmas.com)* und **Fred. Olsen** (*www.fredolsen.es*). Dann gibt es noch die Trasmediterranea (*www.trasmediterranea.es*), die aber fast nur noch die Verbindung mit dem Festland bedient und einmal wöchent-

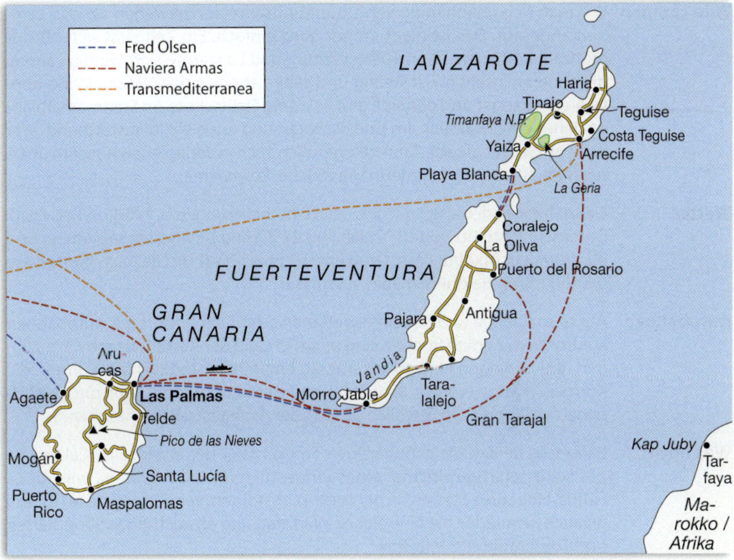

lich die Langstrecken von Lanzarote nach Teneriffa und von Gran Canaria nach La Palma. Zwischen Lanzarote und Fuerte pendelt auch die Personenfähre *Princesa Ico,* die preiswerter ist als die beiden Platzhirsche und auch Räder mitnimmt. Fred Olsens Jet Foils sind schnell, aber teuer; die Armas-Schiffe sind günstiger und auch gemütlicher – eigentlich die bessere Wahl und eine authentischere Seereise. Preise und Fahrpläne wechseln öfter, am besten den genannten Websites entnehmen. Standby mitzukommen war bislang bei allen Fähren auch in der Hauptsaison für Radler kein Problem. Und der Vollständigkeit halber: Inselspringen geht auch noch mit den kleinen Binter-Fliegern (*www.bintercanarias.com*). Dort kann man auch sein Rad mitbringen, muss den Transport dann aber telefonisch reservieren (über die Website nicht möglich). Interessant bei Binter: Die fliegen auch von verschiedenen Städten in **Marokko** auf die Kanaren bzw. vice versa – vielleicht ein Tipp für die längere Anreise per Rad.

Der Dreh mit dem Gabelflug

Wer mehrere Inseln in einem Dreh erkunden will, könnte Hin- und Rückflug splitten, etwa Hinflug nach Lanzarote oder Fuerte, Rückflug ab Tenerife Sur oder ggf. La Palma. Wer seine Kanarentour mit El Hierro und La Gomera abschließen will, fährt auch besser mit der Fähre nach Teneriffa zurück – vom Fährhafen Los Cristianos bis zum Airport TF Sur sind es nur knapp 20 km und auf Teneriffa findet man leichter einen Radkarton für den Rückflug, sofern nötig. Mit einem Gabelflug gewinnt man ein paar Tourentage, weil die Inselspringerei recht zeitaufwändig ist. Die logistisch einfachere Variante für eine Kanaren-Radtour mit begrenztem Zeitbudget ist aber, sich entweder nur auf die West- oder Ostkanaren zu beschränken und den Radkarton am Startort in einem Quartier zu deponieren (das sollte man dann vorher abklären).

Wild campen Will man sich unabhängig von Unterkunftsadressen bewegen, ist wild campen angesagt. Das ist nicht immer ganz einfach. Ein Zelt lässt sich oft nur mühsam aufbauen, denn Fuerteventura und Lanzarote sind windig-sandig, die anderen Inseln meist steinig und selten eben. In den Nationalparks kontrollieren Ranger und generell gibt es wenig Sichtschutz. Im Sommerhalbjahr ist daher ein Biwaksack am praktischsten und auch völlig ausreichend. Wer nicht an Geister glaubt, kann gelegentlich auch in verlassenen Häusern übernachten. Ist aber nicht jedermanns Sache. Believe me.

Wetter Ganzjährige Radelsaison mit gewissen Einschränkungen (s. Info-Box, Reisezeit). Durchschnittstemp. von 18 °C (Jan.) bis 27 °C (Aug.). Zwischen September und Mai/Juni feuchtkühle Passatwolkenschicht ab 1000 Hm (je nach Wetterlage bis 1600 Hm), kleidungsmäßig vorsorgen.

Autobahnen Auf Gran Canaria und Teneriffa wird man schon am Airport mit Autobahnen konfrontiert. Andere Straßen sind oft im Umfeld der Autopistas schwer zu finden und bedingen eine gute Karte. Zu empfehlen sind da für alle Inseln die Kompass-Karten (versch. Maßstäbe, auch als Smartphone-App), die ziemlich genau sind und auch Strecken abseits der Asphaltstraßen enthalten.

Was noch? Barrancos heißen die cañonartigen Trockentäler der Inseln. Eine Caldera ist das schüsselartige Hochtal eines eingestürzten Vulkankraters, wie auf La Palma. Eine „Bike-Station“ organisiert Tagestouren, vermietet gute MTBs und oft auch Rennräder, hat eine eigene Werkstatt und oft auch einen Shop. Karten und Tourenführer s. Info-Box.

Gran Canaria

1523 qkm • Ausd. 45 x 48 km • 838.000 Ew. • Hauptstadt/-hafen Las Palmas

Überblick Wegen der Sandstrände im Süden und Osten ist Gran Canaria die touristischste aller Kanaren-Inseln. Sie gilt als Kontinent im Kleinen. Das merkt man aber erst an der Westküste, oder wenn man sich ins Innere der muschelförmigen Insel begibt. Während nördliche, östliche und südliche Küstenregion eher abstoßend wirken, erinnert das Zentralmassiv (Pico de las Nieves, 1949 m) mit den strahlenförmig zur Küste laufenden Barrancos an monumentale Canyonlandschaften Nordamerikas. Kontraste auch bei der Vegetation: Wüstenhaft das Dünen-gebiet an der Südküste (Maspalomas), üppig grün bis tropisch manche Täler und vor allem die Hochlagen des Zentralmassivs.

Straßentouren 187 km lang ist die Runde um Gran Canaria. Tourenradler erwartet ein Straßennetz von rund 1300 km. Das hört sich viel an, ist es am Ende aber nicht. Denn ein zunehmender Anteil geht auf das Konto der Autobahnen. Sie haben bereits die gesamte Ostküste erobert und fast auch schon die Nordküste. Las Palmas ist ein Krake, dessen Autobahntentakel sich immer weiter in die Insel hinein winden. Der Großraum Las Palmas ist für Radler fast schon eine no-go-area. Am besten bringt man den Moloch schnell hinter sich oder umfährt ihn weiträumig. Verkehrsreich sind auch die drei von Las Palmas ausgehenden Straßenachsen durch die dicht besiedelten Barrancos von Arucas, Teror und Santa Brigida. Wären diese Barrancos nicht so eng, wären auch hier wohl bald Autobahnen. Ergo: Nicht nur die Nord- und Ostküste auch der gesamte Nordosten Gran Canarias ist unerfreulich.

Wer Gran Canaria jetzt aber einfach abhakt, versäumt das Beste. Nicht umsonst ist diese Kanareninsel wohl die mit den meisten Radsportlern (jede Menge Rennradfahrer). Abseits der Touristenzentren ist die Insel im Süden und Westen erstaunlich unberührt und von oftmals dramatischer Schönheit. Da sind zum einen die panoramareiche **Steilküste des Westens,** zum zweiten die mächtigen **Barrancos** zwischen Zentralmassiv und Süd-/Westküste, zum dritten die chaotisch strukturierte **Landschaft des Zentralmassivs** mit den wie Leuchttürmen aufragenden Wahrzeichen Roque Nublo und Roque Bentaiga. Übrigens gibt es direkt an der oberen Ringstraße (6 km östl. Ayacata) einen wunderschönen weitläufigen Biwakplatz im Wald – mit Blick zum Pico de las Nieves.

Offroad (MTB)

Spannend sind Touren im Inselsüden durch die Barrancos zu den Stauseen. Günstige Ausgangspunkte für Mountainbiker sind San Bartolomé, Artenara und Tejeda (alle im Inselinnern).

Bike-Stationen: *www.happy-biking.com* • *www.free-motion.com* *www.cyclo-canaria.com* • *www.canary-bike.com*

Fuerteventura

1731 qkm • Ausd. 25 x 90 km • 103.000 Ew. • Hauptstadt/-hafen Puerto del Rosario

Überblick

Der Ursprung des Wortes „Fuerteventura" ist unklar, es kann „starker Wind" bedeuten, aber auch „großes Wagnis" oder „Abenteuer". Jedenfalls ist sie die windigste der Kanareninseln, was sie zum zweiten Hawai für Surfer macht. Ihre Gestalt wird von einem zentralen Hochplateau um 300 m mit Höhenzügen aus isolierten Vulkankegeln bis 807 m geprägt. Weite, von Sahara-Winden ausgetrocknete Sandebenen und schöne Gesteinsfarben sind die herben Reize der

Gran Canaria, Zelten am Atlantik

dünn besiedelten Insel. Besonders das nördliche Drittel ist in weiten Teilen karg und trostlos. Freundlicher ist es westlich von Antigua, wo die Insel feuchter und grüner ist. Schöne Badestrände mit Tourismus gibt es um Corralejo und auf der Süd-Halbinsel Jandía. Warm-windig und dabei oft auch sandig-staubig ist es im Osten. Dem Wind verdankt die Insel auch ihre Windmühlenkultur. Sie sind zwar alle nicht mehr in Betrieb, viele wurden aber restauriert. Aufgepasst, auf Fuerteventura gibt es männliche *und* weibliche Windmühlen!

Straßentouren

Das Straßennetz misst ca. 450 km. Eine komplette Rundtour ist nicht möglich. Nur im Zentrum und im Nordosten lassen sich Runden realisieren. Da die Insel aber relativ flach ist, kostet es keine große Überwindung, Sackgassen doppelt zu befahren. Eher ist es der strenge Wind, der einen von zusätzlichen Abstechern abhält. Spaß macht eine Windmühlentour. Die meisten findet man in der Inselmitte zwischen La Oliva und Antigua.

Offroad (MTB)

Beliebtestes, aber auch anspruchsvollstes MTB-Revier ist das Berggebiet westlich von Antigua zwischen Betancuria und Pájara. Schöne Trails auch im nördlichen Vulkangebiet rund um den Montaña de Colorada sowie auf der Halbinsel Jandía. Ein gutes Insel-Standquartier ist Corralejo. Von dort lassen sich leichte Touren durch vulkanisches Hügelland realisieren.

Bike-Stationen u.a. in Corralejo (*www.easyriders-bikecenter.com*), Morro Jable (*www.biketour-fuerteventura.com*) und Costa Calma (*www.volcano-bike.com*).

Lanzarote

795 qkm • Ausd. 20 x 60 km • 139.000 Ew. • Hauptstadt/-hafen Arrecife

Überblick

Die Kanareninsel mit den niedrigsten Erhebungen (bis 670 m) umgibt ein Landschaftsschutz-Mythos, den sie dem Künstler César Manrique verdankt. Rund 300 Vulkankegel, bis 670 m hoch, sind im Nat.-Park Timanfaya versammelt. Leider ist die dortige 14 km lange *Ruta de los Volcanos* für jeglichen Individualverkehr gesperrt (nur im Bus erfahrbar, Straße bis zum Visitor Center frei). Weite Teile der Insel sind bedeckt von Lava und schwarzer Asche. Als Kontrast zu dieser Mondlandschaft zieht sich ein bis zu 5 km breiter Dünengürtel durch die warm-windige Insel, mit wüstenähnlicher Vegetation und raffiniertem Trockenfeldbau.

Straßentouren

Rund 450 km Straßen stehen an. Die langen stetigen Anstiege sind angenehm, wenn man den NO-Passat im Rücken hat (Fahrt in Südrichtung), unangenehm sind sie, wenn feiner Flugsand und NO-Passat als steifer Gegenwind von vorn kommen (Fahrt in Nordrichtung). Der hinterhältigste Anstieg der Insel ist die neue Straße von Playa Blanca (0 m) nach Femes (360 m), sieht harmlos aus, zieht aber zum Schluss mächtig an. Rauer Asphalt, reichlich Höhenmeter trotz niedriger Berge und Gegenwind sorgen auch dafür, dass der **Ironman Lanzarote** als härtester seiner Art gilt und die 60 Besten locker für Hawai qualifiziert. 1992 startete der erste Ironman auf Lanzarote und findet seitdem unter großer Beachtung jedes Jahr im Mai statt (3,8 km Schwimmen + 180 km Rad fahren + 42 km Marathonlauf, *www.ironmanlanzarote.com*).

Wer noch keinen eigenen Plan hat, kann sich einfach am Ironman-Rundkurs orientieren, der fast alle Highlights der Insel einsammelt. *Streckenverlauf Ironman Lanzarote:* Puerto del Carmen – Macher – Yaiza – Salinas de Janubio – El Golfo – Yaiza – Tinajo – La santa – Sóo – La Caleta – Teguise – Los Valles

Jeder für sich und Gott gegen alle: Der Ironman auf Lanzarote

– Haria – Mirador del Rio – Orzola – Arieta – Tahiche – Nazaret – Mozoga – San Bartolom – Tias – Puerto del Carmen (180 km, 2600 Hm). Nur das bizarre Weinbaugebiet La Geria meidet der Ironman-Kurs bislang (schlechter Straßenzustand). Zur Kenntnisnahme: Die Bestzeit für diesen Teil des Ironman liegt bei knapp 5 Stunden!

Da Lanzarote das günstigste Winterklima der Kanaren hat, trainieren auch Radsportler gern vor Saisonauftakt hier. Viele loggen sich dabei im etwas abgelegenen Club La Santa an der mittleren Nordküste ein (stadtähnlicher Sportkomplex, nicht billig, *www.clublasanta.com*). Wem das nicht liegt, wählt Costa Teguise an der Ostküste als Standort.

Offroad (MTB)

Insgesamt ist Lanzarote kein MTB-Dorado. Mountainbiker finden im Süden aber teilweise sehr steile Single-Trails auf Lavagestein. Moderat bis anspruchsvoll sind die Sand- und Schotterpisten um Costa Teguise und vom Playa de Famara (Nordwest-Küste) zu den nördlichen Steilküsten. Einfache und mittelschwere Pisten finden sich im vulkanumgebenen Weinanbaugebiet La Geria zwischen Yaiza und Tías. Offroad-Verbot besteht im Timanfaya-Nat.-Park.

Bike-Stationen in Puerto del Carmen (*www.planet-bikes.de* • *www.mountainbike-lanzarote.com* • *http://lanzarotebike.es*) und in Costa Teguise (*www.tommys-bike.com* • *www.lanzarote-bikes.com*).

La Palma

728 qkm • Ausd. 25 x 70 km • 87.000 Ew. • Hauptstadt/-hafen Santa Cruz

Überblick

Die gebirgigste Kanareninsel gilt ihren Fans auch als schönste. Aber das ist natürlich Ansichtssache. Steilwandig ist das vulkanische Zentralmassiv, in dessen Mitte sich ein 1500 m tiefer gelegener Kraterboden erstreckt. Blickt man vom Kraterrand in diese riesige **Caldera de Taburiente** (Nat.-Park) sieht man, dass sich dort unten eine eigene Landschaft mit Wäldern, Hügeln und Flusstälern gebildet hat. Der Gebirgskamm der Cumbre Nueva trennt die beiden Klimazonen der Insel. Schwül und oft wolkenverhangen ist die Osthälfte, meist trocken und wolkenlos die Westhälfte. Bei der für Radler inzwischen verbotenen Fahrt durch den **Tunel de la Cumbre** (es gibt aber eine Bergstrecke zur Umgehung) vollzieht man diesen Klimawechsel in fünf Minuten. Der Tourismus konzentriert sich vor allem um Puerto Naos, ist insgesamt aber gering.

Dafür gibt es eine rege Szene von Deutschland-Aussteigern, deren Pioniere sich nach der Reaktorkatastrophe von Tschernobyl gen Westen abgesetzt hatten.

Straßen-touren

Ultimative Herausforderung ist die Straße, die sich von Santa Cruz zum Observatorium auf dem Roque de los Muchachos schlängelt (drei mal im Jahr ist Tag der offenen Tür im Observatorium). Grandioser Blick von 2426 m in den Krater, aber kein Weg hinein! Die Auffahrt zum Roque de los Muchachos ist auch von Westen her möglich, allerdings bei deutlich schärferen Steigungen bis 15%!

Gut ausgebaut, mit Tunnelstrecken und vielen Serpentinen, ist die verkehrsarme *nördliche Ringstraße* um den Taburiente (130 km). Etwas leichter ist der *südliche Ring* (90 km).

Offroad (MTB)

Die steilwandige innere Caldera ist verbotenes Terrain für Biker. Fahrbare Wege finden sich praktisch auch nur im oberen Bereich des Kraterrandes und auf dem Kraterboden, dazwischen müsste das Bike ohnehin geschultert werden. Nicht verboten, aber auch anspruchsvoll sind die Trails durch die vertrackten Barrancos im Norden und durch die Mondlandschaft bei Fuencaliente im Süden. Am allerschönsten sind vielleicht die Forstwege (pistas forestales), von denen La Palma überdurchschnittlich viele besitzt. Besonders ergiebig in diesem Zusammenhang ist das Gebiet der Cumbre Vieja im Inselsüden. Nützlich auch für Mountainbiker ist der Wanderführer „La Palma – Wege und Pfade" von Juan Jos Santos (auf La Palma erhältlich). **Bike-Stationen** in Los Llanos (*www.bikenfun.de* • *www.magic-bike-lapalma.com*) und Puerto Naos (*www.bike-station.de*).

Teneriffa (Tenerife)

2057 qkm • Ausd. 50 x 80 km • 890.000 Ew. • Hauptstadt/-hafen Santa Cruz

Überblick

Sehr abwechslungsreiche, oft wunderschöne Landschaft. Trotz erheblichem Tourismus ist Teneriffa für Radler ein sehr schönes und lohnendes Ziel mit Tourenpotenzial für bis zu zwei Wochen. Das beherrschende Gebirgssystem teilt die Insel in zwei ungleiche Zonen: Blühende Landschaften im Norden, Schuttlandschaften im Süden. Aus der gewaltigen Caldera im Inselzentrum erhebt sich

Pico del Teide

Spaniens höchster Berg, der **Pico del Teide** (3718 m). Auf die Caldera folgt der Höhenrücken Cumbre Dorsal (2200–1700 m), darauf die Hochebene um La Laguna (600–500 m), als Abschluss das Anaga-Gebirge im Nordosten (bis 1024 m), das zugleich Teneriffas Regenfänger darstellt. Im Februar wird auf Teneriffa zwei Wochen lang mächtig Karneval der brasilianischen Art gefeiert. Hochburg ist Santa Cruz. Nur in Rio gibt es mehr Karneval, sagen die Leute von Santa Cruz.

Straßentouren

Das gut ausgebaute Straßennetz (1400 km) bietet Radsportlern gute Trainingsmöglichkeiten. Auch Reiseradler kommen auf ihre Kosten. Allerdings sind sie wegen ihres Gepäcks im Nachteil. Die ultimative Probe ist wohl die 14%-Rampe zwischen Masca und Santiago del Teide, die sich mit beladenem Rad gerade noch im Schritttempo meistern lässt. Viel länger, aber auch moderater ist hingegen die Auffahrt zum Teide. Es empfiehlt sich sehr die Tour von La Laguna anzugehen, weil sich die Szenerie allmählich steigert und der Teide fast permanent im Blickfeld ist. Von La Laguna führt die Kammstraße zum inselhöchsten Straßenpass (2300m, am Fuß des Pico del Teide, von hier per pedes oder Seilbahn noch 1400 Hm bis zum Gipfel), dann weiter durch die bizarre Vulkanlandschaft der „Las Cañadas del Teide" zum Sattelpass Boca de Taude (2046 m), dem der finale Downhill nach Los Cristianos oder Chio folgt. Vom Westen her ist die Auffahrt zum Teide nur halb so schön, da man den prägnanten Vulkankegel erst im letzten Augenblick sieht und zuvor immer nur Bäume.

Von den beiden Küstenstraßen ist die nördliche die schönste, zugleich auch eine der leichtesten Strecken der Insel. Ziemlich karg, dafür aber ungewöhnlich friedlich ist die Carretera del Sur entlang der südlichen Hänge des Teide-Massivs. Ziemlich uninteressant ist die westliche Küstenstraße von Los Gigantes (Felsen, weniger gigantisch als der Name vermuten lässt) nach Los Cristianos. Stressig ist der Flaschenhals der Insel, trotz Autobahn ist das Verkehrsaufkommen hier zwischen Santa Cruz, La Laguna und Puerto de la Cruz enorm.

Teneriffa, Teno-Gebirge

Offroad (MTB)

Ein nicht sehr schwieriges Revier ist der Nationalpark in der Caldera. Allerdings ist das Biken nur auf bestimmten Wegen erlaubt, worüber die Besucherzentren beim Parador und in El Portillo Auskunft geben sollten. Sanft sind die Trails im fruchtbaren Valle de la Orotava unterhalb der steil abfallenden Nordseite des Teide, anspruchsvoller die an den trockenen Südhängen. Harte Nüsse sind die Trails in den barrancozerfurchten Inselaußenposten Teno-Gebirge (NW) und Anaga-Gebirge (NO).

Bike-Stationen im Süden: *www.diga-sports.de* • *www.medanobike.com* und im Norden: *www.mtb-active.com* • *www.bike-base.eu.*

La Gomera

378 qkm • Ausd. 25 x 22 km • 22.000 Ew. • Hauptstadt/-hafen San Sebastian

Überblick

La Gomera ist die Lieblingsinsel von Aussteigern und Individualisten. Pauschaltourismus findet hier kaum statt, es gibt auch nur wenig Strände. Das von Barrancos zerschnittene Zentralmassiv (Garajonay, 1487 m) fällt zu allen Seiten steil ab. In der Nordhälfte ist die Insel grün, im Süden trocken-kahl. In den Höhenlagen des Zentralmassivs existiert seit ewigen Zeiten ein dschungelartiger Nebelwald, wie er früher für alle westkanarischen Inseln typisch war (Nat.-Park Garajonay, UNESCO-geschützt).

Straßentouren

Das Straßennetz umfasst ca. 350 km. Die Straßen sind relativ schmal, aber in gutem Zustand und wenig befahren. Küstenstraßen gibt es nicht. Obwohl immer neue lange Tunnel gebaut werden (Beleuchtung am Rad erforderlich), liegen zwischen den Orten stets viele Höhenmeter, und kaum ein Stück Straße verläuft eben. Für Tourenradler mit Gepäck ist La Gomera eine stete Herausforderung, aber auch eine Oase der schönen Bilder und der Ruhe. Immer wieder durchterrassierte Schluchten, für die man ihre Erbauer nur bewundern kann, und überall wachsen diese pittoresken Dattelpalmen, die es auch nur hier so zahlreich gibt. Oben im Lorbeerwald dann eine ganz andere Szenerie, windstill und kühl, Vögel zwitschern, Nebelschleier ziehen durch die Wälder. Eine schmale Asphaltstraße führt, von La Laguna Grande (ca. 1000 m) nach Las Rosas (400 m), mitten durch diesen „Märchenwald".

Offroad (MTB)

Für Mountainbiker ist Gomera mit seinen zahlreichen Forst- und Wirtschaftswegen (caminos reales) ein ergiebiges Revier. Besonders beliebt sind Touren durch den 40 qkm großen Nat.-Park Garajonay, für die lediglich eine gute Wanderkarte erforderlich ist. Ausgangspunkte für Wanderungen sind die Bergweiler La Laguna Grande und El Cedro (beide an der Ringstraße auf ca. 1000 m).

Bike-Stationen in Valle Gran Rey: *www.gomera-bikes.com* • *www.bike-station-gomera.com.* Letztere betreibt auch einen Bike Shuttle – interessant für Tourenradler, die den harten Anstieg vom Valle Gran Rey zur Laguna Grande nicht wieder hinaufpumpen wollen.

El Hierro

277 qkm • Ausd. 10 x 30 km • 10.200 Ew. • Hauptstadt/-hafen Valverde

Überblick

El Hierro gilt als die „Stille Insel". Ihren Besuchern ist das nur recht, sie behandeln die Insel ohnehin als Geheimtipp. Hierro besteht aus den Fragmenten zerbrochener Vulkane. Die runde Steilküste der Bucht El Golfo ist beispielsweise der Rest einer großen Caldera, eine kleinere Calderawand erhebt sich im Osten um Las Playas, Lavafelder reichen als Landzungen ins Meer.

Im Vergleich zu ihrer Grundfläche ist die Insel sehr hoch (Malpaso, 1503 m). Bis zu 1000 m hoch sind auch die Steilküsten, die das zentrale Hochplateau mit dem Gipfelberg, zahlreichen Vulkankratern und Aschekegeln umschließen. Wegen der hohen Luftfeuchtigkeit ist die Hochebene der fruchtbarste und grünste Part der Insel. Partien über 1200 m liegen oft in den Wolkenbänken des Passats.

Straßentouren

Das Straßennetz (um 300 km) war früher sehr schlecht, wurde aber in letzter Zeit stark verbessert. Nachdem 2005 auch das aufwändige letzte Teilstück der Inselmagistrale fertig gestellt wurde (Tunnel durch den Montaña del Risco zwischen Las Puntas und Mocanal) ist die komplette Inselumrundung möglich. Das hat den entscheidenden Vorteil, nicht mehr dauernd das volle Programm über den zentralen Fileba-Pass absolvieren zu müssen (1330 m), um vom Süden zum Norden zu wechseln. Ganz auslassen wird die Passstraße wohl auch niemand, denn es gehört einfach dazu, auf jeder Insel den höchsten Pass gefahren zu sein. Außerdem ist die Straße gutmütig trassiert und praktisch ohne Gegensteigungen. Zur Inselrunde gehört auch die Forststraße, die unterwegs, zwischen Fileba-Pass und Frontera, von der Hauptstraße abzweigt und zu den heiligen Bäumen (El Sabinar, bizarr verformte Zedernwacholder) und den wilden Lavafeldern im äußersten Westen führt. Wer will kann auch dem Leuchtturm am Punta de Ochilla einen Besuch abstatten. Hier endete in der Antike die westliche Welt. Es gibt noch viel mehr zu entdecken auf diesem Außenposten der Kanaren. Stille Wasser sind tief.

Offroad (MTB)

Mountainbiker kommen etwas spät, viele Trails sind inzwischen asphaltiert. Was bleibt ist das Netz gut beschilderter Wanderwege. Königsweg ist der *Camino de la Virgen,* ein alter Prozessionsweg, der über die Hochebene der Insel führt: 28 km vom Santuario de la Virgen im Westen bis Valverde im Osten.

Camino de la Virgen – Pilgerweg auf El Hierro

ⓘ-Box Spanien

Einreise
Der Personalausweis genügt für die Einreise (D/A/CH).

Geld
Spanien gehört zur Euro-Zone. Die Lebenshaltungskosten sind etwas niedriger als in D (2014: -12%).

Gesundheit
Das –EU-Sozialversicherungsabkommen ermöglicht Mitgliedern gesetzlicher Krankenkassen die Inanspruchnahme medizinischer Leistungen (D, A). Details: *www.dvka.de*

Infos
www.spain.info – Spanisches Fremdenverkehrsamt

Wetter
Spaniens Wetter ist nicht überall nur eitel Sonnenschein. In **Galicien,** im Nordwesten Spaniens, ist das Klima vielmehr vom atlantischen, gemäßigten Typ. Im Sommer wird es hier nicht allzu warm (ca. 25 °C), im Winter nicht richtig kalt (ca. 10 °C). Es regnet häufig, entsprechend grün und fruchtbar ist das Land. Der Jahresniederschlag von *Santiago de Compostela* (1600 mm) entspricht dem von Dublin. Allerdings mit dem Vorteil, dass in Galicien der meiste Regen im Winterhalbjahr fällt und die Sommermonate vergleichsweise trockener sind. In abgeschwächter Form gilt diese Wetterprognose von Galicien bis zum Baskenland, also für Nordspanien, soweit es am Atlantik liegt. Statistisch gesehen regnet es hier im Sommerhalbjahr an jedem dritten Tag, im Winterhalbjahr an jedem zweiten.

Mit weniger als der halben Jahresniederschlagsmenge muss das **zentrale Hochland** Spaniens auskommen. Das Klima hat kontinentalen Charakter, die Sommer sind sehr heiß (Madrid: Juli/August bis zu 45 °C), die Winter, gemessen an den Breitengraden, recht kalt (Madrid: Dez. bis - 5 °C). Wegen der Höhenlage fallen die Temperaturen in den Sommernächten um bis zu 20 °C ab. Typisch für weite Teile der Meseta ist in den Sommermonaten eine dunstige Atmosphäre, die auf hochgerissenen Staub zurückzuführen ist.

Den Gegenpol zum feuchten Nordwesten bildet der Südosten: Hier trifft das Klischee vom sonnenheißen Spanien zu. Die hohen Gebirge der Sierras Bticas schirmen die **Küste zwischen Alicante und Almeria** derart gut vor kalten Winden ab, dass diese Region im Sommer heiß und ausgedörrt wie Afrikas Sahelzone ist. Die Wetterstation Kap Gata bei Almeria registriert den geringsten Jahresniederschlag Europas.

Gemäßigter – also etwas weniger heiß und trocken – sind die **nördliche Mittelmeerküste** und die **atlantische Küstenregion.**

Wind
Überdurchschnittlich kräftig blasen die westlichen Atlantikwinde über die Küsten Galiciens (Nordspanien). Überwiegend aus *nördlichen* Richtungen und mäßiger weht es auf der Meseta (Zentralspanien), aus *südlichen* Richtungen hingegen an der Mittelmeerküste. Auf den Balearen ist die Hauptwindrichtung westlich, auf den Kanaren nordöstlich. Gebirge sorgen häufig für abgefälschte, regionale Winde, der afrikanische Kontinent gelegentlich für sandgeschwängerte Heißluftwinde (Scirocco).

Reisezeit
Wegen ihrer milden Winter lassen sich die **südlichen Küsten** wie auch **Mallorca** ganzjährig bereisen. Regentage und Höchsttemperaturen um 15 °C müssen eingeplant werden (für Mallorca den Regenmonat Oktober meiden). Als klassisches Ganzjahresziel gelten die **Kanarischen Inseln,** die übers Jahr betrachtet, den gleichmäßigsten Temperaturverlauf aufweisen. Die Parole vom „ewigen Frühling" ist allerdings nur begrenzt gültig. Was die Niederschläge betrifft, kann es im Winterhalbjahr auf den gebirgigen West-Kanaren auch heftiger zur Sache gehen.

Generell sind folgende Zeiträume für Radtouren am günstigsten:
Pyrenäen: Juli – August
Atlantisches Nordspanien: Juni – September
Katalonien: März – Juni, Sep. – Okt.
Zentralspanien: April – Mitte Juni, Mitte Sep. – Okt.
Südspanien: März – Mai, Oktober (Hochlagen: Juni – Sep.)
Balearen: Februar – September

Weinanbau auf Lava (Lanzarote, La Geria)

Kanaren: März – Oktober
Schulferien sind in Spanien von Anfang Juli bis Mitte September.

Anreise

Die meisten Pyrenäen-Pässe sind ab Juni geöffnet, ganzjährig der landschaftlich lohnende Puerto de Somport (1632 m).

Via Andorra

Überwiegend Spanier und Katalanen und nur 9% Franzosen bewohnen das von bis zu 3000 m hohen Bergen umgebene Fürstentum Andorra (467 qkm, 65.000 Ew., Amtssprache Katalanisch, Währung ist der Euro). Eigentlich hat **Andorra** eine wunderschöne Landschaft mit Schluchten, Hochtälern, Bergdörfern, Wäldern und alpinen Matten. Aber die durch Andorra gelegte Passstraße hat alles versaut. Seitdem schieben sich die Autokolonnen durch den Zwergstaat, der durch den steuerfreien Verkauf von Benzin, Zigaretten und Alkohol davon profitiert. Für den Wintertourismus wurden die Berge ringsum mit Hightech präpariert. Trotz schneesicherer Lage optimieren 1300 computergesteuerte Schneekanonen die Skibedingungen. Wie auch immer: Die höchste Passstraße der Pyrenäen gipfelt nun mal in Andorra beim **Port d'Envalira** (2407 m) und ist damit einer der wenigen Gründe, eventuell doch durch Andorra zu fahren. Bei viel Verkehr allerdings!

Via Westpyrenäen

In den Westpyrenäen sind *Ulrich Lamm* zwei günstige Übergänge aufgefallen:

- **Puerto de Ibañeta** (1057 m) – Die eigentliche Passstraße ist zwar eine Hauptstraße, aber außer einigen großen Holztransportern gibt es kaum Durchgangsverkehr. Unterhalb vom Pass liegt der berühmte Wallfahrtsort Roncesvalles (Station am Jakobsweg, Rolandsage). Hinter Burguete (890 m) zweigen mehrere Nebenstraßen ab, auf denen man Pamplona umfahren und verkehrsarm nach Soria (Altkastilien) oder Aragón gelangen kann.
- **Port de Larrau** (1573 m) – Nebenstraßenübergang mit mehreren ruhigen Anbindungen nach Norden wie nach Süden, wird offiziell erst Mitte/Ende Juni geöffnet, ist aber nach nicht zu schneereichen Wintern auch vorher schon problemlos per Rad passierbar.

Via Ostpyrenäen

Schwierig ist wegen der Verkehrssituation eine Empfehlung für die Ostpyrenäen. Hierzu noch einmal *Ulrich Lamm:* Alle Wege durch das **Roussillon** passieren zunächst nördliche Nebenkämme der Pyrenäen, die das Roussillon vom übrigen Frankreich trennen: entweder über die Berge oder an der Küste, wo der Verkehr sich zwischen Bergen, Lagunen und Meer zusammendrängt. Der **Col d'Ares** (1513 m) und die weiter östlichen Passagen führen letztlich nach Barcelona. Wer um dieses Ballungsgebiet herum in andere Gegenden Spaniens will, muss verschiedene Gebirge überqueren, landschaftlich schön, mit sorgfältiger Routenwahl auch ruhig, aber halt zusätzliche Anstrengungen.

Die *Küstenstraße* am Mittelmeer führt über mehrere kleine Pässe von Bucht zu Bucht. Die Verbindung soll außerhalb der Badesaison ruhiger sein als die vorgenannten Pässe, sie hat aber auch in dieser Zeit mehr Autoverkehr als der Puerto Ibañeta in den Westpyrenäen.

Per Bahn

Weder Fahrradmitnahme noch -versand sind nach Spanien möglich!

Per Flieger

Wer auf den Balearen, Kanaren oder in Südspanien touren will, wird meist einen Flieger für die Anreise wählen. Lang ist die Liste der *Charterflugverbindungen* zwischen D, A, CH und den spanischen Ferienzielen. Für die Saisontermine (Schulferien in D) frühzeitig buchen. Das Bike muss mit angemeldet werden.

Die Bedingungen bezüglich der Verpackung sind bei den Fluggesellschaften unterschiedlich. Einen guten Ruf genießt **Air Berlin,** während sich **Iberia** ziemlich zickig anstellt und für den Rückflug auf einem genormten Karton als Verpackung fürs Rad besteht. Damit dieser Karton durch den Scanner passt, ist er arg klein bemessen.

Zur Frage **„Wie komme ich schnell durch Barcelona bzw. zum Flughafen?"** hat *Andreas Bugdoll* hilfreiche Hinweise:
„Von Norden nach Süden ist die viel befahrene Küstenstraße N-II der schnellste Weg. Kurz vor dem Zentrum kann man ab dem Sportkomplex auf Promenaden und Radwege ausweichen. Im Zentrum in der Nähe der Marina fährt ein Zug vom Bahnhof Estació de França bis zum alten Terminal T2 des Flughafens. Der Vorteil ist, dass die Zuglinie hier startet und man sich in Ruhe Platz für das Gepäck und die Räder suchen kann. Die Bänke im Bereich der Türen sind umklappbar, so dass die Räder im Zug kein Problem waren. Dazu ist der Preis mit wenigen Euro spottbillig. Einfacher kommt man in Richtung Süden nicht aus der Stadt. Am alten Terminal beginnt hinter dem westlich gelegenen Parkplatz ein ca. 6 km langer Radweg, der zum neuen Terminal führt. Nach etwa 4 km zweigt an einem großen Kreisverkehr rechts eine alte Straße ab, die zur Hauptstraße C31 führt. 4 km vom Kreisverkehr aus gesehen liegen schon die ersten Campingplätze am Meer. Das Ganze funktioniert natürlich auch in umgekehrter Richtung."

Transport im Land

Bahnen

Johannes Meusel: „Allen Unkenrufen zum Trotz hatten wir während unserer Andalusien-Tour überhaupt keine Probleme und konnten unsere zwei Fahrräder vier mal in Regionalzügen (auch ohne Fahrradabteil einfach im Einstiegsbereich) und drei mal im Fernlinienbus (große Gepäckfächer, wo man die Fahrräder verstauen kann) kostenlos mitnehmen."

Rd. 13.000 km umfasst das Streckennetz der RENFE (*www.renfe.com*), auch die Schmalspurstrecken der FEVE im Norden Spaniens gehören seit 2013 zur RENFE.

Fahrradmitnahme ist in allen Nahverkehrs- und Regionalzügen möglich. Wegen des Einstiegs aufs Fahrradpiktogramm achten. Keine Mitnahme in Fernzügen!

Busse

Sehr gutes Überlandbusnetz. Kostenlose Radmitnahme im Stauraum ist üblich. Aber ohne Anspruch und nicht in allen Regionen. Schon beim Ticketkauf darauf hinweisen und mit dem Fahrer klären, wo das Rad am besten unterzubringen sei. Tageszeiten mit schwacher Nachfrage wählen.

Fähren

Die wichtigsten Fährverbindungen zu den **Balearen:**
- ab Barcelona (Ibiza 4x wö., Mallorca 1–2x tägl.)
- ab Valencia (Mallorca 1x tägl., Ibiza 1x wö.)
- ab Tarragona (Ibiza 2x tägl., Mallorca 2x tägl.)
- ab Vilanova (Mallorca 1x tägl.)
- ab Denia (Formentera 2x wö., Ibiza 3x tägl., Mallorca 1x tägl., ca. 9 h)

Fährverbindungen zu den **Kanarischen Inseln**:
- ab Cadiz und Arrecife (je nach Strecke 30–60 h).

Fährlinien Balearen:
- *www.trasmediterranea.es* – Trasmediterranea
- *www.iscomar.com* – Iscomar
- *www.balearia.com* – Balearia

Fährlinien Kanaren:
- *www.trasmediterranea.es* – Trasmediterranea (Festland – Kanaren)
- *www.naviera-armas.com* – Naviera Armas (innerkanarisch)
- *www.fredolsen.es* – Fred Olsen (innerkanarisch)

Übernachten

Zimmer

Spanien ist vor allem das Land der Pauschalurlauber, Zimmer für Individualtouristen sind deshalb eher knapp. Trotz zahlloser Unterkünfte an den Küsten und in den Städten ist es zur Hochsaison schwer, dort ein Zimmer für ein bis zwei Nächte zu finden. Leichter fällt dies im Landesinnern, obwohl die Unterkünfte dort spärlicher sind. Besonders in den dünn besiedelten Landschaften Kastiliens und der Extremadura erfordert die Hotelsuche eine gewisse Voraussicht. Hilfreich ist dabei das aktuelle *Unterkunftsverzeichnis* der jeweiligen Region (Guiá de Hoteles, Campings, Apartamentos). Erhältlich bei i-Büros, großen Tankstellen und Supermarktzentren.

Trotz des nicht überbordenden Zimmerangebotes gibt es in Spanien eine ganze Reihe hotelähnlicher Spielarten.

Häuser, in denen für ein DZ 30 bis 70 € verlangt werden:

- Fonda – F (einfaches Gasthaus, typischerweise im Ortszentrum)
- Casa de Huespedes – CH (einfaches Gasthaus)
- Pensión – P (unterschiedliche Ausstattungen, meist im Ort)
- Hostal-Residencia – HsR (Hotelherberge ohne Restaurant, auch außerhalb von Orten)
- Hostal – Hs. (Hotelherberge, meist mit Restaurant und im Ort)
- Hotel-Residencia – HR bis HR** (Hotel ohne Restaurant)
- Hotel – H bis H** (Hotel mit Restaurant, einfach bis mittel).

Hier kostet ein DZ 70 € und mehr:

- Hotel – H*** bis H***** (komfortabel bis luxuriös)
- Albuerges Nacionales (komfortable staatl. Hotels in unterversorgten Gebieten, meist an Fernstraßen)
- Paradores (rund 90 staatliche Nobelhotels in historischen Bauwerken mit schöner Umgebung).

Rund 260 **Jugendherbergen** (Albergues Juveniles) finden sich vor allem im Norden und in der Landesmitte, die meisten sind nur in der Sommersaison geöffnet, Ü ab 12 € (*www.hihostels.com*).

Camping

Über 800 **Campingplätze** sind offiziell registriert, davon gut zwei Drittel an den Küsten. Ein ausführlicher Campingführer („Guiá de Campings") kann bei den i-Büros und auf großen Campingplätzen erworben werden. 2 Pers. m. Zelt zahlen 1220 €.

Da die Campingplatzdichte im Landesinnern sehr niedrig ist, ist **wild campen** oft die einzige Alternative. Um Konflikte mit der Guardia Civil (Polizei) zu vermeiden, folgende Spielregeln beachten: Umzäunungen und Einfriedungen respektieren, Verbotstafeln beachten (Strände, Naturschutzgebiete), Mindestabstände einhalten (ca. 1 km zu Ortschaften, 50 m zu Hauptstraßen, 150 m zu Wasserentnahmestellen). Trockenliegende Flussbetten meiden, nicht in der Nähe von historischen Objekten und Militäranlagen campen.

Manfred Nebelung: „Seit 15 Jahren toure ich in Spanien, wild campen ist dabei zu meiner bevorzugten Übernachtungsart geworden. Auch wenn es nicht verboten ist, sollte man den Grundsatz beherzigen, dabei möglichst wenig gesehen zu werden, und dies auch vom ersten Schritt an in Richtung des auserwählten Geländes. Das Zelt erst kurz vor Einbruch der Dunkelheit aufbauen, nachdem man seine nähere Umgebung ausgekundschaftet hat. Belohnt werden diese Maßnahmen mit einer erholsamen Nacht in der Stille der Wildnis. Günstig sind die spanischen Mittelgebirge. Schwierig, fast verzweifelnd, gestaltet sich die Zeltplatzsuche in Regionen mit viel Weidewirtschaft, wo ein Ende der kilometerlangen Zäune oder Steinwälle einfach nicht in Sicht ist (Castilla y León, Extremadura, Castilla-La Mancha, Andalucía)."

Gaskartuschen (span.: bomba de gas) für „Campinggaz"-Kocher – insbes. die gängige Stechdornkartusche Typ C 206 – sind in Spanien in Eisenwarenhandlungen erhältlich (span.: ferretería).

Karten, Literatur & GPS

Tourenkarten

Festland (Iberische Halbinsel)

Achtung, im Inneren Spaniens gibt es Geisterdörfer, die in den Karten wie bewohnte Orte eingezeichnet sind.

- Michelin: 1:400.000, div. Teilkarten wie bspw. Galizien, Extremadura, Andalusien. Wenig touristische Infos (bzw. nur in Verbindung mit dem entsprechenden Michelin-Führer), aber Straßennetz aktuell und präzise.
- Michelin: 1:400.000 Spiralatlas Spanien/Portugal, beste Allround-Karte.

Balearen

- Kompass Wanderkarten: Mallorca 1:75.000 Menorca 1:50.000 · Ibiza/Formentera 1:50.000 · Spanischer Jakobsweg 1:100.000

- Reise Know-How, World Mapping Project: Mallorca 1:80.000 (beidseitig) · Mallorca Rad- und Wanderkarte 1:40.000 auf 4 Bl. · Ibiza/ Formentera 1:65.000
- Esterbauer Vlg.: 1:60.000, „Radkarte Mallorca Ost" · „Radkarte Mallorca West".

Kanarische Inseln

- Kompass Wanderkarten:
  Gran Canaria 1:50.000 · Teneriffa 1:50.000
  La Palma 1:50.000 · La Gomera 1:30.000
  El Hierro 1:30.000 · Fuerteventura 1:75.000
  Lanzarote 1:50.000.

Tourenführer

Festland

- Esterbauer Vlg.: Bikeline „Jakobs-Radweg".
- Kettler Vlg.: „Jakobsweg per Rad".

Balearen

- Kettler Vlg.: „Mallorca per Rad" (veraltet, von 2000). Radreiseführer mit variablem Routennetz
- Esterbauer Vlg.: Bikeline „Radatlas Mallorca".

Kanarische Inseln

- Kettler Vlg.: „Teneriffa & Gomera per Rad" (veraltet, von 1998) · „Lanzarote & Fuerteventura per Rad" (veraltet, von 2001).

GPS

- *www.kowoma.de* – OSM-basierte, routingfähige Fahrrad- und Freizeit-Karte für Garmin&Co.
- *www.bahntrassenradwege.de* – Beschreibung der spanischen Vía Verdes mit gpx-Tracks
- *www.uv.es/pitarque/mtb* – 16.230 km GPS-Tracks für Mountainbiker

Fahrrad (bicicleta)

Ausstattung

Ohne bergtüchtige Gangschaltung geht kaum etwas, d.h. die Schaltung sollte mindestens einen *untersetzten* Gang bieten. Wie stark die maximal schaltbare Untersetzung sein sollte, hängt von der Art der Steigungen, der Menge des Gepäcks, der persönlichen Kondition und natürlich auch dem Ehrgeiz ab. Bei modernen Reisebikes und Trekkingrädern ist der kleinste Gang immer *untersetzt*, d.h. das Verhältnis der Zähnezahl zwischen vorne und hinten ist kleiner als 1. Wenn beispielsweise die Kette im kleinsten Gang vorne auf einem Kettenblatt mit 24 Zähnen liegt, hinten auf einem Ritzel mit 30 Zähnen, bedeutet das ein Verhältnis von 24:30 = 0,8. Entsprechend leicht tritt sich die Kurbel, aber mit jeder Pedalumdrehung kommt das Rad auch nur um etwa 1,70 m voran.

Fürs feuchte NW-Spanien sollte nicht auf Schutzbleche verzichtet werden. Laufräder und Gepäckträger sollten auch schlechtere Wegstrecken verkraften können, um bei der Routenwahl nicht an den Hauptstraßen kleben zu müssen. Fahrradanhänger sind in Spanien nur tagsüber erlaubt.

Reparaturen

Fahrradwerkstätten („taller de bicicletas") sind vor allem auf Rennräder und Mountainbikes eingerichtet. Gute Werkstätten gibt es in den Großstädten, zunehmend aber auch in kleineren Küstenstädten. Oft können Defekte jedoch nur durch den Kauf einer kompletten

Nordspanien, zwischen Pamplona und Zaragossa

Komponente behoben werden. Wer beispielsweise nur ein Schaltungsrädchen braucht, muss gleich ein ganzes Schaltwerk kaufen. Am besten ist die Ersatzteillage in den nördlichsten Regionen, wo auffallend viel Radsport getrieben wird. 28-Zoll-Reifen (622) sind nicht in 32 mm Breite erhältlich, jedoch in 25, 28, 37 mm. Wegen der Größe des Landes sollten kleine bis mittlere Pannen selbst behoben werden können, bspw. Speichen wechseln.

Straßen und Wege

Straßen und Verkehr

Spaniens asphaltiertes Straßennetz ist vergleichsweise weitmaschig. Dennoch bieten sich Radlern genügend verkehrsarme Nebenstraßen. Bereitschaft für Schotterwege steigert die Auswahl enorm. Wenig Alternativen bestehen allerdings entlang der stark befahrenen Mittelmeerküste. Die Hauptstraßen (Bezeichnungen N, C, H) sind in gutem bis sehr gutem Zustand und häufig mit Randspuren versehen, die dem Radler einen gewissen Schutz verleihen. Weniger gut sind die Asphaltdecken mancher Nebenstraßen (viele Flicken, teilw. auch Schlaglöcher). Abseits der Hauptstraßen ist die Wegweisung oft spärlich.

Jan Cramer: „Höchst angenehm überrascht waren wir von der Rücksichtnahme der spanischen Autofahrer. Wir müssen schon sehr lange zurückdenken, wann wir Ähnliches erlebt haben. Selbst auf breiten Landstraßen bremsen auch Lkw ab und überholen nicht bei Gegenverkehr. Fast immer wird zum Überholen die volle Gegenspur eingenommen."

Vorschriften für Radler

Soweit nicht ausdrücklich verboten, darf auf den Randstreifen der Autostraßen (autovia) geradelt werden. Das gilt jedoch nicht für Autobahnen (autopista).

Radfahrer sind verpflichtet, außerhalb geschlossener Ortschaften einen Schutzhelm zu tragen, bei Dunkelheit und schlechten Sichtverhältnissen zudem etwas Reflektierendes.

Vías Verdes

Tunnel, Brücken, Viadukte – in Spanien gibt es über 7000 km Bahnstrecken, die still gelegt sind oder nie eröffnet wurden. Seit 1993 gestalten die RENFE und das Umweltministerium die landschaftlich reizvollsten Bahntrassen zu Rad- und Wanderwegen um. In Kanada kennt man das als „Rails to Trails", in Frankreich als „Voies Vertes", in Spanien nun als **Vías Verdes** („Grüne Wege", Abk. V.V.). Mittlerweile gibt es Vías Verdes im ganzen Land. Die einzelnen Routen sind 10–80 km lang und gleichen manchmal tatsächlich mehr einem Trail denn einem Radweg. Leider sind die Routen nicht verknüpft, es können 100 km und/oder ein Gebirge zwischen zwei Routen liegen. Alle V.V. zeichnet jedoch das sanfte Steigungsprofil ehemaliger Bahntrassen aus (normale Eisenbahnen schaffen maximal 3% Steigung). Neben den bereits fertig gestellten Vías Verdes (insges. 1900 km sind beschildert und befestigt) gibt es Pionierrouten, die noch nicht markiert sind, aber als befahrbar gelten. Ohne GPS-Tracks wird die Suche nach ihnen nicht leicht.

Zur Planung noch am besten geeignet sind:
www.viasverdes.com
www.bahntrassenradwege.de

EuroVelo

Die auf dem Papier durch Spanien führenden EuroVelo-Routen 1, 3 und 8 sind noch nicht realisiert (2015).

Offroad (MTB)

Spaniens bekannteste MTB-Reviere sind zweifellos die Kanarischen Inseln, aber auch das Festland besitzt wegen seines gebirgigen Charakters zahlreiche MTB-Reviere: die Picos de Europa in Asturien und Kantabrien, die Ostpyrenäen im Norden von Aragón und Katalonien, die Sierras de Francia, Sierras de Gredos, Sierras de Guadarrama in Castilla y León, die Serranía de Cuenca in Castilla-La Mancha, die Sierra de Segura, Sierra Nevada und Las Alpujarras in Andalusien. Weit ins Land führende Forst- und Wirtschaftswege ermöglichen moderate Touren, anspruchsvoll sind die meisten Wanderwege. Einschränkungen existieren teilweise in Nationalparks (Infos vor Ort).

GPS-Tracks für 16.230 km MTB-Strecken: *www.uv.es/pitarque/mtb*

3000 km durch den spanischen Frühling

von Karin Gesierich und Johannes Lindtke

Prolog

Acht Wochen Spanien im Frühjahr. Acht Wochen faszinierende Eindrücke dieser unglaublich schönen und abwechslungsreichen Landschaft. Nicht immer war alles wie geplant, aber die Erlebnisse werden für immer in unseren Köpfen bleiben. Hier folgt ein Bericht über die Highlights unserer achtwöchigen Reise, die Ende März im portugiesischen **Faro** begann und kurz vor der französischen Grenze, in **Girona,** endete.

Faszinierende Landschaften, quirlige Städte, etwas mehr Berge als erwartet, Wetterkapriolen und gastfreundliche Spanier haben uns auf dieser erlebnisreichen Tour begleitet.

In einer anderen Welt

Nach ersten Tagen im frühlingshaft warmen Portugal steuern wir den Norden der Provinz Huelva an. Hier liegt **Minas de Riotinto,** ein kleiner Ort, der einst durch den Bergbau berühmt wurde und für uns Geologen von besonderer Bedeutung ist. Außerdem ist diese leicht hügelige Gegend der perfekte Start für unsere, im Verlauf sehr bergige Reise durch Spanien. Immerhin kommen wir aus der flachsten Gegend Deutschlands, aus Bremen, wo ein Hügel mit 50 m schon ein richtiger Berg ist. Aber zurück nach Spanien. In Minas de Riotinto wurden bis Mitte des letzten Jahrhunderts große Mengen von Kupfererz abgebaut. Die Überreste dieser Industriekultur sind hier allgegenwärtig. Riesige Abraumhalden mit Mineralien, die in allen Farben im Sonnenlicht glitzern, verlassene und verfallene Ruinen, knirschender, nach Schwefel riechender Boden, Seen, die mit blutrotem Wasser gefüllt sind und ein Fluss, dessen Name „Riotinto" (roter Fluß) wörtlich zu verstehen ist. Eigentlich fühlt man sich hier eher wie auf dem Mars, anstatt in Spanien.

Minas de Riotinto

Feuer im Olivenhain

Einige Tage später erreichen wir die Vororte von **Sevilla** und zelten mitten in einem riesigen Olivenhain. Hier werden wir feststellen, dass man in Spanien selten ganz alleine ist. Tief schlummernd liegen wir noch vor dem Morgengrauen in unseren Schlafsäcken, als wir von unheimlichen Geräuschen geweckt werden. Jemand streicht um unser Zelt, kurze Zeit später knistert Holz und wir nehmen Brandgeruch war. Eine äußerst beunruhigende Situation, die sich glücklicherweise als harmlos erweist. Eine Handvoll alter Männer hat sich in den Olivenbäumen um uns herum einquartiert. Fröhlich singend sind sie dabei, die alten Zweige zu schneiden, nachdem die vom Vortag in der Morgendämmerung verbrannt wurden.

Unser Zelt stört sie nicht, so dass wir in Ruhe in der warmen Morgensonne frühstücken und ihnen bei der Arbeit zusehen. Mit der kleinen Fähre in Coria überqueren wir den Rio Guadalquivir und nähern uns Sevilla und dem Erlebnis der **Semana Santa.**

Bewährungsprobe

Nach aufregenden Tagen in einer Stadt im Ausnahmezustand verlassen wir Sevilla in Richtung Süden und radeln auf einsamer, kerzengerader Straße unserer ersten Bewährungsprobe entgegen. Die Berge der Sierra Grazalema, am Südrand der Ebene von Sevilla, mit dem etwa 1100 m hohen **Puerto de las Palomas,** sind unser nächstes Ziel. Je näher wir dem Pass kommen, desto imposanter baut er sich vor uns auf. Da hoch? Mit 20 kg Gepäck? Nach einer letzten Stärkung in einem kleinen weißen Dorf namens Zahara, das am Fuße der

Sierra liegt, nehmen wir den Pass in Angriff. Langsam geht es vorwärts und tatsächlich kommen wir Meter für Meter voran. Die Aussicht wird immer schöner und auch wenn wir ab und an doch ein paar kurze Passagen schieben müssen, ist einige Zeit später die Passhöhe erreicht. Ein tolles Gefühl und ein wunderbarer Ausblick auf die Ebene von Sevilla sind die Belohnung. Und wo man auf der einen Seite hochfährt, geht es auf der anderen Seite auch wieder runter; hinunter letztendlich bis zur Küste, auf unserem Weg nach Gibraltar.

Sierra de Grazalema, Puerto de las Palomas

Pflichtprogramm

Nun, was soll man zu **Gibraltar** sagen? Schön es mal gesehen zu haben, aber verlieben werden wir uns in diese Stadt nicht. Bereits die Anreise schreckt ab, denn es ist sehr mühsam mit dem Fahrrad dorthin zu gelangen. Teilweise müssen wir ein Stück auf einer vierspurigen Autobahn fahren, weil es scheinbar keine Alternative gibt. Danach müssen wir uns noch durch Linea de la Conception quälen, bevor wir endlich die britische Enklave mit dem beeindruckenden Felsen erreichen. Wenn auch Gibraltar nicht viel zu bieten hat, den Europapunkt am südlichen Ende muss man besuchen. Zum Greifen nah ist Afrika hier.

In den weißen Dörfern

Nach diesem kurzen Abstecher geht es wieder zurück in die Sierra de Grazalema, um das berühmte „weiße Dorf", die Kleinstadt **Ronda** zu besuchen. Der Anstieg von Süden ist lang und anstrengend. Alle Höhenmeter, die wir hinuntergesaust sind, müssen wieder hochgestrampelt werden. Ein sehr schöner Weg führt über den **Puerto Encinas Borrachas.** Der „Pass der betrunkenen Steineichen" führt durch karges Hochgebirge und die Passhöhe bietet am Ende einen schönen Blick auf das etwa tiefer liegende Ronda, touristisches Highlight in allen andalusischen Reiseführern. Ronda ist sehr schön, keine Frage, aber alle anderen weißen Dörfer, die wir vorher gesehen haben, waren mindestens genauso schön, wenn nicht sogar schöner, weil weniger touristisch. Allerdings ist die imposante Lage auf dem Felsplateau mit der tiefen Schlucht und der berühmten Brücke wirklich spektakulär.

Sturm über dem Korallenriff

Weiter geht es auf einsamer Strecke über den **Puerto del Viento,** durch die lohnenswerte Schlucht von El Chorro zum *Nationalpark des Bergmassivs El Torcal* bei **Antequera.** Eine landschaftlich absolut reizvolle Strecke. Kurz vor Antequera nimmt der Wind plötzlich so stark zu, dass wir kaum noch vorankommen und Probleme haben, uns überhaupt auf dem Fahrrad zu halten. Da es schon spät ist, müssen wir hier ein Fleckchen zum Zelten suchen. Die Nacht wird alles andere als schön. Der Wind zerrt und reißt am Zelt und von Schlaf kann kaum die Rede sein. Auch am nächsten Morgen herrscht weiterhin starker Wind. Den Anstieg nach El Torcal können wir zu einem großen Teil nur schiebend bewältigen. Zwei Stunden schieben sind ja auch mal eine schöne Abwechslung. Oben wartet dafür eine Belohnung sondergleichen. Auf dem Gipfel dieses Massivs befindet sich die bizarre Karstlandschaft eines fossilen Korallenriffs mit faszinierenden Verwitterungsformen. Eine völlig fremde, unwirkliche Welt, und sogar der Wind hat schließlich ein Einsehen. Am frühen Nachmittag machen wir uns auf in Richtung **Malaga.**

Untypische spanische Mittelmeerküste

Generell ist die spanische Küste mit Hotelkomplexen und Schnellstraßen zugebaut und mit einem Spanien, wie wir es uns idealerweise vorstellten, hat das hier selten etwas zu tun. Nur der Küstenabschnitt östlich von Malaga, besonders östlich von **Nerja** ist einer der wenigen schönen Abschnitte, die

Andalusien

vom Massentourismus noch einigermaßen verschont geblieben sind. Hinter Nerja stellen wir unser Zelt direkt an der Steilküste auf. Zwischen Blumen und Meeresrauschen genießen wir ein unverbautes Stück Mittelmeer.

Sintflut in den Alpujarras

Nach dem kurzen Besuch am Meer geht es wieder zurück in die Berge. Zum ausgiebigen Baden ist das Wasser sowieso noch viel zu kalt. Etappenziel ist die geschichtsträchtige Stadt **Granada,** wo wir uns einige Tage aufhalten. Danach umfahren wir die Sierra Nevada durch die südlicher gelegenen Alpujarras. Hier werden wir sehr eindrucksvoll mit den Mächten des Wetters konfrontiert. Dessen Spuren haben auf einer relativ neuen Straße in kürzester Zeit ganze Arbeit geleistet. Entweder ist sie an vielen Stellen mit Geröll zugeschüttet, so dass manchmal nur noch die halbe Spur befahrbar ist, oder es sind teilweise ganze Abschnitte mehrere Meter tief ins Tal abgerutscht. Wie das mit der Erosion hier funktioniert, dürfen wir mit eigenen Augen beobachten, als ein Starkregen aufzieht und jede Menge Schlamm von den Hängen über die Straße spült. Und mit dem Schlamm werden auch wir hinuntergespült. Völlig durchnässt und durchfroren flüchten wir im nächstgelegenen Ort in eine kleine Pension, die uns vor einer ungemütlichen Nacht im nassen Zelt bewahrt.

Die bunte Wüste

Am nächsten Morgen ist der Regen vorbei, aber die Berge sehen weiterhin noch wenig einladend aus. Fahren wir eben weiter in Richtung Küste, wo das Wetter oftmals schöner ist. Auf einer Anhöhe, kurz vor der Küstenebene, verschlägt es uns fast die Sprache. Wir stehen gerade vor dem größten Gewächshausgebiet der Welt. Eine völlig weiße, zugebaute Landschaft erstreckt sich auf einer nicht zu beschreibenden Fläche. Kilometerweit sausen wir vorbei an unendlich vielen Gewächshäusern bis wir **Almería** erreichen. Da es außerhalb der Altstadt nicht wirklich hübsch ist und es uns sowieso eher in die Natur zieht, biegen wir zu einem weiteren Highlight unserer Reise ab: der **Wüste von Tabernas.**

Drehort vieler Westernfilme und von beeindruckender Schönheit ist diese karge, trockene, aber auch bunte und lebendige einzige Wüste Europas. Bizarre Felsformationen sind über und über mit violetten Blüten bedeckt. Felder voll gelber, weißer und roter Blumen und Insekten, die sich an der Fülle von Nektar laben, geben der staubtrockenen Gegend ein anderes Bild. Dieses Farbenspiel ist hier nur im Frühling vorzufinden. Inmitten einer Caldera eines längst erloschenen Vulkanes am Rand der Wüste stellen wir unser Zelt auf einen freien Flecken, bedeckt mit tausenden glitzernden Granatdelsteinen. Darüber erstreckt sich ein Sternenhimmel, wie man ihn nur selten zu sehen bekommt. Gerade noch aus den kalten ungemütlichen Alpujarras vertrieben, sind wir mitten im Paradies. Derartige Wechsel werden wir auf unserer Reise noch öfters erleben und gerade diese Gegensätze machen sie zu einem besonderen Erlebnis.

Kulissenschieberei

Nach vier Wochen verlassen wir Andalusien und reisen ab jetzt ohne Reiseführer. Der Weg ist das Ziel und völlig unvoreingenommen fahren wir in Richtung der katalanischen Hauptstadt Barcelona. Auf diesem Abschnitt erleben wir ein sehr authentisches und gastfreundliches Spanien. Während Andalusien vielerorts touristisch wirkt, sind die nun folgenden Orte vom Tourismus weitgehend unberührt und daher von einem ganz besonderen Charme. Auch die Landschaften sind von einer einzigartigen Schönheit und wir können uns kaum satt sehen an der ständig wechselnden Kulisse. Besonders reizvoll ist die Strecke von **Lorca** über **Cieza, Jumilla, Almansa** bis **Requena** und **Chera.** Dazwischen fahren wir durch weitläufige Hochebenen, unterbrochen von Sierren aus verschiedenfarbigen Gesteinsschichten und tollen Ausblicken.

Mittelalterliches Gelage

In **Cieza** geraten wir eher zufällig und durch die Hintertür in eine Feria, ein landestypisches Volksfest im Frühling. Aus allen Ecken tönt Musik, es duftet nach leckerem Essen und die Menschen sind mittelalterlich gekleidet am Feiern. Als sie uns mit unseren bepackten Fahrrädern zu Gesicht bekommen, dürfen wir für eine Weile die Attraktion sein. Keiner will glauben, dass wir aus Portugal kommen und noch weiter bis Barcelona wollen. Anerkennend bekommen wir leckere Tapas und kaltes Bier zu trinken und sind ein begehrtes Fotomotiv. Angesteckt von der fröhlichen, familiären Atmosphäre lauschen wir leicht angetrunken den Musikanten beim ausgelassenen Jammen.

„Unsere" Burg

Nahezu jeder Ort, den wir in dieser Gegend durchfahren, besitzt eine Burg. Oftmals sind es nur noch Ruinen. Teilweise sind sie aber auch liebevoll restauriert und wir fühlen uns in dieser Gegend tatsächlich ein bisschen wie im Mittelalter. Auch das wilde Zelten ist hier absolut problemlos. Überall finden wir wunderschöne Plätzchen und niemanden stört es. Einer unserer schönsten Zeltplätze ist die Burg von **Chera.** Erhaben thront die verfallene Burgruine auf einer Anhöhe mit wild sprudelndem Wasserfall über den Dächern des kleinen Ortes. Für eine Nacht erheben wir die Herrschaftsansprüche über die Gegend und wachen, bei Lagerfeuer und Vollmond, auf „unserer Burg" über das gerade eroberte Gebiet.

Achtung Schild

Einige Tage später, wir haben gerade die hässliche Gegend um **Onda,** in der Nähe von Valencia, mit ihrer Keramikindustrie hinter uns gelassen, fahren wir bei schönstem Wetter an einem Straßenschild „Achtung Schnee und Nebel!" vorbei und belustigen uns über diese scheinbar unpassende Beschilderung. Schnee im Mai, toller Witz! Hi hi!

Doch kein Witz

Vor uns erhebt sich das Gebirgsmassiv des „El Maestrat". Über den **Coll d'Ares** (1100 m) gelangen wir auf eine weitläufige, karge Hochebene. Unter strahlend blauem Himmel erreichen wir die grandiose mittelalterliche Stadt **Morella.** Eine Stadt, die direkt aus dem Märchenbuch stammt. Umgeben von einer vollständig geschlossenen Stadtmauer liegt sie auf einem Hügel, auf dessen Spitze eine imposante Burg thront. Innen ist der Ort zwar etwas zu touristisch, aber Stadt und Burg sind wirklich einen Besuch wert. Von dort haben wir einen tollen Ausblick auf die Hochebene. Aber nicht nur auf die Hochebene, sondern auch auf das Wetter. Das Blau am Himmel wird immer weniger und weicht ungemütlich wirkenden Wolkenformationen.

Morella

Es fängt schon an zu tröpfeln und schnell verlassen wir Morella, um noch ein geeignetes Fleckchen zum Zelten zu finden. Sehr weit kommen wir nicht, und an einem Hang nahe der Straße, fern jeglicher Ortschaft, stellen wir schnell unser Zelt auf. Nun bekommen wir die Rechnung für unsere kleine Belustigung über das Straßenschild wenige Tage zuvor. Es regnet sich ein. Es regnet die ganze Nacht. Am nächsten Morgen regnet es immer noch, und auch am Mittag, Nachmittag und am Abend. Nach 24 Stunden Regen fängt unsere Stimmung an zu kippen und die Vorräte neigen sich dem Ende zu. Es hört einfach nicht auf.

Und damit nicht genug. Am späten Abend verändert sich das Geräusch auf dem Zeltdach. Das Platschen der Tropfen weicht einem anderen, stilleren Geräusch. Aus dem Regen wird Schnee. Und es schneit so stark, dass wir mitten in der Nacht aufwachen, weil die Zeltwand durch die Last des nassen Schnees immer weiter nach innen gedrückt wird. Am nächsten Morgen stockt uns der Atem. Eine gut 10 cm dicke Schneeschicht ist gefallen. Alles ist eingeschneit und eingefroren: das Zelt, die Taschen, die Räder und es ist wirklich verdammt kalt. Wer rechnet bei einer Radtour im Frühling in Spanien schon mit Schnee?

Vermutlich ist es das Adrenalin, was uns antreibt. Hastig packen wir ein und machen uns auf, die unwirtliche Gegend zu verlassen. Der Himmel verspricht weiterhin nichts Gutes. Die wenigen kleinen Dörfer, die wir durchfahren, scheinen völlig verlassen. Doch eine kleine Bar in **Castell de Cabres** („Burg der Ziegen") ist wundersamerweise geöffnet. Bei kuscheligem Ofenfeuer reicht uns ein freundlicher, alter Gastwirt ein leckeres Frühstück mit Kaffee, Weißbrot, Schinken und Orangen. Unser Retter! Gestärkt und wieder etwas aufgewärmt verlassen wir den El Maestrat und erreichen am späten Nachmittag die Stadt **Tortosa** am Ebro, wo wir uns schnell ein Zimmer suchen. In solchen Augenblicken wird einem bewusst, wie viel Luxus ein Dach, vier Wände und eine warme Dusche doch sein können.

Der Prinz

Wir bleiben nun erst einmal in der Ebene und folgen bei nunmehr wieder schönem Wetter dem Ebro. Wir überqueren den Fluss auf einer winzigen Fähre, um das in den Fels geklebte Dörfchen **Miravet** anzusehen und in einer Pfirsichplantage am Fluss zu übernachten. Der Weg nach Barcelona führt über unseren letzten Gebirgszug, das *Massiv Montsant*, diesmal bei gutem Wetter. Auf der Karte ist auf dem Gebirgsplateau ein kleiner Ort eingezeichnet: **La Mussara.** Dort wollen wir unser Brot für die Mittagspause kaufen. Wir kommen jedoch zu spät. Der Bäcker hat bereits geschlossen. Für immer. La Mussara ist ein märchenhaftes, verfallenes Dorf, in dem schon seit geraumer Zeit niemand mehr lebt. Nur einer lebt hier noch, ein leuchtendgrüner Leguan wacht im Gras neben dem verlassenen Dorfteich. Vermutlich ein verzauberter Prinz, den sich keiner getraut zu küssen.

Nach diesem Märchenausflug sind wir schon so gut wie in Barcelona. Wir lassen uns drei Tage durch die Stadt treiben und nehmen dann unsere letzte Etappe in Angriff.

Abstecher in den Nebel

Wir verlassen **Barcelona** und fahren ein Stück an der Küste entlang. Aber an dieser Stelle ist das keine so gute Idee! Industrie, Schnellstraßen, Gestank, viel zu viele Menschen und Autos vertreiben uns schnell wieder. Glücklicherweise reicht es auch hier, von der Küste nur wenige Kilometer ins Landesinnere zu fahren und schon ist die Welt wieder in Ordnung. Außerdem kommen wir dadurch in den Genuss, eine letzte Bergetappe einzubauen, die zuvor gar nicht auf unserem Plan stand. Der **Turo de l'Home** ist der höchste Berg in der Gegend um Barcelona, und wir wollen ihn erklimmen.

Nach sternenklarer Nacht am Fuße des Berges liegt am Morgen Regen in der Luft, und der Berg hat sich in ein Kleid aus dichtem Nebel gehüllt. Wir lassen uns nicht abschrecken. Wir müssen zwar den 1700 m hohen Gipfel weglassen, aber den Pass, auf etwa 1200 m, nehmen wir mit. Hier zeigt sich nun auch die mittlerweile gewonnene Kondition. Die 1000 Höhenmeter fahren wir so entspannt nach oben, dass es trotz des Wetters ein Genuss ist. Nur die Temperatur auf dem Pass ist keiner, denn mit 8 °C in den Wolken ist es ziemlich frisch und die Mittagspause fällt entsprechend kurz aus. Mittlerweile regnet es auch wieder und ein letztes Mal flüchten wir aus den Bergen.

Die letzten Tage bis zum Rückflug verbringen wir in L'Estartit, einem kleinen Küstenort nahe der französischen Grenze. Genau acht Wochen nach unserem Start in Faro sind wir dann am Flughafen von **Girona.** Fast wären wir sogar noch in Spanien geblieben, denn bis vor wenigen Tagen war der Luftraum wegen der Aschewolke des isländischen Vulkans Eyjafjallajökull gesperrt. Fast schade, dass der Flieger dann doch kam.

Tschechien

Daten

78.864 qkm • 10,5 Mio. Einw. • 133 Ew./qkm
Ausdehnungen: N – 250 km – S // W – 500 km – O

Land

Die einstigen habsburgischen Kronländer Böhmen und Mähren haben zwar keine politische Bedeutung mehr, sind aber immer noch die geografischen Oberbegriffe Tschechiens. Ein durchlässiges Mittelgebirge (Böhmisch-Mährische Höhe) trennt die beiden landschaftlichen Großräume.

Böhmen nimmt die westlichen zwei Drittel des Landes ein. Randgebirge bis 1600 m umschließen das Böhmische Becken wie eine Festung. An das flache, breite Elbetal in der Mitte des Beckens schließen sich Böhmens charakteristische Hügel- und Hochplateaulandschaften an. Die zum Teil tief in das Land schneidenden Täler von Eger, Beraun und Moldau entwässern das Böhmische Becken großräumig zur Elbe hin. Den Übergang zu Mähren bildet die bis 838 m hohe, sanft gestaltete Böhmisch-Mährische Höhe.

Mähren nimmt das restliche Drittel des Landes im Osten ein. Im Gegensatz zu Böhmen gibt es hier mehr kleinere Becken. Die höchste Erhebung ist das zu den Sudeten gehörende Altvatergebirge im Norden (bis 1491 m). Bevor östlich davon die Karpaten beginnen, haben eiszeitliche Gletschermassen noch ein weiteres Becken eingefügt – die Mährische Pforte. Gemeinsam mit den anschließenden Grabenlandschaften bildete sie seit der frühen Eisenzeit den bedeutendsten Nord-Süd-Durchgang im mitteleuropäischen Raum. Auch die legendäre, von der Ostsee zur Adria führende „Bernsteinstraße" nutzte die Pforte.

und Leute

Unter den slawischen Nationen ist die tschechische die westlichste. Über große Zeiträume bestimmten deutsche Minderheiten die Geschicke des Landes. Erst nach dem Ersten Weltkrieg konnten sich Böhmen und Mähren von den österreichischen Habsburgern lösen und selbstständig werden. Der westliche Charakter ist bis heute geblieben, einerseits stark industrialisiert, andererseits schöne alte Städte, die im Krieg keinen Kratzer abbekamen. Auch die Tschechen selbst wirken eher mitteleuropäisch als slawisch. Ältere Tschechen sprechen teilweise noch Deutsch, jüngere vor allem Englisch. Bei rätselhaften Speisekarten und verständnislosen Fahrkartenverkäufern hilft ein Wörterbuch.

Schwejk, der brave Soldat

per Rad entdecken

Obwohl Tschechien überwiegend hügelig-bergig ist, sind Radsport und Fahrradtourismus sehr populär. Radler treffen auf entsprechend gute Bedingungen: gute ruhige Nebenstraßen, Fahrradwerkstätten in jedem Städtchen, ein dichtes nationales Radroutennetz, gute Mitnahmemöglichkeiten bei der Bahn. Nur im städtischen Alltagsverkehr haben Radler seltener grünes Licht. Abgesehen von den Relikten des Sozialismus ist Tschechien ein attraktives Radreiseland, zugleich eines der preiswerten Europas.

Routen & Regionen

Westböhmen

Überblick

Zwei sehr gegensätzliche Gebirge begrenzen den westlichsten Bezirk des Landes: Im Norden das ausgebeutete Erzgebirge (Krusn hory), Synonym für weitreichende Umweltzerstörung, im Süden der Cesky les (= Tschechischer Wald, nördlicher Teil der Böhmerwald-Region), eine der ursprünglichsten Waldregionen Mitteleuropas. Im Einzugsbereich dieser Grenzgebirge bilden die berühmten alten Kurbäder Franzensbad (Frantiskovy Lázne), Karlsbad (Karlovy Vary) und Marienbad (Mariansk Lázne) die Eckpunkte des westböhmischen Bäderdreiecks, denn Westböhmen ist von Moorgründen vulkanischen Ursprungs durchzogen. In einem flachen Becken liegt Pilsen (Plzen), Bezirkshauptstadt und zweitgrößte Stadt des Landes. Zwischen Pilsen und den Randgebirgen erstreckt sich typisch böhmisches Hügelland mit Wiesen, Wäldern und Feldern.

Eger-Tal

Eine der wenigen, wirklich lohnenden Routen, in dem von Tagebau und Industrie geprägten Norden des westböhmischen Bezirks, ist das Tal der Eger (Ohre). Eine idyllische Nebenstrecke führt an der Südseite des Flusstals von Karlovy Vary nach Klásterec – anfangs flach, später stark hügelig. Wer will, kann die eingeschlagene Route anschließend auf der 255 sinnvoll bis zum nordböhmischen Louny fortsetzen und passiert dabei, ohne große Mühen, die mittelalterlichen Städte Kadan und Zatec. Westlich von Karlovy Vary wartet dann das malerischste Stück der Eger überhaupt: Ein Radweg führt durch das Granitfelstal **Svatovssk skály** nach Loket – ein enger mittelalterlicher Ort mit Burgfelsen. Mittlerweile ist die gesamte **Eger-Radroute** als Nr. 6 markiert.

Cesky les und Sumava (Böhmerwald)

Der **nördliche Böhmerwald** (Cesky Les) war während der Zeit des Eisernen Vorhangs zu großen Teilen Sperrgebiet und ist kaum durch Straßen erschlossen. Alle Karten waren hier früher gewollt fehlerhaft. Beschaulicher und unspektakulärer geht es bei Touren im offenen Hügelland zwischen Stríbro und Domazlice zu. **Domazlice** ist das pittoreske Zentrum des traditionsbewahrenden Chodenlandes. Östlich davon ist **Klatovy** so etwas wie das Tor zur

Radweg im Tal der Ege zwischen Karlovy Vary und Loket

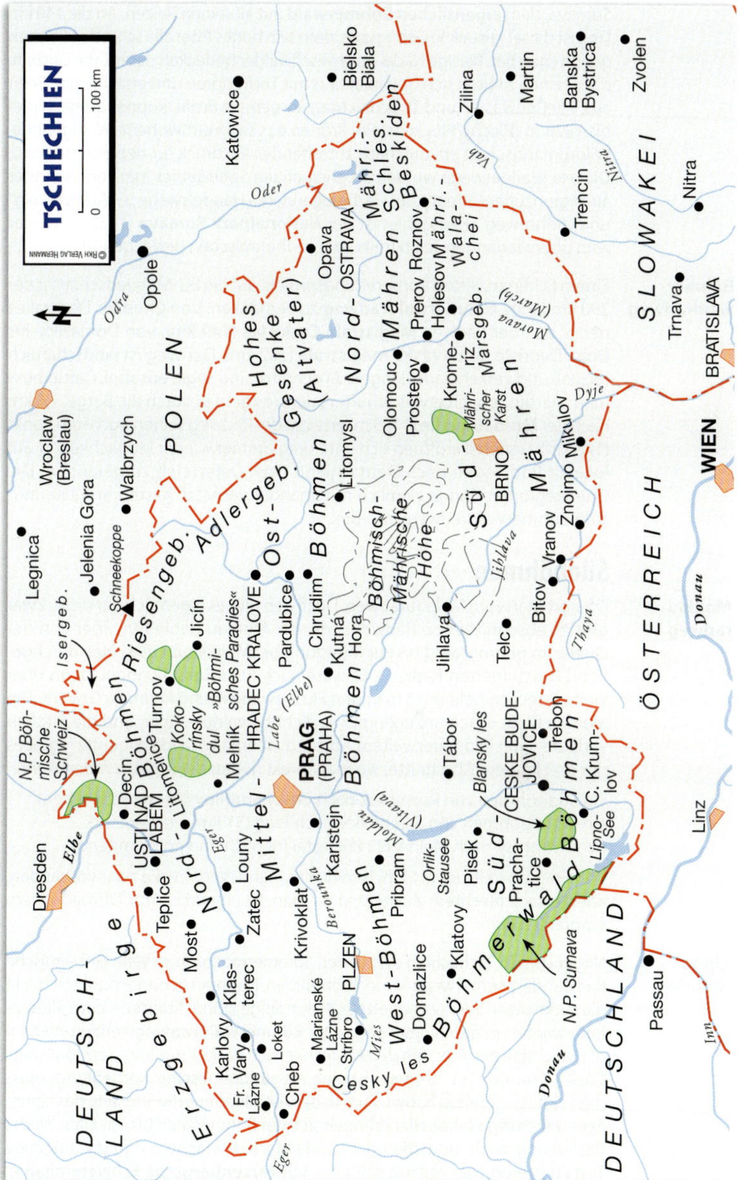
TSCHECHIEN
0
100 km
© RKH VERLAG HERMANN
DEUTSCH-LAND
POLEN
SLOWAKEI
ÖSTERREICH
DEUTSCHLAND
PRAG (PRAHA)
WIEN
BRATISLAVA
Dresden
Wroclaw (Breslau)
Legnica
Jelenia Gora
Walbrzych
Opole
Katowice
Bielsko Biala
Zilina
Martin
Banska Bystrica
Zvolen
Trencin
Nitra
Trnava
Linz
Passau
Erzgebirge
Nord-Böhmen
Riesengeb.
Isergeb.
Schneekoppe
Adlergeb.
Ost-Böhmen
Hohes Gesenke (Altvater)
Nord-Mähren
Mähr.-Schles. Beskiden
Mähri.-Walachei
Mittel-Böhmen
West-Böhmen
Süd-Böhmen
Süd-Mähren
Böhmisch-Mährische Höhe
Böhmerwald
Cesky les
N.P. Böhmische Schweiz
N.P. Sumava
Kokorínsky dul
»Böhmisches Paradies«
Mährischer Karst
Marsgeb.
Blansky les
Orlik-Stausee
Lipno-See
Decín
USTI NAD LABEM
Teplice
Litomerice
Turnov
Jicín
Melnik
Most
Louny
Zatec
Klasterec
Karlovy Vary
Fr. Vary Lázne
Loket
Cheb
Marianské Lázne
Stríbro
PLZEN
Krivoklat
Karlstejn
Beroun
Domazlice
Klatovy
Pribram
Pisek
Prachatice
CESKE BUDEJOVICE
C. Krumlov
Trebon
Tábor
Kutná Hora
HRADEC KRALOVE
Pardubice
Chrudim
Litomysl
Jihlava
Telc
Bitov
Vranov
Znojmo
Mikulov
BRNO
Kromeríz
Prostejov
Olomouc
Prerov
Holesov
Roznov
Opava
OSTRAVA
Elbe
Labe (Elbe)
Eger
Moldau (Vltava)
Berounka
Mies
Jihlava
Thaya
Dyje
Morava (March)
Oder
Odra
Vah
Nitra
Donau
Inn

Sumava, dem **eigentlichen Böhmerwald** mit all seinen Reizen. An die 140 km lang ist dieser kristalline Gebirgszug, dem sein hohes Alter alle schroffen Formen genommen hat. Riesige Nadel- und Mischwälder bedecken das mürbe Gestein, dazwischen breiten sich Hochplateaus mit Torfmooren und eiszeitlichen Seen aus, Fließgewässer und Talschluchten sorgen für Profil, kuppenartige Gipfel bis 1378 m (Plechy/Plöckenstein) krönen das sagenumwobene Waldgebirge. Wildromantisch ist ein durchaus zutreffender Ausdruck für den Böhmerwald. Diverse Wanderwege wurden im ehemaligen Sperrgebiet markiert, darunter auch grenzüberschreitende wie die legendären Handelswege „Goldener Steig" und „Böhmweg". Kerngebiet ist der **Nationalpark Sumava** (1630 qkm), der zum überwiegenden Teil bereits zum südböhmischen Bezirk gehört.

Böhmerwaldradweg

Einem EU-finanzierten Vorbereitungsprojekt auf die EU-Mitgliedschaft ist der 390 km lange **Böhmerwaldradweg** zu verdanken. Von Cheb bis Domzalice nennt sich der Radweg **Magistrala Cesky les** (149 km), von Domazlice bis Dolní Dvoriste **Sumavaska magistrala** (242 km). Der Weg ist landschaftlich reizvoll und verkehrsarm, längere Abschnitte sind sogar autofrei. Dafür muss man allerdings auch etwas schuften, denn es geht ja durch die Berge. 1,5 km nach der **Moldauquelle** (1185 m) erreicht der Radweg seinen höchsten Punkt (1285 m). Generell eröffnen sich unterwegs immer wieder Möglichkeiten, auf lokalen Radwegen nach Deutschland bzw. Österreich zu gelangen. Die Grenzregionen sind ja ziemlich miteinander vernetzt. Karten und Literatur zum Böhmerwaldradweg: Info-Box.

Südböhmen

Moldauradweg

Oft hört man vom Moldauradweg. Doch den gibt es eigentlich gar nicht. Zwar gibt es abschnittweise Radwege, die die Moldau begleiten, aber von der Quelle im Böhmerwald bis zur Mündung bei Melnik gibt es *keinen* durchgehend beschilderten Radweg. Es wäre auch Etikettenschwindel, denn über weite Strecken bekommt man den Fluss zwangsläufig kaum zu Gesicht. Die Moldau fließt durch unzugängliche, dicht bewaldete Täler, und die Straßen verlaufen, mit kilometerweitem Abstand, oberhalb davon. Eigentlich gibt es nur drei längere Abschnitte, wo man direkt neben der Moldau radeln kann:

- In Südböhmen von Rozmberk nach Cesky Krumlov (24 km, sehr schön).
- In Mittelböhmen von Stechovice nach Prag (31 km, viel Verkehr).
- Von Veltrusy nach Melnik (23 km, total friedlich und entspannend).

Von Prag bis Veltrusy (31 km) ist eine flussnahe Wegstrecke zwar vorhanden, aber in so schlechtem Zustand, dass man sie eigentlich nur Offroad-Bikern empfehlen kann.

Lipno-Stausee

Nirgendwo in Tschechien sind in den Sommermonaten so viele einheimische Radwanderer unterwegs wie in Südböhmen. Hauptanziehungspunkt ist der in die südöstliche Sumava gebettete, 40 km lange Lipno- Stausee – eine „Riesenbadewanne" in geschützter Lage. Der **Böhmerwaldradweg** verläuft hier auf die Nordseite des Sees, um den Abstecher nach Cesky Krumlov zu ermöglichen. **Cesky Krumlov** (dt. Krumau) ist eine Art südböhmisches Rothenburg, muss man einfach gesehen haben. Zum Radeln ist allerdings die Südseite des Lipno-Sees das einzig Wahre. Hier drängelt sich der Böhmerwald bis ans Ufer. Weder Besiedlung noch Industrie oder Landwirtschaft machten ihm das hügelige Terrain streitig. Hier verläuft dafür der **Schwarzenbergsche Schwemmkanal.**

Schwarzenbergscher Schwemmkanal

Bis ins 20. Jahrhundert wurden auf dem 45 km langen tschechischen Kanalabschnitt Baumstämme in Richtung Donau geschwemmt. Im Zuge der Restaurierung des ingeniös ausgeklügelten Kanalsystems entstand auch ein begleitender Radweg – naturgemäß völlig steigungsfrei.

Sumavavorgebirge Auch das gut 60 km lange, klimatisch geschützte Sumava-Vorgebirge (Sumavsk podhurí) zieht Urlaubsradler an. Neben Prachatice, Cesky Krumlov und Cesk Budejovive, einem außerordentlich sehenswerten Städtetrio aus Renaissance und Barock, locken hier, westlich von Budejovive, etliche Badeseen sowie das bewaldete Mittelgebirge **Blansky les** – ein Naturpark mit autofreier Kammstraße zwischen den Gipfeln Granátník (810 m) und Klet' (1084 m).

Wittingauer Becken Rund um das mittelalterliche **Trebon** ist das Wittingauer Becken mit seiner künstlich geschaffenen Teichlandschaft ein Köder für Radwanderer: keine Berge mehr, nur noch sanftes Dahinrollen. Im Idealfall auf einer stillen Allee, die als Dammstraße mitten durch die Teiche führt. Solche Traumstrecken sind dann allerdings doch seltener, als es die Anzahl der Seen vermuten lässt. Man findet sie vor allem östlich von Trebon bei Stará Hlína und rund um Chlum. Wer länger bleiben will, kann von Trebon aus beschauliche Tagestouren auf Wald- und Wirtschaftswegen unternehmen (MTB vorteilhaft).

Orlík-Stausee Weitere Highlights in Südböhmen sind die Stadt **Tábor** und der westlich davon gelegene **Orlík-Stausee** mit den Burgen Orlík und Zvíkov. Vom Lipno-Stausee entlang der Moldau bis zum Orlík-Stausee oder gar Prag zu radeln wäre schön, funktioniert aber nur bis Cesky Krumlov und anschließend erst wieder von Stechovice bis Prag (s. Mittelböhmen). Auch am Stausee selbst gibt es keine Uferwege, da die Seitentäler ebenfalls geflutet sind. Empfehlenswert ist statt dessen die Personenfähre von Zvíkov nach Orlík. Sie verkehrt in den Sommermonaten 3x täglich und nimmt auch Fahrräder mit.

Mittelböhmen

Moldau-Tal **Prag** ist nicht nur das „goldene", hunderttürmige" Zentrum Mittelböhmens, sondern Magnet fürs ganze Land. Einen verkehrsarmen Schleichweg in die Metropole gibt es nicht. Lohnend ist ab Stechovice die topfebene Panoramastrecke durchs Moldau-Tal (viel Wochenendverkehr). Nördlich von Prag ist es wieder nur sehr begrenzt möglich, an der Moldau zu radeln, die Wegstrecke ist immer noch nicht ausgebaut.

Drei weitere große Flüsse fließen durch Mittelböhmen: Elbe (Labe), Sázava und Berounka. Doch der mittelböhmische Lauf der **Elbe,** von Záhorí bis Steti, ist wenig attraktiv als Routengeber, und auch die **Sázava** ist für Radler keine wirklich lohnende Strecke, denn dort, wo es Straßen gibt, ist das stark hügelige Tal zugleich auch dicht besiedelt. Auch die ausgeschilderte Sazava-Radroute kann daran nichts ändern (Davle–Lisek, 243 km). Wer die schönsten Passagen des Sázava-Tales kennenlernen will, sollte hier die Eisenbahn benutzen (Regionalzug, Fahrradselbstverladung). Ihr ist die einzig durchgehende Trasse direkt im Flusstal vorbehalten. Welch ein Radweg, falls diese Bahnstrecke einmal stillgelegt werden sollte!

Berounka-Tal

Anders hingegen die bei Pilsen entspringende Berounka. Ihrem Lauf von Krivoklát bis Prag zu folgen empfiehlt sich sehr. Überwiegend leichtes bis mäßiges Profil, romantische Abschnitte durch Wald bei gleichzeitiger Sicht auf den Fluss, und **Karlstejn,** die bedeutendste Burg Tschechiens, direkt auf dem Weg. Nur auf dem letzten Stück, von Lety bis Prag, ist das Berounka-Tal dann völlig uninteressant. Hier wäre die Straße durchs Moldau-Tal eindeutig schöner (s.o.). Allerdings steht dieser Route, von Westen aus gesehen, das kleine Hrebenky-Gebirge mit einem fiesen Anstieg im Wege. Daher besser doch erst der Berounka bis Prag folgen und ggf. später entlang der Moldau stadtauswärts nach Süden radeln.

Nord- und Ostböhmen

Überblick

Abgesehen vom Tal der Eger (s. Westböhmen) finden sich die interessanten Radelgebiete der nördl. Landesteile vor allem *östlich* der Elbe (Labe).

Elbetal

Von Litomerice bis Decín führt die Elbe durchs Mittelböhmische Mittelgebirge. Die Elbe muss sich hier durch ein enges Flusstal zwängen. Trotz der Enge wird sie zu beiden Seiten von Straßen begleitet. Die am rechten Ufer ist zwar hügeliger als die linkselbische Straße ist, dafür aber auch ruhiger. In dem Bemühen,

Elbe-Moldau-Gabel bei Melnik

Burg Schreckenstein am Elbe-Radweg bei Litomerice

die Straße möglichst zu vermeiden, schlängelt sich der ebenfalls rechtsseitig ausgeschilderte **Elbe-Radweg** eher umständlich durch das enge Tal. Trotz viel Industrie sind die Blicke auf den Fluss und das gegenüberliegende Ufer immer wieder eindrucksvoll. Sehenswert sind vor allem **Litomerice** (Leitmeritz) und **Burg Strekov** (Schreckenstein), aber auch **Decín** (Tetschen). In **Melnik** fließt die Moldau in die Elbe, toller Blick vom Schloss auf die Flußgabel.

Für die meisten ist die Moldau die logische Fortsetzung des Elbe-Radwegs, um so nach Prag zu gelangen. Der R2 stellt quasi den **Moldau-Radweg** bis Prag dar. Bis Kralupy ist der R2 ganz idyllisch, aber dann kommen bis Husinec-Rez 13 km, die nicht einfach sind. An etlichen Engstellen muss man sein Rad auf der schmalen Krone der hohen Kanalmauer entlang balancieren. Wer nicht schwindelfrei ist, sollte auf die Straße 608 ausweichen.

Wer aber der **Elbe** treu bleiben will, radelt von Melnik weiter zur Quelle im Riesengebirge. Dieses Teilstück ist deutlich weniger beliebt, es ist insgesamt auch weniger interessant, da in der Regel fern vom Fluss durch sehr gewöhnliche Agrarlandschaften verlaufend. Schöner wird es erst wieder ab Vrchlabi, wenn der Elbe-Radweg als R24 durchs **Tal der jungen Elbe** bis Spindleruv Mlyn stetig bergan führt (700 m). Tatsächlich entspringt die Elbe noch ein Stockwerk höher auf 1360 m, aber das ist eine Fußwanderung, der Radweg endet bzw. beginnt in Spindlersmühle. Mehr zum Elbe-Radweg in Tschechien: *www.elberadweg.cz*

Böhmische Schweiz

Doch zurück nach **Decín,** von wo aus die 261 durch Waldgebiet weiter nach Hrensko führt – günstiger Ausgangspunkt für Touren ins Elbsandsteingebirge, und hier speziell in den **Nationalpark Böhmische Schweiz** (Cesk Svycarsko, bis 597 m).

Imposante Sandsteinformationen außerdem im **Kokorínsky dul** bei Melník (super Radstrecke durchs Tal der Psovka) sowie im **Böhmischen Paradies** (Cesky ráj) zwischen Mnichovo Hradiste, Jicín und Zelezny Brod (dreigeteiltes Landschaftsschutzgebiet mit Felsenstädten im Wald, eher hügelig als bergig, diverse Kurzrouten zu interessanten Zielen).

Tourenvorschläge Böhmische Schweiz: *www.cztour.cz/de/fahrradwege*

Isergebirge

Nördlich davon liegt das stille **Isergebirge** (Jizersk hory), dessen bewaldete Hochebenen skandinavische Assoziationen wecken. Berge bis 1122 m überragen das Plateau. Verträumtes MTB-Revier. Für Tourenradler reizvoll ist die 290 nach Frydlant (Wallensteins Residenz). Wirklich sinnvoll ist diese Route aber nur in Verbindung mit einer Riesengebirgs-Tour.

Riesengebirge

Brüderlich teilen sich Tschechien und Polen das mythenumrankte Riesengebirge (Krkonose). Die kaum bewachte Grenze verläuft direkt über die **Schneekoppe** (Snezka), zugleich Tschechiens höchste Erhebung (1602 m). Bis in den Sommer sind rund um den kahlen Gipfel etliche Schneewächten sichtbar. Spindleruv Mlyn (Spindlermühle, 720 m) und Pec pod Snezkou (Petzer, 750 m) sind altbekannte Ferienzentren, die sich auch für Tourenradler als Ziele und Ausgangspunkte für weitere Erkundungen anbieten. Die Auffahrten sind relativ einfach. Nach Spindleruv Mlyn führt die Straße mit ca. 6% neben der jungen Elbe her, nach Pec geht es mit rund 7% durchs Tal der Upa.

Offroad Riesengebirge

Gut 1000 markierte Wanderwege durchziehen das gleichmäßig ansteigende Riesengebirge und ermöglichen moderate Offroad-Touren. Nur im Bereich des *Nationalparks* ist die Auswahl eingeschränkt, dort dürfen lediglich die entsprechend bezeichneten Wege benutzt werden. Spindleruv Mlyn war schon einmal Austragungsort der MTB-EM und ist ein idealer Ausgangspunkt mit vielen guten Infomöglichkeiten. Dort sind auch zwei gute Wanderkarten mit empfohlenen Radrouten erhältlich: VKU/KCT, 1: 25.000, „Krkonose-Západ" und „Krkonose-Vychod".

Adlergebirge

Östlichster Vertreter im Reigen böhmischer Gebirge ist das waldreiche Adlergebirge (Orlick hory). Dicht an der polnischen Grenze verläuft die Höhenstraße durch den 40 km langen Gebirgsstock. Mehrere Gipfel über 1000 m, weite Blicke übers Land, wenig Verkehr und schöne alte Bauernhäuser aus Holz belohnen die Entscheidung für diese Tour. Für beide Richtungen gilt, dass die jeweils letzten fünf Kilometer bis zur Passhöhe – auf 980 m (unterhalb des Velká Destná) – die anstrengendsten sind, die Steigungen betragen um 10%. Mountainbiker können sich den rot markierten Wanderweg entlang des Gebirgskamms zur Brust nehmen. Sollte technisch nicht zu schwierig sein.

Böhmisches Tafelland

Vorerst genug der Berge. Ostböhmen bietet nämlich auch Voraussetzungen für leichteres Radwandern. Bis ca. 30 km östlich der Linie Hradec Králov – Chrudim setzt sich das mittelböhmische Elbebecken als Böhmisches Tafelland fort. Interessante Städte, sanftes Profil auf einem Niveau um 200–250 m und verkehrsarme Nebenstraßen ermöglichen Touren, die gemütlich, aber nicht langweilig sind.

Mähren

Tourenplanung

Auch das alte Kulturland Mähren besitzt Burgen, Schlösser und denkmalgeschützte Altstädte. Insgesamt zwar nicht ganz so viele und bedeutende wie in Böhmen, aber eine Visite allemal lohnend. Gebirge, Hochlandregionen und Beckenlandschaften sorgen zwischendurch für landschaftliche Abwechslung.

Zwei Umstände schränken die Attraktivität Mährens für Tourenradler allerdings ein. Zum einen das „eiserne Herz der Republik", womit die dicht besiedelte nordmährische Industrieregion um Ostrava gemeint ist, zum anderen das dünne, unzureichende Straßennetz im Osten. Wer Ziele in diesen Landesteilen anradeln will, wird häufiger als anderswo Straßen in Kauf nehmen müssen, die stark befahren und/oder szenisch unattraktiv sind.

Offroad-Tipps Mähren

Genau umgekehrt verhält es sich für Mountainbiker, die gerade im Nordosten die schönsten Reviere Mährens finden. Einerseits die traditionsverbundene **Mährische Walachei** (zwischen Holesov und Roznov) mit ihren lieblichen Vorgebirgen Hostynsk vrchy und Vsetínsk vrchy; andererseits die **Mährisch-Schlesischen Beskiden** mit ihren geschützten Urwäldern, kahlen Bergkämmen (bis 1300 m) und anradelbaren Aussichtspunkten. Top-Spot ist dort der Radhost (1129 m), östlich von Roznov. Schließlich ist im Norden Mährens das zu den Sudeten gehörende **Altvatergebirge** (Jeseníky, 1491 m) ein ergiebiges MTB-Revier mit überregionalen Radrouten (Karten und Infos in Jesénik).

Tourentipps

Tourenradler konzentrieren sich hingegen besser auf die südwestliche Hälfte Mährens, wo verkehrsarme Strecken, interessante Ziele und idyllische Landschaften zusammentreffen.

Eine solche ist die **Böhmisch-Mährische Höhe** (Ceskomoravská vrchovina). Highlights in dem überwiegend verträumten Hügelland sind der **Mährische Karst** (Moravsky kras, oberhalb von Brno, Tropfsteinhöhlen und Schluchten) und das Renaissance-Städtchen **Telc.**

Südöstlich von Telc lockt nahe der österreichischen Grenze das **Tal der Thaya** (Dyje) zu einer zwar nicht ganz leichten, aber abwechslungsreichen Tour: Bítov – Cornstejn – Lancov – Vranov – Horní Breckov – Podmolí – Znojmo/Znaim (37 km). Die Etappenpunkte Vranov und Znojmo sind in das grenzüberschreitende österreichische Radroutennetz „Retzer-Land-Znaimer-Land-Radwege" integriert, eine Spritztour ins Wald- und Weinviertel bietet sich also an (s. Österreich, Niederösterreich).

Ungarische Assoziationen weckt die klimatisch begünstigte, sanft wellige Beckenlandschaft östlich von Znojmo. Zwischen Dyje, Jihlava und Svitava werden Wein, Marillen und Sonnenblumen in großem Stil angebaut. Komfortables Radwandern.

Der nächste Stopper sind die **Pollauer Berge** (Pavlovsk vrchy) bei Mikulov. Das reizende Städtchen bietet sich als Ausgangspunkt für eine Runde zu den umliegenden Attraktionen an: Valtice, Lednice, Dolní Vestonice.

50 km nordöstlich von Mikulov erstreckt sich das **Marsgebirge** (Chriby) – klein, aber fein dort das Sträßchen durchs Kudlovicky-Tal!

Radwanderinfos Südmähren: *www.cyklo-jizni-morava.cz* • *www.vinarske.stezky.cz*

ⓘ-Box Tschechien

Einreise
EU-Bürger und Schweizer können mit dem Personalausweis einreisen. Offene Grenzen zu Österreich und Deutschland (Schengener Abkommen).

Geld
Fast so stabil wie der berühmte „Böhmische Groschen" des Mittelalters ist die heutige Währung, die Tschechische Krone (CZK). 1 € = 27,1 CZK (Okt. 2012). Die Hauptstadt Prag einmal ausgenommen, ist das Preisniveau ein Drittel günstiger als in D (Lebenhaltungskostenindex 2014 = 65%). Bargeld am Automaten am besten direkt in Kronen ziehen, nicht in Euro, da gibt es oft einen schlechteren Kurs (beliebte Abzocke).

Gesundheit
Mitgliedern einer deutschen GKV können medizinische Dienste in Anspruch nehmen. Details: *www.dvka.de*

Infos
Fast alle touristisch orientierten Websites sind auch in deutsch verfügbar.

- Tourismuszentrale Tschechien: *www.czechtourism.com*
- Tourismuszentrale Tschechien, Deutschlandvertretung: *www.czech-tourist.de* (>Sport, >Radsport)
- Prager Informationsdienst: *www.praguewelcome.cz*
- Cykloserver, Portal von in Tschechien engagierten Fahrradfirmen und interaktiver Fahrradatlas: *www.cykloserver.cz*

Im Land sind rund 90 **Touristeninformationen** für regionale Infos, Stadtpläne, Straßen- und Wanderkarten sowie Zimmernachweise zuständig.

Wetter
Atlantische Einflüsse sorgen in Böhmen für ein feucht-gemäßigtes Klima, wie es auch in Deutschland herrscht. Mähren liegt im Übergangsbereich zum kontinentalen Klima. Insgesamt ist die Witterung im westlich gelegenen Böhmen wechselhafter als im östlichen Mähren. Regenreich sind die *Höhenlagen* der böhmischen Gebirge. Spitzenreiter mit durchschnittlich 200 Regentagen pro Jahr ist das Riesengebirge, gefolgt von Erzgebirge und Böhmerwald.

Wind
Wo er nicht durch Berge oder Täler abgelenkt wird, weht er in der nördlichen Landeshälfte vorzugsweise aus Nord bis West, im Süden aus Südwest bis West. Stärkere Winde sind über offenem Flachland möglich, Waldgebiete gewähren häufig Windschutz beim Radeln.

Reisezeit
Relativ warm und wetterstabil ist in der Regel erst die zweite Maihälfte und der Juni. Der Juli ist der heißeste, aber auch regenreichste Monat, und auch im Ferienmonat August kommen Gewitterregen häufiger vor. Vergleichsweise trocken und beständig ist der September. Auch die erste Oktoberhälfte zeigt sich oft noch günstig für eine Tour (Altweibersommer). Bei längeren Regenperioden lohnt es sich, per Bahn in tiefer gelegene, regenärmere Landesteile auszuweichen: im Westen liegen die böhmischen Beckenlandschaften von Elbe, Moldau und Pilsen, im Osten das südmährische Becken zwischen Brünn und Donau.

Anreise

Per Rad
Der deutsch-tschechische Radfernweg Euregio Egrensis (*www.euregio-egrensis.org*) verbindet Sachsen und Bayern mit Mittelböhmen (Karlovy Vary).Wer aus Deutschland oder Österreich auf eigenen Wegen anreisen will, nutzt dabei am besten einen jener kleinen Grenzübergänge, die bis zum Schengener Abkommen nur von Fußgängern und Radlern passiert werden konnten und die, auch wenn sie jetzt von Autos passiert werden können, immer noch sehr verkehrsarm sind. Die folgende Auflistung beginnt bei Zittau in Sachsen und wandert der Uhr entgegen nach Österreich.

Nebenstraßen -Übergänge von D aus: Hartau-Loucná, Lückendorf-Petrovice, Jonsdorf-Krompach, Ebersbach-Jirikov, Hohberg-Rozany, Steinigtwolmsdorf-Severní, Schöna-Dolní Zleb (Elberadweg, linkselbischer Radler-Übergang), Rosenthal-Sneznik, Holzhaus-Moldava, Deutschgeorgenthal-Cesky Jiretin, Jöhstadt-Cerny Potok, Bärenstein-Vejprty,

Johanngeorgenstadt-Potucky, Klingenthal-Kraslice, Wernitzgrün-Luby, Bad Elster-Doubrava, Bad Elster-Hranice, Ebmath-Hranice, Neualbenreuth-Mytina, Finsterau-Bucina, Haidmühle-Stozec.

Nebenstraßen-Übergänge von A aus: Schöneben-Zadni Zvonkova, Gugwald-Prední Vyton, Schlag-Chlum, Hardegg-Cizov.

Von den Tschechien betreffenden **EuroVelo-Routen** 4, 7, 9 und 13 hat bislang nur der **EV 9** praktische Bedeutung. Er ist immerhin vom steiermärkischen Bad Radkersburg über Wien bis zum mährischen Brünn (Brno) markiert. Details: *www.eurovelo9.com.*

Per Bahn

Tschechien ist recht gut mit dem Rad in der Bahn erreichbar. Grenzüberschreitende Fahrradmitnahme ist zur Zeit u. a. möglich mit den ECs auf der Linie Hamburg – Berlin – Dresden – Prag – Brünn, außerdem in den Nachtzügen von Basel/Freiburg und Düsseldorf/Köln nach Prag, ebenso in den REs ab München und Nürnberg, und etlichen Nahverkehrszügen. Da die Anzahl der ECs mit Fahrradstellplätzen knapp ist, früh buchen!

Per Bus

Eurolines (*www.eurolines.de*) bietet auf den Linien Berlin-**Prag** und München-**Prag** die Fahrradmitnahme an (Heckträger, max. 4 Fahrräder, 15 €).

MeinFernbus (*www.meinfernbus.de*) bietet die Fahrradmitnahme nach **Pilsen, Prag** und **Budweis** an (Heckträger, 9 €). Aktuelle Abfrage bzgl. der Mitnahmemöglichkeit über die Buchungsmaske.

Transport im Land

Bahnen

Das 9500 km umfassende Streckennetz der Tschechischen Staatsbahnen CD (Cesky drahy, *www.cd.cz*) ist das dichteste in Europa. Die Hauptstrecken verlaufen in Nord-Süd-Richtung, von West nach Ost geht es meist nur mit Umwegen und Umsteigen. Züge mit Radpiktogramm haben eigene Fahrradabteile (Fahrradkarte um 1 €, Tageskarte um 2 €). Fahrradreservierungen für Inlands-Fernzüge sind ab 2 Monate vor der Fahrt möglich.

Johannes Meusel: „Auch in Schnellzügen mit Abteilwagen wird die Selbstverladung im Einstiegsbereich mit gültiger Fahrradkarte akzeptiert. Mühsam ist das Ein- und Ausladen des Fahrrades oft, weil die Bahnsteige auf kleinen Bahnhöfen meist in Gleishöhe sind und die Waggonplattform darum sehr hoch ist. Günstig ist es dann, wenn man zu zweit unterwegs ist. Aber auch Tschechen und Bahnpersonal sind oft hilfsbereit."

Busse

Fahrradtransport in Überlandbussen ist nur fallweise mit Zustimmung des Fahrers möglich.

Übernachten

Zimmer

Hotels und Herbergen gibt es in ausreichender Anzahl und Dichte. DZ in einfachen Häusern ab 10 €, in den Sommerferien in touristisch beliebten Orten allerdings oft ausgebucht. Gleiches gilt für die Jugendherbergen des Landes, von denen sich die meisten in Böhmen befinden; Reservierungen ratsam. Auch in Studentenwohnheimen können während der Semesterferien Zimmer gemietet werden. Die zahlreichen Privatunterkünfte („Ubytovany") sind meist recht ordentlich: DZ um 15 €. Über 300 radfahrerfreundliche Unterkünfte, ähnlich **Bett&Bike,** sind hier aufspürbar: *www.cyklistevitani.cz*

Campen

Mit über 300 Campingplätzen weist Tschechien eine gute Campingplatzdichte auf. 2 Pers./Zelt 4–10 €. Die unterschiedlichen Öffnungszeiten können dem Camping-Verz. vom FVA entnommen werden. Wenn es regnet: Vom ausgebauten Weinfass bis zum komfortablen Schwedenhaus werden fast immer auch feste Unterkünfte vermietet. Abgesehen von sensiblen Regionen wie den Nationalparks ist *wildes Zelten* im waldreichen Tschechien durchaus praktizierbar. Offiziell erlaubt ist es allerdings nicht. Campingplätze: *www.camp.cz*

Karten, Literatur & GPS

- *Empfehlung:* SHOCart: Cykloatlas Cesko 1:75.000. Großer Spiralatlas mit allen nationalen Radwegen, sehr präzise, das perfekte

Kartenwerk für landesweite Erkundungen, 29,80 € bei *www.mapfox.de*
- Marco Polo: Reiseatlas Tschechische Republik 1:200.000. 12,99 €. Viele Hinweise auf Sehenswürdigkeiten (aber auch solche, die eigentlich keine sind). Dieser handliche Spiralatlas wäre für Straßentouren ausreichend, enthält jedoch keine Radrouten.
- SHOCart: Fahrradkarten für ganz Tschechien, 1:60.000/75.000, 70 Bl. überlappend. Gut für begrenzte Touren, sonst zu teuer und besser den vergleichbaren Cykloatlas besorgen (s. o). 8,90 €/Bl. bei *www.mapfox.de*.
- Esterbauer Vlg. (bikeline): „Elbe-Radweg Tschechien". Von der Elbequelle bis Bad Schandau. „Europa-Radweg Eiserner Vorhang".
- OSM-basierte Radreise-Karte für Garmin& Co.: *www.aighes.de* • *www.kowoma.de*

Fahrrad (tschech. kolo)

Ausstattung

Bergtüchtige Gangschaltung und Reifenbreite ab 25 mm. Fahrradanhänger sind in Tschechien nicht erlaubt! Für Radfahrer unter 18 Jahren besteht Helmtragepflicht!

Reparaturen

Im radsportbegeisterten Tschechien existieren zahlreiche Fahrradgeschäfte mit kompetenter Werkstatt und genügend importierten Ersatzteilen. Großer Adressenteil im monatl. erscheinenden Radsportmagazin „Peloton".

Mieten

In den Ferienzentren der Gebirge werden brauchbare bis gute MTB-Modelle vermietet.

Straßen und Wege

Straßen und Verkehr

Von allen Ostblock-Ländern besaß Tschechien das beste Straßennetz, was u.a. daran lag, dass der Teerbelag aus Stein- und nicht aus Braunkohle gewonnen wurde, wie etwa in der DDR. An der Qualität des Straßennetzes hat sich nichts geändert. Nur dass die Straßen nicht mehr nur geteert sind, sondern asphaltiert – und bestens ausgeschildert. Das gilt auch für die zahlreichen Nebenstraßen. Nicht unterschätzen sollte man die vielen Steigungen, die in der Regel bei 7–12% liegen (Steigungspfeile in den Straßenkarten geben Aufschluss). Separate Radwege existieren

Elbe-Radweg bei Litomerice

meist nur in größeren Städten, aber alle wichtigen Fernstraßen neueren Datums wurden mit Randspuren versehen. Autofahrer zeigen sich Radlern gegenüber rücksichtsvoll.

Radrouten

An die 20.000 km beschilderte Radrouten gibt es im ganzen Land. Dabei werden allerdings selten neue Wegstrecken gebaut, sondern vorhandene Straßen und Wege zu einer beschilderten Route verknüpft. Ein System mit ein- bis vierstelligen Nummern wurde entwickelt, um alle Routen in ein nationales Routennetz zu integrieren. Aus diesem Netz können überregionale **Radfernwege** abgeleitet und entsprechend beschildert werden, u. a. **Fluss- und Themenrouten,** sowie die durch Tschechien führenden **EuroVelo-Routen** 4, 7 und 9 (siehe vordere Umschlagklappe, EuroVelo-Routen). Federführend bei der Gestaltung des Routennetzes ist der tschechische Tourismusverein KCT. Dokumentiert werden die Routen in den Radwanderkarten des tschechischen SHOCart-Verlages (s.o.).

Offroad (MTB)

Abgesehen von vielen kleineren Straßen, die in den Naturparks für den Autoverkehr gesperrt wurden, kann prinzipiell auch auf allen frei zugänglichen Wanderwegen geradelt werden. Ein reizvolles Revier ist der dünn besiedelte, ursprüngliche **Böhmerwald** (Cesky les und Sumava) – auch für grenzüberschreitende Rundtouren. Gut erschlossen durch Wanderwege sind die nord- und ostböhmischen Randgebirge, insbesondere das **Riesengebirge.** Kammfahrten lassen sich in den nordmährischen **Beskiden** realisieren.

Türkei (europ. teil)

Merhaba!

Istanbul ist so etwas wie das Timbuktu der Europaradler. Auf der Nahtstelle von Orient und Okzident ist die Stadt am Bosporus ein ebenso logisches wie faszinierendes Ziel. Der Weg dorthin führt durch **Türkisch-Thrakien** (Trakya) – den relativ kleinen europäischen Teil der Türkei. Landschaftlich und kulturell bietet das knapp 24.000 qkm umfassende Trakya wenig Aufregendes: Weite Hügel, Sonnenblumenfelder und die Moscheen von Edirne. Das macht auch nichts, denn den meisten geht es hier nur ums Ankommen in Istanbul. Und Istanbul ist ein Träumchen.

Tourentipps

Dieter Schmidt über seine Eindrücke auf der E 84: „Von Ardanion bis Kesan ging's durch flache, sturmgepeitschte Steppenlandschaft, bis Tekirdag durch Hügellandschaft, anschließend durch Touristik- und Industrieansammlungen am Marmarameer mit wenig Reiz. Istanbul war dann der absolute Höhepunkt meiner 3600 km langen Balkantour."

Wer abseits der Magistralen E 80, E 84 und E 87 in Richtung **Istanbul** radelt, kommt zwar nicht ganz so flott ans Ziel, wird aber von der Bevölkerung mit Gastfreundschaft entschädigt. Auch wenn sich diese von Jahr zu Jahr reduziert. Von Bulgarien aus kommend, lohnt ein Abstecher zur alten byzantinischen Siedlung Miti, die heute Kijiköy heißt und nördlich von Saray am **Schwarzen Meer** liegt (ca. 50 km Umweg). Von Griechenland kommend, lohnt sich die **Marmara-Meer-Route** – besonders der verkehrsarme Küstengebirgsabschnitt von Sarköy nach Tekirdag, wobei allerdings zwischen Gaziköy und Kumbag eine anstrengende und staubige Schotterstrecke bewältigt werden muss.

Am Ende die Frage: Wie komme ich heil ins Ziel? Der Verkehr auf den nach Istanbul führenden Fernstraßen ist für Radler wegen der vielen vorbeidonnernden Lkws mit manchem Schreck verbunden. Eine bewährte Einflugschneise für Radler führt von der D-020 via **Bahçeköy** und der Bosporus-Promenade direkt ins Zentrum von Istanbul. Wer von Griechenland kommend auf der D-100 einreitet, hat bis **Büyükçekmece** eigentlich wenig Probleme. Meist gibt es etwas Randspurähnliches. Dann beginnt allerdings die Agglomeration von Groß-Istanbul, und es gibt keinen Seitenstreifen mehr.

Istanbul hat zwei **Airports,** ein dritter soll 2017 eröffnet werden. Der alte Atatürk-Flughafen liegt auf der europäischen Seite inmitten der Stadt. Der neuere Sabiha-Gökcen-Airport liegt auf der asiatischen Seite und ist rund 50 km von der Altstadt entfernt. Mit guten Nerven ist der in vier Stunden auf der stark befahrenen D-100 erreichbar. Leider nehmen die Shuttle-Dienste in der Regel keine Fahrräder mit.

Istanbul - Timbuktu der Europaradler

ⓘ-Box Türkei (europ. Teil)

Geld
Türkische Lira (TRY). 1 € = 3,3 TRY (Okt. 2015), tendenziell inflationäre Währung.

Einreise
Österreicher benötigen einen Pass, Deutsche und Schweizer nur den Personalausweis.

Gesundheit
Ein Sozialversicherungsabkommen ermöglicht Mitgliedern gesetzlicher Krankenkassen die Inanspruchnahme medizinischer Leistungen (D, A). Details: *www.dvka.de*. Reise-KV abschließen!

Infos
- *www.goturkey.com* – Tourismusamt der Türkei
- *www.tuerkei-reise-info.de*
- *www.tuerkei-ferien.de* – Türkei-Reiseseiten
- *www.tuerkei.com* – Suchmaschine

Übernachten
Akzeptable Hotelzimmer in kleinen Marktstädten ab 15 €. Freies Campieren ist offiziell nicht erlaubt, aber mit den üblichen Einschränkungen möglich.

Traveller bevorzugen Istanbuls Altstadt zum preiswerten Übernachten (Stadtteile Sultanahmet, Sirkeci und Kumkapi).

Karten, Literatur & GPS
- Reise Know How: Türkei Mitteleerküste und Zypern, 1:700.000, 8,90 €.
- Freytag & Berndt: Türkei 1:800.000, 9,99 €.
- Reise-Know-How Vlg.: „Fahrrad-Weltführer" mit weiterführenden Infos zur Türkei.
- OSM-basierte Radreise-Karten für Garmin& Co.: *www.aighes.de* • *www.kowoma.de*

Fahrrad
Dieter Schmidt: „Alles ist reparabel, auch wenn dir dabei die Tränen kommen …". Billige 26-Zoll-MTBs sind landesweit verbreitet, entsprechende Ersatzteile ebenfalls. Für 28-Zoll-Räder unbedingt Ersatzreifen und -schlauch mitnehmen. In Istanbuls Großem Basar befindet sich das Viertel der Fahrradhändler in Bahnhofsnähe.

Straßen
Das Streckenprofil von Türkisch-Thrakien ist überwiegend hügelig mit teilweise längeren Steigungen. Nur wenige Nebenstraßen sind durchgehend asphaltiert, die Hauptstraßen sind stark befahren. Dafür dürfen Radler auch die Autobahn benutzen. Achtung: Militärkolonnen geben kein Pardon für Radler und halten stur ihren Kurs! Auch zivile Lkw-Fahrer erweisen sich nicht immer als Kavaliere der Landstraße! Rückspiegel, Helm, Warnweste helfen weiter.

Istanbul, Hagia Sofia

Ungarn

Daten 93.000 qkm • 10 Mio. Einw. • 107 Ew./qkm
Ausdehnungen: N – 270 km – S // W – 500 km – O

Land Gut die Hälfte des Landes wird von der Großen Ungarischen Tiefebene, dem Alföld, eingenommen. Die einstige Steppenlandschaft der Pußta ist heute weitgehend kultiviert und für Radreisende relativ uninteressant. Reizvoller sind die Landschaften der Mittelgebirge (bis zu 1015 m), die sich von Südwesten nach Nordosten durchs Land ziehen. Prägende Flüsse sind Theiß und Donau, wobei letztere das Land teilt. Schon die Römer hatten das erkannt und benutzten die Donau als Limes. Das westlich der Donau gelegene alte Kultur- und Hügelland Transdanubien umfasst auch den Plattensee (Balaton). „Größter See Mitteleuropas" (600 qkm) rühmt er sich, ist aber nur drei Meter tief und lauwarm. Schließlich leitet im äußersten Nordwesten des Landes die Kleine Ungarische Tiefebene, das Kisalföld, zum österreichischen Seewinkel über.

und Leute Ungarn galt einst als „fröhlichste Baracke des Ostblocks", wo der „Gulaschkommunismus" erfunden wurde. Zur Zeit ringt man um den richtigen Weg. Die wichtigsten Minderheiten im Lande sind die Roma (5%) und die Deutschstämmigen (2%). Ungarisch dürfte den meisten Touristen eine Sprache mit sieben Siegeln sein. Nur die Finnen haben einen sprachlichen Bezug zu Wörtern wie szia (hallo), rendörség (Polizei) oder kerékpár (Fahrrad). Mit Deutsch – und hilfsweise Englisch – kommt man aber fast überall weiter.

per Rad entdecken In den 1980er Jahren war Ungarn das einzige Ostblockland, das westliche Fahrradtouristen in größerer Anzahl anzog. Ungarn war billig und liberal, lag aber dennoch hinter dem „Eisernen Vorhang". Mit dem Fall der Mauer ging der exotische Reiz verloren, und Ungarn war als Radreiseland nur noch bedingt attraktiv. Daran hat sich wenig geändert.

Abgesehen von etwa 3000 km beschilderter Radrouten, was auf die Fläche bezogen nicht viel ist, sind Ungarn-Radler weitgehend auf sich selbst gestellt. Das Nebenstraßennetz ist nicht überall dicht genug für ruhige Touren. Landschaftlich ist Ungarn auch nur stellenweise wirklich schön. Besonders im Hochsommer lastet auf den flachen Landesteilen eine bleierne Stimmung. Dafür nisten in den Dörfern Störche ohne Ende und es gibt kaum Straßenwerbung, so dass die Dörfer einen authentischen Eindruck vermitteln. Weitere Punkte, die für Ungarn sprechen, sind moderate bis leichte Streckenprofile, schöne Stadtbilder, günstige Preise, guter Bahntransport, leckerer Süßkram, und am Ende des Tages: ehrgeizige Winzer.

Routen & Regionen

Westliches Ungarn (Transdanubien)

Überblick

Soviel vorab: Transdanubien ist ein landschaftlicher Begriff ohne genaue Grenzen. Im engeren Sinne umfasst es die Mittelgebirge und Hügelländer zwischen Donau und kroatischer Grenze, im weiteren Sinne bezeichnet es das gesamte ungarische Gebiet westlich der Donau. Ob nun so oder so, spielt aber keine große Rolle für die landschaftliche Untergliederung des westlichen Ungarns:

- „links oben", im nordwestlichen Dreiländereck, liegt das **Kisalföld** (Kleine Ungarische Tiefebene)
- darunter, an der Grenze zu Österreich: das **Alpokalja** (Alpenvorland)
- wiederum darunter, zwischen südwestlichem Dreiländereck und dem Fluss Zala: das **Hügelland von Zala** (Teil des Pannonischen Beckens)
- östlich davon, zwischen Drau und Budapest: das **Transdanubische Hügelland** mit dem sanft gewellten Mezőföld und den Inselgebirgen Mecsek und Villány
- nordöstlich davon, also „darüber": der **Balaton** (Plattensee)
- von den Nordufern des Balatons bis zum Donau-Knie: das **Transdanubische Mittelgebirge** mit dem Balatoner Oberland (Balaton-felvidk) und den Hauptgebirgen Bakony, Vrtes, Gerecse und Pilis.

Schnell wird klar, dass die westliche Hälfte Ungarns topografisch abwechslungsreich ist und nur teilweise beschauliches Radwandern verheißt. Natürlich lassen sich ausschließlich Tagessternfahrten in „bequemen" Gebieten wie dem Kisalföld unternehmen, aber für Tourenradler gehört der moderate Wechsel von flach, hügelig und bergig eher zu den Reizen einer „Tour de Transdanubia". Auch kulturhistorisch ist Westungarn üppiger ausgestattet als der östliche Landesteil. Last not least der Plattensee, ein Ziel von eigenem Wert.

Kisalföld

Rund 7000 qkm weit erstreckt sich das Kisalföld im NW Ungarns. Die durchschnittliche Höhe des leicht welligen Tieflandes beträgt 125 m, weitestgehend flach ist das Dreiländereck bis ca. 10 km südlich von Csorna.

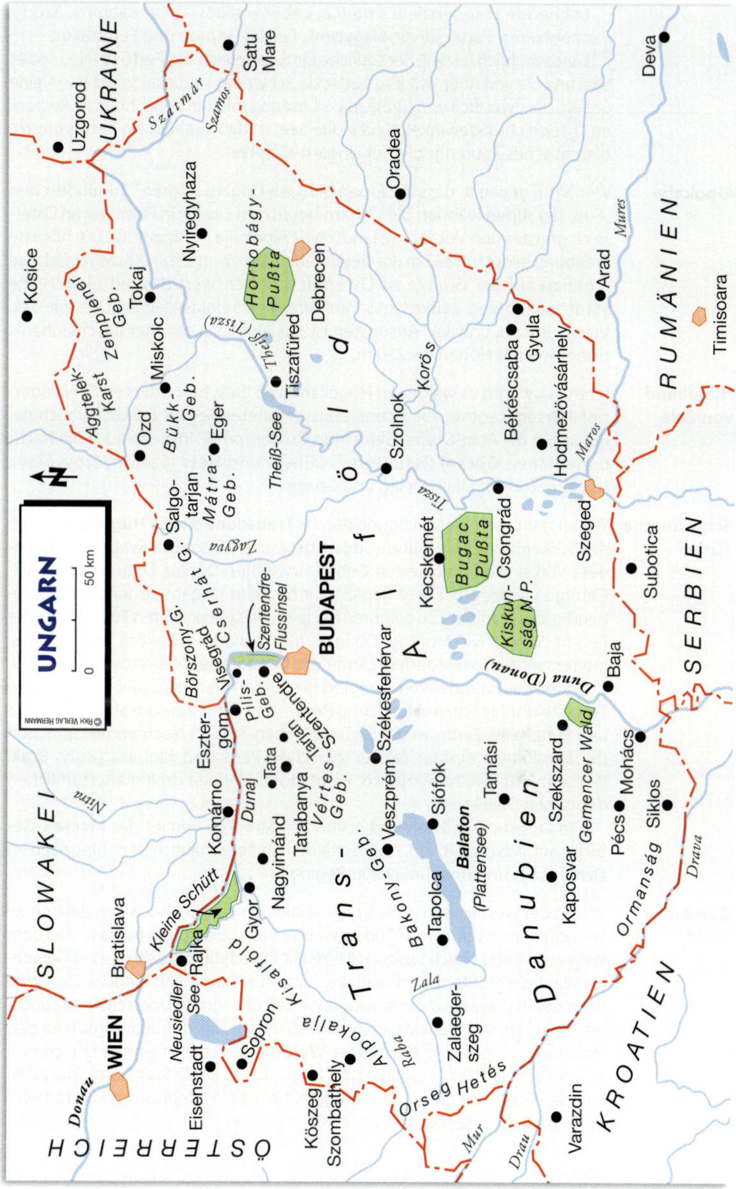
UNGARN
0
50 km
© RKH Verlag Hermann
SLOWAKEI
UKRAINE
RUMÄNIEN
SERBIEN
KROATIEN
ÖSTERREICH
WIEN
Donau
Bratislava
Kosice
Uzgorod
Satu Mare
Szatmár
Szamos
Oradea
Deva
Nyiregyhaza
Tokaj
Zemplenel Geb.
Miskolc
Aggtelek-Karst
Ozd
Bükk-Geb.
Eger
Mátra-Geb.
Salgotarjan
Cserhát G.
Börzsony-G.
Visegrád
Esztergom
Pilis-Geb.
Szentendre
Szentendre-Flussinsel
BUDAPEST
Zagyva
Hortobágy-Pußta
Debrecen
Theiß (Tisza)
Tiszafüred
Theiß-See
Alföld
Szolnok
Körös
Békéscsaba
Gyula
Arad
Mures
Timisoara
Hodmezövásárhely
Maros
Tisza
Csongrád
Szeged
Kecskemét
Bugac Pußta
Kiskunság N.P.
Subotica
Baja
Duna (Donau)
Gemencer Wald
Mohács
Siklos
Pécs
Szekszard
Tamási
Transdanubien
Székesfehérvar
Veszprém
Siófok
Balaton (Plattensee)
Bakony-Geb.
Vértes-Geb.
Tatabanya
Tata
Dunaj
Komárno
Nitra
Nagyimánd
Gyor
Kleine Schütt
Rajka
Neusiedler See
Eisenstadt
Sopron
Kisalföld
Alpokalja
Köszeg
Szombathely
Raba
Zala
Zalaegerszeg
Tapolca
Kaposvar
Ormanság
Drava
Varazdin
Orseg
Hetés
Mur
Drau

Lohnende Etappenziele sind u.a. Lébénymiklós, Györ, Bábolna, Szöny, Pannonhalma, Pápa, Sárvár, Nagycenk, Fertöd, Sopron und Fertörakos.

Landschaftlich reizvoll der südliche Einzugsbereich des **Fertö tö** (Neusiedler See) und die von Auenwäldern bedeckte Schwemmlandinsel Szigetköz (Kleine Schütt, nordwestlich von Györ). In Verbindung mit den benachbarten Regionen Österreichs (Seewinkel, Neusiedler See) ist das Kisalföld ein nettes unproblematisches Tourengebiet für Ungarn-Kiebitze.

Alpokalja

Wer hätte gedacht, dass die Alpen bis nach Ungarn reichen? Zumindest den „Fuß" der Alpen wähnen die Ungarn bei sich im Lande: in Form der an Österreich grenzenden Vorgebirgslandschaft Alpokalja (= Alpenfuß). Die höchste Erhebung bildet mit 883 m der Geschriebenstein (Irott kö) im Köszeger Gebirge – genau auf der Grenze zu Österreich. Sehenswert das mittelalterliche Städtchen Köszeg, außerdem Szombathely und einige kleinere Orte wie Cák, Velem, Boszok und Ják. Ansonsten ist das Alpokalja ein eher unscheinbares Hügelland mit Höhen bis 250 m.

Hügelland von Zala

Interessant wird es wieder im Hügelland von Zala, besonders im Dreiländerzipfel **Örség.** Zentrum dieser traditionsverhafteten Region (Landschaftsschutzgebiet) ist die Acht-Dörfer-Gemeinde Öriszentpéter. Idyllisch auch die Nachbarregionen **Göcsej** (Hauptort Zalálövö) und **Hets** (Szentgyörgyvölgy). Hügelig sind vor allem Örség und Göcjes.

Schwäbische Türkei

Weiter geht es in weitem Bogen durchs **Transdanubische Hügelland.** Nach der Türkenherrschaft füllten Ungarndeutsche („Donauschwaben") und andere Völker die entvölkerten Gebiete zwischen Donau, Drau und Mecsek-Gebirge wieder auf. Diese Region gilt heute in Ungarn als jene mit der lebendigsten Tradition. Zu erspüren beispielsweise in den alten Töpferorten der Region Sárköz wie Mórágy, Obánya, Mecseknádasd, Bakóca und Mohács. Interessant auch viele andere Dörfer wie Décs, Sellye, Villánykövesd und Orfü.

Perlen des Fremdenverkehrs sind die Burgen von Siklós und Szigetvár, die Tropfsteinhöhle von Abaliget, und **Pécs** – eine der schönsten Städte Ungarns und kulturelles Zentrum der „Schwäbischen Türkei". Noch immer sprechen die Einwohner einiger Dörfer zwischen Pécs und Mohács (Boly, Szak, Görcsönydoboka, Nagynyárád, Palotaboszok) einen drollig altertümlichen deutschen Dialekt.

Die anspruchsvollsten und schönsten Strecken vereint das **Mecsek-Gebirge** auf sich (bis 682 m). Abgeschieden und beschaulich ist es hingegen im **Ormánság,** Ungarns südlichster Region.

Gemencer Wald

Wer in der westlichen Hälfte Ungarns bleiben will, um auch den Balaton zu besuchen, muss nun vom Süden wieder nach „oben" schwenken. Auf dem Weg von Mohacs nach Szekszard erreicht man dabei bald schon den Gemencer Wald, die größte zusammenhängende Auenlandschaft Europas. Kein Weg führt durch dieses dschungelartige, ca. 500 qkm große Überschwemmungsgebiet der Donau. Nur eine kleine Eisenbahnstrecke, die ursprünglich für den Holztransport gebaute **Gemencer Waldbahn,** verkehrt einmal täglich zwischen Pörböly (10 km W Baja) und Barányfok (5 km O Szekszard). Die zweistündige Fahrt mit dieser „Dschungelbahn" ist ein Erlebnis; das Fahrrad wird im Gepäckabteil befördert.

Plattensee-Radweg

Balaton (Plattensee)

Keine Tour durch Transdanubien ohne Abstecher zum Balaton. Der gute alte **Plattensee,** sein Wasser hat etwas Schmeichelhaftes, das anderen Seen abgeht, für die Ungarn ist er das Meer schlechthin. Bewaldete Hügel- und Bergketten umgeben den See, ein mächtiger Bergsporn ragt als Tihany-Halbinsel in den See. Letztlich dominieren aber die ausgedehnten Ferienorte den Eindruck.

Der 210 km lange **Radweg um den Plattensee** (*www.balatonradweg.com*) wurde 2004 fertig gestellt und ist als „Balatoní Körút" perfekt in beiden Richtungen ausgeschildert. Der Radweg vermeidet die stark befahrene 71 und führt entweder durch die Ortslagen oder auf extra angelegten Radwegen parallel zur 71. In den Balaton-Freizeitkarten (vor Ort leicht erhältlich) ist der Radweg genau eingezeichnet. Am westlichen Balaton lohnt ein Abstecher zu den Grotten von Tapolca und in das vulkanische Hügelland südlich der Stadt.

Transdanubische Mittelgebirge

Tapolca ist zugleich auch ein guter Ausgangspunkt, um durchs Transdanubische Mittelgebirge in Richtung ungarische Hauptstadt zu radeln. Wer keine Steigungen mag, kurbelt stattdessen am Velencer-See vorbei (Radweg) nach Budapest. Auf Asphaltstraßen und Fahrwegen, die für Autos gesperrt sind (deutlich markiert in der ADAC-Karte), lassen sich die höheren Lagen der einzelnen Gebirge durchradeln. Steigungen bis 14% kommen auf einigen Strecken vor, beschränken sich jedoch auf kurze Abschnitte. Die etwas längeren Anstiege liegen immer unter 10%.

Ein recht hübsches Tourengebiet ist das gut 100 km lange, 40 km tiefe und bis zu 704 m hohe **Bakony-Gebirge,** wegen seiner einst dichten Urwälder auch Bakonywald genannt. Romantische Flusstäler, Dolomitfelsen, halbverfallene Burgen, barocke Städtchen, aber auch industrielle Eindrücke erwarten den Radler in diesem eher hügeligen „Gebirge". Sehenswert ist das auf fünf Hügeln erbaute Städtchen **Veszprém.**

An den Südhängen des Vrtes-Gebirges vorbei ist es dann vom Ostrand des Bakony-Gebirges nur noch eine lockere Tagesetappe bis Budapest. Wer noch etwas Zeit und Wadenpower übrig hat, sollte den Umweg über Pilis-Gebirge und Donau-Knie nicht scheuen. Mehr dazu im folgenden Abschnitt.

Donau-Radweg

420 km weit verläuft die Donau von West nach Süd durch Ungarn. Der Donau-Radweg ist in Ungarn 457 km lang und von Rajka (Grenzübergang 16 km S Bratislava) bis Mohacs (nahe Serbien) ausgeschildert. Die Orientierung verlangt nur in den Städten erhöhte Konzentration. Halbzeit ist in Budapest. Von Rajka bis zur Hauptstadt sind es 230 km, bis Mohacs dann noch 227 km.

Rajka – Esztergom

Zunächst ist bis Esztergom von der Donau allerdings herzlich wenig zu sehen, denn die Route verläuft mehr oder weniger landeinwärts. Solange es noch keinen separaten Radweg entlang der Donau gibt, und das wird wohl die nächsten zwanzig Jahre so bleiben, bliebe von Györ bis Esztergom nur die 10 zum Radeln, mit viel Verkehr und Industrie. Um diesen unattraktiven Abschnitt zu vermeiden, wählt die offizielle Donauradroute die etwas südlicher verlaufende Strecke Györ – Nagyigmánd – Tata – Tarján – Esztergom! Schön ist aber von Tata aus auch die Strecke über Dunaszentmiklós zur 10; auf dieser dann via Labatlan weiter bis Esztergom. Beide Strecken sind relativ steigungsreich, wenn auch kaum über 300 m hinaus gehend.

Slowakische Alternative

Allein die slowakische Seite ist empfehlenswert. Der Radweg ist auch dort beschildert, verläuft zunächst auf bzw. unterhalb der Deiche, anschließend auf ruhigen Nebenstraßen (s. Slowakei).

Esztergom – Budapest

Ab **Esztergom** muss sich die Donau auf ihrem Weg nach Budapest mit einem Knick durchs ungarische Mittelgebirge zwängen. Dieses **Donau-Knie** ist eine der populärsten Regionen des Landes, vergleichbar dem Rhein bei der Loreley oder der Wachau in Österreich. Auf einer Strecke von rund 60 km schiebt sich die Donau durch die grünen Anhöhen der nordungarischen Mittelgebirge. Meist bis zu 300 m breit und äußerlich ruhig, stellenweise aber auch bis zu 150 m schmal und entsprechend lebhaft, von Visegrád bis Budapest sogar zweigeteilt, mit einem Nebenarm, der die lang gestreckte Flussinsel Szentendrei-sziget entstehen ließ.

Drei sehr sehenswerte Orte liegen **rechts der Donau:** Esztergom, Visegrád und Szentendre. 11 km vor Esztergom beginnt ein guter Radweg, anschließend muss aber bis Leanyfalu die verkehrsreiche 11 benutzt werden, der Rest bis Budapest ist wieder Radweg.

Alternative: Auf Nebenstraßen und autofreien Forstwegen durch das zum Pilis-Gebirge gehörende, bis zu 700 m hohe **Visegráder Bergland** kurbeln. Vergleichsweise leicht ist dabei die durch Buchen- und Eichenwälder führende Forststraße von Visegrád nach Szentendre (kommt direkt am Freilichtmuseum von Szentendre vorbei).

Eine weitere Alternative zur 11 eröffnet die erwähnte **Szentendrei-Flussinsel:** Per Fähre nach Kisoroszi, anschließend per Rad bis Szigetmonostor, von hier per Fähre (nach 20 km Inselstrecke) wieder hinüber nach Szentendre, von dort weiter bis Budapest. Allerdings ist auch die Halbinsel weder besonders malerisch noch besonders ruhig, da relativ verkehrsreich. Und schließlich, als letzte Alternative: Ganz entspannt in vier Stunden per **Linienschiff** von Esztergom bis Budapest!

Durch Budapest

So wie das ganze Land ist auch die Hauptstadt **Budapest** erst auf dem Weg zu einer radlerfreundlichen Metropole. Auto- und Schwerverkehr haben weiterhin Vorrang. Es wird schnell gefahren. Selbst auf den innerstädtischen

Nebenstraßen sind Lastzüge unterwegs. Radwege und ausgeschilderte Radrouten enden immer wieder abrupt an massiven Barrieren (Brücken, Eisenbahn, Schnellstraße). Selbst wer sich auskennt, kommt in Budapest allein auf Radwegen nur im Zickzack voran, lernt dabei aber schon mal die städtische Infrastruktur und Qualität der Straßen kennen (stark wellige Fahrbahnränder, versenkte Gullis, nicht abgesenkte Bordsteine). Die einzige positive Ausnahme bildet innerhalb der Stadt der Rad-/Fußweg entlang des rechten Donauufers.

EuroVelo 6

Die **Fortführung des Donau-Radweges** bis zum Schwarzen Meer ist im Gange. Südlich der Magyaren-Metropole beschert die *Csepel-Insel* donausüchtigen Radlern beschauliche Straßenkilometer. Anschließend ist der europäischste aller Ströme bis **Mohacs** linksseitig als Radroute markiert. Die Route verläuft auf Nebenstraßen, von Fajsc bis Mohacs überwiegend auf Dammwegen. Der folgende 153 km lange **kroatische Abschnitt,** wo die Donau als Grenzfluss verläuft (linkes Ufer ist Serbien), ist perfekt beschildert. Anschließend stehen in **Serbien** sogar 674 km Donau-Radweg an (s. Serbien). In **Rumänien,** das sich die Donau als Grenzfluss mit Bulgarien teilt, wird es noch dauern, bis der Donau-Radweg tatsächlich bis zum Schwarzen Meer beschildert ist. Die entsprechenden Karten und ein Tourenführer sind aber erhältlich (s. Info-Box).

Nordungarische Mittelgebirge

Östlich der Donau ziehen sich die nordungarischen Mittelgebirge 200 km weit nach Nordosten. Hier finden sich die höchsten Berggebiete Ungarns. Alle recht anmutig, sanft und grün, ein wenig an Riesen-Brokkoli erinnernd.

Börszöny

Wenig besiedelt und touristisch erschlossen ist das nördlich vom Donau-Knie gelegene kleine Börszöny-Gebirge (bis 939 m, ca. 400 qkm). Das auch im Sommer sehr wasserreiche Gebirge ermöglicht üppige Fauna und Flora. Im Zentrum ein Naturschutzgebiet mit Wanderwegen und Schutzhütten. Autofreie Forststraßen rundum.

Cserhát

Überwiegend landwirtschaftlich genutzt und mit einigen Wäldern versehen ist das Cserhát-Hügelland (bis 652 m). Trotz der sanft geschwungenen Landschaft sind kürzere Anstiege von 7–12% die Regel. Auch auf der reizvollen Strecke von Paszto nach Szcsny, deren Hauptattraktion das berühmte Palozendorf **Hollókö** ist. Ansonsten wenig Tourismus. Guter Ausgangspunkt für Tagestouren ist Balassagyarmat.

Mátra

Sehr populär und entsprechend gut besucht ist das rund 1000 qkm umfassende Mátra-Gebirge. Zahlreiche Kurorte inmitten von Eichen- und Buchenwäldern, am Südfuß große Wein- und Obstbaugebiete. Ein 3 km langes Sträßchen führt von Mátraháza (715 m) steil hinauf zum Kékes, Ungarns höchstem Berg (1015 m). Diverse für den allg. Verkehr gesperrte Forststraßen nördlich vom Kékes.

Bükk

In einem Tal zwischen Mátra- und Bükk-Gebirge liegt das minarett-gekrönte **Eger** (180 m). Mit ihren kühlen Weinkellern führte Ungarns sehenswerte Barockstadt schon so manch erhitzten Radler schwer in Versuchung. Anschließend wartet der Anstieg ins größte (14.000 qkm) und insgesamt höchste der nordungarischen Mittelgebirge: **Bükk** (bis 959 m, höchste Bergspitze jedoch im Mátra). Im Vergleich zum Schwestergebirge Mátra ist dieses ursprünglicher und weniger touristisch. Burg- und Klosterruinen, Wasserfälle und Forellenteiche, Steilhänge und Höhlen sind die Kontrapunkte zwischen den dicht bewaldeten Bergkuppen. Ein hügeliges Hochplateau (800–900 m) ist das Herzstück des **Bükk-Nationalparks.** Quer durch den Park schlängelt sich ein Serpentinen-Sträßchen von Szilvásvárad durchs malerische Szalajka-Tal, durch wildromantische Wälder und über Hochweiden mit Fernblick bis Lillafüred. Ähnlich reizvoll, wenn auch nicht ganz so verkehrsarm ist die Straße von Eger nach Miskolc (51 km, kontinuierlicher Anstieg von Felsötárkany bis Hollóstetö auf 610 m). Variationen und Rundtouren sind möglich, auch unter Ausnutzung autofreier Forststraßen wie der besonders schönen durchs **Hór-patak-Tal** (Bogács – Hollóstetö, 21 km).

Aggtelek-Karst

Schon sehr hoch im Norden liegt das Karstgebiet von Aggtelek. Um dorthin zu gelangen, gibt es nördlich von Mátra und Bükk-Gebirge eine wunderschöne, kaum beachtete Strecke nahe der slowakischen Grenze. Von **Salgótarjan** führt diese Nebenstraße über bewaldete Höhenzüge und einsame Täler nach **Ózd.** Von hier aus geht es dann über Ragály in das UNESCO-geschützte Karstgebiet von Aggtelek (Aggteleki-karszt), wo sich im Grenzort Aggtelek der Haupteingang zur **Baradla-Tropfsteinhöhle** befindet. Die 25 km lange Höhle zählt zu den Top Five in Europa.

Zemplener Gebirge

Nur ein unscheinbares Winzerstädtchen zwischen der Theiß und den Weinbergen der Hegyalja ist **Tokaj.** 8 km westlich von Tokaj führt eine Nebenstraße auf den weinbestandenen Vulkankegel Tokaji-hegy (513 m), dessen fruchtbarer Asche der Tokajer Wein seine Existenz verdankt. Schöner Rundumblick. Das nordwestlich gelegene Zemplener Gebirge (bis 894 m) ist reich an Tälern, Hügeln und Wäldern. Wenig Tourismus. Interessantes MTB-Revier.

Große Tiefebene (Alföld)

Überblick

Ziemlich genau die Hälfte der Landesfläche wird von der Großen Ungarischen Tiefebene, dem Alföld, eingenommen. Einst breitete sich hier das Pannonische Meer aus, verkrümelte sich dann im Laufe der Erdgeschichte und hinterließ fruchtbares Tiefland mit Steppenwäldern, Auen und Sümpfen. In der Türkenzeit wurden die Wälder abgeholzt, später nutzten Viehbarone die entvölkerten Gebiete für intensive Viehzucht. Speziell die Überschwemmungsgebiete der Theiß verwöhnten Steppenrind und Zackelschaf mit ihren Gräsern. Als die Theiß im 19. Jh. reguliert wurde, verödete das Schwemmland. Immer größere Gebiete mussten die riesigen Herden abweiden und fraßen und trampelten dabei rund 10.000 qkm zur Pußta nieder, nichts anderes als „Ödland" bedeutend. Ziehbrunnen, Heiducken, Hirten, Lagerfeuer, Pferde, Weite und Operetten wie jene vom „Zigeunerbaron" sorgten für die romantische Verklärung der Pußta. Nach 1945 wurden die meisten Steppen landwirtschaftlich nutzbar gemacht, und nur in zwei Nationalparks, in Hortobágy und Kiskunság, werden Nostalgiker noch fündig.

Wer sie besucht hat, wird als Radler froh sein, dass sich das Alföld heute freundlicher präsentiert. Die Landwirtschaft lässt die Tiefebene insgesamt recht fruchtbar erscheinen, wenn auch die weitestgehend flache Topografie das Alföld zwar velosympathisch, aber nicht besonders abwechslungsreich machen. Aus einem Radreisebericht: „Je schneller wir fuhren, desto langweiliger wurde die ungarische Steppe." Wenig zu bieten hat diese dünn besiedelte, protestantische Landeshälfte Ungarns zudem an sehenswerten Bauwerken und

Burg Boldogkövara im Tal der Kundert (nordöstl. Ungarn)

Städten – von den Thermalbädern einmal abgesehen. Etwas Rosinenpickerei gehört also schon dazu, um die Pußta-Radtour interessant zu gestalten.

Alföld-„Rosinen"

- Die Landschaft **Szatmár** im äußersten Nordosten Ungarns (im Grenzgebiet östlich von Kisvárda). Eine der ursprünglichsten Regionen Ungarns mit viel Bauernidylle, interessanten Dorfkirchen und recht ergiebigem Nebenstraßennetz. Noch nicht einmal Folklore-Tourismus wird hier propagiert.
- Die **Hortobágy-Pußta** westlich von Debrecen. Die Pflichttour durch den Hortobágy-Nationalpark lässt sich gut mit einer Runde um den badefreundlichen **Stausee der Theiß** (Tisza-tö) kombinieren. Route: Tiszafüred – Poroszló – Kisköre – Abádszalók – Tiszafüred (74 km).
- Die Landschaft **Kiskunság** (Kleinkumanien) im Zweistromland zwischen Kecskemét und Szeged. Anders als das nördliche Alföld konnte sich **Kleinkumanien** unter der Obhut des Sultans weiterentwickeln. Sehenswerte Städtchen, hübsche Dörfer mit Restexemplaren historischer Windmühlen und die **Bugac-Pußta** (Kiskunság-Nat.-Park bei Bugac) sind die Augenpunkte einer Kiskunság-Tour. Mit etwas Geschick bei der Routenplanung lassen sich die meisten Orte auf Nebenstraßen anradeln.
- Die **Theiß (Tisza),** die das Alföld fast 600 km lang durchfließt, drängt sich als Radroute geradezu auf. Gut asphaltierte Dammwege und verkehrsarme Nebenstraßen sind vorhanden, im Einzugsgebiet der Städte ist der Verkehr allerdings unangenehm. Der europäische Fernradweg **EuroVelo 11** (East Europe Route) folgt dem Lauf der Theiß durch Ungarn. Von Tiszabecs bis Szeged ist die Strecke sogar beschildert. Allerdings sehr rudimentär und kaum hilfreich. Es wird noch nicht einmal klar, auf welcher Seite der Theiß der EuroVelo verläuft. Eigentlich Ikann man aber wenig verkehrt machen, wenn man einfach auf der östlichen Seite auf den weitgehend autofreien Deichstraßen fährt. Die lassen sich auch ohne Beschilderung finden. Auch wenn sie nicht durch Orte führen. Unterwegs wird man auch kaum jemanden treffen. Beliebt bei ungarischen Radlern ist nur der **Theiß-See** – Ungarns zweitgrößer See. Auf der Deichkrone kann man diesen Stausee umradeln (s.o.). Ansonsten ist der Theiß-Radweg eher ein Geheimtipp für Leute, die es gern ruhig und grün haben.

ⓘ-Box Ungarn

Einreise
EU-Bürger und Schweizer können ohne Kontrolle mit dem Personalausweis einreisen (Schengen-Grenze).

Geld
Ungarischer Forint (HUF). 1 € = 311 HUF (Okt. 2015). Die Lebenshaltungskosten lagen 2014 bei 68% (D=100%).

Gesundheit
Ein Sozialversicherungsabkommen ermöglicht Mitgliedern gesetzlicher Krankenkassen die Inanspruchnahme medizinischer Leistungen (D, A). Details: *www.dvka.de*

Infos
- Ungarische Tourismuszentrale: *www.ungarn-tourismus.de* (dt., umfangreich, Prospektshop)
- Touristeninformation Budapest: *www.budapestinfo.hu* (dt., reichhaltig, Onlinebuchung von Unterkünften landesweit)
- Radreiseveranstalter: *www.velo-touring.hu* (dt., viele Anregungen)
- Radreisedatenbank, Radrouten in Ungarn: *www.fahrradreisen.de/radwege/ungarn*

125 „Tourinform"-Touristenbüros (tourinform .hu) befinden sich in Städten und größeren Orten. Zimmervermittlungen und Auskünfte gibt es auch bei den zahlreichen IBUSZ-Reisebüros.

Wetter
Relativ regenarm; warme, in der Tiefebene oft heiße Sommer. Beckenlage und niedrige Landeshöhe sorgen für ein Binnenklima ohne große Gegensätze: im Osten stabil kontinental, im Westen *überwiegend* kontinental, aber auch für atlantische und mediterrane Einflüsse empfänglich. Im Sommer kommt es häufiger zu Gewittern oder Starkregen.

Wind
Der Wind weht überwiegend aus westlichen bis nördlichen Richtungen.

Reisezeit
Günstige Tourenmonate (speziell für Transdanubien und den Plattensee) sind die Zeiten der Nebensaison, also April bis Mitte Juni und September/Oktober.

Anreise

Per Rad
Der Plattensee liegt von Wien rund 200 km entfernt, bis Budapest sind es von Wien rund 250 km, per Rad ist das in drei bis vier Tagen machbar. Die verkehrsreiche E 60 lässt sich mit einem Schwenk durch den Seewinkel bzw. am Neusiedler See vorbei umgehen (s. Österreich / Neusiedler-See-Radweg). Natürlich bietet sich auch der **Donau-Radweg** (Euro Velo 6) zur Anreise an (s. Österreich, Donau-Radweg). Der **Iron Curtain Trail** (EuroVelo 13) wäre eine weitere Möglichkeit. Allerdings ist man hier auf sich selbst gestellt, denn der Trail entlang der Grenzen zu Österreich und Kroatien ist noch nicht beschildert.

Per Bahn
Fahrradmitnahme ist möglich bei den Euro Citys Hamburg – Berlin – Budapest bzw. Berlin –Budapest (beide via Dresden und Bratislava). Sie haben ein großes Radabteil am Zugende, der Stellplatz ist reservierungspflichtig! Ansonsten ist Fahrradmitnahme auch mit Umsteigen in Wien möglich, von dort mit IC nach Budapest. Außerdem fahren in der Sommersaison von Ungarn aus mehrere **Züge mit Fahrradabteil in die Nachbarländer:** Slowakei (Budapest – Kosice), Slowenien (Budapest – Ljubljana), Tschechien (Nachtzug Szombathely – Prag), Kroatien (Nachtzug Szombathely – Split).
Mehr: *www.elvira.hu*

Per Schiff
Die zwischen Wien und Budapest verkehrenden Tragflügelboote der Reederei Mahart Passnave nehmen auch Fahrräder mit (Mai – Okt., 3x wöchentl., Fahrzeit 5,5 h, Person 99 €, Fahrrad 25 €).
Infos: *www.mahartpassnave.hu*

Per Bus
MeinFernbus (*www.meinfernbus.de*) bietet die Fahrradmitnahme nach **Budapest** an (Heckträgertransport, Pauschalpreis 9 €). Aktuelle Abfrage bzgl. der Mitnahmemöglichkeit über die Buchungsmaske.

Transport im Land

Bahn

8500 km umfasst das dichte Streckennetz der Ungarischen Staatsbahnen (MAV). Fahrradmitnahme ist bei fast allen Zügen möglich (außer IC). Ist kein Gepäckwagen/Fahrradabteil vorhanden (Fahrradpiktogramm im Fahrplan beachten), können je 1 bis 2 Fahrräder im Einstiegsbereich des ersten und letzten Wagens der 2. Klasse platziert werden (während des Berufsverkehrs *nur* im letzten Wagen). Bahn fahren ist preiswert, 500 km kosten um die 30 € (2. Kl.), das Fahrrad 25% des Personentarifs. Infos: *www.mavcsoport.hu, http://elvira.mav-start.hu*

Bus

Die Beförderungsbestimmungen schließen die Mitnahme von Fahrrädern in Überlandbussen zwar aus, aber die Fahrer lassen sich auch schon mal vom Gegenteil überzeugen.

Fähre

Die zahlreichen Flussfähren, die anstelle von Brücken existieren, verkehren in der Regel von 6–23 Uhr im Stundentakt und nehmen natürlich auch Fahrräder mit. Gleiches gilt für die Balaton-Fähre (Tihany – Szántód).

Übernachten

Zimmer

Einfache und mittlere Hotels sind in der Sommersaison oft hoffnungslos ausgebucht (speziell am Plattensee und in Budapest). Leichter sind Privatzimmer zu bekommen, die von Juni bis August zahlreich angeboten werden (DZ ab 25 €). Von landesweit 53 Jugendherbergen sind allein 33 in Budapest angesiedelt. Voranmeldung ratsam.

Zelten

Die Anzahl der **Campingplätze** ist in den letzten Jahren deutlich gestiegen. Zur Zeit sind es rund 300 Plätze. Daneben gibt es an der Donau kostenlose Biwakplätze, die von Kanuwanderern benutzt werden. Für ein Zelt mit Fahrrad findet sich auf den Campingplätzen immer ein Fleckchen – zumindest für eine Nacht (2 Pers./Zelt 8–14 €). Hoffnungslos ausgebucht sind in den Ferien hingegen die Bungalows der Campingplätze.

Eine gute Planungshilfe ist die von der Tourismuszentrale herausgegebene Campingkarte (1:550.000, kostenlos erhältlich bei i-Büros). Auf der Karte sind die meisten Plätze eingetragen und auf der Rückseite beschrieben, auch die Darstellung des Straßennetzes ist hilfreich.

Wild campen ist auch in Ungarn zwar verboten, wird aber toleriert, sofern rücksichtsvoll und unauffällig praktiziert; was aber in den Tiefebenen nicht immer einfach ist. Angesichts der recht guten Campingplatzdichte ist es auch nicht so oft erforderlich.

Karten, Literatur & GPS

Tourenkarten

- *Empfehlung:* Freytag & Berndt: Autoatlas Ungarn 1:200.000 mit vielen Hinweisen und Ortsplänen, plus Planungskarte 1:800.000. Register. 16,99 €.
- Mountainbiker können für die ungarischen Mittelgebirge auf topografische Wanderkarten 1:50.000/1:80.000 zurückgreifen (in einer der großen Buchhandlungen in Budapest oder den i-Büros vor Ort).
- *Empfehlung:* Der ungarische Karten-Vlg. **Frigoria** hat zahlreiche gut gemachte Radwanderkarten- und atlanten im Programm, u.a. „Radwandern in Ungarn" – Spiral-Fahrradatlas 1:250.000, 100 Tourenvorschläge mit mehrsprachigem Kurzreiseführer. *Bezug: www.frigoriakiado.hu* (24 €) oder *www.mapfox.de* (18,90 €).
- *www.kowoma.de* – OSM-basierte, routingfähige Freizeit-Karten für Garmin&Co.

Tourenführer

- *Empfehlung für den Donau-Radweg (Euro Velo 6):* Huber/GTZ, Donau Radweg – von Budapest bis zum Schwarzen Meer. 8 Bl. Karten-Set 1:100.000, 5. Aufl. 2015, 24,80 €
- Esterbauer, Bikeline: „Donau-Radweg 3" (Wien – Budapest, beschrieben wird nur die ungarische Donau-Seite, nicht die slowakische Alternative); „Donau-Radweg 4" (Budapest – Belgrad). Da die Kartenausschnitte sehr begrenzt sind, ist zu den Bikeline-Führern generell eine begleitende Karte sinnvoll, die auch das weitere Umfeld zeigt.

Fahrrad (ungar.: kerékpár)

Ausstattung

Touren durch das ganze Landesspektrum erfordern eine bergtüchtige Schaltung. Da Gegenwind nie auszuschließen ist, sollte aber auch bei Touren durch ausschließlich flache Regionen (Große und Kleine Tiefebene) mindestens eine 5-Gang-Schaltung vorhanden sein. Nicht zu schmale Bereifung wählen (Sandwege).

Radler sind bei schlechten Sichtverhältnissen, wenn sie sich außerhalb geschlossener Ortschaften befinden, zum Tragen einer **Warnweste** verpflichtet.

Reparaturen

Service und Ersatzteile für moderne Fahrräder (speziell MTBs) in größeren Städten. Ersatzteile für 28-Zoll-Räder sind jedoch rar. Ansonsten viel Hilfsbereitschaft und Improvisationstalent. Kleine Pannen sollten selbst behoben werden können.

Straßen und Wege

Straßen und Wege

Das Straßennetz ist zwar nicht allzu üppig ausgebaut, aber in gutem Zustand und in den interessanten Landesteilen ausreichend dicht für Touren auf verkehrsarmen Straßen. Die Wegweisung ist gut. Wer sie jedoch ignoriert, kann rasch auf abseitige sandige Wirtschaftswege geraten. Anders gesagt: Wer kleinste Straßen und Wege erkunden will, darf erstens nicht mit Wegweisung rechnen und zweitens nicht mit einer befestigten Straßendecke. Rund 1500 km Dammwege dürfen mit dem Rad befahren werden, auch sie sind nur teilweise asphaltiert.

Radwege existieren in den Städten meist nur in Form von Fußgängerwegen, die mitbenutzt werden dürfen. Im ganzen Land sind mittlerweile an die 3000 km **Radrouten** ausgeschildert. Die Beschilderung ist oft noch verbesserungsbedürftig. Es gibt Kreuzungen, die ganz „ohne" sind, oder aber mehrere gleichartige Radwegweiser zeigen in verschiedene Richtungen und die Zuordnung fällt schwer. In der Regel verlaufen die beschilderten Radrouten auf verkehrsarmen Straßen, teilweise sogar autofrei wie auf den Deichwegen an Theiß und Donau.

In den Ballungsräumen ist der **Verkehr** reichlich und flott. Auf Radfahrer wird aber Rücksicht genommen. Auf den Nebenstraßen herrscht oft erstaunlich wenig Verkehr. Da die Dorfbewohner eifrig und gern ihre alten Fahrräder für Erledigungen aller Art benutzen, herrscht dort auch wenig Autoverkehr.

Radfahrverbote

Auf praktisch allen Europa- aber auch anderen Hauptfernstraßen bestehen *Radfahrverbote.* Dies gilt für die meisten Nationalstraßen. Seit Ungarn aber einen landesweiten Plan zur Förderung des Fahrradverkehrs umgesetzt hat (2007–2013), findet man in der Regel zumindest eine Alternative. Das war früher nicht so und konnte einem Ungarn ziemlich vergällen.

Offroad (MTB)

Die ungarischen Mountainbiker schätzen die heimischen Mittelgebirge. Extremes Terrain ist selten. Moderate Touren auf Forst-, Wirtschafts- und Wanderwegen überwiegen. Unmarkierte Wanderwege dürfen nicht mit dem Rad befahren werden. Jedes Jahr im Sommer findet am **Plattensee** ein mehrtägiges **Bike-Festival** statt *(www.balatonbikefest.com).*

Donauradtour mit Anhang – die ersten 2500 km

von Sybille Fleischmann

Sybille und Michael Fleischmann (cycle-for-a-better-world.org) brachen im Juni 2010 zu einer Fahrrad-Weltreise auf. Da sie neben einer Ausrüstung für vier Jahreszeiten auch ihre Hunde Gomolf (45kg) und Diu (22kg) in speziellen Hunde-Anhängern dabei hatten,waren sie mit hohem „Systemgewicht" unterwegs. Hier erzählen Sie von ihrer ersten großen 2500 km-Etappe, dem Donau-Radweg von Ungarn bis Rumänien.

Frühauf

Schon früh wurde es im Zelt unerträglich warm. Ich schälte mich aus unserer Schlafstatt und begutachtete missmutig unseren Standplatz. „Schau mal, wir sind direkt neben den Bäumen", sagte ich zu Michael, meinem Mann. „Wenn wir das Zelt nur zwei Meter weiter links aufgestellt hätten, stünden wir jetzt noch im Schatten." – „Ist doch gut so", antwortete er, „kommen wir wenigstens früh los und können Budapest heute hinter uns bringen." – „Okay", lächelte ich versöhnlich, „aber vorher geh' ich noch 'ne Runde schwimmen!"

Wir hatten unser Lager am Abend zuvor direkt auf der Liegewiese neben einem Baggersee aufgebaut. Zum Glück schien sich niemand daran zu stören, auch nicht als die ersten Badegäste auftauchten und die große Wasserski-Anlage den Betrieb aufnahm. Es war ein guter Schlafplatz, denn obwohl schon vor den Toren Budapests, hatten wir es vergleichsweise ruhig und schön hier. Perfekt um Kraft zu tanken, bevor es durch die Stadt ging. Nach einem Kaffee erfrischten wir uns kurz im See. Auch unsere Hunde sprangen fröhlich mit uns ins kühle Nass. Bald darauf waren wir auf unseren Rädern – bereit für die Herausforderung Großstadt.

Südlich von Budapest

Knapp die Hälfte der Strecke durch die ungarische Metropole konnten wir auf richtigen Fahrradwegen zurücklegen. Die Donau diente stets als Orientierung, wenngleich wir die Donau-Radweg-Beschilderung schon längst aus den Augen verloren hatten. Als sich der Großstadtdschungel langsam lichtete, zwang uns ein riesiges Bauwerk zu einer Entscheidung: Eine Autobahnbrücke über die Donau. Wir wussten nicht auf welcher Seite des Flusses wir wieder auf den Radweg stoßen würden. Weder Kartenmaterial noch Reiseliteratur oder Schilder konnten diese Frage beantworten. Also wechselten wir aufs Geratewohl das Ufer. Drüben angekommen fanden wir tatsächlich einen ruhigen Feldweg im Grünen direkt neben der Donau: Perfekt! Wir freuten uns schon auf einen flussnahen Schlafplatz, die Fahrt durch Budapest war anstrengend gewesen. Da kam uns plötzlich ein Geländewagen entgegen, aus dem zwei uniformierte Männer ausstiegen. „Sie dürfen hier nicht fahren", erklärte einer in perfektem Englisch. „Das ist Wasserschutzgebiet. Um hier mit dem Fahrrad zu fahren, brauchen Sie eine Lizenz." Michael fand als erster die Sprache wieder: „Eine Lizenz … um hier mit dem Fahrrad zu fahren?! Das ist doch nicht Ihr Ernst?" Doch, die Männer meinten es ernst. Da fuhr ein anderer Radfahrer vorbei. Michael stoppte ihn: „Entschuldigen Sie, haben Sie eine Lizenz, um hier Fahrradfahren zu dürfen?" – „Natürlich" antwortete der Mann und zückte einen eingeschweißten

Radelverbotsschild in Ungarn – Sybille Fleischmann mit Hundeanhänger

Ausweis mit Passbild. Wir sahen uns ratlos an. Dann wandte ich mich an die Beamten: „Wo ist denn dann der Euro-Fahrradweg Nummer sechs, bitte?" – „Nummer sechs?" antwortete er eifrig, „Das ist auf der anderen Seite der Donau. Dort brauchen Sie auch keine Lizenz."

Nummer Sechs

Eine Stunde später sah man uns halb wütend, halb resigniert zurück auf der rechten Seite der Donau. Wir hatten mehrere Leute gefragt und erkannt, dass uns die netten Herren in Uniform auf die Autobahn Nummer sechs geschickt hatten. Hier sind Radler natürlich total verboten. Wenigstens führt parallel eine Landstraße, auf der wir uns nun halten. Als es bereits dämmerte, waren wir immer noch in besiedeltem Gebiet. Wo sollten wir hier unser Zelt aufschlagen? Schließlich fanden wir einen kleinen Seitenweg, der neben einem Bahngleis ins Grüne führte. Erschöpft bauten wir unser Zuhause auf und hofften, dass uns niemand wegschicken würde. Kaum hatten wir unsere Matten ausgerollt, tauchte ein Mann auf, der von unseren Hunden Gomolf und Diu skeptisch angebellt wurde. „Ist es in Ordnung wenn wir hier eine Nacht schlafen?" fragten wir ihn vorsichtig. „Ja, es ist schon in Ordnung", antwortete er in gutem Englisch, „aber es wird wahrscheinlich regnen. Besser, ihr schlaft in meinem Haus."

So sehr hatten wir uns noch nie darüber gefreut, dass wir das Zelt umsonst aufgebaut haben. Der Mann wohnte mit seiner Frau, drei Kindern, zwei Hunden und einer Schildkröte in einem Haus ganz in der Nähe. Dort gab es neben der Küche und einem winzigen Bad nur ein Wohn- und ein Schlafzimmer, das sich die Familie teilte. Trotz des knappen Platzangebots hießen sie uns herzlich willkommen, im Wohnzimmer unser Nachtlager aufzuschlagen.

Wir verbrachten zwei wunderbar entspannte Tage bei der ungarischen Familie und schwelgten im Luxus: ein festes Dach über dem Kopf, eine warme Dusche, die Waschmaschine, ein Tisch, Stuhllehnen für die geplagten Rücken, aus Gläsern trinken. Annehmlichkeiten, die das normale Reiseradlerleben sonst nicht bereithält.

Auf der falschen Seite

Dankbar verabschiedeten wir uns, um die nächste Etappe in Angriff zu nehmen. Erst als wir zurück auf der Straße waren, realisierten wir, wie sehr wir diese Auszeit gebraucht hatten. Unsere neue Tagesbestleistung von 52 Kilometern legten wir vergleichsweise souverän zurück, obwohl die Fahrt auf der Landstraße in der prallen Sonne anstrengend und nervig war. Viele Autofahrer überholten zwar recht rücksichtsvoll, doch es gab genügend, die mit haarscharfen Manövern schockten. Dazu kamen Verbotsschilder, die uns daran erinnerten dass wir – neben Kutschen und Traktoren – hier eigentlich nicht fahren dürften. Immer wieder fluchten wir in Gedanken auf die Beamten, die uns auf diese Seite geschickt hatten, denn der Radweg musste irgendwo am anderen Ufer sein und die nächste Brücke war noch siebzig Kilometer entfernt.

Nach zwei Tagen konnten wir den Fluss endlich überqueren und wurden prompt mit einem Hinweisschild auf den Donau-Radweg belohnt. Unser Nachtlager jedoch erinnerte uns an die Nachteile von flussnahem Zelten. Kaum hatten wir unsere Räder abgestellt, ballten sich mal wieder die Mücken um uns und die Hunde. Am nächsten Morgen waren unser Zelt und die Siebensachen von einer anderen Spezies übersät: Nacktschnecken! Ohne Rücksicht auf unseren Ekel krochen sie übers Zelt, in unsere Schuhe, auf das Essgeschirr und über die Vorräte.

Hochwasser

Am Nachmittag rollten wir schließlich am Donau-Damm entlang und suchten sehnsüchtig einen Zugang zum Wasser, um uns zu erfrischen. Als der gefunden war, dauerte es allerdings kaum fünf Minuten, bis das kühle Nass auch von oben kam. Ein Gewitter zog auf und es begann zu regnen. Das Zelt war kaum aufgebaut, da hörte es schon wieder auf – doch die Lust zum Weiterradeln war bereits verflogen. Wir verbrachten einen faulen Lesetag im Zelt, nur zehn Meter vom Donauufer entfernt. Weit weg vom nächsten Haus, Brunnen oder Wasserhahn. Doch es gab genügend Wasser für uns und unsere Hunde. Dank des Wasserfilters konnten wir das Flusswasser unbesorgt trinken.

Doch kann ein idyllischer Platz auch seine Tücken haben. Morgens wurden wir von einem leisen, nahen Plätschern wach. Michael schwante nichts Gutes. Schnell schälte er sich aus dem Schlafsack, ging raus und weckte mich hektisch: „Schnell, das Wasser steht schon beim ersten Zelthering! Wir müssen sofort weg!" So schnell hatten wir noch nie unser Lager abgebaut und auf den Fahrrädern verstaut. Eine halbe Stunde später stand der Zeltplatz komplett unter Wasser, und wir sahen zu, wie die Donau immer höher stieg. „In Deutschland muss es regnen ohne Ende", stellte Michael kopfschüttelnd fest.

Etwa sechzig Kilometer vor der serbischen Grenze setzten wir mit einer Autofähre ans rechte Donauufer über. Ziel des Abstechers war Mohacs. Die Fähre verkehrt alle 30 Minuten, für Hin- und Rückfahrt zahlten wir etwa sechs Euro. Eine gute Investition, denn Mohacs war die letzte Möglichkeit vor der Grenze, um Geld zu wechseln und vernünftig einzukaufen.

Nach einer ruhigen, aber mückenreichen Nacht beluden wir unsere Reiseräder. Heute geht es an die Grenze! Diese Strecke auf dem Donaudamm ist teilweise unbefestigt und steinig. Viele Abschnitte sind für Autos gesperrt, daher konnten Gomolf und Diu selbst laufen. Hier wäre es auch eine große Belastung gewesen, die Hunde im Anhänger ziehen zu müssen. Es gab keinen Schatten weit und breit, unbarmherzig brannte die Sonne auf uns herab. Die Donau war inzwischen so hoch, dass das Wasser schon in den Auenwäldern neben dem Damm stand. Unsere Hunde liefen immer wieder hinunter, um sich abzukühlen und zu trinken. Sie brauchten fast so viel Wasser wie wir.

Freundliches Serbien

Als wir die Grenze nach Serbien überquerten, änderten sich nicht nur die Sprache und die Währung. Serbien hat offiziell das kyrillische Alphabet. Zum Glück waren wichtige Wegweiser auch in lateinischen Buchstaben geschrieben und die Donau-Radweg-Beschilderung fast lückenlos. So fanden wir uns auch ohne Landkarte gut zurecht.

Die Serben waren offen und gastfreundlich, wir wurden sehr herzlich empfangen. Die Menschen am Straßenrand winkten uns freudig zu, die Autos hupten grüßend, während sie – meist sehr ausladend – überholten. Dort, wo wir anhielten um einzukaufen

oder uns zu orientieren, kamen die Leute auf uns zu und boten freimütig ihre Hilfe an. Jeder, den wir nach dem Weg fragten, gab freundlich Auskunft, so gut er konnte. In Privathäusern fragten wir nach Leitungs- oder Brunnenwasser, niemals wurde uns die Bitte verwehrt. Manchmal wurden wir im Anschluss sogar noch auf einen Kaffee eingeladen.

Glücklicherweise ist die serbische Gastfreundschaft auch recht strapazierfähig. In Sombor, einer Kleinstadt der Vojvodina, dem nördlichen Teil des Landes, wurden wir von einem Mann eingeladen, in seinem Garten zu zelten. Wir verbrachten zwei wunderbare Tage auf dem ehemaligen Bauernhof unseres neuen Freundes Milan. Die Mutter unseres Gastgebers wohnte nebenan, ihr Hauseingang war auch vom Garten zu erreichen. Am zweiten Morgen wurden wir vom aufgebrachten Schimpfen der Mutter wach. Gestern hatte sie einen Entenbraten im Backofen, wo war der hingekommen? Diu, unsere kleine indische Straßenhündin war gestern Nacht nicht im Zelt gewesen, sondern hatte klammheimlich in der Küche den Braten aus dem Ofen gezerrt, der einen Spalt offen gestanden hatte!

Beschämt klärten wir das Rätsel um die verschwundene Ente auf. Unser Gastgeber, der selbst lange Zeit in Asien verbracht hatte, fügte erklärend hinzu: „Sie ist aus Indien, Mutter, sie kann nicht anders." Da nickte die Frau verständnisvoll, auch sie hatte dieses Land schon bereist, verschwand in der Küche und kam mit ein paar Fleischresten von gestern zurück, die sie dem Hund hinwarf. Diu stürzte sich gierig darauf. Wir waren froh, dass Milans Mutter es so gelassen nahm und revanchierten uns mit einem kleinen Gastgeschenk.

Durchs Eiserne Tor

Innerhalb von knapp drei Wochen trugen uns unsere Drahtesel auf einer weitestgehend flachen Strecke durch das schöne Serbien – immer entlang der Donau. Der Weg verlief stellenweise wieder auf Donaudämmen, die den Fluss in seine Schranken weisen sollen. Während wir täglich in der heißen Augustsonne schwitzten, zeugte der anhaltend hohe Pegelstand von ständigen Regenfällen in Deutschland. Richtung Ostserbien verengte sich der Flusslauf. An beiden Ufern türmten sich Berge bis zu fünfhundert Meter in die Höhe. Wir hatten die Djerdap-Schlucht, das Eiserne Tor, erreicht. Hier zwängt sich die Donau durch die Ausläufer der Karpaten und bescherte uns eine Woche lang eine gewaltige, wunderschöne Naturkulisse. Auf steile, mit Burgruinen bestückte Berge folgten tiefe Schluchten. Kurvige Passstraßen wanden sich am Ufer entlang und zwangen uns teilweise, mehrere hundert Höhenmeter mit unseren schwer bepackten Rädern zu überwinden. Für die Steigungen wurden wir von der Landschaft entschädigt. Glücklicherweise können unsere Hunde bergauf gut selbst laufen. Die Abfahrten über gewundene und sehr gute Straßen beschleunigten unsere Gespanne auf knapp siebzig km/h, während sich die Hunde in ihren Anhängern entspannt zurücklegten. Dieser Rhythmus hatte sich bei unserer Reise schnell etabliert. Um die Hunde nicht zu überlasten, ließen wir sie nicht mehr als etwa 20 km am Tag laufen – wenn möglich auf verkehrsarmen Abschnitten.

Willkommen in Rumänien

Schließlich erreichten wir das große Elektrizitätswerk bei Sip. Hier überquerten wir den Fluss und damit die Grenze zu Rumänien. Das letzte Donau-Radweg-Schild lag hinter uns, in Rumänien gab es keine Beschilderung mehr. Als Orientierung diente uns nun eine Landkarte, wobei wir uns immer möglichst nah der Donau hielten. Zugang zum Fluss bekamen wir allerdings nicht, die Straße verlief zu weit davon entfernt. Die Fahrt durch die Walachei war nicht besonders abwechslungsreich. Trotzdem haben wir es genossen, durch diesen stark landwirtschaftlich geprägten Teil von Rumänien zu radeln. Alle paar Kilometer passierten wir kleine Dörfer, in denen die Neuzeit noch nicht angekommen zu sein schien. Pferdekutschen und Eselskarren gehörten zum ganz normalen Straßenbild, ebenso Ziegenhirten, kleine Bauernhöfe und Straßenverkäufer, die Honig, Gemüse und andere Waren aus Eigenproduktion an den Mann bringen wollten. Jung und Alt saßen vor den Häusern und blickten auf die Lebensader, die Dorfstraße. Wenn wir mit unseren Gespannen vorbeizogen, hellten

Diu und Gomolf in Rumänien

sich ihre Gesichter auf und sie winkten uns fröhlich zu. Wann immer wir anhielten, versammelten sich kleine Grüppchen und beobachteten neugierig unser Tun. Ihre Sprache klang wie ein Mix aus Italienisch, Spanisch und Französisch, so dass wir rudimentäre Gespräche führen konnten. Man wollte wissen, woher wir kamen und wohin wir gingen. Dass wir die Hunde zu unserer Sicherheit dabei hatten, überraschte niemanden.

Tatsächlich mussten Gomolf und Diu ein paar Mal aktiviert werden, um die allgegenwärtigen Straßenhunde abzuwehren. Die sind zwar in der Regel harmlos und bellen nur, doch manchmal rotteten sie sich auch zusammen und verfolgten uns. Zum Glück war Gomolf groß genug, um ihnen einen Schrecken einzujagen, so dass wir in Ruhe weiterfahren konnten.

Wasser holten wir aus einem der öffentlichen Straßenbrunnen. Schnell wurde es zur Routine, den Eimer hochzukurbeln und unsere Trinkflaschen aufzufüllen. Die fortschrittlicheren Haushalte hatten einen Elektromotor installiert, so dass der Eimer mit frischem Wasser per Knopfdruck nach oben befördert wurde.

Die Zeit des Ceausescu-Regimes war vielen Menschen noch lebhaft in Erinnerung. Doch nun sahen wir an vielen Ortseinfahrten, dass dieses Land seit 2007 Mitglied der Europäischen Union ist. Bei jeder noch so kleinen Ansiedlung stand ein beleuchtetes Willkommensschild, das das blaue EU-Wappen mit den Sternen zeigte. Auch wir profitierten von der Mitgliedschaft, die Straßen waren fast immer in gutem Zustand.

So radelten wir auf gutem Belag immer weiter gen Osten, Richtung Constanta. Die Strecke war größtenteils flach, nur auf den letzten Etappen vor der Hafenstadt wurde es leicht hügelig. Die Hunde mussten ständig in ihre Hänger ein- oder aussteigen. Nur bergauf liefen sie selbst. Durchhaltevermögen war gefragt. Auch gab es wenig Abwechslung, die uns für die Anstrengungen entlohnt hätte. So waren wir am Ende doch froh und erleichtert, als wir nach den ersten 2500 km unserer Radreise Constanta und damit die Schwarzmeerküste erreicht hatten. Zur Krönung fehlte uns nur nur noch ein Schlafplatz am Meer. Wir fanden ihn!

Zypern

Zypern gesamt: 9251 qkm • 1,13 Mio. Ew. • 123 Ew./qkm
Südzypern: 5896 qkm • 839.000 Ew • 142 Ew./qkm
Nordzypern: 3355 qkm • 294.000 Ew. • 88 Ew./qkm
Ausdehnungen (gesamt): N – 150 km – S // W – 210 km – O

Tourenziel Zypern

Die Insel im östlichen Mittelmeer, die früher als Bindeglied zwischen Europa und Nahem Osten galt, ist seit 1974 geteilt. Die beiden Teile haben sich sehr unterschiedlich entwickelt. Während das türkisch besetzte **Nordzypern** am Tropf der Türkei hängt und bis 2004 (Öffnung der Grenze, auch für Touristen) mehr schlecht als recht zu Rande kam, boomte Südzypern seit der Teilung. In **Südzypern** lebt der überwiegende Teil der Gesamtbevölkerung, hier haben sich viele Unternehmen aus dem Nahen Osten angesiedelt, und auch der Zypern-Tourismus konzentrierte sich seit der Teilung hier. Südzypern ist nicht nur dicht besiedelt und wohlhabend, sondern es herrscht auch ein unglaublicher Verkehr. Seit die Grenze passierbar wurde, profitiert auch Nordzypern vom Tourismus und entwickelt sich rasch.

Tourentipps Südzypern

1974 schuf die UN eine bis zu 6 km breite Pufferzone zwischen Nord- und Südzypern. Sie wurde mit einem grünen Filzschreiber in einer Zypern-Karte vermerkt und heißt seitdem „Green Line". Für die Tourenplanung erweist sich die Teilung der Insel als schweres Handicap. Die Green Line ist noch immer eine intakte Grenze mit nur wenigen Durchlässen. Die meisten Straßen dies- und jenseits sind weiterhin Sackgassen. Zudem ist das ganze Gebiet östlich der Linie Nicosia – Larnaca völlig uninteressantes Agrarland. Und auch wenn es sich um die Insel der Aphrodite handelt, Südzypern ist alles andere als eine aufregende Schönheit.

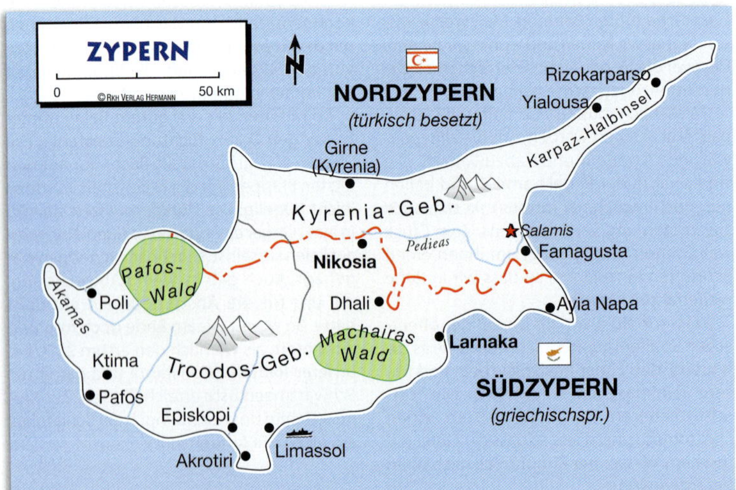

Abends wird Zypern erst richtig schön (Kata Lefkara)

Kritik

Einige Kritikpunkte zur Anschauung:

- Da ist man nun auf dieser supertollen Insel, fährt zum höchsten Gipfel hinauf, den 1951 m hohen Olympos, und dann macht sich dort oben das britische Militär breit, und es gibt keine Möglichkeit zum Rundumblick oder Fotografieren. Es sei denn man spränge 3 m in die Luft, aber dann wird scharf geschossen. Andererseits sind Fotos auch gar nicht begehrenswert, denn der Fernblick verschwimmt ohnehin in bräunlichblauem Dunst.
- Der viel gelobte Pafos-Wald ist eine staubtrockene Ansammlung todlangweiliger Pinien.
- Es gibt kaum Höhenstraßen, die schöne Blicke aufs Meer ermöglichen.
- Die meisten Dörfer sind modern und nüchtern.
- Es gibt nur wenige „Augenpunkte" in der Landschaft. Keine weiß leuchtenden Dörfer, keine Kirchen oder Kapellen am Horizont, kaum Steilküste, selten Felsen, nur vereinzelt Olivenbäume und Nutztiere.

Die Liste ließe sich fortsetzen.

Warum dennoch?

Warum Südzypern dennoch von Bikern angesteuert wird? Es ist wohl das, was Südzypern wirklich auszeichnet. Das stabil warme Mittelmeerklima, der westliche Komfort und die lange Saison. „340 Tage Sonne" sind für viele Argument genug. Wer Südzypern kennenlernen will – schließlich hat jeder seine eigene Sicht der Dinge – sollte im Frühjahr kommen. Dann grünt und blüht es wenigstens allerorten, und auf dem Olympos liegt noch Schnee (bis in den März).

Südzypern-Rundtour

Von leichten Variationen abgesehen, gibt es für eine Überblickstour zum Kennenlernen eigentlich nur ein bis zwei sinnvolle Strecken. Die hier skizzierte, 560 km lange Rundtour sammelt jedenfalls die meisten Highlights von Südzypern ein.

Airport Larnaca – Kofinou – Kato Lefkara – Vavla – Palaichori – Chandria – Trodoos – Olympos (1951 m) – Kloster Kykkou – Forst von Pafos – Pano Panagia – Polis – Fontana Amorosa (Akamas-Halbinsel) – Pafos – Omodos (Diarizos-Tal) – Episkopi – Kourion (Ruinen) – Limassol – Nicosia – Larnaca – Hala Sultan Tekke Moschee – **Airport Larnaca.**

Offroad Südzypern

Beliebtestes MTB-Revier ist die felsige Halbinsel **Akamas** (bis 495 m), benannt nach einem Liebhaber der Aphrodite, deren Badebucht man dort noch findet. 400 km Wanderwege sind auf Akamas auch zum Biken präpariert. Eine Bikestation befindet sich in **Polis.**

Auch das benachbarte Hochplateau von **Pafos** (bis 1362 m) hat ein gutes Angebot einsamer Forststraßen in lichten Zedern- und Pinienwäldern. Last not least: Das **Troodos-Gebirge** (bis 1951 m) mit Schotter- und Forstwegen von leicht bis schwer. MTB-Prospekt „Fahrradtouren auf Zypern" von der Fremdenverkehrszentrale Zypern (s.u.).

Option Nordzypern

Wer Südzypern aus den schon genannten Gründen als Tourenziel vielleicht doch nicht so prickelnd findet, sollte sich **Nordzypern** näher ansehen. Vor der Inselteilung konzentrierte sich in Nordzypern praktisch der gesamte Tourismus – die enorme Infrastruktur im südlichen Zypern wurde erst nach der Trennung aus dem Boden gestampft.

Die Steigungen sind moderat, die meisten Straßen noch immer relativ verkehrsarm, die Dörfer und Städte noch nicht so modern, teilweise sogar malerisch, oft auch verlassen und verfallen (die Flucht der Griechen). Die Atmosphäre ist erstaunlich friedlich, kein Vergleich mit der südlichen Hektik. Landschaftlich reizvoll sind die **Nordküste,** der Küstengebirgszug **Pentadaktylos** (Fünf-Finger-Gebirge, bis 1024 m) und die einsame **Karpaz-Halbinsel** im Nordwesten. Auch kulturell glänzt Nordzypern mit echten Highlights (Kyrenia, Famagusta, Salamis!!!).

Bernd Heckmair zu Nordzypern: „Der Grenzübertritt ist unproblematisch. Formular ausfüllen, stempeln lassen, in den Reisepass legen, fertig! Wenn man davon absieht, dass man in der „türkischen Besatzungszone" immer wieder mal in militärische Sperrgebiete gerät und unter dem Eindruck schwer bewaffneter Rekruten recht gerne die Richtung wechselt, lohnt sich die Erkundung Nordzyperns durchaus. Allen voran die Karpaz-Halbinsel mit ihrer kargen Steppenlandschaft, in der ausgewilderte Esel neugierig den seltenen Radtouristen nachblicken. Noch sind die Buchten einsam dort. Die Baustellen fressen sich jedoch beständig gen Osten voran. In wenigen Jahren wird es aus sein mit der Einsamkeit. Vielleicht den schönsten historischen Hafen im Mittelmeerraum findet man in Girne (Kyrenia). Vor den Tavernen warten zwar auch hier schon die üblichen Schlepper, trotzdem ist die Szenerie geradezu einzigartig. Und wo bitte kann man im November im Mittelmeerraum abends unter freiem Himmel im T-Shirt noch Fisch essen?"

Karpaz-Halbinsel (Nordzypern

ⓘ-Box Zypern

Einreise

Einreise mit Personalausweis oder Pass (D/A/CH). Radler können die sog. Green Line (die Demarkationslinie zwischen Süd- und Nordzypern) zur Zeit an sieben Stellen passieren: **Nikosia** (3x, Ledra Palace, Ledra Street, Agios Dometios), **Limnitis** (bei Kato Pyrgos), **Zodhia** (bei Astromeritis), **Pergamos** (bei Pyla) und **Strovilia** (bei Ag. Nikolaos). Bei der Pseudo-Einreise wird ein loses Visum erteilt, das bei der „Ausreise" wieder abgegeben wird. Das Visum darf nicht in den Pass gestempelt werden, sonst verweigern die Südzyprioten die Wiedereinreise! Aufenthaltsdauer in Nordzypern bis zu 3 Monaten.

Geld

In Südzypern ist der Euro gültige Währung, in Nordzypern hingegen die Türkische Lira, daneben zirkulieren dort auch Euro, Brit. Pfund und US-Dollar.

Gesundheit

Ein Sozialversicherungsabkommen ermöglicht Mitgliedern gesetzlicher Krankenkassen die Inanspruchnahme medizinischer Leistungen (D, A). Details: *www.dvka.de*. Dennoch Reise-KV abschließen!

Infos

- Tourismuszentrale Südzypern: *www.visitcyprus.org.cy*
- Tourismuszentrale Nordzypern: *www.nordzypern-touristik.de*

Reisezeit

Ab März. Sehr klar und sonnenreich im April. Im Juli und August in den Ebenen hingegen oft brütend heiß. *Bernd Heckmair:* „Zypern ist aus meiner Sicht das ideale Ziel für Oktober und November! In insgesamt sechs Wochen hatten wir vielleicht fünf Schlechtwettertage. Ansonsten nur Sonne mit Tageshöchsttemperaturen zwischen ca. 23 und 28 Grad."

Anreise

Flüge: Direktflüge gibt es nur nach Südzypern (Larnaca). Flüge nach Nordzypern (Airport Ercan) immer mit Zwischenlandung in der Türkei.

Fähre: Anreise per Fähre nach Limassol/Südzypern ab Rhodos/GR und Piräus/GR. Wer über Land anreist, kann natürlich auch von der türkischen Mittelmeerküste nach Nordzypern übersetzen (ab Mersin, Tasucu, Alanya, Antalya, Anamur).

Übernachten

Südzypern ist vor allem auf Pauschaltouristen eingestellt, dennoch gibt es Pensionen und kleine Hotels in ausreichender Zahl. DZ ab 25 €. Auch in Nordzypern, wo der Tourismus geringer ist, gibt es genügend Übernachtungsmöglichkeiten, die zudem preiswerter sind. Allerdings konzentrieren sich die Unterkunftsangebote hier sehr stark auf die Touristenzentren. Das heißt, in abgelegenen Gebieten kann man oft lange suchen. Am schönsten schläft es sich ohnehin im „1000-Sterne"-Hotel.

Karten

- Freytag & Berndt: Zypern 1:200.000, 9,99 €.
- Reise Know-How: Zypern 1:150.000, 8,90 €.
- *www.kowoma.de* – OSM-basierte, routingfähige Freizeitkarten für Radler und Wanderer.

Tourenführer

Kettler Vlg.: „Zypern per Rad" (nur Südzypern). Radreiseführer mit variablem Routennetz. Schon von 1997, aber der einzige.

Fahrrad

Licht und Schutzbleche sind im Sommer verzichtbar. Bikeshops in Nicosia, Limassol, Larnaca, Pafos und Polis.

Straßen

Achtung, Linksverkehr! Das Straßennetz ist gut ausgebaut. In Südzypern existieren nur wenige ruhige Nebenstraßen.

Zwergstaaten

Von Liechtenstein bis Gibraltar

von Christoph Gocke

Es gibt Länder, die einen reizen, weil sie auf der Karte kaum zu finden sind und dennoch die Phantasie anregen: Europas Zwergstaaten zum Beispiel. Zwerge sind sie alle, aber Andorra ist tausend mal größer als der Vatikan. Will man diese Mini-Länder zu *einer* Tour verbinden, so sind das von Liechtenstein über San Marino, den Vatikanstaat und Monaco (vom Vatikan lässt sich Monaco alternativ mit Fähren via Sardinien, Korsika nach Nizza erreichen) bis Andorra etwa 2500 km. Auf dem Weg liegen netter Weise die Alpen, der Po, Adria und Toskana, Riviera, Apennin, Cinque Terre, Ligurien, Côte d'Azur, die Provence und die Pyrenäen. Will man dann noch bis Gibraltar, kommen mindestens 1200 km Spanien dazu.

Liechtenstein

Radelnd erreicht man das Fürstentum am besten auf dem Rhein-Radweg, der 35 km auf Liechtensteiner Terrain verläuft. Vom Radweg auf dem Rheindeich hat man einen guten Blick auf den tief gebetteten Fluss und sieht das fürstliche Schloss am Hang liegend. Auf 140 km Straßen und 350 km Radwegen lässt sich das Fürstentum bis in den kleinsten Winkel erforschen. Überreichliche Informationen samt GPX/GPS-Daten zu 22 Radtouren unter *www.radwege.llv.li (dort: Radverkehr/Radwege).*

San Marino

Von der Adria-Urlaubs-Metropole Rimini sind es 24 km bis auf den Monte Titano mit der Hauptstadt San Marino und mehr als zwei Millionen Touristen im Jahr. Wem der „älteste Freistaat der Welt" (301 n. Chr.) zu steil ist, der kann die Seilbahn von Borgo Maggiore nehmen, um von 55 auf 755 m zu kommen. Meist wird man den selben Weg wieder hinunter fahren. Es gibt kaum Alternativen. Es sei denn mit dem Geländerad.

Vatikan

Der kleinste allgemein anerkannte Staat der Welt war schon vor dem Zweiten Weltkrieg Ziel Nr. 1 bei deutschen Radlern. Und der Petersplatz die natürlichste aller Finalarenen. Der Petersplatz bietet, sofern nicht gerade eine Audienz stattfindet, als Ellipse mit 240 m Breite und 340 m Tiefe genug Raum, um zumindest einen Ehren-Kilometer heilige Erde unter die Felgen zu nehmen. Mit etwas Höhenunterschied sogar: Das Kopfsteinpflaster senkt sich zur Mitte des Platzes hin. Viel weiter kommt man allerdings nicht. Die vatikanischen Gärten sind kein Radel-Territorium.

Monaco
(2,01 qkm)

Kaum größer als der Vatikan, wächst Monaco ins Meer und in den Himmel. Das Fürstentum ohne Einkommen- und Erbschaftssteuer ist der am dichtesten besiedelte unabhängige Staat der Welt (18.000 Ew./qkm). So dicht ist auch der Verkehr. Mehrere Straßen verlaufen auf verschiedenen Höhen parallel zur Küste. In der Enge muss man aufpassen, um weder die Grenze noch das Casino zu verpassen.

Andorra

Andorra liegt zwischen Frankreich und Spanien auf dem Pyrenäenkamm. Auf französischer Seite begrüßt der Einkaufsort Pas de la Casa die Reisenden. Der hier beginnende, 2002 eröffnete Tunnel ins Zentrum des Landes ist für Fahrräder gesperrt. Man könnte vermutlich dennoch einfahren, weil die Zahlstation am anderen Ende ist. Legal ist aber nur der höchste Pyrenäen-Pass:

Port d'Envalira (2407m). Die *ganzjährig* befahrbare Passstraße hat dank des Tunnels weniger Verkehr. Der staut sich in und um die Hauptstadt Andorra la Vella häufig so stark, dass Radler auf dem Mittelstreifen allen Autos davon fahren können.

Gibraltar
(6,5 qkm)

Gibraltar, das Ziel unserer fiktiven Zwergstaatentour, begrüßt uns Radler – je nach britisch-spanischer Stimmung – mit richtigen Grenzkontrollen. Gibraltar gehört nicht zum Schengen-Bereich. Seit die UEFA Gibraltar aufgenommen hat, kann man es getrost auf die eigene Länderliste setzen. Zu Pendlerzeiten stauen sich Fahrrad- und Mofafahrer oft in einer langen Schlange (morgens rein, nachmittags raus). Es herrscht Rechtsverkehr und mit Euro kann man fast alles bezahlen. Naturgemäß geht es auf den Straßen etwas eng zu, und ein paar Höhenmeter gibt es genauso wie Fish & Chips. Eine Affenfelsen-Umrundung macht gut zehn Kilometer. Wer zu den einzig in Europa frei lebenden Affen rauf will, muss allerdings strampeln: Es geht bis auf 400 m.

Über die Landebahn zum Affenfelsen von Gibraltar

Anhang

Schottland, Eilean Donan Castle

Abkürzungen im Buch

B&B	Bed and Breakfast
Bl.	Blatt (Landkartenblatt)
C	Camping
DZ	Doppelzimmer
Ew.	Einwohner
EZ	Einzelzimmer
F	Frühstück
FEF	Fahrrad-Weltführer
ff	familienfreundlich
FVA	Fremdenverkehrsamt
h	Stunde, Uhr
Hg.	Herausgeber
Hm	Höhenmeter (aHm = Addition der Anstiege)
HP	Homepage (auch Halbpension)
H+R	Hin- und Rückreise
HS	Hochsaison
i-Büro	örtliche Touristeninformation
JH, Juhe	Jugendherberge
KV	Krankenversicherung
N	Norden, nördlich
NS	Nebensaison
N.P.	Nationalpark
NTO	Nationale Tourismus-Organisation
o.	ohne
O	Osten, östlich
OW	OneWay, einfache Fahrt
P	Person
p.P.	pro Person
RFW	Radfernweg (beschildert)
RW	beschilderter Radweg
S	Süden, südlich
s.	siehe
s.a.	siehe auch
s.o.	siehe oben
s.u.	siehe unten
Ü	Übernachtung
üNN	über Normal-Null (m über Meereshöhe)
Vlg.	Verlag
vs.	versus (gegen, im Gegensatz zu)
W	Westen, westlich

Länderkennzeichen in Europa

Albanien (AL)
Andorra (AND)
Belgien (B)
Bosnien-Herzegowina (BiH)
Bulgarien (BG)
Dänemark (DK)
Deutschland (D)
Estland (EST)
Finnland (FIN)
Frankreich (F)
Griechenland (GR)
Großbritannien (GB)
Irland (IRL)
Island (IS)
Italien (I)
Kosovo (RKS)
Kroatien (HR)
Lettland (LV)
Liechtenstein (FL)
Litauen (LT)
Luxemburg (L)
Malta (M)
Mazedonien (MK)
Moldau (MD)
Monaco (MC)
Montenegro (MNE)
Niederlande (NL)
Norwegen (N)
Österreich (A)
Polen (PL)
Portugal (P)
Rumänien (RO)
Rußland (RUS)
San Marino (RSM)
Schweden (S)
Schweiz (CH)
Serbien (SRB)
Slowakei (SK)
Slowenien (SLO)
Spanien (E)
Tschechien (CZ)
Türkei (TR)
Ukraine (UA)
Ungarn (H)
Vatikan-Staat (V)
Weißrußland (BY)
Zypern (CY)

A – Österreich
AL – Albanien
AND – Andorra
B – Belgien
BiH – Bosnien-Herzegowina
BG – Bulgarien
BY – Weißrußland
CH – Schweiz
CY – Zypern
CZ – Tschechien
D – Deutschland
DK – Dänemark
E – Spanien
EST – Estland
F – Frankreich
FIN – Finnland
FL – Liechtenstein
GB – Großbritannien
GR – Griechenland
H – Ungarn
HR – Kroatien
I – Italien
IRL – Irland
IS – Island
L – Luxemburg
LT – Litauen
LV – Lettland
M – Malta
MD – Moldau
MC – Monaco
MK – Mazedonien
MNE – Montenegro
N – Norwegen
NL – Niederlande
P – Portugal
PL – Polen
RKS – Kosovo
RO – Rumänien
RSM – San Marino
RUS – Rußland
S – Schweden
SK – Slowakei
SLO – Slowenien
SRB – Serbien
TR – Türkei
UA – Ukraine
V – Vatikan-Staat

Hilfreiche Radreise-Websites

- *www.achim-bartoschek.de*
  Bahntrassenradwege in Europa
- *www.bikeaccess.net*
  Englische Seite zum Thema Fahrradtransport und darüber hinaus, mit manch verstecktem Juwel (muss man sich mal durchklicken)
- *www.fahrradbuch.de*
  Hat auch viele ausgefallene Fahrradbücher
- *www.fahrplan-online.de*
  Fahrplan-Links weltweit
- *www.fahrradbibliothek.de*
  Die Fahrradbibliothek Dresden ist ein privates Projekt von Johannes Meusel (seit 1991) mit einer umfangreichen Sammlung von Literatur, Kartenmaterial, Zeitschriftenartikeln und Prospektmaterial zu Radtouren in aller Welt. Fernleihe möglich. Vergriffene Materialien können auszugsweise kopiert werden. Außerdem versch. Download-Angebote und telefonische Beratung.
- *www.gleisnost.de*
  Kompetente Bahnkartenbesorger für Europa, auch inkl. Radmitnahme
- *www.lonelyplanet.com/thorntree*
  Eines der größten Reiseforen im Netz, Expertenwissen aus und zu allen Winkeln der Welt, englischsprachig.
- *www.mapfox.de*
  Kartenversender, spez. Europa, sehr gut sortiert, aber antiquierte Website
- *www.quaeldich.de*
  Slogan: „Hauptsache bergauf – Alles für bergbegeisterte Radsportler“, mittlerweile Beschreibungen zu weit über 5000 Pässen und Auffahrten
- *www.rad-forum.de*
  Wichtigstes deutschsprachiges Forum für Radreisende
- *www.radtouren-magazin.com/radreise-archiv*
  Kurzinfos zu rund 80 Radreisen/Radtouren als pdf
- *www.radreise-wiki.de*
  Mitmach-Enzyklopädie für Radreisende
- *www.sheldonbrown.com*
  Sheldon Brown's Bicycle Technical Info, haargenaue Anleitungen für allgemeine und sehr spezielle Probleme beim Fahrrad repaireren
- *www.vertraeglich-reisen.de/anreise-zug*
  Europaweite Infos zu Anreise und Fahrradmitnahme im Zug

Basiswissen Radreisen

- Stein-Verlag: „Radreisen – Ausrüstung, Planung, Durchführung“, Andreas Bugdoll, 2012, 8,90 €, neu bearbeitete Auflage eines erfahrenen Radreisenden, der auch zu diesem Buch schon viel beigetragen hat.
- Reise Know-How: „Radreisen – Basishandbuch“, Sven Bremer, 2009, 8,90€.

Radreisen mit GPS

von Georg Föcker

Warum GPS-Navigation am Rad?

Ich kann mich noch an die vielen Jahre erinnern, an denen ich mit Papierkarten unterwegs war. Wollte man auf einer langen Tour einigermaßen genaue Karten dabei haben, machte das schnell den Umfang eines halbvollen Schuhkartons aus. Dann gab es die Momente, bei denen ich auf der Karte etwa verzweifelt nach der Stelle suchte, wo ich mich gerade befand.

Natürlich gibt es Straßen, wie z.B. über einen Alpenpass, auf denen es kaum möglich ist, sich zu verfahren, aber immer genau zu wissen, wo man sich aktuell befindet, das hat schon was. Auf den ersten Touren mit Garmin-GPS-Gerät wurde ich häufig noch ein wenig als technikverliebt belächelt, aber diese Zeiten gehören der Vergangenheit an.

Inzwischen ist die Zahl der von den Herstellerfirmen angebotenen Geräte stark gestiegen, aufgrund der Nachfrage ist ein Markt entstanden, der hohes Steigerungspotential besitzt.

Ich möchte im folgenden Beitrag nicht auf die vielen Geräte eingehen, die es auf dem Markt gibt, sondern mich auf ein Gerät beschränken, das aktuell von mir genutzt wird, das *Garmin GPS 62s*. Der Beitrag soll eine von vielen Möglichkeiten aufzeigen, ein GPS-Gerät optimal am Rad einzusetzen.

Wegpunkte, POI, Routen und Tracks

Bevor man sich mit der eigentlichen Bedienung des Gerätes auseinandersetzt, ist es wichtig, einige Begriffe zu verstehen.

Bei einem Wegpunkt handelt es sich um eine GPS Koordinate, der man einen Namen gibt. Man stelle sich das einfach so vor, dass man vor einer Sehenswürdigkeit steht, die Taste „Mark" drückt und dieser Koordinate einen Namen gibt. Nach dem Abspeichern besteht also die Möglichkeit, diesen Ort über den Wegpunktnamen jederzeit wiederzufinden. Darüber stehen dem Anwender im Gerät (abhängig vom genutzten Kartenmaterial) bereits viele Wegpunkte zur Verfügung, nur dass es für diese Wegpunkte den Begriff POI (Point of Interest) gibt. Ihr könnt im Gerät nach Tankstellen, Restaurants und vielem mehr im Umkreis suchen, der Auswahl ist kaum eine Grenze gesetzt.

Das klassische Routing kennt wohl fast jeder vom Autofahren her. Man gibt eine Zieladresse ein und das Gerät sucht anhand der verschiedensten Einstellungen den Weg zum Ziel. Genau dort beginnt aber das Problem.

Schon beim Autofahren hat jeder sicherlich schon einmal erlebt, dass einem die vorgeschlagene Strecke vollkommen unsinnig erscheint. Bei den Aktivitäten Radfahren oder Wandern werden diese Routingvorschläge größtenteils noch unsinniger.

Nun zum Begriff Track: Ein Track ist eine Aneinanderreihung von GPS-Koordinaten, die durch eine farbige Linie verbunden sind. Auf dem Display des Gerätes sieht man bei der Anzeige eines Tracks eine farbige Linie, die auf der Karte liegt und einem somit den Weg markiert. Beim Radeln auf einem Track bekommt man zwar keine Routinganweisungen, hat aber nicht das Problem, vom Gerät unsinnig geführt zu werden, weil ein Track fix ist.

Die Qual der Wahl des Kartenmaterials

Ich gehe von der Standardsituation aus, dass die Eigentümer eines GPS-Gerätes die zum Gerät gehörende Software Basecamp nutzen. Basecamp ist eine Programmoberfläche mit der man seine Routen, Tracks und Wegpunkte in Listen und Ordnern strukturiert verwalten kann, das ist ähnlich wie im Windows Explorer. Die Bedienung ist schnell erlernt, darüber hinaus ist die Wahl des optimalen Kartenmaterials wichtig.

Zunächst gibt es eine Vielzahl an Karten der verschiedensten Länder vom Gerätehersteller Garmin, die natürlich alle kostenpflichtig sind (Straßenkarte oder topografisch). Darüber hinaus findet man im Internet eine Vielzahl von Anbietern kostenfreien Kartenmaterials, das in der Regel auf lizenzfreies OSM (Openstreetmap) Material beruht. Die Installation ist meisten sehr einfach, man lädt sich die entsprechende Datei aus dem Netz, ruft sie auf und schon wird das Kartenmaterial in Basecamp integriert. Einige Quellen habe ich nachstehend mal aufgeführt.

- www.velomap.org
- http://freizeitkarte-osm.de/
- http://garmin.openstreetmap.nl
- www.garmin.de

Hat man das gewünschte Kartenmaterial erfolgreich installiert, kann man sich an die Planung einer Radtour wagen.

Die Planung einer Radtour mittels Route oder Track

Es gibt natürlich eine Vielzahl von Möglichkeiten, wie man an die Planung einer eigenen Radtour geht. Ich möchte hier mal einen Weg beschreiben, der sich für mich über die Jahre hin als optimal erwiesen hat.

Zunächst beschäftige ich mich mit den verschiedensten Reiseführern, um die Sehenswürdigkeiten zu finden, die ich auf meiner Radtour sehen will. An der Stelle der Sehenswürdigkeiten lege ich am PC in Basecamp auf der Karte einen Wegpunkt mit dem Namen der jeweiligen Sehenswürdigkeit an. Dieselbe Vorgehensweise wähle ich bei der Festlegung der Unterkünfte an den Übernachtungsorten. Erst danach geht es an die Planung der Detailstrecke. Die einfachste Art, die Strecke zu definieren ist die, eine Route zu erstellen, die als Routenpunkte die Sehenswürdigkeiten (Wegpunkte) und Übernachtungsorte miteinander verbindet. Mit dem Ergebnis des Routings war ich aber selten zufrieden. Wollte ich über einen Kanaldeich fahren, verlief die geroutete Strecke 100 m daneben, ein anderes Mal machte die geroutete Strecke einen weiten Bogen, der vollkommen unverständlich war. Noch mehr Zwischenpunkte zu setzen, brachte natürlich ein noch besseres Ergebnis, ich war aber immer noch nicht am optimalen Ziel.

Den besten Weg fand ich in der Kombination der Nutzung von Routen und Tracks. Da wo das Routing sauber war und meiner gedanklich gewählten Strecke entsprach, wandelte ich die Route mit Basecamp in einen Track um. Unsaubere Zwischenstücke erstellte ich dann mit der Klickfunktion zur Erstellung der Tracks. Da sich verschiedene Tracks in Basecamp mit einander verbinden lassen, entsteht so der jeweilige Tagestrack.

In Basecamp wurde die Möglichkeit integriert, über das Menü „Ansicht" direkt das Programm GoogleEarth aufzurufen, sofern installiert. Dadurch hat man die Möglichkeit, die geplante Strecke, die farblich auf die Satellitenaufnahme gelegt wird, zu optimieren. Eine von mir häufig genutzte Möglichkeit, um z.B. die Beschaffenheit des Weges zu kontrollieren.

Hat man die Planung am PC fertig, bleibt nur noch die Aufgabe, die einzelnen Tages-Tracks in das Gerät zu übertragen. Verbindet man das Gerät mit dem PC, erscheint es nach kurzer Zeit im Ordnerbaum von Basecamp. Ein Klick auf die Liste mit den Tracks, die ihr auf das Gerät übertragen wollt und ein „Senden an" mit der Auswahl des GPS-Gerätes als Ziel reichen, um die Tracks zügig auf das Gerät zu übertragen.

Bei den Garmin-Geräten ist es so, dass man sich die einzelnen Tracks in einer auswählbaren Farbe anzeigen lassen kann. Gleichzeitig schreibt das Gerät während der Fahrt mit, wo man sich tatsächlich bewegt (Activlog). Bei der Ankunft am Tagesziel speichere ich die Tagesaufzeichnung und lösche den zu Hause erstellten geplanten Track. So wird quasi jeden Tag die geplante Strecke durch die real gefahrene ersetzt.

Für manchen Leser mag sich das alles zunächst sehr kompliziert anhören, wer es aber einmal gemacht hat, wird mit der Zeit deutlich schneller. Darüber hinaus ist es auch so, dass es im Internet eine Vielzahl von Quellen fertiger Tracks gibt. So habe ich bei der Planung meiner Tour von Dorsten nach Rom fertige Tracks vom Rhein-Radweg, Neckar-Radweg und Iller-Radweg verwenden können (http://radreise-wiki.de/Radfernweg) .

Versucht es, die Vorteile liegen auf der Hand! Entdeckt ihr unterwegs einen schöneren Weg als geplant, dann verlasst ihr die farbige Linie kurz und kehrt irgendwann wieder auf die Linie zurück. Und eure Unterkunft müsst ihr am Zielort auch nicht mehr suchen, denn sie befindet sich bei einer detaillierten Planung als Wegpunkt im GPS-Gerät.

EuroVelo

Infos *www.eurovelo.com* – Das offizielle **EuroVelo-Portal** bietet nur relativ grobe Übersichten zum Verlauf und Realisierungsstand der Routen an.

Die wahrscheinlich einzige Quelle im Web, die – unabhängig vom Realisierungsstand – **GPS-Tracks** für fast alle **EuroVelo-Routen** bereitstellt, ist *www.biroto.eu.*

EuroVelo – 14 Routen für Europa von Christoph Gocke

Die Idee eines europaweiten, von der EU geförderten Radrouten-Netzes nahm in den neunziger Jahren Konturen an. Seitdem setzt die European Cyclists' Federation (ECF), bei der der ADFC Mitglied ist, die Idee unter dem Namen EuroVelo (EV) um. Die Strecken der bisher geplanten 14 Routen, die in der Regel auf bestehenden Radrouten verlaufen und diese miteinander verbinden, sollen schließlich 70.000 km lang sein. In den vergangenen Jahren gab es große Fortschritte bei der Festlegung der Routen. Die Markierung steht aber häufig noch aus.

Auch wenn nur wenige Radler komplette Routen am Stück fahren, kann allein der Gedanke, dass der eigene Weg am Ende bis Moskau oder zum Schwarzen Meer führen könnte, beflügelnd sein. Über die Internationalisierung der Radwege soll auch Druck auf weniger fahrrad-affine Regierungen ausgeübt werden, die Chancen des Rad-Tourismus zu erkennen und wahrzunehmen.

Im Internet bietet *www.eurovelo.com* einen guten Überblick über die Fahrtrouten und den Stand ihrer Realisierung. Dazu praktische Links. Die Seite *www.eurovelo.org* ist dagegen für diejenigen gedacht, die am Ausbau des Netzes arbeiten.

Basisinfos zu vielen Routen bietet Wikipedia, Stichwort EuroVelo. Auf *www.biroto.eu* werden einige Routen detailliert auf Deutsch vorgestellt. Andrew Sykes fuhr zwischen 2010 und 2015 die Routen 3, 5 und 8 ab und schrieb Bücher darüber. Sein Blog (http://cyclingeurope.org) bietet auch einen kritischen Blick auf die Strecken.

Wie die deutschen Autobahnen sind die Nord-Süd-Routen mit ungeraden und die West-Ost-Routen (sowie Ost- und Nordsee-Umrundung) mit geraden Zahlen nummeriert. So kommt es, dass es den EV 15 gibt, bisher aber keinen EV 14. Durch kein Land führen mehr Routen als durch Deutschland: neun. Viele Nachbarländer sind aber weiter mit der Beschilderung, während in Deutschland stärker die deutschlandweiten D-Routen ausgezeichnet werden, die immerhin teilweise mit den EuroVelo-Routen identisch sind.

EV 1 Die **Atlantikküsten-Route EV 1** führt auf rund 8000 km vom Nordkap bis an die Algarve. Hier ist vor allem die 1400 km lange Teilstrecke durch Frankreich („La Vélodyssée", www.lavelodyssee.com) von Roscoff in der Bretagne bis zur französisch-spanischen Grenze in den Pyrenäen schon gut befahrbar.

EV 2 Die **Hauptstädte-Route EV 2** von Irland bis Moskau soll am Ende 5500 km lang sein. Sie ist in England, den Niederlanden und Deutschland bis ins polnische Posen fertig gestellt. In weiten Teilen ist sie mit dem Europaradwanderweg **R1** (s.u.) identisch.

EV 3 Der **Pilgerweg EV 3** von Trondheim bis Santiago de Compostela ist rund 5000 km lang. In Spanien verläuft er in der Nähe des Wander-Pilgerweges Camino Frances.

EV 4 Die **Mitteleuropa-Route EV 4** (ca. 4000 km) soll eines Tages von der Bretagne nach Kiew führen. Der Grad ihrer Fertigstellung lässt sich gut über ihren Wikipedia-Artikel verfolgen. Teilweise verläuft sie parallel zum Paneuropa-Radweg, der auf 1570 km von Paris nach Prag führt.

EV 5 Die **Via Romea Francigena EV 5** (3900 km) bezeichnete im Mittelalter die fränkischen Pilgerwege nach Rom im Gefolge des Reiseberichtes des Erzbischofs Sigerich von Canterbury im Jahr 990. Sie führt von London über Rom nach Süd-Italien.

EV 6 Die **Atlantik-Schwarzes-Meer-Route EV 6** startet im französischen Nantes und erreicht von Deutschland aus an der Donau entlang nach 4500 km schließlich deren Mündung ins Schwarze Meer beim rumänischen Constanta.

EV 7 Die **Sonnen-Route EV 7** startet ebenfalls am Nordkap und führt 7500 km immerzu in südlicher Richtung bis nach Malta. Kleines bewährtes Teilstück ist die Strecke Kopenhagen-Berlin.

EV 8 Die **Mittelmeer-Route EV 8** versucht in etwa den nördlichen Teil der Mittelmeer-Umrundung abzudecken. Vom spanischen Cadiz geht es auf knapp 6000 km bis nach Athen. Prima fahren kann man bereits durch die Po-Ebene auf dem Fluss-Radweg.

EV 9 Die **Ostsee-Adria-Route EV 9** (auch Bernsteinroute) startet in Danzig und endet nach rund 2000 km im kroatischen Pula auf Istrien. Die bereits fertig gestellten Teile in Tschechien, Österreich und Slowenien werden auf *www.eurovelo9.com* vorgestellt.

EV 10 Der **Ostseeküsten-Radweg EV 10** (auch Hanse-Runde) versucht auf 8000 km immer möglichst nah am Meer zu verlaufen. Nur die Streckenführung im russischen Teil um Sankt Petersburg ist noch nicht abzusehen.

EV 11 Die **Osteuropa-Route EV 11** soll das Beste vom Osten sein. Mit Helsinki, Tallin, Vilnius, Warschau, Belgrad, Skopje und Athen, wo sie nach 6000 km endet, führt sie durch genauso viele Hauptstädte wie die Hauptstadt-Route.

EV 12 Der **Nordseeküsten-Radweg EV 12** ist von der EU besonders gefördert worden und wurde als Modell-Route ausgebaut. Eröffnet 2001 fand er 2003 als längster Fernradweg Eingang ins Guinness-Buch der Rekorde. Leider ist 2009 die Fährverbindung im Norden zwischen dem norwegischen Bergen und den britischen Shetland-Inseln eingestellt worden. Es bleibt die (teure) Flugverbindung zum shetländischen Sumburgh. Gleichwohl gibt es jedes Jahr einige, die die rund 6000 km komplett absolvieren. Die exzellente Seite *www.northsea-cycle.com* hilft bei der Planung.

EV 13 Die **Eiserner-Vorhang-Route EV 13** (Iron Curtain Trail, Beschilderung ICT) beginnt an der bulgarisch-türkischen Grenze am Schwarzen Meer und verläuft an der damaligen West-Grenze des kommunistischen Warschauer Pakts. Sie endet nach rund 10.000 km durch 20 Länder an der norwegisch-russischen Grenze am Nordmeer. Bis 2020 sollen fast 200 Millionen Euro in den Ausbau fließen. Die Fraktion der Grünen im EU-Parlament hat eine deutsch-englische Seite dazu geschaffen: *www.ironcurtaintrail.eu.* Auf dem Facebook-Account sieht man, wer aktuell unterwegs ist, so wie Tim Moore der im März 2015 im Polarkreis mit einem DDR-Klapprad, Jahrgang 1970, startete.

EV 15 Der **Rhein-Radweg EV 15** ist mit 1230 km untypisch kurz und führt durch nur vier Länder. Dafür komplett ausgebaut und beschildert, teilweise auf beiden Ufern. Der EV 15 wurde 2014 als erste EuroVelo-Route vom ECF zertifiziert.

Europaradweg R1

www.euroroute-r1.de
2000 km Luftlinie liegen zwischen Boulogne-sur-Mer (bei Calais) und St. Petersburg. 3500 km sind es, wenn man dem Verlauf des **Europaradwegs R1** folgt. Seit über 20 Jahren verwendet sich Dipl.-Ing. Georg Marquardt aus Höxter als Initiator, Planer und Berater, besonders aber als Koordinator für die Realisierung dieses europaweiten Projektes durch insgesamt neun Länder. Durchgehend ausgeschildert ist der R1 mit eigenem Logo mittlerweile in **Deutschland** (hier zugleich als D-Route 3), **Polen** und **Estland.**

In **Frankreich, Belgien** und den **Niederlanden** nutzt der R1 die nationalen LF-Radrouten, die erst noch ein zusätzliches R1-Logo bekommen sollen. In **Litauen** und **Lettland** steht die Route zwar fest, es gibt aber noch keine Beschilderung. Noch getüftelt wird fürs **Kaliningrader Gebiet,** wo auch die Einreise noch immer aufwändig ist. Die Website gibt einen aktuellen Überblick (s.o.).

Literatur: Vlg. Esterbauer: „Europaradweg R1 - Von Arnheim nach Berlin" (890 km R1 durch Deutschland); Kettler Vlg.: „Masuren per Rad" (mit dem kpl. R1 durch Polen). *www.is-radweg.de:* „Europaradweg R1", Radreiseführer inkl. CD mit GPS-Tracks.

Der Autor

Herbert Lindenberg: Ein Fahrrad und eine Campingausrüstung

Aufgewachsen auf der politischen Insel West-Berlin trat irgendwann das Reisen in meinen Kopf. Afrika, Abenteuer! Gleich nach dem Abi sollte es los gehen. Wir kamen bis München, dann war das erste Auto hin. Wir kauften ein zweites, das war noch kaputter. Ein drittes konnten wir uns nicht mehr leisten. Also blieben wir im olympiabewegten München und jobbten. Endlich hatten wir ein stabiles Auto. Der spartanische VW-Bus mit der geteilten Frontscheibe beförderte uns immerhin nach Marokko.

Später ging es durch Asien und Afrika. 20.000 Kilometer während der Semesterferien? Kein Problem! Es war eine gute Zeit für Overlander. Die Länder waren friedlich, der Sprit war billig. Mitte der Siebziger Jahre trafen wir in Indien Heinz Stücke mit seinem schwarzen Bäcker-Fahrrad. Der „Most-travelled-man-on-earth" (Guiness-Book) erzählte von seinen ersten 15 Jahren Unterwegssein mit dem Rad. Wie konnte einer so abgedreht und doch völlig normal sein? Und welche Rolle spielte das Fahrrad?

Bis ich meine eigene Antwort fand, vergingen weitere zehn Jahre. Freunde luden mich zu einer Radtour durch Deutschland ein. 1985, die erste Radtour meines Lebens, und ausgerechnet durch Deutschland. Wir radelten los, einmal der Länge nach von Nord nach Süd, und ein völlig neues Land erschloss sich mir. Dieses schwierige Land, das mich nie interessiert hatte, auf einmal war es ganz anders, auf einmal war es schön und meins!

Wie hing diese neue Art der Wahrnehmung mit der Art des Reisens zusammen? Zwecks Klärung kaufte ich mir ein korrektes Reiserad, einen Randonneur von Koga, minimierte meine Ausrüstung und flog nach Marokko. Kennst du hier alles schon, dachte ich. Aber mit dem Fahrrad erlebte ich auch dieses Land völlig neu. Im Hohen Atlas überwand ich stolz die ersten Zweitausender, und am Ende stellte ich fest: Das isses, wirklich!

Mittlerweile schwöre ich seit drei Jahrzehnten aufs Fahrrad als Reisevehikel und kann mir nichts besseres mehr vorstellen. Ob ich 60, 90 oder 160 km am Tag zurücklege, ist mir nicht so wichtig. Viel lieber schaue ich, was auf mich zu kommt, und wenn die Sonne sinkt, schlage ich mich irgendwo in die Pampa – notfalls auch in den Stadtpark oder ein Wartehäuschen. Das Gefühl der Freiheit wiegt am Ende alles auf. Ein Rezept gibt es dafür auch. Es beginnt so: Man nehme ein Fahrrad und eine Campingausrüstung …

Danksagung

Mit Texten, Stories, Fotos, Hinweisen, Tipps und Ideen haben zu diesem Buchprojekt beigetragen:

Heiko **Ahlers** (Oldenburg) • Ulrike **Baars** (Dresden) • Peter **Beckmann** (Stuttgart) • Diethard **Brohl** (Paderborn) • Andreas und Marion **Bugdoll** (Marl, bikedoll.de) • Jan **Cramer** (Hamburg, cramers-web.de) • Manfred **Dennerlein** (Nürnberg) • Thomas **Dionisius** (Recklinghausen) • Mattias **Doffing** (Leverkusen) • Elisabeth **Eichler** (Dresden) • Ralf **Farrelmann** (Bremen) • Carmen **Fischer** und Helmut **Walter** (München, sizilien-rad.de) • Sybille und Michael **Fleischmann** (cycle-for-a-better-world.org) • Georg **Föcker** (Dorsten, alpenradtouren.de) • Manfred **Frana** (Bremen) • Timm **Freytag** und Julia **Kreß** (Köln) • Klaus **Gattner** (Burns Lake, kanada-bike.com) • Axel **Georges** (Karlsruhe) • Christoph **Gocke** (Mainz, chris-on-the-bike.de) • Jens **Griesang** (Nürnberg) • Thomas **Grieshammer** (Stuttgart) • Andreas **von Heßberg** und Waltraud **Schulze** (Bayreuth, mountain-bike-expedition-team.de) • Bernd **Heckmair** (München, bernd-heckmair.de) • Christof **Herrmann** (Regensburg, worldwheeeling.de) • Andreas **Hollmann** (Bielefeld) • Martina **von Holn** (Hamburg) • Joachim **Horst** (Ueckermünde) • Reiner **Hultsch** (Dresden) • Fabian **Hüster** • Sebastian **Johannsen** • Remo **Kiss** (Innsbruck) • Joachim **Klaas** (Bremen) • Gereon **Klein** (Laufersweiler) • Tobias **Klein** und Daniela **Schmidt** (Meudt, weltperrad.de) • Klaus **Klöpfel** (Bonn) • Walter **Klötzer** (Vellberg) • Olaf und Simone **Korbanek** (Rheine) • Thomas **Krawczyk** (Dessau) • Michael **Kristl** (Wernau) • Daniel **Kohli** (Bern) • Christoph **Kuhn** (Thun) • Edith **Kurth** (Bremen) • Ulrich **Lamm** (Bremen, radweit.de) • Christoph **Lenssen** (Aachen) • Beate und Bernd **Lippold** • Bernd **Lock** (Bonn) • Thomas **Longin** (Freiburg) • Angela **Lüppen** (Emden) • Thomas **Metje** (Köln) • Anna **Mählmann** (München) • Uwe **Meul** (München) • Johannes **Meusel** (Dresden, fahrradbibliothek.de) • Helene **Müller** (Frankfurt) • Kai **Mußler** (Stuttgart) • Manfred **Nebelung** (Bad Hersfeld) • Reinhard **Pantke** (Braunschweig, reinhard-pantke.de) • Martin **Pfaffenzeller** (Berlin) • Ingo **Poosch** • Andrea **Pühse** (Münster) • Minxin **Qian** und Florian **Welzel** (Hildesheim, biketoasia.com) • Jürgen und Christine **Reimer** (dia-reportagen.de) • Reiner **Ritschel** (Hannover) • Volker **Rödig** (Borchen) • **Scheidegger,** Kurt • Dieter **Schmidt** (Wendlingen) • Daniela **Schmidt** • Jürgen **Schnieders** (Oldenburg) • Thomas **Schröder** (Hemmingen, bikeamerica.de) • Dietmar **Schulz** (Berlin) • Eckart **Schwalm** (Berlin) • T. **Seffers** (Güstritz) • Klaus **Sonnenberg** (Köln) • Hans Jürgen **Stang** (Speyer) • Ulrike **Steinhardt** (Zepernick) • Christian **Strauss** (Berlin) • Renate **Tarrach** (Köln) • Manfred **Stummer** (Steyr) • Tilmann **Waldthaler** (Gordonvale, tilmann.com) • Tobias **Weiser** (Ilvesheim) • Jörg **Wellendorf** (Hamburg) • Werner **Wilhelm** (Baldham) • Michael **Winter** (Rheine) • Christian **Zschalig** (Dresden) • Frank **Zühlke** (Stuttgart).

Nochmals herzlichen Dank für soo viel Input!

Die Fotografen

Alle Fotos von **Herbert Lindenberg** (Berlin) – mit Ausnahme von:

© istockphoto.de (Urheber / Bildnummer): Cover (Saro17 / Nr. 33459666), S. 12 (Benoit Chartron / Nr. 15347297), 30 (gabriel bostan / Nr. 53384152) 167 (Sampsa Puikkonen / Nr. 10004332), 173 (VvoeVale / Nr. 77660479), 176 (Robert Adrian Hillmann / Nr. 1969196), 405 (scanrail / Nr. 41203150), 495 (Oleksiy Mark / Nr. 10930829), 512 (Johan Sjolander / Nr. 11556049), 653 (Aerial3 / Nr. 26228143)

© fotolia.de (Urheber / Bildnummer): Umschlag Rückseite und hintere Klappe (pbardocz / Nr. 77485129) S. 12 Map (graphit / Nr. 33870438)

Blind, Carsten (Asperg): S. 96, 100, 117 (gr. Foto), 190, 473

Bugdoll, Andreas (Marl): Umschlag Rückseite unten und vordere Klappenkarte Bild 1 oben, S. 2/2, 13, 62, 67, 80, 83, 120, 131, 135, 140, 159, 178, 195, 196, 197, 200, 203, 208, 233, 240, 242, 247, 253, 254, 256, 313, 315, 319, 323, 326, 361, 364, 371, 376, 377, 380, 412, 422, 431, 432, 435, 437, 438, 467, 479, 480, 481, 482, 483 (2x), 484, 499, 526, 532, 554, 563, 568, 572, 574, 594, 639

Fleischmann, Sybille (Gröbenzell): S. 627, 629, 631

Fluschnik, Annette (Berlin): S. 345

Föcker, Georg (Dorsten): Umschlag vordere Klappenkarte Bild 4 unten, S. 28, 158, 262, 263 unten, 285, 287, 289, 290, 291, 292, 302, 310, 312, 332, 570, 575, 642, 643

Gesierich, Karin (Bremen): S. 562, 596, 597, 598, 599

Gocke, Christoph (Mainz): S. 38, 87, 125, 127, 230, 235, 244, 251, 252, 257, 265, 272, 278, 304, 320, 328, 329, 337, 346, 392, 397, 398, 400, 403, 439 rechts, 440, 441, 518, 523, 524, 583, 637

Heckmair, Bernd (München): S. 634

Herrmann, Christof (Regensburg): S. 220

von Hessberg, Andreas (Bayreuth): S. 560, 561

Hollmann, Andreas (Bielefeld): S. 535

Johannsen, Sebastian (Ludwigsburg): S. 267

Klaas, Joachim: S. 171

Köthe, Friedrich (München): S. 423

Kristl, Michael (Wernau): S. 43, 305

Mählmann, Anna (München): S. 21, 25, 284, 334, 335, 353, 354, 501 oben, 510

Meusel, Johannes (Dresden): S. 486

Moorkamp, Ursula (Berlin): S. 122

Müller, Helene (Frankfurt): S. 162

Müller, Mirjam (Mainz): S. 249, 260

Mußler, Kai (Stuttgart): S. 7, 648

Pfaffenzeller, Martin (Berlin): S. 288

Schröder, Thomas (Hemmingen): S. 45, 427, 586, 587

Stummer, Dietmar (Berlin): S. 395

Stummer, Manfred (Steyr): S. 226

Welzel, Florian (Hildesheim): S. 17, 26, 27, 339, 340

Karten

© Reise Know-How Verlag H. Hermann, Markgröningen mit Ausnahme von:

European Cyclists' Federation (Brüssel): Vordere Klappenkarte + S. 645 / EuroVelo (einschl. Logo)

REISE
KNOW-HOW
Albanien
Sardinien
Tessin
Lago Maggiore
Nordseeküste
Schleswig-Holstein
Ostseeküste
Schleswig-Holstein
Andalusien
Litauen
England
Norden und Mitte
New York City
POSEN
ROSTOCK · WISMAR
WIESBADEN
PALMA de Mallorca
BUENOS AIRES
GÖTEBORG
ROTTERDAM
TRIER
WARSCHAU
CityTrip
mit Faltplan
Kauderwelsch plus
Brasilianisch plus Wörterbuch
Französisch Slang
Polnisch Slang
Polnisch
Slang
Kauderwelsch

Rad- und andere Abenteuer aus aller Welt

Edition Reise Know-How

In der Edition Reise Know-How erscheinen außergewöhnliche Reiseberichte, Reportagen und Abenteuerberichte, landeskundliche Essays und Geschichten. Gemeinsam ist allen Titeln dieser Reihe: Sie unterhalten, sei es unterwegs oder zu Hause – auch als ideale Ergänzung zum jeweiligen Reiseführer.

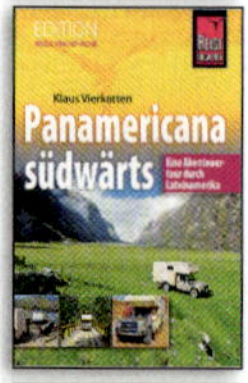

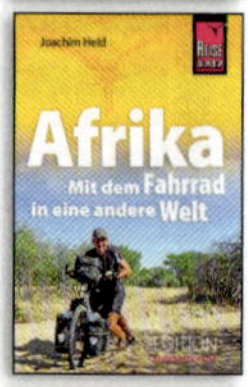

Afrika – Mit dem Fahrrad in eine andere Welt · ISBN 978-3-89662-522-9 · € 19,90

Auf Heiligen Spuren – 1700 km zu Fuß durch Indien
ISBN 3-89662-387-7· € 17,50

Auf und davon – Auf Motorrädern durch Europa, Asien und Afrika
ISBN 978-3-89662-521-2 · € 19,50

Die Salzkarawane – Mit den Tuareg durch die Ténéré
ISBN 3-89662-380-X · € 17,50

Durchgedreht – Sieben Jahre im Sattel
ISBN 3-89662-383-4 · € 17,50

Irgendwann erwischt's dich dann! – Wenn Fernreisen zum Abenteuer werden
ISBN 3-89662-524-3 · € 19,50

Myanmar/Burma – Reisen im Land der Pagoden
ISBN 3-89662-196-3 · € 17,50

Odyssee ins Glück – Als Rad-Nomaden um die Welt 10 Jahre, 160.000 km und 5 Kontinente
ISBN 978-3-89662-520-5 · € 19,90

Panamericana südwärts – Eine Abenteuertour durch Lateinamerika.
ISBN 978-3-89662-523-6 · € 19,50;
auch als **E-Book** erhältlich: ISBN 978-3-89662-621-9 · € 13,99

Please wait to be seated – Bizzares und Erheiterndes
von Reisen in Amerika. ISBN 3-89662-198-X · € 12,50

Rad ab – 71.000 km mit dem Fahrrad um die Welt. ISBN 3-89662-383-4 · € 17,50

Südwärts – von San Francisco nach Santiago de Chile.
ISBN 3-89662-308-7 · € 17,50

Suerte – 8 Monate auf Motorrädern durch Südamerika. ISBN 978-3-89662-366-9 · € 17,50

Taiga Tour – 40.000 km allein mit dem Motorrad von München durch Russland
nach Korea und Japan · ISBN 3-89662-308-7 · € 17,50

USA Unlimited Mileage – Abgefahrene Episoden einer Reise durch Amerika
ISBN 3-89662-189-0 · € 14,90

Völlig losgelöst – Panamericana Mexiko–Feuerland in zwei Jahren
ISBN 978-89662-365-2 · € 14,90

Geschichten aus dem anderen Mallorca – Robert Graves
ISBN 978-3-89662-269-3 · € 12,50

und mehr ...

Panamericana südwärts

Eine Abenteuertour durch Lateinamerika

1. Auflage 2014

ISBN 978-3-89662-523-6 · € 19,50 [D]
E-Book ISBN 978-3-89662-621-9 · € 13,99 [D]

Als nach fast 25 Jahren Berufsleben aus Spaß Stress und aus Herausforderung Belastung wird, krempeln Petra und Klaus Vierkotten ihr Leben komplett um. Sie verzichten auf Karriere, Konventionen und Konsum und wagen mit 43 Jahren das große Abenteuer. Der Job wird gekündigt, die Wohnungseinrichtung aufgelöst, das Haus geräumt.

Mit einem Allrad-Wohnmobil starten sie zu einer Abenteuertour entlang der Panamericana von Mexiko nach Feuerland, der berühmtesten Fernstraße der Welt. Eine echte, 100.000 Kilometer lange und drei Jahre dauernde Herausforderung für Auto, Material und Insassen, immer auf Tuchfühlung mit dem Leben und Treiben neben den Straßen und Pisten. In Mexiko besuchen sie den ausgelassenen Straßenkarneval und in Guatemala steht plötzlich ein ganzes Dorf in ihrem Auto. In Nicaragua schwitzen sie bei einem Hilfsprojekt in der Gluthitze der Tropen und in Kolumbien treffen sie auf die neugierigsten Menschen. Dann geht es monatelang durch die südamerikanischen Anden über waghalsige und einsame Bergpisten. Am 1000. Reisetag erreichen sie im sturmumheulten Feuerland die südlichste Stadt der Welt, Ushuaia, und schließlich verlockt zum Tourabschluss Rio de Janeiro mit Samba und Copacabana.

Die Panamericana ist mehr als nur eine Straßenverbindung zwischen den USA im Norden und Feuerland im Süden – sie ist eine Traumroute für Fernwehsüchtige. Unterhaltsam verknüpft der Autor die Abenteuer des Reisealltags mit fremden Kulturen und mit der faszinierenden Geografie und bewegten Geschichte Zentral- und Südamerikas. Begleiten Sie Petra und Klaus auf ihrer Reise entlang paradiesisch anmutender Strände, durch hitzeflirrende Wüsten, abgelegene Dörfer und dichte Regenwälder. Lassen Sie sich einfangen von der länderverkettenden „Traumstraße der Welt", der Panamericana.

Plus Tipps, Zusatzinformationen und Bilder auf der Internetseite der Autoren unter **www.abenteuertour.de**.

Promobil, 10/14: „Buchtipp zur Panamericana"

Allradler, 4/14: „Wer eine solche Tour plant, kann gar nicht anders, muss das Buch verschlingen. Klaus Vierkotten ist es gelungen Fakten in einen Reisebericht zu integrieren, ohne von der Datenflut erschlagen zu werden oder von tagebuchartigen Einträgen gelangweilt zu werden!"

OFF ROAD Magazin, 10/14: „Abenteurer-Pflichtlektüre" und: „Abenteuerlustige erhalten eine Lektüre, die sie vom ersten bis zum letzten Satz fesseln wird!"

Leverkusener Wochenpost, 16. September 2014: „Dem Autor ist es gelungen, Interesse beim Leser zu wecken … nach individueller Lebensart" sowie „Der Leser wird mitgenommen auf eine faszinierende Tour, lebendig gemacht mit dem angenehmen Schreibstil eines Weltenbummlers."

Bestseller
5. Auflage

Peter Smolka

71.000 km mit dem Fahrrad um die Welt:

Rad ab!

Vier Jahre lang radelte der Erlanger Globetrotter Peter Smolka um den Erdball. Zunächst durchquert er den Nahen Osten und Afrika, wo er nur knapp den Angriff eines Elefanten überlebt. In Kapstadt heuert er auf einer Segelyacht an, die nach Brasilien bringt. Nach neun Monaten Südamerika sind die nächsten Stationen Neuseeland und Australien. Bereits seine Fahrt durch Saudi-Arabien hatte in der Reiseszene für Aufsehen gesorgt. In Südostasien erhält Peter Smolka nach zähen Verhandlungen auch die Genehmigung Mynamer (Ex-Birma) auf dem Landweg zu durchqueren. Vor der Rückreise nach Europa wagt er sich schließlich nach Afghanistan hinein … Spannend, detailliert, einfühlsam und humorvoll – ein Buch für jeden, der gern reist.

Hardcover mit Schutzumschlag, 360 Seiten, plus 16 Seiten Farbfototeil
REISE KNOW-HOW Verlag · ISBN 3-89662-383-4 · € 17,50

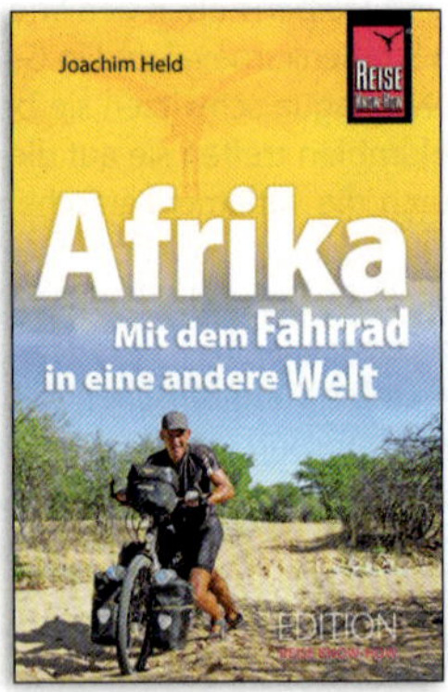

Joachim Held

Afrika

Mit dem Fahrrad in eine andere Welt

Joachim Held bricht im August 2008 nach Afrika auf. Er lässt sich treiben, durchquert die Westsahara, kämpft sich durch den Kongo und weiter bis nach Kapstadt, auf dem Rückweg erklimmt er den Kilimanjaro. Am Ende ist er zwei Jahre auf 33.000 Kilometern unterwegs, fasziniert von der Lebensfreude und Hilfsbereitschaft der Menschen, aber auch tief betroffen von ihren Lebensumständen. In Sierra Leone sieht er hungernde Kinder, in Guinea gerät er in Putschwirren und in Kamerun prophezeit man ihm eine Begegnung mit dem Tod. Einen Abend sitzt er im entlegenen Dschungel Zentralafrikas mit Dorfältesten zusammen und hört Fragen, auf die er keine Antworten hat: „Warum ist Europa so reich und Afrika so arm? Was sollen wir tun? Sag' du es uns, du kommst doch aus Europa!"

Einfühlsam berichtet Joachim Held über seine Begegnungen und Erlebnisse in Afrika. Er beschreibt Höhen und Tiefen seiner Reise, gelegentlich selbst verzweifelt, aber dann auch wieder mit Humor. Angereichert mit vielen Hintergrundinformationen, ist dies ein spannendes Buch zum Mitreisen und Nachdenken.

Hardcover mit Schutzumschlag, 392 Seiten + 32 Seiten Farbteil
Reise Know-How Verlag · ISBN 978-3-89662-522-9 · € 19,90

Stichwortregister A–Z